LEXIQUE ROMAN

ou

DICTIONNAIRE

DE LA LANGUE DES TROUBADOURS

COMPARÉE

AVEC LES AUTRES LANGUES DE L'EUROPE LATINE

TOME VI

APPENDICE. — VOCABULAIRE.

PARIS. — IMP. SIMON RAÇON ET COMP., RUE D'ERFURTH, 1.

LEXIQUE ROMAN

ou

DICTIONNAIRE

DE LA LANGUE DES TROUBADOURS

COMPARÉE

AVEC LES AUTRES LANGUES DE L'EUROPE LATINE

PRÉCÉDÉ

DE NOUVELLES RECHERCHES HISTORIQUES ET PHILOLOGIQUES
D'UN RÉSUMÉ DE LA GRAMMAIRE ROMANE
D'UN NOUVEAU CHOIX DES POÉSIES ORIGINALES DES TROUBADOURS
ET D'EXTRAITS DE POÈMES DIVERS

PAR M. RAYNOUARD

MEMBRE DE L'INSTITUT ROYAL DE FRANCE (ACADÉMIE FRANÇAISE ET ACADÉMIE DES INSCRIPTIONS
ET BELLES-LETTRES)
SECRÉTAIRE PERPÉTUEL HONORAIRE DE L'ACADÉMIE FRANÇAISE, ETC.

TOME SIXIÈME

APPENDICE. — VOCABULAIRE.

A PARIS
CHEZ SILVESTRE, LIBRAIRE
RUE DES BONS-ENFANTS, 30

1844

APPENDICE

AU

LEXIQUE ROMAN,

OU

DICTIONNAIRE

DE LA LANGUE DES TROUBADOURS,

COMPARÉE

AVEC LES AUTRES LANGUES DE L'EUROPE LATINE.

A

ABBAT, *s. m.*, abbé, tome II, page 11, col. 1.

4. CONTRAABBAT, *s. m.*, contre-abbé.

Claustriers, contrapriors et CONTRAABBATZ.
V. et Vert., fol. 26.

Cloîtriers, contre-prieurs et *contre-abbés*.

5. SOZABAT, *s. m.*, sous-abbé.

Nos deiam esser sotzpriors et SOZABATZ.
Regla de S. Benezeg, fol. 25.

Que nous devions être sous-prieurs et *sous-abbés*.

ABDIT, *adj.*, lat. ABDITUS, caché, disparu, rentré.

Entro que sia ABDIDA la resudacio.
Trad. d'Albucasis, fol. 50.

Jusqu'à ce que soit disparu le ressuage.

ABELHA, *s. f.*, abeille, t. II, p. 12, col. II.

V.

2. APIER, *s. m.*, ruche.

— Ruchier, lieu où l'on met des ruches.

Tal eysam si bote en una veiriera de ung autre APIER.
Trad. du Traité de l'Arpentage, part. I, c. 45.

Que tel essaim se mette dans une ruche d'un autre *ruchier*.

ABIS, *s. m.*, abîme, t. II, p. 14, col. I.

1 bis. ABISSI, *s. m.*, lat. ABYSSUS, abîme.

Coma artifici, ABISSI,... malefici.
Leys d'amors, fol. 151.

Comme artifice, *abîme*,... maléfice.

4. AVESSA, *s. f.*, ravine, torrent.

El riu d'un' ayga qu'era clara;
E mentre la jus se regara,
Autre can vic am semblan pessa,
Adonx sautet dedins l'AVESSA.
Leys d'amors, fol. 38.

Au courant d'une eau qui était claire; et tandis

I

que là-dessous il se regarde, autre chien il vit avec semblable morceau, alors il sauta dedans le *torrent.*

ABRIL, *s. m.*, avril, t. II, p. 18, col. 1.

2. ABRIU, *s. m.*, avril.

L' autr'ier a l' issida d'ABRIU.
      MARCABRUS : L' autr'ier.
L'autre jour à l'issue d'*avril*.

ACTIU, *adj.*, actif, t. II, p. 21, col. 1.

1 *bis.* SOBREACTIU, *adj.*, sur-actif, très actif.

Calor, es qualitat SOBREACTIVA.
    Eluc. de las propr., fol. 24.
Chaleur, c'est qualité *sur-active.*

ADAMAS, *s. m.*, diamant, t. II, p. 24, col. 11.

3. ADIMAN, AZIMAN, *s. m.*, diamant.

L' AZIMANS, sitot s' es durs,
Non es tan simple ni tan purs;
Car si d' ADIMAN ostas *di*,
Aures *aman.*
    Roman de Flamenca.
Le *diamant*, quoiqu'il est (soit) dur, n'est si simple ni si pur; car si de *diamant* vous ôtez DI, vous aurez AMANT.

ADULATIO, *s. f.*, adulation, t. II, p. 28, col. 11.

2. AUZULADOR, *s. m.*, lat. ADULATOR, adulateur, flatteur, louangeur.

L' olis engraissa lo chap del pechador, si cum favor del AUZULADOR asuauza son cor.
    Trad. de Bède, fol. 39.
L'huile engraisse la tête du pécheur, ainsi comme la faveur de l'*adulateur* adoucit son cœur.

CAT. ESP. PORT. *Adulador.* IT. *Adulatore.*

AGNEL, *s. m.*, agneau, t. II, p. 33, col. 11.

2. ANHINA, *s. f.*, peau d'agneau.

De pellissaria, dona hom del .c. d' ANHINAS, .1. d.
    Cartulaire de Montpellier, fol. 116.
De pelleterie, on donne du cent de *peaux d'agneaux*, un denier.

AGUT, *adj.*, aigu, t. II, p. 35, col. 11.

1 *bis.* SOBREAGUT, *adj.*, sur-aigu, très aigu.

Febre SOBREAGUDA.
    Eluc. de las propr., fol. 86.
Fièvre *sur-aiguë.*

AIS, *s. m.*, aise, t. II, p. 41, col. 1.

10 *bis.* AIZOS, *s. m.*, lieu commode.

Cascus era ben cubertz
E claus de murs, si com AIZOS.
    Roman de Flamenca.
Chacun était bien couvert et clos de murs, ainsi comme *lieu commode.*

AL, *adj. indét.*, autre, t. II, p. 43, col. 11.

2 *bis.* AUTRAMENT, *adv.*, autrement.

Autras conchas... so... ditas AUTRAMENT conchilhs.
    Eluc. de las propr., fol. 156.
Autres conques... sont... dites *autrement* coquilles.

CAT. *Autrement.* IT. *Altramente.*

12 *bis.* ALONS, ALLONTZ, *adv.*, ailleurs, autre part, en autre lieu.

En lieys es joys restauratz e noiritz,
Qu' era ALONS sordeiatz e falhitz.
    GUI D'UISEL : Ades on pus.
En elle est joie restaurée et nourrie, qui était *en autre lieu* avilie et faillie.

Requer li humilment,
Per Dieu l' Omnipotent,
Que preguesson per lui,
Qu' ALLONTZ non a refui.
    V. de S. Honorat.
Lui requiert humblement, par Dieu le Tout-Puissant, qu'ils priassent pour lui, vu qu'*ailleurs* il n'a refuge.

ALBAN, *adj.*, blanc, t. II, p. 48, col. 1.

3 *bis.* ALBEZA, *s. f.*, albeur, blancheur.

ALBEZA o palhor.
    Eluc. de las propr., fol. 165.
Albeur ou pâleur.

ALOC, *s. m.*, aleu, t. II, p. 57, col. 11.

2. ALLODI, *s. m.*, aleu, bien allodial, terme de jurisprudence féodale.

Tenen ALLODI del senhor rey.
    Priv. conc. par les rois d'Angleterre, p. 14.
Tiennent *aleu* du seigneur roi.

ALT, *adj.*, haut, t. II, p. 58, col. II.

3 bis. NAUTAMENT, *adv.*, hautement.
Angel... foro per Dieus plus NAUTAMENT nobilitatz en lor condicio.
Eluc. de las propr., fol. 9.
Les anges... furent par Dieu plus *hautement* ennoblis dans leur condition.

12 bis. ADALT, ADAUT, *adj.*, haut, élevé.
Aicist (cambra) m'azauta,
Car es majer e plus ADAUTA.
Roman de Flamenca.
Celle-ci (chambre) m'agrée, car elle est plus grande et plus *haute*.

AMANDOLA, *s. f.*, amande, t. II, p. 62, col. 1.

3. MELLA, *s. f.*, amande.
Oli de MELLAS amaras.
Eluc. de las propr., fol. 84.
Huile d'*amandes* amères.

AMBONILH, *s. m.*, nombril, t. II, p. 70, col. II.

2. UMBRILH, *s. m.*, nombril.
UMBRILH... es el miech loc del corrs.
Eluc. de las propr., fol. 58.
Le *nombril*... est au milieu du corps.

3. OMBELIC, UMBELIC, *s. m.*, lat. UMBILICUS, nombril.
Circuit del OMBELIC.
Curacio de la eminencia del UMBELIC.
Trad. d'Albucasis, fol. 8 et 28.
Circuit du *nombril*.
Guérison de l'éminence du *nombril*.
PORT. *Umbigo*.

4. ENBORIGOL, *s. m.*, nombril.
Del ENBORIGOL en sus son... con home, e del ENBORIGOL en aval aicy con cavals.
Lett. de Preste Jean à Frédéric, fol. 7.
Du *nombril* en sus ils sont... comme homme, et du *nombril* en aval ainsi comme cheval.

AMIRAN, *s. m.*, émir, t. II, p. 72, col. 2.

2. AMIRALH, *s. m.*, émir.
Pus fora ricx d'un AMIRALH.
LAMBERTI DE BONANEL : S' a mon.
Plus je serais riche qu'un *émir*.

AMURCA, *s. f.*, lat. AMURCA, marc d'huile.
Oli... mesclat ab sa fetz dita AMURCA es greu en sabor, et odor provoca vomit.
Eluc. de las propr., fol. 216.
Huile... mêlée avec sa lie dite *marc* est forte en saveur, et l'odeur provoque vomissement.
CAT. ANC. ESP. IT. *Amurca*.

ANGUSTIA, *s. f.*, angoisse, t. II, p. 88, col. 1.

2 bis. ENGUEYSSHA, *s. f.*, angoisse, anxiété.
Si en alcuna partida le pols es trop gran, es mal senhal, quar significa ENGUEYSSHA.
Eluc. de las propr., fol. 50.
Si en aucune partie le pouls est trop grand (fort), c'est mauvais signe, car il signifie *anxiété*.

3 bis. ENGUEYSSHAMENT, *s. m.*, angoisse, tourment.
Per aytal ENGUEYSSHAMENT o sincopizament.
Eluc. de las propr., fol. 87.
Par semblable *angoisse* ou syncope.

4 bis. ENGUEYSSHAR, *v.*, mettre en angoisse, affliger, tourmenter.
Lo pacient sincopiza o s'ENGUEYSSHA.
Eluc. de las propr., fol. 102.
Le malade tombe en syncope ou se *tourmente*.

APCHA, *s. f.*, hache, t. II, p. 101, col. 1.

1 bis. AISSADA, *s. f.*, bêche, sarcloir.
Saumada de margues d'AISSADAS, .I. margue.
Cartulaire de Montpellier, fol. 115.
La charge de manches de *bêches*, un manche.
CAT. *Axada*. ESP. *Azada*. PORT. *Enxada*.

APOSTEMA, *s. m.* (lisez *f.*), apostème, t. II, p. 106, col. 1.

5. POSTEMA, *s. f.*, lat. APOSTEMA, apostème, abcès, apostume.
Non a vergonha de mostrar sas plagas, sas POSTEMAS.
V. et Vert., fol. 52.
Il n'a pas vergogne de montrer ses plaies, ses *apostumes*.
La malva POSTEMA madura.
Brev. d'amor, fol. 50.
La mauve mûrit *abcès*.
ANC. CAT. ESP. PORT. IT. *Postema*.

6. Postemos, postemoz, *adj.*, apostémeux.

Fava es... repercussiva de postemozas collectios.
Eluc. de las propr., fol. 208.

La fève est... répercussive d'*apostémeux* amas (dépôts).

ARCANA, *s. f.*, lat. arcanum, obscurité, nuit sombre, mystère.

Estan lo cel clar e sere, .I. celcle, a semblansa d' arcana, invyronet lo solelh.
Cat. dels apost. de Roma, fol. 5.

Étant le ciel clair et serein, un cercle, à ressemblance d'*obscurité*, environna le soleil.

ARESTOL, *s. m.*, manche de lance, t. II, p. 119, col. 1.

2. Restolh, *s. m.*, chaume.

Froment,... l' espic pren aquest nom, quar *spiculum* vol dire agulho,... palha es dita, quar es pastenc,... mas restolh, quays hasta.
Eluc. de las propr., fol. 208.

Froment,... l'épi prend ce nom, parce que spiculum veut dire aiguillon,... paille est (ainsi) dite, parce qu'elle est pâture,... mais chaume (est ainsi dit comme étant) quasi pique.

ARMAS, *s. f. pl.*, armes, t. II, p. 122, col. 1.

1 bis. Arms, *s. m. pl.*, armes.

Humes so ditz quayssh arms, per diferencia entre home et autras bestias que han arms.
Eluc. de las propr., fol. 47.

Les épaules sont dites quasi *armes*, par différence entre homme et autres bêtes qui ont *armes*.

AROMATIC, *adj.*, aromatique, t. II, p. 125, col. 1.

4. Romatic, *s. m.*, du lat. aromata, aromate.

Tota la glieysa era plena de fum delhs esses e de romatics.
Philomena.

Toute l'église était pleine de fumée des encens et d'*aromates*.

ATRASAG, *adv.*, certainement, t. II, p. 141, col. 1.

2. Atrasatz, atrasaitz, *adv.*, certainement, tout de suite, immédiatement, incessamment.

Sobre .I. sacas
Don mos costas so atrasatz
Afrevolitz.
V. de S. Alexis.

Sur un grand sac dont mes côtés sont *incessamment* affaiblis.

Ara, dis el, er faitz de plan
De me o de vos atrasaitz.
Roman de Jaufre, fol. 19.

Maintenant, dit-il, (ce) sera fait franchement de moi ou de vous *immédiatement*.

AUCIR, ausir, aussir, aucire, *v.*, lat. occidere, occire, tuer, faire mourir.

A fin' amor que m vol a tort aucir.
Giraud le Roux : A ley de.

A pur amour qui me veut à tort *occire*.

El mezeis, ses tot duptar,
Se deuria enans ausir.
T. G. de la Tour et de Sordel : Us amicx.

Lui-même, sans nul douter (sans nul doute), se devrait avant *occire*.

Be m fetz pietz d' aucire...
S' il platz que m' aucia,
Ieu no m' en clam de re.
B. de Ventadour : Lanquan vey.

Bien elle me fit pire qu'*occire*... S'il lui plaît qu'elle me *tue*, je ne m'en récrie de rien.

Moral. Vivifia l' arma e auci lo cors.
Trad. de Bède, fol. 53.

Vivifie l'âme et *occit* le corps.

Fig. Tan m' ausi ab dols martyre
Qu' ie 'lh perdo ma mort francamen.
G. Faidit : Coras que m des.

Tant me *tue* avec doux martyre que je lui pardonne ma mort franchement.

Amor que m' aussi e m trebalha.
Arnaud de Marueil : Dona genser.

Amour qui me *tue* et me tourmente.

La bella felona
Sap qu' ieu l' ai dig : Ab qual gienh m' aucizes.
Rambaud de Vaqueiras : D' amor no.

La belle cruelle sait que je lui ai dit : Avec quel stratagème vous me *tuâtes*.

Part. prés. Aucizens homes, e femnas violans.
Tit. du xiii*e siècle.* Doat, t. CXXV, fol. 97.

Tuant hommes, et femmes violant.

ANC. FR. Lors commanderont à *occierre*
Tous cens de la partie Pierre ;
Mès jà n'auront pooir d'abatre,
Ne por *occire*, ne por batre...
Fuiés, vassaus, fuiés de ci,
A poi que ge ne vous *oci*.
Roman de la Rose, v. 12085 et 2948.

ANC. CAT. *Aucir, auciure, aucidere.*

L'espagnol fait encore usage du participe passé *occiso*.

2. AUCIZEDOR, *s. m.*, tueur.
Li clerc si fan pastor,
E son AUCIZEDOR.
P. CARDINAL : Li clerc.
Les clercs se font pasteurs, et sont *tueurs*.

Molière a dit :
Courage, mon garçon ! tout heur nous accompagne ;
Mettons flamberge au vent, et bravoure en campagne ;
Faisons l'olibrius, l'*occiseur* d'innocents.
L'Étourdi, acte III, scène V.

AUSAR, *v.*, oser, t. II, p. 151, col. II.

6. AUDACIA, *s. f.*, lat. AUDACIA, audace.
Ira, AUDACIA, forsanaria.
Eluc. de las propr., fol. 53.
Colère, *audace*, forcénevie.
CAT. ESP. PORT. IT. *Audacia.*

AUSBERC, *s. m.*, haubert, t. II, p. 152, col. I.

2 *bis.* AUBERGO, *s. m. dim.*, haubergeon, petit aubert.
El pert son AUBERGO e son tabor e sa flauta.
L'Arbre de Batalhas, fol. 120.
Il perd son *haubergeon* et son tambour et sa flûte.

ANC. FR. Soudoiers quatre cens et dix
Armez de cotes à leurs tailles,
Et de bons *hauberjons* à mailles.
G. GUIART, t. II, p. 230.

AZAURA, *s. f.*, tartane, t. II, p. 161, col. I.

2. AZAURO, *s. m.*, barque, chaloupe, esquif.
Sarrazins et Esclaus
Que apparelhan AZAUROS
E galeias e naus.
V. de S. Honorat.
Sarrasins et Esclavons qui appareillent *chaloupes* et galères et navires.

AZUR, *s. m.*, azur, t. II, p. 163, col. II.

2 *bis.* LAZULI, *s. m.*, lat. LAZUL*us*, lazuli, pierre d'azur, lapis lazuli.
Zimec, es peira autrament dita LAZULI, de la qual si fa azur.
Eluc. de las propr., fol. 194.
Zimec, c'est pierre autrement dite *lazuli*, de laquelle se fait azur.

B

BALUC, *adj.*, stupide, t. II, p. 175, col. II.

3. EBALAUZIR, *v.*, abasourdir, ébahir, hébéter.
Part. pas. Ca ravios... torna EBALAUZIT, regardan tot eviro.
Eluc. de las propr., fol. 243.
Chien enragé... devient *abasourdi*, regardant tout environ.

BLIAL, *s. m.*, bliau, t. II, p. 227, col. II.

2. BLESO, BLEZO, *s. m.*, bliau, tunique.
Contra l' ausberc e 'l perpoing e 'l BLESO.
GAUSSERAN DE SAINT-LEIDIER : Puois.
Contre le haubert et le pourpoint et la *tunique*.
Auran sazo
Ausberc et elm e BLEZO.
PIERRE DE BERGERAC : Bel m' es cant.
Auront saison haubert et heaume et *bliau*.

BOBAN, *s. m.*, pompe, t. II, p. 229, col. I.

7. POMPOZITAT, *s. f.*, pompe, ostentation.

Humilment, ses POMPOZITAT.
Eluc. de las propr., fol. 10.
Humblement, sans *ostentation*.
IT. *Pomposità, pompositate, pompositade.*

8. POMPOS, *adj.*, lat. POMPOS*us*, pompeux.
Curiosas raubas ni POMPOSAS.
V. et Vert., fol. 53.
Robes curieuses (recherchées) et *pompeuses*.
CAT. *Pompos.* ESP. PORT. IT. *Pomposo.*

BRIONIA, *s. f.*, lat. BRYONIA, brioine, couleuvrée, sorte de plante.
La razitz de la herba dita BRIONIA.
Eluc. de las propr., fol. 26.
La racine de l'herbe dite *brioine*.
ESP. IT. *Brionia.*

BRIU, *s. m.*, valeur, t. II, p. 259, col. II.

4 *bis.* EMBRIVAMENT, *s. m.*, impétuosité, empressement.
Li cel trespassaran per gran EMBRIVAMENT.
Trad. de la 2e épître de S. Pierre.
Les cieux outrepasseront avec grande *impétuosité*.

6. DESEMBRIAR, *v.*, diminuer, amoindrir.
A totz jorns creys e dobla et asegura
L'amor qu'ie 'l port, mas los fagz DESEMBRIA.
GUILLAUME DE SAINT-DIDIER : El mon.
A toujours elle croît et double et affermit l'amour que je lui porte, mais les faits elle *amoindrit*.

BRONHA, *s. f.*, brugne, t. II, p. 262, col. 1.

2. BRUNHA, *s. f.*, brugne, cuirasse.
Sotz las gonelas an BRUNHAS safradas.
Roman de Gerard de Rossillon, fol. 32.
Sous les gonelles ils ont *cuirasses* saffrées.

BROT, *s. m.*, pousse, t. II, p. 263, col. II.

4 *bis.* BROTONAR, *v.*, boutonner, bourgeonner.
E 'l flor BROTONAN per verjan.
B. DE VENTADOUR : Quant erba.
Et les fleurs *boutonnent* par verger.
Part. pas. Plus colorada
Que rosa de mai BROTONADA.
P. VIDAL : Lai on cobra.
Plus colorée que rose de mai *boutonnée*.

BROYDAR, *v.*, broder.
Part. pas. Es son mantel foldrat a bela guiza,
Ymaginat, BROYDAT.
Palaytz de Savieza.
Est son manteau fourré à belle guise, couvert d'images, *brodé*.
CAT. *Brodar.*

BRUIT, *s. m.*, bruit, t. II, p. 265, col. 1.

3 *bis.* BRUIDA, *s. f.*, bruit.
Non tem BRUIDA ni aluc.
G. PIERRE DE CASALS : Eras pus vey.
Je ne crains *bruit* ni éclat.

C

CABER, *v.*, contenir, t. II, p. 272, col. II.

8 *bis.* CAUSELLA, *s. f.*, châsse.
.IIII. CAUSELLAS a pausar reliquias.
PHILOMENA.
Quatre *châsses* à mettre reliques.

19 *bis.* CAITIVATGE, *s. m.*, captivité.
Selh qu' auran fag bon captenemen
Vays elh, e sofriran CAITIVATGE,
Auran s' amor.
R. GAUCELM DE BEZIERS : A Dieu done.
Ceux qui auront fait bonne conduite vers lui, et souffriront *captivité*, auront son amour.
ANC. CAT. *Captivatge.*

72. SOISSEBRE, SOYSSEBRE, SOICEBRE, SOISEBRE, SOISEUBRE, *v.*, lat. SUSCIPE*re*, prendre, saisir, tirer, imaginer.
Tal vers que ma dona entenda
Don vuelh ma razo SOYSSEBRE.
E. CAIRELS : Era no m vey.
Tel vers que ma dame entende dont je veux mon sujet *tirer*.
Pieg l' es que mal de febre
Qui tot o vai SOISEBRE.
ARNAUD DE MARSAN : Qui comte.
Pire lui est que mal de fièvre qui tout le va *saisir*.
Li conseillet qu' el en fezes una en aital guiza qu' el SOISEUBES de las autras bonas

domnas e bellas, de chascuna una beutat.
V. de Bertrand de Born.
Lui conseilla qu'il en fit une de telle façon qu'il *prît* des autres bonnes dames et belles, de chacune une beauté.

   Non a merce
  Ab se ni non SOYSSEP.
    AIMERI DE PEGUILAIN : Ses mos apleg.
N'a merci avec soi ni ne *prend*.
Part. pas. Per far domna SOICEBUDA
   Tro vos me siatz renduda.
    BERTRAND DE BORN : Domna puois.
Pour faire dame *imaginée* jusqu'à ce que vous me soyez rendue.

CABRA, *s. f.*, chèvre, t. II, p. 282, col. 1.

6 *bis.* CAPRIOL, *s. m.*, lat. CAPREOL*us*, cirrhe, tendon de vigne.
 Los ligamens de payshels e d'aybres so ditz CAPRIOLS.
    Eluc. de las propr., fol. 225.
Les ligaments de pieux et d'arbres sont dits *cirrhes*.
IT. *Capriolo, capriuolo.*

CALV, *adj.*, chauve, t. II, p. 297, col. 1.

4 *bis.* CALVARIA, *s. f.*, lat. CALVARIA, Calvaire.
 Golgota, es le mont CALVARIA, on, per nos, nostre Salvador fo mes en crotz.
    Eluc. de las propr., fol. 159.
Golgota, c'est le mont *Calvaire*, où, pour nous, notre Sauveur fut mis en croix.
CAT. *Calvari.* ESP. PORT. IT. *Calvario.*

CAMOMILLA, *s. f.*, camomille, t. II, p. 303, col. 1.

2. CAMO, *s. f.*, camomille.
 Las cervias... manjan las herbas CAMO et sizolis.
    Eluc. de las propr., fol. 245.
Les biches... mangent les herbes *camomille* et sison.

CANCELLAR, *v.*, biffer, t. II, p. 308, col. II.

1 *bis.* CANCELIER, CHANCELLIER, *s. m.*, lat. CANCELL*arius*, chancelier.

 Senhatz per lo CANCELIER.
   Leys d'amors, LALOUBÈRE, p. 48.
Signé par le *chancelier*.
 Fulbert que... fo CHANCELLIER del rey Robert.
   Cat. dels apost. de Roma, fol. 136.
Fulbert qui... fut *chancelier* du roi Robert.
CAT. *Caceller.* ANC. ESP. *Canceller, chanceller, chanceler, canciller, cancellero.* ESP. MOD. *Cancelario.* PORT. *Chanceller, cancellario.* IT. *Cancelliere.*

1 *ter.* CANCELLARIA, *s. f.*, lat. CANCELLARIA, chancellerie.
 Inspection dels rotles de notra CANCELLARIA.
   Priv. conc. par les R. d'Angleterre, p. 40.
Inspection des rôles de notre *chancellerie*.
CAT. *Cancelleria.* ANC. ESP. *Cancelleria, chancilleria.* ESP. MOD. *Cancelaria, canceleria.* PORT. *Chancellaria.* IT. *Cancelleria.*

1 *quater.* VICECANCELIER, *s. m.*, vice-chancelier.
 Era... VICECANCELIER.
   Cat. dels apost. de Roma, fol. 216.
Était... *vice-chancelier*.
CAT. *Vicecanciller.* ESP. *Vicecanciller, vicecancelario.* PORT. *Vicechanceller.*

CAP, *s. m.*, chef, t. II, p. 317, col. II.

43 *bis.* ESCABELHAR, *v.*, écheveler, décheveler.
  En Barrau s' ESCABELHA
  Coma negat.
   RAMBAUD DE VAQUEIRAS : El so que.
Le seigneur Barral s'*échevelle* comme noyé.
CAT. PORT. *Escabellar.*

CARN, *s. f.*, chair, t. II, p. 339, col. 1.

5 *bis.* CARNULHA, *s. f.*, carnosité, morceau de chair.
 Propris istrumens de virtut odorativa so doas CARNULHAS pendens dins las narrs.
    Eluc. de las propr., fol. 40.
Les propres instruments de vertu odorative sont deux *morceaux de chair* pendant dans les narines.

CAST, *adj.*, chaste, t. II, p. 352, col. II.

1 *bis.* CHASTE, *adj.*, chaste.

Li veil sunt amesurat e CHASTE.
Trad. de Bède, fol. 77.

Les vieux sont modérés et *chastes.*

CASTOR, *s. m.*, castor, t. II, p. 355, col. II.

3. DIACASTOREUM, *s. m.*, diacastoreum, sorte de médicament.

Pillula de DIACASTOREUM ab suc de rutha.
Eluc. de las propr., fol. 85.

Pilules de *diacastoreum* avec suc de rue.

CATOLIX (lisez CATOLIC), *adj.*, catholique, t. II, p. 357, col. II.

3. CATHOLIAL, *adj.*, catholique.

La qual epistola conte planeiramen la fe CATHOLIAL.
Cat. dels apost. de Roma, fol. 18.

Laquelle épître contient plénièrement la foi *catholique.*

CAV, *adj.*, creux, t. II, p. 365, col. I.

3 *bis.* CAVITAT, *s. f.*, lat. CAVITA*tem*, cavité.

Arch celeste... no es res plus mas subintracio dels rachtz dins la CAVITAT de la nivol aigoza.

So dedins cavs,... e lor CAVITAT es util.
Eluc. de las propr., fol. 120 et 47.

L'arc céleste... n'est rien plus qu'insinuation des rayons dans la *cavité* de la nuée aqueuse.

Sont dedans creux,... et leur *cavité* est utile.

CAT. *Cavitat.* ESP. *Cavidad.* PORT. *Cavidade.* IT. *Cavità, cavitate, cavitade.*

CELAR, *v.*, celer, t. II, p. 371, col. II.

14. SALLAR, *v.*, couvrir, envelopper, affubler, coiffer.

Par extens. Ja del mantel no m vuel SALLAR.
T. DE GUIGO ET DE BERNARD: Ara parra.

Jamais du manteau je ne me veux *affubler.*

Part. pas. Escut al colh cavalgu'ieu ab tempier,
E port SALLAT capairon traversier.
BERTRAND DE BORN: Ieu m' escondisc.

L'écu au cou que je chevauche avec mauvais temps, et porte *coiffé* chaperon traversier.

S. Marti, a qui Dieus aparec la nueg apres cant elh ac partit lo mantell al paure, e vezia 'l Dieus SALLAT, et dizia a sos angels...: Marti encaras non es batejatz, mas cubert d' aquest mantell.
V. et Vert., fol. 74.

Saint Martin, à qui Dieu apparut la nuit après qu'il eut partagé le manteau avec le pauvre, et Dieu le voyait *affublé,* et disait à ses anges...: Martin encore n'est pas baptisé, mais couvert de ce manteau.

CELIDONIA, *s. f.*, chélidoine, t. II, p. 373, col. II.

2. CELIDONI, *s. m.*, chélidoine, sorte de pierre précieuse.

CELIDONI es peyra,... granda en virtut et preciozitat.
Eluc. de las propr., fol. 186.

La *chélidoine* est pierre,... grande en vertu et valeur.

CERRA, *s. f.*, scie, t. II, p. 383, col. I.

2. SERRA, SERA, *s. f.*, scie.

Cocodrille,... sas dens so... a guiza de penche o de SERRA.
Eluc. de las propr., fol. 247.

Crocodile,... ses dents sont... à guise de peigne ou de *scie.*

Fig. Pretz mais............
Clar dig ab obra polia
Qu' escurs motz ab SERA ni lia.
LANFRANC CIGALA: Escur prim.

Je prise davantage... clair propos avec œuvre polie qu'obscurs mots avec *scie* et lime.

Loc. fig. Nas de SERA
Del lignage de Nadaul.
GUILLAUME DE BERGUEDAN: Mal o fetz.

Nez de *scie* du lignage de Nadaul.

— Sorte de poisson.

La SERRA es .I. peys ab alas.
Naturas d' alcunas bestias.

La *scie* est un poisson avec ailes.

CESSAR, *v.*, cesser, t. II, p. 388, col. II.

4. CESSATIO, *s. f.*, lat. CESSATIO, cessation, cesse.

La CESSATIO de la febre.
Trad. d'Albucasis, fol. 24.

La *cessation* de la fièvre.

CHA

CAT. *Cessació.* ESP. *Cessacion.* PORT. *Cessação.*
IT. *Cessazione.*

CESSIO, *s. f.*, cession, t. II, p. 388, col. II.

2. ASESSAR, *v.*, approcher, avancer, transporter.

Elh se va ASESSAR al palaitz.
PHILOMENA.
Il se va *transporter* au palais.

CEU, *s. m.*, suif, t. II, p. 391, col. I.

2. SEF, SEU, *s. m.*, suif.

N Aimars fai lum en sa cambra
De SEF ardent.
GUILLAUME DE SAINT-GREGORI: Ben grans.
Le seigneur Aimar fait lumière dans sa chambre de *suif* ardent.

Et onhi lo de SEU.
Trad. du Tr. de l'Arpentage, part. I, c. 35.
Et je l'oins de *suif.*

CHAPLE, *s. m.*, carnage, t. II, p. 391, col. II.

3 *bis.* CLAPAR, *v.*, lat. SCALPERE, couper, tailler, mettre en pièces, trancher, massacrer.

Can Rollans vi sa gen si be aparelhatz,
En auta votz escria: Senhors, ara CLAPATZ.
Roman de Fierabras, v. 472.
Quand Roland vit sa gent si bien apprêtée, à haute voix il s'écrie: Seigneurs, maintenant *taillez.*

Part. pas.

Pus l' anan d' una legua an ferit e CLAPAT.
Roman de Fierabras, v. 1576.
Plus de l'allant (la durée) d'une lieue ils ont frappé et *taillé.*

— Tacheter, marquer.

Una serpen negra e CLAPADA.
V. de S. Honorat, en prose.
Un serpent noir et *tacheté.*

ANC. CAT. *Clapar.* CAT. MOD. ESP. *Capolar.*

CHAU, *s. m.*, hibou, t. II, p. 392, col. I.

2. CAU, *s. m.*, hibou, choucas.

Bubo, o CAUS, fa menutz uous vayrs et am frevol test.
Eluc. de las propr., fol. 277.

CIM

Hibou, ou *choucas,* fait menus œufs vairs et avec faible coquille.

CHIFLA, *s. f.*, sifflement, t. II, p. 392, col. II.

2 *bis.* CHUFANIER, *s. m.*, railleur, moqueur, persifleur.

Fastigos,
CHUFANIERS e vil janglos.
P. VIDAL: Abril issic.
Dégoûté, *railleur* et vil hâbleur.

CICLE, *s. m.*, cycle, t. II, p. 394, col. II.

3. SICLE, *s. m.*, lat. SICL*us*, sicle, sorte de monnaie juive, quatrième partie de l'once grecque et romaine.

Per .CC. SICLES d' argent.
Eluc. de las propr., fol. 160.
Pour deux cents *sicles* d'argent.

CAT. ESP. *Siclo.*

CICOGNIA, *s. f.*, cigogne, t. II, p. 394, col. II.

2. SEGONHO, *s. m.*, cigoneau, petit de la cigogne.

Soritz e 'l petit SEGONHO
Fan mudar auzel.
DEUDES DE PRADES, *Auz. cass.*
Souris et les petits *cigoneaux* font muer oiseau.

CAT. *Cicony.* ESP. *Cigoñino.* IT. *Cicognino.*

3. SEGUNHOLA, *s. f. dim.,* petite cigogne.

Aissi cum la SEGUNHOLA
Baisa, leva, torn' avau.
MARCABRUS: Pus la fuelha.
Ainsi comme la *petite cigogne* (s') abaisse, (s') élève, retourne en bas.

CIMEN, *s. m.*, ciment, t. II, p. 396, col. II.

2. ASIMENTAR, *v.*, cimenter.

— *Fig.* Établir, consolider.

Part. pas. Una arca... ben ASIMENTADA dedins e deforas.
Abrég. de l'A. et du N. T., fol. 3.
Une arche... bien *établie* dedans et dehors.

ESP. *Acimentar.*

CITHARA, *s. f.*, harpe, t. II, 399, col. 1.

2 *bis*. CITARIZAIRE, CITARIZADOR, *s. m.*, harpiste, joueur de lyre.
> Vous de CITARIZADORS e de musicadors.
> *Trad. de l'Apocalypse de S. Jean,* ch. 18.

Voix de *joueurs de lyre* et de musiciens.

5. SITOLAR, SISTOLAR, *v.*, jouer de la citole, du sistre.
> SITOLAR
> E mandurcar.
> GIRAUD DE CALANSON : Fadet joglar.

Jouer *du sistre* et jouer de la mandore.

Un manuscrit porte SISTOLAR.

CLARA, *s. f.*, glaire, t. II, p. 406, col. 1.

2. CLAR, *s. m.*, glaire, blanc d'œuf.
> Aquesta terra... ab CLAR de nou la destrempa.
> *Eluc. de las propr.,* fol. 266.

Cette terre... avec *glaire* d'œuf il la détrempe.

CLAU, *s. m.*, clef, t. II, p. 406, col. 11.

37 *bis*. INCLURE, *v.*, enclore, renfermer.
Part. pas. Calor INCLUSA resolvent l'ayga en fumozitat.
> *Eluc. de las propr.,* fol. 24.

Chaleur *renfermée* résolvant l'eau en vapeur.

CLISTERI, *s. m.*, clystère, t. II, p. 417, col. 11.

4. CRISTERIZAR, *v.*, lat. CLYSTERISARE, clystériser.
Part. pas. Que la femna sia CRISTERIZADA de mucellage de ptilli.
> *Trad. d'Albucasis,* fol. 36.

Que la femme soit *clystérisée* avec mucilage de tilleul.

ESP. *Clisterizar*. IT. *Cristerizzare*.

COBEITOS, *adj.*, cupide, t. II, p. 420, col. 1.

7 *bis*. COBEDEZA, COBEEZA, *s. f.*, convoitise.
> Avareza es preonda,
> E COBEDEZA non a fons.
> DEUDES DE PRADES, *Poëme sur les Vertus.*

Avarice est profonde, et *convoitise* n'a pas de fond.

> Aflamat de tan grant COBEEZA.
> *Trad. de Bède,* fol. 47.

Enflammé de si grande *convoitise*.

COCA, *s. f.*, presse, t. II, p. 425, col. 11.

10 *bis*. ACOCHAMEN, *s. m.*, promptitude, empressement.
> Ab tota vivassedat o ACOCHAMEN anon.
> *Regla de S. Benezeg,* fol. 53.

Qu'avec toute vivacité ou *promptitude* ils aillent.

CODE, *s. m.*, coude, t. II, p. 427, col. 1.

4 *bis*. ACODAR, *v.*, accouder, appuyer sur le coude.
Part. pas.
> Als fenestrals del marbre esta totz ACODATZ.
> *Roman de Fierabras,* v. 4550.

Aux fenêtres de marbre il est tout *accoudé*.

CODOING, *s. m.*, coing, t. II, p. 428, col. 11.

2. CODONHIC, *s. m.*, cognassier.
> Storax, es gota... d'un aybre... qui semla CODONHIC.
> *Eluc. de las propr.,* fol. 222.

Storax, c'est goutte... d'un arbre... qui ressemble au *cognassier*.

COGUL, *s. m.*, coucou, t. II, p. 432, col. 1.

6 *bis*. COGULAR, *v.*, cocufier, abâtardir.
> Aquels conpainos
> Qui fan lo noirim COGULAR.
> MARCABRUS : L' autr' ier.

Ces compagnons qui font la race *abâtardir*.

COHERTIO, COHERTION, *s. f.*, lat. COERTIONEM, coercition.
> La juridiction, COHERTION, compulcion.
> *Tit. de* 1413, *de Sainte-Eulalie de Bordeaux.*

La juridiction, *coercition,* compulsion.

ANC. CAT. *Cohercio*. ESP. *Coercion*.

COIL, *s. m.*, testicule, t. II, p. 433, col. 1.

COL

5. Escolhar, *v.*, ôter les testicules, châtrer.

— *Part. pas. substantiv.* Eunuque.

.I. escolhat de Eracle l'emperador....
L'avan dih escolhatz dih que a penas l'emperaire podia donar las toguas.
Cat. dels apost. de Roma, fol. 83.

Un *eunuque* d'Héraclius l'empereur.... L'avantdit *eunuque* dit qu'à peine l'empereur pouvait donner les toges.

COILLIR, *v.*, cueillir, t. II, p. 433, col. II.

11 *bis.* Escoill, escuelh, escueilh, escueill, *s. m.*, accueil, manière, conduite, genre, espèce.

Tant es genta e de belh escuelh,
Qu' enveia m tol d' autra s' amor.
Guillaume de Cabestaing : Aisi cum.

Tant elle est gentille et de bel *accueil*, qu'envie m'ôte d'autre son amour.

Ar for' el sobeiran escueilh
D' amor, s' auzes clamar mercei.
Aimeri de Sarlat : Quan si.

Maintenant je serais à la souveraine *manière* d'amour, si j'osasse (j'osais) crier merci.

E 'l noves, N Arnautz de Maruelh,
Qu' ades lo vey d' avol escuelh.
Le moine de Montaudon : Pus Peire.

Et le neuvième, le seigneur Arnaud de Maruell, vu qu'incessamment je le vois de mauvais *accueil*.

Ill sei beill oill
Mi son d' escoill
Tal que m conort.
R. Bistors : Aissi cum.

Les siens beaux yeux me sont d'*accueil* tel que je m'encourage.

Son falcon o d' aquel escueill.
Deudes de Prades, *Auz. cass.*

Ils sont faucons ou de cette *espèce*.

COLAR, *v.*, couler, t. II, p. 437, col. I.

7. Trascolar, *v.*, filtrer.

— *Fig.* Passer sous silence, garder le silence, dissimuler.

De tos tortz, cor que trascoles,
Auras ir' e marrimen.
P. Cardinal : Jhesum Crist.

COR

De tes torts, bien que tu *dissimules*, tu auras tristesse et chagrin.

cat. esp. *Trascolar.*

COMB, *adj.*, courbe, t. II, p. 447, col. I.

2. Combement, *s. m.*, enfoncement, cavité.

Per aquela meteyssha razo las femnas abhortissho, quar la humor corrent ves la mayritz, la grevia et mollifica los ligamens o fermalhs dels combementz,... et es causa de habortiment.
Eluc. de las propr., fol. 27.

Par cette même raison les femmes avortent, car l'humeur courant vers la matrice, la grève et amollit les ligamens ou fermoirs des *cavités*,... et est cause d'avortement.

COMEDIA, *s. f.*, lat. comoedia, comédie, sorte de composition littéraire.

Sicilia,... premier en aquesta ysla fo atrobada comedia, que es una maniera de dictar.
Eluc. de las propr., fol. 180.

La Sicile,... premièrement en cette île fut trouvée (inventée) la *comédie*, qui est une manière de composer.

CONCA, *s. f.*, bassin, t. II, p. 455, col. II.

1 *bis.* Conchill, *s. m.*, lat. conchyl*ium*, coquille.

Autras conchas... so... ditas autrament conchills.
Eluc. de las propr., fol. 156.

Autres conques... sont... dites autrement *coquilles*.

anc. it. *Conchillo.*

COR, *s. m.*, cœur, t. II, p. 473, col. II.

26 *bis.* Encoratjar, *v.*, encourager, exciter.

Part. pas. Soi fort encoratjada
Que us renda guazardo.
Amanieu des Escas : En aquel mes.

Je suis fort *encouragée* que je vous rende guerdon.

it. *Incoraggiare.*

CORB, *adj.*, courbe, t. II, p. 479, col. II.

1 *bis.* Corba, *s. f.*, courbe, croc, corbin.

Est bisbatz, nas de CORBA.
>GUILLAUME DE BERGUEDAN: Chanson ai.
>Cet évêque, nez-de-*courbe*.

CAT. ESP. PORT. *Curva*.

CORDA, *s. f.*, corde, t. II, p. 480, col. II.

9 *bis*. CORDENC, *adj.*, de corde.
>Ungla... ab la carn et ab la pel unida, ab ligamens CORDENCS.
>*Eluc. de las propr.*, fol. 49.
>Ongle... uni avec la chair et avec la peau, avec ligaments *de corde*.

CORN, *s. m.*, corne, t. II, p. 486, col. I.

8 *bis*. UNICORN, *adj.*, lat. UNICORN*is*, unicorne, qui n'a qu'une seule corne.
>Rinoceron es UNICORN,... quar no ha mas un corn el miech del front.
>*Eluc. de las propr.*, fol. 257.
>Le rhinocéros est *unicorne*,... parce qu'il n'a qu'une corne au milieu du front.

COTOFLE, *s. m.*, bouteille.
>De dolio vini, unum denarium et unum *cotofle* vini.
>*Statuta Massiliæ*, lib. I, cap. 39.
>Mostret las thoalhas e 'l COTOFLE que lutz,
>Per la significansa............
>Que lor pas e lor vis es manjatz e begutz.
>GUILLAUME DE TUDELA.
>Il montra les nappes et la *bouteille* qui luit, pour la significance... que leur pain et leur vin est mangé et bu.

ESP. *Cotofre*.

COZER, *v.*, cuire, t. II, p. 504, col. I.

15. SOBRECOZER, *v.*, sur-cuire, cuire beaucoup, extrêmement.
>*Part. pas.* Prumier si engendra flecma, que es humor quayssh mech cuecha; apres sanc, qui es humor perfiechament cuecha; apres colra, que es SOBRECUECHA.
>*Eluc. de las propr.*, fol. 29.
>Premièrement s'engendre flegme, qui est humeur quasi mi-cuite; après sang, qui est humeur parfaitement cuite; après bile, qui est *sur-cuite*.

CREBAR, *v.*, crever, t. II, p. 507, col. II.

4 *bis*. CREBAMEN, *s. m.*, crèvement.
>Aisso fes per CREBAMEN e per evasimen del diable.
>*Abr. de l'A. et du N. T.*, fol. 11.
>Cela il fit pour *crèvement* et pour anéantissement du diable.

CREIRE, *v.*, croire, t. II, p. 509, col. I.

11 *bis*. MENSCREIRE, MENESCREIRE, *v.*, mécroire, ne pas croire.
>*Part. prés. subst.* Lai on pres vilmen
>Dieus mort per afics
>De MENSCREZENS tricx.
>G. FABRE DE NARBONNE: Pus dels maiors.
>Là où Dieu prit ignominieusement mort par obstination de *mécréants* trompeurs.
>Cum fan los heretges e los MENESCREZENS.
>*V. et Vert.*, fol. 102.
>Comme font les hérétiques et les *mécréants*.

CREPCHA, *s. f.*, crèche, t. II, p. 514, col. II.

2. GREPIA, *s. f.*, crèche.
>Ero en la GREPIA on fo pauzatz Jhesu Crist.
>*Cat. dels apost. de Roma*, fol. 5.
>Étaient dans la *crèche* où fut posé Jésus-Christ.

CRIDAR, *v.*, crier, t. II, p. 515, col. II.

5 *bis*. CRIOR, *s. f.*, clameur.
>Lo coms reisedet de la frior,
>Et entendet la nosa e la CRIOR.
>*Roman de Gerard de Rossillon*, fol. 7.
>Le comte se réveilla de la frayeur, et entendit la noise et la *clameur*.

CUER, *s. m.*, cuir, t. II, p. 527, col. I.

10 *bis*. CORREYA, *s. f.*, courroie, cordon, ceinture.

— *Par extens.* Champ étroit et allongé, désigné par la plantation ou la culture qui s'y trouvait.
>CORREYA de vinha, ab la terra et loc en que es.
>*Tit. de* 1412, *de Bordeaux*. Bibl. Monteil.
>*Courroie* de vigne, avec la terre et lieu en quoi elle est.

14 *bis*. CORRECTOR, *s. m.*, lat. CORRECTOR, correcteur.

Angel.,... segon la Scriptura,... so nostres istruidors en dubietat, liberadors de captivitat,... refrenadors de malignitat,... de nostres peccatz CORRECTORS.

Eluc. de las propr., fol. 13.

Les anges,... selon l'Écriture,... sont nos instructeurs dans le doute, libérateurs de captivité,... modérateurs de malignité,... de nos péchés correcteurs.

CAT. ESP. PORT. *Corrector.* IT. *Correttore.*

22. ESQUIRAR, *v.*, déchirer.

Tray sos pels, ESQUIRA sa cara.
V. de S. Honorat.
Tire ses cheveux, *déchire* sa face.

CYNOBRE, CINOBRI, SINOBRE, SINOBRI, *s. m.*, lat. CINNABARI, cinabre.

CYNOBRE, es color... mot bona a tinctura.
Sindaracha,... es sa color de CINOBRI.
Eluc. de las propr., fol. 267.

Cinabre, c'est couleur... moult bonne à teinture.
Sandaraque,... est sa couleur de *cinabre.*

ESP. *Cinabrio.* PORT. *Cinabrio, cynabrio.* IT. *Cinabro.*

CYRURGIA, *s. f.*, chirurgie, t. II, p. 533, col. II.

3. SURGIER, *s. m.*, chirurgien.

Si tu voles que lo SURGIER te guarisca.
V. et Vert., fol. 69.
Si tu veux que le *chirurgien* te guérisse.

D

DENFRA, *prép.*, dans, t. III, p. 24, col. 1.

2. ENFRA, *adv.*, lat. INFRA, en bas, dessous, pendant.

Sian preferidas ENFRA un mes.
Statuts de Provence. BOMY, p. 47.
Qu'elles soient préférées *pendant* un mois.

DIR, *v.*, dire, t. III, p. 52, col. II.

31 *bis.* MALEZIR, *v.*, mal dire, déprécier.

L' enveios MALEZEIS lo ben d' autrui.
V. et Vert., fol. 37.
L'envieux *déprécie* le bien d'autrui.

DISPUTA, *s. f.*, dispute, t. III, p. 61, col. 1.

3. DISPUTAR, *v.*, disputer, discuter.

De resurectio vuelh ab tu DISPUTAR.
IZARN: Diguas me tu.
Touchant la résurrection je veux avec toi *discuter.*

Ins en son cor si DISPUTET
Si feira zo que l' angel ditz.
Trad. d'un Évang. apocr.
Dedans en son cœur il *discuta* s'il ferait ce que l'ange dit.

Se levero DISPUTANT amb Esteve.
Trad. des Actes des Apôtres, ch. 6.
Ils se levèrent *disputant* avec Étienne.

4. DISPUTATIO, *s. f.*, lat. DISPUTATIO, dispute, contestation, débat.

Apres motas paraulas e motas DISPUTATIOS.
Cat. dels apost. de Roma, fol. 36.
Après de nombreuses paroles et de nombreuses *contestations.*

ANC. ESP. *Disputacion.* IT. *Disputazione.*

5. DISPUTAMENT, DISPUTAMEN, *s. m.*, dispute, discussion.

Encar te vuelh cometre d' autres DISPUTAMENS.
IZARN: Diguas me tu.
Encore je te veux provoquer à d'autres *discussions.*
IT. *Disputamento.*

6. DISPUTAIRE, DISPUTADOR, *s. m.*, lat. DISPUTATOR, disputeur, discoureur, dissertateur.

Ylari,... lo quals era grans clercz e perfons e sotils e grans DISPUTAIRES de las Sanhtas... Escripturas.
Cat. dels apost. de Roma, fol. 39.
Hilaire,... lequel était grand clerc et profond et subtil et grand *dissertateur* touchant les Saintes... Écritures.

CAT. ESP. PORT. *Disputador.* IT. *Disputatore.*

7. ESPUTAMEN, *s. m.*, dispute, discussion.

Er gran l'ESPUTAMEN,
Que jes mi dons no vol crotz adorar.
T. DE BONFILS ET DE GIRAUD: Auzit ay dir.

Sera grande la *dispute*, vu que point ma dame ne veut croix adorer.

DISTINCTIO, *s. f.*, distinction, t. III, p. 60, col. II.

3 *bis*. INDISTINCT, *adj.*, lat. INDISTINC-*tus*, indistinct.

Si es mut naturalment, es sort, et sa votz es INDISTINCTA.
Eluc. de las propr., fol. 45.

S'il est muet naturellement, il est sourd, et sa voix est *indistincte*.

CAT. Indistinct. ESP. Indistinto. PORT. Indistincto. IT. Indistinto.

DON, *s. m.*, maître, t. III, p. 66, col. II.

5 *bis*. DAMA, *s. f.*, dame.

DAMA, ditz En Lucatz, no fassam alonguier.
GUILLAUME DE TUDELA.

Dame, dit le seigneur Lucas, ne faisons pas retardement.

CAT. ESP. PORT. IT. *Dama*.

6 *bis*. DONZELLET, *s. m. dim.*, damoiselet, petit damoisel.

Le DONZELLET hac gran paor.
Roman de Flamenca.

Le *petit damoisel* eut grande peur.

DYALLAQUILON, *s. m.*, diachylon.

Am emplastre mollificatiu, ayssi cum DYALLAQUILON ben fayt.
Trad. d'Albucasis, fol. 65.

Avec emplâtre adoucissant, ainsi comme *diachylon* bien fait.

E

EGESTIO, *s. f.*, lat. EGESTIO, évacuation, excrément, éjection.

EGESTIO passerina.
DEUDES DE PRADES, *Auz. cass.*

Éjection de passereau.

ESP. *Egestion*. IT. *Egestione*.

EISUGAR, *v.*, essuyer, t. III, p. 99, col. II.

3. EISSUCH, *adv.*, à sec.

EISSUCH, s' en van per lo sablon.
V. de S. Honorat.

A sec, ils s'en vont sur le sable.

4. ESUGAMENTZ, *adv.*, à sec.

Passeron mar Roza a pes, ESUGAMENTZ.
PIERRE DE CORBIAC : El nom de.

Passèrent la mer Rouge à pieds, *à sec*.

ELME, ELM, *s. m.*, heaume, casque.

L' ELME, qu' es clars e forbitz,
A pres en son cap e lassat.
Ab aitan l' ELME deslassa.
Roman de Jaufre, fol. 11 et 15.

L'*heaume*, qui est clair et fourbi, il a pris en son chef et lacé.
Partant l'*heaume* il délace.

ELMS et ausbercx et alcoto.
BERTRAND DE BORN : Lo coms m'a.

Heaumes et hauberts et cotte-de-maille.

EMPAIG, *s. m.*, empêchement, t. III, p. 114, col. I.

1 *bis*. EMPAG, EMPAH, *s. m.*, empêchement, obstacle.

Nueg e jorn son en aguag
Per far en cort dan et EMPAG.
P. VIDAL : Baros Jhesus.

Nuit et jour ils sont en aguet pour faire en cour dommage et *empêchement*.

Ni s pot ges creysser ni mermar...
Ni tolre per negun EMPAH.
Brev. d'amor, fol. 13.

Ni (ne) se peut point croître ni diminuer... ni ôter par nul *empêchement*.

A tota gent iest EMPAGZ
Cuy enueia ta companha.
LE MOINE DE MONTAUDON : Gasc pec.

Tu es *embarras* à toute gent à qui ennuie ta compagnie.

2 *bis*. EMPACHA, EMPAICHA, EMPAITA, *s. f.*, empêchement, obstacle.

Ses tota EMPACHA.
JEAN ESTEVE : El dous temps.

Sans nul *empêchement*.

O EMPAICHA o desempaicha.
BERTRAND DE BORN : Peire pantais.

Ou *obstacle* ou débarras.

Tristitia es EMPAITA de la divina visio.
Trad. de Bède, fol. 39.
Tristesse est *empêchement* de la divine vision.

4 bis. EMPAICHAR, ENPAICHAR, EMPAITAR, ENPAITAR, ENPAZAR, EMPECHAR, *v.*, empêcher, embarrasser.

Sol la via EMPECHAR.
P. CARDINAL : Predicator tenc.
Il a coutume d'*embarrasser* la voie.

Pensamens no m' ENPAICHA...
De far un novel sirventes.
BERTRAND DE BORN : Guerra e trebal.
Pensée ne m'*empêche*... de faire un nouveau sirvente.

ENPAITON la via dreita.
DEUDES DE PRADES, *Auz. cass.*
Ils *embarrassent* la voie droite.

D' al ren ne 'l sai ENPAZAR.
UN TROUBADOUR ANONYME, *Coblas esparsas.*
D'autre chose je l'en sais *embarrasser*.

Part. pas. Nucha,... si era nafrada o algunament EMPACHADA,... hom moria de leu.
Eluc. de las propr., fol. 50.
Nuque (cervelet),... si elle était blessée ou aucunement *embarrassée*,... on mourrait avec promptitude.

D' alcunas ocupacios EMPAITADA.
Trad. de Bède, fol. 20.
Empêchée d'aucunes occupations.

5 bis. DESEMPAICHA, *s. f.*, débarras.
O empaicha o DESEMPAICHA.
BERTRAND DE BORN : Peire pantais.
Ou obstacle ou *débarras*.

ENCOCAR, *v.*, encocher.
Fig. En talent ai q' un serventes ENCOC
Per trair' a cels q' an mes pres a deroc.
DURAND, TAILLEUR DE PAERNES : En talent.
J'ai en désir qu'un sirvente j'*encoche* pour tirer à ceux qui ont mis mérite en ruine.

IT. *Incoccare.*

ENSOZSAR, *v.*, salir, souiller.
Non prenas de las lurs filhas molhers a tos filhs, que cant els fossan ensozsazs dels orreament de lurs Dieus, farian ENSOZSAR los tieus filhs.
Hist. de la Bible en prov., fol. 34.
Ne prends pas des leurs filles (pour) femmes pour tes fils, vu que combien (autant) qu'ils seraient souillés de l'horreur de leurs Dieux, ils feraient *souiller* les tiens fils.

Part. pas. ENSOZSAZS del orreament de lurs Dieus.
Hist. de la Bible en provenç., fol. 34.
Souillés de l'horreur de leurs Dieux.

CAT. *Ensutzar, ensutzear, ensutziar.* ESP. *Ensuciar.* IT. *Insucidare.*

ENTRE, *prép.*, entre, t. III, p. 130, col. 1.

2. SOENTRE, *adv.*, ensuite, à la suite.
Aprop parlet don F., le coms, SOENTRE.
Vic venir Bertram de lonh, SOENTRE.
Roman de Gerard de Rossillon, fol. 77 et 95.
Après parla le seigneur Folquet, le comte, *ensuite*.
Il vit venir Bertrand de loin, *ensuite*.

— Par intervalle.
Mais valh ieu qu' el romieus cui vai SOENTRE.
Roman de Gerard de Rossillon, fol. 110.
Je vaux mieux que le pèlerin à (vers) qui elle va *par intervalle*.

— *Prép.* Après.
SOENTRE lui en mange l'onrat rei dels Frances.
SORDEL : Planher vuelh. *Var.*
Qu'*après* lui en mange l'honoré roi des Français.

ESCOLA, *s. f.*, école, t. III, p. 152, col. II.

3. ESCOLAN, ESCOLA, *s. m.*, écolier, apprenti, élève.
Lo mejes lo sec dreita via
Am des ESCOLANS que avia,
Que van am lui matin e ser
Per appenre de son saber.
V. de S. Honorat.
Le médecin le suivit droit chemin avec dix *élèves* qu'il avait, qui vont avec lui matin et soir pour apprendre de son savoir.

Tan tost lo maistre vent
E totz sos ESCOLAS issament.
Trad. de l'Évang. de l'Enfance.
Aussitôt le maître vint et tous ses *écoliers* pareillement.

4. ESCOLIER, *s. m.*, écolier.
Demandet s' en est luc avia clergier,
E l' ermitas respon ni ESCOLIER.
Roman de Gerard de Rossillon, fol. 83.

Demanda si en ce lieu il y avait prêtre, et l'ermite répond ni *écolier*.

5. Escolastic, scolastic, *adj.*, *scholasticus*, scolastique, de l'école.

En las estorias escolasticas.
El maestre en la scolastica estoria.
Cat. dels apost. de Roma, fol. 6 et 11.

Dans les histoires *scolastiques*.
Le maître dans l'histoire *scolastique*.

cat. *Escolástic.* esp. port. *Escolastico.* it. *Scolastico.*

ESCUR, *adj.*, lat. *obscurus*, obscur.

La mort del jove rei engles,
Don reman pretz e jovent doloiros,
E 'l mon escurs e tenhs e tenebros.
Bertrand de Born: Si tut li.

La mort du jeune roi anglais, de quoi demeure mérite et amabilité douloureux, et le monde *obscur*, et teint et ténébreux.

Mais am, la nuoc escura,
Tenir mi don.
T. de Simon et d'Albert: N Albert.

Davantage j'aime, (durant) la nuit *obscure*, tenir ma dame.

Fig. Escur, prim chantar e sotil
Sabria far, si m volia.
Es ben grans aurania
Qu' escurs mots fai.
Lanfranc Cigala: Escur.

Chanter *obscur*, délié et subtil je saurais faire, si je voulais.

C'est bien grande légèreté qui fait mots *obscurs*.

Ja no m deu esser escura
D' aquo don tan l' ay enquisa.
Marcabrus: Lanquan fuelhon.

Désormais elle ne me doit être *obscure* (cachée) de cela dont tant je l'ai enquise.

anc. cat. *Escur.* esp. port. *Escuro.* it. *Scuro.*

2. Escurziment, *s. m.*, obscurcissement.

Hom ve ses escurziment.
Eluc. de las propr., fol. 10.

On voit sans *obscurcissement*.

anc. cat. *Escuriment.* esp. *Escurecimiento.*

3. Escurdat, escurtat, *s. f.*, lat. *obscuritatem*, obscurité.

Iran trastug a perdemen
Ins en yfern, e sofriran turmen
E greu dolor e peior malautia

En escurdat, ab fera compania.
Pons de la Garde: D' un sirventes a far.

Iront tous à perdition en dedans de l'enfer, et souffriront tourment et rude douleur et pire maladie en *obscurité*, avec sauvage compagnie.

Laissara l' escurdat e penra la clardat.
Liv. de Sydrac, fol. 28.

Laissera l'*obscurité* et prendra la clarté.

Fig. Totas las tenebras e totas las escurtatz del cor.

Ostar las escurtatz... de l' arma.
V. et Vert., fol. 41.

Toutes les ténèbres et toutes les *obscurités* du cœur.

Oter les *obscurités*... de l'âme.

anc. cat. *Escuritat, escuredat.* esp. *Escuridat.* port. *Escuridade.* it. *Scurità, scuritate, scuritade.*

4. Escursetat, *s. f.*, obscurité, ténèbre.

Foron fachas escursetatz sobre la terra d' Egypte.
Hist. de la Bible en provençal, fol. 27.

Furent faites *obscurités* sur la terre d'Égypte.

5. Escurzina, *s. f.*, obscurité.

Cant venc a l' hora seizena...
Per tot lo mon fon escurzina.
Évang. de Nicodème.

Quand vint à l'heure sixième... par tout le monde il fut (fit) *obscurité*.

6. Escurzir, *v.*, obscurcir.

Lo solhell totz s' escurzi.
Évang. de Nicodème.

Le soleil tout s'*obscurcit*.

Lo cels tot clar s' escurzi.
Passio de Maria.

Le ciel tout clair s'*obscurcit*.

Anc, sitot ben s' escurzi,
No laisset per aco d' anar.
Roman de Jaufre, fol. 7.

Oncques, quoique bien il s'*obscurcit* (il fit bien noir), il ne laissa pour cela d'aller.

Substantiv. et fig. En l' escurzir
Non es l' afans
Mas l' obra esclarzir.
Giraud de Borneil: Leu chansoneta.

En l'*obscurcir* n'est pas la peine, mais à éclaircir l'œuvre.

anc. cat. *Escurir.* esp. port. *Escurecer.*

ESPERIT, *s. m.*, esprit, t. III, p. 173, col. 11.

24 bis. Sospirada, *s. f.*, soupir, gémissement.

Adoncxs a Floripar fayta gran SOSPIRADA.
Roman de Fierabras, v. 4431.
Alors Floripar a fait grand *soupir*.

ESPES, *adj.*, épais, t. III, p. 179, col. II.

4 bis. Specitut, *s. f.*, lat. SPI*SSITUDO*, épaisseur.

Entro que sia comburida... la maytat de la SPECITUT de la codena.
Trad. d'Albucasis, fol. 3.
Jusqu'à ce que soit consumée... la moitié de l'*épaisseur* de la couenne.

ESPUMA, *s. f.*, écume, t. III, p. 189, col. I.

1 bis. Spumos, spumoz, *adj.*, lat. SPUMOS*us*, écumeux.

Es sanc,... per mescla de flecma, aygos et SPUMOS.
Mar... es SPUMOZA.
Eluc. de las propr., fol. 28 et 152.
Est le sang,... par mélange de flegme, aqueux et *écumeux*.
La mer... est *écumeuse*.
Sanc SPUMOS de la plaga.
Trad. d'Albucasis, fol. 49.
Sang *écumeux* de la plaie.
ESP. PORT. *Espumoso*. IT. *Spumoso*.

ESSER, *v.*, être, t. III, p. 193, col. II.

16. — *Substantiv*. Présent.

Loc. Las quals donation, cession, resignacion fem per las PRESENTS.
Tit. de 1468. *Hist. de Languedoc*, t. V, pr., col. 37.
Lesquelles donation, cession, résignation nous faisons par les *présentes*.
Aproat et confermat per la tenor de las PRESENTZ.
For de Mimisan, 1389. *Ord. des R. de Fr.*, t. XV, p. 635.
Approuvé et confirmé par la teneur des *présentes*.
Adv. comp. Amar lo podetz A PRESEN.
ARNAUD DE CARCASSES: Dins un.
Aimer vous le pouvez *à présent* (ouvertement).
De tantas partz lai vengon A PRESEN e a rescos.
GUILLAUME DE TUDELA.
Que de tant de parts ils viennent là *à présent* (publiquement) et en cachette.

En molher et en esposa, per paraulas DE PRESENT.
Tit. de 1287, DOAT, t. XI, fol. 23.
En femme et en épouse, par paroles *de présent* (présentement).
Als dits senhors DE PRESEN presidens.
Tit. de 1424. *Hist. de Languedoc*, t. IV, pr., col. 426.
Auxdits seigneurs *de présent* (actuellement) présidents.

Prép. comp. Paciens a sostener cant son DE PRESEN els turmens.
V. et Vert., fol. 66.
Patients à supporter quand ils sont *en présence* des tourments.

16 bis. Present, presen, *s. m.*, présent, terme de grammaire.

El PRESENS del conjonctiu.
Gramm. provenç.
Le *présent* du conjonctif.
CAT. *Present*. ESP. PORT. IT. *Presente*.

16 ter. Present, prezent, presen, prezen, *s. m.*, présent, cadeau, don.

Mout prezet gent PRESEN.
RAMBAUD D'ORANGE: Non chant per.
Moult prisa gentil *présent*.
Fig. Fai de joy tan bel PREZEN.
H. BRUNET: Pus lo dous.
Il fait de joie si beau *présent*.
PREZENS
Li fatz de maynhs digz cozens.
BERTRAND DE BORN: S'abrils.
Présent je lui fais de maints propos cuisants.
CAT. *Present*. ESP. PORT. IT. *Presente*.

16 quater. Presensa, presensia, *s. f.*, lat. PRAESENTIA, présence.

Adv. comp. L'aus amar A PRESENSA.
LA COMTESSE DE DIE: Ab joi.
Je l'ose aimer *à présence* (ouvertement).
A totz o dic A PRESENSA.
P. BREMOND RICAS NOVAS: Lo bel termini.
A tous je le dis *à présence* (hautement).
EN PRESENSA, us diran alqun plazer,
Et ostat vos, diran mal per ver.
G. OLIVIER D'ARLES, *Coblas esparsas*.
En (votre) *présence*, ils vous diront quelque chose d'agréable, et vous ôté, ils diront du mal pour vrai.
Tota disciplina es EN PRESENSA tristors, non jois.
Trad. de Bède, fol. 47.
Toute discipline est *en présence* (d'abord) tristesse, non joie.

Prép. comp.

EN PRESENSA de totz los autres companhos.
V. de S. Honorat.
En présence de tous les autres compagnons.

Aquo elh li comtet EN PRESENSIA de totz los baros.
PHILOMENA.
Cela il lui conta *en présence* de tous les barons.

CAT. ESP. *Presencia.* PORT. *Presença.* IT. *Presenza, presenzia.*

16 *quinque.* PREZEMMEN, *adv.*, présentement, évidemment, ouvertement.

So vezem PREZEMMEN.
Dieus sabra
PREZEMMEN so c'om fa
Ni fara.
NAT DE MONS : Al bon rey.
Cela nous voyons *présentement.*
Dieu saura *évidemment* ce qu'on fait et fera.

18 *bis.* REPRESENTAR, *v.*, lat. REPRESENTARE, représenter, figurer.

Las temptatios que lo dyables hy met e y REPRESENTA.
V. et Vert., fol. 62.
Les tentations que le diable y met et y *représente.*

Can las letras REPRESENTAN .I. meteys so.
Leys d'amors, fol. 20.
Quand les lettres *représentent* un même son.

CAT. ESP. PORT. *Representar.* IT. *Rappresentare, ripresentare.*

ESSIL, *s. m.*, ravage, t. III, p. 197, col. II.

— Exil, éloignement.

Mi es salvatges ESSILS,
E 'l repairars m' es afans.
GIRAUD DE BORNEIL : No m platz.
M'est affreux l'*exil*, et le retourner m'est peine.

ANC. CAT. *Exill, exili.* ANC. ESP. PORT. *Exilio.*
IT. *Esilio.*

EST, *pron. dém. m. sing.*, lat. ISTE, ce, cet, celui-ci.

Suj. EST vostre amicx fis e leials.
ARNAUD DE MARUEIL : Dona genser.
Ce votre ami fidèle et loyal.

EST bisbatz, nas de corba.
GUILLAUME DE BERGUEDAN : Chanson ai.
Cet évêque, nez-de-courbe.

Rég. En auta votz escrida : EST gloto mi liatz.
Roman de Fierabras, v. 3041.
A haute voix il s'écrie : *Ce* glouton liez-moi.

EST cosselh m' a donat Amors.
ARNAUD DE MARUEIL : Dona genser. *Var.*
Ce conseil m'a donné Amour.

CAT. ESP. PORT. *Este.* ANC. IT. *Esto.*

2. IST, YST, *pron. dém. m. pl.*, ces, ceux-ci.

Suj. IST trobador, entre ver et mentir,
Afollon drutz e molhers et espos.
CERCAMONS : Pus nostre. *Var.*
Ces troubadours, entre vrai et mentir, endommagent amants et femmes et époux.

YST lauzengier...
Son vostr' angoissos guerrier.
RAMBAUD D'ORANGE : Amicx ab.
Ces médisants... sont vos angoisseux ennemis.

3. ESTS, ESTZ, *pron. dém. m. pl.*, ces, ceux-ci.

Rég. Paya nos an sains en ESTZ murs esseratz.
Roman de Fierabras, v. 2824.
Les païens nous ont çà dedans en *ces* murs enserrés.

La conversa d' ESTS dos.
NAT DE MONS : Al bon rey.
Le contraire de *ces* deux.

CAT. *Ests.* ESP. *Estos.* PORT. *Estes.* ANC. IT. *Esti.*

4. ESTA, IST, *pron. dém. f. sing.*, lat. ISTA, cette, celle-ci.

Suj. ESTA chansons vuelh que tot dreg repaire
En Arago.
P. RAIMOND DE TOULOUSE : No m puesc.
Cette chanson je veux que tout droit elle se retire en Aragon.

ESTA donzela nos a mot ben parlat.
Roman de Fierabras, v. 3234.
Cette damoiselle nous a moult bien parlé.

Rég. Pus vei qu' en ESTA cort non venon.
Roman de Jaufre, fol. 2.
Puisque je vois qu'en *cette* cour elles ne viennent.

Ieu vos man, lai on es vostr' estages,
ESTA chanso.
LA COMTESSE DE DIE : A chantar.
Je vous transmets, là où est votre demeure, *cette* chanson.

Evocatios se fay per ESTA maniera.
Leys d'amors, fol. 127.
Évocation se fait par *cette* manière.

CAT. ESP. PORT. ANC. IT. *Esta.*

5. ESTAS, *pron. dém. f. pl.*, ces, celles-ci.

Rég. Estas neulas deu hom caudas manjar.
  Épître de Matfre Ermengaud à sa sœur.
Ces oublies on doit manger chaudes.

Io, Pellicier, lo pergaminier, fes ESTAS costumas.
  Cout. d'Alais, Arch. du Roy., K, 867.
Moi, Pellicier, le parcheminier, je fis *ces* coutumes.

CAT. ESP. PORT. *Estas.* ANC. IT. *Este.*

6. CEST, SEST, *pron. dém. m. sing.*, lat. *hoc* ISTE, ce, cet, celui, celui-ci.

Suj. Cest es traysh per eys los siens.
  Passio de Jhesu Crist.
Celui-ci est trahi par les siens mêmes.

Sest rire m'a faig de ris tant aondos.
  LANFRANC CIGALA: Joios d'amor.
Ce rire m'a fait de ris si abondant.

Rég. Sol de CEST pensar me fessetz perdonansa.
  AIMERI DE PEGUILAIN: Qui soffrir perdon.
Seulement que de *ce* penser vous me fissiez pardon.

CEST cosselh m'a donat Amors.
  ARNAUD DE MARUEIL: Dona genser.
Ce conseil m'a donné Amour.

ANC. FR. *Cest* seurenon ai-je par vous.
  Fabl. et cont. anc., t. IV, p. 139.

Tous les hommes loyaux se doivent employer à la défension de *cest* royaume.
  MONSTRELET, t. I, fol. 250.

ANC. CAT. *Cest.* IT. *Questo.*

Substantiv.

Cest nos fai perezos, nozables e ponhens.
  PIERRE DE CORBIAC: El nom de.
Celui-ci nous fait paresseux, nuisibles et poignants.

Anc non ac en la cort baro,
Cavayer, donzel ni donzela,
Sesta ni SEST, ni sel ni sela,
De las novas no s'azautes.
  R. VIDAL DE BEZAUDUN: Unas novas.
Oncques il n'y eut en la cour baron, cavalier, damoisel ni damoiselle, celle-ci ni *celui-ci*, ni celui-là ni celle-là, qui des novelles ne se réjouît.

IT. E QUESTO sia suggel ch'ogn' huomo sganni.
  DANTE, *Inf.* 19.

7. CIST, CYST, SIST, SYST, *pron. dém. m. pl.*, ces, ceux-ci.

Suj. Si 'l coms pot far sa volontat,
Que no 'l vendon CYST afiat.
  BERTRAND DE BORN: Ieu chan.

Ainsi le comte peut faire sa volonté, vu que ne le vendent pas *ces* affirmés (feudataires).

Ades mi son avar
Tut SIST baro.
  BERTRAND DE BORN: Ges no mi.
Incessamment me sont avares tous *ces* barons.

IT. *Questi.*

8. CESTA, SESTA, *pron. dém. f. sing.*, cette, celle-ci.

Suj. Gran fo CESTA humilitat.
  V. de S. Alexis.
Grande fut *cette* humilité.

Rég. Ar rendrem CESTA tor.
  Roman de Fierabras, v. 4423.
Maintenant nous rendrons *cette* tour.

ANC. FR. Desus *ceste* herbe en cest vergier.
  Fabl. et cont. anc., t. III, p. 110.

IT. *Questa.*

Subst. Anc non ac en la cort baro,
Cavayer, donzel ni donzela,
SESTA ni sest, ni sel ni sela,
De las novas no s'azautes.
  R. VIDAL DE BEZAUDUN: Unas novas.
Oncques il n'y eut en la cour baron, cavalier, damoisel ni damoiselle, *celle-ci* ni celui-ci, ni celui-là ni celle-là, qui des novelles ne se réjouît.

Si per razo am vilana
Com es CESTA don ieu chan.
  RAMBAUD D'ORANGE: Parliers.
Si par raison j'aime villageoise comme est *celle-ci* dont je chante.

CESTA fai de las guerras fis et entragamens.
  PIERRE DE CORBIAC: El nom de.
Celle-ci fait des guerres fins et trêves.

ANC. FR. Li jugement ke Richart fist
Ne cil ne *cist* ne cuntredist.
  Roman de Rou, v. 5623.

Ceste est la belle Alix.
Ceste est la fleur, *ceste* est le liz.
ÉTIENNE DE LANGON. PLUQUET, *Mém. sur les Trouvères normands; Ant. de Norm.*, 1824, p. 417.

IT. *Questa* ancor dubbia del fatal suo corso.
  PETRARCA, canz. 36, I.

9. CESTAS, SESTAS, *pron. dém. f. pl.*, ces, celles-ci.

Suj. Si col cera e mecha e'l fhocx d'entr'els issentz,
Cestas tres res essemble son un ciris ardents.
  PIERRE DE CORBIAC: El nom de.
Ainsi comme la cire et la mèche et le feu d'entre

elles sortant, *ces* trois choses ensemble sont un cierge ardent.

Rég.   Cestas joyas prec que tengas,
Aytan quan a Dieu plazera.
V. de S. Alexis.

Ces joyaux je prie que vous gardiez, autant qu'à Dieu il plaira.

IT. *Queste.*

10. Aicest, aisest, *pron. dém. m. sing.*, ce, cet, celui-ci.

Suj.   Ja aicest platz non er sentenciatz.
Bertrand d'Allamanon III : D'un sirventes.

Jamais *ce* plaid ne sera jugé.

Aisest onguens val contra lepra.
Deudes de Prades, *Auz. cass.*

Cet onguent vaut contre lèpre.

anc. fr. A *icest* mot Rollan se départi.
Roman de Gérard de Vienne, v. 1856.

11. Aicist, *pron. dém. f. sing.*, cette, celle-ci.

Suj.   Aicist (cambra) m'azauta,
Car es majer e plus adauta.
Roman de Flamenca, fol. 34.

Celle-ci (chambre) m'agrée, car elle est plus grande et plus haute.

12. Aquest, *pron. dém. m. sing.*, ce, cet, celui-ci.

Suj. Aquest bos frugz nays primier et floris.
G. Figueiras : Totz hom que.

Ce bon fruit naît d'abord et fleurit.

Aquestz romans es acabatz,
Nostre Senher en sia lauzatz.
Passio de Maria.

Ce roman est achevé, notre Seigneur en soit loué.

Rég.   Aquest juec ten per guazanhat.
Bertrand de Born : Ieu chan.

Ce jeu je tiens pour gagné.

Tu, que lhiges aquest lhibre.
Liv. de Sydrac, fol. 1.

Toi, qui lis *ce* livre.

cat. *Aquest.* esp. *Aqueste.*

— *Substantiv.*

Suj. Aquest era Samaritas.
Aquest que es estrans.
Trad. du N.-Test., S. Luc, ch. 17.

Celui-ci était Samaritain.
Celui-ci qui est étranger.

E m plai quant aug dir de me : Aquest es
Tal que sap far coblas e sirventes.
G. Faidit : A penas.

Et il me plaît quand j'entends dire de moi : *Celui-ci* est tel qu'il sait faire couplets et sirventes.

Rég.   Tuit li trebalh e l'afan...
Son leu per aquest acabat.
Roman de Jaufre, fol. 58.

Tous les tourments et les peines... sont facilement par *celui-ci* achevés.

Anc no fes ost qu' ieu no i anes....
E si d'aquest li dic de no,
Sabra be per cal occaizo.
R. Vidal de Bezaudun : Unas novas.

Oncques il ne fit armée que je n'y allasse,... et si de *celle-ci* je lui dis que non, il saura bien pour quel sujet.

13. Aquist, aquest, *pron. dém. m. pl.*, ces, ceux-ci.

Suj.   Tug aquist avinen plazer...
Guardon a la vostra honor
Mon cor, per mandamen d'Amor.
Arnaud de Marueil : Totas bonas.

Tous *ces* avenants plaisirs... gardent à votre honneur mon cœur, par commandement d'Amour.

Aquist baro an comensat estraire.
Marcabrus : Auiatz de chant.

Ces barons ont commencé à tirer.

Aquest signe segran aquels que i creiran.
Trad. du N.-Test., S. Marc, ch. 16.

Ces signes suivront ceux qui y croiront.

Rég.   Ben serai fols s'ieu non pren
D'aquestz dos mals lo menor.
B. de Ventadour : Era m conseillatz.

Bien je serai fou si je ne prends de *ces* deux maux le moindre.

Venra et destruira aquestz cultivadors.
Trad. du N.-Test., S. Luc, ch. 20.

Viendra et détruira *ces* cultivateurs.

cat. *Aquests.* esp. *Aquestos.*

— *Substantiv.*

Suj. Aquest que i son, no sai quo s captenran.
Peyrols : Pus flum Jordan.

Ceux-ci qui y sont, je ne sais comment ils se gouverneront.

Tug aquist que eron bon trobaire,
Tug se fenhon per lial amador.
R. Jordan : No puesc mudar.

Tous *ceux-ci* qui étaient bons troubadours, tous se feignent pour loyaux amoureux.

Rég. Ad aquest que crezon el nom de lui.
Trad. du N.-Test., S. Jean, ch. 1.

A *ceux-ci* qui croient au nom de lui.

Salomons non era vestitz, en tota sa gloria,
si con uns d' AQUESTZ.
Trad. du N.-Test., S. Luc, ch. 12.
Salomon n'était pas vêtu, dans toute sa gloire, ainsi comme un de *ceux-ci*.

On trouve aussi au pluriel sujet AQUISTE, AQUISTI.

AQUISTE... non son orrezat a vilas femnas, car verges sont AQUISTI.
Trad. de l'Apocalypse, ch. 14.
Ceux-ci... ne sont pas salis par viles femmes, car vierges sont *ceux-ci*.

CAT. Aquest est dit amor de hom propi,
Car es compost de ses dues naturas.
AUSIAS MARCH : Lo cinquen peu.

Aquests a cavall e *aquests* en carretas.
Trad. des Ps. en lang. cat., ps. 19.

14. AQUESTA, AQUIST, *pron. dém. f. sing.*, cette, celle-ci.

Suj. AQUESTA gens, quan son en lur guayesa,
Parlon d' amor.
P. CARDINAL : Aquesta gens.
Cette gent, quand ils sont en leur gaîté, parlent d'amour.

AQUESTA femna i mes d' aquo.
Trad. du N.-Test., S. Luc, ch. 21.
Cette femme y mit de cela.

Mout m' es mala AQUIST preizos.
B. DE VENTADOUR : Ja mos chantars.
Moult m'est mauvaise *cette* prison.

Quals es AQUIST canczons.
V. de Sainte Foy d'Agen.
Quelle est *cette* chanson.

Rég. Que nos vencam AQUESTA falsa gen.
PONS DE CAPDUEIL : So qu' om plus.
Que nous vainquions *cette* fausse gent.

Ab AQUESTA domna domney.
ARNAUD DE MARUEIL : Cui que.
Avec *cette* dame je fais le galant.

CAT. ESP. *Aquesta.*

— *Substantiv.*

Suj. La peira que li hedificant refuideron, AQUESTA fon facha el cap del angle.
Trad. du N.-Test., S. Luc, ch. 20.
La pierre que les bâtissants refusèrent, *celle-ci* fut faite (placée) au sommet de l'angle.

AQUESTA es la segonda mort.
Trad. de l'Apocalypse, ch. 20.
Celle-ci est la seconde mort.

Rég. La segonda mort non a poder en AQUESTA.
Trad. de l'Apocalypse, ch. 20.
La seconde mort n'a pas de pouvoir sur *celle-ci*.

CAT. En poc instant *aquesta* met sa força.
AUSIAS MARCH : Malament viu.

15. AQUESTAS, *pron. dém. f. pl.*, ces, celles-ci.

Suj. Totas AQUESTAS causas seran ajostadas.
Trad. du N.-Test., S. Luc, ch. 12.
Toutes *ces* choses seront ajustées.

Si AQUESTAS causas son ab nos.
Trad. de la 2e épître de S. Pierre.
Si *ces* choses sont avec nous.

Rég. Li paire... fazian AQUESTAS cauzas.
Trad. du N.-Test., S. Luc, ch. 6.
Les pères... faisaient *ces* choses.

Se deu garnir
D' AQUESTAS vertutz divinals.
Brev. d'amor, fol. 139.
Se doit parer de *ces* vertus divines.

CAT. ESP. *Aquestas.*

— *Substantiv.*

Suj. Las formas dels noms denominatius son AQUESTAS.
Leys d'amors, fol. 49.
Les formes des noms dénominatifs sont *celles-ci*.

Quant a present, AQUESTAS sio recitadas.
Eluc. de las propr., fol. 43.
Quant à présent, que *celles-ci* soient rapportées.

Rég. Nenguna cauza d'AQUESTAS que m' acusan.
Trad. des Actes des Apôtres, ch. 25.
Nulle chose de *celles-ci* qu'ils me reprochent.

ESTALIZAGRIA, *s. f.*, staphisaigre, t. III, p. 200, col. 1.

2. ESTAPHISAGRIA, *s. f.*, staphisaigre, herbe aux poux.

Pren ESTAPHISAGRIA, euforbi.
Coll. de Recettes de méd.
Prends *staphisaigre*, euphorbe.

ESTAR, *v.*, être, t. III, p. 202, col. 1.

17 *bis.* ESTAIGIL, *s. m.*, lige-étage, obligation pour le vassal de faire la garde du château en temps de guerre.

ESTAIGILS, questas et oblias.
Tit. de 1207. Arch. du Roy., J, 323.
Lige-étage, questes et oblées.

21 *bis.* DESISTIR, *v.*, lat. DESISTERe, désister.

No se volian ostar, ni DESISTIR de lor folia.
Chronique des Albigeois, col. 26.

Ils ne se voulaient ôter, ni *désister* de leur folie.

CAT. ESP. PORT. *Desistir.* IT. *Desistere.*

37 *bis.* COSTANT, COSTAN, *adj.*, lat. CONSTANT*em*, constant.

Aur no fay ome COSTAN.
DEUDES DE PRADES, *Poëme sur les Vertus.*

Or ne fait pas l'homme *constant.*

CAT. *Constant.* ESP. PORT. *Constante.* IT. *Costante.*

48 *bis.* RESTAZO, *s. f.*, arrestation.

Que m renda los comtes qu' el a en RESTAZO.
Roman de Fierabras, v. 4499.

Qu'il me rende les comtes qu'il a en *arrestation.*

49 *bis.* ARESTADA, *s. f.*, halte, pose, repos, arrêt.

Entro a las fenestras non an fayt' ARESTADA.
Roman de Fierabras, v. 4403.

Jusqu'aux fenêtres ils n'ont pas fait *halte.*

49 *ter.* ARESTAZO, *s. f.*, halte, pose, repos, arrêt.

Entro sus a la porta no fan ARESTAZO.
Roman de Fierabras, v. 4026.

Jusque sus à la porte ils ne font pas *halte.*

53 *bis.* SUSTENTAIRE, SUSTENTATOR, *s. m.*, lat. SUSTENTATOR, soutien, appui.

SUSTENTATOR e cosselhador de mon filh.
Tit. de 1262. DOAT, t. VIII, fol. 13.

Soutien et conseiller de mon fils.

ESP. *Sustentador.*

74 *bis.* DESTITUIR, *v.*, lat. DESTITUERe, destituer, priver.

Part. pas. Non sem DESTITUIT.
Trad. de Bède, fol. 67.

Nous ne sommes pas *destitués.*

CAT. ESP. PORT. *Destituir.*

83 *bis.* OBSTANT, *prép.*, obstant.

Prép. comp. Duren e se leven.... d' aissi a Pasquas,.... NON OBSTANT las promessas faitas.
Tit. de 1424. *Hist. de Languedoc*, t. IV, pr., col. 422.

Durent et se lèvent... d'ici à Pâques,... *nonobstant* les promesses faites.

La facultat dels bens et qualitat de las dichas personas, NON OBSTANT una ley.... et.... dreit fasent en contrari.
Statuts de Provence. JULIEN, t. I, p. 433.

La faculté des biens et qualité desdites personnes, *nonobstant* une loi.... et.... droit faisant en (le) contraire.

ANC. FR.
Point ne l'ont veu *obstant* la nuict obscure.
SALEL, *Trad. de l'Iliade*, fol. 180.

On dit que Denys-le-Tyran, *nonobstant* avoir perdu son pays et ses forces, tenoit l'eschole à Corinthe.
Contes d'Eutrapel, fol. 145.

CAT. *No obstant.* ESP. PORT. *No obstante.* IT. *Non ostante.*

ESTOPA, *s. f.*, étoupe, t. III, p. 221, col. 1.

2. STOPADA, *s. f.*, étoupée, poignée, tampon d'étoupe.

Am STOPADA per decent constriccio.
Trad. d'Albucasis, fol. 3.

Avec *étoupée* par convenable constriction.

CAT. ESP. PORT. *Estopada.*

ESTRENHER, *v.*, étreindre, t. III, p. 225, col. II.

9 *bis.* STRICTURA, *s. f.*, lat. STRICTURA, ligature.

Am fort STRICTURA.
Trad. d'Albucasis, fol. 18.

Avec forte *ligature.*

IT. *Strettura.*

ETAT, *s. f.*, âge, t. III, p. 235, col. 1.

6. SEMPITERN, *adj.*, lat. SEMPITERN*us*, sempiternel, éternel.

Aras corram als gaugs de vida SEMPITERNA.
V. de S. Honorat.
Maintenant que nous courrions aux joies de vie éternelle.

Adverb. Don morem SEMPITERNA.
B. ZORGI : Ben es dreg.
Dont nous mourrons *éternellement.*

CAT. *Sempitern.* ESP. PORT. IT. *Sempiterno.*

EU, *pron. pers. m. et f.*, 1re *pers. sing.*, je, t. III, p. 236, col. 1.

1 *bis.* IO, *pron. pers. m. et f.*, 1re *pers. sing.*, je, moi.

Io, Pellicier, lo pergamenier, fes estas costumas.
Cout. d'Alais. Arch. du Roy., K, 867.
Moi, Pellicier, le parcheminier, je fis ces coutumes.

EXCELLENT, *adj.*, excellent, t. III, p. 239, col. II.

2 *bis.* PREEXELLENT, *adj.*, préexcellent.
Es sobre totz les autres Ordres PREEXELLENT.
Eluc. de las propr., fol. 9.
Est sur tous les autres Ordres *préexcellent.*

F

FALABURDIR, *v.*, bredouiller.
Un non truep en cent garsos
Que gart sos,
Mas volon burdir
De chansos FALABURDIR.
P. CARDINAL : De sirventes.
Un je ne trouve en cent jongleurs qui garde air, mais ils veulent s'amuser à *bredouiller* chansons.

FALHIR, *v.*, faillir, t. III, p. 252, col. II.

14 *bis.* DEFAUT, *s. m.*, défaut, omission.
Tenebras no so als mas DEFAUT de lumiera.
Cat. dels apost. de Roma, fol. 30.
Ténèbres ne sont autre (chose) que *défaut* de lumière.

FAM, *s. f.*, faim, t. III, p. 256, col. II.

1 *bis.* FAM, *adj.*, affamé.
Substantiv. Noyris e sadola et estanca totz los FAMS.
V. et Vert., fol. 42.
Nourrit et soûle et rassasie tous les *affamés.*

FAR, *v.*, faire, t. III, p. 260, col. II.

24 *bis.* FAZONAR, *v.*, façonner.
Part. pas. fig.
Vostre gent cors FAZONAT per rason.
BLACASSET : Gerra mi play.
Votre gentil corps *façonné* par raison.

44 *bis.* INSUFFICIENCIA, *s. f.*, lat. INSUFFICIENTIA, insuffisance.

Venria
De ma INSUFFICIENCIA.
Brev. d'amor, fol. 2.
Viendrait de mon *insuffisance.*

CAT. ESP. *Insuficiencia.* PORT. *Insufficiencia.*
IT. *Insufficenzia, insufficienza.*

73 *bis.* FACILAMENT, *adv.*, facilement.
Poirian ministrar... plus FACILAMENT a la lor familla.
Doctrine des Vaudois.
Pourraient porter secours... plus facilement à la leur famille.

80 *bis.* FREITOR, *s. m.*, réfectoire.
Al fenestral de la tor,
Atressi com en FREITOR,
Avia fag avan pauzar
Tot zo qu' era obr' al manjar.
Roman de Flamenca.
A la fenêtre de la tour, pareillement comme en *réfectoire*, il avait fait poser auparavant tout ce qui était nécessaire au manger.

FAR, *v.*, dire, t. III, p. 278, col. 1.

13 *bis.* EFANTA, *s. f.*, petite fille.
Hom sol apelar.... pupillas las EFANTAS.
Eluc. de las propr., fol. 38.
On a coutume d'appeler.... pupilles, les *petites filles.*

CAT. ESP. PORT. *Infanta.*

FATZ, *s. f.*, face, t. III, 285, col. 1.

6 *bis.* SUPERFICIAL, *adj.*, lat. SUPERFICIALem, superficiel.

Las humors... SUPERFICIALS, que so defora,
et las que so entre pel e carn.
Eluc. de las propr., fol. 270.
Les humeurs... *superficielles*, qui sont dehors,
et celles qui sont entre peau et chair.

CAT. ESP. PORT. *Superficial.* IT. *Superficiale.*

10 bis. AFFASSAR, v., déguiser, contrefaire.

Tant vey que tortz s' AFFASSA
E dreitz es esseratz.
G. RIQUIER : Res no m vol.
Tant je vois que tort se *déguise* et (que) droit est enfermé.

FE, *s. f.*, foi, t. III, p. 287, col. II.

38. PROFESSAR, PROPHESSAR, v., du lat. PROF*ITERI*, avouer, déclarer, faire déclaration.

Voyez DENINA, t. III, p. 198.

Cascuns homs,.............
.... En sa mayson
E en sa terra, PROFESSAVA
Lo trebut que Cesar donava.
Trad. d'un Évang. apocr.
Chaque homme,......... dans sa maison et dans sa terre, *déclarait* le tribut qu'à César il donnait.

Annavan per aquella via,
Per on vay hom en Bethleem,
Per PROPHESSAR, com dich avem.
Trad. d'un Évang. apocr.
Ils allaient par cette voie, par où on va à Bethléem, pour *faire déclaration*, comme nous avons dit.

— *Part. pas.* Dénombré, déclaré pour le dénombrement.

PROFES eran en aquel luec.
Trad. d'un Évang. apocr.
Ils étaient *dénombrés* dans cet endroit.

FER, *s. m.*, fer, t. III, p. 306, col. II.

8 bis. FERRANT, FERRAN, *adj.*, gris, qui est couleur de fer.

Destriers FERRANS e bays.
P. VIDAL : A per pauc.
Destriers *gris* et bais.

Fon son chaval FERRANS e bais.
Roman de Gerard de Rossillon, fol. 96.
Fut son cheval *gris* et bai.

12 bis. ENFERRIAR, v., enferrer, mettre dans les fers.

Quar li cofesset qu' el era chrestias,... el lo fetz ENFERRIAR.
Cat. dels apost. de Roma, fol. 15.
Parce qu'il lui confessa qu'il était chrétien... il le fit *mettre dans les fers*.

FER, *adj.*, farouche, t. III, p. 308, col. I.

7 bis. SOBREFEROGGE, *adj.*, sur-féroce, très féroce.

Serpens SOBREFEROGGAS.
Eluc. de las propr., fol. 176.
Serpents *sur-féroces*.

FEUTRE, *s. m.*, feutre, t. III, p. 319, col. I.

1 bis. FEUTRAR, v., feutrer, préparer le feutre.

— *Fig.* Coaguler, resserrer.

Part. pas. Fistula, segon veritat, es nodacio FEUTRADA, dura, blanca.
Trad. d'Albucasis, fol. 44.
Fistule, selon vérité, c'est connexion *coagulée*, dure, blanche.

FIBLA, *s. f.*, lat. FIBULA, boucle, ardillon.

Gardatz qu' el tessel
I sia ben estan
E la FIBLA 'lh denan.
ARNAUD DE MARSAN : Qui comte.
Regardez que l'agrafe y soit bien séante et la *boucle* au devant.

PORT. *Fibula, fivela.* IT. *Fibbia.*

2. AFUBLALH, *s. m.*, collier, fermoir, broche.

Pauset li en son col son AFUBLALH garnit de peyras preciosas.
Trad. de la Bible en prov., fol. 16.
Lui posa en son cou son *collier* garni de pierres précieuses.

IT. *Affibbiaghio.*

FILS (lisez FIL), *s. m.*, fils, t. III, p. 327, col. I.

10 bis. FILIACIO, *s. f.*, filiation.

FILIACIO, que perte tan solament al filh.
Eluc. de las propr., fol. 7.
Filiation, qui appartient tant seulement au fils.

FOI — FRE

CAT. *Filiació.* ESP. *Filiacion.* PORT. *Filiação.* IT. *Filiazione.*

FIOLA, *s. f.*, fiole, t. III, p. 333, col. II.

2. FIALA, PHIALA, *s. f.*, fiole, flacon.

Portec al dit emperador... una PIALA d'aytal veyre.
Porto PHIALAS et bustias unguentarias.
Eluc. de las propr., fol. 194 et 12.

Porta audit empereur... une *fiole* de pareil verre.
Portent *fioles* et boîtes pleines d'onguents.

FLECHIR, *v.*, fléchir, t. III, p. 339, col. II.

9 *bis.* REFLEXE, *adj.*, lat. REFLEXUS, réflexif, flexible, recourbé, frisé.

Lors pels so durs, REFLEXES e breus, quar autrament si entremesclario trop creysshen.
Eluc. de las propr., fol. 39.

Leurs poils sont durs, *frisés* et courts, car autrement ils s'entremêleraient beaucoup en croissant.

CAT. *Reflexó.* ESP. *Reflejo.* PORT. *Reflexo.* IT. *Reflesso.*

FOBIA, *s. f.*, lat. FOVEA, retraite, tanière.

Quan l'encantaire la vol gitar de sa FOBIA ab sos conjurs.
Eluc. de las propr., fol. 238.

Quand l'enchanteur la veut chasser de sa *retraite* avec ses conjurations.

FOC, *s. m.*, feu, t. III, p. 345, col. II.

12 *bis.* OFEGAR, OFFEGAR, *v.*, suffoquer, étouffer.

Mes un cochi sobre la boca de Frederic, e OFEGUET lo.
Cat. dels apost. de Roma, fol. 189.

Mit un coussin sur la bouche de Frédéric, et l'*étouffa*.

Part. pas. Foron OFFEGAT en la mar.
Trad. du N. Test., S. MARC, ch. 5.

Ils furent *suffoqués* dans la mer.

.IX. milia que n'i ac d'OFEGATZ.
Cat. dels apost. de Roma, fol. 148.

Deux mille qu'il y en eut d'*étouffés*.

CAT. *Ofegar.* PORT. *Offegar.*

FOIRE, *v.*, fouir, t. III, p. 347, col. II.

7 *bis.* FOSSAR, *v.*, fossoyer, bêcher.

V.

Part. pas. Vit... requier que sia podada,... vol estre FOSSA.
Eluc. de las propr., fol. 225.

Vigne... requiert qu'elle soit taillée... elle veut être *bêchée*.

8 *bis.* FOILLAR, FUEILLAR, *v.*, fouiller, se vautrer.

Porcs, que s FUEILLA
Volontier e fanc e en lot.
DEUDES DE PRADES, *Poëme sur les Vertus.*

Porc, qui se *vautre* volontiers dans la fange et dans la boue.

FOLH, *s. m.*, feuille, t. III, p. 353, col. I.

2. FOLLEIL, *s. m.*, feuillet.

Tot entorn son cap liada
Saven' ac primia d' un FOLLEIL,
Ab que son estreit sei cabeil.
Roman de Jaufre, fol. 56.

Tout autour de sa tête lié eut un voile mince comme un *feuillet*, avec quoi sont attachés ses cheveux.

FONS, *s. m.*, fond, t. III, p. 358, col. I.

14 *bis.* PERFON, lat. PROFONDus, *adj.*, profond.

Fig. Ylari,... lo quals era grans clercz e PERFONS e sotils.
Cat. dels apost. de Roma, fol. 39.

Hilaire,... lequel était grand clerc et *profond* et subtil.

FORCA, *s. f.*, fourche, t. III, p. 362, col. II.

2 *bis.* FORQUELA, *s. f. dim.*, fourchette, petite fourche.

— En terme d'anatomie, vaisseau qui se divise en deux.

Fel... es cum una capsula de tela,... que ha doas FORQUELAS, per la una de las quals va la colra roia ves les budels.
Eluc. de las propr., fol. 55.

Le fiel... est comme une capsule de toile,... qui a deux *fourchettes*, par l'une desquelles va la bile rouge vers les boyaux.

CAT. ESP. PORT. *Forqueta.* IT. *Forchetta.*

FREG, *s. m.*, froid, t. III, p. 389, col. I.

22 *bis.* FRESCURA, *s. f.*, fraîcheur, frais.

Guillems se get en la FRESCURA
Desotz un bel pomier florit.
Roman de Flamenca.
Guillaume s'abandonne à la *fraîcheur* dessous un beau pommier fleuri.

CAT. ESP. PORT. IT. *Frescura.*

FRIC, *adj.*, jeune.
Era restan li vilh, veno li FRIC.
Roman de Gerard de Rossillon, fol. 1.
Maintenant restent les vieux, viennent les *jeunes*.

FRONT, *s. m.*, front, t. III, p. 401, col. II.

4 *bis.* FRONTALIER, FRONTALER, *adj.*, qui est front à front, opposé, adversaire.
Montfort e Belcaire se son fait FRONTALERS,
Mas Dieus sab be conoicher cals es pus dreituriers.
GUILLAUME DE TUDELA.
Montfort et Beaucaire se sont faits *opposés*, mais Dieu sait bien connaître quel est le plus juste.

FUM, *s. m.*, fumée, t. III, p. 407, col. II.

3 *bis.* FUMARAL, *s. m.*, cheminée, étuve, chauffoir.

Fig. Cap,... quar es de tot lo corrs quayssh FUMARAL e cuberta, de mantas fumozitatz ascendens es receptiu.
Eluc. de las propr., fol. 34.
Le chef,... parce qu'il est de tout le corps quasi *chauffoir* et couverture, de maintes vapeurs ascendantes il est réceptif.

G

GALABRUN, *s. m.*, galebrun, sorte d'étoffe.
Totz hom dona de tenher, d'un GALABRUN en grana, .IIII. d.
Cartulaire de Montpellier, fol. 114.
Tout homme donne pour teindre, d'un *galebrun* en écarlate, quatre deniers.

ANC. FR. Tiretaine, *galebrun* et tout autre drap ourdis.
DU CANGE, t. III, col. 786.

GAREN, *adj.*, garant, t. III, p. 429, col. II.

3 *bis.* GARIEYRA, *s. f.*, garantie.
Loc. Per lur prest... apaubron los cavaliers... que metou... en GARIEYRAS lurs rendas,... e donon ho a gatge.
V. et Vert., fol. 14.
Par leur prêt... ils appauvrissent les chevaliers... qui mettent... en *garanties* leurs rentes,... et donnent cela à gage.

GITAR, *v.*, jeter, t. III, p. 469, col. I.

8 *bis.* FORAGITAR, *v.*, jeter, lancer hors, rejeter.
Part. pas. Entro que sia FORAGITADA.
Trad. d'Albucasis, fol. 31.
Jusqu'à ce qu'elle soit *rejetée*.

GOZ, *s. m.*, chien, t. III, p. 488, col. I.

1 *bis.* GUOS, *s. m.*, chien, dogue.
Lo GUOS ro e 'l lebrier gron.
MARCABRUS: Ab l'alena.
Le *dogue* ronge et le lévrier grogne.

GRA, *s. m.*, degré, t. III, p. 488, col. II.

3 *bis.* GRAZE, *adj.*, gradué.
Methalensis, es cant hom proceszish per motz GRAZES e per motz meias.
Leys d'amors, fol. 129.
Métalepse, c'est quand on procède par mots *gradués* et par mots moyens.

GRAFI, *s. m.*, poinçon, t. III, p. 491, col. II.

3. PARAGRAIFO, *s. m.*, lat. PARAGRAPH*us*, paragraphe.
Tot aco que es escrit en aquest PARAGRAIFO d'aquels procuradors.
Trad. du Code de Justinien, fol. 5.
Tout ce qui est écrit dans ce *paragraphe* touchant ces procureurs.

CAT. *Paragraf.* ESP. PORT. IT. *Paragrafo.*

GRAFIO, *s. m.*, croc, t. III, p. 492, col. I.

5 *bis.* GRAPONAR, *v.*, ramper, se traîner.
Totas las reptilias que GRAPONAN sobre la terra.
Hist. de la Bible en prov., fol. 1.
Tous les reptiles qui *rampent* sur la terre.

GRAM, *s. m.*, gramen, t. III, p. 493, col. 11.

3. GRAMINATIU, *adj.*, gramineux, touffu, herbu.

 Pulegi,'es herba... mot pululativa, so es a dire GRAMINATIVA.
   Eluc. de las propr., fol. 219.
 Pouliot, c'est herbe... moult pullulative, c'est-à-dire *gramineuse*.

GRAN, *adj.*, grand, t. III, p. 497, col. 11.

1 *bis.* SOBREGRAN, *adj.*, sur-grand, très grand.

 La dolor es SOBREGRANDA.
 Es SOBREGRANDA en virtut.
   Eluc. de las propr., fol. 43 et 38.
 La douleur est *sur-grande*.
 Est *très grande* en vertu.

H

HABIT, *s. m.*, qualité, t. III, p. 523, col. 11.

2 *bis.* ABITES, *s. m.*, lat. HABIT*US*, habitude, contenance, extérieur.

 En l' ABITES del cors es bom coinogutz.
   Trad. de Bède, fol. 93.
 Par l'*extérieur* du corps l'homme est connu.

HORROR, *s. f.*, horreur, t. III, p. 542, col. 11.

2 *bis.* ORRIBILITAT, *s. f.*, horreur.

 Gran puech de gran ORRIBILITAT.
   Libre de Tindal.
 Grande montagne de grande *horreur*.

2 *ter.* ORREAMENT, *s. m.*, horreur.

 Cant els fossan ensorsazs del ORREAMENT de lurs Dieus.
   Hist. de la Bible en prov., fol. 34.
 Combien (autant) qu'ils seraient souillés de l'*horreur* de leurs Dieux.

9 *bis.* ORZ, *adj.*, sale, impur.

 La vita del pechador non es ORZA, quan s' eslava per plors.
   Trad. de Bède, fol. 26.
 La vie du pécheur n'est pas *impure*, quand elle se lave par pleurs.

HOSTE, *s. m.*, hôte, t. III, p. 544, col. 1.

5 *bis.* OSTALAYRIA, *s. f.*, hospitalité.

 Esseguent OSTALAYRIA.
   Trad. de l'Épît. de S. Paul aux Romains.
 Pratiquant l'*hospitalité*.

HUMOR, *s. f.*, humeur, t. III, p. 548, col. 11.

4. *Substantiv.*

 Diversament de HUMIT s' engendro color.
 HUMIT... es may apte a pendre... blancor.
 Freior pot mielh engendrar blancor en HUMIT que en sec.
   Eluc. de las propr., fol. 263.
 Diversement de l'*humide* s'engendrent couleurs.
 L'*humide*.... est plus apte à prendre... blancheur.
 Froideur peut mieux engendrer blancheur en *humide* qu'en sec.

9. SOBREHUMIT, *adj.*, sur-humide, très humide.

 Substantiv. Siccitat terrestra et SOBREHUMIT aerenc.
   Eluc. de las propr., fol. 263.
 Siccité terrestre et le *sur-humide* aérien.

I

INSTRUCTIO, *s. f.*, instruction, t. III, p. 561, col. 1.

1 *bis.* ESTRUCCIO, ISTRUCTIO, *s. f.*, instruction.

 Per so car donar volia
 A nos altres ISTRUCTIO.
 ESTRUCCIO de la gen.
   Brev. d'amor, fol. 170 et 2.
 Parce qu'il voulait donner à nous autres *instruction*.
 Instruction de la gent.

J

JARDIN, *s. m.*, jardin, t. III, p. 581, col. 11.

1 *bis.* GARDI, *s. m.*, jardin, pelouse.

Van s' en fors, en un GARDI.
Roman de Flamenca.
S'en vont hors, dans un jardin.

JOC, *s. m.*, jeu, t. III, p. 584, col. 1.

3 *bis.* JUGOS, *adj.*, joueur, enjoué.

La bellazors e 'l plus pros,
E que plus sol esser JUGOSA.
Roman de Flamenca.
La plus belle et la plus méritante, et qui plus a coutume d'être *enjouée*.

JOS, *adv.*, en bas, t. III, p. 591, col. 1.

2. JUS, *prép.*, sous.

So engendratz JUS el.
Eluc. de las propr., fol. 114.
Sont engendrés *sous* lui.

Prép. comp. DEJUS las costas.
Eluc. de las propr., fol. 50.
Dessous les côtes.

JOUS, *s. m.*, lat. JOVEM, jeudi.

Jous, venres e dissapte.
PIERRE DE CORBIAC : El nom de.
Jeudi, vendredi et samedi.
Lo lus, lo mars, lo mercres, lo JOUS, lo venres, lo sapte.
Regla de S. Benezeg., fol. 31.
Le lundi, le mardi, le mercredi, le *jeudi*, le vendredi, le samedi.

ESP. *Jueves.*

Voyez DIA.

JUNAR, *v.*, jeûner, t. III, p. 596, col. 1.

9 *bis.* SOBREDEJUNAR, *v.*, sur-jeûner, extrêmement jeûner.

Cel que per SOBREDEJUNAR
Son cors per sobredesvelhar.
O autra manieira, trebalha.
Brev. d'amor, fol. 67.
Celui qui par l'*extrêmement jeûner*, par le rester longuement éveillé, ou d'autre manière, tourmente son corps.

JUNIERT, *s. m.*, genévrier, t. III, p. 600, col. 11.

2. JUNIPERI, *s. m.*, lat. JUNIPER*us*, genévrier, genièvre.

JUNIPERI,... aybre es ab tropas fuelhas tenuas et agudas.
Eluc. de las propr., fol. 211.
Genévrier,... c'est arbre avec de nombreuses feuilles ténues et aiguës.

CAT. *Ginebre.* ANC. ESP. *Ginebro.* PORT. *Zimbro.* IT. *Ginepro.*

JUSCAS, *prép.*, du lat. USQUE, jusque.

D' al prim son JUSCAS a mieia nueh, deu hom dormir de la dextra partida.
Liv. de Sydrac, fol. 128.
Du premier somme *jusqu*'à minuit, on doit dormir sur la droite partie.

Prép. comp. El temps d' Adam EN JUSCAS al temps del deluvi.
Liv. de Sydrac, fol. 48.
Au temps d'Adam *en jusqu*'au temps du déluge.

JUVAR, *v.*, aider, t. III, p. 608, col. 11.

2 *bis.* JUVAMENT, *s. m.*, lat. JUVAMEN*tum*, aide, secours.

Las dens dono al corrs gran JUVAMENT e gran ornament.
Eluc. de las propr., fol. 43.
Les dents donnent au corps grande *aide* et grand ornement.

L

LAMP, *s. m.*, éclair, t. IV, p. 15, col. 1.

5. ESLAMPAR, *v.*, glisser.

Cant l' us dels pes ESLAMPA o trabuca.
V. et Vert., fol. 58.
Quand l'un des pieds *glisse* ou trébuche.

MAN

LAUS (lisez LAU), *s. f.*, louange, t. IV, p. 28, col. 1.

12 *bis.* LAUZENGERIA, *s. f.*, louange, flatterie.

LAUZENGERIA, symonia, simulacio.
V. et Vert., fol. 8.
Flatterie, simonie, dissimulation.

LAVAR, *v.*, laver, t. IV, p. 32, col. 1.

9. ESLAVAR, *v.*, laver, nettoyer, purifier.
Fig. La vita del pechador non es orza, quan s' ESLAVA per plors.
Trad. de Bède, fol. 26.
La vie du pécheur n'est pas impure, quand elle se *lave* par pleurs.

LET, *adj.*, joyeux, t. IV, p. 49, col. 11.

18 *bis.* DELITAR, *v.*, délecter, charmer.
Trop se DELITAR en odoramens.
V. et Vert., fol. 70.
Trop se *délecter* en odeurs.

LEVAR, *v.*, lever, t. IV, p. 61, col. 11.

2 *bis.* LEVATIU, *adj.*, lévatif, propre à faire lever.
Ferment... es de pasta LEVATIU.
Eluc. de las propr., fol. 208.
Le ferment... est de pâte *lévatif*.

LIGUAR, *v.*, lier, t. IV, p. 69, col. 11.

11 *bis.* ALH, *s. m.*, allié.
El es ALHS de ma tia e neps del almirat.
Roman de Fierabras, v. 3437.
Il est l'*allié* de ma tante maternelle et neveu de l'émir.

22 *bis.* OBLIAR, *v.*, obliger, engager, lier.
Si el non pot trobar fermansa, deu OBLIAR las soas causas en peignora.
Trad. du Code de Justinien, fol. 57.
S'il ne peut trouver caution, il doit *engager* les siennes choses en garantie.

LOC, *s. m.*, lieu, t. IV, p. 87, col. 11.

3 *bis.* LOGAR, *s. m.*, lieu.
Desul plus haut LOGAR.
RAMBAUD DE VAQUEIRAS : Honrat marques. *Var.*
Dessus le plus haut *lieu*.

M

MAN, *s. m.*, ordre, t. IV, p. 134, col. 11.

6. — Envoyer, transmettre.
Ieu vos MAN, lai on es vostr' estatges,
Esta chanso.
LA COMTESSE DE DIE : A chantar.
Je vous *transmets*, là où est votre demeure, cette chanson.

MANJAR, *v.*, manger, t. IV, p. 146, col. 11.

6 *bis.* DESMANJAR, *v.*, perdre l'appétit, cesser d'avoir appétit.
Part. pas. Soven, per leconia
De viandas delicadas,
Se fenheran DESMANJADAS.
Brev. d'amor, fol. 130.
Souvent, par friandise de mets délicats, elles se feindront *ayant perdu l'appétit*.

6 *ter.* DESMANJAMEN, *s. m.*, perte d'appétit.

Fenheran DESMANJAMEN,
Car a part, amagadamen,
Auran manjat pro e de bo.
Brev. d'amor, fol. 130.
Elles feindront *perte d'appétit*, parce qu'à part, en cachette, elles auront mangé assez et de bon.

MAR, *s. m.* et *f.*, mer, t. IV, p. 153, col. 1.

7 *bis.* ULTRAMARI, *adj.*, outre-marin, d'outre-mer.
Per alqus peleris ULTRAMARIS.
Cat. dels apost. de Roma, fol. 144.
Par aucuns pèlerins *d'outre-mer*.

MOVER, *v.*, mouvoir, t. IV, p. 276, col. 11.

7 *bis.* SOBREMOVABLE, *adj.*, sur-mouvable, très mobile.
Calor, es qualitat... penetrativa, SOBREMOVABLA.
Eluc. de las propr., fol. 24.
Chaleur, c'est qualité... pénétrative, *sur-mouvable*.

MUNDAR, *v.*, monder, t. IV, p. 286, col. II.

8 bis. MUNDIFICATIU, *adj.*, purificatif.

Causas salsas so naturalment MUNDIFICATIVAS.
Eluc. de las propr., fol. 270.
Les choses salées sont naturellement *purificatives*.
ESP. *Mundificativo.* IT. *Mondificativo.*

N

NADAR, *v.*, nager, t. IV, p. 297, col. 1.

2. SOBRENADAR, *v.*, lat. SU*per*NATAR*e*, surnager.
Part. prés. Per que la unctuozitat SOBRENA-DANT engendre fastig.
Eluc. de las propr., fol. 92.
Afin que l'onctuosité *surnageant* engendre dégoût.
ESP. PORT. *Sobrenadar.*

NASCER, *v.*, naître, t. IV, p. 299, col. II.

13 bis. INNASCIBILITAT, *s. f.*, innaissance, non-naissance.
Paternitat et INNASCIBILITAT, que son tan solament al Payre convenens.
Eluc. de las propr., fol. 7.
Paternité et *innaissance*, qui sont tant seulement au Père convenant.

NAU, *s. f.*, cognée, t. IV, p. 305, col. II.

2. NOVACULA, *s. f.*, lat. NOVACULA, serpette, couteau, scalpel.
Mundifio am NOVACULA.
Trad. d'Albucasis, fol. 30.
Nettoient avec *scalpel*.

NOM, *s. m.*, nom, t. IV, p. 319, col. II.

8 bis. NOMINALMEN, *adv.*, nominalement, par le nom.
Podon esser expliquat... participalmen o NOMINALMEN.
Leys d'amors, fol. 50.
Peuvent être expliqués... par le participe ou *par le nom*.

NOZER, *v.*, nuire, t. IV, p. 341, col. II.

1 bis. NOIRE, *v.*, nuire.
No mi dei NOIRE paratges
Ni riquecha ni hautz lignatges.
FOLQUET DE ROMANS : Domna ieu pren.
Ne me doit *nuire* parage ni richesse ni haut lignage.

O

O, *pron. relatif m., employé neutr.*, le, t. IV, p. 353, col. 1.

2. Co, ço, so, zo, czo, *pron. relatif m., employé neutr.*, ce, cela.
Co es obra vertuosa e dreit entendament.
Lo novel Sermon.
Ce est œuvre vertueuse et droit entendement.
So qu' hom plus vol e don es plus cochos.
PONS DE CAPDUEIL : So qu' hom.
Ce que l'homme plus veut et dont il est plus empressé.
Per zo no'l volg Boecis a senor.
Poëme sur Boèce.
Pour *cela* ne le voulut Boèce pour seigneur.

Czo que se conten en aquesta leiczon.
La nobla Leyczon.
Ce qui se contient en cette leçon.
Conj. comp. Eu dic o PER SO CAR es amors
Forjujada per nescis jujadors.
AIMERI DE PEGUILAIN : Totz hom.
Je dis cela *parce que* amour est forjugé par ignorants jugeurs.
ANC. CAT. *Ço.* ANC. ESP. *So.* IT. *Ciò.*

3. ACO, AQUO, *pron. relatif m.*, employé neutr., ce, cela.
Per ACO so las gens efermas.
Liv. de Sydrac, fol. 42.
Pour *cela* sont les gens infirmes.

OBR

Totz hom que so blasma que deu lauzar,
Lauz' atressi aco que deu blasmar.
   AIMERI DE PEGUILAIN : Totz hom.
Tout homme qui cela blâme qu'il doit louer,
loue pareillement ce qu'il doit blâmer.

Senher, AQUO es aissi quon ieu sai.
   G. RIQUIER : L' autr' ier trobey.
Seigneur, cela est ainsi comme je sais.

Aquo qu' a pretz s' eschai.
   ARNAUD DE MARUEIL : Razos es.
Ce qui à mérite appartient.

4. AISSO, AYSSO, AISO, AYSO, AICHO, AIZO, AICZO, *pron. relatif m.*, *employé neutr.*, ce, ceci.

Si d' AISSO us meraveillatz,
Be m meravil si vos amatz.
 T. DE G. FAIDIT ET DE PERDIGON : Perdigons.
Si de ceci vous vous émerveillez, bien je m'émerveille si vous aimez.

Res no 'l sai dir
D' AISO qu' obs me seria.
  ALBERT DE SISTERON : Solatz e chantar.
Rien je ne lui sais dire de ce qui besoin me serait.

Comandet... que, totz aquels que en AICHO contrastario, fosso lor bes escorregutz.
  Cat. dels apost. de Roma, fol. 106.
Il commanda... que, tous ceux qui en ceci s'opposeraient, leurs biens fussent confisqués.

Per AIZO in fas e chaitiveza 'star.
  Poëme sur Boèce.
Pour cela tu me fais en captivité être.

AICZO poes vos ben veer.
  La nobla Leyczon.
Ceci vous pouvez bien voir.

ANC. CAT. Aço.

OBLIA, *s. f.*, lat. OBLATA, oblée, oublie, sorte d'offrande que le vassal faisait au seigneur.

Pagar cad an aquests .v. sols d' OBLIA.
  Tit. de 1193. *Arch. du Roy.*, J, 304.
Payer chaque an ces cinq sous d'oblée.

Aisso es la carta de las OBLIAS qu' om deu a Martror a monseinor lo comte.
  Tit. du XIII*e siècle. Arch. du Roy.*, J, 958.
Ceci est la charte des oblées qu'on doit à la Toussaint à monseigneur le comte.

OBRAR, *v.*, ouvrer, t. IV, p. 355, col. I.

OMB

6 *bis.* OBRADUY, *s. m.*, boutique.

Levar OBRADUY de sabataria.
Statuts des Cordonniers de Bordeaux, Ord. des R. de Fr., 1461, t. XV, p. 451.
Lever boutique de fabrication de souliers.

OCCIDENT, *s. m.*, occident, t. IV, p. 357, col. II.

2. *Adjectiv.* D'occident.

D' aquest signe OCCIDENT o desparent.
  Eluc. de las propr., fol. 110.
De ce signe d'occident (couchant) ou disparaissant.

OFFENDRE, *v.*, offenser, t. IV, p. 359, col. II.

18 *bis.* DEFENSAIRE, DEFENSADOR, *s. m.*, défenseur.

Les uelhs so DEFENSADORS de tot le corrs, quant a la partida denant.
  Eluc. de las propr., fol. 47.
Les yeux sont défenseurs de tout le corps, quant à la partie (de) devant.

OISSOR, *s. f.*, épouse, t. IV, p. 364, col. I.

1 *bis.* UXOR, *s. f.*, épouse, femme.

De Sanso 'l fort e de sa UXOR.
 T. DE MARCABRUS ET D'UGO CATOLA : Amicx.
De Samson le fort et de son épouse.

ANC. FR. Grim fud mis père, un pescheur;
Ma mère ot nun Sebruc, sa *uxor*.
  GEOFFROI GAIMAR, *Lai d'Havelok*, v. 370.

2. UXORAR, *v.*, épouser, marier.

Part. pas. Ostet del divinal offici los als prestres UXORATZ.
  Cat. dels apost. de Roma, fol. 144.
Ota du divin office les autres prêtres mariés.

OMBRA, *s. f.*, ombre, t. IV, p. 368, col. II.

4 *bis.* UMBROS, UMBROZ, *adj.*, lat. UMBROS*us*, ombreux, sombre.

Las bestias umbra deziron, et en loc UMBROS si repauzon.

Ivern,... aquest temps es... fangos, ploios... et UMBROS, quar plus longas so las umbras que en estiu.

Ifern, es sa carcer UMBROZA.
Eluc. de las propr., fol. 127, 124 et 12.
Les bêtes désirent ombre, et en lieu *ombreux* se reposent.
Hiver,... ce temps est... fangeux, pluvieux... et *ombreux*, car plus longues sont les ombres qu'en été.
Enfer, est sa prison *sombre*.
ESP. PORT. *Umbroso.* IT. *Ombroso.*

8 *bis.* ADUMBRAR, *v.*, ombrager.
De nivol que 'ls ADUMBRAVA contra 'l solelh.
Eluc. de las propr., fol. 129.
De la nuée qui les *ombrageait* contre le soleil.

8 *ter.* ADUMBRAMENT, *s. m.*, ombre, ombrage.

— *Fig.* Apparence.
El cal non es mudament, ni ADUMBRAMENT de cambiament.
Trad. de l'Épît. de S. Jacques.
Auquel il n'est mutation, ni *apparence* de changement.
ESP. *Asombramiento.* PORT. *Assombramento.* IT. *Adombramento.*

ONDA, *s. f.*, onde, t. IV, p. 370, col. II.

7 *bis.* UNDOS, UNDOZ, *adj.*, lat. UNDOS*us*, ondeux, houleux.
La mar Ybernica es tan UNDOZA.
Eluc. de las propr., fol. 172.
La mer Hybérienne est si *houleuse*.
ANC. ESP. *Ondoso.* ESP. MOD. PORT. *Undoso.* IT. *Ondoso.*

11 *bis.* SOBREHABUNDANTIA, *s. f.*, lat. SU*per*ABUNDANTIA, surabondance.
SOBREHABUNDANTIA de... humor.
Eluc. de las propr., fol. 266.
Surabondance de... humeur.

11 *ter.* SOBREHABUNDOS, SOBREHABUNDOZ, *adj.*, surabondant.
Terra... en pastencs SOBREHABUNDOZA.
Eluc. de las propr., fol. 159.
Terre... en pâturages *surabondante*.

12 *bis.* SOBREHABUNDAR, *v.*, lat. SUPERABUNDAR*e*, surabonder.
Frugz,... si SOBREHABUNDA ayga,... hauran color glauca.

Pols,... dizem que es ple quan semla que SOBREHABUNDE en humor.
Eluc. de las propr., fol. 21 et 266.
Fruits,... si surabonde eau,... auront couleur glauque.
Pouls,... nous disons qu'il est plein quand il semble qu'il *surabonde* en humeur.
Part. prés. Complexio SOBREHABUNDANT en siccitat.
De SOBREHABUNDANT humiditat.
Eluc. de las propr., fol. 41 et 36.
Complexion *surabondante* en siccité.
De *surabondante* humidité.

14. REDONDAR, *v.*, lat. REDUNDAR*e*, déborder, regorger, retomber, abonder.
Fig. La qual causa REDONDA en... prejudici.
Statuts de Provence. JULIEN, t. II, p. 492.
Laquelle chose *déborde* en... préjudice.
CAT. ESP. PORT. *Redundar.* IT. *Ridondare.*

ONGER, *v.*, oindre, t. IV, p. 372, col. II.

5 *bis.* UNGUENTARI, *adj.*, lat. UNGUENTARI*us*, onguentaire, qui concerne l'onguent, les essences, les parfums.
Vayssellhs UNGUENTARIS, prezervans unguens de corruptio.
Eluc. de las propr., fol. 183.
Vaisseaux *onguentaires*, préservant onguents de corruption.
ESP. IT. *Unguentario.*

8. UNCTUOS, UNCTUOZ, *adj.*, onctueux.
Frug UNCTUOS.
Viandas... UNCTUOSAS.
Humor UNCTUOZA.
Eluc. de las propr., fol. 160, 92 et 183.
Fruits *onctueux*.
Aliments... *onctueux*.
Humeur *onctueuse*.
PORT. *Untoso.* IT. *Untuoso.*

9. UNCTIU, *adj.*, onctif, propre à oindre.
Cedre,... sa lacrema es... cauda, UNCTIVA.
Eluc. de las propr., fol. 202.
Cèdre,... sa larme est... chaude, *onctive*.

10. UNCTUOZITAT, *s. f.*, onctuosité.
Grayssha, per sa UNCTUOZITAT, es de foc et calor nutritiva.

ONG

Aybres qui han humor laytenca, han granda UNCTUOZITAT.

Eluc. de las propr., fol. 64 et 198.

Graisse, par son *onctuosité*, est de feu et de chaleur nutritive.

Arbres qui ont humeur laiteuse, ont grande *onctuosité*.

ESP. *Untuosidad.* PORT. *Untuosidade.* IT. *Untuosità, untuositate, untuosidade.*

11. ENONCTIO, ENUNCTIO, *s. f.*, lat. INUNCTIO, onction.

Aquesta ENONCTIO fo facha per so que lor generatio... fos benezida.

Per so que, per lor ENUNCTIO, fosso benezech.

Cat. dels apost. de Roma, fol. 133 et 98.

Cette *onction* fut faite pour cela que leur génération... fût bénie.

Pour cela que, par leur *onction*, ils fussent bénis.

12. ENONHER, *v.*, lat. INUNGERE, oindre, faire l'onction.

Part. pas. Fo ENONHS coma rey per sanh Bonifaci.

Cat. dels apost. de Roma, fol. 97.

Fut *oint* comme roi par saint Boniface.

13. PERUNGER, PERONHER, PERONNER, *v.*, lat. PERUNGERE, oindre, enduire.

Veruga
Sus en la cropa, que s pessuga
Tot auzel, can se vol PERONNER.
Si en la perga be s PERONH.
Be s peluga e se PERONGA
Tro al vespre que fams lo ponga.

DEUDES DE PRADES, *Auz. cass.*

Verrue sus en le croupion, que se rompt tout oiseau, quand il veut *s'oindre*.

Si sur la perche bien il *s'enduit*.

Que bien il s'épluche et *s'enduise* jusqu'au soir que faim le poigne.

Ampola plena de cresma de la qual sanh Remir PERONHS et batejet Clodieu.

Cat. dels apost. de Roma, fol. 64.

Ampoule pleine de chrême duquel saint Remi *oignit* et baptisa Clovis.

14. PERONH, *s. m.*, basse-lat. PERUNCTUM, péron, sorte de glande.

Lo PERONHS es una veruga
Sus en la cropa, que s pessuga

OUT

Tot auzel, can se vol peronner.

DEUDES DE PRADES, *Auz. cass.*

Le *péron* est une verrue sus en le croupion, que se rompt tout oiseau, quand il veut s'oindre.

ORITES, *s. m.*, orite, sorte de pierre.

ORITES,... quant femna lo porta pendut, fai que no pot emprenhar, e, si tant es que enprenhe, ades gieta lo prenhat.

Trad. du Lapidaire de Marbode.

L'*orite*,... quand femme le porte suspendu, fait qu'elle ne peut concevoir, et, si tant est qu'elle conçoive, incontinent elle rejette le fœtus.

ORS, *s. m.*, ours, t. IV, p. 387, col. II.

4. URSIN, *adj.*, lat. URSIN*us*, oursin, d'ours.

Carns bovinas, azininas, URSINAS.

Eluc. de las propr., fol. 100

Chairs de bœufs, d'ânes, *d'ours*.

IT. *Orsino.*

OSCLE, *s. m.*, écrin, t. IV, p. 390, col. II.

2. OSCLA, *s. f.*, bijou, ornement.

No porton n' OSCLA d' aur ni d' argen ni ab perlas.

Statuts de Montpellier, du XIIIe siècle.

Ne portent ni *bijou* d'or ni d'argent ni avec perles.

OUTRA, *prép.*, outre, t. IV, p. 391, col. II.

2. ULTRA, *prép.*, outre, au delà, à travers, contre.

Qu' el trametia los breus ULTRA la mar.

Poëme sur Boèce.

Qu'il transmettait les lettres *au delà* de la mer.

Prép. comp. Fui nafratz D' OUTRA la garniso.

RAMBAUD DE VAQUEIRAS : Valens marques.

Je fus navré *à travers* l'armure.

Loc. E 'ls Sarrasins e 'ls Turcs D' OUTRA mar.

AUSTOR SEGRET : No sai qui.

Et les Sarrasins et les Turcs *d'outre*-mer.

En la terra D' OUTRA mar.

V. et Vert., fol. 65.

En la terre *d'outre*-mer.

Per las poestatz D' OUTRA 'l port.

MARCABRUS : Emperaire.

Par les puissances *d'au delà* du port.

Voyez MAR, CUIDAR, COGITAR, PASSAR.

ANC. FR. Li fist passer *ultre* la lance.
GEOFFROI GAIMAR, *Arch. Brit.*, t. XVII, p. 99.
Ne seit remembret le num de Israël en *ultre*.
Anc. trad. du Psaut. de Corbie, ps. 8.
S'estant percé *d'oultre en oultre* par le milieu de l'estomac.
AMYOT, *Trad. de Plutarque*. Vie de Brutus.
Ultre la mer volent passer.
GEOFFROI GAIMAR, *Poëme d'Haveloc*, v. 387.

ANC. ESP. *Oltra, ultra,* s'y trouvent dans des composés, tels que *oltra* mar, *ultra* mar, *ultra* puertos, etc.
Ixte de Europa, passa *ultra* mar.
Poëma de Alexandro, cop. 1108.

ANC. CAT. *Ultra.* IT. *Oltre.*

3. ULTRAR, *v.*, outrer, défaire, pousser à bout, traverser.
Si vol ULTRAR son enemich.
Arbre de Batalhas, fol. 37.
S'il veut *outrer* son ennemi.
ANC. FR. Qu'il se tenist pour *oultré* et vaincu.
Hist. de Gérard de Nevers, p. 84.
Et des terres qu'il a *outrées*.
Fabl. et cont. anc., t. I, p. 232.
IT. *Oltrare.*

4. ULTRANSA, *s. f.*, outrance.
Adv. comp. Menar... A ULTRANSA veraiament.
Arbre de Batalhas, fol. 39.
Mener... *à outrance* vraiment.
ANC. CAT. *Ultransa.* IT. *Oltranza.*

5. OLTRATGE, OUTRATGE, *s. m.*, outrage, excès.

Voyez MURATORI, *Diss.* 33.
Mort l'an, et anc tan gran OLTRATGE
No vi hom.
GUILLAUME, MOINE DE BEZIERS: Quascus.
Ils l'ont tué, et oncques si grand *outrage* on ne vit.
An pres mal voler e far OUTRATGE.
P. CARDINAL: Ricx hom.
Ils ont pris mal vouloir et faire *outrage*.
Adv. comp. Cant hom a manjat o begut A OLTRATGE.
Liv. de Sydrac, fol. 130.
Quand on a mangé ou bu *à l'excès*.
CAT. *Ultratge.* ESP. PORT. *Ultraje.* IT. *Oltraggio.*

6. OLTRATGOS, OTRAJOS, *adj.*, outrageux, arrogant, immodéré.
Si tos amic, o tos vezis es fols o malvatz o OLTRATGOS, e fai vilania a la gen.
Liv. de Sydrac, fol. 94.
Si ton ami, ou ton voisin est fou ou méchant ou *outrageux*, et fait vilenie à la gent.
Per que no fos tengutz per OTRAJOS, quar era novels reys.
Cat. dels apost. de Roma, fol. 198.
Pour qu'il ne fut pas tenu pour *arrogant*, parce qu'il était nouveau roi.
ANC. FR. Cointes vasax et *otragos*.
Nouv. rec. de fabl. et cont. anc., t. I, p. 338.
Ne fussent plus si *outrageux* de conquerre ce qui n'estoit pas leur.
MONSTRELET, t. II, fol. 11.
ESP. *Ultrajoso.* IT. *Oltraggioso.*

P

PALHA, *s. f.*, paille, t. IV, p. 400, col. 11.

6. PALHARDARIA, *s. f.*, pillerie, pillage.
Ce mot a été dérivé de PALEARIUS, employé dans la basse-latinité pour désigner les routiers ou brabançons.
Incertum porro, an ita dicti *palearii* quod paleam pro insigni ad caput aut galeam deferrent, an vero quod incendia ubique ignem palea immittendo excitarent.
DU CANGE, t. V, col. 52.

Aysso non es pas guerra, mas me sembla esser PALHARDARIA.
Arbre de Batalhas, fol. 213.
Ceci n'est pas guerre, mais me semble être *pillerie*.

PAN, *s. m.*, pain, t. IV, p. 405, col. 11.

2 bis. PANIC, *s. m.*, lat. PANICum, panic, sorte de millet.
So mantas especias de froment,... quar alcu es dit... ordi, alcu seguel, autre PANICZ.
Eluc. de las propr., fol. 208.

PEL

Sont maintes espèces de blé,... car aucun est dit... orge, autre seigle, autre *panic*.

CAT. *Panis.* ESP. *Panizo.* IT. *Panico.*

PART, *s. f.*, portion, t. IV, p. 432, col. 1.

42 *bis*. PROPORCIONALMENT, *adv.*, proportionnellement.

Corrs, el qual habunda granda humor et tropa calor, PROPORCIONALMENT es mot gran de statura en totas dimencios.

Eluc. de las propr., fol. 26.

Corps, auquel abonde grande humeur et excessive chaleur, *proportionnellement* est moult grand de stature en toutes dimensions.

CAT. *Proporcionalment.* ESP. PORT. *Proporcionalmente.* IT. *Proporzionalmente.*

42 *ter*. INPROPORCIO, *s. f.*, disproportion.

Cecitat es... per INPROPORCIO que es entre la pupilla e l' esperit viziu.

Eluc. de las propr., fol. 83.

Cécité est... par *disproportion* qui est entre la pupille et l'esprit propre à faire voir.

CAT. *Improporció.* ESP. *Improporcion.*

PASTA, *s. f.*, pâte, t. IV, p. 451, col. 1.

6 *bis*. PRESTINH, *s. m.*, boulangerie.

O en la cozina o el selier o el PRESTINH o en l' ort.

Aiga e moli et PRESTINH e ort.

Trad. de la règ. de S. Benoît, fol. 23 et 36.

Ou en la cuisine ou au cellier ou à la *boulangerie* ou dans le jardin.

Eau et moulin et *boulangerie* et jardin.

PAUPRE, *adj.*, pauvre, t. IV, p. 459, col. 11.

6 *bis*. PAUPERACIO, *s. f.*, pauvreté, appauvrissement.

Fig. Opilacio dels nervis,... d' on ve... PAUPERACIO de vigor.

Eluc. de las propr., fol. 49.

Opilation des nerfs,... d'où vient... *appauvrissement* de vigueur.

PEL, *s. f.*, peau, t. IV, 483, col. 1.

7 *bis*. PELISSO, *s. m.*, pelisse, fourrure.

Un PELISSO que ac nom ermi.

Roman de Gerard de Rossillon, fol. 56.

POL

Une *fourrure* qui eut nom hermine.

ESP. *Pellico.*

PIUCELA, *s. f.*, pucelle, t. IV, p. 546, col. 11.

6. PUELLA, *s. f.*, lat. PUELLA, jeune fille.

Es dita PUELLA quar es pura.

Eluc. de las propr., fol. 69.

Est dite *jeune fille* parce qu'elle est pure.

7. PUELLAR, *s. m.*, lat. PUELLARis, âge puéril.

La segunda etat es puericia, o PUELLAR.

Eluc. de las propr., fol. 66.

Le second âge est puérilité, ou *âge puéril*.

PLEVIR, *v.*, promettre, t. IV, p. 573, col. 1.

2. PLEYA, *s. f.*, pleige, gage, caution.

PLEYAS per lo deyt mons. Rotger.

Tit. de 1384. *Arch. du Roy.*, K, 70.

Pleiges pour ledit monseigneur Rogier.

ANC. FR. Ne sai por quoi vons demandés
Pleiges de moi, ne seurtés.
Car se *pléges* en requérés
Jà plus aséur n'en serés.

Roman de la Rose, v. 1989 et 12195.

POL, *s. m.*, poulet, t. IV, p. 589, col. 1.

10. PULLIFICAR, *v.*, procréer, produire des petits.

La yrunda... PULLIFICA doas vetz.

Eluc. de las propr., fol. 140.

L'hirondelle... *produit des petits* deux fois.

Part. prés. Passer... es mot PULLIFICANT.

Eluc. de las propr., fol. 148.

Le passereau... est moult *procréant*.

11. PULLIFICACIO, *s. f.*, procréation.

Peyshos... manjo carn... quan so en temps de PULLIFICACIO.

Eluc. de las propr., fol. 155.

Poissons... mangent chair... quand ils sont en temps de *procréation*.

12. PULULATIU, *adj.*, pullulatif, propre à pulluler.

Pulegi, es herba... talment dita, quar es mot PULULATIVA, so es a dire graminativa.

Eluc. de las propr., fol. 219.

Pouliot, c'est herbe... tellement dite, parce qu'elle est moult *pullulative*, c'est-à-dire gramineuse.

POTZ, *s. m.*, puits, t. IV, p. 617, col. 11.

9. ESPOZAR, *v.*, épuiser.

Ayssi com cove soven ESPOZAR la sentina de la nau de las gotas de l'aiga que soven hy ressordon.
      V. et Vert., fol. 70.

Ainsi comme il convient d'*épuiser* souvent la sentine du vaisseau des gouttes d'eau qui souvent y suintent.

PRIOR, *s. m.*, prieur, t. IV, p. 647, col. 1.

4 *bis.* CONTRAPRIOR, *s. m.*, contre-prieur.

Claustriers, CONTRAPRIORS et contraabbatz.
      V. et Vert., fol. 26.

Cloîtriers, *contre-prieurs* et contre-abbés.

PROBAGE, *s. m.*, provin, t. IV, p. 653, col. 11.

1 *bis.* PROBAINAMENT, PROBAINAMEN, *s. m.*, propagation, multiplication.

Las genolosias e los PROBAINAMENS.
  PIERRE DE CORBIAC : El nom de.

Les généalogies et les *propagations*.

PRUDENZA, *s. f.*, lat. PRUDEN*ti*A, prudence.

Cil d'avant a nom providenza
O savieza o PRUDENZA.
 DEUDES DE PRADES, *Poëme sur les Vertus*.

Celle d'avant a nom providence ou sagesse ou *prudence*.

CAT. ESP. PORT. *Prudencia*. IT. *Prudenza*.

PUNICENC, *adj.*, écarlate, t. IV, p. 669, col. 11.

2. PUNIC, *adj.*, lat. PUNIC*us*, écarlate.

Color rocea, PUNICA et citrina han pauca diferencia.
    Eluc. de las propr., fol. 266.

Couleur rosée, *écarlate* et citrine ont peu de différence.

Q

QUATRE, *n. de nomb.* (lisez *adj. num.*), quatre, t. V, p. 5, col. 1.

13 *bis.* QUARTERO, *s. m.*, quarteron, quatrième partie de la livre.

Pren un QUARTERO de ceruza... ab oli d'olivas... et fa n'unguent.
    Eluc. de las propr., fol. 289.

Prends un *quarteron* de céruse... avec huile d'olives... et fais-en onguent.

R

RABIA, *s. f.*, rage, t. V, p. 28, col. 1.

1 *bis.* RAVIA, *s. f.*, rage.

Tormentilla... val... contra RAVIA.
    Eluc. de las propr., fol. 225.

Tormentille... vaut... contre *rage*.

RANSAN, *adj.*, façonné, damassé, garni d'or ou d'argent.

Tan fora rics sos loguiers
Qu'en tela RANSANA
Jagra en sa cabana.
  RAIMOND DE MIRAVAL : Anc trobar.

Tant serait riche sa récompense qu'en toile *garnie d'or* il coucherait dans sa cabane.

— *Substantiv.* Toile façonnée.

Camisas de RANSAN
Primas, car ben estan.
 ARNAUD DE MARSAN : Qui comte.

Chemises de *toile façonnée* fines, parce que bien elles siéent.

RAZO, RATIO, *s. f.*, raison, t. V, p. 51, col. 11.

— Brigue, intrigue, conspiration.

Revelada et trobada una autra grant RATION a Nemze.
    Hist. de Nîmes, t. II, not., p. 22.

Révélée et trouvée une autre grande *intrigue* à Nîmes.

RENC, *s. m.*, rang, t. V, p. 81, col. 1.

8 *bis*. ARREZAR, ARRESSAR, *v.*, orner, apprêter, ajuster, disposer, pourvoir.

Par que Dieus lo ARREZA.
TOMIERS ET PALAZIS: Si col flacs.
Il paraît que Dieu le *pourvoit*.

Part. pas. Tro que sia ARRESSAT.
MARCABRUS: Dirai vos.
Jusqu'à ce qu'il soit *ajusté*.

CAT. *Arrezar, arrear.* ESP. PORT. *Arrear.*

RESTAURAR, *v.*, lat. RESTAURAR*e*, restaurer, rétablir, réparer.

Per nos guerir de mort e per RESTAURAR via.
FOLQUET DE MARSEILLE: Vers Dieus.
Pour nous guérir de mort et pour *réparer* le chemin.

Aissi m podetz ric far
E mon dan RESTAURAR.
BERTRAND DE BORN: Ges no m.
Ainsi vous pouvez riche me faire et mon dommage *réparer*.

Non RESTAURAN ges honor.
ARNAUD DE COMINGE: Be m plai.
Ils ne *rétablissent* point honneur.

Virginitat, pueys que seria corrumpuda, no se pot RESTAURAR.
V. et Vert., fol. 95.
Virginité, après qu'elle serait corrompue, ne se peut *rétablir*.

— Ressusciter, sauver.

Promettre que, si 'l lo RESTAURAVA de mort, qu' elh lor daria .c. muls quarguatz d' aur et d' argent.
PHILOMENA.
Promettre que, s'il le *sauvait* de mort, qu'il leur donnerait cent mulets chargés d'or et d'argent.

Que RESTAURESSON sus el ciel.
Trad. d'un Évang. apocr.
Qu'ils *ressuscitassent* sus au ciel.

Part. pas.
Adoncx cugei que fos mortz pretz e dos,...
Mas ar los vey RESTAURATZ ambedos.
AIMERI DE PEGUILAIN: En aquelh.
Alors je crus que fût mort mérite et générosité,... mais maintenant je les vois *rétablis* tous deux.

ANC. FR. *Restora* le chastel de Herebourc que li Senne avoient abatu.
Chr. de Fr., Rec. des Hist. de Fr., t. V, p. 234.

Je fis des mots nouveaux, je *restauray* les vieux.
RONSARD, t. II, p. 1237.

CAT. ESP. PORT. *Restaurar.* IT. *Restaurare, ristaurare, ristorare.*

2. RESTAURACIO, RESTAURASO, *s. f.*, lat. RESTAURATIO, rétablissement, restauration, réparation.

RESTAURACIO de fractura de bras.
La curacio... e RESTAURACIO.
Trad. d'Albucasis, fol. 63 et 45.
Restauration de fracture de bras.
La cure... et *restauration*.

Fig. Mon novel chant envei a Mon Plus Car
Per far RESTAURASO.
B. ZORGI: Mal aia.
J'envoie mon nouveau chant à Mon-Plus-Cher pour faire *réparation*.

CAT. *Restauració.* ESP. *Restauracion.* PORT. *Restauração.* IT. *Restaurazione, ristorazione.*

3. RESTAURAMENT, RESTAURAMEN, *s. m.*, restauration, réparation.

E 'l dan don ja non er RESTAURAMEN.
AIMERI DE PEGUILAIN: S' ieu auc.
Et le dommage dont jamais il ne sera *réparation*.

Fig. Pretz aura tos temps RESTAURAMEN
En vostra cort, quant alhors si perdria.
BERTRAND D'ALLAMANON: Un sirventes.
Mérite aura toujours *réparation* dans votre cour quand ailleurs il se perdrait.

ANC. FR. S'esgarda, et porvit comment
Il en prendroit *restorement*.
Fabl. et cont. anc., t. II, p. 399.

IT. *Restauramento, ristoramento.*

4. RESTAURAIRE, RESTAURADOR, *s. m.*, lat. RESTAURATOR, restaurateur, qui rétablit.

RESTAURADORs de la fractura del membre.
Metges e RESTAURADORS.
Trad. d'Albucasis, fol. 58 et 66.
Restaurateur de la fracture du membre.
Médecin et *restaurateur*.

CAT. ESP. PORT. *Restaurador.* IT. *Restauratore, ristoratore.*

5. RESTAURATIU, *adj.*, restauratif, propre à restaurer.

Vianda preza en quantitat competent es RESTAURATIVA.
Eluc. de las propr., fol. 73.

Nourriture prise en quantité convenable est *restaurative*.

ESP. PORT. *Restaurativo*. IT. *Ristorativo*.

6. ARESTAURAR, *v.*, sauver, ressusciter, restaurer.

Per nos, mals sers desconoissens, ARESTAURAR de mort.
V. et Vert., fol. 36.

Pour nous, mauvais esclaves ingrats, *sauver* de mort.

Es tengutz... de tot ARESTAURAR.
Statuts de Montpellier, de 1204.

Il est tenu... de tout *restaurer*.

RINOCERON, *s. m.*, lat. RHINOCERON*tem*, rhinocéros.

RINOCERON... tant fort es que cassador no 'l pot pendre per forssa.
Eluc. de las propr., fol. 257.

Le *rhinocéros*... tant est fort que le chasseur ne le peut prendre par force.

CAT. *Rinoceront*. ESP. *Rinoceronte*. PORT. *Rhinoceros, rinocerote*. IT. *Rinoceronte*.

ROG, *adj.*, rouge, t. V, p. 102, col. 1.

12 *bis*. ROJOR, *s. f.*, rougeur.

Si la dolor part del cap, om sent... en la cara ROJOR.
Eluc. de las propr., fol. 43.

Si la douleur part de la tête, on sent... en la face *rougeur*.

CAT. *Rojor*.

ROMPRE, *v.*, rompre, t. V, p. 108, col. II.

21. SOBRECORRUMPRE, *v.*, sur-corrompre, corrompre excessivement.

Part. pas. Les quals accidens veno de SOBRECORRUMPUDAS humors per malas viandas engendradas.
Eluc. de las propr., fol. 43.

Lesquels accidents viennent d'humeurs *sur-corrompues* par mauvaises nourritures engendrées.

S

SAN, *adj.*, sain, t. V, p. 149, col. 1.

9. SOBRESAN, *adj.*, sur-sain, très sain.

SOBRESANA terra es et temprada, quar no ha exces o pauc en frejor o en calor.
Eluc. de las propr., fol. 172.

Très *saine* terre est et tempérée, car elle n'a excès ou peu en froidure ou en chaud.

SEGUEL, *s. m.*, seigle, t. V, p. 178, col. II.

2. SETGLE, *s. m.*, seigle.

I. carteira de SETGLE.
Cartulaire du Bugue, fol. 21.

Une quartière de *seigle*.

SERV, *s. m.*, serf, t. V, p. 210, col. II.

16. — Accomplissement.

Misericordia fara loc a cascun, segont lo DESERVIMENT de sas obras.
Trad. de Bède, fol. 64.

Miséricorde fera place à chacun, selon l'*accomplissement* de ses œuvres.

SI, *conj.*, si, t. V, p. 222, col. II.

2 *bis*. AIXI, *adv.*, ainsi.

Fez far silenci, e dix AIXI.
Trad. d'un Évang. apocr.

Fit faire silence, et parla *ainsi*.

SISCLAR, *v.*, gazouiller, t. V, p. 238, col. 1.

3. GISCLAMENT, *s. m.*, éclat, retentissement.

Lo GISCLAMENT de son crit.
Carya Magalon, p. 49.

L'*éclat* de son cri.

SIZOLIS, *s. f.*, sison, sorte de plante.

Las cervias,... apres lo part, manjan las herbas camo et SIZOLIS,... e 'l suc de las ditas herbas lor dona copia de layt.
Eluc. de las propr., fol. 245.

Les biches,... après la portée, mangent les herbes camomille et *sison*,... et le suc desdites herbes leur donne abondance de lait.

SORDEI, *adj.*, sordide, t. V, p. 267, col. II.

8. ORDURA, *s. f.*, ordure, saleté.

Bona sirventa que purga be lo ostal, e gieta tota la ORDURA deforas.

V. et Vert., fol. 68.

Bonne servante qui nettoie bien l'hôtel, et jette toute l'*ordure* dehors.

Lh' aigua lava e nedeia totas ORDURAS.

Liv. de Sydrac, fol. 119.

L'eau lave et nettoie toutes *ordures*.

Fig. Mot cas d' aut qui cas de estamen de religio en ORDURA de luxuria.

La ORDURA del mon.

V. et Vert., fol. 98 et 48.

Moult choit de haut qui choit de l'état de religion dans l'*ordure* de luxure.

L'*ordure* du monde.

IT. *Ordura*.

9. ORDUMA, ORDUMNA, *s. f.*, ordure, souillure.

Esmondem nos de tota ORDUMA de charn.

L' ORDUMNA de la charn.

Trad. de Bède, fol. 60 et 41.

Purifions-nous de toute *souillure* de chair.

La *souillure* de la chair.

10. ORDILL, *adj.*, ordurier.

Fals jangladors ab lur ORDILL
Ratoires.

B. DE VENTADOUR : Ab cor leial.

Faux moqueurs avec leurs *orduriers* propos.

11. ORDEIAR, ORDEJAR, ORDEAR, *v.*, souiller, salir.

Fig. Del autrui mal non ORDEIAR ta bocha.
Vana paraula ORDEIA tost la pessa.
Tuit aquist mal eissont dins lo cor e ORDEUNT home.

Trad. de Bède, fol. 77, 81 et 60.

Du mal d'autrui ne pas *souiller* ta bouche.

Vaine parole *souille* tôt la pensée.

Tous ces maux poussent dans le cœur et *souillent* l'homme.

ANC. FR. Que j'*ordoiasse* si ma vie.

Nouv. rec. de fabl. et cont. anc., t. II, p. 287.

Car par eulx nous *ordoies* plus que tu ne nous cures.

JEHAN DE MEUNG, *Test.,* v. 555.

Li félon Sarrasin avoient la cité prise, le saint sépulcre *ordoié*.

Chr. de Fr., Rec. des Hist. de Fr., t. V, p. 269.

SULH, *s. m.*, seuil, t. V, p. 288, col. 11.

2. SOL, *s. m.*, seuil.

Quan li fraire seran retornat,... fasson lor venia el SOL de la glieiza.

Regla de S. Benezeg, fol. 79.

Quand les frères seront retournés,... qu'ils fassent leur pardon au *seuil* de l'église.

SUILLA, *s. f.*, truie, t. V, p. 288, col. 11.

3. SEUS, *s. m.*, lat. SUS, porc, cochon.

No'lh laissarai tan cum val .I. SEUS.

Roman de Gerard de Rossillon, fol. 64.

Je ne lui laisserai pas autant comme vaut un *porc*.

T

TABELLIONAR, *v.*, rédiger.

Part. pas. La qual copia e lo original sian senhatz, TABELLIONATZ et autenticatz de ma del notari.

Tit. de 1460. DOAT, t. LXXX, fol. 395.

Laquelle copie et l'original soient signés, *rédigés* et authentiqués de la main du notaire.

TANGIBLE, *adj.*, lat. TANGIBILEM, tangible, qui peut être touché.

Per impressios de cauzas TANGIBLAS.

Eluc. de las propr., fol. 17.

Par impressions de choses *tangibles*.

ESP. *Tangible*. IT. *Tangibile*.

2. CONTAGIOS, *adj.*, lat. CONTAGIOSUS, contagieux.

Es CONTAGIOS, donant al ayre... pestilencia et corruptio.

Eluc. de las propr., fol. 248.

Est *contagieux*, donnant à l'air... pestilence et corruption.

CAT. *Contagios*. ESP. PORT. IT. *Contagioso*.

TORRENT, *s. m.*, lat. TORRENTem, torrent.

Riu apelat TORRENT de Cedron.

Eluc. de las propr., fol. 160.

Ruisseau appelé *torrent* de Cédron.

Fig. Flum Jordan vol dir TORREN de jutjamen.

V. et Vert., fol. 84.

Fleuve Jourdain veut dire *torrent* de jugement.

CAT. *Torrent*. ESP. PORT. IT. *Torrente*.

TROILL, *s. m.*, treuil, t. V, p. 430, col. 1.

1 *bis*. TROLHADA, *s. f.*, pression, expression.

Vinaci, es vi de la derieyra TROLHADA.
Eluc. de las propr., fol. 228.
Vinasse, c'est vin de la dernière *pression*.

V

VAL, *s. m.*, val, t. V, p. 461, col. 1.

11 *bis*. AVAU, *adv.*, aval, en bas.
Fig. Pretz es vengutz d'amon d'AVAU.
MARCABRUS: Lo vers. *Var.*
Mérite est tourné de haut *en bas*.

VEZER, *v.*, voir, t. V, p. 532, col. 11.

34 *bis*. PROVIDENZA, *s. f.*, lat. PROVIDENTIA, providence.

Cil d'avant a nom PROVIDENZA
O savieza ou prudenza.
PROVIDENZA vol dire tan
Com far luyn esgardar.
DEUDES DE PRADES, *Poëme sur les Vertus.*
Celle d'avant a nom *providence* ou sagesse ou prudence.
Providence veut dire autant comme faire regarder loin.

IT. *Providenza, provvidenza.*

FIN DE L'APPENDICE AU LEXIQUE ROMAN.

VOCABULAIRE

ALPHABÉTIQUE

DES MOTS DISPOSÉS PAR FAMILLES

DANS

LE LEXIQUE ROMAN.

AVERTISSEMENT.

La forme radicale adoptée pour le Lexique roman, comme plus logique et plus rationnelle que la classification alphabétique généralement admise dans les Dictionnaires des langues parlées, exigeait, pour la commodité des recherches, une sorte de table générale, à l'aide de laquelle on pût retrouver aisément tous les mots, malgré la diversité de leurs désinences et de leurs signes orthographiques.

Tel est l'objet de ce Vocabulaire.

Toutefois, laissant aux citations textuelles du Lexique les exemples des modifications diverses que reçoivent, dans leur emploi, un grand nombre de mots romans, on s'est généralement borné, sauf pour les pronoms, à reproduire seulement leurs formes absolues, sans s'occuper des formes spéciales ou accidentelles qu'ils prennent, suivant leurs fonctions dans le discours, et dont les règles sont déterminées par la grammaire.

Afin qu'on pût facilement recourir au Lexique, il a paru suffisant, après chaque mot radical ou dérivé, de renvoyer à la pagination du tome où ce mot est placé, en désignant la partie d'oraison à laquelle il appartient, le genre qui le distingue, le numéro qu'il a reçu, et enfin sa signification en français, la plus rapprochée du sens primitif.

Ce Vocabulaire a permis, en outre, de faire, plus utilement que dans un *errata*, la correction de quelques fautes typographiques échappées dans le cours de l'impression, comme aussi de relever un petit nombre d'erreurs, d'indiquer le double emploi de quelques mots, et de réparer quelques omissions.

Les corrections de toutes sortes ont été placées entre deux parenthèses; et, lorsqu'elles ont eu pour objet un radical ou un dérivé, le mot rectifié a été mis à son rang alphabétique, avec renvoi au mot fautif, où est indiquée la pagination du Lexique, contenant les exemples qui s'y rattachent.

Lorsque de mêmes mots, identiquement semblables pour la forme et pour le sens, se sont trouvés, quoique rarement, avoir été reproduits en double, on n'a rappelé qu'une seule fois chacun de ces mots, en indiquant les différentes places qu'ils occupent dans le Lexique.

Mais lorsque ces mots en double emploi n'ont pas offert une parfaite identité d'orthographe, ils ont été successivement rangés à leur ordre alphabétique avec renvoi de l'un à l'autre.

Ces doubles emplois ont eu diverses causes :

1° La difficulté de faire un choix dans les différents radicaux qui paraissaient également propres à être appliqués à une même famille de mots, comme :

ASSEMBLAR de ENSEMS, latin INSIM*ul*, ou de SEMBLAR, latin SIM*u*LAR*e*.
COSTIPAR de COSTIPACIO, latin CO*n*STIPATIO, ou de ESTIPAR, latin STIPAR*e*.
DESTRIC de ESTRENHER, latin STRINGER*e*, ou de TRIGA, latin TRIGA, etc.

AVERTISSEMENT.

2° L'embarras qu'offrait aussi, pour certains mots composés, l'existence de plusieurs radicaux auxquels ils pouvaient indistinctement être rattachés, tels que

CHAPFRENAR de CAP, latin CAP*ut*, ou de FREN, latin FREN*um*.
CONTRASTAR de CONTRA, latin CONTRA, ou de ESTAR, latin STAR*e*.
FEMENTIT, de FE, latin FI*des*, ou de MENTIR, latin MENTIR*i*.
HUEIMAIS de HOI, latin HO*die*, ou de MAIS, latin MA*g*IS.
MALVATZ de MAL, latin MAL*us*, ou de VAZER, latin VADER*e*.
TERRATREMOL de TERRA, latin TERRA, ou de TREMIR, latin TREMER*e*, etc.

Il convient d'y ajouter les jours de la semaine, tous groupés d'abord sous le mot DIA, et qui ont été replacés ensuite chacun sous le radical d'où il tire son nom, avec renvoi à ce même mot DIA, comme

DILUNS de DIA, grec Διά, et de LUNA, latin LUNA.
DIMARTZ de DIA, grec Διά, et de MARS, latin MARS.
DIMERCRES de DIA, grec Διά, et de MERCRES, latin MERC*u*RI*us*.
DIJOUS de DIA, grec Διά, et de JOUS, latin JOVIS.
DIVENRES de DIA, grec Διά, et de VENRES, latin VEN*e*RIS.
DISAPTE de DIA, grec Διά, et de SAPTE, latin SAB*a*T*um*.

3° La différence, dans les textes, des signes orthographiques de certains radicaux auxquels on ne pouvait toutefois assigner qu'une seule et même origine, comme

AMBONILH et EMBELIC, du latin UMBILIC*us*.
FEZICA et PHIZICA, du latin PHYSICA, etc.

4° La double qualité de certains mots employés tour à tour comme adverbes ou comme prépositions, auxquels il a été donné un numéro différent, bien qu'ils aient été placés sous un même radical, comme DESSOTZ, dérivé dans l'un et l'autre cas, de SOTZ, latin su*b*T*us*.

Pour ces sortes de mots, on s'est généralement borné à n'en rapporter qu'un seul dans le Vocabulaire, en indiquant celle des deux qualités, adverbe ou préposition, énoncée la première dans le Lexique, et en renvoyant à la double pagination où ils se trouvent.

De même, lorsque des adverbes ou des prépositions, réunis à d'autres mots d'espèce semblable ou à des mots avec lesquels ils forment un sens absolu, deviennent adverbes ou prépositions composés, on s'est borné, dans le Vocabulaire, à l'indication de la qualité assignée d'abord à chacun d'eux.

5° Enfin, la découverte faite dans la vérification des exemples, de quelques mots dont le radical, sous lequel ils auraient dû être rangés, se trouvait dans la partie déjà imprimée du Lexique, et qu'on a cru devoir rattacher à un autre radical, tels que :

Cambaterat, donné d'abord comme adjectif, dérivé de CAMBA, et reproduit ensuite sous le radical TERRA, comme participe passé du verbe cambaterrar;

Nelech, recueilli trop tard pour être rangé sous son radical DILIGENT, et classé comme dérivé de NEGLIGENCIA, quoique ce dernier mot, ainsi que quelques autres auxquels il sert de radical, eussent été déjà groupés sous ce même mot DILIGENT, etc.

Le Lexique ayant été établi sur des citations textuelles, il est arrivé parfois qu'à défaut d'exemples rigoureusement conformes aux règles déterminées par la grammaire romane, on a été obligé de reproduire des passages où les mots qui faisaient l'objet des citations, étaient plus ou moins défectueux, sous le rapport de l'orthographe ou sous celui des formes essentielles; il est également arrivé que ces mots, sans être altérés, n'offrant que des formes spéciales, ont été admis tels qu'ils étaient fournis par les textes.

Ainsi des substantifs, contrairement aux règles de leur formation, ont été donnés avec l's final, signe caractéristique du sujet, comme aigros au lieu d'aigro, escaravais au lieu d'escaravai;

Des adjectifs ont conservé de même cet s final, bien que leur féminin en exigeât le retranchement, tel que divinatius, divinativa.

AVERTISSEMENT.

Les formes essentielles ont été rétablies dans le Vocabulaire, en suivant le mode de correction ci-dessus indiqué.

Quand des exemples laissaient du doute sur le genre de quelques substantifs, on a cru devoir parfois modifier l'indication qui avait été mise dans le Lexique, lorsque cette modification était plus conforme à l'analogie fournie par les langues anciennes ou par les autres langues néolatines, ou même à celle des désinences des mots romans entre eux.

Les substantifs qui, comme signe caractéristique, ont la terminaison AIRE et ADOR, selon qu'ils font les fonctions de sujets ou de régimes, conservant invariablement cette double forme, elle a été reproduite dans le Vocabulaire pour chacun de ces mots, bien que parfois il n'eût été indiqué que l'une ou l'autre de ces désinences, suivant l'exemple qu'en avait offert le texte des citations.

Pour les substantifs terminés en EIRE et EDOR, qui n'ont pas toujours la même régularité dans leurs inflexions finales, on n'a rapporté les deux formes que lorsque le Lexique donne des exemples de l'une et de l'autre.

Les mots de cette nature pouvant tour à tour prendre la double qualité de substantif et d'adjectif; et les textes ne fournissant souvent que des exemples de l'une d'elles, ils ont été parfois désignés comme adjectifs. Pour plus de régularité, on s'est attaché à ramener tous ces mots à leur qualité primitive, en avertissant de la correction et en les plaçant à leur rang alphabétique, avec renvoi pour le régime en ADOR, EDOR au sujet en AIRE, EIRE.

Par suite du système suivi dans le Lexique de n'indiquer spécialement que le masculin des adjectifs, dans le Vocabulaire on n'a pas dû reproduire, avec la double consonne qu'ils prennent dans la formation de leur féminin, les mots soumis à cette modification, comme EXPRES, EXPRESSA, etc., non plus que ceux dont la finale subit la transformation du T en D, comme dans PRIVAT,

PRIVADA, etc., le T et le D étant regardés en étymologie comme une même lettre. La répétition des mots EXPRESS, PRIVAD, ou de tous autres semblables, n'eût été d'aucune utilité pour faire retrouver au besoin le féminin de ces sortes d'adjectifs.

Mais comme il pouvait ne pas en être ainsi pour les mots dont l's final se change parfois en z, tels que UNCTUOS, UNCTUOZA; dans ce cas on a donné aussi UNCTUOZ, et il en a été de même toutes les fois que cette transformation s'est rencontrée dans les adjectifs féminins cités en exemples.

La difficulté insurmontable de rendre, sans l'aide d'une périphrase, la signification exacte de certains mots romans qui n'ont pas d'analogues dans la langue française, a parfois nécessité l'emploi de mots hors d'usage, tels, entre autres, que *pardonneur, pardonnatrice*, traduction littérale de PERDONAIRE, PERDONAIRITZ.

Cette licence a surtout été admise pour les nombreux adjectifs romans en IU, dérivés des mots latins en IVUS, dont quelques-uns de leurs analogues en français ont leur terminaison en *if*, comme AFFIRMATIU, *affirmatif*, etc.; mais qui, pour la plupart, n'ont pas de mots correspondants dans la langue française, comme DILATATIU, signifiant *propre à dilater*, ORDINATIU, *qui marque l'ordre*, etc.; pour lesquels on a d'abord admis l'acception de *dilatatif, ordinatif*, seule reproduite dans le Vocabulaire, bien que, dans le Lexique, elle soit suivie de l'explication qu'on vient de rapporter.

Le même système a généralement été suivi, à défaut d'analogues, pour la traduction de certains mots auxquels la préposition SOBRE, en s'y joignant, donne un sens augmentatif, comme SOBREMESURA, SOBRENOCIU, SOBRELUZER, etc., qu'on a traduit par *sur-mesure, sur-nuisible, sur-luire*, etc.

Toutefois, lorsque la clarté du sens a paru l'exiger, on a ajouté un autre mot explicatif comme pour SOBREMOVABLE, qu'on a traduit à la fois par *sur-mouvable* et par *très mobile*.

Il en a été ainsi de quelques mots composés avec la préposition sotz, tels que sotzcela, sotzministrament, sosfoire, etc., qu'on a traduits par *sous-selle, sous-assistance, sous-fouir,* etc.

L'absence d'analogues n'ayant pas toujours permis une traduction littérale des diminutifs, très fréquents dans la langue romane, cette forme n'a pas été rigoureusement indiquée dans le Lexique; on a cru devoir la mentionner dans le Vocabulaire, à tous les mots auxquels elle appartient.

On concevra facilement que, dans le nombre infini d'exemples cités, quelques-uns des mots dont ils se composent aient échappé à l'attention la plus minutieuse, et qu'ils n'aient pu, de même que quelques autres relevés ultérieurement dans les textes, être rangés à temps dans la nomenclature des familles auxquelles ils se rattachent.

Ces divers mots, compris dans l'Appendice, s'y trouvent classés suivant l'ordre adopté pour le Lexique, dont il est un complément, et chaque dérivé y occupe, sous son radical, la place qui lui appartient.

Cet Appendice a permis, en outre, d'assigner à quelques mots certaines acceptions fournies par des exemples autres que ceux déjà rapportés à ces mêmes mots, et qui en complètent la signification.

Ainsi, dans les sens divers indiqués au verbe mandar, n'avait point été comprise sa signification exceptionnelle *envoyer, transmettre,* que donne un exemple cité au mot estatge. Cette acception a été placée dans l'Appendice sous ce même verbe roman, reproduit avec son numéro d'ordre, comme dérivé du mot MAN, radical qui s'y trouve d'abord rappelé.

Le Vocabulaire comprend à leur rang alphabétique, et avec les renvois propres à les faire retrouver facilement, tous les mots dont se compose l'Appendice.

Ces explications, auxquelles on a cru devoir se borner, feront assez comprendre à la fois l'utilité du Vocabulaire pour faciliter l'usage du Lexique, et la nécessité de recourir à ce dernier, afin de retrouver, dans les exemples qu'il donne, les formes distinctes, les qualités accidentelles, les diverses acceptions de chaque mot roman, et ses corollaires dans les autres langues de l'Europe latine.

VOCABULAIRE

ALPHABÉTIQUE

ES MOTS DISPOSÉS PAR FAMILLES

DANS

LE LEXIQUE ROMAN.

Nota. Les chiffres romains majuscules indiquent les tomes, les chiffres arabes désignent les pages, les chiffres romains minuscules marquent les colonnes, et les chiffres indiquant les dérivés sont précédés de n°.

A

, *s. m.*, a, II, 1, I.

, *prép.*, à, II, 1, I.

B, *prép.*, avec, II, 10, I.

BAC, *s. m.*, arithmétique, II, 10, II.

BADIA, *s. f.*, abbaye, II, 11, II, n° 3.

BADIA, *s. f.*, forêt de sapins, II, 13, I, n° 2.

BAIR, *v.*, désirer, II, 11, I.

BAIS, *s. m.*, abaissement, II, 191, I, n° 8.

BAISSAMEN, *s. m.*, abaissement, II, 191, I, n° 9.

BAISSAMENT, voyez ABAISSAMEN.

BAISSAR, *v.*, abaisser, II, 191, II, n° 12.

BAISSEZA, *s. f.*, abaissement, II, 191, II, n° 10.

ABAN, voyez ABANS.

ABANCHAS, voyez ABANS.

ABANDON, *s. m.*, penchant, II, 177, II, n° 2.

ABANDONADAMEN, *adv.*, en toute hâte, II, 178, I, n° 5.

ABANDONADAMENS, voyez ABANDONADAMEN.

ABANDONAR, *v.*, abandonner, II, 177, II, n° 3.

ABANS, *adv.*, avant, II, 92, I, n° 3.

ABASTAMEN, *s. m.*, suffisance, II, 193, I, n° 3.

ABASTAR, *v.*, suffire, II, 192, II, n° 2.

ABASTARDIR, *v.*, abâtardir, II, 193, II, n° 4.

ABAT, voyez ABBAT.
ABATALHAR, v. batailler, II, 198, I, n° 15.
ABATAMEN, voyez ABATAMENT.
ABATAMENT, s. m., rabattement, II, 199, I, n° 18.
ABATEMEN, s. m., chute, II, 198, II, n° 17.
ABATRE, v., abattre, II, 198, II, n° 16.
ABAUZAR, v., renverser, II, 11, I.
ABAUZOS, s. m., prosternement, II, 11, I, n° 2.
ABAVER, v., convenir, II, 11, I.
ABAYSSADOR, s. m., abaisseur, II, 191, II, n° 11.
ABAYSSAIRE, voyez ABAYSSADOR.
ABAYSSAR, voyez ABAISSAR.
ABBADESSA, s. f., abbesse, II, 11, II, n° 2.
ABBAT, s. m., abbé, II, 11, I.
ABBLUCIO, s. f., ablution, IV, 91, II, n° 2.
A B C, s. m., abécé, II, 11, II.
A B C D, voyez A B C.
ABCINDIR, voyez ABSCIDIR.
ABCISSIO, voyez ABCIZIO.
ABCIZIO, s. f., retranchement, V, 167, I, n° 10.
ABDICAR, v., abdiquer, II, 12, II.
ABDIT, adj., caché, VI, 1, I.
ABDOAS, adj. num. f. pl., toutes deux, III, 80, II.
ABDOS, adj. num. m. pl., tous deux, III, 80, II.
ABDUI, adj. num. m. pl., tous deux, III, 80, II, n° 2.
ABDURADOR, s. m., qui ne se rebute pas, III, 90, II, n° 9.

ABDURAIRE, voyez ABDURADOR.
ABDURAR, v., supporter, III, 90, I, n° 8.
ABDUROS, adj., endurant, III, 90, II, n° 10.
ABECE, s. m., abécé, II, 12, I, n° 2.
ABECH (lisez LABECH), s. m., vent du sud-ouest, II, 12, I.
ABELHA, s. f., abeille, II, 12, II.
ABELHIMEN, s. m., agrément, II, 207, I, n° 8.
ABELHIR, v., agréer, II, 207, I, n° 7.
ABELIR, voyez ABELHIR.
ABELIVOL, adj., agréable, II, 207, II, n° 9.
ABELLUCAR, v., éblouir, II, 208, II, n° 4.
ABENAR, v., améliorer, II, 210, I, n° 3.
ABESTON, s. m., amiante, II, 12, II.
ABET, s. m., sapin, II, 12, II.
ABET, s. m., finesse, II, 13, I.
ABETA, s. f., fraude, II, 13, I, n° 2.
ABETAIRITZ, s. f., trompeuse, II, 13, I, n° 3.
ABETAR, v., tromper, II, 13, I, n° 4.
ABEURADOR, s. m., abreuvoir, II, 218, I, n° 11.
ABEURAR, v., abreuver, II, 217, II, n° 9.
ABEURATGE, s. m., boisson, II, 218, I, n° 10.
ABHOMENABLE, adj., abominable, II, 13, II, n° 2.
ABHOMINACIO, voyez ABHOMINATIO.
ABHOMINATIO, s. f., dégoût, II, 13, II.
ABHORTIMENT, s. m., avortement, II, 17, II, n° 2.
ABHORTIR, v., avorter, II, 17, I.
ABILH, voyez HABIL.
ABILITAR, voyez HABILITAR.

ABIS, *s. m.*, abîme, II, 14, I.
ABISME, *s. m.*, abîme, II, 14, I, n° 2.
ABISSAR, *v.*, abîmer, II, 14, I, n° 3.
ABISSI, *s. m.*, abîme, VI, 1, II, n° 1 *bis*.
ABIT, voyez HABIT.
ABITACLE, voyez HABITACLE.
ABITACOL, voyez HABITACOL.
ABITADOR, voyez HABITAIRE.
ABITAIRE, voyez HABITAIRE.
ABITAR, voyez HABITAR.
ABITES, *s. m.*, habitude, VI, 27, I, n° 2 *bis*.
ABITI, voyez HABITI.
ABITUAR, voyez HABITUAR.
ABIVERNAR, *v.*, tirer de l'hiver, III, 577, II, n° 4.
ABJECTIO, *s. f.*, abjection, III, 472, I, n° 22.
ABJURAMENT, *s. m.*, abjuration, III, 603, I, n° 14.
ABLADAR, *v.*, semer, II, 226, I, n° 4.
ABLASMAR, *v.*, blâmer, II, 225, II, n° 15.
ABLASMAR, voyez ABLESMAR.
ABLATAR, *v.*, enlever, II, 14, II, n° 3.
ABLATIO, *s. f.*, enlèvement, II, 14, II.
ABLATIU, *s. m.*, ablatif, II, 14, II, n° 2.
ABLESMAR, *v.*, s'évanouir, II, 227, I, n° 9.
ABNEGUAR, *v.*, nier, IV, 326, I, n° 5.
ABNEJAR, voyez ABNEGUAR.
ABNEYAR, voyez ABNEGUAR.
ABOLIR, *v.*, abolir, II, 17, I, 2.
ABOLITIO, *s. f.*, pardon, II, 17, I.
ABOMINACIO, voyez ABHOMINATIO.
ABOMINAR, *v.*, abominer, II, 13, II, n° 3.
ABONDANCIA, voyez ABONDANTIA.
ABONDANSA, *s. f.*, abondance, IV, 371, I, n° 6.

ABONDANTIA, *s. f.*, abondance, IV, 371, I, n° 5.
ABONDAR, *v.*, abonder, IV, 371, II, n° 9.
ABONESIR, *v.*, abonir, II, 236, II, n° 7.
ABORDIR, voyez ABHORTIR.
ABORRIR, *v.*, abhorrer, III, 542, II, n° 4.
ABORTIMENT, voyez ABHORTIMENT.
ABOTONAR, *v.*, boutonner, II, 244, I, n° 4.
ABRACAR, *v.*, accourcir, II, 17, II.
ABRADER, *v.*, racler, V, 36, I, n° 7.
ABRANDAR, *v.*, brûler, II, 251, II, n° 2.
ABRASAR, *v.*, embraser, II, 252, I, n° 9.
ABRASSAR, *v.*, embrasser, II, 253, I, n° 6.
ABRAZAR, voyez ABRASAR.
ABRAZILLAR, *v.*, embraser, II, 252, I, n° 10.
ABREVIACIO, *s. f.*, abréviation, II, 257, II, n° 9.
ABREVIADAMEN, *adv.*, en abrégé, II, 258, I, n° 12.
ABREVIAMEN, *s. m.*, accourcissement, II, 257, II, n° 10.
ABREVIAR, *v.*, abréger, II, 257, II, n° 11.
ABRIAGA, *s. f.*, ivraie, II, 17, II.
ABRIAR, *v.*, abriter, II, 17, II, n° 2.
ABRIC, *s. m.*, abri, II, 17, II.
ABRICAR, voyez ABRIAR.
ABRICHAR, voyez ABRIAR.
ABRIL, *s. m.*, avril, II, 18, I.
ABRIU, *s. m.*, avril, VI, 2, I, n° 2.
ABRIVAMENT, *s. m.*, impétuosité, II, 260, II, n° 4.
ABRIVAR, *v.*, presser, II, 259, II, n° 3.
ABRIZAR, *v.*, se briser, II, 260, II, n° 5.
ABRONCAR, *v.*, heurter, II, 272, I, n° 3.
ABROSSIR, *v.*, attrister, II, 18, I.

ABRUZIA, *s. f.*, tristesse, II, 18, I, n° 2.
ABRUZIR, voyez ABROSSIR.
ABSCIDIR, *v.*, trancher, V, 167, I, n° 9.
ABSCINDIR, voyez ABSCIDIR.
ABSENCIA, *s. f.*, absence, III, 196, II, n° 11.
ABSENS, *s. m.*, absinthe, II, 18, II, n° 2.
ABSENS (lisez ABSENT), *adj.*, absent, III, 196, II, n° 12.
ABSENSA, *s. f.*, absence, III, 196, II, n° 13.
ABSENT, voyez ABSENS.
ABSENTAR, *v.* absenter, III, 196, II, n° 10.
ABSINTI, *s. m.*, absinthe, II, 18, I.
ABSOLUT, *adj.* absolu, V, 256, II, n° 8.
ABSOLUTAMEN, voyez ABSOLUTAMENT.
ABSOLUTAMENT, *adv.*, absolument, V, 256, II, n° 9.
ABSOLUTIO, *s. f.*, absolution, V, 256, I, n° 6.
ABSOLVEMEN, voyez ABSOLVEMENT.
ABSOLVEMENT, *s. m.*, absolution, V, 256, I, n° 7.
ABSOLVER, voyez ABSOLVRE.
ABSOLVRE, *v.*, absoudre, V, 255, II, n° 5.
ABSTENER, *v.*, abstenir, V, 334, II, n° 13.
ABSTENIR, voyez ABSTENER.
ABSTERCIO, *s. f.*, abstersion, V, 348, II, n° 7.
ABSTERGER, *v.*, absterger, V, 348, II, n° 5.
ABSTERSIU, *adj.*, abstersif, V, 348, II, n° 6.
ABSTINENCIA, voyez ABSTINENSA.
ABSTINENS (lisez ABSTINENT), *adj.*, abstinent, V, 335, I, n° 14.
ABSTINENSA, *s. f.*, abstinence, V, 335, I, n° 15.
ABSTINENSSA, voyez ABSTINENSA.
ABSTINENT, voyez ABSTINENS.
ABSTINENZA, voyez ABSTINENSA.
ABSTRACCIO, *s. f.*, abstraction, V, 402, I, n° 20.
ABSTRACTIU, *adj.*, abstractif, V, 402, I, n° 19.
ABSTRAYT, *adj.*, abstrait, V, 402, I, n° 18.
ABSTRENHER, *v.*, astreindre, III, 227, II, n° 10.
ABUNDAR, voyez ABONDAR.
ABURAR, *v.*, effrayer, II, 18, II.
ABUS, *s. m.*, abus, V, 455, I, n° 22.
ABUSAR, *v.*, abuser, V, 455, I, n° 24.
ABUZIO, *s. f.*, abus, V, 455, I, n° 23.
ABYSSAR, voyez ABISSAR.
ACABALAR, *v.*, pourvoir, II, 327, I, n° 74.
ACABAMEN, *s. m.*, achèvement, II, 319, I, n° 3.
ACABAMENT, voyez ACABAMEN.
ACABAR, *v.*, achever, II, 319, I, n° 5.
ACABENSA, *s. f.*, fin, II, 319, I, n° 4.
ACAIRAR, *v.*, équarrir, V, 11, II, n° 45.
ACAISSAR, *v.*, embrasser, II, 287, II, n° 4.
ACAIZONAR, voyez OCAISONAR.
ACALINAR, *v.*, chauffer, II, 291, I, n° 16.
ACAMPAR, *v.*, rassembler, II, 304, I, n° 8.
ACAPTA, *s. f.*, acapte, II, 18, II.
ACAPTAMENT, *s. m.*, reconnaissance de l'acapte, II, 19, I, n° 3.
ACAPTAR, *v.*, prendre à acapte, II, 19, I, n° 5.

ACAPTAR, *v.*, obtenir, II, 275, I, n° 24.
ACAPTE, *s. m.*, acapte, II, 19, I, n° 2.
ACASSIA, *s. m.*, acacia, II, 19, I.
ACATAR, voyez ACAPTAR.
ACAZAR, *v.*, établir, II, 349, I, n° 9.
ACCABUSTAR, *v.*, jeter tête première, II, 319, II, n° 12.
ACCAPTAR, voyez ACAPTAR.
ACCAZAT, *s. m.*, vassal, II, 349, I, n° 10.
ACCENDRE, voyez ACENDRE.
ACCENT, *s. m.*, accent, II, 19, I.
ACCENTUAL, *adj.*, accentuable, II, 19, II, n° 2.
ACCENTUAR, *v.*, accentuer, II, 19, II, n° 3.
ACCEPTAMEN, *s. m.*, acception, II, 276, II, n° 34.
ACCEPTAR, *v.*, accepter, II, 276, II, n° 32.
ACCEPTIO, *s. f.*, acception, II, 276, II, n° 33.
ACCESSIO, *s. f.*, accès, II, 388, II, n° 2.
ACCESSORI, *s. m.*, accessoire, II, 389, I, n° 3.
ACCESSORIAMEN, *adv.*, accessoirement, II, 389, I, n° 4.
ACCIDENT, *s. m.*, accident, II, 347, I, n° 22.
ACCIDENTAL, *adj.*, accidentel, II, 347, I, n° 23.
ACCIDENTALMEN, *adv.*, accidentellement, II, 347, II, n° 24.
ACCIDER, *v.*, arriver, II, 347, II, n° 25.
ACCIDIA, *s. f.*, paresse, II, 20, I.
ACCIDIOS, *adj.*, paresseux, II, 20, I, n° 2.
ACCIO, *s. f.*, action, II, 22, I, n° 12.
ACCLURE, *v.*, enfermer, II, 410, II, n° 30.
ACCOILLIMEN, voyez ACULHIMEN.
ACCORRE, *v.*, accourir, II, 491, II, n° 20.
ACCORREMENT, *s. m.*, secours, II, 491, II, n° 21.
ACCORSAR, voyez ACORCHAR.
ACCORT, *s. m.*, accord, II, 482, I, n° 13.
ACCOSSELHAYRITZ, *s. f.*, conseillère, II, 461, I, n° 10.
ACCREISSEMENT, voyez ACREISSEMEN.
ACCUSAR, *v.*, accuser, II, 361, I, n° 13.
ACCUSATIO, voyez ACCUSATION.
ACCUSATION, *s. f.*, accusation, II, 360, II, n° 10.
ACCUSATIU, *s. m.*, accusatif, II, 361, I, n° 12.
ACCUZADOR, voyez ACCUZAIRE.
ACCUZAIRE, *s. m.*, accusateur, II, 361, I, n° 11.
ACEDAR, voyez ASSEDAR.
ACEIRAR, *v.*, acérer, II, 20, II, n° 2.
ACEIRIN, *adj.*, acéré, II, 20, II, n° 3.
ACENDRE, *v.*, allumer, II, 378, I, n° 3.
ACEPHALI, *s. m.*, acéphale, II, 380, II, n° 4.
ACER, voyez ACIER.
ACERMADAMENT, *adv.*, convenablement, V, 208, I, n° 3.
ACERT, *s. f.*, certitude, II, 385, I, n° 14.
ACERTAMEN, *s. m.*, preuve, II, 384, II, n° 13.
ACERTAR, *v.*, assurer, II, 385, I, n° 15.
ACERTAS, *adv.*, certes, II, 385, II, n° 18.
ACERTIVAMEN, *adv.*, affirmativement, II, 385, II, n° 19.
ACESMAR, voyez ASSERMAR.

ACESSAMEN, *s. m.*, acensement, II, 388, I, n° 8.
ACESSAMENT, voyez ACESSAMEN.
ACESSAR, *v.*, acenser, II, 388, I, n° 7.
ACETJAR, voyez ASSETJAR.
ACETOS, *adj.*, acide, II, 20, II, n° 3.
ACETOZITAT, *s. f.*, aigreur, II, 20, I, n° 20.
ACEYRAR, voyez ACEIRAR.
ACHATES, *s. f.*, agathe, II, 20, I.
ACHE PELADA, *s. m.*, céleri, II, 20, I.
ACHUFLAR, *v.*, railler, II, 393, I, n° 4.
ACI, *s. f.*, acide, II, 20, I.
ACIER, *s. m.*, acier, II, 20, II.
ACIROLOGIA, *s. f.*, acirologie, II, 20, II.
ACIROLOGIAR, *v.*, acirologier, II, 21, I, n° 2.
ACLAP, *s. m.*, entassement, IV, 21, I, n° 12.
ACLAPAR, *v.*, amasser, IV, 21, I, n° 11.
ACLARIAR, *v.*, éclairer, II, 404, II, n° 14.
ACLINAMEN, *s. m.*, soumission, II, 414, II, n° 4
ACLINAR, *v.*, incliner, II, 415, I, n° 5.
ACLIS, *adj.*, soumis, II, 414, II, n° 3.
ACLUCAR, *v.*, fermer les yeux, II, 410, II, n° 29.
ACLURE, voyez ACCLURE.
ACO, *pr. rel. m., employé neutr.*, ce, VI, 30, II, n° 3.
ACOATAR, *v.*, unir, II, 419, I, n° 5.
ACOCELHAR, voyez ACOSSELLAR.
ACOCELLADOR, voyez ACOCELLAIRE.
ACOCELLAIRE, *s. m.*, conseiller, II, 461, I, n° 9.
ACOCHAMEN, *s. m.*, promptitude, VI, 10, II, n° 10 bis.

ACODAR, *v.*, accouder, VI, 10, II, n° 4 bis.
ACOINDANSA, *s. f.*, accointance, II, 466, II, n° 12.
ACOINDAR, *v.*, accointer, II, 466, II, n° 14.
ACOINTAMEN, voyez ACUNDAMEN.
ACOINTAR, voyez ACOINDAR.
ACOLAR, *v.*, embrasser, II, 436, II, n° 7.
ACOLIT, *s. m.*, acolyte, II, 21, I.
ACOLTAR, voyez ACOUDAR.
ACOMENSAMEN, *s. m.*, commencement, II, 449, I, n° 8.
ACOMENSAR, *v.*, commencer, II, 448, II, n° 7.
ACOMENZAR, voyez ACOMENSAR.
ACOMJADAR, *v.*, congédier, II, 449, I, n° 3.
ACOMOLAR, *v.*, accumuler, II, 450, II, n° 7.
ACOMORDER, *v.*, émouvoir, IV, 280, II, n° 30.
ACOMORDRE, voyez ACOMORDER.
ACOMPANHAR, *v.*, accompagner, IV, 408, I, n° 15.
ACOMPARACIO, *s. f.*, acquisition, II, 453, I, n° 5.
ACOMPARAR, *v.*, comparer, IV, 418, II, n° 27.
ACOMTAR, *v.*, raconter, II, 464, II, n° 5.
ACONDORMIR, *v.*, endormir, III, 75, I, n° 10.
ACONJAR, *v.*, affectionner, II, 467, I, n° 15.
ACONORTAR, *v.*, exhorter, IV, 389, I, n° 6.
ACONOYSSER, *v.*, reconnaître, IV, 334, I, n° 25.

ACONSEGRE, voyez ACOSSEGUIR.
ACONSEGUIR, voyez ACOSSEGUIR.
ACONTAR, *v.*, indiquer, II, 454, II, n° 4.
ACORAR, *v.*, encourager, II, 477, I, n° 21.
AÇORBAR, *v.*, courber, II, 480, I, n° 5.
ACORCHAR, *v.*, accourcir, II, 496, I, n° 3.
ACORDADAMEN, voyez ACORDADAMENT.
ACORDADAMENS, voyez ACORDADAMENT.
ACORDADAMENT, *adv.*, conjointement, II, 483, I, n° 21.
ACORDAMEN, *s. f.*, accord, II, 482, II, n° 17.
ACORDANSA, *s. f.*, accord, II, 482, II, n° 18.
ACORDANZA, voyez ACORDANSA.
ACORDAR, *v.*, accorder, II, 483, I, n° 20.
ACORDATIU, *adj.*, accordatif, II, 483, I, n° 19.
ACORDER, voyez ACORDIER.
ACORDI, *s. m.*, accord, II, 482, I, n° 15.
ACORDIER, *s. m.*, accord, II, 482, I, n° 16.
ACORRE, voyez ACCORRE.
ACORSADITZ, *adj.*, coureur, II, 491, II, n° 23.
ACORSAR, *v.*, accoutumer, II, 491, II, n° 22.
ACORSAR, voyez ACORCHAR.
ACORSSAR, voyez ACORCHAR.
ACORT, voyez ACCORT.
ACOSDUMNANSA, *s. f.*, coutume, II, 503, I, n° 6.
ACOSSEGRE, voyez ACOSSEGUIR.
ACOSSEGUIR, *v.*, poursuivre, V, 181, I, n° 14.

ACOSSEILLADAMENT, *adv.*, attentivement, II, 461, I, n° 8.
ACOSSELHADOR, voyez ACOCELLAIRE.
ACOSSELLADAMENS, voyez ACOSSEILLADAMENT.
ACOSSELLAR, *v.*, conseiller, II, 461, I, n° 11.
ACOSTAMENT, *s. m.*, accointement, II, 501, II, n° 7.
ACOSTAR, *v.*, accoster, II, 501, II, n° 8.
ACOSTUMADAMEN, *adv.*, habituellement, II, 503, I, n° 8.
ACOSTUMAR, *v.*, accoutumer, II, 503, I, n° 7.
ACOTRAR, *v.*, accoutrer, II, 21, I.
ACOUDAR, *v.*, accouder, II, 427, II, n° 5.
ACOUTRAR, voyez ACOTRAR.
ACQUIRIR, *v.*, acquérir, V, 18, II, n° 10.
ACQUISITIU, *adj.*, acquisitif, V, 19, I, n° 12.
ACQUIT, *s. m.*, acquit, V, 18, II, n° 11.
ACREIRE, *v.*, accroire, II, 510, I, n° 6.
ACREISSEMEN, *s. m.*, accroissement, II, 512, II, n° 8.
ACREISSEMENT, voyez ACREISSEMEN.
ACREISSER, *v.*, accroître, II, 512, I, n° 7.
ACREYSEDOR, *s. m.*, protecteur, II, 512, II, n° 9.
ACROPIT, *adj.*, vil, II, 521, I, n° 5.
ACTARI, *s. m.*, greffier, II, 22, I, n° 8.
ACTIU, *s. m.*, actif, II, 21, II, n° 2.
ACTIU, *adj.*, qui agit, II, 21, I.
ACTIVAMEN, *adv.*, activement, II, 21, II, n° 3.

ACTIVITAT, *s. f.*, activité, II, 21, II, n° 4.

ACTOR, *s. m.*, demandeur en justice, II, 22, II, n° 17.

ACTOR, voyez AUCTOR.

ACTORIA, *s. f.*, agence, II, 22, II, n° 19.

ACTORITAT, *s. f.*, autorité, II, 23, II, n° 25.

ACTUAL, *adj.*, actuel, II, 21, 2, n° 5.

ACTUALITAT, *s. f.*, actualité, II, 22, I, n° 7.

ACTUALMENT, *adv.*, actuellement, II, 21, II, n° 6.

ACUCIA, *s. f.*, piquant, II, 36, I, n° 4.

ACUELH, *s. m.*, accueil, II, 434, II, n° 8.

ACUELHIR, *v.*, accueillir, II, 434, II, n° 7.

ACUIDAMEN, *s. m.*, idée, II, 430, II, n° 10.

ACUITAT, *s. f.*, piqûre, II, 36, I, n° 5.

ACULHIMEN, *s. m.*, accueil, II, 434, II, n° 9.

ACULHIR, voyez ACUELHIR.

ACUNDAMEN, *s. m.*, accointement, II, 466, II, n° 13.

ACUPAR, *v.*, achopper, II, 24, I.

ACUSAR, voyez ACCUSAR.

ACUYNDAR, voyez ACOINDAR.

ACYROLOGIA, voyez ACIROLOGIA.

ADAGUADOR, *s. m.*, canal d'irrigation, II, 40, II, n° 12.

ADAIGAR, *v.*, arroser, II, 40, II, n° 13.

ADAIT (lisez AGAIT), *s. m.*, péril, II, 24, II.

ADALT, *adj.*, haut, VI, 3, I, n° 12 *bis*.

ADAMAR, *v.*, aimer, II, 66, I, n° 30.

ADAMAS, *s. m.*, diamant, II, 24, II.

ADAMAS, *s. m.*, aimant, II, 163, I, n° 2.

ADAMPLAR, *v.*, amplifier, II, 75, I, n° 9.

ADANS, voyez ADENS.

ADANTAR, *v.*, déshonorer, II, 82, II, n° 6.

ADAPTAR, *v.*, adapter, II, 107, II, n° 7.

ADAPTIR, *v.*, assaillir, II, 24, II.

ADASTRAR, *v.*, mettre sous l'heureuse influence des astres, II, 140, I, n° 22.

ADAUT, *adj.*, adroit, II, 107, II, n° 4.

ADAUT, voyez ADALT.

ADAUTET, voyez AZAUTET.

ADDITAMENT, *s. m.*, ajutage, II, 25, I, n° 2.

ADDITIO, *s. f.*, addition, II, 24, II.

ADELIECHAR, *v.*, délecter, IV, 52, I, n° 19.

ADEMPLIR, *v.*, remplir, IV, 570, II, n° 13.

ADEMPRAR, voyez AZEMPRAR.

ADEMPRIU, voyez AZEMPRIU.

ADENAN, voyez ADENANT.

ADENANT, *adv.*, à l'avenir, II, 96, II, 30.

ADENS, *adv.*, sur les dents, III, 25, II, n° 5.

ADEPRAVAR, *v.*, gâter, IV, 619, II, n° 5.

ADEPS, *s. m.*, saindoux, II, 25, I.

ADERAIRAR, *v.*, arriérer, V, 80, I, n° 12.

ADERDRE, *v.*, attacher, II, 25, II, n° 2.

ADERDRE, *v.*, élever, III, 137, II, n° 4.

ADERETAR, *v.*, faire héritier, III, 529, I, n° 18.

ADERMAR, voyez AERMAR.

ADERRAIRAR, voyez ADERAIRAR.

ADES, *adv.*, incontinent, II, 25, I.

ADES ADES, *adv. comp.*, sans relâche, II, 25, I, n° 2.

ADESAR, *v.*, atteindre, II, 25, I.

ADESC, *s. f.*, amorce, III, 142, I, n° 4.

ADESCAR, *v.*, amorcer, III, 142, I, n° 5.
ADESENAN, voyez DESENAN.
ADESENANS, voyez DESENAN.
ADESMAR, *v.*, estimer, III, 218, II, n° 8.
ADESSENHAR, *v.*, apprendre, V, 230, II, n° 30.
ADESTALBIAR, *v.*, épargner, III, 200, I, n° 3.
ADESTIMAR, *v.*, évaluer, III, 218, II, n° 7.
ADEVERSARI, voyez ADVERSARI.
ADHERENCIA, *s. f.*, adhérence, II, 25, II, n° 4.
ADHERIR, *v.*, attacher, II, 25, II, n° 3.
ADHESAR, voyez ADESAR.
ADHIBIR *v.*, employer, II, 26, I.
ADHORAS, voyez AORA.
ADHURIR, *v.*, brûler, V, 451, I, n° 2.
ADIAR, *v.*, faire jour, III, 43, II, n° 17.
ADIFFAMAR, *v.*, diffamer, III, 258, II, n° 9.
ADIMAN, *s. m.*, diamant, VI, 2, I, n° 3.
ADIMAR, voyez ADYSMAR.
ADIMPLIR, voyez ADEMPLIR.
ADIU, voyez ADIUS.
ADIUS (lisez ADIU), *adj.*, prompt, II, 26, II.
ADJACEN, voyez ADJACENT.
ADJACENT, *adj.*, adjacent, III, 583, I, n° 8.
ADJONCTION, voyez ADJUNCTIO.
ADJUDAR, *v.*, aider, III, 608, II, n° 3.
ADJUNCT, *s. m.*, adjoint, III, 598, II, n° 5.
ADJUNCTIO, *s. f.*, adjonction, III, 598, II, n° 6.
ADJUTOR, *s. m.*, aide, III, 610, I, n° 10.
ADJUTORI, *s. m.*, aide, III, 609, II, n° 9.
ADJUVATIU, *adj.*, adjuvatif, III, 609, I, n° 4.

ADMETTRE, *v.*, admettre, IV, 224, II, n° 12.
ADMILIORACIO, *s. f.*, amélioration, IV, 184, I, n° 10.
ADMINISTRACIO, *s. f.*, administration, IV, 237, II, n° 13.
ADMINISTRADOR, voyez ADMINISTRAIRE.
ADMINISTRAIRE, *s. m.*, administrateur, IV, 237, II, n° 14.
ADMINISTRAR, *v.*, administrer, IV, 237, I, n° 12.
ADMIRACIO, *s. f.*, admiration, IV, 240, II, n° 17.
ADMIXTIO, *s. f.*, mixtion, IV, 218, I, n° 23.
ADOB, *s. m.*, arrangement, II, 27, II, n° 2.
ADOBADOR, *s. m.*, arbitre, II, 27, II, n° 5.
ADOBAIRE, voyez ADOBADOR.
ADOBAMEN, voyez ADOBAMENT.
ADOBAMENS, voyez ADOBAMENT.
ADOBAMENT, *s. m.*, ajustement, II, 27, II, n° 3.
ADOBAR, *v.*, armer, II, 26, II.
ADOBIER, *s. m.*, traité, II, 27, II, n° 4.
ADOBRAR, *v.*, travailler, IV, 356, II, n° 10.
ADOCTRINAR, *v.*, endoctriner, III, 62, II, n° 8.
ADOLCIR, *v.*, adoucir, III, 66, I, n° 10.
ADOLENTAR, *v.*, tourmenter, III, 64, II, n° 10.
ADOLENTIR, *v.*, désoler, III, 64, II, n° 11.
ADOLESCENTIA, *s. f.*, adolescence, II, 28, I.
ADOLZAR, *v.*, adoucir, III, 66, II, n° 11.
ADOMESGAR, *v.*, apprivoiser, III, 73, I, n° 48.
ADOMESJAR, voyez ADOMESGAR.

ADOMNIU, *adj.*, soumis, III, 73, I, n° 47.
ADONAR, *v.*, confier, III, 11, I, n° 17.
ADONC, *adv.*, alors, III, 73, II, n° 2.
ADONCAS, voyez ADONC.
ADONCX, voyez ADONC.
ADONIU, *adj.*, généreux, III, 11, II, n° 18.
ADONTAR, voyez AONTAR.
ADOP, voyez ADOB.
ADOPTIO, *s. f.*, adoption, II, 28, I.
ADOPTIU, *adj.*, adoptif, II, 28, I, n° 2.
ADORADOR, *s. m.*, adorateur, II, 28, II, n° 2.
ADORAIRE, voyez ADORADOR.
ADORAR, *v.*, adorer, II, 28, I.
ADORAS, voyez AORA.
ADORDENADAMEN, voyez ADORDENADAMENS.
ADORDENADAMENS, *adv.*, avec ordre, IV, 382, II, n° 16.
ADORDENADOR, voyez ADORDENAYRE.
ADORDENAMEN, *s. m.*, ordonnance, IV, 382, I, n° 14.
ADORDENAMENT, *adv.*, avec ordre, IV, 382, I, n° 15.
ADORDENAR, *v.*, ordonner, IV, 381, II, n° 13.
ADORDENAYRE, *s. m.*, ordonnateur, IV, 382, II, n° 18.
ADORMIR, *v.*, endormir, III, 74, II, n° 8.
ADORN, *adj.*, orné, IV, 387, I, n° 5.
ADORNAMEN, *s. m.*, ornement, IV, 387, I, n° 6.
ADORSA, *adv.*, à rebours, III, 75, II, n° 3.
ADOSSIR, voyez ADOLCIR.
ADOUSSAR, voyez ADOLZAR.

ADOUTZ, *s. f.*, source, III, 76, I, n° 2.
ADOUZAR, voyez ADOLZAR.
ADOZILHAR, *v.*, percer, III, 76, I, n° 4.
ADOZILLAR, voyez ADOZILHAR.
ADRECH, voyez ADREIT.
ADRECHAMEN, voyez ADREITAMENT.
ADRECHURAR, voyez ADREITURAR.
ADREG, voyez ADREIT.
ADREIG, voyez ADREIT.
ADREIT, *adj.*, droit, V, 74, I, n° 60.
ADREITAMENT, *adv.*, avec droiture, V, 74, II, n° 62.
ADREITEZA, *s. f.*, droiture, V, 74, II, n° 61.
ADREITURAR, *v.*, redresser, V, 74, II, n° 63.
ADREMIRAR, *v.*, regarder, IV, 241, I, n° 19.
ADRESSAR, *v.*, dresser, V, 75, I, n° 6.
ADRET, voyez ADREIT.
ADREYSAR, voyez ADRESSAR.
ADREYTURAR, voyez ADREITURAR.
ADUBRIR, *v.*, ouvrir, II, 104, I, n° 9.
ADUCER, voyez ADUIRE.
ADUIRE, *v.*, amener, III, 82, II, n° 9.
ADULATIO, *s. m.* (lisez *f.*), adulation, II, 28, II.
ADULTERADOR, *s. m.*, adultère, II, 29, I, n° 4.
ADULTERAR, *v.*, adultérer, II, 29, I, n° 7.
ADULTERI, *s. m.*, adultère, II, 28, II.
ADULTO, *s. m.*, adulte, II, 29, II.
ADULTRA, *s. f.*, adultère, II, 28, II, n° 3.
ADULTRE, *s. m.*, adultère, II, 28, II, n° 2.
ADUMBRAMENT, *s. m.*, ombre, VI, 32, I, n° 8 *ter*.

ADUMBRAR, *v.*, ombrager, VI, 32, I, n° 8 *bis*.
ADUMPLIR, voyez ADEMPLIR.
ADUNACIO, *s. f.*, réunion, V, 449, II, n° 19.
ADUNATIU, *adj.*, unitif, V, 449, II, n° 18.
ADURE, voyez ADUIRE.
ADURMIR, voyez ADORMIR.
ADUSARI, voyez ADUSARIS.
ADUSARIS (lisez ADUSARI), *s. m.*, usager, V, 455, I, n° 25.
ADUST, *adj.*, aduste, V, 451, I, n° 3.
ADUSTIO, *s. f.*, adustion, V, 451, II, n° 5.
ADUSTIU, *adj.*, adustif, V, 451, I, n° 4.
ADUZEMEN, *s. m.*, conduite, III, 83, I, n° 10.
ADUZER, voyez ADUIRE.
ADVENEMENT, voyez AVENEMENT.
ADVENIMENT, voyez AVENEMENT.
ADVERATION, *s. f.*, vérification, V, 503, I, n° 11.
ADVERBE, *s. m.*, adverbe, V, 504, II, n° 7.
ADVERBI, voyez ADVERBE.
ADVERBIAL, *adj.*, adverbial, V, 504, II, n° 8.
ADVERS, *adj.*, adverse, V, 518, II, n° 14.
ADVERSAL, *adj.*, adverse, V, 518, II, n° 15.
ADVERSARI, *adj.*, contraire, V, 518, II, n° 16.
ADVERSITAT, *s. f.*, adversité, V, 519, I, n° 17.
ADVOCAT, voyez AVOCAT.
ADVOCATIO, voyez AVOCATIO.
ADYSMAR, *v.*, apprécier, III, 219, II, n° 14.

ADZAMORTAR, *v.*, amortir, IV, 270, I, n° 17.
ADZAUTIMEN, voyez ADZAUTIMENS.
ADZAUTIMENS (lisez ADZAUTIMEN), voyez AZAUTIMENS.
ADZAUTIR, *v.*, embellir, II, 162, I, n° 8.
ADZEMPRAR, voyez AZEMPRAR.
ADZENAN, voyez ADENANT.
ADZIRAMEN, voyez AIRAMEN.
AEMPLIR, voyez ADEMPLIR.
AER, *s. m.*, air, II, 29, II.
AERDRE, voyez ADERDRE.
AERE, *adj.*, aérien, II, 30, II, n° 4.
AERENC, *adj.*, aérien, II, 30, II, n° 5.
AERMAR, *v.*, rendre désert, III, 139, I, n° 3.
AESMANSA, *s. f.*, opinion, III, 219, I, n° 9.
AESMAR, voyez ADESMAR.
AFABLITAT, *s. f.*, affabilité, III, 278, II, n° 4.
AFACHAR, *v.*, déguiser, III, 286, I, n° 10.
AFACHAR, voyez AFAITAR.
AFADIGAR, *v.*, refuser, III, 248, II, n° 5.
AFAIRE, voyez AFAR.
AFAISSAR, *v.*, affaisser, III, 250, I, n° 6.
AFAISSONAR, *v.*, façonner, III, 267, II, n° 26.
AFAITAMEN, voyez AFAITAMENT.
AFAITAMENT, *s. m.*, manière, III, 266, I, n° 20.
AFAITANHAR, *v.*, affecter, III, 266, II, n° 23.
AFAITAR, *v.*, affaiter, III, 265, II, n° 19.

AFAMAR, *v.*, affamer, III, 257, II, n° 5.
AFAMEGAR, *v.*, affamer, III, 257, II, n° 6.
AFAN, *s. m.*, travail, II, 31, I.
AFANAIRE, voyez AFFANAIRE.
AFANAMEN, *s. m.*, fatigue, II, 31, I, n° 2.
— AFANAR, *v.*, fatiguer, II, 31, II, n° 4.
— AFANGAR, *v.*, embourber, III, 259, II, n° 5.
AFAR, *s. m.*, affaire, III, 263, II, n° 8.
AFAZENDAR, *v.*, occuper, III, 265, I, n° 17.
AFEBLEZIR, *v.*, affaiblir, III, 296, II, n° 8.
AFEBLIR, *v.*, faiblir, III, 296, II, n° 7.
AFEBRIT, *adj.*, fiévreux, III, 297, II, n° 5.
AFECTIU, *adj.*, affectif, II, 32, I, n° 5.
AFELTRAR, *v.*, équiper, III, 319, I, n° 2.
AFENDRE, *v.*, fendre, III, 304, I, n° 7.
AFENIR, *v.*, approcher de la fin, III, 330, I, n° 12.
AFENITAT, voyez AFFINITAT.
AFEOSAR, voyez AFFEUAR.
AFERIR, *v.*, convenir, II, 31, I.
AFERMAR, voyez AFFERMAR.
AFEUSATGE, *s. m.*, inféodation, III, 294, II, n° 46.
AFFACHADOR, *s. m.*, apprêteur, III, 266, II, n° 21.
AFFACHAIRE, voyez AFFACHADOR.
AFFACHAMEN, *s. m.*, artifice, III, 285, II, n° 9.
AFFANADOR, voyez AFFANAIRE.
AFFANAIRE, *s. m.*, ouvrier, II, 31, II, n° 3.

AFFASSAR, *v.*, déguiser, VI, 24, I, n° 10 *bis*.
AFFECTAR, *v.*, affecter, III, 267, II, n° 29.
AFFECTIO, *s. f.*, affection, II, 32, I.
AFFECTION, voyez AFFECTIO.
AFFECTUOS, *adj.*, affectueux, II, 32, I, n° 2.
AFFECTUOSAMENS, *adv.*, affectueusement, II, 32, I, n° 3.
AFFERMADURA, *s. f.*, garantie, III, 313, II, n° 17.
AFFERMAR, *v.*, affirmer, III, 314, I, n° 19.
AFFEUAR, *v.*, inféoder, III, 295, I, n° 49.
AFFEUATOR, *s. m.*, inféodateur, III, 295, I, n° 48.
AFFICTION, *s. f.*, affiche, III, 321, II, n° 11.
AFFIDAR, voyez AFIAR.
AFFIEUSAMENT, *s. m.*, inféodation, III, 294, II, n° 47.
AFFIGIMEN, voyez AFIGIMEN.
AFFINAR, voyez AFINAR.
AFFINITAT, *s. f.*, affinité, III, 330, I, n° 10.
AFFINIZO, *s. f.*, liaison, III, 330, I, n° 11.
AFFIRMATIO, *s. f.*, affirmation, III, 313, II, n° 16.
AFFIRMATIU, *adj.*, affirmatif, III, 313, II, n° 18.
AFFLAMAR, voyez AFLAMAR.
AFFLATADOR, *s. m.*, flatteur, III, 338, II, n° 4.
AFFLATAIRE, voyez AFFLATADOR.

AFI   AFO

AFFLATARIA, *s. f.*, flatterie, III, 338, I, n° 3.
AFFLECHIR, voyez AFLECHIR.
AFFLICTION, *s. f.*, affliction, II, 32, I.
AFFLICTION, *s. f.*, génuflexion, III, 340, I, n° 7.
AFFOLAR, voyez AFOLAR.
AFFRANQUIMENT, *s. m.*, affranchissement, III, 385, I, n° 9.
AFFREYDAR, *v.*, refroidir, III, 390, I, n° 8.
AFIANSAR, *v.*, affier, III, 291, I, n° 17.
AFIAR, *v.*, assurer, III, 290, II, n° 16.
AFIC, *s. m.*, attachement, III, 321, I, n° 10.
AFICAR, *v.* appuyer, III, 320, II, n° 9.
AFIGIMEN, *s. m.*, adjonction, III, 321, II, n° 14.
AFIGIR, *v.*, adjoindre, III, 321, II, n° 13.
AFILAR, *v.*, affiler, III, 326, I, n° 13.
AFILHAMEN, *s. m.*, affiliation, III, 328, I, n° 12.
AFILHAR, *v.*, affilier, III, 328, I, n° 14.
AFILHOLAMEN, *s. m.*, afilleulement, III, 328, I, n° 13.
AFINADOR, *s. m.*, affineur, III, 333, I, n° 4.
AFINAIRE, voyez AFINADOR.
AFINAMEN, *s. m.*, terme, III, 330, I, n° 9.
AFINAR, *v.*, épurer, III, 333, I, n° 5.
AFINAR, *v.*, tirer vers la fin, III, 330, I, n° 13.
AFIQUAR, voyez AFICAR.
AFITAMENT, *adv.*, fixement, III, 321, II, n° 12.
AFITES, *s. m.*, afites, II, 32, II.

AFIUAMENT, voyez AFFIEUSAMENT.
AFIUZAR, voyez AFFEUAR.
AFIX, voyez AFIC.
AFIZAMEN, *s. m.*, affection, III, 290, II, n° 15.
AFIZAR, voyez AFIAR.
AFLAMAR, *v.*, enflammer, III, 337, I, n° 5.
AFLATAR, *v.*, flatter, III, 338, II, n° 5.
AFLEBEIAR, *v.*, faiblir, III, 296, II, n° 9.
AFLEBIR, voyez AFEBLIR.
AFLECHIR, *v.*, affliger, II, 32, II, n° 2.
AFLEGEZIR, *v.*, fléchir, III, 340, I, n° 6.
AFLICHIZIR, *v.*, affaiblir, III, 335, I, n° 8.
AFLICTIO, voyez AFFLICTION.
AFLUENCIA, *s. f.*, affluence, III, 344, II, n° 9.
AFOGAR, *v.*, allumer, III, 346, II, n° 12.
AFOGUAR, voyez AFOGAR.
AFOLAMEN, *s. m.*, détérioration, II, 33, I, n° 3.
AFOLAR, *v.*, endommager, II, 32, II.
AFOLCAR, *v.*, diriger, III, 352, II, n° 2.
AFOLEZIR, *v.*, devenir fou, III, 351, II, n° 17.
AFOLHAR, voyez AFOLAR.
AFOLHIAR, voyez AFOLIAR.
AFOLIAR, *v.*, blesser, II, 33, I, n° 2.
AFOLIR, *v.*, affolir, III, 351, II, n° 16.
AFOLQUAR, voyez AFOLCAR.
AFONSAR, *v.*, enfoncer, III, 359, II, n° 9.
AFONZAR, voyez AFONSAR.
AFORAR, *v.*, estimer, III, 362, I, n° 2.
AFORCENAR, *v.*, devenir forcené, V, 197, II, n° 18.
AFORESTAR, *v.*, avoir le droit de forestage, III, 364, II, n° 6.

AFORTAR, *v.*, fortifier, III, 378, II, n° 34.
AFORTIDAMEN, *adv.*, courageusement, III, 378, I, n° 33.
AFORTIDAMENS, voyez AFORTIDAMEN.
AFORTIMEN, *s. m.*, solidité, III, 378, II, n° 35.
AFORTIR, *v.*, fortifier, III, 378, I, n° 32.
AFRAGNER, *v.*, briser, III, 387, I, n° 14.
AFRAI, *s. m.*, débris, III, 387, I, n° 15.
AFRAIGNER, voyez AFRAGNER.
AFRANCAR, *v.*, affranchir, III, 385, I, n° 12.
AFRANHER, voyez AFRAGNER.
AFRANQUEZIR, *v.*, affranchir, III, 385, I, n° 11.
AFRANQUIR, *v.*, affranchir, III, 385, I, n° 10.
AFRENADIR, *v.*, brider, III, 396, I, n° 8.
AFRENAR, *v.*, brider, III, 396, I, n° 7.
AFREOLAR, voyez AFREVOLAR.
AFREOLIR, voyez AFREVOLIR.
AFREOLLAR, voyez AFREVOLAR.
AFRETAR, *v.*, équiper, II, 33, I.
AFREULIMENT, *s. m.*, affaiblissement, III, 399, II, n° 9.
AFREULIR, voyez AFREVOLIR.
AFREVOLAR, *v.*, affaiblir, III, 399, I, n° 7.
AFREVOLHIR, voyez AFREVOLIR.
AFREVOLIR, *v.*, affaiblir, III, 399, I, n° 8.
AFREVOLZIR, voyez AFREVOLIR.
AFRICH, *adj.*, acharné, II, 33, II.
AFRONTAR, *v.*, attaquer de front, III, 402, I, n° 7.
AFRONTAZO, voyez AFRONTAZOS.
AFRONTAZOS (lisez AFRONTAZO), *s. f.*, confrontation, III, 402, I, n° 6.
AFRONTIER, *adj.*, affronteur, III, 402, I, n° 5.

AFRUCHAR, *v.*, fructifier, III, 404, I, n° 14.
AFUBLALH, *s. m.*, collier, VI, 24, II, n° 2.
AFUGIR, *v.*, fuir, III, 405, n° 7.
AFUMAR, *v.*, enfumer, III, 408, II, n° 10.
AGACH, *s. m.*, guet, III, 417, I, n° 8.
AGACHAR, voyez AGAITAR.
AGACHON, *s. m.*, témoin, III, 417, II, n° 9.
AGACHONAR, *v.*, poser des témoins de bornes, III, 417, II, n° 10.
AGAG, voyez AGACH.
AGAH, voyez AGACH.
AGAITAR, *v.*, regarder, III, 416, II, n° 7.
AGANDA, *s. f.*, prise, II, 33, II.
AGANOS, *adj.*, hydropique, II, 33, II.
AGARAR, *v.*, regarder, III, 424, I, n° 4.
AGARDA, *s. f.*, hauteur, III, 426, II, n° 16.
AGARDAR, *v.*, garder, III, 426, II, n° 15.
AGARISSONAR, *v.*, mener en goujat, III, 436, II, n° 7.
AGASSA, *s. f.*, agace, III, 414, II, n° 2.
AGATHES, *s. m.* (lisez *f.*), agathe, II, 20, I, n° 2.
AGAUDA, *s. f.*, aiguière, II, 40, I, n° 7.
AGAZE, voyez AGACH.
AGELOSIR, *v.*, enjalouser, III, 453, I, n° 3.
AGENOLHAR, *v.*, agenouiller, III, 457, I, n° 5.
AGENSAMEN, *s. m.*, agencement, III, 463, I, n° 13.
AGENSAMENT, voyez AGENSAMEN.
AGENSAR, *v.*, plaire, III, 463, I, n° 14.
AGILITAT, *s. f.*, agilité, II, 22, I, n° 9.
AGINOLHAMEN, *s. m.*, génuflexion, III, 457, I, n° 4.

AGINOLLAR, voyez AGENOLHAR.
AGITACIO, s. f., agitation, II, 22, I, n° 10.
AGITATIU, adj., agitatif, II, 22, I, n° 11.
AGLAN, s. m., gland, III, 473, II, n° 5.
AGLANIER, adj., glandifère, III, 473, II, n° 6.
AGNEL, s. m., agneau, II, 33, II.
AGNOM, s. m., sobriquet, IV, 321, II, n° 10.
AGNOMINATIO, s. f., agnomination, IV, 321, II, n° 11.
AGOST, s. m., août, II, 34, I.
AGOTAR, v., égoutter, III, 486, II, n° 14.
AGRADABLAMENT, adv., agréablement, III, 504, II, n° 17.
AGRADABLE, adj., agréable, III, 503, II, n° 12.
AGRADABLETAT, s. f., convenance, III, 503, II, n° 11.
AGRADANSA, s. f., agrément, III, 503, II, n° 10.
AGRADAR, v., plaire, III, 504, I, n° 16.
AGRADATGE, s. m., charme, III, 503, II, n° 9.
AGRADIER, adj., complaisant, III, 504, I, n° 13.
AGRADIL, adj., agréable, III, 504, I, n° 14.
AGRADIU, adj., agréable, III, 504, I, n° 15.
AGRAMEN, adv., aigrement, II, 34, II, n° 2.
AGRAS, s. m., raisin aigre, II, 34, II, n° 5.
AGRAT, s. m., gré, III, 503, I, n° 8.
AGRE, s. m., essor, II, 34, I.

AGRE, adj., aigre, II, 34, I.
AGREGACIO, s. f., agrégation, III, 507, II, n° 5.
AGREGATIU, adj., agrégatif, III, 507, II, n° 6.
AGREGUACIO, voyez AGREGACIO.
AGREGUAR, v., agréger, III, 507, II, n° 7.
AGREI, s. m., accueil, III, 503, I, n° 6.
AGREIAR, v., agréer, III, 503, I, n° 7.
AGREIRA, s. f., champart, II, 35, I, n° 3.
AGREJAR, voyez AGREIAR.
AGREST, adj., agreste, II, 35, I, n° 2.
AGREVIAMEN, s. m., aggravation, III, 510, II, n° 13.
AGREVIAR, v., aggraver, III, 510, II, n° 15.
AGREVIATIU, adj., aggravatif, III, 510, II, n° 14.
AGREY, voyez AGREI.
AGREYAR, voyez AGREIAR.
AGRICULTURA, s. f., agriculture, II, 35, I.
AGRIEVIAR, voyez AGREVIAR.
AGRIMEN, s. m., aigremoine, II, 35, I.
AGRIMONIAL, adj., âcre, II, 34, II, n° 4.
AGRONAT, s. m., cormoran, II, 39, I, n° 2.
AGROR, s. f., aigreur, II, 34, II, n° 3.
AGRUNIER, s. m., épine noire, II, 35, I.
AGUADA, s. f., alluvion, II, 39, II, n° 5.
AGUAG, voyez AGACH.
AGUAIT, voyez AGACH.
AGUARAR, voyez AGARAR.
AGUDAMENT, adv., aigument, II, 36, I, n° 2.
AGUDAR, voyez ADJUDAR.

AGUDET, *adj. dim.*, pointu, II, 36, I, n° 3.
AGUDEZA, *s. f.*, aiguisement, II, 36, II, n° 6.
AGUER, *adj.*, hagard, II, 35, I.
AGUERIR, *v.*, guérir, III, 432, I, n° 15.
AGUILANCIER, *s. m.*, églantier, II, 35, II, n° 2.
AGUILEN, *s. m.*, églantier, II, 35, I.
AGUILLA, voyez AGULLIA.
AGUILO, voyez AQUILO.
AGUISAR, *v.*, affaiter, III, 521, I, n° 2.
AGUISAR, voyez AGUSAR.
AGULACIO, *s. f.*, égalisation, III, 135, I, n° 6.
AGULAR, *v.*, égaliser, III, 135, I, n° 7.
AGULHIER, voyez AGULLIER.
AGULHOS, *adj.*, pointu, II, 37, II, n° 15.
AGULIO, voyez AGULION.
AGULION, *s. m.*, aiguillon, II, 37, I, n° 12.
AGULIONAMEN, *s. m.*, aiguillonnement, II, 37, I, n° 13.
AGULLIA, *s. f.*, aiguille, II, 36, II, n° 9.
AGULLIER, *s. m.*, fabricant d'aiguilles, II, 37, I, n° 11.
AGUR, voyez AUGURI.
AGURAMEN, voyez AGURAMENT.
AGURAMENT, *s. m.*, augure, II, 142, II, n° 2.
AGURAR, voyez AUGURAR.
AGUSAR, *v.*, aiguiser, II, 36, II, n° 8.
AGUSIM, *s. f.*, pointe, II, 37, I, n° 14.
AGUT, *adj.*, aigu, II, 35, II.
AGUZAMENT, *s. m.*, aiguisement, II, 36, II, n° 7.
AGUZAR, voyez AGUSAR.
AGUZIM, voyez AGUSIM.

AHERIR, voyez ADHERIR.
AHIA, *s. f.*, aide, III, 610, II, n° 17.
AHIR, voyez AIR.
AHIRAR, voyez AIRAR.
AHORDENADAMEN, voyez ADORDENADAMENS.
AHUMPLIR, *v.*, accomplir, IV, 570, II, n° 12.
AHURAR, voyez AORAR.
AI, *interj.*, ah! II, 37, II.
AIB, *s. m.*, qualité, II, 38, I.
AIBIT, *adj.*, parfait, II, 38, I, n° 2.
AICEL, *pron. dém. m.*, celui, III, 106, II, n° 18.
AICELA, *pron. dém. f.*, celle, III, 107, I, n° 19.
AICELH, voyez AICEL.
AICELHA, voyez AICELA.
AICELLA, voyez AICELA.
AICEST, *pron. dém. m.*, ce, VI, 20, I, n° 10.
AICHO, voyez AISSO.
AICI, *adv. de lieu*, ici, III, 553, I, n° 3.
AICI, voyez AISSI.
AICIL, *pron. dém. m. plur.*, ces III, 107, I, n° 20.
AICILH, voyez AICIL.
AICILL, voyez AICIL.
AICIST, *pron. dém. f.*, cette, VI, 20, I, n° 11.
AICZO, voyez AISSO.
AIDAR, *v.*, aider, III, 610, II, n° 13.
AIGA, voyez AIGUA.
AIGA-ROSA, voyez AIGUA-ROSA.
AIGLA, *s. f.*, aigle, II, 38, II.
AIGLANTIN, *adj.*, du buisson, II, 39, I, n° 2.

AIGLENTIN, adj., de l'aigle, II, 38, II, n° 4.
AIGLENTINA, s. f., buisson, II, 38, II.
AIGLONES, adj., d'aiglon, II, 38, II, n° 3.
AIGLONEZ, voyez AIGLONES.
AIGLOS, s. m., aiglon, II, 38, II, n° 2.
AIGOS, adj., aqueux, II, 40, I, n° 9.
AIGRAMENT, voyez AGRAMEN.
AIGROS, s. m., héron, II, 39, I.
AIGUA, s. f., eau, II, 39, I.
AIGUA-ROSA, s. f., eau rose, II, 39, II, n° 2.
AIGUIERA, s. f., aiguière, II, 40, I, n° 8.
AIGUILLETA, s. f. dim., petite aiguille, II, 37, I, n° 10.
AILAS, interj., hélas, II, 37, II, n° 2.
AILL, voyez ALH.
AILLUCAR, voyez ALUCAR.
AIMANSA, voyez AMANSA.
AIP, voyez AIB.
AIR, s. m., air, II, 29, II, n° 2.
AIR, s. m., colère, III, 575, I, n° 14.
AIR, v., haïr, III, 575, II, n° 18.
AIRAL, s. m., basse-cour, II, 40, II.
AIRAMEN, s. m., colère, III, 575, II, n° 15.
AIRAMEN, voyez AZIRAMEN.
AIRAMENT, voyez AIRAMENZ.
AIRAMENZ (lisez AIRAMENT), voyez ATRAMENT.
AIRAR, v., irriter, III, 575, II, n° 17.
AIRE, s. m., air, II, 29, II, n° 3.
AIROS, adj., fâché, III, 575, II, n° 16.
AIS, s. m., aise, II, 41, I.
AIS, s. m., dégoût, II, 41, I.

AIS, s. m., aide, III, 610, II, n° 14.
AIS, adj., joyeux, II, 42, I, n° 7.
AISAR, v., donner de l'aise, II, 42, I, n° 8.
AISEL, voyez AICEL.
AISELA, voyez AICELA.
AISELH, voyez AICEL.
AISELHA, voyez AICELA.
AISEST, voyez AICEST.
AISIDA, s. f., jouissance, II, 42, I, n° 6.
AISIL, voyez AICIL.
AISILH, voyez AICIL.
AISINAR, voyez AIZINAR.
AISO, voyez AISSO.
AISSA, s. f., tristesse, II, 41, I, n° 2.
AISSADA, s. f., bêche, VI, 3, II, n° 1 bis.
AISSAI, adv., en çà, V, 137, I, n° 2.
AISSEL, voyez AICEL.
AISSELA, s. f., aisselle, II, 43, II.
AISSELA, voyez AICELA.
AISSELH, voyez AICEL.
AISSELHA, voyez AICELA.
AISSI, adv., ainsi, V, 223, I, n° 2.
AISSI, voyez AICI.
AISSO, pron. rel. m. employé neutr., ce, VI, 31, I, n° 4.
AISSOS, adj., dégoûté, II, 41, I, n° 3.
AITAL, adj., tel, V, 295, 2, n° 3.
AITALH, voyez AITAL.
AITAN, voyez AITANT.
AITANT, adj., tant, V, 302, I, n° 5.
AITANT, adv., autant, V, 302, I, n° 4.
AITAU, voyez AITAL.
AIXI, adv., ainsi, VI, 38, II, n° 2 bis.
AIZ, s. m., essieu, II, 43, 2.
AIZADAMEN (lisez AIZIDAMEN), adv., facilement, II, 42, I, n° 9.

AIZAR, voyez AIDAR.
AIZAR, voyez AISAR.
AIZE, *s. m.*, demeure, II, 41, I, n° 2.
AIZER, voyez AYZER.
AIZI, *s. m.*, demeure, II, 41, II, n° 3.
AIZIDAMEN, voyez AIZADAMEN.
AIZIMEN, *s. m.*, aise, II, 41, II, n° 4.
AIZINA, *s. f.*, ustensile, II, 42, II, n° 13.
AIZINAR, *v.*, arranger, II, 43, I, n° 16.
AIZIR, *v.*, accueillir, II, 42, I, n° 10.
AIZIU, *adj.*, accommodant, II, 42, II, n° 11.
AIZIVAR, *v.*, accueillir, II, 42, II, n° 12.
AIZO, voyez AISSO.
AIZOS, *s. m.*, lieu commode, VI, 2, II, n° 10 *bis*.
AJACENCIA, *s. f.*, adjacence, III, 583, II, n° 9.
AJACILLAR, *v.*, coucher, III, 583, II, n° 10.
AJAYRE, voyez AJAZER.
AJAZER, *v.*, accoucher, III, 583, I, n° 7.
AJHACENCIA, voyez AJACENCIA.
AJOGLARIR, *v.*, faire jongleur, III, 586, I, n° 10.
AJORNAMENT, *s. m.*, ajournement, III, 589, 2, n° 7.
AJORNAR, *v.*, faire jour, III, 589, II, n° 8.
AJOST, *s. m.*, ramas, III, 592, II, n° 5.
AJOSTAR, *v.*, ajuster, III, 593, I, n° 6.
AJUDA, *s. f.*, aide, III, 609, I, n° 6.
AJUDABLE, *adj.*, secourable, III, 609, I, n° 5.
AJUDADOR, voyez AJUDAYRE.
AJUDAMEN, voyez AJUDAMENT.
AJUDAMENT, *s. m.*, aide, III, 609, II, n° 8.
AJUDANSA, *s. f.*, aide, III, 609, II, n° 7.
AJUDAR, voyez ADJUDAR.
AJUDARITZ, *s. f.*, auxiliaire, III, 610, II, n° 12.
AJUDAYRE, *s. m.*, celui qui aide, III, 610, I, n° 11.
AJUDHA, voyez AJUDA.
AJUSTADAMENS, *adv.*, conjointement, III, 593, II, n° 10.
AJUSTADOR, voyez AJUSTAIRE.
AJUSTAIRE, *s. m.*, conciliateur, III, 593, II, n° 9.
AJUSTAMEN, voyez AJUSTAMENT.
AJUSTAMENT, *s. m.*, ajustement, III, 593, I, n° 7.
AJUSTANSA, *s. f.*, compagnie, III, 593, II, n° 8.
AJUSTAR, voyez AJOSTAR.
AJUTORI, voyez ADJUTORI.
AL, *art. masc. indét.*, au, II, 43, II.
AL, *adj. indét.*, autre, II, 43, II.
ALA, *s. f.*, aile, II, 46, II.
ALABARDA, *s. f.*, hallebarde, II, 47, I.
ALABAUSTRE, *s. m.*, albâtre, II, 47, II.
ALACHAR, *v.*, allaiter, IV, 6, I, n° 6.
ALAINAR, *v.*, indiquer, II, 85, I, n° 8.
ALAPENS, *adj.*, à ailes pendantes, II, 47, I, n° 3.
ALARGAMEN, *s. m.*, élargissement, IV, 23, I, n° 11.
ALARGAR, *v.*, agrandir, IV, 22, II, n° 10.
ALARGUAR, voyez ALARGAR.
ALARMA, *s. f.*, alarme, II, 122, II, n° 2.
ALARS, *s. m.*, enjambée, II, 47, II.

ALASCHAMEN, *s. m.*, relâchement, IV, 34, II, n° 13.
ALASCHAR, *v.*, relâcher, IV, 34, II, n° 12.
ALAT, *adj.*, ailé, II, 47, I, n° 2.
ALAUDETA, *s. f.*, alouette, II, 48, I, n° 2.
ALAUZA, *s. f.*, alouette, II, 47, II.
ALAUZAR, *v.*, louer, IV, 31, I, n° 17.
ALAUZETA, voyez ALAUDETA.
ALAYTAR, voyez ALACHAR.
ALBA, *s. f.*, aube, II, 48, I, n° 2.
ALBAN, *s. m.*, aubrier, II, 49, II.
ALBAN, *adj.*, blanc, II, 48, I.
ALBANEL, *s. m.*, haubereau, II, 49, II, n° 2.
ALBAR, *s. m.*, aubier, II, 49, II.
ALBARAN, *s. m.*, quittance, II, 50, I.
ALBAREDA, *s. f.*; albarède, II, 50, I, n° 3.
ALBARESTA, voyez ARBALESTA.
ALBAYSIA, *s. f.*, temps clair, II, 49, I, n° 5.
ALBERC, *s. m.*, demeure, II, 50, I.
ALBERG, voyez ALBERC.
ALBERGA, *s. f.*, baraque, II, 50, II, n° 2.
ALBERGADA, *s. f.*, campement, II, 51, I, n° 5.
ALBERGADOR, voyez ALBERGAIRE.
ALBERGAIRE, *s. m.*, hôte, II, 51, II, n° 9.
ALBERGAMEN, *s. m.*, demeure, II, 51, II, n° 7.
ALBERGAR, voyez ALBERGUAR.
ALBERGARIA, voyez ALBERGUARIA.
ALBERGET (lisez ALBERGOT), *s. m. dim.*, haubergeon, II, 152, I, n° 2.
ALBERGOT, voyez ALBERGET.

ALBERGUAR, *v.*, héberger, II, 52, I, n° 11.
ALBERGUARIA, *s. f.*, demeure, II, 51, I, n° 4.
ALBERGUATGE, *s. m.*, logement, II, 51, II, n° 8.
ALBERGUE, *s. m.*, droit de gîte, II, 51, I, n° 3.
ALBERGUIER, *s. m.*, logeur, II, 51, II, n° 10.
ALBERJA, voyez ALBERGA.
ALBERJATGE, voyez ALBERGUATGE.
ALBERJAZO, *s. f.*, gîte, II, 51, II, n° 6.
ALBESPI, voyez ALBESPIN.
ALBESPIN, *s. m.*, aubépin, II, 52, I.
ALBESPIN, *adj.*, d'aubépin, II, 52, I, n° 2.
ALBETA, *s. f. dim.*, petite aube, II, 48, II, n° 3.
ALBEZA, *s. f.*, albeur, VI, 2, II, n° 3 *bis*.
ALBIFICAR, *v.*, blanchir, II, 49, I, n° 10.
ALBIR, *s. m.*, avis, II, 111, I, n° 9.
ALBIRADA, *s. f.*, visée, II, 111, II, n° 12.
ALBIRAR, *v.*, imaginer, II, 111, II, n° 11.
ALBIRI, voyez ALBIR.
ALBOR, *s. f.*, aube, II, 48, II, n° 4.
ALBORN, *s. m.*, aubier, II, 49, II, n° 2.
ALBRE, voyez ARBRE.
ALBRE SEC, *s. m.*, Arbre Sec, II, 112, II, n° 4.
ALBUGE, *s. f.*, taie, II, 49, I, n° 7.
ALBUGINE, *adj.*, blanc, II, 49, I, n° 8.
ALBUGINENC, *adj.*, blanc, II, 49, I, n° 9.
ALBUM, *s. m.*, blanc, II, 49, I, n° 6.
ALCAFIT, *s. m.*, alcade, II, 52, I.
ALCALI, *s. m.*, soude, II, 52, II.

ALCAOT, voyez ALCAVOT.
ALCAVOT, *s. m.*, maquereau, II, 52, II.
ALCION, *s. m.*, alcyon, II, 52, II.
ALCOTO, *s. m.*, cotte-de-maille, II, 52, II.
ALCU, voyez ALCUN.
ALCUN, *adj. indét.*, aucun, II, 52, II.
ALE, *s. m.*, haleine, II, 84, II, n° 3.
ALECTORI, *s. m.*, alectorienne, II, 53, I.
ALEGORAR, *v.*, égayer, IV, 54, I, n° 34.
ALEGORIA, voyez ALLEGORIA.
ALEGRAMEN, *s. m.*, allégresse, IV, 53, I, n° 27.
ALEGRAMEN, *adv.*, allégrement, IV, 53, I, n° 25.
ALEGRANSA, *s. f.*, allégresse, IV, 53, I, n° 29.
ALEGRAR, *v.*, réjouir, IV, 53, II, n° 33.
ALEGRATGE, *s. m.*, allégresse, IV, 53, II, n° 31.
ALEGRE, *adj.*, allègre, IV, 52, II, n° 24.
ALEGRETAT, *s. f.*, allégresse, IV, 53, I, n° 26.
ALEGREZA, voyez ALLEGRESA.
ALEGREZIR, *v.*, réjouir, IV, 54, I, n° 35.
ALEGRIER, *s. m.*, allégresse, IV, 53, II, n° 32.
ALEGROR, *s. f.*, allégresse, IV, 53, II, n° 30.
ALEITOS, *adj.*, misérable, II, 53, II.
ALEN, voyez ALE.
ALENA, *s. f.*, alêne, II, 53, II.
ALENA, *s. f.*, haleine, II, 84, II, n° 4.
ALENADA, *s. f.*, haleine, II, 84, II, n° 5.
ALENAMENT, *s. m.*, souffle, II, 85, I, n° 6.
ALENAR, *v.*, haleiner, II, 84, I, n° 2.

ALENTAR, *v.*, ralentir, IV, 47, I, n° 3.
ALENTIR, *v.*, ralentir, IV, 47, I, n° 4.
ALEPH, *s. m.*, aleph, première lettre de l'alphabet hébreu, II, 53, II.
ALEUGANSA, *s. f.*, légèreté, IV, 61, I, n° 17.
ALEUJAR, voyez ALEVIAR.
ALEVAR, voyez ALLEVAR.
ALEVIAMENT, *s. m.*, allégement, IV, 61, I, n° 26.
ALEVIAR, *v.*, alléger, IV, 60, II, n° 13.
ALEYALAR, *v.*, justifier, IV, 39, I, n° 20.
ALEZERAR, *v.*, charmer, IV, 58, I, n° 9.
ALFERAN, *s. m.*, auférant, II, 53, II.
ALGORISME, *s. m.*, algorithme, II, 54, I.
ALGU, voyez ALCUN.
ALGUN, voyez ALCUN.
ALH, *s. m.*, ail, II, 54, I.
ALH, *s. m.*, allié, VI, 29, II, n° 11 *bis*.
ALHADA, *s. f.*, aillade, II, 54, II, n° 2.
ALHEZERAR, voyez ALEZERAR.
ALHIANSA, voyez ALIANSA.
ALHIAR, voyez ALIAR.
ALHONDRES, *adv.*, ailleurs, II, 46, I, n° 12.
ALHORS, *adv.*, ailleurs, II, 46, I, n° 13.
ALHUCAR, voyez ALUCAR.
ALHUMNAR, voyez ALUMENAR.
ALIAMAR, *v.*, lier, IV, 74, II, n° 37.
ALIAMENT, *s. m.*, lien, IV, 71, II, n° 12.
ALIANSA, *s. f.*, alliance, IV, 71, II, n° 13.
ALIAR, *v.*, allier, IV, 71, II, n° 11.
ALIENANSA, *s. f.*, aliénation, II, 46, I, n° 11.
ALIENAR, *v.*, aliéner, II, 46, I, n° 9.

ALIENATIO, *s. f.*, aliénation, II, 46, I, n° 10.
ALIENATION, voyez ALIENATIO.
ALIET, *s. m.*, aliet, II, 54, II.
ALIGNAMEN, *s. m.*, alignement, IV, 78, II, n° 5.
ALIMENT, *s. m.*, aliment, II, 54, II.
ALINHAR, *v.*, aligner, IV, 78, II, n° 6.
ALIQUOT, *adj.*, aliquote, V, 27, II, n° 4.
ALISCAMPS, *s. m. pl.*, cimetière, II, 54, II.
ALISQUAMS, voyez ALISCAMPS.
ALKIMIA, *s. f.*, chimie, II, 55, I.
ALLAPIDAR, *v.*, lapider, IV, 21, I, n° 13.
ALLEBOLUS, *s. m.*, allébolus, II, 55, I.
ALLEGAR, *v.*, alléguer, IV, 40, I, n° 5.
ALLEGATION, *s. f.*, allégation, IV, 39, II, n° 4.
ALLEGORIA, *s. m.* (lisez *f.*), allégorie, II, 55, II.
ALLEGORIALMEN, *adv.*, allégoriquement, II, 55, II, n° 2.
ALLEGRESA, *s. f.*, allégresse, IV, 53, I, n° 28.
ALLEGUAR, voyez ALLEGAR.
ALLELUIA, *s. m.*, alleluia, II, 55, II.
ALLELUYA, voyez ALLELUIA.
ALLEOTHETA, *s. f.*, aléotète, II, 55, II.
ALLEUJAR, voyez ALEVIAR.
ALLEVACIO, *s. f.*, allégement, IV, 64, I, n° 15.
ALLEVAR, *v.*, soulever, IV, 64, II, n° 14.
ALLEVIACIO, voyez ALLEVACIO.
ALLEVIAR, voyez ALEVIAR.
ALLEVIATIU, *adj.*, allévatif, IV, 64, I, n° 14.
ALLIEURAR, *v.*, allivrer, IV, 68, I, n° 9.

ALLINAMEN, voyez ALIGNAMEN.
ALLISIO, voyez ALLIZIO.
ALLIURAR, voyez ALLIVRAR.
ALLIVRAR, *v.*, délivrer, IV, 85, II, n° 19.
ALLIZIO, *s. f.*, froissement, II, 56, I.
ALLOC, *adv.*, aussitôt, IV, 90, I, n° 11.
ALLODI, *s. m.*, aleu, VI, 2, II, n° 2.
ALLONGANSA, *s. f.*, prolongation, IV, 97, II, n° 18.
ALLONTZ, voyez ALONS.
ALLOPICIA, *s. f.*, alopécie, II, 56, I.
ALLUC, voyez ALOC.
ALLUMINOS, *adj.*, alumineux, II, 61, I, n° 2.
ALLUMINOZ, voyez ALLUMINOS.
ALLUVIO, *s. f.*, alluvion, II, 56, I.
ALM, *adj.*, nourricier, II, 56, II.
ALMASSOR, *s. m.*, Almanzor, II, 56, II.
ALMATIST, *s. m.*, améthyste, II, 56, II.
ALMATRAC, *s. m.*, matelas, II, 56, II.
ALMONARIA, *s. f.*, aumônerie, III, 110, I, n° 5.
ALMONIER, voyez ALMORNIER.
ALMORNA, voyez ALMOSNA.
ALMORNAR, *v.*, aumôner, III, 110, I, n° 6.
ALMORNIER, *s. m.*, aumônier, III, 109, II, n° 4.
ALMOSNA, *s. f.*, aumône, III, 109, II, n° 2.
ALMOSNERA, *s. f.*, aumônière, III, 109, II, n° 3.
ALMOYNIER, voyez ALMORNIER.
ALMUCELLA, *s. f. dim.*, petite aumusse, II, 57, I, n° 2.
ALMUSSA, *s. f.*, aumusse, II, 57, I.
ALNA, *s. f.*, aune, II, 57, I.
ALOA, *s. f.*, aloès, II, 57, II.

ALOC, s. m., aleu, II, 57, II.
ALOE, voyez ALOEN.
ALOEN, s. m., aloès, II, 57, II, n° 2.
ALOES, voyez ALOEN.
ALOGAR, v., loger, IV, 9, II, n° 12.
ALOGAR, v., louer, IV, 93, I, n° 10.
ALOINGNANSA, voyez ALLONGANSA.
ALOIRAR, v., leurrer, IV, 93, II, n° 3.
ALONDRE, voyez ALHONDRES.
ALONGAMEN, voyez ALONGAMENT.
ALONGAMENT, s. m., éloignement, IV, 97, I, n° 15.
ALONGAR, v., allonger, IV, 97, II, n° 19.
ALONGUAR, voyez ALONGAR.
ALONGUI, s. m., délai, IV, 97, II, n° 16.
ALONGUIER, s. m., retard, IV, 97, II, n° 17.
ALONHAMENT, voyez ALONGAMENT.
ALONJAR, voyez ALONGAR.
ALONS, adv., ailleurs, VI, 2, II, n° 12 bis.
ALOYRAR, voyez ALOIRAR.
ALPHA, s. m., alpha, première lettre de l'alphabet grec, II, 58, I.
ALPHABET, s. m., alphabet, II, 53, I.
ALPS, s. m. pl., Alpes, II, 57, II.
ALQUANT, s. rel. indét. pl., quelques-uns, II, 53, I, n° 4.
ALQUANTET, adv. dim., un peu, II, 53, I, n° 5.
ALQUE, adj. indét., quelque, II, 53, I, n° 2.
ALQUES, s. indét., quelque chose, II, 53, I, n° 3.
ALQUITRAN, s. m., goudron, II, 58, I.
ALS, art. m. indét. plur., aux, voyez AL.
ALSAR, v., hausser, II, 60, I, n° 12.
ALSOR, adj. comp., plus haut, voyez ALT.

ALT, adj., haut, II, 58, II.
ALTAMEN, adv., hautement, II, 59, I, n° 3.
ALTAMENT, voyez ALTAMEN.
ALTAR, s. m., autel, II, 60, II.
ALTEA, s. f., guimauve, II, 61, I.
ALTERABLE, adj., altérable, II, 46, II, n° 17.
ALTERACIO, s. f., altération, II, 46, II, n° 15.
ALTERAR, v., altérer, II, 46, II, n° 14.
ALTERATIU, adj., altératif, II, 46, II, n° 16.
ALTERCAR, v., disputer, II, 45, II, n° 7.
ALTERCATIO, s. f., altercation, II, 45, II, n° 8.
ALTEZA, s. f., hautesse, II, 59, II, n° 5.
ALTISME, adj. superl., le plus haut, voyez ALT.
ALTIU, adj., hautain, II, 59, II, n° 9.
ALTRE, adj. indét., autre, II, 44, I, n° 2.
ALTRETAL, voyez ATRETAL.
ALTRETANT, voyez ATRESTAN.
ALTRUI, adj. indét. indécl., qui est d'autrui, II, 44, II, n° 3.
ALTURA, s. f., élévation, II, 59, II, n° 7.
ALUC, s. m., lumière, IV, 109, I, n° 9.
ALUCAR, v., allumer, IV, 109, II, n° 10.
ALUCHAR, voyez ALUCAR.
ALUDA, s. f., alue, II, 61, I.
ALUEC, voyez ALLOC.
ALUGORAR, v., rendre brillant, IV, 110, I, n° 17.
ALUM, s. m., alun, II, 61, I.
ALUMENAR, v., aluner, II, 61, I, n° 3.
ALUMENAR, v., allumer, IV, 104, II, n° 8.

AMA AMA

ALUMENATGE, *s. m.*, lumière, IV, 104, II, n° 7.
ALUMNAMEN, *s. m.*, éclairage, IV, 104, II, n° 6.
ALUMNAR, voyez ALUMENAR.
ALUN, voyez ALUM.
ALUNHAR, voyez ALONGAR.
ALUOC, voyez ALLOC.
ALZONA, *s. f.*, Alsonne, II, 61, II.
ALZOR, *s. f.*, haut rang, II, 59, II, n° 8.
AM, *prép.*, avec, II, 61, II.
AMA, *s. f.*, hameçon, II, 61, II.
AMABLE, *adj.*, aimable, II, 64, II, n° 19.
AMADAMENT, *adv.*, avec amour, II, 63, I, n° 2.
AMADOR, voyez AMAIRE.
AMAESTRAR, voyez AMAJESTRAR.
AMAGADAMEN, *adv.*, secrètement, II, 62, II, n° 2.
AMAGAMENT, *s. m.*, action de se cacher, II, 62, II, n° 3.
AMAGAR, *v.*, cacher, II, 62, I.
AMAGATAILH, *s. m.*, cachette, II, 62, II, n° 4.
AMAGATAYLH, voyez AMAGATAILH.
AMAGREZIR, *v.*, amaigrir, IV, 120, I, n° 6.
AMAGUAR, voyez AMAGAR.
AMAIESTRAMEN, voyez AMAJESTRAMEN.
AMAILLOTAR, voyez ENMALHOTAR.
AMAIRE, *s. m.*, amant, II, 63, I, n° 6.
AMAIRITZ, *s. f.*, amante, II, 63, I, n° 7.
AMAJESTRAMEN, *s. m.*, enseignement, IV, 118, II, n° 25.
AMAJESTRAR, *v.*, disposer, IV, 118, II, n° 24.
AMANAVIR, *v.*, être prompt, IV, 144, II, n° 4.

AMANDOLA, *s. f.*, amande, II, 62, I.
AMANOIR, *v.*, être prompt, IV, 144, I, n° 3.
AMANS (lisez AMANT), *s. m.*, amant, II, 63, I, n° 5.
AMANSA, *s. f.*, amour, II, 64, I, n° 11.
AMANT, voyez AMANS.
AMANTENIR, *v.*, maintenir, V, 339, I, n° 47.
AMAR, *adj.*, amer, II, 67, II.
AMAR, *v.*, aimer, II, 62, II.
AMARAMEN, *adv.*, amèrement, II, 68, I, n° 2.
AMARAMENS, voyez AMARAMEN.
AMARCIR, voyez AMARZIR.
AMAREJAR, *v.*, avoir le goût amer, II, 68, II, n° 10.
AMARESSA, *s. f.*, amante, II, 63, II, n° 8.
AMAREZA, *s. f.*, amertume, II, 68, II, n° 6.
AMARGAR, *v.*, rendre amer, II, 68, II, n° 9.
AMARGOR, voyez AMAROR.
AMARIBOT, *adj.*, amer, II, 68, I, n° 3.
AMARIDAR, *v.*, marier, IV, 158, II, n° 8.
AMARINA, *s. f.*, cerisier sauvage, II, 69, I.
AMAROR, *s. f.*, amertume, II, 68, I, n° 5.
AMAROS, *adj.*, amer, II, 68, I, n° 4.
AMARSIR, voyez AMARZIR.
AMARTAT, *s. f.*, amertume, II, 68, II, n° 8.
AMARUNS, *s. f.*, amertume, II, 68, II, n° 7.
AMARVIR, *v.*, apprêter, II, 69, I.
AMARVIR, *v.*, donner sur-le-champ, IV, 163, I, n° 4.

AMARZIR, *v.*, rendre amer, II, 68, II, n° 11.
AMAS, *s. m.*, amas, IV, 165, I, n° 4.
AMASSADOR, voyez AMASSAIRE.
AMASSAIRE, *s. m.*, thésauriseur, IV, 165, II, n° 6.
AMASSAMEN, voyez AMASSAMENT.
AMASSAMENT, *s. m.*, amas, IV, 165, I, n° 5.
AMASSAR, *v.*, amasser, IV, 165, I, n° 3.
AMATIU, *adj.*, aimant, II, 64, I, n° 12.
AMAYESTRAR, voyez AMAJESTRAR.
AMAZONES, *s. f. plur.*, Amazones, II, 69, II.
AMB, voyez AM.
AMBAICHADOR, voyez AMBASSADOR.
AMBAICHARIA, *s. f.*, ambassade, II, 70, I, n° 2.
AMBAISSAT, *s. m.*, message, II, 70, I, n° 4.
AMBANS, *s. m.*, entour, II, 69, II.
AMBASSADOR, *s. m.*, ambassadeur, II, 69, II.
AMBAYSSADA, *s. f.*, ambassade, II, 70, I, n° 3.
AMBAYSSADOR, voyez AMBASSADOR.
AMBECIOS, *adj.*, ambitieux, II, 70, I, n° 2.
AMBEDOAS, voyez ABDOAS.
AMBEDOS, voyez ABDOS.
AMBEDUI, voyez ABDUI.
AMBIDEXTRE, *adj.*, ambidextre, V, 77, I, n° 79.
AMBIGUITAT, *s. f.*, ambiguïté, II, 71, I n° 3.
AMBITIO, *s. f.*, ambition, II, 70, I.
AMBLADOR, *adj.*, ambleur, II, 72, I, n° 10.
AMBLADURA, *s. f.*, amble, II, 71, II, n° 8.

AMBLADURETA, *s. f.*, *dim.*, petit amble, II, 71, II, n° 9.
AMBLANZA, *s. f.*, amble, II, 71, II, n° 7.
AMBLAR, *v.*, ambler, II, 71, II, n° 6.
AMBONILH, *s. m.*, nombril, II, 70, II.
AMBRA, *s. f.*, ambre, II, 70, II.
AMBRE, *s. m.*, ambre jaune, II, 70, II, n° 2.
AMBROCAR, *v.*, mettre en broc, II, 261, II, n° 4.
AMBS, *adj. num.*, l'un et l'autre, II, 70, II.
AMBULACIO, *s. f.*, marche, II, 71, I.
AMBULATIU, *adj.*, ambulatif, II, 71, I, n° 2.
AMDA, *s. f.*, tante, II, 72, I.
AMDAN, voyez AMDA.
AMDOAS, voyez ABDOAS.
AMDOS, voyez ABDOS.
AMDUI, voyez ABDUI.
AMEILHURAMENT, *s. m.*, amélioration, IV, 184, I, n° 9.
AMELIER, voyez AMELL.
AMELL, *s. m.*, amandier, II, 62, I, n° 2.
AMELLA, voy. AMANDOLA.
AMEN, *s. m.*, amen, II, 72, I.
AMENAMENT, *s. m.*, maison de louage, IV, 190, I, n° 5.
AMENAR, *v.*, amener, IV, 189, II, n° 4.
AMENASSA, *s. f.*, menace, IV, 192, I, n° 4.
AMENASSAR, *v.*, menacer, IV, 192, I, n° 5.
AMENCIA, *s. f.*, folie, IV, 204, I, n° 9.
AMENISTRAR, voyez ADMINISTRAR.
AMENITAT, *s. f.*, aménité, II, 72, I.

AMENRADAMEN, *adv.*, petitement, IV, 196, II, n° 13.
AMENTA, voyez AMANDOLA.
AMENTAVER, *v.*, rappeler, IV, 204, I, n° 8.
AMENUDAR, *v.*, amoindrir, IV, 198, I, n° 20.
AMENUZAR, voyez AMENUDAR.
AMERITAR, *v.*, mériter, IV, 213, II, n° 7.
AMERMAMENT, *s. m.*, diminution, IV, 199, II, n° 31.
AMERMANSA, *s. f.*, diminution, IV, 199, II, n° 30.
AMERMAR, *v.*, diminuer, IV, 199, II, n° 32.
AMESCLADAMEN, *adv.*, d'une manière mêlée, IV, 217, I, n° 14.
AMESCLADAMENS, voyez AMESCLADAMEN.
AMESURADAMENT, voyez AMEZURAMEN.
AMESURAR, *v.*, mesurer, IV, 201, I, n° 9.
AMETNIAR, *v.*, diminuer, IV, 198, I, n° 21.
AMETTRE, *v.*, mettre, IV, 224, II, n° 11.
AMEZURADAMEN, voyez AMEZURAMEN.
AMEZURAMEN, *adv.*, raisonnablement, IV, 201, II, n° 10.
AMEZURAR, voyez AMESURAR.
AMIA, voyez AMIGA.
AMIC, *s. m.*, ami, II, 64, II, n° 16.
AMICABLE, *adj.*, aimable, II, 64, II, n° 20.
AMIGA, *s. f.*, amie, II, 64, II, n° 17.
AMIGABLAMENT, voyez AMIGALMENS.
AMIGABLE, voyez AMICABLE.
AMIGALMENS, *adv.*, amicalement, II, 65, I, n° 21.

AMIGUAJE, *s. m.*, attachement, II, 65, I, n° 23.
AMIGUOT, *s. m. dim.*, petit ami, II, 64, II, n° 18.
AMILORAR, *v.*, améliorer, IV, 184, I, n° 11.
AMINISTRACIO, voyez ADMINISTRACIO.
AMINISTRACION, voyez ADMINISTRACIO.
AMINISTRADOR, voyez ADMINISTRAIRE.
AMINISTRAIRE, voyez ADMINISTRAIRE.
AMINISTRAIRIZ, *s. f.*, exécutrice, IV, 238, I, n° 15.
AMINISTRAR, voyez ADMINISTRAR.
AMIQABLE, voyez AMICABLE.
AMIRALH, *s. m.*, émir, VI, 3, I, n° 2.
AMIRAN, *s. m.*, émir, II, 72, II.
AMIRAR (lisez AMIRAT), voyez AMIRAN.
AMIRAT, voyez AMIRAN.
AMISTANSA, *s. f.*, amitié, II, 65, I, n° 24.
AMISTAT, voyez AMISTATZ.
AMISTATZ (lisez AMISTAT), *s. m.* (lisez *f.*), amitié, II, 65, I, n° 22.
AMNEIAR, voyez ABNEGUAR.
AMNEJAR, voyez ABNEGUAR.
AMNEYAR, voyez ABNEGUAR.
AMOILLERAR, *v.*, marier, IV, 250, I, n° 5.
AMOLA, *s. f.*, ampoule, IV, 246, II, n° 14.
AMOLAR, *v.*, amasser, II, 450, II, n° 6.
AMOLAR, *v.*, émoudre, IV, 246, II, n° 16.
AMOLEGAR, *v.*, amollir, IV, 248, II, n° 7.
AMOLETA, *s. f. dim.*, petite ampoule, IV, 246, II, n° 15.
AMOLEZIR, voyez AMOLLEZIR.
AMOLLEZIR, *v.*, amollir, IV, 248, I, n° 5.
AMOLOGUAR, voyez EMOLOGUAR.
AMON, *adv.*, amont, IV, 259, II, n° 15.

AMONEDAR, v., monnayer, IV, 257, I, n° 4.
AMONESTABLE, adj., capable de persuader, IV, 253, II, n° 5.
AMONESTAMEN, s. m., admonition, IV, 253, II, n° 8.
AMONESTANZA, s. f., avertissement, IV, 253, II, n° 6.
AMONESTAR, v., avertir, IV, 253, I, n° 4.
AMONESTASSIO, s. f., admonition, IV, 253, II, n° 7.
AMONGAR, v., faire moine, IV, 256, I, n° 8.
AMONICIO, s. f., admonition, IV, 253, II, n° 9.
AMOR, s. f., amour, II, 63, II, n° 9.
AMOR, voyez AMORS.
AMORAR, v., rendre amoureux, II, 63, I, n° 3.
AMORAVIT, adj., more, IV, 261, II, n° 4.
AMOREIAR, v., rendre amoureux, II, 63, I, n° 4.
AMOROS, adj., amoureux, II, 64, I, n° 13.
AMOROSAMEN, adv., amoureusement, II, 64, I, n° 15.
AMOROSET, adj. dim., amoureux, II, 64, I, n° 14.
AMORS (lisez AMOR), s. m., gaie science, II, 63, II, n° 10.
AMORSAR, v., étouffer, II, 72, II.
AMORSAR, v., amortir, IV, 270, I, n° 19.
AMORTADOR, s. m., destructeur, IV, 270, I, n° 20.
AMORTAIRE, voyez AMORTADOR.
AMORTAR, v., amortir, IV, 269, II, n° 16.
AMORTESIMEN, voyez AMORTISSAMENT.
AMORTEZIR, v., amortir, IV, 270, I, n° 18.

AMORTIR, v., amortir, IV, 269, II, n° 15.
AMORTISSAMENT, s. m., amortissement, IV, 270, I, n° 21.
AMORZAMEN, s. m., attisement, II, 73, I, n° 2.
AMORZAR, voyez AMORSAR.
AMOSIR, v., ternir, II, 73, I.
AMOSTRAR, v., montrer, IV, 274, II, n° 6.
AMOVER, v., faire mouvoir, IV, 278, II, n° 10.
AMOVRE, voyez AMOVER.
AMPARADOR, s. m., envahisseur, II, 73, II, n° 5.
AMPARAIRE, voyez AMPARADOR.
AMPARAMEN, s. m., défense, II, 73, II, n° 3.
AMPARANSA, s. f., rempart, II, 73, II, n° 4.
AMPARAR, v., protéger, II, 73, I.
AMPHIBOLIA, s. f., amphibologie, II, 74, I.
AMPHIBOLOGIA, voyez AMPHIBOLIA.
AMPLAMEN, adv., amplement, II, 74, II, n° 2.
AMPLAR, v., augmenter, II, 75, I, n° 6.
AMPLE, adj., ample, II, 74, II.
AMPLESA, voyez AMPLESSA.
AMPLESSA, s. f., ampleur, II, 75, I, n° 5.
AMPLEZA, voyez AMPLESSA.
AMPLIAR, v., amplier, II, 75, I, n° 7.
AMPLIATIU, adj., ampliatif, II, 74, II, n° 3.
AMPLIFICAR, v., amplifier, II, 75, I, n° 8.
AMPLITUT, s. f., ampleur, II, 74, II, n. 4.
AMPOLA, s. f., fiole, II, 75, II.

AMPOLETA, *s. f. dim.*, petite fiole, II, 75, II, n° 2.
AMPULHOS, *adj.*, ampoulé, II, 75, II, n° 3.
AMPULHOZ, voyez AMPULHOS.
AMS, voyez AMBS.
AMTA, voyez ANCTA.
AMURCA, *s. f.*, marc d'huile, VI, 3, II.
AN, *s. m.*, an, II, 75, II.
ANACHORITA, *s. m.*, anachorète, II, 77, I.
ANADA, *s. f.*, voyage, II, 78, II, n° 4.
ANADILLA, *s. f.*, fermeture, II, 77, II.
ANADOR, voyez ANAIRE.
ANADYPLOZIS, *s. f.*, répétition, II, 77, II.
ANAIRE, *s. m.*, marcheur, II, 78, II, n° 3.
ANAL, voyez ANNAL.
ANAMEN, *s. m.*, marche, II, 78, II, n° 5.
ANAMENT, voyez ANAMEN.
ANAN, *s. m.*, voyageur, II, 78, II, n° 2.
ANAPHORA, *s. f.*, anaphore, II, 77, II.
ANAR, *v.*, aller, II, 77, II.
ANASSAMEN, *s. m.*, avancement, II, 79, I, n° 6.
ANASTROPHE, *s. f.*, anastrophe, II, 79, II.
ANATHEMATIZAR, *v.*, excommunier, II, 80, I.
ANATHOMIA, *s. f.*, anatomie, II, 80, I.
ANBROCAR, voyez AMBROCAR.
ANC, *adj. démonst.*, ce, II, 80, I.
ANC, *adv.*, oncques, II, 80, II.
ANCA, *s. f.*, hanche, II, 81, I.
ANCAP, voyez ANCAPS.
ANCAPS (lisez ANCAP), *s. m.*, profit, II, 276, I, n° 27.
ANCEIS, *adv.*, avant, II, 91, II, n° 2.
ANCELLA, *s. f.*, servante, II, 81, II.

ANCESSOR, *s. m.*, ancêtre, II, 97, II, n° 35.
ANCIAN, *adj.*, ancien, II, 98, II, n° 42.
ANCIANAMENS, *adv.*, anciennement, II, 98, II, n° 43.
ANCIANETAT, *s. f.*, ancienneté, II, 98, II, n° 44.
ANCIANOR, *adj. comp.*, plus ancien. Voyez ANCIAN.
ANCNATION, *s. f.*, agnation, IV, 304, II, n° 11.
ANCORA, *s. f.*, ancre, II, 81, II.
ANCSE, *adv.*, jadis, II, 81, I, n° 2.
ANCTA, *s. f.*, honte, II, 81, II.
ANCTATAT, *adj.*, déshonoré, II, 82, II, n° 5.
ANCTOS, *adj.*, honteux, II, 82, I, n° 3.
ANDRONA, *s. f.*, petite rue, II, 83, I.
ANEDIER, *adj.*, à canard, II, 85, II, n° 2.
ANEDUEL, *s. m.*, serpent, II, 83, II.
ANEL, *s. m.*, anneau, II, 83, II.
ANELEH, voyez ANELEI.
ANELEI, *s. m.*, injustice, IV, 39, I, n° 23.
ANELET, *s. m. dim.*, petit anneau, II, 83, II, n° 2.
ANELIER, *s. m.*, fabricant d'anneaux, II, 83, II, n° 3.
ANET, *s. m.*, anet, II, 85, II.
ANET, *s. m.*, canard, II, 85, II.
ANETIN, *adj.*, d'anet, II, 85, II, n° 2.
ANGARDA, *s. f.*, hauteur, III, 426, II, n° 17.
ANGEL, *s. m.*, ange, II, 86, II.
ANGELICAL, *adj.*, angélique, II, 86, II, n° 2.
ANGEVI, *s. m.*, angevin, II, 87, II.
ANGEVINA, *s. f.*, angevine, II, 87, II, n° 2.

ANGIL, voyez ANGEL.
ANGILH, voyez ANGEL.
ANGIVA, s. f., gencive, III, 454, II, n° 2.
ANGLADA, s. f., angle, II, 86, I, n° 3.
ANGLAR, s. m., pierre, II, 87, II.
ANGLE, s. m., angle, II, 85, II.
ANGLOZITAT (lisez ANGULOZITAT), s. f., angulosité, II, 86, I, n° 2.
ANGOISSA, s. f., angoisse, II, 88, I, n° 2.
ANGOISSAR, v., mettre en angoisse, II, 88, I, n° 4.
ANGOISSOS, adj., affligé, II, 88, II, n° 6.
ANGONAR, s. m., aîne, II, 89, I.
ANGUILA, s. f., anguille, II, 88, I.
ANGULAR, adj., angulaire, II, 86, I, n° 5.
ANGULOS, adj., anguleux, II, 86, I, n° 4.
ANGULOZ, voyez ANGULOS.
ANGULOZITAT, voyez ANGLOZITAT.
ANGUOYSSAR, voyez ANGOISSAR.
ANGUSTIA, s. f., angoisse, II, 88, I.
ANHA, s. f., prunelle, II, 89, I.
ANHEL, voyez AGNEL.
ANHINA, s. f., peau d'agneau, VI, 2, I, n° 2.
ANHINA, voyez ANINA.
ANIENTAR, v., anéantir, III, 196, II, n° 9.
ANIMAL, s. m., animal, II, 89, II, n° 5.
ANIMAR, v., animer, II, 89, II, n° 3.
ANIMOS, adj., courageux, II, 90, I, n° 7.
ANIMOSITAT, s. f., courage, II, 90, I, n° 6.
ANIMOZ, voyez ANIMOS.
ANIMOZITAT, voyez ANIMOSITAT.
ANINA, s. f., peau d'âne préparée, II, 133, II, n° 4.
ANIS, s. m., anis, II, 89, I.

ANIVERSARI, s. m., anniversaire, III, 76, I, n° 3.
ANMA, s. f., âme, II, 89, I.
ANNAL, adj., annuel, II, 76, I, n° 4.
ANNALMENS, adv., annuellement, II, 76, I, n° 5.
ANNAR, voyez ANAR.
ANNAT, adj., âgé, II, 76, I, n° 6.
ANNAT, voyez ANNATZ.
ANNATZ (lisez ANNAT), s. m., aîné, IV, 301, II, n° 10.
ANNELAR, v., soupirer, II, 84, I.
ANNEXE, adj., annexé, IV, 330, II, n° 14.
ANNEXIO, s. f., connexion, IV, 330, II, n° 13.
ANNONCIAR, voyez ANNUNCIAR.
ANNOTATION, s. f., annotation, IV, 332, II, n° 16.
ANNUAL, voyez ANNAL.
ANNUALMENT, voyez ANNALMENS.
ANNULLAR, v., annuler, IV, 347, I, n° 5.
ANNUNCIAR, v., annoncer, IV, 348, II, n° 3.
ANNUNCIATIO, s. f., annonciation, IV, 349, I, n° 4.
ANOAL, s. m., anniversaire, II, 76, I, n° 2.
ANOBLESIR, v., anoblir, IV, 347, II, n° 9.
ANOIRIR, v., nourrir, IV, 352, II, n° 13.
ANOITAR, v., anuiter, IV, 319, II, n° 16.
ANONA, s. f., annone, II, 90, II.
ANORMAL, adj., irrégulier, II, 90, II.
ANOTHOMIA, voyez ANATHOMIA.
ANOTOMIA, voyez ANATHOMIA.
ANPARAR, v., saisir, II, 73, II, n° 2.
ANQUA, voyez ANCA.
ANQUERA, adv., encore, III, 540, I, n° 6.

ANQUERAS, voyez ANQUERA.
ANS, voyez ANT.
ANSESSI, voyez ASSASSIN.
ANT, adv., avant, II, 90, II.
ANTA, voyez ANCTA.
ANTAN, adv., l'an dernier, II, 76, II, n° 8.
ANTAPOCA, s. f., contre-lettre, II, 105, I, n° 2.
ANTAR, v., déshonorer, II, 82, I, n° 4.
ANTARTIC, adj., antarctique, II, 115, I, n° 4.
ANTECEDEN, s. m., antécédent, II, 389, I, n° 6.
ANTECRIST, s. m., antechrist, II, 394, I, n° 7.
ANTENNA, s. f., antenne, II, 99, I.
ANTHARTIC, voyez ANTARTIC.
ANTHIFRAZIS, s. f., antiphrase, II, 99, I.
ANTHIMETABOLA, s. f., antimétabole, II, 99, I.
ANTHIPOFORA, s. f., antipophore, II, 99, I.
ANTHISMOS, s. m., persiflage, II, 99, II.
ANTHITETA, s. f., antithèse, II, 99, II, n° 2.
ANTHITETON, s. f. (lisez m.), antithèse, II, 99, II.
ANTHITEZIR, v., substituer une lettre à une autre dans un mot, II, 100, I, n° 5.
ANTHITEZIS, s. f., antithèse, II, 100, I, n° 4.
ANTHONOMAZIA, s. f., antonomase, II, 100, I.
ANTIC, adj., antique, II, 97, II, n° 36.
ANTICAR, v., authentiquer, II, 24, I, n° 28.

ANTICIPACIO, s. f., anticipation, II, 98, II, n° 45.
ANTICIPAR, v., anticiper, II, 98, II, n° 46.
ANTIDOTARI, s. m., antidotaire, II, 100, II.
ANTIFENA, voyez ANTIFONA.
ANTIFONA, s. f., antienne, II, 100, II.
ANTIFONARI, s. m., antiphonaire, II, 100, II, n° 2.
ANTIGAGE, s. m., ancienneté, II, 98, I, n° 38.
ANTIPAPA, s. m., antipape, IV, 412, II, n° 4.
ANTIPODES, s. f. pl., antipodes, IV, 473, I, n° 19.
ANTIQUAMEN, voyez ANTIQUAMENT.
ANTIQUAMENT, adv., antiquement, II, 98, I, n° 37.
ANTIQUAR, v., devenir ancien, II, 98, I, 40.
ANTIQUATIU, adj., faisant vieillir, II, 98, II, n° 41.
ANTIQUITAT, s. f., antiquité, II, 98, I, n° 39.
ANTITOZIS, s. f., antithèse, II, 100, I, n° 3.
ANTIU, voyez ANTIUS.
ANTIUS (lisez ANTIU), adj., honteux, II, 82, I, n° 2.
ANTRAC, s. m., carboncle, II, 100, II.
ANTRE, s. m., antre, II, 101, I.
ANTRENANT, adv., en avant, II, 97, I, n° 34.
ANTROPOSPATOS, s. m., antropospate, II, 101, I.
ANUAILLAR, v., relâcher, IV, 345, II, n° 5.

ANUALHAR, voyez ANUAILLAR.
ANUCHIR, v., anuiter, IV, 319, II, n° 15.
ANULAR, adj., annulaire, II, 84, I, n° 4.
ANULATIO, s. f., annulation, IV, 347, I, n° 4.
ANULHAR, voyez ANNULLAR.
ANULLAR, voyez ANNULLAR.
ANULOS, adj., en anneau, II, 84, I, n° 5.
ANULOZ, voyez ANULOS.
ANUNCIACION, voyez ANNUNCIATIO.
ANUNCIAMEN, s. m., annonciation, IV, 349, I, n° 5.
ANUNCIAR, voyez ANNUNCIAR.
ANVAN, voyez AMBANS.
ANVELIAMEN, voyez AVILAMENT.
ANXIETAT, s. f., anxiété, II, 101, I.
ANZ, voyez ANT.
AOMBRAR, voyez AZOMBRAR.
AON, s. m., aide, IV, 371, II, n° 7.
AONDANSA, voyez ABONDANSA.
AONDAR, voyez ABONDAR.
AONDOS, voyez HABUNDOZ.
AONDOZAMEN, voyez HABONDOZAMENT.
AONTAR, v., avilir, II, 83, I, n° 10.
AONTIR, v., déshonorer, II, 83, I, n° 11.
AONTOS, adj., honteux, II, 83, I, n° 9.
AORA, adv., maintenant, III, 539, I, n° 3.
AORAR, v., heurer, III, 541, I, n° 10.
AORAS, voyez AORA.
AORDENAMEN, voyez ADORDENAMEN.
AORDENAR, voyez ADORDENAR.
AORDINATIO, s. f., règlement, IV, 382, II, n° 17.
AORFENAR, v., rendre orphelin, IV, 384, II, n° 5.
AORRIR, voyez ABORRIR.

AORSER, v., unir, II, 26, I, n° 5.
AOST, voyez AGOST.
APAGANSA, s. f., satisfaction, IV, 457, I, n° 13.
APAGAR, v., apaiser, IV, 456, II, n° 12.
APAGUAR, voyez APAGAR.
APAIAR, voyez APAGAR.
APAIRIAR, voyez APARIAR.
APAISSER, v., repaître, IV, 450, II, n° 26.
APANAMEN, s. m., nourriture, IV, 406, II, n° 7.
APANAMENT, voyez APANAMEN.
APANAR, v., donner du pain, IV, 406, I, n° 6.
APARAT, s. m., apparat, II, 101, I.
APARCELAMENT, s. m., division, IV, 438, II, n° 33.
APAREILLAR, voyez APARELHAR.
APARELH, s. m., appareil, IV, 417, I, n° 18.
APARELHAMEN, s. m., appareil, IV, 417, II, n° 19.
APARELHAR, v., appareiller, IV, 416, II, n° 17.
APARELLAMEN, voyez APARELHAMEN.
APARELLAR, voyez APARELHAR.
APARENSA, voyez APPARENCIA.
APARER, v., apparaître, IV, 428, II, n° 8.
APAREYLAR, voyez APARELHAR.
APAREYLLAR, voyez APARELHAR.
APAREYSSER, v., apparaître, IV, 429, I, n° 9.
APARIAR, v., apparier, IV, 415, II, n° 10.
APARICIO, s. f., apparition, IV, 429, I, n° 10.

APARLIEYRA, *s. f.*, bavarde, IV, 421, I, n° 9.

APARSONAR, *v.*, partager, IV, 438, II, n° 34.

APARTENENSA, *s. f.*, appartenance, V, 340, I, n° 57.

APARTIR, *v.*, séparer, IV, 438, II, n° 31.

APASIAR, voyez APAGAR.

APASTENCAR, *v.*, nourrir, IV, 450, II, n° 27.

APASTORGAR, *v.*, faire paître, IV, 451, I, n° 29.

APASTURAR, *v.*, nourrir, IV, 451, I, n° 30.

APATISCAR, *v.*, gorger, IV, 451, I, n° 28.

APAUBRIR, *v.*, appauvrir, IV, 460, II, n° 9.

APAUSAR, *v.*, appliquer, IV, 463, I, n° 6.

APAUZAR, voyez APAUSAR.

APAYAR, voyez APAGAR.

APAZIAR, voyez APAGAR.

APCHA, *s. f.*, hache, II, 101, I.

APEJURAR, *v.*, empirer, IV, 536, II, n° 8.

APEL, *s. m.*, appel, II, 102, I, n° 2.

APELAR, voyez APELLAR.

APELH, voyez APEL.

APELHAR, voyez APELLAR.

APELL, voyez APEL.

APELLADOR, voyez APELLAIRE.

APELLAIRE, *s. m.*, appelant, II, 102, I, n° 4.

APELLAR, voyez APELLAR.

APELLATION, voyez APELLATION.

APELLATIU, *adj.*, appellatif, II, 102, II, n° 6.

APENDAR *s. m.*, apprentis (*lisez* appentis), IV, 493, II, n° 7.

APENDARIA, *s. f.*, dépendance, IV, 493, II, n° 8.

APENDRE, *v.*, appartenir, IV, 493, I, n° 6.

APENRE, voyez APRENDRE.

APENSAR, *v.*, penser, IV, 498, I, n° 37.

APENTHEZIR, *v.*, apenthéser, II, 102, II, n° 2.

APENTHEZIS, *s. f.*, apenthèse, II, 102, II.

APERCEBEMEN, *s. m.*, discernement, II, 279, II, n° 53.

APERCEBRE, *v.*, apercevoir, II, 279, I, n° 51.

APERCEPRE, voyez APERCEBRE.

APERCEUBUDAMENS, *adv.*, avec intelligence, II, 279, II, n° 52.

APERCIO, *s. f.*, trou, II, 102, II.

APERITIU, *adj.*, apéritif, II, 103, I, n° 3.

APERT, *adj.*, ouvert, II, 103, I, n° 4.

APERTAMEN, voyez APERTEMEN.

APERTAMENS, voyez APERTEMEN.

APERTEINC, *s. m.*, appartenance, V, 340, I, n° 59.

APERTEMEN (lisez APERTAMEN), *adv.*, publiquement, II, 103, II, n° 5.

APERTENEMEN, *s. m.*, appartenance, V, 340, I, n° 58.

APERTENER, *v.*, appartenir, V, 340, I, n° 56.

APERTIU, *adj.*, apéritif, II, 103, I, n° 2.

APESSADAMEN, *adv.*, avec réflexion, IV, 498, II, n° 38.

APESSADAMENS, voyez APESSADAMEN.

APESSAR, voyez APENSAR.

APETIT, voyez APPETIT.

APEYREGAR, *v.*, lapider, IV, 532, II, n° 15.

APEYREGUAR, voyez APEYREGAR.

API, *s. m.*, api, II, 104, I.
APIER, *s. m.*, ruche, II, 12, II, n° 2; et VI, 1, II, n° 2.
APILAR, *s. m.*, pilier, IV, 539, I, n° 3.
APILAR, *v.*, empiler, IV, 539, I, n° 4.
APIMPAR, *v.*, pomponner, IV, 543, I, n° 4.
APIOSTRA, *s. f.*, apiastre, II, 104, II, n° 2.
APIPAR, voyez APIMPAR.
APLANAR, *v.*, aplanir, IV, 552, II, n° 10.
APLANHAR, voyez APLANAR.
APLANIR, *v.*, aplanir, IV, 553, I, n° 11.
APLATADAMENS, *adv.*, en cachette, IV, 559, I, n° 7.
APLATAR, *v.*, aplatir, IV, 559, I, n° 6.
APLATIR, *v.*, aplatir, IV, 559, I, n° 5.
APLEG, *s. m.*, plane, II, 104, II.
APLEIT, voyez APLEG.
APLICAR, *v.*, appliquer, IV, 566, II, n° 36.
APOBLAMENT, *s. m.*, colonisation, IV, 581, I, n° 15.
APOBOLAR, *v.*, peupler, IV, 581, I, n° 16.
APOCA, *s. f.*, quittance, II, 105, I.
APOCALIPSI, *s. m.* (lisez *f.*), Apocalypse, II, 105, I.
APOCOPA, *s. f.*, apocope, II, 105, I.
APOCOPAMEN, *s. m.*, apocope, II, 105, I., n° 2.
APOCOPAR, *v.*, apocoper, II, 105, II, n° 3.
APOCRIFA, voyez APOCRIPHA.
APOCRIPHA, *adj.*, apocryphe, II, 105, II.
APODERAMEN, *s. m.*, autorité, IV, 584, I, n° 14.
APODERNAMEN, *adv.*, puissamment, IV, 584, I, n° 16.

APODERAR, *v.*, surpasser, IV, 584, I, n° 13.
APODERIR, *v.*, maîtriser, IV, 584, I, n° 15.
APODISSA, voyez APPODISSA.
APOESTAT, *s. m.*, potentat, IV, 583, II, n° 12.
APOINTAR, voyez APONTAR.
APONDRE, voyez APONHER.
APONGER, voyez APONHER.
APONHER, *v.*, joindre, IV, 610, II, n° 7.
APONTAMEN, *s. m.*, traité, IV, 599, I, n° 26.
APONTAR, *v.*, convenir, IV, 599, I, n° 27.
APOPLEXIA, *s. f.*, apoplexie, II, 105, II.
APORTAR, *v.*, apporter, IV, 607, I, n° 17.
APOSITIO, voyez APPOZICIO.
APOST, *adv.*, après, IV, 588, II, n° 4.
APOSTATA, *adj.*, apostat, II, 105, II.
APOSTATAR, *v.*, apostasier, II, 105, II, n° 2.
APOSTEMA, *s. m.*, apostème, II, 106, I.
APOSTEMACIO, *s. f.*, apostémacion, II, 106, I, n° 2.
APOSTEMAT, *adj.*, apostémé, II, 106, I, n° 3.
APOSTEMOS, *adj.*, apostémeux, II, 106, I, n° 4.
APOSTEMOZ, voyez APOSTEMOZ.
APOSTIT, *adj.*, postiche, IV, 611, I, n° 9.
APOSTIZA, *s. f.*, apposition, IV, 611, I, n° 8.
APOSTOL, *s. m.*, apôtre, II, 106, I.
APOSTOLA, *s. f.*, messagère, II, 106, II, n° 2.
APOSTOLI, voyez APOSTOL.

APOSTOLIAT, *s. m.*, papauté, II, 106, II, n° 3.
APOSTOLICAL, *adj.*, apostolique, II, 106, II, n° 4.
APOSTROPHE, *s. f.*, apostrophe, II, 106, II.
APOSTURA, *s. f.*, adjonction, IV, 611, I, n° 10.
APOSTURAR, *v.*, adjoindre, IV, 611, I, n° 11.
APOZIOPAZIS, *s. f.*, réticence, II, 107, I.
APOZISMA, *s. m.*, apozème, II, 107, I.
APPARCELAR, *v.*, morceler, IV, 438, II, n° 32.
APPAREILLAR, voyez APARELHAR.
APPARELHAR, voyez APARELHAR.
APPARELLAR, voyez APARELHAR.
APPARENCIA, *s. f.*, apparence, IV, 429, II, n° 11.
APPARER, voyez APARER.
APPAREYLLAR, voyez APARELHAR.
APPAREYSSER, voyez APAREYSSER.
APPARIAR, voyez APARIAR.
APPARICIO, voyez APARICIO.
APPARISSIO, voyez APARICIO.
APPELLAR, *v.*, appeler, II, 101, II.
APPELLATION, *s. f.*, appel, II, 102, I, n° 3.
APPELLATORI, *adj.*, appellatoire, II, 102, II, n° 5.
APPERCELAR, voyez APPARCELAR.
APPETAR, *v.*, convoiter, IV, 528, II, n° 5.
APPETIMENT, *s. m.*, appétit, IV, 528, II, n° 3.
APPETIT, *s. m.*, appétit, IV, 528, II, n° 2.

APPETITIU, *adj.*, appétitif, IV, 528, II, n° 4.
APPLATAR, voyez APLATAR.
APPLICATION, *s. f.*, application, IV, 566, II, n° 37.
APPLICATIU, *adj.*, applicatif, IV, 566, II, n° 38.
APPODISSA, *s. f.*, quittance, II, 105, I, n° 3.
APPOSESTAT, voyez APOESTAT.
APPOSITIO, voyez APPOZICIO.
APPOZICIO, *s. f.*, adjonction, IV, 610, II, n° 6.
APPREHENDER, voyez APREHENDRE.
APPRENTIT, voyez APPRENTIZ.
APPRENTIZ (lisez APPRENTIT), *s. m.*, apprenti, IV, 629, II, n° 16.
APPROFITAR, voyez APROFECHAR.
APPROPRIAR, voyez APROPRIAR.
APRECIAR, *v.*, apprécier, IV, 644, I, n° 9.
APREGAR, *v.*, prier, IV, 622, I, n° 6.
APREHENDRE, *v.*, appréhender, IV, 629, II, n° 14.
APREHENSIU, *adj.*, perceptif, IV, 629, II, n° 15.
APREISONAR, *v.*, emprisonner, IV, 629, II, n° 13.
APREISSAR, *v.*, presser, IV, 623, II, n° 7.
APREMER, *v.*, presser, IV, 623, I, n° 6.
APRENDISAGE, *s. m.*, apprentissage, IV, 629, II, n° 17.
APRENDRE, *v.*, apprendre, IV, 629, I, n° 11.
APRENER, voyez APRENDRE.
APRES, *adv.*, après, IV, 637, II, n° 2.
APRESONAR, voyez APREISONAR.

APRESTAR, *v.*, apprêter, III, 214, II, n° 82.

APREYAR, voyez APREGAR.

APRIMAIRAMEN, *s. m.*, primauté, IV, 645, II, n° 15.

APRIMAIRAR, *v.*, approcher, IV, 645, II, n° 14.

APRIMAR, *v.*, amincir, IV, 645, I, n° 13.

APRIONDAR, *v.*, approfondir, III, 360, II, n° 17.

APRIVADANSA, *s. f.*, familiarité, IV, 648, II, n° 7.

APRIVADAR, *v.*, apprivoiser, IV, 648, II, n° 8.

APROAR, *v.*, approuver, IV, 651, II, n° 7.

APROBAR, voyez APROAR.

APROBATIU, *adj.*, approbatif, IV, 652, I, n° 8.

APROBENCAMENT, *s. m.*, rapprochement, IV, 656, II, n° 16.

APROBENCAR, voyez APROPINQUAR.

APROBENQUAR, voyez APROPINQUAR.

APROCHAR, voyez APROPCHAR.

APROCHE, *s. m.*, approche, IV, 655, II, n° 11.

APROFECHABLE, *adj.*, profitable, IV, 650, I, n° 8.

APROFECHAR, *v.*, profiter, IV, 650, II, n° 10.

APROFICHABLAMEN, *adv.*, profitablement, IV, 650, II, n° 9.

APROFICHABLETAT, *s. f.*, amélioration, IV, 650, II, n° 11.

APROFIECHAR, voyez APROFECHAR.

APROP, *adv.*, près, IV, 655, I, n° 10.

APROPCHADOR, *s. m.*, approcheur, IV, 655, II, n° 13.

APROPCHAIRE, voyez APROPCHADOR.

APROPCHAR, *v.*, approcher, IV, 655, II, n° 12.

APROPINQUACIO, *s. f.*, proximité, IV, 656, II, n° 17.

APROPINQUAR, *v.*, approcher, IV, 656, I, n° 15.

APROPJAR, voyez APROPCHAR.

APROPRIADAMENS, *adv.*, convenablement, IV, 659, I, n° 8.

APROPRIAMEN, *s. m.*, propriété, IV, 659, I, n° 9.

APROPRIAR, *v.*, approprier, IV, 658, II, n° 7.

APROPRIATIO, *s. f.*, appropriation, IV, 658, II, n° 6.

APROSMAR, *v.*, approcher, IV, 656, I, n° 14.

APRUSMAR, voyez APROSMAR.

APSISIO, voyez ABCIZIO.

APTAMENT, *adv.*, habilement, II, 107, I, n° 2.

APTAR, *v.*, accommoder, II, 107, II, n° 5.

APTE, *adj.*, apte, II, 107, I.

APTEZA, *s. f.*, aptitude, II, 107, I, n° 3.

APTIFICAR, *v.*, accommoder, II, 107, II, n° 6.

APUNTAR, voyez APONTAR.

AQUARI, *s. m.*, verseau, II, 40, II, n° 14.

AQUATIC, *adj.*, aquatique, II, 40, II, n° 11.

AQUE, *adj.*, aqueux, II, 40, I, n° 10.

AQUEL, *pron. dém. m. sing.*, ce, III, 107, II, n° 21.

AQUELA, *pron. dém. f. sing.*, cette, III, 107, II, n° 22.

AQUELAS, *pron. dém. f. pl.*, ces. Voyez AQUELA.
AQUELH, voyez AQUEL.
AQUELHA, voyez AQUELA.
AQUELLA, voyez AQUELA.
AQUEST, *pron. dém. m. sing.*, ce, VI, 20, I, n° 12.
AQUEST, voyez ACQUIT.
AQUEST, voyez AQUIST.
AQUESTA, *pron. dém. f. sing.*, cette, VI, 21, I, n° 14.
AQUESTAS, *pron. dém. f. pl.*, ces, VI, 21, II, n° 15.
AQUEZAR, *v.*, reposer, V, 22, II, n° 5.
AQUI, *adv. de lieu*, là, III, 553, I, n° 2.
AQUIL, *pron. dém. f. sing. suj.*, cette, III, 108, I, n° 23.
AQUIL, *pron. dém. m. pl. suj.*, ces, III, 108, I, n° 24.
AQUILA, voyez AIGLA.
AQUILH, voyez AQUIL.
AQUILIN, *adj.*, aquilin, II, 38, II, n° 5.
AQUILO, *s. m.*, aquilon, II, 108, II.
AQUILONAR, *adj.*, d'aquilon, II, 108, II, n° 2.
AQUIST, *pron. dém. m. pl.*, ces, VI, 20, II, n° 13.
AQUIST, voyez AQUESTA.
AQUISTE, voyez AQUIST.
AQUISTI, voyez AQUIST.
AQUISTIAR, voyez AQUITAR.
AQUITAMEN, *s. m.*, acquittement, V, 24, I, n° 15.
AQUITAR, *v.*, acquitter, V, 24, I, n° 14.
AQUO, voyez ACO.
AQUOSITAT, *s. f.*, humeur aqueuse, II, 39, II, n° 3.

AQUOSSEGUIR, voyez ACOSSEGUIR.
AR, *adv.*, maintenant, III, 539, II, n° 4.
ARA, *s. f.*, autel, II, 108, II.
ARA, voyez AR.
ARABAR, voyez ARRAPAR.
ARABI, *adj.*, arabe, II, 108, II.
ARABIT, voyez ARABI.
ARADA, *s. f.*, labour, II, 110, I, n° 3.
ARAIGAR, *v.*, arracher, V, 30, II, n° 9.
ARAILAR, *v.*, régler, V, 66, I, n° 20.
ARAIRE, *s. m.*, araire, II, 109, II, n° 2.
ARAIZAR, voyez ARAIGAR.
ARAM (lisez ERAM), *s. m.*, airain, II, 109, I.
ARAMIR, *v.*, assigner, II, 109, I.
ARANCAR, *v.*, séparer, V, 82, II, n° 9.
ARANCURA, *s. f.*, affliction, V, 40, II, n° 7.
ARANDAR, *v.*, ajuster, V, 42, I, n° 2.
ARANE, *adj.*, d'araignée, II, 109, II, n° 2.
ARANH, voyez ARANHA.
ARANHA, *s. f.*, araignée, II, 109, II.
ARAPAR, voyez ARRAPAR.
ARAPI, *adj.*, enragé, V, 28, II, n° 7.
ARAR, *v.*, labourer, II, 109, II.
ARAS, voyez AR.
ARASAR, *v.*, raser, V, 36, I, n° 8.
ARASIGNAR, *v.*, déraciner, V, 30, II, n° 10.
ARASSAR, voyez ARASAR.
ARAUBA, *s. f.*, robe, V, 47, II, n° 8.
ARAYRE, voyez ARAIRE.
ARBALESTA, *s. f.*, arbalète, II, 173, II, n° 4.
ARBALESTADA, *s. f.*, portée d'arbalète, II, 173, II, n° 5.

ARBERGADOR, voyez ALBERGAIRE.
ARBIR, voyez ALBIR.
ARBIRAR, voyez ALBIRAR.
ARBITRACIO, *s. f.*, arbitrage, II, 110, II, n° 4.
ARBITRADOR, *s. m.*, arbitrateur, II, 110, II, n° 5.
ARBITRAIRE, voyez ARBITRADOR.
ARBITRAMEN, *s. m.*, arbitrage, II, 110, II, n° 3.
ARBITRAR, *v.*, arbitrer, II, 111, I, n° 8.
ARBITRARAMENT, voyez ARBITRARIAMENT.
ARBITRARI, *adj.*, arbitraire, II, 110, II, n° 6.
ARBITRARIAMENT, *adv.*, arbitrairement, II, 111, I, n° 7.
ARBITRATIO, voyez ARBITRACIO.
ARBITRE, *s. m.*, avis, II, 110, I.
ARBORELH, *s. m. dim.*, arbrisseau, II, 112, I, n° 2.
ARBRE, *s. m.*, arbre, II, 111, II.
ARBRE SEC, voyez ALBRE SEC.
ARBRIER, *s. m.*, arbrier, II, 112, I, n° 3.
ARC, *s. m.*, arc, II, 112, II.
ARCANA, *s. f.*, obscurité, VI, 4, I.
ARCANGIL, voyez ARCHANGEL.
ARCAT, *s. m.*, commandement, II, 113, II.
ARCBALESTRIER, *s. m.*, arbalétrier, II, 174, I, n° 6.
ARCELAR, *v.*, courber en arc, II, 113, II, n° 9.
ARCENIC, voyez ARSENIC.
ARCHA, *s. f.*, coffre, II, 114, I.

ARCHADURA, *s. f.*, coffre, II, 114, II, n° 2.
ARCHANGEL, *s. m.*, archange, II, 87, I, n° 3.
ARCHAT, voyez ARCAT.
ARCHIDIAQUE, *s. m.*, archidiacre, III, 44, II, n° 2.
ARCHIFLAMINA, *s. m.*, archiflamine, III, 338, I, n° 2.
ARCHIPREIRE, *s. m.*, archiprêtre, IV, 639, II, n° 9.
ARCHIPRESTRE, *s. m.*, archiprêtre, IV, 639, II, n° 8.
ARCHIPREYRE, voyez ARCHIPREIRE.
ARCHITIPE, *s. m.*, archétype, II, 114, I, n° 7.
ARCHITRICLIN, *s. m.*, architriclin, II, 114, I, n° 8.
ARCHIVESCAT, voyez ARCIVESCAT.
ARCIMIZA, voyez ARTEMEZIA.
ARCIO, *s. f.*, chaleur, II, 117, I, n° 5.
ARCIVESCAL, *adj.*, archiépiscopal, III, 238, II, n° 10.
ARCIVESCAT, *s. m.*, archevêché, III, 238, II, n° 9.
ARCIVESQUE, *s. m.*, archevêque, III, 238, I, n° 7.
ARC S. MARTI, *s. m.*, arc-en-ciel, II, 113, I, n° 7.
ARCTURI, *s. m.*, arcture, II, 114, II.
ARCUAL, *adj.*, en arc, II, 113, I, n° 5.
ARCUAT, *adj.*, arqué, II, 113, II, n° 8.
ARC VOLTUT, voyez ARC VOLTUTZ.
ARC VOLTUTZ (lisez ARC VOLTUT), *s. m.*, caveau, II, 113, I, n° 6.
ARC VOUT, voyez ARC VOLTUTZ.
ARDA, *s. f.*, équipage, II, 115, I.

ARE

ARDA, voyez ARNA.
ARDALHO, voyez ARDALHON.
ARDALHON, s. m., ardillon, II, 115, I.
ARDALON, voyez ARDALHON.
ARDEN, voyez ARDENT.
ARDENMENT, adv., ardemment, II, 117, I, n° 3.
ARDENT, adj., ardent, II, 117, I, n° 2.
ARDENTMENT, voyez ARDENMENT.
ARDIAQUE, voyez ARCHIDIAQUE.
ARDIDAMEN, adv., hardiment, II, 115, II, n° 2.
ARDIDEZA, s. f., hardiesse, II, 115, II, n° 4.
ARDIMEN, s. m., hardiesse, II, 115, II, n° 5.
ARDIR, v., enhardir, II, 116, I, n° 6.
ARDIT, s. m., hardiesse, II, 115, II, n° 3.
ARDIT, s. m., liard, II, 116, I.
ARDIT, adj., hardi, II, 115, I.
ARDOR, s. f., ardeur, II, 117, II, n° 6.
ARDRE, v., brûler, II, 116, II.
ARDURA, s. f., brûlure, II, 117, I, n° 4.
AREAMEN, s. m., parure, II, 117, II.
AREDAR, v., roidir, V, 63, I, n° 7.
AREDONDIR, v., arrondir, V, 59, II, n° 7.
AREFACCIO, s. f., aréfaction, II, 121, I, n° 2.
AREFIEU, voyez AREFIEUS.
AREFIEUS (lisez AREFIEU), voyez ARRERFIEUS.
AREFIUATER, s. m., arrière-feudataire, III, 295, II, n° 55.
AREGARDAR, v., regarder, III, 429, I, n° 31.
AREGNAR, v., attacher par la bride, V, 69, I, n° 40.

ARE   85

AREIRE, adv., arrière, V, 79, I, n° 4.
AREIRES, voyez AREIRE.
AREIS, adj., qui est en érection, II, 117, II.
AREMENAR, voyez ARREMENAR.
ARENA, s. f., arène, II, 118, I.
ARENC, s. m., hareng, II, 118, II.
ARENC, voyez ARRENC.
ARENDADOR, s. m., fermier, V, 85, II, n° 10.
ARENDAIRE, voyez ARENDADOR.
ARENDRE, v., rendre, V, 85, I, n° 2.
ARENER, s. m., grève, II, 118, I, n° 3.
ARENETA, s. f. dim., petit sable, II, 118, I, n° 2.
ARENGAR, v., ranger, V, 82, I, n° 6.
ARENGUA, s. f., harangue, V, 82, I, n° 5.
ARENJAR, voyez ARENGAR.
ARENOS, adj., sablonneux, II, 118, I, n° 4.
ARESAMEN, s. m., ordonnance, V, 82, I, n° 7.
ARESAR, v., moquer, II, 118, II.
ARESAR, v., ordonner, V, 82, II, n° 8.
ARESTA, s. f., pointe, II, 118, II.
ARESTADA, s. f., halte, VI, 22, I, n° 49 bis.
ARESTANCAR, v., arrêter, V, 299, II, n° 5.
ARESTANQUAR, voyez ARESTANCAR.
ARESTAR, v., arrêter, III, 210, II, n° 49.
ARESTAR, voyez ARRESTAR.
ARESTAURAR, v., sauver, VI, 38, I, n° 6.
ARESTAZO, s. f., halte, VI, 22, I, n° 49 ter.
ARESTOL, s. m., manche de lance, II, 119, I.

ARET, voyez ARIETH.
ARETENCIO, *s. f.,* retenue, V, 342, I, n° 69.
ARETRAIRE, *v.,* retenir, V, 405, II, n° 44.
ARETRAYRE, voyez ARETRAIRE.
AREYRAGE, *s. m.,* arrérage, V, 79, I, n° 5.
AREYRE, voyez AREIRE.
AREZAR, voyez ARESAR.
ARGAMASSA, *s. f.,* ciment, II, 119, I.
ARGEN, voyez ARGENT.
ARGENT, *s. m.,* argent, II, 119, I.
ARGENTAR, *v.,* argenter, II, 120, I, n° 8.
ARGENTARI, *adj.,* d'argentier, II, 120, I, n° 7.
ARGENTARIA, *s. f.,* orfévrerie, II, 119, II, n° 5.
ARGENTE, *adj.,* argenté, II, 119, II, n° 3.
ARGENTEYRA, *s. f.,* mine d'argent, II, 119, II, n° 4.
ARGENTIER, *s. m.,* argentier, II, 119, II, n° 6.
ARGEN VIU, *s. m.,* vif-argent, II, 119, II, n° 2.
ARGILA, *s. f.,* argile, II, 120, I.
ARGILLOS, *adj.,* argileux, II, 120, I, n° 2.
ARGILLOZ, voyez ARGILLOS.
ARGUIR, *v.,* arguer, II, 120, II, n° 2.
ARGUMEN, voyez ARGUMENT.
ARGUMENT, *s. m.,* argument, II, 120, I.
ARGURIADOR, voyez AUGURADOR.
ARIBAMEN, *s. m.,* arrivage, V, 92, I, n° 9.
ARIBAR, *v.,* pousser à la rive, V, 92, I, n° 10.

ARIDITAT, *s. f.,* aridité, II, 121, I.
ARIES, voyez ARIETH.
ARIETH, *s. m.,* bélier, II, 120, II.
ARIMAN, voyez AZIMAN.
ARIPIN, *s. m.,* arpent, II, 121, I.
ARISMETIC, *adj.,* arithmétique, II, 121, II, n° 2.
ARISMETICA, *s. f.,* arithmétique, II, 121, I.
ARISTOLOGIA, *s. f.,* aristoloche, II, 121, II.
ARIVAR, voyez ARIBAR.
ARLABECA, *s. f.,* complainte, II, 121, II.
ARLOT, *s. m.,* ribaud, II, 122, I.
ARLOTES, *s. m.,* arlote, II, 122, I.
ARMA, voyez ANMA.
ARMADA, *s. f.,* armée, II, 123, I, n° 5.
ARMADURA, *s. f.,* armure, II, 122, II, n° 3.
ARMAR, *v.,* armer, II, 123, I, n° 7.
ARMARI, *s. m.,* armoirie, II, 123, I, n° 6.
ARMAS, *s. f. pl.,* armes, II, 122, I.
ARMAS, *s. f. pl.,* armoiries, II, 123, II, n° 9.
ARMIER, *s. m.,* lieu de repos des âmes, II, 89, II, n° 2.
ARMILLA, *s. f.,* bracelet, II, 123, II.
ARMONIA, *s. f.,* harmonie, II, 124, I.
ARMONIAC, *adj.,* ammoniac, II, 124, I.
ARMONIC, *adj.,* harmonique, II, 124, I, n° 2.
ARMS, *s. m. pl.,* armes, VI, 4, I, n° 1 *bis.*
ARMURIER, *s. m.,* armurier, II, 123, I, n° 4.
ARNA, *s. f.,* teigne, II, 124, I.

ARNAGLOSSA (lisez ARNOGLOSSA), *s. f.*, arnaglosse, II, 124, II.
ARNASSAR, *v.*, équiper, II, 125, I, n° 4.
ARNEI, *s. m.*, harnais, II, 125, I, n° 2.
ARNES, *s. m.*, harnais, II, 124, II.
ARNESAR, voyez ARNASSAR.
ARNESCAR, *v.*, garnir, II, 125, I, n° 3.
ARNESQUAR, voyez ARNESCAR.
ARNOGLOSSA, voyez ARNAGLOSSA.
ARNOS, *adj.*, teigneux, II, 124, I, n° 2.
AROMANSAR, *v.*, romancer, V, 107, II, n° 3.
AROMATIC, *adj.*, aromatique, II, 125, I.
AROMATICITAT, *s. f.*, arome, II, 125, II, n° 2.
AROMATIZAR, *v.*, aromatiser, II, 125, II, n° 3.
ARONDAR, *v.*, embrasser, V, 59, II, n° 6.
ARONDETA, *s. f. dim.*, hirondelette, III, 551, I, n° 4.
AROSAR, voyez ARROSAR.
AROSSAR, *v.*, rosser, V, 115, II, n° 5.
AROTAR, *v.*, se mettre en route, V, 116, II, n° 3.
ARPA, *s. f.*, griffe, II, 125, II.
ARPA, *s. f.*, harpe, II, 126, I.
ARPAR, *v.*, happer, II, 125, II, n° 2.
ARPAR, *v.*, jouer de la harpe, II, 126, I, n° 2.
ARPEN, voyez ARIPIN.
ARQUA, voyez ARCHA.
ARQUEBISBE, *s. m.*, archevêque, III, 238, I, n° 8.
ARQUEDIAGUENAT, *s. m.*, archidiaconat, III, 45, I, n° 3.
ARQUELA, *s. f.*, jet d'arc, II, 113, I, n° 4.

ARQUIDIAQUE, voyez ARCHIDIAQUE.
ARQUIER, *s. m.*, archer, II, 112, II, n° 2.
ARQUIERA, *s. f.*, embrasure, II, 113, I, n° 3.
ARQUIPREIRE, voyez ARCHIPREIRE.
ARRABAR, voyez ARRAPAR.
ARRAMIR, voyez ARAMIR.
ARRANCAR, voyez ARANCAR.
ARRAP, *s. m.*, déchirure, V, 43, II, n° 12.
ARRAPAR, *v.*, enlever, V, 43, II, n° 13.
ARRAS, *s. f. pl.*, arrhes, II, 126, I.
ARRASON, voyez ARRAZO.
ARRAT, *adj.*, arrangé, II, 126, I.
ARRAUBAR, *v.*, piller, V, 48, I, n° 10.
ARRAUBERIA, *s. f.*, volerie, V, 48, I, n° 9.
ARRAUBEYRIA, voyez ARRAUBERIA.
ARRAZO, *s. f.*, raison, V, 54, II, n° 11.
ARRAZONAR, *v.*, interpeller, V, 54, II, n° 12.
ARRE, *adj.*, sec, II, 126, II.
ARREAFIUAMENT, *s. m.*, arrière-inféodation, III, 295, II, n° 54.
ARREAFIUAR, *v.*, donner à arrière-fief, III, 295, II, n° 56.
ARRECEBRE, *v.*, recevoir, II, 281, I, n° 66.
ARREGA, *s. f.*, raie, V, 33, II, n° 7.
ARREGNAR, voyez AREGNAR.
ARREIRE, voyez AREIRE.
ARREMENAR, *v.*, diriger, IV, 191, I, n° 10.
ARRENC, *s. m.*, rang, V, 81, II, n° 4.
ARRENDA, *s. f.*, rente, V, 85, II, n° 9.
ARRENDADOR, voyez ARENDADOR.

ARRENDAMEN, *s. m.*, arrentement, V, 85, II, n° 11.
ARRENDAR, *v.*, arrenter, V, 85, II, n° 12.
ARRENGAR, voyez ARENGAR.
ARRENHAR, voyez AREGNAR.
ARRENSO, *adv.*, en arrière, II, 126, II.
ARRERFIEU, voyez ARRERFIEUS.
ARRERFIEUS (lisez ARRERFIEU), *s. m.*, arrière-fief, III, 295, I, n° 53.
ARRESSAR, voyez ARREZAR.
ARREST, *s. m.*, arrêt, II, 126, II, n° 2.
ARRESTAMENT, *s. m.*, arrestation, II, 126, II, n° 4.
ARRESTAR, *v.*, arrêter, II, 126, II.
ARRESTATION, *s. f.*, arrestation, II, 126, II, n° 3.
ARRETENER, *v.*, retenir, V, 341, II, n° 68.
ARREYRAGE, voyez AREYRAGE.
ARREZAR, *v.*, orner, VI, 37, I, n° 8 *bis*.
ARRI, *interj.*, arri, II, 127, I.
ARRIBADA, *s. f.*, arrivée, V, 92, I, n° 8.
ARRIBAILH, voyez ARRIBALH.
ARRIBALH, *s. m.*, arrivage, V, 92, II, n° 7.
ARROGAN, *adj.*, arrogant, II, 127, I.
ARROMANER, *v.*, rester, IV, 152, II, n° 30.
ARROSAR, *v.*, arroser, V, 113, I, n° 6.
ARROZAR, voyez ARROSAR.
ARS, voyez ARX.
ARSEMISA, voyez ARTEMEZIA.
ARSEMIZA, voyez ARTEMEZIA.
ARSENIC, *s. m.*, arsenic, II, 127, I.
ARSER, *adv.*, hier soir, III, 526, I, n° 2.
ARSO, voyez ARSON.

ARSON, *s. m.*, arçon, II, 127, I.
ARSUM, *s. m.*, ardeur, II, 117, II, n° 7.
ARSURA, voyez ARDURA.
ART, *s. f.*, art, II, 127, II.
ARTEILLET, voyez ARTEILLETZ.
ARTEILLETZ (lisez ARTEILLET), *s. m. dim.*, petit orteil, II, 128, II, n° 2.
ARTEJAR, voyez ARTEIAR.
ARTELH, *s. m.*, orteil, II, 128, II.
ARTELL, voyez ARTELH.
ARTEMEZIA, *s. f.*, armoise, II, 128, II.
ARTEMISIA, voyez ARTEMEZIA.
ARTENALH, *s. m.*, citadelle, II, 130, I, n° 2.
ARTERIA, *s. f.*, artère, II, 128, II.
ARTERIOS, *adj.*, qui a des artères, II, 128, I, n° 2.
ARTETIC, *s. m.*, goutteux, II, 129, I.
ARTETICA, *s. f.*, goutte aux mains, II, 129, I, n° 2.
ARTHIC, voyez ARTIC.
ARTIAMEN, *s. m.*, art, II, 127, II, n° 2.
ARTIC, *adj.*, arctique, II, 114, II, n° 3.
ARTICLE, *s. m.*, article, II, 129, I.
ARTICULAR, *adj.*, qui concerne les articles, II, 129, I, n° 2.
ARTICULAR, *v.*, articuler, II, 129, I, n° 3.
ARTIFEX, *s. m.*, ouvrier, II, 128, I, n° 9.
ARTIFEYS, voyez ARTIFEX.
ARTIFICI, *s. m.*, artifice, II, 127, II, n° 4.
ARTIFICIAL, *adj.*, artificiel, II, 128, I, n° 5.
ARTIFICIALMENT, *adv.*, artificiellement, II, 128, I, n° 6.
ARTIFICIOS, *adj.*, artificieux, II, 128, I, n° 7.

ASA

ARTIFIER, *s. m.*, maître dans l'art, II, 128, I, n° 10.
ARTIFIZIOSAMENT, *adv.*, adroitement, II, 128, I, n° 8.
ARTIGUA, *s. f.*, tertre, II, 129, II.
ARTILHA, *s. f.*, fortification, II, 130, II, n° 3.
ARTILHERIA, voyez ARTILLARIA.
ARTILLARIA, *s. m.* (lisez *f.*), artillerie, II, 130, II, n° 4.
ARTISIA, *s. f.*, industrie, II, 127, II, n° 3.
ARTURUS, *s. m.*, arcture, II, 114, II.
ARTUS, *s. m.*, Artus, II, 129, II.
ARUSPICIA, *s. f.*, art des aruspices, II, 130, I.
ARVINA, *s. f.*, graisse, II, 130, I.
ARX, *s. f.*, forteresse, II, 130, I.
ARZO, *s. m.*, archet, II, 130, II.
AS, *s. m.*, as, II, 130, II.
AS, voyez ALS.
ASABENTAR, *v.*, instruire, V, 125, I, n° 23.
ASACIAMENT, *s. m.*, rassasiement, V, 163, I, n° 12.
ASADOLAR, *v.*, soûler, V, 163, I, n° 15.
ASALIADOR, *s. m.*, assaillant, V, 142, II, n° 11.
ASALIR, voyez ASSALHIR.
ASALTADOR, *s. m.*, assaillant, V, 142, II, n° 12.
ASALTAIRE, voyez ASALTADOR.
ASALVAR, *v.*, sauver, V, 147, I, n° 16.
ASAUT, voyez AZAUT.
ASAUTAR, voyez ASSAUTAR.
ASAUTAR, voyez AZAUTAR.
ASAZIAR, *v.*, rassasier, V, 162, I, n° 10.

ASE

ASAZONAR, voyez ASSAZONAR.
ASCENDENT, *adj.*, ascendant, II, 131, I, n° 2.
ASCENDRE, *v.*, monter, II, 131, I.
ASCENS, voyez ABSENS.
ASCENSIO, *s. f.*, ascension, II, 131, I, n° 3.
ASCENSION, voyez ASCENSIO.
ASCENTIO, voyez ASCENSIO.
ASCLA, *s. f.*, éclat de bois, II, 132, II, n° 2.
ASCLAR, *v.*, fendre, II, 132, I.
ASCLEIAR, voyez ASCLAR.
ASCLEN, *s. m.*, éclat, II, 132, II, n° 3.
ASCONA, *s. f.*, pique, II, 132, II.
ASEDAR, voyez ASSEDAR.
ASEGRE, voyez ASSEGUIR.
ASEGURAMEN, voyez ASSEGURAMEN.
ASEMBLAR, *v.*, assembler, III, 129, I, n° 3.
ASEMBLAR, voyez ASSEMBLAR.
ASEMLAR, voyez ASSEMBLAR.
ASENHORAR, voyez ASSENHORAR.
ASENTIMEN, voyez ASSENTIMENT.
ASERAR, *v.*, faire tard, V, 206, I, n° 3.
ASERENAR, *v.*, être serein, V, 207, I, n° 5.
ASERMAMENT, *s. m.*, arrangement, V, 208, I, n° 4.
ASERMAR, voyez ASSERMAR.
ASERTAR, voyez ACERTAR.
ASESCARA, *s. f.*, détresse, III, 149, II, n° 6.
ASESSAR, *v.*, approcher, VI, 9, I, n° 2.
ASETAR, voyez ASSETAR.
ASETGAR, voyez ASSETJAR.
ASETJAR, voyez ASSETJAR.

ASETJAR, voyez ASSETJAR.
ASIDUALMENS, voyez ASSIDUOSAMENT.
ASIETGAMENT, voyez ASSETJAMEN.
ASIGNADAMENS, voyez ASSIGNADAMEN.
ASIGNAR, voyez ASSIGNAR.
ASIMENTAR, *v.*, cimenter, VI, 9, II, n° 2.
ASINA, *s. f.*, ânesse, II, 133, I, n° 2.
ASIZA, *s. f.*, assise, V, 220, II, n° 12.
ASMA, *s. f.*, asthme, II, 132, II.
ASMATIC, *adj.*, asthmatique, II, 133, I, n° 2.
ASNE, *s. m.*, âne, II, 133, I.
ASOLODAMENT, *adv.*, isolément, V, 252, I, n° 9.
ASOMAR, voyez ASSOMAR.
ASONAR, *v.*, dormir, V, 258, II, n° 9.
ASONAR, voyez ASSONAR.
ASORDEIAR, *v.*, avilir, V, 268, II, n° 7.
ASOTILAR, voyez ASSUBTILAR.
ASPERATIU, *adj.*, qui rend âpre, II, 134, II, n° 7.
ASPERGIR, *v.*, asperger, II, 133, II, n° 2.
ASPERITAT, *s. f.*, aspérité, II, 134, I, n° 5.
ASPERSIO, *s. f.*, aspersion, II, 133, II.
ASPERSION, voyez ASPERSIO.
ASPHALT, *s. m.*, bitume, II, 133, II.
ASPIC, voyez ASPIS.
ASPIRACIO, voyez ASPIRATIO.
ASPIRAMEN, *s. m.*, soupir, III, 176, II, n° 12.
ASPIRAMEN, voyez ESPIRAMEN.
ASPIRAR, *v.*, souffler, III, 176, II, n° 13.
ASPIRATIO, *s. f.*, aspiration, III, 176, I, n° 11.
ASPIS, *s. m.*, aspic, II, 133, II.

ASPRAMENS, *adv.*, âprement, II, 134, I, n° 3.
ASPRAMENT, voyez ASPRAMENS.
ASPRE, *s. m.*, lieu scabreux, II, 134, I, n° 4.
ASPRE, *adj.*, âpre, II, 133, II.
ASPREDAT, voyez ASPERITAT.
ASPRETAT, voyez ASPERITAT.
ASPREZA, *s. f.*, âpreté, II, 134, II, n° 6.
ASPRIEU, *adj.*, rude, II, 134, I, n° 2.
ASSABER, *v.*, assavoir, V, 125, I, n° 22.
ASSABORAMEN, *s. m.*, saveur, V, 129, I, n° 11.
ASSABORAR, *v.*, délecter, V, 129, II, n° 12.
ASSAG, voyez ESSAI.
ASSAGET, *s. m. dim.*, petit essai, III, 193, II, n° 4.
ASSAGIAR, voyez ESSAIAR.
ASSAI, voyez ESSAI.
ASSAIAR, voyez ESSAIAR.
ASSAILLIR, voyez ASSALHIR.
ASSAJADOR, voyez ISSAJAIRE.
ASSAJAIRE, voyez ISSAJAIRE.
ASSAJAR, voyez ESSAIAR.
ASSALH, *s. m.*, assaut, V, 142, II, n° 10.
ASSALHIR, *v.*, assaillir, V, 142, I, n° 8.
ASSALLIR, voyez ASSALHIR.
ASSAMENT, *s. m.*, rôtissure, II, 135, I, n° 2.
ASSANA, *s. f.*, chiffon, II, 134, II.
ASSAR, *v.*, rôtir, II, 134, II.
ASSASAR, voyez ASAZIAR.
ASSASSI, voyez ASSASSIN.
ASSASSIN, *s. m.*, assassin, II, 135, I.
ASSATJAR, voyez ESSAIAR.

ASSATURA, *s. f.*, rôtissure, II, 135, I, n° 3.
ASSATZ, *adv.*, assez, II, 162, II, n° 11.
ASSAUT, voyez ASSALH.
ASSAUTAR, *v.*, attaquer, V, 142, I, n° 9.
ASSAZAR, voyez ASAZIAR.
ASSAZONAR, *v.*, mûrir à propos, V, 165, I, n° 3.
ASSEDAR, *v.*, avoir soif, V, 216, I, n° 4.
ASSEGRE, voyez ASSEGUIR.
ASSEGUIR, *v.*, poursuivre, V, 180, I, n° 8.
ASSEGURAMEN, *s. m.*, assurance, V, 185, II, n° 12.
ASSEGURAR, *v.*, assurer, III, 185, I, n° 10.
ASSEGURATIU, *adj.*, assécuratif, V, 185, II, n° 13.
ASSEGURIER, *s. m.*, assureur, V, 185, II, n° 11.
ASSEMBELHAR, *v.*, joûter, II, 374, II, n° 3.
ASSEMBLADA, *s. f.*, assemblée, III, 129, II, n° 5.
ASSEMBLADAMEN, voyez ESSEMBLADAMENS.
ASSEMBLANSA, *s. f.*, réunion, III, 129, I, n° 4.
ASSEMBLAR, *v.*, assembler, V, 190, I, n° 8.
ASSEMBLATIU, *adj.*, copulatif, III, 129, II, n° 6.
ASSEMBLATIU, *adj.*, assimilatif, V, 190, I, n° 9.
ASSEMLAR, voyez ASSEMBLAR.
ASSENAT, *adj.*, sensé, V, 196, II, n° 12.
ASSENDEN, voyez ASCENDENT.

ASSENHAL, *s. m.*, bannière, V, 228, I, n° 10.
ASSENHORAR, *v.*, dominer, V, 204, I, n° 19.
ASSENSA, *s. f.*, acensement, II, 388, I, n° 9.
ASSENSAMENT, voyez ACESSAMEN.
ASSENTIMENT, *s. m.*, assentiment, V, 198, II, n° 23.
ASSERIR, *v.*, prétendre, II, 385, II, n° 20.
ASSERMAR, *v.*, préparer, V, 207, II, n° 2.
ASSERTAR, voyez ACERTAR.
ASSERTION, *s. f.*, assertion, II, 385, I, n° 17.
ASSESSOR, *s. m.*, assesseur, V, 221, I, n° 17.
ASSESTAR, voyez ASSETAR.
ASSETAR, *v.*, asseoir, V, 219, II, n° 10.
ASSETIAMEN, voyez ASSETJAMEN.
ASSETIAR, voyez ASSETJAR.
ASSETJAMEN, *s. m.*, assise, V, 220, II, n° 13.
ASSETJAR, *v.*, asseoir, V, 220, I, n° 11.
ASSEZER, *v.*, asseoir, V, 219, I, n° 9.
ASSIDUITAT, voyez ASSIDUITATZ.
ASSIDUITATZ (lisez ASSIDUITAT), *s. f.*, assiduité, II, 136, I, n° 2.
ASSIDUOS, *adj.*, assidu, II, 135, II.
ASSIDUOSAMENT, *adv.*, assidûment, II, 135, II, n° 2.
ASSIER, voyez ACIER.
ASSIETA, *s. f.*, assiette, V, 221, I, n° 16.
ASSIETGAMENT, voyez ASSETJAMEN.
ASSIGNADAMEN, *adv.*, ponctuellement, V, 228, II, n° 14.
ASSIGNAMENT, *s. m.*, assignation, V, 228, II, n° 13.

ASSIGNAR, *v.*, assigner, V, 228, I, n° 12.
ASSIGNATION, *s. f.*, assignation, V, 228, II, n° 15.
ASSIMILACIO, *s. f.*, assimilation, V, 191, II, n° 18.
ASSIMILATIU, *adj.*, assimilatif, V, 191, II, n° 19.
ASSIR, voyez ASSEZER.
ASSIRE, voyez ASSEZER.
ASSISTAR, *v.*, assister, II, 136, I.
ASSISTIR, *v.*, assister, III, 207, II, n° 30.
ASSITIAR, voyez ASSETJAR.
ASSOCIAR, *v.*, associer, V, 246, I, n° 2.
ASSOLAR, *v.*, unir, V, 248, II, n° 10.
ASSOLASSAR, *v.*, réjouir, V, 253, I, n° 4.
ASSOLAZAR, voyez ASSOLASSAR.
ASSOLVER, voyez ABSOLVRE.
ASSOMAR, *v.*, exposer, V, 261, I, n° 12.
ASSOMPTIO, *s. f.*, assomption, V, 260, II, n° 11.
ASSONAR, *v.*, rendre assonnant, V, 264, II, n° 10.
ASSORIZANAR, *v.*, empirer, II, 136, I.
ASSOTILAR, voyez ASSUBTILAR.
ASSOTYLLAR, voyez ASSUBTILAR.
ASSUAUZAR, *v.*, adoucir, V, 281, I, n° 8.
ASSUAVAR, voyez ASSUAUZAR.
ASSUAVIAR, voyez ASSUAUZAR.
ASSUBTILAR, *v.*, subtiliser, V, 284, I, n° 10.
ASSUMPTIO, voyez ASSOMPTIO.
ASSUPELLAR, *v.*, assouplir, IV, 568, II, n° 50.
AST, *s. m.*, pique, II, 136, I.
ASTA, *s. f.*, pique, II, 136, I, n° 2.
ASTE, *s. m.*, broche, II, 135, I, n° 4.

ASTEIAR, *v.*, tendre, II, 136, II, n° 4.
ASTELA, *s. f. dim.*, attelle, II, 136, II, n° 5.
ASTELHA, voyez ASTELA.
ASTELIER, *s. m.*, amas de lances, II, 136, II, n° 6.
ASTELLAR, *v.*, briser, II, 137, I, n° 7.
ASTEZA, *s. f. dim.*, petite pique, II, 136, II, n° 3.
ASTIU, *adj.*, prompt, II, 137, II.
ASTIVAMEN, *adv.*, hâtivement, II, 137, II, n° 2.
ASTRALABI, *s. m.*, astrolabe, II, 138, II, n° 8.
ASTRAR, *v.*, influencer par les astres, II, 138, II, n° 9.
ASTRE, *s. m.*, astre, II, 137, II.
ASTRION, *s. m.*, astrion, II, 140, I.
ASTROLOGIA, *s. f.*, astrologie, II, 138, I, n° 3.
ASTROLOGIA, voyez ASTROLOGIAN.
ASTROLOGIAN, *s. m.*, astronome, II, 138, I, n° 5.
ASTROLOMIA, voyez ASTRONOMIA.
ASTRONOMIA, *s. f.*, astronomie, II, 137, II, n° 2.
ASTRUC, *adj.*, heureux, II, 138, II, n° 10.
ASTRUGUEZA, *s. f.*, bonheur, II, 138, II, n° 11.
ASTUCIA, *s. f.*, astuce, II, 140, I.
ASUAVIAR, voyez ASSUAUZAR.
ASUBTILAR, voyez ASSUBTILAR.
ASUTILAR, voyez ASSUBTILAR.
AT, *s. m.*, besoin, II, 140, I.
ATACAR, voyez ATACHAR.

ATACHA, *s. f.*, attaque, II, 140, II,
ATACHAR, *v.*, tâcher, II, 140, II, n° 2.
ATAHINAR, *v.*, différer, V, 294, II, n° 3.
ATAHUC, *s. m.*, bière, V, 307, II, n° 2.
ATAINAR, voyez ATAHINAR.
ATAINGNER, voyez ATANHER.
ATALENTAMENT, *s. m.*, désir, V, 297, I, n° 5.
ATALENTAR, *v.*, faire envie, V, 297, I, n° 6.
ATANHER, *v.*, convenir, V, 300, I, n° 3.
ATAUC, *s. m.*, voyez ATAHUC.
ATAYNA, *s. f.*, retard, V, 295, I, n° 4.
ATAYNAR, voyez ATAHINAR.
ATEIGNER, *v.*, atteindre, II, 140, II.
ATEMPRADAMEN, *adv.*, modérément, V, 318, I, n° 9.
ATEMPRAMEN, *s. m.*, proportion, V, 318, II, n° 12.
ATEMPRANSA, *s. f.*, proportion, V, 318, II, n° 11.
ATEMPRAR, *v.*, modérer, V, 317, II, n° 8.
ATEMPRE, *s. m.*, proportion, V, 318, II, n° 10.
ATEN, *s. m.*, attente, V, 324, I, n° 8.
ATENDA, *s. f.*, attente, V, 324, I, n° 9.
ATENDAR, *v.*, camper, V, 323, I, n° 6.
ATENDEMEN, *s. m.*, attente, V, 324, II, n° 12.
ATENDENSA, *s. f.*, attente, V, 324, II, n° 10.
ATENDEZO, *s. f.*, attente, V, 324, II, n° 11.
ATENDRE, *v.*, attendre, V, 323, II, n° 7.
ATENDRIR, *v.*, attendrir, V, 344, II, n° 5.

ATENDUDA, *s. f.*, attente, V, 324, II, n° 13.
ATENDUDAMENT, *adv.*, attentivement, V, 325, I, n° 14.
ATENER, *v.*, tenir, V, 334, II, n° 11.
ATENGUDA, *s. f.*, attente, V, 334, II, n° 12.
ATENHER, voyez ATEIGNER.
ATENREZIR, *v.*, attendrir, V, 344, II, n° 6.
ATENSAR, *v.*, tendre, V, 325, I, n° 15.
ATENTA, voyez ATENDA.
ATENUACIO, *s. f.*, atténuation, V, 360, I, n° 6.
ATENUAR, *v.*, atténuer, V, 360, I, n° 5.
ATENUATIU, *adj.*, atténuatif, V, 360, I, n° 7.
ATERMENADOR, *s. m.*, délimitateur, V, 350, I, n° 11.
ATERMENAIRE, voyez ATERMENADOR.
ATERMENAR, *v.*, délimiter, V, 350, I, n° 12.
ATERMENATION, *s. f.*, abornement, V, 350, I, n° 10.
ATERMINAMEN, *s. m.*, borne, V, 350, I, n° 9.
ATERRAR, *v.*, atterrer, V, 353, I, n° 14.
ATERRIR, *v.*, consumer, V, 353, II, n° 15.
ATESSERAR, *v.*, tisser, V, 314, II, n° 15.
ATGE, *s. m.*, âge, III, 235, II, n° 2.
ATIEYRAR, *v.*, contenir, V, 365, I, n° 9.
ATILHAR, *v.*, disposer, V, 362, I, n° 2.
ATILLAMEN, *s. m.*, agrément, V, 362, I, n° 3.
ATILLAR, voyez ATILHAR.

ATIRAR, *v.*, attirer, V, 365, I, n° 8.
ATIZAR, *v.*, attiser, V, 367, I, n° 3.
ATOCAR, *v.*, toucher, V, 368, II, n° 5.
ATOMI, *s. m.*, atome, II, 141, I.
ATORNAR, *v.*, revenir, V, 379, I, n° 13.
ATRACCIO, *s. f.*, attraction, V, 402, I, n° 19.
ATRACHA, *s. f.*, traîtrise, V, 398, I, n° 11.
ATRACHA, *s. f.*, attraction, V, 401, II, n° 15.
ATRACTIO, voyez ATRACCIO.
ATRACTIU, *adj.*, attractif, V, 401, II, n° 16.
ATRAG, *s. m.*, attraction, V, 401, II, n° 14.
ATRAIRE, *v.*, tirer, V, 401, I, n° 13.
ATRAMENT, *s. m.*, encre, II, 141, I.
ATRAPAR, *v.*, attraper, V, 407, I, n° 2.
ATRAS, *adv.*, arrière, V, 80, II, n° 15, et 407, II, n° 2.
ATRASACH, voyez ATRASAG.
ATRASAG, *adv.*, certainement, II, 141, I.
ATRASAITZ, voyez ATRASATZ.
ATRASATZ, *adv.*, certainement, VI, 4, II, n° 2.
ATRASSIT, *adj.*, accablé, II, 141, I.
ATRAVERSAR, *v.*, traverser, V, 525, II, n° 60.
ATRAYRE, voyez ATRAIRE.
ATREMANS (lisez ATREMANT), voyez ATRAMENT.
ATREMANT, voyez ATREMANS.
ATREMPADAMEN, voyez ATEMPRADAMEN.
ATREMPAMEN, voyez ATEMPRAMEN.
ATREMPANSA, voyez ATEMPRANSA.
ATREMPAR, voyez ATEMPRAR.
ATREMPE, voyez ATEMPRE.
ATRESSI, *adv.*, de même, II, 45, I, n° 4.
ATRESTAN, *adv.*, autant, II, 45, II, n° 6.
ATRETAL, *adj.*, le même, II, 45, I, n° 5.
ATRETAL, *adj.*, égal, V, 296, I, n° 4.
ATRETAN, voyez ATRESTAN.
ATRETAN, voyez ATRETANT.
ATRETANT, *adv.*, autant, V, 302, II, n° 6.
ATRIBUIR, voyez ATTRIBUIR.
ATRIBUTIO, *s. f.*, attribution, V, 421, I, n° 4.
ATRISSIO, *s. f.*, pression, V, 426, I, n° 7.
ATRIT, *adj.*, pressé, V, 426, I, n° 8.
ATROBADOR, *s. m.*, inventeur, V, 429, II, n° 6.
ATROBAIRE, voyez ATROBADOR.
ATROBAMENT, *s. m.*, invention, V, 429, II, n° 5.
ATROBAR, *v.*, trouver, V, 429, I, n° 4.
ATROPELAR, *v.*, attrouper, V, 432, II, n° 4.
ATROSSAR, *v.*, charger, V, 434, II, n° 4.
ATRUANDAR, *v.*, allécher, V, 436, I, n° 4.
ATRUISAMEN, *s. m.*, broiement, V, 425, II, n° 6.
ATRUISAR, voyez ATRUISSAR.
ATRUISSAR, *v.*, broyer, V, 425, II, n° 5.
ATTENIR, voyez ATENER.
ATTENTAR, *v.*, attenter, V, 322, I, n° 5.
ATTESTATION, *s. f.*, attestation, V, 358, II, n° 13.
ATTRIBUIR, *v.*, attribuer, V, 421, I, n° 5.
ATUR, *s. m.*, application, II, 141, II.

ATURAR, *v.*, fixer, II, 141, II, n° 2.
ATUSAR, voyez ATIZAR.
ATUZAR, *v.*, éteindre, V, 438, II, n° 4.
ATUZAR, voyez ATISAR.
ATYRAR, voyez ATIRAR.
AU, *prép.*, avec, II, 10, II.
AUBERGO, *s. m.*, haubergeon, VI, 5, II, n° 2 *bis*.
AUCA, *s. f.*, oie, II, 142, I.
AUÇAR, voyez ALSAR.
AUCELAYRE, voyez AUCELLAYRE.
AUCELLAYRE, *s. m.*, oiseleur, II, 155, I, n° 6.
AUCIR, *v.*, occire, VI, 4, II.
AUCIRE, voyez AUCIR.
AUCIZEDOR, *s. m.*, tueur, VI, 5, I, n° 2.
AUCMENTACIO, *s. f.*, augmentation, II, 142, II, n° 3.
AUCMENTATIU, *adj.*, augmentatif, II, 142, II, n° 4.
AUCO, *s. m.*, oison, II, 142, I, n° 2.
AUCTOR, *s. m.*, auteur, II, 23, I, n° 20.
AUCTOR, voyez ACTOR.
AUCTORICI, *s. m.*, témoin, II, 23, I, n° 21.
AUCTORIER, *adj.*, consentant, II, 23, II, n° 24.
AUCTORISAR, voyez AUTHORISAR.
AUCTORITAT, voyez ACTORITAT.
AUCTOROS, *adj.*, assuré, II, 23, I, n° 22.
AUDACIA, *s. f.*, audace, VI, 5, I, n° 6.
AUDEI, *s. f.* (lisez *m.*), hardiesse, II, 152, I, n° 5.
AUDENZA, voyez AUSENSA.
AUDIENCIA, *s. f.*, audience, II, 149, II, n° 8.
AUDIENSA, voyez AUDIENCIA.

AUDIENZA, voyez AUDIENCIA.
AUDITIU, *adj.*, auditif, II, 150, II, n° 16.
AUDITOR, *s. m.*, oyant, II, 150, I, n° 12.
AUDITORI, *s. m.*, auditoire, II, 149, II, n° 7.
AUFEREZIR, *v.*, aphéréser, II, 142, I, n° 2.
AUFEREZIS, *s. f.*, aphérèse, II, 142, I.
AUGER, *v.*, augmenter, II, 142, I.
AUGMENTAR, *v.*, augmenter, II, 142, II, n° 2.
AUGUR, voyez AUGURI.
AUGURADOR, *s. m.*, augure, II, 143, I, n° 3.
AUGURAIRE, voyez AUGURADOR.
AUGURAR, *v.*, augurer, II, 143, I, n° 4.
AUGURI, *s. m.*, augure, II, 142, II.
AUGUST, *s. m.*, auguste, II, 143, I.
AUL, voyez AVOL.
AULAIGNA, voyez AVELANA.
AULANA, voyez AVELANA.
AUMPLIMEN, *s. m.*, accomplissement, IV, 570, II, n° 14.
AUNA, voyez ALNA.
AUNAR, *v.*, réunir, V, 449, I, n° 16.
AUNDAR, voyez ABONDAR.
AUNDOS, voyez HABUNDOZ.
AUNEI, *s. m.*, aunaie, II, 144, I.
AUNEZA, *s. f.*, réunion, V, 449, I, n° 17.
AUNIDAMEN, *adv.*, honteusement, II, 143, II, n° 2.
AUNIDAMENS, voyez AUNIDAMEN.
AUNIMEN, *s. m.*, honte, II, 143, II, n° 3.
AUNIR, *v.*, déshonorer, II, 143, I.
AUR, *s. m.*, or, II, 144, I.
AURA, *s. f.*, aure, II, 147, I.

AURAN, adj., évaporé, II, 148, I, n° 9.
AURANIA, s. f., légèreté, II, 148, I, n° 8.
AURAR, voyez AORAR.
AURAT, s. m., vent, II, 147, II, n° 5.
AURAT, adj., évaporé, II, 147, II, n° 6.
AURATGE, s. m., vent, II, 147, II, n° 3.
AURE, adj., d'or, II, 144, I, n° 2.
AUREI, s. m., souffle, II, 147, II, n° 2.
AURELHA, s. f., oreille, II, 148, II.
AURELHIER, s. m., oreiller, II, 149, I, n° 3.
AUREVELHIER, s. m., orfèvre, II, 145, II, n° 14.
AUREZA, s. f., folie, II, 147, II, n° 4.
AURFRES, s. m., orfroi, II, 144, II, n° 6.
AURIA, s. f., légèreté, II, 148, I, n° 7.
AURIA FLOR, s. f., fleur d'or, II, 144, II, n° 7.
AURIBAN, s. m., arrière-ban, II, 176, II, n° 7.
AURICALC, s. m., laiton, II, 145, I, n° 10.
AURICULAR, adj., auriculaire, II, 149, I, n° 4.
AURIERA, s. f., lisière, II, 151, I.
AURIFLAMMA, voyez AURIFLAN.
AURIFLAN, s. f., oriflamme, II, 145, I, n° 9.
AURIFLOR, s. m. (lisez f.), oriflamme, II, 145, I, n° 8.
AURIL, s. m., oreille, II, 148, II, n° 2.
AURIN, adj., d'or, II, 144, I, n° 3.
AURIOL, adj., couleur d'or, II, 144, II, n° 4.

AURIOL, s. m., loriot, II, 151, I.
AURIOLA, s. f., loriot, II, 151, I, n° 2.
AURION, s. m., orion, II, 151, I.
AURIPELAT, adj., couvert d'oripeaux, II, 145, II, n° 12.
AURIPIMEN, voyez AURPIGMENT.
AURIPIMENT, voyez AURPIGMENT.
AURIU, adj., évaporé, II, 148, I, n° 10.
AURORA, s. f., aurore, II, 149, I, n° 27.
AURPEL, s. m., oripeau, II, 145, I, n° 11.
AURPIGMENT, s. m., orpin, II, 145, II, n° 13.
AURPIMEN, voyez AURPIGMENT.
AURPIMENT, voyez AURPIGMENT.
AURUGA, s. f., jaunisse, II, 147, I, n° 28.
AUSAR, v., oser, II, 151, II.
AUSAR, voyez ALSAR.
AUSAT, s. m., hardiesse, II, 151, II, n° 4.
AUSBERC, s. m., haubert, II, 152, I.
AUSBERG, voyez AUSBERC.
AUSBERGOT, s. m. dim., haubergeon, II, 152, II, n° 3.
AUSELLA, s. f., caille femelle, II, 155, I, n° 2.
AUSENSA, s. f., audition, II, 150, I, n° 9.
AUSIR, voyez AUCIR.
AUSSIR, voyez AUCIR.
AUSSOR, adj. comp., plus haut. Voyez ALT.
AUSTARDA, s. f., outarde, II, 152, II.
AUSTOR, s. m., autour, II, 152, II.
AUSTORET, s. m. dim., petit autour, II, 152, II, n° 2.
AUSTORGUAR, voyez AUTORGAR.
AUSTRAL, adj., austral, II, 153, I, n° 2.
AUSTRI, s. m., auster, II, 153, I.

AUSTRONOMEIADOR, voyez AUSTRONOMEIAIRE.

AUSTRONOMEIAIRE, s. m., astronome, II, 138, I, n° 6.

AUSTRONOMIA, voyez ASTRONOMIA.

AUSTRONOMIA, voyez AUSTRONOMIAN.

AUSTRONOMIAN, voyez ASTROLOGIAN.

AUT, voyez ALT.

AUTAMENT, voyez ALTAMEN.

AUTAN, s. m., autan, II, 153, I.

AUTAR, voyez ALTAR.

AUTENTIC, voyez AUTHENTIC.

AUTENTICAR, v., authentiquer, II, 24, I, n° 29.

AUTET, adv., hautement, II, 59, II, n° 4.

AUTEZA, voyez ALTEZA.

AUTHENTIC, adj., authentique, II, 24, I, n° 27.

AUTHORISAR, v., autoriser, II, 24, I, n° 26.

AUTIU, voyez ALTIU.

AUTOM, voyez AUTOMS.

AUTOMNAL, adj., automnal, II, 154, II, n° 2.

AUTOMPNE, voyez AUTOMS.

AUTOMS (lisez AUTOM), s. m., automne, II, 154, II.

AUTORC, s. m., permission, II, 153, I, n° 7.

AUTORGAMENT, s. m., consentement, II, 154, I, n° 8.

AUTORGAR, v., autoriser, II, 154, I, n° 10.

AUTORGIER, s. m., permission, II, 154, I, n° 9.

AUTORIER, s. m., agent, II, 22, II, n° 18.

AUTORITAT, voyez ACTORITAT.

AUTOROS, voyez AUCTOROS.

AUTOROSAMEN, adv., avec confiance, II, 23, II, n° 23.

AUTRAMENT, adv., autrement, VI, 2, II, n° 2 bis.

AUTRE, voyez ALTRE.

AUTREI, s. m., permission, II, 153, I.

AUTREIAMEN, voyez AUTREIAMENT.

AUTREIAMENT, s. m., concession, II, 153, I, n° 3.

AUTREIANSA, s. f., concession, II, 153, I, n° 2.

AUTREIAR, v., octroyer, II, 153, II, n° 5.

AUTREIASO, s. f., octroi, II, 153, II, n° 4.

AUTREY, voyez AUTREI.

AUTREYANSA, voyez AUTREIANSA.

AUTREYAR, voyez AUTREIAR.

AUTRUI, voyez ALTRUI.

AUTUMPNAL, voyez AUTOMNAL.

AUZABLAMENT, adv., hardiment, II, 151, II, n° 2.

AUZART, adj., hardi, II, 151, II, n° 3.

AUZAT, voyez AUSAT.

AUZEL, s. m., oiseau, II, 154, II.

AUZELAR, v., chasser aux oiseaux, II, 155, II, n° 7.

AUZELET, s. m. dim., oiselet, II, 155, I, n° 3.

AUZELLADOR, voyez AUCELLAYRE.

AUZELLO, voyez AUZELO.

AUZELO, s. m. dim., oisillon, II, 155, I, n° 4.

AUZIBLE, adj., qui peut être ouï, II, 150, II, n° 17.

AUZIDA, *s. f.*, renommée, II, 150, I, n° 11.

AUZIDOR, voyez AUDITOR.

AUZIMEN, *s. m.*, ouïe, II, 150, I, n° 10.

AUZIR, *v.*, entendre, II, 149, I, n° 6.

AUZIRITZ, *s. f.*, auditrice, II, 150, II, n° 15.

AUZISME, *adj. superl.*, très haut. Voyez ALT.

AUZULADOR, *s. m.*, adulateur, VI, 2, I, n° 2.

AUZULAN, voyez AUZULANS.

AUZULANS (lisez AUZULAN), *s. m.*, oisillon, II, 155, I, n° 5.

AVAL, *adv.*, aval, V, 462, I, n° 11.

AVALAR, *v.*, descendre, V, 461, II, n° 8.

AVALIR, *v.*, disparaître, V, 462, I, n° 9.

AVALL, voyez AVAL.

AVALOT, *s. m.*, abaissement, V, 462, I, n° 10.

AVAN, voyez AVANT.

AVANFINIT, *adj.*, déterminé, III, 332, I, n° 28.

AVANGARDA, *s. f.*, avant-garde, III, 427, I, n° 18.

AVANGELI, voyez EVANGELI.

AVANS, voyez AVANT.

AVANSA, *s. f.*, reste, II, 92, II, n° 6.

AVANSAMENT, *s. m.*, avancement, II, 92, II, n° 7.

AVANSAR, voyez AVANZAR.

AVANT, *adv.*, avant, II, 92, I, n° 4.

AVANTAGE, *s. m.*, avantage, II, 93, I, n° 10.

AVANTAL, *s. m.*, avantal, II, 155, II.

AVANTAR, *v.*, avancer, II, 93, I, n° 8.

AVANT CLAS, *s. m.*, avant-glas, II, 401, II, n° 5.

AVANTIR, *v.*, avancer, II, 93, I, n° 9.

AVANTSCIENCIA, *s. f.*, prescience, V, 127, I, n° 37.

AVANTURAR, voyez AVENTURAR.

AVANZAR, *v.*, passer devant, II, 92, II, n° 5.

AVAR, *adj.*, avare, II, 155, II.

AVARETAT, voyez AVARETATZ.

AVARETATZ (lisez AVARETAT), *s. f.*, avarice, II, 156, I, n° 7.

AVAREZA, *s. f.*, avarice, II, 156, I, n° 6.

AVARG, *adj.*, avare, II, 156, I, n° 2.

AVARIA, *s. f.*, avarice, II, 156, I, n° 5.

AVARICIA, *s. f.*, avarice, II, 156, I, n° 4.

AVAROS, *s. m.*, avare, II, 156, I, n° 3.

AVAS, *conj.*, en comparaison de, V, 516, II, n° 2.

AVAU, *adv.*, VI, 40, I, n° 11 *bis*.

AVAYS, *s. m.*, avaisse, V, 471, II, n° 2.

AVAYSSA, *s. f.*, avaisse, V, 471, II, n° 3.

AVEIRAR, voyez AVERAR.

AVELANA, *s. f.*, aveline, II, 156, II.

AVELANETA, *s. f. dim.*, petite aveline, II, 156, II, n° 2.

AVELANIER, *s. m.*, noisetier, II, 156, II, n° 3.

AVENA, *s. f.*, avoine, II, 157, I.

AVENEMENT, *s. m.*, avénement, V, 488, II, n° 8.

AVENHAT, *adj.*, convenable, V, 489, II, n° 15.

AVENIDOR, *adj.*, devant venir, V, 488, I, n° 6.

AVENIMEN, voyez AVENEMENT.

AVENIR, *v.*, advenir, V, 488, I, n° 5.
AVENT, *s. m.*, avent, V, 488, II, n° 7.
AVENTURA, *s. f.*, aventure, V, 490, I, n° 18.
AVENTURAMEN, voyez AVENTURAMENT.
AVENTURAMENT, *s. m.*, aventure, V, 490, II, n° 19.
AVENTURAR, *v.*, aventurer, V, 490, II, n° 21.
AVENTURIER, *s. m.*, aventurier, V, 490, II, n° 20.
AVENTUROS, *adj.*, aventureux, V, 491, I, n° 22.
AVER, *v.*, avoir, II, 157, I.
AVER, *s. m.*, avoir, II, 158, II, n° 2.
AVERAR, *v.*, avérer, V, 502, I, n° 10.
AVERGOIGNAR, voyez AVERGONHAR.
AVERGONHAR, *v.*, vergogner, V, 509, I, n° 8.
AVERMAR, *v.*, avoir des vers, V, 511, I, n° 8.
AVERSANA, *s. f.*, versane, V, 512, II, n° 2.
AVERSARI, voyez ADVERSARI.
AVERSER, voyez AVERSIER.
AVERSIER, *s. m.*, adversaire, V, 519, I, n° 18.
AVERSITAT, voyez ADVERSITAT.
AVERTIMEN, *s. m.*, advertance, V, 518, II, n° 12.
AVERTIR, *v.*, tourner, V, 518, I, n° 11.
AVERTUDAR, *v.*, évertuer, V, 516, I, n° 9.
AVESCAL, voyez EVESCAL.
AVESCAT, voyez EVESCAT.
AVESPRAR, *v.*, faire tard, V, 527, I, n° 8.

AVESPRE, *s. m.*, soir, V, 527, 2, n° 7.
AVESPRIR, *v.*, faire tard, V, 528, I, n° 9.
AVESQUE, voyez EVESQUES.
AVESSA, *s. f.*, gouffre, VI, 1, II, n° 4.
AVESVAR, voyez AVEUVAR.
AVEUVAR, *v.*, rendre veuf, V, 532, I, n° 5.
AVEUZIR, voyez AVILIR.
AVEZAR, *v.*, accoutumer, V, 531, II, n° 4.
AVI, *s. m.*, aïeul, II, 159, I.
AVIA, *s. f.*, aïeule, II, 159, I, n° 3.
AVIAR, *v.*, s'acheminer, V, 541, I, n° 8.
AVIDAR, voyez AVIVAR.
AVIGORAR, *v.*, fortifier, V, 544, I, n° 10.
AVILAMENT, *s. m.*, avilissement, V, 545, II, n° 12.
AVILANA, voyez AVELANA.
AVILANIR, *v.*, avilir, V, 548, I, n° 14.
AVILAR, *v.*, avilir, V, 545, II, n° 14.
AVILIR, *v.*, avilir, V, 545, II, n° 13.
AVILSIR, voyez AVILIR.
AVINEN, voyez AVINENT.
AVINENSA, *s. f.*, convenance, V, 489, I, n° 11.
AVINENT, *adj.*, avenant, V, 488, II, n° 9.
AVINENTMEN, *adv.*, convenablement, V, 489, I, n° 10.
AVIOL, voyez AVI.
AVIRONAR, *v.*, environner, V, 551, II, n° 4.
AVIS, *s. m.*, avis, V, 536, I, n° 19.
AVISAMEN, voyez AVISAMENT.
AVISAMENT, *s. m.*, avisement, V, 536, II, n° 21.

AVISAR, *v.*, aviser, V, 536, I, n° 18.
AVISION, *s. f.*, vision, V, 536, II, n° 20.
AVIVAR, *v.*, aviver, V, 558, II, n° 23.
AVIZADAMEN, *adv.*, directement, V, 536, II, n° 22.
AVIZAMEN, voyez AVISAMENT.
AVIZAMENT, voyez AVISAMENT.
AVIZAR, voyez AVISAR.
AVOAR, *v.*, avouer, V, 574, I, n° 4.
AVOATIO, *s. f.*, aveu, V, 574, I, n° 5.
AVOCADEL, *s. m. dim.*, petit avocat, V, 575, II, n° 8.
AVOCAR, *v.*, invoquer, V, 575, I, n° 6.
AVOCAT, *s. m.*, avocat, V, 575, I, n° 7.
AVOCATIO, *s. f.*, avocasserie, V, 575, II, n° 9.
AVOGOLAR, *v.*, aveugler, IV, 367, II, n° 7.
AVOL, *adj.*, lâche, II, 159, II.
AVOLEZZA, *s. f.*, lâcheté, II, 159, II, n° 3.
AVOLMEN, *adv.*, méchamment, II, 159, II, n° 2.
AVONCLE, *s. m.*, oncle, II, 160, I.
AVONDOS, voyez HABUNDOZ.
AVORI, voyez EVORI.
AVOUTRA, *s. f.*, adultère, II, 29, I, n° 6.
AVOUTRAR, voyez ADULTERAR.
AVOUTRE, *s. m.*, adultère, II, 29, I, n° 5.
AVOUTRO, voyez AVOUTRE.
AY, voyez AI.
AYAGE, *s. m.*, arrosage, II, 39, II, n° 4.
AYBIT, voyez AIBIT.
AYBRE, voyez ARBRE.
AYCEL, voyez AICEL.

AYCELA, voyez AICELA.
AYCI, voyez AICI.
AYDA, *s. f.*, aide, III, 610, II, n° 15.
AYDE, *s. m.*, aide, III, 610, II, n° 16.
AYGOS, voyez AIGOS.
AYGUADA, *s. f.*, inondation, II, 40, I, n° 6.
AYLAI, *adv.*, là, IV, 8, II, n° 2.
AYLAS, voyez AILAS.
AYLH, voyez ALH.
AYM, *adj.*, semblable, II, 160, I.
AYMAN, voyez AZIMAN.
AYMAR, *v.*, estimer, III, 219, II, n° 13.
AYME, *adj.*, azyme, II, 162, II, n° 2.
AYP, voyez AIB.
AYRAL, voyez AIRAL.
AYRE, voyez AIRE.
AYREIAR, *v.*, aérer, II, 30, II, n° 6.
AYSAM, voyez EISSAM.
AYSAMENAR, voyez ESSAMENAR.
AYSE, *s. m.*, tonneau, II, 160, I.
AYSHA, *s. f.*, axe, II, 43, II, n° 2.
AYSHA, *s. f.*, souci, II, 163, II.
AYSO, voyez AISSO.
AYSSA, voyez APCHA.
AYSSADON, *s. m. dim.*, petite bêche, II, 101, II, n° 3.
AYSSAR, *v.*, hacher, II, 101, II, n° 4.
AYSSHA, voyez AYSHA.
AYSSI, voyez AISSI.
AYSSI, voyez AICI.
AYSSO, voyez AISSO.
AYSSOLA, *s. f. dim.*, hachette, II, 101, I, n° 2.

AYTAN, voyez AITANT.
AYTANT, voyez AITANT.
AYZEIAR, *v.*, vaguer, II, 160, I.
AYZER, *s. m.*, aise, II, 41, II, n° 5.
AYZIDA, voyez AISIDA.
AYZINAR, voyez AIZINAR.
AZAIGAR, voyez ADAIGAR.
AZALBAR, *v.*, blanchir, II, 49, I, n° 11.
AZAR, *s. m.*, hasard, II, 160, II.
AZAUNIR, *v.*, honnir, II, 143, II, n° 4.
AZAURA, *s. f.*, tartane, II, 161, I.
AZAUROS, *s. m.*, barque, VI, 5, II, n° 2.
AZAUT, *s. m.*, grâce, II, 161, I.
AZAUT, *adj.*, gracieux, II, 161, II, n° 5.
AZAUTAR, *v.*, charmer, II, 161, II, n° 7.
AZAUTET, *adj. dim.*, gentillet, II, 161, II, n° 6.
AZAUTEZA, *s. f.*, gracieuseté, II, 161, I, n° 3.
AZAUTIA, *s. f.*, gracieuseté, II, 161, II, n° 4.
AZAUTIMEN, voyez AZAUTIMENS.
AZAUTIMENS (lisez AZAUTIMEN), *s. m.*, agrément, II, 161, I, n° 2.
AZAYGAR, voyez ADAIGAR.
AZE, voyez ASNE.
AZEMPLIR, voyez ADEMPLIR.
AZEMPRADOR, voyez AZEMPRAIRE.
AZEMPRAIRE, *s. m.*, solliciteur, V, 194, II, n° 7.
AZEMPRAR, *v.*, solliciter, V, 194, I, n° 6.
AZEMPRE, *adv.*, en tout temps, V, 194, I, n° 5.
AZEMPRIU, *s. m.*, usage, II, 162, I.
AZENI, voyez AZENIN.
AZENIN, *adj.*, d'âne, II, 133, I, n° 3.

AZERMAR, voyez AERMAR.
AZERS, *s. m.*, élévation, III, 137, II, n° 5.
AZESC, voyez ADESC.
AZESCAR, voyez ADESCAR.
AZESMAR, voyez ADESMAR.
AZIM, voyez AZIMA.
AZIMA (lisez AZIM), *adj.*, azyme, II, 162, I.
AZIMAN, *s. m.*, aimant, II, 162, II.
AZIMAN, voyez ADIMAN.
AZINA, *s. f.*, êtres (*lisez* être), II, 42, II, n° 14.
AZINAMEN, *s. m.*, préparation, II, 42, II, n° 15.
AZINI, voyez AZENIN.
AZININ, voyez AZENIN.
AZIR, *s. m.*, haine, II, 163, I.
AZIRADA, *s. f.*, impétuosité, II, 163, I, n° 2.
AZIRAMEN, *s. m.*, haine, II, 163, I, n° 3.
AZIRAR, *v.*, haïr, II, 163, II, n° 6.
AZIRAR, voyez AIRAR.
AZIRE, voyez AZIR.
AZIROS, *adj.*, colère, II, 163, II, n° 4.
AZISMAMEN, *s. m.*, estimation, III, 219, II, n° 15.
AZOMBRAR, *v.*, ombrager, IV, 369, II, n° 8.
AZOME, *s. m.*, azome, II, 163, II.
AZORAR, voyez ADORAR.
AZORDENAMEN, voyez ADORDENAMEN.
AZULATIO, voyez ADULATIO.
AZUR, *s. m.*, azur, II, 163, II.
AZURENC, *adj.*, azuré, II, 164, II, n° 2.

B

B, *s. m.*, b, II, 164, I.
BABAU, *adj.*, sot, II, 164, I.
BABTISMAL, *adj.*, baptismal, II, 179, II, n° 4.
BACA, *s. f.*, baie, II, 164, I.
BACALAR, *s. m.*, bachelier, II, 164, 2.
BACHALLIER, voyez BACALAR.
BACIN, *s. m.*, bassin, II, 165, I.
BACINET, *s. m. dim.*, bassinet, II, 165, I, n° 2.
BACLAR, *v.*, fermer, II, 165, I.
BACO, voyez BACON.
BACON, *s. m.*, bacon, II, 165, I.
BACUT, *adj.*, charnu, II, 165, II, n° 2.
BADA, *s. f.*, guette, II, 165, II.
BADAHEC, *s. m.*, bâillon, II, 167, I, n° 8.
BADAILL, voyez BADALH.
BADAILLAR, *v.*, bâiller, II, 166, I, n° 2.
BADALH, *s. m.*, bâillement, II, 166, II, n° 4.
BADALHOLAR, voyez BADAILLAR.
BADALUC, *adj.*, musard, II, 167, II, n° 14.
BADAR, *v.*, ouvrir, II, 166, I.
BADAREL, *s. m.*, badauderie, II, 167, I, n° 9.
BADATGE, *s. m.*, folle attente, II, 166, II, n° 5.
BADAU, *s. m.*, niaiserie, II, 166, II, n° 6.
BADAUL, *adj.*, niais, II, 167, II, n° 12.
BADEIAR, *v.*, niaiser, II, 166, II, n° 3.
BADIU, *adj.*, sot, II, 167, I, n° 11.

BADOC, *adj.*, niais, II, 167, I, n° 10.
BADUEL, *adj.*, niais, II, 167, II, n° 13.
BAET, *s. m.*, embarras, II, 167, I, n° 7.
BAF, voyez BUF.
BAFA, *s. f.*, bourde, II, 167, II.
BAFFUMARIA, voyez BAFOMAIRIA.
BAFOMAIRIA, *s. f.*, mosquée, II, 167, II, n° 2.
BAFOMET, *s. m.*, Mahomet, II, 167, II.
BAGA, voyez BACA.
BAGASSA, voyez BAGUASSA.
BAGASSIER, *adj.*, libertin, II, 168, II, n° 2.
BAGATGE, *s. m.*, bagage, II, 168, I, n° 2.
BAGNAR, voyez BANHAR.
BAGORDAR, voyez BEORDAR.
BAGUA, *s. m.*, bagage, II, 168, I.
BAGUASSA, *s. f.*, prostituée, II, 168, I.
BAI, *adj.*, bai, II, 168, II.
BAIAN, *adj.*, trompeur, II, 168, II.
BAIART, *s. m.*, cheval bai, II, 168, II, n° 2.
BAILAR, *v.*, livrer, II, 168, II.
BAILE, *s. m.*, bailli, II, 169, I.
BAILEYAR, *v.*, gouverner, II, 169, II, n° 6.
BAILIA, *s. f.*, puissance, II, 170, I, n° 8.
BAILIATGE, *s. m.*, bailliage, II, 170, I, n° 11.
BAILIDOR, voyez BAILE.
BAILIEU, voyez BAILIEUS.
BAILIEUS (lisez BAILIEU), voyez BAILE.
BAILIR, voyez BAILLIR.

BAILO, voyez BAILE.
BAILON, voyez BAILE.
BAILLAR, voyez BAILAR.
BAILLATGE, voyez BAILIATGE.
BAILLE, voyez BAILE.
BAILLESSA, *s. f.*, gouvernante, II, 169, II, n° 5.
BAILLIMENT, *s. m.*, gouvernement, II, 170, I, n° 9.
BAILLIR, *v.*, gouverner, II, 169, II, n° 7.
BAIN, voyez BANH.
BAIS, *s. m.*, baiser, II, 170, II.
BAISADA, *s. f.*, baiser, II, 170, II, n° 4.
BAISAR, *v.*, baiser, II, 171, I, n° 6.
BAISAT, *s. m.*, baiser, II, 170, II, n° 2.
BAISSAR, *v.*, baisser, II, 191, I, n° 7.
BAISSEZA, *s. f.*, bassesse, II, 190, II, n° 5.
BAISSURA, *s. f.*, abaissement, II, 190, II, n° 4.
BAIZAMENT, *s. m.*, baiser, II, 170, II, n° 3.
BAIZAR, voyez BAISAR.
BAL, *s. m.*, bal, II, 174, I, n° 2.
BALA, *s. f.*, balle, II, 171, II.
BALACH, *s. m.*, balais, II, 171, II.
BALADETA, *s. f. dim.*, petite ballade, II, 174, I, n° 4.
BALAIAR, *v.*, balancer, II, 172, II, n° 2.
BALANS, *s. m.*, perplexité, II, 172, I, n° 2.
BALANSA, *s. f.*, balance, II, 171, II.
BALANSAR, *v.*, peser, II, 172, I, n° 3.
BALANZAR, voyez BALANSAR.
BALAR, voyez BALLAR.

BALARESC, *s. m.*, ballade, II, 174, II, n° 5.
BALAUSTIA, voyez BALAUSTRA.
BALAUSTRA, *s. f.*, balauste, II, 172, II.
BALAY, *s. m.*, verge, II, 172, II.
BALAYAR, voyez BALAIAR.
BALAYS, voyez BALACH.
BALB, voyez BALBT.
BALBT, *adj.*, bègue, II, 172, II.
BALBUCIENT, *adj.*, balbutiant, II, 173, I, n° 2.
BALC, *adj.*, humide, II, 173, I.
BALCON, *s. m.*, balcon, II, 173, I.
BALENA, *s. f.*, baleine, II, 173, I.
BALENAT, *s. m. dim.*, baleineau, II, 173, I, n° 2.
BALESTA, *s. f.*, baliste, II, 173, II.
BALESTADA, voyez BALESTRADA.
BALESTIER, *s. m.*, arbalétrier, II, 173, II, n° 2.
BALESTRADA, *s. f.*, portée d'arbalète, II, 173, II, n° 3.
BALESTRIER, voyez BALESTIER.
BALHANSA, *s. f.*, don, II, 169, I, n° 2.
BALLADA, *s. f.*, ballade, II, 174, I, n° 3.
BALLAR, *v.*, danser, II, 174, I.
BALLOAR, *s. m.*, boulevard, II, 174, II.
BALMA, *s. f.*, grotte, II, 174, II.
BALME, *s. m.*, baume, II, 175, I.
BALMETA, *s. f. dim.*, petite grotte, II, 175, I, n° 2.
BALNEACIO, *s. f.*, balnéation, II, 178, II, n° 2.
BALTEMO, *s. m.*, baudrier, II, 175, II.
BALUC, *adj.*, stupide, II, 175, II.
BAN, *s. m.*, ban, II, 175, II.

BAP

BAN, voyez BANZ.
BANA, s. f., corne, II, 179, I, n° 2.
BANAIRE, s. m., banneret, II, 177, I, n° 10.
BANC, s. m., banc, II, 178, I.
BANCA, s. f., banquette, II, 178, I, n° 2.
BANCAL, s. m., banc, II, 178, II, n° 3.
BANDA, s. f., troupe, II, 176, II, n° 6.
BANDA, voyez BANA.
BANDA, voyez BENDA.
BANDEIAR, v., flotter, II, 177, I, n° 11.
BANDIER, s. m., bannier, II, 176, I, n° 2.
BANDIERA, s. f., bannière, II, 176, II, n° 9.
BANDIMEN, s. m., ban, II, 176, I, n° 4.
BANDIMENT, voyez BANDIMEN.
BANDIR, v., proclamer, II, 176, I, n° 2.
BANDISOS, s. f., apprêt, II, 178, II.
BANDO, voyez BANDON.
BANDON, s. m., permission, II, 177, II.
BANEIAMENT, s. m., mise au ban, II, 176, II, n° 5.
BANEIRA, voyez BANDIERA.
BANERA, voyez BANDIERA.
BANEYAR, voyez BANDEIAR.
BANEYRA, voyez BANDIERA.
BANH, s. m., bain, II, 178, II.
BANHAR, v., baigner, II, 178, II, n° 3.
BANIER, voyez BANDIER.
BANIERA, voyez BANDIERA.
BANNIER, voyez BANDIER.
BANOIAR, voyez BANDEIAR.
BANZ (lisez BAN), s. m., corne, II, 179, I.
BAORDIR, voyez BORDIR.
BAPTEGAR, voyez BATEJAR.

BAR

BAPTISME, s. m., baptême, II, 179, II.
BAPTISTILI, s. m., baptême, II, 179, II, n° 3.
BAR, s. m., rempart, II, 180, I.
BAR, s. m., baron, II, 180, II.
BARAILL, voyez BARALH.
BARALH, s. m., trouble, II, 182, I.
BARALHA, s. f., trouble, II, 182, I, n° 2.
BARALHAR, v., contester, II, 182, II, n° 6.
BARAN, s. m., tromperie, II, 183, I, n° 2.
BARANDA, s. f., barricade, II, 183, I.
BARAT, s. m., tromperie, II, 183, I.
BARATA, s. f., tromperie, II, 183, I, n° 3.
BARATADOR, voyez BARATAIRE.
BARATAIRE, s. m., trompeur, II, 184, I, n° 4.
BARATAIRITZ, s. f., coquine, II, 184, I, n° 8.
BARATAR, v., trafiquer, II, 183, II, n° 5.
BARATARIA, s. f., marché, II, 183, II, n° 4.
BARATIER, voyez BARATIERS.
BARATIERS (lisez BARATIER), s. m., fripon, II, 184, I, n° 7.
BARATRO, s. m., barathre, II, 184, II.
BARBA, s. f., barbe, II, 184, II.
BARBACANA, s. f., barbacane, II, 186, I.
BARBAIOL, s. m., joubarbe, II, 186, I.
BARBAIRIA, voyez BARBARIA.
BARBAJOL, voyez BARBAIOL.
BARBARI, s. m., barbarin, II, 185, II, n° 10.

BARBARI, *adj.*, étranger, II, 186, I.

BARBARIA, *s. f.*, barbarie, II, 185, II, n° 8.

BARBARIC, *adj.*, étranger, II, 186, II, n° 2.

BARBARIN, *adj.*, de Barbarie, II, 186, II, n° 4.

BARBARISME, *s. m.*, barbarisme, II, 186, II, n° 3.

BARBAT, *adj.*, barbu, II, 185, I, n° 3.

BARBETA, *s. f. dim.*, petite barbe, II, 185, I, n° 2.

BARBIER, *s. m.*, barbier, II, 185, II, n° 6.

BARBIERA, *s. f.*, barbière, II, 185, II, n° 7.

BARBOT, *s. m.*, lyre, II, 186, II.

BARBUDA, *s. f.*, museau, II, 185, I, n° 5.

BARBUSTEL, *adj.*, imberbe, II, 185, II, n° 9.

BARBUT, *adj.*, barbu, II, 185, I, n° 4.

BARCA, *s. f.*, barque, II, 186, II.

BARDEL, *s. m.*, bât, II, 187, I.

BAREI, voyez BARREI.

BAREIAR, *v.*, confondre, II, 182, II, n° 7.

BARGAINGNA, voyez BARGANHA.

BARGAINHA, voyez BARGANHA.

BARGANH, *s. m.*, marché, II, 187, I.

BARGANHA, *s. f.*, commerce, II, 187, I, n° 2.

BARGANHAR, *v.*, barguigner, II, 187, II, n° 3.

BARI, voyez BARRI.

BARIEYRA, voyez BARRIERA.

BARJA, voyez BARCA.

BARLLON, *s. m. dim.*, petit baril, II, 189, I, n° 3.

BARNAGE, *s. m.*, baronnage, II, 181, II, n° 4.

BARNAT, *s. m.*, noblesse, II, 181, I, n° 3.

BARNATGE, voyez BARNAGE.

BARNATJOS, *adj.*, noble, II, 181, II, n° 5.

BARNIL, *adj.*, noble, II, 181, II, n° 6.

BARO, voyez BAR.

BARON, voyez BAR.

BARONESSA, *s. f.*, baronne, II, 181, I, n° 2.

BARONIA, *s. f.*, baronnie, II, 181, II, n° 7.

BARQIU, *s. m.*, réservoir, II, 187, II.

BARQUINET, *s. m. dim.*, petit réservoir, II, 187, II, n° 2.

BARRA, *s. f.*, barre, II, 187, II.

BARRACAN, *s. m.*, barracan, II, 188, II.

BARRADURA, *s. f.*, clôture, II, 188, II, n° 5.

BARRAR, *v.*, fermer, II, 188, I, n° 3.

BARRAS, *s. m.*, barre, II, 188, I, n° 2.

BARREI, *s. m.*, querelle, II, 182, I, n° 3

BARREIAMENT, *s. m.*, enlèvement, II, 182, II, n° 5.

BARREIAR, voyez BAREIAR.

BARREIRA, voyez BARRIERA.

BARRETA, *s. f.*, barrette, II, 188, II.

BARREY, voyez BARREI.

BARREYAR, voyez BAREIAR.

BARRI, *s. m.*, rempart, II, 180, I, n° 2.

BARRIA, voyez BARRIAN.
BARRIAL, s. m., baril, II, 189, I, n° 2.
BARRIAN, s. m., habitant du faubourg, II, 180, II, n° 3.
BARRIERA, s. f., barrière, II, 188, II, n° 4.
BARRIL, s. m., baril, II, 189, I.
BARRIQUA, s. f., barrique, II, 189, II, n° 4.
BARRUFAUT, s. m., regrattier, II, 189, II.
BART, s. m., tache, II, 189, II.
BARTA, s. f., hallier, II, 189, II.
BARUTEL, s. m., blutoir, II, 189, II.
BARUTELADOR, voyez BARUTELAIRE.
BARUTELAIRE, bluteur, II, 190, I, n° 3.
BARUTELAR, v., bluter, II, 190, I, n° 2.
BAS, voyez BAST.
BAS, adj., bas, II, 190, I.
BASCLOS, s. m., vaurien, II, 191, II.
BASILESC, voyez BASILISC.
BASILICA, s. f., basilique, II, 191, II.
BASILICON, s. m., basilicon, II, 192, I.
BASILISC, s. m., basilic, II, 192, I.
BASINET, voyez BACINET.
BASME, voyez BALME.
BASSAC, s. m., bissac, V, 130, II, n° 5.
BASSAMEN, voyez BASSAMENT.
BASSAMENT, adv., bassement, II, 190, II, n° 2.
BASSET, adj., abaissé, II, 190, II, n° 3.
BAST, s. m., bât, II, 192, I.
BASTAR, v., bâter, II, 192, I, n° 2.
BASTAR, v., suffire, II, 192, II.
BASTARD, s. m., bâtard, II, 193, I.
BASTARDA, s. f., bâtarde, II, 193, II, n° 3.

BASTARDOS, s. m. dim., petit bâtard, II, 193, II, n° 2.
BASTART, voyez BASTARD.
BASTAYS, s. m., crocheteur, II, 192, II, n° 5.
BASTIDA, s. f., bastide, II, 194, I, n° 4.
BASTIDOR, s. m., bâtisseur, II, 194, I, n° 7.
BASTIER, s. m., bâtier, II, 192, I, n° 4.
BASTIMENT, s. m., bâtiment, II, 194, I, n° 3.
BASTIO, s. m., bastion, II, 194, I, n° 6.
BASTIR, v., bâtir, II, 193, II.
BASTIT, s. m., édifice, II, 194, I, n° 2.
BASTIZO, s. f., bâtiment, II, 194, I, n° 5.
BASTO, voyez BASTON.
BASTON, s. m., bâton, II, 194, II.
BASTONADA, s. f., bastonnade, II, 195, I, n° 4.
BASTONAL, adj., de stance, II, 195, I, n° 2.
BASTONET, s. m. dim., petit bâton, II, 195, I, n° 3.
BATAILLA, voyez BATALHA.
BATAL, voyez BATALH.
BATALH, s. m., battant, II, 196, I, n° 2.
BATALHA, s. f., bataille, II, 197, II, n° 11.
BATALHADOR, voyez BATALHIER.
BATALHAIRITZ, s. f., combattante, II, 198, I, n° 14.
BATALHAR, v., batailler, II, 197, I, n° 10.
BATALHER, voyez BATALHIER.
BATALHIER, s. m., champion, II, 198, I, n° 13.

BATARIA, *s. f.*, batterie, II, 197, II, n° 12.
BATAYLLIER, voyez BATALHIER.
BATEDOR, *s. m.*, battoir, II, 197, I, n° 8.
BATEDOR, voyez BATEYRE.
BATEGAR, voyez BATEJAR.
BATEJAMEN, *s. m.*, baptême, II, 179, II, n° 2.
BATEJAR, *v.*, baptiser, II, 179, II, n° 5.
BATELH, *s. m.*, bateau, II, 195, II.
BATEMEN, voyez BATEMENS.
BATEMENS (lisez BATEMEN), *s. m.*, battement, II, 196, II, n° 4.
BATESTAU, *s. m.*, dispute, II, 197, I, n° 7.
BATEYRE, *s. m.*, batteur, II, 197, I, n° 9.
BATEZO, voyez BATEZOS.
BATEZOS (lisez BATEZO), *s. f.*, châtiment, II, 196, II, n° 5.
BATHEGAR, voyez BATEJAR.
BATICOR, *s. m.*, battement de cœur, II, 475, II, n° 11.
BATIGE, *s. m.*, battement, II, 196, II, n° 6.
BATRE, *v.*, battre, II, 195, II.
BATTA, *s. f.*, buisson, II, 200, II.
BATTRE, voyez BATRE.
BATUM, *s. m.*, mastic, II, 222, I, n° 3.
BATUT, *s. m.*, sentier, II, 196, II, n° 3.
BAUC, *s. m.*, bahut, II, 200, II.
BAUDES, voyez VAUDES.
BAUDEZA, *s. f.*, hardiesse, II, 202, I, n° 4.
BAUDOR, voyez BAUZOR.
BAUDOS, *adj.*, joyeux, II, 201, II, n° 2.
BAUDRAT, *s. m.*, baudrier, II, 200, II.
BAUDUC, *s. m.*, dispute, II, 200, II.

BAUSA, voyez BAUSAN.
BAUSAN, *s. m.*, bauçant, II, 201, I.
BAUSIOS, *adj.*, trompeur, II, 203, I, n° 5.
BAUSSAN, *adj.*, trompeur, II, 203, I, n° 4.
BAUT, voyez BAUTZ.
BAUTUC, voyez BAUDUC.
BAUTUGAR, *v.*, troubler, II, 201, I, n° 2.
BAUTZ (lisez BAUT), *adj.*, hardi, II, 201, I.
BAUZA, voyez BAUZIA.
BAUZADOR, voyez BAUZAIRE.
BAUZAIRE, *s. m.*, trompeur, II, 203, I, n° 3.
BAUZAR, *v.*, tromper, II, 202, II.
BAUZIA, *s. f.*, tromperie, II, 202, II, n° 2.
BAUZIOS, voyez BAUSIOS.
BAUZOR, *s. f.*, joie, II, 201, II, n° 3.
BAVAR, *v.*, baver, II, 203, I.
BAVASTEL, *s. m.*, marionnette, II, 203, II.
BAVEC, *adj.*, bavard, II, 203, I, n° 2.
BAVET, voyez BAVEC.
BAY, voyez BAI.
BAYLA, voyez BAYLLA.
BAYLAR, voyez BAILAR.
BAYLIA, voyez BAILIA.
BAYLLA, *s. f.*, gouvernante, II, 169, II, n° 4.
BAYSADOR, voyez BAYSAIRE.
BAYSAIRE, *s. m.*, baiseur, II, 170, II, n° 5.
BAYSSHAMEN, *s. m.*, abaissement, II, 191, I, n° 6.
BAZA, *s. f.*, base, II, 204, I.
BAZILICA, *s. f.*, basilique, II, 204, I.
BAZILICA, *s. f.*, gentiane, II, 204, I.

BAZILISC, voyez BASILISC.
BDELLI, *s. m.*, bdellium, II, 204, I.
BE, *s. m.*, bé, II, 204, I.
BE, voyez BEN.
BEC, *s. m.*, bec, II, 204, II.
BECA, *s. f.*, croc, II, 205, I, n° 2.
BECEDARI, *s. m.*, abécédaire, II, 12, I, n° 3.
BECHAR, *v.*, becquer, II, 205, I, n° 4.
BECHINA, *s. f.*, béguine, II, 205, I.
BECILH, *s. m.*, renversement, II, 205, II.
BECILL, voyez BECILH.
BECUT, *adj.*, beccu, II, 205, I, n° 3.
BEDEL, *s. m.*, bedeau, II, 205, II.
BEFACHOR, *s. m.*, bienfaiteur, III, 271, I, n° 60.
BEFAIRE, voyez BEFAZER.
BEFAT, voyez BENFAG.
BEFAYTOR, voyez BEFACHOR.
BEFAZER (lisez BEFAIRE), *v.*, bien faire, III, 271, 1, n° 58.
BEGUINA, voyez BECHINA.
BEGUINATJE, *s. m.*, béguinage, II, 205. II, n° 2.
BEIORT, voyez BEORT.
BEL, *adj.*, bel, II, 206, I.
BELAMEN, voyez BELLAMEN.
BELAR, *v.*, bêler, II, 204, II, n° 2.
BELH, voyez BEL.
BELLAIRE, *adj. superl.*, très beau. Voyez BEL.
BELLAMEN, *adv.*, bellement, II, 206, II, n° 2.
BELLAMENT, voyez BELLAMEN.
BELLAZOR, *adj. comp.*, plus beau. Voyez BEL.
BELLEZA, *s. f.*, beauté, II, 206, II, n° 5.

BELLICOS, *adj.*, belliqueux, II, 207, II.
BELLICOZ, voyez BELLICOS.
BELOR, *s. f.*, beauté, II, 207, I, n° 6.
BELTAT, *s. f.*, beauté, II, 206, II, n° 4.
BELUGA, *s. f.*, bluette, II, 208, II.
BELUGAMENT, *s. m.*, bluettement, II, 208, II, n° 2.
BELUGEIAR, *v.*, bluetter, II, 208, II, n° 3.
BELZEBUC, *s. m.*, Belzébut, II, 208, II.
BEN, *s. m.*, bien, II, 209, II, n° 2.
BEN, *adv.*, bien, II, 209, I.
BENANAN, *adj.*, qui est en bonne santé, II, 79, I, n° 7.
BENANANSA, *s. f.*, bonheur, II, 79, I, n° 8.
BENASTRE, *s. m.*, bonheur, II, 138, II, n° 12.
BENASTRUC, *adj.*, bienheureux, II, 139, I, n° 13.
BENAURANSSA, *s. f.*, bonheur, III, 541, I, n° 11.
BENAURAR, voyez BONAURAR.
BENC, *s. m.*, aspérité, II, 210, I.
BENDA, *s. f.*, bande, II, 210, I.
BENDAR, *v.*, ceindre, II, 210, II, n° 3.
BENDEL, *s. m.*, bandeau, II, 210, II, n° 2.
BENDIG, *s. m.*, bonne parole, III, 54, II, n° 10.
BENDIR, *v.*, dire du bien, III, 54, II, n° 9.
BENEDICCIO, voyez BENEDICTIO.
BENEDICITE, *s. m.*, bénédicité, III, 54, II, n° 11.
BENEDICTIO, *s. f.*, bénédiction, III, 54, II, n° 8.

BER

BENEDICTION, voyez BENEDICTIO.
BENEFIC, adj., bienfaisant, III, 271, II, n° 63.
BENEFICI, s. m., bienfait, III, 272, II, n° 71.
BENEFICIAR, v., bénéficier, III, 271, II, n° 62.
BENESIR, voyez BENEZIR.
BENESTAN, adj., parfait, III, 208, I, n° 33.
BENESTANSA, s. f., bien-être, III, 208, I, n° 32.
BENESTAR, s. m., bien-être, III, 207, II, n° 31.
BENESURAT, voyez BONAZURAT.
BENEVESSA, s. f., panier, II, 211, I.
BENEZIR, v., bénir, III, 54, I, n° 7.
BENFAG, s. m., bienfait, III, 271, I, n° 59.
BENIFAG, voyez BENFAG.
BENIGNAMEN, adv., bénignement, II, 211, I, n° 2.
BENIGNE, adj., bénin, II, 211, I.
BENIGNITAT, s. f., bénignité, II, 211, I, n° 3.
BENVOLEN, voyez BENVOLENT.
BENVOLENSA, s. f., bienveillance, V, 563, II, n° 12.
BENVOLENT, adj., bienveillant, V, 564, I, n° 13.
BEORDAR, v., behourder, II, 212, I, n° 3.
BEORT, s. m., béhourt, II, 211, I.
BEPH, s. m., b, II, 164, I, n° 2.
BERA, s. f., bière, II, 212, II.
BERBENA, voyez VERBENA.
BERBITZ, s. f., brebis, II, 212, II.

BES

BERCAR, v., ébrêcher, II, 254, I, n° 2.
BERGAU, adj., détestable, II, 213, I.
BERGEIRA, s. f., bergère, II, 212, II, n° 3.
BERGIER, s. m., berger, II, 212, II, n° 2.
BERGONHO, s. m., peu, II, 213, I.
BERICLE, voyez BERILLE.
BERILLE, s. m., béryl, II, 213, I.
BERJA, s. f., berge, II, 113, I.
BERNICAR, v., vernisser, II, 213, I.
BERQUAR, voyez BERCAR.
BERRETA, voyez BARRETA.
BERRETIER, s. m., bonnetier, II, 189, I, n° 2.
BERROLH, voyez VERROLH.
BERROVIER, s. m., éclaireur, II, 213, II.
BERS, s. m., berceau, II, 255, I, n° 2.
BERTAL, s. m., hanneton, II, 213, II.
BERTAU, voyez BERTAL.
BERTRESCA, s. f., brétèche, II, 213, II.
BESAVIA, s. f., bisaïeule, II, 159, II, n° 4.
BESCALMES, s. m., galetas ouvert, II, 213, II.
BESCALO, s. m., double échelon, III, 145, I, n° 8.
BESCAMBIS, s. m., changement, II, 299, II, n° 9.
BESCANTADOR, voyez BESCANTAIRE.
BESCANTAIRE, s. m., médisant, II, 314, II, n° 12.
BESCANTAR, v., marmoter des paroles, II, 314, II, n° 13.
BESCAYRE, s. m., irrégularité, V, 12, I, n° 49.
BESCLES, s. m. pl., fressures, II, 214, I.

BESCOMTAR, *v.*, mécompter, II, 455, I, n° 5.
BESCONTE, *s. m.*, mécompte, II, 455, I, n° 6.
BESCUEG, *s. m.*, biscuit, II, 505, II, n° 12.
BESCUEIT, voyez BESCUEG.
BESILLAR, *v.*, détruire, II, 205, II, n° 2.
BESLEI, *s. m.*, injustice, IV, 38, I, n° 12.
BESOIGNA, voyez BESONHA.
BESOIGNAR, voyez BESONHAR.
BESONH, *s. m.*, besoin, II, 214, I.
BESONHA, *s. f.*, besoin, II, 214, I, n° 2.
BESONHABLE, *adj.*, nécessaire, II, 215, I, n° 5.
BESONHAR, *v.*, manquer, II, 214, II, n° 3.
BESONHOS, *adj.*, nécessiteux, II, 215, I, n° 4.
BESSO, *adj.*, jumeau, II, 215, I.
BESTIA, *s. f.*, bête, II, 215, I.
BESTIAL, *adj.*, bestial, II, 215, II, n° 5.
BESTIALMEN, *adv.*, bestialement, II, 216, I, n° 6.
BESTIAR, *s. m.*, bétail, II, 215, II, n° 3.
BESTIARI, *s. m.*, bétail, II, 215, II, n° 4.
BESTIOLA, *s. f. dim.*, bestiole, II, 215, II, n° 2.
BESTOR, *s. f.*, tourelle, V, 374, II, n° 7.
BETA, *s. f.*, marque, II, 216, I.
BETA (lisez BLETA), *s. f.*, bette, II, 216, I.
BETAT, *adj.*, beté, II, 216, I.
BETONICA, *s. f.*, bétoine, II, 216, II.
BETUM, *s. m.*, bitume, II, 221, II, n° 2.
BEURAGE, *s. m.*, breuvage, II, 217, I, n° 4.
BEURAGGE, voyez BEURAGE.

BEURE, *v.*, boire, II, 216, II.
BEUTAT, voyez BELTAT.
BEVEDOR, *adj.*, buvable, II, 217, n° 7.
BEVEDOR, voyez BEVEIRE.
BEVEIRE, *s. m.*, buveur, II, 217, I, n° 3.
BEVENDA, *s. f.*, boisson, II, 217, I, n° 5.
BEVERIA, *s. f.*, buverie, II, 217, II, n° 6.
BEVOLEN, voyez BENVOLENT.
BEVOLENSA, voyez BENVOLENSA.
BEVOLENT, voyez BENVOLENT.
BEZAN, *s. m.*, besant, II, 218, II.
BEZANA, *s. m.* (lisez *f.*), ruche à miel, II, 219, I.
BEZAVI, *s. m.*, bisaïeul, II, 159, I, n° 2.
BEZAVIA, voyez BESAVIA.
BEZONH, voyez BESONH.
BEZONHOS, voyez BESONHOS.
BEZUCAR, *v.*, baisotter, II, 219, I.
BIAIS, *s. m.*, biais, II, 219, I.
BIAISAR, *v.*, biaiser, II, 219, II, n° 2.
BIAIZSAR, voyez BIAISAR.
BIAYS, voyez BIAIS.
BIAYSAR, voyez BIAISAR.
BIBLA, *s. f.*, Bible, II, 219, II.
BIBLARIA, *s. f.*, bibliothèque, II, 219, II, n° 2.
BIBULOS, *adj.*, qui boit, II, 217, II, n° 8.
BIELE, *s. f.*, bailliage, II, 170, I, n° 10.
BIFURCAR, *v.*, bifurquer, III, 363, II, n° 9.
BIGA, *s. f.*, char, II, 219, II.
BIGAL, *adj.*, de bige, II, 220, I, n° 2.
BIGUA, voyez BIGA.
BILHO, *s. m.*, billot, II, 220, I.
BILHO, voyez BILLO.
BILIBRI, *s. m.*, poids de deux livres, IV, 68, II, n° 10.

BILLO, *s. m.*, billon, II, 220, I.
BILLON, voyez BILLO.
BILON, voyez BILLO.
BIOC, *s. m.*, bioc, II, 220, II.
BIOCAR, *v.*, bioquer, II, 220, II, n° 2.
BIORDAR, voyez BEORDAR.
BIORT, voyez BEORT.
BIRRET, *s. m.*, bonnet, II, 189, I, n° 3.
BIS, *s. m.*, lin, II, 220, II.
BIS, *adj.*, bis, II, 220, II.
BISA, *s. f.*, bise, II, 221, I.
BISAC, voyez BISSAC.
BISBAT, *s. m.*, évêché, III, 237, II, n° 4.
BISBE, *s. m.*, évêque, III, 237, II, n° 2.
BISCAMBIAR, *v.*, échanger, II, 299, II, n° 8.
BISEST, voyez BISSEXT.
BISON, voyez BIZON.
BISSAC, *s. m.*, bissac, V, 130, II, n° 4.
BISSESTAR, *v.*, retarder, V, 187, I, n° 9.
BISSEXT, *s. m.*, bissexte, V, 186, II, n° 8.
BISSEXTIL, *adj.*, bissextil, V, 186, II, n° 7.
BISSO, voyez BIS.
BISTBAT, voyez BISBAT.
BISTEN, voyez BISTENS.
BISTENS (lisez BISTEN), *s. m.*, trouble, II, 221, I.
BISTENSA, *s. f.*, hésitation, II, 221, I, n° 2.
BISTENSAR, *v.*, troubler, II, 221, II, n° 3.
BISTENZA, voyez BISTENSA.
BISTENZAR, voyez BISTENSAR.
BISTOC, *s. m.*, répugnance, II, 221, II.
BITERNA, *s. f.*, citerne, II, 398, I, n° 2.
BITUMINOS, *adj.*, bitumineux, II, 221, II.

BIVER, *s. m.*, échanson, II, 217, I, n° 2.
BIZA, voyez BISA.
BIZON, *s. m.*, bison, II, 222, I.
BLADADA, *s. f.*, bladage, II, 226, I, n° 2.
BLADARIA, *s. f.*, bladerie, II, 226, I, n° 3.
BLAHIR, *v.*, blêmir, II, 226, II, n° 6.
BLANC, *adj.*, blanc, II, 222, I.
BLANCARIA, *s. f.*, tannerie, II, 223, I, n° 7.
BLANCH, voyez BLANC.
BLANCHIR, *v.*, blanchir, II, 223, I, n° 9.
BLANCOR, *s. f.*, blancheur, II, 222, II, n° 5.
BLANDIMENT, *s. m.*, cajolerie, II, 224, I, n° 2.
BLANDIR, *v.*, flatter, II, 223, II.
BLANDRE, *s. m.*, blandice, II, 224, I, n° 3.
BLANQUEIAR, voyez BLANQUEJAR.
BLANQUEJAR, *v.*, blanchir, II, 223, I, n° 10.
BLANQUET, *adj. dim.*, blanchet, II, 222, II, n° 2.
BLANQUEYAR, voyez BLANQUEJAR.
BLANQUEZA, *s. f.*, blancheur, II, 223, I, n° 6.
BLANQUIER, *s. m.*, tanneur, II, 222, II, n° 4.
BLANQUIMENT, *s. m.*, blanchîment, II, 223, I, n° 8.
BLANQUINOS, *adj.*, blanchâtre, II, 222, II, n° 3.
BLANQUINOZ, voyez BLANQUINOS.
BLANQUIR, voyez BLANCHIR.
BLASFEMAR, *v.*, blasphémer, II, 224, I.
BLASMADOR, voyez BLASMAIRE.

BLASMAIRE, *s. m.*, réprimandeur, II, 225, II, n° 13.
BLASMAMEN, *s. m.*, blâme, II, 225, I, n° 11.
BLASMAR, *v.*, blâmer, II, 224, II, n° 9.
BLASMAR, voyez BLESMAR.
BLASME, *s. m.*, blâme, II, 225, I, n° 10.
BLASMOR, *s. f.*, blâme, II, 225, I, n° 12.
BLASMOS, *adj.*, blâmable, II, 225, II, n° 14.
BLASPHEMA, *s. m.*, blasphème, II, 224, II, n° 3.
BLASPHEMADOR, *s. m.*, blasphémateur, II, 224, II, n° 5.
BLASPHEMAIRE, voyez BLASPHEMADOR.
BLASPHEMAMENT, *s. m.*, blasphème, II, 224, II, n° 4.
BLASPHEME, *s. m.*, blâme, II, 224, I, n° 2.
BLASTEINH, voyez BLASTEINHS.
BLASTEINHS (lisez BLASTEINH), *s. m.*, blâme, II, 224, II, n° 8.
BLASTEMAR, *v.*, blasphémer, II, 224, II, n° 6.
BLASTENJAR, *v.*, blâmer, II, 224, II, n° 7.
BLASTIMAR, voyez BLASTEMAR.
BLASTOMAR, voyez BLASTEMAR.
BLAT, *s. m.*, blé, II, 225, II.
BLAU, *adj.*, bleu, II, 226, I.
BLAVAIRO, *s. m.*, contusion, II, 226, II, n° 4.
BLAVAYROL, voyez BLAVAIRO.
BLAVEIAR, *v.*, blavoier, II, 226, II, n° 5.
BLAVEJAR, voyez BLAVEIAR.
BLAVENC, *adj.*, bleuâtre, II, 226, I, n° 2.
BLAVEZA, *s. f.*, lividité, II, 226, I, n° 3.

BLEDA, *s. f.*, blette, II, 227, I.
BLES, voyez BLEZ.
BLESMAR, *v.*, blêmir, II, 226, II, n° 8.
BLESO, *s. m.*, bliau, VI, 5, II, n° 2.
BLESSAMENT, *s. m.*, blessure, IV, 10, II, n° 13.
BLESSEDURA, *s. f.*, blessure, IV, 10, II, n° 12.
BLETA, voyez BETA.
BLEZ, *adj.*, blés, II, 227, I.
BLEZIR, *v.*, blêmir, II, 226, II, n° 7.
BLEZO, *s. m.*, bouclier, II, 228, I, n° 3.
BLEZO, voyez BLESO.
BLIAL, *s. m.*, bliau, II, 227, II.
BLIAU, voyez BLIAL.
BLIZAUT, voyez BLIAL.
BLIZO, voyez BLEZO.
BLOCA, *s. f.*, bosse, II, 227, II.
BLOCAR, *v.*, bosseler, II, 228, I, n° 4.
BLOI, *adj.*, blond, II, 228, II.
BLON, *adj.*, blond, II, 228, II, n° 2.
BLONDET, *adj. dim.*, blond, II, 228, II, n° 3.
BLONDIR, *v.*, blondir, II, 228, II, n° 4.
BLOQUIER, *s. m.*, bouclier, II, 228, I, n° 2.
BLOS, *adj.*, vide, II, 229, I.
BO, voyez BON.
BOACCA, *s. f.*, bœuf femelle, II, 244, II, n° 2.
BOACIER, *s. m.*, vendeurs (*lisez* vendeur) de chair de bœuf, II, 245, I, n° 6.
BOADA, *s. f.*, boade, II, 245, II, n° 10.
BOAL, *s. f.*, étable à bœufs, II, 245, I, n° 8.
BOARIA, *s. f.*, étable à bœufs, II, 245, II, n° 9.

BOAS, *s. m.*, boa, II, 229, I.
BOAU, voyez BOAL.
BOBA, *s. m.* (lisez *f.*), tique, II, 229, I.
BOBAN, *s. m.*, ostentation, II, 229, I.
BOBANCIER, *adj.*, fastueux, II, 229, II, n° 3.
BOBANSA, *s. f.*, ostentation, II, 229, II, n° 2.
BOBANSAR, *v.*, entourer de faste, II, 229, II, n° 4.
BOC, *s. m.*, entaille, II, 230, I.
BOC, *s. m.*, bouc, II, 230, I.
BOCA, *s. f.*, bouche, II, 231, I.
BOCAL, *s. m.*, défilé, II, 232, I, n° 7.
BOCARAN, *s. m.*, bougran, II, 232, I.
BOCARIA, *s. f.*, boucherie, II, 230, II, n° 7.
BOCHA, voyez BOCA.
BOCHIER, *s. m.*, boucher, II, 230, II, n° 6.
BOCINADA, *s. f.*, bouchée, II, 232, I, n° 5.
BOCLA, voyez BLOCA.
BOCON, *s. m.*, morceau, II, 232, I, n° 6.
BODA, *s. f.*, nièce, IV, 313, I, n° 6.
BODER, *s. m.*, beurre, II, 270, I, n° 2.
BOGIA, *s. f.*, bougie, II, 232, II.
BOIA, *s. f.*, chaîne, II, 232, II.
BOIERA, *s. f.*, bouvière, II, 245, I, n° 5.
BOILLIR, voyez BULHIR.
BOIS, *s. m.*, buis, II, 232, II.
BOISH, voyez BOIS.
BOISSA, *s. f.*, boîte, II, 233, I, n° 3.
BOISSERA, *s. f.*, buissière, II, 233, I, n° 2.
BOISSO, voyez BOISSON.

BOISSON, *s. m.*, buisson, II, 241, I, n° 2.
BOITOS, *adj.*, boiteux, II, 233, I.
BOJAL, *s. m.*, lucarne, II, 233, II.
BOJAR, *v.*, bouger, II, 233, II.
BOJOLH, *s. m.*, moyeu, II, 233, II.
BOL, *s. m.*, bol, II, 233, II.
BOLA, *s. f.*, boule, II, 233, II.
BOLA, *s. f.*, borne, II, 234, I.
BOLAIRE, *s. m.*, borneur, II, 234, I, n° 3.
BOLAR, *v.*, borner, II, 234, I, n° 4.
BOLEGAR, *v.*, remuer, II, 234, II.
BOLEGUAR, voyez BOLEGAR.
BOLERNA, *s. f.*, brouillard, II, 234, II.
BOLET, *s. m.*, champignon, II, 234, II.
BOLHIR, voyez BULHIR.
BOLIDOR, *s. m.*, bouilloire, II, 270, II, n° 2.
BOLIDURA, *s. f.*, bouillage, II, 271, I, n° 5.
BOLISME, *s. m.*, bolisme, II, 234, II.
BOLLA, voyez BULLA.
BOLLAR, voyez BULLAR.
BOLLIER, voyez BOLAIRE.
BOMBA, *s. f.*, pompe, II, 229, II, n° 5.
BOMBIX, *s. m.*, vers (*lisez* ver) à soie, II, 234, II.
BON, *adj.*, bon, II, 235, I.
BONAMEN, *adv.*, bonnement, II, 236, I, n° 2.
BONASSA, *s. f.*, bonace, II, 236, I, n° 6.
BONAURAR, *v.*, bienheurer, III, 541, II, n° 14.
BONAURETAT, *s. f.*, bonheur, III, 541, I, n° 12.
BONAZURAT, *adj.*, bienheureux, III, 541, II, n° 13.

BONBA, *s. f.*, masse, II, 236, II.
BONDIR, *v.*, retentir, II, 236, II.
BONDON, *s. m.*, bondon, II, 236, II.
BONDONEL, *s. m.*, bouchon, II, 236, II, n° 2.
BONETA, *s. f.*, bonnet, II, 189, I, n° 4.
BONEZA, voyez BONNESSA.
BONIFFICACIO, *s. f.*, bonification, III, 271, II, n° 61.
BONNESSA, *s. f.*, bonté, II, 236, I, n° 5.
BONOMIA, *s. f.*, bonhomie, III, 533, II, n° 11.
BONTAT, *s. f.*, bonté, II, 236, I, n° 3.
BONTATGE, *s. m.*, bonté, II, 236, I, n° 4.
BOOTES, *s. m.*, le bouvier, II, 245, I, n° 7.
BOQUERAN, voyez BOCARAN.
BOQUET, *s. m. dim.*, petit bouc, II, 230, I, n° 2.
BOQUETA, *s. f. dim.*, petite bouche, II, 231, II, n° 2.
BOQUIN, *adj.*, de bouc, II, 230, II, n° 4.
BOQUINA, *s. f.*, peau de bouc, II, 230, II, n° 5.
BORAL, *s. m.*, bagarre, II, 236, II.
BORC, *s. m.*, bourg, II, 237, I.
BORDA, *s. f.*, bourde, II, 237, II.
BORDA, *s. m.* (lisez *f.*), métairie, II, 237, II.
BORDARIA, *s. f.*, borderie, II, 238, I, n° 3.
BORDEI, *s. m.*, béhourdie, II, 211, II, n° 2.
BORDEIT, voyez BORDEI.
BORDEL, *s. m.*, bordel, II, 238, I, n° 6.
BORDELAIRIA, *s. f.*, bordelage, II, 238, II, n° 7.

BORDELIER, *adj.*, débauché, II, 238, II, n° 8.
BORDEY, voyez BORDEI.
BORDIL, *s. m.*, métairie, II, 238, I, n° 5.
BORDIR, *v.*, béhourder, II, 212, I, n° 4.
BORDO, *s. m.*, bourdon, II, 239, I.
BORDO, voyez BORDOS.
BORDOLES, *s. f.* (lisez *m.*), hangar, II, 238, I, n° 4.
BORDON, voyez BORDO.
BORDONET, *s. m. dim.*, petit vers, II, 239, II, n° 2.
BORDOS (lisez BORDO), *s. m.*, vers, II, 239, I.
BOREAL, *adj.*, de Borée, II, 239, II, n° 2.
BOREAS, *s. m.*, Borée, II, 239, II.
BOREL, *s. m.*, bourreau, II, 239, II.
BORG, voyez BORC.
BORGES, *s. m.*, bourgeois, II, 237, I, n° 3.
BORGET, *s. m. dim.*, petit bourg, II, 237, I, n° 2.
BORGUES, voyez BORGES.
BORGUESIA, *s. f.*, bourgeoisie, II, 237, II, n° 5.
BORI, *s. m.*, ivoire, III, 239, I, n° 2.
BORIA, *s. f.*, borie, II, 238, I, n° 2.
BORLLEI, *s. m.*, appareil, II, 239, II.
BORN, *s. m.*, bord, II, 239, II.
BOROLA, *s. f.*, brouillerie, II, 237, I, n° 2.
BORRA, *s. f.*, bourre, II, 239, II.
BORRAGE, *s. f.*, bourrache, II, 240, I.
BORRAS, *s. m.*, bouras, II, 240, I.
BORREL, *s. m.*, bourrelet, II, 240, I.
BORREL, voyez BORAL.
BORROT, *s. m.*, bourre, II, 239, II, n° 2.
BORSA, *s. f.*, bourse, II, 240, I.

BORSEDURA, *s. f.*, froissement, II, 240, II.
BORSEL, *s. m.*, gousset, II, 240, II, n° 2.
BORT, *s. m.*, bâtard, II, 238, II, n° 9.
BORT, voyez BIORT.
BORZES, voyez BORGES.
BORZESA, *s. f.*, bourgeoise, II, 237, I, n° 4.
BOSC, *s. m.*, bois, II, 240, II.
BOSCAL, *s. m.*, forêt, II, 240, II, n° 4.
BOSCATGE, *s. m.*, bocage, II, 241, I, n° 6.
BOSCOS, *adj.*, boisé, II, 241, II, n° 11.
BOSQUET, *s. m. dim.*, bosquet, II, 240, II, n° 2.
BOSQUINA, *s. f.*, forêt, II, 240, II, n° 5.
BOSSA, *s. f.*, bosse, II, 242, I.
BOSSAT, *adj.*, bossué, II, 242, I, n° 3.
BOSSEL, *s. m.*, bossel, II, 242, I.
BOSSETA, *s. f. dim.*, petite boîte, II, 233, I, n° 6.
BOSSETA, *s. f. dim.*, bossette, II, 242, I, n° 2.
BOSSI, *s. m.*, morceau, II, 231, II, n° 4.
BOSSO, voyez BOSSOS.
BOSSOS (lisez BOSSO), *s. m.*, bélier, II, 242, II.
BOSTIA, *s. f.*, boîte, II, 233, I, n° 4.
BOT, *s. m.*, outre, II, 230, II, n° 3.
BOT, *s. m.*, neveu, IV, 313, I, n° 5.
BOTA, *s. f.*, barrique, II, 242, II.
BOTA, *s. f.*, botte, II, 242, II, n° 2.
BOTAR, *v.*, pousser, II, 243, I.
BOTEILLIER, *s. m.*, bouteiller, II, 242, II, n° 4.
BOTELHA, *s. f.*, bouteille, II, 242, II, n° 3.
BOTELHER, voyez BOTEILLIER.
BOTELHIER, voyez BOTEILLIER.
BOTIGA, *s. f.*, boutique, II, 243, II.
BOTO, voyez BOTON.
BOTOISAR, *v.*, raser, II, 243, II.
BOTOLA, *s. f.*, tubercule, II, 243, II.
BOTON, *s. m.*, bouton, II, 243, II.
BOTONADURA, *s. f.*, garniture de boutons, II, 244, I, n° 2.
BOTONAR, *v.*, boutonner, II, 244, I, n° 3.
BOU, voyez BOV.
BOULA, *s. f.*, mensonge, II, 244, II.
BOULA, voyez BOLA.
BOULAMENT, *s. m.*, bornage, II, 234, I, n° 2.
BOULAR, voyez BOLAR.
BOUTAR, voyez BOTAR.
BOV, *s. m.*, bœuf, II, 244, II.
BOVEIR, voyez BOVIER.
BOVIER, *s. m.*, bouvier, II, 245, I, n° 4.
BOVIN, *adj.*, de bœuf, II, 244, II, n° 3.
BOYA, *s. m.* (lisez *f.*), bubon, II, 246, I.
BOYER, voyez BOVIER.
BOYHA, voyez BOYA.
BOYOL, voyez BOJOLH.
BOYSHO, voyez BOISSON.
BOYSSADA, *s. f.*, forêt, II, 241, I, n° 8.
BOYTOS, voyez BOITOS.
BOZA, *s. f.*, bouse, II, 245, II, n° 11.
BOZINA, voyez BUCCINA.
BOZINAR, *v.*, bâtir avec de la bouse, II, 245, II, n° 12.
BOZOLA, *s. f.*, borne, II, 234, II, n° 5.
BOZOLAR, *v.*, limiter, II, 234, II, n° 6.
BRAC, *s. m.*, braque, II, 246, I.
BRAC, *s. m.*, boue, II, 246, I.
BRAC, *adj.*, vil, II, 246, II, n° 2.

BRACCAT, *adj.*, qui porte des braies, II, 247, II, n° 3.
BRACOLOGIA, *s. f.*, bracologie, II, 247, I.
BRACON, voyez BRAC.
BRAGA, voyez BRAIA.
BRAGOS, *adj.*, boueux, II, 246, II, n° 3.
BRAGUIER, *s. m.*, brayer, II, 247, I, n° 2.
BRAH, voyez BRAIS.
BRAI, voyez BRAIS.
BRAIA, *s. f.*, braies, II, 247, I.
BRAIDAR, *v.*, brailler, II, 248, II, n° 6.
BRAIDIR, *v.*, crier, II, 248, II, n° 5.
BRAIDIU, *adj.*, braillard, II, 248, II, n° 7.
BRAIER, voyez BRAGUIER.
BRAIL, *s. m.*, braillement, II, 248, II, n° 4.
BRAILAR, *v.*, brailler, II, 248, II, n° 3.
BRAILL, voyez BRAIL.
BRAILLAR, voyez BRAILAR.
BRAIRE, *v.*, chanter, II, 248, I.
BRAIS (lisez BRAI), *s. m.*, braillement, II, 248, I, n° 2.
BRAISSAR, *v.*, embrasser, II, 253, I, n° 5.
BRAM, *s. m.*, braillement, II, 249, I, n° 8.
BRAMAR, *v.*, bramer, II, 249, I, n° 9.
BRAN, *s. m.*, glaive, II, 249, I.
BRANC, *s. m.*, branche, II, 249, II, n° 2.
BRANCA, *s. f.*, branche, II, 249, II.
BRANCA ORSINA, *s. f.*, brancursine, II, 250, II.
BRANCAR, *v.*, pousser des branches, II, 250, I, n° 6.

BRANCOS, *s. m.*, branque, II, 250, II.
BRANCUT, *adj.*, branchu, II, 250, I, n° 5.
BRANDAR, *v.*, agiter, II, 250, II, n° 2.
BRANDIR, *v.*, brandir, II, 250, II.
BRANDO, *s. m.*, brandon, II, 251, I.
BRANQUEIL, *s. m. dim.*, petit rameau, II, 250, I, n° 4.
BRANQUIL, voyez BRANQUEIL.
BRANQUILLAR, *v.*, jeter des branches, II, 250, I, n° 7.
BRANQUIT, *s. m.*, rameau, II, 250, I, n° 3.
BRAQUET, voyez BRAC.
BRAS, voyez BRATZ.
BRASA, *s. f.*, braise, II, 251, I, n° 3.
BRASER, voyez BRASSIER.
BRASIER, voyez BRAZIER.
BRASON, voyez BRAZON.
BRASSA, *s. f.*, brasse, II, 253, I, n° 3.
BRASSADA, *s. f.*, brasse, II, 253, I, n° 4.
BRASSIER, *s. m.*, manouvrier, II, 252, II, n° 2.
BRATZ, *s. m.*, bras, II, 252, II.
BRAU, *adj.*, dur, II, 253, II.
BRAVAMENZ, *adv.*, bravement, II, 254, I, n° 2.
BRAYA, voyez BRAIA.
BRAYDAR, voyez BRAIDAR.
BRAYDIS, voyez BRAIDIU.
BRAZA, voyez BRASA.
BRAZAL, *s. m.*, brasier, II, 251, II, n° 4.
BRAZEL, voyez BRAZELL.
BRAZELL, *s. m.*, brasier, II, 251, II, n° 5.
BRAZER, voyez BRASSIER.

BRAZIER, *s. m.*, brasier, II, 254, II, n° 6.
BRAZON, *s. m.*, gras des fesses, II, 247, II, n° 5.
BREC, voyez BRETZ.
BRECARIA, voyez BOCARIA.
BRECH, *adj.*, ébréché, II, 254, I.
BREGA, *s. f.*, querelle, II, 254, I.
BREGAN, *s. m.*, brigand, II, 254, II.
BREGAR, *v.*, frotter, III, 393, II, n° 3.
BREN, *s. m.*, son, II, 254, II.
BRENC, voyez BRAN.
BRES, *s. m.*, berceau, II, 254, II.
BRES, voyez BRETZ.
BRESCA, *s. f.*, rayon de miel, II, 256, II.
BRESCHA, voyez BRESCA.
BRESIL, voyez BREZILH.
BRESSAR, *v.*, bercer, II, 255, I, n° 5.
BRESSOL, *s. m.*, berceau, II, 255, I, n° 3.
BRET, *adj.*, breton, II, 255, II, n° 2.
BRETAIGNA, voyez BRETANHA.
BRETANHA, *s. f.*, Bretagne, II, 255, II.
BRETO, voyez BRETON.
BRETON, *s. m.*, Breton, II, 255, II, n° 3.
BRETZ, *s. m.*, piége, II, 255, II.
BRETZ, voyez BRES.
BREU, *adj.*, bref, II, 256, II.
BREU, *s. m.*, bref, II, 258, I, n° 13.
BREU DOBLE, *s. m.*, bref-double, II, 258, I, n° 14.
BREUGETAT, voyez BREVITAT.
BREUMEN, *adv.*, bientôt, II, 257, I, n° 3.
BREUTER, voyez BOCHIER.
BREVADAMEN, *adv.*, brièvement, II, 257, I, n° 4.
BREVADAMENS, voyez BREVADAMEN.

BREVEZA, *s. f.*, brièveté, II, 257, I, n° 6.
BREVIAMEN, *s. m.*, abréviation, II, 257, I, n° 5.
BREVIAR, *v.*, abréger, II, 257, I, n° 8.
BREVIARI, *s. m.*, bréviaire, II, 258, I, n° 15.
BREVITAT, *s. f.*, brièveté, II, 257, I, n° 7.
BREZADOR, *s. m.*, oiseleur, II, 256, I, n° 2.
BREZAIRE, voyez BREZADOR.
BREZIL, voyez BREZILH.
BREZILH, *s. m.*, brésil, II, 258, I.
BREZILHAR, voyez BREZILLAR.
BREZILLAR, *v.*, tomber en débris, II, 260, II, n° 4.
BRIAN, *s. m.*, ascaride, II, 258, II.
BRIC, *s. m.*, fripon, II, 258, II.
BRICO, *s. m.*, fripon, II, 258, II, n° 2.
BRICON, voyez BRICO.
BRIDA, *s. f.*, bride, II, 259, I.
BRIEU, voyez BREU.
BRIEU, voyez BRIU.
BRIGA, voyez BRIZA.
BRIGUAR, *v.*, frayer, II, 259, I.
BRILLAR, *v.*, briller, II, 259, I.
BRIN, *s. m.*, brin, II, 259, I.
BRIONIA, *s. f.*, brioine, VI, 6, I.
BRISAMENT, *s. m.*, bris, II, 260, I, n° 2.
BRISAR, *v.*, briser, II, 260, II, n° 3.
BRITAN, *s. m.*, britain, II, 259, I.
BRIU, *s. m.*, valeur, II, 259, II.
BRIVAR, *v.*, presser, II, 259, II, n° 2.
BRIZA, *s. f.*, miette, II, 260, I.
BRIZAR, voyez BRISAR.
BRO, *s. m.*, brouet, II, 261, I.

BROA, *s. f.*, braie, II, 261, I.
BROC, *s. m.*, broc, II, 261, II.
BROCA, *s. f.*, broche, II, 262, I.
BROCAR, *v.*, piquer, II, 262, I, n° 3.
BROCHAR, voyez BROCAR.
BROILLAR, voyez BRUELHAR.
BROINGNA, voyez BRONHA.
BROISSO, *s. m.*, gouleau, II, 261, II, n° 2.
BROLHAR, voyez BRUELHAR.
BRONC, *s. m.*, âpreté, II, 262, II.
BRONDEL, voyez BRONDELH.
BRONDELH, *s. m.*, rameau, II, 263, I.
BRONDILL, *s. m.*, rameau, II, 263, II, n° 2.
BRONHA, *s. f.*, brugne, II, 262, I.
BROQUAR, voyez BROCAR.
BROQUER, *s. m.*, cruchon, II, 261, II, n° 3.
BROQUETA, *s. f. dim.*, brochette, II, 262, I, n° 2.
BROSSA, *s. f.*, broussailles (*lisez* broussaille), II, 264, I, n° 7.
BROST, *adj.*, rongé, II, 264, I, n° 6.
BROSTAR, *v.*, brouter, II, 264, I, n° 5.
BROSTIA, *s. f.*, boîte, II, 233, I, n° 5.
BROT, *s. m.*, pousse, II, 263, II.
BROTAR, *v.*, pousser, II, 263, II, n° 3.
BROTO, *s. m.*, pousse, II, 263, II, n° 2.
BROTONAR, *v.*, boutonner, VI, 6, II, n° 4 *bis*.
BROYDAR, *v.*, broder, VI, 6, II.
BRU, voyez BRUN.
BRUC, voyez BUSTZ.
BRUDA, *s. f.*, bruit, II, 265, II, n° 3.
BRUELH, *s. m.*, bois, II, 264, I.
BRUELHA, *s. f.*, taillis, II, 264, II, n° 3.

BRUELHAR, *v.*, bourgeonner, II, 265, I, n° 4.
BRUFE, *s. m.*, buffle, II, 268, I, n° 2.
BRUFOL, voyez BRUFE.
BRUGIMENT, *s. m.*, rumeur, II, 265, II, n° 2.
BRUGIR, voyez BRUZIR.
BRUGIRE, voyez BRUZIR.
BRUICH, voyez BRUIT.
BRUIDA, *s. f.*, bruit, VI, 6, II, n° 3 *bis*.
BRUILAR, voyez BRUZAR.
BRUILLAR, voyez BRUELHAR.
BRUIT, *s. m.*, bruit, II, 265, I.
BRUIZAR, voyez BRUZARD.
BRULHAR, voyez BRUELHAR.
BRULHET, *s. m. dim.*, petit bois, II, 264, II, n° 2.
BRUMA, *s. f.*, brume, II, 265, II.
BRUMOS, *adj.*, brumeux, II, 266, I, n° 2.
BRUN, *adj.*, brun, II, 266, I.
BRUNETA, *s. f.*, brunette, II, 266, II, n° 3.
BRUNETTA, voyez BRUNETA.
BRUNEZIR, *v.*, brunir, II, 266, II, n° 5.
BRUNHA, *s. f.*, brugne, VI, 6, II, n° 2.
BRUNIR, *v.*, brunir, II, 266, II, n° 4.
BRUNOR, *s. f.*, brune, II, 266, II, n° 2.
BRUOIL, voyez BRUELH.
BRUOILL, voyez BRUELH.
BRUOILLA, voyez BRUELHA.
BRUS, *s. f.*, bruyère, II, 267, I.
BRUSC, *s. f.*, ruche, II, 267, I.
BRUSC, voyez BUSTZ.
BRUSCA, *s. f.*, broussaille, II, 267, I.
BRUSLAR, *v.*, brûler, II, 252, I, n° 8.
BRUSTIA, voyez BROSTIA.

BRUT, adj., brut, II, 267, I.
BRUT, voyez BRUIT.
BRUT, voyez BUSTZ.
BRUTAL, adj., brutal, II, 267, II, n° 2.
BRUTONAR, v., bourgeonner, II, 264, I, n° 4.
BRUYNA, s. f., gelée blanche, II, 267, II.
BRUZAR, v., brûler, II, 254, II, n° 7.
BRUZILHAR, v., marcher à travers les obstacles, II, 267, I, n° 2.
BRUZIR, v., bruire, II, 265, II, n° 4.
BUADA, s. m. (lisez f.), chambre voûtée, II, 267, II.
BUBA, s. f., bubon, II, 267, II.
BUBALI, s. m., buffle, II, 268, I.
BUBETA, s. f. dim., petit bubon, II, 268, I, n° 3.
BUBO, s. m., bubon, II, 267, II, n° 2.
BUBO, s. m., hibou, II, 268, I.
BUC, voyez BRUSC.
BUCCINA, s. f., trompette, II, 268, I.
BUCELLA, s. f., bouchée, II, 234, II, n° 3.
BUDEL, s. m., boyau, II, 268, II.
BUDELADA, s. f., tripaille, II, 268, II, n° 2.
BUDELLIER, s. m., tripier, II, 268, II, n° 4.
BUEIA, voyez BOIA.
BUELA, s. f., bedaine, II, 268, II, n° 3.
BUERNA, s. f., bruine, II, 269, I.
BUF, excl., buf! II, 269, I.
BUFADOR, s. m., sifflet, II, 269, II, n° 1.
BUFAMEN, s. m., souffle, II, 269, II, n° 3.

BUFAR, v., souffler, II, 269, I.
BUFET, s. m., souffle, II, 269, II, n° 2.
BUFO, s. m., crapaud, II, 269, II.
BUGA, s. m. (lisez f.), bogue, II, 269, II.
BUGADA, s. f., lessive, II, 269, II.
BUGADAR, v., lessiver, II, 270, I, n° 2.
BUGAS, s. m. (lisez f. pl.), haut-de-chausses, II, 248, I, n° 6.
BUGUET, s. m. dim., petit bois, II, 240, II, n° 3.
BUILLIR, voyez BULHIR.
BUIRE, s. m., beurre, II, 270, I.
BULHIR, v., bouillir, II, 270, II.
BULIR, voyez BULHIR.
BULLA, s. f., bulle, II, 271, I.
BULLAR, v., buller, II, 271, I, n° 2.
BULLICIO, s. f., bouillonnement, II, 270, II, n° 3.
BUOU, voyez BOV.
BURBAN, voyez BOBAN.
BURCAR, v., butter, II, 272, I, n° 2.
BURDIR, voyez BORDIR.
BURDO, s. m., bardot, II, 271, I.
BUREL, adj., brun, II, 271, II, n° 2.
BUREUS, s. m., bure, II, 271, II.
BURGA, s. f., bourde, II, 271, II, n° 2.
BURLADOR, voyez BURLAIRE.
BURLAIRE, s. m., moqueur, II, 271, II.
BURQUIER, s. m., écurie, II, 271, II.
BURS, s. m., heurt, II, 271, II.
BURSAR, v., bercer, II, 255, I, n° 4.
BUS, s. m., bateau, II, 272, I.
BUSART, voyez BUZAC.
BUSCA, s. f., bûche, II, 241, I, n° 9.
BUSQUETA, s. f. dim., bûchette, II, 241, I, n° 10.
BUSTZ, s. m., tronc, II, 272, I.

BUTAR, voyez BOTAR.

BUTUROS, adj., butyreux, II, 270, I, n° 4.

BUTUROZITAT, s. f., qualité butyreuse, II, 270, I, n° 3.

BUZA, voyez BOZA.

BUZAC, s. m., buse, II, 272, II.

BUZACADOR, s. m., amateur de buse, II, 272, II, n° 2.

C

C, s. m., c, II, 272, I.

CA, voyez CAN.

CABAL, s. m., capital, II, 325, II, n° 64.

CABALAYRE, s. m., capitation, II, 323, II, n° 44.

CABALEIAR, v., gouverner, II, 327, I, n° 71.

CABALEJAR, voyez CABALEIAR.

CABALEYAR, voyez CABALEIAR.

CABALMEN, adv., principalement, II, 326, II, n° 67.

CABALOS, adj., important, II, 326, II, n° 69.

CABANA, s. f., cabane, II, 273, I, n° 4.

CABAU, adj., principal, II, 326, II, n° 66.

CABEIAMENT, s. m., jet, II, 319, II, n° 9.

CABEILLIER, s. m., coiffe pour retenir les cheveux, II, 323, I, n° 41.

CABEILLOS, s. m., chevelure, II, 323, I, n° 38.

CABEISSA, s. f., perruque, II, 323, I, n° 39.

CABEL, voyez CABELH.

CABELEIRA, s. f., couvre-chef, II, 321, I, n° 23.

CABELH, s. m., cheveu, II, 323, I, n° 36.

CABELLADURA, s. f., chevelure, II, 323, I, n° 40.

CABER, v., contenir, II, 272, II.

CABES, s. m., chevet, II, 319, II, n° 6.

CABESTRE, s. m., chevêtre, II, 323, II, n° 46.

CABIROL, voyez CABROL.

CABIROLA, s. f., chevrette, II, 282, II, n° 7.

CABIRON, voyez CABRION.

CABIROS, voyez CABRION.

CABRA, s. f., chèvre, II, 282, I.

CABREL, s. m., chevreau, II, 282, I, n° 3.

CABRELLA, s. f., rais de la roue, II, 283, II, n° 2.

CABREN, voyez CAPRIN.

CABRERIA, s. f., boucherie où l'on vend la chair de chèvre, II, 283, I, n° 11.

CABRETA, s. f. dim., chevrette, II, 282, I, n° 2.

CABRIER, s. m., chevrier, II, 282, II, n° 10.

CABRIERA, voyez CABRERIA.

CABRIL, adj., qui est de la chèvre, II, 282, II, n° 9.

CABRION, s. m., chevron, II, 283, I.

CABRIONAT, s. m., chevronnage, II, 283, II, n° 3.

CAD   CAL

CABRIT, *s. m.*, cabri, II, 282, I, n° 4.
CABROL, *s. m.*, chevreuil, II, 282, II, n° 6.
CABROTA, voyez CABRETA.
CABUSSAR, *v.*, plonger, II, 319, II, n° 11.
CABUSSO, voyez CABUSSOL.
CABUSSOL (lisez CABUSSO), *s. m.*, plongeon, II, 319, II, n° 10.
CAC, *adj. indét.*, chaque, II, 283, II.
CACA, *s. f.*, lie, II, 284, I.
CACENPHATON, *s. m.*, cacologie, II, 284, II.
CACHADURA, voyez CASSADURA.
CACHAMENT, *s. m.*, cassure, II, 350, I, n° 4.
CACHAR, voyez CASSAR.
CACHOSSINTHETON, *s. m.*, cacophonie, II, 284, II.
CACOSYNTHETON, voyez CACHOSSINTHETON.
CADA, voyez CAC.
CADAFAL, voyez CADAFALC.
CADAFALC, *s. m.*, échafaud, II, 285, I.
CADAUS, *subst. indét.*, chacun, II, 283, II, n° 2.
CADE, *s. m.*, cade, II, 285, I.
CADEL, *s. m.*, petit de chien et d'autres animaux, II, 307, I, n° 10.
CADELAR, *v.*, chienner, II, 307, I, n° 12.
CADELET, *s. m. dim.*, petit chien, II, 307, I, n° 11.
CADENA, *s. f.*, chaîne, II, 285, I.
CADENAR, *v.*, enchaîner, II, 285, II, n° 4.
CADENAT, *s. m.*, cadenas, II, 285, II, n° 3.
CADENEL, *s. m.*, canal, II, 308, II, n° 9.

CADERA, *s. f.*, trône, II, 286, I.
CADIEIRA, voyez CADERA.
CADIEYRA, voyez CADERA.
CADRISSAR, *v.*, carder, II, 335, I, n° 4.
CADRIU, *s. m.*, carrefour, V, 7, II, n° 19.
CADUC, *adj.*, caduc, II, 286, II.
CAGAR, *v.*, chier, II, 284, II, n° 2.
CAGOT, *s. m.*, cagot, II, 286, II.
CAILLA, *s. f.*, caille, II, 286, II.
CAIRAR, *v.*, carrer, V, 10, II, n° 41.
CAIRE, *s. m.*, carne, V, 10, I, n° 39.
CAIREL, *s. m.*, carreau, II, 287, I.
CAIRIA, *s. f.*, carne, V, 11, II, n° 44.
CAIRON, *s. m.*, carne, V, 10, II, n° 40.
CAIS, *s. m.*, joue, II, 287, I.
CAIS, voyez QUAIS.
CAISCE, voyez QUAYSQUE.
CAISQUE, voyez QUAYSQUE.
CAISSA, voyez CAYSSA.
CAISSAR, voyez CASSAR.
CAISSEL, *s. m.*, mâchoire, II, 287, II, n° 3.
CAISSETA, *s. f. dim.*, petite caisse, II, 273, II, n° 7.
CAITIU, voyez CAPTIU.
CAITIVATGE, *s. m.*, captivité, VI, 6, I, n° 19 *bis*.
CAITIVET, *adj. dim.*, chétif, II, 275, I, n° 22.
CAL, voyez CALV.
CAL, voyez QUAL.
CALA, *s. f.*, cale, II, 287, II.
CALABRE, *s. m.*, calabre, II, 287, II.
CALACON, voyez QUALAQUOM.
CALAFATAR, *v.*, calfeutrer, II, 288, I.
CALAMALEC, *s. m.*, salamalec, II, 288, I.
CALAMAR, *s. m.*, écritoire, II, 288, I.

CALAMEL, *s. m.*, chalumeau, II, 294, II, n° 3.
CALAMELLAR, *v.*, jouer du chalumeau, II, 295, I, n° 5.
CALAMEN, voyez CALAMENS.
CALAMENS (lisez CALAMEN), *s. m.*, silence, II, 289, I, n° 2.
CALAMENT, *s. m.*, calament, II, 288, II.
CALAMITAT, *s. f.*, calamité, II, 288, II.
CALANDRA, *s. f.*, calandre, II, 288, II.
CALAR, *v.*, se taire, II, 288, II.
CALCA, *s. f.*, charpie, II, 289, I.
CALCAMEN, *s. m.*, foulement, II, 289, I.
CALCAR, *v.*, fouler, II, 289, I, n° 2.
CALCATRICS, *s. f.*, crocodile, II, 427, I, n° 2.
CALCATRIX, voyez CALCATRICS.
CALCEDOYNE, *s. m.*, calcédoine, II, 289, II.
CALCINAR, *v.*, calciner, II, 298, I, n° 3.
CALD, *adj.*, chaud, II, 289, II.
CALEFACTIO, *s. f.*, caléfaction, II, 290, II, n° 11.
CALEFACTIU, *adj.*, caléfactif, II, 290, I, n° 6.
CALEFATAR, voyez CALAFATAR.
CALENDA, *s. f.*, calendes (*lisez* calende), II, 292, I.
CALENDAL, *adj.*, calendal, II, 293, I, n° 5.
CALENDIER, *s. m.*, calendrier, II, 292, II, n° 3.
CALEN, voyez CALENS.
CALENS (lisez CALEN), *adj.*, chaud, II, 290, I, n° 4.
CALENSA, *s. f.*, nécessité, II, 293, I.
CALER, *v.*, chaloir, II, 293, I, n° 3.

CALFAGGE, *s. m.*, chauffage, II, 290, II, n° 10.
CALFAMENT, *s. m.*, chauffement, II, 290, II, n° 9.
CALFAR, *v.*, chauffer, II, 290, II, n° 13.
CALGUA, voyez CALCA.
CALHA, voyez CAILLA.
CALHAU, voyez CALHAUS.
CALHAUOS, *adj.*, caillouteux, II, 294, I, n° 2.
CALHAUOZ, voyez CALHAUOS.
CALHAUS (lisez CALHAU), *s. m.*, caillou, II, 294, I.
CALICE, *s. m.*, calice, II, 294, II, n° 2.
CALICI, voyez CALICE.
CALIER, *adj.*, soucieux, II, 293, I, n° 2.
CALINA, *s. f.*, chaleur, II, 291, I, n° 15.
CALITZ, *s. m.*, calice, II, 294, II.
CALIU, *s. m.*, braise, II, 291, I, n° 14.
CALIVAR, *v.*, brûler, II, 291, I, n° 17.
CALIX, voyez CALITZ.
CALMEILH, *s. m.*, chaume, II, 294, II.
CALMEILLA, *s. f.*, chaume, II, 294, II, n° 2.
CALOMPNIA, voyez CALUMPNIA.
CALONGAR, voyez CALONJAR.
CALONJA, *s. f.*, dispute, II, 295, II.
CALONJAR, *v.*, disputer, II, 295, II, n° 3.
CALOR, *s. f.*, chaleur, II, 290, II, n° 7.
CALOREN, voyez CALORENS.
CALORENS (lisez CALOREN), *adj.*, chaleureux, II, 290, I, n° 5.
CALPISAR, *v.*, fouler aux pieds, II, 289, II, n° 4.
CALQUE, voyez QUALQUE.
CALS, voyez CALZ.
CALSA, *s. f.*, chausse, II, 296, I.

CALSACOM, voyez QUALAQUOM.
CALSAMEN, voyez CAUSAMENT.
CALUMPNIA, *s. f.*, calomnie, II, 296, I, n° 5.
CALUMPNIAR, *v.*, réclamer, II, 296, I, n° 6.
CALUMPNJAMEN, *s. m.*, contestation, II, 295, II, n° 2.
CALV, *adj.*, chauve, II, 297, I.
CALVARIA, *s. f.*, Calvaire, VI, 7, I, n° 4 *bis*.
CALVET, *adj.*, chauve, II, 297, II, n° 2.
CALVIERA, *s. f.*, chauveté, II, 297, II, n° 4.
CALVUT, *adj.*, chauve, II, 297, II, n° 3.
CALZ, *s. f.*, chaux, II, 297, II.
CAMAL, voyez CAPMAL.
CAMALEON, *s. m.*, caméléon, II, 298, I.
CAMARARIA, *s. f.*, camérerie, II, 300, II, n° 6.
CAMARIER, *s. m.*, camérier, II, 301, I, n° 7.
CAMARIERA, *s. f.*, camérière, II, 301, I, n° 8.
CAMARLENC, *s. f.* (lisez *m.*), chambellan, II, 300, II, n° 5.
CAMBA, *s. f.*, jambe, II, 298, I.
CAMBARUT, *adj.*, qui a de longues jambes, II, 298, I, n° 3.
CAMBATERAT, *adj.*, qui a mis pied à terre, II, 298, II, n° 4.
CAMBATERRAR, *v.*, démonter, V, 354, I, n° 23.
CAMBE, voyez CANEBE.
CAMBI, *s. m.*, échange, II, 299, I, n° 2.
CAMBIADOR, voyez CAMBIAIRE.
CAMBIAIRE, *s. m.*, changeur de monnaies, II, 299, I, n° 5.

CAMBIAMEN, *s. m.*, changement, II, 299, I, n° 3.
CAMBIAR, *v.*, changer, II, 298, II.
CAMBIERA, *s. f.*, jambière, II, 298, I, n° 2.
CAMBO, *s. m.*, champ, II, 303, II, n° 2.
CAMBON, voyez CAMBO.
CAMBRA, *s. f.*, chambre, II, 300, I.
CAMBRE, voyez CANEBE.
CAMBREIAR, *v.*, avoir accointance, II, 301, I, n° 9.
CAMBREJAR, voyez CAMBREIAR.
CAMBRETTA, *s. f. dim.*, chambrette, II, 300, II, n° 2.
CAMBRIER, *s. m.*, chambellan, II, 300, II, n° 4.
CAMBRIEU, voyez CAMBRIER.
CAMBRIOLA, *s. f. dim.*, cambriole, II, 300, II, n° 3.
CAMEL, *s. m.*, chameau, II, 301, II.
CAMELA, *s. f.*, camelle, II, 301, II, n° 2.
CAMELIN, *adj.*, de chameau, II, 301, II, n° 3.
CAMELOPART, *s. m.*, girafe, II, 301, II, n° 4.
CAMGE, *s. m.*, échange, II, 299, I, n° 4.
CAMI, *s. m.*, chemin, II, 301, II.
CAMINADOR, *s. m.*, routier, II, 302, I, n° 3.
CAMINAIRE, voyez CAMINADOR.
CAMINAL, *adj.*, transportable, II, 302, I, n° 2.
CAMINAR, *v.*, cheminer, II, 302, I, n° 5.
CAMINAU, voyez CAMINAL.
CAMINIER, *s. m.*, voyageur, II, 302, I, n° 4.
CAMISA, *s. f.*, chemise, II, 302, II.

CAMJADOR, voyez CAMBIAIRE.
CAMJAIRE, voyez CAMBIAIRE.
CAMJAIRITZ, s. f., femme volage, II, 299, II, n° 6.
CAMJAR, voyez CAMBIAR.
CAMJE, voyez CAMGE.
CAMMAS, voyez CAMPMAS.
CAMMAZIL, s. m., campménil, IV, 148, II, n° 7.
CAMO, s. f., camomille, VI, 7, I, n° 2.
CAMOIS, s. m., boue, II, 302, II.
CAMOMILLA, s. f., camomille, II, 303, I.
CAMP, s. m., champ, II, 303, I.
CAMPAL, adj., campal, II, 303, II, n° 4.
CAMPANA, s. f., cloche, II, 305, I.
CAMPANELA, s. f. dim., clochette, II, 305, II, n° 2.
CAMPANIER, s. m., sonneur de cloches, II, 305, II, n° 3.
CAMPERNAR, v., attaquer, II, 304, I, n° 7.
CAMPESTRE, adj., champêtre, II, 303, II, n° 5.
CAMPHORA, s. f., camphre, II, 305, II.
CAMPIO, voyez CAMPION.
CAMPION, s. m., champion, II, 304, I, n° 6.
CAMPMAS, s. m., campmas, IV, 148, I, n° 3.
CAMPOLIEIT, s. m., tente, II, 303, II, n° 3.
CAMSIL, voyez CANSIL.
CAMUS, adj., niais, II, 305, II.
CAMUSAT, adj., écaché, II, 305, II, n° 3.
CAN, s. m., chien, II, 306, I.
CAN, voyez CANS.

CAN, voyez CANT.
CAN, voyez QUAN.
CAN, voyez QUANT.
CANA, s. f., chaîne, II, 285, II, n° 2.
CANA, s. f., roseau, II, 307, II.
CANABACIER, s. m., tisserand, II, 310, I, n° 4.
CANABAS, s. f. (lisez m.), toile de chanvre, II, 309, II, n° 2.
CANABASSER, voyez CANABACIER.
CANACIERA, voyez CANAVERA.
CANAL, s. f., canal, II, 308, II, n° 8.
CANAR, v., mesurer, II, 308, I, n° 7.
CANAS, s. f. plur., cheveux blancs, II, 317, I, n° 3.
CANAU, voyez CANAL.
CANAVERA, s. f., roseau, II, 307, II, n° 3.
CANAVIERA, voyez CANAVERA.
CANBATERRAT, voyez CAMBATERAT.
CANCELIER, s. m., chancelier, VI, 7, I, n° 1 bis.
CANCELLAR, v., canceller, II, 308, II.
CANCELLARIA, s. f., chancellerie, VI, 7, II, n° 1 ter.
CANCER, s. m., cancre, II, 309, I.
CANCIL, voyez CANSIL.
CANCROS, adj., chancreux, II, 309, II, n° 4.
CANDELA, s. f., chandelle, II, 311, II, n° 2.
CANDELABRE, s. m., candélabre, II, 312, I, n° 6.
CANDELAR, s. m., chandelier, II, 312, I, n° 5.
CANDELEIR, adj., de la Chandeleur, II, 312, I, n° 9.

CANDELET, *s. m. dim.*, petite chandelle, II, 311, II, n° 3.

CANDELIER, *s. m.*, chandelier, II, 311, II, n° 4.

CANDELOR, *s. f.*, Chandeleur, II, 312, I, n° 7.

CANDELOSA, *s. f.*, Chandeleur, II, 312, I, n° 8.

CANDOR, *s. f.*, candeur, II, 309, II.

CANDORADOR, *s. m.*, blanchisseur, II, 309, II, n° 2.

CANEBE, *s. m.*, chanvre, II, 309, II.

CANEL, *s. m.*, tuyau, II, 308, I, n° 6.

CANELA, voyez CANELLA.

CANELHADA, *s. f.*, cannelée, II, 310, I.

CANELLA, *s. f.*, cannelle, II, 310, I.

CANEP, voyez CANEBE.

CANET, *s. m. dim.*, petit chien, II, 306, I, n° 3.

CANETA, *s. f., dim.*, petite chienne, II, 306, II, n° 5.

CANETA, *s. f. dim.*, petit roseau, II, 307, II, n° 2.

CANETA (lisez CANETAS), *s. f.* (*plur.*), cheveux blancs, II, 317, I, n° 4.

CANH, voyez CANIN.

CANHA, *s. f.*, chienne, II, 306, II, n° 4.

CANI, voyez CANIN.

CANICIA, *s. f.*, canitie, II, 316, II, n° 2.

CANICULA, *s. f.*, canicule, II, 307, I, n° 13.

CANICULAR, *adj.*, caniculaire, II, 307, II, n° 14.

CANICULARI (lisez CANICULAR), *adj.*, caniculaire, II, 307, II, n° 15.

CANIN, *adj.*, canin, II, 306, II, n° 7.

CANINEU, *adj.*, canin, II, 307, I, n° 9.

CANINIER, *adj.*, aimant les chiens, II, 306, II, n° 8.

CANINIEU, voyez CANINEU.

CANIVET, *s. m.*, petit couteau, II, 310, II.

CANNONEGUE, *s. m.*, chanoine, II, 311, I, n° 8.

CANONGE, *s. m.*, chanoine, II, 311, I, n° 7.

CANONIC, *adj.*, canonique, II, 310, II, n° 2.

CANONICAL, *adj.*, canonique, II, 311, I, n° 3.

CANONISAR, voyez CANONIZAR.

CANONISTA, *s. m.*, canoniste, II, 311, I, n° 4.

CANONIZAR, *v.*, canoniser, II, 311, I, n° 6.

CANONIZATIO, *s. f.*, canonisation, II, 311, I, n° 5.

CANO, voyez CANON.

CANON, *s. m.*, tuyau, II, 308, I, n° 5.

CANON, *s. m.*, canon, II, 310, II.

CANORGA, voyez CANORGUA.

CANORGUA, *s. f.*, canonicat, II, 311, II, n° 9.

CANORGUE, voyez CANONGE.

CANORGUIA, voyez CANORGUA.

CANS (lisez CAN), *adj.*, ardent, II, 311, II.

CANSER, voyez CANCER.

CANSIL, *s. m.*, toile de chanvre, II, 310, I, n° 3.

CANSO, *s. f.*, chanson, II, 313, I, n° 4.

CANSON, voyez CANSO.

CANSONETA, *s. f. dim.*, chansonnette, II, 313, I, n° 5.
CANSSON, voyez CANSO.
CANT, *s. m.*, chant, II, 312, II.
CANT, voyez QUANT.
CANTADOR, voyez CANTAIRE.
CANTAIRE, *s. m.*, chanteur, II, 313, II, n° 6.
CANTAR, *v.*, chanter, II, 314, I, n° 10.
CANTARET, *s. m. dim.*, petit chant, II, 312, II, n° 2.
CANTARIDA, *s. f.*, cantharide, II, 316, I.
CANTEL, *s. m.*, chanteau, II, 316, II, n° 4.
CANTIC, *s. m.*, cantique, II, 313, I, n° 3.
CANTITAT, voyez QUANTITAT.
CANTO, voyez CANTON.
CANTON, *s. m.*, coin, II, 316, I.
CANTONAL, *adj.*, du coin, II, 316, I, n° 2.
CANTONET, *s. m. dim.*, petit coin, II, 316, II, n° 3.
CANTOR, voyez CANTRE.
CANTOREL, *adj.*, chanteur, II, 314, I, n° 9.
CANTRE, *s. m.*, chantre, II, 313, II, n° 7.
CANULA, *s. f.*, canule, II, 308, I, n° 4.
CANUT, *adj.*, chenu, II, 316, II.
CANUZIR, *v.*, blanchir, II, 317, I, n° 5.
CAP, *s. m.*, tête, II, 317, II.
CAPA, *s. f.*, cape, II, 320, II, n° 18.
CAPABLE, *adj.*, capable, II, 273, I, n° 3.
CAPACITAT, *s. f.*, capacité, II, 273, I, n° 2.
CAPAGE, *s. m.*, capage, II, 323, II, n° 45.

CAPAIRO, *s. m.*, chaperon, II, 320, II, n° 19.
CAPAIRON, voyez CAPAIRO.
CAPCASAL, *s. m.*, métairie principale, II, 324, I, n° 50.
CAPCASALER, *adj.*, qui est chef de métairie, II, 324, I, n° 51.
CAPCAUDAT, *adj.*, enlacé, II, 418, II, n° 4.
CAPCAZAU, *s. m.*, chef-casal, II, 348, I, n° 3.
CAPCIOS, *adj.*, captieux, II, 274, I, n° 14.
CAPCOAT, voyez CAPCAUDAT.
CAPDAL, voyez CAPTAL.
CAP DE DRAGO, *s. m.*, tête de dragon, II, 320, II, n° 17.
CAPDEL, *s. m.*, capital, II, 324, II, n° 56.
CAPDELAIRE, *s. m.*, chef, II, 325, I, n° 57.
CAPDELAR, *v.*, gouverner, II, 325, I, n° 59.
CAPDELHADOR, voyez CAPDELAIRE.
CAPDELHAR, voyez CAPDELAR.
CAPDELLAMEN, voyez CAPDELLAMENS.
CAPDELLAMENS (lisez CAPDELLAMEN), *s. m.*, direction, II, 324, II, n° 55.
CAPDELLAR, voyez CAPDELAR.
CAPDENAL, *adj.*, à ritournelle, II, 324, II, n° 52.
CAPDEU, voyez CAPDEL.
CAPDUEILH, voyez CAPDUELH.
CAPDUELH, *s. m.*, chef-lieu, II, 324, I, n° 49.
CAPDULH, voyez CAPDUELH.
CAPEJADOR, voyez CAPEJAYRE.

CAPEJAYRE, s. m., poursuivant, II, 325, 1, n° 58.
CAPEL, s. m., chapeau, II, 321, 1, n° 22.
CAPELA, voyez CAPELAN.
CAPELAN, s. m., chapelain, II, 329, I, n° 2.
CAPELANIA, s. f., chapellenie, II, 329, II, n° 3.
CAPELAYAR, v., hanter les prêtres, II, 329, II, n° 4.
CAPELH, voyez CAPEL.
CAPELIER, voyez CAPELLIER.
CAPELINA, s. f., capeline, II, 321, I, n° 25.
CAPELLA, s. f., chapelle, II, 329, I.
CAPELLA, voyez CAPELAN.
CAPELLIER, s. m., chapelier, II, 321, I, n° 24.
CAPFIEU, s. m., chef-fief, II, 324, II, n° 54.
CAPFINIT, adj., à refrain, II, 324, II, n° 53.
CAPIL, s. m., cheveu, II, 323, I, n° 37.
CAPIL, s. m., pignon, II, 324, I, n° 48.
CAPILLAR, adj., capillaire, II, 323, II, n° 42.
CAPION, s. m., chaperon, II, 321, I, n° 21.
CAPIPURGI, s. m., sternutatoire, II, 321, II, n° 28.
CAPITAL, adj., capital, II, 327, I, n° 70.
CAPITANAT, s. m., capitainerie, II, 327, II, n° 79.
CAPITANI, s. m., capitaine, II, 327, II, n° 77.
CAPITANIA, s. f., capitainerie, II, 327, II, n° 78.

CAPITEL, s. m., chapiteau, II, 322, II, n° 31.
CAPITELAGGE, s. m., ensemble des chapitaux, II, 322, II, n° 32.
CAPITOL, s. m., chapitre, II, 322, I, n° 30.
CAPITOLAR, v., chapitrer, II, 322, II, n° 34.
CAPITOLEIAR, voyez CAPITOLAR.
CAPITOLI, s. m., Capitole, II, 321, II, n° 29.
CAPITOLIER, s. m., membre du conseil municipal, II, 322, II, n° 33.
CAPMAIL, voyez CAPMAL et CAPMALH.
CAPMAL, s. m., camail, IV, 131, I, n° 2. Voyez CAPMALH.
CAPMALH, s. m., camail, II, 321, II, n° 26. Voyez CAPMAL.
CAPMAS, voyez CAMPMAS.
CAPO, voyez CAPON.
CAPOLAR, v., charpenter, II, 392, I, n° 5.
CAPON, s. m., chapon, II, 329, II.
CAPONAR, v., chaponner, II, 329, II, n° 2.
CAPOTES, s. m., chapotels, II, 392, I.
CAPRI, voyez CAPRIN.
CAPRICORNUS, voyez CORPICORNE.
CAPRIFUELH, s. m., chèvrefeuille, II, 283, I, n° 14.
CAPRIN, adj., de chèvre, II, 282, II, n° 8.
CAPRIZANT, adj., caprisant, II, 283, I, n° 12.
CAPSE, s. f., châsse, II, 273, II, n° 6.
CAPSOL, s. m., capsol, II, 321, II, n° 27.
CAPSULA, s. f., capsule, II, 273, II, n° 8.

CAPTAL, *s. m.*, capital, II, 325, II, n° 62.
CAPTALIER, *s. m.*, cheptelier, II, 326, I, n° 64.
CAPTALMEN, *adv.*, entièrement, II, 326, I, n° 63.
CAPTAR, *v.*, capter, II, 274, I, n° 16.
CAPTENEMEN, *s. m.*, procédé, II, 328, I, n° 83.
CAPTENENSA, *s. f.*, conduite, II, 328, I, n° 84.
CAPTENER, *v.*, retenir, II, 328, II, n° 85.
CAPTENH, *s. m.*, soutien, II, 328, I, n° 82.
CAPTENIR, *v.*, maintenir, II, 328, II, n° 86.
CAPTIO, voyez CAPTION.
CAPTION, *s. f.*, capture, II, 274, I, n° 11.
CAPTIONAL, *adj.*, d'arrestation, II, 274, I, n° 13.
CAPTIOSAMEN, *adv.*, captieusement, II, 274, I, n° 15.
CAPTIU, *adj.*, captif, II, 275, I, n° 21.
CAPTIVAR, *v.*, captiver, II, 274, II, n° 17.
CAPTIVATIO, *s. f.*, captivité, II, 274, II, n° 19.
CAPTIVITAT, *s. f.*, captivité, II, 274, II, n° 18.
CAPTURA, *s. f.*, capture, II, 274, I, n° 12.
CAPUZAR, *v.*, chapler, II, 392, I, n° 4.
CAPYTOL, voyez CAPITOL.
CAR, *s. m.*, char, II, 337, I, n° 15.
CAR, *adj.*, cher, II, 329, II.

CAR, voyez QUAR.
CARA, *s. f.*, figure, II, 333, I.
CARACTA, *s. f.*, marque, II, 332, I.
CARAIRADA, *s. f.*, voie, II, 338, II, n° 32.
CARAL, *adj.*, carré, V, 11, I, n° 42.
CARAMA, voyez CARESMA.
CARAMEL, voyez CALAMEL.
CARAMELA, *s. f.*, chalumeau, II, 295, I, n° 4.
CARAMELAR, voyez CALAMELLAR.
CARAMEN, *adv.*, chèrement, II, 330, I, n° 3.
CARAMIDA, *s. f.*, calamite, II, 332, I.
CARAMITA, voyez CARAMIDA.
CARANTEN, *adj. num.*, quarantième, V, 9, I, n° 30.
CARANTENA, voyez QUARANTENA.
CARAVIL, *s. m.*, charivari, II, 332, I.
CARAYS, *s. m.*, querelle, II, 332, II.
CARBE, voyez CANEBE.
CARBO, *s. m.*, charbon, II, 332, II.
CARBONCLE, *s. m.*, escarboucle, II, 332, II.
CARBUNCLE, voyez CARBONCLE.
CARC, *s. m.*, charge, II, 335, II, n° 2.
CARCAIS, *s. m.*, carquois, II, 333, I.
CARCAN, *s. m.*, carcan, II, 334, I, n° 2.
CARCAYS, voyez CARCAIS.
CARCELIER, voyez CARCERIER.
CARCER, *s. f.*, chartre, II, 333, I.
CARCERAL, *adj.*, de prison, II, 333, I, n° 2.
CARCERIER, *s. m.*, geôlier, II, 333, II, n° 3.
CARCOL, *s. m.*, collier, II, 334, I.
CARDAIRE, *s. m.*, cardeur, II, 334, II, n° 2.

CARDAIRINA, *s. f.*, chardonneret, II, 334, I.
CARDAMOMI, *s. m.*, cardamome, II, 334, I.
CARDAR, *v.*, carder, II, 334, II, n° 3.
CARDAT, voyez CARTAT.
CARDENAL, *adj.*, cardinal, II, 334, I.
CARDENAL, *s. m.*, cardinal, II, 334, I, n° 2.
CARDIAC, *adj.*, cardiaque, II, 475, II, n° 8.
CARDINAL, voyez CARDENAL.
CARDO, *s. m.*, chardon, II, 334, II.
CAREIRA, voyez CARRIERA.
CAREMA, voyez CARESMA.
CARENCE, voyez CARENCES.
CARENCES (lisez CARENCE), *s. m.*, charançon, II, 335, I.
CARENCIA, *s. f.*, carence, II, 331, I, n° 9.
CARENTAL, *adj. num.*, quadragésimal, V, 9, I, n° 32.
CARESMA, *s. f.*, carême, V, 9, I, n° 34.
CARESMAL, *adj.*, de carême, V, 9, II, n° 36.
CARESTIA, *s. f.*, disette, II, 330, II, n° 8.
CARGA, *s. f.*, charge, II, 335, II, n° 3.
CARGADA, *s. f.*, charge, II, 336, I, n° 6.
CARGAMEN, *s. m.*, chargement, II, 336, I, n° 4.
CARGAR, *v.*, charger, II, 335, I.
CARGIU, *adj.*, onéreux, II, 336, I, n° 8.
CARGUAR, *v.*, CARGAR.
CARIATO, *s. m.*, chariot, II, 337, II, n° 20.
CARICA, *s. f.*, figue, II, 339, I.

CARIENTHISMOS, *s. m.*, euphémisme, II, 339, I.
CARINA, *s. f.*, carène, II, 339, I.
CARITADIER, *s. m.*, chef de la corporation de la charité, II, 330, II, n° 5.
CARITAT, *s. f.*, charité, II, 330, I, n° 4.
CARITATIU, *adj.*, charitable, II, 330, II, n° 6.
CARJAR, voyez CARGAR.
CARLEPEPI, *s. m.*, carlopepin, II, 339, I.
CARMENAR, voyez CARMINAR.
CARMINACIO, *s. f.*, cardage, II, 335, I, n° 5.
CARMINAR, *v.*, carder, II, 335, I, n° 6.
CARN, *s. f.*, chair, II, 339, I.
CARNACIER, *s. m.*, bourreau, II, 341, I, n° 17.
CARNADA, *s. f.*, excroissance de chair, II, 339, II, n° 3.
CARNADURA, *s. f.*, carnation, II, 339, II, n° 4.
CARNAGE, voyez CARNATGE.
CARNAIROL, *s. m.*, carnassière, II, 340, II, n° 14.
CARNAL, *adj.*, charnel, II, 341, I, n° 18.
CARNALADGE, voyez CARNALATGE.
CARNALATGE, *s. m.*, charnier, II, 340, II, n° 12.
CARNALITAT, *s. f.*, chair, II, 339, II, n° 5.
CARNALMENT, *adj.* (lisez *adv.*), charnellement, II, 341, II, n° 19.
CARNASSIER, voyez CARNACIER.
CARNATGE, *s. m.*, carnage, II, 340, I, n° 10.

CARNATGUE, *s. m.*, charnage, II, 340, I, n° 11.
CARNAYROL, voyez CARNAIROL.
CARNAZA, *s. f.*, chair morte, II, 339, II, n° 6.
CARNER, voyez CARNIER.
CARNETA, *s. f. dim.*, chair tendre, II, 339, II, n° 2.
CARNICERIA, *s. f.*, boucherie, II, 341, I, n° 16.
CARNIER, *s. m.*, charnier, II, 340, II, n° 13.
CARNIL, voyez CARNILS.
CARNILS (lisez CARNIL), *s. f.*, charogne, II, 339, II, n° 7.
CARNOS, *adj.*, charneux, II, 341, II, n° 20.
CARNOSITAT, *s. f.*, carnosité, II, 340, II, n° 15.
CARNOZ, voyez CARNOS.
CARNULHA, *s. f.*, carnosité, VI, 7, II, n° 5 *bis*.
CARNUT, *adj.*, charnu, II, 341, II, n° 21.
CAROBLA, *s. f.*, caroube, II, 342, II.
CARONHA, *s. f.*, corps, II, 340, I, n° 8.
CARONHADA, *s. f.*, chair, II, 340, I, n° 9.
CARONHIER, *adj.*, carnassier, II, 341, II, n° 22.
CARP, *adj.*, poreux, II, 342, II.
CARPENTARIA, *s. f.*, charpenterie, II, 338, I, n° 28.
CARPENTIER, *s. m.*, charpentier, II, 338, I, n° 27.
CARRAGE, *s. m.*, figure, II, 331, I, n° 2.
CARRAIRO, voyez CARRAIRON.

CARRAIRON, *s. m. dim.*, sentier, II, 338, II, n° 31.
CARRAT, *s. m.*, carat, II, 342, II.
CARRATIER, voyez CHARRETIER.
CARRAU, *s. m. et f.*, carrière, II, 238, II, n° 30.
CARRE, *s. m.*, char, II, 337, I, n° 16.
CARREFORC, *s. m.*, carrefour, V, 12, I, n° 50.
CARREGAR, *v.*, charrier, II, 337, I, n° 14.
CARREICH, *s. m.*, chariot, II, 337, II, n° 21.
CARRETA, *s. f.*, charrette, II, 337, II, n° 22.
CARRETADA, voyez CHARADA.
CARRICAMENT, *s. m.*, chargement, II, 336, I, n° 5.
CARRIERA, *s. f.*, rue, II, 338, I, n° 29.
CARRIOL, *s. m.*, chariot, II, 337, I, n° 18.
CARRIOLA, *s. m.* (lisez *f.*), carriole, II, 337, II, n° 19.
CARRIEYRA, voyez CARRIERA.
CARROS, *s. m.*, char, II, 337, I, n° 17.
CARRUGA, *s. f.*, charrette, II, 337, II, n° 23.
CARRUNCULA, *s. f.*, caroncule, II, 242, II.
CART, voyez QUART.
CARTA, *s. f.*, papier, II, 343, I.
CARTA, voyez QUARTA.
CARTABEL, *s. m.*, feuille volante, II, 343, II, n° 3.
CARTAGE, *s. m.*, examinateurs (*lisez* examinateur) des titres, II, 343, II, n° 2.
CARTAIRADA, voyez CARTAYRADA.
CARTAIRO, voyez CARTAIRON.

CARTAIRON, *s. m.*, quarteron, V, 7, I, n° 13.
CARTAL, *s. m.*, quartaut, V, 6, I, n° 5.
CARTAN, voyez QUARTAN.
CARTANARI, voyez QUARTANARI.
CARTAR, *v.*, quarter, V, 6, II, n° 9.
CARTARIA, *s. f.*, quartelage, V, 7, II, n° 17.
CARTAT, *s. f.*, cherté, II, 330, II, n° 7.
CARTEIRA, *s. f.*, quartière, V, 7, I, n° 15.
CARTENENSA, voyez CARTENENZA.
CARTENENZA, *s. f.*, estime, II, 331, I, n° 11.
CARTIEIRA, voyez CARTEIRA.
CARTIER, voyez QUARTIER.
CARTIERA, voyez CARTEIRA.
CARTILAGE, *s. f.*, cartilage, II, 344, I.
CARTILLAGINOS, *adj.*, cartilagineux, II, 344, I, n° 2.
CARTO, voyez CARTON.
CARTOLAR, *s. m.*, chartrier, II, 343, II, n° 4.
CARTOLARI, voyez CARTOLAR.
CARTON, *s. m.*, quarton, V, 6, II, n° 12.
CARUNHADA, voyez CARONHADA.
CARUNHIER, voyez CARONHIER.
CARVENDA, *s. f.*, haut prix, II, 331, I, n° 12.
CARVENDRE, *v.*, surfaire, II, 331, I, n° 13.
CARVIER, *s. m.*, chargeur, II, 336, I, n° 7.
CARZIR, *v.*, renchérir, II, 331, I, n° 10.
CAS, *s. m.*, cas, II, 344, II.
CASA, *s. f.*, case, II, 348, I.
CASAL, *s. m.*, casal, II, 348, I, n° 2.

CASALATGE, *s. m.*, habitation, II, 348, I, n° 5.
CASALERA, *s. f.*, cassine, II, 348, II, n° 6.
CASAMEN, *s. m.*, habitation, II, 348, II, n° 7.
CASAR, voyez CAZAR.
CASAU, voyez CASAL.
CASCAVEL, *s. m.*, grelot, II, 349, II.
CASCIEU, *s. m.*, lieux (*lisez* lieu) de chasse, II, 350, II, n° 3.
CASCUN, *subst. indét.*, chacun, II, 284, I, n° 3.
CASCUS, voyez CASCUN.
CASLAR, *s. m.*, château fort, II, 353, II, n° 3.
CASS, *adj.*, vain, II, 349, II.
CASSA, *s. f.*, chasse, II, 350, I.
CASSADOR, voyez CASSAYRE.
CASSADURA, *s. f.*, cassure, II, 350, I, n° 3.
CASSAR, *v.*, casser, II, 349, II, n° 2.
CASSAR, *v.*, chasser, II, 350, II, n° 4.
CASSAYRE, *s. m.*, chasseur, II, 350, II, n° 2.
CASSER, *s. m.*, chêne, II, 352, I.
CASSIA, *s. f.*, casse, II, 352, II.
CASSIDOS, *adj.*, chassieux, II, 352, II.
CAST, *adj.*, chaste, II, 352, II.
CASTAGNA, voyez CASTANHA.
CASTAMENT, *adv.*, chastement, II, 352, II, n° 2.
CASTANHA, *s. f.*, châtaigne, II, 353, I.
CASTANHIA, voyez CASTANHA.
CASTAMEN, voyez CASTAMENT.
CASTEDAT, voyez CASTITAT.
CASTEL, *s. m.*, remontrance, II, 354, II, n° 3.

CASTEL, voyez CASTELH.
CASTELA, voyez CASTELLAN.
CASTELAR, s. m., château-fort, II, 353, II, n° 4.
CASTELAT, voyez CASTELLAT.
CASTELET, s. m. dim., châtelet, II, 353, II, n° 2.
CASTELH, s. m., château, II, 353, I.
CASTELLAN, s. m., châtelain, II, 354, I, n° 7.
CASTELLANIA, s. f., châtellenie, II, 353, II, n° 6.
CASTELLAT, adj., fortifié, II, 353, II, n° 5.
CASTETAT, voyez CASTITAT.
CASTIADOR, voyez CASTIAIRE.
CASTIAIRE, s. m., correcteur, II, 355, II, n° 9.
CASTIAMEN, voyez CHASTIAMENT.
CASTIANSA, s. f., correction, II, 355, I, n° 8.
CASTIAR, v., corriger, II, 354, I.
CASTIC, s. m., correction, II, 354, II, n° 2.
CASTIER, s. m., remontrance, II, 355, I, n° 4.
CASTIGUERI, voyez CASTIGUIER.
CASTIGUIER, s. m., correction, II, 355, I, n° 5.
CASTITAT, s. f., chasteté, II, 353, I, n° 3.
CASTOR, s. f. (lisez m.), castor, II, 355, II.
CASTOREA, s. f. (lisez m.), castoreum, II, 355, II, n° 2.
CASTOREUM, voyez CASTOREA.
CASTRACIO, s. f., castration, II, 356, I, n° 5.

CASTRAMENT, s. m., castration, II, 356, II, n° 6.
CASTRAR, v., châtrer, II, 355, II.
CASUAL, adj., casuel, II, 345, I, n° 7.
CASUTA, voyez CAZUTA.
CAT, s. m., chat, II, 356, II.
CATA, s. f., chatte, II, 357, I, n° 4.
CATACHRESIS, voyez CATHACREZIS.
CATAR, s. m., catarrhe, II, 357, I.
CATAR, v., voir, III, 416, I, n° 2.
CATARACTA, s. f., bonde, II, 357, II.
CATARR, voyez CATAR.
CATEDRAL, adj., cathédral, II, 286, II, n° 2.
CATHACREZIS, s. f., catachrèse, II, 357, II.
CATHACUMBA, s. f., catacombe, II, 447, II, n° 4.
CATHALOGUE, s. m., catalogue, IV, 100, II, n° 13.
CATHATIPOZIS, s. f., imitation, II, 357, II.
CATHEZIZAR, v., catéchiser, II, 357, II.
CATHOLIAL, adj., catholique, VI, 8, I, n 3.
CATHOLIC, voyez CATOLIX.
CATHOLICAL, adj., catholique, II, 357, II, n° 2.
CATHOLICALH, voyez CATHOLICAL.
CATIEU, voyez CAPTIU.
CATO, s. m. dim., petit chat, II, 357, I, n° 2.
CATOLIC, voyez CATOLIX.
CATOLIX (lisez CATOLIC), adj., catholique, II, 357, II.
CATORZEN, voyez QUATORZEN.
CATRE, voyez QUATRE.
CAU, s. m., hibou, VI, 9, I, n° 2.
CAU, voyez CAV.

CAUCALA, s. f., corneille, II, 358, I.
CAUCIDA, s. f., chardon hémorroïdal, II, 358, I.
CAUCIGAR, voyez CAUSSIGAR.
CAUCINA, s. f., chaux, II, 298, I, n° 2.
CAUDAMEN, adv., chaudement, II, 290, I, n° 2.
CAUDAT, adj., à queue, II, 418, II, n° 3.
CAUDET, adj. dim., doucement chaud, II, 290, I, n° 3.
CAUDEYAYRE, s. m., dégraisseur, II, 358, I.
CAUDIERA, s. f., chaudière, II, 290, II, n° 12.
CAUL, s. m., chou, II, 358, I.
CAUPIDUELH, voyez CAPDUELH.
CAUPOL, s. m., falaise, II, 358, I.
CAUS, voyez CALZ.
CAUSA, s. f., cause, II, 358, I.
CAUSAL, adj., causal, II, 359, I, n° 2.
CAUSAMEN, voyez CAUSAMENT.
CAUSAMENT, s. m., chaussure, II, 296, II, n° 5.
CAUSAR, v., chasser, II, 354, I, n° 5.
CAUSAR, voyez CAUSSAR.
CAUSATIU, voyez CAUZATIU.
CAUSEIAR, v., reprocher, II, 359, I, n° 6.
CAUSELLA, s. f., châsse, VI, 6, I, n° 8 bis.
CAUSIA, s. f., volonté, II, 363, II, n° 4.
CAUSIDAMEN, adv., convenablement, II, 363, I.
CAUSIDAMENT, voyez CAUSIDAMEN.
CAUSIGAR, voyez CAUSSIGAR.
CAUSIMEN, s. m., égard, II, 363, I, n° 3.

CAUSINA, voyez CAUCINA.
CAUSIR, v., voir, II, 362, II.
CAUSIT, s. m., choix, II, 363, I, n° 2.
CAUSO, voyez CAUSOS.
CAUSOS (lisez CAUSO), s. m., chausses (lisez chausse), II, 296, II, n° 3.
CAUSSA, s. f., chausse, II, 296, I, n° 2.
CAUSSADA, s. f., chaussée, II, 296, II, n° 6.
CAUSSAMENT, voyez CAUSAMENT.
CAUSSAR, v., chausser, II, 296, II, n° 7.
CAUSSAT, s. m., chaussure, II, 297, I, n° 8.
CAUSSIER, s. m., chausses (lisez chausse), II, 296, II, n° 4.
CAUSSIGAR, v., presser du pied, II, 289, I, n° 3.
CAUT, voyez CALD.
CAUTELA, s. f., précaution, II, 364, II, n° 2.
CAUTELOS, adj., prévoyant, II, 364, II, n° 3.
CAUTELOZ, voyez CAUTELOS.
CAUTELOZAMENT, adv., cauteleusement, II, 365, I, n° 4.
CAUTERI, s. m., cautère, II, 364, I.
CAUTERISAR, v., cautériser, II, 364, II, n° 3.
CAUTERIZACIO, s. f., cautérisation, II, 364, II, n° 2.
CAUTERIZAR, voyez CAUTERISAR.
CAUTIO, s. f., caution, II, 364, II.
CAUZAL, voyez CAUSAL.
CAUZATIU, adj., causatif, II, 359, I, n° 3.
CAUZIER, voyez CAUSSIER.

CAUZIMENT, voyez CAUSIMEN.
CAUZIR, voyez CAUSIR.
CAUZIT, voyez CAUSIT.
CAUZON, s. f. (lisez m.), fièvre ardente, II, 365, I.
CAUZONIDES, adj. (lisez s. m.), ardent (lisez fièvre chaude), II, 365, I, n° 2.
CAV, adj., cave, II, 365, I.
CAVA, s. f., cave, II, 365, II, n° 2.
CAVAL, voyez CAVALH.
CAVALAIROS, adj., chevalereux, II, 367, II, n° 7.
CAVALARIA, s. f., chevalerie, II, 368, I, n° 10.
CAVALAYRIA, voyez CAVALARIA.
CAVALCADA, s. f., cavalcade, II, 367, II, n° 8.
CAVALCADOR, voyez CAVALCAIRE.
CAVALCADURA, s. f., chevauchage, II, 367, II, n° 9.
CAVALCAIRE, s. m., chevaucheur, II, 367, I, n° 4.
CAVALCAR, v., chevaucher, II, 368, I, n° 12.
CAVALEIRAL, adj., de chevalier, II, 368, I, n° 11.
CAVALGADURA, voyez CAVALCADURA.
CAVALGAR, voyez CAVALCAR.
CAVALGUAR, voyez CAVALCAR.
CAVALH, s. m., cheval, II, 366, II.
CAVALI, voyez CAVALIN.
CAVALIER, voyez CAVALLIER.
CAVALIN, s. m. (lisez adj.), chevalin, II, 367, I, n° 2.
CAVALINA, s. f., bête chevaline, II, 367, I, n° 3.
CAVALL, voyez CAVALH.

CAVALLARIA, voyez CAVALARIA.
CAVALLIER, s. m., cavalier, II, 367, I, n° 5.
CAVAMENT, s. m., excavation, II, 365, II, n° 3.
CAVANSAR, s. m., mineur, II, 366, I, n° 9.
CAVAR, v., percer, II, 365, II, n° 5.
CAVAROTA, s. f., grotte, II, 366, I, n° 8.
CAVAYER, voyez CAVALLIER.
CAVELET, s. m. dim., petit tuyau, II, 365, II, n° 4.
CAVER, s. m., cavalier, II, 367, II, n° 6.
CAVERNA, s. f., caverne, II, 366, I, n° 7.
CAVERNOS, adj., caverneux, II, 366, I, n° 6.
CAVILHA, voyez CAVILLA.
CAVILHATIO, s. f., cavillation, II, 369, I, n° 2.
CAVILHOS, adj., chicaneur, II, 369, II, n° 5.
CAVILLA, s. f., cheville, II, 369, I.
CAVILLADURA, s. f., chevillure, II, 369, II, n° 3.
CAVILLAR, v., cheviller, II, 369, II, n° 4.
CAVILLATION, voyez CAVILHATIO.
CAVITAT, s. f., cavité, VI, 8, I, n° 3 bis.
CAYCHA, voyez CAYSSA.
CAYN, pron. rel. m., quel, V, 26, I, n° 2.
CAYRADURA, s. f., quadrature, V, 11, I, n° 43.
CAYRAR, voyez CAIRAR.
CAYRAT, voyez CARRAT.
CAYRE, voyez CAIRE.

CAYRELIERA, *s. f.*, carrelière, II, 287, I, n° 2.
CAYRO, voyez CAIRON.
CAYS, voyez CAIS.
CAYSAL, voyez CAYSALH.
CAYSALH, *s. f.*, dent mâchelière, II, 287, II, n° 2.
CAYSON, *s. f.*, accusation, II, 359, I, n° 4.
CAYSSA, *s. f.*, caisse, II, 273, II, n° 5.
CAYTIVIER, *s. m.*, prison, II, 274, II, n° 20.
CAZA, voyez CASA.
CAZALATGE, voyez CASALATGE.
CAZALET, *s. m. dim.*, petit casal, II, 348, I, n° 4.
CAZAMEN, voyez CASAMEN.
CAZAR, *v.*, pourvoir, II, 348, II, n° 8.
CAZEITAT, *s. f.*, caséité, II, 369, II.
CAZEMEN, *s. m.*, chute, II, 344, II, n° 3.
CAZENSA, *s. f.*, chute, II, 344, II, n° 2.
CAZER, *v.*, choir, II, 345, I, n° 8.
CAZERN, *s. m.*, tableau à quatre colonnes, V, 8, I, n° 24.
CAZERN, voyez QUAZERN.
CAZERNA, *s. f.*, débauchée, II, 369, II.
CAZERNAL, *s. m.*, registre, V, 8, I, n° 25.
CAZUAL, voyez CASUAL.
CAZUBLA, *s. f.*, chasuble, II, 370, I.
CAZUTA, *s. f.*, chute, II, 344, II, n° 4.
CE, voyez QUE.
CEBA, *s. f.*, oignon, II, 370, I.
CEBA MARINA, *s. f.*, oignon marin, II, 370, I, n° 2.
CEBAT, *s. m.*, oignons (*lisez* oignon), II, 371, I, n° 3.
CEBULA, *s. f. dim.*, petit oignon, II, 370, I, n° 4.
CEC, *adj.*, aveugle, II, 370, I.
CECITAT, *s. f.*, cécité, II, 370, II, n° 2.
CEDÀ, voyez SEDA.
CEDAL, *adj.*, de soie, V, 176, II, n° 2.
CEDATIL, *adj.*, sédatif, V, 177, I, n° 3.
CEDATIO, voyez SEDACIO.
CEDELAR, *v.*, avoir soif, V, 216, I, n° 3.
CEDO, *s. m.*, séton, II, 370, II.
CEDOLA, voyez CEDULA.
CEDRE, *s. m.*, cèdre, II, 370, II.
CEDULA, *s. f.*, cédule, II, 371, I.
CEGUETAT, voyez CECITAT.
CEINGNER, voyez CENHER.
CEL, *s. m.*, ciel, II, 371, I.
CEL, *pron. dém. m. sing.*, ce, III, 104, I, n° 13.
CELA, *pron. dém. f. sing.*, celle-là, III, 105, I, n° 14.
CELADAMENT, *adv.*, en cachette, II, 372, I, n° 2.
CELADOR, voyez SELAIRE.
CELAMEN, *s. m.*, discrétion, II, 372, I, n° 3.
CELAR, *v.*, celer, II, 371, II.
CELARARIA, *s. f.*, célérerie, II, 374, I, n° 4.
CELARIER, voyez CELLARIER.
CELAS, *pron. dém. f. pl.*, celles-là. Voyez CELA.
CELCLAR, *v.*, cercler, II, 381, II, n° 2.
CELEBRAR, *v.*, célébrer, II, 373, I.
CELEBRATION, *s. f.*, célébration, II, 373, II, n° 2.
CELEBRITAT, *s. f.*, célébrité, II, 373, II, n° 3.

CELERITAT, *s. f.*, célérité, II, 373, II.
CELESTE, *adj.*, céleste, II, 371, II, n° 2.
CELESTI, voyez CELESTIN.
CELESTIAL, *adj.*, céleste, II, 371, II, n° 4.
CELESTIALMEN, *adv.*, célestement, II, 371, II, n° 5.
CELESTIN, *s. m.*, couleur de ciel, II, 371, II, n° 3.
CELH, voyez CEL.
CELHA, voyez CELA.
CELIDONI, *s. m.*, chélidoine, VI, 8, II, n° 2.
CELIDONIA, *s. f.*, chélidoine, II, 373, II.
CELIER, *s. m.*, cellier, II, 373, II, n° 2.
CELIU, *adj.*, caché, II, 372, I, n° 4.
CELL, voyez CEL.
CELLA, *s. f.*, cellule, II, 373, II.
CELLA, voyez CELA.
CELLA, voyez SELLA.
CELLAR, voyez CELAR.
CELLARIER, *s. m.*, célérier, II, 374, I, n° 3.
CELLAS, voyez CELAS.
CELLS, voyez CELS.
CELS, *pron. dém. m. pl.*, ces. Voyez CEL.
CELUI, *pron. dém. m. sing.*, celui, III, 106, II, n° 17.
CEMBEL, *s. m.*, combat, II, 374, I.
CEMBELLAR, *v.*, attaquer, II, 374, II, n° 2.
CEMENTERI, *s. m.*, cimetière, II, 375, I.
CEN, voyez CENT.
CEN, voyez SEN.
CEN, voyez SENH.
CENA, *s. f.*, repas, II, 375, I.

CENACLE, *s. m.*, cénacle, II, 375, I, n° 2.
CENAR, *v.*, souper, II, 375, I, n° 3.
CENAR, voyez SIGNAR.
CENAT, *s. m.*, sénat, V, 204, II, n° 7.
CENBELAR, voyez CEMBELLAR.
CENCHA, voyez CENHA.
CENDAL, *s. m.*, taffetas, II, 375, II.
CENDALIA, *s. f.*, sandale, II, 375, II.
CENDAT, voyez CENDAL.
CENDIER, voyez SEMDIER.
CENDIEYRA, voyez SENDERA.
CENDRE, voyez CENRE.
CENDROS, *adj.*, cendreux, II, 378, I, n° 2.
CENDROS, voyez CENDROZ.
CENEDE, *s. m.*, synode, V, 237, I, n° 2.
CENES, voyez CENRE.
CENGEMENT, *s. m.*, ceinture, II, 376, II, n° 8.
CENHA, *s. f.*, ceinture, II, 376, II, n° 6.
CENHER, *v.*, ceindre, II, 376, I.
CENOPHALI, *s. m.*, cénophale, II, 380, II, n° 3.
CENRE, *s. f.*, cendre, II, 377, II.
CENSUARI, *s. m.*, censier, II, 387, II, n° 4.
CENSURA, *s. f.*, censure, II, 388, I, n° 10.
CENT, *adj. num. indécl.*, cent, II, 378, II.
CENTAUR, *s. m.*, centaure, II, 379, II.
CENTAUREA, *s. f.*, **centaurée**, II, 379, II.
CENTE, voyez CENTEN.
CENTEN, *adj. num.*, centième, II, 378, II, n° 2.

CENTENA, *s. f.*, centaine, II, 379, I, n° 3.
CENTENAR, *s. m.*, centaine, II, 379, I, n° 4.
CENTENIER, *s. m.*, centenier, II, 379, I, n° 7.
CENTISME, *adj. num.*, centuple, II, 379, I, n° 5.
CENTRAL, *adj.*, central, II, 379, II, n° 2.
CENTRE, *s. m.*, centre, II, 379, II.
CENTURA, *s. f.*, ceinture, II, 376, II, n° 5.
CENTURAR, *v.*, ceindre, II, 376, I, n° 4.
CENTURIO, *s. m.*, centurion, II, 379, I, n° 6.
CEP, *s. m.*, cep de vigne, II, 379, II.
CEP, *s. m.*, entraves (*lisez* entrave), II, 380, I.
CEPHALEA, *s. f.*, céphalée, II, 380, I, n° 2.
CEPHALIC, *adj.*, céphalique, II, 380, I.
CER, voyez SERP.
CER, voyez CERV.
CERA, *s. f.*, cire, II, 380, II.
CERASTES, *s. m.*, céraste, II, 381, I.
CERAUNI, *s. m.*, aérolithe, II, 381, I.
CERCAMEN, *s. m.*, recherche, II, 382, I, n° 10.
CERCAR, *v.*, chercher, II, 382, I, n° 11.
CERCIORAR, *v.*, assurer, II, 384, II, n° 9.
CERCLE, *s. m.*, cercle, II, 381, I.
CERE, *adj.*, qui est de cire, II, 380, II, n° 3.
CEREIRA, *s. f.*, cerise, II, 382, II.

CEREMONIA, *s. f.*, cérémonie, II, 381, I, n° 6.
CERENA, voyez SERENA.
CERIMONIA, voyez CEREMONIA.
CERNALHA, *s. f.*, cernelle, II, 383, I.
CEROT, *s. m.*, cérat, II, 383, I.
CERRA, *s. f.*, scie, II, 383, I.
CERS, *s. m.*, vent du nord-ouest, II, 383, I.
CERT, *adj.*, certain, II, 383, II.
CERTAMEN, *adv.*, certainement, II, 383, II, n° 3.
CERTAN, *adj.*, certain, II, 383, II, n° 2.
CERTANAMEN, voyez CERTAMEN.
CERTANETAT, *s. f.*, certitude, II, 384, I, n° 7.
CERTANZA, *s. f.*, certitude, II, 384, I, n° 5.
CERTAS, *adv.*, certes, II, 384, I, n° 4.
CERTEZA, *s. f.*, certitude, II, 384, I, n° 6.
CERTIFICAMEN, *s. m.*, attestation, II, 384, II, n° 10.
CERTIFICAR, *v.*, certifier, II, 384, II, n° 12.
CERTIFICATORIA, *s. f.*, certificat, II, 384, II, n° 11.
CERULENC, *adj.*, bleu, II, 385, II.
CERUSA, voyez CERUZA.
CERUZA, *s. f.*, céruse, II, 385, II.
CERV, *s. m.*, cerf, II, 385, II.
CERVEL, *s. m.*, cerveau, II, 386, II, n° 3.
CERVELA, voyez CERVELLA.
CERVELH, voyez CERVEL.
CERVELLA, *s. f.*, cervelle, II, 387, I, n° 4.

CERVEZA, *s. f.*, cervoise, II, 386, I.
CERVIA, *s. f.*, biche, II, 386, I, n° 2.
CERVIAT, *s. m. dim.*, petit cerf, II, 386, I, n° 4.
CERVIGAL, voyez CERVIGUAL.
CERVIGUAL, *s. m.*, nuque, II, 386, II, n° 2.
CERVIN, *adj.*, de cerf, II, 386, I, n° 5.
CERVIZ, *s. f.*, cervelle, II, 386, II.
CES, *s. m.*, cens, II, 387, I.
CESAR, *s. m.*, césar, II, 388, I.
CESCA, *s. f.*, glaïeul, II, 388, I.
CESSABLE, *adj.*, cessable, II, 388, II, n° 2.
CESSAL, *adj.*, censitaire, II, 387, II, n° 5.
CESSALMEN, *adv.*, censalement, II, 387, II, n° 6.
CESSALMENS, voyez CESSALMEN.
CESSAMEN, voyez CESSAMENT.
CESSAMENT, *s. m.*, interruption, II, 388, II, n° 3.
CESSAR, *v.*, cesser, II, 388, II.
CESSATIO, *s. f.*, cessation, VI, 8, II, n° 4.
CESSIO, *s. f.*, cession, II, 388, II.
CESSION, voyez CESSIO.
CEST, *pron. dém. m. sing.*, ce, VI, 19, I, n° 6.
CESTA, *pron. dém. f. sing.*, cette, VI, 19, II, n° 8.
CESTAS, *pron. dém. f. plur.*, ces, VI, 19, II, n° 9.
CETAN, voyez SETEN.
CEU, *s. m.*, suif, II, 391, I.
CEZELHA, *s. f.*, petit siége, V, 219, I, n° 6.

CEZELLA, voyez CEZELHA.
CEZER, voyez SEZER.
CHA, *s. m.*, kan, II, 391, I.
CHABALL, voyez CABAL.
CHADELAIRE, voyez CAPDELAIRE.
CHAEGUDA, *s. f.*, chute, II, 345, I, n° 5.
CHAITIVIER, voyez CAYTIVIER.
CHALSAMEN, voyez CAUSAMENT.
CHAMARLENC, voyez CAMARLENC.
CHAMBATERRAT, voyez CAMBATERAT.
CHAMGE, voyez CAMGE.
CHAMP, voyez CAMP.
CHANCELAR, *v.*, chanceler, II, 391, I.
CHANCELLIER, voyez CANCELIER.
CHANCERA, *s. f.*, chancère, II, 391, I.
CHANDEIAR, *v.*, préluder, II, 314, II, n° 11.
CHANDORN, *s. m.*, lueur, II, 391, II.
CHANGE, voyez CAMGE.
CHANSO, voyez CANSO.
CHANSONETA, voyez CANSONETA.
CHANT, voyez CANT.
CHANTADOR, voyez CANTAIRE.
CHANTAIRE, voyez CANTAIRE.
CHANTAR, voyez CANTAR.
CHANTARET, voyez CANTARET.
CHANT MESCLAT, *s. m.*, chant-mêlé, IV, 215, II, n° 2.
CHANTRESSA, *s. f.*, chantresse, II, 344, I, n° 8.
CHANUT, voyez CANUT.
CHAORCI, voyez CHAORCIN.
CHAORCIN, *s. m.*, cahorsin, II, 391, II.
CHAPFRENAR, *v.*, réfréner, II, 324, I, n° 47.
CHAPFRENAR, voyez CHATFRENAR.

CHA

CHAPLADIS, *s. m.*, carnage, II, 391, II, n° 2.
CHAPLADITZ, voyez CHAPLADIS.
CHAPLATIO, *s. f.*, carnage, II, 392, I, n° 3.
CHAPLE, *s. m.*, carnage, II, 291, II.
CHAPTAR, *v.*, maintenir, II, 328, I, n° 80.
CHAPTENEMEN, voyez CAPTENEMEN.
CHAPTENER, voyez CAPTENER.
CHAR, voyez CAR.
CHARADA, *s. f.*, charretée, II, 337, II, n° 24.
CHARAU, voyez CARRAU.
CHARBONIER, *s. m.*, charbonnier, II, 332, II, n° 2.
CHARISME, *adj. superl.*, très cher, II, 330, I, n° 2.
CHARITAT, voyez CARITAT.
CHARNALMENT, voyez CARNALMENT.
CHARREI, *s. m.*, charroi, II, 338, I, n° 25.
CHARRETIER, *s. m.*, charretier, II, 338, I, n° 26.
CHARREY, voyez CHARREI.
CHASAMEN, voyez CASAMEN.
CHASCUN, voyez CASCUN.
CHASTE, *adj.*, chaste, VI, 7, II, n° 1 bis.
CHASTIAIRE, voyez CASTIAIRE.
CHASTIAMEN, voyez CHASTIAMENT.
CHASTIAMENT, *s. m.*, châtiment, II, 355, I, n° 6.
CHASTIANSA, voyez CASTIANSA.
CHASTIAR, voyez CASTIAR.
CHASTIC, voyez CASTIC.
CHAT, voyez CAT.

CHE

CHATFRENAR, *v.*, brider, III, 397, I, n° 14.
CHAU, *s. m.*, hibou, II, 392, I.
CHAU, voyez CAV.
CHAUL, voyez CAUL.
CHAUPIR, *v.*, prendre, II, 273, II, n° 9.
CHAUSAMENT, *s. m.*, reproche, II, 359, I, n° 5.
CHAUSAR, *v.*, CAUSEIAR.
CHAUSIDA, voyez CAUSIA.
CHAUSIDAMENT, voyez CAUSIDAMENT.
CHAUSIDOR, voyez CHAUSSIRE.
CHAUSIMEN, voyez CAUSIMEN.
CHAUSIR, voyez CAUSIR.
CHAUSIT, voyez CAUSIT.
CHAUSSAR, voyez CAUSSAR.
CHAUSSAR, voyez CAUSEIAR.
CHAUSSIRE, *s. m.*, choisisseur, II, 363, II, n° 5.
CHAUT, voyez CALD.
CHAUZA, voyez CAUSA.
CHAUZIDOR, voyez CHAUSSIRE.
CHAUZIR, voyez CAUSIR.
CHAUZIT, voyez CAUSIT.
CHAVALIAR, *v.*, chevaucher, II, 368, II, n° 13.
CHAVANA, *s. f.*, chouette, II, 392, I, n° 2.
CHAVON, *s. m.*, décadence, II, 345, I, n° 6.
CHAZER, voyez CAZER.
CHE, *s. m.*, chien, II, 306, I, n° 2.
CHECA, *s. f.*, chienne, II, 306, II, n° 6.
CHEIRA, *s. f.*, cilice, II, 392, II.
CHERUB, voyez CHERUBIN.

CHERUBIN, *s. m.*, chérubin, II, 392, II.
CHI, voyez CHE.
CHIFLA, *s. f.*, sifflement, II, 392, II.
CHIFLADOR, *s. m.*, moqueur, II, 393, I, n° 2.
CHIFLAIRE, voyez CHIFLADOR.
CHIFLAR, *v.*, siffler, II, 393, I, n° 3.
CHILPA, *s. f.*, querelle, II, 393, I.
CHIMERIC, *adj.*, chimérique, II, 393, I.
CHIN, voyez CHE.
CHORIST, *s. m.*, choriste, II, 479, I, n° 3.
CHORUS, *s. m.*, chœur, II, 479, I, n° 2.
CHRESTIAN, *adj.*, chrétien, II, 393, II, n° 3.
CHRESTIANISME, *s. m.*, christianisme, II, 394, I, n° 5.
CHRESTIANTAT, *s. f.*, chrétienté, II, 394, I, n° 6.
CHRIST, *s. m.*, Christ, II, 393, II.
CHUFANIER, *s. m.*, railleur, VI, 9, II, n° 2 *bis*.
CHUFLA, voyez CHIFLA.
CHUFLAR, voyez CHIFLAR.
CIBLAR, voyez SIBLAR.
CIBORI, *s. m.*, ciboire, II, 394, II.
CICLE, *s. m.*, cycle, II, 394, II.
CICLOPE, *s. m.*, cyclope, II, 394, II.
CICONIA, *s. f.*, cigogne, II, 394, II.
CICUDA, *s. f.*, ciguë, II, 394, II.
CIDRA, *s. f.*, guitare, II, 399, I, n° 3.
CIENTALMENT, voyez SCIENTALMEN.
CIGALA, *s. f.*, cigale, II, 394, II.
CIGNE, *s. m.*, cygne, II, 395, I.
CIL, *s. m.*, cil, II, 395, I.

CIL, *pron. dém. f. sing.*, celle, III, 106, I, n° 15.
CIL, *pron. dém. m. plur.*, ceux, III, 106, I, n° 16.
CILH, voyez CIL.
CILICI, *s. m.*, cilice, II, 395, II.
CILL, voyez CIL.
CILLA, *s. m.* (lisez *f.*), cil, II, 395, I, n° 2.
CIM, *s. m.*, cime, II, 395, II.
CIMA, *s. f.*, cime, II, 395, II, n° 2.
CIMBLOS, *s. m.*, timbre, II, 396, II, n° 2.
CIMBOL, *s. m.*, cymbale, II, 396, I.
CIMEN, *s. m.*, ciment, II, 396, II.
CINACLE, voyez CENACLE.
CINAMOMI, *s. m.*, cinnamome, II, 396, II.
CINC, *adj. num. indécl.*, cinq, II, 396, II.
CINCOPI, voyez SINCOPI.
CINGLAR, *v.*, sangler, II, 377, II, n° 16.
CINOBRI, voyez CYNOBRE.
CINQUANTA, *adv.* (lisez *adj.*) *num.*, cinquante, II, 397, II, n° 11.
CINQUANTE, voyez CINQUANTEN.
CINQUANTEN, *adj. num.*, cinquantième, II, 397, II, n° 12.
CINQUE, voyez CINQUEN.
CINQUEN, *adj. num.*, cinquième, II, 397, I, n° 6.
CINTHA, *s. f.*, ceinture, II, 376, II, n° 7.
CINTILLA, voyez SCINTILLA.
CIPTADA, voyez CIUTADAN.
CIPTADAN, voyez CIUTADAN.
CIPTAT, voyez CIU.
CIRAGRA, *s. f.*, chiragre, II, 398, I.

CIRARAR, *v.*, écrire sur des tablettes de cire, II, 381, I, n° 4.
CIRCUICIO, voyez CIRCUITIO.
CIRCUIT, *s. m.*, circuit, II, 381, II, n° 4.
CIRCUITIO, *s. f.*, circuit, III, 572, II, n° 18.
CIRCULAR, *adj.*, circulaire, II, 382, I, n° 6.
CIRCULARITAT, *s. f.*, circularité, II, 381, II, n° 5.
CIRCULARMEN, *adv.*, circulairement, II, 382, I, n° 7.
CIRCULARMENT, voyez CIRCULARMEN.
CIRCUMCIR, *v.*, circoncire, V, 168, I, n° 19.
CIRCUMCIRE, voyez CIRCUMCIR.
CIRCUMCISIO, *s. f.*, circoncision, V, 168, II, n° 20.
CIRCUMCISION, voyez CIRCUMCISIO.
CIRCUMCIZIO, voyez CIRCUMCISIO.
CIRCUMFERENSA, *s. f.*, circonférence, II, 382, I, n° 8.
CIRCUMFLEC, *adj.*, circonflexe, III, 340, II, n° 11.
CIRCUMLOCUTIO, *s. f.*, circonlocution, IV, 99, II, n° 3.
CIRCUMSIR, voyez CIRCUMCIR.
CIRCUMSTANCIA, *s. f.*, circonstance, III, 209, I, n° 40.
CIRCUNDAR, *v.*, contourner, II, 382, I, n° 9.
CIRI, *s. m.*, cierge, II, 380, II, n° 2.
CIRICI, voyez CILICI.
CIRY, voyez CIRI.
CISCLE, voyez SISCLE.
CISMATICI, voyez SCISMATIC.

CIST, *pron. dém. m. plur.*, ces, VI, 19, I, n° 7.
CISTERNA, *s. f.*, citerne, II, 398, I.
CISTRA, *s. f.*, ciste, II, 398, I.
CITADOR, voyez CITAYRE.
CITAMEN, *s. m.*, assignation, II, 398, II, n° 4.
CITAR, *v.*, citer, II, 398, I.
CITARA, voyez CITHARA.
CITARIZADOR, voyez CITARIZAIRE.
CITARIZAIRE, *s. m.*, harpiste, VI, 10, I, n° 2 *bis*.
CITATION, *s. f.*, citation, II, 398, II, n° 3.
CITATORI, *s. m.*, citatoire, II, 398, II, n° 5.
CITATORY, voyez CITATORI.
CITAYRE, *s. m.*, plaideur, II, 398, II, n° 2.
CITHARA, *s. f.*, harpe, II, 399, I.
CITHARISTA, *s. m.*, harpiste, II, 399, I, n° 2.
CITHOLA, *s. f.*, citole, II, 399, II, n° 4.
CITRI, voyez CITRIN.
CITRIN, *adj.*, citrin, II, 399, II.
CITRINITAT, *s. f.*, couleur de citron, II, 399, II, n° 3.
CIU, *s. f.*, cité, II, 399, II.
CIUTAT, voyez CIU.
CIVADA, *s. f.*, avoine, II, 400, I.
CIVAIER, *s. m.*, civadier, II, 400, II, n° 3.
CIVIL, *adj.*, civil, II, 400, I, n° 4.
CIVILITAT, *s. f.*, gouvernement, II, 400, I, n° 6.
CIVILMENT, *adv.*, civilement, II, 400, I, n° 5.

CIVITAT, voyez CIU.
CIZIA, s. f., assise, V, 219, I, n° 8.
CLAM, s. m., plainte, II, 400, II, n° 2.
CLAMADOR, voyez CLAMAIRE.
CLAMAIRE, s. m., réclamant, II, 401, II, n° 6.
CLAMAR, v., crier, II, 400, II.
CLAMATIER, adj., réclamant, II, 401, II, n° 7.
CLAMOR, s. f., plainte, II, 401, I, n° 3.
CLAMOS, adj., criard, II, 401, II, n° 8.
CLAMOZ, voyez CLAMOS.
CLAP, s. m., tas, IV, 20, II, n° 7.
CLAPAR, v., couper, VI, 9, I, n° 3 bis.
CLAPCEDRA, s. f., seringue, II, 402, II.
CLAPIE, s. m., tas, IV, 21, I, n° 8.
CLAPIER, s. m., clapier, IV, 21, I, n° 9.
CLAPIERA, s. f., tas de pierres, IV, 21, I, n° 10.
CLAR, adj., clair, II, 402, II.
CLAR, s. m., glaire, VI, 10, I, n° 2.
CLARA, s. f., glaire, II, 406, I.
CLARAMENT, adv., clairement, II, 403, I, n° 2.
CLARAT, s. f., clarté, II, 403, II, n° 6.
CLARDAT, voyez CLARITAT.
CLARDOR, voyez CLAROR.
CLAREIAR, v., briller, II, 404, I, n° 9.
CLARET, s. m., clairet, II, 403, II, n° 4.
CLARET, adj. dim., clairet, II, 403, I, n° 3.
CLARIFIAR, voyez CLARIFICAR.
CLARIFICACIO, s. f., clarification, II, 405, I, n° 16.
CLARIFICAMENT, s. m., clarté, II, 405, I, n° 17.
CLARIFICAR, v., éclaircir, II, 405, I, n° 18.
CLARIFICATIU, adj., clarificatif, II, 405, I, n° 15.
CLARITAT, s. f., clarté, II, 403, II, n° 5.
CLARMONTES, s. m., clermontois, II, 406, I.
CLAROR, s. m., clarté, II, 403, II, n° 7.
CLARSIR, voyez CLARZIR.
CLARTAT, voyez CLARITAT.
CLARZIR, v., rendre clair, II, 404, I, n° 8.
CLAS, s. m., cri, II, 401, I, n° 4.
CLAU, s. m., clou, II, 406, I.
CLAU, s. f., clef, II, 406, II.
CLAUDICATIO, s. f., claudication, II, 412, I.
CLAUDIQUAR, v., boiter, II, 412, II, n° 2.
CLAUMEN, adv., closement, II, 410, I, n° 27.
CLAURE, v., clore, II, 409, II, n° 24.
CLAUS, s. m., clos, II, 408, I, n° 13.
CLAUSA, voyez CLAUZA.
CLAUSER, voyez CLAURE.
CLAUSIO, s. f., clôture, II, 409, I, n° 21.
CLAUSTRA, s. m. (lisez f.), cloître, II, 409, I, n° 22.
CLAUSTRIER, s. m., cloîtrier, II, 409, II, n° 23.
CLAUSULA, s. f., clause, II, 408, II, n° 16.
CLAUSURA, s. f., clôture, II, 409, I, n° 20.

CLAUZA, *s. f.*, clause, II, 408, II, n° 15.
CLAUZER, voyez CLAURE.
CLAUZIO, voyez CLAUSIO.
CLAUZURA, *s. f.*, clôture, II, 408, II, n° 14.
CLAVAR, *v.*, fermer, II, 407, II, n° 5.
CLAVARI, *s. m.*, clavaire, II, 407, II, n° 3.
CLAVARIA, *s. f.*, trésorerie, II, 407, II, n° 4.
CLAVEL, *s. m.*, clou, II, 406, I, n° 2.
CLAVELAR, voyez CLAVELLAR.
CLAVELH, voyez CLAVEL.
CLAVELLAR, *v.*, clouer, II, 406, II, n° 3.
CLAVIER, *s. m.*, clavier, II, 407, I, n° 2.
CLAYROR, voyez CLAROR.
CLEDA, *s. f.*, claie, II, 412, II.
CLERC, *s. m.*, clerc, II, 412, II.
CLERCIA, *s. f.*, clergé, II, 413, II, n° 9.
CLERCIAL, voyez CLERJAL.
CLERCZON, *s. m. dim.*, petit clerc, II, 413, I, n° 2.
CLERGANT, voyez CLERGAT.
CLERGAT, *s. m.*, ecclésiastique, II, 413, II, n° 7.
CLERGAVI, voyez CLERGAVIS.
CLERGAVIS (lisez CLERGAVI), *s. m.*, clerc, II, 413, II, n° 5.
CLERGE, voyez CLERGUE.
CLERGIER, *s. m.*, prêtre, II, 413, II, n° 6.
CLERGIL, *adj.*, du clergé, II, 414, I, n° 10.
CLERGUA, *s. f.*, clergesse, II, 413, I, n° 4.
CLERGUADA, *s. f.*, tonsure, II, 413, II, n° 8.

CLERGUE, *s. m.*, clerc, II, 413, I, n° 3.
CLERGUEGAR, *v.*, pérorer, II, 414, I, n° 12.
CLERJAL (lisez CLERCIAL), *adj.*, clérical, II, 414, I, n° 11.
CLERJAT, voyez CLERGAT.
CLERZO, voyez CLERCZON.
CLI, voyez CLIN.
CLIMAX, *s. f.*, gradation, II, 414, I.
CLIN, *adj.*, incliné, II, 414, I.
CLINAR, *v.*, courber, II, 414, II, n° 2.
CLIPSE, *s. m.*, éclipse, II, 416, II.
CLISTERI, *s. m.*, clystère, II, 417, II.
CLISTERIZACIO, *s. f.*, clystérisation, II, 417, II, n° 3.
CLOCA, *s. f.*, cloche, II, 417, II.
CLOCHA, voyez CLOCA.
CLOCHIER, voyez CLOQUIER.
CLOP, *s. m.*, éclopé, II, 412, II, n° 3.
CLOPCHAR, *v.*, clocher, II, 412, II, n° 4.
CLOQUAR, *v.*, sonner, II, 418, I, n° 4.
CLOQUIAR, *v.*, glousser, II, 418, I.
CLOQUIER, *s. m.*, clocher, II, 418, I, n° 3.
CLOS, *s. m.*, coque, II, 408, II, n° 17.
CLOS, *s. m.*, cloche, II, 417, II, n° 2.
CLOSC, voyez CLOS.
CLOT, *s. m.*, creux, II, 418, I.
CLOTA, voyez CROTA.
CLUCHAR, *v.*, clore, II, 410, I, n° 25.
CLUCHIER, voyez CLOQUIER.
CLUEYS, *s. m.*, bluet, II, 418, I.
CLURE, *v.*, cligner, II, 410, I, n° 26.
CLUSAMEN, *adv.*, obscurément, II, 410, II, n° 28.

CLUSEL, *s. m.*, caverne, II, 408, II, n° 18.
CLUZA, *s. f.*, nid, II, 409, I, n° 19.
CLUZAMEN, voyez CLUSAMEN.
CO, *pron. rel. m., employé neutr.*, ce, VI, 30, I, n° 2.
CO, voyez COM.
ÇO, voyez CO.
COA, *s. f.*, queue, II, 418, I.
COACCIO, *s. f.*, contrainte, II, 22, I, n° 13.
COADJUTOR, *s. m.*, coadjuteur, III, 611, I, n° 18.
COADOR, *s. m.*, couveur, II, 419, II, n° 2.
COAGULACIO, *s. f.*, coagulation, II, 419, I.
COAGULAR, *v.*, aguler, II, 419, I, n° 2.
COAIRE, voyez COADOR.
COAJUTOR, voyez COADJUTOR.
COANA, *s. f.*, coane, II, 419, II.
COAR, *v.*, couver, II, 419, II.
COARCTAR, *v.*, comprimer, II, 419, II.
COARDIA, *s. f.*, couardise, II, 420, I, n° 3.
COART, *adj.*, couard, II, 420, I.
COARTACIO, *s. f.*, pression, II, 420, I, n° 2.
COARTAR, voyez COARCTAR.
COBEDEZA, *s. f.*, convoitise, VI, 10, I, n° 7 *bis*.
COBEEZA, voyez COBEDEZA.
COBEITAR, *v.*, convoiter, II, 421, I, n° 9.
COBEITAT, *s. f.*, convoitise, II, 420, II, n° 5.

COBEITOS, *adj.*, cupide, II, 420, I.
COBERCELLAR, *v.*, couvrir, II, 424, II, n° 10.
COBERTOR, voyez CUBERTOR.
COBERTURIER, *s. m.*, couverturier, II, 424, II, n° 9.
COBES, *adj.*, convoiteux, II, 420, II, n° 2.
COBEYTATIU, *adj.*, convoiteux, II, 420, II, n° 3.
COBEZEIAR, *v.*, convoiter, II, 421, II, n° 10.
COBEZEYTAR, voyez COBEZEIAR.
COBEZEZA, *s. f.*, convoitise, II, 421, I, n° 7.
COBIR, *v.*, départir, II, 421, I, n° 8.
COBLA, *s. f.*, couplet, II, 422, I.
COBLEIADOR, voyez COBLEIAIRE.
COBLEIAIRE, *s. m.*, coupletier, II, 422, I, n° 2.
COBLEIAR, *v.*, faire des couplets, II, 422, I, n° 3.
COBRA, *s. f.*, recouvrement, II, 422, II, n° 2.
COBRANZA, *s. f.*, recouvrance, II, 422, II, n° 3.
COBRAR, recouvrer, II, 422, II.
COBRICAP, *s. m.*, couvre-chef, II, 319, II, n° 8.
COBRIR, *v.*, couvrir, II, 423, II.
COC, *s. m.*, cuisinier, II, 504, II, n° 4.
COCA, *s. f.*, besoin, II, 425, II.
COCEL, voyez CONSELH.
COCENA, *s. f.*, matelas, II, 427, I.
COCENTIMENT, voyez COSSENTIMEN.
COCHA, voyez COCA.

COCHADAMEN, *adv.*, promptement, II, 426, I, n° 5.
COCHAR, *v.*, presser, II, 425, II, n° 4.
COCHOS, *adj.*, pressé, II, 425, II, n° 2.
COCHOSAMEN, *adv.*, promptement, II, 425, II, n° 3.
COCHOSAMENS, voyez COCHOSAMEN.
COCHOSAMENT, voyez COCHOSAMEN.
COCODRILH, *s. m.*, crocodile, II, 427, I.
COCODRILLE, voyez COCODRILH.
COCUC, *s. m.*, cocu, II, 432, II, n° 5.
COCUDA, *s. f.*, cocue, II, 432, II, n° 4.
CODA, voyez COA.
CODE, *s. m.*, coude, II, 427, I.
CODENA, *s. f.*, couenne, II, 428, I.
CODERC, *s. m.*, pelouse, II, 428, I.
CODI, *s. m.*, code, II, 428, II.
CODICIL, *s. m.*, codicille, II, 428, II, n° 2.
CODICILLAR, *v.*, faire un codicille, II, 428, II, n° 3.
CODICILLE, voyez CODICIL.
CODOING, *s. m.*, coing, II, 428, II.
CODOL, voyez CODOLS.
CODOLS (lisez CODOL), *s. m.*, caillou, II, 294, I, n° 3.
CODONHIC, *s. m.*, cognassier, VI, 10, II, n° 2.
CODORNITZ, *s. f.*, caille, II, 429, I.
COETA, *s. f.*, nuque, II, 418, II, n° 2.
COFA, *s. f.*, coiffe, II, 429, I.
COFERMACIO, voyez COFERMATIO.
COFERMAMEN, voyez CONFERMAMENT.
COFERMAR, voyez CONFERMAR.
COFERMATIO, *s. f.*, confirmation, III, 314, I, n° 20.
COFERMATIU, voyez CONFERMATIU.

COFES, voyez CONFES.
COFESSAR, voyez CONFESSAR.
COFFIMEN, voyez COFIMEN.
COFIDOR, *s. m.*, confiseur, III, 277, II, n° 102.
COFIMEN, *s. m.*, assaisonnement, III, 277, I, n° 100.
COFIN, *s. m.*, panier, II, 429, I.
COFIR, voyez CONFIR.
COFISANSA, voyez COFIZANSA.
COFISAR, voyez CONFIDAR.
COFIZAMEN, *s. m.*, confiance, III, 291, II, n° 25.
COFIZAMEN, *adv.*, avec confiance, III, 292, I, n° 26.
COFIZANSA, *s. f.*, confiance, III, 291, II, n° 24.
COFIZAR, voyez CONFIDAR.
COFONDRE, voyez CONFONDRE.
COFORT, voyez CONFORT.
COFORTAMEN, voyez CONFORTAMENT.
COFORTATIU, voyez CONFORTATIU.
COFRAIRE, voyez CONFRAIRE.
COFRE, *s. m.*, coffre, II, 429, I.
COGITACIO, voyez COGITATIO.
COGITAR, *v.*, penser, II, 429, II.
COGITATIO, *s. f.*, pensée, II, 429, II, n° 2.
COGITATION, voyez COGITATIO.
COGNAT, *adj.*, cognat, IV, 301, II, n° 13.
COGNATION, *s. f.*, cognation, IV, 301, II, n° 12.
COGNICIO, *s. f.*, connaissance, IV, 332, II, n° 17.
COGNITIO, voyez COGNICIO.

COGNITIU, *adj.*, appréciatif, IV, 333, II, n° 22.

COGNOM, *s. m.*, surnom, IV, 322, I, n° 12.

COGNON, voyez COGNOM.

COGNOSCIBLE, *adj.*, connaissable, IV, 333, II, n° 23.

COGOMBRE, *s. m.*, concombre, II, 431, II.

COGONOT, *s. m.* (lisez *adj.*), cagnard, II, 431, II.

COGOSIA, voyez COGOSSIA.

COGOSSIA, *s. f.*, cocuage, II, 432, II, n° 6.

COGOT, *s. m.*, nuque, II, 431, II.

COGOT, voyez COGOTZ.

COGOTZ (lisez COGOT), *s. m.*, cocu, II, 432, I, n° 2.

COGUASTRO, *s. m.*, cuisinier, II, 505, I, n° 6.

COGUL, *s. m.*, coucou, II, 432, I.

COGULA, *s. f.*, capuchon, II, 433, I.

COGULAR, *v.*, cocufier, VI, 10, II, n° 6 *bis*.

COGUOS (lisez COGUOT), voyez COGOTZ.

COGUOT, voyez COGUOS.

COHEIRITZ, *s. f.*, cohéritière, III, 527, I, n° 6.

COHERTIO, *s. f.*, coercition, VI, 10, II.

COHERTION, voyez COHERTIO.

COIA, *s. f.*, courge, II, 433, I.

COICHAR, voyez COCHAR.

COIDE, voyez CODE.

COIL, *s. m.*, testicule, II, 433, I.

COILLIR, *v.*, cueillir, II, 433, II.

COILLO, voyez COLHO.

COINASSA, *s. f.*, cognée, II, 435, I.

COINDANSA, *s. f.*, accointance, II, 466, I, n° 6.

COINDAR, *v.*, cajoler, II, 466, I, n° 9.

COINDEIAR, *v.*, embellir, II, 466, I, n° 8.

COINDEJAR, voyez COINDEIAR.

COINDET, *adj.*, gracieux, II, 465, II, n° 4.

COINDEYAR, voyez COINDEIAR.

COINDIA, *s. f.*, grâce, II, 465, II, n° 5.

COINGNAT, voyez COGNAT.

COINTAMEN, *adv.*, gracieusement, II, 465, II, n° 3.

COINTE, voyez CONTE.

COIRASSA, *s. f.*, cuirasse, II, 527, I, n° 4.

COIRATARIA, *s. f.*, tannerie, II, 527, I, n° 3.

COIRATIER, *s. m.*, tanneur, II, 527, I, n° 2.

COIRE, *s. m.*, cuivre, II, 435, II.

COIRE, voyez COZER.

COISIN, voyez COISSI.

COISSA, voyez CUEISSA.

COISSI, *s. m.*, coussin, II, 435, II.

COIT, *s. m.*, coït, II, 436, I.

COITA, *s. f.*, presse, II, 426, I, n° 6.

COITAR, *v.*, presser, II, 426, II, n° 9.

COITOS, *adj.*, pressé, II, 426, I, n° 7.

COITOZAMEN, *adv.*, promptement, II, 426, II, n° 8.

COITURA, *s. f.*, brûlure, II, 505, I, n° 10.

COIZENZA, voyez COZENSA.

COJA, voyez COIA.

COL, *s. m.*, col, II, 436, I.

COL, pour COM EL, comme le, II, 446, I, n° 2.

COL, voyez COLL.

COLADA, *s. f.*, coup, II, 436, I, n° 3.
COLADIT, voyez COLADITZ.
COLADITZ (lisez COLADIT), *adj.*, coulant, II, 437, II, n° 2.
COLAMENT, *s. m.*, coulement, II, 437, II, n° 4.
COLAR, *s. m.*, collier, II, 436, I, n° 2.
COLAR, *v.*, embrasser, II, 436, II, n° 5.
COLAR, *v.*, couler, II, 437, I.
COLATIU, *adj.*, qui aide à couler, II, 437, II, n° 3.
COLBE, *s. m.*, coup, II, 442, I, n° 2.
COLCADA, *s. f.*, couchée, IV, 91, II, n° 21.
COLCAR, voyez COLGAR.
COLERA, *s. f.*, bile, II, 437, II.
COLERIC, *adj.*, bilieux, II, 438, I, n° 3.
COLGA, *s. f.*, couche, IV, 91, II, n° 20.
COLGADA, voyez COLCADA.
COLGAR, *v.*, coucher, IV, 91, I, n° 19.
COLGUAR, voyez COLGAR.
COLH, voyez COL.
COLHA, *s. f.*, couille, II, 433, I, n° 3.
COLHO, *s. m.*, testicule, II, 433, I, n° 2.
COLHUS (lisez COLHUT), *adj.*, couillu, II, 433, I, n° 4.
COLHUT, voyez COLHUS.
COLIANDRE, *s. m.*, coriandre, II, 438, I.
COLIC, *adj.*, colique, II, 438, I.
COLIER, voyez COLIERS.
COLIERS (lisez COLIER), *s. m.*, portefaix, II, 436, II, n° 4.
COLL, *s. m.* (lisez *f.*), colline, II, 438, I.
COLLACION, voyez COLLATION.
COLLADEIAR, *v.*, souffleter, II, 436, II, n° 6.
COLLADEJAR, voyez COLLADEIAR.

COLLAR, voyez COLAR.
COLLATERAL, *adj.*, collatéral, IV, 27, I. n° 5.
COLLATIO, voyez COLLATION.
COLLATION, *s. f.*, collation, II, 14, II, n° 4.
COLLATIONAR, *v.*, collationner, II, 15, I, n° 5.
COLLECTA, *s. f.*, collecte, IV, 42, II, n° 15.
COLLECTIO, *s. f.*, collection, IV, 42, I, n° 13.
COLLECTIU, *adj.*, collectif, IV, 42, I, n° 10.
COLLECTOR, *s. m.*, collecteur, IV, 42, II, n° 14.
COLLEGE, *s. m.*, collége, IV, 42, II, n° 17.
COLLEGI, *s. m.*, collége, IV, 42, II, n° 16.
COLLEGIAL, *adj.*, collégial, IV, 42, I, n° 11.
COLLEGIAT, *adj.*, collégial, IV, 42, I, n° 12.
COLLEGIR, *v.*, colliger, IV, 42, I, n° 9.
COLLIER, voyez COLIERS.
COLLIGACIO, *s. f.*, liaison, IV, 72, I, n° 16.
COLLIGAMENT, *s. m.*, liaison, IV, 72, I, n° 17.
COLLIGANCIA, *s. f.*, liaison, IV, 72, I, n° 18.
COLLIGAR, *v.*, lier ensemble, IV, 71, II, n° 14.
COLLIGATIU, *adj.*, colligatif, IV, 72, I, n° 15.
COLLIGIR, voyez COLLEGIR.
COLLIRI, *s. m.*, collyre, II, 438, II.

COLLISIO, *s. f.*, collision, II, 56, I, n° 2.
COLLIZIO, voyez COLLISIO.
COLLOQUINTIDA, *s. f.*, coloquinte, II, 438, II.
COLLUCATIU, *adj.*, collucatif, IV, 109, II, n° 11.
COLOBI, *s. m.*, dalmatique, II, 438, II.
COLOBRA, *s. f.*, couleuvre, II, 438, II, n° 2.
COLOBRE, *s. m.*, couleuvre, II, 438, II.
COLOBRI, voyez COLOBRE.
COLOBRINA, *s. f.*, couleuvrine, II, 439, I, n° 3.
COLOGAR, *v.*, colloquer, IV, 90, II, n° 13.
COLOGUAR, voyez COLOGAR.
COLOM, voyez COLOMB.
COLOMB, *s. m.*, pigeon, II, 439, I, n° 2.
COLOMBA, *s. f.*, colombe, II, 439, I.
COLOMBAT, *s. m. dim.*, petite colombe, II, 439, I, n° 4.
COLOMBET, *s. m. dim.*, pigeonneau, II, 439, I, n° 3.
COLOMBIER, *s. m.*, colombier, II, 439, II, n° 6.
COLOMBIN, *adj.*, de pigeon, II, 439, II, n° 5.
COLOMPNA, voyez COLONNA.
COLON, *s. m.*, colon, II, 444, I, n° 8.
COLONHET, *s. m.*, fusain, II, 439, II.
COLONNA, *s. f.*, colonne, II, 439, II.
COLOPHONIA, *s. f.*, colophane, II, 440, I.
COLOR, *s. f.*, couleur, II, 440, I.
COLORACIO, *s. f.*, coloration, II, 440, II, n° 3.
COLORAMENT, *s. m.*, coloration, II, 440, II.

COLORAR, *v.*, colorer, II, 440, II, n° 5.
COLORATIU, *adj.*, coloratif, II, 440, II, n° 4.
COLORIR, *v.*, devenir coloré, II, 441, I, n° 6.
COLOVRE, voyez COLOBRE.
COLP, *s. m.*, coup, II, 441, II.
COLPA, *s. f.*, faute, II, 442, I.
COLPABLAMENT, *adv.*, coupablement, II, 442, II, n° 4.
COLPABLE, *adj.*, coupable, II, 442, II, n° 3.
COLPAR, *v.*, accuser, II, 442, II, n° 5.
COLPAU, *adj.*, coupable, II, 442, II, n° 2.
COLPIER, *s. m.*, batailleur, II, 442, I, n° 3.
COLRA, voyez COLERA.
COLRE, *v.*, vénérer, II, 443, I.
COLRET, voyez COLRETZ.
COLRETZ (lisez COLRET), *s. f.*, flegme, II, 438, I, n° 2.
COLTELLADA, *s. f.*, estafilade, II, 444, I, n° 3.
COLTHEL, *s. m.*, couteau, II, 444, I.
COLTIVADOR, voyez CULTIVAIRE.
COLTIVAMENT, *s. m.*, culture, II, 443, II, n° 6.
COLTIVAR, voyez CULTIVAR.
COLTRE, *s. m.*, coutre, II, 443, II, n° 3.
COLUM, *s. m.*, colum, II, 444, II.
COLUMBA, voyez COLOMBA.
COLURI, *s. m.*, colure, II, 444, II.
COM, *adv.*, comme, II, 444, II.
COMA, *s. m.*, comma, II, 446, II.
COMA, *s. f.*, chevelure, II, 446, II.

COMA, voyez CUMA.
COMAIRA, voyez COMAIRE.
COMAIRE, s. f., commère, IV, 122, II, n° 5.
COMAN, s. m., commandement, IV, 135, II, n° 7.
COMANDA, s. f., commandement, IV, 136, I, n° 8.
COMANDADOR, voyez COMANDAIRE.
COMANDAIRE, s. m., commandant, IV, 137, I, n° 11.
COMANDAMEN, s. m., commandement, IV, 136, II, n° 10.
COMANDAR, v., commander, IV, 137, I, n° 15.
COMANDATARI, s. m., commanditaire, IV, 137, I, n° 14.
COMAT, adj., chevelu, II, 447, I, n° 2.
COMAYRE, voyez COMAIRE.
COMB, adj., courbe, II, 447, I.
COMBA, s. f., vallée, II, 447, I, n° 2.
COMBATEDOR, s. m., combattant, II, 199, I, n° 21.
COMBATEMEN, s. m., combat, II, 199, I, n° 20.
COMBATRE, voyez COMBATTRE.
COMBATTRE, v., combattre, II, 199, I, n° 19.
COMBEL, s. m., vallon, II, 447, II, n° 3.
COMBEMENT, s. m., enfoncement, VI, 11, II, n° 2.
COMBINAR, v., combiner, II, 447, II.
COMBINATIU, adj., combinatif, II, 447, II, n° 2.
COMBURIR, v., brûler, V, 451, II, n° 6.
COMBUSTIO, s. f., combustion, V, 451, II, n° 7.

COMCA, voyez CONCA.
COMDADOR, adj., comptable, II, 454, II, n° 3.
COMEDER, v., manger, II, 447, II.
COMEDIA, s. f., comédie, VI, 11, II.
COMEIRA (lisez COMAIRA), voyez COMAIRE.
COMEMORACIO, s. f., commémoration, IV, 185, II, n° 8.
COMEMORATIO, voyez COMEMORACIO.
COMENCHAR, voyez COMENSAR.
COMENDABLE, adj., recommandable, IV, 137, I, n° 12.
COMENDADOR, voyez COMANDAIRE.
COMENDATIO, s. f., recommandation, IV, 136, II, n° 9.
COMEN, voyez COMENS.
COMENS, s. m., commencement, II, 448, I, n° 2.
COMENS (lisez COMEN), s. m., commentaire, IV, 204, I, n° 10.
COMENSADOR, voyez COMENSAIRE.
COMENSAILLA, s. f., commencement, II, 448, II, n° 5.
COMENSAIRE, s. m., commençant, II, 448, II, n° 6.
COMENSAMEN, voyez COMENSAMENS.
COMENSAMENS (lisez COMENSAMEN), s. m., commencement, II, 448, I, n° 3.
COMENSANSA, s. f., commencement, II, 448, II, n° 4.
COMENSAR, v., commencer, II, 448, I.
COMENSSAR, voyez COMENSAR.
COMENSURACIO, s. f., commensurabilité, IV, 202, II, n° 16.

COMENT, *adv.*, comment, II, 446, 1, n° 4.
COMESSARI, voyez COMISSARI.
COMESTIO, *s. f.*, repas, 448, 1, n° 2.
COMETA, *s. f.*, comète, II, 449, 1.
COMETRE, *v.*, commettre, IV, 224, II, n° 13.
COMINACIO, *s. f.*, menace, IV, 192, 1, n° 6.
COMINAL, *adj.*, commun, IV, 289, 1, n° 4.
COMINALEZA, voyez COMUNALEZA.
COMINALMEN, voyez COMUNALMEN.
COMINALTAT, *s. f.*, communauté, IV, 289, II, n° 6.
COMISSARI, *s. m.*, commissaire, IV, 225, II, n° 16.
COMISSION, *s. f.*, commission, IV, 225, II, n° 15.
COMJAT, *s. m.*, congé, II, 449, 1.
COMJIAR, *v.*, congédier, II, 449, II, n° 2.
COMMANDA, voyez COMANDA.
COMMANDITARI, voyez COMANDATARI.
COMMENDATIU, *adj.*, commandatif, IV, 137, I, n° 13.
COMMINUCIO, *s. f.*, fracture, IV, 199, II, n° 34.
COMMOCIO, *s. f.*, commotion, IV, 278, II, n° 11.
COMMONIMENT, voyez COMONIMENT.
COMMONRAR, voyez COMONRAR.
COMMOTIO, voyez COMMOCIO.
COMMUNAL, voyez COMINAL.
COMMUNAUTAT, voyez COMINALTAT.

COMMUNIAR, *v.*, communier, IV, 291, I, n° 14.
COMMUNION, *s. f.*, communion, IV, 291, I, n° 13.
COMMUNIQUAR, *v.*, communiquer, IV, 290, II, n° 12.
COMMUTATIO, *s. f.*, commutation, IV, 282, II, n° 8.
COMMUTATIU, *adj.*, commutatif, IV, 282, II, n° 9.
COMO, voyez COMUN.
COMOCIO, voyez COMMOCIO.
COMODAMENT, *adv.*, commodément, II, 449, II, n° 2.
COMODITAT, *s. f.*, commodité, II, 449, II.
COMOL, *s. m.*, tas, II, 450, I.
COMOL, *adj.*, comble, II, 450, I, n° 2.
COMONIMENT, *s. m.*, avertissement, IV, 254, I, n° 13.
COMONIR, *v.*, avertir, IV, 254, I, n° 11.
COMONRAR, *v.*, avertir, IV, 254, I, n° 12.
COMORACIO, *s. f.*, commoration, IV, 263, I, n° 2.
COMORDER, *v.*, émouvoir, IV, 280, I, n° 28.
COMORDRE, voyez COMORDER.
COMORSA, *s. f.*, agitation, IV, 280, II, n° 29.
COMOT, *s. m.*, commotion, IV, 278, II, n° 12.
COMPACTIO, *s. f.*, compacité, II, 452, I.
COMPAGINACIO, *s. f.*, assemblage, IV, 393, I, n° 2.
COMPAGINAR, *v.*, assembler, IV, 393, I, n° 3.

COMPAGNATGE, voyez COMPANATGE.
COMPAGNIA, voyez COMPANHA.
COMPAGNO, voyez COMPANH.
COMPAIN, voyez COMPANH.
COMPAINGNATGE, voyez COMPANATGE.
COMPAIRE, s. m., compère, IV, 397, II, n° 31.
COMPAIRESC, s. m., compérage, IV, 398, I, n° 32.
COMPANAGGE, voyez COMPANATGE.
COMPANATGE, s. m., nourriture, IV, 407, II, n° 12.
COMPANH, s. m., compagnon, IV, 406, II, n° 8.
COMPANHA, s. f., compagnie, IV, 407, II, n° 13.
COMPANHAR, v., mettre en compagnie, IV, 408, I, n° 14.
COMPANHIA, voyez COMPANHA.
COMPANHIER, s. m., compagnon, IV, 407, I, n° 10.
COMPANHIERA, s. f., compagne, IV, 407, I, n° 11.
COMPANHIEYRA, voyez COMPANHIERA.
COMPANHO, voyez COMPANH.
COMPANHONA, s. f., compagnonne, IV, 407, I, n° 9.
COMPAR, adj., pareil, IV, 417, II, n° 21.
COMPARAMEN, s. m., comparaison, IV, 418, I, n° 24.
COMPARANSA, s. f., comparaison, IV, 418, I, n° 23.
COMPARAR, v., comparer, IV, 418, I, n° 26.
COMPARASO, s. f., voyez COMPARATIO.

COMPARATIO, s. f., comparaison, IV, 417, II, n° 22.
COMPARATIU, adj., comparatif, IV, 418, I, n° 25.
COMPAREISSER, v., comparaître, IV, 430, I, n° 18.
COMPARER, v., comparaître, IV, 430, I, n° 17.
COMPARUTION, s. f., comparution, IV, 430, I, n° 16.
COMPAS, s. m., compas, IV, 443, II, n° 12.
COMPASSAR, v., compasser, IV, 444, I, n° 13.
COMPASSIO, s. f., compassion, IV, 454, II, n° 13.
COMPATIR, v., compatir, IV, 454, II, n° 12.
COMPELIR, voyez COMPELLIR.
COMPELLIR, v., contraindre, IV, 667, I, n° 15.
COMPENDIOS, adj., abrégé, II, 452, I.
COMPENH, voyez COMPANH.
COMPENRE, voyez COMPRENDRE.
COMPENSACIO, s. f., compensation, IV, 498, II, n° 42.
COMPENSADAMEN, adv., avec balance, IV, 498, II, n° 41.
COMPENSAR, v., compenser, IV, 498, II, n° 40.
COMPESSAR, voyez COMPENSAR.
COMPETENT, adj., compétent, IV, 529, I, n° 9.
COMPETENTMENT, adv., convenablement, IV, 529, II, n° 10.
COMPETIR, v., compéter, IV, 529, II, n° 11.

COMPILAR, *v.*, compiler, **IV**, 539, II, n° 5.

COMPILATIO, *s. f.*, compilation, **IV**, 540, I, n° 6.

COMPISSAR, *v.*, compisser, **IV**, 545, II, n° 3.

COMPLACENCIA, *s. f.*, complaisance, **IV**, 561, I, n° 8.

COMPLAG, *s. m.*, contentement, **IV**, 560, II, n° 7.

COMPLAGNER, voyez COMPLANHER.

COMPLAIGNER, voyez COMPLANHER.

COMPLAINGNER, voyez COMPLANHER.

COMPLAINTA, voyez COMPLANTA.

COMPLANACIO, *s. f.*, nivellement, **IV**, 553, I, n° 14.

COMPLANCHA, *s. f.*, complainte, **IV**, 554, II, n° 3.

COMPLANGER, voyez COMPLANHER.

COMPLANHENSA, *s. f.*, plainte, **IV**, 555, I, n° 5.

COMPLANHER, *v.*, plaindre, **IV**, 555, I, n° 6.

COMPLANSA, voyez COMPLANCHA.

COMPLANTA, *s. f.*, plainte, **IV**, 554, II, n° 4.

COMPLECTIO, voyez COMPLEXIO.

COMPLECXIONAT, voyez COMPLEXIONAT.

COMPLEMENT, voyez COMPLIMEN.

COMPLETA, *s. f.*, complies, **IV**, 572, I, n° 24.

COMPLETAS, *s. f. pl.*, complies, **IV**, 572, I, n° 26.

COMPLETIU, *adj.*, complétif, **IV**, 572, I, n° 25.

COMPLEXIO, *s. f.*, organisation, **IV**, 567, I, n° 41.

COMPLEXIONAL, *adj.*, qui est relatif à la complexion, **IV**, 567, II, n° 43.

COMPLEXIONAT, *adj.*, organisé, **IV**, 567, II, n° 42.

COMPLICAR, *v.*, compliquer, **IV**, 568, I, n° 44.

COMPLICIO, voyez COMPLEXIO.

COMPLICION, voyez COMPLEXIO.

COMPLIDAMEN, voyez COMPLIDAMENT.

COMPLIDAMENT, *adv.*, complétement, **IV**, 571, II, n° 21.

COMPLIMEN, *s. m.*, achèvement, **IV**, 572, I, n° 22.

COMPLIR, *v.*, accomplir, **IV**, 571, II, n° 20.

COMPLITIO, voyez COMPLEXIO.

COMPONDRE, *v.*, composer, **IV**, 611, II, n° 14.

COMPONEDOR, *s. m.*, compositeur, **IV**, 611, II, n° 13.

COMPONG, *adj.*, affligé, **IV**, 599, I, n° 30.

COMPONRRE, voyez COMPONDRE.

COMPORT, *s. m.*, conduite, **IV**, 607, II, n° 18.

COMPORTAMEN, *s. m.*, conduite, **IV**, 607, II, n° 21.

COMPORTANCZA, *s. f.*, santé, **IV**, 607, II, n° 20.

COMPORTAR, *v.*, porter, **IV**, 607, II, n° 22.

COMPOSICIO, *s. f.*, composition, **IV**, 611, I, n° 12.

COMPOSITIO, voyez COMPOSICIO.

COMPOSITION, voyez COMPOSICIO.
COMPOSTAMEN, adv., conjointement, IV, 611, II, n° 15.
COMPOSTAMENS, voyez COMPOSTAMEN.
COMPOT, s. m., comput, II, 455, I, n° 10.
COMPOZICIO, voyez COMPOSICIO.
COMPRA, s. f., achat, II, 452, II, n° 2.
COMPRADOR, voyez COMPRAIRE.
COMPRAIRE, s. m., acheteur, II, 452, II, n° 4.
COMPRAR, v., acheter, II, 452, II.
COMPRAZO, voyez COMPRAZOS.
COMPRAZOS (lisez COMPRAZO), s. f., achat, II, 452, II, n° 3.
COMPREHENDABLE, adj., compréhensible, IV, 630, I, n° 19.
COMPREHENSIU, adj., collectif, IV, 630, I, n° 20.
COMPREMER, v., comprimer, IV, 624, II, n° 23.
COMPRENDEMEN, voyez COMPRENDEMENS.
COMPRENDEMENS (lisez COMPRENDEMEN), s. m., compréhension, IV, 630, I, n° 21.
COMPRENDRE, v., comprendre, IV, 629, II, n° 18.
COMPRENER, voyez COMPRENDRE.
COMPRESSIO, s. f., compression, IV, 625, I, n° 24.
COMPROBAR, v., prouver, IV, 652, I, n° 9.
COMPROMES, s. m., compromis, IV, 228, I, n° 31.
COMPROMETRE, v., compromettre, IV, 228, I, n° 30.
COMPTE, s. m., compte, II, 454, II, n° 2.

COMPULCION, s. f., compulsion, IV, 667, II, n° 17.
COMPULSORI, adj., compulsoire, IV, 667, II, n° 16.
COMPUNCIO, voyez COMPUNCTIO.
COMPUNCTIO, s. f., componction, IV, 599, I, n° 29.
COMS, s. m., comte, II, 453, I.
COMTAIRE, s. m., conteur, II, 464, II, n° 4.
COMTAL, adj., comtal, II, 453, II, n° 6.
COMTAR, v., compter, II, 454, I.
COMTAR, voyez CONTAR.
COMTAT, s. m., comté, II, 453, II, n° 4.
COMTE, voyez COMPTE.
COMTE, voyez COMS.
COMTE, voyez CONTE.
COMTESSA, s. f., comtesse, II, 453, II, n° 3.
COMTIU, s. m., comté, II, 453, II, n° 5.
COMTOR, s. m., comtor, II, 453, II, n° 2.
COMU, voyez COMUN.
COMUN, adj., commun, IV, 288, II, n° 2.
COMUNA, s. f., commune, IV, 289, I, n° 3.
COMUNAILLA, voyez COMUNALHA.
COMUNAL, voyez COMINAL.
COMUNALEZA, s. f., communauté, IV, 290, I, n° 7.
COMUNALHA, s. f., communauté, IV, 289, II, n° 5.

COMUNALMEN, *adv.*, communément, IV, 290, I, n° 8.

COMUNIA, voyez COMUNA.

COMUNICABILITAT, *s. f.*, communicabilité, IV, 290, II, n° 10.

COMUNICAR, voyez COMMUNIQUAR.

COMUNICATIU, *adj.*, communicatif, IV, 290, II, n° 11.

COMUNION, voyez COMMUNION.

COMUNITAT, voyez COMINALTAT.

CON, *s. m.*, vagin, II, 455, II.

CONCA, *s. f.*, conque, II, 455, II.

CONCAGAR, *v.*, conchier, II, 284, II, n° 3.

CONCALENGIER (lisez CONCALONGIER), *adj.*, disputeur, II, 295, II, n° 4.

CONCALONGIER, voyez CONCALENGIER.

CONCAU, *adj.*, concave, II, 366, II, n° 10.

CONCAV, voyez CONCAU.

CONCAVAR, *v.*, creuser, II, 366, II, n° 12.

CONCAVITAT, *s. f.*, concavité, II, 366, II, n° 11.

CONCEBEMENT, *s. m.*, conception, II, 277, II, n° 41.

CONCEBRE, *v.*, concevoir, II, 277, II, n° 39.

CONCECRATIO, voyez CONSECRATIO.

CONCEPTIO, *s. f.*, conception, II, 277, II, n° 40.

CONCEPTION, voyez CONCEPTIO.

CONCESSION, *s. f.*, concession, II, 389, I, n° 5.

CONCHA, voyez CONCA.

CONCHILL, *s. m.*, coquille, VI, 11, II, n° 1 *bis*.

CONCIENCIA, *s. f.*, conscience, V, 125, II, n° 24.

CONCILI, *s. m.*, assemblée, II, 461, II, n° 15.

CONCIS, *adj.*, concis, V, 167, II, n° 13.

CONCISIO, *s. f.*, concision, V, 168, I, n° 14.

CONCISTORI, voyez CONSISTORI.

CONCLAVI, *s. m.*, conclave, II, 407, II, n° 6.

CONCLUIRE, *v.*, conclure, II, 410, II, n° 33.

CONCLURE, voyez CONCLUIRE.

CONCLUSIO, *s. f.*, conclusion, II, 410, II, n° 31.

CONCLUSIU, *adj.*, conclusif, II, 410, II, n° 32.

CONCOA, *s. f.*, concubine, II, 419, I, n° 6.

CONCOEIRA, *s. f.*, concubine, II, 419, I, n° 7.

CONCORDAR, *v.*, concorder, II, 483, II, n° 24.

CONCORDI, *s. m.*, accord, II, 483, II, n° 23.

CONCORDIA, *s. f.*, concorde, II, 483, II, n° 22.

CONCORDIAR, voyez CONCORDAR.

CONCOSSOL, *s. m.*, co-consul, II, 462, I, n° 18.

CONCRECIO, *s. f.*, assemblage, II, 456, I, n° 3.

CONCRET, *adj.*, concret, II, 455, II.

CONCRETIU, *adj.*, concrétif, II, 456, I, n° 2.

CONCUBINA, *s. f.*, concubine, II, 526, I, n° 2.

CONCUELHIR, *v.*, recueillir, II, 434, II, n° 10.

CONCUILLIR, voyez CONCUELHIR.

CONCUPISCENTIA, *s. f.*, concupiscence, II, 422, I, n° 12.

CONCURREN, *s. m.*, intersection, II, 492, I, n° 25.

CONCURRER, *v.*, concourir, II, 491, II, n° 24.

CONCURSIO, *s. f.*, concours, II, 492, I, n° 26.

CONCUSSIO, *s. f.*, ébranlement, II, 456, I, n° 2.

CONCUTIR, *v.*, ébranler, II, 456, I.

CONDAMINA, *s. f.*, condamine, II, 456, I.

CONDAMPNAR, *v.*, condamner, III, 8, I, n° 16.

CONDAR, *v.*, assaisonner, II, 456, II, n° 2.

CONDAR, voyez COMTAR.

CONDECENDRE, voyez CONDEYSSENDRE.

CONDEIAR, voyez COINDEIAR.

CONDEJAR, voyez COINDEIAR.

CONDEMNACION, *s. f.*, condamnation, III, 7, II, n° 13.

CONDEMPNAMEN, *s. m.*, condamnation, III, 8, I, n° 14.

CONDEMPNATION, voyez CONDEMNACION.

CONDEMPNATORI, *adj.*, condamnatoire, III, 8, I, n° 15.

CONDENSATIU, *adj.*, condensatif, II, 456, I.

CONDERC, voyez CODERC.

CONDERDRE, *v.*, redresser, III, 137, II, n° 6.

CONDERGAR, *v.*, faire germer, II, 428, II, n° 4.

CONDERSER, *s. m.*, pâturages (*lisez* pâturage), II, 428, I, n° 2.

CONDEYSSENDRE, *v.*, condescendre, II, 132, I, n° 9.

CONDICIO, *s. f.*, condition, II, 457, I.

CONDICION, voyez CONDICIO.

CONDICIONAR, voyez CONDITIONAR.

CONDIMEN, *s. m.*, assaisonnement, II, 456, II, n° 4.

CONDIRE, *v.*, assaisonner, II, 456, II.

CONDITIONAL, *adj.*, conditionnel, II, 457, I, n° 2.

CONDITIONALMENT, *adv.*, conditionnellement, II, 457, I, n° 3.

CONDITIONAR, *v.*, conditionner, II, 457, I, n° 4.

CONDRE, voyez CONDIRE.

CONDRECH, *adj.*, herbeux, II, 428, I, n° 3.

CONDUCH, *s. m.*, conduite, III, 83, I, n° 12.

CONDUCHIER, *s. m.*, convive, II, 456, II, n° 5.

CONDUCTICI, *adj.*, mercenaire, III, 83, II, n° 15.

CONDUCTOR, *s. m.*, conducteur, III, 83, II, n° 14.

CONDUG, *s. m.*, festin, II, 456, II, n° 3.

CONDUICH, voyez CONDUG.

CONDUIRE, *v.*, conduire, III, 83, I, n° 11.

CONDUPLICATIO, *s. f.*, redoublement, IV, 565, I, n° 24.

CONDURRE, voyez CONDUIRE.

CONDUT, voyez CONDUG.

CONEGUDA, voyez CONOGUDA.

CONESTABLE, *s. m.*, connétable, III, 212, I, n° 65.

CONESTABLIA, *s. f.*, connétablie, III, 212, I, n° 66.

CONFANO, voyez GONFANO.

CONFECTIO, voyez CONFECTION.

CONFECTION, *s. f.*, confection, III, 277, I, n° 101.

CONFEDERACION, voyez CONFEDERATION.

CONFEDERANSA, *s. f.*, alliance, III, 293, I, n° 32.

CONFEDERAR, *v.*, confédérer, III, 293, I, n° 33.

CONFEDERATION, *s. f.*, confédération, III, 292, II, n° 31.

CONFERMAMENT, *s. m.*, confirmation, III, 314, II, n° 21.

CONFERMAR, *v.*, confirmer, III, 314, II, n° 24.

CONFERMATORI, *adj.*, confirmatif, III, 314, II, n° 23.

CONFERMATIU, *adj.*, confirmatif, III, 314, II, n° 22.

CONFES, *adj.*, confès, II, 457, II, n° 3.

CONFESSAR, *v.*, confesser, II, 457, II, n° 2.

CONFESSIO, *s. f.*, confession, II, 457, II.

CONFESSION, voyez CONFESSIO.

CONFESSOR, *s. m.*, confesseur, II, 458, I, n° 4.

CONFIDAR, *v.*, confier, III, 292, I, n° 28.

CONFIDENCIA, *s. f.*, confiance, III, 291, II, n° 23.

CONFIECH, *s. m.*, confit, III, 277, I, n° 99.

CONFIGIMEN, voyez COFIMEN.

CONFINAR, *v.*, confiner, III, 332, I, n° 26.

CONFINITAT, *s. f.*, confin, III, 332, I, n° 25.

CONFIR, *v.*, confire, III, 277, I, n° 98.

CONFIRMAR, voyez CONFERMAR.

CONFIRMATION, voyez COFERMACIÓ.

CONFIRMATORI, voyez CONFERMATORI.

CONFISCAR, *v.*, confisquer, III, 334, I, n° 4.

CONFISCATION, *s. f.*, confiscation, III, 334, I, n° 3.

CONFONDEMENT, *s. m.*, confusion, III, 356, II, n° 7.

CONFONDRE, *v.*, confondre, III, 356, II, n° 6.

CONFORMAR, *v.*, conformer, III, 366, I, n° 12.

CONFORMITAT, *s. f.*, conformité, III, 366, I, n° 11.

CONFORT, *s. m.*, confort, III, 376, I, n° 20.

CONFORTACIO, voyez CONFORTATIO.

CONFORTADOR, *s. m.*, consolateur, III, 376, II, n° 23.

CONFORTAIRE, voyez CONFORTADOR.

CONFORTAMENT, *s. m.*, courage, III, 376, II, n° 22.

CONFORTAR, *v.*, conforter, III, 376, I, n° 19.

CONFORTATIEU, voyez CONFORTATIU.

CONFORTATIO, *s. f.*, confortation, III, 376, II, 21.

CONFORTATIU, *adj.*, confortatif, III, 376, I, n° 18.

CONFRAIRE, *s. m.*, confrère, III, 383, I, n° 10.

CONFRAIRESSA, *s. f.*, confréresse, III, 383, I, n° 11.

CONFRAIRIA, *s. f.*, confrérie, III, 383, II, n° 12.

CONFRATERNITAT, *s. f.*, confraternité, III, 383, II, n° 13.

CONFRAYRE, voyez CONFRAIRE.

CONFRAYRESSA, voyez CONFRAIRESSA.

CONFRAYRIA, voyez CONFRAIRIA.

CONFRICACIO, *s. f.*, frottement, III, 394, I, n° 10.

CONFRICAR, *v.*, frotter, III, 394, I, n° 9.

CONFRONTACIO, voyez CONFRONTATIO.

CONFRONTAR, *v.*, confronter, III, 402, II, n° 10.

CONFRONTATIO, *s. f.*, confrontation, III, 402, II, n° 9.

CONFUS, *adj.*, confus, III, 357, I, n° 9.

CONFUSIO, *s. f.*, confusion, III, 356, II, n° 8.

CONFUSION, voyez CONFUSIO.

CONG, voyez CUNH.

CONGAUZIR, *v.*, congratuler, III, 444, I, 15.

CONGE, *adj.*, gracieux, II, 465, I, n° 2.

CONGELACIO, *s. f.*, congélation, III, 452, I, n° 4.

CONGELAR, *v.*, congeler, III, 452, I, n° 5.

CONGLAPIS, *s. m.*, verglas, III, 474, I, n° 4.

CONGLUTINAR, *v.*, conglutiner, III, 480, I, n° 10.

CONGLUTINATIO, *s. f.*, conglutination, III, 480, I, n° 9.

CONGRA, *s. f.*, congresse, II, 458, II, n° 2.

CONGRE, *s. m.*, congre, II, 458, I.

CONGREG, voyez CONDRECH.

CONGREGACIO, voyez CONGREGATIO.

CONGREGAR, *v.*, rassembler, III, 508, I, n° 10.

CONGREGATIO, *s. f.*, congrégation, III, 507, II, n° 8.

CONGREGATIU, *adj.*, congrégatif, III, 508, I, n° 9.

CONGRENS, *s. m.*, travail, II, 458, II.

CONGRIAR, voyez CONGREGAR.

CONGRUAR, voyez CONGREGAR.

CONGRUENT, *adj.*, convenable, II, 458, II.

CONH, voyez CUNH.

CONHAT, voyez COGNAT.

CONHDAMENS, voyez COINTAMEN.

CONHET, *s. m. dim.*, coin, II, 530, I, n° 2.

CONIL, *s. m.*, lapin, II, 458, II.

CONIN, *adj.*, utérin, II, 455, II, n° 2.

CONIOISSEIRE, *s. m.*, connaisseur, IV, 333, II, 21.

CONIS, *s. f.*, conise, II, 458, II.

CONJAT, voyez COMJAT.

CONJE, voyez CONGE.

CONJECTURA, *s. f.*, conjecture, III, 471, II, n° 17.

CONJOIGNER, voyez CONJUNGER.

CONJOIR, *v.*, fêter, III, 446, I, n° 25.

CONJOISSENSA, *s. f.*, jouissance, III, 446, I, n° 24.

CONJONCTIU, *adj.*, conjonctif, III, 599, I, n° 8.

CONJONGNER, voyez CONJUNGER.

CONJUGAL, *adj.*, conjugal, III, 600, I, n° 19.

CONJUGATIO, *s. f.*, conjugaison, III, 600, I, n° 18.

CONJUGAZO, voyez CONJUGATIO.

CONJUNCCIO, voyez CONJUNCTIO.

CONJUNCTIO, *s. f.*, conjonction, III, 599, I, n° 10.

CONJUNGER, *v.*, conjoindre, III, 598, II, n° 7.

CONJUNTAMEN, *adv.*, conjointement, III, 599, I, n° 9.

CONJUR, *s. m.*, supplication, III, 602, I, n° 9.

CONJURADOR, *s. m.*, enchanteur, III, 602, II, n° 11.

CONJURAIRE, voyez CONJURADOR.

CONJURAR, *v.*, conjurer, III, 602, II, n° 12.

CONJURATION, *s. f.*, conjuration, III, 602, II, n° 10.

CONLAUDAR, *v.*, louer, IV, 31, II, n° 23.

CONLOGATION, *s. f.*, sous-location, IV, 92, II, n° 7.

CONMINUIR, *v.*, briser, IV, 199, II, n° 33.

CONNEXIO, *s. f.*, connexion, IV, 330, II, n° 15.

CONNEXITAT, *s. f.*, connexité, IV, 331, I, n° 16.

CONOGUDA, *s. f.*, connaissance, IV, 333, I, n° 20.

CONOICHENSSA, voyez CONOISSENSA.

CONOISCER, voyez CONOSCER.

CONOISSEDOR, voyez CONIOISSEIRE.

CONOISSENSA, *s. f.*, connaissance, IV, 333, I, n° 18.

CONOISSER, voyez CONOSCER.

CONOISSIMEN, *s. m.*, connaissance, IV, 333, I, n° 19.

CONORT, *s. m.*, encouragement, IV, 388, II, n° 2.

CONORTAMEN, *s. m.*, encouragement, IV, 388, II, n° 3.

CONORTAR, *v.*, encourager, IV, 389, I, n° 5.

CONORTOS, *adj.*, satisfait, IV, 389, I, n° 4.

CONOSCER, *v.*, connaître, IV, 333, II, n° 24.

CONOYSSEDOR, voyez CONIOISSEIRE.

CONOYSSENSA, voyez CONOISSENSA.

CONOYSSHENSA, voyez CONOISSENSA.

CONPLEXIONAL, voyez COMPLEXIONAL.

CONPRESSIU, *adj.*, compressif, IV, 625, I, n° 25.

CONPTE, voyez CONTE.

CONQUAVAR, voyez CONCAVAR.

CONQUEREMEN, *s. m.*, conquête, V, 19, II, n° 16.

CONQUERER, *v.*, conquérir, V, 19, I, n° 13.

CONQUERIMEN, voyez CONQUEREMEN.

CONQUERIR, voyez CONQUERER.

CONQUERRE, voyez CONQUERER.

CONQUESTA, *s. f.*, conquête, V, 20, I, n° 18.

CONQUIST, s. m., conquête, V, 19, II, n° 14.

CONQUISTAR, v., conquérir, V, 19, II, n° 17.

CONQUIZA, s. f., conquête, V, 19, II, n° 15.

CONRE, s. m., nourriture, II, 459, I, n° 2.

CONREAR, v., régaler, II, 459, I, n° 3.

CONREI, s. m., traitement, II, 458, II.

CONREY, voyez CONREI.

CONSANGUINITAT, s. f., consanguinité, V, 153, I, n° 13.

CONSCRIPTIO, s. f., répartition, III, 160, II, n° 20.

CONSECRAR, v., consacrer, V, 136, I, n° 22.

CONSECRATIO, s. f., consécration, V, 136, I, n° 23.

CONSECUTIO, s. f., conséquence, V, 180, I, n° 11.

CONSEGRACION, voyez COSECRATIO.

CONSEGRAR, voyez CONSECRAR.

CONSEGRATIO, voyez CONSECRATIO.

CONSEGRE, voyez COSSEGUIR.

CONSEGUIMEN, s. m., poursuite, V, 180, II, n° 10.

CONSEGUIR, voyez COSSEGUIR.

CONSEILHAR, voyez COSSELHAR.

CONSEILHER, voyez COSSELIERS.

CONSEILLER, voyez COSSELIERS.

CONSELAMEN, voyez CONSELHAMEN.

CONSELH, s. m., conseil, II, 459, II.

CONSELHAMEN, s. m., conseil, II, 460, I, n° 2.

CONSELHAR, voyez COSSELHAR.

CONSELHIER, voyez COSSELIERS.

CONSEN, adj., complice, V, 199, I, n° 28.

CONSENTIR, v., consentir, V, 199, I, n° 29.

CONSEQUEN, voyez CONSEQUENT.

CONSEQUENCIA, s. f., conséquence, V, 180, II, n° 12.

CONSEQUENSSA, voyez CONSEQUENCIA.

CONSEQUENT, adj., conséquent, V, 181, I, n° 13.

CONSEQUENTIA, voyez CONSEQUENCIA.

CONSERVACIO, s. f., conservation, V, 214, I, n° 5.

CONSERVADOR, s. m., conservateur, V, 214, II, n° 6.

CONSERVAIRE, voyez CONSERVADOR.

CONSERVAR, v., conserver, V, 214, I, n° 3.

CONSERVATIO, voyez CONSERVACIO.

CONSERVATION, voyez CONSERVACIO.

CONSERVATIU, adj., conservatif, V, 214, I, n° 4.

CONSERVATOR, voyez CONSERVADOR.

CONSERVAYRITZ, s. f., conservatrice, V, 214, II, n° 7.

CONSIDERACIO, s. f., considération, II, 463, I, n° 2.

CONSIDERANSA, s. f., considération, II, 463, I, n° 3.

CONSIDERAR, v., considérer, II, 463, I.

CONSIGNAR, v., contre-signer, V, 228, II, n° 16.

CONSILIATIU, adj., conciliant, II, 462, II, n° 20.

CONSIR, s. m., chagrin, II, 463, II, n° 6.

CONSIRANSA, voyez CONSIRANZA.

CONSIRANZA, *s. f.*, inquiétude, II, 463, II, n° 8.

CONSIRIER, *s. m.*, souci, II, 463, II, n° 7.

CONSIROS, *adj.*, rêveur, II, 464, I, n° 10.

CONSISTENCIA, *s. f.*, consistance, III, 209, I, n° 42.

CONSISTORI, *s. m.*, consistoire, V, 224, I, n° 18.

CONSOL, *s. m.*, consul, II, 462, I, n° 16.

CONSOLADOR, voyez CONSOLAIRE.

CONSOLAIRE, *s. m.*, consolateur, V, 253, II, n° 8.

CONSOLAMENT, *s. m.*, consolation, V, 253, II, n° 7.

CONSOLAT, *s. m.*, consulat, II, 462, I, n° 17.

CONSOLATION, *s. f.*, consolation, V, 253, I, n° 5.

CONSOLDAR, *v.*, consolider, V, 248, II, n° 11.

CONSOLIDACIO, *s. f.*, consolidation, V, 248, II, n° 13.

CONSOLIDAMENT, *s. m.*, affermissement, V, 249, I, n° 14.

CONSOLIDAR, *v.*, consolider, V, 248, II, n° 12.

CONSOLIDATIU, *adj.*, consolidatif, V, 249, I, n° 15.

CONSOMPCIO, voyez CONSUMPCIO.

CONSONANCIA, *s. f.*, consonnance, V, 265, I, n° 12.

CONSONAR, *v.*, consonner, V, 265, I, n° 11.

CONSORTIA, *s. f.*, association, V, 271, I, n° 5.

CONSOUDA, voyez COSSOUDA.

CONSSUMPTIU, voyez COMSUMPTIU.

CONSTANCIA, *s. f.*, constance, III, 208, II, n° 37.

CONSTIPACIO, *s. f.*, constipation, III, 220, I, n° 5.

CONSTIPATIU, *adj.*, constipatif, II, 464, I; et II, 502, I, n° 2.

CONSTITUIR, *v.*, établir, III, 213, I, n° 73.

CONSTITUTIO, *s. f.*, constitution, III, 213, I, n° 74.

CONSTITUTION, voyez CONSTITUTIO.

CONSTRICCIO, *s. f.*, constriction, III, 228, I, n° 15.

CONSTRUCTIO, *s. f.*, construction, III, 562, I, n° 8.

CONSTRUCTIU, *adj.*, constructif, III, 565, I, n° 9.

CONSTRUIRE, *v.*, construire, III, 562, I, n° 10.

CONSUMAR, *v.*, consommer, V, 264, I, n° 13.

CONSUMIR, *v.*, consumer, V, 264, II, n° 3.

CONSUMPCIO, *s. f.*, consomption, V, 264, II, n° 4.

CONSUMPTIU, *adj.*, consomptif, V, 264, II, n° 5.

CONTAGIOS, *adj.*, contagieux, VI, 39, I, n° 2.

CONTAMEN, *s. m.*, récit, II, 464, II, n° 3.

CONTAR, *v.*, conter, II, 464, I.
CONTAR, voyez COMPTAR.
CONTAT, voyez COMTAT.
CONTE, *s. m.*, conte, II, 464, II, n° 2.
CONTE, *adj.*, cultivé, II, 465, I.
CONTEIRAL, *s. m.*, contemporain, II, 467, I.
CONTEMPLACIO, *s. f.*, contemplation, V, 316, 2, n° 3.
CONTEMPLACION, voyez CONTEMPLACIO.
CONTEMPLADOR, *s. m.*, contemplateur, V, 316, II, n° 6.
CONTEMPLAIRE, voyez CONTEMPLADOR.
CONTEMPLAR, *v.*, contempler, V, 316, II, n° 5.
CONTEMPLATIO, voyez CONTEMPLACIO.
CONTEMPLATIU, *adj.*, **contemplatif**, V, 316, II, n° 4.
CONTEMPNER, *v.*, mépriser, II, 467, I.
CONTEN, *s. m.*, contention, V, 346, I, n° 8.
CONTENDA, *s. f.*, dispute, V, 346, II, n° 10.
CONTENDRE, *v.*, contester, V, 346, II, n° 12.
CONTENEMEN, voyez CONTENEMENT.
CONTENEMENT, *s. m.*, contenance, V, 335, II, n° 18.
CONTENENSA, *s. f.*, contenance, V, 335, II, n° 19.
CONTENENSSA, voyez CONTENENSA.
CONTENER, *v.*, contenir, V, 335, I, n° 16.
CONTENIR, voyez CONTENER.
CONTENSO, *s. f.*, contention, V, 346, I, n° 9.
CONTENT, *adj.*, content, II, 467, I.
CONTENTA, voyez CONTENDA.

CONTENTIU, *adj.*, contentif, V, 335, II, n° 17.
CONTESTAR, *v.*, contester, II, 469, I, n° 15; et III, 210, I, n° 46.
CONTEZA, *s. f.*, contention, V, 346, II, n° 11.
CONTINENTIA, *s. f.*, continence, V, 335, II, n° 20.
CONTINU, *adj.*, continu, V, 336, II, n° 25.
CONTINUABLE, *adj.*, continuel, V, 336, II, n° 27.
CONTINUABLEMENT, *adv.*, continuellement, V, 336, II, n° 28.
CONTINUADAMENTZ, *adv.*, continuement, V, 337, I, n° 31.
CONTINUAMEN, voyez CONTINUAMENT.
CONTINUAMENT, *s. m.*, continuation, V, 336, II, n° 29.
CONTINUAR, *v.*, continuer, V, 336, I, n° 21.
CONTINUATIO, *s. f.*, continuation, V, 336, I, n° 23.
CONTINUATIU, *adj.*, continuatif, V, 337, I, n° 30.
CONTINUITAT, *s. f.*, continuité, V, 336, I, n° 22.
CONTINUOS, *adj.*, continuel, V, 336, II, n° 26.
CONTORBAR, voyez CONTURBAR.
CONTRA, *prép.*, contre, II, 467, II.
CONTRAABBAT, *s. m.*, contre-abbé, VI, 1, I, n° 4.
CONTRABILLAR, *v.*, chanceler, II, 470, I.
CONTRACCIO, *s. f.*, contraction, V, 402, II, n° 22.
CONTRACH, voyez CONTRATZ.

CONTRACLAU, *s. f.*, contre-clef, II, 408, I, n° 10.

CONTRACLAVIER, voyez CONTRACLAVIERS.

CONTRACLAVIERS (lisez CONTRACLAVIER), *s. m.*, contre-clavier, I, 408, I, n° 11.

CONTRACORRE, *v.*, courir de pair, II, 492, I, n° 27.

CONTRACT, *s. m.*, contrat, V, 396, I, n° 8.

CONTRACT, voyez CONTRATZ.

CONTRACTAR, *v.*, contracter, V, 395, II, n° 7.

CONTRACTIU, *adj.*, contractif, V, 402, II, n° 21.

CONTRADA, *s. f.*, contrée, II, 470, II.

CONTRADENTEYAR, *v.*, contre-mordre, III, 26, I, n° 8.

CONTRADICIO, voyez CONTRADICTIO.

CONTRADICTIO, *s. f.*, contradiction, III, 55, I, n° 14.

CONTRADICTORI, *adj.*, contradictoire, III, 55, II, n° 16.

CONTRADIRE, *v.*, contredire, III, 54, II, n° 12.

CONTRADISAMENT, *s. m.*, contradiction, III, 55, I, n° 15.

CONTRADIT, *s. m.*, contredit, III, 55, I, n° 13.

CONTRAFAR, *v.*, contrefaire, III, 276, I, n° 95.

CONTRAFAYRE, voyez CONTRAFAR.

CONTRAFAZEDOR, *s. m.*, contrefaiseur, III, 276, II, n° 97.

CONTRAFAZEIRE, voyez CONTRAFAZEDOR.

CONTRAFAZEMEN, *s. m.*, contrefaçon, III, 276, II, n° 96.

CONTRAFERIR, *v.*, contre-frapper, III, 311, I, n° 4.

CONTRAGARDAR, *v.*, préserver, III, 429, I, n° 32.

CONTRAHEMEN, *s. m.*, contrainte, V, 402, II, n° 24.

CONTRAHEN, voyez CONTRAHENT.

CONTRAHENT, *adj.*, contractant, V, 402, II, n° 23.

CONTRAIGNER, *v.*, contraindre, III, 227, II, n° 11.

CONTRAMON, *adv.*, contre-mont, IV, 260, I, n° 16.

CONTRANHEMEN, *s. m.*, contraction, III, 228, II, n° 17.

CONTRANHER, voyez CONTRAIGNER.

CONTRAPAR, *adj.*, pareil, IV, 418, II, n° 28.

CONTRAPAUSAR, *v.*, opposer, IV, 465, II, n° 25.

CONTRAPELLAR, *v.*, réclamer, II, 102, II, n° 7.

CONTRAPES, *s. m.*, contre-pied, IV, 472, II, n° 13.

CONTRAPES, *s. m.*, contre-poids, IV, 499, I, n° 44.

CONTRAPEZAR, *v.*, contre-peser, IV, 498, II, n° 43.

CONTRAPONCHAMEN, *s. m.*, contre-point, IV, 599, II, n° 33.

CONTRAPRIOR, *s. m.*, contre-prieur, VI, 36, I, n° 4 *bis*.

CONTRARI, *adj.*, contraire, II, 467, II, n° 2.

CONTRARIA, *s. f.*, contradiction, II, 468, II, n° 8.

CONTRARIADOR, voyez CONTRARIAIRE.

CONTRARIAIRE, *s. m.*, contradicteur, II, 468, I, n° 6.

CONTRARIAMEN, *s. m.*, contrariété, II, 468, II, n° 9.

CONTRARIAMENT, voyez CONTRARIAMEN.

CONTRARIAMENT, *adv.*, contrairement, II, 468, I, n° 3.

CONTRARIAR, *v.*, contrarier, II, 468, II, n° 10.

CONTRARIETAT, *s. f.*, contrariété, II, 468, I, n° 7.

CONTRARIOS, *adj.*, contraire, II, 468, I, n° 4.

CONTRARIOSAMEN, *adv.*, contrairement, II, 468, I, n° 5.

CONTRARIOZ, voyez CONTRARIOS.

CONTRASAGEL, *s. m.*, contre-sceau, V, 132, II, n° 3.

CONTRAST, *s. m.*, débat, II, 469, I, n° 13.

CONTRAST, *s. m.*, contraste, III, 209, II, n° 44.

CONTRASTADOR, voyez CONTRASTAIRE.

CONTRASTAIRE, *s. m.*, contradicteur, II, 468, II, n° 12; et III, 210, I, n° 45.

CONTRASTAR, *v.*, contredire, II, 469, I, n° 14.

CONTRASTAR, *v.*, résister, III, 209, I, n° 43.

CONTRASTIU, voyez CONTRASTIUS.

CONTRASTIUS (lisez CONTRASTIU), *adj.*, contrariant, II, 468, II, n° 11.

CONTRATEMER, *v.*, contre-craindre, V, 316, I, n° 7.

CONTRATZ (lisez CONTRACT), *adj.*, estropié, III, 228, I, n° 14.

CONTRAVALER, *v.*, équivaloir, V, 465, I, n° 12.

CONTRAVENIR, *v.*, contrevenir, V, 494, I, n° 47.

CONTREDICEMENT, voyez CONTRADISAMENT.

CONTREITAMENT, *adv.*, forcément, III, 228, I, n° 12.

CONTRENGER, voyez CONTRAIGNER.

CONTRESPERONAR, *v.*, éperonner, III, 179, II, n° 5.

CONTRIBUCIO, voyez CONTRIBUTIO.

CONTRIBUIR, *v.*, contribuer, V, 421, II, n° 7.

CONTRIBUTIO, *s. f.*, contribution, V, 421, II, n° 6.

CONTRIBUYR, voyez CONTRIBUIR.

CONTRICIO, *s. f.*, contrition, II, 470, II, n° 2; et V, 426, I, n° 9.

CONTRIMEN, *s. m.*, contrition, II, 471, I, 3; et V, 426, I, n° 10.

CONTRISTAR, *v.*, contrister, V, 427, I, n° 5.

CONTRIT, *adj.*, contrit, II, 470, II.

CONTRIXION, voyez CONTRICIO.

CONTROVERSIA, *s. f.*, controverse, V, 521, I, n° 29.

CONTUMACIA, *s. f.*, contumace, II, 471, I, n° 2.

CONTUMAX, *adj.*, contumax, II, 471, I.

CONTUMELIA, *s. f.*, affront, II, 471, I.

CONTUMELIAR, *v.*, honnir, II, 471, II, n° 3.

CONTUMELIOSAMENT, *adv.*, injurieusement, II, 471, II, n° 2.

CONTUNI, *adj.*, continu, V, 336, II, n° 24.

CONTURBAR, *v.*, perturber, V, 441, I, n° 15.

CONTURBATIO, *s. f.*, perturbation, V, 441, I, n° 16.

CONVALESCENCIA, *s. f.*, convalescence, V, 465, II, n° 16.

CONVALIDAR, *v.*, convalider, V, 465, I, n° 11.

CONVEN, voyez CONVENT.

CONVENABLE, *adj.*, convenable, V, 492, II, n° 32.

CONVENCER, *v.*, convaincre, V, 483, II, n° 9.

CONVENCION, *s. f.*, convention, V, 492, II, n° 35.

CONVENHABLE, voyez CONVENABLE.

CONVENIABLAMENT, *adv.*, convenablement, V, 492, II, n° 34.

CONVENIENCIA, *s. f.*, convenance, V, 492, I, n° 31.

CONVENIENSA, voyez CONVENIENCIA.

CONVENIENTMENT, *adv.*, convenablement, V, 492, II, n° 33.

CONVENIR, *v.*, convenir, V, 493, I, n° 38.

CONVENIVOL, *adj.*, convenable, V, 493, I, n° 37.

CONVENT, *s. m.*, accord, V, 491, II, n° 28.

CONVENTION, voyez CONVENCION.

CONVERS, *adj.*, tourné, V, 519, II, n° 20.

CONVERSA, *s. f.*, rebours, V, 521, I, n° 28.

CONVERSACIO, *s. f.*, conversation, V, 520, II, n° 25.

CONVERSAMEN, voyez CONVERSAMENT.

CONVERSAMENT, *s. m.*, fréquentation, V, 520, II, n° 26.

CONVERSAR, *v.*, converser, V, 520, II, n° 27.

CONVERSATIO, voyez CONVERSACIO.

CONVERSIO, *s. f.*, conversion, V, 520, I, n° 21.

CONVERSIU, *adj.*, conversif, V, 520, II, n° 24.

CONVERTIBLE, *adj.*, convertible, V, 520, I, n° 23.

CONVERTIMENT, *s. m.*, conversion, V, 520, I, n° 22.

CONVERTIR, *v.*, convertir, V, 519, I, n° 19.

CONVICIN, *adj.*, voisin, V, 539, I, n° 6.

CONVIDAR, *v.*, convier, II, 472, I, n° 2.

CONVINEN, voyez CONVINENT.

CONVINENSA, voyez CONVENIENCIA.

CONVINENT, *s. m.*, convention, V, 491, II, n° 29.

CONVINENTEMENT, *adv.*, convenablement, V, 493, I, n° 39.

CONVIT, *s. m.*, festin, II, 471, II.

CONVOCAR, *v.*, convoquer, V, 575, II, n° 11.

CONVOCATIO, *s. f.*, convocation, V, 575, II, n° 10.

CONVOLAR, *v.*, convoler, V, 566, I, n° 11.

COOPERTURA, *s. f.*, couverture, II, 424, II, n° 7.

COP, voyez COLP.

COPA, *s. f.*, coupe, II, 525, II, n° 4.
COPA, *s. f.*, coupe, II, 525, II, n° 5.
COPADA, *s. f.*, cochevis, II, 472, II.
COPDADA, *s. f.*, coudée, II, 427, II, n° 4.
COPIA, *s. f.*, abondance, II, 472, II.
COPIA, *s. f.*, copie, II, 473, I.
COPIOS, *adj.*, abondant, II, 473, I, n° 2.
COPIOZAMENT, *adv.*, abondamment, II, 473, I, n° 3.
COPULA, *s. f.*, copule, II, 473, I.
COPULAR, *v.*, copuler, II, 473, II, n° 3.
COPULATIU, *adj.*, copulatif, II, 473, I, n° 2.
COQUA, *s. f.*, nef, II, 473, II.
COR, *s. m.*, cœur, II, 473, II.
COR, *s. m.*, chœur, II, 478, II.
COR, voyez CORN.
CORA, *adv.*, quand, III, 540, II, n° 7.
CORADA, *s. f.*, poitrine, II, 475, II, n° 9.
CORAILHA, voyez CORADA.
CORAL, *s. m.*, chêne, II, 479, I.
CORAL, *adj.*, cordial, II, 475, I, n° 5.
CORALH, *s. m.*, corail, II, 479, I.
CORALHA, voyez COREILLA.
CORALHAR, *v.*, inquiéter, II, 476, I, n° 15.
CORALMEN, *adv.*, cordialement, II, 475, I, n° 6.
CORALMENTZ, voyez CORALMEN.
CORANA, voyez CORADA.
CORAS, voyez CORA.
CORATGE, *s. m.*, courage, II, 474, II, n° 2.

CORATGOS, voyez CORATJOS.
CORATGOZ, voyez CORATJOS.
CORATJOS, *adj.*, courageux, II, 474, II, n° 3.
CORATJOSAMENS, *adv.*, courageusement, II, 475, I, n° 4.
CORAU, voyez CORAL.
CORB, *s. m.*, corbeau, II, 479, I.
CORB, *adj.*, courbe, II, 479, II.
CORBA, *s. f.*, courbe, VI, 11, II, n° 1 *bis.*
CORBAMENT, *s. m.*, traverse, II, 480, I, n° 3.
CORBAR, *v.*, courber, II, 480, I, n° 4.
CORDA, *s. f.*, corde, II, 480, II.
CORDALHA, *s. f.*, cordage, II, 481, II, n° 6.
CORDAR, *v.*, corder, II, 481, II, n° 10.
CORDAZO, *s. f.*, mesurage au cordeau, II, 481, II, n° 7.
CORDEIAR, *v.*, attacher, II, 482, I, n° 11.
CORDEJAR, voyez CORDEIAR.
CORDEL, *s. m.*, cordeau, II, 481, I, n° 4.
CORDELLA, *s. f. dim.*, cordelette, II, 481, I, n° 5.
CORDENC, *adj.*, de corde, VI, 12, I, n° 9 *bis.*
CORDIAL, *adj.*, cordial, II, 475, I, n° 7.
CORDIER, *s. m.*, cordier, II, 481, II, n° 8.
CORDO, *s. m.*, cordon, II, 481, I, n° 2.
CORDOAN, *s. m.*, cordouan, II, 485, I.
CORDONEIR, *s. m.*, cordonnier, II, 485, II, n° 2.
CORDONET, *s. m. dim.*, cordonnet, II, 481, I, n° 3.

CORDUELH, *s. m.*, chagrin, II, 475, II, n° 10.
CORDURA, *s. f.*, couture, II, 499, I, n° 2.
CORDURIER, *s. m.*, couturier, II, 499, I, n° 6.
CORDURIERA, *s. f.*, couturière, II, 499, II, n° 7.
COREGLIADOR, voyez COREGLIAIRE.
COREGLIAIRE, *adj.*, querelleur, II, 476, I, n° 14.
COREILHAR, voyez CORALHAR.
COREILLA, *s. f.*, plainte, II, 476, I, n° 13.
COREILLAR, voyez CORALHAR.
COREJA, voyez CORITJA.
CORELHAR, voyez CORALHAR.
CORIANDRE, *s. m.*, coriandre, II, 485, II.
CORILLA, voyez COREILLA.
CORILLAR, voyez CORALHAR.
CORITJA, *s. f.*, courroie, II, 527, II, n° 10.
CORLIEU, voyez CORRIEU.
CORN, *s. m.*, cor, II, 485, II.
CORN, *s. m.*, corne, II, 486, I.
CORNA, *s. f.*, cor, II, 485, II, n° 2.
CORNADOR, *s. m.*, corneur, II, 486, I, n° 4.
CORNADURA, *s. f.*, coup de corne, II, 487, I, n° 7.
CORNAIRE, voyez CORNADOR.
CORNAMENT, *s. m.*, bourdonnement, II, 486, I, n° 3.
CORNAMUSA, *s. f.*, cornemuse, II, 487, II.
CORNAR, *v.*, corner, II, 486, I, n° 5.

CORNEA, *s. f.*, cornée, II, 486, II, n° 3.
CORNELHA, *s. f.*, corneille, II, 487, II.
CORNELINA, *s. f.*, cornaline, II, 487, II.
CORNENC, *adj.*, de la corne, II, 487, I, n° 4.
CORNET, *s. m. dim.*, petite corne, II, 486, II, n° 2.
CORNOMUSADOR, voyez CORNOMUSAIRE.
CORNOMUSAIRE, *s. m.*, joueur de cornemuse, II, 487, II, n° 2.
CORNUDA, *s. f.*, cornue, II, 487, I, n° 6.
CORNUT, *adj.*, cornu, II, 487, I, n° 5.
CORONA, *s. f.*, couronne, II, 487, II.
CORONADURA, *s. f.*, enchâssure, II, 488, I, n° 4.
CORONAMEN, *s. m.*, couronnement, II, 488, I, n° 2.
CORONAR, *v.*, couronner, II, 488, II, n° 6.
CORONARI, *adj.*, coronnaire, II, 488, I, n° 5.
CORONATIO, *s. f.*, couronnement, II, 488, I, n° 3.
CORONDA, *s. f.*, colonne, II, 440, I, n° 2.
CORP, voyez CORB.
CORPA, *s. f.*, croupe, II, 488, II.
CORPATOS, *s. m. dim.*, petit corbeau, II, 479, II, n° 2.
CORPICORNE, *s. m.*, capricorne, II, 283, I, n° 13.
CORPMARI, *s. m.*, cormoran, II, 479, II, n° 3.
CORPORAL, *s. m.*, corporal, IV, 494, II, n° 4.

CORPORAL, *adj.*, corporel, II, 494, II, n° 2.

CORPORALMEN, *adv.*, corporellement, II, 494, II, n° 3.

CORPOREITAT, *s. f.*, corporéité, II, 495, I, n° 5.

CORPORENT, *adj.*, opaque, II, 495, I, n° 8.

CORPULENCIA, *adj.*, corpulence, II, 495, I, n° 6.

CORPULENT, *adj.*, corpulent, II, 495, I, n° 7.

CORRATADURA, *s. f.*, courtage, II, 491, I, n° 17.

CORRATEIAR, *v.*, maquignonner, II, 491, I, n° 16.

CORRATEJAR, voyez CORRATEIAR.

CORRATIEIRA, *s. f.*, courtière, II, 491, II, n° 19.

CORRATIER, *s. m.*, courtier, II, 491, I, n° 18.

CORRECTIO, *s. f.*, correction, II, 528, I, n° 14.

CORRECTOR, *s. m.*, correcteur, VI, 12, II, n° 14 *bis*.

CORREDOR, *s. m.*, coureur, II, 490, II, n° 9.

CORREG, *s. m.*, courroie, II, 527, II, n° 9.

CORREGADA, voyez CORREJADA.

CORREGETA, *s. f. dim.*, petite courroie, II, 528, I, n° 11.

CORREGIR, *v.*, corriger, II, 528, I, n° 15.

CORREIAR, *v.*, corroyer, II, 527, II, n° 5.

CORREJA, voyez CORITJA.

CORREJADA, *s. f.*, coups (*lisez* coup) de courroie, II, 528, I, n° 13.

CORREJAR, *v.*, frapper de courroies, II, 528, I, n° 12.

CORREMENT, *s. m.*, course, II, 490, I, n° 5.

CORRENSA, *s. f.*, flux, II, 490, I, n° 4.

CORRER, *v.*, courir, II, 488, II.

CORRET, voyez CORRETZ.

CORRETZ (lisez CORRET), voyez CORREG.

CORREY, voyez CORREG.

CORREYA, *s. f.*, courroie, VI, 12, II, n° 10 *bis*.

CORRIEU, *s. m.*, coureur, II, 490, II, n° 10.

CORRIGIER, *s. m.*, faiseur de courroies, II, 527, II, n° 8.

CORRIGIR, voyez CORREGIR.

CORRILL, *s. m.*, chemin, II, 490, I, n° 6.

CORROBORATION, *s. f.*, corroboration, V, 106, II, n° 2.

CORRODER, *v.*, corroder, V, 101, II, n° 7.

CORROMPABLE, *adj.*, corruptible, V, 110, II, n° 13.

CORROMPAMEN, voyez CORROMPEMENT.

CORROMPEMENT, *s. m.*, corruption, V, 110, I, n° 8.

CORROMPRE, *v.*, corrompre, V, 109, II, n° 7.

CORROMPUDAMEN, *adv.*, d'une manière corrompue, V, 110, I, n° 9.

CORROPCIO, voyez CORRUPCIO.

CORROSANSA, *s. f.*, chagrin, II, 476, II, n° 17.

CORROSIO, *s. f.*, corrosion, V, 101, II, n° 8.

CORROSSADAMENS, *adv.*, furieusement, II, 477, I, n° 20.
CORROSSANSA, voyez CORROSANSA.
CORROSSAR, *v.*, courroucer, II, 476, II, n° 19.
CORROSSIO, voyez CORROSIO.
CORROSSIU, *adj.*, voyez CORROZIU.
CORROSSOS, *adj.*, courroucé, II, 476, II, n° 18.
CORROTZ, *s. m.*, chagrin, II, 476, II, n° 16.
CORROZIO, voyez CORROSIO.
CORROZIU, *adj.*, corrosif, V, 101, II, n° 9.
CORRUMPABLE, voyez CORROMPABLE.
CORRUMPADOR, *s. m.*, corrupteur, V, 111, I, n° 16.
CORRUMPAMEN, voyez CORROMPEMENT.
CORRUMPRE, voyez CORROMPRE.
CORRUPCIO, *s. f.*, corruption, V, 110, II, n° 10.
CORRUPTELA, *s. f.*, corruption, V, 110, II, n° 11.
CORRUPTIBILITAT, *s. f.*, corruptibilité, V, 110, II, n° 12.
CORRUPTIBLE, *adj.*, corruptible, V, 111, I, n° 15.
CORRUPTIO, voyez CORRUPCIO.
CORRUPTIU, *adj.*, corruptif, V, 111, I, n° 14.
CORS, *s. m.*, cours, II, 489, I, n° 2.
CORS, *s. m.*, corps, II, 494, I.
CORSA, *s. f.*, course, II, 489, II, n° 3.
CORSABLE, *adj.*, courant, II, 490, II, n° 11.
CORSARI, *s. m.*, corsaire, II, 491, I, n° 15.

CORSEYAR, *v.*, parcourir, II, 491, I, n° 14.
CORSIER, *s. m.*, chemin de ronde, II, 490, I, n° 7.
CORSIER, *adj.*, coursier, II, 490, II, n° 13.
CORSIEYRA, *s. f.*, chemin couvert, II, 490, I, n° 8.
CORT, *s. f.*, cour, II, 496, II.
CORT, *adj.*, court, II, 495, II.
CORTADIS, *s. m.*, cour, II, 496, II, n° 2.
CORTAL, voyez CORTALH.
CORTALH, *s. m.*, fortification, II, 498, I, n° 12.
CORTEIADOR, voyez CORTEIAIRE.
CORTEIAIRE, *s. m.*, galant, II, 497, I, n° 5.
CORTEJADOR, voyez CORTEIADOR.
CORTEJAIRE, voyez CORTEIAIRE.
CORTEJAR, *v.*, tenir cour, II, 497, I, n° 7.
CORTES, *adj.*, de cour, II, 496, II, n° 3.
CORTESAMENTZ, *adv.*, courtoisement, II, 497, I, n° 4.
CORTET, *adj. dim.*, court, II, 496, I, n° 2.
CORTEZAR, voyez CORTEJAR.
CORTEZIA, *s. f.*, courtoisie, II, 497, I, n° 6.
CORTIL, *s. m.*, verger, II, 498, I, n° 13.
CORTINA, *s. f.*, courtine, II, 498, I.
CORUSCACIO, *s. f.*, coruscation, II, 498, II.
CORUSCATIO, voyez CORUSCACIO.
COSCIENTIA, voyez CONCIENTIA.

COSCIRAR, voyez COSSIRAR.

COSCOLHA, s. f., coquille, II, 455, II, n° 2.

COSDUMNA, voyez COSTUMA.

COSDUMNIER, voyez COSTUMIER.

COSEGRE, voyez COSSEGUIR.

COSELHATGE, s. m., conseillat, II, 460, I, n° 4.

COSENSA, s. f., consentement, V, 198, II, n° 26.

COSER, v., coudre, II, 498, II.

COSIN, s. m., cousin, II, 499, II.

COSINAR, v., cuisiner, II, 505, I, n° 11.

COSINER, s. m., cuisinier, II, 504, II, n° 5.

COSPIRAR, v., conspirer, III, 177, II, n° 22.

COSPIRATIO, s. f., conspiration, III, 177, I, n° 21.

COSSEBRE, voyez CONCEBRE.

COSSEGRE, voyez COSSEGUIR.

COSSEGUIR, v., poursuivre, V, 180, I, n° 9.

COSSEILHER, voyez COSSELIERS.

COSSEILLADOR, voyez COSSELHAIRE.

COSSEILLAR, voyez COSSELHAR.

COSSEL, voyez CONSELH.

COSSELH, voyez CONSELH.

COSSELHADOR, voyez COSSELHAIRE.

COSSELHAIRE, s. m., conseiller, II, 460, II, n° 6.

COSSELHAR, v., conseiller, II, 460, II, n° 7.

COSSELHAZO, s. f., conseil, II, 460, I, n° 3.

COSSELIER, voyez COSSELIERS.

COSSELIERS (lisez COSSELIER), s. m., conseiller, II, 460, I, n° 5.

COSSEN, voyez CONSEN.

COSSENTIDA, s. f., consentement, V, 198, II, n° 24.

COSSENTIDOR, s. m., approbateur, V, 198, II, n° 27.

COSSENTIMEN, s. m., consentement, V, 198, II, n° 23.

COSSENTIR, voyez CONSENTIR.

COSSER, voyez COUSER.

COSSETAR, v., susciter, V, 224, I, n° 14.

COSSEZEN, adj., cuisant, II, 504, II, n° 3.

COSSI, adv., comment, II, 446, II, n° 5.

COSSIENCIA, voyez CONCIENCIA.

COSSIRADAMENT, adv., avec réflexion, II, 463, II, n° 5.

COSSIRADOR, voyez COSSIRAIRE.

COSSIRAIRE, s. m., rêveur, II, 464, I, n° 9.

COSSIRAR, v., considérer, II, 463, I, n° 4.

COSSIRE, voyez CONSIR.

COSSIRIER, voyez CONSIRIER.

COSSIROS, voyez CONSIROS.

COSSOL, voyez CONSOL.

COSSOLAMEN, voyez CONSOLAMENT.

COSSOLANSA, s. f., consolation, V, 253, II, n° 6.

COSSOLAT, voyez CONSOLAT.

COSSOUDA, s. f., consoude, II, 499, II.

COST, s. m., coq, II, 500, I.

COST, s. m., coût, II, 500, I.

COSTA, prép., à côté de, II, 500, II.

COSTA, s. f., coût, II, 500, I, n° 2.

COSTA, s. f., côte, II, 500, II, n° 2.

COSTA, *s. f.*, cotte de soie, II, 504, I, n° 3.

COSTAL, *s. m.*, flanc, II, 504, I, n° 6.

COSTALIER, *s. m.*, coutelas, II, 444, I, n° 2.

COSTAN, voyez COSTANT.

COSTANT, *adj.*, constant, VI, 22, I, n° 37 *bis*.

COSTAR, *v.*, coûter, II, 500, I, n° 4.

COSTAT, *s. m.*, côté, II, 504, I, n° 5.

COSTATGE, *s. m.*, coût, II, 500, I, n° 3.

COSTELLACIO, voyez COSTELLATIO.

COSTELLATIO, *s. f.*, constellation, III, 215, II, n° 5.

COSTETA, *s. f. dim.*, côtelette, II, 504, I, n° 4.

COSTIL, *s. m.*, couche, II, 504, II.

COSTIPACIO, *s. f.*, constipation, II, 502, I.

COSTIPAR, *v.*, constiper, II, 502, I, n° 3, et III, 220, I, n° 4.

COSTREIGNER, voyez CONTRAIGNER.

COSTRENEMENT, *s. m.*, contrainte, III, 228, II, n° 16.

COSTREYGNER, voyez CONTRAIGNER.

COSTRICTIU, *adj.*, contractif, III, 228, I, n° 13.

COSTRUCTIO, voyez CONSTRUCTIO.

COSTRUCTIU, voyez CONSTRUCTIU.

COSTRUIRE, voyez CONSTRUIRE.

COSTUM, *s. m.*, coutume, II, 502, I.

COSTUMA, *s. f.*, coutume, II, 502, I, n° 2.

COSTUMANZA, *s. f.*, coutume, II, 502, II, n° 3.

COSTUMAR, *v.*, être accoutumé, II, 502, II, n° 4.

COSTUMIER, *adj.*, coutumier, II, 502, II, n° 5.

COSTUMNANSA, voyez COSTUMANZA.

COSTURA, *s. f.*, couture, II, 499, I, n° 3.

COT, *s. f.*, queux, II, 503, I.

COT, *s. m.*, cotte, II, 503, II.

COT, *s. m.*, coûtage, II, 503, II.

COTA, *s. f.*, couette, II, 504, II, n° 2.

COTA, *s. f.*, cotte, II, 503, II, n° 3.

COTA, *s. f.*, cote, V, 27, I, n° 2.

COTADOR, *s. m.*, cotagier, II, 504, I, n° 2.

COTAIRE, voyez COTADOR.

COTEDIAN, voyez COTIDIAN.

COTEL, *s. m.*, coutre, II, 443, II, n° 4.

COTELAR, *v.*, couteler, II, 444, II, n° 4.

COTELH, voyez COLTELH.

COTHA, voyez COTA.

COTIDIA, voyez COTIDIAN.

COTIDIAN, *adj.*, quotidien, III, 43, I, n° 13.

COTIDIANAMENT, *adv.*, quotidiennement, III, 43, II, n° 14.

COTOFLE, *s. m.*, bouteille, VI, 12, I.

COTON, *s. m.*, coton, II, 504, I.

COTTA, voyez COTA.

COTTIZATION, *s. f.*, cotisation, V, 27, II, n° 3.

COUARDADOR, voyez COUARDAYRE.

COUARDAYRE, *adj.* (lisez *s. m.*), couard, II, 420, I, n° 2.

COUSER, *s. m.*, coussin, II, 435, II, n° 2.

COUTEL, *s. m.*, couteau, II, 504, I.

COUTZ, *s. m.*, cocu, II, 432, I, n° 3.

COVEN, voyez CONVENT.

COVEN, voyez COVENT.
COVENENSA, s. f., convention, V, 492, I, n° 30.
COVENHABLE, voyez CONVENABLE.
COVENIR, voyez CONVENIR.
COVENT, s. m., couvent, V, 491, II, n° 26.
COVENTAR, v., accorder, V, 493, I, n° 40.
COVENTIONAL, adj., conventionnel, V, 493, I, n° 36.
COVENTUAL, adj., conventuel, V, 491, II, n° 27.
COVERSIO, voyez CONVERSIO.
COVERTIMENT, voyez CONVERTIMEN.
COVERTIR, voyez CONVERTIR.
COVIDAR, voyez CONVIDAR.
COVINEN, voyez CONVINENT.
COVINENSA, voyez CONVENIENCIA.
COVINENT, voyez CONVINENT.
COVINHABLE, voyez CONVENABLE.
COVIT, voyez CONVIT.
COVIVEN, voyez COVIVENS.
COVIVENS (lisez COVIVEN), adj., bon vivant, V, 559, I, n° 24.
COYDA, s. f., coudée, II, 427, II, n° 2.
COYDAT, s. m., coudée, II, 427, II, n° 3.
COYDE, voyez CODE.
COYRE, voyez COIRE.
COYSIN, voyez COISSI.
COYSSIN, voyez COISSI.
COYTADAMEN, voyez COYTADAMENT.
COYTADAMENT, adv., promptement, II, 427, I, n° 10.

COZA, voyez COA.
COZE, s. m., mets, II, 505, I, n° 7.
COZEDURA, s. f., couture, II, 499, I, n° 4.
COZENDER, s. m., couturier, II, 499, I, n° 5.
COZENSA, s. f., cuisson, II, 505, I, n° 9.
COZER, v., cuire, II, 504, I.
COZER, voyez COSER.
COZIDURA, voyez COZEDURA.
COZIN, voyez COSIN.
COZINA, s. f., cousine, II, 499, II, n° 2.
COZINA, s. f., cuisine, II, 505, I, n° 8.
COZINAR, voyez COSINAR.
COZIR, voyez COSER.
CRAI, s. m., crachat, II, 505, II.
CRAMOR, voyez CREMOR.
CRANC, s. m., cancre, II, 309, I, n° 2.
CRANCER, s. m., cancer, II, 309, I, n° 3.
CRANCOS, adj., chancreux, II, 309, II, n° 5.
CRANEL, s. m., créneau, II, 506, I.
CRAPANA, s. f., crâne, II, 506, I.
CRAPAUDINA, s. f., crapaudine, III, 499, II, n° 2.
CRAPAUT, voyez GRAPAUT.
CRAPULA, s. f., crapule, II, 506, I.
CRASTAR, v., châtrer, II, 356, I, n° 2.
CRÉAIRE, s. m., créateur, II, 506, II, n° 2.
CREAIRITZ, s. f., créatrice, II, 506, II, n° 3.
CREAMEN, s. f., création, II, 506, II, n° 5.

CREANSA, *s. f.*, croyance, II, 509, II, n° 3.
CREAR, *v.*, créer, II, 506, I.
CREAT, *s. m.*, esturgeon, II, 507, II.
CREATIO, *s. f.*, création, II, 506, II, n° 4.
CREATOR, voyez CREAIRE.
CREATURA, *s. f.*, créature, II, 507, I, n° 6.
CREAYRE, voyez CREAIRE.
CREAZO, voyez CREATIO.
CREBACOR, *s. m.*, crève-cœur, II, 475, II, n° 12.
CREBADURA, *s. f.*, crevasse, II, 508, I, n° 4.
CREBAMEN, *s. m.*, crèvement, VI, 12, II, n° 4 bis.
CREBAMOSTIER, *s. m.*, renverseur de monastère, II, 509, I, n° 9.
CREBANT, *s. m.*, choc, II, 508, I, n° 5.
CREBANTAR, *v.*, culbuter, II, 508, II, n° 7.
CREBAR, *v.*, crever, II, 507, II.
CREBASSA, *s. f.*, crevasse, II, 508, I, n° 3.
CREBASSAR, *v.*, crevasser, II, 508, I, n° 2.
CREBEI, *adj.*, crevé, II, 508, II, n° 6.
CREDEIRE, *s. m.*, croyant, II, 509, II, n° 5.
CREDENSA, *s. f.*, croyance, II, 509, II, n° 4.
CREDO, *s. m.*, credo, II, 509, I, n° 2.
CREGUDA, *s. f.*, crue, II, 511, II, n° 3.
CREIRE, *v.*, croire, II, 509, I.
CREISSEMENT, voyez CREISSHEMENT.

CREISSENSA, *s. f.*, croissance, II, 511, II, n° 5.
CREISSER, voyez CRESCER.
CREISSHEMENT, *s. m.*, accroissement, II, 512, I, n° 6.
CREMA, *s. f.*, suc, II, 513, II.
CREMA, *s. f.*, chrême, II, 513, II.
CREMADURA, *s. f.*, brûlure, II, 514, II, n° 3.
CREMAMENT, *s. m.*, brûlure, II, 514, II, n° 4.
CREMAR, *v.*, brûler, II, 514, I.
CREMER, *v.*, craindre, II, 514, II.
CREMOR, *s. f.*, brûlure, II, 514, I, n° 2.
CREMOS, *adj.*, craintif, II, 514, II, n° 2.
CREMOSAMEN, *adv.*, craintivement, II, 514, II, n° 3.
CREPCHA, *s. f.*, crêche, II, 514, II.
CREPIA, voyez CREPCHA.
CRESCER, *v.*, croître, II, 511, I.
CRESENSA, voyez CREDENSA.
CRESIMA, *s. f.*, chrême, II, 514, I, n° 2.
CRESMA, voyez CREMA.
CRESP, *adj.*, crépu, II, 515, I.
CRESPAR, *v.*, créper, II, 515, I, n° 4.
CRESPEL, *adj.*, crépu, II, 515, I, n° 2.
CRESPINA, *s. f.*, crépine, II, 515, I, n° 3.
CRESTA, *s. f.*, crête, II, 515, I.
CRESTADOR, voyez CRESTAIRE.
CRESTAIRE, *s. m.*, châtreur, II, 356, I, n° 4.
CRESTAR, voyez CRASTAR.
CRESTON, *s. m.*, chevreau, II, 356, I, n° 3.

CRESTEZA, *s. f.*, châtrure, II, 356, II, n° 7.
CRESTIA, voyez CRESTIAN.
CRESTIAN, *adj.*, chrétien, II, 393, II, n° 3.
CRESTIANAR, *v.*, faire chrétien, II, 393, II, n° 2.
CRESTIANISME, *s. m.*, christianisme, II, 394, I, n° 5.
CRESTIANOR, *adj.*, chrétien, II, 394, I, n° 4.
CRESTIANTAT, voyez CHRESTIANTAT.
CREYCEMENT, voyez CREISSHEMENT.
CREYS, *s. m.*, croît, II, 511, II, n° 2.
CREYSSENSA, voyez CREISSENSA.
CREYSSHEMENT, voyez CREISSHEMENT.
CREYSSHO, *s. f.*, croissance, II, 511, II, n° 4.
CREZEDOR, voyez CREDEIRE.
CREZENSA, voyez CREDENSA.
CREZENZA, voyez CREDENSA.
CRI, voyez CRIN.
CRIBELLAR, *v.*, cribler, II, 515, II.
CRIDA, *s. f.*, cri, II, 516, I, n° 4.
CRIDADA, *s. f.*, cri, II, 516, II, n° 7.
CRIDADOR, voyez CRIDAIRE.
CRIDAIRE, *s. m.*, sentinelle, II, 516, II, n° 9.
CRIDAMEN, *s. m.*, cri, II, 516, II, n° 6.
CRIDAR, *v.*, crier, II, 515, II.
CRIDOR, *s. f.*, cri, II, 516, II, n° 5.
CRIDORIA, *s. f.*, criaillerie, II, 516, II, n° 8.
CRIDIU, *adj.*, criailleur, II, 517, I, n° 10.
CRIM, *s. m.*, crime, II, 517, I.
CRIMINADOR, voyez CRIMINAYRE.

CRIMINAL, *adj.*, criminel, II, 517, II, n° 2.
CRIMINALMEN, *adv.*, criminellement, II, 517, II, n° 3.
CRIMINAYRE, *s. m.*, criminel, II, 517, II, n° 5.
CRIMINOS, *adj.*, criminel, II, 517, II, n° 4.
CRIN, *s. m. et f.*, chevelure, II, 518, I.
CRIOR, *s. f.*, clameur, VI, 12, II, n° 5 *bis*.
CRISMA, voyez CREMA.
CRISOLIT, voyez CRIZOLIT.
CRISP, voyez CRESP.
CRIST, voyez CHRIST.
CRISTAL, *s. m.*, crête, II, 515, II, n° 2.
CRISTAL, *s. m.*, cristal, II, 518, II.
CRISTALL, voyez CRISTAL.
CRISTALLI, voyez CRISTALLIN.
CRISTALLIN, *adj.*, cristallin, II, 519, I, n° 2.
CRISTALLOYDES, *s. m.*, cristalloïde, II, 519, I, n° 3.
CRISTERI, *s. m.*, clystère, II, 417, II, n° 2.
CRISTERIZAR, *v.*, clystériser, VI, 10, I, n° 4.
CRISTIAN, voyez CRESTIAN.
CRIT, *s. m.*, cri, II, 516, I, n° 3.
CRIZAILLAR, *v.*, criailler, II, 516, I, n° 2.
CRIZOLIT, *s. f.*, chrysolithe, II, 519, I.
CRIZOPASSI, *s. f.*, chrysoprase, II, 519, I.
CROAC, *s. m.*, croac, II, 479, II, n° 4.
CROC, *s. m.*, croc, II, 519, II.

CROCARES, adj., à croc, II, 519, II, n° 2.
CROCI, s. m., safran, II, 512, II, n° 2.
CROCUT, adj., crochu, II, 519, II.
CROI, adj., lâche, II, 519, II.
CROICHIR, voyez CRUCIR.
CROILLE, s. m., berceau, II, 520, I.
CROIS, s. m., craquement, II, 524, II, n° 2.
CROISSIR, voyez CRUCIR.
CROLAR, voyez CROLLAR.
CROLLAR, v., remuer, II, 520, I.
CRONICA, s. f., chronique, II, 520, II.
CRONOGRAPHIA, s. f., chronographie, II, 520, II.
CROPA, s. f., croupe, II, 520, II.
CROPIERA, s. f., croupière, II, 521, I, n° 2.
CROPTA, voyez CROTA.
CROPTO, voyez CROPTOS.
CROPTOS, s. m. pl., caveaux (lisez CROPTO, s. m., caveau), II, 521, II, n° 5.
CROS, s. m., creux, II, 521, I.
CROS, voyez CROTZ.
CROSSA, s. f., crosse, II, 519, II, n° 3.
CROSSAR, v., remuer, II, 520, II, n° 2.
CROSTA, s. f., croûte, II, 522, I.
CROSTELA, s. f. dim., petite croûte, II, 522, I, n° 2.
CROTA, s. f., grotte, II, 521, II, n° 4.
CROTA, s. f., crotte, II, 522, I.
CROTLAR, voyez CROLLAR.
CROTZ, s. f., croix, II, 522, I.
CROY, voyez CROI.
CROZA, s. f., grotte, II, 524, II, n° 3.

CROZADA, s. f., croisade, II, 522, II, n° 3.
CROZAMEN, s. m., croisade, II, 523, I, n° 4.
CROZAR, v., croiser, II, 523, I, n° 5.
CROZAT, adj., creusé, II, 521, II, n° 6.
CROZETA, s. f. dim., petite croix, II, 522, II, n° 2.
CRU, adj., cru, II, 523, II.
CRUCIAR, v., tourmenter, II, 523, II, n° 9.
CRUCIFIAMEN, s. m., crucifiement, II, 523, II, n° 7.
CRUCIFIC, s. m., crucifix, II, 523, I, n° 6.
CRUCIFICAR, v., crucifier, II, 523, II, n° 8.
CRUCIR, v., écraser, II, 524, II.
CRUD, voyez CRU.
CRUDITAT, s. f., crudité, II, 524, I, n° 2.
CRUEL, voyez CRUZEL.
CRUELTAT, voyez CRUZELTAT.
CRUGO, s. m., cruchon, II, 524, I.
CRUISSIR, voyez CRUCIR.
CRUOL, s. m., lampe, II, 524, I.
CRUPIA, voyez CREPCHA.
CRUPIR, v., croupir, II, 524, I, n° 3.
CRUS, adj., creux, II, 524, II, n° 2.
CRUSCHAR, v., ronger, II, 524, I.
CRUYSSIR, voyez CRUCIR.
CRUZ, voyez CRUS.
CRUZEL, adj., cruel, II, 525, I.
CRUZELEZA, s. f., cruauté, II, 225, I, n° 4.
CRUZELMEN, adv., cruellement, II, 525, I, n° 2.

CRUZELTAT, s. f., cruauté, II, 525, I, n° 3.

CRUZEZA, s. f., cruauté, II, 525, I, n° 5.

CUBA, s. f., cuve, II, 525, II.

CUBEBA, s. f., cubèbe, II, 526, I.

CUBEL, s. m., coupe, II, 525, II, n° 2.

CUBELOST, s. m. dim., petit tonneau, II, 525, II, n° 3.

CUBERT, s. m., couvert, II, 424, I, n° 3.

CUBERTA, s. f., couverture, II, 424, I, n° 5.

CUBERTAMENT, adv., en cachette, II, 423, II, n° 2.

CUBERTOR, s. m., couverture, II, 424, I, n° 6.

CUBERTURA, s. f., couverture, II, 424, II, n° 8.

CUBICULARI, s. m., chambellan, II, 526, I.

CUBITAR, voyez COBEITAR.

CUBITIA, s. f., convoitise, II, 421, I, n° 6.

CUBITICIA, voyez CUBITIA.

CUBITOS, voyez COBEITOS.

CUBRESEL, s. m., couvercle, II, 424, II, n° 11.

CUBRIMEN, s. m., toit, II, 424, I, n° 4.

CUBRIMENT, voyez CUBRIMEN.

CUBRIR, voyez COBRIR.

CUCA, s. f., insecte, II, 526, I.

CUCHIU, adj., facile à cuire, II, 504, II, n° 2.

CUDA, voyez CUIDA.

CUEC, voyez COC.

CUEINDAMEN, voyez COINTAMEN.

CUEINDIA, voyez COINDIA.

CUEISSA, s. f., cuisse, II, 526, II.

CUELHIR, voyez COILLIR.

CUENDANSA, voyez COINDANSA.

CUENDE, voyez CONTE.

CUENDET, voyez COINDET.

CUER, s. m., cuir, II, 527, I.

CUEYNTAT, s. m., compagnon, II, 466, II, n° 10.

CUG, s. m., pensée, II, 430, I, n° 4.

CUGEI, s. m., présomption, II, 430, II, n° 6.

CUGIADOR, voyez CUGIAIRE.

CUGIAIRE, voyez CUIAIRE.

CUIA, voyez CUIDA.

CUIADOR, voyez CUIAIRE.

CUIAIRE, s. m., penseur, II, 430, II, n° 8.

CUIAIRITZ, s. f., rêveuse, II, 430, II, n° 9.

CUIAMEN, s. m., avis, II, 430, II, n° 7.

CUIAR, voyez CUIDAR.

CUICHAL, s. m., cuissart, II, 526, II, n° 4.

CUIDA, s. f., pensée, II, 430, I, n° 5.

CUIDAR, v., croire, II, 429, II, n° 3.

CUILLAIRET, s. m. dim., petite cuillerée, II, 434, I, n° 6.

CUILLER, voyez CULHIER.

CUILLIER, voyez CULHIER.

CUILLIR, voyez COILLIR.

CUIRASSA, voyez COIRASSA.

CUISSO, voyez CUISSOS.

CUISSOS (lisez CUISSO), s. m., cuissart, II, 526, II, n° 3.

CUIT, voyez CUG.

CUITA, voyez COITA.
CUJADOR, voyez CUJAIRE.
CUJAIRE, voyez CUIAIRE.
CUJAR, voyez CUIDAR.
CUL, s. m., cul, II, 529, I.
CULADA, s. f., cul, II, 529, I, n° 2.
CULHIDA, s. f., collecte, II, 433, II, n° 2.
CULHIDOR, s. m., cueilleur, II, 434, I, n° 4.
CULHIDURA, s. f., cueillette, II, 434, I, n° 3.
CULHIER, s. m., cuiller, II, 434, I, n° 5.
CULHIR, voyez COILLIR.
CULIR, voyez COILLIR.
CULTIVADOR, voyez CULTIVAIRE.
CULTIVAIRE, s. m., cultivateur, II, 443, II, n° 7.
CULTIVAR, v., cultiver, II, 443, II, n° 2.
CULTURA, s. f., culture, II, 443, II, n° 5.
CULVERT, adj., perfide, II, 529, II.
CULVERTIA, s. f., perfidie, II, 529, II, n° 2.
CUM, voyez COM.
CUMA, adv., comme, II, 446, I, n° 3.
CUMENALAR, v., assembler, II, 450, I, n° 4.
CUMENALESA, voyez COMUNALEZA.
CUMENEGAR, voyez COMMUNIAR.
CUMENGAR, voyez COMMUNIAR.
CUMENIAR, voyez COMMUNIAR.
CUMERGAR, voyez CUMERGUAR.
CUMERGUAR, v., communier, IV, 291, I, n° 15.
CUMINAL, voyez COMINAL.

CUMINALMENT, voyez COMUNALMEN.
CUMINALTAT, voyez COMINALTAT.
CUMPORTA, s. f., comporte, IV, 607, II, n° 19.
CUMULAR, v., cumuler, II, 450, I, n° 3.
CUMUNAL, voyez COMINAL.
CUMUNALEZA, voyez COMUNALEZA.
CUMUNIR, voyez COMONIR.
CUNDANSA, voyez COINDANSA.
CUNDEZIA, s. f., gracieuseté, II, 466, I, n° 7.
CUNDIR, v., orner, II, 466, II, n° 11.
CUNH, s. m., coin, II, 529, II.
CUNHDET, voyez COINDET.
CUNHDIA, voyez COINDIA.
CUNTAR, voyez COMTAR.
CUNTHIA, voyez COINDIA.
CUPIDITAT, s. f., cupidité, II, 420, II, n° 4.
CUR, voyez CUER.
CURA, s. f., soin, II, 530, I.
CURABLE, adj., curable, II, 531, I, n° 7.
CURADAMENS, adv., soigneusement, II, 432, I, n° 13.
CURADOR, voyez CURAIRE.
CURAIRE, s. m., curateur, II, 531, I, n° 4.
CURAMENT, s. f. (lisez m.), cure, II, 530, II, n° 3.
CURAR, v., soucier, II, 531, II, n° 12.
CURATION, s. f., cure, II, 530, II, n° 2.
CURIAL, s. m., officier de cour, II, 497, II, n° 11.
CURIOS, adj., soigneux, II, 531, II, n° 10.

DAL DAM

CURIOSAMEN, *adv.*, curieusement, II, 531, II, n° 11.
CURIOSAMENT, voyez CURIOSAMEN.
CURIOSITAT, *s. f.*, curiosité, II, 531, II, n° 9.
CURIOZETAT, voyez CURIOSITAT.
CUROS, *adj.*, soigneux, II, 531, I, n° 5.
CUROSAMENT, *adv.*, soigneusement, II, 531, I, n° 6.
CUROZ, voyez CUROS.
CURSORI, *adj.*, rapide, II, 490, II, n° 12.
CURVAR, voyez CORBAR.
CURVITAT, *s. f.*, courbure, II, 480, I, n° 2.
CUSCA, voyez CUSSO.
CUSCO, voyez CUSSO.
CUSIR, voyez COSER.
CUSSO, *s. m.*, goujat, II, 533, I.
CUSTODI, *s. m.*, garde, II, 533, I, n° 2.
CUSTODIA, *s. f.*, garde, II, 533, I.
CUT, voyez CUG.
CUT voyez CUTZ.
CUTZ (lisez CUT), voyez COC.
CUYSSA, voyez CUEISSA.
CUYSSIERA, *s. f.*, cuissart, II, 526, II, n° 2.
CYCLE, *s. m.*, cycle, II, 394, II.
CYNGLAR, voyez SINGLAR.
CYNOBRE, *s. m.*, cinabre, VI, 13, II.
CYPRES, *s. m.*, cyprès, II, 533, II.
CYPRI, *s. m.*, troène, II, 533, II, n° 2.
CYRE, *s. m.*, sire, II, 533, II. Voyez SIRE.
CYRURGIA, *s. f.*, chirurgie, II, 533, II.
CYST, voyez CIST.
CZO, voyez CO.

D

D, *s. m.*, d, III, 1, I.
DACIO, *s. f.*, don, III, 9, I, n° 3.
DACITA, *s. f.*, dace, III, 1, I.
DACTIL, voyez DATIL.
DADA, voyez DATA.
DADAU, *s. m.*, fuite, III, 1, I.
DALFI, voyez DALFIN.
DALFIN, *s. m.*, dauphin, III, 1, II.
DALFIN, *s. m.*, dauphin, III, 1, II, n° 2.
DALGAT, voyez DELGUAT.
DALH, *s. m.*, faux, III, 2, I.
DALHAR, *v.*, faucher, III, 2, I, n° 3.
DALHAYRE, *s. m.*, faucheur, III, 2, I, n° 2.
DALMATICA, *s. f.*, dalmatique, III, 5, II.
DALPHI, voyez DALFIN.
DALPHIN, voyez DALFIN.
DAM, *s. m.*, dam, III, 5, II.
DAM, *s. m.*, daim, III, 8, I.
DAMA, *s. f.*, voyez DAM.
DAMA, *s. f.*, dame, VI, 14, I, n° 5 *bis*.
DAME DIEU, *s. m.*, Seigneur Dieu, III, 68, II, n° 12.
DAME DIEUS (lisez DAME DIEU), voyez DEUS.
DAMI DIEU, voyez DAME DIEU.
DAMI DRIEU, voyez DAMRI DEU.
DAMISELA, *s. f.*, demoiselle, III, 68, I, n° 9.
DAMNABLE, voyez DAMPNABLE.

DAR

DAMNATGE, *s. m.*, dommage, III, 6, I, n° 2.

DAMNE DIEUS (lisez DAMNE DIEU), voyez DEUS.

DAMNIFIAR, voyez DAMNIFICAR.

DAMNIFICAR, *v.*, endommager, III, 7, II, n° 12.

DAMNUC, *adj.*, endommagé, III, 7, I, n° 8.

DAMPNABLE, *adj.*, damnable, III, 7, I, n° 9.

DAMPNACIO, voyez DAMPNATIO.

DAMPNACION, voyez DAMPNATIO.

DAMPNAGGOS, voyez DAMPNATJOS.

DAMPNAGGOZAMENT, *adv.*, dangereusement, III, 6, II, n° 7.

DAMPNAMEN, *s. m.*, damnation, III, 6, I, n° 3.

DAMPNAR, *v.*, damner, III, 7, I, n° 10.

DAMPNATGAR, *v.*, endommager, III, 7, I, n° 11.

DAMPNATGE, voyez DAMNATGE.

DAMPNATIO, *s. f.*, damnation, III, 6, I, n° 4.

DAMPNATJOS, *adj.*, préjudiciable, III, 6, II, n° 6.

DAMPNIFICAR, voyez DAMNIFICAR.

DAMPNOS, *adj.*, dommageable, III, 6, II, n° 5.

DAMRI DEU, *s. m.*, Seigneur Dieu, III, 68, II, n° 13.

DAN, voyez DAM.

DANGIER, *s. m.*, difficulté, III, 8, I.

DANSA, *s. f.*, danse, III, 8, II.

DANSAR, *v.*, danser, III, 8, II, n° 2.

DAR, *v.*, donner, III, 9, I.

D ARDASIER, *s. m.*, archer, III, 12, II, n° 3.

DAV

DARDIER, *s. m.*, archer, III, 12, II, n° 2.

DAREYRE, voyez DEREIRE.

DARRADIGAR, *v.*, déraciner, V, 31, I, n° 13.

DARRAIRAN, voyez DEREIRAN.

DARRE, *adv.*, de suite, III, 12, I.

DARRIER, voyez DERRIER.

DARROQUAR, voyez DEROCAR.

DART, *s. m.*, dard, III, 12, I.

DAT, *s. m.*, dé, III, 12, II.

DATA, *s. f.*, date, III, 9, I, n° 4.

DATARI, *s. m.*, nécrologe, III, 9, II, n° 5.

DATIL, *s. m.*, datte, III, 13, I.

DATIU, *s. m.*, datif, III, 9, I, n° 2.

DATZ, voyez DAT.

DAURADOR, voyez DAURAIRE.

DAURADURA, *s. f.*, dorure, II, 145, II, n° 15.

DAURAIRE, *s. m.*, doreur, II, 146, II, n° 17.

DAURAMEN, *s. m.*, dorure, I, 146, I, n° 16.

DAURAR, *v.*, dorer, II, 146, I, n° 19.

DAURIVELIER, *s. m.*, marchand de dorure, II, 146, I, n° 18.

DAUS, voyez DEVES.

DAVALAR, *v.*, descendre, V, 462, II, n° 12.

DAVAN, *adv.*, auparavant, II, 93, II, n° 13.

DAVANCIR, *v.*, devancer, II, 94, I, n° 15.

DAVANT, voyez DAVAN.

D'AVANTAGE, *adv. comp.*, de plus, II, 93, I, n° 11.

DAVANTAL, *s. m.*, tablier, II, 94, I, n° 14.

DAVES, voyez DEVES.
DAYLL, voyez DALH.
DE, *prép.*, de, III, 13, I.
DEA, *s. f.*, déesse, III, 33, I, n° 2.
DEALBAR, *v.*, blanchir, II, 49, II, n° 14.
DEALBATIO, *s. f.*, blancheur, II, 49, n° 13.
DEALBATIU, *adj.*, blanchissant, II, 49, I, n° 12.
DEAMBULACIO, *s. f.*, marche, II, 71, I, n° 3.
DEAMBULATIU, *adj.*, marchant, II, 71, I, n° 4.
DEBANAR, *v.*, dévider, III, 18, II.
DEBASTIR, *v.*, démolir, II, 194, II, n° 8.
DEBAT, *s. m.*, débat, II, 199, II, n° 24.
DEBATRE, voyez DESBATRE.
DEBELITAR, voyez DEBILITAR.
DEBILITACIO, voyez DEBILITATIO.
DEBILITAMENT, *s. m.*, affaiblissement, III, 19, I, n° 3.
DEBILITAR, *v.*, affaiblir, III, 19, I, n° 4.
DEBILITAT, *s. f.*, débilité, III, 18, II.
DEBILITATIO, *s. f.*, débilitation, III, 18, II, n° 2.
DEBOISSAR, *v.*, ôter du bois, II, 241, II, n° 14.
DEBOTAMEN, *s. m.*, expulsion, II, 243, I, n° 3.
DEBOTAR, *v.*, rejeter, II, 243, I, n° 2.
DEBRISAR, *v.*, briser, II, 264, I, n° 6.
DEBRIZAR, voyez DEBRISAR.
DEBURAR, *v.*, verser, III, 19, I.
DEC, *s. m.*, défaut, III, 19, I.
DECA, voyez DECHA.

DECALVATIU, *adj.*, qui rend chauve, II, 297, II, n° 6.
DECAPITAMENT, *s. m.*, décapitation, II, 320, I, n° 13.
DECAPITAR, voyez DESCAPITAR.
DECASSAR, *v.*, chasser, II, 351, I, n° 6.
DECAZAR, *v.*, déloger, II, 349, II, n° 13.
DECE, voyez DESE.
DECEBEIRE, *s. m.*, trompeur, II, 278, II, n° 46.
DECEBRE, *v.*, décevoir, II, 278, I, n° 42.
DECELAR, voyez DESCELAR.
DECENAR, voyez DESSENAR.
DECEPTIO, *s. f.*, déception, II, 278, I, n° 44.
DECEPTIU, *adj.*, trompeur, II, 278, II, n° 47.
DECERNIR, *v.*, décerner, III, 20, I.
DECERNIR, voyez DESSERNIR.
DECERVELAR, *v.*, écerveler, II, 387, I, n° 7.
DECESSION, voyez DISSENCIO.
DECEUBUDAMEN, *adv.*, trompeusement, II, 278, I, n° 43.
DECH, voyez DEC.
DECHA, *s. f.*, tare, III, 19, II, n° 3.
DECHAIABLE, *adj.*, périssable, II, 346, II, n° 17.
DECHAMEN, *s. m.*, irrégularité, III, 19, II, n° 4.
DECHAMENT, *s. m.*, récit, III, 47, II, n° 7.
DECHAR, *v.* pécher, III, 20, I, n° 5.
DECHAR, *v.*, composer, III, 47, I, n° 5.

DECHAT, *s. m.*, ditié, III, 47, I, n° 6.

DECHAZEMEN, *s. f.* (lisez *m.*), chute, II, 346, I, n° 15.

DECHAZENSA, *s. f.*, décadence, II, 346, I, n° 14.

DECHAZER, *v.*, déchoir, II, 346, II, n° 18.

DECIMA, *s. f.*, dîme, III, 31, II, n° 12.

DECIME, *s. m.*, dîme, III, 31, II, n° 13.

DECIPAR, voyez DISSIPAR.

DECISIO, *s. f.*, décision, V, 168, I, n° 15.

DECLARADAMENT, *adv.*, clairement, II, 405, II, n° 23.

DECLARAMEN, *s. m.*, déclaration, II, 405, II, n° 21.

DECLARAR, *v.*, expliquer, II, 405, II, n° 22.

DECLARATIO, *s. f.*, déclaration, II, 405, II, n° 20.

DECLARATIU, *adj.*, déclaratif, II, 405, I, n° 19.

DECLI, *s. m.*, déclin, II, 416, I, n° 11.

DECLINABLE, *adj.*, déclinable, II, 416, I, n° 14.

DECLINAMEN, *s. m.*, inclinaison, II, 416, I, n° 12.

DECLINAR, *v.*, décliner, II, 416, I, n° 16.

DECLINATIO, *s. f.*, déclinaison, II, 416, I, n° 13.

DECLINATORI, *adj.*, déclinatoire, II, 416, I, n° 15.

DECLINAZO, voyez DECLINATIO.

DECOCCIO, voyez DECOCTIO.

DECOCTIO, *s. f.*, décoction, II, 505, II, n° 13.

DECOMPONDRE, voyez DECOMPONER.

DECOMPONER, *v.*, décomposer, IV, 615, I, n° 47.

DECORAR, *v.*, apprendre, II, 477, I, n° 22.

DECORAR, *v.*, décorer, III, 21, II.

DECORATIU, *adj.*, décoratif, III, 21, II, n° 2.

DECORRE, *v.*, couler, II, 492, I, n° 28.

DECORREMEN, *s. m.*, cours, II, 492, I, n° 29.

DECORS, *s. m.*, décours, II, 492, I, n° 30.

DECORTICAR, *v.*, écorcer, III, 155, II, n° 2.

DECOSTAMEN, *s. m.*, défrai, II, 500, II, n° 5.

DECOSTAMENT, voyez DECOSTAMEN.

DECREIS, voyez DESCREIS.

DECREPIT, *adj.*, décrépit, III, 21, II.

DECREPITAT, *adj.*, décrépit, III, 21, II, n° 2.

DECREPITUT, *s. f.*, décrépitude, III, II, n° 4.

DECRET, *s. m.*, décret, III, 20, I, n° 2.

DECRETAL, *s. f.*, décrétale, III, 20, II, n° 4.

DECRETALISTA, *s. m.*, décrétaliste, III, 20, II, n° 5.

DECRETISTA, *s. m.*, décrétiste, III, 20, I, n° 3.

DECREYSHEMENT, voyez DECREYSSHEMENT.

DECREYSSHEMENT, *s. m.*, décroissement, II, 513, I, n° 12.

DEDICACIO, voyez DEDICATIO.

DEDICAR, *v.*, dédier, III, 21, II, n° 2.

DEDICATIO, *s. f.*, consécration, III, 21, II.

DEDINS, voyez DEDINTZ.

DEDINTZ, *prép.*, dedans, III, 567, I, n° 3.

DEDIS, voyez DEDINTZ.

DEDUCTIO, *s. f.*, déduction, III, 84, I, n° 18.

DEDUCTION, voyez DEDUCTIO.

DEDURE, voyez DESDUIRE.

DEFAILLENSA, *s. f.*, défaillance, III, 254, II, n° 14.

DEFAILLIMENT, voyez DEFALHIMENT.

DEFALENSA, voyez DEFAILLENSA.

DEFALHIBLAMENT, *adv.*, discontinuellement, III, 254, I, n° 10.

DEFALHIDA, *s. f.*, faute, III, 254, II, n° 11.

DEFALHIMEN, voyez DEFALHIMENT.

DEFALHIMENT, *s. m.*, défaillance, III, 254, II, n° 13.

DEFALHIR, *v.*, défaillir, III, 254, I, n° 9.

DEFALQUAR, *v.*, défalquer, III, 287, I, n° 6.

DEFAUT, *s. m.*, défaut, VI, 23, I, n° 14 *bis*.

DEFAUTA, *s. f.*, omission, III, 254, II, n° 15.

DEFAYLHIR, voyez DEFALHIR.

DEFECI, voyez DEFESI.

DEFECTIU, *adj.*, défectif, III, 268, II, n° 41.

DEFECTUOS, *adj.*, défectueux, III, 268, II, n° 40.

DEFECTUOSITAT, *s. f.*, défectuosité, III, 268, II, n° 39.

DEFECULTAT, voyez DIFFICULTAT.

DEFENCION, voyez DEFENSIO.

DEFENDALH, *s. m.*, retranchement, IV, 362, I, n° 17.

DEFENDEDOR, *s. m.*, défenseur, IV, 361, II, n° 14.

DEFENDEMEN, voyez DEFENDEMENT.

DEFENDEMENT, *s. m.*, défense, IV, 361, II, n° 11.

DEFENDENSA, *s. f.*, résistance, IV, 361, I, n° 9.

DEFENDRE, *v.*, défendre, IV, 360, II, n° 7.

DEFENIDOR, *s. m.*, arbitre, III, 330, II, n° 17.

DEFENIMEN, voyez DEFINIMENT.

DEFENIR, voyez DEFINIR.

DEFENSA, *s. f.*, défense, IV, 360, II, n° 8.

DEFENSADOR, voyez DEFENSAIRE.

DEFENSAILLA, *s. f.*, résistance, IV, 361, II, n° 13.

DEFENSAIRE, *s. m.*, défenseur, VI, 31, II, n° 18 *bis*.

DEFENSAL, *s. m.*, retranchement, IV, 361, II, n° 12.

DEFENSAR, *v.*, défendre, IV, 362, I, n° 16.

DEFENSIBLE, *adj.*, défensible, IV, 362, I, n° 15.

DEFENSIO, *s. f.*, défense, IV, 361, I, n° 10.

DEFENSION, voyez DEFENSIO.
DEFENSIU, *adj.*, défensif, IV, 362, 1, n° 19.
DEFENSOR, *s. m.*, défenseur, IV, 362, 1, n° 18.
DEFES, *s. m.*, défense, V, 475, 1, n° 7.
DEFESI, *s. m.*, dégoût, III, 22, 1.
DEFFAULTA, voyez DEFAUTA.
DEFFAUTA, voyez DEFAUTA.
DEFFENDEMENT, voyez DEFENDEMENT.
DEFFINICIO, voyez DEFINITIO.
DEFFRAGNER, voyez DEFRAGNER.
DEFFUNCT, voyez DEFUNCT.
DEFFUNT, voyez DEFUNCT.
DEFICAR, *v.*, dégoûter, III, 22, 1, n° 2.
DEFICIENT, *adj.*, manquant, III, 268, II, n° 38.
DEFINAR, *v.*, finir, III, 331, 1, n° 20.
DEFINIDA, *s. f.*, assignation, III, 330, II, n° 14.
DEFINIMENT, *s. m.*, fin, III, 330, II, n° 15.
DEFINIR, *v.*, définir, III, 331, 1, n° 19.
DEFLORAR, *v.*, déflorer, III, 343, II, n° 7.
DEFOLAR, *v.*, fouler, III, 352, II, n° 3.
DEFORAS, *adv.*, dehors, III, 372, II, n° 4.
DEFORMACIO, *s. f.*, déformation, III, 366, 1, n° 13.
DEFORMAR, *v.*, déformer, III, 366, II, n° 16.
DEFORMATIO, voyez DEFORMACIO.
DEFORMATIU, *adj.*, déformatif, III, 366, II, n° 15.
DEFORMITAT, *s. f.*, difformité, III, 366, 1, n° 14.

DEFORS, *adv.*, dehors, III, 372, 1, n° 3.
DEFRAGNER, *v.*, rompre, III, 388, 1, n° 19.
DEFRAUDAR, *v.*, dépouiller, III, 389, 1, n° 6.
DEFRENAR, voyez DESFRENAR.
DEFRESELIR, *v.*, défraiser, III, 400, 1, n° 4.
DEFUGIR, *v.*, fuir, III, 406, 1, n° 8.
DEFUNCT, *adj.*, défùnt, III, 22, 1.
DEG, voyez DEC.
DEGA, *s. m.*, décan, III, 31, 1, n° 8.
DEGALHIER, *adj.*, prodigue, III, 439, 1, n° 12.
DEGALIER, voyez DEGALHIER.
DEGANIA, *s. f.*, décanie, III, 31, 1, n° 9.
DEGASTADOR, voyez DEGASTAIRE.
DEGASTAIRE, *s. m.*, dévastateur, III, 438, II, n° 9.
DEGASTAMENT, *s. m.*, altération, III, 438, II, n° 8.
DEGASTAR, *v.*, dévaster, III, 439, II, n° 14.
DEGASTATIU, *adj.*, dévastatif, III, 438, II, n° 7.
DEGASTAYRE, voyez DEGASTAIRE.
DEGATIER, *s. m.*, garde champêtre, III, 439, 1, n° 13.
DEGERIR, voyez DIGERIR.
DEGITAR, voyez DESGITAR.
DEGLAIAR, *v.*, tuer, III, 475, 1, n° 4.
DEGLOTIR, *v.*, engloutir, III, 478, II, n° 11.
DEGOLAR, voyez DEGOLLAR.

DEGOLATIO, *s. f.*, décollation, II, 437, I, n° 8.

DEGOLLAR, *v.*, précipiter, III, 481, II, n° 15.

DEGOT, *s. m.*, égout, III, 486, I, n° 11.

DEGOTAR, *v.*, dégoutter, III, 486, II, n° 13.

DEGOTER, *s. m.*, égout, III, 486, II, n° 12.

DEGRA, *s. m.*, degré, III, 489, I, n° 7.

DEGRADAR, *v.*, dégrader, III, 489, II, n° 9.

DEGRAT, voyez DEGRA.

DEGRUNAR, *v.*, égrener, III, 497, II, n° 18.

DEGU, voyez DEJUN.

DEGUA, voyez DEGA.

DEGUAIS, *s. m.*, déchet, III, 439, I, n° 11.

DEGUDAMENS, voyez DEGUDAMENT.

DEGUDAMENT, *adv.*, dûment, III, 36, II, n° 2.

DEGUIER, *s. m.*, dégan, III, 19, II, n° 2.

DEGUISAR, *v.*, polir, II, 37, II, n° 16.

DEGUNS, voyez DEGUS.

DEGUOLAR, voyez DEGOLLAR.

DEGURPIR, *v.*, déguerpir, III, 516, II, n° 2.

DEGUS, *pron. indéf.*, nul, V, 450, I, n° 22.

DEIFICAR, *v.*, déifier, III, 34, I, n° 8.

DEIMARI, *s. m.*, dîmerie, III, 32, I, n° 15.

DEIMARIA, *s. f.*, dîmerie, III, 32, I, n° 17.

DEIME, voyez DESME.

DEINAR, voyez DENHAR.

DEING, *adj.*, digne, III, 48, II, n° 3.

DEINGNAR, voyez DENHAR.

DEIS, *s. m.*, dais, III, 22, I.

DEISCENDRE, voyez DEISSENDRE.

DEISQUE, voyez DESQUE.

DEISSENDRE, *v.*, descendre, II, 131, I, n° 4.

DEISSES, voyez DESSENH.

DEITAT, *s. f.*, déité, III, 33, II, n° 4.

DEJETAR, voyez DESGITAR.

DEJONHER, voyez DESJONHER.

DEJU, voyez DEJUN.

DEJUN, *adj.*, qui est à jeun, III, 596, I, n° 3.

DEJUN, *s. m.*, jeûne, III, 596, II, n° 4.

DEJUNAR, *v.*, jeûner, III, 596, I, n° 2.

DEJUNI, *s. m.*, jeûne, III, 596, II, n° 5.

DEL, *art. m. s.*, du, III, 101, I, n° 2.

DELAISSAR, *v.*, délaisser, IV, 14, I, n° 3.

DELAT, *adj.*, divulgué, II, 15, I, n° 6.

DELAUZAR, voyez DESLAUZAR.

DELECHABLE, voyez DELECTABLE.

DELECHAMEN, *s. m.*, délectation, IV, 51, II, n° 14.

DELECHAR, voyez DELECTAR.

DELECHOS, voyez DELEITOS.

DELECHOZAMEN, *adv.*, délicieusement, IV, 50, II, n° 9.

DELECTABLE, *adj.*, délectable, IV, 51, II, n° 15.

DELECTAR, *v.*, délecter, IV, 51, II, n° 18.

DELECTATIO, *s. f.*, délectation, IV, 51, I, n° 13.

DELECTATIU, *adj.*, propre à délecter, IV, 51, II, n° 17.
DELEGAR, *v.*, déléguer, IV, 40, I, n° 6.
DELEGUAR, voyez DELEGAR.
DELEIG, voyez DELIEG.
DELEITABLE, voyez DELECTABLE.
DELEITOS, *adj.*, délicieux, IV, 50, II, n° 7.
DELGUAT, *adj.*, délié, IV, 52, II, n° 23.
DELIVRAMEN, voyez DESLIVRAMEN.
DELIALMENT, *adv.*, déloyalement, IV, 38, II, n° 18.
DELIBERACIO, *s. f.*, délibération, IV, 85, II, n° 20.
DELIBERADAMEN, *adv.*, délibérément, IV, 86, I, n° 22.
DELIBERAR, *v.*, délibérer, IV, 85, II, n° 21.
DELIBERATIO, voyez DELIBERACIO.
DELICADAMENS, *adv.*, délicatement, IV, 52, II, n° 21.
DELICAMEN, *s. m.*, friandise, IV, 52, II, n° 22.
DELICAT, *adj.*, délicat, IV, 52, I, n° 20.
DELICIAS, *s. f. plur.*, délices, IV, 51, I, n° 11.
DELICIOS, *adj.*, délicieux, IV, 50, I, n° 6.
DELICIOSAMENT, *adv.*, délicieusement, IV, 50, II, n° 8.
DELICIOZ, voyez DELICIOS.
DELICIOZAMENT, voyez DELICIOSAMENT.
DELICIOZITAT, *s. m.*, volupté, IV, 51, I, n° 12.
DELICTABLAMEN, *adv.*, délectablement, IV, 51, II, n° 16.

DELIECH, voyez DELIEG.
DELIEG, *s. m.*, délice, IV, 51, I, n° 10.
DELIEITAR, voyez DELECTAR.
DELIET, voyez DELIEG.
DELIEYTAR, voyez DELECTAR.
DELINHAR, *v.*, dévier, IV, 79, I, n° 7.
DELINQUIR, *v.*, délaisser, III, 22, II.
DELIR, *v.*, détruire, III, 23, I.
DELITAR, *v.*, délecter, VI, 29, I, n° 18 *bis*.
DELIURAMEN, voyez DESLIVRAMEN.
DELIURANSA, voyez DESLIVRANSA.
DELIURAR, voyez DESLIVRAR.
DELIURATIO, voyez DELIVRATIO.
DELIURAZO, voyez DELIVRAZO.
DELIURE, voyez DESLIVRE.
DELIURIER, voyez DELIVRIER.
DELIVRAMEN, voyez DESLIVRAMEN.
DELIVRANSA, voyez DESLIVRANSA.
DELIVRAR, voyez DESLIVRAR.
DELIVRATIO, *s. f.*, délivrance, IV, 84, II, n° 15.
DELIVRAZO, *s. f.*, délivrance, IV, 84, II, n° 14.
DELIVRE, voyez DESLIVRE.
DELIVRIER, *s. m.*, délivrance, IV, 85, II, n° 18.
DELLECTAR, voyez DELECTAR.
DELOGADURA, *s. f.*, dislocation, IV, 90, II, n° 17.
DELOGAMENT, *s. m.*, dislocation, IV, 90, II, n° 16.
DELS, *art. m. plur.*, des, III, 101, I, n° 2.
DEMA, voyez DEMAN.
DEMAMEN, *s. m.*, dîmerie, III, 32, I, n° 16.

DEMAN, adv., demain, IV, 133, I, n° 2.
DEMAN, s. m., demande, IV, 138, I, n° 16.
DEMANDA, s. f., demande, IV, 138, I, n° 17.
DEMANDADOR, voyez DEMANDAIRE.
DEMANDAIRE, s. m., demandeur, IV, 138, II, n° 20.
DEMANDAIRITZ, s. f., demanderesse, IV, 138, II, n° 21.
DEMANDAMEN, s. m., demande, IV, 138, I, n° 18.
DEMANDANSA, s. f., demande, IV, 138, I, n° 19.
DEMANDAR, v., demander, IV, 138, II, n° 22.
DEMANES, adv., incontinent, IV, 144, I, n° 2.
DEMARCHAR, v., démarquer, IV, 157, I, n° 7.
DEMARQUAR, voyez DEMARCHAR.
DEME, voyez DESME.
DEMEMBRAR, voyez DESMEMBRAR.
DEMEMORIAR, v., priver de mémoire, IV, 186, I, n° 11.
DEMENAMENT, s. m., direction, IV, 190, II, n° 7.
DEMENAR, v., mener, IV, 190, I, n° 6.
DEMENIR, voyez DIMINUIR.
DEMENTRE, conj., tandis que, IV, 206, II, n° 2.
DEMERGAR, v., engloutir, IV, 154, II, n° 11.
DEMERIT, s. m., démérite, IV, 213, I, n° 4.
DEMERITE, voyez DEMERIT.

DEMETRE, v., imputer, IV, 225, II, n° 17.
DEMEZIDA, s. f., effort, III, 23, I.
DEMEZIR, v., outrer, III, 23, II, n° 2.
DEMI, adj., demi, IV, 178, I, n° 19.
DEMIEY, adj., demi, IV, 178, I, n° 20.
DEMOLHIR, v., démolir, II, 450, II, n° 9.
DEMOLIR, voyez DEMOLHIR.
DEMOLITION, s. f., démolition, II, 450, II, n° 8.
DEMONI, s. m., démon, III, 23, II.
DEMONIAT, voyez DEMONIAYX.
DEMONIAYC, voyez DEMONIAYX.
DEMONIAYX (lisez DEMONIAYC), s. m., démoniaque, III, 23, II, n° 2.
DEMONSTRAMENT, s. m., présentation, IV, 275, I, n° 9.
DEMONSTRANSA, voyez DEMOSTRANSA.
DEMOR, s. m., demeure, IV, 263, I, n° 3.
DEMORA, s. f., demeure, IV, 263, II, n° 4.
DEMORADA, s. f., retard, IV, 264, I, n° 7.
DEMORAGGE, s. m., séjour, IV, 264, I, n° 6.
DEMORAILL, voyez DEMORALH.
DEMORALH, s. m., délassement, IV, 264, I, n° 8.
DEMORANSA, s. f., demeure, IV, 264, I, n° 5.
DEMORAR, v., demeurer, IV, 264, I, n° 9.
DEMOSTRANSA, s. f., démonstration, IV, 275, I, n° 8.

DEMOSTRAR, *v.*, montrer, IV, 274, II, n° 7.
DEMOSTRATIO, *s. f.*, démonstration, IV, 275, I, n° 10.
DEMOSTRATIU, *adj.*, démonstratif, IV, 275, II, n° 11.
DENAIRADA, *s. f.*, denrée, III, 24, II, n° 2.
DENAIRET, *s. m. dim.*, petit denier, III, 25, I, n° 3.
DENAN, *adv.*, devant, II, 96, I, n° 26.
DENANPENULTIM, *adj.*, antépénultième, V, 445, II, n° 4.
DENANTIT, *adj.*, reculé, II, 96, II, n° 27.
DENAYRADA, voyez DENAIRADA.
DENEGAR, *v.*, dénier, IV, 326, II, n° 6.
DENEIAR, *v.*, nettoyer, IV, 314, II, n° 5.
DENER, *s. m.*, denier, III, 24, I.
DENEYAR, voyez DENEGAR.
DENFRA, *prép.*, dans, III, 24, I.
DENHAR, *v.*, daigner, III, 49, I, n° 6.
DENIER, voyez DENER.
DENIGRATIU, *adj.*, noircissant, IV, 311, I, n° 7.
DENOMINACIO, voyez DENOMINATIO.
DENOMINATIO, *s. f.*, dénomination, IV, 322, I, n° 13.
DENOMINATIU, *adj.*, dénominatif, IV, 322, I, n° 14.
DENOMMAR, *v.*, dénommer, IV, 322, I, n° 15.
DENONCIAR, voyez DENUNCIAR.
DENONCIATIO, voyez DENUNCIATIO.

DENOTAR, *v.*, dénoter, IV, 332, I, n° 9.
DENOZAR, *v.*, dénouer, IV, 331, I, n° 17.
DENT, *s. m. et f.*, dent, III, 25, I.
DENTAL, *s. m.*, araire, III, 25, II, n° 3.
DENTAT, *adj.*, denté, III, 25, II, n° 2.
DENTELH, créneau, III, 25, II, n° 4.
DENTELHAR, voyez DENTHELAR.
DENTELLAR, voyez DENTHELAR.
DENTHELAR, *v.*, se prendre aux dents, III, 26, I, n° 7.
DENTILH, voyez DENTELH.
DENUDAR, *v.*, dépouiller, IV, 346, I, n° 6.
DENUNCIADOR, *s. m.*, dénonciateur, IV, 349, II, n° 9.
DENUNCIAIRE, voyez DENUNCIADOR.
DENUNCIAMEN, *s. m.*, dénonciation, IV, 349, II, n° 8.
DENUNCIAR, *v.*, dénoncer, IV, 349, I, n° 6.
DENUNCIATIO, *s. f.*, dénonciation, IV, 349, I, n° 7.
DENUT, *adj.*, mis à nu, IV, 346, I, n° 5.
DEOPILAR, *v.*, désopiler, IV, 540, II, n° 12.
DEOPILATIU, *adj.*, désopilatif, IV, 540, II, n° 13.
DEPARTEMENT, voyez DEPARTIMENT.
DEPARTIA, *s. f.*, départie, IV, 438, II, n° 35.
DEPARTIDA, *s. f.*, départ, IV, 439, I, n° 36.
DEPARTIDAMEN, voyez DEPARTIDAMENT.

DEPARTIDAMENT, *adv.*, séparément, IV, 439, I, n° 38.

DEPARTIMEN, voyez DEPARTIMENT.

DEPARTIMENT, *s. m.*, séparation, IV, 439, I, n° 37.

DEPARTIR, *v.*, départir, IV, 439, II, n° 39.

DEPASCER, *v.*, paître, IV, 451, I, n° 32.

DEPAST, *s. m.*, nourriture, IV, 451, I, n° 31.

DEPAUPERACIO, *s. f.*, appauvrissement, IV, 461, I, n° 12.

DEPAUPERAR, *v.*, appauvrir, IV, 461, I, n° 11.

DEPAUSAR, *v.*, déposer, IV, 463, I, n° 7.

DEPAUZAMEN, voyez DEPAUZAMENT.

DEPAUZAMENT, *s. m.*, dépôt, IV, 463, I, n° 9.

DEPAUZAR, voyez DEPAUSAR.

DEPENHER, *v.*, dépeindre, IV, 478, I, n° 11.

DEPERDICIO, *s. f.*, déperdition, IV, 518, II, n° 7.

DEPERDRE, voyez DESPERDRE.

DEPERIR, *v.*, dépérir, IV, 521, II, n° 3.

DEPILACIO, *s. f.*, dépilation, IV, 485, II, n° 9.

DEPILAR, *v.*, dépiler, IV, 485, II, n° 11.

DEPILATIU, *adj.*, dépilatif, IV, 485, II, n° 10.

DEPLUMAR, *v.*, plumer, IV, 576, II, n° 7.

DEPONEN, *s. m.*, déponent, IV, 614, I, n° 32.

DEPONER, *v.*, déposer, IV, 613, II, n° 29.

DEPOPULADOR, voyez DEPOPULAIRE.

DEPOPULAIRE, *s. m.*, dévastateur, IV, 581, II, n° 18.

DEPOPULAR, *v.*, dépeupler, IV, 581, I, n° 17.

DEPORT, *s. m.*, amusement, IV, 608, I, n° 24.

DEPORTAR, *v.*, amuser, IV, 608, I, n° 23.

DEPOS, voyez DESPUOIS.

DEPOSIT, *s. m.*, dépôt, IV, 613, II, n° 26.

DEPOSITAR, *v.*, déposer, IV, 613, II, n° 31.

DEPOSITARI, *s. m.*, dépositaire, IV, 613, II, n° 30.

DEPOSITE, voyez DEPOSIT.

DEPOSITIO, *s. f.*, déposition, IV, 613, II, n° 28.

DEPOSITO, *s. m.*, dépôt, IV, 613, II, n° 27.

DEPRAVAR, *v.*, dépraver, IV, 619, II, n° 4.

DEPREMER, *v.*, comprimer, IV, 624, II, n° 19.

DEPREMIR, voyez DEPREMER.

DEPRESSIO, *s. f.*, dépression, IV, 624, II, n° 20.

DEPTAL, *s. m.*, créance, III, 37, I, n° 5.

DEPTE, voyez DEUTE.

DEPTOR, voyez DEVEIRE.

DEPUEIS, voyez DESPUOIS.

DEPURACIO, *s. f.*, dépuration, IV, 671, I, n° 10.

DEPURAMENT, *s. m.*, épurement, IV, 671, II, n° 11.
DEPURAR, *v.*, épurer, IV, 671, I, n° 9.
DEPURATIU, *adj.*, dépuratif, IV, 671, II, n° 12.
DEPURGAR, *v.*, purger, IV, 672, II, n° 20.
DEPUTADOR, *adj.*, devant être député, III, 26, II, n° 2.
DEPUTAR, *v.*, députer, III, 26, II.
DERAMAR, voyez DESRAMAR.
DERAUBAR, *v.*, dérober, V, 48, I, n° 11.
DERC, *s. m.*, position, III, 137, II, n° 3.
DERDRE, *v.*, hausser, III, 137, I, n° 2.
DEREGNAR, voyez DESRENAR.
DEREIRAN, *adj.*, dernier, V, 80, I, n° 11.
DEREIRE, *prép.*, derrière, V, 79, I, n° 6.
DEREN, *adj.*, dernier, V, 80, I, n° 9.
DERENAN, *adv.*, désormais, II, 96, II, n° 28.
DERENJAR, voyez DERRENGAR.
DERER, voyez DERRIER.
DEREVESTIR, *v.*, désinvestir, V, 530, I, n° 13.
DERIBAR, *v.*, dériver, V, 92, II, n° 14.
DERIER, voyez DERRIER.
DERIVAMEN, *s. m.*, dérivation, V, 92, I, n° 11.
DERIVAR, voyez DERIBAR.
DERIVATIO, *s. f.*, dérivation, V, 92, II, n° 12.
DERIVATIU, *adj.*, dérivatif, V, 92, II, n° 13.

DERIVESTIR, voyez DEREVESTIR.
DERIZORI, *adj.*, dérisoire, V, 98, II, n° 5.
DEROC, *s. m.*, ruine, V, 99, II, n° 6.
DEROCAMEN, *s. m.*, renversement, V, 100, I, n° 7.
DEROCAR, *v.*, renverser, V, 100, I, n° 8.
DEROGAR, *v.*, déroger, V, 104, I, n° 2.
DERRAIRIA, *s. f.*, fin, V, 80, I, n° 10.
DERRAMAR, voyez DESRAMAR.
DERREIR, voyez DERRIER.
DERREIRAMEN, *adv.*, par derrière, V, 79, II, n° 8.
DERRENGAR, *v.*, déranger, V, 82, II, n° 10.
DERRENGUAR, voyez DERRENGAR.
DERRER, voyez DERRIER.
DERRIER, *adj.*, dernier, V, 79, II, n° 7.
DERRIVAR, voyez DERIBAR.
DERRIZIO, *s. f.*, dérision, V, 98, I, n° 4.
DERROC, voyez DEROC.
DERROCAR, voyez DEROCAR.
DERUBEN, *s. m.*, ravin, III, 26, II.
DES, *prép.*, dès, III, 26, II.
DESABELIR, *v.*, déplaire, II, 207, II, n° 10.
DESABRIZAR, *v.*, briser, II, 261, I, n° 7.
DESACOILLIR, *v.*, rejeter, II, 435, I, n° 11.
DESACOLORAR, voyez DESCOLORAR.
DESACONSELHAR, *v.*, décourager, II, 461, II, n° 13.
DESACORDABLE, *adj.*, discordant, II, 485, I, n° 33.

DESACORDANSA, voyez DEZACORDANSA.
DESACORDAR, *v.*, désaccorder, II, 485, I, n° 34.
DESACOSSEILLAR, voyez DESACONSELHAR.
DESACUELHIR, voyez DESACOILLIR.
DESACUELLIR, voyez DESACOILLIR.
DESACUOILLIR, voyez DESACOILLIR.
DESADOLORAR, *v.*, adoucir, III, 64, II, n° 12.
DESADORDENAR, voyez DEZADORDENAR.
DESAFAITAR, *v.*, déparer, III, 266, II, n° 22.
DESAFILAR, *v.*, désaffiler, III, 326, II, n° 15.
DESAFIZANSA, *s. f.*, voyez DESFIANSA.
DESAFORTIR, *v.*, décourager, III, 378, II, n° 36.
DESAGRADABLE, *adj.*, désagréable, III, 504, II, n° 22.
DESAGRADABLETAT, *s. f.*, disconvenance, III, 504, II, n° 20.
DESAGRADANSA, *s. f.*, disconvenance, III, 504, II, n° 19.
DESAGRADAR, voyez DEGRADAR.
DESAGRADIU, *adj.*, désagréable, III, 504, II, n° 21.
DESAGRAT, voyez DESGRAT.
DESAGUIZAR, *v.*, déranger, III, 522, I, n° 6.
DESAISE, *s. m.*, malaise, II, 43, I, n° 17.
DESAISINAR, voyez DESAIZINAR.
DESAIZINAR, *v.*, ôter l'aise, II, 43, I, n° 18.
DESALBERGAR, *v.*, déloger, II, 52, I, n° 12.
DESAMANSA, *s. f.*, désaffection, II, 66, II, n° 33.

DESAMONESTAR, *v.*, détourner, IV, 254, I, n° 10.
DESAMOR, *s. f.*, désaffection, II, 66, I, n° 32.
DESAMOROS, voyez DEZAMOROS.
DESAMPARAMENT, *s. m.*, désemparement, II, 74, I, n° 7.
DESAMPARAR, *v.*, désemparer, II, 74, I, n° 6.
DESANADOR, *s. m.* (lisez *adj.*), qui rebrousse, II, 79, II, n° 13.
DESANAMENT, *s. m.*, décès, II, 79, II, n° 12.
DESANAMORAT, *adj.*, désaffectionné, II, 67, I, n° 38.
DESANAR, *v.*, cesser d'aller, II, 79, II, n° 11.
DESAPARER, *v.*, disparaître, IV, 429, II, n° 15.
DESAPENSADAMEN, *adv.*, inconsidérément, IV, 498, II, n° 39.
DESAPILAR, *v.*, miner, IV, 540, I, n° 8.
DESAPODERAR, voyez DEZAPODERAR.
DESAPRENDRE, *v.*, désapprendre, IV, 630, I, n° 22.
DESAPRENER, voyez DESAPRENDRE.
DESAPRENRE, voyez DESAPRENDRE.
DESARMAR, *v.*, désarmer, II, 123, II, n° 8.
DESARRENGAR, *v.*, déranger, V, 83, I, n° 11.
DESARRIBAR, *v.*, dériver, V, 92, II, n° 15.
DESASABORAR, *v.*, dénaturer, V, 129, II, n° 15.
DESASABORIR, *v.*, affadir, V, 130, I, n° 16.

DESASIAT, *adj.*, privé d'aise, II, 43, 1, n° 21.
DESASOLAR, *v.*, isoler, V, 252, 1, n° 11.
DESASOTILAR, *v.*, émousser, V, 284, 1, n° 11.
DESASSEGURAR, *v.*, déconcerter, V, 185, II, n° 14.
DESASTRAT, *adj.*, malheureux, II, 139, I, n° 15.
DESASTRE, *s. m.*, malheur, II, 139, I, n° 14.
DESASTRUC, *adj.*, malheureux, II, 189, I, n° 16.
DESAUTORGAR, *v.*, désapprouver, II, 154, II, n° 11.
DESAUTREIAR, *v.*, refuser, II, 154, I, n° 6.
DESAUTREYAR, voyez DESAUTREIAR.
DESAVENIR, *v.*, désaccorder, V, 489, II, n° 16.
DESAVENTURA, *s. f.*, mésaventure, V, 491, I, n° 23.
DESAVENTURAT, *adj.*, désaventuré, V, 491, I, n° 24.
DESAVENTUROS, *adj.*, désaventuré, V, 491, I, n° 25.
DESAVER, *v.*, quitter, II, 159, I, n° 3.
DESAVINEN, *adj.*, voyez DESAVINENT.
DESAVINENT, *adj.*, inconvenant, V, 489, I, n° 13.
DESAZAUTAR, *v.*, chagriner, II, 162, I, n° 9.
DESAZIR, *v.*, dessaisir, V, 163, II, n° 4.
DESBALANSAR, *v.*, renverser, II, 172, I, n° 4.
DESBANDIR, *v.*, rappeler du bannissement, II, 177, I, n° 12.

DESBARAT, *s. m.*, déroute, II, 184, I, n° 9.
DESBARATAR, *v.*, vaincre, II, 184, II, n° 10.
DESBASTIR, voyez DEBASTIR.
DESBATEJAT, *adj.*, non baptisé, II, 180, I, n° 6.
DESBATRE, *v.*, débattre, II, 199, II, n° 23.
DESBENDAR, *v.*, débander, II, 210, II, n° 4.
DESBENVOLENZA, *s. f.*, malveillance, V, 564, I, n° 14.
DESBLOCAR, *v.*, ôter les bosses, II, 228, II, n° 5.
DESBRAIAR, *v.*, débrailler, II, 247, II, n° 4.
DESBRIZAR, voyez DEBRISAR.
DESBRUEILLAR, voyez DESBRUELHAR.
DESBRUELHAR, *v.*, effeuiller, II, 265, I, n° 5.
DESC, *s. m.*, desque, III, 27, I.
DESCABAL, *adj.*, pauvre, II, 327, I, n° 72.
DESCABALEIAR, *v.*, déchoir, II, 327, I, n° 73.
DESCABALEJAR, voyez DESCABALEIAR.
DESCABALEYAR, voyez DESCABALEIAR.
DESCABELHAR, *v.*, écheveler, II, 323, II, n° 43.
DESCADENAR, *v.*, déchaîner, II, 286, I, n° 7.
DESCAPDEL, *s. m.*, inconduite, II, 328, II, n° 88.
DESCAPDELAR, *v.*, priver, II, 325, II, 60, et II, 328, II, n° 89.
DESCAPDELHAR, voyez DESCAPDELAR.

DES

DESCAPDELLAR, voyez DESCAPDELAR.
DESCAPDUELHAR, voyez DESCAPDELAR.
DESCAPITAR, *v.*, décapiter, II, 320, I, n° 14.
DESCAPTALAR, *v.*, appauvrir, II, 326, II, n° 65.
DESCAPTAR, *v.*, diminuer, II, 328, I, n° 84.
DESCAPTENER, *v.*, déprécier, II, 328, II, n° 87.
DESCARGAR, *v.*, décharger, II, 336, II, n° 11.
DESCARGUAR, voyez DESCARGAR.
DESCARNAR, *v.*, décharner, II, 342, II, n° 29.
DESCAUDIZAMEN (lisez DESCAUZIDAMEN), *adv.*, grossièrement, II, 364, I, n° 8.
DESCAUS, *adj.*, déchaussé, II, 297, I, n° 10.
DESCAUSIDAMEN, voyez DESCAUDIZAMEN.
DESCAUSIR, voyez DESCAUZIR.
DESCAUSSAR, *v.*, déchausser, II, 297, I, n° 9.
DESCAUZ, voyez DESCAUS.
DESCAUZIDAMEN, voyez DESCAUDIZAMEN.
DESCAUZIMEN, *s. m.*, impolitesse, II, 363, I, n° 9.
DESCAUZIR, *v.*, outrager, II, 363, II, n° 7.
DESCAVALCAR, *v.*, descendre de cheval, II, 369, I, n° 16.
DESCAVALGUAR, voyez DESCAVALCAR.
DESCAVALQUAR, voyez DESCAVALCAR.
DESCAZAR, voyez DECAZAR.
DESCAZEIG, *s. m.*, chute, II, 346, II, n° 16.
DESCAZENSA, voyez DECHAZENSA.

DES

DESCAZER, voyez DECHAZER.
DESCAZERNAR, *v.*, chasser, II, 349, I, n° 12.
DESCEBEDOR, voyez DECEBEIRE.
DESCEBRAR, voyez DESSEBRAR.
DESCELAMEN, *s. m.*, découverte, II, 372, II, n° 10.
DESCELAR, *v.*, déceler, II, 372, II, n° 9.
DESCENDEMENT, *s. m.*, descente, II, 131, II, n° 7.
DESCENDENT, *adj.*, descendant, II, 131, II, n° 5.
DESCENDRE, voyez DEISSENDRE.
DESCENSIO, *s. f.*, descente, II, 132, I, n° 8.
DESCHANS (lisez DESCHANT), *s. m.*, critique, II, 314, II, n° 14.
DESCHANT, voyez DESCHANS.
DESCHANTAR, *v.*, cesser de chanter, II, 314, II, n° 15.
DESCHAPDELAR, voyez DESCAPDELAR.
DESCHAUSIR, voyez DESCAUZIR.
DESCHAUZIDAMEN, voyez DESCAUDIZAMEN.
DESCHAUZIMEN, voyez DESCAUZIMEN.
DESCHAUZIR, voyez DESCAUZIR.
DESCHAZER, voyez DECHAZER.
DESCLAURE, *v.*, déclore, II, 411, II, n° 41.
DESCLAVAR, *v.*, défermer, II, 408, I, n° 9.
DESCLAVELAR, voyez DESCLAVELHAR.
DESCLAVELHAR, *v.*, déclouer, II, 406, II, n° 4.
DESCLAVELLAR, voyez DESCLAVELHAR.
DESCOBERTURA, *s. f.*, découverte, II, 425, I, n° 14.

DESCOBLAR,*v.*, découpler, II,473, II, n° 5.
DESCOBRIR, *v.*, découvrir, II, 424, II, n° 12.
DESCOBRIRE, *s. m.*, déceleur, II, 425, I, n° 13.
DESCOFES, *adj.*, non confessé, II, 458, I, n° 5.
DESCOFIMENT, *s. m.*, déroute, III, 278, I, n° 107.
DESCOFIR, voyez DESCONFIR.
DESCOFITURA, *s. f.*, déconfiture, III, 278, I, n° 108.
DESCOFIZEMEN, *s. m.*, déconfiture, III, 278, I, n° 106.
DESCOFORTAR, voyez DESCONFORTAR.
DESCOIRAR, *v.*, dégarnir de cuir, II, 527, II, n° 7.
DESCOLOGAR, *v.*, déplacer, IV, 90, II, n° 14.
DESCOLORACIO, *s. f.*, décoloration, II, 441, I, n° 8.
DESCOLORAMEN, *s. m.*, pâleur, II, 441, I, n° 7.
DESCOLORAMENT, voyez DESCOLORAMEN.
DESCOLORAR, *v.*, décolorer, II, 441, I, n° 10.
DESCOLORATIU, *adj.*, décoloratif, II, 441, I, n° 9.
DESCOLORIR, *v.*, décolorer, II, 441, I, n° 11.
DESCOMINAL, *adj.*, excessif, IV, 290, I, n° 9.
DESCOMUNAL, voyez DESCOMINAL.
DESCONDRE, *v.*, découvrir, III, 154, I, n° 4.
DESCONFESSAT, *adj.*, non confessé, II, 458, I, n° 6.

DESCONFIR, *v.*, déconfire, III, 277, II, n° 105.
DESCONFORTAR, *v.*, décourager, III, 379, I, n° 40.
DESCONOISSEDOR, *s. m.*, mauvais connaisseur, IV, 334, II, n° 28.
DESCONOISSEIRE, voyez DESCONOISSEDOR.
DESCONOISSEMEN, voyez DESCONOYSSEMENT.
DESCONOISSENSA, *s. f.*, ingratitude, IV, 334, I, n° 26.
DESCONOISSER, voyez DESCONOSCER.
DESCONORDANSA, *s. f.*, désespoir, IV, 389, II, n° 8.
DESCONORT, *s. m.*, découragement, IV, 389, I, n° 7.
DESCONORTAR, *v.*, décourager, IV, 389, II, n° 9.
DESCONOSCER, *v.*, méconnaître, IV, 334, II, n° 29.
DESCONOYSSEMENT, *s. m.*, ingratitude, IV, 334, II, n° 27.
DESCONOYSSENSA, voyez DESCONOISSENSA.
DESCONOYSSER, voyez DESCONOSCER.
DESCONSEILLAR, voyez DESCOSSELHAR.
DESCONSOLAR, *v.*, désoler, V, 253, II, n° 9.
DESCONVENABLE, *adj.*, disconvenable, V, 494, I, n° 44.
DESCONVENIR, *v.*, ne pas convenir, V, 493, II, n° 41.
DESCONVINEN, voyez DESCONVINENT.
DESCONVINENT, *adj.*, disconvenable, V, 493, II, n° 42.
DESCORALLAR, *v.*, décourager, II, 477, II, n° 24.

DESCORAR, voyez DEZACORAR.
DESCORDAR, *v.*, désaccorder, II, 484, II, n° 29.
DESCORDIER, *s. m.*, querelle, II, 484, II, n° 28.
DESCORT, *s. m.*, discord, II, 483, II, n° 25.
DESCORTES, *adj.*, discourtois, II, 497, II, n° 8.
DESCORTEZ, voyez DESCORTES.
DESCORTEZIA, *s. f.*, discourtoisie, II, 497, II, n° 9.
DESCOSER, *v.*, découdre, II, 499, II, n° 8.
DESCOSSELAR, voyez DESCOSSELHAR.
DESCOSSELHAR, *v.*, non conseiller, II, 461, II, n° 12.
DESCOSSOLAR, voyez DESCONSOLAR.
DESCOVENABLE, voyez DESCONVENABLE.
DESCOVENIR, voyez DESCONVENIR.
DESCOVIDAR, *v.*, non convier, II, 472, I, n° 3.
DESCOVINENSA, voyez DISCONVENIENCIA.
DESCOVINENZA, voyez DISCONVENIENCIA.
DESCOYRAR, voyez DESCOIRAR.
DESCOZER, voyez DESCOSER.
DESCREIRE, *v.*, mécroire, II, 510, I, n° 7.
DESCREIS, *s. m.*, décroît, II, 512, II, n° 11.
DESCREISSER, *v.*, décroître, II, 512, II, n° 10.
DESCREZENSA, *s. f.*, incrédulité, II, 510, I, n° 8.
DESCREZENZA, voyez DESCREZENSA.
DESCREZER, voyez DESCREIRE.
DESCRIPTIO, *s. f.*, description, III, 159, I, n° 11.

DESCRIURE, *v.*, décrire, III, 159, I, n° 10.
DESCRUPIR, *v.*, s'accroupir, II, 521, I, n° 4.
DESCUBRIR, voyez DESCOBRIR.
DESCUCHAR, voyez DESCUIDAR.
DESCUIDAR, *v.*, décroire, II, 431, I, n° 14.
DESDEGNAR, *v.*, dédaigner, III, 49, II, n° 11.
DESDEING, *s. m.*, dédain, III, 49, II, n° 9.
DESDENH, voyez DESDEING.
DESDENHOS, *adj.*, dédaigneux, III, 49, II, n° 8.
DESDIR, voyez DESDIRE.
DESDIRE, *v.*, dédire, III, 55, II, n° 17.
DESDIZEMEN, *s. m.*, reniement, III, 55, II, n° 18.
DESDUCH, voyez DESDUG.
DESDUG, *s. m.*, plaisir, III, 84, I, n° 17.
DESDUI, voyez DESDUG.
DESDUIRE, *v.*, amuser, III, 83, II, n° 16.
DESDURE, voyez DESDUIRE.
DESDUT, voyez DESDUG.
DESE, *adv.*, sur-le-champ, III, 27, I.
DESEBRAR, voyez DESSEBRAR.
DESEFLAR, voyez DESENFLAR.
DESEGAL, *adj.*, inégal, III, 136, II, n° 17.
DESEGALAR, *v.*, rendre inégal, III, 136, II, n° 20.
DESEGNAR, voyez DESIGNAR.
DESEGUANSA, *s. f.*, inégalité, III, 136, II, n° 18.
DESEGUENTRE, *adv.*, ensuite, V, 181, II, n° 15.

DESEINGNADOR, voyez DESEINGNAIRE.
DESEINGNAIRE, s. m., dessinateur, V, 229, I, n° 19.
DESEMBARGAR, v., débarrasser, III, 111, II, n° 4.
DESEMBLAR, voyez DESSEMBLAR.
DESEMBRE, s. m., décembre, III, 31, II, n° 11.
DESEMBRIAR, v., diminuer, VI, 6, I, n° 6.
DESEMCOMBRAR, v., désencombrer, II, 452, I, n° 16.
DESEMPACHAR, v., débarrasser, III, 114, II, n° 5.
DESEMPAICHA, s. f., débarras, VI, 15, I, n° 5 bis.
DESEMPRE, adv., tout aussitôt, V, 194, I, n° 4.
DESEN, s. m., dixième, III, 31, I, n° 5.
DESEN, voyez DESE.
DESEN, voyez DEZEN.
DESENA, s. f., dizaine, III, 31, I, n° 6.
DESENAN, adv., désormais, II, 96, II, n° 31.
DESENAN, voyez DESENANS.
DESENANS (lisez DESENAN), s. m., désavantage, II, 97, I, n° 32.
DESENANSAR, v., baisser, II, 97, I, n° 33.
DESENANZAR, voyez DESENANSAR.
DESENBOTONAR, v., déboutonner, II, 244, II, n° 5.
DESENCARNAR, v., déshabituer de la chair, II, 342, II, n° 28.
DESENCOLPAR, v., disculper, II, 443, I, n° 7.
DESENCRIMAR, v., disculper, II, 518, I, n° 7.

DESENCUSA, s. f., excuse, II, 361, II, n° 17.
DESENCUSAR, voyez DESENCUZAR.
DESENCUZAR, v., disculper, II, 361, II, n° 19.
DESENCUZATIO, s. f., justification, II, 361, II, n° 18.
DESENDRESSAR, v., désordonner, V, 76, I, n° 71.
DESENFLAR, v., désenfler, III, 560, I, n° 7.
DESENFOLETIR, v., désaffoler, III, 352, I, n° 20.
DESENFOLLEZIR, v., désaffoler, III, 152, I, n° 22.
DESENHORIR, voyez DESSENHORIR.
DESENIER, s. m., dizenier, III, 31, I, n° 10.
DESENSENHAR, v., désapprendre, V, 231, I, n° 31.
DESENTREBESCAR, v., débrouiller, II, 256, II, n° 6.
DESERENAN, voyez DERENAN.
DESERENAVANS, adv., dorénavant, II, 96, II, n° 29.
DESERER, v., déserter, III, 28, I, n° 3.
DESERET, s. m., exhérédation, III, 528, II, n° 15.
DESERETAR, voyez DESHERETAR.
DESERT, s. m., désert, III, 27, II.
DESERT, adj., désert, III, 28, I, n° 2.
DESERTAR, v., rendre désert, III, 28, I, n° 4.
DESERVIMEN, voyez DESERVIMENT.
DESERVIMENT, s. m., insubordination, V, 213, II, n° 16.
DESERVIR, voyez DESSERVIR.

DESESPER, *s. m.*, désespoir, III, 173, I, n° 8.
DESESPERACIO, voyez DESESPERATIO.
DESESPERANSA, *s. f.*, désespoir, III, 173, I, n° 9.
DESESPERAR, *v.*, désespérer, III, 172, II, n° 7.
DESESPERATIO, *s. f.*, désespoir, III, 173, II, n° 10.
DESESTANSA, *s. f.*, absence, III, 206, II, n° 21.
DESFAIRE, voyez DESFAR.
DESFAISSONAR, *v.*, déformer, III, 267, II, n° 27.
DESFALHISO, *s. f.*, faute, III, 254, II, n° 12.
DESFAR, *v.*, défaire, III, 275, I, n° 88.
DESFASSAR, *v.*, effacer, III, 286, I, n° 12.
DESFAYRE, voyez DESFAR.
DESFAYSSONAMENT, *s. m.*, difformité, III, 267, II, n° 28.
DESFAYSSONAR, voyez DESFAISSONAR.
DESFAZEDAT, *adj.*, imbécile, III, 276, I, n° 90.
DESFAZEMENT, *s. m.*, destruction, III, 275, II, n° 89.
DESFERAR, voyez DESFERRAR.
DESFERMAR, *v.*, ouvrir, III, 315, I, n° 25.
DESFERRAR, *v.*, déferrer, III, 308, I, n° 11.
DESFERRIAR, voyez DESFERRAR.
DESFEUALTAT, *s. f.*, déloyauté, III, 294, II, n° 22.
DESFEZAR, *v.*, mécroire, III, 293, I, n° 34.

DESFIANSA, *s. f.*, défiance, III, 292, I, n° 29.
DESFIAR, *v.*, défier, III, 292, II, n° 30.
DESFIGURAR, *v.*, défigurer, III, 323, II, n° 8.
DESFILAR, *v.*, défiler, III, 326, II, n° 14.
DESFIS, *adj.*, défiant, III, 292, I, n° 27.
DESFIZAR, voyez DESFIAR.
DESFRENAR, *v.*, débrider, III, 397, I, n° 16.
DESFREZAR, *v.*, défraiser, III, 400, I, n° 3.
DESFUGIR, voyez DEFUGIR.
DESGARNIR, *v.*, dégarnir, III, 435, I, n° 6.
DESGATAIRITZ, *s. f.*, dépensière, III, 439, I, n° 10.
DESGIETAR, voyez DESGITAR.
DESGIQUIR, *v.*, quitter, III, 464, I, n° 3.
DESGITAR, *v.*, rejeter, III, 470, II, n° 4.
DESGLAZIAR, voyez DEGLAIAR.
DESGLOTIR, voyez DEGLOTIR.
DESGRADACIO, *s. f.*, dégradation, III, 489, II, n° 8.
DESGRADAR, voyez DEGRADAR.
DESGRAT, *s. m.*, mauvais gré, III, 504, II, n° 18.
DESGRAVAR, *v.*, dégraveler, III, 506, I, n° 6.
DESGRAZIR, *v.*, maugréer, III, 505, I, n° 23.
DESGUAIMENTAR, *v.*, gémir, III, 448, I, n° 5.
DESGUARNIR, voyez DESGARNIR.

DESGUAYMENTAR, voyez DESGUAIMENTAR.

DESGUIDAR, *v.*, égarer, III, 519, II, n° 8.

DESGUISABLE, *adj.*, changeant, III, 521, II, n° 4.

DESGUISAMEN, *s. m.*, façon, III, 521, II, n° 3.

DESGUISAR, *v.*, déguiser, III, 521, II, n° 5.

DESGUIZAMEN, voyez DESGUISAMEN.

DESGUIZAR, voyez DESGUISAR.

DESHERETAR, *v.*, déshériter, III, 528, II, n° 17.

DESHONDRAR, voyez DESONORAR.

DESHONEST, *adj.*, déshonnête, III, 537, II, n° 22.

DESHONESTAMEN, *adv.*, déshonnêtement, III, 537, II, n° 23.

DESHONESTAMENS, voyez DESHONESTAMEN.

DESHONESTETAT, voyez DEZONESTAT.

DESHONOR, *s. f.*, déshonneur, III, 536, I, n° 12.

DESHONRANSA, *s. f.*, déshonneur, III, 536, II, n° 13.

DESHONRAR, voyez DESONORAR.

DESICAR, voyez DESICCAR.

DESICCAR, *v.*, dessécher, V, 174, II, n° 13.

DESICCATIU, voyez DESSICATIU.

DESIDERAR, *v.*, désirer, III, 41, I, n° 9.

DESIEG, *s. m.*, désir, III, 40, I, n° 2.

DESIG, voyez DESIEG.

DESIGNAR, *v.*, désigner, V, 229, I, n° 20.

DESIGNATIU, *adj.*, indicatif, V, 228, II, n° 18.

DESIRANSA, *s. f.*, désir, III, 40, II, n° 4.

DESIRAR, *v.*, désirer, III, 41, I, n° 8.

DESIRE, voyez DEZIR.

DESIRE, *adj.*, désireux, III, 40, II, n° 5.

DESIRIER, *s. m.*, désir, III, 40, II, n° 3.

DESIRON, voyez DEZIRON.

DESIROS, voyez DEZIROS.

DESIRVIR, voyez DESSERVIR.

DESISTAR, *v.*, être absent, III, 206, II, n° 20.

DESISTIR, *v.*, désister, VI, 22, I, n° 21 *bis*.

DESJONHER, *v.*, disjoindre, III, 599, I, n° 11.

DESLASAR, voyez DESLASSAR.

DESLASSAR, *v.*, délacer, IV, 5, I, n° 7.

DESLATAR, *v.*, déposer, IV, 27, I, n° 6.

DESLAU, voyez DESLAUS.

DESLAUS, *s. m.*, blâme, IV, 31, I, n° 18.

DESLAUZAR, *v.*, désapprouver, IV, 31, I, n° 19.

DESLEGAR, *v.*, délayer, IV, 74, I, n° 33.

DESLEI, *s. m.*, tort, IV, 38, I, n° 13.

DESLEIAL, *adj.*, déloyal, IV, 38, II, n° 17.

DESLEIALAR, *v.*, infamer, IV, 38, II, n° 19.

DESLEIALTAT, *s. f.*, déloyauté, IV, 38, I, n° 15.

DESLEYAR, *v.*, décrier, IV, 38, I, n° 14.

DESLIAL, voyez DESLEIAL.

DESLIALEZA, *s. f.*, déloyauté, IV, 38, II, n° 16.
DESLIALTAT, *s. f.*, voyez DESLEIALTAT.
DESLIAMAR, *v.*, délier, IV, 74, II, n° 39.
DESLIAR, *v.*, délier, IV, 74, I, n° 32.
DESLIEURAMEN, voyez DESLIVRAMEN.
DESLIEURAR, voyez DESLIVRAR.
DESLIEURE, voyez DESLIVRE.
DESLIEURIER, voyez DELIVRIER.
DESLINQUIMENT, *s. m.*, quittance, III, 22, II, n° 2.
DESLIURAMEN, voyez DESLIVRAMEN.
DESLIURANSA, voyez DESLIVRANSA.
DESLIURAR, voyez DESLIVRAR.
DESLIURE, voyez DESLIVRE.
DESLIVRAMEN, *s. m.*, délivrance, IV, 84, II, n° 13.
DESLIVRAMEN, *adv.*, librement, IV, 85, I, n° 17.
DESLIVRANSA, *s. f.*, délivrance, IV, 86, I, n° 23.
DESLIVRAR, *v.*, délivrer, IV, 84, II, n° 16.
DESLIVRE, *adj.*, libre, IV, 83, II, n° 12.
DESLOCAR, *v.*, déplacer, IV, 91, I, n° 18.
DESLOGUAR, voyez DESLOCAR.
DESLONGAR, *v.*, éloigner, IV, 98, I, n° 20.
DESLONHAR, voyez DESLONGAR.
DESLONJAR, voyez DESLONGAR.
DESLUENHAR, voyez DESLONGAR.
DESLUGAR, *v.*, éclipser, IV, 109, II, n° 12.
DESLUNHAR, voyez DESLONGAR.

DESMAILLAR, voyez DESMALHAR.
DESMALHAR, *v.*, démailler, IV, 131, II, n° 4.
DESMAN, *s. m.*, contre-ordre, IV, 139, I, n° 23.
DESMANDAR, *v.*, contremander, IV, 139, I, n° 24.
DESMANJAMEN, *s. m.*, perte d'appétit, VI, 29, I, n° 6 *ter*.
DESMANJAR, *v.*, perdre l'appétit, VI, 29, I, n° 6 *bis*.
DESMANTENENSA, *s. f.*, abandon, V, 339, I, n° 49.
DESMANTENER, *v.*, abandonner, V, 339, I, n° 48.
DESMAR, *v.*, dîmer, III, 32, I, n° 18.
DESME, *s. m.*, dîme, III, 31, II, n° 14.
DESMEMBRAR, *v.*, oublier, IV, 186, I, n° 9.
DESMEMBRAR, *v.*, démembrer, IV, 188, I, n° 4.
DESMEMORIAMENT, *s. m.*, perte de la mémoire, IV, 186, I, n° 10.
DESMENTIR, *v.*, démentir, IV, 205, II, n° 7.
DESMERCEIAR, voyez DESMERCEYAR.
DESMERCEYAR, *v.*, refuser merci, IV, 209, II, n° 8.
DESMESURA, *s. f.*, excès, IV, 201, II, n° 12.
DESMESURANSA, *s. f.*, injustice, IV, 202, I, n° 13.
DESMESURAR, *v.*, démesurer, IV, 202, I, n° 14.
DESMEZURA, voyez DESMESURA.

DESMEZURANSA, voyez DESMESURANSA.
DESMEZURAR, voyez DESMESURAR.
DESMONTAR, *v.*, démonter, IV, 260, I, n° 17.
DESMUNDAR, *v.*, salir, IV, 287, II, n° 9.
DESNATURAR, *v.*, dénaturer, IV, 303, II, n° 4.
DESNEDAR, voyez DENEGAR.
DESNEGAR, voyez DENEGAR.
DESNEYAR, voyez DENEGAR.
DESNI, *s. m.*, duvet, III, 28, II.
DESNOFEZAR, *v.*, être sans foi, III, 293, I, n° 35.
DESNOIRIR, *v.*, repaître, IV, 352, II, n° 14.
DESNOT, *s. m.*, antiphrase, III, 28, II.
DESNUD, voyez DENUT.
DESNUDAR, voyez DENUDAR.
DESNUG, voyez DENUT.
DESOBEDIR, *v.*, désobéir, IV, 353, II, n° 3.
DESOBLIDAR, *v.*, oublier, IV, 354, II, n° 7.
DESOBRE, *prép.*, dessus, V, 245, I, n° 21.
DESOLAR, *v.*, désoler, V, 252, I, n° 10.
DESONDRADAMENS, voyez DESONRADAMENT.
DESONDRAR, voyez DESONORAR.
DESONOR, voyez DESHONOR.
DESONORAR, *v.*, déshonorer, III, 536, II, n° 14.
DESONRADAMENT, *adv.*, honteusement, III, 536, II, n° 15.
DESONRANSA, voyez DESHONRANSA.
DESONRAR, voyez DESONORAR.

DESOPTE, *adv.*, tout à coup, V, 240, II, n° 9.
DESORDE, *s. m.*, désordre, IV, 382, II, n° 19.
DESORDENAMENT, *s. m.*, disproportion, IV, 382, II, n° 20.
DESOSTZ, voyez DESOTZ.
DESOT, voyez DESOTZ.
DESOTZ, *prép.*, dessous, V, 273, II, n° 2.
DESOTZ, *adv.*, dessous, V, 274, I, n° 3.
DESOVENIR, voyez DESSOVENIR.
DESPAGAMEN, *s. m.*, désappointement, IV, 457, I, n° 14.
DESPAGAR, *v.*, désappointer, IV, 457, I, n° 15.
DESPAGUAR, voyez DESPAGAR.
DESPARAR, *v.*, démanteler, IV, 425, II, n° 15.
DESPARELHAR, *v.*, séparer, IV, 417, II, n° 2.
DESPARER, *v.*, disparaître, IV, 429, II, n° 14.
DESPARIAR, *v.*, dépareiller, IV, 415, II, n° 11.
DESPASSAR, *v.*, dépasser, IV, 443, I, n° 9.
DESPAUZATIO, *s. f.*, déposition, IV, 463, I, n° 8.
DESPECHABLE, voyez DESPECHABLES.
DESPECHABLES (lisez DESPECHABLE), *adj.*, méprisable, III, 29, I, n° 3.
DESPECHAMEN, *s. m.*, mépris, III, 29, I, n° 2.
DESPECHAR, *v.*, mépriser, III, 29, I, n° 4.
DESPECHAR, voyez DESPESSAR.
DESPECIER, *s. m.*, dépensier, IV, 501, I, n° 64.

DES   DES   199

DESPENDEIRE, *s. m.*, dépensier, IV, 500, II, n° 56.

DESPENDRE, *v.*, dépenser, IV, 500, I, n° 55.

DESPENHER, voyez DEPENHER.

DESPENS, voyez DESPES.

DESPENSA, *s. f.*, dépense, IV, 501, I, n° 59.

DESPENSADOR, voyez DESPESSAIRE.

DESPENSAIRE, voyez DESPESSAIRE.

DESPENSAMEN, *s. m.*, dépense, IV, 501, I, n° 60.

DESPENSAR, *v.*, dépenser, IV, 500, II, n° 57.

DESPENSAR, voyez DISPENSAR.

DESPENSER, voyez DESPECIER.

DESPERAMEN, *s. m.*, désespoir, III, 173, II, n° 11.

DESPERCEBRE, *v.*, dépourvoir, II, 279, II, n° 54.

DESPERDRE, *v.*, égarer, IV, 518, I, n° 6.

DESPERJUR, *adj.*, qui cesse d'être parjure, III, 604, I, n° 23.

DESPERS, *adj.*, désespéré, III, 173, II, n° 12.

DESPERSEBUDAMENT, *adv.*, à l'improviste, II, 279, II, n° 55.

DESPERSONAR, *v.*, dépeupler, IV, 524, I, n° 7.

DESPES, *s. m.*, dépense, IV, 500, II, n° 58.

DESPESAR, voyez DESPESSAR.

DESPESSA, voyez DESPENSA.

DESPESSADOR, voyez DESPESSAIRE.

DESPESSAIRE, *s. m.*, dispensateur, IV, 500, I, n° 53.

DESPESSAR, *v.*, dépecer, IV, 527, II, n° 8.

DESPESSIER, *s. m.*, épicier, III, 170, I, n° 5.

DESPESSIER, voyez DESPECIER.

DESPEYTAR, voyez DESPECHAR.

DESPEZAR, voyez DESPESSAR.

DESPIEG, *s. m.*, dépit, III, 28, II.

DESPIET, voyez DESPIEG.

DESPIEUCELAR, voyez DESPIUCELAR.

DESPIEUCELATGE, voyez DESPIUCELATGE.

DESPIEUSELAR, voyez DESPIUCELAR.

DESPIEUSELATGE, voyez DESPIUCELATGE.

DESPIEUZELAR, voyez DESPIUCELAR.

DESPIEUZELATGE, voyez DESPIUCELATGE.

DESPIEYT, voyez DESPIEG.

DESPIUCELAR, *v.*, dépuceler, IV, 547, I, n° 5.

DESPIUCELATGE, *s. m.*, dépucelage, IV, 547, I, n° 4.

DEZPIUSELAR, voyez DESPIUCELAR.

DESPIUSELATGE, voyez DESPIUCELATGE.

DESPIUZELAR, voyez DESPIUCELAR.

DESPIUZELATGE, voyez DESPIUCELATGE.

DESPLAIDEIAR, *v.*, réparer, IV, 549, II, n° 9.

DESPLAIDEJAR, voyez DESPLAIDEIAR.

DESPLAZENSA, *s. f.*, déplaisance, IV, 561, I, n° 11.

DESPLAZER, *v.*, déplaire, IV, 561, I, n° 9.

DESPLAZER, *s. m.*, déplaisir, IV, 561, I, n° 10.

DESPLEGADAMEN, *adv.*, explicitement, IV, 567, I, n° 40.

DESPLEGAR, *v.*, déployer, IV, 566, II, n° 39.

DESPLEIAR, voyez DESPLEGAR.

DESPLEYAR, voyez DESPLEGAR.

DESPODER, *s. m.*, impuissance, IV, 584, I, n° 17.
DESPODERAT, *adj.*, sans force, IV, 584, II, n° 18.
DESPOESTEDIT, voyez DESPOSTADIT.
DESPOILLAMENT, *s. m.*, dépouillement, IV, 479, II, n° 7.
DESPOILLAR, voyez DESPUELHAR.
DESPOLHADOR, *s. m.*, spoliateur, IV, 480, I, n° 9.
DESPOLHAIRE, voyez DESPOLHADOR.
DESPOLHAR, voyez DESPUELHAR.
DESPONDRE, voyez DESPONER.
DESPONEMEN, voyez DESPONEMENS.
DESPONEMENS (lisez DESPONEMEN), *s. m.*, exposition, IV, 613, I, n° 24.
DESPONER, *v.*, disposer, IV, 613, I, n° 25.
DESPOPAR, *v.*, sevrer, IV, 600, II, n° 3.
DESPOSECIO, voyez DISPOSITIO.
DESPOSSEZIR, *v.*, déposséder, IV, 616, II, n° 7.
DESPOSTADIT, *adj.* dépossédé, IV, 584, II, n° 20.
DESPOZITION, voyez DISPOSITIO.
DESPRECIAR, voyez DESPREZAR.
DESPRECZI, *s. m.*, mépris, IV, 641, II, n° 11.
DESPREZAR, *v.*, déprécier, IV, 641, I, n° 10.
DESPREZIAMENT, *s. m.*, dépréciation, IV, 641, II, n° 12.
DESPROVEZIR, *v.*, dépourvoir, V, 538, I, n° 36.
DESPUELH, *s. m.*, dépouillement, IV, 479, II, n° 8.
DESPUELHA, *s. f.*, dépouille, IV, 479, II, n° 6.

DESPUELHAMENT, voyez DESPOILLAMENT.
DESPUELHAR, *v.*, dépouiller, IV, 480, I, n° 10.
DESPULHAR, voyez DESPUELHAR.
DESPULLAR, voyez DESPUELHAR.
DESPUMAR, *v.*, écumer, III, 189, I, n° 2.
DESPUOIS, *conj.*, puisque, IV, 588, I, n° 2.
DESPUTAR, *v.*, disputer, III, 61, I, n° 2.
DESPUYLLAR, voyez DESPUELHAR.
DESQUE, *conj.*, dès que, III, 27, I, n° 2.
DESRAMAR, *v.*, effeuiller, V, 38, II, n° 17.
DESRANCAR, voyez DERRENGAR.
DESRAYGAR, *v.*, déraciner, V, 31, I, n° 12.
DESRAZICAR, voyez DESRAYGAR.
DESRAZIGAMENT, *s. m.*, déracinement, V, 30, II, n° 11.
DESRAZO, *s. f.*, déraison, V, 54, II, n° 13.
DESREFUGIR, *v.*, fuir, III, 407, I, n° 14.
DESREIAR, *v.*, tourner, V, 34, I, n° 10.
DESRENAR, *v.*, éreinter, V, 81, I, n° 2.
DESRENCAR, voyez DERRENGAR.
DESRENGAR, voyez DERRENGAR.
DESRENJAR, voyez DERRENGAR.
DESREY, *s. m.*, désordre, V, 33, II, n° 9.
DESREYAR, voyez DESREIAR.
DESROCAR, voyez DEROCAR.
DESROMPRE, *v.*, rompre, V, III, I, n° 18.
DESSABORAMENT, *s. m.*, dégoût, V, 129, II, n° 13.

DESSABORAR, *v.*, dégoûter, V, 129, II, n° 14.

DESSAGELAR, *v.*, desceller, V, 132, II, n° 4.

DESSAIXONAR, *v.*, désarçonner, II, 127, I, n° 2.

DESSALHIR, *v.*, départir, V, 143, I, n° 17.

DESSALVAR, *v.*, damner, V, 147, I, n° 17.

DESSARRAR, *v.*, desserrer, V, 157, I, n° 8.

DESSAZIMENT, *s. m.*, dessaisissement, V, 164, I, n° 6.

DESSAZINA, *s. f.*, dépouille, V, 164, I, n° 5.

DESSAZIR, voyez DESAZIR.

DESSAZONAR, *v.*, déranger, V, 165, II, n° 5.

DESSE, voyez DESE.

DESSEBELIR, *v.*, désensevelir, V, 172, I, n° 5.

DESSEBEMENT, *s. m.*, tromperie, II, 278, II, n° 45.

DESSEBRANSA, *s. f.*, séparation, V, 173, I, n° 8.

DESSEBRAR, *v.*, séparer, V, 172, II, n° 7.

DESSEBRE, voyez DECEBRE.

DESSEMBLANZA, *s. f.*, dissemblance, V, 190, II, n° 11.

DESSEMBLAR, *v.*, changer, V, 190, I, n° 10.

DESSEMLANSA, voyez DESSEMBLANZA.

DESSEMLAR, voyez DESSEMBLAR.

DESSENAMEN, voyez DESSENAMENT.

DESSENAMENT, *s. m.*, déraison, V, 196, II, n° 14.

DESSENAR, *v.*, perdre le sens, V, 197, I, n° 15.

DESSENDRE, voyez DEISSENDRE.

DESSENH, *s. m.*, décadence, II, 131, II, n° 6.

DESSENH, *s. m.*, déraison, V, 196, II, n° 13.

DESSENHORIR, *v.*, déposséder de seigneurie, V, 204, I, n° 20.

DESSERNIR, *v.*, discerner, III, 20, II, n° 6.

DESSERRAR, voyez DESSARRAR.

DESSERVIR, *v.*, desservir, V, 213, I, n° 15.

DESSESSION, voyez DISSENCIO.

DESSICATIU, *adj.*, dessiccatif, V, 174, II, n° 12.

DESSIMA, voyez DECIMA.

DESSIRVIR, voyez DESSERVIR.

DESSOLIAR, *v.*, délier, V, 257, I, n° 14.

DESSOVEN, *s. m.*, dessouvenir, V, 497, I, n° 72.

DESSOVENIR, *v.*, dessouvenir, V, 497, I, n° 71.

DESSUPTOS, *adj.*, surpris, V, 240, II, n° 8.

DESSUS, *prép.*, dessus, V, 289, I, n° 2.

DESTACAR, *v.*, détacher, III, 199, I, n° 4.

DESTAPAR, *v.*, déboucher, V, 298, II, n° 3.

DESTARDAR, *v.*, retarder, V, 305, I, n° 12.

DESTART, s. m., retard, V, 305, I, n° 13.
DESTARZAR, voyez DESTARDAR.
DESTEMPRAMEN, voyez DESTEMPRAMENT.
DESTEMPRAMENT, s. m., dérangement, V, 319, I, n° 15.
DESTEMPRANSA, s. f., déréglement, V, 319, I, n° 14.
DESTEMPRAR, v., dérégler, V, 318, II, n° 13.
DESTEMPRAR, v., détremper, V, 319, II, n° 2.
DESTENDRE, v., détendre, V, 325, I, n° 16.
DESTENER, voyez DETENER.
DESTENGNER, v., déteindre, V, 344, I, n° 10.
DESTENHER, v., éteindre, III, 216, I, n° 3.
DESTERMENAMEN, voyez DESTERMENAMENT.
DESTERMENAMENT, s. m., extermination, V, 351, I, n° 17.
DESTERMENAR, v., mettre hors des limites, V, 350, II, n° 15.
DESTERMINADOR, s. m., exterminateur, V, 351, I, n° 19.
DESTERMINAIRE, voyez DESTERMINADOR.
DESTI, s. f. (lisez m.), destin, III, 29, II, n° 2.
DESTINACIO, s. f., destination, III, 29, II, n° 4.
DESTINADA, s. f., destinée, III, 29, II, n° 3.
DESTINAR, v., destiner, III, 29, I.
DESTINATIU, adj., destinatif, III, 29, 2, n° 6.

DESTINATJE, voyez DESTINATJES.
DESTINATJES (lisez DESTINATJE), s. m., destinée, III, 29, II, n° 5.
DESTINGUIR, voyez DISTINGUIR.
DESTINZION, voyez DISTINCTIO.
DESTITUIR, v., destituer, VI, 22, I, n° 74 bis.
DESTOL, s. m., déportement, V, 370, II, n° 7.
DESTOLDRE, voyez DESTOLRE.
DESTOLRE, v., ôter, V, 370, I, n° 6.
DESTORBAMEN, s. m., trouble, V, 441, II, n° 18.
DESTORBAR, v., troubler, V, 441, II, n° 17.
DESTORBIER, s. m., trouble, V, 441, II, n° 19.
DESTORSER, v., détordre, V, 384, II, n° 20.
DESTORTA, s. f., désordre, V, 384, II, n° 21.
DESTRA, s. f., droite, V, 77, I, n° 76.
DESTRADOR, s. m., mesureur, V, 78, I, n° 82.
DESTRADURA, s. f., mesurage, V, 78, I, n° 81.
DESTRAIRE, voyez DESTRADOR.
DESTRAL, s. f., hache, V, 77, I, n° 78.
DESTRAPAR, v., détendre, V, 406, II, n° 2.
DESTRAR, v., mesurer, V, 78, I, n° 83.
DESTRAU, voyez DESTRAUS.
DESTRAUS (lisez DESTRAU), voyez DESTRAL.
DESTRE, adj., droit, V, 76, II, n° 75.
DESTRE, s. m., destre, V, 77, II, n° 80.
DESTRE, voyez DESTRIER,

DES

DESTRECH, voyez DESTREYT.
DESTRECHA, s. f., obligation, III, 230, I, n° 26.
DESTRECHAMENS, voyez DESTRECHAMENT.
DESTRECHAMENT, adv., expressément, III, 229, I, n° 19.
DESTREG, voyez DESTREYT.
DESTREICHA, voyez DESTRECHA.
DESTREISETAT, s. f., contrainte, III, 230, I, n° 24.
DESTREISSA, voyez DESTRESSA.
DESTREMPAR, voyez DESTEMPRAR.
DESTRENCAR, voyez DETRENCAR.
DESTRENGER, v., presser, III, 228, II, n° 18.
DESTRENHEMEN, s. m., embarras, III, 229, II, n° 23.
DESTRENHER, voyez DESTRENGER.
DESTRESSA, s. f., détresse, III, 229, II, n° 22.
DESTRESSA, voyez DESTRECHA.
DESTRET, voyez DESTREYT.
DESTREY, s. m., étreinte, III, 229, II, n° 21.
DESTREYGNER, voyez DESTRENGER.
DESTREYNEMEN, voyez DESTRENHEMEN.
DESTREYT, s. m., détroit, III, 229, I, n° 20.
DESTREZUT, adj., détressé, V, 419, I, n° 4.
DESTRIAMENT, s. m., triage, V, 420, II, n° 7.
DESTRIANSA, s. f., distinction, V, 420, II, n° 6.
DESTRIAR, v., distinguer, V, 420, I, n° 5.
DESTRIBUTIO, voyez DISTRIBUCIO.

DES

DESTRIC, s. m., embarras, III, 230, I, n° 27, et V, 424, I, n° 4.
DESTRIER, s. m., destrier, V, 77, I, n° 77.
DESTRIGAMEN, voyez DESTRIGAMENT.
DESTRIGAMENT, s. m., retard, V, 424, II, n° 5.
DESTRIGAR, v., retarder, V, 424, II, n° 6.
DESTRIGUAR, voyez DESTRIGAR.
DESTRIZAR, v., déprimer, V, 426, I, n° 11.
DESTROSSAR, v., décharger, V, 434, II, n° 5.
DESTRUCCIO, s. f., destruction, III, 562, II, n° 11.
DESTRUCTIO, voyez DESTRUCCIO.
DESTRUCTION, voyez DESTRUCCIO.
DESTRUCTIU, adj., destructif, III, 562, II, n° 12.
DESTRUIMEN, voyez DESTRUZIMEN.
DESTRUIR, v., détruire, III, 563, I, n° 15.
DESTRUYDOR, s. m., destructeur, III, 563, I, n° 14.
DESTRUYR, voyez DESTRUIR.
DESTRUZEMEN, voyez DESTRUZIMEN.
DESTRUZIMEN, s. m., ruine, III, 562, II, n° 13.
DESTUELH, voyez DESTOL.
DESTURBELHAR, v., troubler, V, 441, II, n° 20.
DESUNEIAR, v., désunir, V, 449, II, n° 20.
DESUS, voyez DESSUS.
DESVALER, v., démériter, V, 465, I, n° 13.

DESVARIAR, *v.*, diversifier, V, 460, II, n° 10.

DESVAZER, *v.*, échapper, V, 472, II, n° 2.

DESVEILLAR, voyez DESVELHAR.

DESVELHAR, *v.*, réveiller, V, 480, I, n° 6.

DESVERGENADOR voyez DESVERGENAIRE.

DESVERGENAIRE, *s. m.*, dévirgineur, V, 507, II, n° 7.

DESVERGENAR, *v.*, dévirginer, V, 507, II, n° 6.

DESVERGOIGNAR, voyez DESVERGONHAR.

DESVERGONHADAMENS, *adv.*, effrontément, V, 509, II, n° 10.

DESVERGONHAR, *v.*, dévergonder, V, 509, I, n° 9.

DESVESTIR, voyez DEVESTIR.

DESVEYLLAR, voyez DESVELHAR.

DESVIAMEN, voyez DESVIAMENT.

DESVIAMENT, *s. m.*, déviation, V, 541, I, n° 9.

DESVIAR, *v.*, dévier, V, 541, I, n° 10.

DESVOLER, *v.*, ne pas vouloir, V, 564, I, n° 15.

DESVOLOPAR, *v.*, ôter l'enveloppe, V, 567, I, n° 5.

DET, *s. m.*, doigt, III, 30, I.

DETAL, *s. m.*, détail, III, 4, II, n° 18.

DETARDAR, voyez DESTARDAR.

DETECCIO, *s. f.*, découverte, V, 312, I, n° 6.

DETENEDOR, *s. m.*, détenteur, V, 337, II, n° 37.

DETENEIRE, voyez DETENEDOR.

DETENER, *v.*, détenir, V, 337, I, n° 35.

DETENTION, *s. f.*, détention, V, 337, II, n° 36.

DETERIORAR, *v.*, détériorer, III, 32, I.

DETERMENACIO, voyez DETERMINACIO.

DETERMENADAMENT, *adv.*, déterminément, V, 351, I, n° 18.

DETERMENAMEN, voyez DETERMENAMENT.

DETERMENAMENT, *s. m.*, détermination, V, 350, II, n° 16.

DETERMINACIO, *s. f.*, détermination, V, 350, II, n° 13.

DETERMINADAMEN, voyez DETERMENADAMENT.

DETERMINAR, *v.*, déterminer, V, 350, II, n° 14.

DETESTATIO, *s. f.*, détestation, V, 358, II, n° 14.

DETITOLAR, *v.*, être pourvu (*lisez* pourvoir) d'un titre, V, 366, II, n° 4.

DETRACCIO, *s. f.*, détraction, V, 403, I, n° 26.

DETRACTATIO, *s. f.*, détractation, V, 403, I, n° 27.

DETRACTIO, voyez DETRACCIO.

DETRACTOR, *s. m.*, détracteur, V, 403, I, n° 28.

DETRAIDOR, voyez DETRACTOR.

DETRAIRE, *v.*, détracter, V, 402, II, n° 25.

DETRAS, *adv.*, derrière, V, 80, II, n° 16.

DETRAS, *prép.*, derrière, V, 407, II, n° 3.

DETRAZEIRITZ, *s. f.*, médisante, V, 403, I, n° 29.

DETRENCAR, *v.*, pourfendre, V, 417, I, n° 9.

DETRIANSA, voyez DESTRIANSA.
DETRIAR, voyez DESTRIAR.
DETZ, adj. numér., dix, III, 30, II.
DEU, voyez DEUS.
DEUESSA, s. f., déesse, III, 33, II, n° 3.
DEUME, voyez DESME.
DEUS (lisez DEU), s. m., Dieu, III, 32, I.
DEUTE, s. m., dette, III, 36, II, n° 4.
DEUTEIRE, voyez DEVEIRE.
DEUTOR, voyez DEVEIRE.
DEVALAMENT, s. m., abaissement, V, 463, I, n° 13.
DEVALAR, voyez DAVALAR.
DEVALHAR, voyez DAVALAR.
DEVALLAR, voyez DAVALAR.
DEVAN (lisez DENAN), voyez DAVAN.
DEVANT (lisez DENANT), voyez DAVAN.
DEVAS, voyez DEVES.
DEVATZ, s. m., prohibition, V, 475, I, n° 5.
DEVAYS, voyez DEVES.
DEVEDAR, v., défendre, V, 474, II, n° 4.
DEVEIRE, s. m., débiteur, III, 37, I, n° 6.
DEVENDAILL, voyez DEVENDALH.
DEVENDALH, s. m., tablier, III, 36, I.
DEVENIR, v., devenir, V, 494, I, n° 48.
DEVER, v., devoir, III, 36, I.
DEVER, s. m., devoir, III, 36, II, n° 3.
DEVER, voyez DEVES.
DEVERSAR, v., déverser, V, 522, I, n° 38.
DEVES, s. m., défense, V, 475, I, n° 6.
DEVES, prép., vers, V, 516, II, n° 3.
DEVESIMENT, voyez DEVEZIMENT.
DEVESIR, voyez DEVEZIR.

DEVESTIR, v., dévêtir, V, 529, II, n° 7.
DEVETZ, voyez DEVES.
DEVEZA, s. f., devèze, V, 475, I, n° 8.
DEVEZIDAMEN, adv., divisiblement, III, 39, II, n° 12.
DEVEZIMEN, voyez DEVEZIMENT.
DEVEZIMENT, s. m., partage, III, 38, II, n° 7.
DEVEZIO, voyez DEVISION.
DEVEZIR, v., exprimer, III, 38, I, n° 4.
DEVI, s. m., devin, III, 34, II.
DEVIAMEN, voyez DESVIAMENT.
DEVIAMENT, voyez DESVIAMENT.
DEVIN, voyez DEVI.
DEVIN, adj., divin, III, 33, II, n° 5.
DEVINA, s. f., devineresse, III, 34, II, n° 2.
DEVINADOR, voyez DEVINAIRE.
DEVINAIL, voyez DEVINALH.
DEVINAILLA, voyez DEVINALHA.
DEVINAIRE, s. m., devineur, III, 34, II, n° 3.
DEVINAL, voyez DEVINALH.
DEVINALH, s. m., prédiction, III, 35, I, n° 7.
DEVINALHA, s. m. (lisez f.), médisance, III, 35, I, n° 8.
DEVINAMEN, s. m., médisance, III, 35, II, n° 10.
DEVINANSA, s. f., médisance, III, 35, II, n° 9.
DEVINAR, v., deviner, III, 35, II, n° 11.
DEVINATJE, s. m., calomnie, III, 35, I, n° 6.
DEVIRE, v., diviser, III, 37, II.
DEVIS, s. m., discours, III, 38, I, n° 2.
DEVISA, s. f., division, III, 38, I, n° 3.

DEVISAR, *v.*, raconter, III, 39, I, n° 11.
DEVISIDAMEN, voyez DEVEZIDAMEN.
DEVISION, *s. f.*, division, III, 38, II, n° 6.
— DEVIZA, voyez DEVISA.
DEVIZABLE, *adj.*, divisible, III, 39, I, n° 10.
DEVIZADA, *s. f.*, division, III, 39, II, n° 13.
DEVIZAR, voyez DEVISAR.
DEVOLUPAR, voyez DESVOLOPAR.
DEVOMIR, *v.*, vomir, V, 574, I, n° 4.
DEVORABLE, *adj.*, dévorant, III, 40, I, n° 3.
DEVORADOR, voyez DEVORAIRE.
DEVORAIRE, *adj.* (lisez *s. m.*), vorace, III, 40, I, n° 2.
DEVORAR, *v.*, dévorer, III, 39, II.
DEVOT, *adj.*, dévoué, V, 574, I, n° 7.
DEVOTAMEN, voyez DEVOTAMENT.
DEVOTAMENT, *adv.*, dévotement, V, 574, I, n° 8.
DEVOTIO, *s. f.*, dévotion, V, 574, I, n° 6.
DEX, voyez DETZ.
DEXENIER, voyez DESENIER.
DEXTRA, voyez DESTRA.
DEXTRAL, voyez DESTRAL.
DEXTRE, voyez DESTRE.
DEYME, voyez DESME.
DEYSAZO, voyez DEYSSAZO.
DEYSENDEMENT, voyez DESCENDEMENT.
DEYSERRAR, voyez DESSARRAR.
DEYSSARAR, voyez DESSARRAR.
DEYSSARESAR, *v.*, désarroyer, V, 83, II, n° 12.
DEYSSARRAR, voyez DESSARRAR.

DEYSSAZO, *s. f.*, mauvais temps, V, 165, II, n° 4.
DEYSSAZON, voyez DEYSSAZO.
DEYSSERRAR, voyez DESSARRAR.
DEYSSIRAR, *v.*, déchirer, III, 40, I.
DEYSSOPTAR, *v.*, assaillir, V, 240, II, n° 10.
DEYSSOTERRAR, *v.*, désenterrer, V, 354, II, n° 24.
DEZACORAR, *v.*, décourager, II, 477, II, n° 23.
DEZACORDAMEN, *s. m.*, désaccord, II, 484, II, n° 31.
DEZACORDANSA, *s. f.*, discord, II, 484, II, n° 32.
DEZACORT, *s. m.*, mésintelligence, II, 484, II, n° 30.
DEZACOSSELHAR, voyez DESACOSSEILLAR.
DEZACUELHIR, voyez DESACOILLIR.
DEZACUSAR, *v.*, disculper, II, 361, II, n° 20.
DEZACUZAR, voyez DEZACUSAR.
DEZADORDENAMEN, *s. m.*, déréglement, IV, 383, I, n° 23.
DEZADORDENAR, *v.*, dérégler, IV, 383, I, n° 22.
DEZAFAITAR, voyez DESAFAITAR.
DEZAFIZAR, voyez DESFIAR.
DEZAFORTIR, voyez DESAFORTIR.
DEZAIRAR, *v.*, mépriser, II, 34, I, n° 8.
DEZAIRE, *s. m.*, disgrâce, II, 30, II, n° 7.
DEZAIZIR, *v.*, ôter l'aise, II, 43, I, n° 20.
DEZAMAR, *v.*, cesser d'aimer, II, 66, I, n° 31.
DEZAMISTAT, *s. f.*, brouillerie, II, 66, II, n° 34.

DEZAMOROS, *adj.*, indifférent, II, 66, II, n° 35.
DEZANVANAR, *v.*, crouler, II, 69, II, n° 2.
DEZAORDENAR, voyez DEZADORDENAR.
DEZAPAUZAR, *v.*, déposer, IV, 463, II, n° 10.
DEZAPIL, *s. m.*, mine, IV, 540, I, n° 7.
DEZAPILAR, voyez DESAPILAR.
DEZAPODERAR, *v.*, affaiblir, IV, 584, II, n° 19.
DEZAPONHER, *v.*, abaisser, IV, 615, II, n° 48.
DEZASEGURAR, voyez DESASSEGURAR.
DEZASEZER, *v.*, désasseoir, V, 221, I, n° 15.
DEZAVER, voyez DESAVER.
DEZAVINENSA, *s. f.*, désaccord, V, 489, I, n° 12.
DEZAZIR, voyez DEZAIZIR.
DEZE, voyez DEZEN.
DEZEISSIR, *v.*, sortir, III, 572, I, n° 11.
DEZEN, *adj. ordin.*, dixième, III, 30, II, n° 2.
DEZENAMENT, *adv.*, dixièmement, III, 30, II, n° 3.
DEZENARI, *s. m.*, dizainaire, III, 31, I, n° 7.
DEZENCARGAR, *v.*, décharger, II, 336, II, n° 12.
DEZENCUSAR, voyez DESENCUZAR.
DEZENCUZATIO, voyez DESENCUZATIO.
DEZENFERRAR, *v.*, désenchaîner, III, 308, I, n° 12.
DEZENGALTAT, *s. f.*, inégalité, III, 136, II, n° 19.
DEZERER, voyez DESERER.
DEZERET, voyez DESERET.
DEZERETADOR, voyez DEZERETAIRE.
DEZERETAIRE, *s. m.*, ravisseur, III, 528, I, n° 14.
DEZERETAMEN, *s. m.*, dépouillement, III, 528, II, n° 16.
DEZERETAR, voyez DESHERETAR.
DEZERT, voyez DESERT.
DEZESETE, *adj. ordin.*, dix-septième, III, 30, II, n° 4.
DEZESPERANSA, voyez DESESPERANSA.
DEZESPERAR, voyez DESESPERAR.
DEZESTABLIMENT, *s. m.*, destruction, III, 207, II, n° 29.
DEZESTABLIR, *v.*, dépourvoir, III, 207, II, n° 28.
DEZICAMENT, *s. m.*, desséchement, V, 174, II, n° 11.
DEZICAR, voyez DESICCAR.
DEZICATIO, *s. f.*, dessication, V, 174, II, n° 10.
DEZICATIU, voyez DESSICATIU.
DEZIDOR, voyez DIREDOR.
DEZIGNACIO, *s. f.*, désignation, V, 228, II, n° 17.
DEZIGNAR, voyez DESIGNAR.
DEZINFLACIO, *s. f.*, désenflure, III, 560, I, n° 6.
DEZIR, *s. m.*, désir, III, 40, I.
DEZIRANSA, voyez DESIRANSA.
DEZIRON, *adj.*, désireux, III, 41, I, n° 7.
DEZIROS, *adj.*, désireux, III, 40, II, n° 6.
DEZONESTAT, *s. f.*, déshonnêteté, III, 537, I, n° 24.
DEZORDENATIO, *s. f.*, désordre, IV, 382, II, n° 21.

DIA, *s. m.*, jour, III, 44, I.

DIABLAL, *adj.*, diabolique, III, 44, I, n° 5.

DIABLE, *s. m.*, diable, III, 43, II.

DIABLE (lisez DIABLES), *adj.*, diable, III, 44, I, n° 2.

DIABLES, voyez DIABLE.

DIABLIA, *s. f.*, diablerie, III, 44, I, n° 3.

DIABOL, voyez DIABLE.

DIABOLIC, *adj.*, diabolique, III, 44, I, n° 4.

DIABOLICAL, *adj.*, diabolique, III, 44, II, n° 6.

DIACASTOREUM, *s. m.*, diacastoreum, VI, 8, I, n° 3.

DIACRE, *s. m.*, diacre, III, 44, II.

DIADEMA, *s. f.*, diadème, III, 45, I.

DIAFAN, *adj.*, diaphane, III, 45, I.

DIAGUE, voyez DIACRE.

DIALECTICA, *s. f.*, dialectique, III, 45, I.

DIAMAN, *s. m.*, diamant, II, 24, II, n° 2.

DIAMORON, voyez DYAMORON.

DIANTRE, *s. m.*, diantre, III, 44, II, n° 8.

DIARRIA, *s. f.*, diarrhée, III, 45, I.

DIASPE, *s. m.*, diaspre, III, 45, II.

DIASPRE, voyez DIASPE.

DIC, *s. m.*, digue, III, 45, II.

DICENTIO, voyez DISSENCIO.

DICHA, *s. f.*, dit, III, 53, II, n° 3.

DICTADOR, voyez DICTAYRE.

DICTAMEN, *s. m.*, jugement, III, 46, II, n° 3.

DICTAR, *v.*, dicter, III, 45, II.

DICTAT, *s. m.*, composition, III, 46, II. n° 2.

DICTAYRE, *s. m.*, auteur, III, 47, I, n° 4.

DICTIO, *s. f.*, diction, III, 53, II, n° 4.

DICTIONAL, *adj.*, dictional, III, 54, I, n° 6.

DIETA, *s. f.*, diète, III, 47, II.

DIEU, voyez DEUS.

DIEUS (lisez DIEU), voyez DEUS.

DIEUTAT, *s. f.*, richesse, III, 61, I, n° 2.

DIFAMACIO, *s. f.*, diffamation, III, 258, I, n° 6.

DIFFAMAMENT, *s. m.*, diffamation, III, 258, II, n° 7.

DIFFAMAR, *v.*, diffamer, III, 258, II, n° 8.

DIFFICIL, *adj.*, difficile, III, 273, I, n° 75.

DIFFICULTAT, *s. f.*, difficulté, III, 273, I, n° 74.

DIFFINIR, voyez DEFINIR.

DIFFINITIO, *s. f.*, définition, III, 330, II, n° 16.

DIFFINITIU, *adj.*, définitif, III, 330, II, n° 18.

DIFFUGIMENT, *s. m.*, fuite, III, 406, I, n° 10.

DIFFUSIU, *adj.*, diffusif, III, 358, I, n° 15.

DIFFUZIO, *s. f.*, diffusion, III, 357, II, n° 14.

DIFICIENCIA, *s. f.*, manquement, III, 268, II, n° 37.

DIFICIL, voyez DIFFICIL.

DIFICILMENT, *adv.*, difficilement, III, 273, II, n° 76.

DIG, *s. m.*, mot, III, 53, II, n° 2.

DIGERIR, *v.*, digérer, III, 47, II.

DIGEST, *adj.*, digéré, III, 47, II, n° 2.

DIGESTIBILITAT, *s. f.*, digestibilité, III, 48, I, n° 6.

DIGESTIBLE, *adj.*, digestible, III, 48, I, n° 4.

DIGESTIO, *s. f.*, digestion, III, 48, I, n° 5.

DIGESTIU, *adj.*, digestif, III, 48, I, n° 3.

DIGNAMEN, *adv.*, dignement, III, 48, II, n° 2.

DIGNATIO, *s. f.*, consécration, III, 49, I, n° 5.

DIGNE, *adj.*, digne, III, 48, II.

DIGNETAT, voyez DIGNITAT.

DIGNIFICAR, *v.*, dignifier, III, 49, I, n° 7.

DIGNITAT, *s. f.*, dignité, III, 48, II, n°4.

DIJOUS, *s. m.*, jeudi, III, 42, I, n° 6.

DILACION, voyez DILATION.

DILANIAR, *v.*, lacérer, III, 50, I.

DILATABLE, *adj.*, dilatable, IV, 24, II, n° 6.

DILATACIO, *s. f.*, dilatation, IV, 25, I, n° 9.

DILATAMENT, *s. m.*, dilatation, IV, 25, I, n° 10.

DILATAR, *v.*, dilater, IV, 25, I, n° 8.

DILATATIU, *adj.*, dilatatif, IV, 24, II, n° 7.

DILATIO, voyez DILATION.

DILATION, *s. f.*, dilation, II, 15, I, n° 7.

DILATORI, *adj.*, dilatoire, II, 15, I, n° 8.

DILECTION, *s. f.*, dilection, III, 50, I.

DILIGENCIA, *s. f.*, diligence, III, 50, II, n° 3.

DILIGENMEN, voyez DILIGENTMENT.

DILIGENSA, *s. f.*, diligence, III, 50, II, n° 4.

DILIGENSIA, voyez DILIGENCIA.

DILIGENT, *adj.*, diligent, III, 50, II.

DILIGENTMENT, *adv.*, diligemment, III, 50, II, n° 2.

DILUNS, *s. m.*, lundi, III, 41, II, n° 3.

DILUS, *s. m.*, lundi, IV, 107, I, n° 7.

DILUVI, *s. m.*, déluge, III, 51, I.

DIMARS, *s. m.*, mardi, IV, 161, I, n° 2.

DIMARTZ, *s. m.*, mardi, III, 42, I, n° 4.

DIMECRES, *s. m.*, mercredi, III, 42, I, n° 5.

DIMEIS, voyez DEMIEY.

DIMENCIO, *s. f.*, dimension, IV, 202, II, n° 17.

DIMENGE, *s. m.*, dimanche, III, 41, II, n° 2.

DIMERCRES, voyez DIMECRES.

DIMERGUE, voyez DIMENGE.

DIMINUACIO, *s. f.*, diminution, IV, 196, I, n° 8.

DIMINUAR, *v.*, diminuer, IV, 196, I, n° 9.

DIMINUIR, *v.*, diminuer, IV, 196, II, n° 12.

DIMINUTIO, *s. f.*, diminution, IV, 196, II, n° 10.

DIMINUTIU, *adj.*, diminutif, IV, 196, II, n° 11.

DINADA, *s. f.*, dînée, III, 52, I, n° 3.
DINAR, *v.*, dîner, III, 54, II.
DINIER, voyez DENER.
DINNADA, voyez DINADA.
DINNAR, voyez DINAR.
DINNEA, *s. f.*, dînée, III, 52, I, n° 2.
DINS, voyez DINTZ.
DINTRE, *prép.*, dans, III, 567, II, n° 6.
DINTZ, *prép.*, dans, III, 566, II, n° 2.
DIOCESA, *s. f.*, diocèse, III, 52, I, n° 2.
DIOCEZAL, *adj.*, diocésain, III, 52, I, n° 3.
DIOCEZI, *s. m. et f.*, diocèse, III, 52, I.
DIOS, *adj.*, âgé, III, 43, II, n° 16.
DIPSADES, voyez DIPSAS.
DIPSAS, *s. f.*, dipse, III, 52, I.
DIPTAMNI, *s. m.*, dictame, III, 52, I.
DIPTONGAR, *v.*, réunir en diphthongue, III, 52, II, n° 2.
DIPTONGE, *s. f.* (lisez *m.*), diphthongue, III, 52, II.
DIR, *v.*, dire, III, 52, II.
DIRE, voyez DIR.
DIRECT, *adj.*, direct, V, 73, II, n° 52.
DIRECTAMENT, *adv.*, directement, V, 73, II, n° 53.
DIREDOR, *s. m.*, diseur, III, 53, II, n° 5.
DIRIGIR, *v.*, diriger, V, 64, I, n° 6.
DIRNAR, voyez DINAR.
DISCENTERIA, voyez DISSENTERIA.
DISCIPAR, voyez DISSIPAR.

DISCIPLE, *s. m.*, disciple, III, 58, I.
DISCIPLINA, *s. f.*, discipline, III, 58, I, n° 3.
DISCIPLINABLE, *adj.*, disciplinable, III, 58, II, n° 5.
DISCIPLINAR, *v.*, discipliner, III, 58, I, n° 4.
DISCIPOL, voyez DISCIPLE.
DISCIPOLA, *s. f.*, écolière, III, 58, I, n° 2.
DISCONTINUAMEN, voyez DISCONTINUAMENT.
DISCONTINUAMENT, *s. m.*, discontinuation, V, 337, I, n° 33.
DISCONTINUITAT, *s. f.*, discontinuité, V, 337, I, n° 32.
DISCONVENIENCIA, *s. f.*, disconvenance, V, 493, II, n° 43.
DISCORDI, *s. m.*, désaccord, II, 484, I, n° 27.
DISCORDIA, *s. f.*, discorde, II, 484, I, n° 26.
DISCRECIO, voyez DISCRETIO.
DISCRET, *adj.*, discret, III, 58, II, n° 2.
DISCRETAMEN, *adj.*, discrètement, III, 59, I, n° 4.
DISCRETIO, *s. f.*, distinction, III, 20, II, n° 7.
DISCRETIO, *s. f.*, discrétion, III, 58, II.
DISCRETIU, *adj.*, séparatif, III, 59, I, n° 3.
DISCURSIU, *adj.*, discursif, II, 492, II, n° 34.
DISCUSSION, *s. f.*, discussion, V, 176, I, n° 3.

DISERTAMENT, *s. m.*, enjolivement, III, 59, II.

DISGREGACIO, *s. f.*, disgrégation, III, 508, I, n° 11.

DISGREGAR, *v.*, disgréger, III, 508, II, n° 13.

DISGREGATIO, voyez DISGREGACIO.

DISGREGATIU, *adj.*, disgrégatif, III, 508, I, n° 12.

DISGRESSIO, *s. f.*, digression, III, 489, II, n° 10.

DISIPAIRE, voyez DISSIPAYRE.

DISJUNCTIU, *adj.*, disjonctif, III, 599, II, n° 12.

DISLOCACIO, *s. f.*, dislocation, IV, 90, II, n° 15.

DISLOCAR, voyez DESLOCAR.

DISMEMBRAMEN, *s. m.*, démembrement, IV, 188, I, n° 3.

DISNAR, voyez DINAR.

DISOLVER, voyez DISSOLVRE.

DISOLVRE, voyez DISSOLVRE.

DISPARITAT, *s. f.*, disparité, IV, 415, II, n° 12.

DISPAUSAR, *v.*, disposer, IV, 463, II, n° 15.

DISPENSADOR, voyez DESPESSAIRE.

DISPENSAIRE, voyez DESPESSAIRE.

DISPENSAR, *v.*, dispenser, IV, 499, II, n° 50.

DISPENSATIO, *s. f.*, dispensation, IV, 500, I, n° 51.

DISPENSATION, voyez DISPENSATIO.

DISPENSATIU, *adj.*, dispensatif, IV, 500, I, n° 52.

DISPENSAYRITZ, *s. f.*, dispensatrice, IV, 500, I, n° 54.

DISPENSSAR, voyez DISPENSAR.

DISPERCIO, voyez DISPERSIO.

DISPERGER, *v.*, disperser, III, 165, II, n° 9.

DISPERS, *adj.*, épars, III, 165, II, n° 10.

DISPERSIO, *s. f.*, dispersion, III, 165, II, n° 8.

DISPOSITIO, *s. f.*, disposition, IV, 613, I, n° 23.

DISPUTA, *s. f.*, dispute, III, 61, I.

DISPUTADOR, voyez DISPUTAIRE.

DISPUTAIRE, *s. m.*, disputeur, VI, 13, II, n° 6.

DISPUTAMEN, voyez DISPUTAMENT.

DISPUTAMENT, *s. m.*, dispute, VI, 13, II, n° 5.

DISPUTAR, *v.*, disputer, VI, 13, I, n° 3.

DISPUTATIO, *s. f.*, dispute, VI, 13, II, n° 4.

DISROMPRE, voyez DESROMPRE.

DISRUMPRE, voyez DESROMPRE.

DISRUPTIO, *s. f.*, rupture, V, 111, II, n° 19.

DISSAPTE, *s. m.*, samedi, III, 42, I, n° 8.

DISSENCIO, *s. f.*, dissension, V, 199, I, n° 30.

DISSENDRE, voyez DEISSENDRE.

DISSENTERIA, *s. f.*, dyssenterie, III, 59, II.

DISSENTIO, voyez DISSENCIO.

DISSENTION, voyez DISSENCIO.

DISSES, voyez DESSENH.

DISSIPADOR, voyez DISSIPAYRE.

DISSIPAR, *v.*, dissiper, III, 60, I.

DISSIPATIO, voyez DISSIPATION.

DISSIPATION, *s. f.*, dissipation, III, 60, 1, n° 2.

DISSIPAYRE, *s. m.*, dissipateur, III, 60, 1, n° 3.

DISSIPOL, voyez DISCIPLE.

DISSOLUCIO, *s. f.*, dissolution, V, 257, 1, n° 12.

DISSOLUT, *adj.*, dissolu, V, 257, 1, n° 11.

DISSOLUTIO, voyez DISSOLUCIO.

DISSOLUTIU, *adj.*, dissolutif, V, 257, 1, n° 13.

DISSOLVER, voyez DISSOLVRE.

DISSOLVRE, *v.*, dissoudre, V, 256, II, n° 10.

DISSONAR, *v.*, dissonner, V, 265, 1, n° 13.

DISTANCIA, *s. f.*, distance, III, 210, II, n° 50.

DISTEMPRANSA, voyez DESTEMPRANSA.

DISTILLACIO, *s. f.*, distillation, V, 279, 1, n° 5.

DISTILLAMENT, *s. m.*, écoulement, V, 279, 1, n° 6.

DISTILLAR, *v.*, distiller, V, 278, II, n° 4.

DISTINCTAMENT, *adv.*, distinctement, III, 60, II, n° 3.

DISTINCTIO, *s. f.*, distinction, III, 60, II.

DISTINGUIR, *v.*, distinguer, III, 60, II, n° 2.

DISTINZION, voyez DISTINCTIO.

DISTRAIRE, *v.*, distraire, V, 403, 1, n° 30.

DISTRIBUCIO, *s. f.*, distribution, V, 421, II, n° 8.

DISTRIBUIDOR, *adj.*, distribuable, V, 422, 1, n° 10.

DISTRIBUIR, *v.*, distribuer, V, 422, 1, n° 9.

DISTRIBUTIU, *adj.*, distributif, V, 422, 1, n° 11.

DISTRICTIO, *s. f.*, rigidité, III, 230, 1, n° 25.

DIT, voyez DIG.

DITAR, voyez DICTAR.

DITION, voyez DICTIO.

DITZMERGUE, voyez DIMENGE.

DIUESSA, voyez DEUESSA.

DIURETIC, *adj.*, diurétique, V, 451, II, n° 9.

DIURN, *adj.*, diurne, III, 43, II, n° 18.

DIVENDRES, voyez DIVENRES.

DIVENRES, *s. m.*, vendredi, III, 42, 1, n° 7, et V, 498, II, n° 2.

DIVERS, *adj.*, divers, V, 521, 1, n° 30.

DIVERSAMENS, *adv.*, diversement, V, 521, 1, n° 31.

DIVERSAR, *v.*, différencier, V, 521, II, n° 32.

DIVERSIFIAR, *v.*, diversifier, V, 521, II, n° 35.

DIVERSIFICAMEN, voyez DIVERSIFICAMENT.

DIVERSIFICAMENT, *s. m.*, diversité, V, 522, 1, n° 36.

DIVERSIFICAR, voyez DIVERSIFIAR.

DIVERSITAT, *s. f.*, diversité, V, 521, II, n° 34.

DIVERTIU, *adj.*, divertif, V, 522, 1, n° 37.

DIVICIAS, *s. f. pl.*, richesses, III, 64, 1.

DIVIDIR, *v.*, diviser, III, 38, II, n° 5.

DIVIN, voyez DEVIN.

DIVINACIO, *s. f.*, devination, III, 35, I, n° 5.
DIVINAL, *adj.*, divin, III, 33, II, n° 6.
DIVINATIU, *adj.*, interprétatif, III, 35, I, n° 4.
DIVINITAT, *s. f.*, divinité, III, 33, II, n° 7.
DIVISIDAMEN, voyez DEVEZIDAMEN.
DIVISIDOR, *s. m.*, diviseur, III, 38, II, n° 8.
DIVIZABLE, voyez DEVIZABLE.
DIVIZIR, voyez DIVIDIR.
DIVIZIU, *adj.*, distributif, III, 39, I, n° 9.
DIVORSI, *s. m.*, divorce, V, 521, II, n° 33.
DIVULGAR, *v.*, divulguer, V, 566, I, n° 2.
DIZEDOR, voyez DIREDOR.
DIZIDOR, voyez DIREDOR.
DOALICI, voyez DOTALICI.
DOALIZI, voyez DOTALICI.
DOANA, *s. f.*, douane, III, 61, I.
DOARIS, *s. m.*, douaire, III, 11, II, n° 22.
DOAS, *adj. num. f.*, deux, III, 80, I.
DOBLA, *s. f.*, double, IV, 563, II, n° 13.
DOBLADOR, voyez DOBLAIRE.
DOBLADURA, *s. f.*, doublure, IV, 564, II, n° 19.
DOBLAIRE, *s. m.*, second, IV, 564, I, n° 18.
DOBLAMEN, *adv.*, doublement, IV, 563, II, n° 14.
DOBLAR, *v.*, doubler, IV, 564, II, n° 20.
DOBLE, *adj.*, double, IV, 563, II, n° 12.
DOBLEIRAMENT, *adv.*, doublement, IV, 564, I, n° 17.

DOBLER, *s. m.*, damier, IV, 564, I, n° 15.
DOBLIER, *adj.*, double, IV, 564, I, n° 16.
DOBLIER, voyez DOBLER.
DOCTOR, *s. m.*, docteur, III, 61, I.
DOCTRINA, *s. f.*, doctrine, III, 61, II, n° 2.
DOCTRINADOR, *s. m.*, professeur, III, 61, II, n° 4.
DOCTRINAIRE, voyez DOCTRINADOR.
DOCTRINAL, *adj.*, doctrinal, III, 61, II, n° 5.
DOCTRINAMENT, *s. m.*, enseignement, III, 61, II, n° 3.
DOCTRINAR, *v.*, endoctriner, III, 61, II, n° 6.
DOCUMENT, *s. f.* (lisez *m.*), document, III, 62, I, n° 7.
DOGA, voyez DOGUA.
DOGUA, *s. f.*, douve, III, 62, II.
DOILOROS, voyez DOLOROS.
DOL, *s. m.*, dol, III, 62, II.
DOL, *s. m.*, douleur, III, 63, I.
DOLAR, *v.*, doler, III, 64, II.
DOLENSA, *s. f.*, affliction, III, 63, I, n° 2.
DOLENTIA, *s. f.*, souffrance, III, 63, I, n° 3.
DOLER, *v.*, souffrir, III, 64, I, n° 7.
DOLOIRAMEN, *s. m.*, douleur, III, 64, II, n° 8.
DOLOIROS, voyez DOLOROS.
DOLOR, *s. f.*, douleur, III, 63, I, n° 4.
DOLOROS, *adj.*, douloureux, III, 63, II, n° 5.
DOLOROSAMEN, *adv.*, douloureusement, III, 64, I, n° 6.

DOLOYRAMEN, voyez DOLOIRAMEN.
DOLOYRAR, v., souffrir, III, 64, II, n° 9.
DOLOYROSAMENT, voyez DOLOROSAMEN.
DOLSA, s. f., gousse, III, 65, I.
DOLZ, adj., doux, III, 65, I.
DOLZAMENT, adv., doucement, III, 65, I, n° 2.
DOLZETTAMEN, adv. dim., doucement (lisez doucettement), III, 65, II, n° 5.
DOLZOR, s. f., douceur, III, 65, II, n° 7.
DOMABLE, adj., domptable, III, 72, II, n° 43.
DOMAINE, s. m., domaine, III, 71, I, n° 27.
DOMANAR, v., posséder, III, 72, I, n° 39.
DOMBRE DIEU, voyez DOMBRES DIEU.
DOMBRES (lisez DOMBRE) DIEU, s. m., Seigneur Dieu, III, 68, II, n° 11.
DOMDADURA, s. f., dompture, III, 72, II, n° 44.
DOMDE, adj., dompté, III, 72, II, n° 46.
DOMEJO, voyez DONJON.
DOMENGA, s. f., dimanche, III, 72, I, n° 37.
DOMENGEIRAMEN, adv., domestiquement, III, 70, I, n° 20.
DOMENGER, voyez DOMESGIER.
DOMENGIER, voyez DOMESGIER.
DOMENI, voyez DOMENIS.
DOMENIS (lisez DOMENI), s. m., domaine, III, 71, I, n° 28.
DOMENJADURA, s. f., résidence, III, 71, II, n° 32.
DOMENTRES, voyez DEMENTRE.
DOMERGAL, adj., domanial, III, 71, II, n° 34.

DOMESGAR, v., apprivoiser, III, 70, II, n° 25.
DOMESGIER, adj., domestique, III, 69, II, n° 19.
DOMESGUE, adj., domestique, III, 70, I, n° 21.
DOMESJABLE, adj., apprivoisable, III, 70, II, n° 26.
DOMESJAR, voyez DOMESGAR.
DOMESTEGESSA, voyez DOMESTEGUESSA.
DOMESTEGUE, voyez DOMESTIC.
DOMESTEGUESSA, s. f., familiarité, III, 70, II, n° 24.
DOMESTGAMEN, adv., privément, III, 70, I, n° 22.
DOMESTIC, adj., domestique, III, 70, I, n° 23.
DOMETGUE, voyez DOMESGUE.
DOMICILI, s. m., domicile, III, 71, II, n° 35.
DOMINATIO, voyez DOMINATION.
DOMINATION, s. f., domination, III, 71, I, n° 30.
DOMINICA, s. f., dimanche, III, 72, I, n° 36.
DOMINICAL, adj., dominical, III, 72, I, n° 38.
DOMINICATURA, s. f., domaine, III, 71, II, n° 31.
DOMINI DIEU, voyez DOMINI DIEUS.
DOMINI DIEUS (lisez DOMINI DIEU), s. m., Seigneur Dieu, III, 68, II, n° 10.
DOMINI SER, s. m., serf domanial, III, 71, II, n° 33.
DOMNA, s. f., dame, III, 67, I, n° 2.
DOMNEI, s. m., courtoisie, III, 69, I, n° 15.

DOMNEIADOR, voyez DOMNEIAIRE.

DOMNEIAIRE, s. m., galant, III, 68, II, n° 14.

DOMNEIAR, v., courtiser, III, 69, II, n° 17.

DOMNEJADOR, voyez DOMNEIAIRE.

DOMNEJAIRE, voyez DOMNEIAIRE.

DOMNEJAR, voyez DOMNEIAR.

DOMNEY, voyez DOMNEI.

DOMPDAR, voyez DOMTAR.

DOMPNA, voyez DOMNA.

DOMPNEIADOR, voyez DOMNEIAIRE.

DOMPNEIAIRE, voyez DOMNEIAIRE.

DOMPNEY, voyez DOMNEI.

DOMPNEYAMEN, s. m., courtoisie, III, 69, I, n° 16.

DOMPNEYAR, voyez DOMNEIAR.

DOMPNHON, voyez DONJON.

DOMPTAR, voyez DOMTAR.

DOMTAR, v., dompter, III, 72, II, n° 45.

DON, s. m., don, III, 10, II, n° 10.

DON, s. m., seigneur, III, 66, II.

DON, pron. rel. indét., dont, IV, 375, I, n° 2.

DONA, s. f., don, III, 10, II, n° 11.

DONA, voyez DOMNA.

DONADA, s. f., donnée, III, 10, I, n° 9.

DONADOR, voyez DONAIRE.

DONAIRE, adj. (lisez s. m.), donneur, III, 11, I, n° 15.

DONAMENT, s. m., don, III, 11, I, n° 14.

DONAR, v., donner, III, 9, II, n° 7.

DONAT, s. m., donné, III, 10, I, n° 8.

DONATIO, s. f., donation, III, 10, II, n° 12.

DONATIU, adj., dispensateur, III, 11, I, n° 16.

DONAZO, voyez DONAZOS.

DONAZOS (lisez DONAZO), s. f., donation, III, 11, I, n° 13.

DONC, adv., alors, III, 73, I.

DONCAS, voyez DONC.

DONETA, s. f. dim., jeune dame, III, 67, I, n° 3.

DONJO, voyez DONJON.

DONJON, s. m., donjon, III, 74, I, n° 29.

DONPN, voyez DON.

DONS, s. f., dame, III, 67, I, n° 4.

DONZEL, s. m., damoisel, III, 68, I, n° 6.

DONZELA, voyez DONZELLA.

DONZELLA, s. f., damoiselle, III, 68, I, n° 8.

DONZELLAR, v., caqueter, III, 69, II, n° 18.

DONZELLET, s. m. dim., damoiselet, VI, 14, II, n° 6 bis.

DONZELO, voyez DONZELON.

DONZELON, s. m. dim., jeune damoisel, III, 68, I, n° 7.

DOPTAMEN, s. m., doute, III, 87, I, n° 5.

DOPTAMENT, voyez DOPTAMEN.

DOPTANSA, s. f., incertitude, III, 87, I, n° 4.

DOPTANZA, voyez DOPTANSA.

DOPTAR, voyez DUPTAR.

DOPTE, s. m., doute, III, 86, II, n° 2.

DOPTOR, s. f., crainte, III, 87, I, n° 3.

DOPTOS, adj., douteux, III, 87, II, n° 9.

DOPTOSAMEN, *adv.*, douteusement, III, 88, I, n° 10.

DORC, *s. m.*, cruche, III, 73, II.

DORCA, *s. f.*, cruche, III, 73, II, n° 2.

DORMICIO, *s. f.*, sommeil, III, 74, II, n° 6.

DORMIDOR, *s. m.*, dormeur, III, 74, I, n° 3.

DORMIDOR, *s. m.*, dortoir, III, 74, II, n° 4.

DORMILLOS, *adj.*, dormeur, III, 74, I, n° 2.

DORMIR, *v.*, dormir, III, 74, I.

DORMITAR, *v.*, sommeiller, III, 74, II, n° 7.

DORMITORI, *s. m.*, dortoir, III, 74, II, n° 5.

DORN, *s. m.*, darne, III, 75, I.

DORS, *s. m.*, dos, III, 75, II.

DORSSAR, *v.*, rosser, III, 75, II, n° 2.

DOS, voyez DOLZ.

DOS, voyez DORS.

DOS, voyez DUI.

DOSSAN, *adj.*, doux, III, 65, II, n° 3.

DOSSET, *adj. dim.*, doucet, III, 65, II, n° 4.

DOT, *s. f.*, dot, III, 11, II, n° 20.

DOTAHCIO, voyez DOTATION.

DOTAIRE, *s. m.*, douaire, III, 11, II, n° 21.

DOTAL, *adj.*, dotal, III, 12, I, n° 25.

DOTALICI, *s. m.*, douaire, III, 12, I, n° 23.

DOTAR, *v.*, doter, III, 11, II, n° 19.

DOTATION, *s. f.*, dotation, III, 12, I, n° 24.

DOTZ, *s. f.*, source, III, 76, I.

DOTZE, *adj. num.*, douze, III, 81, I, n° 5.

DOTZEN, voyez DOZEN.

DOTZENA, *s. f.*, douzaine, III, 81, II, n° 8.

DOUCIR, *v.*, adoucir, III, 66, I, n° 8.

DOUS, voyez DOLZ.

DOUSSA, voyez DOUSSAN.

DOUSSAMEN, voyez DOLZAMENT.

DOUSSAMENT, voyez DOLZAMENT.

DOUSSAN, voyez DOSSAN.

DOUSSESIR, *v.*, rendre doux, III, 66, I, n° 9.

DOUSSET, voyez DOSSET.

DOUSSEZIR, voyez DOUSSESIR.

DOUSSOR, voyez DOLSOR.

DOZE, voyez DOZEN.

DOZEL, voyez DONZEL.

DOZEN, *adj. num.*, douzième, III, 81, I, n° 7.

DOZENS, *adj. num.*, deux cents, III, 81, II, n° 9.

DOZENT, voyez DOZENS.

DOZIL, *s. m.*, douzil, III, 76, I, n° 3.

DRAC, *s. m.*, dragon, III, 76, II.

DRAGEA, *s. f.*, dragée, III, 77, I.

DRAGMA, *s. f.*, drachme, III, 77, I.

DRAGO, voyez DRAGON.

DRAGON, *s. m.*, dragon, III, 76, II, n° 2.

DRAGONAT, *s. m. dim.*, dragoneau, III, 76, II, n° 3.

DRAGUNTEA, *s. f.*, estragon, III, 76, II, n° 4.

DRAP, *s. m.*, drap, III, 77, I.

DRAPARIA, *s. f.*, draperie, III, 77, II, n° 4.

DRE

DRAPEL, *s. m.*, drapeau, III, 77, I, n° 2.
DRAPER, *s. m.*, drapier, III, 77, II, n° 3.
DRAPIER, voyez DRAPER.
DREÇAR, voyez DRESSAR.
DRECH, voyez DREIT.
DRECHAMEN, voyez DREITAMEN.
DRECHEZA, *s. f.*, droiture, V, 71, II, n° 44.
DRECHURA, voyez DREITURA.
DRECHURAR, *v.*, ajuster, V, 74, I, n° 59.
DRECHURIEIRAMEN, voyez DREITUREIRAMENT.
DRECHURIEIRAMENS, voyez DREITUREIRAMENT.
DRECHURIER, voyez DREITURIER.
DRECHURIEYRAMEN, voyez DREITUREIRAMENT.
DREG, voyez DREIT.
DREICH, voyez DREIT.
DREICHURIER, voyez DREITURIER.
DREIG, voyez DREIT.
DREISAR, voyez DRESSAR.
DREISSAR, voyez DRESSAR.
DREIT, *adj.*, droit, V, 69, I, n° 41.
— DREIT, *s. m.*, droit, V, 70, II, n° 42.
DREITAMEN, *adv.*, droitement, V, 71, I, n° 43.
DREITURA, *s. f.*, droiture, V, 71, II, n° 45.
DREITURAGE, *s. m.*, redevance, V, 72, n° 46.
DREITURAU, *adj.*, droit, V, 72, II, I, n° 48.
DREITUREIRAMENT, *adv.*, avec droiture, V, 72, II, n° 49.

DUA

DREITURERAMENT, voyez DREITUREIRAMENT.
DREITURIER, *adj.*, droiturier, V, 72, I, n° 47.
DRESSAR, *v.*, dresser, V, 73, I, n° 51.
DRESSEYRA, *s. f.*, direction, V, 73, I, n° 50.
DRESSIERA, voyez DRESSEYRA.
DRET, voyez DREIT.
DRETCHURA, voyez DREITURA.
DRETT, voyez DREIT.
DRETURA, voyez DREITURA.
DREY, voyez DREIT.
DREYSSIERA, voyez DRESSEYRA.
DREYT, voyez DREIT.
DREYTURA, voyez DREITURA.
DREYTURIER, voyez DREITURIER.
DROGOMAN, *s. m.*, drogman, III, 78, I.
DROGUA, *s. f.*, drogue, III, 78, I.
DROGUIT, *adj.*, basanné, III, 78, II, n° 2.
DROMADARI, *s. m.*, dromadaire, III, 78, II.
DROMEDARI, *s. m.*, gardien de dromadaires, III, 78, II, n° 2.
DROMEDARI, voyez DROMADARI.
DROMEDE, *s. m.*, dromadaire, III, 78, II, n° 3.
DROMO, *s. m.*, plate-forme, III, 78, II.
DROMODARI, voyez DROMADARI.
DRUDA, *s. f.*, amante, III, 79, I, n° 2.
DRUDARIA, *s. f.*, galanterie, III, 79, II, n° 3.
DRUT, *s. m.*, amant, III, 78, II.
DRUT, *adv.*, dru, III, 79, II.
DUALITAT, *s. f.*, dualité, III, 81, I, n° 4.

DUBIETAT, *s. f.*, doute, III, 87, II, n° 6.

DUBITATIO, *s. f.*, doute, III, 87, II, n° 7.

DUBITATIU, *adj.*, dubitatif, III, 87, II, n° 8.

DUC, *s. m.*, duc, III, 82, I, n° 2.

DUCAT, *s. m.*, duché, III, 82, I, n° 4.

DUCAT, *s. m.*, ducat, III, 82, I, n° 5.

DUCTIBILITAT, *s. f.*, ductilité, III, 82, II, n° 7.

DUCTIL, *adj.*, ductile, III, 82, II, n° 8.

DUCTOR, *s. m.*, conducteur, III, 82, II, n° 6.

DUESCA, *prép.*, jusque, III, 79, II.

DUGAT, voyez DUCAT.

DUGUESSA, voyez DUQUESSA.

DUI, *adj. num. m.*, deux, III, 80, I.

DUIRE, *v.*, conduire, III, 81, II.

DULCORATIU, *adj.*, dulcoratif, III, 65, II, n° 6.

DULIVI, voyez DILUVI.

DUNC, voyez DONC.

DUODENI, *s. m.*, duodénum, III, 81, I, n° 6.

DUPLICACIO, voyez DUPLICATIO.

DUPLICAR, *v.*, doubler, IV, 565, I, n° 23.

DUPLICATIO, *s. f.*, redoublement, IV, 564, II, n° 21.

DUPLICATIU, *adj.*, duplicatif, IV, 565, I, n° 22.

DUPTADOR, *adj.* (lisez *s. m.*), craintif, III, 88, I, n° 11.

DUPTAIRE, voyez DUPTADOR.

DUPTANSA, voyez DOPTANSA.

DUPTAR, *v.*, douter, III, 86, II.

DUPTE, voyez DOPTE.

DUPTOS, voyez DOPTOS.

DUQUESSA, *s. f.*, duchesse, III, 82, I, n° 3.

DUR, *adj.*, dur, III, 88, II.

DURABLAMENT, *adv.*, éternellement, III, 90, I, n° 7.

DURABLE, *adj.*, durable, III, 90, I, n° 6.

DURABLETAT, *s. f.*, durée, III, 90, I, n° 5.

DURACIO, *s. f.*, durée, III, 90, I, n° 4.

DURADA, *s. f.*, durée, III, 89, II, n° 3.

DURAMEN, voyez DURAMENT.

DURAMENT, *adv.*, durement, III, 88, II, n° 4.

DURAN, *prép.*, durant, III, 89, II, n° 2.

DURANT, voyez DURAN.

DURAR, *v.*, durer, III, 89, II.

DURESSA, *s. f.*, dureté, III, 88, II, n° 2.

DUREZA, voyez DURESSA.

DURICIA, *s. f.*, dureté, III, 88, II, n° 3.

DURMILLOS, voyez DORMILLOS.

DURMIR, voyez DORMIR.

DURRE, voyez DUIRE.

DUY, voyez DUI.

DYABLE, voyez DIABLE.

DYADEMA, voyez DIADEMA.

DYAFOROZIS, *s. f.*, doute, III, 91, II.

DYAFRACMA, *s. m.*, diaphragme, III, 91, II.

DYALITON, *s. f.*, dialyton, III, 91, II.

DYALLAQUILON, *s. m.*, diachylon, VI, 14, II.

DYAMAN, voyez DIAMAN.

DYAMORON, *s. m.*, diamorum, IV, 262, II, n° 3.

DYAPHANITAT, *s. f.*, diaphanéité, III, 94, II.
DYAPHONIA, *s. f.*, dissonance, V, 291, II, n° 2.
DYARRIA, voyez DIARRIA.
DYASRETIC, *adj.*, diarrhétique, III, 45, II, n° 2.
DYASTOLE, *s. f.*, diastole, III, 92, I.
DYERESIS, *s. f.*, diérèse, III, 92, II.

E

E, *s. m.*, e, III, 92, I.
E, *conj.*, et, III, 92, I, n° 2.
E, voyez EN.
EBA, *s. f.*, ébène, III, 93, II, n° 2.
EBALAUZIR, *v.*, abasourdir, VI, 5, I, n° 3.
EBAZIS, *s. f.*, ébazis, III, 93, I.
EBDOMADIER, *s. m.*, semainier, III, 93, II.
EBENI, *s. m.*, ébénier, III, 93, II.
EBORIC, *s. m.*, hièble, III, 93, II.
EBRAY, *adj.*, hébraïque, III, 93, II.
EBRE, voyez EBRES.
EBRES (lisez EBRE), *s. m.*, l'Èbre, III, 94, I.
EBRIAC, *adj.*, ivre, III, 94, I.
EBRIAIC, voyez EBRIAC.
EBRIETAT, *s. f.*, ivresse, III, 94, II, n° 5.
EBRIEU, *s. m.*, hébreu, III, 94, I, n° 2.
EBULLICIO, *s. f.*, ébullition, II, 270, II, n° 4.
ECCLESIASTIC, *adj.*, ecclésiastique, III, 95, I.
ECES, voyez ENCENS.
ECESSAR, voyez ENCESSAR.
ECHIRGAITAR, *v.*, guetter, III, 418, I, n° 13.

ECHO, *s. m.*, écho, III, 95, II.
ECHUCAR, voyez EISUGAR.
ECIEN, voyez ESCIEN.
ECLIPCIAR, voyez ECLIPSAR.
ECLIPSAR, *v.*, éclipser, II, 417, I, n° 2.
ECLIPSATIU, *adj.*, éclipsatif, II, 417, I, n° 3.
ECLIPSIS, voyez CLIPSE.
ECLIPTIC, *adj.*, écliptique, II, 417, I, n° 4.
ED, *pron. pers. m.*, trois. pers. sing., il, III, 102, II, n° 5.
EDAT, voyez ETAT.
EDI, *s. m.*, petit bouc, III, 95, II.
EDICT, *s. m.*, édit, III, 56, I, n° 19.
EDIFIAR, *v.*, édifier, III, 96, II, n° 5.
EDIFICAMENT, *s. m.*, édifice, III, 96, I, n° 2.
EDIFICAR, *v.*, édifier, III, 96, I, n° 4.
EDIFICATIO, *s. f.*, édification, III, 96, I, n° 3.
EDIFICI, *s. m.*, édifice, III, 95, II.
EDITIO, *s. f.*, édition, III, 97, I.
EDRA, *s. f.*, lierre, III, 97, I.
EDS, *pron. pers. m.*, trois. pers. pl., ils, voyez ED.
EFAISSAR, voyez AFAISSAR.
EFAN, voyez ENFAN.
EFANSA, voyez ENFANSA.

EFANT, voyez ENFAN.

EFANTA, *s. f.*, petite fille, VI, 23, II, n° 13 *bis*.

EFANTAMEN, voyez ENFANTAMEN.

EFANTAR, voyez ENFANTAR.

EFANTET, voyez ENFANTET.

EFANTIL, voyez INFANTIL.

EFAYSSAR, voyez AFFAISSAR.

EFEMINAR, voyez ENFEMINAR.

EFERM, *adj.*, infirme, III, 315, II, n° 26.

EFERMARIA, voyez EFFERMERIA.

EFERMETAT, *s. f.*, infirmité, III, 215, II, n° 27.

EFERMIER, *s. m.*, infirmier, III, 316, I, n° 29.

EFFAN, voyez ENFAN.

EFFANTAR, voyez ENFANTAR.

EFFANTI, *adj.*, enfantin, III, 280, I, n° 16.

EFFECTIU, *adj.*, effectif, III, 267, II, n° 31.

EFFEIT, *s. m.*, effet, III, 267, II, n° 30.

EFFERMERIA, *s. f.*, infirmerie, III, 315, II, n° 28.

EFFERN, voyez INFERN.

EFFICACI, *adj.*, efficace, III, 268, I, n° 33.

EFFICACIA, *s. f.*, efficacité, III, 268, I, n° 32.

EFFIMER, voyez EFIMER.

EFFORMAR, voyez INFORMAR.

EFFRAIGNER, voyez ESFRANGER.

EFFRANHEMEN, voyez EFFRANHEMENT.

EFFRANHEMENT, *s. m.*, infraction, III, 387, II, n° 17.

EFFRANHER, voyez ESFRANGER.

EFFUSIO, *s. f.*, effusion, III, 358, I, n° 16.

EFFUSION, voyez EFFUSIO.

EFFUZIO, voyez EFFUSIO.

EFICIENT, *adj.*, efficient, III, 268, I, n° 36.

EFICIENTIA, *s. f.*, puissance efficiente, III, 268, I, n° 35.

EFIGIAR, *v.*, effigier, III, 286, II, n° 13.

EFIMER, *adj.*, éphémère, III, 97, I, n° 2.

EFIMERON, *s. m.*, éphimeron, III, 97, I.

EFLAMACIO, voyez INFLAMMACIO.

EFLAMEN, voyez ENFLAMENT.

EFLAMMATIU, *adj.*, enflammatif, III, 337, II, n° 8.

EFLAR, voyez ENFLAR.

EFLAZO, voyez ENFLAZON.

EFORMAR, voyez INFORMAR.

EFRAGNER, voyez ESFRANGER.

EFRENAR, voyez ENFRENAR.

EFRUN, *adj.*, triste, III, 97, I.

EFRUNAMENS, *adv.*, avidement, III, 97, II, n° 3.

EFUNDAR, voyez ESFONDRAR.

EGA, voyez EGUA.

EGALAMENT, voyez ENGALAMENT.

EGALAR, *v.*, égaler, III, 136, II, n° 16.

EGALEZA, *s. f.*, égalité, III, 135, II, n° 11.

EGALLANSA, *s. f.*, égalité, III, 136, I, n° 13.

EGALMEN, voyez EGUALMEN.

EGALMENS, voyez EGUALMEN.

EGAR, voyez EGUAR.
EGATIER, s. m., gardeur de juments, III, 98, I, n° 2.
EGESTIO, s. f., évacuation, VI, 14, I.
EGRESSIO, s. f., sortie, III, 489, II, n° 11.
EGRUVIR, v., gémir, III, 97, II.
EGUA, s. f., cavale, III, 97, II.
EGUAL, adj., égal, III, 135, I, n° 8.
EGUALMEN, adv., également, III, 135, II, n° 10.
EGUANSA, s. f., égalité, III, 136, I, n° 14.
EGUAR, v., égaliser, III, 136, I, n° 15.
EGYPANI, s. m., égipan, III, 98, I.
EIRA, s. f., aire à battre le blé, III, 98, I.
EIS, pron. ind. m., même, III, 98, I.
EISAURAR, v., essorer, II, 148, I, n° 11.
EISERMEN, s. m., sarment, V, 208, I, n° 2.
EISSA, pron. ind. f., même, III, 98, I.
EISSABORIR, voyez EISSABOZIR.
EISSABORZIR, voyez EISSABOZIR.
EISSABOZIR, v., étourdir, III, 198, II.
EISSALATAR, v., déployer, II, 47, I, n° 4.
EISSAM, s. m., essaim, III, 99, II.
EISSAMEN, adv., de même, III, 98, II, n° 2.
EISSAMENS, voyez EISSAMEN.
EISSAROP, s. m., sirop, III, 99, II.
EISSARRAR, voyez ENSARRAR.
EISSAUCHAMEN, voyez EISSAUCHAMENZ.
EISSAUCHAMENZ (lisez EISSAUCHAMEN), voyez ESSALSAMEN.
EISSERNIR, v., discerner, III, 20, II, n° 8.

EISSIR, v., sortir, III, 570, II, n° 2.
EISSORBAR, v., aveugler, IV, 377, II, n° 4.
EISSUC, s. m., sécheresse, III, 100, I, n° 2.
EISSUCH, adv., à sec, VI, 14, I, n° 3.
EISUCH, s. m., issue, III, 572, I, n° 7.
EISUGAR, v., essuyer, III, 99, II.
EIXAMPLE, voyez EXEMPLE.
EJAUZIR, voyez ESGAUZIR.
EL, art. m. sing., le, III, 100, I.
EL, pron. pers. m., trois. pers. sing., il, III, 101, I, n° 3.
ELA, pron. pers. f., trois. pers. sing., elle, III, 102, II, n° 6.
ELACIO, s. f., élévation, II, 15, II, n° 9.
ELAMBIC, s. m., alambic, III, 108, I.
ELARGIR, v., élargir, IV, 23, I, n° 14.
ELAS, pron. pers. f., trois. pers. pl., elles, III, 102, II, n° 7.
ELECTIO, s. f., élection, IV, 41, II, n° 5.
ELECTION, voyez ELECTIO.
ELECTIU, adj., électif, IV, 41, II, n° 6.
ELECTRE, s. m., électre, III, 108, II.
ELECTUARI, voyez ELECTUARIS.
ELECTUARIS (lisez ELECTUARI), s. m., électuaire, III, 108, II.
ELEFANCIA, s. f., éléphantiasis, III, 110, II, n° 6.
ELEGER, voyez ELEGIR.
ELEGIDOR, s. m., électeur, IV, 41, II, n° 8.
ELEGIMEN, s. m., élection, IV, 41, II, n° 7.

ELEGIR, *v.*, élire, IV, 40, II, n° 4.
ELEMENT, *s. m.*, élément, III, 108, II.
ELEMENTAL, voyez ELEMENTAR.
ELEMENTAR, *adj.*, élémentaire, III, 109, I, n° 2.
ELEMENTAR, *v.*, composer d'éléments, III, 109, I, n° 3.
ELEMOSINA, *s. f.*, aumône, III, 109, I.
ELENEGAR, *v.*, perdre haleine, II, 85, I, n° 9.
ELEPHANCIA, voyez ELEFANCIA.
ELEPHANT, *s. m.*, éléphant, III, 110, I.
ELEPHANTA, *s. f.*, éléphante, III, 110, II, n° 3.
ELEPHANTESSA, *s. f.*, éléphante, III, 110, II, n° 4.
ELEPHANTIN, *adj.*, éléphantin, III, 110, II, n° 5.
ELEVACIO, voyez ESLEVATION.
ELEVAMENT, voyez ESLEVAMENT.
ELEVATIO, voyez ESLEVATION.
ELEVATIU, *adj.*, élévatif, IV, 64, I, n° 11.
ELH, voyez EL.
ELHA, voyez ELA.
ELHAS, voyez ELAS.
ELHS, voyez ELS.
ELIGIDOR, voyez ELEGIDOR.
ELIGIR, voyez ELEGIR.
ELIMOSINA, voyez ELEMOSINA.
ELITROPIA, *s. f.*, héliotrope, III, 110, II.
ELL, voyez EL.
ELLA, voyez ELA.
ELLAS, voyez ELAS.
ELLEBORI, *s. m.*, ellébore, III, 111, I.
ELLUMENAR, voyez ILLUMINAR.

ELLUMINAYRE, *s. m.*, illuminateur, IV, 105, I, n° 11.
ELM, voyez ELME.
ELME, *s. m.*, heaume, VI, 14, I.
ELOQUEN, *adj.* éloquent, IV, 100, I, n° 7.
ELOQUENCIA, voyez ELOQUENTIA.
ELOQUENSA, *s. f.*, éloquence, IV, 100, I, n° 6.
ELOQUENT, voyez ELOQUEN.
ELOQUENTIA, *s. f.*, éloquence, IV, 100, I, n° 5.
ELS, *art. m. pl.*, les, III, 101, I, n° 2.
ELS, *pron. pers. m., trois. pers. pl.*, ils, III, 101, II, n° 4.
ELUCIDARI, *s. m.*, éclaircissement, IV, 109, II, n° 13.
ELYTROPIA, *s. f.*, héliotrope, III, 111, I, n° 2.
EMAGE, voyez IMAGE.
EMAGENA, voyez YMAGENA.
EMAGENASSIO, voyez IMAGINATIO.
EMAGINAR, voyez IMAGINAR.
EMAGREZIR, *v.*, amaigrir, IV, 120, II, n° 7.
EMANCIPAR, *v.*, émanciper, IV, 142, II, n° 12.
EMANCIPATIO, *s. f.*, émancipation, IV, 142, II, n° 11.
EMANCIPATION, voyez EMANCIPATIO.
EMATISTE, *s. f.* (lisez *m.*), améthyste, III, 111, I.
EMBADIMENT, voyez ENVAZIMENT.
EMBAGUASSAR, *v.*, livrer aux prostituées, II, 168, II, n° 3.
EMBAICHADOR, voyez AMBASSADOR.

EMBAISSAT, voyez AMBAISSAT.
EMBARAR, voyez EMBARRAR.
EMBARC, s. m., obstacle, III, 111, I.
EMBARCAR, v., embarquer, II, 187, I, n° 2.
EMBARG, voyez EMBARC.
EMBARGAMENT, s. m., embarras, III, 111, II, n° 2.
EMBARGAR, v., embarrasser, III, 111, II, n° 3.
EMBARRAR, v., enfermer, II, 188, II, n° 6.
EMBASTONAR, v., armer, II, 195, I, n° 5.
EMBATRE, v., battre, II, 200, I, n° 25.
EMBAYMAR, voyez ENBASMAR.
EMBAYSSARIA, voyez AMBAICHARIA.
EMBELIC, s. m., nombril, III, 111, II.
EMBELLEZIR, v., embellir, II, 207, II, n° 12.
EMBELLIR, v., embellir, II, 207, II, n° 11.
EMBEURE, voyez EMBIBER.
EMBIBER, v., imbiber, II, 218, I, n° 12.
EMBLANQUEZIR, v., blanchir, II, 223, II, n° 12.
EMBLAR, v., dérober, III, 112, I.
EMBLAUSIR, v., éblouir, III, 112, II.
EMBOLISMAL, adj., embolismique, III, 113, I, n° 2.
EMBOLISME, s. m., embolisme, III, 112, II.
EMBONILH, voyez EMBORILL.
EMBORIGOL, s. m., nombril, III, 112, I, n° 3.
EMBORILH, voyez EMBORILL.
EMBORILL, s. m., nombril, III, 112, I, n° 2.

EMBOSCAR, v., embusquer, II, 241, II, n° 12.
EMBOTIR, v., garnir, II, 243, II, n° 5.
EMBRASAMEN, voyez EMBRAZAMEN.
EMBRASAR, v., embraser, II, 252, II, n° 11.
EMBRASSAR, v., embrasser, II, 253, II, n° 7.
EMBRAZAMEN, s. m., embrasement, II, 252, II, n° 12.
EMBREGAR, v., embarrasser, II, 256, I, n° 3.
EMBRIAIC, voyez EBRIAC.
EMBRIAR, v., empresser, II, 260, I, n° 5.
EMBRIO, s. m., embryon, III, 113, I.
EMBRIVAMENT, s. m., impétuosité, VI, 6, I, n° 4 bis.
EMBROCACIO, s. f., embrocation, II, 261, II, n° 6.
EMBROCAR, v., verser à broc, II, 261, II, n° 5.
EMBROINGNAR, v., revêtir la cuirasse, II, 262, II, n° 2.
EMBRONC, adj., refrogné, II, 262, II, n° 2.
EMBRONCAR, v., refrogner, II, 263, I, n° 3.
EMBRONQUIT, voyez EMBRONSIT.
EMBRONSIT, adj., refrogné, II, 263, I, n° 4.
EMBRUGIR, v., ébruiter, II, 265, II, n° 5.
EMELAR, voyez ENMELAR.
EMEMDA, voyez ESMENDA.
EMENDACIO, s. f., amendement, IV, 192, II, n° 3.
EMENDACION, voyez EMENDACIO.

EMENDAMEN, voyez ESMENDAMEN.
EMENDAR, voyez ESMENDAR.
EMENDROS, s. m., enhydre, III, 113, I.
EMERAR, voyez ESMERAR.
EMERDAR, voyez ESMERDAR.
EMERGER, v., émerger, IV, 154, II, n° 13.
EMIGRANEA, s. f., migraine, III, 113, I.
EMINA, s. f., émine, IV, 233, II, n° 4.
EMINADA, s. f., éminée, IV, 234, I, n° 5.
EMINAL, s. f., émine, IV, 234, I, n° 6.
EMINEISSER, v., s'élever, III, 113, II.
EMINENCIA, s. f., éminence, III, 113, II, n° 2.
EMINENSIA, voyez EMINENCIA.
EMINEYSSER, voyez EMINEISSER.
EMISSIO, s. f., émission, IV, 229, I, n° 41.
EMISSIU, voyez EMISSIUS.
EMISSIUS (lisez EMISSIU), adj., émissif, IV, 229, II, n° 42.
EMMALAUTIR, v., rendre malade, II, 108, I, n° 13.
EMMAYLLOTAR, voyez ENMALHOTAR.
EMOLEZIR, v., amollir, IV, 248, II, n° 6.
EMOLOGAR, voyez EMOLOGUAR.
EMOLOGUAR, v., homologuer, IV, 101, I, n° 16.
EMOLUMEN, s. m., émolument, IV, 247, I, n° 20.
EMOPTOIC, adj., hémoptoïque, III, 114, I.
EMORROYDAL, adj., hémorroïdal, III, 114, I, n° 2.
EMORROYDAS, s. f. pl., hémorroïdes, III, 114, I.

EMPACHA, s. f., empêchement, VI, 14, II, n° 2 bis.
EMPACHAMEN, s. m., empêchement, III, 114, I, n° 2.
EMPACHAR, v., empêcher, III, 114, II, n° 4.
EMPACHIER, s. m., empêchement, III, 114, II, n° 3.
EMPAG, s. m., empêchement, VI, 14, I, n° 1 bis.
EMPAH, voyez EMPAG.
EMPAICHA, voyez EMPACHA.
EMPAICHAR, v., empêcher, VI, 15, I, n° 4 bis.
EMPAIG, s. m., empêchement, III, 114, I.
EMPAITA, voyez EMPACHA.
EMPAITAR, voyez EMPAICHAR.
EMPARADOR, voyez AMPARADOR.
EMPARAR, voyez ANPARAR.
EMPARCHAR, v., empêtrer, IV, 426, I, n° 3.
EMPARLAR, v., apprendre, IV, 422, I, n° 18.
EMPASTAR, v., empâter, IV, 452, I, n° 8.
EMPASTRE, voyez EMPLASTRE.
EMPAUBREZIR, voyez EMPAUBRIR.
EMPAUBRIR, v., appauvrir, IV, 464, I, n° 10.
EMPAUSAR, v., imposer, IV, 463, II, n° 13.
EMPAUZAMENT, s. m., imposition, IV, 463, II, n° 14.
EMPAUZAR, voyez EMPAUSAR.
EMPAYTAMENT, voyez EMPACHAMEN.

EMPAYTAR, voyez EMPACHAR.
EMPECHAR, voyez EMPAICHAR.
EMPEDEGAR, *v.*, empêcher, IV, 473, I, n° 23.
EMPEDIMEN, *s. m.*, empêchement, IV, 473, I, n° 20.
EMPEGAR, *v.*, poisser, IV, 525, II, n° 7.
EMPEGUIR, *v.*, poisser, IV, 525, I, n° 6.
EMPEGUNTAR, *v.*, poisser, IV, 525, II, n° 8.
EMPEINCHA, voyez EMPENCHA.
EMPEINHER, voyez EMPENHER.
EMPEINHORADURA, *s. f.*, droit de gage, IV, 481, I, n° 6.
EMPEINNORAR, voyez IMPIGNORAR.
EMPEIREZIR, *v.*, pétrifier, IV, 532, II, n° 16.
EMPELLIR, voyez IMPELLIR.
EMPELTAR, *v.*, greffer, III, 115, II, n° 2.
EMPENAR, voyez EMPENNAR.
EMPENCHA, *s. f.*, poussée, III, 115, I, n° 2.
EMPENDRE, voyez EMPENHER.
EMPENHADURA, *s. f.*, droit de gage, IV, 481, I, n° 8.
EMPENHAR, *v.*, hypothéquer, IV, 480, II, n° 5.
EMPENHER, *v.*, pousser, III, 114, II.
EMPENHORAR, voyez IMPIGNORAR.
EMPENNAR, *v.*, empenner, IV, 491, II, n° 6.
EMPENRE, voyez EMPRENDRE.
EMPENTIR, *v.*, repentir, IV, 490, I, n° 18.
EMPERADOR, voyez EMPERAIRE.

EMPERAIRE, *s. m.*, empereur, III, 556, I, n° 3.
EMPERAIRITZ, *s. f.*, impératrice, III, 556, I, n° 4.
EMPÉRAYRE, voyez EMPERAIRE.
EMPERI, *s. m.*, empire, III, 556, I, n° 2.
EMPERIAL, *adj.*, impérial, III, 556, II, n° 5.
EMPERIAR, voyez INPERAR.
EMPERILAMEN, *s. m.*, péril, IV, 520, II, n° 5.
EMPERO, *adv. comp.*, pourtant, IV, 514, I, n° 3.
EMPETRADOR, *s. m.*, impétrant, III, 557, I, n° 2.
EMPETRAIRE, voyez EMPETRADOR.
EMPETRAR, voyez IMPETRAR.
EMPEUT, *s. m.*, greffe, III, 115, II.
EMPEZAR, voyez EMPEGAR.
EMPHAZI, voyez EMPHAZIS.
EMPHAZIS (lisez EMPHAZI), *s. m.*, emphase, III, 115, II.
EMPHETIS, *adj.*, emphytéotique, III, 116, I, n° 2.
EMPHITHEOSIM, *s. f.*, emphytéose, III, 115, II.
EMPHITHEOTICARI, *s. m.*, emphytéote, III, 116, I, n° 3.
EMPIER, voyez IMPER.
EMPIREY, *s. m.*, empyrée, III, 116, I.
EMPLASTRAR, *v.*, poser un emplâtre, III, 116, II, n° 3.
EMPLASTRE, *s. m.*, emplâtre, III, 116, I.
EMPLAUST, voyez EMPLAUT.
EMPLAUT, *s. m.*, emplâtre, III, 116, II, n° 2.
EMPLEGAR, voyez EMPLEIAR.

EMPLEIAR, *v.*, employer, IV, 565, II, n° 30.

EMPLEITAR, *v.*, faire emplète, III, 117, I, n° 2.

EMPLIR, *v.*, emplir, IV, 570, I, n° 11.

EMPOESTAMEN, *s. m.*, autorité, IV, 584, II, n° 21.

EMPOIZONAR, *v.*, empoisonner, IV, 589, I, n° 3.

EMPORTAR, *v.*, emporter, IV, 608, II, n° 25.

EMPORTUNAMENS, voyez ENPORTUNAMEN.

EMPORTUNITAT, *s. f.*, importunité, III, 128, II, n° 3.

EMPOSICIO, *s. f.*, imposition, IV, 612, I, n° 16.

EMPOST, *adj.*, organisé, IV, 612, I, n° 18.

EMPREGNAR, voyez EMPRENHAR.

EMPREINAR, voyez EMPRENHAR.

EMPREISO, *s. f.*, entreprise, IV, 631, II, n° 27.

EMPREISONAR, *v.*, emprisonner, IV, 632, II, n° 32.

EMPREIZO, voyez EMPREISO.

EMPRENABLE, *adj.*, imprenable, IV, 632, II, n° 33.

EMPRENDEMEN, *s. m.*, entreprise, IV, 631, II, n° 28.

EMPRENDRE, *v.*, entreprendre, IV, 630, II, n° 25.

EMPRENEMEN, voyez EMPRENDEMEN.

EMPRENEMENT, voyez EMPRENDEMEN.

EMPRENHAR, *v.*, engrosser, IV, 636, II, n° 4.

EMPRENRE, voyez EMPRENDRE.

EMPRENTA, *s. f.*, empreinte, IV, 623, II, n° 10.

EMPRESSIO, *s. f.*, impression, IV, 623, II, n° 9.

EMPREYSONAR, voyez EMPREISONAR.

EMPROMESSION, *s. f.*, promesse, IV, 228, II, n° 33.

EMPROMETRE, *v.*, promettre, IV, 228, I, n° 32.

EMPRUMPT, *s. m.*, emprunt, III, 116, II.

EMPTHOIC, voyez EMOPTOIC.

EMPTICI, *adj.*, achetable, III, 116, II.

EMPTOIC, voyez EMOPTOIC.

EMPUIAR, *v.*, monter, IV, 665, I, n° 6.

EMPUNHAR, voyez IMPUGNAR.

EMULACIO, *s. f.*, émulation, III, 118, I.

EMUNDACIO, *s. f.*, purification, IV, 288, I, n° 12.

EMUNDAMEN, *s. m.*, purification, IV, 288, I, n° 11.

EMURAR, voyez ENMURAR.

EMYSPERI, *s. m.*, hémisphère, III, 171, I, n° 2.

EN, *s. m.*, seigneur, III, 118, I.

EN, *prép.*, en, III, 118, II.

EN, *adv.*, en, III, 129, II, n° 2.

ENALUMENAR, voyez ALUMENAR.

ENAMARZIR, *v.*, rendre amer, II, 69, I, n° 12.

ENAMORAMENT, *s. m.*, amour, II, 67, I, n° 37.

ENAMORAR, *v.*, enamourer, II, 66, II, n° 36.

ENAMPS, *adv.*, avant, II, 95, I, n° 18.

ENAN, *adv.*, en avant, II, 94, I, n° 16.

ENANS (lisez ENAN), *s. m.*, avancement, II, 95, II, n° 20.

ENANS, voyez ENAN.
ENANSADOR, voyez ENANSAIRE.
ENANSAIRE, s. m., prôneur, II, 95, II, n° 22.
ENANSAMEN, s. m., avancement, II, 95, II, n° 21.
ENANSAR, v., avancer, II, 95, I, n° 19.
ENANSAS QUE, conj. comp., avant que, II, 95, I, n° 17.
ENANSEIS QUE, voyez ENANSAS QUE.
ENANT, voyez ENAN.
ENANTAR, v., déshonorer, II, 82, II, n° 7.
ENANTIMEN, voyez ENANTIMENT.
ENANTIMENT, s. m., avantage, II, 96, I, n° 24.
ENANTIR, v., avancer, II, 95, II, n° 23.
ENANZAR, voyez ENANSAR.
ENAP, s. m., coupe, III, 124, II.
ENARDIR, voyez ENHARDIR.
ENASTAR, v., embrocher, II, 135, I, n° 5.
ENASTRAR, v., douer d'une heureuse étoile, II, 140, I, n° 21.
ENAURAR, v., dorer, II, 146, II, n° 20.
ENAUZELAR, v., dresser un oiseau, (des oiseaux), II, 155, II, n° 8.
ENAVANTIR, v., célébrer, II, 96, I, n° 25.
ENAYMA, adv., ainsi, II, 160, I, n° 2.
ENAZIRAR, v., détester, III, 576, I, n° 19.
ENBACONAT, adj., coupé par quartiers, II, 165, II, n° 3.
ENBANAMEN, s. m., ouvrage à cornes, II, 179, I, n° 3.
ENBARGAMENT, voyez EMBARGAMENT.

ENBASMAR, v., embaumer, II, 175, I, n° 2.
ENBASTAR, v., bâter, II, 192, I, n° 3.
ENBASTARDIR, v., abâtardir, II, 193, II, n° 5.
ENBATRE, voyez EMBATRE.
ENBENDELAR, v., bander, II, 210, II, n° 5.
ENBERCAR, v., ébrécher, II, 254, I, n° 3.
ENBETUMAR, v., enduire de bitume, II, 222, I, n° 4.
ENBEVEMEN, s. m., élision, II, 218, II, n° 13.
ENBLANQUIMENT, s. m., blanchîment, II, 223, II, n° 11.
ENBLAR, voyez EMBLAR.
ENBLASMAR, v., s'évanouir, II, 227, I, n° 10.
ENBLAUZIR, voyez EMBLAUSIR.
ENBOLISME, voyez EMBOLISME.
ENBOLSAR, v., engloutir, III, 124, II.
ENBONILL, voyez EMBORILL.
ENBOQUIPARLAT, adj., blagueur, II, 232, I, n° 8.
ENBORIGOL, s. m., nombril, VI, 3, I, n° 4.
ENBOSCAR, voyez EMBOSCAR.
ENBREGUAR, voyez EMBREGAR.
ENBRIAR, voyez EMBRIAR.
ENBRIO, voyez EMBRIO.
ENBROCACIO, voyez EMBROCACIO.
ENBRONCAR, voyez EMBRONCAR.
ENBUDELAR, v., éventrer, II, 268, II, n° 5.
ENCABALAR, v., rendre puissant, II, 327, II, n° 75.

ENCABALIR, v., distinguer, II, 327, II, n° 76.
ENCADASTAR, v., enfoncer, III, 125, I, n° 2.
ENCADENAMEN, s. m., enchaînement, II, 286, I, n° 6.
ENCADENAR, v., enchaîner, II, 285, II, n° 5.
ENCAIRELLAR, v., accabler de traits, II, 287, I, n° 3.
ENCAISONAR, v., accuser, II, 360, II, n° 9.
ENCAMARADAMEN (lisez ENCAMARAMENT), s. m., introduction, II, 301, I, n° 11.
ENCAMARAMEN, s. m., introduction, II, 301, I, n° 10.
ENCAMARAMENT, voyez ENCAMARADAMEN.
ENCAMARAR, v., introduire, II, 301, I, n° 12.
ENCAMINAR, v., acheminer, II, 302, II, n° 6.
ENCANEZIR, voyez ENCANUZIR.
ENCANT, voyez ENQUANT.
ENCANTADOR, voyez ENCANTAIRE.
ENCANTAIRE, s. m., enchanteur, II, 315, I, n° 18.
ENCANTAIRE, s. m., encanteur, V, 4, II, n° 6.
ENCANTAMEN, s. m., enchantement, II, 314, II, n° 16.
ENCANTAMENT, voyez ENCANTAMEN.
ENCANTAR, v., enchanter, II, 315, II, n° 19.
ENCANTAR, voyez INQUANTAR.
ENCANTATIO, s. m. (lisez f.), enchantement, II, 315, I, n° 17.
ENCANTAYRE, voyez ENCANTAIRE.
ENCANUZIR, v., blanchir, II, 347, I, n° 6.
ENCAPAIRONAR, v., couvrir d'un chaperon, II, 320, II, n° 20.
ENCAR, voyez ANQUERA.
ENCARAS, voyez ANQUERA.
ENCARCERAR, v., incarcérer, II, 333, II, n° 5.
ENCARCERATION, s. f., incarcération, II, 333, II, n° 4.
ENCARGAR, v., charger, II, 336, I, n° 9.
ENCARNAMEN, s. m., incarnation, II, 341, II, n° 23.
ENCARNAR, v., incarner, II, 342, I, n° 26.
ENCARNATIO, s. f., incarnation, II, 341, II, n° 24.
ENCARNATION, voyez ENCARNATIO.
ENCARNATIU, adj., incarnatif, II, 342, I, n° 25.
ENCARTAMEN, s. m., charte, II, 343, II, n° 5.
ENCARTAMENT, voyez ENCARTAMEN.
ENCARTAR, v., inscrire, II, 344, I, n° 6.
ENCARZIR, v., renchérir, II, 331, I, n° 14.
ENCASSAR, voyez ENCAUSSAR.
ENCASTONAR, v., enchâsser, III, 124, II.
ENCASTRAR, v., châtrer, II, 356, II, n° 8.
ENCASTRAR, v., enchâsser, III, 125, I, n° 2 (lisez n° 3).
ENCAUS, s. f., poursuite, II, 351, I, n° 7.
ENCAUSSADOR, s. m., poursuivant, II, 351, II, n° 10.

ENCAUSSAIRE, voyez ENCAUSSADOR.
ENCAUSSAMENT, s. m., poursuite, II, 351, I, n° 8.
ENCAUSSAR, v., poursuivre, II, 354, II, n° 11.
ENCAUT, s. m., encre, III, 125, I.
ENCAUTAR, v., préserver, II, 365, I, n° 6.
ENCAUTATIU, adj., préservatif, II, 365, I, n° 5.
ENCAVALCAR, v., enchevaucher, II, 368, II, n° 14.
ENCAVALGAR, voyez ENCAVALCAR.
ENCAYTIVAR, v., tenir captif, II, 275, I, n° 23.
ENCEGAR, v., aveugler, II, 370, II, n° 3.
ENCELAR, v., celer, II, 372, II, n° 6.
ENCELAR, voyez ENSELLAR.
ENCENDI, s. m., incendie, II, 378, I, n° 5.
ENCENDRAR, v., réduire en cendres, II, 378, II, n° 7.
ENCENDRE, v., allumer, II, 378, I, n° 4.
ENCENHER, v., engrosser, II, 377, I, n° 9.
ENCENS, s. m., encens, III, 125, I.
ENCENSIER, s. m., encensoir, III, 125, II, n° 3.
ENCERAR, v., cirer, II, 381, I, n° 5.
ENCERCABLE, adj., cherchable, II, 382, II, n° 13.
ENCES, voyez ENCENS.
ENCESSAR, v., encenser, III, 125, II, n° 2.
ENCESTUOS, adj., incestueux, III, 125, II.
ENCHANTAR, voyez ENCANTAR.
ENCHOATIU, adj., inchoatif, III, 125, II.

ENCIDIAR, v., dresser des embûches, III, 560, II, n° 3.
ENCLAU, voyez ENCLAUS.
ENCLAURE, v., enclore, II, 411, I, n° 36.
ENCLAUS (lisez ENCLAU), s. m., navire, III, 126, I.
ENCLAVAR, v., enfermer, II, 407, II, n° 7.
ENCLESIS, s. f., enclésis, II, 415, II, n° 9.
ENCLI, voyez ENCLIN.
ENCLIN, adj., enclin, II, 415, I, n° 6.
ENCLINACIO, s. f., inclination, II, 415, I, n° 8.
ENCLINAMEN, s. m., inclination, II, 415, I, n° 7.
ENCLINAR, v., incliner, II, 415, II, n° 10.
ENCLINATIO, voyez ENCLINACIO.
ENCLOSTRAR, v., cloîtrer, II, 411, I, n° 34.
ENCLUGET, voyez ENCLUTGE.
ENCLURE, v., enclore, II, 411, I, n° 37.
ENCLUTGE, s. f., enclume, III, 126, I.
ENCOBIR, v., convoiter, II, 421, II, n° 11.
ENCOBLAR, v., accoupler, II, 473, II, n° 4.
ENCOBOLAMEN, s. m., empêchement, III, 126, I.
ENCOCAR, v., encocher, VI, 15, I.
ENCOIRAR, v., garnir de cuir, II, 527, II, n° 6.
ENCOLPAR, v., inculper, II, 442, II, n° 6.
ENCOMBRAMEN, voyez ENCOMBRAMENT.
ENCOMBRAMENT, s. m., encombrement, II, 451, I, n° 13.

ENCOMBRAR, *v.*, embarrasser, II, 451, II, n° 15.

ENCOMBRATJE, *s. m.*, encombre, II, 451, I, n° 12.

ENCOMBRE, *s. m.*, encombre, II, 451, I, n° 10.

ENCOMBRER, voyez ENCOMBRIER.

ENCOMBRIER, *s. m.*, encombre, II, 451, I, n° 11.

ENCOMBROS, *adj.*, embarrassé, II, 451, II, n° 14.

ENCOMBURIR, *v.*, brûler, V, 451, II, n° 8.

ENCOMENSANZA, *s. f.*, commencement, II, 449, I, n° 9.

ENCOMODITAT, voyez INCOMMODITAT.

ENCOMPANHAR, *v.*, accompagner, IV, 408, I, n° 16.

ENCOMPRENDRE, *v.*, enflammer, IV, 630, II, n° 23.

ENCONOGUT, *adj.*, inconnu, IV, 335, I, n° 30.

ENCONTENEN, *adv.*, incontinent, V, 337, II, n° 39.

ENCONTRA, *prép.*, contre, II, 469, I, n° 16.

ENCONTRADA, *s. f.*, rencontre, II, 469, II, n° 18.

ENCONTRADA, *s. f.*, contrée, II, 470, II, n° 2.

ENCONTRAMEN, voyez ENCONTRAMENS.

ENCONTRAMENS (lisez ENCONTRAMEN), *s. m.*, rencontre, II, 469, II, n° 19.

ENCONTRAR, *v.*, rencontrer, II, 470, I, n° 20.

ENCONTRE, *s. m.*, encontre, II, 469, II, n° 17.

ENCORAR, *v.*, exciter, II, 477, I, n° 26.

ENCORATJAR, *v.*, encourager, VI, 11, II, n° 26 *bis.*

ENCORBAR, *v.*, courber, II, 480, I, n° 7.

ENCORDA, *s. f.*, encorde, II, 481, II, n° 9.

ENCOREILLAR, voyez ENCORILLAR.

ENCORILLAR, *v.*, affliger, II, 477, II, n° 25.

ENCORPORAR, *v.*, incorporer, II, 495, II, n° 14.

ENCORRE, *v.*, encourir, II, 492, II, n° 32.

ENCORREMEN, *s. m.*, confiscation, II, 492, II, n° 33.

ENCORREMENT, voyez ENCORREMEN.

ENCORRER, voyez ENCORRE.

ENCORTEZIR, *v.*, devenir courtois, II, 497, II, n° 10.

ENCORTINAMEN, *s. m.*, tenture de draperies, II, 498, II, n° 2.

ENCORTINAR, *v.*, tendre des draperies, II, 498, II, n° 3.

ENCREIRE, *v.*, accroire, II, 510, II, n° 9.

ENCREISSER, *v.*, accroître, II, 513, I, n° 13.

ENCREPAR, voyez INCREPAR.

ENCREYSSER, voyez ENCREISSER.

ENCREZENSA, *s. f.*, excroissance, II, 513, I, n° 14.

ENCRIMAR, *v.*, accuser, II, 518, I, n° 6.

ENCRIMINAR, *v.*, incriminer, II, 518, I, n° 8.

ENCUIRAR, voyez ENCOIRAR.
ENCUSADOR, *s. m.*, accusateur, II, 361, I, n° 15.
ENCUSAIRE, voyez ENCUSADOR.
ENCUSAMEN, *s. m.*, accusation, II, 361, I, n° 14.
ENCUSAR, *v.*, accuser, II, 361, II, n° 16.
ENDEC, voyez ENDECS.
ENDECHAT, *adj.*, taré, III, 20, I, n° 7.
ENDECIO, *s. f.*, indiction, III, 56, I, n° 21.
ENDECREPITAT, *adj.*, décrépit, III, 21, II, n° 3.
ENDECS (lisez ENDEC), *s. m.*, tare, III, 20, I, n° 6.
ENDEGESTIO, voyez INDIGESTIO.
ENDEMES, *adj.*, fixé, IV, 229, II, n° 45.
ENDEMES, *adv.*, sur-le-champ, IV, 229, II, n° 46.
ENDEMESSA, *s. f.*, limite, IV, 229, II, n° 47.
ENDEMIS, voyez ENDEMES.
ENDEMONIAT, *adj.*, démoniaque, III, 23, II, n° 3.
ENDENAYRAR, *v.*, réaliser en espèces, III, 25, I, n° 4.
ENDENH, voyez ESDENH.
ENDENTHELAR, *v.*, créneler, III, 26, I, n° 9.
ENDEPTAR, *v.*, endetter, III, 37, II, n° 7.
ENDERDRE, *v.*, élever, III, 137, II, n° 7.
ENDEROC, *s. m.*, renversement, V, 100, I, n° 9.
ENDERROCAR, *v.*, culbuter, V, 100, II, n° 10.

ENDERS, *s. m.*, élévation, III, 138, I, n° 8.
ENDESONRAR, *v.*, déshonorer, III, 537, I, n° 16.
ENDESPREZAR, *v.*, mépriser, IV, 641, II, n° 13.
ENDESTI, *s. m.*, augure, III, 30, I, n° 8.
ENDESTINADA, *s. f.*, destinée, III, 30, I, n° 9.
ENDESTINAR, *v.*, destiner, III, 29, II, n° 7.
ENDESTINCTAMENS, *adv.*, indistinctement, III, 61, I, n° 4.
ENDEUTAR, voyez ENDEPTAR.
ENDEVEING, voyez ENDEVENH.
ENDEVENH, *s. m.*, avenir, V, 494, II, n° 50.
ENDEVENIDOR, *adj.*, devant advenir, V, 495, I, n° 52.
ENDEVENIR, *v.*, advenir, V, 494, II, n° 49.
ENDEVISIBLE, *adj.*, indivisible, III, 39, II, n° 15.
ENDI, voyez INDI.
ENDIABLAR, *v.*, endiabler, III, 44, II, n° 7.
ENDIADIS, *s. f.*, endiadis, III, 126, I.
ENDIGNACIO, voyez INDIGNACIO.
ENDIGNAMEN, *s. m.*, indignation, III, 50, I, n° 12.
ENDIGNAR, voyez INDIGNAR.
ENDILLAR, voyez INHILAR.
ENDIRE, *v.*, imposer, III, 56, I, n° 20.
ENDISCIPLINAR, *v.*, punir par la discipline, III, 58, II, n° 6.
ENDIVIA, *s. f.*, endive, III, 126, I.

ENDOCTRINAMEN, *s. m.*, enseignement, III, 62, II, n° 9.
ENDOCTRINAR, *v.*, endoctriner, III, 62, II, n° 10.
ENDOLOIRAMEN, *s. m.*, souffrance, III, 64, II, n° 13.
ENDOMENGADURA, *s. f.*, domaine, III, 72, I, n° 40.
ENDOMENJAT, *adj.*, tenancier, III, 72, I, n° 41.
ENDOMERGAT, voyez ENDOMENJAT.
ENDORMIR, *v.*, endormir, III, 75, I, n° 9.
ENDOSSAR, *v.*, endosser, III, 75, II, n° 4.
ENDOTAR, *v.*, doter, III, 12, I, n° 26.
ENDREG, voyez ENDREIT.
ENDREICH, voyez ENDREIT.
ENDREIT, *s. m.*, endroit, V, 75, II, n° 65.
ENDREIT, *prép.*, envers, V, 75, II, n° 67.
ENDREIZAR, voyez ENDRESSAR.
ENDRESSADOR, voyez ENDRESSAYRE.
ENDRESSAMEN, *s. m.*, direction, V, 75, II, n° 68.
ENDRESSAR, *v.*, redresser, V, 76, I, n° 70.
ENDRESSAYRE, *s. m.*, redresseur, V, 76, I, n° 69.
ENDREYT, voyez ENDREIT.
ENDREZAR, voyez ENDRESSAR.
ENDROS, *s. f.*, endros, III, 126, II.
ENDUIRE, *v.*, induire, III, 84, I, n° 20.
ENDULGENCIA, voyez INDULGENCIA.
ENDULGENSA, *s. f.*, indulgence, III, 558, II, n° 2.
ENDUR, voyez ENDURS.
ENDURA, *s. f.*, souffrance, III, 91, I, n° 13.

ENDURAR, *v.*, endurcir, III, 89, I, n° 6.
ENDURAR, *v.*, endurer, III, 90, II, n° 11.
ENDURMIR, voyez ENDORMIR.
ENDURRE, voyez ENDUIRE.
ENDURS (lisez ENDUR), *s. m.*, souffrance, III, 91, I, n° 12.
ENDURZEZIR, *v.*, endurcir, III, 89, I, n° 9.
ENDURZIR, *v.*, endurcir, III, 89, I, n° 8.
ENDUSTRIA, voyez INDUSTRIA.
ENDUTA, *s. f.*, enduit, III, 84, I, n° 19.
ENEBRIAR, *v.*, enivrer, III, 94, II, n° 8.
ENEGREZIR, *v.*, noircir, IV, 311, II, n° 8.
ENEMIA, *s. f.*, ennemie, II, 65, II, n° 26.
ENEMIC, *s. m.*, ennemi, II, 65, II, n° 25.
ENEMISTAT, *s. f.*, inimitié, II, 66, I, n° 29.
ENEQUITAT, voyez INIQUITAT.
ENEQUITOZAMEN, *adv.*, iniquement, III, 135, I, n° 4.
ENESCAR, *v.*, amorcer, III, 142, I, n° 6.
ENFA, voyez ENFAN.
ENFADEZIR, *v.*, faire le fou, III, 284, II, n° 13.
ENFAMAR, voyez INFAMAR.
ENFAMI, voyez INFAME.
ENFAN, *s. m.*, enfant, III, 279, II, n° 13.
ENFANSA, *s. f.*, enfance, III, 279, I, n° 8.
ENFANTAMEN, *s. m.*, enfantement, III, 278, II, n° 6.

ENFANTAMENT, voyez ENFANTAMEN.
ENFANTAR, *v.*, enfanter, III, 278, II, n° 5.
ENFANTAYRITZ, *s. f.*, celle qui enfante, III, 279, II, n° 12.
ENFANTESA, voyez ENFANTEZA.
ENFANTET, *s. m. dim.*, enfançon, III, 279, II, n° 14.
ENFANTEZA, *s. f.*, enfance, III, 279, I, n° 9.
ENFANTILHAGE, voyez ENFANTILHATJE.
ENFANTILHATJE, *s. m.*, enfance, III, 279, I, n° 10.
ENFANTILHORGA, *s. f.*, enfantillage, III, 279, I, n° 11.
ENFEBLEZIR, *v.*, faiblir, III, 297, I, n° 11.
ENFEBLIR, *v.*, faiblir, III, 297, I, n° 10.
ENFECTIVAR, *v.*, infecter, III, 276, I, n° 91.
ENFELONIR, *v.*, irriter, III, 301, I, n° 11.
ENFEMINAR, *v.*, efféminer, III, 303, I, n° 8.
ENFENIT, voyez INFINIT.
ENFENITAT, voyez INFINITAT.
ENFENITIU, voyez INFINITIU.
ENFERM, voyez EFERM.
ENFERMAR, *v.*, emmaladir, III, 316, I, n° 30.
ENFERMER, voyez EFERMIER.
ENFERMETAT, voyez EFERMETAT.
ENFERN, voyez INFERN.
ENFERNAR, voyez INFERNAR.
ENFERRIAR, *v.*, enferrer, VI, 24, II, n° 12 *bis*.
V.

ENFINIDAMEN, voyez INFINITAMENT.
ENFINITAT, voyez INFINITAT.
ENFIRMAR, voyez ENFERMAR.
ENFIZEL, voyez INFIZEL.
ENFLABOT, *s. m.*, flambeau, III, 337, I, n° 7.
ENFLAMACIO, voyez INFLAMMACIO.
ENFLAMAR, *v.*, enflammer, III, 337, II, n° 9.
ENFLAMENT, *s. m.*, enflure, III, 559, II, n° 3.
ENFLAMMACIO, voyez INFLAMMACIO.
ENFLAR, *v.*, enfler, III, 559, II, n° 5.
ENFLAZON, *s. f.*, enflure, III, 559, II, n° 2.
ENFLEBECIR, voyez ENFEBLEZIR.
ENFLUENSA, *s. f.*, influence, III, 345, I, n° 11.
ENFOLETIR, *v.*, affolir, III, 352, I, n° 19.
ENFOLEZIR, *v.*, affolir, III, 352, I, n° 21.
ENFOLHIR, voyez ENFOLIR.
ENFOLIR, *v.*, affoler, III, 354, II, n° 18.
ENFOLLETIR, voyez ENFOLETIR.
ENFOLLIR, voyez ENFOLIR.
ENFORCAR, *v.*, enfourcher, III, 363, II, n° 10.
ENFORMACIO, voyez INFORMACIO.
ENFORMAR, voyez INFORMAR.
ENFORMATIO, voyez INFORMACIO.
ENFORNAR, *v.*, enfourner, III, 371, I, n° 10.
ENFORTIMENT, *s. m.*, renfort, III, 377, I, n° 25.
ENFORTIR, *v.*, fortifier, III, 377, I, n° 24.
ENFRA, *adv.*, en bas, VI, 13, I, n° 2.

30

ENFRACTIO, *s. f.*, infraction, III, 387, II, n° 18.
ENFRANGEMENT, voyez EFFRANHEMENT.
ENFREGIDAR, voyez INFRIGIDAR.
ENFRENAR, *v.*, enfréner, III, 396, I, n° 9.
ENFREULIR, *v.*, infirmer, III, 399, II, n° 10.
ENFREVOLIR, *v.*, faiblir, III, 399, II, n° 11.
ENFRIGIDITAT, *s. f.*, froideur, III, 390, II, n° 10.
ENFRU, voyez EFRUN.
ENFRUN, voyez EFRUN.
ENFUGIR, *v.*, enfuir, III, 406, I, n° 9.
ENFULHIR, *v.*, feuiller, III, 354, I, n° 7.
ENFULLIR, voyez ENFULHIR.
ENFULLYR, voyez ENFULHIR.
ENFUMAR, *v.*, enfumer, III, 408, II, n° 11.
ENFUNDRE, *v.*, infuser, III, 357, II, n° 11.
ENFUS, *adj.*, infus, III, 357, II, n° 13.
ENFUZIO, voyez INFUZIO.
ENGAL, voyez EGUAL.
ENGALAMENT, *s. m.*, comparaison, III, 135, II, n° 9.
ENGALH, voyez EGUAL.
ENGALHAR, voyez EGALAR.
ENGALHARDIR, *v.*, ragaillardir, III, 415, I, n° 3.
ENGALTAT, *s. f.*, égalité, III, 136, I, n° 12.
ENGAN, *s. m.*, tromperie, III, 126, II.
ENGANABLE, *adj.*, insidieux, III, 127, I, n° 6.
ENGANADOR, voyez ENGANAIRE.

ENGANAIRE, *s. m.*, trompeur, III, 127, I, n° 4.
ENGANAIRITZ, *s. f.*, trompeuse, III, 127, I, n° 5.
ENGANAR, *v.*, tromper, III, 127, II, n° 7.
ENGANAYRITZ, voyez ENGANAIRITZ.
ENGANOSAMENT, *adv.*, trompeusement, III, 127, II, n° 8.
ENGAR, voyez EGUAR.
ENGARDA, voyez ANGARDA.
ENGASCONIR, *v.*, engasconner, III, 437, II, n° 3.
ENGATGAR, *v.*, engager, III, 441, I, n° 8.
ENGATGE, *s. m.*, enjeu, III, 440, II, n° 7.
ENGATJAR, voyez ENGATGAR.
ENGEIN, voyez ENGEN.
ENGEINGNAR, voyez ENGINHAR.
ENGELOZIR, *v.*, enjalouser, III, 453, I, n° 4.
ENGEN, *s. m.*, génie, III, 455, II, n° 7.
ENGENDRAR, voyez ENGENRAR.
ENGENRADOR, voyez ENGENRAIRE.
ENGENRADURA, *s. f.*, progéniture, III, 459, II, n° 18.
ENGENRAIRE, *s. m.*, créateur, III, 459, II, n° 19.
ENGENRAMEN, *s. m.*, procréation, III, 459, I, n° 17.
ENGENRAR, *v.*, engendrer, III, 459, II, n° 21.
ENGENRAYRITZ, *s. f.*, génératrice, III, 459, II, n° 20.
ENGES, *s. m.*, vase, III, 128, I.

ENGIENH, voyez ENGEN.
ENGIN, voyez ENGEN.
ENGINAMEN, voyez ENGINHAMEN.
ENGINHADOR, voyez ENGINHAIRE.
ENGINHAIRE, *s. m.*, ingénieur, III, 456, I, n° 10.
ENGINHAMEN, *s. m.*, tromperie, III, 455, II, n° 8.
ENGINHAR, *v.*, machiner, III, 456, I, n° 11.
ENGINHOS, *adj.*, adroit, III, 456, I, n° 9.
ENGLAZIAR, voyez ESGLAYAR.
ENGLOTIR, *v.*, engloutir, III, 478, II, n° 9.
ENGLOTONIR, *v.*, rendre glouton, III, 478, II, n° 10.
ENGLUDAR, *v.*, engluer, III, 480, I, n° 7.
ENGLUT, *s. m.*, enduit, III, 480, I, n° 5.
ENGLUTINAR, *v.*, conglutiner, III, 480, I, n° 8.
ENGLUTIR, *v.*, engluer, III, 480, I, n° 6.
ENGOISSAR, voyez ANGOISSAR.
ENGOISSOS, voyez ANGOISSOS.
ENGOISSOZAMENS, *adv.*, avec angoisse, II, 88, II, n° 7.
ENGOLIR, *v.*, avaler, III, 481, II, n° 13.
ENGOMBRER, voyez ENCOMBRIER.
ENGONAR, voyez ANGONAR.
ENGORDIR, *v.*, engourdir, III, 485, I, n° 3.
ENGORGAR, *v.*, engorger, III, 484, II, n° 8.

ENGORJAMEN, *s. m.*, goinfrerie, III, 484, II, n° 7.
ENGORJAR, voyez ENGORGAR.
ENGOULLAR, *v.*, engloutir, III, 481, II, n° 14.
ENGOYS, *adj.*, angoisseux, II, 88, II, n° 5.
ENGOYSSAMEN, *s. m.*, angoisse, II, 88, I, n° 3.
ENGRAISSAR, *v.*, engraisser, III, 500, II, n° 9.
ENGRANAR, *v.*, engrener, III, 497, I, n° 12.
ENGRANS, *adj.*, soucieux, III, 494, I, n° 3.
ENGRAVAR, *v.*, engraver, III, 506, I, n° 5.
ENGRAYSHAMENT, *s. m.*, engrais, III, 500, II, n° 8.
ENGRAYSSAR, voyez ENGRAISSAR.
ENGRES, *adj.*, fâcheux, III, 128, I.
ENGRESTARA, *s. f.*, agression, III, 128, I, n° 2.
ENGROISSAR, *v.*, engrosser, III, 515, I, n° 13.
ENGRONDEILLAR, *v.*, gronder, III, 513, II, n° 9.
ENGROSSACIO, voyez INGROSSACIO.
ENGROSSAMEN, voyez INGROSSAMENT.
ENGRUAISSAR, voyez ENGRAISSAR.
ENGRUEISSAR, voyez ENGROISSAR.
ENGRUNAR, *v.*, égrener, III, 497, I, n° 16.
ENGUALMEN, voyez EGUALMEN.
ENGUANA, *s. f.*, tromperie, III, 126, II, n° 2.

ENGUANADOR, voyez ENGANAIRE.
ENGUANAIRE, voyez ENGANAIRE.
ENGUANAIRITZ, voyez ENGANAIRITZ.
ENGUANAR, voyez ENGANAR.
ENGUATGAR, voyez ENGATGAR.
ENGUATJAR, voyez ENGATGAR.
ENGUEN, voyez ONGUEN.
ENGUENT, voyez ONGUEN.
ENGUEYSSHA, s. f., angoisse, VI, 3, II, n° 2 bis.
ENGUEYSSHAMENT, s. m., angoisse, VI, 3, II, n° 3 bis.
ENGUEYSSHAR, v., mettre en angoisse, VI, 3, II, n° 4 bis.
ENGUILA, voyez ANGUILA.
ENHABITABLE, adj., inhabitable, III, 524, I, n° 3.
ENHARDIR, v., enhardir, II, 116, I, n° 7.
ENHONEST, adj., inconvenant, III, 537, II, n° 24.
ENIC, adj., triste, IV, 344, II, n° 18.
ENIC, voyez INIC.
ENIEURAR, v., enivrer, III, 94, II, n° 7.
ENIGMA, s. f., énigme, III, 128, II.
ENILHAR, voyez INHILAR.
ENIMIGABLAMENT, adv., irréconciliablement, II, 65, II, n° 27.
ENIURAR, voyez ENIEURAR.
ENJAN, voyez ENGAN.
ENJANAMEN, s. m., tromperie, III, 126, II, n° 3.
ENJANAR, voyez ENGANAR.
ENJOGLARIR, v., faire jongleur, III, 586, I, n° 11.

ENJONCAR, v., joncher, III, 597, I, n° 4.
ENJONCHAR, voyez ENJONCAR.
ENJONGER, v., enjoindre, III, 599, II, n° 13.
ENJUNHER, voyez ENJONGER.
ENJURIA, voyez INJURIA.
ENJURIAR, v., injurier, III, 606, I, n° 15.
ENJURIOS, adj., injurieux, III, 605, II, n° 12.
ENJURIOZ, voyez ENJURIOS.
ENJUSCAS, prép., jusques, III, 79, II, n° 2.
ENLAISSAR, voyez ENLASSAR.
ENLARDAR, v., barder de lard, IV, 23, n° 3.
ENLASSAMEN, s. m., enlacement, IV, 5, I, n° 5.
ENLASSAR, v., enlacer, IV, 5, I, n° 6.
ENLATINAT, adj., savant, IV, 26, I, n° 5.
ENLENIR, v., adoucir, IV, 45, II, n° 10.
ENLEVAR, v., enlever, IV, 65, I, n° 15.
ENLHUMENAR, voyez ENLUMENAR.
ENLIAMAR, v., attacher, IV, 74, II, n° 38.
ENLUMENAMENT, s. m., illumination, IV, 105, I, n° 10.
ENLUMENAR, v., illuminer, IV, 105, II, n° 13.
ENLUMINAMEN, voyez ENLUMENAMENT.
ENLUMINATIO, s. f., illumination, IV, 105, I, n° 9.
ENMAILLOLAR, voyez ENMALHOTAR.
ENMAILLORAR, voyez ENMALHOTAR.

ENMALEZIR, *v.*, irriter, IV, 129, I, n° 15.

ENMALHOTAR, *v.*, emmailloter, IV, 131, II, n° 5.

ENMALIGNAR, *v.*, irriter, IV, 129, I, n° 14.

ENMAYSTRIT, *adj.*, habile, IV, 118, II, n° 26.

ENMELAR, *v.*, emmieller, IV, 179, I, n° 4.

ENMERGER, *v.*, plonger, IV, 154, II, n° 14.

ENMONTAR, *v.*, monter, IV, 260, I, n° 18.

ENMURAR, *v.*, emmurer, IV, 293, I, n° 8.

ENNOVACIO, *s. f.*, innovation, IV, 339, I, n° 12.

ENOBLEZIR, *v.*, anoblir, IV, 317, II, n° 10.

ENOC, voyez ENUEG.

ENOIAR, voyez ENOJAR.

ENOIOS, voyez ENOJOS.

ENOJAR, *v.*, ennuyer, IV, 343, I, n° 13.

ENOJOS, *adj.*, ennuyeux, IV, 344, I, n° 17.

ENOLIATIO, *s. f.*, onction, IV, 365, II, n° 9.

ENOMBRAR, *v.*, obscurcir, IV, 370, I, n° 9.

ENONCTIO, *s. f.*, onction, VI, 33, I, n° 11.

ENONGLAR, *v.*, agripper, IV, 374, I, n° 2.

ENONHER, *v.*, oindre, VI, 33, I, n° 12.

ENORGOLHOSIR, *v.*, enorgueillir, IV, 385, II, n° 6.

ENORME, *adj.*, énorme, II, 90, II, n° 2.

ENPACIENCIA, voyez INPACIENCIA.

ENPAICHAR, voyez EMPAICHAR.

ENPAITAR, voyez EMPAICHAR.

ENPARAGIR, *v.*, rehausser, IV, 426, I, n° 3.

ENPARAULAR, *v.*, apprendre, IV, 422, I, n° 17.

ENPARENTAR, *v.*, apparenter, IV, 397, I, n° 26.

ENPARLAR, voyez EMPARLAR.

ENPASSAR, *v.*, faire passer, IV, 443, I, n° 10.

ENPAUBREZIR, voyez EMPAUBRIR.

ENPAUSACIO, *s. f.*, imposition, IV, 463, II, n° 12.

ENPAZAR, voyez EMPAICHAR.

ENPEGAR, voyez EMPEGAR.

ENPEGUIR, voyez EMPEGUIR.

ENPENDRE, voyez EMPENHER.

ENPENHEMEN, *s. m.*, impulsion, III, 115, I, n° 3.

ENPERFECTIO, *s. m.* (lisez *f.*), imperfection, III, 271, I, n° 56.

ENPERI, voyez EMPERI.

ENPERIAU, voyez EMPERIAL.

ENPERO, voyez EMPERO.

ENPETUOSAMEN, voyez IMPETUOSAMEN.

ENPEUT, voyez EMPEUT.

ENPEUTAR, voyez EMPELTAR.

ENPEZAR, voyez EMPEGAR.

ENPLEGADAMEN, *adv.*, implicitement, IV, 566, I, n° 32.

ENPOLVERAR, *v.*, saupoudrer, IV, 593, I, n° 10.

ENPORTAR, voyez EMPORTAR.

ENPORTU, voyez ENPORTUN.
ENPORTUN, *adj.*, importun, III, 128, II.
ENPORTUNAMEN, *adv.*, importunément, III, 128, II, n° 2.
ENPOSITION, voyez EMPOSICIO.
ENPOST, voyez EMPOST.
ENPOSTAMEN, *adv.*, adjonctivement, IV, 612, II, n° 19.
ENPOYZONAR, voyez EMPOIZONAR.
ENPOZITIO, voyez EMPOSICIO.
ENPRECIO, voyez EMPRESSIO.
ENPREGNACIO, voyez IMPREGNACIO.
ENPREGNATIU, *adj.*, fécondatif, IV, 636, II, n° 5.
ENPREINHAR, voyez EMPRENHAR.
ENPREMAR, *v.*, imprimer, IV, 623, II, n° 8.
ENPRENDEDOR, voyez ENPRENDEIRE.
ENPRENDEIRE, *s. m.*, entrepreneur, IV, 632, I, n° 29.
ENPRENDEMEN, voyez EMPRENDEMEN.
ENPRENEMEN, voyez EMPRENDEMEN.
ENPRENGNACIO, voyez IMPREGNACIO.
ENPRENRE, voyez EMPRENDRE.
ENPRESSIO, voyez EMPRESSIO.
ENPREZA, *s. f.*, entreprise, IV, 631, II, n° 26.
ENPROMETRE, voyez EMPROMETRE.
ENPROPRIAMEN, voyez IMPROPRIAMEN.
ENPUGNAR, voyez IMPUGNAR.
ENPUIAR, voyez EMPUIAR.
ENQUANT, *s. m.*, encan, V, 4, II, n° 5.
ENQUANTAR, voyez INQUANTAR.
ENQUER, voyez ANQUERA.
ENQUERA, voyez ANQUERA.
ENQUERAS, voyez ANQUERA.
ENQUEREDOR, voyez ENQUEREIRE.

ENQUEREIRE, *s. m.*, enquêteur, V, 20, II, n° 21.
ENQUEREMEN, *s. m.*, recherche, V, 20, II, n° 20.
ENQUERENCIO, *s. f.*, recherche, V, 21, I, n° 24.
ENQUERER, *v.*, enquérir, V, 20, I, n° 19.
ENQUERIDOR, voyez ENQUEREIRE.
ENQUERIR, voyez ENQUERER.
ENQUERRE, voyez ENQUERER.
ENQUESTA, *s. f.*, enquête, V, 21, I, n° 23.
ENQUISICIO, voyez INQUISICIO.
ENQUISTADOR, voyez ENQUISTAIRE.
ENQUISTAIRE, *s. m.*, enquêteur, V, 21, I, n° 22.
ENRABIAR, *v.*, enrager, V, 29, I, n° 8.
ENRADA, *s. f.*, obstacle, V, 89, I, n° 4.
ENRAIGAR, *v.*, enraciner, V, 31, II, n° 15.
ENRAMAR, *v.*, garnir de branches, V, 38, II, n° 18.
ENRAPJAR, voyez ENRABIAR.
ENRATJAR, voyez ENRABIAR.
ENRAUJAR, voyez ENRABIAR.
ENRAUMAR, *v.*, enrouer, V, 49, I, n° 10.
ENRAUMEZAR, *v.*, enrouer, V, 49, I, n° 11.
ENRAZIGAR, *v.*, enraciner, V, 31, I, n° 14.
ENRAZONAR, *v.*, raisonner, V, 55, I, n° 14.
ENREDAR, *v.*, envelopper, V, 89, I, n° 3.
ENREGEZIR, *v.*, roidir, V, 63, I, n° 8.
ENREGISTRAR, *v.*, enregistrer, III, 465, II, n° 6.

ENREQUEZIR, *v.*, enrichir, V, 96, I, n° 13.

ENREQUIR, voyez ENRIQUIR.

ENRIQUIR, *v.*, enrichir, V, 95, II, n° 12.

ENROGESIR, *v.*, rougir, V, 102, II, n° 9.

ENROGEZIR, voyez ENROGESIR.

ENROGJAR, *v.*, rougir, V, 103, I, n° 10.

ENROJEZIR, voyez ENROGESIR.

ENROSAR, *v.*, arroser, V, 113, II, n° 7.

ENROZAR, voyez ENROSAR.

ENRRIQUIR, voyez ENRIQUIR.

ENSA, *s. f.*, glaive, III, 128, II.

ENSABATAT, *s. m.*, ensabaté, V, 121, I, n° 6.

ENSAIAR, voyez ESSAIAR.

ENSAJAR, voyez ESSAIAR.

ENSANGLENTAR, *v.*, ensanglanter, V, 153, I, n° 12.

ENSANHTIR, *v.*, se sanctifier, V, 151, II, n° 13.

ENSANTIR, voyez ENSANHTIR.

ENSAYNAR, *v.*, ensanglanter, V, 153, I, n° 11.

ENSEGNA, voyez ENSEIGNA.

ENSEGNAIRE, *s. m.*, instituteur, V, 229, II, n° 24.

ENSEGNAMEN, *s. m.*, enseignement, V, 229, II, n° 23.

ENSEGRE, voyez ENSEGUIR.

ENSEGUIR, *v.*, ensuivre, V, 181, II, n° 16.

ENSEGURAR, *v.*, assurer, V, 185, II, n° 15.

ENSEIGNA, *s. f.*, marque, V, 229, I, n° 21.

ENSEIGNABLE, voyez ENSENHABLE.

ENSEIGNADOR, voyez ENSEGNAIRE.

ENSEIGNAMEN, voyez ENSEGNAMEN.

ENSEIGNAR, *v.*, enseigner, V, 230, II, n° 28.

ENSEINHAIRE, voyez ENSEGNAIRE.

ENSELAR, voyez ENSELLAR.

ENSELLAR, *v.*, enseller, V, 187, II, n° 5.

ENSEMPS, voyez ENSEMS.

ENSEMS, *adv.*, ensemble, III, 128, II.

ENSENAYRIER, *s. m.*, porte-enseigne, V, 230, I, n° 25.

ENSENHA, voyez ENSEIGNA.

ENSENHABLE, *adj.*, enseignable, V, 230, I, n° 27.

ENSENHAIRE, voyez ENSEGNAIRE.

ENSENHAIRITZ, *s. f.*, institutrice, V, 230, I, n° 26.

ENSENHAMEN, voyez ENSEGNAMEN.

ENSENHAR, voyez ENSEIGNAR.

ENSENHER, voyez ENCENHER.

ENSENHIERA, *s. f.*, enseigne, V, 229, II, n° 22.

ENSENS, voyez ENCENS.

ENSERCAR, *v.*, rechercher, II, 382, II, n° 12.

ENSERRAR, *v.*, enserrer, V, 157, II, n° 9.

ENSES, voyez ENCENS.

ENSESSAR, voyez ENCESSAR.

ENSEYNA, voyez ENSEIGNA.

ENSEYNAR, voyez ENSEIGNAR.

ENSIENMENS, *adv.*, sciemment, V, 126, I, n° 27.

ENSINUAR, voyez INSINUAR.

ENSIO, *s. f.*, intention, V, 328, II, n° 31.

ENSUPERBIR, *v.*, devenir superbe, V, 289, I, n° 3.

EN SUS, adv., en sus, V, 289, II, n° 3.
ENT, adv., en, III, 129, II.
ENTABLAR, voyez ENTAULAR.
ENTACAR, v., entacher, V, 294, I, n° 6.
ENTACHAR, voyez ENTACAR.
ENTAILLAR, voyez ENTALHAR.
ENTALANTAR, voyez ENTALENTAR.
ENTALENTAMENT, s. m., désir, V, 297, I, n° 7.
ENTALENTAR, v., être empressé, V, 297, II, n° 10.
ENTALENTIS, adj., intentionné, V, 297, II, n° 9.
ENTALENTOS, adj., désireux, V, 297, I, n° 8.
ENTALH, s. m., entaille, III, 4, II, n° 19.
ENTALHAMENT, s. m., sculpture, III, 5, I, n° 20.
ENTALHAR, v., entailler, III, 5, I, n° 21.
ENTAMENAR, v., entamer, III, 130, I.
ENTAMENS, adv., par la même raison, III, 195, II, n° 6.
ENTAULAR, v., attabler, V, 308, II, n° 6.
ENTAVERNAR, v., entaverner, V, 309, II, n° 3.
ENTAYRAIN, voyez ENTERIN.
ENTECAR, voyez ENTACAR.
ENTEGRADAMENS, adv., intégralement, III, 563, II, n° 4.
ENTEGRAMENT, adv., intégralement, III, 563, II, n° 3.
ENTEGRE, voyez INTEGRE.
ENTEIR, voyez ENTIER.
ENTEIRADAMENS, adv., entièrement, III, 564, I, n° 8.

ENTEIRAR, v., intégrer, III, 564, I, n° 9.
ENTELLECTIO, s. f., synecdoche, III, 564, II, n° 2.
ENTELLIGENCIA, voyez INTELLIGENCIA.
ENTEN, s. m., attente, V, 326, I, n° 18.
ENTENCIO, s. f., intention, V, 326, II, n° 22.
ENTENDABLAMENS, adv., intelligiblement, V, 328, I, n° 26.
ENTENDABLE, adj., intelligible, V, 327, II, n° 25.
ENTENDEDOR, voyez ENTENDEIRE.
ENTENDEIRE, s. m., entendeur, V, 327, II, n° 24.
ENTENDEMEN, voyez ENTENDEMENT.
ENTENDEMENT, s. m., entendement, V, 327, I, n° 23.
ENTENDENSA, s. f., avis, V, 326, II, n° 21.
ENTENDRE, v., entendre, V, 325, I, n° 17.
ENTENERC, adj., obscur, V, 330, I, n° 7.
ENTENSA, s. f., attente, V, 326, I, n° 19.
ENTENSAR, v., avoir intention, V, 328, I, n° 29.
ENTENSIO, voyez ENTENCIO.
ENTENSSIO, voyez ENTENCIO.
ENTENTA, s. f., attente, V, 326, I, n° 20.
ENTENTIU, adj., attentif, V, 328, I, n° 27.
ENTERADOR, voyez ENTERAIRE.
ENTERAIRE, s. m., fossoyeur, V, 353, II, n° 17.
ENTERIN, adj., entier, III, 564, II, n° 10.

ENT ENT

ENTERPOSITIU, *adj.*, interpositif, IV, 615, II, n° 50.

ENTERPOZITIO, voyez INTERPOZICIO.

ENTERPRETACIO, voyez INTERPRETACIO.

ENTERPRETADOR, voyez ENTERPRETAIRE.

ENTERPRETAIRE, *s. m.*, interprète, III, 566, I, n° 4.

ENTERPRETAMEN, *s. m.*, interprétation, III, 565, II, n° 3.

ENTERPRETAR, voyez INTERPRETAR.

ENTERRAR, *v.*, enterrer, V, 353, II, n° 16.

ENTERRINAMEN, *s. m.*, entérinement, III, 564, II, n° 11.

ENTERROGACIO, voyez INTERROGATIO.

ENTERROGAR, voyez INTERROGAR.

ENTERROGATIO, voyez INTERROGATIO.

ENTERROGATIU, *adj.*, interrogatif, V, 104, I, n° 4.

ENTERUSCLE, *s. m.*, zeste, III, 130, I.

ENTERVAR, *v.*, interroger, V, 104, II, n° 7.

ENTERVENIR, voyez INTERVENIR.

ENTESAR, *v.*, tendre, V, 328, I, n° 28.

ENTESTAR, *v.*, entêter, V, 356, II, n° 8.

ENTESTINAL, *adj.*, intestinal, III, 569, I, n° 20.

ENTEZAR, voyez ENTESAR.

ENTIEIRAMEN, voyez ENTIERAMEN.

ENTIEIRAMENS, voyez ENTIERAMEN.

ENTIER, *adj.*, entier, III, 563, II, n° 6.

ENTIERAMEN, *adv.*, entièrement, III, 564, I, n° 7.

ENTIEYR, voyez ENTIER.

ENTITAT, *s. f.*, entité, III, 195, II, n° 5.

ENTITOLAR, *v.*, intituler, V, 366, I, n° 3.

ENTITULAR, voyez ENTITOLAR.

ENTOMAR, *v.*, sodomiser, III, 130, I.

ENTONAR, *v.*, entonner, V, 372, II, n° 2.

ENTOR, voyez ENTORN.

ENTORN, *s. m.*, entour, V, 379, I, n° 14.

ENTORSEZIR, *v.*, tordre, V, 385, I, n° 22.

ENTORSSEZIR, voyez ENTORSEZIR.

ENTOXIGUAR, voyez ENTOYSSEGAR.

ENTOYSSEGAR, *v.*, empoisonner, V, 439, I, n° 3.

ENTRACOR, *s. m.*, convention réciproque, II, 482, I, n° 14.

ENTRAMAR, *v.*, entr'aimer, II, 67, II, n° 40.

ENTRAMB, *adj. num. pl.*, tous deux, II, 71, I, n° 2.

ENTRAR, voyez INTRAR.

ENTRASGITAR, *v.*, entremêler, III, 471, II, n° 16.

ENTRAVAR, *v.*, entraver, V, 408, II, n° 4.

ENTRAVERSADAMENS, *adv.*, transversalement, V, 526, I, n° 61.

ENTRE, *prép.*, entre, III, 130, I.

ENTREBALHAR, *v.*, bondir autour, II, 174, II, n° 6.

ENTREBESCAR, voyez ENTREBRESCAR.

ENTREBESQUILL, *s. m.*, brouillon, II, 256, I, n° 4.

ENTREBRESCAR, *v.*, embarrasser, II, 256, I, n° 5.

ENTRECAPIADAMENS, *adv.*, par des malheurs réciproques, II, 276, II, n° 31.

ENTRECAUSSAMEN, *s. m.*, entre-pourchas, II, 351, II, n° 9.

v.

31

ENTRECELAR, *v.*, avertir, II, 373, I,
= n° 11.
ENTRECELI, *adj.*, sournois, II, 373, I,
n° 12.
ENTRECILH, *s. m.*, entre-cil, II, 395,
II, n° 5.
ENTRECIM, voyez ENTRECIMS.
ENTRECIMAMEN, *s. m.*, entrelacement,
II, 396, I, n° 5.
ENTRECIMAR, voyez TRESSIMAR.
ENTRECIMS (lisez ENTRECIM), *s. m.*,
sommet, II, 396, I, n° 4.
ENTREDICH, *s. m.*, interdit, III, 56, I,
n° 23.
ENTREDIRE, *v.*, interdire, III, 56, I,
n° 22.
ENTREDORMIR, *v.*, sommeiller, III, 75,
I, n° 11.
ENTREFERIR, *v.*, entre-frapper, III, 311,
I, n° 6.
ENTREFERRIR, voyez ENTREFERIR.
ENTREFORCAR, *v.*, fourcher, III, 364,
I, n° 11.
ENTREGAMEN, *s. m.*, trêve, V, 410, I,
n° 4.
ENTREGAR, *v.*, avoir trêve, V, 410, I,
n° 3.
ENTREGELAR, *v.*, entre-geler, III, 452,
I, n° 6.
ENTREGUAR, voyez ENTREGAR.
ENTREILLAR, *v.*, s'étendre comme la
treille, V, 414, I, n° 4.
ENTRELAISSAMENT, *s. m.*, interruption,
IV, 14, I, n° 6.
ENTRELAISSAR, *v.*, interrompre, IV, 14,
I, n° 5.
ENTRELHAR, voyez ENTREILLAR.

ENTRELIAR, *v.*, entrelacer, IV, 74, I,
n° 34.
ENTREMECH, *adj.*, mitoyen, IV, 178, II,
n° 21.
ENTREMESCLADAMEN, *adv.*, confusément, IV, 217, II, n° 19.
ENTREMESCLAMENT, *s. m.*, mélange, IV,
217, II, n° 18.
ENTREMESCLAR, *v.*, entremêler, IV, 217,
II, n° 17.
ENTREMETRE, *v.*, entremettre, IV, 226,
I, n° 19.
ENTRENAN, voyez ANTRENANT.
ENTRENAR, *v.*, entrelacer, V, 415, II,
n° 2.
ENTRENCAMEN, *s. m.*, bris, V, 417, II,
n° 11.
ENTRENCAR, *v.*, briser, V, 417, II, n° 10.
ENTREPAUSAR, *v.*, interposer, IV, 465, I,
n° 24.
ENTREPAUZAR, voyez ENTREPAUSAR.
ENTREPRENDRE, *v.*, entreprendre, IV,
632, I, n° 30.
ENTREPRENEN, *adj.*, entreprenant, IV,
632, II, n° 31.
ENTREQUITAR, *v.*, entre-quitter, V, 24,
I, n° 16.
ENTREROMPRE, *v.*, entre-diviser, V, 111,
II, n° 20.
ENTRESCA, *s. f.*, composition, V, 418,
II, n° 4.
ENTRESEIGNA, *s. f.*, signe, V, 231, I,
n° 33.
ENTRESEING, voyez ENTRESENH.
ENTRESEINH, voyez ENTRESENH.
ENTRESENH, *s. m.*, signe, V, 231, I,
n° 32.

ENTRESENHA, voyez ENTRESEIGNA.

ENTRESOSPIR, *s. m.*, sanglot, III, 178, I, n° 28.

ENTRESSENHA, voyez ENTRESEIGNA.

ENTRESSENHER, *v.*, enceindre, II, 377, I, n° 10.

ENTRESZAR, *v.*, entrelacer, V, 419, I, n° 5.

ENTRETALHAR, *v.*, entailler, III, 5, II, n° 24.

ENTRETENIR, *v.*, tenir l'un à l'autre, V, 343, I, n° 75.

ENTREUGAR, voyez ENTREGAR.

ENTREVAL, *s. m.*, intervalle, III, 130, II.

ENTREVAR, voyez ENTERVAR.

ENTREVENIR, voyez INTERVENIR.

ENTRICAMEN, *s. m.*, enjambement, V, 425, I, n° 9.

ENTRICAR, *v.*, enjamber, V, 424, II, n° 8.

ENTRISTEZIR, *v.*, attrister, V, 427, I, n° 6.

ENTRO, *prép.*, jusque, V, 427, II, n° 2.

ENTROBLIDAR, *v.*, oublier intérieurement, IV, 355, I, n° 9.

ENTROBLIR, *v.*, troubler, V, 441, I, n° 14.

ENTRODUCTIO, *s. f.*, introduction, III, 84, II, n° 22.

ENTRODUIRE, *v.*, introduire, III, 84, II, n° 21.

ENTRODUYRE, voyez ENTRODUIRE.

ENTROMES, *s. m.*, sonde, IV, 227, I, n° 23.

ENTROMETRE, *v.*, introduire, IV, 226, II, n° 22.

ENTRUBRIR, *v.*, entr'ouvrir, II, 104, I, n° 10.

ENTRUEIL, *s. m.*, entr'œil, IV, 367, II, n° 4.

ENTRUEILL, voyez ENTRUEIL.

ENTUYSEGAR, voyez ENTOYSSEGAR.

ENUBRIAR, voyez ENEBRIAR.

ENUEG, *s. m.*, ennui, IV, 343, II, n° 15.

ENUEIA, voyez ENUEJA.

ENUEIAR, voyez ENOJAR.

ENUEIT, voyez ENUEG.

ENUEJA, *s. f.*, ennui, IV, 343, II, n° 14.

ENUEJAR, voyez ENOJAR.

ENUET, voyez ENUEG.

ENUEY, voyez ENUEG.

ENUEYOS, voyez ENOJOS.

ENUIAMENT, voyez ENUJAMENT.

ENUIAR, voyez ENOJAR.

ENUIOS, voyez ENOJOS.

ENUIT, voyez ENUEG.

ENUJAMENT, *s. m.*, ennui, IV, 344, I, n° 16.

ENUJAR, voyez ENOJAR.

ENUJOS, voyez ENOJOS.

ENUJOZ, voyez ENOJOS.

ENULA, *s. f.*, aunée, III, 130, II.

ENUNCTIO, voyez ENONCTIO.

ENUOI, voyez ENUEG.

ENUT, voyez ENUEG.

ENVAIDA, *s. f.*, attaque, V, 472, II, n° 5.

ENVAIDOR, *s. m.*, assaillant, V, 472, II, n° 4.

ENVAIR, voyez ENVAZIR.

ENVANEZIR, *v.*, disparaître, V, 467, II, n° 14.

ENVANOIR, voyez ENVANEZIR.

ENVASIMEN, voyez ENVAZIMENT.

ENVAZIDOR, voyez ENVAIDOR.

ENVAZIMEN, voyez ENVAZIMENT.
ENVAZIMENT, *s. m.*, envahissement, V, 473, 1, n° 6.
ENVAZIO, *s. f.*, invasion, V, 473, 1, n° 7.
ENVAZIR, *v.*, envahir, V, 472, II, n° 3.
ENVEIA, *s. f.*, envie, III, 131, I.
ENVEIADOR, *s. m.*, soupirant, III, 131, II, n° 3.
ENVEIAIRE, voyez ENVEIADOR.
ENVEIAR, *v.*, envier, III, 131, II, n° 4.
ENVEILLIR, voyez ENVILIR.
ENVEIOS, *adj.*, envieux, III, 131, I, n° 2.
ENVELHEZIR, *v.*, vieillir, V, 479, I, n° 9.
ENVELLEZIR, voyez ENVELHEZIR.
ENVELOPAR, *v.*, envelopper, V, 566, II, n° 2.
ENVELOPPAR, voyez ENVELOPAR.
ENVELZIR, *v.*, avilir, V, 546, I, n° 16.
ENVERGONHAR, voyez ESVERGONHAR.
ENVERGONHEZIR, voyez ENVERGONHIR.
ENVERGONHIR, *v.*, vergogner, V, 509, II, n° 11.
ENVERINAR, *v.*, envenimer, V, 505, II, n° 7.
ENVERS, *adj.*, renversé, V, 522, I, n° 39.
ENVERSAR, *v.*, renverser, V, 522, II, n° 40.
ENVES, *prép.*, vers, V, 517, I, n° 4.
ENVESAR, voyez ENVEZAR.
ENVESCAR, voyez INVISCAR.
ENVESIBLE, voyez INVIZIBLE.
ENVESTIGUAR, voyez INVESTIGUAR.
ENVESTIR, *v.*, investir, V, 529, II, n° 8.

ENVEYA, voyez ENVEIA.
ENVEYAR, voyez ENVEIAR.
ENVEYOS, voyez ENVEIOS.
ENVEYRIAT, *adj.*, de verre, V, 477, II, n° 10.
ENVEZADAMEN, *adv.*, gaiement, III, 131, II, n° 2.
ENVEZADAMENS, voyez ENVEZADAMEN.
ENVEZADURA, *s. f.*, joie, III, 132, I, n° 3.
ENVEZAR, *v.*, réjouir, III, 131, II.
ENVEZOS, voyez ENVEIOS.
ENVIAR, *v.*, envoyer, V, 541, II, 11.
ENVIAR, voyez ENVIDAR.
ENVIDAR, *v.*, inviter, II, 472, II, n° 4.
ENVIDAR, *v.*, renvier, III, 132, I.
ENVIELHIZIR, voyez ENVELHEZIR.
ENVILANIR, *v.*, avilir, V, 548, I, n° 15.
ENVILEZIR, voyez ENVELZIR.
ENVILIR, *v.*, avilir, V, 546, I, n° 17.
ENVILIZIR, voyez ENVELZIR.
ENVINAGRAR, *v.*, mêler de vinaigre, V, 549, II, n° 13.
ENVIOS, voyez ENVEIOS.
ENVIRO, voyez ENVIRON.
ENVIRON, *adv.*, environ, V, 551, I, n° 2.
ENVIRONAR, *v.*, environner, V, 551, II, n° 5.
ENVIS (A), *adv. comp.*, malgré soi, III, 132, I.
ENVIT, *s. m.*, invitation, II, 472, II, n° 5.
ENVOCATION, voyez INVOCACIO.
ENVOCATIU, *adj.*, invocatif, V, 576, I, n° 15.

ENVOLAR, *v.*, dérober, V, 565, II, n° 10.
ENVOLONTOS, *adj.*, résolu, V, 564, I, n° 16.
ENVOLOPAMEN, voyez ENVOLOPAMENT.
ENVOLOPAMENT, *s. m.*, enveloppement, V, 566, II, n° 3.
ENVOLOPAR, voyez ENVELOPAR.
ENVOLUCIO, *s. f.*, enveloppe, V, 570, I, n° 9.
ENVOLUPPAR, voyez ENVELOPAR.
ENVOLVER, *v.*, entourer, V, 570, I, n° 8.
EPACTA, *s. f.*, épacte, III, 132, I.
EPATIC, *adj.*, hépatique, III, 132, II.
EPEDEMIA, voyez EPIDIMIA.
EPENTHEZIS, *s. f.*, épenthèze, III, 132, II.
EPICICLE, *s. m.*, épicycle, II, 394, II, n° 2.
EPICTAFI, *s. m.*, épitaphe, III, 132, II.
EPICURIEU, *s. m.*, épicurien, III, 132, II.
EPICYCLE, voyez EPICICLE.
EPIDIMIA, *s. f.*, épidémie, III, 132, II.
EPIFANIA, *s. f.*, épiphanie, III, 133, I.
EPIGLOS, *s. m.*, épiglotte, III, 133, I.
EPILECTIC, *adj.*, épileptique, III, 133, I, n° 3.
EPILECTIU, *adj.*, épileptique (lisez EPILENTIA, *s. f.*, épilepsie), III, 133, I, n° 2. Voyez EPILEPCIA.
EPILEMCIA, voyez EPILEPCIA.
EPILEMTIC, voyez EPILECTIC.
EPILENCIA, voyez EPILEPCIA.
EPILENTIC, voyez EPILECTIC.
EPILENTIU, voyez EPILECTIU.
EPILEPCIA, *s. f.*, épilepsie, III, 133, I.
EPILOGUS, *s. m.*, épilogue, IV, 100, II, n° 14.

EPIPHANIA, voyez EPIFANIA.
EPISCOPAL, *adj.*, épiscopal, III, 238, I, n° 6.
EPISTOLAR, *adj.*, épistolaire, III, 133, II.
EPITHIMI, *s. m.*, épithyme, V, 361, I, n° 2.
EPS, voyez EIS.
EPSA, voyez EISSA.
EPSAMEN, voyez EISSAMEN.
EPSAMENT, voyez EISSAMEN.
EPYDIOCEZIS, *s. f.*, épidiocèse, III, 133, II.
EPYMONE, *s. f.*, épimone, III, 133, II.
EPYNALENSIS, *s. f.*, épanalepse, III, 134, I.
EPYNALIMPHA, *s. f.*, synalèphe, III, 134, I.
EPYTHETON, *s. f.*, épithète, III, 134, I.
EPYZEUZIS, *s. f.*, épizeuxis, III, 134, I.
EQUACIO, voyez EQUATIO.
EQUAR, voyez EGUAR.
EQUATIO, *s. f.*, égalisation, III, 135, I, n° 5.
EQUIDISTANT, *adj.*, équidistant, III, 210, II, n° 51.
EQUINOCCI, *s. m.*, équinoxe, IV, 319, I, n° 13.
EQUINOCCIAL, *adj.*, équinoxial, IV, 319, II, n° 14.
EQUINOXIAL, voyez EQUINOCCIAL.
EQUIPOLENT, voyez EQUIPOLLEN.
EQUIPOLLEN, *adj.*, équipollent, III, 137, I, n° 21.
EQUIPOLLENT, voyez EQUIPOLLEN.
EQUITAT, *s. f.*, équité, III, 134, II.

EQUIVALENT, *adj.*, équivalent, III, 137, I, n° 22.
EQUIVOC, *adj.*, équivoque, V, 576, I, n° 16.
EQUIVOCATIO, *s. f.*, équivoque, V, 576, I, n° 17.
ER, *adv.*, maintenant, III, 539, II, n° 5.
ER, voyez HER.
ERA, voyez ER.
ERADICACIO, *s. f.*, déracinement, V, 31, II, n° 17.
ERADICAR, *v.*, déraciner, V, 31, II, n° 18.
ERAM, voyez ARAM.
ERAN, voyez ARAM.
ERANHA, voyez ARANHA.
ERAS, voyez ER.
ERATIC, voyez ERRATIC.
ERBA, voyez HERBA.
ERBARIA, *s. f.*, herberie, III, 529, II, n° 3.
ERBATGE, *s. m.*, herbage, III, 529, II, n° 2.
ERBOS, *adj.*, herbeux, III, 529, II, n° 4.
ERBUT, *adj.*, herbu, III, 530, I, n° 5.
ERDRE, *v.*, hausser, III, 137, I.
EREBIR, voyez EREBRE.
EREBRE, *v.*, arracher, III, 138, I.
ERETAMEN, voyez HERETAMEN.
ERETGE, voyez HERETGE.
ERETGIA, voyez HEREGIA.
ERETIER, voyez HERETIER.
ERGADA, *s. f.*, compagnie, III, 138, I.
ERGOLHOZIR, voyez ORGOLHOZIR.
ERGUELH, voyez ORGUELH.
ERGUELHAR, voyez ORGUELHAR.
ERGUELHOS, voyez ORGUELHOS.

ERGUIR, *s. m.*, dépouille du serpent, III, 138, I.
ERGULHOS, voyez ORGUELHOS.
ERGULHOZAMENT, voyez ORGULHOSAMENT.
ERIGIR, *v.*, ériger, V, 64, II, n° 7.
ERISIPILA, *s. f.*, érysipèle, III, 138, I.
ERISSAR, *v.*, hérisser, III, 138, II, n° 3.
ERISSO, *s. m.*, hérisson, III, 138, II.
ERM, *adj.*, désert, III, 139, I.
ERMAGE, *s. m.*, désert, III, 139, I, n° 2.
ERMANEZIR, *v.*, déserter, III, 139, II, n° 4.
ERMI, voyez HERMINI.
ERMINI, voyez HERMINI.
ERMITA, *s. m.*, ermite, III, 139, II, n° 5.
ERMITATGE, *s. m.*, ermitage, III, 139, II, n° 6.
ERRADA, *s. f.*, erreur, III, 140, II, n° 6.
ERRADIQUAR, voyez ERADICAR.
ERRAMEN, *s. m.*, errement, III, 140, II, n° 7.
ERRANSA, *s. f.*, erreur, III, 140, II, n° 5.
ERRAR, *v.*, errer, III, 140, I.
ERRATIC, *adj.*, errant, III, 140, I, n° 2.
ERRO, *adj.*, vagabond, III, 140, I, n° 3.
ERROR, *s. f.*, erreur, III, 140, I, n° 4.
ERRS, *s. f.*, ers, III, 141, I.
ERUCA, *s. f.*, chenille, II, 526, II, n° 2, et III, 141, I.
ERUCA, *s. f.*, roquette, III, 141, I.
ERUCTUACIO, *s. f.*, éructation, III, 141, I.

ESC   ESC

ERUGA, voyez ERUCA.
ERUGE, voyez ERUCA.
ERUGINAR, v., jaunir, III, 141, II.
ERUGINOS, adj., verdâtre, III, 141, II, n° 2.
ERUGINOZ, voyez ERUGINOS.
ERUGUA, s. f., sangsue, III, 141, II, n° 3.
ESACAR, v., ensacher, V, 130, II, n° 6.
ESALSAR, v., élever, II, 60, II, n° 15.
ESBADAR, v., bâiller, II, 167, II, n° 15.
ESBAIR, v., ébahir, III, 141, II.
ESBALAUZIR, v., abasourdir, II, 175, II, n° 2.
ESBALDIR, v., réjouir, II, 202, I, n° 5.
ESBARALLA, s. f., querelle, II, 182, II, n° 8.
ESBATRE, v., ébattre, II, 200, I, n° 26.
ESBAUDEIAR, v., réjouir, II, 202, II, n° 7.
ESBAUDEJAR, voyez ESBAUDEIAR.
ESBAUDIMEN, s. m., gaieté, II, 202, I, n° 6.
ESBAUDIR, voyez ESBALDIR.
ESBAYR, voyez ESBAIR.
ESBEURE, v., boire, II, 218, II, n° 14.
ESBLASMAR, voyez ENBLASMAR.
ESBRANCAR, v., ébrancher, II, 250, I, n° 8.
ESBRAZAR, v., embraser, II, 252, II, n° 13.
ESBRONDAR, v., émonder, II, 263, II, n° 3.
ESBRUNIR, v., rendre sombre, II, 267, I, n° 6.
ESBUERNAR, v., obscurcir, II, 269, I, n° 2.
ESBULIR, v., échauffer, II, 271, I, n° 6.
ESC, s. m., aliment, III, 141, II.

ESCA, s. m. (lisez f.), amorce, III, 142, I, n° 3.
ESCABEL, s. m., escabeau, III, 142, I.
ESCABELHAR, v., écheveler, VI, 7, II, n° 43 bis.
ESCABESCEIRA, s. f., chevet, II, 319, II, n° 7.
ESCABESSAR, v., décapiter, II, 320, I, n° 16.
ESCAC, s. m., jeu des échecs, III, 142, II.
ESCAC, s. m., tache, III, 143, II, n° 3.
ESCACAT, adj., tacheté, III, 143, II, n° 4.
ESCAFIT, adj., potelé, III, 143, II.
ESCAG, s. m., surplus, III, 143, II.
ESCAIMEL, s. m., escabeau, III, 142, II, n° 2.
ESCAIRAR, voyez ESQUAYRAR.
ESCAIRE, s. m., équerre, V, 11, II, n° 47.
ESCAISSE, voyez ESCAISSES.
ESCAISSES (lisez ESCAISSE), s. m., moquerie, III, 190, II.
ESCALA, s. f., échelle, III, 143, II.
ESCALAMENT, s. m., escalade, III, 144, II, n° 4.
ESCALAR, v., escalader, III, 144, II, n° 5.
ESCALFAMEN, voyez ESCALFAMENT.
ESCALFAMENT, s. m., échauffement, II, 291, I, n° 18.
ESCALFAR, v., échauffer, II, 291, II, n° 19.
ESCALGAYT, voyez SCALGAYT.
ESCALIAR, voyez ESCALAR.
ESCALIER, s. m., escalier, III, 144, I, n° 3.

ESCALO, *s. m.*, échelon, III, 144, I, n° 2.
ESCALON, voyez ESCALO.
ESCALSIZO, *s. f.*, sauce, II, 292, I, n° 24.
ESCALVINAR, *v.*, rendre chauve, II, 297, II, n° 5.
ESCAMAL, *adj.*, squammeux, III, 145, I.
ESCAMBI, voyez ESCAMBIS.
ESCAMBIAMEN, *s. m.*, échange, II, 300, I, n° 11.
ESCAMBIAR, *v.*, échanger, II, 299, II, n° 7.
ESCAMBIS (lisez ESCAMBI), *s. m.*, échange, II, 300, I, n° 10.
ESCAMONEA, *s. f.*, scammonée, III, 145, I.
ESCAMPADAMEN, *adv.*, éparsement, II, 304, II, n° 12.
ESCAMPADAMENS, voyez ESCAMPADAMEN.
ESCAMPADOR, voyez ESCAMPAIRE.
ESCAMPAIRE, *s. m.*, dissipateur, II, 304, II, n° 10.
ESCAMPAMENT, *s. m.*, effusion, II, 304, II, n° 9.
ESCAMPAR, *v.*, répandre, II, 304, II, n° 11.
ESCANCELAR, *v.*, détruire, II, 308, II, n° 2.
ESCANCELLAR, voyez ESCANCELAR.
ESCANDALH, voyez ESCANDALL.
ESCANDALHAR, voyez ESCANDELHAR.
ESCANDALISAR, voyez ESCANDALIZAR.
ESCANDALIZAR, *v.*, scandaliser, III, 145, II, n° 3.
ESCANDALL, *s. m.*, mesure, III, 145, II, n° 2.
ESCANDELHAR, *v.*, mesurer, III, 145, II.

ESCANDIR, voyez ESCANTIR.
ESCANDOL, *s. m.*, scandale, III, 145, II.
ESCANDRE, voyez ESCANDRES.
ESCANDRES (lisez ESCANDRE), *s. m.*, esclandre, III, 145, II, n° 2.
ESCANH, *s. m.*, escabeau, III, 142, II, n° 3.
ESCANJAR, voyez ESCAMBIAR.
ESCANTELAR, *v.*, ébranler, II, 316, II, n° 5.
ESCANTIMENT, *s. m.*, extinction, III, 146, II, n° 2.
ESCANTIR, *v.*, éteindre, II, 312, II, n° 10, et III, 146, I.
ESCAPAR, *v.*, échapper, II, 305, I, n° 13.
ESCAPOLARI, *s. m.*, scapulaire, III, 146, II.
ESCAPSAR, *v.*, décapiter, II, 320, I, n° 15.
ESCAQUIER, *s. m.*, échiquier, III, 143, I, n° 2.
ESCAR, *v.*, manger, III, II, n° 2.
ESCARAR, *v.*, orner, III, 146, 2.
ESCARAVAI, voyez ESCARAVAIS.
ESCARAVAIS (lisez ESCARAVAI), *s. m.*, scarabée, III, 146, II.
ESCARAVAT, voyez ESCARAVAIS.
ESCARCELLA, *s. f.*, escarcelle, III, 149, II, n° 7.
ESCARCHAR, *v.*, déchirer, III, 147, I.
ESCARGAR, *v.*, décharger, II, 336, II, n° 10.
ESCARGUAR, voyez ESCARGAR.
ESCARIDA, *s. f.*, destinée, II, 345, II, n° 11, et III, 147, II.
ESCARIER, voyez ESQUERRIER.

ESC   ESC

ESCARIFICATIO, *s. f.*, scarification, III, 147, I.

ESCARIR, *v.*, enseigner, III, 147, I.

ESCARJAR, voyez ESCARGAR.

ESCARLAT, *s. f.*, écarlate, III, 148, I.

ESCARLATA (*s. f.*), voyez ESCARLAT.

ESCARMUSSA, *s. f.*, escarmouche, III, 148, I.

ESCARNAR, *v.*, décharner, II, 342, I, n° 27.

ESCARNIDOR, voyez ESCARNIERS.

ESCARNIER, voyez ESCARNIERS.

ESCARNIERS (lisez ESCARNIER), *s. m.*, moqueur, III, 190, I, n° 5.

ESCARNIMENT, *s. m.*, injure, III, 190, I, n° 3.

ESCARNIR, *v.*, berner, III, 190, I, n° 6.

ESCARPA, *s. f.*, carpe, III, 148, I.

ESCARPIR, voyez ESCHARPIR.

ESCARS, *adj.*, avare, III, 148, I.

ESCARSEDAT, voyez ESCARSETAT.

ESCARSETAT, *s. f.*, mesquinerie, III, 149, I, n° 4.

ESCART, *adj.*, tenace, III, 149, II.

ESCARTELAR, voyez ESQUARTELAR.

ESCAS, voyez ESCARS.

ESCASAN, *adj.*, estropié, III, 149, II.

ESCASEZA, *s. f.*, avarice, III, 149, I, n° 5.

ESCASIER, voyez ESCASSIER.

ESCASSAMEN, *adv.*, chichement, III, 148, II, n° 2.

ESCASSAMENT, voyez ESCASSAMEN.

ESCASSEDAT, voyez ESCARSETAT.

ESCASSELIER, *s. m.*, faiseur d'échasses, III, 150, I, n° 3.

ESCASSIER, *s. m.*, estropié, III, 149, II, n° 2.

ESCAT, voyez ESCAC.

ESCATA, *s. f.*, écaille, III, 145, I, n° 3.

ESCATA, *s. f.*, race, III, 150, I.

ESCATOS, *adj.*, écailleux, III, 145, I, n° 4.

ESCATOZ, voyez ESCATOS.

ESCAUDADURA, *s. f.*, échaudure, II, 291, II, n° 20.

ESCAUDAR, *v.*, échauffer, II, 291, II, n° 21.

ESCAUSIR, voyez ESCAUZIR.

ESCAUZIR, *v.*, remarquer, II, 363, II, n° 6.

ESCAVALCHAR, *v.*, chevaucher, II, 369, I, n° 15.

ESCAVIA, *s. f.*, gale, III, 146, I.

ESCAYRE, voyez ESCAIRE.

ESCAYSSAR, *v.*, rompre la mâchoire, II, 287, II, n° 5.

ESCAZECHA, *s. f.*, chevance, II, 345, II, n° 10.

ESCAZENZA, *s. f.*, chance, II, 345, II, n° 9.

ESCAZER, voyez ESCHAZER.

ESCAZUTA, *s. f.*, chute (*lisez* aubaine), II, 345, II, n° 12.

ESCERCAR, voyez ENSERCAR.

ESCHANTIR, voyez ESCANTIR.

ESCHARIDA, voyez ESCARIDA.

ESCHARIR, voyez ESCARIR.

ESCHARPIR, *v.*, écharper, III, 150, I.

ESCHAZENZA, voyez ESCAZENZA.

ESCHAZER, *v.*, échoir, II, 346, 1, n° 13.
ESCHIMI, voyez ESSHIMI.
ESCHIULAR, voyez ESHIULAR.
ESCHIVAR, voyez ESQUIVAR.
ESCIEN, *s. m.*, escient, V, 125, II, n° 25.
ESCIENTOS, *adj.*, consciencieux, V, 126, I, n° 26.
ESCIRIOL, voyez ESQUIROL.
ESCLAIRAMEN, *s. m.*, éclaircissement, II, 404, II, n° 12.
ESCLAIRAR, *v.*, éclairer, II, 404, II, n° 13.
ESCLARCIR, voyez ESCLARZIR.
ESCLARZEZIR, voyez ESCLARZIR.
ESCLARZIMEN, voyez ESCLARZIMENT.
ESCLARZIMENT, *s. m.*, netteté, II, 404, I, n° 10.
ESCLARZIR, *v.*, éclaircir, II, 404, I, n° 11.
ESCLATA, *s. f.*, lignée, II, 132, II, n° 5.
ESCLATAR, *v.*, éclater, II, 132, II, n° 4.
ESCLAU, *s. m.*, trace, III, 150, I.
ESCLAU, *s. m.*, esclave, III, 151, I.
ESCLAURE, *v.*, exclure, II, 411, II, n° 40.
ESCLAVA, *s. f.*, femme esclave, III, 151, I, n° 2.
ESCLAVAR, *v.*, enfermer, II, 408, I, n° 8.
ESCLAVAR, *v.*, rendre esclave, III, 151, I, n° 3.
ESCLAVINA, *s. f.*, sarrau, III, 151, I.
ESCLAYRAR, voyez ESCLAIRAR.

ESCLIPSE, voyez ESCLIPSES.
ESCLIPSES (lisez ESCLIPSE), voyez CLIPSE.
ESCLURE, voyez ESCLAURE.
ESCOBA, *s. f.*, balai, III, 151, II.
ESCOBAR, *v.*, balayer, III, 151, II, n° 5.
ESCOBILH, *s. m.*, balayure, III, 151, II, n° 2.
ESCOBILHA, *s. f.*, balayure, III, 151, II, n° 3.
ESCOBOLIER, *s. m.*, balayeur, III, 151, II, n° 4.
ESCOFELLAR, *v.*, écosser, III, 152, I.
ESCOFENAR, voyez ESCOFELLAR.
ESCOFIR, *v.*, escoffier, III, 277, II, n° 103.
ESCOGOSSAR, *v.*, cocufier, II, 432, II, n° 7.
ESCOILL, *s. m.*, accueil, VI, 11, I, n° 11 *bis*.
ESCOISCHENDRE, voyez ESCOISSENDRE.
ESCOISSENDRE, *v.*, déchirer, III, 152, I.
ESCOLA, *s. f.*, école, III, 152, II.
ESCOLA, voyez ESCOLAN.
ESCOLAN, *s. m.*, écolier, VI, 15, II, n° 3.
ESCOLAR, *v.*, décolleter, II, 437, I, n° 9.
ESCOLAR, *s. m.*, écolier, III, 152, II, n° 2.
ESCOLASTIC, *adj.*, scolastique, VI, 16, I, n° 5.
ESCOLATAR, *v.*, décolleter, II, 437, I, n° 10.
ESCOLHAR, *v.*, ôter les testicules, VI, 11, I, n° 5.
ESCOLIER, *s. m.*, écolier, VI, 15, II, n° 4.

ESC   **ESC**

ESCOLORIABLE, voyez ESCOLORIABLES.
ESCOLORIABLES (lisez ESCOLORIABLE), *adj.*, glissant, II, 437, II, n° 6.
ESCOLORIAR, *v.*, glisser, II, 437, II, n° 5.
ESCOLORIR, *v.*, décolorer, II, 441, II, n° 12.
ESCOMBATRE, *v.*, dompter, II, 199, II, n° 22.
ESCOMENGAR, voyez ESCOMENIAR.
ESCOMENIAR, *v.*, excommunier, IV, 291, II, n° 20.
ESCOMERGAMENT, voyez ESCUMERGAMEN.
ESCOMETRE, *v.*, défier, IV, 225, I, n° 14.
ESCOMINIO, *s. f.*, excommunication, IV, 291, I, n° 16.
ESCOMOCIO, *s. f.*, commotion, IV, 279, I, n° 16.
ESCOMOVEMEN, *s. m.*, émotion, IV, 279, I, n° 17.
ESCOMOVER, *v.*, émouvoir, IV, 279, I, n° 15.
ESCOMOVRE, voyez ESCOMOVER.
ESCOMPRENDRE, *v.*, embraser, IV, 630, II, n° 24.
ESCOMUNIAR, voyez ESCOMENIAR.
ESCON, *s. m.*, huche, III, 154, I, n° 3.
ESCONA, *s. f.*, pique, III, 152, II.
ESCONDIDAMENS, voyez ESCONDUDAMEN.
ESCONDIDAMENT, voyez ESCONDUDAMEN.
ESCONDIG, *s. m.*, excuse, III, 153, I, n° 2.
ESCONDIR, *v.*, excuser, III, 152, II.
ESCONDIRE, voyez ESCONDIR.
ESCONDIT, voyez ESCONDIG.
ESCONDRE, *v.*, cacher, III, 153, II.

ESCONDUDAMEN, *adv.*, secrètement, III, 153, II, n° 2.
ESCONJURAR, *v.*, conjurer, III, 603, I, n° 13.
ESCONPRENDRE, voyez ESCOMPRENDRE.
ESCONTENTAR, *v.*, réjouir, II, 467, I, n° 2.
ESCOP, *s. m.*, crachat, III, 155, I, n° 2.
ESCOPAR, voyez ESCOBAR.
ESCOPHIMENT, *s. m.*, défaite, III, 277, II, n° 104.
ESCOPILHOS, *adj.*, cracheur, III, 155, I, n° 4.
ESCOPIMEN, *s. m.*, crachat, III, 155, I, n° 3.
ESCOPIR, *v.*, cracher, III, 154, II.
ESCORAILLAR, voyez DESCORALLAR.
ESCOREMENT, voyez ESCORREMENT.
ESCORGAR, voyez ESCORJAR.
ESCORIADURA, *s. f.*, excoriation, II, 529, I, n° 21.
ESCORJADOR, *s. m.*, écorchoir, II, 528, II, n° 16.
ESCORJAR, *v.*, écorcher, II, 528, II, n° 17.
ESCORNAR, *v.*, écorner, II, 487, I, n° 8.
ESCORPIO, voyez ESCORPION.
ESCORPION, *s. m.*, scorpion, III, 155, II.
ESCORPORAR, *v.*, incorporer, II, 495, II, n° 15.
ESCORRE, *v.*, écouler, II, 492, II, n° 34.
ESCORREMEN, voyez ESCORREMENT.
ESCORREMENT, *s. m.*, écoulement, II, 493, I, n° 35.
ESCORSA, *s. f.*, écorce, III, 155, II.
ESCORSAR, voyez ESCORJAR.

ESC

ESCORSSA, voyez ESCORSA.
ESCORTAR, *v.*, écourter, II, 496, I, n° 4.
ESCORTEGAR, *v.*, écorcher, II, 529, I, n° 18.
ESCOSA, *s. f.*, rescousse, III, 156, I.
ESCOT, *s. m.*, écot, III, 156, I.
ESCOTAR, *v.*, écouter, III, 156, I.
ESCOTIR, *v.*, secouer, V, 176, I, n° 2.
ESCOUT, *s. m.*, écoute, III, 156, II, n° 2.
ESCOUTADOR, *s. m.*, écouteur, III, 156, II, n° 3.
ESCOUTAIRE, voyez ESCOUTADOR.
ESCOUTAR, voyez ESCOTAR.
ESCOYCENDRE, voyez ESCOISSENDRE.
ESCRACAR, *v.*, cracher, II, 505, II, n° 2.
ESCRACHAR, voyez ESCRACAR.
ESCREBANTAR, voyez ESCREVANTAR.
ESCREMIR, voyez ESCRIMIR.
ESCREVANTAR, *v.*, renverser, II, 508, II, n° 8.
ESCRIDALAR, *v.*, criailler, II, 517, I, n° 12.
ESCRIDALHAR, voyez ESCRIDALAR.
ESCRIDAMEN, *s. m.*, criaillerie, II, 517, I, n° 13.
ESCRIDAR, *v.*, appeler, II, 517, I, n° 11.
ESCRIEURE, voyez ESCRIURE.
ESCRIMA, *s. f.*, escrime, III, 157, I, n° 2.
ESCRIMIR, *v.*, escrimer, III, 156, II.
ESCRIN, *s. m.*, écrin, III, 157, II.
ESCRINH, voyez ESCRIN.
ESCRIPTIO, *s. f.*, inscription, III, 159, I, n° 9.

ESC

ESCRIPTORI, *s. m.*, bureau, III, 158, II, n° 4.
ESCRIPTURA, *s. f.*, écriture, III, 158, I, n° 3.
ESCRIPTURAT, *s. m.*, lettré, III, 158, II, n° 5.
ESCRIT, *s. m.*, écrit, III, 158, I, n° 2.
ESCRIURE, *v.*, écrire, III, 157, II.
ESCRIVA, voyez ESCRIVAN.
ESCRIVAIN, voyez ESCRIVAN.
ESCRIVAN, *s. m.*, écrivain, III, 158, II, n° 7.
ESCRIVANIA, *s. f.*, expédition, III, 159, I, n° 8.
ESCROISIR, voyez ESCROISSIR.
ESCROISSIR, *v.*, écraser, II, 524, II, n° 3.
ESCROYCHEDIS, *s. m.*, bris, II, 524, II, n° 4.
ESCRUPTADOR, *s. m.*, scrutateur, III, 160, II, n° 2.
ESCRUPTAIRE, voyez ESCRUPTADOR.
ESCRUTAR, *v.*, scruter, III, 160, II.
ESCUDAR, *v.*, couvrir d'un bouclier, III, 162, I, n° 4.
ESCUDELAR, *v.*, vider l'écuelle, III, 160, II, n° 2.
ESCUDELLA, *s. f.*, écuelle, III, 160, II.
ESCUDER, voyez ESCUDIER.
ESCUDIER, *s. m.*, écuyer, III, 161, II, n° 3.
ESCUEILH, voyez ESCOILL.
ESCUEILL, voyez ESCOILL.
ESCUELH, *s. m.*, écueil, III, 160, II.
ESCUELH, voyez ESCOILL.
ESCUELL, voyez ESCUELH.
ESCUEYLL, voyez ESCUELH.

ESCUIER, voyez ESCUDIER.
ESCUISSAT, *adj.*, déhanché, II, 526, II, n° 5.
ESCULPIR, *v.*, sculpter, III, 161, I.
ESCUMA, *s. f.*, écume, III, 189, I, n° 3.
ESCUMAR, *v.*, écumer, III, 189, I, n° 4.
ESCUMENEGABLE, *adj.*, exécrable, IV, 291, II, n° 19.
ESCUMENEGAR, voyez ESCOMENIAR.
ESCUMENGAR, voyez ESCOMENIAR.
ESCUMENIAZON, *s. f.*, excommunication, IV, 291, II, n° 17.
ESCUMENIO, voyez ESCOMINIO.
ESCUMENJAR, voyez ESCOMENIAR.
ESCUMERGAMEN, *s. m.*, excommunication, IV, 291, II, n° 18.
ESCUMERGAR, *v.*, excommunier, IV, 292, I, n° 21.
ESCUP, voyez ESCOP.
ESCUPIR, voyez ESCOPIR.
ESCUR, *adj.*, obscur, VI, 16, I.
ESCURA, *s. f.*, écurie, III, 161, I.
ESCURAR, *v.*, récurer, II, 522, I, n° 14.
ESCURDAT, *s. f.*, obscurité, VI, 16, I, n° 3.
ESCURGACH, voyez SCALGAYT.
ESCURGACHAR, voyez ECHIRGAITAR.
ESCURIA, *s. f.*, écurie, III, 161, I, n° 2.
ESCUROL, voyez ESQUIROL.
ESCURSETAT, *s. f.*, obscurité, VI, 16, II, n° 4.
ESCURTAT, voyez ESCURDAT.
ESCURZIMENT, *s. m.*, obscurcissement, VI, 16, I, n° 2.
ESCURZINA, *s. f.*, obscurité, VI, 16, II, n° 5.

ESCURZIR, *v.*, obscurcir, VI, 16, II, n° 6.
ESCUSABLE, voyez EXCUSABLE.
ESCUSAMEN, voyez ESCUSAMENT.
ESCUSAMENT, *s. m.*, excuse, II, 362, I, n° 23.
ESCUSAR, *v.*, excuser, II, 362, I, n° 25.
ESCUT, *s. m.*, écu, III, 161, II.
ESCUT, *s. m.*, écu, III, 161, II, n° 2.
ESCUYSSAT, voyez ESCUISSAT.
ESCUZANSA, *s. f.*, excuse, II, 362, I, n° 22.
ESCUZAR, voyez ESCUSAR.
ESDEMESSA, *s. f.*, effort, IV, 226, II, n° 21.
ESDEMETRE, *v.*, abandonner, IV, 226, II, n° 20.
ESDENH, *s. m.*, dédain, III, 49, II, n° 10.
ESDENTAT, *adj.*, édenté, III, 26, I, n° 6.
ESDEVENIDOR, *adj.*, devant advenir, V, 495, I, n° 53.
ESDEVENIMENT, *s. m.*, événement, V, 495, I, n° 54.
ESDEVENIR, *v.*, devenir, V, 494, II, n° 51.
ESDIG, *s. m.*, dédit, III, 56, II, n° 25.
ESDILOVI, *s. m.*, déluge, III, 51, II, n° 2.
ESDIR, voyez ESDIRE.
ESDIRE, *v.*, dédire, III, 56, I, n° 24.
ESDIT, voyez ESDIG.
ESDOLUVI, voyez ESDILOVI.
ESDREG, *s. m.*, injustice, V, 75, II, n° 66.
ESDUI, *s. m.*, art d'éconduire, III, 85, I, n° 24.

ESDUIRE, *v.*, écarter, III, 84, II, n° 23.
ESDURRE, voyez ESDUIRE.
ESDUYRE, voyez ESDUIRE.
ESEMPLARI, *s. m.*, exemple, III, 240, II, n° 5.
ESERAR, voyez ENSERRAR.
ESERNIR, voyez EISSERNIR.
ESERVIGAR, *v.*, devenir lunatique, II, 387, I, n° 6.
ESFASAR, voyez ESFASSAR.
ESFASSAR, *v.*, effacer, III, 286, I, n° 11.
ESFELENAR, *v.*, efforcer, III, 301, I, n° 13.
ESFELLENAR, voyez ESFELENAR.
ESFELNEZIR, *v.*, altérer, III, 301, I, n° 14.
ESFELNIR, *v.*, devenir furieux, III, 301, I, n° 12.
ESFERAR, *v.*, effaroucher, III, 310, I, n° 19.
ESFEREZIR, *v.*, courroucer, III, 309, II, n° 18.
ESFERVIR, *v.*, animer, III, 317, I, n° 5.
ESFERZIR, voyez ESFEREZIR.
ESFILAR, *v.*, effiler, III, 326, II, n° 16.
ESFINIR, *v.*, terminer, III, 332, I, n° 27.
ESFOILLAR, voyez ESFOLHAR.
ESFOLHAR, *v.*, effeuiller, III, 354, I, n° 6.
ESFONDAR, voyez ESFONDRAR.
ESFONDRAR, *v.*, effondrer, III, 359, II, n° 10.
ESFORCENAR, *v.*, être forcené, V, 197, II, n° 19.

ESFORSADAMENT, *adv.*, avec effort, III, 377, II, n° 29.
ESFORSAMENT, *s. m.*, effort, III, 378, I, n° 31.
ESFORSAR, *v.*, efforcer, III, 377, I, n° 28.
ESFORSIU, *adj.*, persistant, III, 377, I, n° 26.
ESFORSIVAMENT, *adv.*, opiniâtrément, III, 377, I, n° 27.
ESFORT, *s. m.*, effort, III, 377, II, n° 30.
ESFORZADAMEN, voyez ESFORSADAMENT.
ESFORZAR, voyez ESFORSAR.
ESFRAINER, voyez ESFRANGER.
ESFRAINGNER, voyez ESFRANGER.
ESFRAINHER, voyez ESFRANGER.
ESFRANGER, *v.*, détruire, III, 387, II, n° 16.
ESFRANGNER, voyez ESFRANGER.
ESFRANHER, voyez ESFRANGER.
ESFRE, *s. m.*, non frein, III, 397, I, n° 15.
ESFREDAR, voyez ESFREIDAR.
ESFREDEZIR, voyez ESFREZIR.
ESFREI, *s. m.*, effroi, III, 394, I, n° 2.
ESFREIDAR, *v.*, effrayer, III, 394, II, n° 3.
ESFREVOLSIR, voyez ESFREVOLZIR.
ESFREVOLZIR, *v.*, affaiblir, III, 399, II, n° 12.
ESFREY, voyez ESFREI.
ESFREYAR, voyez ESFREIDAR.
ESFREZIR, *v.*, refroidir, III, 390, II, n° 9.
ESFRONTAT, *adj.*, effronté, III, 402, II, n° 8.

ESFRUGUAR, *v.*, rendre stérile, III, 404, II, n° 15.
ESFUELHAR, voyez ESFOLHAR.
ESFULHAR, voyez ESFOLHAR.
ESFULIA, *s. f.*, injure, III, 352, I, n° 23.
ESFULIAR, *v.*, injurier, III, 352, I, n° 24.
ESGAIMENTAR, *v.*, gémir, III, 448, I, n° 4.
ESGAMENTAR, voyez ESGAIMENTAR.
ESGAR, voyez ESGART.
ESGARAR, *v.*, regarder, III, 424, I, n° 5.
ESGARDABLE, *adj.*, exposé aux regards, III, 428, I, n° 23.
ESGARDADOR, *s. m.*, regardeur, III, 428, I, n° 22.
ESGARDAIRE, voyez ESGARDADOR.
ESGARDAMEN, *s. m.*, regard, III, 427, II, n° 21.
ESGARDAR, *v.*, regarder, III, 427, I, n° 19.
ESGART, *s. m.*, regard, III, 427, II, n° 20.
ESGAUZIMENT, *s. m.*, joie, III, 443, II, n° 12.
— ESGAUZIR, *v.*, réjouir, III, 444, I, n° 14.
ESGAYMENTAR, voyez ESGAIMENTAR.
ESGITAR, *v.*, injecter, III, 470, II, n° 5.
ESGLAI, *s. m.*, frayeur, III, 472, II, n° 2.
ESGLAIAR, voyez ESGLAYAR.
ESGLANDAR, *v.*, abattre les glands, III, 473, II, n° 7.

ESGLAYAR, *v.*, effrayer, III, 472, II, n° 3.
ESGLAZIAR, voyez ESGLAYAR.
ESGLENDILLAR (s'), *v.*, s'égosiller, III, 162, I.
ESGOTAR, *v.*, égoutter, III, 486, II, n° 15.
ESGRAFINAR, *v.*, égratigner, III, 492, I, n° 3.
ESGRAPELAR, *v.*, érailler, III, 492, II, n° 7.
ESGRULAR, *v.*, écorcer, III, 515, II, n° 2.
ESGRUNAR, *v.*, égrener, III, 497, II, n° 17.
ESGUANSA, voyez EGUANSA.
ESGUARAR, voyez ESGARAR.
ESGUARDAMEN, voyez ESGARDAMEN.
ESGUARDAMENT, voyez ESGARDAMEN.
ESGUARDAR, voyez ESGARDAR.
ESGUIRAR, *v.*, déchirer, III, 162, I.
ESGUIRE, *adj.*, estropié, III, 162, II, n° 2.
ESHERBELAR, voyez ESSERVELAR.
ESHILLAMENT, *s. m.*, exil, III, 245, II, n° 2.
ESHIMI, voyez ESSHIMI.
ESHIMIA, *s. f.*, guenon, V, 234, I, n° 4.
ESHIULAR, *v.*, siffler, V, 225, I, n° 3.
ESIENTALMEN, *adv.*, sciemment, V, 126, I, n° 28.
ESITACIO, voyez HEYSSITACIO.
ESJAUZIDA, *s. f.*, joie, III, 443, II, n° 11.
ESJAUZIMEN, voyez ESGAUZIMENT.
ESJAUZIR, voyez ESGAUZIR.

ESJAUZIRE, *s. m.*, joyeux, III, 444, I, n° 13.
ESLABREIAR, *v.*, tomber, III, 162, I.
ESLAIS, *s. m.*, élan, IV, 19, I, n° 7.
ESLAISSAR, *v.*, élancer, IV, 19, II, n° 9.
ESLAMPAR, *v.*, glisser, VI, 28, I, n° 5.
ESLANEGAR, *v.*, tomber, III, 162, II.
ESLANSAR, *v.*, élancer, IV, 19, I, n° 8.
ESLARGAR, *v.*, élargir, IV, 23, I, n° 13.
ESLASSAMEN, voyez ENLASSAMEN.
ESLAVAR, *v.*, laver, VI, 29, I, n° 9.
ESLAYS, voyez ESLAIS.
ESLENEGAR, voyez ELENEGAR.
ESLEVAMENT, *s. m.*, haussement, IV, 64, II, n° 13.
ESLEVAR, *v.*, élever, IV, 64, I, n° 10.
ESLEVATION, *s. f.*, élévation, IV, 64, II, n° 12.
ESLHUCIADA, *s. f.*, éclair, IV, 110, I, n° 14.
ESLIAR, *v.*, délier, IV, 73, II, n° 31.
ESLIR, voyez ELEGIR.
ESLIRE, voyez ELEGIR.
ESLOIGNAR, *v.*, éloigner, IV, 98, II, n° 21.
ESLONHAR, voyez ESLOIGNAR.
ESLUCHAR, voyez ESLUGAR.
ESLUEINGNAR, voyez ESLOIGNAR.
ESLUGAR, *v.*, éclaircir, IV, 110, I, n° 16.
ESMAGAR, *v.*, cacher, II, 62, II, n° 5.
ESMAGAR, voyez ESMAIAR.
ESMAGREZIR, *v.*, amaigrir, IV, 120, II, n° 8.
ESMAI, *s. m.*, émoi, III, 162, II.
ESMAIAR, *v.*, chagriner, III, 162, II, n° 2.
ESMAJENA, voyez YMAGENA.

ESMANENTIR, *v.*, s'enrichir, IV, 150, II, n° 21.
ESMANSA, *s. f.*, estimation, III, 219, I, n° 12.
ESMAR, *v.*, estimer, III, 219, I, n° 10.
ESMARIR, *v.*, attrister, IV, 160, I, n° 5.
ESMARRIMEN, *s. m.*, affliction, IV, 160, II, n° 6.
ESMARRIR, voyez ESMARIR.
ESMAUT, *s. m.*, émail, III, 163, I.
ESMAY, voyez ESMAI.
ESME, *s. f.*, estimation, III, 219, I, n° 11.
ESMENDA, *s. f.*, réparation, IV, 192, II, n° 2.
ESMENDADOR, *s. m.*, correcteur, IV, 193, I, n° 5.
ESMENDAIRE, voyez ESMANDADOR.
ESMENDAMEN, *s. m.*, amendement, IV, 192, II, n° 4.
ESMENDAR, *v.*, amender, IV, 193, I, n° 6.
ESMERADURA, *s. f.*, gentillesse, IV, 206, II, n° 4.
ESMERAR, *v.*, épurer, IV, 207, I, n° 5.
ESMERAUDA, *s. f.*, émeraude, IV, 155, II, n° 3.
ESMERDAR, *v.*, emmerder, IV, 212, I, n° 3.
ESMERILHO, voyez ESMERILLO.
ESMERILLO, *s. m.*, émérillon, III, 163, I.
ESMERS, *adj.*, pur, IV, 206, II, n° 3.
ESMETRE, *v.*, émettre, IV, 225, II, n° 18.
ESMEUTIDURA, *s. f.*, fiente, III, 163, II, n° 2.
ESMEUTIR, *v.*, fienter, III, 163, II.

ESMIRLE, *s. m.*, émerillon, III, 163, II, n° 2.
ESMOFIDAR, *v.*, se moucher, III, 163, II.
ESMOLAR, *v.*, émoudre, IV, 246, II, n° 18.
ESMOLEDOR, *s. m.*, émouleur, IV, 246, II, n° 17.
ESMOLRE, *v.*, émoudre, IV, 246, II, n° 19.
ESMONDEGAR, *v.*, rompre, III, 164, I.
ESMOVEMEN, *s. m.*, agitation, IV, 279, I, n° 14.
ESMOVER, *v.*, agiter, IV, 278, II, n° 13.
ESMOVRE, voyez ESMOVER.
ESMUNDAR, *v.*, purifier, IV, 288, I, n° 10.
ESNASAR, *v.*, énaser, IV, 299, II, n° 3.
ESPA, *s. m.*, épée, III, 168, I, n° 2.
ESPACI, *s. m.*, espace, III, 166, II.
ESPACIOS, *adj.*, spacieux, III, 167, I, n° 2.
ESPACIOZ, voyez ESPACIOS.
ESPADA, voyez ESPAZA.
ESPADAR, *v.*, tuer avec l'épée, III, 168, II, n° 7.
ESPADELAR, *v.*, brandir l'épée, III, 168, II, n° 8.
ESPADELLAR, voyez ESPADELAR.
ESPALEGE, *s. m.*, traversée, III, 164, I.
ESPALEZIR, *v.*, pâlir, IV, 401, II, n° 4.
ESPALLA, voyez ESPATLA.
ESPALLIEYRA, *s. f.*, épaulière, III, 167, I, n° 2.
ESPALMAR, *v.*, espalmer, IV, 403, I, n° 5.
ESPALMAR, *v.*, pâmer, IV, 446, I, n° 3.
ESPALUS (lisez ESPALUT), *adj.*, large d'épaules, III, 167, II, n° 3.
V.

ESPALUT, voyez ESPALUS.
ESPANDEMEN, voyez ESPANDEMENS.
ESPANDEMENS (lisez ESPANDEMEN), *s. m.*, épanchement, III, 164, II, n° 2.
ESPANDIR, *v.*, étendre, III, 164, II, n° 3.
ESPANDRE, *v.*, épandre, III, 164, I.
ESPANEIS, *adj.*, espagnol, III, 166, I.
ESPANES, voyez ESPANEIS.
ESPAORDIR, voyez ESPAVORDIR.
ESPAORIR, voyez ESPAVORDIR.
ESPARGER, *v.*, répandre, III, 165, I, n° 5.
ESPARGNAR, *v.*, épargner, III, 166, I.
ESPARGNHAR, voyez ESPARGNAR.
ESPARNIABLE, *adj.*, parcimonieux, III, 166, I, n° 2.
ESPARPALH, *s. m.*, éparpillement, III, 166, I, n° 12.
ESPARPALHAR, *v.*, éparpiller, III, 166, I, n° 11.
ESPARSER, voyez ESPARGER.
ESPARSIO, *s. f.*, dispersion, III, 165, II, n° 6.
ESPARSIU, *adj.*, dispersif, III, 165, II, n° 7.
ESPARVIER, *s. m.*, épervier, III, 166, II.
ESPASI, voyez ESPACI.
ESPASME, *s. m.*, spasme, III, 166, II.
ESPASSA, voyez ESPAZA.
ESPASSAR, *v.*, dissiper, III, 167, I, n° 3, et IV, 443, II, n° 11.
ESPASSI, voyez ESPACI.
ESPATLA, *s. f.*, épaule, III, 167, I.
ESPATUM, *s. m.*, spatule, III, 167, II.
ESPAUT, *s. m.*, défaut, III, 167, II.

33

ESPAUTAR, *v.*, troubler, III, 167, II, n° 2.
ESPAVANTAR, voyez ESPAVENTAR.
ESPAVANTOS, voyez ESPAVENTOS.
ESPAVEN, *s. m.*, épouvante, IV, 467, I, n° 7.
ESPAVENSA, *s. f.*, frayeur, IV, 467, II, n° 13.
ESPAVENTABLAMEN, voyez ESPAVENTABLAMENT.
ESPAVENTABLAMENT, *adv.*, épouvantablement, IV, 467, II, n° 14.
ESPAVENTABLE, *adj.*, épouvantable, IV, 467, II, n° 10.
ESPAVENTALH, *s. m.*, épouvantail, IV, 467, I, n° 8.
ESPAVENTAMENT, *s. m.*, épouvante, IV, 467, II, n° 12.
ESPAVENTANZA, *s. f.*, crainte, IV, 467, II, n° 11.
ESPAVENTAR, *v.*, effrayer, IV, 468, I, n° 15.
ESPAVENTOS, *adj.*, peureux, IV, 467, II, n° 9.
ESPAVORDIR, *v.*, effrayer, IV, 467, I, n° 6.
ESPAZA, *s. f.*, épée, III, 167, II.
ESPAZADA, *s. f.*, coup d'épée, III, 168, I, n° 4.
ESPAZAR, *v.*, armer de l'épée, III, 168, II, n° 6.
ESPAZETA, *s. f. dim.*, petite épée, III, 168, I, n° 3.
ESPAZI, voyez ESPACI.
ESPAZIER, *s. m.*, homme d'épée, III, 168, II, n° 5.
ESPECI, *s. m.*, épice, III, 169, II, n° 2.

ESPECIA, *s. f.*, espèce, III, 168, II.
ESPECIA, *s. f.*, épice, III, 169, II.
ESPECIADOR, voyez ESPECIAYRE.
ESPECIAIRIA, voyez ESPECIARIA.
ESPECIAL, *adj.*, spécial, III, 168, II, n° 2.
ESPECIALMENS, *adv.*, spécialement, III, 169, I, n° 3.
ESPECIARIA, *s. f.*, épicerie, III, 170, I, n° 6.
ESPECIAYRE, *s. m.*, épicier, III, 169, II, n° 4.
ESPECIFIAR, voyez ESPECIFICAR.
ESPECIFICAR, *v.*, spécifier, III, 169, I, n° 5.
ESPECTACIO, *s. f.*, attente, III, 170, I.
ESPECTAR, *v.*, expectorer, IV, 479, I, n° 5.
ESPECULACIO, voyez SPECULACIO.
ESPECULATIU, *adj.*, spéculatif, III, 170, II, n° 3.
ESPEDIR, *v.*, expédier, IV, 473, II, n° 26.
ESPEILLAR, *v.*, dépouiller, IV, 479, I, n° 3.
ESPEIRAR, voyez ESPIRAR.
ESPEISSAR, *v.*, épaissir, III, 180, I, n° 6.
ESPEISSEDAT, *s. f.*, épaisseur, III, 180, I, n° 3.
ESPELAR, voyez ESPELHAR.
ESPELH, *s. m.*, miroir, III, 170, I.
ESPELHAR, *v.*, expliquer, III, 170, II.
ESPELIR, *v.*, faire éclore, III, 171, I.
ESPELLIR, voyez ESPELIR.
ESPELOFIR, *v.*, ébouriffer, III, 171, I.
ESPENCHA, voyez EMPENCHA.

ESPENHER, voyez EMPENHER.
ESPENSAR, *v.*, dépenser, IV, 501, I, n° 62.
ESPER, *s. m.*, espoir, III, 171, II, n° 2.
ESPERA, *s. f.*, sphère, III, 171, I.
ESPERA, *s. f.*, attente, III, 172, I, n° 4.
ESPERADOR, voyez ESPERAIRE.
ESPERAIRE, *s. m.*, qui espère, III, 172, II, n° 6.
ESPERAMEN, *s. m.*, espoir, III, 172, II, n° 5.
ESPERANSA, *s. f.*, espérance, III, 172, I, n° 3.
ESPERAR, *v.*, espérer, III, 171, II.
ESPERDALH, *s. m.*, soupirail, III, 178, I, n° 27.
ESPERDRE, *v.*, éperdre, IV, 518, I, n° 5.
ESPERIENCIA, voyez EXPERIENTIA.
ESPERIMEN, voyez ESPIRAMEN.
ESPERIMEN, voyez EXPERIMENT.
ESPERIR, *v.*, éveiller, III, 175, I, n° 5.
ESPERIT, *s. m.*, esprit, III, 173, II.
ESPERITAL, voyez ESPIRITAL.
ESPERMA, *s. m.*, sperme, III, 178, I.
ESPERMENTAR, voyez EXPERIMENTAR.
ESPERO, *s. m.*, éperon, III, 178, II.
ESPERONADOR, *s. m.*, éperonneur, III, 179, I, n° 3.
ESPERONAILL, voyez ESPERONALH.
ESPERONAIRE, voyez ESPERONADOR.
ESPERONALH, *s. m.*, éperon, III, 179, I, n° 2.
ESPERONAR, *v.*, éperonner, III, 179, I, n° 4.
ESPERT, voyez EXPERT.

ESPERTAMENT, *adv.*, convenablement, III, 242, II, n° 2.
ESPERTAR, *v.*, réveiller, III, 175, I, n° 4.
ESPERTEZA, *s. f.*, adresse, III, 243, I, n° 6.
ESPES, *adj.*, épais, III, 179, II.
ESPESAR, voyez ESPESSAR.
ESPESSAMENT, *adv.*, épaissement, III, 180, I, n° 5.
ESPESSAR, *v.*, dépecer, IV, 527, I, n° 6.
ESPESSEGAR, voyez ESPESSEIAR.
ESPESSEIAR, *v.*, briser, IV, 527, I, n° 7.
ESPESSETAT, voyez ESPEISSEDAT.
ESPESSIADOR, voyez ESPECIAYRE.
ESPESSIARIA, voyez ESPECIARIA.
ESPESSIER, *s. m.*, épicier, III, 169, II, n° 3.
ESPEUT, voyez ESPIEUT.
ESPEUTA, *s. f.*, épeautre, III, 180, II.
ESPEYSHAR, voyez ESPEISSAR.
ESPEYSHEZA, *s. f.*, épaisseur, III, 180, I, n° 4.
ESPEZAR, voyez ESPESSAR.
ESPIA, *s. f.*, espion, III, 180, II.
ESPIAMEN, *s. m.*, espionnage, III, 180, II, n° 2.
ESPIAR, *v.*, épier, III, 181, I, n° 4.
ESPIAUT, voyez ESPIEUT.
ESPIC, *s. m.*, épi, III, 181, I.
ESPIEISSAR, voyez ESPEISSAR.
ESPIELH, voyez ESPELH.
ESPIESSA, *s. f.*, épaisseur, III, 179, II, n° 2.
ESPIEU, voyez ESPIEUT.
ESPIEUT, *s. m.*, épieu, III, 181, II.
ESPIGA, *s. f.*, épi, III, 181, II, n° 2.

ESPIGAR, *v.*, épier, III, 184, II, n° 3.
ESPIGUA, voyez ESPIGA.
ESPIL, *s. m.*, observatoire, III, 180, II, n° 3.
ESPINA, *s. f.*, épine, III, 182, I.
ESPINAR, *v.*, piquer d'épines, III, 182, II, n° 3.
ESPINAR, *s. m.*, épinard, III, 182, II.
ESPINASSAR, *v.*, couronner d'épines, III, 182, II, n° 4.
ESPINGALA, *s. f.*, espingarde, III, 182, II.
ESPINGAR, voyez EXPINCTAR.
ESPINOS, *adj.*, épineux, III, 182, I, n° 2.
ESPINOZ, voyez ESPINOS.
ESPIRACIO, *s. f.*, respiration, III, 175, I, n° 6.
ESPIRALH, *s. m.*, soupirail, III, 177, I, n° 20.
ESPIRAMEN, *s. m.*, inspiration, III, 175, II, n° 7.
ESPIRAR, *v.*, inspirer, III, 175, II, n° 9.
ESPIRASSIO, voyez ESPIRACIO.
ESPIRATIU, *adj.*, expiratif, III, 175, II, n° 8.
ESPIRITAL, *adj.*, spirituel, III, 174, II, n° 2.
ESPIRITALMENS, voyez ESPIRITALMENT.
ESPIRITALMENT, *adv.*, spirituellement, III, 175, I, n° 3.
ESPIRITAU, voyez ESPIRITAUS.
ESPIRITAUS (lisez ESPIRITAU), voyez ESPIRITAL.
ESPITAL, voyez OSPITAL.
ESPITALER, voyez HOSPITALEIR.
ESPITLORI, *s. m.*, pilori, III, 182, I.
ESPLANAR, *v.*, unir, IV, 553, I, n° 12.

ESPLASMAR, *v.*, pâmer, IV, 446, II, n° 6.
ESPLE, voyez ESPLEC.
ESPLEC, *s. m.*, revenu, III, 183, II, n° 3.
ESPLEC, voyez ESPLET.
ESPLECHA, *s. f.*, revenu, III, 182, II.
ESPLECHAR, voyez EXPLECHAR.
ESPLECHIEU, voyez ESPLECHIU.
ESPLECHIU, *s. m.*, droit de pâturage, III, 184, I, n° 5.
ESPLEG, voyez ESPLEC.
ESPLEG, voyez ESPLET.
ESPLEGAR, *v.*, expliquer, IV, 566, I, n° 33.
ESPLEH, voyez ESPLET.
ESPLEIAR, voyez ESPLEGAR.
ESPLEIT, voyez ESPLEC.
ESPLEITA, *s. f.*, redevance, III, 183, II, n° 2.
ESPLEITAR, voyez EXPLECHAR.
ESPLEITIU, voyez ESPLECHIU.
ESPLET, *s. m.*, instrument, II, 104, II, n° 2.
ESPLEY, voyez ESPLEC.
ESPLEY, voyez ESPLET.
ESPLEYAR, *v.*, profiter, III, 184, II, n° 7.
ESPLEYAR, voyez ESPLEGAR.
ESPLEYTAR, voyez EXPLECHAR.
ESPOLIAR, *v.*, dépouiller, IV, 479, II, n° 5.
ESPONCHAR, *v.*, épointer, IV, 599, I, n° 28.
ESPONCIO, *s. f.*, obligation, III, 184, II.
ESPONDA, *s. f.*, bord du lit, III, 187, I.

ESPONDEIAR, *v.*, border, III, 187, II, n° 3.

ESPONDEIRA, *s. f.*, couchette, III, 187, II, n° 2.

ESPONDEJAR, voyez ESPONDEIAR.

ESPONDIL, *s. m.*, spondyle, III, 187, II.

ESPONER, voyez EXPONER.

ESPONGA, voyez ESPONJA.

ESPONGIOS, *adj.*, spongieux, III, 187, II, n° 2.

ESPONGUA, voyez ESPONJA.

ESPONJA, *s. f.*, éponge, III, 187, II.

ESPORGE, *s. m.*, porche, III, 188, I.

ESPORLAR, *v.*, payer le droit d'esporle, III, 188, I, n° 2.

ESPORLE, *s. m.*, esporle, III, 188, I.

ESPORTA, *s. f.*, besace, III, 188, II.

ESPORTELLA, *s. f.*, sac, III, 188, II, n° 2.

ESPOS, *s. m.*, époux, III, 184, II, n° 2.

ESPOSA, voyez ESPOZA.

ESPOSALHAS, *s. f. pl.*, épousailles, III, 185, I, n° 7.

ESPOSALICIAS, *s. f. pl.*, épousailles, III, 185, I, n° 6.

ESPOSALIZI, *s. m.*, donation d'épousailles, III, 185, I, n° 4.

ESPOSAMEN, *s. m.*, mariage, III, 185, I, n° 8.

ESPOSAR, voyez ESPOZAR.

ESPOSCAR, *v.*, arroser, III, 188, II.

ESPOSITIO, voyez EXPOSITIO.

ESPOSQUAR, voyez ESPOSCAR.

ESPOZA, *s. f.*, épouse, III, 185, I, n° 3.

ESPOZALICI, *adj.*, de donation d'épousailles, III, 185, I, n° 5.

ESPOZAR, *v.*, épouser, III, 185, II, n° 9.

ESPOZAR, *v.*, épuiser, VI, 36, I, n° 9.

ESPOZETIO, voyez EXPOSITIO.

ESPOZITIO, voyez EXPOSITIO.

ESPREMER, *v.*, exprimer, IV, 623, II, n° 11.

ESPRENDRE, *v.*, éprendre, IV, 632, II, n° 34.

ESPRESSAMENS, voyez EXPRESSAMENT.

ESPRESSAR, *v.*, spécifier, IV, 624, I, n° 18.

ESPRIEU, voyez ESPRIU.

ESPRIU, *adj.*, expressif, IV, 624, I, n° 15.

ESPROA, *s. f.*, épreuve, IV, 652, II, n° 12.

ESPROADAMENS, *adv.*, d'une manière éprouvée, IV, 652, I, n° 11.

ESPROADOR, voyez ESPROAIRE.

ESPROAIRE, *s. m.*, essayeur, IV, 652, II, n° 14.

ESPROANSA, *s. f.*, épreuve, IV, 652, II, n° 13.

ESPROAR, *v.*, éprouver, IV, 652, I, n° 10.

ESPROHAR, voyez ESPROAR.

ESPROVANZA, voyez ESPROANSA.

ESPULGAR, *v.*, épouiller, IV, 533, I, n° 5.

ESPUMA, *s. f.*, écume, III, 189, I.

ESPURGAR, *v.*, purger, IV, 672, II, n° 21.

ESPURGAMEN, *s. m.*, purgation, IV, 673, I, n° 22.

ESPURGATORI, *s. m.*, purgatoire, IV, 673, I, n° 23.

ESPURJAMEN, voyez ESPURGAMEN.

ESPURJAR, voyez ESPURGAR.
ESPUTAMEN, *s. m.*, dispute, VI, 13, II, n° 7.
ESQUALFAR, voyez ESCALFAR.
ESQUANTIR, voyez ESCANTIR.
ESQUAPAR, voyez ESCAPAR.
ESQUARN, voyez ESQUERN.
ESQUARTELAR, *v.*, écarteler, V, 10, I, n° 38.
ESQUAYRAR, *v.*, équarrir, V, 11, II, n° 46.
ESQUEIRA, *s. f.*, escadron, III, 144, II, n° 6.
ESQUEIRAR, *v.*, ranger en bataille, III, 144, II, n° 7.
ESQUELHA, *s. f.*, clochette, III, 189, II.
ESQUELLA, voyez ESQUELHA.
ESQUENA, voyez ESQUINA.
ESQUER, *adj.*, gauche, III, 192, II, n° 4.
ESQUERN, *s. m.*, moquerie, III, 189, II.
ESQUERNA, *s. f.*, moquerie, III, 189, II, n° 2.
ESQUERNIR, voyez ESCARNIR.
ESQUERR, voyez ESQUER.
ESQUERRA, voyez ESQUERRAN.
ESQUERRAN, *s. m.* (lisez *adj.*), récalcitrant, III, 192, II, n° 5.
ESQUERRIER, *adj.*, gaucher, III, 192, II, n° 6.
ESQIU, voyez ESQUIU.
ESQUILA, voyez SQUILLA.
ESQUINA, *s. f.*, échine, III, 190, II.
ESQUINANCIA, *s. f.*, esquinancie, III, 191, I.
ESQUINSAR, voyez ESQUISSAR.

ESQUINTAMEN, *s. m.*, déchirement, III, 191, I, n° 3.
ESQUINTAR, *v.*, déchirer, III, 191, I, n° 2.
ESQUIRAR, *v.*, déchirer, VI, 13, II, n° 22.
ESQUIROL, *s. m.*, écureuil, III, 191, II.
ESQUISSAR, *v.*, déchirer, III, 191, I.
ESQUIU, *adj.*, farouche, III, 191, II.
ESQUIVANSA, *s. f.*, aversion, III, 192, I, n° 2.
ESQUIVANZA, voyez ESQUIVANSA.
ESQUIVAR, *v.*, esquiver, III, 192, I, n° 3.
ESRAIGAR, *v.*, déraciner, V, 31, II, n° 16.
ESSABATAT, voyez ENSABATAT.
ESSAI, *s. m.*, essai, III, 193, I, n° 2.
ESSAIAR, *v.*, essayer, III, 193, I.
ESSAJAR, voyez ESSAIAR.
ESSALEGRAR, *v.*, réjouir, IV, 54, I, n° 36.
ESSALSAMEN, *s. m.*, élévation, II, 60, I, n° 13.
ESSAMENAR, *v.*, essaimer, III, 99, II, n° 2.
ESSANGLANTAR, voyez ENSANGLENTAR.
ESSARRAR, voyez ENSERRAR.
ESSAUREIAR, voyez EISAURAR.
ESSAUREYAR, voyez EISAURAR.
ESSAY, voyez ESSAI.
ESSEGAR, voyez ENCEGAR.
ESSEGNAMEN, voyez ENSEGNAMEN.
ESSEGNAR, voyez ENSEIGNAR.
ESSEGRE, voyez ENSEGUIR.
ESSEGUIR, voyez ENSEGUIR.
ESSEIGNABLE, voyez ENSENHABLE.
ESSEIGNAR, voyez ENSEIGNAR.

ESSELAR, *v.*, indiquer, II, 372, II, n° 7.
ESSELAR, voyez ENSELLAR.
ESSELHAR, voyez ENSELLAR.
ESSEMBLADAMENS, *adv.*, ensemble, III, 129, I, n° 2.
ESSEMPLE, voyez EXEMPLE.
ESSEMPLIFICAR, *v.*, exposer, III, 241, I, n° 6.
ESSEMPS, voyez ENSEMS.
ESSEMS, voyez ENSEMS.
ESSENAYRIER, *s. m.*, porte-enseigne, V, 230, I, n° 25.
ESSENCIA, voyez ESSENTIA.
ESSENCIAL, *adj.*, essentiel, III, 195, II, n° 3.
ESSENCIALMENT, *adv.*, essentiellement, III, 195, II, n° 4.
ESSENDRE, voyez ENCENDRE.
ESSENHA, voyez ENSEIGNA.
ESSENHADAMENS, *adv.*, savamment, V, 230, II, n° 29.
ESSENHADOR, voyez ENSEGNAIRE.
ESSENHAIRE, voyez ENSEGNAIRE.
ESSENHAMEN, voyez ENSEGNAMEN.
ESSENHAR, voyez ENSEIGNAR.
ESSENIABLE, voyez ENSENHABLE.
ESSENTIA, *s. f.*, essence, III, 195, II, n° 2.
ESSENTIAL, voyez ESSENCIAL.
ESSEPAR, *v.*, couper, II, 379, II, n° 2.
ESSER, *v.*, être, III, 193, II.
ESSERCAR, voyez ENSERCAR.
ESSERCHAR, voyez ENSERCAR.
ESSERNIR, voyez EISSERNIR.
ESSERRAR, voyez ENSERRAR.
ESSERVELAR, *v.*, écerveler, II, 387, I, n° 5.

ESSES, voyez ENCENS.
ESSESSIER, voyez ENCENSIER.
ESSHIMI, *s. m.*, singe, V, 234, I, n° 3.
ESSIEN, voyez ESCIEN.
ESSIENMEN, voyez ENSIENMENS.
ESSIL, *s. m.*, ravage, III, 197, II, et VI, 18, I.
ESSORGER, *v.*, jaillir, V, 269, II, n° 4.
ESSUGAR, voyez EISUGAR.
EST, *pron. dém. m. sing.*, ce, VI, 18, I.
ESTA, *pron. dém. f. sing.*, cette, VI, 18, II, n° 4.
ESTABILITAT, *s. f.*, stabilité, III, 205, I, n° 11.
ESTABLAR, *v.*, établer, III, 212, I, n° 64.
ESTABLARIA, *s. f.*, étable, III, 211, II, n° 63.
ESTABLE, *adj.*, stable, III, 204, II, n° 8.
ESTABLE, *s. m.*, étable, III, 211, II, n° 62.
ESTABLIDA, *s. f.*, demeure, III, 207, I, n° 25.
ESTABLIMEN, voyez ESTABLIMENT.
ESTABLIMENT, *s. m.*, établissement, III, 207, I, n° 26.
ESTABLIR, *v.*, établir, III, 206, II, n° 24.
ESTABOIR, *v.*, abasourdir, III, 198, II, n° 2.
ESTABORDIR, voyez ESTABOIR.
ESTACA, voyez ESTACHA.
ESTACA, voyez ESTATGA.
ESTACAR, *v.*, attacher, III, 198, II.
ESTACATGE, *s. m.*, estacade, III, 199, I, n° 3.

ESTACHA, *s. f.*, attache, III, 199, I, n° 2.
ESTACHA, voyez ESTATGA.
ESTACIO, voyez ESTATIO.
ESTADI, *s. m.*, stade, III, 199, II.
ESTADIER, *s. m.*, locataire, III, 205, II, n° 15.
ESTAGA, voyez ESTATGA.
ESTAGAN, voyez ESTATGAN.
ESTAGE, voyez ESTATGE.
ESTAGIER, *s. m.*, habitant, III, 205, II, n° 14.
ESTAIGA, voyez ESTATGAN.
ESTAIGAN, voyez ESTATGAN.
ESTAIGIL, *s. m.*, lige-étage, VI, 21, II, n° 17 *bis*.
ESTAING, *s. m.*, étain, III, 201, II.
ESTAL, *s. m.*, place, III, 204, I, n° 4.
ESTALBI, *s. m.*, épargne, III, 200, I, n° 2.
ESTALBIAR, *v.*, épargner, III, 199, II.
ESTALENTAR, *v.*, ôter l'envie, V, 297, II, n° 11.
ESTALIZAGRIA, *s. f.*, staphisaigre, III, 200, I.
ESTALVAR, *v.*, advenir, III, 200, I.
ESTALVIAR, voyez ESTALBIAR.
ESTAM, *s. m.*, étaim, III, 200, II.
ESTAMEN, *s. m.*, état, III, 204, I, n° 6.
ESTAMENHA, *s. f.*, étamine, III, 200, II, n° 2.
ESTAMENT, voyez ESTAMEN.
ESTAMPIDA, *s. f.*, estampide, III, 200, II.
ESTAMPIDA, *s. f.*, caquet, III, 201, I, n° 2.

ESTAMPIR, *v.*, résonner, III, 201, I, n° 3.
ESTAMPIR, *v.*, fermer, V, 298, II, n° 2.
ESTAN, voyez ESTANT.
ESTANC, *s. m.*, étang, III, 200, I.
ESTANC, *adj.*, stable, III, 204, II, n° 9.
ESTANCAR, *v.*, étancher, V, 299, I, n° 3.
ESTANCIR, *v.*, éteindre, III, 201, I.
ESTANDARD, voyez ESTANDART.
ESTANDART, *s. m.*, étendard, III, 201, II.
ESTANH, voyez ESTANC.
ESTANH, voyez ESTAING.
ESTANHAR, *v.*, étamer, III, 201, II, n° 2.
ESTANQUAR, voyez ESTANCAR.
ESTANT, *s. m.*, place, III, 203, II, n° 2.
ESTANZA, *s. f.*, fortune, III, 204, I, n° 5.
ESTAPHISAGRIA, *s. f.*, staphisaigre, VI, 21, II, n° 2.
ESTAR, *v.*, être, III, 202, I.
ESTAS, *pron. dém. f. pl.*, ces, VI, 19, I, n° 5.
ESTAT, *s. m.*, état, III, 203, II, n° 3.
ESTAT, *s. f.*, été, III, 214, II.
ESTATGA, *s. f.*, maison, III, 205, II, n° 16.
ESTATGA, voyez ESTATGAN.
ESTATGAN, *s. m.*, habitant, III, 206, I, n° 17.
ESTATGE, *s. m.*, demeure, III, 205, I, n° 13.
ESTATIO, *s. f.*, station, III, 204, II, n° 7.
ESTATUA, *s. f.*, statue, III, 212, II, n° 69.

ESTATUIR, *v.*, statuer, III, 242, II, n° 67.
ESTATURA, *s. f.*, stature, III, 206, I, n° 19.
ESTAU, voyez ESTAL.
ESTAULA, *s. f.*, établi, V, 308, II, n° 7.
ESTAYNCH, voyez ESTANC.
ESTEDAL, *s. m.*, cierge, III, 215, I.
ESTEINGER, voyez ESTENHER.
ESTELA, *s. f.*, étoile, III, 215, I.
ESTELAT, *adj.*, étoilé, III, 215, II, n° 3.
ESTENCELAR, *v.*, étinceler, III, 215, II, n° 4.
ESTENDAMENT, *s. m.*, extension, V, 329, I, n° 33.
ESTENDART, voyez ESTANDART.
ESTENDILHAR, *v.*, étendre, V, 329, II, n° 37.
ESTENDILLAR, voyez ESTENDILHAR.
ESTENDRE, *v.*, étendre, V, 328, II, n° 32.
ESTENDUDA, *s. f.*, étendue, V, 329, I, n° 34.
ESTENENSA, voyez ABSTINENSA.
ESTENER, voyez ABSTENER.
ESTENHER, *v.*, éteindre, III, 216, I.
ESTERELITAT, *s. f.*, stérilité, III, 216, II.
ESTERGER, *v.*, essuyer, V, 348, I, n° 3.
ESTERLI, voyez ESTERLIN.
ESTERLIN, *s. m.*, sterling, III, 216, II.
ESTERN, *s. m.*, trace, III, 216, II.
ESTERNAR, *v.*, poursuivre, III, 217, I, n° 2.
ESTERS, *adj.*, exempt, III, 217, I.
ESTERS, *adv.*, autrement, III, 217, I.
ESTERSER, voyez ESTERGER.

ESTEVA, *s. f.*, musette, III, 217, II.
ESTEVER, *v.*, falloir, III, 217, II.
ESTEYNGER, voyez ESTENHER.
ESTEZAR, *v.*, résider, III, 206, I, n° 18.
ESTIERS, voyez ESTERS.
ESTIEU, voyez ESTIU.
ESTIL, *s. m.*, style, III, 217, II.
ESTILH, voyez ESTIL.
ESTILHAR, *v.*, distiller, V, 278, II, n° 3.
ESTIMA, *s. f.*, estimation, III, 218, I, n° 2.
ESTIMABLE, *adj.*, estimable, III, 218, I, n° 4.
ESTIMACIO, voyez ESTIMATIO.
ESTIMACION, voyez ESTIMATIO.
ESTIMAR, *v.*, estimer, III, 217, II.
ESTIMATIO, *s. f.*, estimation, III, 218, I, n° 3.
ESTIMATIU, *adj.*, estimatif, III, 218, II, n° 5.
ESTIPAR, *v.*, boucher, III, 219, II.
ESTIPTIC, *adj.*, styptique, III, 220, I, n° 2.
ESTIRAR, *v.*, étirer, V, 365, II, n° 10.
ESTIU, *s. m.*, été, III, 214, II, n° 2.
ESTIVA, voyez ESTEVA.
ESTIVADOR, *s. m.*, moissonneur, III, 215, I, n° 5.
ESTIVAIRE, voyez ESTIVADOR.
ESTIVAL, *adj.*, d'été, III, 214, II, n° 3.
ESTIVAR, *v.*, récolter, III, 215, I, n° 6.
ESTIVENC, *adj.*, d'été, III, 215, I, n° 4.
ESTOBLA, *s. f.*, chaume, III, 220, I, n° 2.

Estoc, *s. m.*, estoc, III, 220, II.
Estoci, *s. m.*, stoïcien, III, 220, II.
Estoiar, voyez Estuiar.
Estol, *s. m.*, flotte, III, 220, II.
Estol, *adj.*, étourdi, III, 220, II.
Estola, *s. f.*, étole, III, 221, I.
Estolre, *v.*, exalter, V, 370, II, n° 8.
Estomac, voyez Estomach.
Estomach, *s. m.*, estomac, III, 221, I.
Estomax (lisez Estomac), voyez Estomach.
Estonc, *s. m.*, bâton, III, 221, I.
Estopa, *s. f.*, étoupe, III, 221, I.
Estopaci, voyez Estopassy.
Estopassy, *s. m.*, topaze, V, 373, II, n° 2.
Estor, voyez Estorn.
Estorbil, *s. m.*, tourbillon, V, 442, I, n° 22.
Estorbillar, *v.*, tourbillonner, V, 442, I, n° 21.
Estorcer, voyez Estorser.
Estoria, voyez Hystoria.
Estorialmen, voyez Ystorialmen.
Estorn, *s. m.*, estour, V, 380, I, n° 16.
Estornar, *v.*, détourner, V, 380, I, n° 15.
Estornel, voyez Estornelh.
Estornelh, *s. m.*, étourneau, III, 221, II.
Estorneu, voyez Estornelh.
Estornir, *v.*, combattre, V, 380, I, n° 17.
Estornudamen, *s. m.*, contestation, V, 380, II, n° 18.
Estornudament, *s. m.*, éternuement, III, 222, I, n° 3.

Estornudar, *v.*, éternuer, III, 221, II.
Estornut, *s. m.*, éternuement, III, 222, I, n° 2.
Estorsa, *s. f.*, arrachement, V, 385, II, n° 25.
Estorsemen, voyez Estorsement.
Estorsement, *s. m.*, arrachement, V, 385, II, n° 26.
Estorser, *v.*, tordre, V, 385, I, n° 23.
Estorsio, *s. f.*, arrachement, V, 385, II, n° 24.
Estot, voyez Estol.
Estout, voyez Estol.
Estra, *s. f.*, estrade, III, 222, I.
Estra, *prép.*, hors, III, 222, I.
Estracar, voyez Estraguar.
Estrada, *s. f.*, estrade, III, 224, I.
Estradier, *s. m.*, batteur d'estrade, III, 224, II, n° 2.
Estragazi, *s. m.*, accident étrange, III, 224, I, n° 11.
Estragnamen, voyez Estranhamen.
Estragolar, voyez Estrangolar.
Estraguar, *v.*, extravaguer, III, 224, I, n° 10.
Estraignamen, voyez Estranhamen.
Estraignament, voyez Estranhamen.
Estrain, voyez Estranh.
Estraire, *v.*, extraire, V, 403, II, n° 32.
Estraissa, *s. f.*, trace, V, 407, I, n° 3.
Estramp, *adj.*, isolé, III, 223, I, n° 6.
Estrang, voyez Estranh.
Estrangier, *adj.*, étranger, III, 223, II, n° 7.
Estranglar, voyez Estrangolar.

ESTRANGOLAMENT, *s. m.*, étranglement, III, 482, I, n° 16.
ESTRANGOLAR, *v.*, étrangler, III, 482, I, n° 18.
ESTRANGOLMEN, *adv.*, étroitement, III, 482, I, n° 17.
ESTRANH, *adj.*, étranger, III, 222, II, n° 4.
ESTRANHAMEN, *s. m.*, éloignement, III, 223, I, n° 5.
ESTRANHAMEN, *adv.*, étrangement, III, 223, II, n° 8.
ESTRANHAR, *v.*, s'éloigner, III, 223, II, n° 9.
ESTRANHATGE, *s. m.*, éloignement, III, 222, II, n° 2.
ESTRANHER, voyez ESTRANGIER.
ESTRANHEZA, *s. f.*, étrangeté, III, 222, II, n° 3.
ESTRANJAR, voyez ESTRANHAR.
ESTRASSAR, *v.*, déchirer, III, 224, II.
ESTRAT, *s. m.*, extrait, V, 403, II, n° 33.
ESTRAVAGAR, *v.*, extravaguer, V, 459, I, n° 5.
ESTRE, voyez ESSER.
ESTRECH, voyez ESTREG.
ESTRECHAMEN, *adv.*, étroitement, III, 227, I, n° 3.
ESTRECHAMENS, voyez ESTRECHAMEN.
ESTRECHEZA, voyez ESTRECHIESSA.
ESTRECHIESSA, *s. f.*, étroitesse, III, 227, I, n° 5.
ESTRECHURA, *s. f.*, serre, III, 227, I, n° 4.
ESTREG, *adj.*, étroit, III, 226, I, n° 2.
ESTREGNER, voyez ESTRENHER.

ESTREIGNER, voyez ESTRENHER.
ESTREINGNER, voyez ESTRENHER.
ESTREINHER, voyez ESTRENHER.
ESTREISA, *s. f.*, serrement, III, 227, II, n° 7.
ESTREIT, voyez ESTREG.
ESTREM, voyez EXTREM.
ESTREMAR, *v.*, cacher, III, 244, II, n° 5.
ESTREMENTIR, *v.*, frémir, III, 225, I.
ESTREMIDA, *s. f.*, extrémité, III, 244, I, n° 3.
ESTREMIER, voyez EXTREMIER.
ESTRENA, *s. f.*, étrenne, III, 225, I.
ESTRENAR, *v.*, étrenner, III, 225, II, n° 2.
ESTRENCAR, *v.*, séparer, V, 417, II, n° 12.
ESTRENGNER, voyez ESTRENHER.
ESTRENHA, voyez ESTRENA.
ESTRENHER, *v.*, étreindre, III, 225, II.
ESTREPAR, *v.*, fouler aux pieds, V, 418, I, n° 5.
ESTRET, voyez ESTREG.
ESTREUP, *s. m.*, étrier, III, 231, I.
ESTREYCEDAT, *s. f.*, étroitesse, III, 227, II, n° 6.
ESTREYSSHEMENT, *s. m.*, étroitesse, III, 227, II, n° 8.
ESTRI, voyez ESTRIS.
ESTRIBAR, *v.*, soutenir, III, 231, I, n° 3.
ESTRIBOT, *s. m.*, estribot, III, 231, I.
ESTRIDOR, *s. f.*, grincement, III, 231, II.
ESTRIEU, voyez ESTREUP.
ESTRIGAR, *v.*, retarder, V, 424, II, n° 7.
ESTRILHAR, *v.*, étriller, III, 231, II.

ESTRILLAR, voyez ESTRILHAR.
ESTRIS (lisez ESTRI), s. m., débat, III, 232, I.
ESTRIUB, voyez ESTREUP.
ESTROLOGIAR, v., observer les astres, II, 138, I, n° 7.
ESTROLOMIA, s. f., astrologie, II, 138, I, n° 4.
ESTRONOMEIADOR, voyez ESTRONOMEIAIRE.
ESTRONOMEIAIRE, voyez AUSTRONOMEIAIRE.
ESTRONOMIA, voyez ESTROLOMIA.
ESTRONOMIA, voyez ASTRONAMIAN.
ESTRONOMIAN, voyez ASTROLOGIAN.
ESTRONT, s. m., étron, III, 232, I.
ESTROS (A), adv. comp., à l'instant, III, 232, II, n° 2.
ESTRU, s. m., rapidité, III, 232, I.
ESTRU, s. m., autruche, III, 232, II.
ESTRUBAR, voyez ESTRIBAR.
ESTRUBIEIRA, s. f., étrier, III, 234, I, n° 2.
ESTRUCCIO, s. f., instruction, VI, 27, I, n° 1 bis.
ESTRUCI, s. m., autruche, III, 232, II, n° 2.
ESTRUMA, s. f., bosse, III, 233, I.
ESTRUMEN, voyez INSTRUMENT.
ESTRUMENT, voyez INSTRUMENT.
ESTRUMOS, adj., bossu, III, 233, I, n° 2.
ESTRUMOZ, voyez ESTRUMOS.
ESTRUN, s. m., courage, III, 233, I, n° 2.
ESTRUNAR, v., encourager, III, 233, II, n° 3.

ESTRUNIDAR, voyez ESTORNUDAR.
ESTRUNIT, s. m., éternuement, III, 222, I, n° 5.
ESTRUS, adj., courageux, III, 233, I.
ESTRUT, voyez ESTRU.
ESTRUYRE, v., instruire, III, 562, I, n° 7.
ESTS, pron. dém. m. pl., ces, VI, 18, II, n° 3.
ESTUBA, s. f., étuve, III, 233, II.
ESTUDI, s. m., étude, III, 233, II.
ESTUDIAN, s. m., étudiant, III, 234, I, n° 3.
ESTUDIAR, v., étudier, III, 234, I, n° 2.
ESTUDIOS, adj., studieux, III, 234, I, n° 4.
ESTUDIOSAMEN, adv., studieusement, III, 234, I, n° 5.
ESTUDIOZ, voyez ESTUDIOS.
ESTUDIOZAMENTAL, adj., d'étude, III, 234, I, n° 6.
ESTUEYRA, s. m. (lisez f.), armoire, III, 235, I, n° 3.
ESTUG, voyez ESTUI.
ESTUGAR, voyez ESTUIAR.
ESTUI, s. m., étui, III, 234, II.
ESTUIAR, v., mettre dans l'étui, III, 234, II, n° 2.
ESTUJAR, voyez ESTUIAR.
ESTURJON, s. m., esturgeon, III, 235, I.
ESTURLENC, s. m., combattant, V, 380, II, n° 19.
ESTURMEN, voyez INSTRUMENT.
ESTUYAR, voyez ESTUIAR.
ESTUZAR, v., éteindre, V, 438, II, n° 5.
ESTZ, voyez ESTS.
ESUGAMENTZ, adv., à sec, VI, 14, I, n° 4.

ESVANEZIR, voyez ENVANEZIR.
ESVANUIR, voyez ENVANEZIR.
ESVAPORAR, voyez ÉVAPORAR.
ESVAZIDOR, *s. m.*, transgresseur, V, 473, II, n° 9.
ESVAZIR, *v.*, transgresser, V, 473, I, n° 8.
ESVEILLAR, voyez ESVELHAR.
ESVELHAR, *v.*, éveiller, V, 480, I, n° 5.
ESVELOPAR, *v.*, envelopper, V, 567, I, n° 4.
ESVENTAR, *v.*, éventer, V, 500, II, n° 15.
ESVERENAR, voyez ENVERINAR.
ESVERGONHAR (lisez ENVERGONHAR), *v.*, vergogner, V, 509, II, n° 12.
ESVERTUDAR, *v.*, évertuer, V, 515, II, n° 7.
ESVIAR, *v.*, envoyer, V, 544, II, n° 12.
ESVILANIR, *v.*, avilir, V, 548, I, n° 16.
ESVILAR, *v.*, avilir, V, 546, I, n° 15.
ESVIRONAR, *v.*, environner, V, 551, II, n° 6.
ET, voyez E.
ETAT, *s. f.*, âge, III, 235, I.
ETERNAL, *adj.*, éternel, III, 235, II, n° 4.
ETERNALMEN, *adv.*, éternellement, III, 235, II, n° 5.
ETERNITAT, *s. m.* (lisez *f.*), éternité, III, 235, II, n° 3.
ETHER, *s. m.*, éther, III, 235, II.
ETHEREY, *adj.*, éthéré, III, 235, II, n° 2.
ETHEROGENE, voyez ETHEROGENEOS.
ETHEROGENEOS (lisez ETHEROGENE), *adj.*, hétérogène, III, 460, II, n° 29.
ETHIC, *adj.*, étique, III, 235, II.

ETHIMOLOGIA, *s. f.*, étymologie, III, 236, I.
ETHIMOLOGIZAR, *v.*, étymologiser, III, 236, I, n° 2.
ETHITES, *s. m.*, étite, III, 236, I.
EU, *pron. pers. m. et f.*, 1re *pers. sing.*, je, III, 236, I.
EUBAZIS, voyez EBAZIS.
EUCHARISTIA, *s. f.*, eucharistie, III, 236, II.
EUFONIA, voyez EUPHONIA.
EUFORBI, *s. m.*, euphorbe, III, 236, II.
EUFORBIA, *s. f.*, voyez EUFORBI.
EUFRAZIA, *s. f.*, eufraise, III, 236, II.
EUPHONIA, *s. f.*, euphonie, III, 236, II.
EURUS, *s. m.*, Eurus, III, 237, I.
EUSIERA, voyez EUZIERA.
EUVANGELICAL (lisez EVVANGELICAL), *adj.*, évangélique, II, 87, II, n° 7.
EUZIERA, *s. f.*, bois planté d'yeuses, III, 237, I.
EVACUACIO, *s. f.*, évacuation, V, 458, II, n° 6.
EVACUAR, *v.*, évacuer, V, 458, II, n° 8.
EVACUATIO, voyez EVACUACIO.
EVACUATIU, *adj.*, évacuatif, V, 458, II, n° 7.
EVAIMENT, voyez ENVAZIMENT.
EVALIMEN, *s. m.*, disparition, V, 463, I, n° 14.
EVANGELI, *s. m.*, Évangile, II, 87, I, n° 4.
EVANGELIC, *adj.*, évangélique, II, 87, I, n° 6.
EVANGELISATION, *s. f.*, prédication, II, 87, I, n° 5.
EVANGELISTA, *s. m.*, évangéliste, II, 87, II, n° 8.

EVANGELISTIER, *s. m.*, évangéliste, II, 87, II, n° 9.

EVANGELIZAR, *v.*, évangéliser, II, 87, II, n° 10.

EVANIR, *v.*, disparaître, V, 467, II, n° 15.

EVANUIR, voyez ENVANEZIR.

EVAPOR, *s. f.*, évaporation, V, 468, I, n° 3.

EVAPORABLE, *adj.*, évaporable, V, 468, II, n° 7.

EVAPORACIO, *s. f.*, évaporation, V, 468, I, n° 4.

EVAPORAR, *v.*, évaporer, V, 468, II, n° 5.

EVAPORATIU, *adj.*, évaporatif, V, 468, II, n° 6.

EVASIR, voyez EVAZIR.

EVAZIR, *v.*, s'évader, V, 473, II, n° 10.

EVEA, voyez ENVEIA.

EVEIA, voyez ENVEIA.

EVENCER, *v.*, évincer, V, 483, II, n° 10.

EVENTAMENT, *s. m.*, ventilation, V, 500, II, n° 14.

EVENTAR, voyez ESVENTAR.

EVERINAR, voyez ENVERINAR.

EVERS, voyez ENVERS.

EVERSAR, voyez ENVERSAR.

EVERTUDAMEN, *s. m.*, effort, V, 516, I, n° 8.

EVESCAL, *adj.*, épiscopal, III, 238, I, n° 5.

EVESCAT, *s. m.*, évêché, III, 237, II, n° 3.

EVESQUAL, voyez EVESCAL.

EVESQUE, voyez EVESQUES.

EVESQUES (lisez EVESQUE), *s. m.*, évêque, III, 237, I.

EVICTIO, *s. f.*, éviction, V, 483, II, n° 11.

EVICTION, voyez EVICTIO.

EVIDEN, voyez EVIDENT.

EVIDENCIA, *s. f.*, évidence, V, 537, I, n° 26.

EVIDENMEN, *adv.*, évidemment, V, 537, I, n° 27.

EVIDENSA, voyez EVIDENCIA.

EVIDENT, *adj.*, évident, V, 537, I, n° 25.

EVIRO, voyez ENVIRON.

EVIRON, voyez ENVIRON.

EVITAR, *v.*, éviter, III, 238, II.

EVOC, *s. m.*, révocation, V, 576, I, n° 12.

EVOCATIO, *s. f.*, évocation, V, 576, I, n° 14.

EVOL, *s. m.*, hièble, III, 238, II.

EVOLOPAMENT, voyez ENVOLOPAMENT.

EVORI, *s. m.*, ivoire, III, 238, II.

EVVANGELICAL, voyez EUVANGELICAL.

EXACTION, *s. f.*, exaction, II, 22, II, n° 14.

EXAGI, *s. m.*, exage, III, 239, I.

EXALLAGE, *s. m.*, exallage, III, 239, I.

EXALTAR, voyez ESALSAR.

EXALTATIO, *s. f.*, exaltation, II, 60, II, n° 14.

EXAMINACION, *s. f.*, examen, III, 239, I, n° 2.

EXAMINAR, *v.*, examiner, III, 239, I.

EXAMINATION, voyez EXAMINACION.

EXASPERATIU, *adj.*, exaspératif, II, 134, II, n° 8.

EXAUCIR, voyez EYSSAUZIR.

EXCECRABLE, *adj.*, exécrable, V, 136, II, n° 24.

EXCELLEN, voyez EXCELLENT.
EXCELLENCIA, *s. f.*, excellence, III, 239, II, n° 2.
EXCELLENT, *adj.*, excellent, III, 239, II.
EXCENTRIC, *adj.*, excentrique, II, 379, II, n° 3.
EXCEPTAR, *v.*, excepter, II, 276, II, n° 35.
EXCEPTAT, *prép.*, excepté, II, 277, I, n° 36.
EXCEPTIO, *s. f.*, exception, II, 277, I, n° 37.
EXCEPTION, voyez EXCEPTIO.
EXCES, *s. m.*, excès, II, 389, I, n° 7.
EXCESSIU, *adj.*, excessif, II, 389, II, n° 8.
EXCICATIU, voyez EXSICCATIU.
EXCITAR, *v.*, exciter, II, 398, II, n° 6.
EXCITATIO, voyez EXCITATION.
EXCITATION, *s. f.*, excitation, II, 398, II, n° 8.
EXCITATIU, *adj.*, excitatif, II, 398, II, n° 7.
EXCLAMATIO, *s. f.*, exclamation, II, 402, II, n° 11.
EXCLAMATIU, *adj.*, exclamatif, II, 402, II, n° 12.
EXCLUSIO, *s. f.*, exclusion, II, 411, II, n° 39.
EXCOCIGAR, *v.*, écosser, III, 240, I.
EXCOMENIAR, voyez ESCOMENIAR.
EXCOMUNIO, voyez ESCOMINIO.
EXCORIACIO, *s. f.*, excoriation, II, 529, I, n° 19.
EXCORIAMENT, *s. m.*, excoriation, II, 529, I, n° 20.

EXCUMERGAR, voyez ESCUMERGAR.
EXCUSABLE, *adj.*, excusable, II, 362, I, n° 24.
EXCUSAR, voyez ESCUSAR.
EXCUSASIO, voyez EXCUZATIO.
EXCUZATIO, *s. f.*, excuse, II, 361, II, n° 21.
EXECUDOR, voyez EXEQUTOR.
EXECUTAR, *v.*, exécuter, V, 181, II, n° 17.
EXECUTIO, *s. f.*, exécution, V, 182, I, n° 18.
EXECUTION, voyez EXECUTIO.
EXECUTOR, voyez EXEQUTOR.
EXECUTORI, *adj.*, exécutoire, V, 182, I, n° 20.
EXEGIR, voyez EXIGIR.
EXEM, voyez EXEMPT.
EXEMPLAR, *v.*, modeler, III, 240, II, n° 3.
EXEMPLAR, *s. m.*, modèle, III, 240, II, n° 4.
EXEMPLE, *s. m.*, exemple, III, 240, I.
EXEMPLIFFICAR, voyez ESSEMPLIFICAR.
EXEMPLIFICATIU, *adj.*, exemplaire, III, 241, I, n° 7.
EXEMPT, *adj.*, exempt, III, 242, I, n° 3.
EXEMPTIO, *s. f.*, exemption, III, 242, I, n° 2.
EXEQUIAS, voyez EXSEQUIAS.
EXEQUTIU, *adj.*, exécutif, V, 182, I, n° 21.
EXEQUTOR, *s. m.*, exécuteur, V, 182, I, n° 19.
EXERCICI, *s. m.*, exercice, III, 241, I.
EXERCIR, *v.*, exercer, III, 241, II, n° 5.

EXERCISI, voyez EXERCICI.
EXERCITACIO, *s. f.*, exercice, III, 241, I, n° 2.
EXERCITAR, *v.*, exercer, III, 241, II, n° 6.
EXERCITIU, *adj.*, d'exercice, III, 241, II, n° 4.
EXERCITUT, *s. m.*, armée, III, 241, II, n° 3.
EXHALACIO, *s. f.*, exhalaison, II, 85, I, n° 10.
EXHIBITION, *s. f.*, exhibition, II, 26, I, n° 2.
EXHUBERAN, voyez EXUBERANT.
EXIGIR, *v.*, exiger, II, 22, II, n° 15.
EXILHAMENT, *s. f.* (lisez *m.*), destruction, III, 198, I, n° 2.
EXIMIR, *v.*, ôter, III, 242, I.
EXISTENCIA, *s. f.*, existence, III, 206, II, n° 23.
EXISTIR, *v.*, exister, III, 206, II, n° 22.
EXODE, *s. m.*, Exode, III, 242, I.
EXORCISTA, *s. m.*, exorciste, III, 242, II.
EXPANDIMENT, voyez ESPANDEMENS.
EXPANDIR, voyez ESPANDIR.
EXPANDRE, voyez ESPANDRE.
EXPANSIU, *adj.*, expansif, III, 165, I, n° 4.
EXPARCIO, voyez ESPARSIO.
EXPAUZAR, *v.*, exposer, IV, 463, II, n° 14.
EXPEDICIO, voyez EXPEDITIO.
EXPEDIEN, *adj.*, expédient, III, 242, II. Voyez EXPEDIENT.
EXPEDIENT, *adj.*, expédient, IV, 473, II, n° 25. Voyez EXPEDIEN.

EXPEDITIO, *s. f.*, expédition, III, 242, II, n° 2.
EXPEDITIO, *s. f.*, élimination, IV, 473, I, n° 24.
EXPELLIR, *v.*, expulser, IV, 667, I, n° 12.
EXPERIENSA, *s. f.*, expérience, III, 243, I, n° 5.
EXPERIENTIA, *s. f.*, expérience, III, 243, I, n° 4.
EXPERIMENT, *s. m.*, expérience, III, 243, I, n° 3.
EXPERIMENTADOR, voyez EXPERIMENTAIRE.
EXPERIMENTAIRE, *s. m.*, expérimentateur, III, 243, II, n° 7.
EXPERIMENTAR, *v.*, expérimenter, III, 243, II, n° 8.
EXPERT, *adj.*, expert, III, 242, II.
EXPIACIO, *s. f.*, expiation, IV, 545, I, n° 10.
EXPINCTAR, *v.*, épier, III, 184, I, n° 5.
EXPLANATIO, *s. f.*, explication, IV, 553, I, n° 13.
EXPLECHAR, *v.*, exploiter, III, 184, I, n° 6.
EXPLECHT, voyez EXPLET.
EXPLECTACIO, *s. f.*, usage, III, 184, I, n° 4.
EXPLECTAR, voyez EXPLECHAR.
EXPLEIT, *s. m.*, exploit, III, 243, II.
EXPLEITAR, voyez EXPLECHAR.
EXPLETIU, *adj.*, explétif, IV, 572, II, n° 29.
EXPLEYTAR, voyez EXPLECHAR.
EXPLICAR, *v.*, expliquer, IV, 566, II, n° 34.

EXPLICATIU, *adj.*, explicatif, **IV**, 566, II, n° 35.

EXPOLIATIO, *s. f.*, spoliation, **IV**, 479, II, n° 4.

EXPOLITIO, *s. f.*, raffinement, **IV**, 591, II, n° 6.

EXPONDRE, voyez EXPONER.

EXPONEDOR, *s. m.*, commentateur, **IV**, 612, II, n° 21.

EXPONER, *v.*, exposer, **IV**, 612, II, n° 22.

EXPOSITIO, *s. f.*, exposition, **IV**, 612, II, n° 20.

EXPOZITIO, voyez EXPOSITIO.

EXPREMESO, voyez EXPREMESOS.

EXPREMESOS (lisez EXPREMESO), *s. f.*, oppression, **IV**, 624, I, n° 13.

EXPRES, *adj.*, exprès. **IV**, 624, I, n° 16.

EXPRESSAMENT, *adv.*, expressément, **IV**, 624, I, n° 17.

EXPRESSAR, voyez ESPRESSAR.

EXPRESSIU, *adj.*, expressif, **IV**, 624, I, n° 14.

EXPRIMAR, *v.*, exprimer, **IV**, 624, I, n° 12.

EXPRIMIR, voyez ESPREMER.

EXPULCIO, *s. f.*, expulsion, **IV**, 667, I, n° 13.

EXPULSIO, voyez EXPULCIO.

EXPULSIU, *adj.*, expulsif, **IV**, 667, I, n° 14.

EXQUESITAMENT, voyez EXQUISIDAMENT.

EXQUISIDAMENT, *adv.*, exactement, **V**, 21, II, n° 26.

EXQUISITAMENT, voyez EXQUISIDAMENT.

EXSEQUIAS, *s. f. pl.*, obsèques, **III**, 241, I.

EXSICACIO, *s. f.*, dessiccation, **V**, 174, II, n° 14.

EXSICCAR, *v.*, sécher, **V**, 175, I, n° 16.

EXSICCATIO, voyez EXSICACIO.

EXSICCATIU, *adj.*, dessiccatif, **V**, 175, I, n° 15.

EXTAZIS, *s. m.* (lisez *f.*), extase, **III**, 243, II.

EXTENCIO, *s. f.*, extension, **V**, 329, I, n° 35.

EXTENDEMENT, voyez ESTENDAMENT.

EXTENDRE, voyez ESTENDRE.

EXTENJER, voyez ESTENHER.

EXTENSIO, voyez EXTENCIO.

EXTENSION, voyez EXTENCIO.

EXTENSIU, *adj.*, extensif, **V**, 329, I, n° 36.

EXTENUAR, *v.*, exténuer, **V**, 360, I, n° 8.

EXTENUATIU, *adj.*, exténuatif, **V**, 360, I, n° 9.

EXTERIOR, *adj.*, extérieur, **III**, 243, II, et 569, I, n° 22.

EXTERMINADOR, voyez EXTERMINAYRE.

EXTERMINAR, *v.*, exterminer, **V**, 351, I, n° 21.

EXTERMINAYRE, *s. m.*, exterminateur, **V**, 351, I, n° 20.

EXTERSIU, *adj.*, dépuratif, **V**, 348, II, n° 4.

EXTHASIS, voyez EXTAZIS.

EXTINCTIU, *adj.*, extinctif, **III**, 216, I, n° 2.

EXTIRPAR, *v.*, extirper, **III**, 243, II.

EXTORSER, voyez ESTORSER.

EXTORSION, voyez ESTORSIO.

EXTORTION, voyez ESTORSIO.

EXTRACCIO, *s. f.*, extraction, V, 403, II, n° 34.
EXTRAJUDICIABLE, *adj.*, extrajudiciaire, III, 608, II, n° 35.
EXTRAORDINARI, *adj.*, extraordinaire, IV, 383, I, n° 24.
EXTREM, *s. m.*, extrémité, III, 244, I.
EXTREMIER, *adj.*, extrême, III, 244, II, n° 4.
EXTREMITAT, *s. f.*, extrémité, III, 244, I, n° 2.
EXTRENUTACIO, *s. f.*, éternuement, III, 222, I, n° 4.
EXTRICTURA, *s. f.*, ligature, III, 227, II, n° 9.
EXTRINSEC, *adj.*, extrinsèque, III, 569, II, n° 25.
EXUBERANT, *adj.*, exubérant, III, 244, II.
EXURIR, *v.*, brûler, V, 452, I, n° 10.
EXUSTIO, *s. f.*, embrasement, V, 452, I, n° 11.
EYA, *interj.*, courage! III, 245, I.
EYGRAS, voyez AGRAS.
EYLHAUS, *s. m.*, éclair, IV, 110, I, n° 15.
EYS, voyez EIS.
EYSHIDURA, voyez EYSSHIDURA.
EYSILHAR, voyez EYSSILLAR.
EYSSA, voyez EISSA.

EYSSAMPLE, voyez EXEMPLE.
EYSSAROP, voyez EISSAROP.
EYSSARRAR, voyez ENSARRAR.
EYSSART, *s. m.*, arrachement de bois, III, 245, I.
EYSSAUSAR, voyez ESALSAR.
EYSSAUZIR, *v.*, écouter, II, 150, II, n° 18.
EYSSELAR, voyez EYSSILLAR.
EYSSENS, *s. m.*, absinthe, II, 18, II, n° 3.
EYSSERNIMEN, *s. m.*, discours sage, III, 21, I, n° 9.
EYSSHIDURA, *s. f.*, fluxion, III, 572, I, n° 6.
EYSSILH, *s. m.*, exil, III, 245, II.
EYSSILLAR, *v.*, exiler, III, 245, II, n° 3.
EYSSIMENT, *s. m.*, sortie, III, 571, II, n° 4.
EYSSIR, voyez EISSIR.
EYSSIROC, *s. m.*, eyssiroc, V, 237, II, n° 2.
EYSSOBLIDAR, *v.*, oublier, IV, 355, I, n° 8.
EYSSORBAR, voyez EISSORBAR.
EYSSORGER, voyez ESSORGER.
EYSUYT, voyez ISSIT.
EYSXAUSAR, voyez ESALSAR.
EZCOISSENDRE, voyez ESCOISSENDRE.

F

FABLA, *s. f.*, fable, III, 246, I.
FABLEL, *s. m.*, fabliau, III, 246, I, n° 2.
FABLOZAMENS, *adv.*, selon la fable, III, 246, II, n° 3.

FABRARIA, *s. f.*, forgerie, III, 247, I, n° 5.
FABRE, *s. m.*, forgeron, III, 247, I.
FABRECAR, voyez FABREGAR.

FABREGAR, *v.*, forger, III, 247, II, n° 7.

FABRICATIO, *s. f.*, fabrication, III, 247, I, n° 3.

FABRIGA, *s. f.*, fabrique, III, 247, I, n° 4.

FABRIL, *adj.*, d'ouvrier, III, 247, II, n° 6.

FACABELA, *s. f.*, flamberge, III, 247, II.

FACH, *s. m.*, fouteau, III, 247, II.

FACHA, voyez FACIA.

FACHILADOR, voyez FACHURIER.

FACHILAIRE, voyez FACHURIER.

FACHILHAYRITZ, *s. f.*, sorcière, III, 282, II, n° 5.

FACHILIEIRA, *s. f.*, sorcière, III, 282, II, n° 4.

FACHILLAMEN, voyez FACHILLAMENS.

FACHILLAMENS (lisez FACHILLAMEN), *s. m.*, enchantement, III, 282, II, n° 6.

FACHURAR, *v.*, enchanter, III, 283, I, n° 8.

FACHURIER, *s. m.*, enchanteur, III, 282, II, n° 3.

FACIA, *s. f.*, face, III, 285, I, n° 2.

FACIAL, *adj.*, facial, III, 285, II, n° 4.

FACIALMENS, voyez FACIALMENT.

FACIALMENT, *adv.*, en face, III, 285, II, n° 5.

FACIARIA, *s. f.*, bail, III, 264, I, n° 10.

FACILAMENT, *adv.*, facilement, VI, 23, II, n° 73 bis.

FACILITAT, *s. f.*, facilité, III, 273, I, n° 73.

FACTOR, *s. m.*, créateur, III, 263, I, n° 4.

FACULTAT, *s. f.*, faculté, III, 263, II, n° 7.

FACUNDIA, *s. f.*, faconde, III, 278, II, n° 2.

FAD, *adj.*, fade, III, 283, II, n° 2.

FADA, *s. f.*, fée, III, 282, I, n° 2.

FADAMEN, *adv.*, follement, III, 283, II, n° 3.

FADAR, *v.*, féer, III, 282, II, n° 7.

FADEIAR, *v.*, extravaguer, III, 284, II, n° 12.

FADEJAR, voyez FADEIAR.

FADELH, *adj.*, fat, III, 283, II, n° 5.

FADENC, *s. m.*, fadaise, III, 284, II, n° 11.

FADES, *s. m.*, fadaise, III, 284, I, n° 9.

FADESTEL, *s. m.*, fauteuil, III, 248, I.

FADESTOL, voyez FADESTEL.

FADET, *adj. dim.*, frivole, III, 283, II, n° 4.

FADEYAR, voyez FADEIAR.

FADEZA, *s. f.*, fadaise, III, 284, I, n° 10.

FADI, *s. m.*, dédain, III, 248, I.

FADIA, *s. f.*, refus, III, 248, I, n° 2.

FADIAR, *v.*, manquer, III, 248, II, n° 4.

FADION, *adj.*, frustré, III, 248, II, n° 3.

FADUC, *adj.*, fastidieux, III, 284, I, n° 6.

FAG, *s. m.*, fait, III, 262, II, n° 2.

FAGOT, *s. m.*, fagot, III, 248, II.

FAIA, *s. f.*, foutelaie, III, 247, II, n° 4.

FAICHA, *s. f.*, peinture, III, 285, II, n° 8.

FAICHON, *s. f.*, face, III, 285, I, n° 3.

FAICHUC, *adj.*, fâcheux, III, 249, I.

FAIDAR, voyez FADAR.

FAIDIR, *v.*, bannir, III, 249, I.
FAIG, voyez FAG.
FAIGNA, voyez FANHA.
FAILHIDA, *s. f.*, faute, III, 253, II, n° 4.
FAILLA, voyez FALHA.
FAILLENSA, *s. f.*, faute, III, 253, II, n° 7.
FAILLIDA, voyez FAILHIDA.
FAILLIMEN, voyez FALHIMEN.
FAILLIR, voyez FALHIR.
FAINA, *s. f.*, fouine, III, 249, II.
FAING, voyez FANC.
FAIR, voyez FAR.
FAIRE, voyez FAR.
FAIS, *s. m.*, faix, III, 249, II.
FAISAN, *s. m.*, faisan, III, 250, 1.
FAISOL, *s. m.*, faséole, III, 250, II.
FAISSA, *s. f.*, bande, III, 250, II.
FAISSAR, *v.*, bander, III, 250, II, n° 2.
FAISSIMEN, *s. m.*, embarras, III, 250, I, n° 2.
FAISSO, *s. f.*, forme, III, 267, I, n° 25.
FAISSONAR, *v.*, façonner, III, 266, II, n° 24.
FAIT, voyez FAG.
FAITILEIRA, voyez FACHILIEIRA.
FAITILHAMEN, voyez FAITILHAMENS.
FAITILHAMENS (lisez FAITILHAMEN), voyez FACHILLAMENS.
FAITIS, *adj.*, bien fait, III, 263, I, n° 6.
FAITONA, *s. f.*, façon, III, 263, I, n° 5.
FAITOR, voyez FACTOR.
FAITURA, *s. f.*, façon, III, 265, II, n° 18.

FAITURAR, voyez FACHURAR.
FALABURDIR, *v.*, bredouiller, VI, 23, I.
FALANGIA, *s. f.*, tarentule, III, 251, I.
FALB, *adj.*, pâle, III, 351, I.
FALBEIAR, *v.*, pâlir, III, 251, II, n° 8.
FALBEJAR, voyez FALBEIAR.
FALBELEIAR, *v.*, pâlir, III, 251, II, n° 9.
FALBELEJAR, voyez FALBELEIAR.
FALBELOS, *adj.*, pâle, III, 251, II, n° 6.
FALBENC, *adj.*, pâle, III, 251, I, n° 4.
FALBEZA, *s. f.*, pâleur, III, 251, II, n° 7.
FALC, *s. m.*, faucon, III, 251, II.
FALCIDIA, *s. f.*, falcidie, III, 286, II, n° 5.
FALCO, voyez FALC.
FALCON, voyez FALC.
FALCONIER, *s. m.*, fauconnier, III, 252, I, n° 2.
FALDA, *s. f.*, giron, III, 252, I.
FALGUEIRA, *s. f.*, fougère, III, 252, II.
FALHA, *s. f.*, falot, III, 252, II.
FALHA, *s. f.*, faute, III, 253, I, n° 3.
FALHENSA, voyez FAILLENSA.
FALHIDAMEN, *adv.*, fautivement, III, 253, I, n° 2.
FALHIMEN, *s. m.*, faute, III, 253, II, n° 6.
FALHIR, *v.*, faillir, III, 252, II.
FALHIZO, *s. f.*, faute, III, 253, II, n° 5.
FALIA, voyez FALHA.
FALIDA, voyez FAILHIDA.
FALLABLE, *adj.*, trompeur, III, 256, I, n° 2.

FAM

FALLACIA, *s. f.*, tromperie, III, 256, I, n° 7.
FALLIR, voyez FALHIR.
FALS, *adj.*, faux, III, 255, I.
FALSADOR, voyez FALSADRE.
FALSADRE, *s. m.*, faussaire, III, 256, I, n° 9.
FALSAMEN, *adv.*, faussement, III, 255, I, n° 2.
FALSAR, *v.*, fausser, III, 256, I, n° 11.
FALSAR, *s. m.*, faussart, III, 286, II, n° 2.
FALSARI, *s. m.*, faussaire, III, 256, I, n° 10.
FALSEDAT, voyez FALSETAT.
FALSESA, *s. f.*, fausseté, III, 255, II, n° 4.
FALSETAT, *s. f.*, fausseté, III, 255, II, n° 3.
FALSIA, *s. f.*, fausseté, III, 255, II, n° 5.
FALSURA, *s. f.*, fausseté, III, 255, II, n° 6.
FALVETA, *s. f.*, art d'enjôler, III, 246, II, n° 4.
FAM, *s. f.*, faim, III, 256, II.
FAM, *adj.*, affamé, VI, 23, I, n° 1 *bis*.
FAMA, *s. f.*, renommée, III, 257, II.
FAMAT, *adj.*, affamé, III, 257, I, n° 2.
FAMILIAR, *adj.*, familier, III, 258, II, n° 3.
FAMILIARITAT, *s. f.*, familiarité, III, 258, II, n° 2.
FAMILIARMENT, *adv.*, familièrement, III, 259, I, n° 4.
FAMILLA, *s. f.*, famille, III, 258, II.
FAMINA, *s. f.*, famine, III, 257, I, n° 3.

FAR

FAMOLEN, *adj.*, affamé, III, 257, I, n° 4.
FAMOS, *adj.*, fameux, III, 257, II, n° 2.
FAMUL, *s. m.*, serviteur, III, 259, I.
FANC, *s. m.*, fange, III, 259, I.
FANG, voyez FANC.
FANGAS, voyez FANGATS.
FANGATS, *s. m.*, bourbier, III, 259, II, n° 2.
FANGOS, *adj.*, fangeux, III, 259, II, n° 4.
FANGUA, *s. f.*, bêche, III, 260, I.
FANGUA, voyez FANHA.
FANGOZ, voyez FANGOS.
FANH, voyez FANC.
FANHA, *s. f.*, fange, III, 259, II, n° 3.
FANHAR, *v.*, faner, III, 260, I.
FANTASMA, *s. m.* et *f.*, fantôme, III, 260, I.
FANTASTIC, *adj.*, fantastique, III, 260, II, n° 6.
FANTAUMA, voyez FANTASMA.
FANTAUMARIA, *s. f.*, fascination, III, 260, II, n° 3.
FANTAUMIA, *s. f.*, illusion, III, 260, I, n° 2.
FANTAZIA, *s. f.*, fantaisie, III, 260, II, n° 5.
FANTIN, *s. m.*, enfant, III, 280, I, n° 15.
FANTISA, *s. f.*, fantaisie, III, 260, II, n° 4.
FANTONIER, voyez FATONIER.
FAR, *v.*, faire, III, 260, II.
FAR, *v.*, parler, III, 278, I.

FAR, *s. m.*, phare, III, 280, I.
FAR, *s. m.*, escande, III, 281, I, n° 3.
FARCIR, voyez FARSIR.
FARDAR, *v.*, farder, III, 280, I.
FARDEL, *s. m.*, fardeau, III, 280, I.
FARGA, *s. f.*, forge, III, 280, II.
FARGAR, *v.*, forger, III, 280, II, n° 2.
FARGUAR, voyez FARGAR.
FARINA, *s. f.*, farine, III, 280, II.
FARNIER, *s. m.*, farinier, III, 281, I, n° 2.
FARSIR, *v.*, farcir, III, 281, I.
FASEIRE, *s. m.*, faiseur, III, 265, I, n° 15.
FASSA, voyez FACIA.
FASTI, voyez FASTIC.
FASTIC, *s. m.*, dégoût, III, 281, II.
FASTICAR, *v.*, avoir dégoût, III, 282, II, n° 4.
FASTIG, voyez FASTIC.
FASTIGAR, voyez FASTICAR.
FASTIGOS, *adj.*, fastidieux, III, 281, II, n° 2.
FASTIR, *v.*, dégoûter, III, 281, II, n° 3.
FAT, *s. m.*, destin, III, 282, I.
FAT, *adj.*, fat, III, 283, I.
FATIGACIO, *s. f.*, fatigue, III, 285, I, n° 2.
FATIGAR, *v.*, fatiguer, III, 284, II.
FATIGUAR, voyez FATIGAR.
FATONIER, *adj.*, fou, III, 284, I, n° 7.
FATUITAT, *s. f.*, fatuité, III, 284, I, n° 8.
FATZ, *s. f.*, face, III, 285, I.
FAU, *s. m.*, fouteau, III, 247, II, n° 2.
FAUB, voyez FALB.

FAUBEL, *adj.*, pâle, III, 254, I, n° 3.
FAUBENC, voyez FAUBENT.
FAUBENT (lisez FAUBENC), voyez FALBENC.
FAUCILHA, *s. f.*, faucille, III, 286, II, n° 4.
FAUDA, voyez FALDA.
FAULA, voyez FABLA.
FAULAR, *v.*, fabler, III, 246, II, n° 5.
FAUNI, *s. m.*, faune, III, 286, II.
FAUR, *s. m.*, forgeron, III, 247, I, n° 2.
FAUS, *s. m.*, faux, III, 286, II.
FAUSSO, *s. m.*, fauchon, III, 286, II, n° 3.
FAUTA, *s. f.*, faute, III, 254, I, n° 8.
FAUTOR, *s. m.*, fauteur, III, 287, II, n° 3.
FAUVE, voyez FALB.
FAVA, *s. f.*, fève, III, 287, I.
FAVAR, *adj.*, favart, III, 287, I.
FAVELAR, *v.*, parler, III, 246, II, n° 6.
FAVIEIRA, *s. m.*, champ de fèves, III, 287, I, n° 2.
FAVILLA, *s. f.*, étincelle, III, 287, I.
FAVONI, *s. m.*, zéphyr, III, 287, II.
FAVOR, *s. f.*, faveur, III, 287, II.
FAVORABLE, *adj.*, favorable, III, 287, II, n° 2.
FAYA, *s. f.*, fouteau, III, 247, II, n° 3.
FAYA, voyez FAIA.
FAYHAN, voyez FAISAN.
FAYS, voyez FAIS.
FAYSER, voyez FAYSSER.
FAYSHUC, voyez FAICHUC.
FAYSHUG, voyez FAICHUC.
FAYSSA, voyez FAISSA.
FAYSSAR, voyez FAISSAR.

FAYSSER, *s. m.*, portefaix, III, 250, I, n° 5.

FAYSSIT, *s. m.*, portefaix, III, 250, I, n° 4.

FAZ, voyez FATZ.

FAZEDOR, voyez FAZEIRE.

FAZEDURA, *s. f.*, ouvrage, III, 264, II, n° 13.

FAZEMENT, *s. m.*, fait, III, 264, II, n° 14.

FAZENDA, *s. f.*, affaire, III, 264, I, n° 12.

FAZENDAR, *v.*, faire, III, 264, I, n° 11.

FAZENDIER, *adj.*, travailleur, III, 265, I, n° 16.

FAZIO, *s. f.*, métairie, III, 287, II.

FAZONAR, *v.*, façonner, VI, 23, I, n° 24 *bis*.

FE, *s. f.*, foi, III, 287, II.

FE, voyez FEN.

FEA, voyez FEDA.

FEALTAT, voyez FEDELTAT.

FEBLAMEN, *adv.*, faiblement, III, 296, I, n° 2.

FEBLE, *adj.*, faible, III, 296, I.

FEBLESIR, voyez FEBLEZIR.

FEBLETAT, *s. f.*, faiblesse, III, 296, I, n° 5.

FEBLEZA, *s. f.*, faiblesse, III, 296, I, n° 4.

FEBLEZIR, *v.*, faiblir, III, 296, I, n° 6.

FEBLIT, *adj.*, affaibli, III, 296, I, n° 3.

FEBRE, *s. f.*, fièvre, III, 297, I.

FEBRICITAR, *v.*, être fébricitant, III, 297, II, n° 4.

FEBRIER, *s. m.*, février, III, 297, II.

FEBRIL, *adj.*, fébrile, III, 297, II, n° 3.

FEBROS, *adj.*, fiévreux, III, 297, I, n° 2.

FEBUS, *s. m.*, Phébus, III, 297, II.

FEC, *s. f.*, lie, III, 297, II.

FECULENT, *adj.*, féculent, III, 298, I.

FECUNDAR, *v.*, féconder, III, 298, I, n° 3.

FECUNDATIU, *adj.*, fécondant (*lisez* fécondatif), III, 298, I, n° 2.

FECUNDITAT, *s. f.*, fécondité, III, 298, I.

FED, *adj.*, fécond, III, 298, I.

FEDA, *s. f.*, brebis, III, 298, II, n° 4.

FEDEDA, *s. f.*, hideur, III, 299, I.

FEDELTAT, *s. f.*, fidélité, III, 288, II, n° 5.

FEDES, *s. m.*, bénéfice, III, 289, II, n° 9.

FEDETTA, *s. f. dim.*, petite brebis, III, 298, II, n° 5.

FEIGNEIRE, *s. m.*, hypocrite, III, 305, I, n° 9.

FEIGNER, voyez FENHER.

FEIGURA, voyez FIGURA.

FEINTAMEN, *adv.*, avec feinte, III, 304, II, n° 2.

FEINTAMENT, voyez FENHEMEN.

FEINTEDAT, *s. f.*, feintise, III, 304, II, n° 3.

FEINTESA, *s. f.*, feintise, III, 305, I, n° 6.

FEIRA, *s. f.*, foire, III, 299, I.

FEIT, voyez FET.

FEL, *s. m.*, fiel, III, 299, I.

FEL, *adj.*, farouche, III, 299, II, n° 2.

FELH, voyez FEL.
FELHO, voyez FELON.
FELHON, voyez FELON.
FELICITAT, s. f., félicité, III, 304, I.
FELIGE, s. m., jaunisse, III, 304, I.
FELLON, voyez FELON.
FELLONES, voyez FELONES.
FELLONEZA, s. f., félonie, III, 300, II, n° 8.
FELLONIA, s. f., félonie, III, 300, I, n° 5.
FELNEIAR, v., faire félonie, III, 300, II, n° 9.
FELNEJAR, voyez FELNEIAR.
FELNIA, voyez FELLONIA.
FELO, voyez FELON.
FELON, adj., félon, III, 299, II, n° 3.
FELONAMENS, adv., traîtreusement, III, 300, I, n° 4.
FELONES, adj., mauvais, III, 300, I, n° 6.
FELONESSAMENT, adv., traîtreusement, III, 300, II, n° 7.
FELTAT, voyez FEDELTAT.
FEM, s. m., fumier, III, 304, I.
FEMADURA, s. f., engrais, III, 304, II, n° 6.
FEMAR, v., fumer, III, 304, II, n° 7.
FEME, s. m., femelle, III, 302, I.
FEMEL, adj., féminin, III, 302, I, n° 4.
FEMELH, adj., éphémère, III, 97, I, n° 3.
FEMELL, voyez FEMEL.
FEMENA, voyez FEMNA.

FEMENEGE, s. m., chaleur de la femelle pour le mâle, III, 302, I, n° 3.
FEMENI, voyez FEMENIN.
FEMENIL, voyez FEMIL.
FEMENIN, adj., féminin, III, 302, II, n° 6.
FEMENTIT, adj., parjure, III, 288, II, n° 2, et IV, 205, II, n° 8.
FEMIL, adj., féminin, III, 302, II, n° 5.
FEMINAL, adj., féminin, III, 302, II, n° 7.
FEMINI, voyez FEMENIN.
FEMINIL, voyez FEMIL.
FEMININ, voyez FEMENIN.
FEMNA, s. f., femme, III, 302, I, n° 2.
FEMORAS, s. m., tas de fumier, III, 304, II, n° 5.
FEMORIE, s. m., fumier, III, 304, II, n° 4.
FEMORIER, s. m., fumier, III, 304, II, n° 3.
FEMP, voyez FEM.
FEN, s. m., foin, III, 303, I.
FENAR, v., faner, III, 303, II, n° 3.
FENCHA, voyez FENHA.
FENCHAMEN, voyez FENHEMEN.
FENDA, voyez FENTA.
FENDEDURA, s. f., fente, III, 304, I, n° 5.
FENDEDURETA, s. f. dim., petite fente, III, 304, I, n° 6.
FENDILHA, voyez FENDILLA.
FENDILHAMENT, voyez FENDILLAMENT.
FENDILHAR, v., crevasser, III, 303, II, n° 3.
FENDILLA, s. f., fente, III, 304, I, n° 4.

FER   FER   281

FENDILLAMENT, *s. m.*, crevasse, III, 303, II, n° 2.
FENDRE, *v.*, fendre, III, 303, II.
FENESTRA, *s. f.*, fenêtre, III, 305, II.
FENESTRAGGE, voyez FENESTRATGE.
FENESTRAL, *s. m.*, fenêtre, III, 306, I, n° 3.
FENESTRATGE, *s. m.*, fenêtrage, III, 306, I, n° 4.
FENESTREL, voyez FENESTRAL.
FENESTRELLA, *s. f.*, fenêtre, III, 305, II, n° 2.
FENGREC, voyez FENUGREC.
FENHA, *s. f.*, feinte, III, 304, II, n° 4.
FENHEDOR, voyez FEIGNEIRE.
FENHEMEN, *s. m.*, feinte, III, 305, I, n° 5.
FENHER, *v.*, feindre, III, 304, I.
FENHTIS, *adj.*, faux, III, 305, I, n° 8.
FENICE, *adj.*, rouge, III, 306, I.
FENICS, voyez FENIX.
FENIDA, *s. f.*, fin, III, 329, I, n° 2.
FENIER, *s. m.*, tas de foin, III, 303, I, n° 2.
FENIMENT, voyez FINIMEN.
FENIR, *v.*, finir, III, 329, II, n° 7.
FENIX, *s. m.*, phénix, III, 306, I.
FENIZO, *s. f.*, fin, III, 329, I, n° 4.
FENIZON, voyez FENIZO.
FENOILH, voyez FENOLH.
FENOILL, voyez FENOLH.
FENOLH, *s. m.*, fenouil, III, 306, II.
FENTA, *s. f.*, fiente, III, 304, II, n° 2.
FENUGREC, *s. m.*, fenugrec, III, 306, II.
FEONIAR, voyez FELNEIAR.
FER, *s. m.*, fer, III, 306, II.
FER, *adj.*, farouche, III, 308, I.

v.

FERA, *s. f.*, bête sauvage, III, 308, II, n° 4.
FERA, *s. f.*, fête, III, 310, I.
FERAM, *s. m.*, animal sauvage, III, 308, II, n° 5.
FERAMEN, voyez FERRAMENT.
FERAMENS, *adv.*, cruellement, III, 308, II, n° 2.
FERAR, voyez FERRAR.
FERDAT, voyez FERITAT.
FEREN, voyez FERENS.
FERENS (lisez FEREN), *adj.*, féroce, III, 309, II, n° 17.
FEREZA, *s. f.*, frayeur, III, 309, II, n° 14.
FEREZIR, *v.*, effaroucher, III, 309, II, n° 12.
FEREZOS, *adj.*, cruel, III, 309, II, n° 15.
FERIAL, *adj.*, férial, III, 310, I, n° 2.
FERIAR, *v.*, férier, III, 310, I, n° 3.
FERIDOR, *s. m.*, frappeur, III, 311, I, n° 3.
FERIENC, *adj.*, bestial, III, 309, II, n° 16.
FERIMEN, *s. m.*, frappement, III, 310, II, n° 2.
FERIMENT, voyez FERIMEN.
FERIR, *v.*, frapper, III, 310, I.
FERITAT, *s. f.*, férocité, III, 309, I, n° 10.
FERM, *adj.*, ferme, III, 311, II.
FERMA, *s. f.*, ferme, III, 312, II, n° 10.
FERMADOR, *s. m.*, garant, III, 312, II, n° 9.
FERMAGE, *s. m.*, fermage, III, 312, II, n° 11.

36

FERMAIRE, voyez FERMADOR.
FERMAL, voyez FERMALH.
FERMALH, s. m., boucle, III, 311, II, n° 3.
FERMALHA, s. f., fiançaille, III, 312, I, n° 6.
FERMALHAMEN, s. m., boucle, III, 312, I, n° 4.
FERMAMEN, adv., fermement, III, 311, II, n° 2.
FERMAMEN, s. m., firmament, III, 313, II, n° 15.
FERMAMENT, voyez FERMAMEN.
FERMANSA, s. f., assurance, III, 312, I, n° 7.
FERMAR, v., affermir, III, 313, I, n° 14.
FERMARIA, s. f., forteresse, III, 312, II, n° 12.
FERMAZO, s. f., assurance, III, 312, I, n° 5.
FERMENT, s. m., ferment, III, 317, II, n° 6.
FERMESA, s. f., fermeté, III, 312, II, n° 8.
FERMETAT, s. f., fermeté, III, 313, I, n° 13.
FERMEZA, voyez FERMESA.
FERMORIER, voyez FEMORIER.
FEROCE, adj., féroce, III, 308, II, n° 6.
FEROCIA, s. f., sauvagerie, III, 309, I, n° 11.
FEROCITAT, s. f., férocité, III, 309, I, n° 9.
FEROGGE, voyez FEROTGUE.
FERON, adj., féroce, III, 309, I, n° 8.

FEROR, s. f., férocité, III, 309, II, n° 13.
FEROTGUE, adj., féroce, III, 308, II, n° 7.
FERR, voyez FER.
FERRADOR, adj., propre à ferrer, III, 307, II, n° 9.
FERRADURA, s. f., ferrure, III, 307, I, n° 4.
FERRAMEN, voyez FERRAMENT.
FERRAMENT, s. m., ferrement, III, 307, I, n° 3.
FERRAN, voyez FERRANT.
FERRANT, adj., gris, VI, 24, I, n° 8 bis.
FERRAR, v., ferrer, III, 307, II, n° 10.
FERRATER, s. m., ferronnier, III, 307, II, n° 7.
FERRATGE, s. f., prairie, III, 316, II.
FERRE, voyez FER.
FERRENC, adj., de fer, III, 307, II, n° 8.
FERRER, s. m., ferronnier, III, 307, II, n° 6.
FERRIENCH, voyez FERIENC.
FERRIGOLA, s. f., lavande, III, 316, II.
FERROLH, s. m., verrou, III, 307, I, n° 2.
FERRUGA, s. f., limaille de fer, III, 307, II, n° 5.
FERSA, s. f., la reine, au jeu des échecs, III, 316, II.
FERTAT, voyez FERITAT.
FERTIL, adj., fertile, III, 316, II, n° 2.
FERTILITAT, s. f., fertilité, III, 316, II.
FERULA, s. f., férule, III, 317, I.
FERVEMMENS, adv., fervemment, III, 317, I, n° 4.

FERVEN, voyez FERVENT.
FERVENT, adj., fervent, III, 317, I, n° 2.
FERVOR, s. f., ferveur, III, 317, I.
FESTA, s. f., fête, III, 317, II.
FESTEGAR, voyez FESTEJAR.
FESTEIAR, voyez FESTEJAR.
FESTEJAR, v., festoyer, III, 317, II, n° 2.
FESTINACIO, s. f., hâte, III, 318, II, n° 4.
FESTINANTMENT, adv., rapidement, III, 318, I, n° 2.
FESTINAR, v., hâter, III, 318, I.
FESTIVAL, adj., de fête, III, 318, I, n° 4.
FESTIVETAT, s. f., fête, III, 317, II, n° 3.
FESTIVITAT, voyez FESTIVETAT.
FESTUC, s. m., fétu, III, 318, II.
FESTUCA, s. f., fétu, III, 318, II, n° 2.
FESTUGA, voyez FESTUCA.
FET, s. m., fœtus, III, 298, I, n° 2.
FET, adj., fétide, III, 318, II.
FETAN, voyez FETANS.
FETANS (lisez FETAN), adj. employé substantiv., brebis, III, 298, II, n° 6.
FETENT, adj., fétide, III, 318, II, n° 2.
FETGE, s. m., foie, III, 319, I.
FETOS, adj., prolifique, III, 299, I, n° 7.
FETOZ, voyez FETOS.
FETUS, s. m., fœtus, III, 298, II, n° 3.
FETZ, s. f., fois, III, 319, I.
FETZ, voyez FEC.
FEU, s. m., fief, III, 293, II, n° 40.
FEUADGE, voyez FEUATGE.
FEUAL, voyez FEUSAL.
FEUAMENT, adv., féodalement, III, 294, II, n° 44.

FEUATEIR, s. m., feudataire, III, 294, II, n° 45.
FEUATGE, s. m., inféodation, III, 294, I, n° 41.
FEUNEIAR, voyez FELNEIAR.
FEUNESAMENS, voyez FEUNEZAMENS.
FEUNEYAR, voyez FELNEIAR.
FEUNEZAMENS, adv., traîtreusement, III, 300, II, 10.
FEUNIA, voyez FELLONIA.
FEUSAL, s. m., féal, III, 294, I, n° 42.
FEUSATGE, voyez FEUATGE.
FEUTAT, voyez FEDELTAT.
FEUTRAR, v., feutrer, VI, 24, II, n° 1 bis.
FEUTRE, s. m., feutre, III, 319, I.
FEUZAL, voyez FEUSAL.
FEUZAMENT, s. m., fief, III, 294, II, n° 43.
FEUZATIER, voyez FEUATEIR.
FEVANMENT, voyez FEUAMENT.
FEVATIER, voyez FEUATEIR.
FEYRA, voyez FEIRA.
FEZAUTAT, voyez FEDELTAT.
FEZECIA, s. m., physicien, III, 319, II, n° 3.
FEZEUTAT, voyez FEDELTAT.
FEZICA, s. f., physique, III, 319, II. Voyez PHIZICA.
FEZICIA, voyez FEZECIA.
FI, voyez FIN.
FIA, voyez FIGA.
FIALA, s. f., fiole, VI, 25, I, n° 2.
FIANSA, voyez FIZANSA.
FIANSAR, v., promettre, III, 290, II, n° 14.
FIANSOS, voyez FIZANSOS.

FIAR, *v.*, fier, III, 289, II, n° 8.
FIBLA, *s. f.*, boucle, VI, 24, II.
FIBLE, voyez FEBLE.
FIBRA, *s. f.*, fibre, III, 319, II.
FIC, *s. m.*, blessure, III, 320, I, n° 2.
FICA, *s. f.*, piqûre, III, 320, I, n° 3.
FICAMEN, voyez FIXAMENT.
FICAMENT, voyez FIXAMENT.
FICAR, *v.*, ficher, III, 320, I.
FICARI, *s. m.*, figon, III, 323, I, n° 4.
FICTION, voyez FICXIO.
FICXIO, *s. f.*, fiction, III, 305, I, n° 7.
FIDEICOMIS, *s. m.*, fidéicommis, III, 289, II, n° 10.
FIDELITAT, *s. f.*, fidélité, III, 288, II, n° 4.
FIDELMEN, voyez FIZELMENS.
FIDUCIA, *s. f.*, confiance, III, 288, II, n° 3.
FIEL, voyez FIZEL.
FIELMENT, voyez FIZELMENS.
FIENDA, voyez FENTA.
FIERA, voyez FEIRA.
FIEU, voyez FEU.
FIEUSIER, voyez FEUATEIR.
FIEYRA, voyez FEIRA.
FIGA, *s. f.*, figue, III, 322, I.
FIGUA, voyez FIGA.
FIGUIEIRA, voyez FIGUIEYRA.
FIGUIER, *s. m.*, figuier, III, 322, II, n° 2.
FIGUIEYRA, *s. f.*, figuier, III, 322, II, n° 3.
FIGURA, *s. f.*, figure, III, 323, I.
FIGURABLE, *adj.*, figurable, III, 323, II, n° 4.

FIGURACIO, *s. f.*, figure, III, 323, I, n° 2.
FIGURAL, *adj.*, figuratif, III, 323, I, n° 3.
FIGURAR, *v.*, figurer, III, 323, II, n° 7.
FIGURATIU, *adj.*, figuratif, III, 323, II, n° 5.
FIGURATIVAMEN, *adv.*, figurativement, III, 323, II, n° 6.
FIL, *s. m.*, fil, III, 324, I.
FIL, voyez FILS.
FILA, *s. f.*, file, III, 325, I, n° 6.
FILABLE, *adj.*, filable, III, 325, II, n° 11.
FILADIS, *s. m.*, filasse, III, 325, I, n° 4.
FILADURA, *s. f.*, filage, III, 325, I, n° 5.
FILAR, *v.*, filer, III, 325, II, n° 12.
FILAT, *s. m.*, fil, III, 324, II, n° 3.
FILEIRA, *s. f.*, filandre, III, 325, I, n° 7.
FILET, *s. m. dim.*, petit fil, III, 324, II, n° 2.
FILH, voyez FILS.
FILHA, *s. f.*, fille, III, 327, II, n° 7.
FILHASTRE, *s. m.*, fillâtre, III, 327, II, n° 6.
FILHET, *s. m. dim.*, cher fils, III, 327, I, n° 3.
FILHOL, *s. m.*, filleul, III, 327, II, n° 8.
FILHOLA, *s. f.*, filleule, III, 327, II, n° 9.
FILHOLETA, *s. f. dim.*, petite filleule, III, 328, I, n° 10.
FILHOS, *s. m.*, petit d'un animal, III, 327, I, n° 2.

FIN   FLA   285

FILIACIO, *s. f.*, filiation, VI, 24, II, n° 10 *bis*.

FILIAL, *adj.*, filial, III, 328, I, n° 11.

FILLA, voyez FILHA.

FILLASTRE, voyez FILHASTRE.

FILLAT, *s. m.*, fillâtre, III, 327, II, n° 5.

FILLAT, voyez FILAT.

FILLOL, voyez FILHOL.

FILLOLA, voyez FILHOLA.

FILOS, *adj.*, velu, III, 325, II, n° 10.

FILOSOFE, voyez PHILOSOPHE.

FILOSOPHAR, *v.*, philosopher, IV, 533, II, n° 3.

FILOZ, voyez FILOS.

FILOZOFIA, voyez PHILOSOPHIA.

FILS (lisez FIL), *s. m.*, fils, III, 327, I.

FILTRACIO, *s. f.*, filtration, III, 328, II.

FIN, *s. f.*, fin, III, 328, II.

FIN, *adj.*, fin, III, 332, II.

FINAL, *adj.*, final, III, 329, I, n° 5.

FINALMENT, *adv.*, finalement, III, 329, I, n° 6.

FINAMEN, *adv.*, purement, III, 333, I, n° 3.

FINANSA, *s. f.*, finance, III, 333, II, n° 7.

FINAR, *v.*, finir, III, 329, II, n° 8.

FINELA, voyez FINELHA.

FINELHA, *s. f.*, boucle, III, 333, II.

FINELLA, voyez FINELHA.

FINEZA, *s. f.*, pureté, III, 332, II, n° 2.

FINHER, voyez FENHER.

FINIBUSTERRA, *s. m.*, Finistère, III, 332, II, n° 32.

FINIMEN, *s. m.*, fin, III, 329, I, n° 3.

FINIMENT, voyez FINIMEN.

FIOLA, *s. f.*, fiole, III, 333, II.

FIRMAMEN, voyez FERMAMEN.

FISAC, *s. m.*, pistache, III, 334, I.

FISC, *s. m.*, fisc, III, 334, I.

FISCAL, *adj.*, fiscal, III, 334, I, n° 2.

FISCO, voyez FISC.

FISICAL, *adj.*, physique, III, 319, II, n° 2.

FISSAR, *v.*, piquer, III, 320, I, n° 4.

FISSO, *s. m.*, aiguillon, III, 320, II, n° 5.

FISTIN, *adj.*, pressé, III, 318, II, n° 3.

FISTOLA, *s. f.*, fistule, III, 334, II.

FISTULA, voyez FISTOLA.

FIUATER, voyez FEUATEIR.

FIX, *adj.*, fixe, III, 320, II, n° 6.

FIXAMENT, *adv.*, fixement, III, 320, II, n° 7.

FIXIO, *s. f.*, fixité, III, 320, II, n° 8.

FIZANSA, *s. f.*, confiance, III, 289, II, n° 11.

FIZANSOS, *adj.*, assuré, III, 290, I, n° 12.

FIZANSOSAMENT, *adv.*, de confiance, III, 290, I, n° 13.

FIZAR, voyez FIAR.

FIZEL, *adj.*, fidèle, III, 289, I, n° 6.

FIZELMEN, voyez FIZELMENS.

FIZELMENS, *adv.*, fidèlement, III, 289, I, n° 7.

FLAC, *adj.*, flasque, III, 334, II.

FLACAMEN, *adv.*, flasquement, III, 335, I, n° 4.

FLACAR, *v.*, doubler, III, 335, I, n° 5.

FLACH, voyez FLAC.
FLACHEL, voyez FLAGEL.
FLACHIZIR, voyez FLAQUEIR.
FLAGEL, s. m., fléau, III, 335, I.
FLAGELAR, voyez FLAGELLAR.
FLAGELL, voyez FLAGEL.
FLAGELLAR, v., flageller, III, 335, II, n° 2.
FLAGRAR, v., brûler, III, 336, I.
FLAIRAR, v., flairer, III, 336, I.
FLAIROR, s. f., odeur, III, 336, I, n° 2.
FLAJELAR, voyez FLAGELLAR.
FLAMA, s. f., flamme, III, 336, II.
FLAMADURA, s. f., flammule, III, 336, II, n° 3.
FLAMEGAR, voyez FLAMEIAR.
FLAMEIAR, v., flamboyer, III, 336, II, n° 4.
FLAMEJAR, voyez FLAMEIAR.
FLAMET, s. m., flamant, III, 338, I.
FLAMEYAR, voyez FLAMEIAR.
FLAMIER, s. m., flammiche, III, 336, II, n° 2.
FLAMINA, s. m., flamine, III, 338, I.
FLAMMA, voyez FLAMA.
FLAMMA, voyez FLEGMA.
FLANC, s. m., flanc, III, 338, I.
FLAQUEIAR, v., devenir flasque, III, 335, I, n° 7.
FLAQUEIR, v., devenir flasque, III, 335, I, n° 6.
FLAQUEJAR, voyez FLAQUEIAR.
FLAQUEZA, s. f., faiblesse, III, 334, II, n° 3.
FLAQUEZIR, voyez FLAQUEIR.
FLAQUIZIR, voyez FLAQUEIR.

FLATADOR, voyez FLATAIRE.
FLATAIRE, s. m., flatteur, III, 338, I, n° 2.
FLATARIA, s. f., flatterie, III, 338, I.
FLAUBOTOMIA, voyez FLEUBOTOMIA.
FLAUJOLAR, v., flûter, III, 339, I, n° 8.
FLAUSTEL, voyez FLAUTEL.
FLAUTA, s. f., flûte, III, 338, II.
FLAUTAR, v., flûter, III, 339, I, n° 4.
FLAUTEL, s. m., fifre, III, 338, II, n° 3.
FLAUTEU, voyez FLAUTEL.
FLAUTOL, s. m., flageolet, III, 338, II, n° 2.
FLAUZA, s. f., flause, III, 339, I.
FLAUZAR, v., flûter, III, 339, I, n° 7.
FLAUZON, s. m., flan, III, 339, II.
FLAVIO, s. m., flûte, III, 339, I, n° 6.
FLAVOR, s. f., couleur jaunâtre, III, 339, II.
FLAYRAR, voyez FLAIRAR.
FLECBOTHOMAR, voyez FLEUBOTOMAR.
FLECHA, s. f., flèche, III, 339, II.
FLECHEZIR, v., fléchir, III, 340, I, n° 2.
FLECHIR, v., fléchir, III, 339, II.
FLECMA, voyez FLEGMA.
FLECMATIC, adj., flegmatique, III, 341, II, n° 2.
FLECME, s. m., lancette, III, 341, I.
FLEGEZIR, voyez FLECHEZIR.
FLEGMA, s. f., flegme, III, 341, II.
FLEIS, s. m., soumission, III, 340, I, n° 5.
FLEISAR, voyez FLEISSAR.

FLEISSAR, *v.*, relâcher, III, 340, I, n° 4.
FLEMMA, voyez FLEGMA.
FLESSADA, *s. f.*, couverture, III, 325, I, n° 9.
FLEUBOTOMADOR, *s. m.*, phlébotomiste, III, 341, I, n° 4.
FLEUBOTOMAIRE, voyez FLEUBOTOMADOR.
FLEUBOTOMAR, *v.*, phlébotomiser, III, 341, I, n° 5.
FLEUBOTOMI, *s. m.*, lancette, III, 341, I, n° 3.
FLEUBOTOMIA, *s. f.*, phlébotomie, III, 341, I, n° 2.
FLEUMATIC, voyez FLECMATIC.
FLEUVATOMIA, voyez FLEUBOTOMIA.
FLEXIBILITAT, *s. f.*, flexibilité, III, 340, I, n° 3.
FLEYCHIR, voyez FLECHIR.
FLISSA, *s. f.*, pluche de laine, III, 325, I, n° 8.
FLOC, *s. m.*, flocon, III, 342, I.
FLOQUET, *s. m. dim.*, petit flocon, III, 342, I, n° 2.
FLOQUIER, *s. m.*, marchand de laine, III, 342, I, n° 3.
FLOR, *s. f.*, fleur, III, 342, II.
FLORETA, *s. f. dim.*, fleurette, III, 343, I, n° 2.
FLORI, voyez FLORIN.
FLORICIO, *s. f.*, floraison, III, 343, I, n° 3.
FLORIDURA, *s. f.*, épanouissement, III, 343, I, n° 4.
FLORIN, *s. m.*, florin, III, 343, I, n° 5.

FLORIR, *v.*, fleurir, III, 343, I, n° 6.
FLORONC, *s. m.*, furoncle, III, 343, II.
FLORONCOS, *adj.*, couvert de furoncles, III, 344, I, n° 2.
FLORONOS, voyez FLORONCOS.
FLOYRONC, voyez FLORONC.
FLUCT, voyez FLUCTZ.
FLUCTZ (lisez FLUCT), *s. m.*, flot, III, 344, I, n° 3.
FLUIR, *v.*, fluer, III, 344, I.
FLUIS, *adj.*, flasque, III, 334, II, n° 2.
FLUM, *s. m.*, fleuve, III, 344, I, n° 4.
FLUVI, *s. m.*, fleuve, III, 344, I, n° 5.
FLUVIAL, *adj.*, fluvial, III, 344, II, n° 6.
FLUX, *s. m.*, flux, III, 344, I, n° 2.
FLUXIBILITAT, *s. f.*, fluidité, III, 344, II, n° 7.
FLUXIBLE, *adj.*, fluide, III, 344, II, n° 8.
FLUYR, voyez FLUIR.
FOBIA, *s. f.*, retraite, VI, 25, I.
FOC, *s. m.*, feu, III, 345, II.
FOCACIO, *s. f.*, suffocation, III, 347, I, n° 13.
FOCCA, *s. f.*, phoque, III, 347, I.
FOCIL, *s. m.*, focile, III, 347, I.
FOGADGE, voyez FOGATGE.
FOGAL, *s. m.*, foyer, III, 346, I, n° 3.
FOGASOL, *s. m. dim.*, petite fouace, III, 346, II, n° 9.
FOGASSA, *s. f.*, fouace, III, 346, I, n° 7.
FOGASSET, *s. m. dim.*, petite fouace, III, 346, II, n° 8.
FOGATGE, *s. m.*, fouage, III, 346, I, n° 6.

FOGATZA, voyez FOGASSA.

FOGAYNHA, s. f., fourneau, III, 346, I, n° 5.

FOGUAIRO, s. m., foyer, III, 346, I, n° 4.

FOGUAL, voyez FOGAL.

FOGUASSA, voyez FOGASSA.

FOGUASSET, voyez FOGASSET.

FOGUATGE, voyez FOGATGE.

FOGUENC, adj., brillant comme le feu, III, 346, II, n° 10.

FOGUIER, s. m., foyer, III, 345, II, n° 2.

FOGUINENC, adj., fulminant, III, 346, II, n° 11.

FOILLA, voyez FOLHA.

FOILLAR, v., fouiller, VI, 25, II, n° 8 bis.

FOILLAR, voyez FOLHAR.

FOILLETA, s. f. dim., petite feuille, III, 353, II, n° 3.

FOILLOS, voyez FOLHOS.

FOIRE, v., fouir, III, 347, II.

FOL, adj., fou, III, 348, II.

FOL, s. m., foulon, III, 352, II.

FOLAMEN, adv., follement, III, 349, I, n° 2.

FOLAR, v., fouler, III, 352, II, n° 2.

FOLATIR, v., folâtrer, III, 354, II, n° 15.

FOLATURA, s. f., folie, III, 351, I, n° 12.

FOLC, s. m., troupeau, III, 352, II.

FOLCA, s. f., foulque, III, 353, I.

FOLDAT, voyez FOLLEDAT.

FOLDRE, s. m., foudre, III, 407, I, n° 3.

FOLEIAR, v., faire folie, III, 351, I, n° 1.

FOLEJAR, voyez FOLEIÁR.

FOLES, s. f., folie, III, 350, II, n° 8.

FOLESC, adj., fou, III, 349, I, n° 3.

FOLESTANSA, s. f., folie, III, 350, II, n° 11.

FOLETI, voyez FOLETIN.

FOLETIN, adj., follet, III, 349, II, n° 4.

FOLH, s. m., feuille, III, 353, I.

FOLH, voyez FOL.

FOLHA, s. f., feuille, III, 353, II, n° 2.

FOLHAR, v., feuiller, III, 354, I, n° 5.

FOLHATGE, voyez FOLLATGE.

FOLHEIAR, voyez FOLEIAR.

FOLHEJAR, voyez FOLEIAR.

FOLHIA, voyez FOLIA.

FOLHOR, voyez FOLOR.

FOLHOS, adj., feuillu, III, 353, II, n° 4.

FOLIA, s. f., folie, III, 349, II, n° 6.

FOLLAMEN, voyez FOLAMEN.

FOLLAR, voyez FOLAR.

FOLLATGE, s. m., folie, III, 351, I, n° 13.

FOLLATURA, voyez FOLATURA.

FOLLEDAT, s. f., folie, III, 350, II, n° 10.

FOLLEGAR, voyez FOLEIAR.

FOLLEIAR, voyez FOLEIAR.

FOLLEIL, s. m., filoselle, III, 327, II, n° 21.

FOLLEIL, s. m., feuillet, VI, 25, II, n° 2.

FOLLEJAR, voyez FOLEIAR.

FOLLENSA, s. f., folie, III, 350, II, n° 9.

FOLLESC, voyez FOLESC.

FOLLET, *s. m.*, esprit follet, III, 349, II, n° 5.

FOLLEYAR, voyez FOLEIAR.

FOLLIA, voyez FOLIA.

FOLLOR, voyez FOLOR.

FOLOR, *s. f.*, folie, III, 350, I, n° 7.

FOLRADURA, *s. f.*, fourrure, III, 354, II, n° 2.

FOLRAR, *v.*, fourrer, III, 354, II.

FOLRIER, *s. m.*, fourrier, III, 371, II, n° 3.

FOLZER, *s. m.*, foudre, III, 407, I, n° 2.

FOMENTACIO, *s. f.*, fomentation, III, 355, I, n° 2.

FOMENTAR, *v.*, fomenter, III, 354, n° II.

FOMORIE, voyez FEMORIE.

FON, voyez FONT.

FONDA, *s. f.*, fronde, III, 355, I.

FONDA, *s. f.*, poche, III, 355, I.

FONDADAMENS, *adv.*, à fond, III, 359, I, n° 8.

FONDADOR, voyez FUNDATOR.

FONDAIRE, voyez FUNDATOR.

FONDAL, *adj.*, profond, III, 359, I, n° 6.

FONDAMEN, voyez FONDAMENT.

FONDAMENT, *s. m.*, fondement, III, 358, II, n° 2.

FONDAMENTA, *s. f.*, fondement, III, 358, II, n° 3.

FONDAR, *v.*, fonder, III, 359, I, n° 7.

FONDATION, voyez FUNDACIO.

FONDEMEN, *s. m.*, renversement, III, 355, II, n° 2.

FONDRE, *v.*, fondre, III, 355, I.

V.

FONGE, *s. m.*, fongus, III, 358, I.

FONS, *s. m.*, fond, III, 358, I.

FONT, *s. f.*, fontaine, III, 360, II.

FONTAINA, voyez FONTANA.

FONTAL, *adj.*, de source, III, 361, II, n° 6.

FONTANA, *s. f.*, fontaine, III, 361, I, n° 3.

FONTANIL, *s. m. dim.*, petite fontaine, III, 361, I, n° 4.

FONTANILHA, *s. f. dim.*, petite fontaine, III, 361, I, n° 5.

FONTAYNA, voyez FONTANA.

FONTETA, *s. f. dim.*, petite fontaine, III, 361, I, n° 2.

FONTZ, voyez FONS.

FONZ, voyez FONS.

FOR, *s. m.*, for, III, 361, II.

FORA, voyez FORAS.

FORAGIET, *s. m.*, avancement, III, 471, I, n° 9.

FORAGITAR, *v.*, jeter hors, VI, 26, I, n° 8 *bis*.

FORAL, *adj.*, exclu, III, 372, II, n° 6.

FORAR, *v.*, forer, III, 369, I.

FORAS, *adv.*, hors, III, 372, I, n° 2.

FORASTATGE, *s. m.*, forestage, III, 364, I, n° 4.

FORASTEYR, voyez FORESTIER.

FORASTIER, voyez FORESTIER.

FORAVERTAT, *s. f.*, outre-vérité, V, 503, I, n° 12.

FORBIR, *v.*, fourbir, III, 362, I.

FORC, *s. m.*, raie, III, 363, I, n° 6.

FORCA, *s. f.*, fourche, III, 362, II.

FORCADURA, *s. f.*, enfourchure, III, 363, I, n° 7.

37

FORCAP, s. m., lods, II, 275, II, n° 26.
FORCAPI, voyez FORCAP.
FORCAT, adj., fourché, III, 363, II, n° 8.
FORCE, s. m., ciseau, III, 373, I, n° 2.
FORCEIS, prép., hormis, III, 372, II, n° 5.
FORCENAR, voyez FORSENAR.
FORCENERIA, voyez FORSENARIA.
FORCOIL, s. m., fourcelle, III, 363, I, n° 5.
FORDA, adj., extérieur, III, 372, II, n° 7.
FORDURE, v., éconduire, III, 85, I, n° 25.
FORESGUE, adj., sauvage, III, 372, II, n° 9.
FOREST, s. f., forêt, III, 364, I.
FORESTA, voyez FOREST.
FORESTAR, v., forester, III, 364, I, n° 5.
FORESTARIA, s. f., forêt, III, 364, I, n° 2.
FORESTEL, s. m., lutrin, III, 364, II.
FORESTIER, s. m., garde forestier, III, 364, I, n° 3.
FORESTIER, adj., étranger, III, 373, I, n° 10.
FORESTOL, voyez FORESTEL.
FORFACH, s. m., forfait, III, 275, I, n° 86.
FORFACHURA, voyez FORFAITURA.
FORFAIRE, voyez FORSFAR.
FORFAIT, voyez FORFACH.
FORFAITURA, s. f., forfaiture, III, 275, I, n° 87.

FORFAR, voyez FORSFAR.
FORFAYRE, voyez FORSFAR.
FORGITAR, v., jeter hors, III, 474, I, n° 8.
FORINCE, adj., extérieur, III, 569, II, n° 26.
FORJUJAR, voyez FORSJUTGAR.
FORJURAMENT, s. m., abjuration, III, 603, II, n° 21.
FORJURAR, v., abjurer, III, 603, II, n° 22.
FORLINHAR, v., forligner, IV, 79, I, n° 8.
FORMA, s. f., forme, III, 364, II.
FORMACIO, voyez FORMATIO.
FORMAGEIRA, s. f., fromagère, III, 366, I, n° 10.
FORMAGGE, voyez FORMATGE.
FORMAL, adj., formel, III, 365, I, n° 3.
FORMAR, v., former, III, 365, I, n° 5.
FORMATGE, s. m., fromage, III, 365, II, n° 8.
FORMATIO, s. f., formation, III, 365, I, n° 2.
FORMATIU, adj., formatif, III, 365, I, n° 4.
FORMICALEON, s. m., fourmi-lion, III, 368, II, n° 5.
FORMICAR, v., fourmiller, III, 368, II, n° 7.
FORMIGA, s. f., fourmi, III, 368, I.
FORMIGAMENT, s. m., fourmillement, III, 368, II, n° 6.
FORMIGUEIAMENT, s. m., fourmillement, III, 368, II, n° 8.

FORMIGUEIAR, *v.*, fourmiller, III, 368, II, n° 9.
FORMIGUIER, *s. m.*, fourmilière, III, 368, II, n° 3.
FORMIMEN, *s. m.*, exposition, III, 369, I, n° 2.
FORMIR, *v.*, remplir, III, 369, I.
FORMIT, *s. f.*, fourmi, III, 368, I, n° 2.
FORMOS, *adj.*, beau, III, 365, II, n° 7.
FORMOZ, voyez FORMOS.
FORMOZITAT, *s. f.*, beauté, III, 365, II, n° 6.
FORN, *s. m.*, four, III, 370, I.
FORNADA, *s. f.*, fournée, III, 370, I, n° 4.
FORNAGUE, voyez FORNATGE.
FORNARIA, *s. f.*, fournerie, III, 370, II, n° 7.
FORNAS, voyez FORNATZ.
FORNATGE, *s. m.*, fournage, III, 370, II, n° 5.
FORNATZ, *s. f.*, fournaise, III, 370, I, n° 3.
FORNEL, voyez FORNELH.
FORNELH, *s. m.*, fourneau, III, 370, I, n° 2.
FORNICACION, voyez FORNICATIO.
FORNICADOR, *s. m.*, fornicateur, III, 371, I, n° 12.
FORNICADRE, *s. m.*, fornicateur, III, 371, I, n° 13.
FORNICAIRE, voyez FORNICADOR.
FORNICAIRITZ, *s. f.*, fornicatrice, III, 371, I, n° 14.
FORNICAR, *v.*, forniquer, III, 371, I, n° 15.

FORNICATIO, *s. f.*, fornication, III, 371, I, n° 11.
FORNIEIRA, *s. f.*, fournière, III, 370, II, n° 9.
FORNIER, *s. m.*, fournier, III, 370, II, n° 8.
FORNIGAR, voyez FORNICAR.
FORNILHA, *s. f.*, chauffée de four, III, 370, II, n° 6.
FORNIQUAR, voyez FORNICAR.
FORNIR, *v.*, fournir, III, 371, II.
FOROSTAR, *v.*, chasser, III, 373, I, n° 11, et IV, 391, II, n° 3.
FORQUEL, *s. m. dim.*, fourchon, III, 362, II, n° 2.
FORQUELA, *s. f. dim.*, fourchette, VI, 25, II, n° 2 *bis*.
FORRE, *s. m.*, fourrage, III, 371, II.
FORS, *adv.*, hors, III, 372, I.
FORSA, *s. f.*, ciseau, III, 373, I.
FORSA, *s. f.*, force, III, 374, II, n° 8.
FORSADAMEN, *adv.*, violemment, III, 374, II, n° 7.
FORSADAMENS, voyez FORSADAMEN.
FORSADAMENT, voyez FORSADAMEN.
FORSADOR, voyez FORSAIRE.
FORSAIC, *adj.*, impertinent, III, 372, II, n° 8.
FORSAIRE, *s. m.*, violateur, III, 375, I, n° 9.
FORSANARIA, voyez FORSENARIA.
FORSAR, *v.*, forcer, III, 374, I, n° 6.
FORSELA, *s. f.*, fourcelle, III, 362, II, n° 4.
FORSENAR, *v.*, forcener, V, 197, I, n° 17.

FORSENARIA, *s. f.*, forcénerie, V, 197, I, n° 16.

FORSFAR, *v.*, forfaire, III, 274, II, n° 85.

FORSIESSIR, *v.*, sortir, III, 572, I, n° 12.

FORSIU, *adj.*, ferme, III, 373, II, n° 5.

FORSJUGJAR, voyez FORSJUTGAR.

FORSJUTGAR, *v.*, juger à tort, III, 608, II, n° 36.

FORSOR, *adj. comp.*, plus fort, III, 373, II, n° 3.

FORSSA, voyez FORSA.

FORSVIAR, voyez FORVIAR.

FORT, *adj.*, fort, III, 373, I.

FORTALESSA, *s. f.*, forteresse, III, 375, II, n° 12.

FORTALEZA, voyez FORTALESSA.

FORTARESSA, voyez FORTALESSA.

FORTET, *adj. dim.*, assez fort, III, 373, II, n° 4.

FORTEZA, *s. f.*, forteresse, III, 375, I, n° 11.

FORTIFICAR, *v.*, fortifier, III, 375, I, n° 10.

FORTIFIQUAR, voyez FORTIFICAR.

FORTMEN, voyez FORTMENT.

FORTMENT, *adv.*, fortement, III, 373, II, n° 2.

FORTUNA, *s. f.*, fortune, III, 379, II.

FORTUNAR, *v.*, fortuner, III, 379, II, n° 2.

FORVENIR, *v.*, mettre hors, V, 495, I, n° 55.

FORVIAR, *v.*, fourvoyer, V, 542, I, n° 13.

FORZA, voyez FORSA.

FORZAR, voyez FORSAR.

FOSSA, *s. f.*, fosse, III, 347, II, n° 2.

FOSSAR, *v.*, fossoyer, VI, 25, I, n° 7 *bis*.

FOSSAT, *s. m.*, fossé, III, 348, I, n° 3.

FOSSIO, *s. f.*, fouille, III, 348, I, n° 4.

FOSSOR, *s. m.*, terrassier, III, 348, I, n° 5.

FOSSORI, *s. m.*, fossoir, III, 348, I, n° 7.

FOTADOR, voyez FOTAIRE.

FOTAIRE, *s. m.*, coïteur, III, 380, I, n° 2.

FOTIADOR, *s. m.*, bêcheur, III, 348, I, n° 6.

FOTIAIRE, voyez FOTIADOR.

FOTRE, *v.*, coïter, III, 380, I.

FOUDAT, voyez FOLLEDAT.

FOURATGE, *s. m.*, fourrage, III, 371, II, n° 2.

FOURREGIAR, voyez FOURREJAR.

FOURREJAR, *v.*, fourrager, III, 371, II, n° 4.

FOUZER, voyez FOLZER.

FOYSON, *s. f.*, foison, III, 356, I, n° 4.

FOYZO, voyez FOYSON.

FOZEDOR, *s. m.*, bêcheur, III, 348, II, n° 10.

FOZER, voyez FOIRE.

FOZIL, *s. m.*, fusil, III, 380, I.

FOZILHAR, *v.*, fouiller, III, 348, II, n° 9.

FOZILL, voyez FOZIL.

FRACCIO, *s. f.*, fraction, III, 386, I, n° 5.

FRACHA, *s. f.*, fracture, III, 386, II, n° 6.

FRACHISSA, *s. f.*, jointure, III, 386, II, n° 8.

FRACHURA, *s. f.*, manquement, III, 380, I, n° 2.

FRACHURA, voyez FRACTURA.

FRACHURAR, *v.*, manquer, III, 380, I.

FRACHUROS, *adj.*, souffreteux, III, 380, II, n° 3.

FRACTURA, *s. f.*, fracture, III, 386, II, n° 7.

FRADEL, *adj.*, scélérat, III, 384, I.

FRADELH, voyez FRADEL.

FRAGEL, voyez FRAGIL.

FRAGELAR, voyez FRAGELLAR.

FRAGELLAR, *v.*, babiller, III, 384, II.

FRAGIL, *adj.*, fragile, III, 386, II, n° 11.

FRAGILEZA, *s. f.*, fragilité, III, 387, I, n° 13.

FRAGILITAT, *s. f.*, fragilité, III, 387, I, n° 12.

FRAGMENT, *s. m.*, fragment, III, 386, II, n° 10.

FRAI, *s. m.*, frère, III, 382, II, n° 3.

FRAIDEL, voyez FRADEL.

FRAIDIT, *adj.*, infâme, III, 384, II, n° 2.

FRAINER, voyez FRANGER.

FRAINGNER, voyez FRANGER.

FRAINHER, voyez FRANGER.

FRAIRE, *s. m.*, frère, III, 382, I.

FRAIRENAL, *adj.*, fraternel, III, 383, I, n° 8.

FRAIRESCA, *s. f.*, part de frère, III, 382, II, n° 6.

FRAIRI, voyez FRAIRIN.

FRAIRIN, *adj.*, vil, III, 384, II, n° 3.

FRAISHE, voyez FRAISSE

FRAISIER, *s. m.*, fraisier, III, 383, II.

FRAISNE, voyez FRAISSE.

FRAISSE, *s. m.*, frêne, III, 383, II.

FRAISSHER, *s. m.*, frêne, III, 384, I, n° 2.

FRAITURA, voyez FRACHURA.

FRAITURAR, voyez FRACHURAR.

FRANC, *adj.*, franc, III, 384, I.

FRANC, *s. m.*, franc, III, 384, II, n° 6.

FRANCAL, *adj.*, franc, III, 384, I, n° 3.

FRANC ALBIRI, *s. m.*, libre arbitre, II, 111, I, n° 10.

FRANCAMEN, voyez FRANCAMENT.

FRANCAMENT, *adv.*, franchement, III, 384, I, n° 2.

FRANCES, *s. m.*, Français, III, 384, II, n° 7.

FRANCHAMEN, voyez FRANCAMENT.

FRANGER, *v.*, briser, III, 385, II.

FRANGIBILITAT, *s. f.*, frangibilité, III, 386, I, n° 4.

FRANGIBLE, *adj.*, frangible, III, 386, I, n° 3.

FRANGNER, voyez FRANGER.

FRANHADURA, *s. f.*, fracture, III, 386, II, n° 9.

FRANHER, voyez FRANGER.

FRANQUESA, *s. f.*, franchise, III, 384, II, n° 5.

FRANQUETAT, *s. f.*, franchise, III, 384, I, n° 4.

FRANQUEZA, voyez FRANQUESA.

FRANQUIR, *v.*, affranchir, III, 384, II, n° 8.

FRAPAR, *v.*, frapper, III, 388, II.

FRAR, *s. m.*, frère, III, 382, II, n° 2.

FRASCAR, *v.*, briser, III, 386, I, n° 2.

FRASIR, voyez FARSIR.
FRATERNAL, *adj.*, fraternel, III, 383, I, n° 9.
FRATERNITAT, *s. f.*, fraternité, III, 382, II, n° 5.
FRATRE, voyez FRAIRE.
FRATUEL, *s. m.*, neveu du côté de frère, III, 382, II, n° 4.
FRAU, *s. m.*, fraude, III, 388, II.
FRAUDAMENT, *s. m.*, fraude, III, 388, II, n° 2.
FRAUDAR, *v.*, frauder, III, 389, I, n° 5.
FRAUDULENMEN, voyez FRAUDULENMENT.
FRAUDULENMENT, *adv.*, frauduleusement, III, 389, I, n° 4.
FRAUDULENT, *adj.*, frauduleux, III, 389, I, n° 3.
FRAUDULENTAMENT, voyez FRAUDULENMENT.
FRAYRAL, *adj.*, fraternel, III, 383, I, n° 7.
FRAYSHE, voyez FRAISSE.
FRE, voyez FREN.
FREBLE, voyez FEBLE.
FREDEZIR, *v.*, refroidir, III, 390, I, n° 7.
FREG, *s. m.*, froid, III, 389, I.
FREG, *adj.*, froid, III, 389, I, n° 2.
FREGAL, voyez FREIAL.
FREGAMENT, *s. m.*, frottement, III, 393, II, n° 4.
FREGAR, *v.*, frotter, III, 393, I.
FREGIDURA, *s. f.*, friture, III, 400, II, n° 2.
FREGIR, *v.*, frire, III, 400, II, n° 3.
FREGUAR, voyez FREGAR.
FREIAL, *adj.*, friable, III, 394, I.
FREIDOR, *s. f.*, froidure, III, 389, II, n° 3.
FREIDURA, *s. f.*, froidure, III, 389, II, n° 4.
FREIOR, *s. f.*, frayeur, III, 394, I.
FREISAR, voyez FREZAR.
FREIT, voyez FREG.
FREITOR, *s. m.*, réfectoire, VI, 23, II, n° 80 *bis*.
FREJOR, voyez FREIDOR.
FREJURA, voyez FREIDURA.
FREMILO, *s. m.*, cotte de mailles, III, 394, II.
FREMIR, *v.*, frémir, III, 394, II.
FREMISSIMEN, *s. m.*, frémissement, III, 394, II, n° 2.
FREMNA, *s. f.*, frange, III, 395, I.
FREN, *s. m.*, frein, III, 395, I.
FRENADOR, *s. m.*, dompteur, III, 396, I, n° 4.
FRENAIRE, voyez FRENADOR.
FRENAR, *v.*, brider, III, 396, I, n° 6.
FRENDIR, *v.*, grincer, III, 397, I.
FRENEIAR, *v.*, s'enchaîner, III, 396, I, n° 5.
FRENEJAR, voyez FRENEIAR.
FRENER, voyez FRENIER.
FRENETIC, *adj.*, frénétique, III, 397, II, n° 3.
FRENEZI, *s. f.*, frénésie, III, 397, I.
FRENEZIA, *s. f.*, frénésie, III, 397, I, n° 2.
FRENIER, *s. m.*, fabricant de freins, III, 395, II, n° 3.

FREOL, voyez FREVOL.
FREOLTAT, voyez FREVOLTAT.
FREQUENTACIO, s. f., fréquence, III, 397, II.
FREQUENTAR, v., fréquenter, III, 397, II, n° 3.
FREQUENTATIO, voyez FREQUENTACIO.
FREQUENTATIU, adj., fréquentatif, III, 397, II, n° 2.
FRESADURA, s. f., fraise, III, 400, I, n° 2.
FRESC, adj., frais, III, 391, II, n° 19.
FRESCAMEN, voyez FRESCAMENT.
FRESCAMENT, adv., fraîchement, III, 392, I, n° 20.
FRESCHEZA, s. f., fraîcheur, III, 392, II, n° 24.
FRESCOR, s. f., fraîcheur, III, 392, I, n° 22.
FRESCUM, s. m., frais, III, 392, I, n° 23.
FRESCURA, s. f., fraîcheur, VI, 25, II, n° 22 bis.
FRESQ, voyez FRESC.
FRESQUEIRA, s. f., lieu frais, III, 392, II, n° 25.
FRESQUET, adj. dim., frais, III, 392, I, n° 21.
FRESSA, s. f., trace, III, 398, I.
FREST, s. m., faîte, III, 398, I.
FRESTELAR, v., flûter, III, 339, I, n° 5.
FRESZA, s. f., fressure, III, 398, I.
FRETAR, v., frotter, III, 393, I, n° 2.
FREUL, voyez FREVOL.
FREULEZA, voyez FREVOLEZA.
FREULIR, voyez FREVOLIR.
FREVOL, adj., faible, III, 398, I.

FREVOLAR, v., affaiblir, III, 398, II, n° 4.
FREVOLEZA, s. f., faiblesse, III, 399, I, n° 6.
FREVOLHIR, voyez FREVOLIR.
FREVOLIR, v., affaiblir, III, 398, II, n° 3.
FREVOLMEN, adv., faiblement, III, 398, II, n° 2.
FREVOLMENT, voyez FREVOLMEN.
FREVOLTAT, s. f., faiblesse, III, 398, II, n° 5.
FREVOLZIR, voyez FREVOLIR.
FREY, voyez FREG.
FREYDOR, voyez FREIDOR.
FREYDURA, voyez FREIDURA.
FREZADOR, s. m. (lisez adj.), qui suit la trace, III, 398, I, n° 2.
FREZADURA, voyez FRESADURA.
FREZAR, v., fraiser, III, 399, II.
FREZILLAR, v., frétiller, III, 400, I.
FREZIR, v., froidir, III, 390, I, n° 6.
FRIC, adj., jeune, VI, 26, I.
FRICACIO, s. f., friction, III, 393, II, n° 5.
FRICHURA, s. f., friture, III, 400, II.
FRIGIDITAT, s. f., frigidité, III, 390, I, n° 5.
FRIMAR, v., fronder, III, 400, I.
FRIOR, voyez FREIOR.
FRIRE, v., frire, III, 400, II, n° 4.
FRIRE, v., frissonner, III, 400, II.
FROCAR, v., froisser, III, 393, II, n° 6.
FROILE, s. m., fourreau, III, 405, I, n° 2.
FROIS, s. m., froissement, III, 393, II, n° 7.

FROISSAR, voyez FROCAR.
FROMAGE, voyez FORMATGE.
FROMAGGOS, adj., fromageux, III, 365, II, n° 9.
FROMAGGOZ, voyez FROMAGGOS.
FROMEN, s. m., froment, III, 401, I.
FROMENT, voyez FROMEN.
FROMENTAL, s. m., froment, III, 401, I, n° 2.
FROMENTOS, adj., fromenteux, III, 401, I, n° 3.
FROMENTOZ, voyez FROMENTOS.
FROMIGER, s. m., fourmillière, III, 368, II, n° 4.
FROMIR, voyez FORMIR.
FROMIT, voyez FORMIT.
FRON, voyez FRONT.
FRONCIR, v., froncer, III, 401, I.
FRONDA, s. f., fronde, III, 355, I, n° 2.
FRONDEIADOR, s. m., frondeur, III, 355, I, n° 3.
FRONDEIAIRE, voyez FRONDEIADOR.
FRONDEIAR, v., fronder, III, 355, I, n° 4.
FRONDEJADOR, voyez FRONDEIADOR.
FRONDEJAIRE, voyez FRONDEIADOR.
FRONDEJAR, voyez FRONDEIAR.
FRONT, s. m., front, III, 401, II.
FRONTAL, s. m., frontal, III, 401, II, n° 3.
FRONTALER, voyez FRONTALIER.
FRONTALIER, adj., opposé, VI, 26, I, n° 4 bis.
FRONTEIRA, s. f., front, III, 401, II, n° 2.
FRONTIER, adj., effronté, III, 402, I, n° 4.

FRONZIR, voyez FRONCIR.
FRUCHA, s. f., fruit, III, 403, I, n° 2.
FRUCHAR, v., fructifier, III, 403, I, n° 4.
FRUCHIER, s. m., fruitier, III, 403, I, n° 3.
FRUCTIFIAR, voyez FRUCTIFICAR.
FRUCTIFICAR, v., fructifier, III, 404, I, n° 13.
FRUCTUARI, s. m., usufruitier, III, 403, II, n° 6.
FRUCTUOS, adj., fructueux, III, 404, I, n° 10.
FRUCTUOZ, voyez FRUCTUOS.
FRUG, s. m., fruit, III, 402, II.
FRUICIO, s. f., jouissance, III, 403, II, n° 5.
FRUIR, v., jouir, III, 403, II, n° 9.
FRUITA, voyez FRUCHA.
FRUITIER, voyez FRUCHIER.
FRUNIR, v., froisser, III, 393, II, n° 8.
FRUSCHAR, voyez FRASCAR.
FRUSTAR, v., déchirer, III, 404, II.
FRUSTRAR, voyez FRUSTAR.
FRUSTRATORI, adj., frustratoire, III, 404, II.
FRUT, voyez FRUG.
FRUZIR, voyez FRONCIR.
FUC, s. m., bourdon, III, 404, II.
FUEC, voyez FOC.
FUEILH, voyez FOLH.
FUEILLAR, voyez FOILLAR.
FUELH, voyez FOLH.
FUELHA, voyez FOLHA.
FUELHAR, voyez FOLHAR.
FUELHOS, voyez FOLHOS.
FUERE, s. m., fourreau, III, 405, I.

FUGATIU, adj., répulsif, III, 405, II, n° 3.
FUGDIU, voyez FUGITIU.
FUGIDA, s. f., écartement, III, 405, II, n° 6.
FUGIMENT, s. m., fuite, III, 405, II, n° 5.
FUGIR, v., fuir, III, 405, I.
FUGITIU, adj., fugitif, III, 405, I, n° 2.
FUGUA, s. f., fuite, III, 405, II, n° 4.
FUGUIER, voyez FOGUIER.
FUIATIER, voyez FEUATEIR.
FUIDIU, voyez FUGITIU.
FULGOR, s. f., éclat, III, 407, I.
FULHA, voyez FOLHA.
FULHAR, voyez FOLHAR.
FULHIA, voyez FOLIA.
FULHOS, voyez FOLHOS.
FULMEN, s. m., foudre, III, 407, II, n° 5.
FULMINAR, v., fulminer, III, 407, II, n° 7.
FULMINATIO, s. f., fulmination, III, 407, II, n° 6.
FULVI, adj., fauve, III, 407, II.
FUM, s. m., fumée, III, 407, II.
FUMADA, s. f., fumée, III, 408, I, n° 2.
FUMADIERA, s. f., bouffée de fumée, III, 408, II, n° 6.
FUMAL, adj., de fumée, III, 408, II, n° 8.
FUMALA, s. f., fumeterre, III, 409, I.
FUMANSO, s. m., colonne de fumée, III, 408, I, n° 4.
FUMAR, v., fumer, III, 408, II, n° 9.
FUMARAL, s. m., cheminée, VI, 26, II, n° 3 bis.

v.

FUMERA, s. f., fumée, III, 408, I, n° 3.
FUMIEYRA, voyez FUMERA.
FUMOS, adj., fumeux, III, 408, II, n° 7.
FUMOSETAT, s. f., vapeur, III, 408, I, n° 5.
FUMOSITAT, voyez FUMOSETAT.
FUMOZ, voyez FUMOS.
FUMTERRA, s. f., fumeterre, III, 409, I, n° 2.
FUNDACIO, s. f., fondation, III, 358, II, n° 4.
FUNDAMEN, voyez FONDAMENT.
FUNDATOR, s. m., fondateur, III, 359, I, n° 5.
FUNEIAR, voyez FELNEIAR.
FUNERARIAS, s. f. pl., funérailles, III, 409, II.
FUNEYAR, voyez FELNEIAR.
FUNGUAL, adj., fongueux, III, 358, I, n° 2.
FUOC, voyez FOC.
FUOILL, voyez FOLH.
FUOILLA, voyez FOLHA.
FUOILLOS, voyez FOLHOS.
FUR, voyez FURT.
FURA, s. f., larcin, III, 410, I, n° 2.
FURAR, v., voler, III, 410, I, n° 5.
FURCULA, s. f., fourcelle, III, 362, II, n° 3.
FURGUON, s. m., fourgon, III, 409, II.
FURIOS, adj., furieux, III, 409, II, n° 2.
FURMIR, voyez FORMIR.
FUROR, s. f., fureur, III, 409, II.

38

FURT, *s. m.*, vol, III, 409, II.
FURTIER, *adj.*, furtif, III, 410, I, n° 3.
FURTILMEN, *adv.*, furtivement, III, 410, I, n° 4.
FURTILMENS, voyez FURTILMEN.
FUS, *s. m.*, fuseau, III, 410, I.
FUSANH, *s. m.*, fusain, III, 410, I.
FUSC, *adj.*, brun, III, 410, II.
FUSIBLE, *adj.*, fusible, III, 356, I, n° 5.
FUSION, voyez FUZIO.
FUST, *s. m.*, bois, III, 410, II.
FUSTA, *s. f.*, poutre, III, 411, I, n° 2.
FUSTANI, *s. m.*, futaine, III, 411, II.

FUSTAR, *v.*, radouber, III, 411, II, n° 7.
FUSTARIA, *s. f.*, charpenterie, III, 411, I, n° 6.
FUSTEGAR, voyez FUSTIGAR.
FUSTET, *s. m.*, fustet, III, 411, I, n° 4.
FUSTIER, *s. m.*, charpentier, III, 411, I, n° 5.
FUSTIGAR, *v.*, fustiger, III, 411, II, n° 8.
FUSTIGUAR, voyez FUSTIGAR.
FUSTUT, *s. m.*, morceau de bois, III, 411, I, n° 3.
FUTUR, *adj.*, futur, III, 411, II.
FUZIO, *s. f.*, fusion, III, 356, I, n° 3.

G

G, *s. m.*, g, III, 412, I.
GA, *s. m.*, gué, III, 412, I.
GAAIN, voyez GAZANH.
GAAING, voyez GAZANH.
GAANH, voyez GAZANH.
GAANIAR, voyez GAZANHAR.
GAB, *s. m.*, raillerie, III, 412, I.
GABADOR, voyez GABAIRE.
GABAIRE, *s. m.*, moqueur, III, 413, I, n° 4.
GABAR, *v.*, railler, III, 413, I, n° 6.
GABARIA, *s. f.*, hâblerie, III, 412, II, n° 3.
GABEI, *s. m.*, gazouillement, III, 412, II, n° 2.
GABELA, *s. f.*, gabelle, III, 414, I.
GABELLA, voyez GABELA.
GABELLADOR, *s. m.*, gabeleur, III, 414, I, n° 3.
GABELLAIRE, voyez GABELLADOR.

GABEYAR, *v.*, railler, III, 413, II, n° 7.
GABIA, *s. f.*, cage, III, 414, I.
GABIER, *s. m.*, tribut, III, 414, I, n° 2.
GABOR, *s. f.*, vapeur, III, 414, I.
GACH, *s. m.*, guet, III, 416, I, n° 3.
GACHA, *s. f.*, agace, III, 414, II.
GACHA, voyez GAITA.
GACHAR, voyez GAITAR.
GADI, *s. m.*, disposition testamentaire, III, 440, I, n° 2.
GAEZA, voyez GAYEZA.
GAF, *s. m.*, gaffe, III, 414, II.
GAFAR, *v.*, gaffer, III, 414, II, n° 3.
GAFED, *s. m.*, lépreux, III, 415, I.
GAG, voyez GACH.
GAGATHES, *s. f.*, gagathes, III, 415, I.
GAH, voyez GA.
GAI, *s. m.*, geai, III, 415, II.
GAI, *adj.*, gai, III, 446, I, n° 26.

GAIADA, *s. f.*, plaisanterie, III, 446, II, n° 30.
GAICHO, voyez GAICHOS.
GAICHOS (lisez GAICHO), *s. m.*, guetteur, III, 416, II, n° 5.
GAILLART, *adj.*, gaillard, III, 415, I.
GAIMEN, voyez GAYMENT.
GAIMENTAMEN, *s. m.*, gémissement, III, 448, I, n° 3.
GAIRE, *adv.*, guère, V, 56, II, n° 4.
GAIROSSA, voyez GAROSSA.
GAITA, *s. f.*, sentinelle, III, 416, I, n° 4.
GAITAR, *v.*, guetter, III, 415, II.
GAJAR, voyez GATGAR.
GAJARIA, voyez GATGIEYRIA.
GAJE, voyez GATGE.
GAL, *s. m.*, coq, III, 418, I.
GALABRUN, *s. m.*, galebrun, VI, 26, I.
GALACTITES, *s. f.*, galactite, III, 418, II.
GALAMBEIAR, voyez GALAMBEJAR.
GALAMBEJAR, *v.*, briller, III, 419, I, n° 4.
GALAUBEY, *s. m.*, étalage, III, 419, I, n° 3.
GALAUBIA, *s. f.*, gaillardise, III, 419, I, n° 2.
GALAUBIER, *adj.*, gaillard, III, 418, II.
GALAUPAR, *v.*, galoper, III, 420, I, n° 2.
GALBA, *s. m.*, galbanum, III, 419, I, n° 2.
GALBANI, *s. m.*, galbanum, III, 419, I.
GALE, *s. f.*, galère, III, 419, II, n° 2.
GALEA, *s. f.*, galéace, III, 419, I.
GALEIA, voyez GALEA.
GALERA, voyez GALLERA.

GALETA, *s. f.*, galette, III, 419, II.
GALEYA, voyez GALEA.
GALH, voyez GAL.
GALHART, voyez GAILLART.
GALIADOR, voyez GALIAIRE.
GALIAIRE, *s. m.*, trompeur, III, 420, II, n° 4.
GALIAMEN, *s. m.*, tromperie, III, 420, II, n° 2.
GALIAMENT, voyez GALIAMEN.
GALIANZA, *s. f.*, tromperie, III, 420, II, n° 3.
GALIAR, *v.*, tromper, III, 420, I.
GALIAYRE, voyez GALIAIRE.
GALINA, *s. f.*, geline, III, 418, I, n° 2.
GALINAD, *s. m.*, poulard, III, 418, II, n° 3.
GALINHA, voyez GALINA.
GALINHO, *s. m.*, poulet, III, 418, II, n° 4.
GALIOT, *s. m.*, forban, III, 419, II, n° 3.
GALLART, voyez GAILLART.
GALLERA, *s. f.*, galère, III, 419, II, n° 4.
GALLIARDIA, *s. f.*, gaillardise, III, 415, I, n° 2.
GALLINACI, *adj.*, de poule, III, 418, II, n° 6.
GALLITRICI, *s. m.*, capillaire, III, 420, I.
GALOP, *s. m.*, galop, III, 420, I.
GAMAH, voyez GAMAT.
GAMALEON, *s. f.*, chardonnette, III, 421, I.
GAMAT, *s. m.*, coup, III, 421, I.
GAMBAIS, *s. m.*, gambesson, III, 421, I.
GAMBAISO, voyez GAMBAISON.

GAMBAISON, s. m., gambesson, III, 421, II, n° 2.
GAMBAUT, s. m., enjambée, II, 298, II, n° 5.
GAMBAYZON, voyez GAMBAISON.
GAMUS, voyez CAMUS.
GAMUSIA, s. f., niaiserie, II, 305, II, n° 2.
GAN, s. m., gant, III, 421, II.
GANACHA, voyez GANNACHA.
GANBAIS, voyez GAMBAIS.
GANCILLAR, v., vaciller, III, 421, II.
GANDA, voyez GUANDIA.
GANDELH, voyez GANDILH.
GANDIDA, s. f., garantie, III, 422, I, n° 3.
GANDILH, s. m., refuge, III, 422, II, n° 4.
GANDIMEN, s. m., refuge, III, 422, II, n° 5.
GANDIR, v., garantir, III, 422, I.
GANDIRE, s. m., préservateur, III, 422, II, n° 6.
GANDRES, adj., muscat, III, 422, II.
GANGLOS, voyez JANGLOS.
GANGUIL, s. m., gond, III, 422, II.
GANHAR, v., railler, III, 421, II.
GANNACHA, s. m. (lisez f.), ganache, III, 423, I.
GANREN, adv., beaucoup, V, 56, II, n° 3.
GANTA, s. f., cigogne, III, 423, I.
GAP, voyez GAB.
GARAG, s. m., guéret, III, 423, I.
GARAH, voyez GARAG.
GARANDA, s. f., garantie, III, 424, I, n° 3.

GARANDAR, v., embrasser, III, 424, I, n° 2.
GARAR, v., regarder, III, 423, II.
GARBA, s. f., gerbe, III, 429, I.
GARBIER, s. m., gerbier, III, 429, II, n° 2.
GARBIER, adj., fanfaron, III, 429, II.
GARDA, s. f., garde, III, 425, I, n° 8.
GARDACORS, s. m., justaucorps, II, 495, I, n° 9.
GARDADOR, voyez GARDAYRE.
GARDAIRE, voyez GARDAYRE.
GARDANSA, s. f., observance, III, 426, I, n° 13.
GARDAR, v., regarder, III, 424, II, n° 6.
GARDARIA, s. f., gardage, III, 426, I, n° 14.
GARDAYRE, s. m., gardeur, III, 425, II, n° 10.
GARDEIAR, v., contempler, III, 425, I, n° 7.
GARDEJAR, voyez GARDEIAR.
GARDEMEN, s. m., garde, III, 426, I, n° 12.
GARDI, s. m., jardin, VI, 28, I, n° 1 bis.
GARDIAN, s. m., gardien, III, 425, II, n° 9.
GAREN, s. m., garant, III, 429, II.
GARENSA, s. f., garantie, III, 430, I, n° 3.
GARENTIA, s. f., témoignage, III, 430, I, n° 2.
GARENTIR, v., garantir, III, 430, I, n° 6.
GAREZIR, v., guérir, III, 431, II, n° 11.
GARGAMELA, voyez GARGAMELLA.

GARGAMELLA, s. f., gorge, III, 432, I.
GARGARISME, s. m., gargarisme, III, 432, I.
GARGARIZAR, v., gargariser, III, 432, II, n° 2.
GARGUARISME, voyez GARGARISME.
GARIEYRA, s. f., garantie, VI, 26, I, n° 3 bis.
GARIGA, s. f., chênaie, III, 436, I, n° 2.
GARIMEN, s. m., garantie, III, 430, I, n° 4.
GARIMEN, s. m., guérison, III, 431, II, n° 12.
GARIOPHILI, s. m., caryophillum, III, 432, II.
GARIR, v., guérir, III, 430, II, n° 10.
GARIZO, voyez GARNISO.
GARLAMBEY, s. m., tournoi, III, 432, II.
GARLANDA, s. f., guirlande, III, 433, I.
GARNIDOR, s. m., garnisseur, III, 435, I, n° 5.
GARNIDURA, s. f., garniture, 435, I, n° 4.
GARNIMEN, s. m., équipement, III, 434, II, n° 3.
GARNIMENT, voyez GARNIMEN.
GARNIR, v., garnir, III, 433, I.
GARNISO, s. f., équipement, III, 434, I, n° 2.
GARNISON, voyez GARNISO.
GARNIZO, voyez GARNISO.
GARONAR, v., drageonner, III, 435, II.
GAROSSA, s. f., jarrosse, III, 435, II.
GARRA, s. f., jambe, III, 435, II.
GARRIC, s. m., chêne, III, 436, I.

GARSI, s. m., garçon, III, 436, I, n° 2.
GARSO, s. m., valet, III, 436, I, n° 3.
GARSONAILLA, s. f., canaille, III, 436, II, n° 6.
GARSONIA, s. f., folie de jeune homme, III, 436, II, n° 5.
GART, s. m., gars, III, 436, I.
GARUEILH, s. m., babil, III, 437, I, n° 2.
GARULAR, v., babiller, III, 436, II.
GARUNA, s. f., garenne, III, 437, I.
GAS, s. m., forêt, III, 441, II, n° 2.
GASAING, voyez GAZANH.
GASAINGNAR, voyez GAZANHAR.
GASAR, v., bavarder, III, 448, II, n° 3.
GASARMA, s. f., guisarme, III, 437, I.
GASC, adj., gascon, III, 437, I.
GASCO, adj., gascon, III, 437, I, n° 2.
GASCON, voyez GASCO.
GASMENTAR, voyez GAYMENTAR.
GASSO, s. m., valet, III, 436, II, n° 4.
GAST, adj., désert, III, 437, II.
GAST, s. m., dévastation, III, 437, II, n° 2.
GASTADOR, voyez GASTAIRE.
GASTAIRE, s. m., dévastateur, III, 438, I, n° 4.
GASTAL, s. m., gâteau, III, 439, II.
GASTAMENT, s. m., altération, III, 438, I, n° 3.
GASTAR, v., gâter, III, 438, I, n° 6.
GASTAU, voyez GASTAL.
GASTAYRITZ, s. f., dépensière, III, 438, I, n° 5.
GAT, s. m., chat, II, 357, I, n° 3.

GAT, *s. m.*, croc, III, 414, II, n° 2.
GATA, voyez CATA.
GATGAR, *v.*, gager, III, 440, II, n° 6.
GATGE, *s. m.*, gage, III, 439, II.
GATGHE, voyez GATGE.
GATGIER, *s. m.*, garant, III, 440, I, n° 3.
GATGIEYRA, *s. f.*, prêt sur gage, III, 440, II, n° 4.
GATHA, voyez CATA.
GATJAR, voyez GATGAR.
GAU, *s. m.*, élan, III, 441, I.
GAU, *s. m.*, forêt, III, 441, I.
GAUCH, *s. m.*, joie, III, 441, II.
GAUDENSA, *s. f.*, jouissance, III, 442, II, n° 5.
GAUDI, *s. m.*, joie, III, 442, I, n° 2.
GAUDIDA, *s. f.*, jouissance, III, 442, I, n° 3.
GAUDINA, *s. f.*, bois, III, 441, II, n° 3.
GAUDIR, *v.*, jouir, III, 443, I, n° 10.
GAUDIRE, *adj.*, jouissant, III, 443, I, n° 9.
GAUG, voyez GAUCH.
GAUNHA, *s. f.*, ouïe de poisson, III, 446, II.
GAUS, *adj.*, joyeux, III, 442, II, n° 6.
GAUSIDA, voyez GAUDIDA.
GAUSIR, voyez GAUDIR.
GAUT, voyez GAUCH.
GAUTA, *s. f.*, joue, III, 446, II.
GAUTADA, *s. f.*, soufflet, III, 447, I, n° 2.
GAUTEIAR, *v.*, souffleter, III, 447, I, n° 3.

GAUTEJAR, voyez GAUTEIAR.
GAUZIA, voyez GAUDIDA.
GAUZIDA, voyez GAUDIDA.
GAUZIMEN, *s. m.*, jouissance, III, 442, II, n° 4.
GAUZION, *adj.*, joyeux, III, 443, I, n° 8.
GAUZIR, voyez GAUDIR.
GAVAINGNAR, *v.*, miner, III, 447, II.
GAVANH, *s. m.*, goëland, III, 447, II, n° 2.
GAVANHAR, voyez GAVAINGNAR.
GAVARER, *s. m.*, ronce, III, 447, I.
GAVINA, *s. f.*, mouette, III, 447, II.
GAVIOS, *adj.*, joyeux, III, 443, I, n° 7.
GAY, voyez GAI.
GAYAMEN, voyez GUAYAMEN.
GAYEZA, *s. f.*, gaîté, III, 446, II, n° 29.
GAYMENT, *s. m.*, gémissement, III, 448, I, n° 2.
GAYMENTAR, *v.*, se lamenter, III, 447, II.
GAYNA, *s. f.*, gaîne, III, 448, II.
GAYSSAR, *v.*, drageonner, III, 448, II.
GAYT, voyez GACH.
GAYTADOR, *s. m.*, vedette, III, 446, II, n° 6.
GAYTAIRE, voyez GAYTADOR.
GAZAGNAR, voyez GAZANHAR.
GAZAING, voyez GAZANH.
GAZAINH, voyez GAZANH.
GAZAL, *adj.*, bavard, III, 448, II.
GAZALHA, *s. f.*, gain, III, 449, I, n° 2.
GAZALHAR, *v.*, bavarder, III, 448, II, n° 2.

GAZANH, *s. m.*, gain, 448, II.
GAZANHA, *s. f.*, gain, III, 449, I, n° 3.
GAZANHABLE, *adj.*, profitable, III, 449, II, n° 10.
GAZANHAMENT, *s. m.*, profit, III, 449, II, n° 5.
GAZANHAR, *v.*, gagner, III, 450, I, n° 11.
GAZANHATGE, *s. m.*, gain, III, 449, II, n° 4.
GAZARDONADOR, voyez GUIARDONAIRE.
GAZARMA, voyez GASARMA.
GAZAYNHAR, voyez GAZANHAR.
GAZI, voyez GADI.
GAZIADOR, voyez GAZIAIRE.
GAZIAIRE, *s. m.*, exécuteur testamentaire, III, 440, II, n° 5.
GEICHA, voyez GEYSHA.
GEINH, voyez GENH.
GEISH, voyez GEYS.
GEISHIR, *v.*, sortir, III, 572, I, n° 9.
GEISSIER, *s. m.*, plâtrier, III, 466, I, n° 2.
GEL, *s. m.*, gelée, III, 451, II.
GELADA, *s. f.*, gelée, III, 451, II, n° 2.
GELAR, *v.*, geler, III, 452, I, n° 3.
GELBOZITAT, voyez GILBOSITAT.
GELDA, *s. f.*, troupe, III, 452, I.
GELHAR, voyez GELAR.
GELOS, *adj.*, jaloux, III, 452, II.
GELOSIA, *s. f.*, jalousie, III, 452, II, n° 2.
GEM, *s. m.*, gémissement, III, 453, I.
GEMA, *s. f.*, poix, III, 453, II.
GEMAR, *v.*, orner de pierreries, III, 453, II, n° 2.

GEMEL, *s. m.*, jumeau, III, 454, I, n° 3.
GEMEMEN, *s. m.*, gémissement, III, 453, I, n° 2.
GEMEMENT, voyez GEMEMEN.
GEMIMEN, voyez GEMEMEN.
GEMIMENT, voyez GEMEMEN.
GEMINAR, *v.*, géminer, III, 454, I, n° 4.
GEMINI, *s. m. pl.*, gémeaux, III, 454, I.
GEMIR, *v.*, gémir, III, 453, II, n° 3.
GEMMA, *s. f.*, gemme, III, 453, II.
GEMOL, *s. m.*, jumeau, III, 454, I, n° 2.
GEN, voyez GENT.
GENA, *s. f.*, joue, III, 454, I.
GENCHIDA, *s. f.*, subtilité, III, 516, I, n° 2.
GENCIANA, *s. f.*, gentiane, III, 454, I.
GENDRE, voyez GENRE.
GENEBRE, voyez GENIBRE.
GENERABLE, *adj.*, susceptible de génération, III, 458, II, n° 9.
GENERACIO, voyez GENERATIO.
GENERAL, *adj.*, général, III, 459, I, n° 14.
GENERALITAT, *s. f.*, généralité, III, 458, II, n° 13.
GENERALMEN, voyez GENERALMENT.
GENERALMENT, *adv.*, généralement, III, 459, I, n° 15.
GENERAR, *v.*, engendrer, III, 458, II, n° 10.
GENERATIO, *s. f.*, génération, III, 457, II, n° 2.
GENERATIU, *adj.*, génératif, III, 458, II, n° 8.

GENEROS, *adj.*, généreux, III, 459, I, n° 16.
GENESI, *s. f.*, Genèse, III, 458, II, n° 11.
GENESTA, *s. f.*, genêt, III, 454, II.
GENEZI, voyez GENESI.
GENGIVA, *s. f.*, gencive, III, 454, II.
GENH, *s. m.*, génie, III, 454, II.
GENIBRE, *s. m.*, genièvre, III, 456, II.
GENIER, *s. m.*, enjôleur, III, 455, I, n° 2.
GENITAL, *adj.*, génital, III, 458, I, n° 5.
GENITALIAS, *s. f. pl.*, génitoires, III, 458, I, n° 6.
GENITENSA, *s. f.*, génitoire, III, 458, I, n° 7.
GENITIU, *s. m.*, génitoire, III, 458, I, n° 4.
GENITURA, *s. f.*, géniture, III, 458, I, n° 3.
GENLIAZO, voyez GENLIAZOS.
GENLIAZOS (lisez GENLIAZO), *s. f.*, gentillesse, III, 462, I, n° 6.
GENOLH, *s. m.*, genou, III, 456, II.
GENOLHO, voyez GENOLHOS.
GENOLHOS (lisez GENOLHO), *s. m.*, genou, III, 457, I, n° 2.
GENOLOGIA, voyez GENOLOSIA.
GENOLOSIA, *s. f.*, généalogie, III, 458, II, n° 12.
GENOVIER, *s. m.*, janvier, III, 581, I, n° 2.
GENOYER, voyez GENOVIER.
GENRE, *s. m.*, gendre, III, 457, II.
GENRE, *s. m.*, genre, III, 457, II.
GENS, *adv. nég.*, point, III, 461, I, n° 2.

GENSANA, voyez GENCIANA.
GENSAR, *v.*, orner, III, 462, II, n° 12.
GENSER, voyez GENSOR.
GENSEZA, voyez GENSOZIA.
GENSOR, *adj. comp.*, plus gentil. Voyez GENT.
GENSOZIA, *s. f.*, gentillesse, III, 462, I, n° 7.
GENT, *s. f.*, gent, III, 460, II.
GENT, *adj.*, gent, III, 461, I, n° 3.
GENTAMENT, *adv.*, gentiment, III, 462, I, n° 4.
GENTAMENTZ, voyez GENTAMENT.
GENTET, *adj. dim.*, gentillet, III, 462, I, n° 5.
GENTIL, *adj.*, gentil, III, 462, II, n° 9.
GENTILAR, *v.*, se montrer gracieux, III, 462, II, n° 11.
GENTILEZA, *s. f.*, gentillesse, III, 462, I, n° 8.
GENTILMEN, *adv.*, gentiment, III, 462, II, n° 10.
GENTIL HOM, voyez GENTILS HOM.
GENTILS HOM (lisez GENTIL HOM), *s. m.*, gentilhomme, III, 532, II, n° 2.
GENUFLEXIO, *s. f.*, génuflexion, III, 457, I, n° 3.
GEOMANCIA, *s. f.*, géomancie, III, 463, I.
GEOMETRIA, *s. f.*, géométrie, III, 463, II.
GEQUIR, *v.*, laisser, III, 463, II.
GERARCHIA, voyez IERARCHIA.
GERFALC, voyez GIRFALC.
GERGONCI, voyez GERGONCIS.
GERGONCIS (lisez GERGONCI), *s. m.*, grenat, III, 464, I.

GERIR, *v.*, porter, III, 465, I, n° 3.
GERM, voyez GERME.
GERMA, voyez GERMAN.
GERMAN, *adj.*, germain, III, 464, I.
GERMANDREA, *s. f.*, germandrée, III, 464, I.
GERME, *s. m.*, germe, III, 464, I.
GERMENAR, *v.*, germer, III, 464, II, n° 5.
GERMINACIO, *s. f.*, germination, III, 464, II, n° 2.
GERMINATIU, *adj.*, germinatif, III, 464, II, n° 4.
GERMINOS, *adj.*, fécond, III, 464, II, n° 3.
GERMINOZ, voyez GERMINOS.
GEROFLE, voyez GIROFLE.
GERONAR, *v.*, gironner, III, 468, II, n° 2.
GERRA, voyez GUERRA.
GERUNDIU, *s. m.*, gérondif, III, 464, II.
GERZI, *s. m.*, jardin, III, 464, II.
GES, voyez GENS.
GESTA, *s. f.*, chronique, III, 465, I.
GESTI, *s. m.*, pince, III, 465, II.
GESTIO, *s. f.*, gestion, III, 465, I, n° 2.
GET, *s. m.*, jet, III, 465, II.
GETAMENT, *s. m.*, jet, III, 470, II, n° 3.
GETAR, voyez GITAR.
GEUDA, voyez GELDA.
GEYS, *s. m.*, gypse, III, 465, II.
GEYSH, voyez GEYS.
GEYSHA, *s. f.*, gesse, III, 466, I.
GEYSHIMEN, voyez GEYSSHIMENT.
GEYSSHIMENT, *s. m.*, sortie, III, 572, I, n° 10.

GEYSSHIR, voyez GEISHIR.
GIARDINA, *s. f.*, jardin, III, 584, II, n° 2.
GIBA, *s. f.*, bosse, III, 466, I.
GIBBA, voyez GIBA.
GIBOS, *adj.*, bossu, III, 466, I, n° 2.
GIBRAR, *v.*, se couvrir de givre, III, 466, II, n° 2.
GIBRE, *s. m.*, givre, III, 466, II.
GIEN, voyez GENH.
GIENH, voyez GENH.
GIET, *s. m.*, jet, III, 470, I, n° 2.
GIETAR, voyez GITAR.
GIGANT, *s. m.*, géant, III, 467, I.
GIGNOS, voyez GINHOS.
GIGNOSET, *adj. dim.*, délié, III, 455, I, n° 4.
GIGUA, *s. f.*, gigue, III, 466, II.
GIL, voyez GEL.
GILADA, voyez GELADA.
GILBOSITAT, *s. f.*, enflure, III, 466, II, n° 3.
GILLA, voyez GUILA.
GILOS, voyez GELOS.
GILOSESCA, *s. f.*, gilosesque, III, 453, I, n° 5.
GILOSIA, voyez GELOSIA.
GILOZ, voyez GELOS.
GILOZIA, voyez GELOSIA.
GIMPLA, *s. f.*, guimpe, III, 467, I.
GINGEBRE, *s. m.*, gingembre, III, 467, I.
GINGIBRAT, *adj.*, gingembré, III, 467, I, n° 2.
GINGIBRE, voyez GINGEBRE.
GINGIEBRE, voyez GINGEBRE.
GINH, voyez GENH.
GINHOS, *adj.*, adroit, III, 455, I, n° 3.

V.

GINHOSAMENS, *adv.*, ingénieusement, III, 455, I, n° 5.
GINHOZAMENS, voyez GINHOSAMENS.
GINHOZIA, *s. f.*, adresse, III, 455, II, n° 6.
GINOLH, voyez GENOLH.
GINOLHO, voyez GINOLHOS.
GINOLHOS (lisez GINOLHO), voyez GENOLHOS.
GIQUIA, *s. f.*, cessation, III, 463, II, n° 2.
GIQUIR, voyez GEQUIR.
GIR, *s. m.*, tournoiement, III, 467, II, n° 2.
GIRADA, *s. f.*, retour, III, 467, II, n° 4.
GIRAFLOR, *s. f.*, tournesol, III, 468, I, n° 5.
GIRAMEN, *s. m.*, rotation, III, 467, II, n° 3.
GIRAR, *v.*, tourner, III, 467, II.
GIRBAU, *s. m.*, goujat, III, 468, I.
GIRBAUDINAR, *v.*, tromper, III, 468, II, n° 3.
GIRBAUDO, *s. m. dim.*, petit goujat, III, 468, I, n° 2.
GIRBAUDONEYAR, *v.*, libertiner, III, 468, II, n° 4.
GIRFALC, *s. m.*, gerfaut, III, 468, II.
GIRGO, *s. m.*, jargon, III, 468, II.
GIRMA, voyez GERMAN.
GIRMAN, voyez GERMAN.
GIRO, *s. m.*, ceinture, III, 468, II.
GIROFLAR, *v.*, parfumer de girofle, III, 432, II, n° 3.
GIROFLE, *s. m.*, girofle, III, 432, II, n° 2.
GIROVAGAN, *s. m.*, rôdeur, III, 468, I, n° 7.

GISCLAMENT, *s. m.*, retentissement, VI, 38, II, n° 3.
GISCLE, *s. m.*, pousse, III, 469, I.
GISPILLAR, voyez GUESPILLAR.
GIT, *s. m.*, git, III, 469, I.
GITAR, *v.*, jeter, III, 469, I.
GIVRE, voyez GIBRE.
GLACHA, voyez GLASSA.
GLACHAR, voyez GLASSAR.
GLAI, *s. m.*, glayeul, III, 472, II.
GLAI, *s. m.*, glaive, III, 475, I, n° 2.
GLAN, *s. m.*, gland, III, 473, I.
GLANDIER, *adj.*, glandifère, III, 473, I, n° 2.
GLANDOLA, *s. f.*, glande, III, 473, I, n° 3.
GLANDULOS, *adj.*, glanduleux, III, 473, I, n° 4.
GLANDULOZ, voyez GLANDULOS.
GLANT, voyez GLAN.
GLARA, voyez CLARA.
GLAREA, *s. f.*, glaire, III, 473, II.
GLAS, *s. m.*, glace, III, 473, II.
GLASSA, *s. f.*, glace, III, 473, II, n° 2.
GLASSAR, *v.*, glacer, III, 474, I, n° 3.
GLAT, *s. m.*, glapissement, III, 474, I.
GLATIMENT, *s. m.*, glapissement, III, 474, II, n° 2.
GLATIR, *v.*, glapir, III, 474, II, n° 3.
GLATZ, voyez GLAS.
GLAUC, *adj.*, glauque, III, 474, II.
GLAVI, *s. m.*, glaive, III, 475, I.
GLAVIOL, *s. m.*, glayeul, III, 472, II, n° 3.
GLAY (dans l'exemple, lisez QUE AB GLAY), *s. m.*, frayeur, III, 472, II.

GLAY, voyez GLAI.

GLAYA, s. f., glayeul, III, 472, II, n° 2.

GLAZI, voyez GLAVI.

GLAZIOS, adj., poignant, III, 475, I, n° 3.

GLEISARGUE, adj., ecclésiastique, III, 95, II, n° 5.

GLEIZA, s. f., église, III, 95, I, n° 2.

GLEIZETA, s. f., dim., petite église, III, 95, II, n° 3.

GLESIA, s. f., clergé, III, 95, II, n° 4.

GLEVA, s. f., glèbe, III, 475, I.

GLEZA, voyez GLEVA.

GLIEIA, voyez GLEIZA.

GLIEYZA, voyez GLEIZA.

GLIRE, s. m., loir, III, 475, II.

GLOBEL, s. m., globe, III, 475, II.

GLORIA, s. f., gloire, III, 475, II.

GLORIAR, v., glorifier, III, 476, II, n° 7.

GLORIASION, s. f., fierté, III, 475, II, n° 2.

GLORIEJAR, v., glorifier, III, 476, II, n° 8.

GLORIFIANSA, s. f., glorification, III, 476, I, n° 4.

GLORIFIAR, v., glorifier, III, 476, II, n° 10.

GLORIFICACIO, voyez GLORIFICATIO.

GLORIFICAR, v., glorifier, III, 476, II, n° 9.

GLORIFICATIO, s. f., glorification, III, 475, II, n° 3.

GLORIOS, adj., glorieux, III, 476, I, n° 5.

GLORIOSAMENT, adv., glorieusement, III, 476, I, n° 6.

GLOSA, s. f., glose, III, 476, II.

GLOT, adj., glouton, III, 477, I.

GLOT, s. m., gorgée, III, 478, I, n° 5.

GLOTAMENS, adv., gloutonnement, III, 478, I, n° 3.

GLOTEZA, s. f., gloutonnerie, III, 478, II, n° 7.

GLOTO, adj., glouton, III, 477, II, n° 2.

GLOTONES, adj., glouton, III, 478, I, n° 4.

GLOTONEYAR, v., être glouton, III, 478, II, n° 8.

GLOTONIA, s. f., gloutonnerie, III, 478, I, n° 6.

GLOZA, voyez GLOSA.

GLOZAR, v., gloser, III, 477, I, n° 3.

GLOZETA, s. f. dim., petite glose, III, 477, I, n° 2.

GLUEG, s. m., glui, III, 479, I.

GLUT, s. m., glu, III, 479, II.

GLUTINATIU, adj., gluant, III, 479, II, n° 4.

GLUTINOS, adj., glutineux, III, 479, II, n° 3.

GLUTINOZ, voyez GLUTINOS.

GLUTINOZITAT, s. f., glutinosité, III, 479, II, n° 2.

GOBELET, s. m., gobelet, II, 526, I, n° 6.

GOFAINO, voyez GONFANO.

GOFO, s. m., gond, III, 480, II.

GOFON, voyez GOFO.

GOLA, s. f., gueule, 480, II.

GOLADA, s. f., goulée, III, 481, I, n° 7.

GOLAIO, voyez GOLAIOS.

GOLAIOS (lisez GOLAIO), s. m., gosier, III, 481, I, n° 5.

GOLAR, s. m., gorgerin, III, 481, I, n° 4.

GOLAYRO, s. m., gosier, III, 481, I, n° 6.

GOLET, s. m., goulet, III, 481, I, n° 3.

GOLETA, s. f. dim., goulette, III, 481, I, n° 2.

GOLFAINO, voyez GONFANO.

GOLFAYNO, voyez GONFANO.

GOLFO, s. m., golfe, III, 482, II.

GOLIART, voyez GUALIART.

GOLOS, adj., goulu, III, 481, I, n° 9.

GOLOSITAT, s. f., avidité, III, 481, I, n° 8.

GOLOZ, voyez GOLOS.

GOLOZAMEN, adv., goulument, III, 481, II, n° 10.

GOLOZITAT, voyez GOLOSITAT.

GOLUDAMEN, adv., goulument, III, 481, II, n° 12.

GOLUT, adj., goulu, III, 481, II, n° 11.

GOMA, s. f., gomme, III, 482, II.

GOMFANO, voyez GONFANO.

GOMFANONIER, s. m., gonfanonier, III, 484, I, n° 2.

GOMOS, adj., gommeux, III, 482, II, n° 3.

GOMOZ, voyez GOMOS.

GOMOZITAT, s. f., gommosité, III, 482, II, n° 2.

GONA, s. f., gonelle, III, 482, II.

GONEL, s. m., gonelle, III, 483, I, n° 2.

GONELA, voyez GONELLA.

GONELLA, s. f., gonelle, III, 483, I, n° 3.

GONFAINO, voyez GONFANO.

GONFAINON, voyez GONFANO.

GONFANO, s. m., gonfanon, III, 483, II.

GONFANON, voyez GONFANO.

GONFARONIER, voyez GOMFANONIER.

GONIO, voyez GONIOS.

GONIOS (lisez GONIO), s. m., casaque, III, 483, II, n° 4.

GORBEL, s. m., corbeille, II, 520, I, n° 2.

GORC, s. m., gour, III, 484, I.

GORD, adj., gras, III, 485, I.

GORDON, adj., ample, III, 485, I, n° 2.

GORGA, s. f., gorge, III, 484, I, n° 2.

GORGEREYTA, s. f. dim., gorgerette, III, 484, II, n° 5.

GORGIERA, s. f., gorgière, III, 484, II, n° 4.

GORGIEU, voyez GORGIEUS.

GORGIEUS (lisez GORGIEU), s. m., gorgerin, III, 484, II, n° 6.

GORGOLH, s. m., gouffre, III, 484, II, n° 3.

GORJA, voyez GORGA.

GOSSA, s. f., chienne, III, 488, I, n° 4.

GOSSET, s. m. dim., petit chien, III, 488, I, n° 2.

GOSSO, voyez GOSSON.

GOSSON, s. m., roquet, III, 488, I, n° 3.

GOST, s. m., goût, III, 522, II, n° 2.

GOSTAR, v., goûter, III, 522, II, n° 5.

GOTA, s. f., goutte, III, 485, I.

GOTAMEN, *s. m.*, filtration, III, 485, II, n° 4.
GOTAR, *v.*, goûter, III, 486, I, n° 9.
GOTASSA, *s. f.*, goutte, III, 485, II, n° 2.
GOTEIAMENT, *s. m.*, dégouttement, III, 486, I, n° 5.
GOTEIAR, *v.*, couler goutte à goutte, III, 486, I, n° 10.
GOTEJAMENT, voyez GOTEIAMENT.
GOTEJAR, voyez GOTEIAR.
GOTERA, *s. f.*, gouttière, III, 486, I, n° 7.
GOTETA, *s. f. dim.*, petite goutte, III, 485, II, n° 3.
GOTOS, *adj.*, goutteux, III, 486, I, n° 8.
GOULLA, voyez GOLA.
GOVERN, *s. m.*, gouverne, III, 487, I, n° 2.
GOVERNADOR, voyez GOVERNAIRE.
GOVERNAIRE, *s. m.*, gouverneur, III, 487, II, n° 5.
GOVERNAMENT, *s. m.*, gouvernement, III, 487, I, n° 3.
GOVERNAR, *v.*, gouverner, III, 486, II.
GOVERNAYRITZ, *s. f.*, gouvernante, III, 487, II, n° 6.
GOYTRON, *s. m.*, goître, III, 487, II.
GOZ, *s. m.*, chien, III, 488, I.
GRA, *s. m.*, degré, III, 488, II.
GRA, voyez GRAN.
GRACIA, *s. f.*, grâce, III, 490, II.
GRACIOS, *adj.*, gracieux, III, 491, II, n° 3.
GRACIOSAMEN, *adv.*, gracieusement, III, 491, II, n° 4.
GRACIOSET, *adj. dim.*, gracieuset, III, 491, II, n° 5.
GRACIOZAMENS, voyez GRACIOSAMEN.
GRACIOZITAT, *s. f.*, gracieuseté, III, 491, I, n° 2.
GRADATIO, *s. f.*, gradation, III, 488, II, n° 3.
GRADATIU, *adj.*, gradatif, III, 489, I, n° 5.
GRADUACIO, voyez GRADATIO.
GRADUAL, *adj.*, graduel, III, 489, I, n° 4.
GRADUAR, *v.*, graduer, III, I, 489, n° 6.
GRAFAU, *adj.*, butor, III, 491, II.
GRAFI, *s. m.*, poinçon, III, 491, II.
GRAFINAR, *v.*, égratigner, III, 492, I, n° 2.
GRAFIO, *s. m.*, croc, III, 492, I.
GRAGELAR, voyez GRAGELLAR.
GRAGELLAR, *v.*, remuer, III, 492, II.
GRAHUSA, *s. f.*, grabuge, III, 505, II, n° 3.
GRAILE, *adj.*, délicat, III, 493, I.
GRAILE, *s. m.*, clairon, III, 493, I.
GRAILEN, voyez GRAILENZ.
GRAILENZ (lisez GRAILEN), *adj.*, délicat, III, 493, I, n° 2.
GRAILLA, voyez GRALHA.
GRAILLE, voyez GRAILE.
GRAIS, *s. m.*, graisse, III, 500, II, n° 5.
GRAISSA, *s. f.*, graisse, III, 500, II, n° 6.
GRAISSAN, *s. m.*, crapaud, III, 499, II.
GRAIXANT, voyez GRAISSAN.
GRALHA, *s. f.*, corneille, III, 493, II.
GRAM, *s. m.*, gramen, III, 493, II.
GRAM, *adj.*, triste, III, 493, II.

GRAMAIRA, *s. f.*, grammaire, III, 494, I, n° 2.
GRAMAIRIA, voyez GRAMAYRIAN.
GRAMAJE, *s. m.*, grammairien, III, 494, II, n° 4.
GRAMATICA, *s. f.*, grammaire, III, 494, I.
GRAMATICAL, *adj.*, grammatical, III, 494, II, n° 7.
GRAMATJE, voyez GRAMAJE.
GRAMAVI, *s. m.*, grammairien, III, 494, II, n° 6.
GRAMAYRIA, voyez GRAMAYRIAN.
GRAMAYRIAN, *s. m.*, grammairien, III, 494, II, n° 3.
GRAMAZI, *s. m.*, grammairien, III, 494, II, n° 5.
GRAMINATIU, *adj.*, gramineux, VI, 27, I, n° 3.
GRAMINOS, *adj.*, gramineux, III, 493, II, n° 2.
GRAMINOZ, voyez GRAMINOS.
GRAMOR, *s. m.* (lisez *f.*), rancune, III, 494, I, n° 2.
GRAN, *s. m.*, grain, III, 495, I.
GRAN, *adj.*, grand, III, 497, II.
GRANA, *s. f.*, graine, III, 495, II, n° 3.
GRANADA, *s. f.*, grenat, III, 499, I, n° 2.
GRANAGE, *s. m.*, grain, III, 496, I, n° 5.
GRANAR, *v.*, grener, III, 496, II, n° 11.
GRANAT, *s. m.*, grenat, III, 499, I.
GRANDA, voyez GRAN.
GRANDAMEN, voyez GRANMEN.
GRANDESA, *s. f.*, grandeur, III, 498, II, n° 3.
GRANDEZA, voyez GRANDESA.

GRANDINAR, *v.*, grêler, III, 499, I, n° 3.
GRANDIR, *v.*, grandir, III, 499, I, n° 5.
GRANDITAT, *s. f.*, grandeur, III, 498, II, n° 4.
GRANELLA, *s. f. dim.*, petite graine, III, 496, I, n° 4.
GRANET, *s. m. dim.*, petit grain, III, 495, II, n° 2.
GRANGA, voyez GRANJA.
GRANGIER, *s. m.*, granger, III, 496, II, n° 9.
GRANI, *s. m.*, grenier, III, 496, II, n° 7.
GRANIER, *s. m.*, grenier, III, 496, I, n° 6.
GRANISSA, *s. f.*, grêle, III, 499, I.
GRANJA, *s. f.*, grange, III, 496, II, n° 8.
GRANMEN, *adv.*, grandement, III, 498, I, n° 2.
GRANMENS, voyez GRANMEN.
GRANNESSA, voyez GRANDESA.
GRANOILLA, *s. f.*, grenouille, III, 499, n° 2. Voyez GRANOLHA.
GRANOLHA, *s. f.*, grenouille, V, 39, I, n° 3. Voyez GRANOILLA.
GRANOR, *adj. comp.*, plus grand. Voyez GRAN.
GRANT, voyez GRAN.
GRANULOS, *adj.*, granuleux, III, 496, II, n° 10.
GRANULOZ, voyez GRANULOS.
GRANZISSA, voyez GRANISSA.
GRAPA, *s. f.*, grappin, III, 492, I, n° 4.
GRAPAR, *v.*, gratter, III, 492, II, n° 5.
GRAPAUDINA, *s. f.*, crapaudine, III, 499, II, n° 2.
GRAPAUT, *s. m.*, crapaud, III, 499, II.

GRA

GRAPONAR, *v.*, ramper, VI, 26, II, n° 5 *bis*.
GRAS, *adj.*, gras, III, 500, I.
GRASA, *s. f.*, degré, III, 488, II, n° 2.
GRASAL, *s. m.*, cratère, III, 501, I.
GRASSAMENT, *adv.*, grassement, III, 500, I, n° 2.
GRASSET, *adj. dim.*, grasset, III, 500, I, n° 3.
GRASSEZA, *s. f.*, embonpoint, III, 500, I, n° 4.
GRASSIA, voyez GRACIA.
GRASULA, *s. f.*, fruit de la joubarbe, III, 501, I.
GRAT, *s. m.*, gré, III, 501, I.
GRAT, voyez GRA.
GRATAR, *v.*, gratter, III, 505, I.
GRATIA, voyez GRACIA.
GRATUZAR, *v.*, arracher, III, 505, II, n° 2.
GRAUS, *s. m.*, plainte, III, 505, II.
GRAUSA, *s. f.*, plainte, III, 505, II, n° 2.
GRAUSAR, *v.*, murmurer, III, 505, II, n° 4.
GRAVA, *s. f.*, grève, III, 506, I, n° 3.
GRAVAR, voyez GREVAR.
GRAVEL, *s. m.*, gravier, III, 506, I, n° 4.
GRAVIER, *s. m.*, gravier, III, 505, II.
GRAVIERA, *s. f.*, grève, III, 506, I, n° 2.
GRAVITAT, *s. f.*, gravité, III, 509, II, n° 6.
GRAYS, voyez GRAIS.
GRAYSHOS, *adj.*, graisseux, III, 500, II, n° 7.

GRE

GRAZA, voyez GRASA.
GRAZAL, voyez GRASAL.
GRAZAR, voyez GRADUAR.
GRAZAU, voyez GRAZAUS.
GRAZAUS (lisez GRAZAU), voyez GRASAL.
GRAZE, *adj.*, gradué, VI, 26, II, n° 3 *bis*.
GRAZET, voyez GRASSET.
GRAZIDAMENZ, *adv.*, de bon gré, III, 503, I, n° 5.
GRAZIL, *s. m.*, grésillement, III, 506, II.
GRAZILLAR, *v.*, grésiller, III, 506, II, n° 2.
GRAZIR, *v.*, agréer, III, 502, II, n° 4.
GRAZIRE, *s. m.* (lisez *adj.*), reconnaissant, III, 502, II, n° 2.
GREC, *adj.*, grec, III, 506, II.
GRECS, voyez GRECZ.
GRECZ, *s. m.*, troupeau, III, 507, I.
GREDA, *s. f.*, craie, III, 508, II.
GREG, voyez GREC.
GREIAR, *v.*, agréer, III, 502, II, n° 3.
GREILL, voyez GRILH.
GRELLO, voyez GRILHO.
GREN, *s. m.*, moustache, II, 518, I, n° 2.
GRENO, *s. m.*, moustache, II, 518, II, n° 3.
GRENON, voyez GRENO.
GREPOILLAR, *v.*, érailler, III, 492, II, n° 6.
GRESESC, voyez GREZESC.
GRESSA, *s. f.*, grêle, III, 499, I, n° 2.
GRESSIME, *s. m.*, grécisme, III, 507, I, n° 5.
GREU, *adj.*, grief, III, 508, II.
GREUG, *s. m.*, grief, III, 509, I, n° 4.
GREUGA, *s. f.*, troupe, III, 507, I, n° 3.

GREUGANSA, *s. f.*, réunion, III, 507, I, n° 4.
GREUGE, voyez GREUG.
GREUGETAT, *s. f.*, gravité, III, 509, II, n° 5.
GREUMEN, voyez GREUMENT.
GREUMENT, *adv.*, grièvement, III, 509, I, n° 2.
GREVAMENT, *s. m.*, peine, III, 510, I, n° 10.
GREVANSA, *s. f.*, peine, III, 510, I, n° 9.
GREVAR, *v.*, accabler, III, 510, I, n° 12.
GREVESSA, voyez GREVEZA.
GREVEZA, *s. f.*, pesanteur, III, 509, II, n° 7.
GREVIAMENT, voyez GREVAMENT.
GREVIAR, voyez GREVAR.
GREVIATIU, *adj.*, oppressif, III, 510, I, n° 11.
GREVOR, *s. f.*, peine, III, 509, II, n° 8.
GREVOZAMEN, *adv.*, péniblement, III, 509, I, n° 3.
GREY, *s. m.*, troupeau, III, 507, I, n° 2.
GREZA, voyez GRESSA.
GREZE, voyez GREZES.
GREZEI, voyez GREZEIS.
GREZEIS (lisez GREZEI), voyez GREZESC.
GREZES (lisez GREZE), voyez GREZESC.
GREZESC, *adj.*, grec, III, 506, II, n° 3.
GRIEU, *adj.*, grec, III, 506, II, n° 2.
GRIEU, voyez GREU.
GRIEUMEN, voyez GREUMENT.
GRIFAIGNE, *adj.*, refrogné, III, 512, I, n° 4.

GRIFFO, *s. m.*, griffon, III, 512, I.
GRIFO, *adj.*, grec, III, 507, I, n° 4.
GRIGNO, voyez GRENO.
GRIHOL, *s. m.*, griffon, III, 512, I, n° 3.
GRIL, voyez GRILH.
GRILH, *s. m.*, grillon, III, 511, I.
GRILHO, *s. m.*, grille, III, 511, I.
GRILLO, voyez GRILHO.
GRIM, *adj.*, triste, III, 511, II.
GRIMA, *s. f.*, tristesse, III, 511, II, n° 2.
GRIMAR, *v.*, gémir, III, 511, II, n° 3.
GRINAR, *v.*, gémir, III, 511, II, n° 6.
GRINEZA, *s. m.*, tristesse, III, 511, II, n° 5.
GRINIT, voyez GRINUT.
GRINO, voyez GRENO.
GRINOS, *adj.*, affligé, III, 511, II, n° 4.
GRINUT, *adj.*, chevelu, II, 518, II, n° 4.
GRIS, *adj.*, gris, III, 511, II.
GRIU, *s. m.*, griffon, III, 512, I, n° 2.
GRIZ, voyez GRIS.
GRIZETA, *s. f.*, grisette, III, 512, I, n° 2.
GROC, *adj.*, jaune, III, 512, II.
GROGEZIR, *v.*, jaunir, III, 512, II, n° 3.
GROING, *s. m.*, groin, III, 513, II, n° 6.
GROINGNA, *s. f.*, groin, III, 513, II, n° 7.
GROISSOR, *s. f.*, grosseur, III, 514, II, n° 5.
GROLH, *adj.*, grouillant, III, 512, II.
GROMANCIA, *s. f.*, magie, IV, 312, I, n° 13.
GRONDILH, *s. m.*, grondement, III, 513, I, n° 3.

GRONDILHAR, *v.*, grommeler, III, 513, I, n° 2.
GRONDILLAR, voyez GRONDILHAR.
GRONDIR, voyez GRONHIR.
GRONG, voyez GROING.
GRONGILL, *s. m.*, gronderie, III, 513, II, n° 4.
GRONHIR, *v.*, grogner, III, 512, II.
GRONIR, voyez GRONHIR.
GROS, *adj.*, gros, III, 514, I.
GROS, *s. m.*, gros, III, 514, II, n° 7.
GROSAMEN, voyez GROSSAMEN.
GROSSA, *s. f.*, grosse, III, 515, I, n° 8.
GROSSAMEN, *adv.*, grossièrement, III, 514, I, n° 2.
GROSSAR, *v.*, grossoyer, III, 515, I, n° 9.
GROSSESSA, voyez GROSSEZA.
GROSSET, *adj. dim.*, grosset, III, 514, II, n° 3.
GROSSEZA, *s. f.*, grosseur, III, 514, II, n° 6.
GROSSIER, *adj.*, grossier, III, 514, II, n° 4.
GRU, voyez GRUS.
GRUA, *s. f.*, grue, III, 515, II.
GRUEC, voyez GROC.
GRUELA, *s. f.*, écorce, III, 515, II.
GRUER, voyez GRUIER.
GRUIER, *adj.*, gruyer, III, 515, II, n° 2.
GRULH, *s. m.*, groin, III, 513, II, n° 8.
GRUNIMENT, *s. m.*, grognement, III, 513, II, n° 5.
GRUOC, voyez GROC.
GRUPIR, voyez GUERPIR.
GRUS (lisez GRU), *s. m.*, grain, III, 497, I, n° 15.

GUA, voyez GA.
GUAB, voyez GAB.
GUABADOR, voyez GABAIRE.
GUABAIRE, voyez GABAIRE.
GUABAIRIA, voyez GABARIA.
GUABAROT, *s. m.*, gabarote, III, 515, II.
GUABIA, voyez GABIA.
GUACH, voyez GACH.
GUACHA, voyez GACHA.
GUAFUR, *s. m.*, glouton, III, 515, II.
GUAI, voyez GAI.
GUAIEZA, voyez GAYEZA.
GUAIGNAR, *s. m.*, pillard, III, 449, II, n° 9.
GUAIMENTAR, voyez GAYMENTAR.
GUAIRE, voyez GAIRE.
GUAITAR, voyez GAITAR.
GUALART, voyez GUALIART.
GUALAUBIA, voyez GALAUBIA.
GUALAUBIER, voyez GALAUBIER.
GUALE, voyez GALE.
GUALIADOR, voyez GALIAIRE.
GUALIAIRE, voyez GALIAIRE.
GUALIAMEN, voyez GALIAMEN.
GUALIAR, voyez GALIAR.
GUALIART, *s. m.*, imposteur, III, 421, I, n° 5.
GUALLINIER, *adj.*, gélinier, III, 418, II, n° 5.
GUAN, voyez GAN.
GUANDA, voyez GUANDIA.
GUANDIA, *s. f.*, tromperie, III, 422, I, n° 2.
GUANDIDA, voyez GANDIDA.
GUANDIR, voyez GANDIR.
GUANTA, voyez GANTA.
GUARALHA, *s. f.*, dispute, II, 182, I, n° 4.

GUARANDA, voyez GARANDA.
GUARANTIZIA, *s. f.*, garantie, III, 430, I, n° 5.
GUARAR, voyez GARAR.
GUARDA, voyez GARDA.
GUARDADOR, voyez GARDAYRE.
GUARDADURA, *s. f.*, regard, III, 426, I, n° 11.
GUARDAIRE, voyez GARDAYRE.
GUARDAMEN, voyez GARDEMEN.
GUARDAR, voyez GARDAR.
GUAREN, voyez GAREN.
GUARENGAL, *s. m.*, galéga, III, 516, I.
GUARENT, voyez GAREN.
GUARENTIA, voyez GARENTIA.
GUARIMEN, voyez GARIMEN.
GUARIR, voyez GARIR.
GUARLANDA, voyez GARLANDA.
GUARNIR, voyez GARNIR.
GUARNISO, voyez GARNISO.
GUARNIZO, voyez GARNISO.
GUARONA, *s. f.*, Garonne, III, 516, I.
GUARRA, voyez JARRA.
GUARRIC, voyez GARRIC.
GUARRIGA, voyez GARIGA.
GUART, voyez GART.
GUARZON, voyez GARSO.
GUASANDOR, *s. m.*, cultivateur, III, 449, II, n° 7.
GUASC, voyez GASC.
GUASCO, voyez GASCO.
GUAST, voyez GAST.
GUASTAR, voyez GASTAR.
GUAUG, voyez GAUCH.
GUAYAMEN, *adv.*, gaîment, III, 446, II, n° 28.
GUAYEZA, voyez GAYEZA.

GUAZAING, voyez GAZANH.
GUAZALHA, voyez GAZALHA.
GUAZAN, *s. m.*, vassal, III, 449, II, n° 6.
GUAZANH, voyez GAZANH.
GUAZANHADOR, *s. m.*, pillard, III, 449, II, n° 8.
GUAZANHAIRE, voyez GUAZANHADOR.
GUAZANHAR, voyez GAZANHAR.
GUAZARDINC, *s. m.*, récompense, III, 451, I, n° 13.
GUAZARDO, voyez GUAZARDON.
GUAZARDON, *s. m.*, guerdon, III, 450, II, n° 12.
GUAZARDONADOR, voyez GUIARDONAIRE.
GUAZARDONAR, *v.*, guerdonner, III, 451, I, n° 15.
GUBERNACIO, *s. f.*, direction, III, 487, II, n° 4.
GUELE, *adj.*, guèle, III, 516, I.
GUENCHIR, *v.*, empêcher, III, 516, I.
GUER, *adj.*, louche, III, 516, I.
GUEREIAR, voyez GUERREIAR.
GUERENTIA, voyez GARENTIA.
GUEREYAIRE, voyez GUERREIAIRE.
GUERIDA, *s. f.*, refuge, III, 432, I, n° 14.
GUERIMEN, voyez GARIMEN.
GUERIR, voyez GARIR.
GUERISO, voyez GUERIZO.
GUERIZO, *s. f.*, guérison, III, 431, II, n° 13.
GUERLE, *adj.*, louche, III, 516, II, n° 2.
GUERPIR, *v.*, déguerpir, III, 516, II.
GUERRA, *s. f.*, guerre, III, 516, II.
GUERREIAIRE, *s. m.*, guerrier, III, 517, II, n° 5.

GUI   GUI

GUERREIAR, v., guerroyer, III, 517, II, n° 6.
GUERREIRA, s. f., ennemie, III, 517, I, n° 4.
GUERREJAR, voyez GUERREIAR.
GUERRER, voyez GUERRIER.
GUERRESTAJE, s. m., guerroyage, III, 517, I, n° 2.
GUERREYADOR, voyez GUERREIAIRE.
GUERRIER, s. m., ennemi, III, 517, I, n° 3.
GUESPILLAR, v., taquiner, V, 527, I, n° 2.
GUIA, voyez GUIDA.
GUIA, voyez GUISA.
GUIADOR, voyez GUIDAIRE.
GUIAR, voyez GUIDAR.
GUIARDONAIRE, s. m., rémunérateur, III, 451, I, n° 14.
GUIARDONAR, voyez GUAZARDONAR.
GUIATGE, voyez GUIDATGE.
GUIDA, s. f., guide, III, 518, I.
GUIDAIRE, s. m., guide, III, 518, II, n° 6.
GUIDAMEN, s. m., direction, III, 518, II, n° 4.
GUIDAR, v., guider, III, 519, I, n° 7.
GUIDATGE, s. m., conduite, III, 518, II, n° 3.
GUIDONATGE, voyez GUIDATGE.
GUIERDON, voyez GUAZARDON.
GUIGA, voyez GIGUA.
GUIL, s. m., tromperie, III, 519, II.
GUILA, s. f., tromperie, III, 519, II, n° 2.
GUILAR, v., tromper, III, 519, II, n° 4.
GUILLADOR, s. m., trompeur, III, 519, II, n° 3.

GUILLAIRE, voyez GUILLADOR.
GUIMAR, v., bondir, III, 520, I.
GUINDOLIER, voyez GUINIER.
GUINER, s. m., renard, III, 520, I.
GUINH, s. m., guignement, III, 520, I.
GUINHAR, v., guigner, III, 520, I, n° 2.
GUINIAR, voyez GUINHAR.
GUINIER, s. m., guignier, III, 520, II.
GUIRANSA, voyez GUIRENSA.
GUIRBAUDO, voyez GIRBAUDO.
GUIRBAUT, voyez GIRBAUT.
GUIRBIA, s. f., châsse, III, 520, II.
GUIREN, s. m., garant, III, 430, II, n° 7.
GUIRENSA, s. f., secours, III, 430, II, n° 8.
GUIRENTIR, v., garantir, III, 430, II, n° 9.
GUIRLANDA, voyez GARLANDA.
GUISA, s. f., guise, III, 520, II.
GUISADOR, voyez GUIDAIRE.
GUISANSA, s. f., direction, III, 518, II, n° 5.
GUISCOS, adj., rusé, III, 522, I.
GUISCOSIA, s. f., ruse, III, 522, I, n° 2.
GUISQUET, s. m., guichet, III, 522, I.
GUIT, s. m., guide, III, 518, I, n° 2.
GUITARA, s. f., guitare, III, 522, I.
GUIZA, voyez GUISA.
GUIZAIRE, voyez GUIDAIRE.
GUIZAR, voyez GUIDAR.
GUIZARDO, voyez GUAZARDON.
GUIZARDON, voyez GUAZARDON.
GUIZATGE, voyez GUIDATGE.
GUIZERDO, voyez GUAZARDON.
GUIZERDON, voyez GUAZARDON.

UIZIER, *s. m.*, gésier, III, 522, I.
GULOZITAT, voyez GOLOSITAT.
UOLA, voyez GOLA.
GUOS, *s. m.*, chien, VI, 26, II, n° 1 *bis*.
GUOTER, *s. m.*, égout, III, 486, I, n° 6.
GURPIR, voyez GUERPIR.

GUSTABLE, *adj.*, appréciable au goût, III, 522, II, n° 4.
GUSTAMENT, *s. m.*, goût, III, 522, I.
GUSTATIU, *adj.*, gustatif, III, 522, II, n° 3.
GUTRINOS, *adj.*, goîtreux, III, 488, I, n° 2.

H

H, *s. m.*, h, III, 523, I.
HABIL, *adj.*, habile, III, 523, I.
HABILHAMENT, *s. m.*, habillement, III, 523, II, n° 3.
HABILITAR, *v.*, rendre apte, III, 523, I, n° 3.
HABILITAT, *s. f.*, habileté, III, 523, I, n° 2.
HABILLAMEN, voyez HABILHAMENT.
HABIT, *s. m.*, habit, III, 523, II.
HABITABLE, *adj.*, habitable, III, 524, I, n° 2.
HABITACIO, *s. f.*, habitation, III, 524, I, n° 4.
HABITACION, voyez HABITACIO.
HABITACLE, *s. m.*, habitacle, III, 524, II, n° 5.
HABITACOL, *s. m.*, habitacle, III, 524, II, n° 6.
HABITADOR, voyez HABITAIRE.
HABITAIRE, *s. m.*, habitant, III, 524, II, n° 8.
HABITAIRITZ, *s. f.*, habitante, III, 525, I, n° 9.
HABITAR, *v.*, habiter, III, 523, II.
HABITATGE, *s. m.*, habitation, III, 524, II, n° 7.

HABITAYRIS, voyez HABITAIRITZ.
HABITI, *s. m.*, habit, III, 523, II, n° 2.
HABITUAL, *adj.*, habituel, III, 525, II, n° 2.
HABITUAR, *v.*, habituer, III, 525, I.
HABITUT, *s. f.*, article, III, 525, II, n° 3.
HABONDOZAMENT, *adv.*, abondamment, IV, 372, I, n° 10.
HABUNDANCIA, voyez ABONDANTIA.
HABUNDAR, voyez ABONDAR.
HABUNDOZ, *adj.*, abondant, IV, 371, II, n° 8.
HAI, voyez AI.
HAILAS, voyez AILAS.
HALE, voyez ALE.
HANCA, voyez ANCA.
HANELIT, *s. m.*, respiration, II, 85, I, n° 7.
HASPIRACIO, voyez ASPIRATIO.
HAY, voyez AI.
HAYLAS, voyez AILAS.
HEDIFICAR, voyez EDIFICAR.
HEDIFICATIO, voyez EDIFICATIO.
HEMAGENA, voyez YMAGENA.
HER, *adv.*, hier, III, 525, II.

HER, *s. m.*, hoir, III, 526, II, n° 2.
HERBA, *s. f.*, herbe, III, 529, I.
HEREBRE, voyez EREBRE.
HERECIARCA, *s. m.*, hérésiarque, III, 526, II, n° 3.
HEREDITABLEMENT, voyez HERETABLAMENT.
HEREDITARI, *adj.*, héréditaire, III, 527, I, n° 7.
HEREGIA, *s. f.*, hérésie, III, 526, I.
HERES, *s. m.*, héritier, III, 526, II.
HERETABLAMENT, *adv.*, héréditairement, III, 527, I, n° 9.
HERETABLEMENT, voyez HERETABLAMENT.
HERETALMEN, voyez HERITALMEN.
HERETAMEN, *s. m.*, héritage, III, 527, II, n° 12.
HERETAMENT, voyez HERETAMEN.
HERETAR, *v.*, hériter, III, 528, I, n° 13.
HERETAT, *s. f.*, héritage, III, 527, II, n° 10.
HERETATGE, *s. m.*, patrimoine, III, 527, II, n° 11.
HERETERA, voyez HERETIERA.
HERETGAL, *adj.*, hérétique, III, 526, II, n° 4.
HERETGE, *adj.*, hérétique, III, 526, I, n° 2.
HERETIER, *s. m.*, héritier, III, 526, II, n° 4.
HERETIERA, *s. f.*, héritière, III, 527, I, n° 5.
HERETJE, voyez HERETGE.
HERISSO, voyez ERISSO.
HERITADOR, *s. m.*, héritier, III, 526, II, n° 3.
HERITAIRE, voyez HERITADOR.

HERITALMEN, *adv.*, héréditairement, III, 527, I, n° 8.
HERITATGE, voyez HERETATGE.
HERIZIPILA, voyez ERISIPILA.
HERMAFRODOZIA, *s. f.*, hermaphrodisme, III, 530, I, n° 2.
HERMI, voyez HERMIN.
HERMIN, *s. m.*, hermine, III, 530, I.
HERMITAJE, voyez ERMITATGE.
HERMITAN, voyez ERMITA.
HERMITANATGE, *s. m.*, ermitage, III, 139, II, n° 7.
HERMITORI, *s. m.*, ermitage, III, 139, II, n° 8.
HERMOFRODITA, *s. m.*, hermaphrodite, III, 530, I.
HERNIA, *s. f.*, hernie, III, 530, I.
HERODI, *s. m.*, héron, III, 530, I.
HEU ! *interj.*, eh ! III, 530, II.
HEYSSITACIO, *s. f.*, hésitation, III, 530, II.
HI, voyez I.
HIER, voyez HER.
HIERARCHIC, *adj.*, hiérarchique, II, 113, II, n° 3.
HIPOTECAR, *v.*, hypothéquer, III, 550, II, n° 2.
HIRISSAR, voyez ERISSAR.
HIRISSO, voyez ERISSO.
HOBEDIENSA, voyez OBEDIENSA.
HOC, voyez OC.
HODI, *s. m.*, greffe, III, 530, II.
HODI, voyez ODI.
HOI, *adv.*, aujourd'hui, III, 530, II.
HOLOCAUST, *s. m.*, holocauste, III, 531, I.
HOM, *s. m.*, homme, III, 531, II.

HOME, voyez HOM.
HOMECIDA, *s. m.*, homicide, III, 533, I, n° 6.
HOMENAGE, voyez HOMENATGE.
HOMENATGE, *s. m.*, hommage, III, 533, I, n° 5.
HOMENES, *s. m.*, hommage, III, 532, II, n° 3.
HOMICIDI, *s. m.*, homicide, III, 533, I, n° 7.
HOMICIDIER, *s. m.*, homicide, III, 533, II, n° 8.
HOMOGENE, voyez HOMOGENEOS.
HOMOGENEOS (lisez HOMOGENE), homogène, III, 460, II, n° 28.
HON, voyez ONT.
HONDA, voyez ONDA.
HONDRAR, voyez HONORAR.
HONEST, *adj.*, honnête, III, 537, I, n° 19.
HONESTAMEN, *adv.*, honnêtement, III, 537, II, n° 20.
HONESTAT, *s. f.*, honnêteté, III, 537, I, n° 18.
HONESTETAT, voyez HONESTAT.
HONGEMEN, voyez ONGEMEN.
HONOR, *s. f.*, honneur, III, 534, I.
HONORABLE, *adj.*, honorable, III, 535, II, n° 6.
HONORADAMEN, *adv.*, honorablement, III, 536, I, n° 10.
HONORADAMENS, voyez HONORADAMEN.
HONORAR, *v.*, honorer, III, 535, II, n° 8.
HONORIFICAR, *v.*, rendre honneur, III, 536, I, n° 11.
HONORIU, *adj.*, remarquable, III, 535, II, n° 7.

HONOROS, *adj.*, honorable, III, 535, II, n° 5.
HONRABLE, voyez HONORABLE.
HONRADAMEN, *adv.*, honorablement, III, 536, I, n° 9.
HONRADOR, *s. m.*, adorateur, III, 535, II, n° 4.
HONRAIRE, voyez HONRADOR.
HONRAMEN, voyez HONRAMENT.
HONRAMENT, *s. m.*, considération, III, 535, I, n° 3.
HONRANSA, *s. f.*, honneur, III, 534, II, n° 2.
HONRAR, voyez HONORAR.
HONZEN, voyez ONZEN.
HORA, *s. f.*, heure, III, 538, I.
HORAS, *s. f. pl.*, heures, III, 539, I, n° 2.
HORDE, voyez ORDE.
HORFE, voyez ORFE.
HORNAR, voyez ORNAR.
HORREJAR, *v.*, souiller, III, 543, II, n° 11.
HORREZAR, voyez HORREJAR.
HORRIBLAMEN, *adv.*, horriblement, III, 542, II, n° 3.
HORRIBLAMENS, voyez HORRIBLAMEN.
HORRIBLE, *adj.*, horrible, III, 542, II, n° 2.
HORRIPILACIO, *s. f.*, horripilation, III, 543, I, n° 5.
HORROR, *s. f.*, horreur, III, 542, II.
HORTAL, *s. m.*, hortolage, IV, 388, I, n° 4.
HORTALA, *s. f.*, légume, IV, 388, I, n° 5.
HORTALICIA, voyez ORTALESSA.
HOSA, voyez OSSA.

HOSPITAL, *s. m.*, hôpital, III, 545, II, n° 11.

HOSPITALEIR, *adj.*, hospitalier, III, 546, I, n° 13.

HOSPITALITAT, *s. f.*, hospitalité, III, 546, I, n° 12.

HOST, *s. f.*, armée, III, 546, II, n° 2.

HOSTA, *s. f.*, hôtesse, III, 544, II, n° 2.

HOSTAL, *s. m.*, hôtel, III, 544, II, n° 6.

HOSTALET, *s. m. dim.*, petit hôtel, III, 545, I, n° 7.

HOSTALIER, *s. m.*, hôte, III, 544, II, n° 3.

HOSTE, *s. m.*, hôte, III, 544, I.

HOSTIA, *s. f.*, hostie, III, 546, I.

HOSTILITAT, *s. f.*, hostilité, III, 546, II, n° 3.

HOUSSA, *s. f.*, housse, III, 547, I.

HUCHAR, voyez UCAR.

HUEI, voyez HOI.

HUEIL, voyez OLH.

HUEIMAIS, *adv.*, désormais, III, 531, I, n° 2, et IV, 125, II, n° 2.

HUEL, voyez OLH.

HUELH, voyez OLH.

HUELH DE VEIRE, *s. m.*, œil de verre, IV, 367, I, n° 2.

HUELL, voyez OLH.

HUEY, voyez HOI.

HUFICIAL, voyez OFFICIAL.

HULHAR, *v.*, être pourvu (*lisez* pourvoir) d'yeux, IV, 367, II, n° 5.

HUMAN, *adj.*, humain, III, 533, II, n° 12.

HUMANAL, *adj.*, humain, III, 534, I, n° 13.

HUMANALMEN, *adv.*, humainement, III, 534, I, n° 14.

HUMANALMENT, voyez HUMANALMEN.

HUMANAT, *adj.*, humanisé, III, 534, I, n° 15.

HUMANITAT, *s. f.*, humanité, III, 534, I, n° 16.

HUME, *s. m.*, épaule, III, 547, I.

HUMECTACIO, *s. f.*, humectation, III, 549, II, n° 6.

HUMECTAR, *v.*, humecter, III, 549, II, n° 8.

HUMECTATIU, *adj.*, humectatif, III, 549, II, n° 7.

HUMEN, voyez HUMENS.

HUMENS (lisez HUMEN), *adj.*, humide, III, 549, II, n° 5.

HUMID, *adj.*, humide, III, 549, II, n° 4, et VI, 27, II, n° 4.

HUMIDITAT, *s. f.*, humidité, III, 549, I, n° 3.

HUMIL, *adj.*, humble, III, 547, I.

HUMILIACIO, voyez HUMILIATIO.

HUMILIAR, *v.*, humilier, III, 548, I, n° 6.

HUMILIATIO, *s. f.*, humiliation, III, 548, I, n° 5.

HUMILITAT, *s. f.*, humilité, III, 547, II, n° 4.

HUMILIU, *adj.*, indulgent, III, 547, II, n° 3.

HUMILMEN, *adv.*, humblement, III, 547, II, n° 2.

HUMILMENT, voyez HUMILMEN.

HUMIT, voyez HUMID.

HUMIU, voyez HUMIL.

HUMOR, *s. f.*, humeur, III, 548, II.

HUMOROS, *adj.*, humoreux, III, 549, I, n° 2.
HUNICORN, *s. m.*, licorne, II, 487, I, n° 9.
HUOI, voyez HOI.
HURAR, *v.*, habituer, III, 549, II.
HUS, voyez US.
HUTAR, *v.*, hurler, III, 550, I.
HUYSSIER, *s. m.*, balancelle, III, 550, I.
HYAT, *s. m.*, hiatus, III, 550, I.
HYCTERICIA, voyez ICTERICIA.
HYENA, *s. f.*, hyène, III, 550, I.
HYMNE, *s. m.*, hymne, III, 550, II.
HYPOTECA, *s. f.*, hypothèque, III, 550, II.
HYRISSAR, voyez ERISSAR.
HYRUNDA, *s. f.*, hirondelle, III, 550, II.
HYRUNDINEA, *s. f.*, chélidoine, III, 551, II, n° 8.
HYSTORIA, *s. f.*, histoire, III, 551, II.

I

I, *s. m.*, i, III, 552, I.
I, *pron. rel. des deux genres*, lui, III, 552, I.
I, *adv. relat.*, y, III, 552, II.
I, *conj.*, et, III, 552, II.
IANA, voyez HYENA.
IANETA, *s. f. dim.*, petite hyène, III, 550, I, n° 2.
IBRE, *adj.*, ivre, III, 94, I, n° 2.
IBRIAC, voyez EBRIAC.
ICHIDA, voyez ISSIDA.
ICHILHADOR, voyez ICHILHAIRE.
ICHILHAIRE, *s. m.*, destructeur, III, 198, I, n° 3.
ICHORBAR, voyez EISSORBAR.
ICON, *s. m.*, icon, III, 553, II.
ICTERICIA, *s. f.*, ictère, III, 553, II.
IDESA, *s. f.*, haie, III, 553, II.
IDOLA, *s. f.*, idole, III, 553, II.
IDOLATRAR, *v.*, idolâtrer, III, 554, I, n° 3.
IE, voyez EU.
IER, voyez HER.
IERARCHIA, *s. f.*, hiérarchie, II, 113, II, n° 2.
IERRA, *s. f.*, pastille, III, 554, I.
IEU, voyez EU.
IFAMI, voyez INFAME.
IGNARR, *adj.*, ignare, IV, 337, I, n° 44.
IGNAVIA, *s. f.*, paresse, III, 554, I.
IGNE, *adj.*, igné, III, 554, II, n° 2.
IGNICIO, *s. f.*, ignition, III, 554, II, n° 3.
IGNIR, *v.*, embraser, III, 554, I.
IGNO, voyez IGNON.
IGNOCEN, voyez INNOCENT.
IGNOCENCIA, voyez INNOCENCIA.
IGNON, *s. m.*, oignon, III, 554, II.
IGNORAN, voyez IGNORANS.
IGNORANCIA, voyez IGNORANTIA.
IGNORANMENT, *s. m.*, ignorance, IV, 336, II, n° 42.
IGNORANS (lisez IGNORAN), *adj.*, ignorant, IV, 336, II, n° 43.
IGNORANSA, *s. f.*, ignorance, IV, 336, II, n° 41.
IGNORANSIA, voyez IGNORANTIA.
IGNORANTIA, *s. f.*, ignorance, IV, 336, II, n° 40.

IMM

IGNORAR, *v.*, ignorer, IV, 337, I, n° 45.

IGNOSCEN, voyez INNOCENT.

IGNOSSENCIA, voyez INNOCENCIA.

IL, *art. m. pl.*, les, III, 103, I, n° 8.

IL, *pron. pers. m.*, 3ᵉ *pers. sing.*, il, III, 103, I, n° 9.

IL, *pron. pers. m.*, 3ᵉ *pers. pl.*, ils, III, 103, II, n° 10.

IL, *art. f. sing.*, la, III, 103, II, n° 11.

IL, *pron. pers. f.*, 3ᵉ *pers. sing.*, elle, III, 103, II, n° 12.

ILH, voyez IL.

ILHA, voyez ISLA.

ILL, voyez IL.

ILLA, voyez ISLA.

ILLUMENAR, voyez ILLUMINAR.

ILLUMINADOR, voyez ELLUMINAYRE.

ILLUMINAR, *v.*, illuminer, IV, 105, II, n° 14.

ILLUMINATIU, *adj.*, illuminatif, IV, 105, II, n° 12.

ILLUSIO, *s. f.*, illusion, III, 554, II.

ILLUSTRI, *s. m.*, illustre, IV, 110, I, n° 18.

ILLUZIO, voyez ILLUSIO.

IMAGE, *s. f.*, image, III, 554, II.

IMAGINAR, *v.*, imaginer, III, 555, II, n° 7.

IMAGINATIO, *s. f.*, imagination, III, 555, I, n° 3.

IMMATERIAL, *adj.*, immatériel, IV, 168, I, n° 9.

IMMENSITAT, *s. f.*, immensité, IV, 202, II, n° 18.

IMMISSION, *s. f.*, envoi, IV, 229, II, n° 43.

v.

IMP

IMMOBLE, *adj.*, immobilier, IV, 243, II, n° 3.

IMMORTAL, *adj.*, immortel, IV, 270, II, n° 22.

IMMUNITAT, *s. f.*, immunité, IV, 292, I, n° 22.

IMMUTACIO, *s. f.*, changement, IV, 282, II, n° 11.

IMPARABLE, *adj.*, irréparable, IV, 425, I, n° 13.

IMPAUSAR, voyez EMPAUSAR.

IMPEDIR, *v.*, empêcher, IV, 473, I, n° 22.

IMPEDITIU, *adj.*, impéditif, IV, 473, I, n° 24.

IMPELLIR, *v.*, pousser, IV, 666, I, n° 6.

IMPELLISCAR, *v.*, pousser, IV, 666, II, n° 9.

IMPER, *s. m.*, empire, III, 555, II.

IMPERATIU, *adj.*, impératif, III, 556, II, n° 6.

IMPERIAU, voyez EMPERIAL.

IMPERSONAL, *adj.*, impersonnel, IV, 524, I, n° 8.

IMPETRAR, *v.*, impétrer, III, 556, II.

IMPETUOSAMEN, *adv.*, impétueusement, III, 557, I.

IMPIETAT, *s. f.*, impiété, IV, 545, I, n° 9.

IMPIGNORAR, *v.*, engager, IV, 481, I, n° 9.

IMPIGNORATIO, *s. f.*, gage, IV, 481, I, n° 7.

IMPOSITIO, voyez EMPOSICIO.

IMPOSSIBILITAT, *s. f.*, impossibilité, IV, 585, II, n° 30.

IMPOSSIBLE, *adj.*, impossible, IV, 585, II, n° 31.

IMPOST, *s. m.*, impôt, IV, 612, I, n° 17.

IMPREGNACIO, *s. f.*, grossesse, IV, 637, I, n° 7.

IMPRENABLE, voyez EMPRENABLE.

IMPROPRI, *adj.*, impropre, IV, 659, I, n° 10.

IMPROPRIAMEN, *adv.*, improprement, IV, 659, I, n° 11.

IMPROPRIETAT, *s. f.*, impropriété, IV, 659, II, n° 12.

IMPUGNACION, *s. f.*, attaque, IV, 669, I, n° 11.

IMPUGNAR, *v.*, impugner, IV, 669, I, n° 9.

IMPULCIO, *s. f.*, impulsion, IV, 666, II, n° 7.

IMPULSIO, voyez IMPULCIO.

IMPULSIU, *adj.*, impulsif, IV, 666, II, n° 8.

IMPUNIT, *adj.*, impuni, IV, 669, II, n° 4.

IMPURITAT, *s. f.*, impureté, IV, 671, I, n° 8.

INADVERTANSA, *s. f.*, inadvertance, V, 518, II, n° 13.

INANICIO, *s. f.*, inanition, III, 557, I.

INANIMAT, *adj.*, inanimé, II, 89, II, n° 4.

INCIDIR, voyez INSCINDIR.

INCINERACIO, *s. f.*, incinération, II, 378, II, n° 6.

INCINERAR, voyez ENCENDRAR.

INCINERATIO, voyez INCINERACIO.

INCIPID, voyez INSIPID.

INCISIU, *adj.*, incisif, V, 167, I, n° 6.

INCISORI, *s. m.*, tranchoir, V, 166, II, n° 4.

INCIZIO, *s. f.*, incision, V, 166, II, n° 3.

INCIZIU, voyez INCISIU.

INCLINACIO, voyez ENCLINACIO.

INCLINAMENT, voyez ENCLINAMEN.

INCLINAR, voyez ENCLINAR.

INCLINATIO, voyez ENCLINACIO.

INCLURE, *v.*, enclore, VI, 10, I, n° 37 *bis*.

INCLUSIO, *s. f.*, inclusion, II, 411, I, n° 35.

INCLUSIVAMENT, *adv.*, inclusivement, II, 411, II, n° 38.

INCLUZIO, voyez INCLUSIO.

INCOLA, *s. m.*, habitant, II, 444, I, n° 9.

INCOMMODITAT, *s. f.*, incommodité, II, 449, II, n° 3.

INCONTINENZA, *s. f.*, incontinence, V, 337, II, n° 38.

INCONVENIEN, voyez INCONVENIENT.

INCONVENIENT, *s. f.* (lisez *m.*), inconvénient, V, 494, I, n° 46.

INCORPORACIO, *s. f.*, incorporation, II, 495, I, n° 10.

INCORPORAL, *adj.*, incorporel, II, 495, II, n° 13.

INCORPORAR, voyez ENCORPORAR.

INCORPORATIU, *adj.*, incorporatif, II, 495, II, n° 12.

INCORPOREITAT, *s. f.*, incorporéité, II, 495, I, n° 11.

INCORRUPTIBILITAT, *s. f.*, incorruptibilité, V, 111, I, n° 17.

INCREDULITAT, *s. f.*, incrédulité, II, 510, II, n° 10.
INCREPAR, *v.*, réprimander, III, 557, II.
INCRIMINAR, voyez ENCRIMINAR.
INCURABLE, *adj.*, incurable, II, 534, II, n° 8.
INCURVACIO, *s. f.*, courbure, II, 480, I, n° 6.
INDECIS, *adj.*, indécis, V, 168, I, n° 16.
INDEX, *s. m.*, index, III, 558, I, n° 3.
INDI, *s. m.*, inde, III, 557, II.
INDICAR, *v.*, indiquer, III, 558, I.
INDICATIO, *s. f.*, indication, III, 558, I, n° 2.
INDICATIU, *s. m.*, indicatif, III, 558, I, n° 4.
INDIGENCIA, voyez INDIGENTIA.
INDIGENTIA, *s. f.*, indigence, III, 558, I.
INDIGER, *v.*, avoir besoin, III, 558, I, n° 2.
INDIGEST, *adj.*, indigeste, III, 48, I, n° 7.
INDIGESTIBILITAT, *s. f.*, indigestibilité, III, 48, II, n° 9.
INDIGESTIO, *s. f.*, indigestion, III, 48, II, n° 8.
INDIGNACIO, *s. f.*, indignation, III, 50, I, n° 13.
INDIGNAR, *v.*, indigner, III, 50, I, n° 14.
INDIRECT, *adj.*, indirect, V, 73, II, n° 54.
INDIRECTAMENT, *adv.*, indirectement, V, 73, II, n° 55.
INDISCRETIO, *s. f.*, indiscrétion, III, 59, I, n° 5.
INDISTINCT, *adj.*, indistinct, VI, 14, I, n° 3 *bis*.

INDIVIS, *adj.*, indivis, III, 39, II, n° 14.
INDUCIAS, *s. f. pl.*, sursis, III, 558, II.
INDUCTIO, *s. f.*, induction, III, 85, I, n° 26.
INDUCTION, voyez INDUCTIO.
INDUCTIU, *adj.*, inductif, III, 85, I, n° 27.
INDULGENCIA, *s. f.*, indulgence, III, 558, II.
INDURATIU, *adj.*, endurcissant, III, 89, I, n° 5.
INDURZIMENT, *s. m.*, endurcissement, III, 89, I, n° 7.
INDURZIR, voyez ENDURZIR.
INDUSTRIA, *s. f.*, industrie, III, 558, II.
INEFICAX, *adj.*, inefficace, III, 268, I, n° 34.
INESTIMABLE, *adj.*, inestimable, III, 218, II, n° 6.
INFAMAR, *v.*, diffamer, III, 258, I, n° 5.
INFAME, *adj.*, infâme, III, 258, I, n° 4.
INFAMI, voyez INFAME.
INFAMIA, *s. f.*, infamie, III, 258, II, n° 3.
INFANCIA, *s. f.*, enfance, III, 279, I, n° 7.
INFANTIL, *adj.*, enfantin, III, 280, I, n° 17.
INFECCIO, voyez INFECTIO.
INFECT, *adj.*, infect, III, 276, I, n° 93.
INFECTIO, *s. f.*, infection, III, 276, I, n° 92.
INFECTIU, *adj.*, infectant, III, 276, I, n° 94.
INFERMETAT, voyez EFERMETAT.
INFERN, *s. m.*, enfer, III, 558, II.

INFERNAL, adj., infernal, III, 559, I, n° 2.
INFERNAR, v., damner, III, 559, I, n° 3.
INFERTIL, adj., infertile, III, 316, II, n° 3.
INFEUDACION, s. f., inféodation, III, 295, I, n° 50.
INFIDELITAT, s. f., infidélité, III, 294, II, n° 20.
INFIMOS, adj., infime, III, 559, II.
INFINIT, adj., infini, III, 331, II, n° 22.
INFINITAMENT, adv., infiniment, III, 331, II, n° 24.
INFINITAT, s. f., infinité, III, 331, II, n° 21.
INFINITIU, s. m., infinitif, III, 331, II, n° 23.
INFIX, adj., fiché, III, 321, II, n° 15.
INFIXIU, adj., incisif, III, 321, II, n° 16.
INFIZEL, adj., infidèle, III, 294, II, n° 21.
INFLACIO, s. f., enflure, III, 559, II.
INFLAMMACIO, s. f., inflammation, III, 337, I, n° 6.
INFLATIU, adj., gonflatif, III, 559, II, n° 4.
INFLIGIR, v., infliger, III, 560, I.
INFLUENCIA, s. f., influence, III, 344, II, n° 10.
INFORMACIO, s. f., information, III, 367, I, n° 19.
INFORMAMEN, s. m., information, III, 367, I, n° 20.
INFORMAR, v., informer, III, 367, I, n° 22.
INFORMATIU, adj., formatif, III, 367, I, n° 21.
INFORTUNAT, adj., infortuné, III, 379, II, n° 3.

INFRIGIDACIO, s. f., refroidissement, III, 390, II, n° 11.
INFRIGIDAR, v., refroidir, III, 390, II, n° 12.
INFRUCTUOS, adj., infructueux, III, 404, I, n° 11.
INFRUCTUOZ, voyez INFRUCTUOS.
INFUZIO, s. f., infusion, III, 357, II, n° 12.
INGRATITUT, s. f., ingratitude, III, 505, I, n° 24.
INGROSSACIO, s. f., augmentation, III, 515, I, n° 11.
INGROSSAMENT, s. m., accroissement, III, 515, I, n° 12.
INGROSSATIU, adj., augmentatif, III, 515, I, n° 10.
INHIBIR, v., inhiber, II, 26, I, n° 3.
INHIBITIO, voyez INHIBITION.
INHIBITION, s. f., inhibition, II, 26, I, n° 4.
INHILAR, v., hennir, III, 560, I.
INIC, adj., inique, III, 134, II, n° 3.
INIMICITIA, s. f., inimitié, II, 65, II, n° 28.
INIQUITAT, s. f., iniquité, III, 134, II, n° 2.
INJUNCTION, s. f., injonction, III, 599, II, n° 14.
INJURIA, s. f., injure, III, 605, II, n° 14.
INJURIOSAMENT, adv., injurieusement, III, 605, II, n° 13.
INJUST, adj., injuste, III, 605, II, n° 9.
INJUSTAMENT, adv., injustement, III, 605, II, n° 10.

INJUSTICIA, *s. f.*, injustice, III, 605, II, n° 11.

INMENSITAT, voyez IMMENSITAT.

INMOBILITAT, *s. m.* (lisez *f.*), immobilité, IV, 279, II, n° 18.

INMUNDICIA, *s. f.*, immondicité, IV, 288, I, n° 13.

INMUTABILITAT, *s. f.*, immutabilité, IV, 283, I, n° 12.

INMUTACIO, voyez IMMUTACIO.

INMUTAR, *v.*, changer, IV, 282, II, n° 10.

INMUTATIU, *adj.*, immutatif, IV, 283, I, n° 13.

INNASCIBILITAT, *s. f.*, innaissance, VI, 30, I, n° 13 *bis.*

INNOCENCIA, *s. f.*, innocence, IV, 342, II, n° 11.

INNOCENT, *adj.*, innocent, IV, 342, II, n° 10.

INNOSCENCIA, voyez INNOCENCIA.

INNOVAR, *v.*, innover, IV, 339, II, n° 13.

INONDATION, *s. f.*, inondation, IV, 370, II, n° 2.

INPACIEN, voyez INPACIENT.

INPACIENCIA, *s. f.*, impatience, IV, 454, I, n° 11.

INPACIENT, *adj.*, impatient, IV, 454, I, n° 10.

INPEDIMEN, voyez EMPEDIMEN.

INPEDIR, voyez IMPEDIR.

INPERAR, *v.*, commander, III, 556, II, n° 7.

INPETIGE, *s. f.*, gratelle, III, 560, II.

INPIETAT, voyez IMPIETAT.

INPLICAR, *v.*, impliquer, IV, 566, I, n° 31.

INPORTAR, voyez EMPORTAR.

INPOSSIBILITAT, voyez IMPOSSIBILITAT.

INPOSSIBLE, voyez IMPOSSIBLE.

INPOTEN, voyez INPOTENS.

INPOTENCIA, *s. f.*, impuissance, IV, 585, I, n° 27.

INPOTENS (lisez INPOTEN), *adj.*, impotent, IV, 585, I, n° 26.

INPREGNATIU, voyez ENPREGNATIU.

INPROPORCIO, *s. f.*, disproportion, VI, 35, I, n° 42 *ter.*

INPUGNADOR, *s. m.*, attaquant, IV, 669, I, n° 10.

INPUGNAIRE, voyez INPUGNADOR.

INPULSIO, voyez IMPULCIO.

INQUANTAR, *v.*, encanter, V, 5, I, n° 7.

INQUERER, voyez ENQUERER.

INQUIETAR, *v.*, inquiéter, V, 23, II, n° 12.

INQUIETUT, *s. f.*, inquiétude, V, 24, I, n° 13.

INQUISICIO, *s. f.*, inquisition, V, 24, I, n° 25.

INQUISITIO, voyez INQUISICIO.

INQUISITION, voyez INQUISICIO.

INQUIZICIO, voyez INQUISICIO.

INS, voyez INTZ.

INSANIA, *s. f.*, folie, V, 150, I, n° 8.

INSCIDIDOR, *adj.*, taillable, V, 166, II, n° 5.

INSCIDIR, voyez INSCINDIR.

INSCINDIR, *v.*, inciser, V, 166, II, n° 2.

INSCISSORI, voyez INCISORI.

INSCIZIO, voyez INCIZIO.

INSCRIRE, *v.*, inscrire, III, 159, II, n° 12.

INSENSIBILITAT, *s. f.*, insensibilité, V, 196, II, n° 10.

INSEPARABILITAT, *s. f.*, inséparabilité, V, 173, I, n° 9.

INSEPARABLE, *adj.*, inséparable, V, 173, I, n° 10.

INSERCIO, *s. f.*, insertion, III, 569, II, n° 28.

INSERCIO, *s. f.*, ente, V, 158, I, n° 10.

INSERIR, *v.*, insérer, III, 569, II, n° 27.

INSERTIO, voyez INSERCIO.

INSERTION, voyez INSERCIO.

INSIADOR, *s. m.*, insidiateur, III, 560, II, n° 2.

INSIDIA, *s. f.*, embûches (*lisez* embûche), III, 560, II, et V, 222, II, n° 27.

INSINUAR, *v.*, insinuer, V, 194, II, n° 3.

INSINUATIO, *s. f.*, insinuation, V, 194, II, n° 2.

INSINUATION, voyez INSINUATIO.

INSIPID, *adj.*, insipide, V, 130, I, n° 18.

INSIPIDITAT, *s. f.*, insipidité, V, 130, I, n° 17.

INSIZIU, voyez INCISIU.

INSOMPNIETAT, *s. f.*, insomnie, V, 258, II, n° 10.

INSPECTION, *s. f.*, inspection, V, 276, I, n° 2.

INSPIRACIO, voyez INSPIRATIO.

INSPIRAR, *v.*, inspirer, III, 177, I, n° 19.

INSPIRATIO, *s. f.*, inspiration, III, 177, I, n° 18.

INSTANCIA, *s. f.*, instance, III, 208, II, n° 38.

INSTANSSA, *s. f.*, instance, III, 209, I, n° 39.

INSTIGAR, *v.*, instiguer, III, 560, II.

INSTITUIR, *v.*, instituer, III, 212, II, n° 70.

INSTITUTIO, *s. f.*, institution, III, 213, I, n° 71.

INSTITUTION, voyez INSTITUTIO.

INSTRUCTIO, *s. f.*, instruction, III, 561, I.

INSTRUCTIU, *adj.*, instructif, III, 562, I, n° 6.

INSTRUMEN, voyez INSTRUMENT.

INSTRUMENT, *s. m.*, instrument, III, 561, I, n° 3.

INSTRUMENTAL, *adj.*, instrumental, III, 561, II, n° 4.

INSUFFICIENCIA, *s. f.*, insuffisance, VI, 23, I, n° 44 *bis*.

INSUPERABLE, *adj.*, insurmontable, V, 245, II, n° 22.

INTEGRAL, *adj.*, intégral, III, 563, II, n° 2.

INTEGRE, *adj.*, intègre, III, 563, I.

INTEGRITAT, *s. f.*, intégrité, III, 563, II, n° 5.

INTELLECTIU, *adj.*, intellectif, III, 565, I, n° 4.

INTELLECTUAL, *adj.*, intellectuel, III, 565, I, n° 3.

INTELLIGENCIA, *s. f.*, intelligence, III, 564, II.

INTENDEMEN, voyez ENTENDEMENT.

INTENS, *adj.*, tendu, V, 328, I, n° 30.

INTENSAR, voyez ENTENSAR.

INTENSS, voyez INTENS.

INTERCEPTIO, *s. f.*, interception, II, 277, I, n° 38.

INTERCLURE, *v.*, entre-clore, II, 411, II, n° 42.

INTERCUTANE, *adj.*, intercutané, III, 565, I.

INTERESSAR, *v.*, intéresser, III, 565, I, n° 2.

INTERESSE, *s. m.*, intérêt, III, 565, I.

INTERIOR, *adj.*, intérieur, III, 569, I, n° 21.

INTERJECTAR, *v.*, interjeter, III, 472, I, n° 18.

INTERJECTIO, *s. f.*, interjection, III, 472, I, n° 19.

INTERLINEAR, *v.*, interligner, IV, 79, I, n° 10.

INTERLOCUTORI, *adj.*, interlocutoire, IV, 100, II, n° 15.

INTERLOQUTORI, voyez INTERLOCUTORI.

INTERMISSIO, *s. f.*, interruption, IV, 229, II, n° 44.

INTERPAUZAR, voyez ENTREPAUSAR.

INTERPOLACIO, *s. f.*, intermittence, III, 565, II, n° 2, et IV, 593, II, n° 3.

INTERPOLAR, *v.*, interpoler, III, 565, I.

INTERPOLAT, *adj.*, intermittent, IV, 593, II, n° 2.

INTERPOZICIO, *s. f.*, interposition, IV, 615, II, n° 49.

INTERPRETABLE, *adj.*, interprétable, III, 566, I, n° 6.

INTERPRETACIO, *s. f.*, interprétation, III, 565, II, n° 2.

INTERPRETAR, *v.*, interpréter, III, 565, II.

INTERPRETATIU, *adj.*, interprétatif, III, 566, I, n° 5.

INTERROGAR, *v.*, interroger, V, 104, II, n° 6.

INTERROGATIO, *s. f.*, interrogation, V, 104, I, n° 3.

INTERROGATORI, *s. m.*, interrogatoire, V, 104, I, n° 5.

INTERVA, *s. f.*, interrogation, V, 104, II, n° 8.

INTERVENIR, *v.*, intervenir, V, 495, II, n° 58.

INTESTATIO, *s. f.*, intestation, V, 357, I, n° 14.

INTESTATO, *s. m.*, intestat, V, 357, I, n° 15.

INTHIMATIO, voyez INTIMATION.

INTIMAR, *v.*, intimer, III, 566, I.

INTIMATION, *s. f.*, intimation, III, 566, I, n° 2.

INTITULAR, voyez ENTITOLAR.

INTRADA, *s. f.*, entrée, III, 568, I, n° 10.

INTRALIA, *s. m.* (lisez *f.*), entraille, III, 568, II, n° 14.

INTRAMEN, *s. m.*, entrée, III, 568, I, n° 11.

INTRAR, *v.*, entrer, III, 567, II, n° 8.

INTRATGE, *s. m.*, entrée, III, 568, I, n° 12.

INTRICAR, voyez ENTRICAR.

INTRINCEC, voyez INTRINSEC.

INTRINCEQUAMENT, *adv.*, intrinsèquement, III, 569, II, n° 24.

INTRINSEC, *adj.*, intrinsèque, III, 569, I, n° 23.

INTROIT, *s. m.*, entrée, III, 568, II, n° 13.

INTROMES, voyez ENTROMES.

INTROMISSIO, *s. f.*, intromission, IV, 227, I, n° 24.

INTRUS, *adj.*, intrus, III, 568, I, n° 9.

INTZ, *prép.*, dans, III, 566, I.

INUTIL, *adj.*, inutile, V, 456, II, n° 4.

INVASION, voyez ENVAZIO.

INVENTARI, *s. m.*, inventaire, V, 495, I, n° 57.

INVENTIO, *s. f.*, invention, V, 495, I, n° 56.

INVENTION, voyez INVENTIO.

INVESTIGUAR, *v.*, scruter, V, 528, I, n° 2.

INVESTITURA, *s. f.*, investiture, V, 529, II, n° 9.

INVIOLABLAMENT, *adv.*, inviolablement, V, 553, II, n° 9.

INVISCAMENT, *s. m.*, viscosité, V, 526, II, n° 5.

INVISCAR, *v.*, engluer, V, 526, I, n° 4.

INVISIBILITAT, *s. f.*, invisibilité, V, 537, I, n° 24.

INVIZIBLE, *adj.*, invisible, V, 536, II, n° 23.

INVOCACIO, *s. f.*, invocation, V, 576, I, n° 13.

INVOLUTIO, voyez ENVOLUCIO.

INZ, voyez INTZ.

IO, *pron. pers. m. et f.*, 1re *pers. sing.*, je, VI, 23, II, n° 1 *bis*.

IOTHACISME, *s. m.*, iotacisme, III, 570, I.

IPOCENTAURE, *s. m.*, hippocentaure, V, 309, I, n° 3.

IPOCONDRES, *s. m. pl.*, hypocondres, III, 570, I.

IPOCRISIA, voyez YPOCRIZIA

IPOTECARI, *s. m.*, apothicaire, III, 570, I.

IPOTICAIRE, voyez IPOTECARI.

IPOTICARI, voyez IPOTECARI.

IR, *v.*, aller, III, 570, II.

IRA, *s. f.*, colère, III, 573, II.

IRACIBILITAT, *s. f.*, irascibilité, III, 574, I, n° 4.

IRACITIU, *adj.*, irritatif, III, 574, II, n° 10.

IRADAMEN, *adv.*, avec colère, III, 575, I, n° 13.

IRADAMENT, voyez IRADAMEN.

IRAISENSA, voyez IRAISSENSA.

IRAISSABLE, *adj.*, irascible, III, 574, II, n° 9.

IRAISSENSA, *s. f.*, colère, III, 574, I, n° 6.

IRAISSER, voyez IRASCER.

IRAISSOS, *adj.*, irascible, III, 574, II, n° 8.

IRAMENT, *s. m.*, colère, III, 574, I, n° 5.

IRAR, *v.*, irriter, III, 574, II, n° 11.

IRASCER, *v.*, s'irriter, III, 574, II, n° 12.

IRASO, voyez IRASOS.

IRASOS (lisez IRASO), *s. f.*, III, 574, I, n° 3.

IRASSER, voyez IRASCER.

IREGULARITAT, *s. f.*, irrégularité, V, 66, I, n° 19.

IRIS, *s. m.*, iris, III, 576, I.
IRISSAR, voyez ERISSAR.
IRONDELLA, *s. f.*, hirondelle, III, 554, I, n° 3.
IRONIA, *s. f.*, ironie, III, 576, I.
IROR, *s. f.*, rancune, III, 573, II, n° 2.
IROS, *adj.*, furieux, III, 574, I, n° 7.
IROZ, voyez IROS.
IRRATIONAL, *adj.*, irrationnel, V, 55, I, n° 15.
IRREGULAR, *adj.*, irrégulier, V, 66, I, n° 18.
IRREPARABLE, *adj.*, irréparable, IV, 425, I, n° 14.
IRREVERENCIA, *s. f.*, irrévérence, V, 90, II, n° 4.
IRREVERENMENS, *adv.*, irrévéremment, V, 90, II, n° 5.
IRRIGACIO, *s. f.*, irrigation, V, 99, I, n° 5.
IRRITAR, *v.*, annuler, III, 576, I.
IRUNDA, voyez HYRUNDA.
IRUNDAT, *s. m.*, hirondeau, III, 554, I, n° 5.
IRUNDE, *s. f.*, hirondelle, III, 554, I, n° 2.
ISAM, voyez EISSAM.
ISHAMPLE, voyez EXEMPLE.
ISLA, *s. f.*, île, III, 576, II.
ISMAMEN, voyez AZISMAMEN.
ISNEL, *adj.*, prompt, III, 576, II.
ISNELAMEN, voyez ISNELAMENT.
ISNELAMENT, *adv.*, promptement, III, 576, II, n° 2.
ISOP, *s. m.*, hysope, III, 577, I.
ISQUERN, voyez ESQUERN.
ISSAIADOR, voyez ISSAJAIRE.

ISSAIAIRE, voyez ISSAJAIRE.
ISSAIAR, voyez ESSAIAR.
ISSAJADOR, voyez ISSAJAIRE.
ISSAJAIRE, *s. m.*, essayeur, III, 193, II, n° 3.
ISSAJAR, voyez ESSAIAR.
ISSALOT, voyez EYSSIROC.
ISSALSAMEN, voyez ESSALSAMEN.
ISSAMPLAR, *v.*, élargir, II, 75, I, n° 10.
ISSAMPLIAR, voyez ISSAMPLAR.
ISSAROP, voyez EISSAROP.
ISSARRAR, voyez ENSARRAR.
ISSART, voyez EYSSART.
ISSAUSAR, voyez ESALSAR.
ISSAUZIR, voyez EYSSAUZIR.
ISSAYAR, voyez ESSAIAR.
ISSEC, *s. m.*, butin, III, 572, I, n° 8.
ISSERMEN, voyez EISSERMEN.
ISSERNIR, voyez EISSERNIR.
ISSIDA, *s. f.*, issue, III, 574, II, n° 5.
ISSILHAR, *v.*, détruire, III, 198, I, n° 4.
ISSIMEN, voyez EYSSIMENT.
ISSIMENT, voyez EYSSIMENT.
ISSIR, voyez EISSIR.
ISSIROP, voyez EISSAROP.
ISSIT, *s. m.*, issue, III, 574, II, n° 3.
ISSORBAMEN, *s. m.*, aveuglement, IV, 378, I, n° 5.
ISSUFLAR, *v.*, souffler, V, 246, II, n° 3.
ISSUGAR, voyez EISUGAR.
IST, *pron. dém. m. pl.*, ces, VI, 18, II, n° 2.
IST, voyez ESTA.
ISTABLE, voyez ESTABLE.
ISTACIO, voyez ESTACIO.
ISTAR, voyez ESTAR.

ISTIGAMENT, *s. m.*, excitation, III, 561, I, n° 4.

ISTIGUADOR, *s. m.*, instigateur, III, 561, I, n° 3.

ISTIGUAIRE, voyez ISTIGUADOR.

ISTIGUAR, voyez INSTIGAR.

ISTIGUATIO, *s. f.*, instigation, III, 560, II, n° 2.

ISTITUT, *s. m.*, institution, III, 213, I, n° 72.

ISTITUTIO, voyez INSTITUTIO.

ISTRUCTIO, voyez ESTRUCCIO.

ISTRUIDOR, *s. m.*, instructeur, III, 561, I, n° 2.

ISTRUMENTAL, voyez INSTRUMENTAL.

ISTRUMENTALMENT, *adv.*, instrumentalement, III, 561, II, n° 5.

ISXAMPLI, *s. m.*, exemple, III, 240, II, n° 2.

ITERAR, *v.*, répéter, III, 577, I.

ITERATIO, *s. f.*, répétition, III, 577, I, n° 2.

IVERN, *s. m.*, hiver, III, 577, II, n° 2.

IVERNAIL, voyez IVERNAL.

IVERNAL, *s. m.*, hiver, III, 577, I.

IVERNAR, *v.*, faire froid, III, 577, II, n° 3.

IVRE, voyez IBRE.

IVREZA, *s. f.*, ivresse, III, 94, II, n° 6.

IVROS, *adj.*, ivre, III, 94, I, n° 4.

J

J, *s. m.*, j, III, 578, I.

JA, *adv.*, déjà, III, 578, I.

JAANT, voyez GIGANT.

JACE, voyez JASSE.

JACENTI, *s. m.*, hyacinthe, III, 579, I.

JACER, voyez JAZER.

JACILLAS, voyez JASSILHAS.

JACINT, *s. m.*, hyacinthe, III, 579, I, n° 2.

JACTACIO, *s. f.*, jactance, III, 579, II, n° 4.

JACTANCIA, *s. f.*, jactance, III, 579, II, n° 2.

JACTANSA, *s. f.*, jactance, III, 579, II, n° 3.

JACTANSIA, voyez JACTANCIA.

JACTAR, *v.*, vanter, III, 579, II.

JADIS, *adv.*, jadis, III, 579, I, n° 3.

JAFAR, *v.*, plaisanter, III, 579, II.

JAI, *adj.*, joyeux, III, 445, II, n° 21.

JAI, voyez GAI.

JAI, voyez JAIS.

JAIAN, voyez GIGANT.

JAIS (lisez JAI), *s. m.*, joie, III, 445, II, n° 19.

JAMAIS, *adv.*, jamais, III, 579, I, n° 4.

JANGAR, *s. m.*, marécage, III, 579, II.

JANGLA, *s. f.*, médisance, III, 580, I.

JANGLADOR, voyez JANGLAIRE.

JANGLAIRE, *s. m.*, moqueur, III, 580, I, n° 4.

JANGLAR, *v.*, railler, III, 580, II, n° 6.

JANGLARIA, *s. f.*, médisance, III, 580, I, n° 2.

JANGLOILLAR, voyez JANGUELHAR.

JANGLOS, *adj.*, moqueur, III, 580, II, n° 5.

JANGLOSIA, *s. f.*, moquerie, III, 580, I, n° 3.

JANGLUELH, *s. m.*, médisance, III, 580, II, n° 7.

JANGOLAR, voyez JANGUELHAR.

JANGUEL, voyez JANGLUELH.

JANGUELHAR, *v.*, médire, III, 581, I, n° 8.

JANGUOIL, voyez JANGLUELH.

JANGUOILH, voyez JANGLUELH.

JANUER, *s. m.*, janvier, III, 581, I.

JANUIER, voyez JANUER.

JAP, *s. m.*, jappement, III, 581, I.

JAPAR, *v.*, japper, III, 581, II, n° 2.

JAQUES, *s. m.*, jaques, III, 581, II.

JARDI, voyez JARDIN.

JARDIN, *s. m.*, jardin, III, 581, II.

JARLET, *s. m.*, jarlet, III, 581, II.

JARRA, *s. f.*, jarre, III, 582, I.

JARRETA, *s. f. dim.*, petite jarre, III, 582, I, n° 2.

JASERAN, *s. m.*, jaseran, III, 582, I.

JASIER, *s. m.*, couche, III, 583, I, n° 3.

JASPI, *s. m.*, jaspe, III, 582, I.

JASSE, *adv.*, toujours, III, 579, I, n° 2.

JASSILHAS, *s. f. pl.*, couches, III, 583, I, n° 4.

JASSINA, *s. f.*, gésine, III, 583, I, n° 5.

JATZ, *s. m.*, gîte, III, 583, I, n° 2.

JAUNE, *adj.*, jaune, III, 582, II.

JAUP, voyez JAP.

JAUZIDA, voyez GAUDIDA.

JAUZIMEN, voyez GAUZIMEN.

JAUZION, voyez GAUZION.

JAUZIR, voyez GAUDIR.

JAUZIRE, voyez GAUDIRE.

JAXER, voyez JAZER.

JAY, voyez GAI.

JAY, voyez JAI.

JAZEDOR, *s. m.*, coucheur, III, 583, I, n° 6.

JAZER, *v.*, gésir, III, 582, II.

JAZERAN, voyez JASERAN.

JENIER, voyez GENOVIER.

JENOVIER, voyez GENOVIER.

JEONAR, voyez JUNAR.

JO, *s. m.*, joug, III, 600, I, n° 17.

JOC, *s. m.*, jeu, III, 584, I.

JOCUNDITAT, *s. f.*, plaisir, III, 586, II.

JOELL, voyez JOYEL.

JOGADOR, voyez JOGUAIRE.

JOGAIRE, voyez JOGUAIRE.

JOGAR, *v.*, jouer, III, 585, I, n° 4.

JOGLAR, *s. m.*, jongleur, III, 585, I, n° 5.

JOGLARESC, *adj.*, joglaresque, III, 585, II, n° 8.

JOGLARESSA, *s. f.*, jongleresse, III, 585, II, n° 7.

JOGLARET, *s. m. dim.*, petit jongleur, III, 585, II, n° 6.

JOGLARIA, *s. f.*, jonglerie, III, 586, I, n° 9.

JOGUADOR, voyez JOGUAIRE.

JOGUAIRE, *s. m.*, joueur, III, 585, I, n° 3.

JOGUAR, voyez JOGAR.

JOGUET, *s. m. dim.*, petit jeu, III, 584, II, n° 2.

JOI, *s. m.*, joie, III, 444, II, n° 16.

JOIA, *s. f.*, joie, III, 445, I, n° 17.

JOINGNER, voyez JUNHER.

JOINHER, voyez JUNHER.
JOLI, *adj.*, joli, III, 586, II.
JOLIAMEN, voyez JOLIAMENT.
JOLIAMENT, *adv.*, joliment, III, 586, II, n° 2.
JOLIVETAT, *s. f.*, joliveté, III, 586, II, n° 3.
JONC, voyez JUNC.
JONCAR, voyez JUNCAR.
JONCHA, *s. f.*, jonchée, III, 597, I, n° 2.
JONCHAR, voyez JUNCAR.
JONGER, voyez JUNHER.
JONHEDOR, *s. m.*, adversaire, III, 598, II, n° 4.
JONHER, voyez JUNHER.
JONJER, voyez JUNHER.
JONTA, voyez JUNTA.
JOR, voyez JORN.
JORN, *s. m.*, jour, III, 587, I.
JORNADA, *s. f.*, journée, III, 588, II, n° 3.
JORNAL, *s. m.*, journée, III, 588, II, n° 4.
JORNAL, *adj.*, du jour, III, 589, I, n° 5.
JORNALMEN, *adv.*, en un jour, III, 589, II, n° 6.
JORNALMENS, voyez JORNALMEN.
JORNAU, voyez JORNAL.
JOS, *adv.*, en bas, III, 594, I.
JOSTA, *prép.*, près de, III, 591, II.
JOSTA, *s. f.*, joute, III, 592, II, n° 3.
JOSTADOR, voyez JUSTAIRE.
JOSTAIRE, voyez JUSTAIRE.
JOSTAR, *v.*, ajuster, III, 592, I, n° 2.
JOUS, *s. m.*, jeudi, VI, 28, I.
JOVE, *adj.*, jeune, III, 594, I.
JOVEN, voyez JOVENT.
JOVENCEL, *s. m.*, jouvenceau, III, 594, II, n° 4.
JOVENCELL, voyez JOVENCEL.
JOVENCELLA, *s. f.*, jouvencelle, III, 594, II, n° 5.
JOVENET, *adj. dim.*, jeunet, III, 594, I, n° 2.
JOVENIL, *adj.*, juvénil, III, 594, II, n° 3.
JOVENSELH, voyez JOVENCEL.
JOVENT, *s. m.*, jeunesse, III, 594, II, n° 6.
JOVENTA, *s. f.*, jeunesse, III, 595, I, n° 8.
JOVENTUT, *s. f.*, jeunesse, III, 595, I, n° 7.
JOY, voyez JOI.
JOYA, voyez JOIA.
JOYEL, *s. m.*, joyau, III, 445, I, n° 18.
JOYOS, *adj.*, joyeux, III, 445, II, n° 22.
JOYOSA, *s. f.*, Joyeuse, III, 445, II, n° 20.
JOYOSAMEN, *adv.*, joyeusement, III, 446, I, n° 23.
JOYOZAMENT, voyez JOYOSAMEN.
JUBILEU, *s. m.*, jubilé, III, 595, I.
JUDAIGAR, *v.*, judaïser, III, 611, II, n° 2.
JUDAYSAR, voyez JUDAIGAR.
JUDAYZAR, voyez JUDAIGAR.
JUDICAT, *s. m.*, jugement, III, 607, I, n° 22.
JUDICATIU, *adj.*, appréciatif, III, 607, I, n° 25.

JUDICI, *s. m.*, jugement, III, 606, II, n° 20.

JUDICIAL, *adj.*, judiciaire, III, 607, I, n° 23.

JUDICIALMEN, *adv.*, judiciairement, III, 607, I, n° 24.

JUDITIARI, *adj.*, judiciaire, III, 607, II, n° 26.

JUEC, voyez JOC.

JUELH, *s. m.*, ivraie, III, 595, II.

JUEYLL, voyez JUELH.

JUGE MAJE, *s. m.*, juge-mage, III, 606, II, n° 19.

JUGLAR, voyez JOGLAR.

JUGLARIA, voyez JOGLARIA.

JUGOS, *adj.*, joueur, VI, 28, I, n° 3 *bis*.

JUJADOR, voyez JUTJAIRE.

JUL, *s. m.*, juillet, III, 595, II.

JULEP, *s. m.*, julep, III, 595, II.

JULH, voyez JUL.

JULI, *s. m.*, juillet, III, 595, II, n° 2.

JULIOL, *s. m.*, juillet, III, 595, II, n° 3.

JUMEN, voyez JUMENT.

JUMENT, *s. f.*, bête de somme, III, 595, II.

JUMENTIN, *adj.*, de charge, III, 596, I, n° 2.

JUN, *s. m.*, joug, III, 600, I, n° 16.

JUNAR, *v.*, jeûner, III, 596, I,

JUNC, *s. m.*, jonc, III, 596, II.

JUNCAR, *v.*, joncher, III, 597, I, n° 3.

JUNCTURA, *s. f.*, jointure, III, 598, I, n° 2.

JUNH, *s. m.*, juin, III, 597, II.

JUNHER, *v.*, joindre, III, 597, II.

JUNHTURA, voyez JUNCTURA.

JUNIERT, *s. m.*, genèvrier, III, 600, II.

JUNIPERI, *s. m.*, genèvrier, VI, 28, II, n° 2.

JUNTA, *s. f.*, jointure, III, 598, I, n° 3.

JUOC, voyez JOC.

JUPA, *s. f.*, jupe, III, 600, II.

JUPELH, *s. m.*, jupon, III, 600, II, n° 2.

JUPIER, *s. m.*, jupier, III, 600, II, n° 4.

JUPIO, voyez JUPON.

JUPITER, *s. m.*, Jupiter, III, 601, I.

JUPON, *s. m.*, jupon, III, 600, II, n° 3.

JUR, *s. m.*, serment, III, 601, I.

JURADA, *s. f.*, jurade, III, 601, II, n° 5.

JURADOR, voyez JURAIRE.

JURAIRE, *s. m.*, jureur, III, 601, I, n° 3.

JURAMEN, voyez JURAMENT.

JURAMENT, *s. m.*, serment, III, 601, I, n° 2.

JURAR, *v.*, jurer, III, 601, II, n° 8.

JURAT, *s. m.*, jurat, III, 601, II, n° 4.

JURATIU, *adj.*, affirmatif, III, 601, II, n° 6.

JURATORY, *adj.*, juratoire, III, 601, II, n° 7.

JURAYRE, voyez JURAIRE.

JURIDIC, *adj.*, juridique, III, 608, I, n° 29.

JURIDICAMENT, *adv.*, juridiquement, III, 608, I, n° 30.

JURISDICCION, voyez JURISDICTIO.

JURISDICTIO, *s. f.*, juridiction, III, 607, II, n° 28.

JURISDICTION, voyez JURISDICTIO.

JUS, *s. m.*, jus, III, 604, I.

JUS, *prép.*, sous, VI, 28, I, n° 2.

JUSARMA, *s. f.*, guisarme, III, 604, I.

JUSCAS, *prép.*, jusque, VI, 28, II.
JUSIEU, voyez JUZIEU.
JUSQUIAM, *s. m.*, jusquiame, III, 604, I.
JUST, *adj.*, juste, III, 604, I.
JUSTA, voyez JOSTA.
JUSTADOR, voyez JUSTAIRE.
JUSTAIRE, *s. m.*, jouteur, III, 592, II, n° 4.
JUSTAR, voyez JOSTAR.
JUSTESIADOR, *s. m.*, justicier, III, 604, II, n° 4.
JUSTESIAIRE, voyez JUSTESIADOR.
JUSTICIA, *s. f.*, justice, III, 604, II, n° 2.
JUSTICIABLE, *adj.*, justiciable, III, 605, I, n° 5.
JUSTICIER, *s. m.*, justicier, III, 604, II, n° 3.
JUSTIFIAR, *v.*, justifier, III, 605, I, n° 8.
JUSTIFICACIO, *s. f.*, justification, III, 605, I, n° 7.
JUSTIFICATION, voyez JUSTIFICACIO.
JUSTIFIQUAR, voyez JUSTIFIAR.

JUSTIZIA, voyez JUSTICIA.
JUSTIZIAR, *v.*, justicier, III, 605, I, n° 6.
JUTGADOR, voyez JUTJAIRE.
JUTGAIRE, voyez JUTJAIRE.
JUTGAR, voyez JUTJAR.
JUTGE, *s. m.*, juge, III, 606, I, n° 16.
JUTJADOR, voyez JUTJAIRE.
JUTJAIRE, *s. m.*, juge, III, 606, I, n° 17.
JUTJAIRITZ, *s. f.*, femme juge, III, 606, II, n° 18.
JUTJAMEN, *s. m.*, jugement, III, 607, I, n° 21.
JUTJAR, *v.*, juger, III, 607, II, n° 27.
JUVAR, *v.*, aider, III, 608, II.
JUVAMENT, *s. m.*, aide, VI, 28, II, n° 2 *bis*.
JUVATIU, *adj.*, juvatif, III, 608, II, n° 2.
JUVENIL, voyez JOVENIL.
JUZI, voyez JUDICI.
JUZIEU, *s. m.*, Juif, III, 611, I.
JUZIZI, voyez JUDICI.

K

K, *s. m.*, k, III, 611, I.
KALENDA, voyez CALENDA.
KALENDAL, voyez CALENDAL.
KALENDA MAIA, *s. f.*, chanson qu'on chantait au mois de mai, II, 292, II, n° 2.
KALENDAR, *adj.*, qui est des calendes, II, 292, II, n° 4.

KALENDIER, voyez CALENDIER.
KAP, voyez CAP.
KAREIMAL, voyez CARESMAL.
KARESMA, voyez CARESMA.
KARESMAL, voyez CARESMAL.
KARITATIU, voyez CARITATIU.
KIRI, *s. m.*, kyrielle, III, 611, II.

L

L, *s. m.*, 1, IV, 1, I.
LA, *art. f. sing.*, la, IV, 1, I.
LA, *pron. pers. f.*, 3ᵉ *pers. sing.*, la, IV, 2, I, n° 3.
LA, voyez LAI.
LABANSA, *s. f.*, décadence, IV, 2, II.
LABECH, voyez ABECH.
LABIAS, *s. f. pl.*, lèvres, IV, 2, II.
LABOR, *s. m.*, labeur, IV, 3, II, n° 4.
LABORADOR, voyez LABORAIRE.
LABORAIRE, *s. m.*, travailleur, IV, 3, II, n° 2.
LABORAR, *v.*, travailler, IV, 3, I.
LABORATGE, *s. m.*, labourage, IV, 3, II, n° 3.
LABORIOS, *adj.*, laborieux, IV, 4, I, n° 6.
LABORIOZ, voyez LABORIOS.
LABRUSCA, *s. f.*, lambrusque, IV, 4, I.
LAC, *s. m.*, lac, IV, 4, I.
LAC, *s. m.*, lacs, IV, 4, II.
LACA, *s. f.*, laque, IV, 5, II.
LACERT, *s. m.*, muscle, IV, 5, II.
LACET, voyez LASSET.
LACH, *s. m. et f.*, lait, IV, 5, II.
LACHAR, voyez LASSAR.
LACHIS, *adj.*, allaité, IV, 6, I, n° 4.
LACHUGA, *s. f.*, laitue, IV, 6, I, n° 7.
LACREMA, voyez LACRIMA.
LACREMOS, voyez LACRIMOS.
LACRIMA, *s. f.*, larme, IV, 6, II.
LACRIMABLE, *s. m.*, sac lacrymal, IV, 7, I, n° 4.

LACRIMACIO, *s. f.*, larmoiement, IV, 6, II, n° 2.
LACRIMAL, *s. m.*, sac lacrymal, IV, 6, II, n° 3.
LACRIMOS, *adj.*, larmoyant, IV, 7, I, n° 5.
LACRYMA, voyez LACRIMA.
LACTICINI, *s. m.*, laitage, IV, 5, II, n° 2.
LACTOARI, voyez LECTUARI.
LACUAL, *adj.*, de lac, IV, 4, I, n° 2.
LADEZA, *s. f.*, largeur, IV, 24, II, n° 4.
LADRARIA, *s. f.*, ladrerie, IV, 7, II, n° 2.
LADRE, *s. m.*, ladre, IV, 7, II.
LADRIER, *s. m.*, côté, IV, 27, I, n° 2.
LAG, voyez LACH.
LAG, voyez LAID.
LAGAINOS, voyez LAGANHOS.
LAGANHA, *s. f.*, chassie, IV, 7, II.
LAGANHOS, *adj.*, chassieux, IV, 7, II, n° 2.
LAGER, *adj. comp.*, plus laid. Voyez LAID.
LAGEZA, *s. f.*, souillure, IV, 10, I, n° 8.
LAGNA, voyez LANHA.
LAGNAR, voyez LANHAR.
LAGOT, *s. m.*, cajolerie, IV, 7, II.
LAGOTEIR, voyez LAGOTIER.
LAGOTIER, *adj.*, cajoleur, IV, 8, I, n° 2.
LAGREMA, voyez LACRIMA.
LAGREMEJAR, voyez LAGRIMAR.
LAGRIMAR, *v.*, larmoyer, IV, 7, I, n° 7.

LAGRIMONSE, *adj.*, larmoyant, IV, 7, I, n° 6.
LAGUI, voyez LANGUI.
LAGUIAR, voyez LANGUIAR.
LAGUIOS, *adj.*, languissant, IV, 17, I, n° 4.
LAHORAIRE, voyez LABORAIRE.
LAHORAS, *adv.*, alors, III, 544, I, n° 9.
LAHUT, voyez LAUT.
LAI, *adv. démonstr.*, là, IV, 8, I.
LAI, voyez LAID.
LAIAMEN, *adv.*, laidement, IV, 10, I, n° 5.
LAIC, *s. m.*, lai, IV, 8, II.
LAID, *adj.*, laid, IV, 9, I.
LAIDESA, *s. f.*, laideur, IV, 10, I, n° 7.
LAIDEZIR, *v.*, enlaidir, IV, 9, II, n° 3.
LAIDIR, *v.*, outrager, IV, 9, II, n° 2.
LAIDOR, *adj. comp.*, plus laid. Voyez LAID.
LAIDURA, *s. f.*, outrage, IV, 10, I, n° 6.
LAIG, voyez LAIC.
LAIG, voyez LAID.
LAIGNA, voyez LANHA.
LAIGNHAR, voyez LANHAR.
LAIMA, voyez LAMA.
LAINS, voyez LAINTZ.
LAINTRE, *adv.*, léans, III, 567, II, n° 7.
LAINTZ, *adv.*, léans, III, 367, I, n° 5.
LAINZ, voyez LAINTZ.
LAIRAMENT, *s. m.*, aboiement, IV, 10, II, n° 2.
LAIRAR, *v.*, aboyer, IV, 10, II.
LAIRE, *s. m.*, larron, IV, 11, I.
LAIRIER, voyez LADRIER.

LAIRO, voyez LAIRE.
LAIRON, voyez LAIRE.
LAIRONAR, *v.*, voler, IV, 11, II, n° 8.
LAIRONIL, *adj.*, dérobé, IV, 11, II, n° 7.
LAIRONISSI, voyez LAYRONICI.
LAIS, *s. m.*, lamentation, IV, 11, II.
LAIS, *s. m.*, lai, IV, 12, I.
LAISAR, voyez LAISSAR.
LAISSA, *s. f.*, lice, IV, 12, II.
LAISSA, *s. f.*, testament, IV, 13, II, n° 2.
LAISSAR, *v.*, laisser, IV, 12, II.
LAIT, voyez LACH.
LAIT, voyez LAID.
LAIZANA, *s. f.*, souillure, IV, 10, I, n° 9.
LAIZAR, *v.*, souiller, IV, 9, II, n° 4.
LAM, voyez LAMP.
LAMA, *s. f.*, lame, IV, 14, II, n° 2.
LAMBRUSQUIEIRA, *s. f.*, lambrusque, IV, 4, I, n° 2.
LAMENT, *s. m.*, lamentation, IV, 14, I.
LAMENTATION, *s. f.*, lamentation, IV, 14, II, n° 2.
LAMENTOS, *adj.*, lamentable, IV, 14, II, n° 3.
LAMIA, *s. f.*, lamie, IV, 14, II.
LAMIERA, *s. f.*, lamière, IV, 15, I, n° 3.
LAMINA, *s. f.*, lame, IV, 14, II.
LAMP, *s. m.*, éclair, IV, 15, I.
LAMPA, *s. f.*, lampe, IV, 15, I, n° 2.
LAMPEA, voyez LAMPEZA.
LAMPEC, *s. m.*, éclair, IV, 15, II, n° 4.
LAMPEZA, *s. f.*, lampe, IV, 15, I, n° 3.
LAMPRADA, *s. f.*, lamproie, IV, 15, II, n° 2.
LAMPREA, voyez LAMPREZA.

LAMPREZA, *s. f.*, lamproie, IV, 15, II.
LANA, *s. f.*, laine, IV, 15, II.
LANCETA, *s. f. dim.*, lancette, IV, 18, II, n° 3.
LANCIER, *s. m.*, porte-lance, IV, 18, II, n° 4.
LANDA, *s. f.*, lande, IV, 16, II.
LANDACISME, *s. m.*, lambdacisme, IV, 16, II.
LANGOR, voyez LANGUOR.
LANGOSTA, *s. f.*, langouste, IV, 99, I, n° 2.
LANGUI, *s. m.*, peine, IV, 17, I, n° 2.
LANGUIAR, *v.*, languir, IV, 17, II, n° 6.
LANGUIMEN, *s. m.*, abattement, IV, 17, I, n° 3.
LANGUIR, *v.*, languir, IV, 17, I, n° 5.
LANGUOR, *s. f.*, langueur, IV, 16, II.
LANHA, *s. f.*, gémissement, IV, 18, I, n° 2.
LANHAR, *v.*, gémir, IV, 17, II.
LANIER, *adj.*, lanier, IV, 16, I, n° 6.
LANIFICI, *s. m.*, préparation des laines, IV, 15, II, n° 2.
LANIS, *adj.*, de laine, IV, 16, I, n° 3.
LANOS, *adj.*, laineux, IV, 16, I, n° 4.
LANOZ, voyez LANOS.
LANQUAN, *conj.*, lorsque, V, 3, I, n° 2.
LANS, *s. m.*, élan, IV, 18, II, n° 5.
LANSA, *s. f.*, lance, IV, 18, I.
LANSADA, *s. f.*, estafilade, IV, 18, II, n° 2.
LANSAR, *v.*, lancer, IV, 19, I, n° 6.
LANSETA, voyez LANCETA.
LANSIER, voyez LANCIER.
LANSOLADA, *s. f.*, lansolade, IV, 19, II.
LANSSOL, voyez LINSOL.

LANTERNA, *s. f.*, lanterne, IV, 20, I.
LANTERNIER, *s. m.*, lanternier, IV, 20, I, n° 2.
LANUGINOS, *adj.*, laineux, IV, 16, II, n° 5.
LANUGINOZ, voyez LANUGINOS.
LANZ, voyez LANS.
LAOR, voyez LABOR.
LAORAR, voyez LABORAR.
LAPACI, *s. m.*, patience, IV, 20, I.
LAPIDAR, *v.*, lapider, IV, 20, I.
LAPIDARI, *s. m.*, lapidaire, IV, 20, II, n° 6.
LAPIDATIO, *s. f.*, lapidation, IV, 20, II, n° 5.
LAPIDE, *adj.*, pierreux, IV, 20, II, n° 4.
LAPIDOS, *adj.*, pierreux, IV, 20, II, n° 3.
LAPIDOZ, voyez LAPIDOS.
LAPIFICAR, *v.*, pétrifier, IV, 20, II, n° 2.
LAPPA, *s. f.*, bardane, IV, 21, I.
LAR, voyez LART.
LARC, voyez LARG.
LARDAR, *v.*, larder, IV, 23, I, n° 2.
LARG, *adj.*, large, IV, 21, II.
LARGAMEN, *adv.*, largement, IV, 21, II, n° 4.
LARGAR, *v.*, larguer, IV, 22, I, n° 5.
LARGE, *adj.*, large, IV, 21, II, n° 2.
LARGESSA, voyez LARGUEZA.
LARGITIU, *adj.*, libéral, IV, 21, II, n° 3.
LARGOR, *s. f.*, largeur, IV, 22, I, n° 7.
LARGUEJAR, voyez LARGUEJAR.

LARGUEJAR, *v.*, faire des largesses, IV, 22, I, n° 6.
LARGUESA, voyez LARGUEZA.
LARGUETAT, *s. f.*, largesse, IV, 22, I, n° 9.
LARGUEZA, *s. f.*, largeur, IV, 22, II, n° 8.
LARI, *s. m.*, poule d'eau, IV, 23, I.
LART, *s. m.*, lard, IV, 23, I.
LAS, *art. f. pl.*, les, IV, 1, II, n° 2.
LAS, *pron. pers. f.*, 3ᵉ *pers. pl.*, les, IV, 2, II, n° 4.
LAS, *adj.*, las, IV, 23, II.
LASC, voyez LAX.
LASCH, voyez LAX.
LASCHAR, voyez LAXAR.
LASSAMEN, *s. m.*, obligation, IV, 4, II, n° 3.
LASSAR, *v.*, lacer, IV, 4, II, n° 4.
LASSAR, *v.*, lasser, IV, 24, I, n° 3.
LASSET, *adj. dim.*, infortuné, IV, 24, I, n° 2.
LASSOL, *s. m.*, lacs, IV, 4, II, n° 2.
LAT, *adj.*, large, IV, 24, I.
LATA, *s. f.*, latte, IV, 25, I.
LATA, *s. f.*, late, IV, 25, I.
LATERAL, *adj.*, latéral, IV, 27, I, n° 3.
LATERALMENT, *adv.*, latéralement, IV, 27, I, n° 4.
LATI, voyez LATIN.
LATIFICAR, *v.*, élargir, IV, 24, II, n° 3.
LATIN, *adj.*, latin, IV, 25, II.
LATINAMEN, *s. m.*, littérature, IV, 25, II, n° 2.
LATINAMENT, *adv.*, en latin, IV, 25, II, n° 3.

LATINIER, *s. m.*, savant, IV, 26, I, n° 4.
LATITUDINALMENT, *adv.*, en large, IV, 24, II, n° 2.
LATITUT, *s. f.*, largeur, IV, 24, II, n° 5.
LATO, *s. m.*, laiton, IV, 26, I, n° 5.
LATRIA, *s. f.*, latrie, IV, 26, I.
LATRINA, *s. f.*, latrine, IV, 26, I.
LATRONISSA, *s. f.*, volerie, IV, 11, II, n° 6.
LATZ, *s. m.*, côté, IV, 26, I.
LATZ, voyez LAC.
LAU, voyez LAUS.
LAUDABLE, *adj.*, louable, IV, 29, I, n° 10.
LAUDAMENT, *s. m.*, louange, IV, 28, I, n° 3.
LAUDANUM, *s. m.*, ladanum, IV, 27, II.
LAUDAS, *s. f. pl.*, laudes, IV, 28, II, n° 7.
LAUDEME, *s. m.*, louange, IV, 28, II, n° 5.
LAUPART, voyez LEOPART.
LAUR, *s. m.*, laurier, IV, 27, II.
LAURADOR, voyez LABORAIRE.
LAURANSA, *s. f.*, terre labourable, IV, 3, II, n° 5.
LAURAR, voyez LABORAR.
LAUREAT, *adj.*, lauréat, IV, 27, II, n° 4.
LAUREL, *s. m.*, laurier, IV, 27, II, n° 2.
LAURI, *adj.*, de laurier, IV, 27, II, n° 5.
LAURIER, *s. m.*, laurier, IV, 27, II, n° 3.
LAUS (lisez LAU), *s. m.*, louange, IV, 28, I.
LAUSA, *s. f.*, roche, IV, 31, II.
LAUSABLE, voyez LAUDABLE.

LAUSAMENT, voyez LAUDAMENT.
LAUSAR, voyez LAUZAR.
LAUSENGA, voyez LAUZENGA.
LAUSENGAMEN, *s. m.*, calomnie, IV, 30, I, n° 13.
LAUSENGIER, voyez LAUZENGIER.
LAUSOR, voyez LAUZOR.
LAUT, *s. m.*, luth, IV, 32, I.
LAUXAMEN, voyez LAUDAMENT.
LAUXAR, voyez LAUZAR.
LAUZA, voyez LAUSA.
LAUZABLE, voyez LAUDABLE.
LAUZADOR, voyez LAUZAIRE.
LAUZAIRE, *s. m.*, louangeur, IV, 29, I, n° 9.
LAUZAMEN, voyez LAUDAMENT.
LAUZAR, *v.*, louer, IV, 29, II, n° 11.
LAUZEMNE, voyez LAUDEME.
LAUZEMNIE, *s. f.*, louange, IV, 28, II, n° 6.
LAUZENGA, voyez LAUZENJA.
LAUZENGERIA, *s. f.*, louange, VI, 29, I, n° 12 *bis*.
LAUZENGIER, *s. m.*, louangeur, IV, 30, I, n° 14.
LAUZENGUEIAR, voyez LAUZENGUEJAR.
LAUZENGUEJAR, *v.*, médire, IV, 31, I, n° 16.
LAUZENJA, *s. f.*, louange, IV, 30, I, n° 12.
LAUZENJADOR, voyez LAUZENGIER.
LAUZENJAR, *v.*, louanger, IV, 30, II, n° 15.
LAUZERT, voyez LAZERT.
LAUZIMI, *s. m.*, lods, IV, 29, I, n° 8.
LAUZISME, *s. m.*, louange, IV, 28, II, n° 4.

LAUZOR, *s. f.*, louange, IV, 28, I, n° 2.
LAVACI, *s. m.*, ravine, IV, 32, II, n° 5.
LAVADOR, *s. m.*, lavoir, IV, 32, II, n° 4.
LAVADURA, *s. f.*, lavure, IV, 32, II, n° 6.
LAVAMEN, voyez LAVAMENT.
LAVAMENT, *s. m.*, lavement, IV, 32, II, n° 3.
LAVANCA, *s. f.*, lavange, IV, 33, I, n° 8.
LAVANDIERA, *s. f.*, lavandière, IV, 33, I, n° 7.
LAVAR, *v.*, laver, IV, 32, I.
LAVATIU, *adj.*, lavatif, IV, 32, II, n° 2.
LAVIAS, voyez LABIAS.
LAVRAS, voyez LABIAS.
LAX, *adj.*, lâche, IV, 33, I.
LAXACIO, *s. f.*, relâchement, IV, 33, II, n° 4.
LAXAMENT, *s. m.*, relâchement, IV, 33, II, n° 5.
LAXAR, *v.*, lâcher, IV, 33, I, n° 3.
LAXATIU, *adj.*, laxatif, IV, 33, I, n° 2.
LAXETAT, *s. f.*, lâcheté, IV, 33, II, n° 6.
LAXUGETA, *s. f. dim.*, petite laitue, IV, 6, II, n° 8.
LAY, voyez LAI.
LAYC, voyez LAIC.
LAYNA, voyez LANHA.
LAYNS, voyez LAINTZ.
LAYRAR, voyez LAIRAR.
LAYRE, voyez LAIRE.
LAYRONAT, *s. m.*, larcin, IV, 11, II, n° 5.
LAYRONESSA, *s. f.*, larronnesse, IV, 11, I, n° 2.
LAYRONIA, *s. f.*, larronnerie, IV, 11, I, n° 3.

LAYRONICI, *s. m.*, larcin, IV, 11, II, n° 4.
LAYRONISSI, voyez LAYRONICI.
LAYS, voyez LAIS.
LAYSSA, voyez LAISSA.
LAYSSAR, voyez LAISSAR.
LAYT, voyez LACH.
LAYTAR, *v.*, allaiter, IV, 6, I, n° 5.
LAYTENC, *adj.*, laiteux, IV, 6, I, n° 3.
LAYTUGA, voyez LACHUGA.
LAYZAR, voyez LAIZAR.
LAZ, voyez LAC.
LAZ, voyez LATZ.
LAZERT, *s. m.*, lézard, IV, 34, II.
LAZULI, *s. m.*, lazuli, VI, 5, II, n° 2 *bis*.
LE, voyez LEN.
LE, voyez LO.
LEALEZA, voyez LEIALEZA.
LEAR, voyez LIAR.
LEBRE, *s. f.*, lièvre, IV, 34, II.
LEBREIRA, *s. f.*, levrette, IV, 35, I, n° 3.
LEBRIER, *s. m.*, lévrier, IV, 34, II, n° 2.
LEBROS, *adj.*, lépreux, IV, 49, I, n° 3.
LEBROSIA, *s. f.*, lèpre, IV, 49, I, n° 2.
LEC, *adj.*, lécheur, IV, 35, I, n° 2.
LECAIS, voyez LICAYTZ.
LECAR, *v.*, lécher, IV, 35, I.
LECARIA, *s. f.*, lécherie, IV, 35, II, n° 5.
LECAYS, voyez LICAYTZ.
LECHADEIR, voyez LECHADIER.
LECHADIER, *adj.*, friand, IV, 35, II, n° 4.
LECHAR, voyez LECAR.
LECHARDET, voyez LECHARDETZ.

LECHARDETZ (lisez LECHARDET), *s. m.*, goinfrerie, IV, 35, II, n° 7.
LECONIA, *s. f.*, goinfrerie, IV, 36, I, n° 8.
LECTIO, *s. f.*, choix, IV, 40, II, n° 2.
LECTOARI, voyez LECTUARI.
LECTOR, voyez LECTRE.
LECTRE, *s. m.*, lecteur, IV, 43, II, n° 5.
LECTUARI, *s. m.*, électuaire, III, 108, II, n° 2.
LEDDA, voyez LEUDA.
LEG, *s. f.*, loi, IV, 36, I.
LEGA, *s. f.*, lieue, IV, 40, I.
LEGACIO, *s. f.*, légation, IV, 39, II, n° 2.
LEGAT, *s. m.*, légat, IV, 39, II.
LEGAT, *s. m.*, legs, IV, 39, II, n° 3.
LEGATION, voyez LEGACIO.
LEGEDOR, voyez LEGEYRE.
LEGENDA, *s. f.*, légende, IV, 43, II, n° 4.
LEGENSA, voyez LEGENDA.
LEGEYRE, *s. m.*, lecteur, IV, 44, I, n° 6.
LEGIBLE, *adj.*, lisible, IV, 43, I, n° 2.
LEGIDOR, voyez LEGEYRE.
LEGIO, *s. f.*, légion, IV, 40, II, n° 3.
LEGION, voyez LEGIO.
LEGIR, *v.*, choisir, IV, 40, I.
LEGIR, *v.*, lire, IV, 43, I.
LEGISMAMENT, *adv.*, légitimement, IV, 37, I, n° 7.
LEGISME, *adj.*, légitime, IV, 37, I, n° 6.
LEGISTA, *s. m.*, légiste, IV, 36, II, n° 2.
LEGITIM, *adj.*, légitime, IV, 37, I, n° 4.
LEGITIMA, *s. f.*, légitime, IV, 36, II, n° 3.

LEGITIMAMEN, *adv.*, légitimement, IV, 37, I, n° 5.
LEGNA, *s. f.*, bois, IV, 77, II, n° 2.
LEGOR, *s. f.*, joie, IV, 50, I, n° 2.
LEGUA, voyez LEGA.
LEGUATION, voyez LEGACIO.
LEGUDAMEN, *adv.*, licitement, IV, 56, II, n° 3.
LEGUM, *s. m.*, légume, IV, 44, I.
LEGUOR, voyez LEGOR.
LEGUT, *adj.*, licite, IV, 56, II, n° 2.
LEI, voyez LEG.
LEI, voyez LIEIS.
LEIAL, voyez LEYAL.
LEIALEZA, *s. f.*, loyauté, IV, 37, II, n° 9.
LEIALMEN, voyez LEYALMEN.
LEIALTAT, voyez LEYALTAT.
LEIAUMENT, voyez LEYALMEN.
LEIAUTAT, voyez LEYALTAT.
LEICH, voyez LEIT.
LEIDA, voyez LEUDA.
LEIGNA, voyez LEGNA.
LEIS, voyez LIEIS.
LEISSA, *s. f.*, lice, IV, 44, I.
LEISSIU, voyez LISSIU.
LEISSO, *s. f.*, leçon, IV, 43, II, n° 3.
LEISSON, voyez LEISSO.
LEIT, *s. m.*, lit, IV, 44, II.
LEITIERA, *s. f.*, litière, IV, 44, II, n° 2.
LEN, *adj.*, lisse, IV, 44, II.
LEN, voyez LENT.
LENDE, *s. m.* (lisez *f.*), lente, IV, 45, II.
LENDEMA, voyez LENDEMAN.
LENDEMAN, *s. m.*, lendemain, IV, 133, I, n° 3.
LENE, *adj.*, lisse, IV, 44, II, n° 2.

LENEGAR, *v.*, glisser, IV, 45, I, n° 7.
LENEZA, *s. f.*, douceur, IV, 45, I, n° 5.
LENGA, voyez LENGUA.
LENGAJE, voyez LENGUATGE.
LENGATGE, voyez LENGUATGE.
LENGOS, voyez LENGUOS.
LENGOSTA, voyez LANGOSTA.
LENGUA, *s. f.*, langue, IV, 45, II.
LENGUATGE, *s. m.*, langage, IV, 46, I, n° 2.
LENGUEIAR, voyez LENGUEJAR.
LENGUEJAR, *v.*, parler, IV, 46, II, n° 5.
LENGUOS, *adj.*, verbeux, IV, 46, II, n° 3.
LENGUT, *adj.*, parleur, IV, 46, II, n° 4.
LENH, voyez LING.
LENHA, voyez LEGNA.
LENIA, voyez LEGNA.
LENIFICAR, *v.*, lénifier, IV, 45, I, n° 9.
LENIFICATIU, *adj.*, lénitif, IV, 45, I, n° 8.
LENIR, *v.*, adoucir, IV, 45, I, n° 6.
LENITAT, *s. f.*, douceur, IV, 45, I, n° 4.
LENITIU, *adj.*, lénitif, IV, 45, I, n° 3.
LENSOL, voyez LINSOL.
LENT, *adj.*, lent, IV, 46, II.
LENTAMENT, *adv.*, lentement, IV, 47, I, n° 2.
LENTICULAR, *adj.*, lenticulaire, IV, 47, II, n° 3.
LENTILHA, voyez LENTILLA.
LENTILLA, *s. f.*, lentille, IV, 47, II.
LENTILLOS, *adj.*, lentilleux, IV, 47, II, n° 2.
LENTILLOZ, voyez LENTILLOS.
LENTISC, *s. m.*, lentisque, IV, 47, II.
LEO, *s. m.*, lion, IV, 47, II.

LEONA, *s. f.*, lionne, IV, 48, 1, n° 2.
LEONAR, *v.*, mettre bas de petits lionceaux, IV, 48, 1, n° 8.
LEONAT, *s. m. dim.*, lionceau, IV, 48, 1, n° 6.
LEONEL, *s. m. dim.*, lionceau, IV, 48, 1, n° 4.
LEONESSA, *s. f.*, lionne, IV, 48, 1, n° 3.
LEONET, *s. m. dim.*, lionceau, IV, 48, 1, n° 5.
LEONIN, *adj.*, léonin, IV, 48, 1, n° 7.
LEONISME, *adj.*, léonin, IV, 48, 1.
LEONISMETAT, *s. f.*, léonisme, IV, 48, II, n° 2.
LEOPART, *s. m.*, léopard, IV, 48, II.
LEPAR, *v.*, laper, IV, 48, II.
LEPAUDIER, *s. m.*, lécheur, IV, 49, 1, n° 2.
LEPOS, *s. m.*, lépos, IV, 49, 1.
LEPRA, *s. f.*, lèpre, IV, 49, 1.
LERI, *adj.*, jovial, IV, 49, II.
LERMAR, *v.*, larmoyer, IV, 7, II, n° 8.
LES, voyez LOS.
LESCA, *s. f.*, lèche, IV, 49, II.
LESDA, voyez LEUDA.
LESDER, voyez LEUDIER.
LESIO, voyez LEZIO.
LESSO, voyez LEISSO.
LET, *adj.*, joyeux, IV, 49, II.
LETANIAS, *s. f. pl.*, litanies, IV, 54, II.
LETARGUIA, voyez LITARGIA.
LETHES, *s. m.*, Léthé, IV, 54, II.
LETICIA, *s. f.*, joie, IV, 50, 1, n° 3.
LETIFICAR, *v.*, réjouir, IV, 50, 1, n° 5.
LETIFICATIU *adj.*, létificatif, IV, 50, 1, n° 4.

LETRA, voyez LETTRA.
LETRAT, *adj.*, écrit, IV, 56, 1, n° 4.
LETRIER, *s. m.*, lutrin, IV, 55, II, n° 2.
LETTRA, *s. f.*, lettre, IV, 55, 1.
LETZ, *v.*, il est licite, IV, 56, II.
LEU, *s. m.*, poumon, IV, 58, 1.
LEU, *adj.*, léger, IV, 58, 1.
LEUDA, *s. f.*, leude, IV, 61, II.
LEUDIER, *s. m.*, leudier, IV, 61, II, n° 2.
LEUGEIRAMEN, voyez LEUGIERAMEN.
LEUGERET, voyez LEUZERET.
LEUGIER, *adj.*, léger, IV, 59, II, n° 8.
LEUGIERAMEN, *adv.*, légèrement, IV, 60, 1, n° 10.
LEUGIEYRAMEN, voyez LEUGIERAMEN.
LEUJAIRIA, voyez LEUJARIA.
LEUJAR, voyez LEVIAR.
LEUJARIA, *s. f.*, légèreté, IV, 60, II, n° 12.
LEUJAZO, voyez LEVIAZO.
LEUMEN, *adv.*, légèrement, IV, 59, 1, n° 4.
LEUMENS, voyez LEUMEN.
LEUNE, *s. m.*, lierre, IV, 61, II.
LEUPART, voyez LEOPART.
LEUZERET (lisez LEUGERET), *adj. dim.*, gracieuset, IV, 60, 1, n° 9.
LEVADA, *s. f.*, poumon, IV, 58, 1, n° 2.
LEVADA, *s. f.*, élévation, IV, 63, II, n° 4.
LEVADIT, *adj.*, levis, IV, 63, 1, n° 2.
LEVADOR, *s. m.*, percepteur, IV, 63, II, n° 5.
LEVADURA, *s. f.*, levure, IV, 64, 1, n° 9.
LEVAIRE, voyez LEVADOR.
LEVAIRITZ, *s. f.*, accoucheuse, IV, 63, II, n° 6.

LEVAM, *s. m.*, levain, IV, 63, II, n° 7.
LEVAMENT, *s. m.*, élévation, IV, 63, II, n° 3.
LEVAR, *v.*, lever, IV, 61, II.
LEVAT, *s. m.*, levain, IV, 64, I, n° 8.
LEVATIU, *adj.*, lévatif, VI, 29, II, n° 2 *bis*.
LEVAYRITZ, voyez LEVAIRITZ.
LEVET, *adj. dim.*, léger, IV, 59, I, n° 2.
LEVEZA, *s. f.*, légèreté, IV, 59, II, n° 5.
LEVIAIRIA, voyez LEUJARIA.
LEVIAR, *v.*, alléger, IV, 60, II, n° 11.
LEVIARIA, voyez LEUJARIA.
LEVIAZO, *s. f.*, allégement, IV, 59, II, n° 7.
LEVITAT, *s. f.*, légèreté, IV, 59, II, n° 6.
LEY, voyez LEG.
LEYAL, *adj.*, loyal, IV, 37, 2, n° 10.
LEYALMEN, *adv.*, loyalement, IV, 38, n° 11.
LEYALTAT, *s. f.*, loyauté, IV, 37, I, n° 8.
LEYAU, voyez LEYAL.
LEYCZON, voyez LEISSO.
LEYS, voyez LIEIS.
LEZ, *adj.*, lèse, IV, 10, II, n° 10.
LEZER, *s. m.*, loisir, IV, 57, I, n° 6.
LEZEROS, *adj.*, désœuvré, IV, 57, II, n° 8.
LEZIO, *s. f.*, lésion, IV, 10, II, n° 11.
LEZOR, *s. f.*, loisir, IV, 57, II, n° 7.
LHAUPART, voyez LEOPART.
LHIA, *s. f.*, lie, IV, 65, II.
LHIMAT, voyez LHIMATZ.
LHIMATZ (lisez LHIMAT), *s. f.*, limas, IV, 75, II.
LHOR, voyez LOR.

LHUMDAR, voyez LUMTAR.
LHUMNIEYRA, voyez LUMEIRA.
LHUNA, voyez LUNA.
LHYEURAL, *s. m.*, balance, IV, 67, I, n° 2.
LI, *art. m. pl.*, les, IV, 65, II.
LI, *art. f. sing.*, la, IV, 65, II.
LI, *pron. pers. m.*, 3ᵉ *pers. sing.*, lui, IV, 66, I, n° 2.
LI, *pron. pers. f.*, 3ᵉ *pers. sing.*, lui, IV, 66, I, n° 3.
LI, voyez LIN.
LIADOR, *s. m.*, lieur, IV, 71, I, n° 10.
LIADURA, voyez LIGADURA.
LIAIRE, voyez LIADOR.
LIAL, voyez LEYAL.
LIALEZA, voyez LEIALEZA.
LIALMEN, voyez LEYALMEN.
LIALMENT, voyez LEYALMEN.
LIALTAT, voyez LEYALTAT.
LIAM, *s. m.*, lien, IV, 70, II, n° 4.
LIAMAR, *v.*, lier, IV, 74, II, n° 36.
LIAMEN, voyez LIGAMENT.
LIAMER, *s. m.*, limier, IV, 66, II.
LIAMET, *s. m. dim.*, petit lien, IV, 70, II, n° 5.
LIAMIER, voyez LIAMER.
LIANSA, voyez LIGANSA.
LIAR, *adj.*, pommelé, IV, 66, II.
LIAR, voyez LIGUAR.
LIASSA, *s. f.*, liasse, IV, 71, I, n° 9.
LIAU, voyez LEYAL.
LIAUMENT, voyez LEYALMEN.
LIAUTAT, voyez LEYALTAT.
LIBEL, voyez LIBELH.
LIBELH, *s. m.*, mémoire, IV, 68, II, n° 3.
LIBERACIO, *s. f.*, libération, IV, 83, I, n° 9.

LIBERAL, *adj.*, libre, IV, 83, I, n° 10.
LIBERALMEN, *adv.*, librement, IV, 83, II, n° 11.
LIBERALMENS, voyez LIBERALMEN.
LIBERT, *s. m.*, affranchi, IV, 82, II, n° 5.
LIBERTAT, *s. f.*, liberté, IV, 83, I, n° 8.
LIBERTIN, *s. m.*, affranchi, IV, 82, II, n° 6.
LIBERTINA, *s. f.*, affranchie, IV, 83, I, n° 7.
LIBRA, *s. f.*, balance, IV, 67, I.
LIBRARI, *s. m.*, libraire, IV, 69, I, n° 6.
LIBRARIA, *s. f.*, librairie, IV, 69, I, n° 4.
LIBRE, *s. m.*, livre, IV, 68, II.
LIBRI, *s. m.*, livre, IV, 68, II, n° 2.
LIBRIARI, *s. m.*, librairie, IV, 69, I, n° 5.
LICAIS, voyez LICAYTZ.
LICAJARIA, *s. f.*, friandise, IV, 35, II, n° 6.
LICAYS, voyez LICAYTZ.
LICAYTZ, *adj.*, friand, IV, 35, I, n° 3.
LICAZARIA, voyez LICAJARIA.
LICENCIA, *s. f.*, licence, IV, 57, I, n° 4.
LICENCIAR, *v.*, licencier, IV, 57, I, n° 5.
LICENSIA, voyez LICENCIA.
LICHARIA, voyez LECARIA.
LICOR, voyez LIQUOR.
LIECH, voyez LEIT.
LIEG, voyez LEIT.
LIEI, voyez LIEIS.
LIEIS, *pron. pers. f.*, 3ᵉ *pers. sing.*, elle, IV, 69, I.
LIENTERIA, *s. f.*, lienterie, IV, 69, II.
LIES, voyez LIEIS.
LIET, voyez LEIT.
LIEU, voyez LEU.

LIEURA, *s. f.*, allivrement, IV, 68, I, n° 7.
LIEURAR, voyez LIURAR.
LIEY, voyez LIEIS.
LIEYS, voyez LIEIS.
LIGADURA, *s. f.*, ligature, IV, 71, I, n° 8.
LIGAMEN, voyez LIGAMENT.
LIGAMENT, *s. m.*, lien, IV, 70, II, n° 6.
LIGANSA, *s. f.*, alliance, IV, 70, II, n° 7.
LIGAR, voyez LIGUAR.
LIGE, voyez LITGE.
LIGENDA, voyez LEGENDA.
LIGIR, voyez LEGIR.
LIGNA, voyez LINHA.
LIGNATGE, voyez LINHATGE.
LIGUAR, *v.*, lier, IV, 69, II.
LILI, *s. m.*, lis, IV, 74, II.
LIMA, *s. f.*, lime, IV, 75, I.
LIMAC, voyez LHIMATZ.
LIMADURA, *s. f.*, limaille, IV, 75, I, n° 2.
LIMANHA, *s. f.*, limon, IV, 76, I, n° 2.
LIMAR, *v.*, limer, IV, 75, I, 3.
LIMASSA, *s. f.*, limace, IV, 75, II, n° 2.
LIMBE, *s. m.*, limbe, IV, 75, II.
LIMIT, *s. m.*, limite, IV, 75, II.
LIMITACIO, *s. f.*, limitation, IV, 75, II, n° 2.
LIMITAR, *v.*, limiter, IV, 76, I, n° 3.
LIMO, *s. m.*, limon, IV, 76, I.
LIMO, *s. m.*, citron, IV, 76, II.
LIMON, voyez LIMO.
LIMOS, *adj.*, limoneux, IV, 76, I, n° 4.
LIMOSITAT, *s. f.*, limon, IV, 76, I, n° 3.
LIMOZITAT, voyez LIMOSITAT.
LIN, *s. m.*, lin, IV, 76, II.
LING, *s. m.*, bois, IV, 77, I.
LING, voyez LINH.

LINGE, *s. m.*, linge, **IV,** 77, I, n° 5.
LINGOSTA, voyez LANGOSTA.
LINH, *s. m.*, lignée, **IV,** 78, I, n° 2.
LINH, voyez LING.
LINHA, *s. f.*, ligne, **IV,** 77, II.
LINHA, voyez LEGNA.
LINHADA, *s. f.*, lignée, **IV,** 78, I, n° 3.
LINHATGE, *s. m.*, ligne, **IV,** 78, II, n° 4.
LINHI, voyez LINI.
LINHORET, *s. m.*, ligneul, **IV,** 77, I, n° 4.
LINI, *adj.*, de lin, **IV,** 77, I, n° 6.
LINIMENT, *s. m.*, liniment, **IV,** 79, II, n° 2.
LINIR, *v.*, enduire, **IV,** 79, I.
LINOS, *s. m.*, graine de lin, **IV,** 76, II, n° 2.
LINSOL, *s. m.*, linceul, **IV,** 76, II, n° 3.
LINX, *s. m.*, lynx, **IV,** 79, II.
LIOURANDA, voyez LIURANDA.
LIPEZA, *s. f.*, lippitude, **IV,** 79, II, n° 3.
LIPPOS, *adj.*, chassieux, **IV,** 79, II.
LIPPOZITAT, *s. f.*, lippitude, **IV,** 79, II, n° 2.
LIPTOTE, *s. f.*, litote, **IV,** 79, II.
LIQUEFACTIO, *s. f.*, liquéfaction, **IV,** 80, I, n° 3.
LIQUID, *adj.*, liquide, **IV,** 80, I, n° 4.
LIQUIDAMENS, *adv.*, liquidement, **IV,** 80, I, n° 5.
LIQUIDITAT, *s. f.*, liquidité, **IV,** 80, I, n° 2.
LIQUOR, *s. m.* (lisez *f.*), liqueur, **IV,** 79, II.
LIRA, voyez LYRA.
LIRE, voyez LEGIR.

LIRI, *s. m.*, lis, **IV,** 75, I, n° 2.
LIS, *adj.*, lige, **IV,** 70, II, n° 3.
LIS, *s. m.*, lis, **IV,** 75, I, n° 3.
LIS, *adj.*, lisse, **IV,** 80, II.
LIS, *s. m.*, procès, **IV,** 80, II.
LISERA, *s. f.*, lisière, **IV,** 80, II.
LISSA, voyez LAISSA.
LISSENSIA, voyez LICENCIA.
LISSIU, *s. m.*, lessive, **IV,** 81, I.
LISTA, *s. f.*, bande, **IV,** 81, I.
LISTAR, *v.*, jasper, **IV,** 81, I, n° 2.
LISTRAR, *v.*, jasper, **IV,** 81, II, n° 4.
LISTRE, *s. m.*, lisière, **IV,** 81, II, n° 3.
LITARGIA, *s. f.*, léthargie, **IV,** 54, II, n° 2.
LITARGIC, voyez LITARGIX.
LITARGIX (lisez LITARGIC), *adj.*, léthargique, **IV,** 54, II, n° 3.
LITARGUIA, voyez LITARGIA.
LITGE, *adj.*, lige, **IV,** 70, I, n° 2.
LITIGAR, *v.*, contester, **IV,** 80, II, n° 4.
LITIGI, *s. m.*, litige, **IV,** 80, II, n° 2.
LITIGIOS, *adj.*, litigieux, **IV,** 80, II, n° 3.
LITTERAL, *adj.*, littéral, **IV,** 55, II, n° 3.
LITTIERA, voyez LEITIERA.
LIUME, voyez LEGUM.
LIURA, voyez LIBRA.
LIURADA, *s. f.*, livre, **IV,** 67, I, n° 3.
LIURAMEN, voyez LIVRAMEN.
LIURAMENT, *s. m.*, livraison, **IV,** 67, II, n° 6.
LIURANDA, *s. f.*, livraison, **IV,** 67, II, n° 5.
LIURAR, *v.*, peser à la livre (*lisez* peser à la balance), **IV,** 68, I, n° 8.
LIURAR, voyez LIVRAR.

LIURASON, voyez LIURAZON.
LIURAZON, s. f., livraison, IV, 67, II, n° 4.
LIURE, voyez LIVRE.
LIUREZA, voyez LIVREZA.
LIVELL, s. m., niveau, IV, 81, II.
LIVENC, adj., livide, IV, 82, I, n° 3.
LIVIDITAT, s. f., lividité, IV, 81, II, n° 2.
LIVOR, s. f., couleur livide, IV, 81, II.
LIVRA, voyez LIBRA.
LIVRADA, voyez LIURADA.
LIVRAMEN, s. m., délivrance, IV, 82, II, n° 3.
LIVRAMEN, voyez LIURAMENT.
LIVRAMENT, voyez LIURAMENT.
LIVRAR, v., délivrer, IV, 82, I, n° 2.
LIVRAR, voyez LIURAR.
LIVRAZON, voyez LIURAZON.
LIVRE, adj., libre, IV, 82, I.
LIVREZA, s. f., liberté, IV, 82, II, n° 4.
LIZ, voyez LIS.
LIZAR, v., enduire, IV, 79, II, n° 3.
LLUTZ, voyez LUTZ.
LO, art. m. sing., le, IV, 86, I.
LO, pron. pers. m., 3ᵉ pers. sing., le, IV, 86, II, n° 3.
LO, pron. démonst. m. sing., le, IV, 87, I, n° 5.
LO, pron. rel. m. sing., le, IV, 87, I, n° 6.
LOBA, s. f., louve, IV, 107, I, n° 2.
LOBAT, s. m. dim., louveteau, IV, 107, I, n° 3.
LOBEIRA, s. f., louvière, IV, 107, I, n° 4.

LOBERNA, s. f., peau de loup, IV, 107, II, n° 5.
LOC, s. m., lieu, IV, 87, II.
LOCADIER, voyez LOGADIER.
LOCAL, adj., local, IV, 89, II, n° 3.
LOCATIO, s. f., place, IV, 90, I, n° 10.
LOCHA, voyez LUCHA.
LOCHAR, voyez LUCHAR.
LOCIO, s. f., lotion, IV, 91, II.
LOCTENENT, s. m., lieutenant, IV, 90, I, n° 9.
LOCUTIO, voyez LOQUCIO.
LOGADIER, s. m., mercenaire, IV, 92, I, n° 3.
LOGADIT, adj., salarié, IV, 92, II, n° 9.
LOGADOR, voyez LOGAIRE.
LOGAIRE, s. m., locataire, IV, 92, I, n° 2.
LOGAL, s. m., local, IV, 89, I, n° 2.
LOGAL, voyez LOCAL.
LOGAR, v., louer, IV, 91, II.
LOGAR, s. m., lieu, VI, 29, II, n° 3 bis.
LOGATIER, voyez LOGADIER.
LOGATION, s. f., location, IV, 92, II, n° 5.
LOGAZO, s. f., louage, IV, 92, II, n° 6.
LOGICA, s. f., logique, IV, 100, I, n° 8.
LOGICAL, adj., logique, IV, 100, I, n° 10.
LOGICIA, voyez LOGICIAN.
LOGICIAN, s. m., logicien, IV, 100, I, n° 9.
LOGIS, s. m., logis, IV, 89, II, n° 5.
LOGRAR, v., gagner, IV, 93, I, n° 2.
LOGRE, s. m., lucre, IV, 93, I.
LOGUADARIA, s. f., louage, IV, 92, II, n° 8.

LOGUADIT, voyez LOGADIT.
LOGUAR, voyez LOGAR.
LOGUER, voyez LOGUIER.
LOGUIER, s. m., loyer, IV, 92, II, n° 4.
LOICA, voyez LOGICA.
LOINDAN, voyez LONHDAN.
LOING, voyez LONG.
LOINGNAR, voyez LONGAR
LOINHAR, voyez LONGAR.
LOIRAR, v., leurrer, IV, 93, II, n° 2.
LOIRE, s. m., leurre, IV, 93, II.
LOIRIA, voyez LURIA.
LOITA, voyez LUCHA.
LOITADOR, voyez LUCHADOR.
LOITAIRE, voyez LUCHADOR.
LOITAMEN, s. m., lutte, IV, 103, I, n° 2.
LOITAR, voyez LUCHAR.
LOJADIT, voyez LOGADIT.
LOJAR, voyez LOGAR.
LOM, s. m., lombe, IV, 93, II.
LOMB, voyez LOM.
LOMBEC, s. m., lombex, IV, 94, I, n° 2.
LOMBRIC, s. m., lombric, IV, 94, I.
LOMP, voyez LOM.
LONA, s. f., lagune, IV, 94, I.
LONC, voyez LONG.
LONG, adj., long, IV, 94, I.
LONG, adv., loin, IV, 95, I, n° 3.
LONGA, s. f., longue, IV, 95, II, n° 4.
LONGAMEN, adv., longuement, IV, 96, I, n° 8.
LONGANIMITAT, s. f., longanimité, II, 90, I, n° 9.
LONGANSA, s. f., retard, IV, 96, II, n° 12.
LONGAR, v., éloigner, IV, 96, II, n° 14.

LONGAS, adv., longtemps, IV, 96, I, n° 7.
LONGEIS, voyez LONGEITZ.
LONGEITZ, adv. de comp., plus longuement, IV, 95, II, n° 6.
LONGESA, voyez LONGUEZA.
LONGINC, adj., éloigné, IV, 96, I, n° 11.
LONGITUT, s. f., longueur, IV, 96, I, n° 10.
LONGOR, adj. comp., plus long. Voyez LONG.
LONGUAMEN, voyez LONGAMEN.
LONGUAS, voyez LONGAS.
LONGUESSA, voyez LONGUEZA.
LONGUEZA, s. f., longueur, IV, 95, II, n° 5.
LONH, voyez LONG.
LONHAR, voyez LONGAR.
LONHDA, voyez LONHDAN.
LONHDAN, adj., lointain, IV, 96, II, n° 13.
LONJAMEN, voyez LONGAMEN.
LONJAS, voyez LONGAS.
LONJOR, voyez LONGOR.
LOP, voyez LUP.
LOQUACIO, s. f., langage, IV, 99, II, n° 2.
LOQUCIO, s. f., langage, IV, 99, II.
LOQUELA, s. f., loquèle, IV, 99, II, n° 4.
LOQUSTA, s. f., langouste, IV, 99, I.
LOR, pron. pers. m. et f. pl., eux, elles, IV, 101, I.
LOR, pron. poss. m. et f., 3ᵉ pers. pl., leur, IV, 101, II.
LOS, art. m. pl., les, IV, 86, II, n° 2.
LOS, pron. pers. m., 3ᵉ pers. pl., les, IV, 87, I, n° 4.
LOS, pron. rel. m. pl., les, IV, 87, II, n° 7.

Losc, *adj.*, borgne, IV, 102, II.
Lot, *adj.*, lourd, IV, 102, II.
Lot, *s. m.*, limon, IV, 102, II.
Lotamens, *adv.*, lourdement, IV, 102, II, n° 2.
Lotja, *s. f.*, loge, IV, 89, II, n° 6.
Lovadruga, *s. f.*, lavoir, IV, 91, II, n° 3.
Lubric, *adj.*, glissant, IV, 103, I.
Lubricitat, *s. f.*, lubricité, IV, 103, I, n° 2.
Lucerna, *s. f.*, lanterne, IV, 109, I, n° 7.
Lucha, *s. f.*, lutte, IV, 103, I.
Luchador, *s. m.*, lutteur, IV, 103, I, n° 3.
Luchaire, voyez Luchador.
Luchar, *v.*, lutter, IV, 103, II, n° 4.
Luciditat, *s. f.*, lucidité, IV, 108, I, n° 3.
Lucifer, *s. m.*, Lucifer, IV, 109, I, n° 8.
Lucrier, *adj.*, riche, IV, 93, I, n° 3.
Luec, voyez Loc.
Luega, *s. f.*, place, IV, 89, II, n° 4.
Luenh, voyez Long.
Luenhar, voyez Longar.
Lugana, *s. f.*, lumière, IV, 108, II, n° 6.
Lugart, *s. m.*, Lugart, IV, 108, I, n° 4.
Lugor, *s. f.*, lueur, IV, 108, I, n° 2.
Luguana, voyez Lugana.
Lui, *pron. pers. m. et f.*, 3ᵉ *pers. sing.*, lui, elle, IV, 66, II, n° 4.
Luiria, voyez Luria.
Lum, *s. m.*, lumière, IV, 103, II.
Lumbric, voyez Lombric.
Lumdar, voyez Lumtar.

Lumeira, *s. f.*, lumière, IV, 104, I, n° 2.
Lumenaria, voyez Luminaria.
Lumera, voyez Lumeira.
Luminaria, *s. f.*, luminaire, IV, 104, I, n° 3.
Luminos, *adj.*, lumineux, IV, 104, II, n° 4.
Luminozitat, *s. f.*, luminosité, IV, 104, II, n° 5.
Lumneira, voyez Lumeira.
Lumneyra, voyez Lumeira.
Lumtar, *s. m.*, seuil, IV, 106, I.
Luna, *s. f.*, lune, IV, 106, I.
Lunacio, *s. f.*, lunaison, IV, 106, II, n° 3.
Lunamen, *s. m.*, lunaison, IV, 106, II, n° 2.
Lunar, *adj.*, lunaire, IV, 106, II, n° 4.
Lunaso, voyez Lunacio.
Lunatic, *adj.*, lunatique, IV, 106, II, n° 5.
Lundar, voyez Lumtar.
Lung, voyez Long.
Lunh, *adj.*, nul, IV, 347, I, n° 6.
Lunh, voyez Long.
Lunhar, voyez Longar.
Lunhda, voyez Lonhdan.
Lunhdan, voyez Lonhdan.
Luns, voyez Lus.
Luntar, voyez Lumtar.
Luoc, voyez Loc.
Lup, *s. m.*, loup, IV, 107, I.
Lupart, voyez Leopart.
Lur, voyez Lor.
Luria, *s. f.*, loutre, IV, 107, II.
Lus, *s. m.*, lundi, IV, 107, I, n° 6.

LUSER, voyez LUZER.
LUSTRA, *s. f.*, huître, IV, 107, II.
LUTOS, *adj.*, boueux, IV, 102, II, n° 2.
LUTOZ, voyez LUTOS.
LUTZ, *s. f.*, lumière, IV, 107, II.
LUXURIA, *s. f.*, luxure, IV, 111, I.
LUXURIAR, *v.*, luxurier, IV, 111, I, n°3.
LUXURIOS, *adj.*, luxurieux, IV, 111, I, n° 2.

LUXURIOSAMENT, *adv.*, luxurieusement, IV, 111, II, n° 4.
LUY, voyez LUI.
LUZ, *s. m.*, brochet, IV, 111, II.
LUZ, voyez LUTZ.
LUZER, *v.*, luire, IV, 108, II, n° 5.
LUZERNA, voyez LUCERNA.
LUZIR, voyez LUZER.
LYRA, *s. f.*, lyre, IV, 111, II.

M

M, *s. m.*, m, IV, 111, I.
M, *pron. pers. affixe m. et f.*, 1re pers. sing., moi, IV, 171, II, n° 4.
MA, *pron. poss. f.*, 1re pers. sing., ma, IV, 272, I, n° 5.
MA, voyez MAIS.
MA, voyez MAN.
MAÇA, voyez MASSA.
MACAMENT, *s. m.*, meurtrissure, IV, 112, I, n° 2.
MACAR, *v.*, meurtrir, IV, 111, II.
MACERAR, *v.*, macérer, IV, 120, II, n° 9.
MACHAMENT, voyez MACAMENT.
MACHAR, voyez MACAR.
MACHAR, voyez MASCHAR.
MACHINACION, voyez MACHINATIO.
MACHINAR, *v.*, machiner, IV, 112, I.
MACHINATIO, *s. f.*, machination, IV, 112, II, n° 2.
MACIS, *s. m.*, macis, IV, 112, II.
MACROLOGIA, *s. f.*, redondance, IV, 112, II.
MACULA, *s. f.*, macule, IV, 112, II.

MACULAR, *v.*, maculer, IV, 112, II.
MADAISA, *s. f.*, écheveau, IV, 113, I.
MADEIRA, voyez MATERIA.
MADEYRA, voyez MATERIA.
MADRE, *s. m.*, mors, IV, 113, I.
MADUR, *adj.*, mûr, IV, 169, I, n° 5.
MADURAMENT, *s. m.*, maturité, IV, 169, I, n° 4.
MADURAR, *v.*, mûrir, IV, 169, II, n° 7.
MADURESA, *s. f.*, maturité, IV, 169, I, n° 3.
MADUREZA, voyez MADURESA.
MAESTRAL, voyez MAJESTRAL.
MAESTRAR, voyez MAJESTRAR.
MAESTRATGE, voyez MAJESTRATGE.
MAESTRE, voyez MAJESTRE.
MAESTREIAR, voyez MAJESTRAR.
MAESTREJAR, voyez MAJESTRAR.
MAESTRIA, voyez MAJESTRIA.
MAESTRIAR, voyez MAJESTRAR.
MAESTRIL, *adj.*, supérieur, IV, 116, I, n° 14.
MAESTRILMEN, voyez MAJESTRILMEN.
MAG, *s. f.*, maie, IV, 113, I.
MAGAGNAR, voyez MAGANHAR.

MAGALL, *s. m.*, mail, IV, 130, II, n° 3.
— MAGANHAR, *v.*, blesser, IV, 113, I.
— MAGAYNAR, voyez MAGANHAR.
MAGER, voyez MAJER.
MAGERMENT, voyez MAJORMENT.
MAGIC, *adj.*, magique, IV, 113, II.
MAGISTERI, *s. m.*, maîtrise, IV, 118, I, n° 22.
MAGISTRAL, *adj.*, magistral, IV, 117, II, n° 20.
MAGISTRAT, *s. m.*, magistrat, IV, 117, II, n° 21.
MAGN, *adj.*, grand, IV, 113, II.
MAGNANIMITAT, *s. f.*, magnanimité, II, 90, I, n° 10.
MAGNETA, *s. f.*, magnète, IV, 119, II.
MAGNIFIC, *adj.*, magnifique, IV, 119, I, n° 28.
MAGNIFICAR, *v.*, glorifier, IV, 119, I, n° 29.
MAGNIFICENCIA, *s. f.*, magnificence, IV, 119, I, n° 27.
MAGNIFIQUAR, voyez MAGNIFICAR.
MAGRE, *adj.*, maigre, IV, 119, II.
MAGRET, *adj. dim.*, maigrelet, IV, 119, II, n° 2.
MAGREZA, *s. f.*, maigreur, IV, 120, I, n° 3.
MAGREZIR, *v.*, maigrir, IV, 120, I, n° 5.
MAGRIR, *v.*, maigrir, IV, 120, I, n° 4.
MAI, *s. m.*, mai, IV, 121, I.
MAI, *adj.*, de mai, IV, 121, I, n° 2.
MAI, voyez MAIS.
MAIA, *s. f.*, mai, IV, 121, I, n° 3.
MAICHELA, voyez MAISSELLA.

MAIER, voyez MAJER.
MAIESTAT, voyez MAJESTAT.
MAIESTRE, voyez MAJESTRE.
MAIGREZA, voyez MAGREZA.
MAILHA, voyez MALHA.
MAILL, voyez MALH.
MAILLA, *s. f.*, maille, IV, 121, II.
MAILLAT, *adj.*, maillé, IV, 121, II, n° 2.
MAILLOL, *s. m.*, crossette, IV, 121, II.
MAINADA, *s. f.*, troupe, IV, 149, I, n° 13.
MAINADER, *s. m.*, chef de famille, IV, 149, II, n° 14.
MAINADIER, voyez MAINADER.
MAINIADERA, *s. f.*, famille, IV, 149, II, n° 15.
MAINIER, voyez MANIER.
MAIO, voyez MAISO.
MAIONIL, *s. m.*, ménil, IV, 148, II, n° 6.
MAIOR, voyez MAJER.
MAIORAL, voyez MAJORAL.
MAIORANSA, voyez MAJORANSA.
MAIORDOME, *s. m.*, majordome, III, 72, I, n° 42. Voyez MAJORDOME.
MAIORET, voyez MAJORET.
MAIORIA, voyez MAJORIA.
MAIORITAT, voyez MAJORITAT.
MAIORMENT, voyez MAJORMENT.
MAIRAL, *adj.*, principal, IV, 123, I, n° 8.
MAIRAM, *s. m.*, merrain, IV, 168, I, n° 8.
MAIRASTRA, *s. f.*, marâtre, IV, 122, II, n° 2.
MAIRE, *s. f.*, mère, IV, 122, I.
MAIRE, voyez MAJER.

MAIS, *adv.*, plus, IV, 123, I.
MAISNAMEN, *s. m.*, accueil, IV, 150, I, n° 16.
MAISO, *s. f.*, maison, IV, 148, II, n° 8.
MAISONAMENT, *s. m.*, logement, IV, 149; I, n° 10.
— MAISSELA, voyez MAISSELLA.
— MAISSELLA, *s. f.*, mâchoire, IV, 125, II.
MAISTRA, voyez MAJESTRA.
MAISTRAL, voyez MAJESTRAL.
MAISTRALMEN, *adv.*, habilement, IV, 116, I, n° 13.
MAISTRAR, voyez MAJESTRAR.
MAISTRE, voyez MAJESTRE.
MAISTREIAR, voyez MAJESTRAR.
MAISTREJAR, voyez MAJESTRAR.
MAISVALENSA, *s. f.*, plus-value, V, 465, II, n° 14.
MAIZO, voyez MAISO.
MAIZONETA, *s. f. dim.*, maisonnette, IV, 148, II, n° 9.
MAIZONIER, *s. m.*, locataire, IV, 149, I, n° 11.
MAJER, *adj. comp.*, plus grand, IV, 113, II, n° 2.
MAJESTAT, *s. f.*, majesté, IV, 115, II, n° 11.
MAJESTRA, *s. f.*, maîtresse, IV, 117, I, n° 17.
MAJESTRAL, *adj.*, excellent, IV, 116, I, n° 12.
MAJESTRAR, *v.*, travailler en maître, IV, 118, I, n° 23.
MAJESTRATGE, *s. m.*, supériorité, IV, 117, II, n° 19.
MAJESTRE, *s. m.*, maître, IV, 116, II, n° 16.

MAJESTRIA, *s. f.*, maîtrise, IV, 117, II, n° 18.
MAJESTRILMEN, *adv.*, savamment, IV, 116, I, n° 15.
MAJOFA, *s. f.*, fraise, IV, 126, I.
MAJOR, voyez MAJER.
MAJORAL, *s. m.*, supérieur, IV, 115, I, n° 6.
MAJORANA, *s. f.*, marjolaine, IV, 126, I.
MAJORANSA, *s. f.*, majorité, IV, 115, II, n° 10.
MAJORDOME, *s. m.*, majordome, IV, 115, I, n° 3. Voyez MAIORDOME.
MAJORET, *adj. comp. dim.*, plus grandelet, IV, 115, II, n° 7.
MAJORIA, *s. f.*, supériorité, IV, 115, II, n° 9.
MAJORITAT, *s. f.*, majorité, IV, 115, II, n° 8.
MAJORMENT, *adv.*, principalement, IV, 115, I, n° 5.
MAL, *adj.*, mauvais, IV, 126, I.
MAL, *s. m.*, mal, IV, 127, I, n° 3.
MAL, voyez MALH.
MALA, *s. f.*, mâchoire, IV, 130, I.
MALA, *s. f.*, malle, IV, 130, I.
MALACORDANSA, voyez MALACORDANZA.
MALACORDANZA, *s. f.*, brouillerie, II, 485, I, n° 35.
MALADRECH, *adj.*, maladroit, V, 76, II, n° 74.
MALAFACHA, voyez MALAFAITA.
MALAFAITA, *s. f.*, méfait, III, 272, I, n° 66.
MALAFEITA, voyez MALAFAITA.
MALAGGE, *s. m.*, maladie, II, 108, I, n° 10.

MALAHUR, *s. m.*, malheur, III, 541, II, n° 15.

MALAHURAR, voyez MALAURAR.

MALAHUROS, voyez MALAUROS.

MALAIGNA, *s. f.*, malignité, IV, 129, I, n° 13.

MALAINHA, voyez MALAIGNA.

MALAMEN, *adv.*, méchamment, IV, 127, II, n° 4.

MALANAN, *s. m.*, malade, II, 79, I, n° 9.

MALANANSA, *s. f.*, maladie, II, 79, I, n° 10.

MALANANT, voyez MALANAN.

MALANCOLIC, voyez MELANCOLIC.

MALAPRES, *adj.*, mal-appris, IV, 629, I, n° 12.

MALAPTE, *adj.*, malade, II, 107, II, n° 8.

MALAPTIA, *s. f.*, maladie, II, 108, I, n° 9.

MALASTRE, *s. m.*, malheur, II, 139, II, n° 17.

MALASTRUC, *adj.*, malheureux, II, 139, II, n° 18.

MALASTRUGAMEN, *adv.*, malheureusement, II, 140, I, n° 19.

MALASTRUGEZA, *s. f.*, malheur, II, 140, I, n° 20.

MALAUDARIA, *s. f.*, maladrerie, II, 108, I, n° 11.

MALAURAR, *v.*, malheurer, III, 542, I, n° 17.

MALAURATGE, *s. m.*, malheur, II, 148, II, n° 12.

MALAUROS, *adj.*, malheureux, III, 542, I, n° 16.

MALAUT, voyez MALAPTE.

MALAUTIA, voyez MALAPTIA.

MALAVECHAR, voyez MALAVEJAR.

MALAVEIAR, voyez MALAVEJAR.

MALAVEJAR, *v.*, être malade, II, 108, I, n° 12.

MALAYZE, *s. m.*, malaise, II, 43, I, n° 19.

MALAZAUT, *adj.*, déplaisant, II, 162, I, n° 10.

MALDICIO, voyez MALEDICTIO.

MALDIR, voyez MALDIRE.

MALDIRE, *v.*, maudire, III, 56, II, n° 26.

MALDIT, *s. m.*, médisance, III, 57, I, n° 27.

MALDIZEDOR, voyez MALDIZEIRE.

MALDIZEIRE, *adj.* (lisez *s. m.*), médisant, III, 57, II, n° 31.

MALDIZEMEN, *s. m.*, malédiction, III, 57, I, n° 29.

MALDIZENSSA, *s. f.*, médisance, III, 57, I, n° 28.

MALDIZENZA, voyez MALDIZENSSA.

MALEDICTIO, *s. f.*, malédiction, III, 57, I, n° 30.

MALEFICI, *s. m.*, maléfice, III, 273, I, n° 72.

MALENCAYS, *s. m.*, haine, IV, 180, I, n° 5.

MALENCOLIA, voyez MELANCOLIA.

MALENCOLIC, voyez MELANCOLIC.

MALENCOLIOS, *adj.*, mélancolique, IV, 180, I, n° 4.

MALENCONI, *s. m.*, méchanceté, IV, 179, II, n° 2.

MALENCONIA, voyez MELANCOLIA.
MALENGONIAR, v., chagriner, IV, 180, II, n° 6.
MALESTAN, adj., malséant, III, 208, II, n° 36.
MALESTANSA, s. f., inconvenance, III, 208, II, n° 35.
MALESTAR, s. m., mal-être, III, 208, I, n° 34.
MALETA, s. f. dim., mallette, IV, 130, I, n° 2.
MALEU, s. m., emprunt, IV, 132, I, n° 2.
MALEVAR, v., emprunter, IV, 132, I.
MALEZA, s. f., méchanceté, IV, 128, II, n° 10.
MALEZIR, v., déprécier, VI, 13, I, n° 31 bis.
MALFACHOR, voyez MALFAITOR.
MALFAIT, s. m., méfait, III, 271, II, n° 65.
MALFAITOR, s. m., malfaiteur, III, 272, I, n° 68.
MALFAR, v., mal-faire, III, 271, II, n° 64.
MALFASEDOR, voyez MALFAZEIRE.
MALFASEIRE, voyez MALFAZEIRE.
MALFAZEDOR, voyez MALFAZEIRE.
MALFAZEIRE, s. m., malfaiteur, III, 272, I, n° 67.
MALGINHOS, adj., maladroit, III, 456, II, n° 12.
MALGRAT, voyez GRAT.
MALH, s. m., mail, IV, 130, I.
MALHA, s. f., massue, IV, 130, I, n° 2.
MALHA, s. f., maille, IV, 131, I.

MALHA, voyez MAILLA.
MALHAR, voyez MALLEAR.
MALHET, s. m. dim., maillet, IV, 130, II, n° 4.
MALHOL, voyez MAILLOL.
MALICIA, s. f., malice, IV, 128, II, n° 8.
MALICIOS, adj., malicieux, IV, 128, II, n° 11.
MALICIOSAMEN, adv., malicieusement, IV, 129, I, n° 12.
MALIGNAMEN, adv., malignement, IV, 128, I, n° 6.
MALIGNE, adj., malin, IV, 128, I, n° 5.
MALIGNITAT, s. f., malignité, IV, 128, II, n° 7.
MALISSA, s. f., malice, IV, 128, II, n° 9.
MALLA, voyez MALHA.
MALLAR, voyez MALLEAR.
MALLEABLE, adj., malléable, IV, 130, II, n° 5.
MALLEAR, v., marteler, IV, 130, II, n° 6.
MALMEIRE, s. m., déméritant, IV, 213, II, n° 6.
MALMENAR, v., malmener, IV, 190, II, n° 8.
MALMERIR, v., démériter, IV, 213, II, n° 5.
MALMESCLAR, v., compromettre, IV, 217, I, n° 15.
MALMESCLIEU, voyez MALMESCLIEUS.
MALMESCLIEUS (lisez MALMESCLIEU), voyez MALMESCLIUS.
MALMESCLIU, voyez MALMESCLIUS.

MALMESCLIUS (lisez MALMESCLIU), *adj.*, calomniateur, IV, 217, I, n° 16.

MALMETRE, *v.*, imposer, IV, 227, I, n° 25.

MALSABENSA, *s. f.*, mauvais-gré, V, 126, I, n° 29.

MALTRACT, voyez MALTRAG.

MALTRACTAR, *v.*, maltraiter, V, 396, I, n° 10.

MALTRAG, *s. m.*, mauvais-traitement, V, 404, I, n° 36.

MALTRAICT, voyez MALTRAG.

MALTRAIRE, *v.*, maltraiter, V, 404, I, n° 35.

MALTRAIT, voyez MALTRAG.

MALVA, *s. f.*, mauve, IV, 132, I.

MALVADAMENT, *adv.*, méchamment, IV, 129, II, n° 17. Voyez MALVAYZAMENT.

MALVAIS, voyez MALVATZ.

MALVAISAMEN, voyez MALVADAMENT et MALVAYZAMENT.

MALVAIZAMEN, voyez MALVADAMENT.

MALVAS, voyez MALVATZ.

MALVAT, voyez MALVATZ.

MALVATZ, *adj.*, mauvais, IV, 129, I, n° 16, et V, 473, II, n° 11.

MALVAYS, voyez MALVATZ.

MALVAYZAMEN, voyez MALVADAMENT et MALVAYZAMENT.

MALVAYZAMENT, *adv.*, mauvaisement, V, 473, II, n° 12. Voyez MALVADAMENT.

MALVESTAT, *s. f.*, mauvaiseté, IV, 129, II, n° 18.

MALVEZIAR, *v.*, mal-conseiller, V, 538, I, n° 38.

MALVIZIAR, voyez MALVEZIAR.

MALVOLEDOR, *s. m.*, malveillant, V, 564, II, n° 19.

MALVOLEN, voyez MALVOLENT.

MALVOLENSA, *s. f.*, malveillance, V, 564, II, n° 17.

MALVOLENT, *adj.*, malveillant, V, 564, II, n° 18.

MAMELLA, voyez MAMILLA.

MAMILLA, *s. f.*, mamelle, IV, 132, II.

MAN, *s. m.*, matin, IV, 132, II.

MAN, *s. m.*, ordre, IV, 134, II.

MAN, *s. m.* et *f.*, main, IV, 139, II.

MANA, voyez MANNA.

MANADA, *s. f.*, poignée, IV, 141, I, n° 2.

MANAL, voyez MANUAL.

MANAYA, *s. f.*, merci, IV, 143, I.

MANBOR, *s. m.* (lisez *f.*), mainbour (*lisez* mainburnie), IV, 143, I.

MANC, *adj.*, imparfait, IV, 143, I.

MANCAMEN, *s. m.*, manquement, IV, 143, II, n° 2.

MANCAMENT, voyez MANCAMEN.

MANCAR, *v.*, manquer, IV, 143, II, n° 3.

MANCHA, voyez MANGA.

MANCIO, voyez MANSION.

MANCIP, *adj.*, pubère, IV, 142, I, n° 9.

MANCIPANCION, *s. f.*, émancipation, IV, 142, II, n° 10.

MANCO, *s. m.*, manchon, IV, 145, I, n° 2.

MANDACHURA, *s. f.*, mangerie, IV, 147, II, n° 6.

MANDADOR, *s. m.*, mandataire, IV, 135, II, n° 5.

MANDAGUE, voyez MANDATGE.

MANDAIRE, voyez MANDADOR.

MANDAMEN, s. m., mandement, IV, 135, I, n° 2.

MANDAR, v., mander, IV, 135, II, n° 6, et VI, 29, I, n° 6.

MANDAT, s. m., mandat, IV, 135, I, n° 3.

MANDATGE, s. m., mandage, IV, 135, I, n° 4.

MANDIBULA, s. f., mandibule, IV, 143, II.

MANDRAGORA, s. f., mandragore, IV, 143, II.

MANDRAGORI, adj., de mandragore, IV, 144, I, n° 2.

MANDURCAR, v., jouer de la mandore, IV, 144, II.

MANEAR, voyez MANEIAR.

MANEBLAR, voyez MANIBLAR.

MANEC, voyez MANECS.

MANECS (lisez MANEC), adj., séjournant, IV, 150, I, n° 18.

MANEIADOR, s. m., manieur, IV, 141, II, n° 4.

MANEIAIRE, voyez MANEIADOR.

MANEIAR, v., manier, IV, 142, II, n° 13.

MANEIRA, s. f., manière, IV, 144, II.

MANEJADOR, voyez MANEIADOR.

MANEJAIRE, voyez MANEIADOR.

MANEJAR, voyez MANEIAR.

MANEN, voyez MANENT.

MANENT, adj., riche, IV, 150, I, n° 19.

MANENTIA, s. f., richesse, IV, 150, I, n° 20.

MANER, s. m., manoir, IV, 149, I, n° 12.

MANER, voyez MANIER.

MANERA, voyez MANEIRA.

MANES, adv., promptement, IV, 144, I.

MANESCAL, s. m., maréchal, IV, 144, II.

MANESCALC, voyez MANESCAL.

MANEYAR, voyez MANEIAR.

MANGA, s. f., manche, IV, 145, I.

MANGADOR, voyez MANJADOR.

MANGANEL, s. m., mangoneau, IV, 145, II.

MANGONELH, voyez MANGANEL.

MANGUA, voyez MANGA.

MANGUANEL, voyez MANGANEL.

MANH, voyez MAGN.

MANIA, s. f., manie, IV, 145, II.

MANIAC, voyez MANIAYC.

MANIAR, voyez MANEIAR.

MANIAYC, adj., maniaque, IV, 145, II, n° 2.

MANIBLAR, v., mouvoir, IV, 142, II, n° 14.

MANICORDA, s. f., monocorde, II, 482, I, n° 12.

MANIEIRA, voyez MANEIRA.

MANIER, adj., familier, IV, 141, I, n° 3.

MANIERA, voyez MANEIRA.

MANIFEST, adj., manifeste, IV, 146, I, n° 2.

MANIFESTAMEN, voyez MANIFESTAMENT.

MANIFESTAMENT, adv., manifestement, IV, 146, II, n° 5.

MANIFESTAR, v., manifester, IV, 146, I, n° 4.

MANIFESTATION, s. f., manifestation, IV, 146, I.

MANIFESTATIU, adj., manifestatif, IV, 146, I, n° 3.

MANJADOIRA, *s. f.*, mangeoire, IV, 147, I, n° 4.

MANJADOR, *adj.*, mangeable, IV, 147, I, n° 5.

MANJADOR, voyez MANJAIRE.

MANJAIRE, *s. m.*, mangeur, IV, 147, I, n° 2.

MANJAMEN, *s. m.*, manducation, IV, 147, I, n° 3.

MANJAR, *v.*, manger, IV, 146, II.

MANJUIAR, *v.*, ronger, IV, 147, II, n° 8.

MANLEU, voyez MALEU.

MANLEVAR, voyez MALEVAR.

MANNA, *s. f.*, manne, IV, 147, II.

MANQUAR, voyez MANCAR.

MANSION, *s. f.*, séjour, IV, 147, II.

MANSUET, *adj.*, doux, V, 281, II, n° 9.

MANSUEZA, *s. f.*, mansuétude, V, 281, II, n° 10.

MANT, *adj.*, maint, IV, 152, I.

MANTA, *s. f.*, mante, IV, 152, II, n° 2.

MANTEING, voyez MANTENH.

MANTEL, *s. m.*, manteau, IV, 152, I.

MANTELH, voyez MANTEL.

MANTELL, voyez MANTEL.

MANTENEDOR, *s. m.*, mainteneur, V, 339, I, n° 46.

MANTENEIRE, voyez MANTENEDOR.

MANTENEMEN, *s. m.*, protection, V, 338, II, n° 43.

MANTENEMENS, voyez MANTENENMENS.

MANTENEN, voyez MANTENENT.

MANTENENMENS, *adv.*, maintenant, V, 338, II, n° 44.

MANTENENSA, *s. f.*, soutien, V, 338, II, n° 45.

MANTENENT, *adv.*, maintenant, V, 338, I, n° 41.

MANTENENZA, voyez MANTENENSA.

MANTENER, *v.*, maintenir, V, 338, I, n° 40.

MANTENH, *s. m.*, maintien, V, 338, II, n° 42.

MANTEU, voyez MANTEL.

MANTUZAR, *v.*, manier, IV, 143, I, n° 15.

MANUAL, *adj.*, manuel, IV, 141, II, n° 5.

MANUALMENT, *adv.*, manuellement, IV, 141, II, n° 6.

MANUDIERAMENT, *adv.*, manuellement, IV, 141, II, n° 7.

MANUMISSIO, *s. f.*, manumission, IV, 142, I, n° 8.

MAR, *s. m. et f.*, mer, IV, 153, I.

MARABETI, *s. m.*, maravédis, IV, 155, I.

MARABOTI, voyez MARABETI.

MARABOTIN, voyez MARABETI.

MARACDA, *s. f.*, émeraude, IV, 155, II, n° 2.

MARACDE, voyez MARAGDE.

MARAGDE, *s. m.*, émeraude, IV, 155, I.

MARAGE, *s. m.*, plage, IV, 153, II, n° 2.

MARAJE, voyez MARAGE.

MARAUDE, voyez MARAGDE.

MARBRE, voyez MARME.

MARBRI, voyez MARBRIN.

MARBRIN, *adj.*, de marbre, IV, 159, I, n° 2.

MARC, *s. m.*, marc, IV, 155, II.

MARCA, *s. f.*, marque, IV, 156, I.

MARCA, voyez MARCHA.

MARCANCO, *adj.* (lisez *s. m.*), commandant de marche, IV, 157, I, n° 4.

MARCAR, v., marquer, IV, 156, II, n° 3.
MARCESIR, v., flétrir, IV, 120, II, n° 11.
MARCEZIBLE, adj., flétrissable, IV, 121, I, n° 12.
MARCEZIR, voyez MARCESIR.
MARCHA, s. f., marche, IV, 156, I, n° 2.
MARCI, voyez MARCIS.
MARCIS (lisez MARCI), adj., de Mars, IV, 161, I, n° 3.
MARCIT, adj., flétri, IV, 120, II, n° 10.
MARCX, s. m., mare, IV, 153, II, n° 5.
MARDURGAR, voyez MANDURCAR.
MARES, adj., marin, IV, 153, II, n° 4.
MARESCAR, v., marquer, IV, 157, II, n° 8.
MARGA, voyez MANGA.
MARGARIDA, voyez MARGUARIDA.
MARGE, s. m., marge, IV, 157, II.
MARGERIT, s. m., renégat, IV, 157, II.
MARGUA, s. m. (lisez f.), marge, IV, 157, II, n° 2.
MARGUARITA, s. f., perle, IV, 157, II.
MARGUE, s. m., manche, IV, 145, I, n° 3.
MARI, voyez MARIN.
MARIATGE, voyez MARIDATGE.
MARIDAMEN, s. m., mariage, IV, 158, I, n° 2.
MARIDAMEN, adv., tristement, IV, 160, I, n° 2.
MARIDAR, v., marier, IV, 157, 2.
MARIDATGE, s. m., mariage, IV, 158, I, n° 3.
MARIN, adj., marin, IV, 153, II, n° 6.
MARINA, s. f., plage, IV, 153, II, n° 3.

MARINIER, s. m., marinier, IV, 154, I, n° 8.
MARIR, voyez MARRIR.
MARIT, s. m., mari, IV, 158, I, n° 4.
MARITIM, adj., maritime, IV, 154, I, n° 9.
MARITIMAL, adj., maritime, IV, 154, II, n° 10.
MARME, s. m., marbre, IV, 159, I.
MARMETRE, voyez MALMETRE.
MARQUA, voyez MARCA.
MARQUA, voyez MARCHA.
MARQUAR, voyez MARCAR.
MARQUES, s. m., marquis, IV, 157, I, n° 5.
MARQUESA, s. f., marquise, IV, 157, I, n° 6.
MARQUESAR, voyez MARCAR.
MARQUEZA, voyez MARQUESA.
MARQUIS, voyez MARQUES.
MARRI, s. m., tristesse, IV, 160, I, n° 3.
MARRIMEN, voyez MARRIMENT.
MARRIMENT, s. m., tristesse, IV, 160, I, n° 4.
MARRIR, v., attrister, IV, 159, I.
MARRIT, voyez MARIT.
MARROQUENA, s. f., maroquin, IV, 160, II.
MARRUBIUM, s. m., marrube, IV, 160, II.
MARS, s. m. et f., Mars, IV, 160, II.
MARSEYLLES, s. m., marseillais, IV, 161, I.
MARTEL, s. m., marteau, IV, 161, I.
MARTELADA, s. f., coup de marteau, IV, 161, II, n° 2.
MARTELAR, voyez MARTELLAR.
MARTELL, voyez MARTEL.

MARTELLAR, *v.*, marteler, IV, 161, II, n° 4.
MARTINET, *s. m.*, martinet, IV, 161, II, n° 3.
MARTIR, voyez MARTYR.
MARTIR, voyez MARTYRI.
MARTIRE, voyez MARTYRI.
MARTIRI, voyez MARTYRI.
MARTIRIAR, *v.*, martyriser, IV, 162, II, n° 4.
MARTOLOGI, *s. m.*, martyrologe, IV, 162, II, n° 6.
MARTRA, *s. f.*, martyre, IV, 162, I, n° 2.
MARTROR, *s. m.*, fête des martyrs, IV, 162, II, n° 5.
MARTURIAR, voyez MARTIRIAR.
MARTYR, *s. m.*, martyr, IV, 161, II.
MARTYR, voyez MARTYRI.
MARTYRE, voyez MARTYRI.
MARTYRI, *s. m.*, martyre, IV, 162, I, n° 3.
MARTYRIAR, voyez MARTIRIAR.
MARTZ, *s. f.*, marte, IV, 163, I.
MARTZ, voyez MARS.
MARVER, voyez MARVIER.
MARVES, *adv.*, immédiatement, IV, 163, I, n° 2.
MARVIER, *adj.*, alerte, IV, 163, I.
MARVIR, *v.*, presser, IV, 163, I, n° 3.
MAS, *s. m.*, maison, IV, 148, I, n° 2.
MAS, voyez MAIS.
MASAN, voyez MAZAN.
MASCARAR, *v.*, mâchurer, IV, 164, I, n° 5.
MASCHAR, *v.*, mâcher, IV, 163, II.
MASCLAR, *s. m.*, hameçon, IV, 164, I.
MASCLE, *s. m.*, mâle, IV, 164, I.

MASCULI, voyez MASCULIN.
MASCULIN, *adj.*, masculin, IV, 164, II, n° 2.
MASIP, voyez MANCIP.
MASIS, voyez MASSIS.
MASSA, *s. f.*, masse, IV, 164, II.
MASSA, *s. f.*, masse d'armes, IV, 165, II.
MASSADOR, *s. m.*, assommeur, IV, 165, II, n° 3.
MASSAIRE, voyez MASSADOR.
MASSAR, *v.*, frapper, IV, 166, I, n° 4.
MASSIP, voyez MANCIP.
MASSIS, *adj.*, massif, IV, 164, II, n° 2.
MASSO, *s. m.*, maçon, IV, 150, I, n° 17.
MASSOLA, *s. f.*, massue, IV, 165, II, n° 2.
MAST, voyez MAT.
MASTEC, voyez MASTIC.
MASTEGAR, *v.*, mâcher, IV, 163, II, n° 2.
MASTI, *s. m.*, mâtin, IV, 166, I.
MASTIC, *s. m.*, mastic, IV, 166, I.
MASTICACIO, *s. f.*, mastication, IV, 163, II, n° 3.
MASTIGACIO, voyez MASTICACIO.
MASTIGUATORI, *s. m.*, masticatoire, IV, 164, I, n° 4.
MAT, *s. m.*, mât, IV, 166, II.
MAT, *adj.*, triste, IV, 167, I, n° 2.
MATAGILOS, *s. m.*, mate-jaloux, IV, 167, II, n° 3.
MATAR, *v.*, mater, IV, 166, II.
MATERIA, *s. f.*, matière, IV, 167, II, n° 4.
MATERIAL, *adj.*, matériel, IV, 168, I, n° 5.

MATERIALMEN, *adv.*, matériellement, IV, 168, I, n° 7.

MATERIAR, *v.*, charpenter, IV, 168, I, n° 6.

MATERNAL, *adj.*, maternel, IV, 123, I, n° 6.

MATHEMATIC, *adj.*, mathématique, IV, 168, II, n° 2.

MATHEMATICA, *s. f.*, mathématiques (*lisez* mathématique), IV, 168, II.

MATI, *s. m.*, matin, IV, 133, II, n° 5.

MATIN, voyez MATI.

MATINA, *s. f.*, matinée, IV, 134, I, n° 7.

MATINADA, *s. f.*, matinée, IV, 134, I, n° 8.

MATINAL, *adj.*, matinal, IV, 134, I, n° 9.

MATINAS, *s. f. pl.*, matines, IV, 134, II, n° 11.

MATINER, voyez MATINIER.

MATINET, *s. m. dim.*, matinet, IV, 133, II, n° 6.

MATINIER, *adj.*, matinier, IV, 134, I, n° 10.

MATRASSEYAR, *v.*, assommer, IV, 168, II, n° 2.

MATRAT, *s. m.*, grand javelot, IV, 168, I.

MATREMONI, voyez MATRIMONI.

MATRIMONI, *s. m.*, mariage, IV, 158, II, n° 5.

MATRIMONIAL, *adj.*, matrimonial, IV, 158, II, n° 6.

MATRIMONIALMEN, *adv.*, matrimonialement, IV, 158, II, n° 7.

MATRONA, *s. f.*, matrone, IV, 122, II, n° 4.

MATURACIO, *s. f.*, maturation, IV, 169, I, n° 2.

MATURATIU, *adj.*, maturatif, IV, 169, II, n° 6.

MATURITAT, *s. f.*, maturité, IV, 168, II.

MATUTIN, *adj.*, matinier, IV, 134, II, n° 12.

MATUTINAL, *adj.*, matutinal, IV, 134, II, n° 13.

MAU, voyez MAL.

MAUCA, *s. f.*, panse, IV, 169, II.

MAUCUT, *adj.*, ventru, IV, 169, II, n° 2.

MAUDIRE, voyez MALDIRE.

MAURELA, *s. f.*, morelle, IV, 169, II.

MAUSTI, voyez MASTI.

MAUSTINA, *s. f.*, mâtine, IV, 166, I, n° 2.

MAXILLAR, *adj.*, maxillaire, IV, 126, I, n° 3.

MAY, voyez MAI.

MAYDECHO, voyez MAYDECHOS.

MAYDECHOS (*lisez* MAYDECHO), *s. m.*, écheveau, IV, 113, I, n° 2.

MAYESTRA, voyez MAJESTRA.

MAYESTRE, voyez MAJESTRE.

MAYESTRIA, voyez MAJESTRIA.

MAYGRE, voyez MAGRE.

MAYNADA, voyez MAINADA.

MAYONETA, voyez MAIZONETA.

MAYRASTRA, voyez MAIRASTRA.

MAYRE, voyez MAIRE.

MAYRENAL, voyez MATERNAL.

MAYRINA, *s. f.*, marraine, IV, 122, II, n° 3.

MAYRITZ, *s. f.*, matrice, IV, 123, I, n° 7.

MAYS, voyez MAIS.

MAYSELHA, voyez MAISSELLA.
MAYSON, voyez MAISO.
MAYSSHA, *s. f.*, mâchoire, IV, 126, I, n° 2.
MAYSTRA, voyez MAJESTRA.
MAYSTRAR, voyez MAJESTRAR.
MAYSTREIAR, voyez MAJESTRAR.
MAYSTREJAR, voyez MAYSTREIAR.
MAZAN, *s. m.*, tapage, IV, 170, I.
MAZATGE, *s. m.*, hameau, IV, 148, I, n° 4.
MAZEL, voyez MAZELH.
MAZELH, *s. m.*, boucherie, IV, 170, I.
MAZELHAR, voyez MAZELLAR.
MAZELIER, *s. m.*, boucher, IV, 170, II, n° 2.
MAZELL, voyez MAZELH.
MAZELLAR, *v.*, tuer, IV, 170, II, n° 3.
MAZELLER, voyez MAZELIER.
MAZERAR, voyez MACERAR.
MAZERIA, *s. f.*, masure, IV, 148, I, n° 5.
ME, *pron. pers. m. et f.*, 1re *pers. sing.*, je, IV, 171, I.
MEALHA, voyez MEOLA.
MEALHAR, *v.*, mailler, IV, 131, I, n° 3.
MEAT, *s. m.*, canal, IV, 172, I.
MEC, *adj.*, triste, IV, 172, I.
MECA, *s. f.*, mèche, IV, 172, I.
MECHA, voyez MECA.
MECHANIC, *adj.*, mécanique, IV, 172, I.
MECH LOGAN, *adj.*, mitoyen, IV, 90, I, n° 8.
MECIER, voyez MESSER.
MEDECINA, *s. f.*, médecine, IV, 172, II.
MEDECINAL, *adj.*, médicinal, IV, 172, II, n° 2.

MEDECINAR, *v.*, médeciner, IV, 172, II, n° 3.
MEDEGAR, voyez MEDIQUAR.
MEDES, voyez METEIS.
MEDESMA, *pron. indét. f.*, même. Voyez MEDESME.
MEDESME, *pron. indét. m.*, même, III, 99, I, n° 5.
MEDIA, *s. m.*, midi, III, 42, II, n° 9.
MEDIATOR, *s. m.*, médiateur, IV, 177, I, n° 12.
MEDICACIO, *s. f.*, médication, IV, 173, I, n° 5.
MEDICAMENT, *s. m.*, médicament, IV, 173, I, n° 4.
MEDICINA, voyez MEDECINA.
MEDICINAL, voyez MEDECINAL.
MEDICINAR, voyez MEDECINAR.
MEDIETAD, *s. f.*, moitié, IV, 177, I, n° 13.
MEDIOCRITAT, *s. f.*, médiocrité, IV, 178, I, n° 18.
MEDIQUAR, *v.*, médeciner, IV, 173, I, n° 6.
MEDITATIO, *s. f.*, méditation, IV, 174, I.
MEDITATIU, *adj.*, méditatif, IV, 174, II, n° 2.
MEDITERRANE, *adj.*, méditerrané, V, 354, I, n° 22.
MEDO, *s. m.*, hydromel, IV, 179, I, n° 8.
MEDRE, *v.*, moissonner, IV, 214, II, n° 4.
MEDULLA, *s. f.*, moelle, IV, 174, 2.
MEDULLAR, *adj.*, médullaire, IV, 175, I, n° 4.
MEESMA, voyez MEDESMA.
MEESME, voyez MEDESME.
MEFFAIH, voyez MESFAIT.

MEG, voyez MEI.
MEGANSAR, voyez MEJANSAR.
MEGE, voyez METGE.
MEGLORANSA, voyez MEILHURANZA.
MEGLORANZA, voyez MEILHURANZA.
MEI, *adj.*, mi, IV, 175, I.
MEI, *pron. pers. m. et f.*, 1re *pers. sing.*, moi, IV, 171, II, n° 3.
MEI, *pron. poss. m.*, 1re *pers. pl.*, mes, IV, 272, I, n° 4.
MEIA, voyez MEIAS.
MEIAN, voyez MEIAS.
MEIANAMENT, voyez MEJANAMENT.
MEIANSAR, voyez MEJANSAR.
MEIA NUECH, *s. f.*, minuit, IV, 318, I, n° 2.
MEIA NUEH, voyez MEIA NUECH.
MEIAS (lisez MEIA), *adj.*, moyen, IV, 176, I, n° 3.
MEICH, voyez MEI.
MEIDIA, voyez MEDIA.
MEIG, voyez MEI.
MEILH, voyez MIL.
MEILHER, voyez MELHOR.
MEILHURANZA, *s. f.*, amélioration, IV, 183, I, n° 5.
MEILLER, voyez MELHOR.
MEILLOR, voyez MELHOR.
MEILLORAR, voyez MELHORAR.
MEILLURAMENT, voyez MELHORAMEN.
MEILLURANZA, voyez MEILHURANZA.
MEILLURAR, voyez MELHORAR.
MEILLURIER, voyez MELHURIER.
MEI LOC, voyez MIEG LUOC.
MEILS, voyez MELS.
MEILURAZO, voyez MELHURAZO.
MEIME, voyez MEDESME.

MEINHS, voyez MENS.
MEINS, voyez MENS.
MEIRE, voyez MEDRE.
MEISHO, voyez MEISSO.
MEISONAR, voyez MEYSSONAR.
MEISSER, *v.*, verser à boire avec excès, IV, 178, II.
MEISSO, *s. f.*, moisson, IV, 214, II, n° 2.
MEISSONIER, voyez MESSONIER.
MEISTEIR, voyez MESTIER.
MEIT, voyez MEITZ.
MEITADAR, *v.*, mi-partir, IV, 177, II, n° 15.
MEITAT, *s. f.*, moitié, IV, 177, II, n° 14.
MEITZ (lisez MEIT), voyez MEI.
MEIXONAR, voyez MEYSSONAR.
MEJAN, voyez MEIAS.
MEJANAMENT, *adv.*, moyennement, IV, 176, II, n° 4.
MEJANCIER, *adj.*, mitoyen, IV, 176, II, n° 8.
MEJANCIERAMEN, *adv.*, moyennement, IV, 177, I, n° 9.
MEJANENC, *adj.*, mitoyen, IV, 176, II, n° 6.
MEJANIER, *adj.*, médiateur, IV, 176, II, n° 5.
MEJANSAR, *v.*, moyenner, IV, 177, I, n° 11.
MEJANSENC, *adj.*, moyen, IV, 176, II, n° 7.
MEJANSZANIER, *adj.*, mitoyen, IV, 177, I, n° 10.
MEL, *s. m.*, miel, IV, 178, II.
MELANCOLIA, *s. f.*, mélancolie, IV, 179, II.

MELANCOLIC, *adj.*, mélancolique, IV, 180, I, n° 3.
MELANCONIOS, voyez MALENCOLIOS.
MELANITES, *s. f.*, malthe, IV, 180, II.
MELHA, voyez MEOLA.
MELHER, voyez MELHOR.
MELHOR, *adj. comp.*, meilleur, IV, 182, I, n° 2.
MELHORAMEN, *s. m.*, amélioration, IV, 183, I, n° 3.
MELHORAR, *v.*, améliorer, IV, 183, II, n° 8.
MELHUIRAZO, voyez MELHURAZO.
MELHURAMEN, voyez MELHORAMEN.
MELHURAR, voyez MELHORAR.
MELHURAZO, *s. f.*, amélioration, IV, 183, I, n° 4.
MELHURIER, *s. m.*, amélioration, IV, 183, II, n° 6.
MELHUROS, *adj.*, avantageux, IV, 183, II, n° 7.
MELIA, voyez MILIA.
MELICRAT, *s. m.*, mélicrat, IV, 179, I, n° 3.
MELIN, *adj.*, de melinum, IV, 180, II, n° 2.
MELINA, *s. f.*, melinum, IV, 180, II.
MELIURAZO, voyez MELHURAZO.
MELLA, *s. f.*, amande, VI, 3, I, n° 3.
MELLIFICAR, *v.*, produire du miel, IV, 178, II, n° 2.
MELLILOT, *s. m.*, mélilot, IV, 180, II.
MELO, *s. m.*, melon, IV, 180, II.
MELOCHITES, *s. f.*, malachite, IV, 181, I.
MELODIA, *s. f.*, mélodie, IV, 181, I.
MELODIOS, *adj.*, mélodieux, IV, 181, I, n° 2.

MELOTA, *s. m.* (lisez *f.*), blaireau, IV, 181, I.
MELOTA, *s. f.*, fourrure, IV, 181, II, n° 2.
MELS, *adv. compar.*, mieux, IV, 181, II.
MELSA, *s. f.*, rate, IV, 184, I.
MELUYRAR, voyez MELHORAR.
MEMBRADAMENT, *adv.*, sciemment, IV, 185, II, n° 4.
MEMBRAMEN, *s. m.*, souvenir, IV, 185, I, n° 2.
MEMBRANSA, *s. f.*, souvenance, IV, 185, I, n° 3.
MEMBRAR, *v.*, remémorer, IV, 184, II.
MEMBRE, *s. m.*, membre, IV, 187, II.
MEMBRUT, *adj.*, membru, IV, 188, I, n° 2.
MEMORATIU, *adj.*, mémoratif, IV, 185, II, n° 6.
MEMORIA, *s. f.*, mémoire, IV, 185, II, n° 5.
MEMORIAL, *adj.*, mémorial, IV, 185, II, n° 7.
MENA, *s. f.*, manière, IV, 189, II, n° 2.
MENA, voyez MINA.
MENADOR, voyez MENAIRE.
MENAIRE, *s. m.*, meneur, IV, 189, II, n° 3.
MENAL, *s. m.*, minel, IV, 233, II, n° 3.
MENAR, *v.*, mener, IV, 188, I.
MENASSA, *s. f.*, menace, IV, 191, II.
MENASSADOR, voyez MENASSAIRE.
MENASSAIRE, *adj.* (lisez *s. m.*), menaçant, IV, 191, II, n° 2.
MENASSAR, *v.*, menacer, IV, 191, II, n° 3.
MENAYRE, voyez MENAIRE.

MENAZA, voyez MENASSA.
MENAZO, s. f., dyssenterie, IV, 192, II.
MENBRAR, voyez MEMBRAR.
MENBRE, voyez MEMBRE.
MENCIO, s. f., mention, IV, 203, II, n° 4.
MENDA, s. f., faute, IV, 192, II.
MENDIA, voyez MENDIC.
MENDIC, adj., mendiant, IV, 193, II.
MENDIG, voyez MENDIC.
MENDIGAR, v., mendier, IV, 194, I, n° 2.
MENDIZAR, v., déprécier, IV, 198, II, n° 25.
MENDRE, voyez MENRE.
MENER, s. m., mine, IV, 234, I, n° 3.
MENERA, s. f., minière, IV, 234, II, n° 4.
MENERAL, voyez MINERAL.
MENESCABAR, voyez MESCABAR.
MENESCOMPTE, s. m., mécompte, II, 455, I, n° 8.
MENESCREIRE, voyez MENSCREIRE.
MENESPRESSAR, voyez MESPREZAR.
MENESPRETZ, s. m., mépris, IV, 641, II, n° 14.
MENESPREZAMEN, voyez MESPREZAMENT.
MENESPREZAR, voyez MESPREZAR.
MENESTAIRAL, s. m., ouvrier, IV, 236, I, n° 9.
MENESTAYRAL, voyez MENESTAIRAL.
MENESTIER, s. m., ministère, IV, 236, I, n° 10.
MENESTRAL, s. m., artisan, IV, 236, I, n° 8.
MENESTRAR, voyez MINISTRAR.
MENHS, voyez MENS.
MENIER, voyez MENER.
MENIERA, voyez MENERA.

MENISTRE, voyez MINISTRE.
MENOR, voyez MENRE.
MENORET, adj. dim., moindre, IV, 195, II, n° 3.
MENORETAT, s. f., minorité, IV, 196, I, n° 5.
MENORIA, s. f., infériorité, IV, 196, I, n° 4.
MENRE, adj. comp., moindre, IV, 195, I, n° 2.
MENS, adv. de quantité, moins, IV, 194, I.
MENSA, s. f., mense, IV, 199, II.
MENSCREIRE, v., mécroire, VI, 12, II, n° 11 bis.
MENSIO, voyez MENCIO.
MENSONAR, v., mentionner, IV, 203, II, n° 5.
MENSONGA, s. f., mensonge, IV, 205, I, n° 6.
MENSONGIER, adj., mensonger, IV, 205, I, n° 3.
MENSONJA, voyez MENSONGA.
MENSPENRE, voyez MESPRENDRE.
MENSPRENDRE, voyez MESPRENDRE.
MENSPREZAMEN, voyez MESPREZAMENT.
MENSPREZAR, voyez MESPREZAR.
MENSPREZO, voyez MESPREZO.
MENSURA, s. f., mesure, IV, 200, I.
MENSURACIO, s. f., mesurage, IV, 200, II, n° 4.
MENSURATIO, voyez MENSURACIO.
MENSVENIR, v., ravaler, V, 495, II, n° 59.
MENT, s. f., esprit, IV, 202, II.
MENTA, s. f., menthe, IV, 204, I.
MENTAGUDAMENT, adv., spécialement, IV, 204, I, n° 7.

MENTAL, *adj.*, mental, IV, 203, I, n° 2.
MENTALMENT, *adv.*, mentalement, IV, 203, II, n° 3.
MENTASTRE, *s. m.*, menthe sauvage, IV, 204, II, n° 2.
MENTAURE, *v.*, rappeler, IV, 203, II, n° 6.
MENTENER, voyez MANTENER.
MENTIDOR, voyez MENTIRE.
MENTILL, *s. m.*, mantelet, IV, 152, II, n° 3.
MENTIR, *v.*, mentir, IV, 204, II.
MENTIRE, *s. m.*, menteur, IV, 204, II, n° 2.
MENTIRO, voyez MENTIRON.
MENTIRON, *s. m.*, menton, IV, 206, I, n° 11.
MENTIZO, *s. f.*, menterie, IV, 205, I, n° 5.
MENTO, voyez MENTON.
MENTON, *s. m.*, menton, IV, 206, I, n° 9.
MENTONET, *s. m. dim.*, petit menton, IV, 206, I, n° 10.
MENTRE, *conj.*, tandis que, IV, 206, I.
MENUDAMEN, *adv.*, petitement, IV, 197, II, n° 15.
MENUDAMENS, voyez MENUDAMEN.
MENUDER, voyez MENUDIER.
MENUDET, *adj. dim.*, tout menu, IV, 197, II, n° 16.
MENUDEZA, *s. f.*, ténuité, IV, 197, II, n° 17.
MENUDIER, *adj.*, menu, IV, 197, II, n° 18.
MENUENSA, *s. f.*, diminution, IV, 196, I, n° 6.

MENUT, *adj.*, menu, IV, 197, I, n° 14.
MENUZAR, *v.*, amoindrir, IV, 198, I, n° 19.
MENUZIER, voyez MENUDIER.
MENZ, voyez MENS.
MENZONGA, voyez MENSONGA.
MEOLA, *s. f.*, moelle, IV, 174, II, n° 2.
MER, *adj.*, pur, IV, 206, II.
MERAUDE, voyez MARAGDE.
MERAVEILLAR, voyez MERAVELHAR.
MERAVELAR, voyez MERAVELHAR.
MERAVELHA, *s. f.*, merveille, IV, 240, I, n° 12.
MERAVELHADOR, voyez MERAVELHAIRE.
MERAVELHAIRE, *s. m.*, admirateur, IV, 240, II, n° 14.
MERAVELHANSA, *s. f.*, merveille, IV, 240, I, n° 13.
MERAVELHAR, *v.*, émerveiller, IV, 239, II, n° 11.
MERAVILHOS, *adj.*, merveilleux, IV, 240, II, n° 15.
MERAVILHOZAMEN, *adv.*, merveilleusement, IV, 240, II, n° 16.
MERAVILLA, voyez MERAVELHA.
MERAVILLADOR, voyez MERAVELHAIRE.
MERAVILLAIRE, voyez MERAVELHAIRE.
MERAVILLAR, voyez MERAVELHAR.
MERAVILLIOS, voyez MERAVILHOS.
MERAVILLOS, voyez MERAVILHOS.
MERAVYLLA, voyez MERAVELHA.
MERCACIO, *s. f.*, commerce, IV, 210, II, n° 5.
MERCADAIRET, *s. m. dim.*, petit marchand, IV, 211, I, n° 11.
MERCADAIRIA, voyez MERCADARIA.

MERCADAL, *s. m.*, marché, IV, 210, II, n° 6.

MERCADANA, *s. f.*, ustensile de commerce, IV, 211, II, n° 13.

MERCADANIER, *s. m.*, marchand, IV, 211, II, n° 12.

MERCADAR, *v.*, marchander, IV, 211, II, n° 14.

MERCADARIA, *s. f.*, marchandise, IV, 210, II, n° 8.

MERCADEIAR, voyez MERCADAR.

MERCADEJAR, voyez MERCADEIAR.

MERCADIAR, voyez MERCADAR.

MERCADIEIRA, voyez MERCADIERA.

MERCADIER, *s. m.*, marchand, IV, 211, I, n° 9.

MERCADIERA, *s. f.*, marchande, IV, 211, I, n° 10.

MERCAIDERA, voyez MERCADIERA.

MERCAIROL, *s. m.*, boutique, IV, 210, II, n° 7.

MERCANDEIAR, voyez MERCADAR.

MERCANDEJAR, voyez MERCANDEIAR.

MERCAT, *s. m.*, marché, IV, 210, I, n° 4.

MERCE, *s. f.*, merci, IV, 207, I.

MERCEIAR, *v.*, crier merci, IV, 209, I, n° 6.

MERCENARI, *s. m.*, mercenaire, IV, 209, I, n° 5.

MERCENER, *adj.*, miséricordieux, IV, 208, II, n° 4.

MERCER, *s. m.*, mercier, IV, 209, II, n° 2.

MERCEY, voyez MERCE.

MERCEYADOR, voyez MERCEYAIRE.

MERCEYAIRE, *adj.* (lisez *s. m.*), suppliant, IV, 208, II, n° 3.

MERCEYAMEN, *s. m.*, pitié, IV, 208, II, n° 2.

MERCEYAR, voyez MERCEIAR.

MERCIER, voyez MERCER.

MERCRE (lisez MERCRES), *s. m.*, mercredi, IV, 209, II, n° 2.

MERCRES, voyez MERCRE.

MERCURI, *s. m.*, Mercure, IV, 209, II.

MERCZ, *s. f.*, marchandise, IV, 209, II.

MERDOS, *adj.*, merdeux, IV, 212, I, n° 2.

MERELAR, *v.*, briller, IV, 206, II, n° 2.

MERETRICI, *s. m.*, prostitution, IV, 212, I.

MERGA, *s. f.*, merde, IV, 212, I.

MERGULI, *s. m.*, plongeon, IV, 212, I.

MERIANA, voyez MERIDIANA.

MERIDIA, *adj.*, méridien, III, 42, II, n° 10.

MERIDIANA, *s. f.*, méridienne, III, 43, I, n° 12.

MERIDIONAL, *adj.*, méridional, III, 43, I, n° 11.

MERIR, *v.*, mériter, IV, 212, I.

MERIT, *s. m.*, mérite, IV, 213, I, n° 2.

MERITE, voyez MERIT.

MERITES, *s. m.*, malachite, IV, 213, II.

MERITORI, *adj.*, méritoire, IV, 213, I, n° 3.

MERLAR, *v.*, créneler, IV, 213, II.

MERLE, *s. m.*, merle, IV, 213, II.

MERLUS, *s. m.*, merluche, IV, 214, I.

MERMAMEN, *s. m.*, diminution, IV, 199, I, n° 28.

MERMANSA, *s. f.*, diminution, IV, 199, I, n° 27.

MERMAR, *v.*, diminuer, IV, 198, II, n° 26.

MERMARIA, s. f., diminution, IV, 199, II, n° 29.

MERS, voyez MERCZ.

MERSARIA, s. f., mercerie, IV, 210, I, n° 3.

MERSSIER, voyez MERCÉR.

MES, s. m., mois, IV, 244, I.

MES, s. f., moisson, IV, 214, I.

MES, s. m., messager, IV, 223, I, n° 2.

MESAVENIR, v., mésarriver, V, 489, II, n° 17.

MESCABAMEN, s. m., perte, II, 276, II, n° 30.

MESCABAR, v., manquer, II, 276, I, n° 28.

MESCAP, s. m., méchef, II, 276, I, n° 29.

MESCAPAR, voyez MESCABAR.

MESCAZER, v., nuire, II, 347, I, n° 21.

MESCHAENZA, voyez MESCHASENSA.

MESCHAIA, s. f., méchéance, II, 347, I, n° 20.

MESCHASENSA, s. f., méchéance, II, 346, II, n° 19.

MESCHI, voyez MESQUIN.

MESCHIN, voyez MESQUIN.

MESCLA, s. f., mélange, IV, 216, I, n° 4.

MESCLADA, s. f., mêlée, IV, 216, I, n° 6.

MESCLADAMEN, adv., pêle-mêle, IV, 215, II, n° 3.

MESCLADAMENT, voyez MESCLADAMEN.

MESCLADURA, s. f., mélange, IV, 216, II, n° 11.

MESCLAIGNA, voyez MESCLANHA.

MESCLAMEN, s. m., mélange, IV, 216, I, n° 5.

MESCLAMEN, voyez MESCLADAMEN.

MESCLANHA, s. f., mêlée, IV, 216, I, n° 7.

MESCLANSA, s. f., dispute, IV, 216, II, n° 8.

MESCLAR, v., mêler, IV, 214, II.

MESCLIU, voyez MESCLIUS.

MESCLIUS (lisez MESCLIU), adj., brouillon, IV, 216, II, n° 9.

MESCLOS, adj., mêlé, IV, 216, II, n° 10.

MESCOMPTAR, v., mécompter, II, 455, I, n° 7.

MESCONIOISENSA, s. f., ingratitude, IV, 335, II, n° 31.

MESCONOISENCZA, voyez MESCONIOISENSA.

MESCONOISSER, v., méconnaître, IV, 335, II, n° 32.

MESCONOYSSER, voyez MESCONOISSER.

MESCREANT, adj., mécréant, II, 511, I, n° 12.

MESCREIRE, v., mécroire, II, 510, II, n° 11.

MESCREYRE, voyez MESCREIRE.

MESCREZENSA, voyez MESCREZENZA.

MESCREZENZA, s. f., mécréance, II, 511, I, n° 13.

MESESMA, voyez MEDESMA.

MESESME, voyez MEDESME.

MESFAH, voyez MESFAIT.

MESFAILLIR, v., défaillir, III, 255, I, n° 16.

MESFAIT, s. m., méfait, III, 272, II, n° 70.

MESFAR, v., méfaire, III, 272, I, n° 69.

MESPARLAR, *v.*, mal-parler, IV, 422, I, n° 15.

MESPENRE, voyez MESPRENDRE.

MESPREISON, voyez MESPREIZO.

MESPREIZO, *s. f.*, méprise, IV, 633, II, n° 36.

MESPRENDRE, *v.*, fausser, IV, 633, I, n° 35.

MESPREZABLE, *adj.*, méprisable, IV, 642, II, n° 19.

MESPREZADOR, voyez MESPREZAIRE.

MESPREZAIRE, *s. m.*, méprisant, IV, 642, II, n° 18.

MESPREZAMEN, voyez MESPREZAMENT.

MESPREZAMENT, *s. m.*, mépris, IV, 642, I, n° 17.

MESPREZAR, *v.*, mépriser, IV, 641, II, n° 15.

MESPREZO, *s. m.*, mépris, IV, 642, I, n° 16.

MESQIN, voyez MESQUIN.

MESQUI, voyez MESQUIN.

MESQUIN, *adj.*, mesquin, IV, 248, I.

MESQUINERA, *s. f.*, mesquinerie, IV, 248, II, n° 3.

MESQUINET, *adj. dim.*, pauvret, IV, 248, II, n° 2.

MESQUINITAT, *s. f.*, mesquinerie, IV, 249, I, n° 4.

MESSA, *s. f.*, messe, IV, 249, I.

MESSAGE, voyez MESSATGE.

MESSAGGIERA, *s. f.*, messagère, IV, 224, I, n° 5.

MESSAL, *s. m.*, missel, IV, 249, I, n° 2.

MESSATGARIA, *s. f.*, message, IV, 224, I, n° 6.

MESSATGE, *s. m.*, message, IV, 223, I, n° 3.

MESSATGIER, *s. m.*, messager, IV, 223, II, n° 4.

MESSATJARIA, voyez MESSATGARIA.

MESSER, *s. m.*, messire, V, 204, II, n° 25.

MESSIAS, *s. m.*, Messie, IV, 249, I, n° 3.

MESSIO, *s. f.*, mise, IV, 224, I, n° 7.

MESSONGA, voyez MENSONGA.

MESSONGEIRAMENT, *adv.*, mensongèrement, IV, 205, I, n° 4.

MESSONGIER, voyez MENSONGIER.

MESSONGUA, voyez MENSONGA.

MESSONIER, *s. m.*, moissonneur, IV, 214, II, n° 3.

MESSONJA, voyez MENSONGA.

MESSORGA, voyez MENSONGA.

MESSORGUIER, voyez MENSONGIER.

MEST, *prép.*, parmi, IV, 176, I, n° 2.

MEST, *adj.*, triste, IV, 219, II.

MESTER, voyez MESTIER.

MESTIER, *s. m.*, mystère, IV, 219, n° 2.

MESTIER, *s. m.*, métier, IV, 236, II, n° 11.

MESTIS, *adj.*, métis, IV, 217, I, n° 13.

MESTRE, voyez MAJESTRE.

MESTRUAL, *adj.*, menstruel, IV, 214, I, n° 3.

MESTRUAS, *s. f. pl.*, menstrues, IV, 214, I, n° 2.

MESTURA, *s. f.*, mélange, IV, 216, II, n° 12.

MESURA, voyez MENSURA.

MESURADAMEN, *adv.*, avec mesure, IV, 201, I, n° 8.

MESURAR, *v.*, mesurer, IV, 201, I, n° 7.
MESURATGE, *s. m.*, mesurage, IV, 200, II, n° 5.
METAFORAR, *v.*, métaphoriser, IV, 220, II, n° 2.
METAL, voyez METALH.
METALH, *s. m.*, métal, IV, 220, I.
METALLIN, *adj.*, métallique, IV, 220, I, n° 2.
METEDOR, *s. m.*, dépensier, IV, 224, II, n° 10.
METEIS, *pron. indécl. m.*, même, III, 98, II, n° 3.
METEISA, voyez METEIS.
METESSMA, voyez MEDESMA.
METGA, voyez METGE.
METGAR, *v.*, médeciner, IV, 174, I, n° 11.
METGE, *s. m.*, médecin, IV, 173, II, n° 9.
METGIA, *s. f.*, art de la médecine, IV, 173, II, n° 10.
METGIAR, voyez METGAR.
METHACISME, *s. m.*, métacisme, IV, 219, II.
METHAFORAR, voyez METAFORAR.
METHAFORICALMEN, *adv.*, métaphoriquement, IV, 220, II, n° 3.
METHALENSIS, *s. f.*, métalepse, IV, 219, II.
METHAPHORA, *s. f.*, métaphore, IV, 220, I.
METHAPLASMUS, *s. f.*, aphérèse, IV, 220, I.
METHATEZIR, *v.*, métathéser, IV, 220, II, n° 2.

METHATEZIS, *s. f.*, métathèse, IV, 220, II.
METHONOMIA, *s. f.*, métonymie, IV, 220, II.
METOA, *s. f.*, grimace, IV, 221, I.
METRE, *v.*, mettre, IV, 221, I.
METROPOLIAL, *adj.*, métropolitain, IV, 230, II, n° 3.
METROPOLITA, voyez METROPOLITAN.
METROPOLITAL, *adj.*, métropolitain, IV, 230, II, n° 2.
METROPOLITAN, *adj.*, métropolitain, IV, 230, I.
METTEMENT, *s. m.*, mise, IV, 224, II, n° 8.
METZINA, *s. f.*, médecine, IV, 173, I, n° 7.
MEU, voyez MIEUS.
MEUS, voyez MIEUS.
MEY, voyez MEI.
MEYANSSAR, voyez MEJANSAR.
MEYNHS, voyez MENS.
MEYNS, voyez MENS.
MEYSSO, voyez MEISSO.
MEYSSONAR, *v.*, moissonner, IV, 214, II, n° 5.
MEZ, voyez MEST.
MEZAYZE, voyez MALAYZE.
MEZEIS, voyez METEIS.
MEZEISA, voyez METEISA.
MEZEISAMEN, *adv.*, mêmement, III, 99, I, n° 4.
MEZEL, *s. m.*, ladre, IV, 230, II.
MEZELARIA, voyez MEZELLARIA.
MEZELIA, *s. f.*, lèpre, IV, 231, I, n° 3.

MEZELL, voyez MEZEL.
MEZELLA, s. f., lépreuse, IV, 230, II, n° 2.
MEZELLARIA, s. f., léproserie, IV, 231, I, n° 4.
MEZERI, voyez MISERIN.
MEZINA, voyez METZINA.
MEZINAR, v., médeciner, IV, 173, II, n° 8.
MEZOL, s. m., moelle, IV, 175, I, n° 3.
MEZOLA, voyez MEOLA.
MEZOLH, voyez MEZOL.
MEZOLHA, voyez MEOLA.
MEZOLHOS, adj., moelleux, IV, 175, I, n° 5.
MEZOLL, voyez MEZOL.
MEZOLLA, voyez MEOLA.
MEZURA, voyez MENSURA.
MEZURABLE, adj., mesurable, IV, 200, II, n° 6.
MEZURAMEN, s. m., mesure, IV, 200, II, n° 3.
MEZURAR, voyez MESURAR.
MI, pron. pers. m. et f., 1re pers. sing., je, IV, 171, I, n° 2.
MI, pron. poss. f., 1re pers. sing., ma, IV, 272, I, n° 6.
MIA, pron. poss. f., 1re pers. sing., mienne, IV, 272, I, n° 7.
MIA, voyez MICA.
MIAU, s. m., miau, IV, 231, I.
MICA, s. f., mie, IV, 231, I.
MICA, voyez MICHA.
MICHA, s. f., miche, IV, 231, II.
MICHMAH, s. m., micmac, IV, 231, II.

MIECH, voyez MEI.
MIEG, voyez MEI.
MIEGDIA, voyez MEDIA.
MIEG JORN, s. m., midi, III, 588, I, n° 2.
MIEG LUOC, s. m., milieu, IV, 89, II, n° 7.
MIEHDIA, voyez MEDIA.
MIEH LUOC, voyez MIEG LUOC.
MIEI, voyez MEI.
MIEIA NUECH, voyez MEIA NUECH.
MIEIA NUEH, voyez MEIA NUECH.
MIEIG, voyez MEI.
MIEIZ (lisez MIEI), voyez MEI.
MIELHER, voyez MELHOR.
MIELHS, voyez MELS.
MIELS, voyez MELS.
MIELZ, voyez MELS.
MIER, voyez MER.
MIET, voyez MIETZ.
MIETZ (lisez MIET), voyez MEI.
MIEU, voyez MIEUS.
MIEUA, voyez MIA.
MIEUS, pron. poss. m., 1re pers. sing., mien, IV, 271, II, n° 3.
MIEY, voyez MEI.
MIEYDIA, voyez MEDIA.
MIEY JORN, voyez MIEG JORN.
MIGA, voyez MICA.
MIL, s. m., mil, IV, 231, II.
MIL, adj. num., mille, IV, 232, I.
MILAN, s. m., milan, IV, 233, I.
MILEN, adj., millième, IV, 232, II, n° 5.
MILESME, s. m., millésime, IV, 232, I, n° 3.

MILGRANA, *s. f.*, grenade, III, 497, I, n° 13.
MILGRANIER, *s. m.*, grenadier, III, 497, I, n° 14.
MILHA, *s. f.*, mille, IV, 232, II, n° 9.
MILHIER, voyez MILLIER.
MILHOCA, *s. f.*, millococo, IV, 232, I, n° 3.
MILHORAMEN, voyez MELHORAMEN.
MILHURAMEN, voyez MELHORAMEN.
MILIA, *adj. num.*, mille, IV, 232, I, n° 2.
MILIARI, *s. m.*, millième année, IV, 232, II, n° 8.
MILIER, voyez MILLIER.
MILIO, *s. m.*, million, IV, 232, II, n° 7.
MILITAR, *v.*, militer, IV, 233, I.
MILLA, voyez MILHA.
MILLAR, *s. m.*, mille, IV, 233, I, n° 10.
MILLARGOS, *s. m.*, millet, IV, 232, I, n° 2.
MILLE, voyez MILEN.
MILLIER, *s. m.*, millier, IV, 232, I, n° 4.
MILO, *s. m.*, milan, IV, 233, I, n° 2.
MILSOLDOR, *adj.*, milsoudor, IV, 233, I.
MILSOUDOR, voyez MILSOLDOR.
MINA, *s. f.*, mine, IV, 233, II.
MINA, *s. f.*, mine, IV, 234, I.
MINADA, *s. f.*, émine, IV, 233, II, n° 2.
MINAR, *v.*, miner, IV, 234, I, n° 2.
MINE, *adj.*, de minium, IV, 234, II, n° 3.
MINERAL, *adj.*, minéral, IV, 234, II, n° 5.
MINERANT, *adj.*, minéral, IV, 234, II, n° 6.

MINGA, voyez MICA.
MINGUA, voyez MICA.
MINI, *s. m.*, minium, IV, 234, II.
MINIM, *adj.*, moindre, IV, 198, II, n° 22.
MINIMA, *s. f.*, minime, IV, 198, II, n° 23.
MINIMAR, *v.*, minimer, IV, 198, II, n° 24.
MINIO, *s. m.*, minium, IV, 234, II, n° 2.
MINISTERI, *s. m.*, ministère, IV, 235, II, n° 4.
MINISTRA, *s. f.*, servante, IV, 235, II, n° 3.
MINISTRADOR, *s. m.*, administrateur, IV, 236, I, n° 6.
MINISTRAIRE, voyez MINISTRADOR.
MINISTRAR, *v.*, administrer, IV, 235, I.
MINISTRATIO, *s. f.*, administration, IV, 235, II, n° 5.
MINISTRATION, voyez MINISTRATIO.
MINISTRATIU, *adj.*, servant, IV, 236, I, n° 7.
MINISTRE, *s. m.*, ministre, IV, 235, II, n° 2.
MINJA, voyez MICA.
MINO, voyez MINIO.
MINUAR, *v.*, diminuer, IV, 196, I, n° 7.
MIRABLAMENZ, *adv.*, admirablement, IV, 239, I, n° 6.
MIRABLE, *adj.*, admirable, IV, 239, I, n° 5.
MIRABOLA, voyez MIRABOLAN.
MIRABOLAN, *s. m.*, myrobolandier, IV, 238, I.
MIRABOLANOM, *s. m.*, myrobolanum, IV, 238, I, n° 2.

MIRABOLAT, *s. m.*, mirabelle, IV, 238, I.
MIRACLA, *s. f.*, miracle, IV, 239, II, n° 9.
MIRACLE, *s. m.*, miracle, IV, 239, II, n° 8.
MIRACULOS, *adj.*, miraculeux, IV, 239, II, n° 10.
MIRACULOZ, voyez MIRACULOS.
MIRADOR, *s. m.*, miroir, IV, 238, II, n° 3.
MIRADOR, voyez MIRAIRE.
MIRAILL, voyez MIRALH.
MIRAIRE, *s. m.*, contemplateur, IV, 239, I, n° 4.
MIRAL, voyez MIRALH.
MIRALH, *s. m.*, miroir, IV, 238, II, n° 2.
MIRANDA, *s. f.*, donjon, IV, 239, I, n° 7.
MIRAR, *v.*, mirer, IV, 238, I.
MIRAT, *s. m.*, sommet, IV, 241, I, n° 20.
MIRI, *s. m.*, myriade, IV, 232, II, n° 6.
MIRRA, *s. f.*, myrrhe, IV, 241, I.
MIRRAR, *v.*, mêler de myrrhe, IV, 241, I, n° 2.
MIRT, *s. m.*, myrte, IV, 241, I.
MIRTA, *s. f.*, myrte, IV, 241, II, n° 2.
MIRTI, voyez MIRTIN.
MIRTIN, *adj.*, de myrte, IV, 241, II, n° 3.
MIRTO, *s. m.*, mirto, IV, 241, II.
MISER, *adj.*, misérable, IV, 241, II.
MISERABLE, *adj.*, misérable, IV, 242, I, n° 7.
MISERIA, *s. f.*, misère, IV, 241, II, n° 2.

MISERICORDIA, *s. f.*, miséricorde, IV, 242, I, n° 6.
MISERICORDIOS, *adj.*, miséricordieux, IV, 242, I, n° 5.
MISERIN, *adj.*, misérable, IV, 241, II, n° 4.
MISERIOS, *adj.*, misérable, IV, 241, II, n° 3.
MISIRAPA, *s. f.*, cruche, IV, 242, II.
MISSAL, voyez MESSAL.
MISSIU, *adj.*, missif, IV, 224, II, n° 9.
MITAT, voyez MEITAT.
MITIGAR, *v.*, mitiger, IV, 178, I, n° 16.
MITIGATIU, *adj.*, propre à mitiger, IV, 178, I, n° 17.
MITIGUAR, voyez MITIGAR.
MITRA, *s. f.*, mitre, IV, 242, II.
MIULA, *s. f.*, mâchoire, IV, 242, II.
MIULAR, *v.*, miauler, IV, 231, I, n° 2.
MIXTE, *adj.*, mixte, IV, 217, II, n° 20.
MIXTIO, *s. f.*, mixtion, IV, 218, I, n° 21.
MIXTION, voyez MIXTIO.
MIXTURA, *s. f.*, mélange, IV, 218, I, n° 22.
MO, *s. m.*, mode, IV, 242, II.
MOBILIA, *s. f.*, mobilier, IV, 243, II, n° 2.
MOBILITAT, *s. f.*, mobilité, IV, 278, I, n° 4.
MOBLE, *adj.*, meuble, IV, 243, II.
MOCHAR, *v.*, moquer, IV, 243, II.
MOCIO, *s. f.*, émotion, IV, 278, I, n° 8.
MODERACIO, voyez MODERATIO.
MODERAMEN, *s. m.*, arrangement, IV, 243, I, n° 7.
MODERAR, *v.*, modérer, IV, 242, II, n° 3.

MODERATIO, *s. f.*, modération, IV, 243, I, n° 6.
MODI, *s. m.*, mode, IV, 242, II, n° 2.
MODIFICAR, *v.*, modifier, IV, 242, II, n° 4.
MODIFICATION, *s. f.*, modification, IV, 243, I, n° 5.
MODULACIO, *s. f.*, modulation, IV, 243, I, n° 9.
MODULAR, *v.*, moduler, IV, 243, I, n° 8.
MOFLET, *adj.*, mollet, IV, 243, II.
MOG, voyez MUEIS.
MOGUDA, *s. f.*, changement, IV, 277, II, n° 2.
MOICHART, voyez MOYSSART.
MOILLAR, voyez MUELHAR.
MOILLER, voyez MOLHER.
MOILLERAR, voyez MOLHERAR.
MOILLIER, voyez MOLHER.
MOIOL, *s. m.*, moyeu, IV, 244, I.
MOIS, voyez MOYS.
MOISETA, *s. f.*, mouette, IV, 244, I.
MOIX, voyez MOYS.
MOIZETA, voyez MOISETA.
MOL, voyez MOLH.
MOLA, *s. f.*, meule, IV, 244, I.
MOLADA, *s. f.*, suie, IV, 247, I.
MOLADENC, *adv.*, en tas, IV, 244, II, n° 2.
MOLAMEN, *adv.*, mollement, IV, 248, I, n° 2.
MOLAR, *adj.*, meulière, IV, 244, II, n° 3.
MOLDURA, voyez MOLTURA.
MOLESTAR, *v.*, molester, IV, 247, II, n° 3.

MOLESTATION, *s. f.*, molestation, IV, 247, II, n° 4.
MOLESTE, *adj.*, fâcheux, IV, 247, II.
MOLESTIA, *s. f.*, ennui, IV, 247, II, n° 2.
MOLET, *adj. dim.*, mollet, IV, 248, I, n° 3.
MOLEZA, voyez MOLLEZA.
MOLH, *adj.*, mou, IV, 247, II.
MOLHAR, voyez MUELHAR.
MOLHER, *s. f.*, épouse, IV, 249, I.
MOLHERAMEN, *s. m.*, mariage, IV, 249, II, n° 3.
MOLHERAR, *v.*, marier, IV, 249, II, n° 4.
MOLI, voyez MOLIN.
MOLIERANSA, *s. f.*, mariage, IV, 249, II, n° 2.
MOLIN, *s. m.*, moulin, IV, 245, I, n° 4.
MOLINA, *s. f.*, moulin, IV, 246, I, n° 11.
MOLINAR, *v.*, mouliner, IV, 246, I, n° 10.
MOLINAR, *s. m.*, vanne, IV, 246, I, n° 13.
MOLINARIA, *s. f.*, mouture, IV, 246, I, n° 12.
MOLINER, voyez MOLINIER.
MOLINIER, *s. m.*, meunier, IV, 245, I, n° 5.
MOLLE, *s. m.*, moule, IV, 250, I.
MOLLER, voyez MOLHER.
MOLLERAR, voyez MOLHERAR.
MOLLETA, *s. f.*, mollette, IV, 250, I.
MOLLEZA, *s. f.*, mollesse, IV, 248, I, n° 4.

MOLLIERANSA, voyez MOLIERANSA.

MOLLIFICACIO, *s. f.*, assouplissement, IV, 249, I, n° 9.

MOLLIFICAR, *v.*, amollir, IV, 249, I, n° 10.

MOLLIFICATIU, *adj.*, mollificatif, IV, 248, II, n° 8.

MOLON, *s. m.*, amas, II, 450, II, n° 5.

MOLRE, *v.*, moudre, IV, 245, II, n° 8.

MOLT, *adv. de quantité*, moult, IV, 250, II.

MOLTEZA, *s. f.*, multitude, IV, 251, I, n° 3.

MOLTISME, *adv. superl.*, extrêmement, IV, 251, I, n° 2.

MOLTO, *s. m.*, mouton, IV, 252, I.

MOLTONINA, *s. f.*, peau de mouton, IV, 252, II, n° 5.

MOLTURA, *s. f.*, mouture, IV, 245, I, n° 7.

MOMEN, voyez MOMENT.

MOMENT, *s. m.*, moment, IV, 252, II.

MON, *pron. poss. m.*, 1re *pers. sing.*, mon, IV, 271, II, n° 2.

MON, voyez MONT.

MON, voyez MUN.

MON, voyez MUND.

MONARCHIA, *s. f.*, monarchie, II, 144, I, n° 4.

MONASTERI, *s. m.*, monastère, IV, 255, I.

MONASTICAL, *adj.*, monastique, IV, 256, I, n° 7.

MONCEL, *s. m.*, monceau, IV, 259, II, n° 14.

MONDA, voyez MONDAN.

MONDADOR, *s. m.*, vanneur, IV, 287, II, n° 6.

MONDAIRE, voyez MONDADOR.

MONDAN, *adj.*, mondain, IV, 286, I, n° 2.

MONDANAL, voyez MUNDANAL.

MONDANSA, *s. f.*, purification, IV, 287, II, n° 5.

MONDAR, voyez MUNDAR.

MONDE, voyez MUND.

MONDIAL, voyez MUNDIAL.

MONDIFICAR, voyez MUNDIFICAR.

MONEDA, *s. f.*, monnaie, IV, 256, I.

MONEDAR, *v.*, monnayer, IV, 256, II, n° 3.

MONEDIER, *s. m.*, monnayeur, IV, 256, II, n° 2.

MONEDULA, *s. f.*, choucas, IV, 256, I.

MONEGUE, voyez MONGE.

MONESTAR, *v.*, avertir, IV, 253, I.

MONESTIER, *s. m.*, moutier, IV, 255, I, n° 2.

MONGA, voyez MONJA.

MONGE, *s. m.*, moine, IV, 255, II, n° 3.

MONGIA, *s. f.*, couvent, IV, 256, I, n° 5.

MONGIL, *adj.*, monastique, IV, 256, I, n° 6.

MONGUE, voyez MONGE.

MONICIO, voyez MONITION.

MONICION, voyez MONITION.

MONIER, *s. m.*, meunier, IV, 245, I, n° 6.

MONIMEN, voyez MONUMEN.

MONIMENT, voyez MONUMEN.

MONITION, *s. f.,* monition, IV, 253, I, n° 2.
MONITORI, *adj.,* monitoire, IV, 253, I, n° 3.
MONJA, *s. f.,* moinesse, IV, 255, II, n° 4.
MONJOI, *interj.,* monjoie! IV, 257, I.
MONJOY, voyez MONJOI.
MONJOYA, voyez MONJOI.
MONOCERON, *s. m.,* licorne, IV, 257, I.
MONODIER, *adj.,* de même ton, IV, 257, I.
MONOPOLI, *s. m.,* monopole, IV, 257, I.
MONOSILLABE, *adj.,* monosyllabe, V, 233, II, n° 3.
MONSEGNOR, voyez MOSSENHER.
MONSEIGNOR, voyez MOSSENHER.
MONSENGNOR, voyez MOSSENHER.
MONSENHOR, voyez MOSSENHER.
MONSTRANSSA, *s. f.,* démonstration, IV, 274, II, n° 3.
MONT, *s. m.,* mont, IV, 257, II.
MONT, voyez MUN.
MONTA, *s. f.,* montant, IV, 258, II, n° 11.
MONTADA, *s. f.,* montée, IV, 259, I, n° 12.
MONTADOR, *adj.* (lisez *s. m.*), monteur, IV, 258, II, n° 9.
MONTADURA, *s. f.,* monture, IV, 258, II, n° 10.
MONTAGNA, voyez MONTANHA.
MONTAIRE, voyez MONTADOR.
MONTAMEN, *s. m.,* ascension, IV, 258, I, n° 7.
MONTAMENT, voyez MONTAMEN.

MONTANHA, *s. f.,* montagne, IV, 257, II, n° 3.
MONTANHENC, *adj.,* montagnard, IV, 258, I, n° 4.
MONTANHER, voyez MONTANIER.
MONTANIER, *adj.,* montagnard, IV, 258, I, n° 5.
MONTANSA, *s. f.,* élévation, IV, 258, II, n° 8.
MONTANSSA, voyez MONTANSA.
MONTAR, *v.,* monter, IV, 259, I, n° 13.
MONTARIS, *adj.,* montagnard, IV, 258, I, n° 6.
MONTAYNA, voyez MONTANHA.
MONTJOI, voyez MONJOI.
MONTUOS, *adj.,* montueux, IV, 257, II, n° 2.
MONTUOZ, voyez MONTUOS.
MONUMEN, *s. m.,* monument, IV, 261, I.
MONUMENT, voyez MONUMEN.
MOR, *s. m.,* More, IV, 261, II.
MOR, *s. f.,* naturel, IV, 261, II.
MOR, *s. m.,* museau, IV, 262, I.
MORA, *s. f.,* mûre, IV, 262, II.
MORA, *s. f.,* retard, IV, 263, I.
MORAILLA, *s. f.,* visière, IV, 262, II, n° 4.
MORAIS, *adj.,* moresque, IV, 261, II, n° 3.
MORAL, *adj.,* moral, IV, 262, I, n° 3.
MORALITAT, *s. f.,* moralité, IV, 262, I, n° 4.
MORALMEN, *adv.,* moralement, IV, 262, I, n° 2.
MORB, *s. m.,* maladie, IV, 264, II.
MORBOS, *adj.,* malade, IV, 264, II, n° 2.

MORCEL, s. m., morceau, IV, 266, I, n° 12.
MORDEDOR, s. m., mordant, IV, 265, II, n° 8.
MORDEDURA, s. f., morsure, IV, 265, II, n° 5.
MORDEMENT, s. m., morsure, IV, 265, II, n° 4.
MORDICACIO, s. f., excitation, IV, 265, II, n° 7.
MORDICAMENT, s. m., picotement, IV, 265, II, n° 6.
MORDICATIU, adj., mordicatif, IV, 266, I, n° 9.
MORDIFICAR, v., picoter, IV, 266, I, n° 10.
MORDIFICATIU, adj., mordicatif, IV, 266, I, n° 11.
MORDRE, v., mordre, IV, 265, I.
MORELLA, s. f., morelle, IV, 262, II.
MOREN, adj., more, IV, 264, II, n° 2.
MORENAS, s. f. pl., hémorrhoïdes, IV, 266, II.
MORGA, voyez MONJA.
MORGIA, voyez MONGIA.
MORGOIL, s. m., plongeon, IV, 266, II.
MORGUE, voyez MONGE.
MORIER, s. m., mûrier, IV, 262, II, n° 2.
MORIGENAR, v., morigéner, IV, 262, I, n° 5.
MORINOS, adj., léger, IV, 266, II.
MORIR, v., faire mourir, IV, 266, II.
MORN, adj., morne, IV, 270, II.
MORPHEA, s. f., morphée, IV, 270, II.
MORR, voyez MOR.
MORRADA, s. f., coup de museau, IV, 262, I, n° 2.

MORRE, voyez MOR.
MORRUT, voyez MORUT.
MORS, s. m., morsure, IV, 265, I, n° 2.
MORS, adj., morne, IV, 270, II.
MORSEL, voyez MORCEL.
MORSEU, voyez MORSEUS.
MORSEUS (lisez MORSEU), voyez MORCEL.
MORSURA, s. f., morsure, IV, 265, II, n° 3.
MORT, s. m. (lisez f.), mort, IV, 267, II, n° 2.
MORTAIROL, s. m., coulis, IV, 270, II.
MORTAL, adj., mortel, IV, 268, I, n° 4.
MORTALDAT, s. f., mortalité, IV, 268, I, n° 3.
MORTALMEN, adv., mortellement, IV, 268, II, n° 6.
MORTAUDAT, voyez MORTALDAT.
MORTIER, s. m., mortier, IV, 271, I.
MORTIER, s. m., mortier, IV, 271, I.
MORTIFIAR, voyez MORTIFICAR.
MORTIFICACIO, voyez MORTIFICATIO.
MORTIFICAMEN, s. m., mortification, IV, 269, II, n° 13.
MORTIFICAR, v., mortifier, IV, 269, I, n° 11.
MORTIFICATIO, s. f., mortification, IV, 269, I, n° 12.
MORTIFICATIU, adj., qui donne la mort, IV, 269, II, n° 14.
MORUT, adj., épais, IV, 262, II, n° 3.
MOS, pron. poss. m., 1re pers. sing., mon, IV, 271, I.
MOS, adj., mousse, IV, 272, 2.
MOSAIC, adj., de mosaïque, IV, 296, II, n° 2.
MOSCA, s. f., mouche, IV, 272, II.

MOSCAIL, *s. m.*, émouchoir, IV, 273, I, n° 3.
MOSCALHO, voyez MOSCALHOS.
MOSCALHOS (lisez MOSCALHO), *s. m. dim.*, moucheron, IV, 272, II, n° 2.
MOSCLAR, *s. m.*, nasse, IV, 273, I.
MOSCLE, voyez MUSCLE.
MOSQUEIAR, *v.*, émoucher, IV, 273, I, n° 4.
MOSQUEJAR, voyez MOSQUEIAR.
MOSQUET, *s. m.*, émouchet, IV, 273, I.
MOSQUETA, *s. f.*, émouchette, IV, 273, I, n° 2.
MOSSA, *s. f.*, mousse, IV, 273, I.
MOSSEGNER, voyez MOSSENHER.
MOSSEIGN' EN, voyez MOSSENH' EN.
MOSSENDRE, *s. m.*, monseigneur, V, 204, II, n° 28.
MOSSENH' EN, *s. m.*, monseigneur seigneur, V, 204, II, n° 27.
MOSSENHER, *s. m.*, monseigneur, V, 204, II, n° 26.
MOST, *s. m.*, moût, IV, 273, II.
MOSTARDA, *s. f.*, moutarde, IV, 273, II, n° 2.
MOSTELA, *s. f.*, belette, IV, 273, II.
MOSTELLA, voyez MOSTELA.
MOSTELO, voyez MOSTELON.
MOSTELON (lisez MOSTELO), *s. m.*, beletton, IV, 273, II, n° 2.
MOSTIER, voyez MONESTIER.
MOSTRA, *s. f.*, montre, IV, 274, I, n° 2.
MOSTRADOR, voyez MOSTRAIRE.
MOSTRAIRE, *s. m.*, démonstrateur, IV, 274, II, n° 5.
MOSTRAMEN, *s. m.*, preuve, IV, 274, II, n° 4.

MOSTRAR, *v.*, montrer, IV, 273, II.
MOSTRE, *s. m.*, monstre, IV, 275, II.
MOSTRUOS, *adj.*, monstrueux, IV, 275, II, n° 3.
MOSTRUOZ, voyez MOSTRUOS.
MOSTRUOZITAT, *s. f.*, monstruosité, IV, 275, II, n° 2.
MOT, *s. m.*, mot, IV, 276, I.
MOT, voyez MOLT.
MOTEZA, voyez MOLTEZA.
MOTFORMABLE, *adj.*, multiforme, III, 368, I, n° 28.
MOTIR, *v.*, déclarer, IV, 276, II, n° 2.
MOTIU, *adj.*, mouvable, IV, 278, II, n° 9.
MOTO, voyez MOLTO.
MOTONIER, *s. m.*, vendeur de moutons, IV, 252, II, n° 4.
MOTONINA, voyez MOLTONINA.
MOTZ, voyez MOLT.
MOUCOS, *adj.*, muqueux, IV, 276, II.
MOUDURA, voyez MOLTURA.
MOUNIER, voyez MONIER.
MOUNSTRUOS, voyez MOSTRUOS.
MOUT, voyez MOLT.
MOUTALEZA, *s. f.*, abondance, IV, 251, I, n° 4.
MOUTEZA, voyez MOLTEZA.
MOUTO, voyez MOLTO.
MOUTONET, *s. m. dim.*, petit mouton, IV, 252, II, n° 2.
MOUTURA, voyez MOLTURA.
MOUTURAR, *v.*, mouturer, IV, 246, I, n° 9.
MOVABLE, *adj.*, mouvable, IV, 278, I, n° 7.

MOVABLETAT, *s. f.*, mutabilité, IV, 278, I, n° 5.
MOVEDOR, *adj.*, mouvable, IV, 278, I, n° 6.
MOVEMEN, *s. m.*, mouvement, IV, 277, II, n° 3.
MOVER, *v.*, mouvoir, IV, 276, II.
MOVRE, voyez MOVER.
MOYLLADURA, *s. f.*, mouillure, IV, 285, I, n° 2.
MOYNA, voyez MONJA.
MOYNE, voyez MONGE.
MOYS, *adj.*, lâche, IV, 280, II.
MOYSHETA, voyez MOISETA.
MOYSO, *s. f.*, mesure, IV, 280, II.
MOYSSART, *adj.*, lâche, IV, 280, II, n° 2.
MOYZETA, voyez MOISETA.
MOZIR, *v.*, moisir, IV, 281, I.
MUCAL, *s. m.*, datte, IV, 281, I.
MUCELLAGE, *s. m.*, mucilage, IV, 281, I.
MUDA, *s. f.*, mue, IV, 281, II, n° 2.
MUDABLE, voyez MUTABLE.
MUDAMEN, *s. m.*, changement, IV, 282, I, n° 3.
MUDAR, *v.*, changer, IV, 281, I.
MUDAYRITZ, *s. f.*, changeuse, IV, 282, I, n° 6.
MUDAZO, voyez MUTATIO.
MUDIR, voyez MUTIR.
— MUEG, voyez MUEIS.
— MUEI, voyez MUEIS.
— MUEIS (lisez MUEI), *s. m.*, muid, IV, 284, II.
MUELHA, voyez MEOLA.
MUELHAR, *v.*, mouiller, IV, 284, II.
— MUG, voyez MUEIS.

MUGIMEN, *s. m.*, mugissement, IV, 285, II, n° 2.
MUGIR, *v.*, mugir, IV, 285, I.
MUGOL, voyez MOIOL.
MUIOL, voyez MOIOL.
MUJOL, *s. m.*, mulet, IV, 285, II.
MUL, *s. m.*, mulet, IV, 285, II.
MULA, *s. f.*, mule, IV, 285, II, n° 2.
MULAR, voyez MUELHAR.
MULEIAR, *v.*, aller à mulet, IV, 285, II, n° 4.
MULEJAR, voyez MULEIAR.
MULET, *s. m.*, mulet, IV, 285, II, n° 3.
MULIN, *adj.*, de mulet, IV, 286, I, n° 5.
MULTIFORMITAT, *s. f.*, multiformité, III, 368, I, n° 27.
MULTIPLIABLE, *adj.*, multipliable, IV, 254, I, n° 7.
MULTIPLIAR, voyez MULTIPLICAR.
MULTIPLICAMEN, *s. m.*, multiplication, IV, 254, I, n° 6.
MULTIPLICAR, *v.*, multiplier, IV, 254, II, n° 11.
MULTIPLICATIO, *s. f.*, multiplication, IV, 254, II, n° 10.
MULTIPLICATION, voyez MULTIPLICATIO.
MULTIPLICATIU, *adj.*, multiplicatif, IV, 254, II, n° 8.
MULTIPLICITAT, *s. f.*, multiplicité, IV, 254, II, n° 9.
MULTITUT, *s. f.*, multitude, IV, 254, I, n° 5.
MUN, *s. m.*, monde, IV, 286, I.
MUN, voyez MONT.
MUND, *adj.*, pur, IV, 287, I, n° 2.
MUNDAMENT, *s. m.*, épurement, IV, 287, I, n° 4.

MUNDANAL, *adj.*, mondain, IV, 286, II, n° 3.
MUNDAR, *v.*, monder, IV, 286, II.
MUNDE, voyez MUND.
MUNDIAL, *adj.*, mondain, IV, 286, II, n° 4.
MUNDICIA, voyez MUNDITIA.
MUNDIFICACIO, *s. f.*, nettoiement, IV, 287, II, n° 8.
MUNDIFICAR, *v.*, purifier, IV, 287, II, n° 7.
MUNDIFICATIU, *adj.*, purificatif, VI, 30, I, n° 8 *bis*.
MUNDITIA, *s. f.*, pureté, IV, 287, I, n° 3.
MUNICIPAL, *adj.*, municipal, IV, 288, I.
— MUOG, voyez MUEIS.
MUR, *s. m.*, mur, IV, 292, II.
MURA, *s. f.*, mur, IV, 292, II, n° 2.
MURADOR, *adj.*, condamné à être muré, IV, 293, I, n° 6.
MURALH, *s. m.*, muraille, IV, 292, II, n° 3.
MURALHA, *s. f.*, muraille, IV, 292, II, n° 4.
MURAMEN, *s. m.*, action de murer, IV, 292, II, n° 5.
MURAR, *v.*, murer, IV, 293, I, n° 7.
MURENA, *s. f.*, rate, IV, 293, II.
MURIR, voyez MORIR.
MURMUR, *s. m.*, murmure, IV, 293, II, n° 2.
MURMURACIO, voyez MURMURATIO.
MURMURAMENT, *s. m.*, murmure, IV, 294, I, n° 5.
MURMURAR, *v.*, murmurer, IV, 293, II.
MURMURATIO, *s. f.*, murmure, IV, 293, II, n° 4.

MURMURATIU, *adj.*, murmuratif, IV, 294, I, n° 7.
MURMURI, *s. m.*, murmure, IV, 293, II, n° 3.
MURMURIOS, *adj.*, grondeur, IV, 294, I, n° 6.
MURSEL, *s. m.*, museau, IV, 294, II, n° 2.
MURSOL, voyez MURSEL.
MURTA, *s. f.*, myrte, IV, 241, II, n° 4.
MURTRE, *s. m.*, meurtre, IV, 268, II, n° 7.
MURTRIDOR, *s. m.*, meurtrier, IV, 268, II, n° 9.
MURTRIER, *s. m.*, meurtrier, IV, 268, II, n° 8.
MURTRIR, *v.*, meurtrir, IV, 269, I, n° 10.
MUS, *s. m.*, museau, IV, 294, I.
MUSA, *s. f.*, muse, IV, 294, II.
MUSA, *s. f.*, vaine attente, IV, 295, II, n° 4.
MUSADOR, voyez MUSAIRE.
MUSAIRE, *adj.* (lisez *s. m.*), musard, IV, 295, II, n° 3.
MUSAR, *v.*, jouer de la cornemuse, II, 487, II, n° 3, et IV, 294, II, n° 2.
MUSAR, *v.*, muser, IV, 295, I.
MUSART, *adj.*, musard, IV, 295, I, n° 2.
MUSATGE, *s. m.*, vaine attente, IV, 295, II, n° 5.
MUSC, *s. m.*, musc, IV, 295, II.
MUSCADEL, *s. m.*, muscat, IV, 296, I, n° 4.
MUSCAT, *adj.*, muscat, IV, 296, I, n° 3.
MUSCLE, *s. m.*, muscle, IV, 296, I.
MUSEC, *s. m.*, mosaïque, IV, 296, I.

MUSICADOR, *s. m.*, musicien, IV, 294, II, n° 5.
MUSICAIRE, voyez MUSICADOR.
MUSQUET, *s. m.*, musc, IV, 295, II, n° 2.
MUT, *adj.*, muet, IV, 296, II.
MUTABILITAT, *s. f.*, mutabilité, IV, 282, I, n° 5.
MUTABLE, *adj.*, muable, IV, 282, II, n° 7.
MUTACIO, voyez MUTATIO.
MUTATIO, *s. f.*, mutation, IV, 282, I, n° 4.
MUTILACIO, *s. f.*, mutilation, IV, 297, II.
MUTILATION, voyez MUTILACIO.
MUTIR, *v.*, devenir muet, IV, 297, I, n° 2.
MUTONIN, *adj.*, de mouton, IV, 252, II, n° 3.
MUZAR, voyez MUSAR.
MUZARD (lisez MUZART), voyez MUSART.
MUZART, voyez MASART.
MUZATGE, voyez MUSATGE.
MUZICA, *s. f.*, musique, IV, 294, II, n° 3.
MUZICAL, *adj.*, musical, IV, 295, I, n° 6.
MUZICIA, voyez MUZICIAN.
MUZICIAN, *s. m.*, musicien, IV, 294, II, n° 4.

N

N, *s. m.*, n, IV, 297, I.
NA, *s. f.*, dame, III, 67, II, n° 5.
NACIO, voyez NATIO.
NADAL, *s. m.*, Noël, IV, 304, I, n° 8.
NADALOR, *s. m.*, Noël, IV, 304, II, n° 9.
NADAR, *v.*, nager, IV, 297, I.
NADAU, voyez NADAL.
NADIU, voyez NATIU.
NAFFRAR, voyez NAFRAR.
NAFRA, *s. f.*, blessure, IV, 298, I.
NAFRAR, *v.*, blesser, IV, 297, II.
NAGGAS, *s. f. pl.*, fesses, IV, 298, I.
NAISION, voyez NATIO.
NAISQUENZA, voyez NAISSENSA.
NAISSEDURA, *s. f.*, panaris, IV, 300, II, n° 5.
NAISSEMENT, voyez NASSEMEN.
NAISSENSA, *s. f.*, naissance, IV, 300, I, n° 3.
NAISSER, voyez NASCER.
NALECH, *s. m.*, négligence, IV, 309, II, n° 5.
NALEG, voyez NALECH.
NAN, *s. m.*, nain, IV, 298, I.
NANET, *s. m. dim.*, petit nain, IV, 298, I, n° 2.
NANT, voyez NAN.
NAR, *s. f.*, narine, IV, 298, II.
NARIGOLA, *s. f.*, narine, IV, 298, II, n° 4.
NARRA, *s. f.*, narine, IV, 298, II, n° 2.
NARRACIO, voyez NARRATIO.
NARRAR, *v.*, narrer, IV, 299, I.
NARRATIO, *s. f.*, narration, IV, 299, I, n° 2.
NARRETZ, *s. f. pl.*, narines, IV, 298, II, n° 3.
NAS, *s. m.*, nez, IV, 299, I.

NASAL, *s. m.*, nasal, IV, 299, II, n° 2.
NASCER, *v.*, naître, IV, 299, II.
NASSEMEN, *s. m.*, naissance, IV, 300, I, n° 2.
NASSIO, voyez NATIO.
NATIO, *s. f.*, nativité, IV, 300, II, n° 6.
NATIU, *adj.*, natif, IV, 304, I, n° 7.
NATIVITAT, *s. f.*, nativité, IV, 300, II, n° 4.
NATURA, *s. f.*, nature, IV, 302, I.
NATURAL, *adj.*, naturel, IV, 302, II, n° 2.
NATURALMENS, voyez NATURALMENT.
NATURALMENT, *adv.*, naturellement, IV, 303, II, n° 3.
NATURAU, voyez NATURAL.
NAU, *s. f.*, nef, IV, 304, I.
NAU, *s. f.*, cognée, IV, 305, II.
NAUCHIER, *s. m.*, nocher, IV, 305, II, n° 10.
NAUCLER, *s. m.*, nocher, IV, 305, II, n° 11.
NAUGAR, *v.*, noiser, IV, 329, I, n° 3.
NAULAGE, *s. m.*, naulage, IV, 305, II, n° 12.
NAUSA, voyez NOSA.
NAUT, *adj.*, haut, II, 59, I, n° 2.
NAUTAMENT, *adv.*, hautement, VI, 3, I, n° 3 bis.
NAUTEZA, *s. f.*, hauteur, II, 59, II, n° 6.
NAUTOR, *s. m.*, nautonnier, IV, 305, II, n° 9.
NAUZA, voyez NOSA.
NAUZOS, *adj.*, querelleur, IV, 329, I, n° 2.

NAVEI, *s. m.*, navire, IV, 304, II, n° 2.
NAVEIAMEN, voyez NAVEJAMEN.
NAVEIAR, voyez NAVEJAR.
NAVEJAMEN, *s. m.*, navigation, IV, 305, I, n° 7.
NAVEJAR, *v.*, naviguer, IV, 305, I, n° 8.
NAVELI, voyez NAVILI.
NAVETA, *s. f. dim.*, petite nef, IV, 305, I, n° 5.
NAVEY, voyez NAVEI.
NAVEYAR, voyez NAVEJAR.
NAVIERA, *s. f.*, barque, IV, 305, I, n° 6.
NAVIGI, *s. m.*, navire, IV, 305, I, n° 4.
NAVILI, *s. m.*, flotte, IV, 304, II, n° 3.
NAYSEMEN, voyez NASSEMEN.
NAYSENSA, voyez NAISSENSA.
NAYSSEMEN, voyez NASSEMEN.
NAYSSENSA, voyez NAISSENSA.
NAYSSER, voyez NASCER.
NAZ, voyez NAS.
NE, *adv.*, en, III, 129, II, n° 3.
NE, *part. disjonct.*, ni, IV, 306, I.
NEBLA, *s. f.*, nue, IV, 306, II.
NEBLE, *s. f.*, nue, IV, 307, I, n° 2.
NEBODA, *s. f.*, nièce, IV, 313, I, n° 4.
NEBOT, *s. m.*, neveu, IV, 313, I, n° 3.
NEBS, voyez NEPS.
NEC, *adj.*, ignorant, V, 126, I, n° 30.
NECARI, *s. m.*, timbale, IV, 307, II.
NECCIO, *s. f.*, connexion, IV, 330, II, n° 11.
NECESSARI, *adj.*, nécessaire, IV, 308, I.

NECESSITAT, *s. f.*, nécessité, IV, 308, I, n° 2.

NECIERA, *s. f.*, nécessité, IV, 308, I, n° 3.

NECIEZA, voyez NESCIEZA.

NECLECHOS, *adj.*, négligent, III, 54, I, n° 6, et IV, 309, I, n° 3.

NECTACIO, *s. f.*, jonction, IV, 330, II, n° 12.

NED, voyez NET.

NEDE, voyez NET.

NEDEIAR, voyez NETEJAR.

NEDEJAR, voyez NETEJAR.

NEDESA, *s. f.*, netteté, IV, 314, I, n° 2.

NEDEYAR, voyez NETEJAR.

NEFA, *s. f.*, nèfe, IV, 308, II.

NEGAR, *v.*, noyer, IV, 308, II.

NEGAR, *v.*, nier, IV, 326, I, n° 2.

NEGATIO, *s. f.*, négation, IV, 326, I, n° 3.

NEGATIU, *adj.*, négatif, IV, 326, I, n° 4.

NEGLIGEN, voyez NEGLIGENT.

NEGLIGENCIA, *s. f.*, négligence, IV, 309, I. Voyez NEGLIGENTIA.

NEGLIGENSA, *s. f.*, négligence, III, 54, I, n° 8.

NEGLIGENT, *adj.*, négligent, III, 50, II, n° 5, et IV, 309, I, n° 2.

NEGLIGENTIA, *s. f.*, négligence, III, 54, I, n° 7. Voyez NEGLIGENCIA.

NEGLIGOS, voyez NECLECHOS.

NEGOCI, *s. m.*, affaire, IV, 310, I.

NEGOSSI, voyez NEGOCI.

NEGRE, *adj.*, noir, IV, 310, II.

NEGREIAR, voyez NEGREJAR.

NEGREJAR, *v.*, noircir, IV, 311, I, n° 5.

NEGRESIR, voyez NEGREZIR.

NEGREYAR, voyez NEGREJAR.

NEGREZIMEN, *s. m.*, noirceur, IV, 311, I, n° 4.

NEGREZIR, *v.*, noircir, IV, 311, I, n° 6.

NEGROR, *s. f.*, noirceur, IV, 311, I, n° 3.

NEGU, voyez NEGUS.

NEGUAR, voyez NEGAR.

NEGUEIS, voyez NEIS.

NEGUEYSH, voyez NEIS.

NEGUN, voyez NEGUS.

NEGUS (lisez NEGU), *pron. indéf.*, non-aucun, V, 449, II, n° 21.

NEIAR, voyez NEJAR.

NEIEN, voyez NIEN.

NEIS, *adv.*, même, IV, 312, I.

NEJAR, voyez NEGAR.

NELECH, *s. m.*, négligence, IV, 309, II, n° 4.

NELECHOS, *adj.*, négligent, IV, 310, I, n° 6.

NELEG, voyez NELECH.

NELEIG, voyez NELECH.

NELEIT, voyez NELECH.

NELET, voyez NELECH.

NEMBRAR, voyez MEMBRAR.

NEMBRE, voyez MEMBRE.

NEMES, *adv.*, trop, IV, 312, I.

NEMPS, voyez NEMES.

NEMS, voyez NEMES.

NENGU, voyez NENGUS.

NENGUN, voyez NENGUS.

NENGUS (lisez NENGU), voyez NEGUS.

NEOLINA, voyez NEVOLINA.

NEOMENIA, *s. f.*, néoménie, IV, 340, II, n° 22.

NEPS, *s. m.*, petit-fils, IV, 312, II.

NEPTA, *s. f.*, petite-fille, IV, 312, II, n° 2.
NEQUEDONC, *conj.*, néanmoins, IV, 313, I.
NEQUEDUNC, voyez NEQUEDONC.
NER, voyez NIER.
NERVEIN, *adj.*, nerveux, IV, 313, II, n° 4.
NERVI, *s. m.*, nerf, IV, 313, II.
NERVIOS, *adj.*, nerveux, IV, 313, II, n° 3.
NERVOSITAT, *s. f.*, nervosité, IV, 313, II, n° 2.
NESCI, voyez NEC.
NESCIAMEN, *adv.*, niaisement, V, 127, I, n° 35.
NESCIATGE, *s. m.*, niaiserie, V, 127, I, n° 34.
NESCIEIAR, voyez NESCIEJAR.
NESCIEIRA, voyez NECIERA.
NESCIEIAR, voyez NESCIEJAR.
NESCIEJAR, *v.*, niaiser, V, 127, I, n° 36.
NESCIES, *s. m.*, niaiserie, V, 126, II, n° 31.
NESCIETAT, *s. f.*, niaiserie, V, 127, I, n° 33.
NESCIEZA, *s. f.*, niaiserie, V, 127, I, n° 32.
NESSIATGE, voyez NESCIATGE.
NESSIERA, voyez NECIERA.
NESSIEYRA, voyez NECIERA.
NESU, voyez NESUS.
NESUN, voyez NESUS.
NESUS (lisez NESU), voyez NEGUS.
NET, *adj.*, net, IV, 313, II.
NETAMEN, *adv.*, nettement, IV, 314, II, n° 4.
NETAMENS, voyez NETAMEN.
NETCEIRA, voyez NECIERA.

NETEIAR, voyez NETEJAR.
NETEJAR, *v.*, nettoyer, IV, 314, I, n° 3.
NETEYAR, voyez NETEJAR.
NETEZA, voyez NEDESA.
NETSA, voyez NEPTA.
NEU, voyez NICX.
NEU, voyez NEUS.
NEULA, *s. f.*, nue, IV, 307, I, n° 3.
NEULA, *s. f.*, gaufre, IV, 314, II.
NEUN, voyez NEUS.
NEUS (lisez NEU), voyez NEGUS.
NEUS, voyez NEIS.
NEUTRAL, *adj.*, neutre, IV, 315, I, n° 2.
NEUTRE, voyez NEUTRI.
NEUTRI, *adj.*, neutre, IV, 314, II.
NEVAR, *v.*, neiger, IV, 315, II, n° 4.
NEVENC, *adj.*, neigeux, IV, 315, I, n° 3.
NEVIEYRA, *s. f.*, nappe de neige, IV, 315, I, n° 2.
NEVOLINA, *s. f.*, nue, IV, 307, I, n° 4.
NEYAR, voyez NEGAR.
NEYS, voyez NEIS.
NEYSH, voyez NEIS.
NI, *part. disjonct.*, ni, IV, 306, I, n° 2.
NI, *conj.*, et, IV, 306, II, n° 3.
NI, voyez NIU.
NIAIC, voyez NIZAIC.
NIBLE, *s. f.*, nue, IV, 307, II, n° 5.
NICHUAR, *s. m.*, nacelle, IV, 315, I.
NICX, *s. f.*, neige, IV, 315, I.
NIDIFICACIO, *s. f.*, confection des nids, IV, 316, II, n° 3.
NIDIFICAR, *v.*, faire nid, IV, 316, II, n° 4.
NIEL, *s. m.*, émail, IV, 345, II.
NIELA, *s. f.*, nielle, IV, 315, II.
NIELAR, *v.*, nieller, IV, 315, II, n° 2.

NIELL, voyez NIEL.
NIEN, s. m., néant, III, 196, I, n° 7.
NIENT, voyez NIEN.
NIENTEZA, s. f., nullité, III, 196, I, n° 8.
NIER, adj., noir, IV, 310, II, n° 2.
NIEU, voyez NICX.
NIEU, voyez NIU.
NIGELLA, s. f., nielle, IV, 316, I, n° 2.
NIGROMANCIA, s. f., nécromancie, IV, 311, 2, n° 12.
NIGROMANCIA, voyez NIGROMANCIAN.
NIGROMANCIAN, s. m., nécromancien, IV, 311, II, n° 11.
NIGROMANSIA, voyez NIGROMANCIA.
NIGROMANT, s. m., nécromant, IV, 311, II, n° 9.
NIGROMANTIC, adj., nécromant, IV, 311, II, n° 10.
NIN, adj., enfantin, IV, 298, II, n° 3.
NINA, s. f., prunelle, IV, 316, I.
NIOL, voyez NIVOL.
NIOLA, s. f., nue, IV, 307, II, n° 6.
NIS (lisez NI), voyez NIU.
NITICORAC, s. m., chouette, IV, 319, I, n° 11.
NITOR, s. f., éclat, IV, 316, I.
NITRE, s. m., nitre, IV, 316, I.
NITROS, adj., nitreux, IV, 316, I, n° 3.
NITROZITAT, s. f., nitrosité, IV, 316, I, n° 2.
NIU, s. f., nue, IV, 307, II, n° 8.
NIU, s. m., nid, IV, 316, I.
NIUL, voyez NIVOL.
NIVEL, s. m., niveau, IV, 81, II, n° 2.

NIVOL, s. f., nue, IV, 307, II, n° 7.
NIVOLINA, voyez NEVOLINA.
NIZAIC, adj., niais, IV, 316, II, 2.
NO, voyez NON.
NO, voyez NOT.
NOALHA, voyez NUAILHA.
NOALHOS, voyez NUAILLOS.
NOAR, voyez NOZAR.
NOBILITAR, v., ennoblir, IV, 317, II, n° 6.
NOBILITAT, s. f., noblesse, IV, 317, I, n° 5.
NOBLAMEN, voyez NOBLAMENT.
NOBLAMENT, adv., noblement, IV, 317, I, n° 3.
NOBLE, adj., noble, IV, 316, II.
NOBLEIAR, v., briller, IV, 317, II, n° 7.
NOBLEJAR, voyez NOBLEIAR.
NOBLESSA, voyez NOBLEZA.
NOBLETAT, voyez NOBILITAT.
NOBLEZA, s. f., noblesse, IV, 317, I, n° 4.
NOBLEZIR, v., ennoblir, IV, 317, II, n° 8.
NOCA, voyez NONCA.
NOCEIAR, voyez NUPSEIAR.
NOCEJAR, voyez NOCEIAR.
NOCERTANEDAT, s. f., instabilité, II, 385, n° I, 16.
NOCEYAMEN, s. m., noce, IV, 350, II, n° 5.
NOCIBILITAT, s. f., nuisance, IV, 342, I, n° 5.
NOCIO, s. f., notion, IV, 332, II, n° 14.
NOCIONAL, adj., indicatif, IV, 332, II, n° 15.
NOCIU, adj., nuisible, IV, 342, II, n° 8.

NOCLETAT, *s. f.*, préjudice, IV, 342, I, n° 4.

NOCTILEPA, *s. f.*, nyctalopie, IV, I, 319, n° 9.

NOCTILIPE, *s. m.*, nyctalope, IV, 349, I, n° 8.

NOCTILUCA, *s. f.*, ver luisant, IV, 349, I, n° 7.

NOCTURN, *adj.*, nocturne, IV, 348, II, n° 4.

NOCTURNAL, *adj.*, nocturne, IV, 348, II, n° 5.

NODA, voyez NOTA.

NODACIO, *s. f.*, nouement, IV, 329, II, n° 4.

NODIOZITAT, *s. f.*, nodosité, IV, 329, II, n° 3.

NODOS, *adj.*, noueux, IV, 329, II, n° 2.

NODOZ, voyez NODOS.

NOEL, voyez NOVELL.

NOELA, voyez NOVELLA.

NOELAMEN, voyez NOVELHAMEN.

NOELETAT, voyez NOVELETAT.

NOELLADOR, voyez NOELLAIRE.

NOELLAIRE, *s. m.*, auteur de nouvelles, IV, 339, I, n° 9.

NOFEGAR, *v.*, parjurer, III, 294, I, n° 19.

NOFEZAR, voyez NOFEGAR.

NOGAILL, voyez NOGALH.

NOGALH, *s. m.*, amande de noyaux, IV, 337, II, n° 2.

NOGALHO, *s. m.*, amande, IV, 337, II, n° 3.

NOGIER, voyez NOGUIER.

NOGUALHO, voyez NOGALHO.

NOGUIER, *s. m.*, noyer, IV, 337, II, n° 4.

NOICH, voyez NOIT.

NOIG, voyez NOIT.

NOIRE, *v.*, nuire, VI, 30, II, n° 1 *bis*.

NOIRIDURA, voyez NOYRITURA.

NOIRIM, *s. m.*, nourrain, IV, 352, II, n° 12.

NOIRIR, voyez NURIR.

NOIRISSA, voyez NUIRISSA.

NOIT, *s. f.*, nuit, IV, 348, I.

NOITORNAL, voyez NOCTURNAL.

NOM, *s. m.*, nom, IV, 349, II.

NOMBRAR, voyez NUMERAR.

NOMBRE, *s. m.*, nombre, IV, 347, II, n° 4.

NOMENATIVAR, *v.*, nommer, IV, 321, II, n° 9.

NOMINACIO, voyez NOMINATIO.

NOMINALMEN, *adv.*, nominalement, VI, 30, II, n° 8 *bis*.

NOMINAMENT, *adv.*, nommément, IV, 321, II, n° 8.

NOMINATIO, *s. f.*, dénomination, IV, 320, II, n° 3.

NOMINATIU, *s. m.*, nominatif, IV, 320, II, n° 4.

NOMINATIU, *adj.*, remarquable, IV, 320, II, n° 5.

NOMNADAMEN, *adv.*, nommément, IV, 321, I, n° 7.

NOMNAMEN, *s. m.*, nomination, IV, 320, II, n° 2.

NOMNAR, *v.*, nommer, IV, 321, I, n° 6.

NOMNATIVAR, voyez NOMENATIVAR.

NOMPNADAMEN, voyez NOMNADAMEN.

NON, *adv. nég.*, non, IV, 324, I.

NON, *adj.*, neuvième, IV, 341, I, n° 7.

NONA, *s. f.*, nonne, IV, 327, I.
NONAL, *adj.*, nonal, IV, 341, I, n° 11.
NONANTA, *s. m.* (lisez *adj. num.*), nonante, IV, 341, I, n° 8.
NONAS, *s. f. pl.*, nones, IV, 341, I, n° 9.
NONCA, *adv.*, jamais, II, 81, I, n° 4.
NONCALAMEN, *s. m.*, nonchalance, II, 293, II, n° 5.
NONCALER, *v.*, nonchaloir, II, 293, II, n° 7.
NONCHALANSA, *s. f.*, nonchalance, II, 293, II, n° 4.
NONCHALEN, *adj.*, nonchalant, II, 293, II, n° 6.
NONCHALER, voyez NONCALER.
NONCIAR, voyez NUNCIAR.
NONCIATIU, *adj.*, annonciatif, IV, 348, II, n° 2.
NONCUPATIU, *adj.*, noncupatif, IV, 327, II.
NONDINA, *s. f.*, nondine, IV, 341, I, n° 10.
NONFE, voyez NONFES.
NONFES (lisez NONFE), *s. f.*, non-foi, III, 291, I, n° 18.
NONRE, *s. m.* (lisez *f.*), non-rien, V, 56, I, n° 2.
NONSABENSA, *s. f.*, non-science, V, 123, II, n° 11.
NONSABER, *s. m.*, non-savoir, V, 123, II, n° 6.
NONSEN, *s. m.*, non-sens, V, 195, II, n° 2.
NOQUA, voyez NONCA.
NORA, *s. f.*, nore, IV, 327, II.
NORRIGUEIRA, *s. f.*, nourrisseuse, IV, 352, II, n° 11.

NOS, *pron. pers. m. et f.*, 1re pers. pl., nous, IV, 327, II.
NOSA, *s. f.*, noise, IV, 329, I.
NOSABENSA, voyez NONSABENSA.
NOSABER, voyez NONSABER.
NOSAR, voyez NOZAR.
NOSEN, voyez NONSEN.
NOSSAS, *s. f. pl.*, noces, IV, 350, II, n° 4.
NOSTRA, *pron. pers.* (lisez *poss.*) *f.*, 1re pers. sing., notre, IV, 328, II, n° 4.
NOSTRE, *pron. poss. m.*, 1re pers. sing., notre, IV, 328, I, n° 3.
NOT, *s. m.*, nœud, IV, 329, I.
NOTA, *s. f.*, note, IV, 331, I.
NOTABLAMEN, voyez NOTABLAMENT.
NOTABLAMENT, *adv.*, notablement, IV, 331, II, n° 7.
NOTABLE, *adj.*, notable, IV, 331, II, n° 6.
NOTAR, *v.*, noter, IV, 331, II, n° 8.
NOTARI, *s. m.*, notaire, IV, 331, I, n° 2.
NOTARIA, *s. f.*, notariat, IV, 331, I, n° 3.
NOTARIAT, *s. m.*, notariat, IV, 331, II, n° 4.
NOTATIO, *s. f.*, observation, IV, 331, II, n° 5.
NOTH, *s. m.*, Notus, IV, 337, I.
NOTICIA, *s. f.*, notice, IV, 332, II, n° 13.
NOTIFICAR, *v.*, notifier, IV, 332, I, n° 10.
NOTIFICATIU, *adj.*, qualificatif, IV, 332, I, n° 11.
NOTORI, *adj.*, notoire, IV, 332, I, n° 12.

NOTZ, *s. f.*, noix, IV, 337, I.
NOU, *adj.*, neuf, IV, 337, II.
NOV, *s. m.* (lisez *adj. num.*), neuf, IV, 340, II.
NOVACULA, *s. f.*, serpette, VI, 30, II, n° 2.
NOVAS, *s. f. pl.* (lisez NOVA, *s. f.*), nouvelle, IV, 338, I, n° 2.
NOVE, voyez NOVEN.
NOVELAMEN, voyez NOVELHAMEN.
NOVELETAT, *s. f.*, nouveauté, IV, 338, II, n° 8.
NOVELH, voyez NOVELL.
NOVELHA, voyez NOVELLA.
NOVELHAMEN, *adv.*, nouvellement, IV, 339, I, n° 11.
NOVELL, *adj.*, neuf, IV, 338, I, n° 3.
NOVELLA, *s. f.*, nouvelle, IV, 338, II, n° 5.
NOVELLARIA, *s. f.*, nouveauté, IV, 338, II, n° 6.
NOVELLET, *adj. dim.*, nouvelet, IV, 338, II, n° 4.
NOVEMBRE, *s. m.*, novembre, IV, 341, I, n° 6.
NOVEN, *adj.*, neuvième, IV, 340, II, n° 2.
NOVENA, *s. f.*, neuvaine, IV, 340, II, n° 3.
NOVENAL, *adj.*, novenal, IV, 340, II, n° 4.
NOVENAMENT, *adv.*, neuvièmement, IV, 341, I, n° 5.
NOVERGA, *s. f.*, marâtre, IV, 341, II.
NOVI, *s. m.*, fiancé, IV, 350, II, n° 6.
NOVIA, *s. f.*, fiancée, IV, 351, I, n° 7.
NOVIA, *s. f.*, noce, IV, 351, I, n° 8.

NOVICI, *s. m.*, novice, IV, 339, I, n° 10.
NOVISSI, voyez NOVICI.
NOVITAT, *s. f.*, nouveauté, IV, 338, II, n° 7.
NOYRIDOR, voyez NUIRIDOR.
NOYRIGUIER, *s. m.*, nourrisseur, IV, 352, II, n° 10.
NOYRIM, voyez NOIRIM.
NOYRIMEN, voyez NURIMEN.
NOYRIR, voyez NURIR.
NOYRISSA, voyez NUIRISSA.
NOYRITURA, *s. f.*, nourriture, IV, 352, I, n° 7.
NOYSA, voyez NOSA.
NOYSENSA, *s. f.*, nuisance, IV, 341, II, n° 2.
NOYTAL, *adj.*, nocturne, IV, 318, II, n° 6.
NOZABLE, *adj.*, nuisible, IV, 342, I, n° 7.
NOZADOR, *s. m.*, nuque, IV, 330, I, n° 5.
NOZAR, *v.*, nouer, IV, 330, I, n° 9.
NOZEDOR, *s. m.*, ennemi, IV, 342, I, n° 6.
NOZEL, *s. m.*, nœud, IV, 330, I, n° 6.
NOZELAMENT, *s. m.*, nouement, IV, 330, I, n° 7.
NOZELAR, *v.*, nouer, IV, 330, II, n° 10.
NOZELOS, *adj.*, noueux, IV, 330, I, n° 8.
NOZEMEN, *s. m.*, tort, IV, 342, I, n° 3.
NOZENSA, voyez NOYSENSA.
NOZER, *v.*, nuire, IV, 341, II.
NOZET, *s. f.*, noset, IV, 344, II.

Ns, *pron. pers. affixe, m. et f.*, 1re pers. pl., nous, IV, 328, I, n° 2.

NUACHOL, *adj.*, qui n'y voit que la nuit, IV, 319, I, n° 12.

NUAILHA, *s. f.*, paresse, IV, 345, I, n° 2.

NUAILLAR, *v.*, fainéanter, IV, 345, I, n° 4.

NUAILLOS, *adj.*, paresseux, IV, 344, II.

NUALHA, voyez NUAILHA.

NUALHAR, voyez NUAILLAR.

NUALHOS, voyez NUAILLOS.

NUALIA, voyez NUAILHA.

NUALIEZA, *s. f.*, indolence, IV, 345, I, n° 3.

NUALIOS, voyez NUAILLOS.

NUALLOR, *adj. comp.*, plus paresseux. Voyez NUAILLOS.

NUALLOS, voyez NUAILLOS.

NUCA, *s. f.*, nuque, IV, 345, II.

NUCHA, voyez NUCA.

NUCHOLA, *s. f.*, chouette, IV, 319, I, n° 10.

NUD, *adj.*, nu, IV, 345, II.

NUDAMENT, *adv.*, nûment, IV, 346, I, n° 2.

NUDETAT, *s. f.*, nudité, IV, 346, I, n° 3.

NUECH, voyez NOIT.

NUEG, voyez NOIT.

NUEH, voyez NOIT.

NUEIA, *s. f.*, ennui, IV, 343, I, n° 12.

NUEU, voyez NOU.

NUEZA, *s. f.*, nudité, IV, 346, I, n° 4.

NUGATIO, *s. f.*, raillerie, IV, 346, II.

NUH, voyez NOIT.

NUILL, voyez NUL.

NUIRIDOR, *s. m.*, nourricier, IV, 352, I, n° 8.

NUIRISSA, *s. f.*, nourrice, IV, 352, I, n° 9.

NUIRISSEMEN, voyez NUIRISSEMENT.

NUIRISSEMENT, *s. m.*, nourriture, IV, 351, II, n° 6.

NUITEIA, *s. f.*, nuitée, IV, 318, II, n° 3.

NUL, *adj.*, nul, IV, 346, II.

NULH, voyez NUL.

NULHAR, *v.*, annuler, IV, 346, II, n° 3.

NULLITAT, *s. f.*, nullité, IV, 346, II, n° 2.

NUMBRAR, voyez NUMERAR.

NUMERABLE, *adj.*, nombrable, IV, 348, I, n° 5.

NUMERACIO, *s. f.*, numération, IV, 347, II, n° 2.

NUMERADAMENT, *adv.*, numériquement, IV, 348, I, n° 8.

NUMERAL, *adj.*, numéral, IV, 348, I, n° 6.

NUMERAR, *v.*, nombrer, IV, 347, II.

NUMERATION, voyez NUMERACIO.

NUMERATIU, *adj.*, numératif, IV, 348, I, n° 7.

NUMEROS, *adj.*, nombreux, IV, 347, II, n° 3.

NUMEROZ, voyez NUMEROS.

NUNCIAR, *v.*, annoncer, IV, 348, II.

NUNCIATIU, voyez NONCIATIU.

NUOIT, voyez NOIT.

NUOT, voyez NOIT.

NUPSEIAR, *v.*, faire noces, IV, 350, II, n° 3.

NUPSEJAR, voyez NUPSEIAR.

NUPTIAL, *adj.*, nuptial, IV, 350, I.
NUPTIALMEN, *adv.*, nuptialement, IV, 350, II, n° 2.
NURIMEN, *s. m.*, nourriture, IV, 354, II, n° 5.
NURIMENT, voyez NURIMEN.
NURIR, *v.*, nourrir, IV, 354, I, n° 4.

NUT, voyez NUD.
NUTRICIO, *s. f.*, nutrition, IV, 354, I, n° 2.
NUTRIMENTAL, *adj.*, nutritif, IV, 354, I, n° 3.
NUTRITIU, *adj.*, nutritif, IV, 354, I.
NUYRIR, voyez NURIR.

O

O, *s. m.*, o, IV, 353, I.
O, *conj. alternative*, ou, IV, 353, I, n° 2.
O, *pron. relatif m.*, employé neutralement, le, IV, 353, I, n° 3.
O, voyez ONT.
OAN, voyez OGAN.
OBEDIENSA, *s. f.*, obéissance, IV, 353, I, n° 2.
OBEDIR, *v.*, obéir, IV, 353, I.
OBEZIR, voyez OBEDIR.
OBFUSCATIU, *adj.*, offuscatif, III, 440, II, n° 2.
OBJECTIO, *s. f.*, objection, III, 472, II, n° 23.
OBLADOR, *s. m.*, offrant, II, 15, II, n° 11.
OBLAIRE, voyez OBLADOR.
OBLATIO, *s. f.*, oblation, II, 15, II, n° 10.
OBLI, voyez OBLIT.
OBLIA, *s. f.*, oblée, VI, 34, I.
OBLIAR, *v.*, obliger, VI, 29, II, n° 22 *bis*.
OBLIC, *adj.*, oblique, IV, 353, II.
OBLIDA, *s. f.*, oubli, IV, 354, II, n° 5.
OBLIDAMEN, *s. m.*, oubli, IV, 354, I, n° 2.

OBLIDANSA, *s. f.*, oubliance, IV, 354, I, n° 3.
OBLIDANSSA, voyez OBLIDANSA.
OBLIDAR, *v.*, oublier, IV, 353, II.
OBLIDOS, *adj.*, oublieux, IV, 354, II, n° 6.
OBLIGAMENT, *s. m.*, obligation, IV, 72, II, n° 21.
OBLIGANSA, *s. f.*, obligation, IV, 72, II, n° 22.
OBLIGANSSA, voyez OBLIGANSA.
OBLIGAR, *v.*, obliger, IV, 72, I, n° 19.
OBLIGATIO, *s. f.*, obligation, IV, 72, II, n° 20.
OBLIGUAR, voyez OBLIGAR.
OBLIT, *s. m.*, oubli, IV, 354, II, n° 4.
OBRA, *s. f.*, œuvre, IV, 355, II, n° 2.
OBRADOR, *s. m.*, ouvroir, IV, 356, I, n° 6.
OBRADUY, *s. m.*, boutique, VI, 34, II, n° 6 *bis*.
OBRALHA, *s. f.*, ouvrage, IV, 355, II, n° 3.
OBRANSA, *s. f.*, œuvre, IV, 356, I, n° 7.
OBRAR, *v.*, ouvrer, IV, 355, I.
OBRARI, *adj.*, ouvrable, IV, 356, I, n° 8.

OBRATGE, *s. m.*, ouvrage, IV, 355, II, n° 4.

OBRIER, *s. m.*, ouvrier, IV, 355, II, n° 5.

OBRIMENT, *s. m.*, action d'ouvrir, II, 103, II, n° 6.

OBRIR, *v.*, ouvrir, II, 103, II, n° 8.

OBS, voyez OPS.

OBSEQUIAS, *s. f. pl.*, obsèques, V, 183, I, n° 28.

OBSERVADOR, *s. m.* (lisez *adj.*), devant être observé, V, 215, I, n° 10.

OBSERVANCIA, *s. f.*, observance, V, 214, II, n° 9.

OBSERVANSA, voyez OBSERVANCIA.

OBSERVANZA, voyez OBSERVANCIA.

OBSERVAR, *v.*, observer, V, 214, II, n° 8.

OBSTANT, *adj.*, (dans l'exemple, lisez *prép. comp.*), obstant, IV, 356, II.

OBSTANT, *prép.*, obstant, VI, 22, I, n° 83 *bis*.

OBSTINAR, *v.*, obstiner, IV, 356, II.

OBSTINAT, *adj.*, obstiné, V, 339, II, n° 51.

OBSTINATIO, *s. f.*, obstination, V, 339, I, n° 50.

OBTATIU, voyez OPTATIU.

OBTENEBRAR, *v.*, couvrir de ténèbres, V, 330, I, n° 6.

OBTIC, voyez OPTIC.

OBVIAR, *v.*, obvier, V, 542, I, n° 14.

Oc, *adv. affirm.*, oui, IV, 356, II.

OCAISONAR, *v.*, accuser, II, 360, II, n° 8.

OCAIZO, voyez OCCASIO.

OCAIZONAR, voyez OCAISONAR.

OCAYSO, voyez OCCASIO.

OCCAISON, voyez OCCASIO.

OCCASIO, *s. f.*, occasion, II, 359, II, n° 7.

OCCIDEN, voyez OCCIDENT.

OCCIDENT, *s. m.*, occident, II, 347, II, n° 26; IV, 357, I, et VI, 31, II, n° 2.

OCCIDENTAL, *adj.*, occidental, II, 347, II, n° 27.

OCCIPICI, *s. m.*, occiput, II, 329, I, n° 91.

OCCIPUT, *s. m.*, occiput, II, 329, I, n° 90.

OCCORRE, *v.*, survenir, II, 493, I, n° 36.

OCCUPACIO, *s. f.*, occupation, IV, 358, I, n° 3. Voyez OCCUPATIO.

OCCUPAR, *v.*, occuper, II, 281, I, n° 67, et IV, 357, II.

OCCUPATIO, *s. f.*, occupation, II, 281, II, n° 68. Voyez OCCUPACIO.

OCCUPATION, voyez OCCUPATIO.

OCCUPATIU, *adj.*, occupatif, II, 281, II, n° 69, et IV, 358, I, n° 2.

OCCURER, voyez OCCORRE.

OCCURRER, voyez OCCORRE.

OCHAISO, voyez OCCASIO.

OCHAISONAR, voyez OCAISONAR.

OCHAIZO, voyez OCCASIO.

OCHAIZON, voyez OCCASIO.

OCHAIZONAR, voyez OCAISONAR.

OCHAIZONNAR, voyez OCAISONAR.

OCHAYSO, voyez OCCASIO.

OCHE, voyez OCHEN.

OCHEN, *adj.*, huitième, IV, 364, II, n° 2.

OCIOS, *adj.*, oisif, IV, 358, I.

OCIOZ, voyez OCIOS.

OCIOZETAT, *s. f.*, oisiveté, IV, 358, II, n° 2.

OCLEIAR, *v.*, clignoter, IV, 367, II, n° 6.

OCLEJAR, voyez OCLEIAR.

OCTAU, *adj.*, huitième, IV, 364, II, n° 4.

OCTAVA, *s. f.*, octave, IV, 364, II, n° 5.

OCTAVAMENT, *adv.*, huitièmement, IV, 365, I, n° 6.

OCTEMBRE, voyez OCTOBRE.

OCTOBRE, *s. m.*, octobre, IV, 365, I, n° 8.

OCTOYRE, voyez OCTOBRE.

OCUPAR, voyez OCCUPAR.

ODI, *s. m.*, haine, IV, 358, II.

ODIOZ, *adj.*, odieux, IV, 358, II, n° 2.

ODOR, *s. f.*, odeur, IV, 358, II.

ODORABLE, *adj.*, odorant, IV, 359, I, n° 3.

ODORAMEN, voyez ODORAMENT.

ODORAMENT, *s. m.*, odeur, IV, 359, I, n° 4.

ODORAR, *v.*, odorer, IV, 359, I, n° 5.

ODORARI, *adj.*, odorant, IV, 359, II, n° 6.

ODORATIU, *adj.*, odoratif, IV, 359, II, n° 7.

ODOROS, *adj.*, odorant, IV, 359, I, n° 2.

OELHA, voyez OVELLA.

OFEGAR, *v.*, suffoquer, VI, 25, I, n° 12 *bis*.

OFENDRE, voyez OFFENDRE.

OFENSA, voyez OFFENSA.

OFENSIO, voyez OFFENSIO.

OFERENDA, voyez OFFERENDA.

OFFEGAR, voyez OFEGAR.

OFFENDEDOR, *s. m.*, transgresseur, IV, 360, II, n° 6.

OFFENDEMENT, *s. m.*, offense, IV, 360, I, n° 5.

OFFENDRE, *v.*, offenser, IV, 359, II.

OFFENSA, *s. f.*, offense, IV, 360, I, n° 2.

OFFENSATIO, *s. f.*, offense, IV, 360, I, n° 4.

OFFENSIO, *s. f.*, offense, IV, 360, I, n° 3.

OFFENSSA, voyez OFFENSA.

OFFERENDA, *s. f.*, offrande, IV, 362, II, n° 2.

OFFERTA, *s. f.*, offre, IV, 362, II, n° 3.

OFFICI, *s. m.*, office, III, 269, I, n° 45.

OFFICIAL, *s. m.*, officier, III, 269, I, n° 46.

OFFICIAU, voyez OFFICIAL.

OFFICIER, *s. m.*, officier, III, 269, II, n° 47.

OFFICINA, *s. f.*, officine, III, 269, II, n° 49.

OFFRA, *s. f.*, offre, IV, 363, I, n° 4.

OFFRIR, *v.*, offrir, IV, 362, II.

OFFUSCAR, *v.*, devenir brun, III, 410, II, n° 3.

OFICIAL, voyez OFFICIAL.

OFRIR, voyez OFFRIR.

OFUSCAR, voyez OFFUSCAR.

OGAN, *adv.*, cette année, II, 76, II, n° 9.

OGNEMEN, voyez ONGEMEN.

OGNER, voyez ONGER.
OGUAN, voyez OGAN.
OI, *interj.*, oh! IV, 364, I.
OI, voyez HOI.
OILL, voyez OLH.
OIMAIS, voyez HUEIMAIS.
OINGNER, voyez ONGER.
OINTURA, voyez ONCHURA.
OIRE, *s. m.*, outre, IV, 364, I.
OISSOR, *s. f.*, épouse, IV, 364, I.
OIT, *s. m.* (lisez *adj. num.*), huit, IV, 364, I.
OL, *s. m.*, huile, IV, 365, I.
OL, voyez OLH.
OLA, *s. f.*, marmite, IV, 366, I.
OLADA, *s. f.*, potée, IV, 366, I, n° 2.
OLEASTRE, *s. m.*, olivier sauvage, IV, 365, II, n° 6.
OLER, *v.*, sentir, IV, 366, I.
OLH, *s. m.*, œil, IV, 366, II.
OLI, *s. m.*, huile, IV, 365, I, n° 2.
OLIAR, *v.*, huiler, IV, 365, II, n° 8.
OLIER, *s. m.*, potier, IV, 366, I, n° 3.
OLIFAN, *s. m. et f.*, éléphant, III, 440, II, n° 2.
OLIMPI, *adj.*, olympien, IV, 368, I, n° 3.
OLIMPIADA, *s. f.*, olympiade, IV, 368, I, n° 2.
OLIMPIADIS, *s. f.*, olympiade, IV, 368, I.
OLIOPOMENON, *s. m.*, ellipse, IV, 368, I.
OLIU, *s. m.*, champ d'oliviers, IV, 365, II, n° 7.
OLIVA, *s. f.*, olive, IV, 365, I, n° 3.
OLIVAR, *adj.*, d'huile, IV, 365, II, n° 5.
OLIVER, voyez OLIVIER.
OLIVIER, *s. m.*, olivier, IV, 365, II, n° 4.
OLM, *s. m.*, orme, IV, 368, I.
OLMADA, *s. f.*, ormoie, IV, 368, I, n° 2.
OLME, voyez OLM.
OLOCAUST, voyez HOLOCAUST.
OLOR, *s. f.*, odeur, IV, 366, II, n° 2.
OLTRA, voyez OUTRA.
OLTRACUIDAR, voyez ULTRACUIDAR.
OLTRATGE, *s. m.*, outrage, VI, 34, I, n° 5.
OLTRATGOS, *adj.*, outrageux, VI, 34, II, n° 6.
OLUS, *s. m.*, légume, IV, 368, II.
OM, voyez HOM.
OMBELIC, *s. m.*, nombril, VI, 3, I, n° 3.
OMBRA, *s. f.*, ombre, IV, 368, II.
OMBRAILL, *s. m.*, ombrage, IV, 368, II, n° 2.
OMBRAL, voyez OMBRAILL.
OMBRATGE, *s. m.*, ombrage, IV, 369, I, n° 3.
OMBREJAR, voyez OMBREJAR.
OMBREIRA, *s. f.*, ombrière, IV, 369, I, n° 4.
OMBREJAR, *v.*, ombrager, IV, 369, II, n° 7.
OMBRELH, *adj.*, ombreux, IV, 369, II, n° 6.
OMBRIEIRA, voyez OMBREIRA.
OMBRIU, *adj.*, ombreux, IV, 369, I, n° 5.
OMELIA, *s. f.*, homélie, IV, 370, I.
OMELIAR, voyez HUMILIAR.
OMENAGE, voyez HOMENATGE.

OMENES, voyez HOMENES.
OMENESC, s. m., hommage, III, 532, II, n° 4.
OMICIDA, voyez HOMECIDA.
OMICIDI, voyez HOMICIDI.
OMIL, voyez HUMIL.
OMILITAT, voyez HUMILITAT.
OMNIPOTEN, voyez OMNIPOTENT.
OMNIPOTENCIA, s. f., omnipotence, IV, 586, I, n° 33.
OMNIPOTENT, adj., omnipotent, IV, 585, II, n° 32.
OMOTHOPEIA, voyez ONOMOTHOPEYA.
OMPLIR, voyez EMPLIR.
ON, voyez ONT.
ONAGER, s. m., onagre, IV, 370, I.
ONAGRE, s. m., onagre, IV, 370, II, n° 3.
ONAGRI, s. m., onagre, IV, 370, I, n° 2.
ONCAS, adv., oncques, II, 81, I, n° 3.
ONCCIO, voyez UNCTIO.
ONCHAR, v., oindre, IV, 372, II, n° 2.
ONCHURA, s. f., onction, IV, 373, II, n° 6.
ONCI, s. m., croc, IV, 370, II.
ONCLE, s. m., oncle, II, 160, I, n° 2, et IV, 370, II.
ONDA, s. f., onde, IV, 370, II.
ONDANSA, s. f., avantage, IV, 371, I, n° 4.
ONDEIAR, voyez ONDEJAR.
ONDEJAR, v., ondoyer, IV, 370, II, n° 3.
ONDRABLE, voyez HONORABLE.
ONDRAR, voyez HONORAR.
ONGAN, voyez OGAN.

ONGEMEN, s. m., onguent, IV, 373, I, n° 4.
ONGER, v., oindre, IV, 372, II.
ONGLA, s. f., ongle, IV, 373, II.
ONGNIMEN, voyez ONGEMEN.
ONGUAN, voyez OGAN.
ONGUEN, s. m., onguent, IV, 373, I, n° 5.
ONHEMEN, voyez ONGEMEN.
ONHER, voyez ONGER.
ONIX, s. f., onyx, IV, 374, I.
ONOCROTALI, s. m., butor, IV, 374, I.
ONOMOTHOPEYA, s. f., onomatopée, IV, 374, I.
ONOR, voyez HONOR.
ONRAMEN, voyez HONRAMENT.
ONRANSA, voyez HONRANSA.
ONRAR, voyez HONORAR.
ONSA, s. f., once, IV, 374, I.
ONT, adv. de lieu, où, IV, 374, II.
ONTA, s. f., honte, II, 82, II, n° 8.
ONZE, voyez ONZEN.
ONZEN, adj., onzième, IV, 375, I.
OPERACIO, voyez OPERATIO.
OPERATIO, s. f., opération, IV, 356, I, n° 9.
OPILACIO, voyez OPPILACIO.
OPILAR, v., opiler, IV, 540, I, n° 9.
OPILATIU, adj., opilatif, IV, 540, II, n° 11.
OPINAR, v., opiner, IV, 375, II, n° 2.
OPINIO, s. f., opinion, IV, 375, II.
OPINION, voyez OPINIO.
OPION, s. m., opium, IV, 375, II.
OPONER, voyez OPPONER.

OPPILACIO, *s. f.*, opilation, IV, 540, II, n° 10.

OPPONER, *v.*, opposer, IV, 614, I, n° 34.

OPPORTUN, *adj.*, opportun, IV, 375, II.

OPPORTUNITAT, *s. f.*, opportunité, IV, 375, II, n° 2.

OPPOZITIO, *s. f.*, opposition, IV, 614, I, n° 33.

OPPRESSION, *s. f.*, oppression, IV, 624, II, n° 22.

OPPRIMER, *v.*, opprimer, IV, 624, II, n° 21.

OPS, *s. m.*, besoin. IV, 375, II.

OPTALMI, *s. m.*, ophtalmi, IV, 368, I, n° 10.

OPTALMIA, voyez OPTHALMIA.

OPTATIU, *s. m.*, optatif, IV, 376, I.

OPTHALMIA, *s. f.*, ophthalmie, IV, 367, II, n° 9.

OPTIC, *adj.*, optique, IV, 376, II.

OPTION, *s. f.*, option, IV, 376, 2.

OPULENCIA, *s. f.*, opulence, IV, 376, II.

ORA, voyez HORA.

ORADOR, *s. m.*, orateur, IV, 377, I, n° 3.

ORAIRE, voyez ORADOR.

ORAR, *v.*, prier, IV, 376, II.

ORASO, voyez ORATIO.

ORATIO, *s. f.*, oraison, IV, 377, I, n° 2.

ORATION, voyez ORATIO.

ORATORI, *s. m.*, oratoire, IV, 377, I, n° 4.

ORAZON, voyez ORATIO.

ORB, voyez ORBS.

ORBAMEN, *adv.*, aveuglément, IV, 377, II, n° 3.

ORBAR, *v.*, aveugler, IV, 377, II, n° 2.

ORBS (lisez ORB), *adj.*, aveugle, IV, 377, II.

ORCA, *s. f.*, jarre, IV, 378, I.

ORDE, *s. m.*, ordre, IV, 378, II.

ORDEAR, voyez ORDEIAR.

ORDEIAR, *v.*, souiller, VI, 39, I, n° 11.

ORDEIN, voyez ORDE.

ORDEJAR, voyez ORDEIAR.

ORDEN, voyez ORDE.

ORDENADAMEN, *adv.*, régulièrement, IV, 381, I, n° 11.

ORDENADOR, voyez ORDENAIRE.

ORDENAIRE, *s. m.*, ordonnateur, IV, 380, II, n° 8.

ORDENAMENT, *s. m.*, disposition, IV, 380, II, n° 7.

ORDENANSA, *s. f.*, ordonnance, IV, 381, I, n° 10.

ORDENAR, *v.*, ordonner, IV, 379, II, n° 2.

ORDENATIO, voyez ORDINATIO.

ORDENENSA, voyez ORDENANSA.

ORDENER, *s. m.*, ordonnateur, IV, 380, II, n° 5.

ORDENG, voyez ORDE.

ORDENH, voyez ORDE.

ORDI, *s. m.*, orge, IV, 383, I.

ORDIDOR, *s. m.*, ourdisseur, IV, 383, II, n° 3.

ORDIL, *s. m.*, trame, IV, 383, II, n° 2.

ORDILL, *adj.*, ordurier, VI, 39, I, n° 10.

ORDIMEN, *s. m.*, ourdissure, IV, 384, I, n° 4.

ORDINAL, *adj.*, ordinal, IV, 380, II, n° 4.

ORDINARI, *adj.*, ordinaire, IV, 381, I, n° 9.

ORDINARIAMEN, *adv.*, ordinairement, IV, 381, II, n° 12.
ORDINATIO, *s. f.*, ordonnance, IV, 380, I, n° 3.
ORDINATIU, *adj.*, ordinatif, IV, 380, II, n° 6.
ORDIR, *v.*, ourdir, IV, 383, II.
ORDONADOR, voyez ORDENAIRE.
ORDONAIRE, voyez ORDENAIRE.
ORDONATION, voyez ORDINATIO.
ORDONNANSA, voyez ORDENANSA.
ORDUMA, *s. f.*, ordure, VI, 39, I, n° 9.
ORDUMNA, voyez ORDUMA.
ORDURA, *s. f.*, ordure, VI, 38, II, n° 8.
ORDY, voyez ORDI.
ORENDREI, *adv.*, désormais, III, 540, II, n° 8.
OREZANSA, *s. f.*, souillure, III, 543, I, n° 7.
OREZAR, voyez HORREJAR.
ORFANOL, voyez ORFANOLS.
ORFANOLS (lisez ORFANOL), *s. m. dim.*, petit orphelin, IV, 384, I, n° 2.
ORFE, *s. m.*, orphelin, IV, 384, I.
ORGANAR, *v.*, organiser, IV, 384, II, n° 3.
ORGANIC, *adj.*, organique, IV, 384, II, n° 2.
ORGANIZAR, *v.*, organiser, IV, 384, II, n° 4.
ORGIER, *s. m.*, potier, IV, 378, II, n° 5.
ORGOIL, voyez ORGUELH.
ORGOILL, voyez ORGUELH.
ORGOILLAR, voyez ORGUELHAR.
ORGOILLOS, voyez ORGUELHOS.
ORGOL, *s. m.*, vase, IV, 378, I, n° 2.
ORGOLHAR, voyez ORGUELHAR.

ORGOLHOS, voyez ORGUELHOS.
ORGOLHOSAMENT, voyez ORGULHOSAMEN.
ORGOLHOZIR, *v.*, enorgueillir, IV, 385, II, n° 5.
ORGUE, *s. m.*, orgue, IV, 384, II.
ORGUELH, *s. m.*, orgueil, IV, 384, II.
ORGUELHAR, *v.*, enorgueillir, IV, 385, I, n° 2.
ORGUELHOS, *adj.*, orgueilleux, IV, 385, II, n° 3.
ORGULHOSAMEN, *adv.*, orgueilleusement, IV, 385, II, n° 4.
ORGUOIL, voyez ORGUELH.
ORGUOILLAR, voyez ORGUELHAR.
ORGUOILLOS, voyez ORGUELHOS.
ORIEN, voyez ORIENT.
ORIENT, *s. m.*, orient, IV, 386, I.
ORIENTAL, *adj.*, oriental, IV, 386, I, n° 2.
ORIFAN, voyez OLIFAN.
ORIFICI, *s. m.*, orifice, IV, 386, I.
ORIGAMI, *s. m.*, origan, IV, 386, I.
ORIGINAL, *adj.*, originel, IV, 386, I.
ORIGINALMENT, *adv.*, originairement, IV, 386, II, n° 2.
ORINA, *s. f.*, urine, IV, 386, II. Voyez URINA.
ORITES, *s. m.*, orite, VI, 33, II.
ORIZON, *s. m.*, horizon, IV, 386, II.
ORJARIA, *s. f.*, poterie, IV, 378, II, n° 4.
ORJOL, voyez ORGOL.
ORJOLET, *s. f.* (lisez *m.*) *dim.*, petit pot, IV, 378, II, n° 3.
ORLADURA, *s. f.*, bordure, IV, 386, II, n° 2.

ORLAR, *v.*, ourler, IV, 386, II.
ORMIER, *s. m.*, ormier, II, 144, II, n° 5.
ORNAMEN, voyez ORNAMENT.
ORNAMENT, *s. m.*, ornement, IV, 387, I, n° 2.
ORNAMENTA, *s. f.*, ornement, IV, 387, I, n° 4.
ORNAR, *v.*, orner, IV, 387, I.
ORNATIU, *adj.*, ornatif, IV, 387, I, n° 3.
OROBI, *s. m.*, pivoine, IV, 387, II.
ORPHENAR, *v.*, rendre orphelin, IV, 384, I, n° 4.
ORPHENEL, *s. m. dim.*, petit orphelin, IV, 384, I, n° 3.
ORRAIN, *adj.*, impur, III, 543, II, n° 10.
ORREAMENT, *s. m.*, horreur, VI, 27, I, n° 2 ter.
ORREJAR, voyez HORREJAR.
ORRE MAL, *s. m.*, mal caduc, III, 543, II, n° 9.
ORRES, *adj.*, horrible, III, 543, I, n° 8.
ORRETAT, *s. f.*, souillure, III, 543, I, n° 6.
ORREZ, voyez ORRES.
ORREZAR, voyez HORREJAR.
ORREZETAT, voyez ORRETAT.
ORRIBILITAT, *s. f.*, horreur, VI, 27, I, n° 2 bis.
ORRIBLAMENT, voyez HORRIBLAMEN.
ORRIBLE, voyez HORRIBLE.
ORRIFICI, voyez ORIFICI.
ORROR, voyez HORROR.
ORS, *s. m.*, ours, IV, 387, II.
ORSA, *s. f.*, ourse, IV, 387, II, n° 2.

ORSAT, *s. m.*, ourson, IV, 387, II, n° 3.
ORT, *s. m.*, jardin, IV, 387, II.
ORTALESSA, *s. f.*, légume, IV, 388, II, n° 6.
ORTALESSIA, voyez ORTALESSA.
ORTATIU, *adj.*, excitatif, IV, 388, II.
ORTENC, *adj.*, de jardin, IV, 388, I, n° 2.
ORTIGA, voyez URTICA.
ORTOGRAFIA, *s. f.*, orthographe, III, 492, I, n° 2.
ORTOLA, voyez ORTOLAN.
ORTOLAN, *s. m.*, jardinier, IV, 388, I, n° 3.
ORTOLANA, *s. f.*, hortolane, IV, 388, II, n° 7.
ORTOLOZA, voyez ORTALESSA.
ORZ, *adj.*, sale, VI, 27, I, n° 9 bis.
OS, *s. m.*, os, IV, 389, II.
OSA, *s. f.*, houseau, IV, 390, I.
OSCAR, *v.*, entailler, IV, 390, II.
OSCLA, *s. f.*, bijou, VI, 33, II, n° 2.
OSCLE, *s. m.*, écrin, IV, 390, II.
OSDE, voyez HOSTE.
OSPITAL, voyez HOSPITAL.
OSPITALITAT, voyez HOSPITALITAT.
OSSA, *s. m.* (lisez *f.*), os, IV, 390, I, n° 2.
OSSEITAT, *s. f.*, osséité, IV, 390, I, n° 4.
OSSIOS, voyez OCIOS.
OSSOS, *adj.*, osseux, IV, 390, I, n° 3.
OSSOZ, voyez OSSOS.
OST, voyez HOST.
OSTA, voyez HOSTA.

OSTAGE, *s. m.*, demeure, III, 545, II, n° 10.

OSTAGE, voyez OSTATGE.

OSTAL, voyez HOSTAL.

OSTALAR, *v.*, loger, III, 545, I, n° 8.

OSTALARIA, *s. f.*, hôtellerie, III, 544, II, n° 5.

OSTALAYRIA, *s. f.*, hospitalité, VI, 27, I, n° 5 *bis*.

OSTALEIRA, *s. f.*, hôtelière, III, 544, II, n° 4.

OSTALIER, voyez HOSTALIER.

OSTAMEN, *s. m.*, retranchement, IV, 391, I, n° 2.

OSTAR, *v.*, ôter, IV, 390, II.

OSTATGE, *s. m.*, otage, III, 546, II, n° 4.

OSTATJAR, *v.*, loger, III, 545, II, n° 9.

OSTAU, voyez HOSTAL.

OSTE, voyez HOSTE.

OSTEIAR, *v.*, guerroyer, III, 547, I, n° 5.

OSTEJAR, voyez OSTEIAR.

OSTIA, voyez HOSTIA.

OSTIARI, *s. m.*, portier, IV, 391, II.

OSTRA, *s. f.*, huître, IV, 391, II.

OTRA, voyez OUTRA.

OTRAJOS, voyez OLTRATGOS.

OUTRA, *prép.*, outre, IV, 391, II.

OUTRACUG, *s. m.*, outrecuidance, II, 431, II, n° 16.

OUTRACUIAMEN, voyez OUTRACUIDAMEN.

OUTRACUIAR, voyez ULTRACUIDAR.

OUTRACUIDAMEN, *s. m.*, outrecuidance, II, 431, II, n° 7.

OUTRACUIDAR, voyez ULTRACUIDAR.

OUTRACUJAMEN, voyez OUTRACUIDAMEN.

OUTRACUJAR, voyez ULTRACUIDAR.

OUTRAMARI, voyez OUTRAMARIN.

OUTRAMARIN, *adj.*, outre-marin, IV, 154, I, n° 7.

OUTRAPASSAR, *v.*, outre-passer, IV, 445, II, n° 19.

OUTRASALHIR, *v.*, outre-passer, V, 142, II, n° 13.

OUTRATGE, voyez OLTRATGE.

OUTRECUIADOR, *s. m.*, dévergondé, II, 431, II, n° 18.

OUTRECUIAIRE, voyez OUTRECUIADOR.

OUTRECUJADOR, voyez OUTRECUIADOR.

OUTRECUJAIRE, voyez OUTRECUIADOR.

OUTREPASSAR, voyez OUTRAPASSAR.

OV, *s. m.*, œuf, IV, 391, II.

OVAR, *v.*, faire des œufs, IV, 392, I, n° 2.

OVEILLA, voyez OVELLA.

OVELHA, voyez OVELLA.

OVELLA, *s. f.*, ouaille, IV, 392, I.

OVILI, *s. m.*, bergerie, IV, 392, II, n° 2.

OXIMEL, *s. m.*, oxymel, IV, 179, I, n° 5.

OXIZACRA, *s. f.*, oxyzacrat, IV, 392, II.

OY, voyez OI.

OYRE, voyez OIRE.

OYTENAL, *adj.*, huitième, IV, 365, I, n° 7.

OZA, voyez OSA.

P

P, *s. m.*, p, IV, 392, I.
PA, voyez PAN.
PABALHO, voyez PAPALLO.
PABALHOL, *s. m.*, papillon, IV, 392, I.
PABEL, voyez PABIL.
PABIL, *s. m.*, mèche, IV, 392, I.
PABILUM, *s. m.*, mèche, IV, 392, II, n° 2.
PACHA, *s. f.*, traité, IV, 457, II, n° 18.
PACIEN, voyez PATIENT.
PACIENCIA, *s. f.*, patience, IV, 453, I, n° 3.
PACIENMEN, voyez PATIENMENT.
PACIENT, voyez PATIENT.
PACIENZA, voyez PACIENCIA.
PACIFFICAMENT, *adv.*, pacifiquement, IV, 455, II, n° 7.
PACIFIC, *adj.*, pacifique, IV, 455, I, n° 5.
PACIFICAMEN, voyez PACIFFICAMENT.
PACIFICAR, *v.*, pacifier, IV, 455, II, n° 6.
PACTIO, *s. f.*, pacte, IV, 457, II, n° 16.
PADELA, *s. f.*, poêle, IV, 393, I.
PADELA, voyez PATENA.
PADELADA, *s. f.*, poêlée, IV, 393, I, n° 3.
PADELETA, *s. f. dim.*, petite poêle, IV, 393, I, n° 2.
PADENA, voyez PADELA.
PADENETA, voyez PADELETA.
PAES, voyez PAYS.
PAGA, *s. f.*, paye, IV, 456, I, n° 9.

PAGA, voyez PAGAN.
PAGADOR, voyez PAGAIRE.
PAGAIRE, *s. m.*, payeur, IV, 456, II, n° 11.
PAGAMEN, *s. m.*, paiement, IV, 456, I, n° 10.
PAGAN, *s. m.*, païen, IV, 469, I, n° 8.
PAGANESME, *s. m.*, paganisme, IV, 469, II, n° 11.
PAGANISME, voyez PAGANESME.
PAGAR, *v.*, payer, IV, 455, II, n° 8.
PAGELA, *s. f.*, patois, IV, 469, I, n° 5.
PAGELADURA, *s. f. dim.*, petite habitation, IV, 469, I, n° 4.
PAGES, *s. m.*, paysan, IV, 468, II, n° 2.
PAGEZE, voyez PAGEZES.
PAGEZES (lisez PAGEZE), *s. m.*, impertinence, IV, 469, I, n° 6.
PAGEZIA, *s. f.*, grossièreté, IV, 469, I, n° 7.
PAGINA, *s. f.*, page, IV, 393, I.
PAGUA, voyez PAGA.
PAGUA, voyez PAGAN.
PAGUAMEN, voyez PAGAMEN.
PAGUAN, voyez PAGAN.
PAGUAR, voyez PAGAR.
PAGUET, *s. m. dim.*, petit vilain, IV, 469, I, n° 3.
PAHIS, voyez PAYS.
PAHO, voyez PAO.
PAIA, voyez PAGA.
PAIAMEN, voyez PAGAMEN.
PAIAN, voyez PAGAN.
PAIAR, voyez PAGAR.

PAICHERA, voyez PAISSEIRA.
PAICHIO, s. f., pacage, IV, 448, I, n° 10.
PAILHA, voyez PALHA.
PAILLA, voyez PALHA.
PAILLIER, voyez PALHIER.
PAILLOLA, s. f., gésine, IV, 401, I, n° 4.
PAIRASTRE, s. m., parâtre, IV, 394, II, n° 5.
PAIRE, s. m., père, IV, 393, II.
PAIRENAL, adj., paternel, IV, 394, II, n° 7.
PAIRI, s. m., parrain, IV, 394, I, n° 3.
PAIRO, voyez PAIRON.
PAIROL, s. m., chaudron, IV, 398, I.
PAIROLIER, s. m., chaudronnier, IV, 398, I, n° 3.
PAIRON, s. m., chef de famille, IV, 395, I, n° 9.
PAIRONA, s. f., patronne, IV, 395, I, n° 10.
PAIS, voyez PAYS.
PAISCER, voyez PASCER.
PAISER, voyez PASCER.
PAISERA, voyez PAISSEIRA.
PAISIBLE, voyez PAZIBLE.
PAISSEIRA, s. f., barrage, IV, 483, I, n° 15.
PAISSELH, s. m., pieu, IV, 398, II, n° 4.
PAISSER, voyez PASCER.
PAISSIU, s. m., droit de pâturage, IV, 448, I, n° 9.
PAIZIBLE, voyez PAZIBLE.
PAL, s. m., pal, IV, 398, I.
PALA, s. f., pelle, IV, 399, I.
PALADAR, s. m., palais de la bouche, IV, 399, I, n° 2.

PALADEL, s. m., palais de la bouche, IV, 399, I.
PALAFRE, s. m., palefroi, IV, 399, II.
PALAFREI, voyez PALAFRE.
PALAGRILH, s. m., pellegril, IV, 399, II.
PALAI, s. m., palais, IV, 399, II.
PALAISI, voyez PALAIZI.
PALAIT, voyez PALAI.
PALAIZI, s. m., palatin, IV, 400, I, n° 3.
PALAT, voyez PALATZ.
PALATICAMENT, s. f. (lisez m.), paralysie, IV, 426, II, n° 5.
PALATICAR, v., paralyser, IV, 427, I, n° 6.
PALATZ (lisez PALAT), adj., palatin, IV, 399, II, n° 2.
PALAY, voyez PALAI.
PALAZI, voyez PALAIZI.
PALAZIN, voyez PALAIZI.
PALENC, s. m., fortification faite avec des palissades, IV, 398, II, n° 3.
PALES, adj., public, IV, 400, I.
PALESAMENS, adv., publiquement, IV, 400, II, n° 3.
PALESMENT, adv., publiquement, IV, 400, II, n° 2.
PALESTRA, s. f., palestre, IV, 400, II.
PALETA, s. f. dim., palette, IV, 399, I, n° 2.
PALETZ, voyez PALES.
PALEZ, voyez PALES.
PALEZA, s. f., pâleur, IV, 401, II, n° 2.
PALEZAMEN, voyez PALESAMENS.
PALHA, s. f., paille, IV, 400, II.
PALHAR, v., empailler, IV, 401, I, n° 5.

PALHARDARIA, s. f., pillerie, VI, 34, I, n° 6.
PALHASSA, s. f., chaume, IV, 401, I, n° 3.
PALHIER, s. m., grenier à paille, IV, 401, I, n° 2.
PALI, voyez PALLI.
PALISSADA, s. f., palissade, IV, 12, II, n° 2.
PALIZA, s. f., palissade, IV, 398, II, n° 2.
PALLES, adj., pâle, IV, 401, I.
PALLI, s. m., pallium, IV, 401, II.
PALLIACIO, s. f., palliation, IV, 402, I, n° 3.
PALLIAR, v., pallier, IV, 402, I, n° 2.
PALLIATIU, adj., palliatif, IV, 402, I, n° 4.
PALLIURE, s. m., ronce, IV, 402, I.
PALLOR, s. f., pâleur, IV, 401, II, n° 3.
PALM, s. m., empan, IV, 403, I, n° 2.
PALMA, s. f., palmier, IV, 402, I.
PALMA, s. f., paume, IV, 402, II.
PALMADA, s. f., paumée, IV, 403, I, n° 3.
PALMAR, voyez PASMAR.
PALMAT, s. m., empan, IV, 403, I, n° 4.
PALMENC, s. m., datte, IV, 402, II, n° 3.
PALMER, voyez PALMIER.
PALMES, s. m., sarment, IV, 403, I.
PALMIER, s. m., palmier, IV, 402, II, n° 2.
PALOTEIAR, v., escarmoucher, IV, 403, II.
PALOTEJAR, voyez PALOTEIAR.
PALPABLE, adj., palpable, IV, 404, I, n° 4.

PALPAMENT, s. m., attouchement, IV, 403, II, n° 2.
PALPAR, v., palper, IV, 403, II.
PALPATIU, adj., palpatif, IV, 404, I, n° 3.
PALPEBRA, s. f., paupière, IV, 404, I, n° 5.
PALPEBRE, s. f., paupière, IV, 404, I, n° 6.
PALPELA, s. f., paupière, IV, 404, I, n° 8.
PALPELADA, s. f., mouvement des paupières, IV, 404, II, n° 9.
PALPET, s. f., paupière, IV, 404, I, n° 7.
PALPITAR, v., palpiter, IV, 404, 2.
PALPITATIU, adj., palpitatif, IV, 404, II, n° 2.
PALUDAL, adj., de marais, IV, 405, I, n° 4.
PALUDOS, adj., marécageux, IV, 405, I, n° 3.
PALUDOZ, voyez PALUDOS.
PALUS, s. f., marais, IV, 404, II.
PALUSTRE, adj., marécageux, IV, 405, I, n° 2.
PALUTZ, voyez PALUS.
PAMPINACIO, s. f., épamprage, IV, 405, I, n° 3.
PAMPINAR, v., épamprer, IV, 405, I, n° 2.
PAMPOL, s. m., pampre, IV, 405, I.
PAN, s. m., pain, IV, 405, II.
PAN, s. m., pan, IV, 408, II.
PANADA, s. f., panade, IV, 405, II, n° 2.

PANAR, *v.*, nourrir, IV, 406, I, n° 3.
PANAR, *v.*, voler, IV, 409, II, n° 10.
PANARICI, *s. m.*, panaris, IV, 410, II.
PANCOGOLA, *s. m.*, boulanger, IV, 406, I, n° 5.
PANDECOSTE, voyez PENTECOSTA.
PANEL, *s. m.*, panneau, IV, 410, II.
PANETER, *s. m.*, panetier, IV, 406, I, n° 4.
PANETIER, voyez PANETER.
PANGA, *s. m.*, panse, IV, 411, I, n° 3.
PANIC, *s. m.*, panic, VI, 34, II, n° 2 *bis*.
PANIER, *s. m.*, panier, IV, 410, II.
PANNET, *s. m. dim.*, petit pan, IV, 409, I, n° 2.
PANNICOL, *s. m.*, pannicule, IV, 409, II, n° 8.
PANSA, *s. f.*, panse, IV, 410, II.
PANSETA, *s. f. dim.*, petite panse, IV, 411, I, n° 2.
PANTAIS, *s. m.*, essoufflement, IV, 411, I.
PANTAYAR, voyez PANTAYSAR.
PANTAYS, voyez PANTAIS.
PANTAYSAR, *v.*, pantoiser, IV, 411, II, n° 2.
PANTAYZAR, voyez PANTAYSAR.
PANTERA, *s. f.*, panthère, IV, 412, I.
PANTERON, *s. m.*, panteron, IV, 412, I, n° 2.
PANTEYAR, voyez PANTAYSAR.
PAO, *s. m.*, paon, IV, 412, I.
PAONAT, *adj.*, nuancé comme les couleurs du paon, IV, 412, I, n° 2.
PAOR, voyez PAVOR.
PAOROS, voyez PAVOROS.

PAOROSAMEN, voyez PAOROZAMENS.
PAOROZAMENS, *adv.*, craintivement, IV, 466, II, n° 3.
PAORUC, voyez PAURUC.
PAPA, *s. m.*, pape, IV, 412, I.
PAPAGAI, *s. m.*, perroquet, IV, 412, II.
PAPAGAY, voyez PAPAGAI.
PAPAGUAI, voyez PAPAGAI.
PAPAGUAY, voyez PAPAGAI.
PAPAL, *adj.*, papal, IV, 412, II, n° 3.
PAPALLO, *s. m.*, pavillon, IV, 413, I.
PAPAT, *s. m.*, papauté, IV, 412, II, n° 2.
PAPAVER, *s. m.*, pavot, IV, 413, I.
PAPIER, *s. m.*, papier, IV, 413, I, n° 2.
PAPIRI, *s. m.*, papyrus, IV, 413, I.
PAPON, *s. m.*, aïeul, IV, 397, II, n° 30.
PAR, *adj.*, pair, IV, 413, II.
PAR, *s. m.*, apparence, IV, 428, I, n° 3.
PARABOLA, *s. f.*, parabole, IV, 418, II.
PARADIGMA, *s. m.*, paradigme, IV, 422, II.
PARADIGMALMEN, *adv.*, par paradigme, IV, 422, II, n° 2.
PARADIS, *s. m.*, paradis, IV, 422, II.
PARADOR, voyez PARAYRE.
PARAGOGE, *s. m.*, paragoge, IV, 423, I.
PARAGOIAR, voyez PARAGOJAR.
PARAGOJAR, *v.*, paragoger, IV, 423, I, n° 2.
PARAGRAIFO, *s. m.*, paragraphe, VI, 26, II, n° 3.
PARALEL, *s. m.*, parallèle, IV, 415, I, n° 7.
PARALITIC, *adj.*, paralytique, IV, 426, II, n° 2.

PAR

PARALITICAMENT, *s. m.*, paralysie, IV, 426, II, n° 4.
PARALITICAR, *v.*, paralyser, IV, 426, II, n° 3.
PARALOGISME, *s. m.*, paralogisme, IV, 101, I, n° 18.
PARAMEN, *s. m.*, ornement, IV, 424, I, n° 2.
PARANOMAZIA (lisez PARONOMAZIA, en roman et en latin), *s. f.*, paranomase, IV, 423, I. Voyez PARONOMAZIA.
PARANOMEON, *s. m.*, paranoméon, IV, 322, II, n° 17, et 423, II.
PARAR, *v.*, préparer, IV, 423, II.
PARARIA, *s. f.*, apprêtoir, IV, 424, I, n° 5.
PARATGE, *s. m.*, parage, IV, 425, II.
PARATJOS, *adj.*, distingué, IV, 425, II, n° 2.
PARAULA, *s. f.*, parole, IV, 418, II, n° 2.
PARAULAR, *v.*, parler, IV, 424, I, n° 13.
PARAULETA, *s. f. dim.*, petite parole, IV, 419, II, n° 3.
PARAYRE, *s. m.*, apprêteur, IV, 424, I, n° 3.
PARAYRITZ, *s. f.*, apprêteuse, IV, 424, I, n° 4.
PARC, *s. m.*, parc, IV, 426, I.
PARCELA, *s. f.*, parcelle, IV, 437, I, n° 16.
PARCERER, voyez PARSELIER.
PARCERIER, voyez PARSELIER.
PARCIAL, voyez PARTIAL.
PARCIALITAT, *s. f.*, partialité, IV, 437, I, n° 20.

PAR

PARCIER, *s. m.*, copartageant, IV, 434, II, n° 7.
PARCITAT, *s. f.*, épargne, IV, 431, II, n° 2.
PAREIAR, voyez PARELHAR.
PAREISSER, *v.*, paraître, IV, 427, II, n° 2.
PAREJAR, voyez PARELHAR.
PARELH, *s. m.*, paire, IV, 415, II, n° 13.
PARELHA, *s. f.*, compagne, IV, 416, I, n° 14.
PARELHADURA, *s. f.*, accointance, IV, 416, II, n° 16.
PARELHAR, *v.*, apparier, IV, 416, I, n° 15.
PARELISI, *s. f.*, paralysie, IV, 426, II.
PAREN, voyez PARENT.
PARENT, *s. m.*, parent, IV, 396, II, n° 19.
PARENTA, *s. f.*, parente, IV, 396, II, n° 20.
PARENTAT, *s. m. et f.*, parenté, IV, 396, II, n° 21.
PARENTELA, *s. f.*, parenté, IV, 397, I, n° 22.
PARENTESC, *s. m.*, parenté, IV, 397, I, n° 25.
PARENTHESIS, *s. f.*, parenthèse, IV, 427, I.
PARENTIU, *s. m.*, parenté, IV, 397, I, n° 24.
PARENTOR, *s. m.*, parenté, IV, 397, I, n° 23.
PARER, *v.*, paraître, IV, 427, I.
PARESOSAMENT, *adv.*, paresseusement, IV, 538, I, n° 9.

PARET, *s. f.*, paroi, IV, 430, I.
PAREYLLAR, voyez PARELHAR.
PAREYSSER, voyez PAREISSER.
PAREZA, voyez PEREZA.
PAREZOS, voyez PEREZOS.
PARFI, voyez PARFIN.
PARFIN, *s. f.*, parfin, III, 332, II, n° 31.
PARGAME, voyez PERGAMEN.
PARGAMI, *s. m.*, parchemin, IV, 519, I, n° 2.
PARGAMINIER, *s. m.*, parcheminier, IV, 519, I, n° 4.
PARGUAMINA, *s. f.*, parchemin, IV, 519, I, n° 3.
PARGUE, *s. m.*, parc, IV, 426, I, n° 2.
PARI, *s. m.*, paros, IV, 430, II.
PARIA, *s. f.*, parité, IV, 414, I, n° 2.
PARIADGE, *s. m.*, pariage, IV, 415, I, n° 5.
PARIADOR, voyez PARIAIRE.
PARIAIRE, *s. m.*, sociétaire, IV, 414, II, n° 4.
PARIAR, *v.*, copartager, IV, 415, I, n° 9.
PARIER, *adj.*, pareil, IV, 414, II, n° 3.
PARIETES, *s. f.*, pariète, IV, 430, II, n° 2.
PARIO, *adj.*, pareil, IV, 415, I, n° 8.
PARION, voyez PARIO.
PARITARIA, *s. f.*, pariétaire, IV, 430, II, n° 2.
PARITAT, *s. f.*, parité, IV, 415, I, n° 6.
PARLABLAMENT, *adv.*, disertement, IV, 421, I, n° 11.
PARLADOR, voyez PARLAIRE.
PARLADRE, voyez PARLAIRE.

PARLADURA, *s. f.*, langage, IV, 420, I, n° 4.
PARLAIRE, *s. m.*, parleur, IV, 421, I, n° 10.
PARLAMEN, voyez PARLAMENT.
PARLAMENT, *s. m.*, entretien, IV, 420, I, n° 6.
PARLAR, *v.*, parler, IV, 421, II, n° 14.
PARLARIA, *s. f.*, parlage, IV, 420, I, n° 5.
PARLATORI, *adj.*, parlatoire, IV, 421, I, n° 12.
PARLEMENTAR, *v.*, parlementer, IV, 422, II, n° 19.
PARLER, voyez PARLIER.
PARLIEIRA, *s. f.*, parleuse, IV, 420, II, n° 8.
PARLIER, *s. m.*, parleur, IV, 420, II, n° 7.
PARMULA, *s. f.*, membrane, IV, 430, II.
PARNICIOS, voyez PERNICIOS.
PAROC, *s. m.*, paroissien, IV, 431, II, n° 5.
PAROEMIA, *s. f.*, parémie, IV, 430, II.
PARONOMAZIA, *s. f.*, paronomase, IV, 322, II, n° 16. Voyez PARANOMAZIA.
PAROQUIAN, voyez PARROCHIAN.
PARPAILLO, *s. m.*, papillon, IV, 431, I.
PARPALHOLA, *s. f.*, parpaillole, IV, 431, I.
PARRAGAGAN, *s. m.*, galon, IV, 431, I.
PARRER, voyez PARER.
PARROCHIA, *s. f.*, paroisse, IV, 431, I.
PARROCHIAN, *adj.*, paroissien, IV, 431, II, n° 3.
PARROFIANATGE, *s. m.*, droit de paroisse, IV, 431, II, n° 6.

PARROPIANT, adj., paroissien, IV, 431, II, n° 4.

PARROQUIA, voyez PARROCHIA.

PARROQUIAL, adj., paroissial, IV, 431, I, n° 2.

PARROXISME, s. m., paroxysme, IV, 430, II.

PARSELIER, s. m., copartageant, IV, 437, I, n° 17.

PARSI, s. m., prase, IV, 431, II.

PARSO, s. f., partie, IV, 434, I, n° 6.

PARSONIER, s. m., cohéritier, IV, 434, II, n° 8.

PARSONIERA, s. f., cohéritière, IV, 435, I, n° 9.

PARSSA, s. f., épargne, IV, 431, II.

PART, s. m., léopard, IV, 431, II.

PART, s. m., enfantement, IV, 432, I.

PART, s. f., part, IV, 432, I.

PARTANIT, adj., égal en partage, IV, 437, I, n° 18.

PARTENDER, s. m., participant, IV, 435, II, n° 13.

PARTIA, s. f., partie, IV, 433, II, n° 2.

PARTIAL, adj., partial, IV, 437, I, n° 19.

PARTICEPS, adj., participant, IV, 437, II, n° 22.

PARTICIO, s. f., division, IV, 435, I, n° 10.

PARTICIP, s. m., participe, IV, 437, II, n° 24.

PARTICIPAR, v., participer, IV, 438, I, n° 27.

PARTICIPATION, s. f., participation, IV, 437, II, n° 21.

PARTICIPATIU, adj., participatif, IV, 437, II, n° 23.

PARTICIPIAL, adj., participal, IV, 437, II, n° 25.

PARTICIPIALMEN, adv., participalement, IV, 437, II, n° 26.

PARTICULADAMENT, adv., par particules, IV, 438, II, n° 30.

PARTICULAR, adj., particulier, IV, 438, I, n° 28.

PARTICULARMEN, voyez PARTICULARMENT.

PARTICULARMENT, adv., particulièrement, IV, 438, I, n° 29.

PARTIDA, s. f., partie, IV, 433, II, n° 3.

PARTIDAMENT, adv., séparément, IV, 436, II, n° 15.

PARTIDOR, s. m., partageur, IV, 435, II, n° 11.

PARTIDURA, s. f., partie, IV, 434, I, n° 4.

PARTIMEN, s. m., partage, IV, 435, II, n° 12.

PARTIR, v., partager, IV, 435, II, n° 14.

PARTISO, voyez PARTICIO.

PARTISON, voyez PARTICIO.

PARTISSIPAR, voyez PARTICIPAR.

PARTIZO, voyez PARTICIO.

PARTIZON, voyez PARTICIO.

PARUDA, s. f., apparence, IV, 428, I, n° 4.

PARVEN, s. m., semblant, IV, 428, I, n° 5.

PARVENSA, s. f., apparence, IV, 428, II, n° 6.

PARVENTA, *s. f.*, apparence, IV, 428, II, n° 7.

PARZONIER, voyez PARSONIER.

PAS, *s. m.*, pas, IV, 440, II.

PAS, *adv. de nég.*, pas, IV, 441, I, n° 2.

PASCA, *s. f.*, Pâques, IV, 445, II.

PASCAL, *adj.*, pascal, IV, 446, I, n° 2.

PASCER, *v.*, paître, IV, 449, II, n° 22.

PASCHA, voyez PASCA.

PASCHAL, voyez PASCAL.

PASCHEIR, voyez PASQUIER.

PASCIEN, voyez PATIENT.

PASCIENCIA, voyez PACIENCIA.

PASCIENSA, voyez PACIENCIA.

PASCITIU, *adj.*, alimentaire, IV, 448, I, n° 11.

PASCOR, *s. m.*, printemps, IV, 449, II, n° 21.

PASCUAL, *adj.*, de pâturage, IV, 448, I, n° 8.

PASCUOS, *adj.*, fécond en pâturages, IV, 448, I, n° 7.

PASCUOZ, voyez PASCUOS.

PASER, voyez PASSER.

PASMAR, *v.*, pâmer, IV, 446, I.

PASMAZON, *s. f.*, pamoison, IV, 446, I, n° 2.

PASQUA, voyez PASCA.

PASQUIER, *s. m.*, parcours, IV, 447, II, n° 6.

PASSADA, *s. f.*, passage, IV, 441, I, n° 3.

PASSADAMEN, *adv.*, entièrement passé, IV, 443, I, n° 8.

PASSADOR, *s. m.*, passage, IV, 442, I, n° 6.

PASSAGE, voyez PASSATGE.

PASSAIRE, voyez PASSADOR.

PASSAMEN, *s. m.*, passage, IV, 441, II, n° 5.

PASSAR, *v.*, passer, IV, 442, I, n° 7.

PASSARETTA, *s. f. dim.*, petit passereau, IV, 447, I, n° 4.

PASSATGE, *s. m.*, passage, IV, 441, II, n° 4.

PASSER, *s. f.*, passereau, IV, 446, II.

PASSERA, *s. f.*, passereau, IV, 446, II, n° 3.

PASSERAT, *s. m.*, passereau, IV, 446, II, n° 2.

PASSERIN, *adj.*, de passereau, IV, 447, I, n° 5.

PASSIBILITAT, *s. f.*, passibilité, IV, 454, I, n° 7.

PASSIEN, voyez PATIENT.

PASSIFFIC, voyez PACIFIC.

PASSIFIC, voyez PACIFIC.

PASSIO, *s. f.*, passion, IV, 453, II, n° 5.

PASSION, voyez PASSIO.

PASSIONAR, *v.*, tourmenter, IV, 453, II, n° 6.

PASSIU, *adj.*, passif, IV, 454, I, n° 8.

PASSIU, voyez PAISSIU.

PASSIVAMEN, *adv.*, passivement, IV, 454, I, n° 9.

PAST, *s. m.*, pâture, IV, 447, I.

PASTA, *s. f.*, pâte, IV, 451, I.

PASTAR, *v.*, faire de la pâte, IV, 451, II, n° 3.

PASTELA, *s. f.*, pastille, IV, 451, II, n° 2.

PASTENAGA, *s. f.*, carotte, IV, 452, I.

PASTENC, *s. m.*, pâturage, IV, 447, II, n° 4.

PASTENEGLA, *s. f.*, carotte, IV, 452, I, n° 2.

PASTENGUAR, *v.*, nourrir, IV, 450, II, n° 24.

PASTOR, voyez PASTRE.

PASTORA, *s. f.*, pastourelle, IV, 449, I, n° 18.

PASTORAL, *adj.*, pastoral, IV, 448, I, n° 12.

PASTORAU, voyez PASTURAL.

PASTOREL, *s. m. dim.*, pastoureau, IV, 449, I, n° 17.

PASTORELLA, *s. f. dim.*, pastourelle, IV, 449, I, n° 19.

PASTORESSA, *s. f.*, pétrisseuse, IV, 451, II, n° 5.

PASTORET, *s. m. dim.*, pastoureau, IV, 448, II, n° 15.

PASTORETA, *s. f. dim.*, petite pastorelle, IV, 449, II, n° 20.

PASTORGAR, voyez PASTURGAR.

PASTORI, *s. m.*, pâturage, IV, 448, I, n° 13.

PASTORIAR, voyez PASTURGAR.

PASTORIU, *s. m. dim.*, pastoureau, IV, 448, II, n° 16.

PASTRE, *s. m.*, pâtre, IV, 448, II, n° 14.

PASTURA, *s. f.*, pâture, IV, 447, I, n° 2.

PASTURAL, *s. m.*, pacage, IV, 447, II, n° 3.

PASTURAR, *v.*, pâturer, IV, 450, II, n° 23.

PASTURGAR, *v.*, faire paître, IV, 450, II, n° 25.

PASTURGUE, *s. m.*, pâturage, IV, 447, II, n° 5.

PASTURIAR, voyez PASTURGAR.

PATAC, *s. m.*, patart, IV, 452, I.

PATARI, voyez PATARIS.

PATARIS (lisez PATARI), *s. m.*, paterin, IV, 452, I.

PATEN, voyez PATENT.

PATENA, *s. f.*, patène, IV, 452, II.

PATENT, *adj.*, patent, IV, 452, II.

PATERNA, *s. f.*, Dieu le père, IV, 394, II, n° 4.

PATERNAL, *adj.*, paternel, IV, 394, II, n° 8.

PATERNITAT, *s. f.*, paternité, IV, 394, II, n° 6.

PATER NOSTER, *s. m.*, patenôtre, IV, 394, I, n° 2.

PATER NOSTRE, voyez PATER NOSTER.

PATI, *s. m.*, pays, IV, 452, II.

PATI, *s. m.*, pacte, IV, 457, II, n° 17.

PATIENMENT, *adv.*, patiemment, IV, 453, II, n° 4.

PATIENT, *adj.*, patient, IV, 452, II, n° 2.

PATIR, *v.*, pâtir, IV, 452, II.

PATREMONI, voyez PATRIMONI.

PATRE NOSTRE, voyez PATER NOSTER.

PATRIAL, *adj.*, patrial, IV, 396, I, n° 18.

PATRIARCAL, *adj.*, patriarcal, IV, 397, II, n° 29.

PATRIARCHA, *s. m.*, patriarche, IV, 397, II, n° 28.

PATRICI, *s. m.*, patrice, IV, 397, II, n° 27.

PATRIMONI, *s. m.*, patrimoine, IV, 396, I, n° 15.

PATRIMONIAL, *adj.*, patrimonial, IV, 396, I, n° 16.
PATRIMONIAU, voyez PATRIMONIAL.
PATRO, voyez PATRON.
PATROCIN, *s. m.*, patrocine, IV, 395, II, n° 13.
PATROCINAR, *v.*, protéger, IV, 396, I, n° 14.
PATRON, *s. m.*, patron, IV, 395, II, n° 11.
PATRONAT, *s. m.*, patronat, IV, 395, II, n° 12.
PATRONIMIC, *adj.*, patronymique, IV, 396, I, n° 17.
PATZ, *s. f.*, paix, IV, 454, II.
PAU, voyez PAO.
PAUBRAMEN, *adv.*, pauvrement, IV, 460, II, n° 7.
PAUBRE, voyez PAUPRE.
PAUBREIRA, voyez PAUBRERIA.
PAUBRERIA, *s. f.*, pauvreté, IV, 460, II, n° 6.
PAUBRETAT, voyez PAUPRETAT.
PAUBREZA, *s. f.*, pauvreté, IV, 460, I, n° 4.
PAUBREZIR, *v.*, appauvrir, IV, 460, II, n° 8.
PAUC, *adj.*, petit, IV, 457, II.
PAUPERACIO, *s. f.*, pauvreté, VI, 35, I, n° 6 *bis*.
PAUPERTAT, voyez PAUPRETAT.
PAUPRE, *adj.*, pauvre, IV, 459, II.
PAUPREIRA, voyez PAUBRERIA.
PAUPRETAT, *s. f.*, pauvreté, IV, 460, I, n° 3.
PAUPRIER, *s. m.*, pauvreté, IV, 460, II, n° 5.

PAUQUESA, voyez PAUQUEZA.
PAUQUET, *adj. dim.*, petit, IV, 459, II, n° 2.
PAUQUEZA, *s. f.*, petitesse, IV, 459, II, n° 3.
PAURAMENT, voyez PAUBRAMEN.
PAURE, voyez PAUPRE.
PAURET, *adj. dim.*, pauvret, IV, 460, I, n° 2.
PAURETAT, voyez PAUPRETAT.
PAUREZA, voyez PAUBREZA.
PAURIEIRA, voyez PAUBRERIA.
PAURIERA, voyez PAUBRERIA.
PAURUC, *adj.*, peureux, IV, 466, II, n° 4.
PAURUCH, voyez PAURUC.
PAURUGOS, *adj.*, peureux, IV, 466, II, n° 5.
PAUS, *s. m.*, repos, IV, 461, II, n° 2.
PAUSA, *s. f.*, pause, IV, 461, I.
PAUSADAMENT, *adv.*, posément, IV, 463, I, n° 5.
PAUSAMENT, *s. m.*, repos, IV, 461, II, n° 3.
PAUSAR, *v.*, poser, IV, 462, I, n° 4.
PAUTA, *s. f.*, patte, IV, 465, II.
PAUTOM, voyez PAUTOMS.
PAUTOMS (lisez PAUTOM), *s. m.*, pautonier, IV, 465, II.
PAUTONER, voyez PAUTONIER.
PAUTONIER, *s. m.*, pautonier, IV, 465, II, n° 2.
PAUZA, voyez PAUSA.
PAUZADAMENT, voyez PAUSADAMENT.
PAUZAMEN, voyez PAUSAMENT.
PAUZAR, voyez PAUSAR.
PAUZER (lisez POUZER), voyez POLCE.

PAVAILLO, voyez PAPALLO.
PAVALHO, voyez PAPALLO.
PAVAMEN, s. m., pavé, IV, 468, I, n° 2.
PAVER, s. m., pavot, IV, 413, I, n° 2.
PAVOR, s. f., peur, IV, 466, I.
PAVOROS, adj., peureux, IV, 466, II, n° 2.
PAVOROZ, voyez PAVOROS.
PAYA, voyez PAGA.
PAYA, voyez PAGAN.
PAYAMEN, voyez PAGAMEN.
PAYAN, voyez PAGAN.
PAYANIA, s. f., païennie, IV, 470, I, n° 12.
PAYANIL, adj., païen, IV, 469, II, n° 10.
PAYANOR, adj., païen, IV, 469, II, n° 9.
PAYAR, voyez PAGAR.
PAYMENT, s. m., pavé, IV, 468, I.
PAYRE, voyez PAIRE.
PAYRENAL, voyez PAIRENAL.
PAYRI, voyez PAIRI.
PAYRO, voyez PAIRON.
PAYROLA, s. f., chaudière, IV, 398, I, n° 2.
PAYS, s. m., pays, IV, 468, II.
PAYSEL, voyez PAISSELH.
PAYSHELADAR, v., échalasser, IV, 399, I, n° 6.
PAYSHERA, s. f., barrage, IV, 399, I, n° 7.
PAYSSER, voyez PASCER.
PAYSSO, s. m., piquet, IV, 398, II, n° 5.
PAZIBLAMEN, voyez PAZIBLAMENT.

PAZIBLAMENT, adv., paisiblement, IV, 455, I, n° 4.
PAZIBLE, adj., paisible, IV, 455, I, n° 3.
PAZIBLETAT, s. f., tranquillité, IV, 455, I, n° 2.
PAZIMENTAR, v., paver, IV, 468, I, n° 3.
PE, s. m., pied, IV, 470, I.
PEAGE, voyez PEZATGE.
PEAGIER, voyez PEATGIER.
PEASO, voyez PEAZO.
PEASSAR, v., rapiécer, IV, 527, I, n° 5.
PEATGE, voyez PEZATGE.
PEATGIER, s. m., péager, IV, 471, II, n° 7.
PEATGUIER, voyez PEATGIER.
PEATJAR, v., lever un péage, IV, 472, I, n° 8.
PEAZO, s. f., empreinte de pied, IV, 472, I, n° 9.
PEBRADA, s. f., poivrade, IV, 473, II, n° 2.
PEBRARIA, s. f., poivrerie, IV, 474, I, n° 4.
PEBRE, s. m., poivre, IV, 473, II.
PEBRIER, s. m., poivrier, IV, 473, II, n° 3.
PEC, s. m., faute, IV, 474, I.
PEC, adj., sot, IV, 475, II, n° 2.
PECA, s. f., faute, IV, 474, I, n° 2.
PECADOS, adj., pécheur, IV, 475, I, n° 6.
PECCADOR, voyez PECCAIRE.
PECCAIRE, s. m., pécheur, IV, 474, II, n° 4.

PECCAIRITZ, s. f., pécheresse, IV, 475, I, n° 5.
PECCAR, v., pécher, IV, 475, I, n° 7.
PECCAT, s. m., péché, IV, 474, I, n° 3.
PECCAYRITZ, voyez PECCAIRITZ.
PECCUNIA, voyez PECUNIA.
PECCUNIAL, adj., pécuniaire, IV, 476, II, n° 5.
PECCUNIALMEN, adv., pécuniairement, IV, 476, II, n° 6.
PECCUNIARI, voyez PECUNIARI.
PECEIADOR, adj. (lisez s. m.), briseur, IV, 527, I, n° 4.
PECEIAIRE, voyez PECEIADOR.
PECEIAR, voyez PESSEIAR.
PECHA, voyez PECA.
PECHADRE, voyez PECCAIRE.
PECHAIRITZ, voyez PECCAIRITZ.
PECHAT, voyez PECCAT.
PECHIER, voyez PICHIER.
PECIAR, voyez PESSEIAR.
PECORIN, adj., pécorin, IV, 475, I.
PECTRINA, voyez PEITRINA.
PECULI, s. m., pécule, IV, 476, I, n° 2.
PECUNIA, s. f., pécune, IV, 476, I.
PECUNIARI, adj., pécuniaire, IV, 476, I, n° 3.
PECUNIOS, adj., pécunieux, IV, 476, II, n° 4.
PEDAGOC, s. m., pédagogue, IV, 476, II.
PEDAS, s. m., cheville, IV, 472, I, n° 10.
PEDASSAR, v., remplir de chevilles, IV, 472, I, n° 11.
PEDILHAR, s. m., pôle, IV, 472, II, n° 12.
PEGA, s. f., résine, IV, 525, I, n° 3.
PEGAIRO, voyez PEGAIROS.

PEGAIROS, adj. (lisez PEGAIRO, s. m.), marchand de poix, IV, 525, I, n° 5.
PEGAMENT, adv., niaisement, IV, 476, I, n° 4.
PEGAR, v., poisser, IV, 525, I, n° 4.
PEGE, s. m., poitrine, IV, 478, II, n° 2.
PEGER, voyez PIEGER.
PEGNER, v., peindre, IV, 476, II.
PEGNORA, s. f., gage, IV, 480, II, n° 2.
PEGUA, voyez PEGA.
PEGUEIAR, v., niaiser, IV, 475, II, n° 3.
PEGUEJAR, voyez PEGUEIAR.
PEGUEZA, s. f., niaiserie, IV, 476, I, n° 5.
PEGZ, s. f., poix, IV, 525, I, n° 2.
PEICH, s. m., poitrine, IV, 478, II.
PEICHONARIA, voyez PEYSSONARIA.
PEIL, voyez PEL.
PEILLA, s. f., peille, IV, 479, I.
PEIN, voyez PEING.
PEING, s. m., peinture, IV, 477, II, n° 5.
PEING, s. m., gage, IV, 480, I.
PEINGNER, voyez PEGNER.
PEINGNESON, s. f., peinture, IV, 477, II, n° 4.
PEINHER, voyez PEGNER.
PEINTURA, s. f., peinture, IV, 477, I, n° 3.
PEIOR, voyez PIEGER.
PEIRA, s. f., pierre, IV, 530, II, n° 2.
PEIRE, voyez PIEGER.
PEIREIRA, s. f., pierrier, IV, 531, II, n° 8.
PEIRIER, s. m., pierrier, IV, 531, II, n° 7.
PEIRIERA, s. f., carrière, IV, 531, II, n° 9.

PEÏRO, *s. m.*, perron, IV, 532, I, n° 11.
PEIRON, voyez PEIRO.
PEIROS, *adj.*, pierreux, IV, 531, I, n° 4.
PEIRRERA, voyez PEIRIERA.
PEÏS, *s. m.*, poisson, IV, 481, I.
PEISONEIR, voyez PEISSONIER.
PEISONET, voyez PEISSONET.
PEISSO, voyez PEIS.
PEISSONEIR, voyez PEISSONIER.
PEISSONET, *s. m. dim.*, petit poisson, IV, 481, II, n° 2.
PEISSONIER, *adj.*, poissonnier, IV, 481, II, n° 4.
PEIT, voyez PEICH.
PEIT, voyez PET.
PEITRAL, *s. m.*, poitrail, IV, 479, I, n° 4.
PEITRINA, *s. f.*, poitrine, IV, 478, II, n° 3.
PEIZ, voyez PEIS.
PEJA, voyez PEGA.
PEJER, voyez PIEGER.
PEJOR, voyez PIEGER.
PEJURAMEN, *s. m.*, empirement, IV, 536, II, n° 6.
PEJURANSA, *s. f.*, détérioration, IV, 536, I, n° 5.
PEJURAR, *v.*, empirer, IV, 536, II, n° 7.
PEJURAZO, *s. f.*, détérioration, IV, 536, I, n° 4.
PEJURIER, *s. m.*, détérioration, IV, 536, I, n° 3.
PEL, *s. f.*, peau, IV, 483, I.
PEL, *s. m.*, poil, IV, 484, II.
PEL, voyez PER.
PELACILH, voyez PELLACILH.

v.

PÉLAGGE, *s. m.*, pelage, IV, 485, I, n° 6.
PELALHA, *s. f.*, pelure, IV, 483, II, n° 4.
PELAR, *v.*, ôter la peau, IV, 484, I, n° 11.
PELAR, *v.*, ôter le poil, IV, 485, I, n° 8.
PELEAGRE, *s. m.*, mer, IV, 486, I, n° 2.
PELEC, voyez PELEG.
PELEG, *s. f.*, mer, IV, 485, II.
PELEGA, voyez PELEIA.
PELEGIU, *adj.*, querelleur, IV, 487, I, n° 3.
PELEGRI, voyez PELEGRIN.
PELEGRIN, *s. m.*, voyageur, IV, 486, I.
PELEGRINATGE, *s. m.*, pèlerinage, IV, 486, II, n° 3.
PELEGRINATIO, voyez PEREGRINACIO.
PELEIA, *s. f.*, querelle, IV, 486, II.
PELEIAR, *v.*, quereller, IV, 487, I, n° 2.
PELERI, voyez PELEGRIN.
PELERIN, voyez PELEGRIN.
PELERINATGE, voyez PELEGRINATGE.
PELETA, *s. f. dim.*, petite peau, IV, 483, II, n° 2.
PELEYA, voyez PELEIA.
PELEYAR, voyez PELEIAR.
PELH, voyez PEL.
PELHA, voyez PEILLA.
PELHARIA, *s. f.*, pelleterie, IV, 484, I, n° 8.
PELHIER, *s. m.*, pelletier, IV, 483, II, n° 5.
PELICAN, voyez PELLICA.
PELIEIA, voyez PELEIA.
PELIER, voyez PELHIER.
PELIO, *s. m.*, paupière, IV, 485, I, n° 7.

52

PELISSA, *s. f.*, pelisse, IV, 484, I, n° 7.
PELISSO, *s. m.*, pelisse, VI, 35, I, n° 7 *bis*.
PELITRE, *s. m.*, ache, IV, 532, II, n° 14.
PELLACILH, *s. m.*, pelisse, IV, 484, I, n° 10.
PELLAR, voyez PELAR.
PELLECIER, voyez PELLICIER.
PELLEGRI, voyez PELEGRIN.
PELLEGRIN, voyez PELEGRIN.
PELLERI, voyez PELEGRIN.
PELLERIN, voyez PELEGRIN.
PELLERINATGE, voyez PELEGRINATGE.
PELLICA, *s. m.*, pélican, IV, 487, I.
PELLICIER, *s. m.*, pelletier, IV, 483, II, n° 6.
PELLICULA, *s. f. dim.*, pellicule, IV, 483, II, n° 3.
PELLISARIA, voyez PELLISSARIA.
PELLISSARIA, *s. f.*, pelleterie, IV, 484, I, n° 9.
PELLUT, *adj.*, poilu, IV, 485, I, n° 4.
PELOS, *adj.*, poilu, IV, 484, II, n° 2.
PELOS, voyez PER.
PELOTA, voyez PILOTA.
PELOZ, voyez PELOS.
PELS, voyez PER.
PELUCAR, voyez PELUGAR.
PELUGAR, *v.*, éplucher, IV, 487, I.
PELUT, voyez PELLUT.
PENA, *s. f.*, pignon, IV, 409, II, n° 9.
PENA, *s. f.*, peine, IV, 487, II.
PENA, *s. f.*, penne, IV, 491, I.
PENA, voyez PENNA.
PENABLE, *adj.*, pénible, IV, 487, II, n° 3.
PENADOR, voyez PENAIRE.

PENAIRE, *s. m.*, expiateur, IV, 487, II, n° 2.
PENALITAT, *s. f.*, pénalité, IV, 488, I, n° 4.
PENAR, *v.*, peiner, IV, 488, I, n° 7.
PENAT, voyez PENNAT.
PENCHA, *s. f.*, peinture, IV, 478, I, n° 9.
PENCHE, *s. f.*, peigne, IV, 491, II.
PENCHENACIO, voyez PENCHENACIOS.
PENCHENACIOS (lisez PENCHENACIO), *s. f.*, peignage, IV, 491, II, n° 3.
PENCHENADOR, voyez PENCHENAIRE.
PENCHENAIRE, *s. m.*, peigneur, IV, 491, II, n° 2.
PENCHENAR, *v.*, peigner, IV, 492, I, n° 4.
PENCHENILH, *s. m.*, pénil, IV, 492, I.
PENCHER, voyez PEGNER.
PENCHEYRE, voyez PENHEIRE.
PENCHURA, voyez PEINTURA.
PENDEGUEILLAR, *v.*, pendiller, IV, 493, I, n° 5.
PENDEILLAR, *v.*, pendiller, IV, 493, I, n° 4.
PENDEMEN, *s. m.*, pendaison, IV, 493, I, n° 2.
PENDRE, *v.*, pendre, IV, 492, I.
PENDULOS, *adj.*, pendant, IV, 493, I, n° 3.
PENEDEMEN, *s. m.*, repentance, IV, 489, II, n° 15.
PENEDENCIER, *s. m.*, pénitencier, IV, 489, II, n° 16.
PENEDENSA, voyez PENITENCIA.
PENEDENSAR, *v.*, punir, IV, 490, I, n° 17.
PENEDENSIER, voyez PENEDENCIER.

PEN

PENEDIR, *v.*, expier, IV, 489, I, n° 14.
PENEDRE, voyez PENEDIR.
PENEL, *s. m.*, pennon, IV, 409, I, n° 4.
PENETA, *s. f. dim.*, petite penne, IV, 491, I, n° 2.
PENETRAR, *v.*, pénétrer, III, 568, II, n° 17.
PENETRATIEU, voyez PENETRATIU.
PENETRATIO, *s. f.*, pénétration, III, 569, I, n° 19.
PENETRATIU, *adj.*, pénétratif, III, 569, I, n° 18.
PENG, voyez PEING.
PENGAR, *v.*, pendre, IV, 494, I, n° 15.
PENH, voyez PEING.
PENHEDOR, voyez PENHEIRE.
PENHEIRE, *s. m.*, peintre, IV, 477, II, n° 7.
PENHER, voyez PEGNER.
PENHIDOR, voyez PENHEIRE.
PENHORA, voyez PEGNORA.
PENHORAMEN, *s. m.*, gage, IV, 480, II, n° 3.
PENHORAR, voyez PIGNORAR.
PENITENCIA, *s. f.*, pénitence, IV, 488, II, n° 11.
PENITENCIAL, *adj.*, pénitentiel, IV, 489, I, n° 12.
PENIZO, voyez PENIZOS.
PENIZOS (lisez PENIZO), *s. f.*, pénitence, IV, 489, I, n° 13.
PENJAR, voyez PENGAR.
PENNA, *s. f.*, panneau, IV, 409, I, n° 5.
PENNAT, *adj.*, empenné, IV, 491, I, n° 4.
PENNOZITAT, *s. f.*, pennosité, IV, 491, I, n° 3.
PENO, *s. m.*, pennon, IV, 409, I, n° 3.

PEN

PENON, voyez PENO.
PENONCEL, *s. m.*, panonceau, IV, 409, II, n° 7.
PENONEL, *s. m., dim.*, petit pennon, IV, 409, II, n° 6.
PENOS, *adj.*, pénible, IV, 488, I, n° 5.
PENOZ, voyez PENOS.
PENOZAMENT, *adv.*, péniblement, IV, 488, I, n° 6.
PENRE, voyez PRENDRE.
PENRRE, voyez PRENDRE.
PENS, *s. m.*, poids, IV, 495, II, n° 17.
PENSA, *s. f.*, pensée, IV, 496, I, n° 18, et 497, I, n° 28.
PENSAMEN, *s. m.*, pensée, IV, 496, I, n° 19.
PENSANSA, *s. f.*, pensée, IV, 496, II, n° 21.
PENSAR, *v.*, peser, IV, 494, II, n° 16.
PENSAR, *v.*, panser, IV, 501, I.
PENSATGE, *s. m.*, pensée, IV, 497, I, n° 25.
PENSAZO, voyez PENSAZOS.
PENSAZOS (lisez PENSAZO), *s. f.*, pensée, IV, 496, II, n° 20.
PENSIO, *s. f.*, pension, IV, 496, II, n° 22.
PENSIU, *adj.*, pensif, IV, 497, II, n° 31.
PENSOS, *adj.*, pensif, IV, 497, II, n° 32.
PENSSIU, voyez PENSIU.
PENTECOSTA, *s. f.*, Pentecôte, IV, 501, II.
PENTENZA, *s. f.*, repentance, IV, 488, II, n° 10.
PENTHACOSTA, voyez PENTECOSTA.
PENTIMENT, *s. m.*, repentir, IV, 488, II, n° 9.

PENTIR, *v.*, repentir, IV, 488, II, n° 8.
PENULTIM, *adj.*, pénultième, V, 445, II, n° 3.
PEOILL, voyez PESOLH.
PEOILLET, *s. m. dim.*, petit pou, IV, 533, I, n° 2.
PEOILLIA, *s. f.*, maladie de poux, IV, 533, I, n° 4.
PEOILLOS, voyez PEZOLHOS.
PEON, voyez PEZO.
PEONET, *s. m. dim.*, pion, au jeu des échecs, IV, 471, II, n° 4.
PEPELUT, *adj.*, patu, IV, 485, I, n° 5.
PEPIDA, *s. f.*, pépie, IV, 501, II.
PEPIDOS, *adj.*, qui a la pépie, IV, 501, II, n° 2.
PEQUAR, voyez PECCAR.
PER, *prép.*, par, IV, 501, II.
PER, *prép.*, pour, IV, 507, II.
PERA, *s. f.*, poire, IV, 514, I.
PER ADES, *adv. comp.*, parfois, II, 25, I, n° 3.
PERAMBULAR, *v.*, parcourir, II, 71, II, n° 5.
PERATGAR, *v.*, achever, IV, 514, II.
PERCANTAR, *v.*, desservir, II, 315, II, n° 20.
PERCASSAR, *v.*, pourchasser, II, 352, I, n° 13.
PERCAT (lisez PERCATZ), *s. m.*, quête, II, 352, I, n° 12.
PERCATZ, voyez PERCAT.
PERCAZ, voyez PERCAT.
PERCEBRE, *v.*, apercevoir, II, 278, II, n° 48.
PERCEPTIU, *adj.*, perceptif, II, 279, I, n° 50.

PERCIBILITAT, *s. f.*, percibilité, II, 279, I, n° 49.
PERCOLAR, *v.*, embrasser, II, 437, I, n° 11.
PERCREISSER, *v.*, accroître, II, 513, I, n° 15.
PERCUSSIO, voyez PERCUTIO.
PERCUSSIU, *adj.*, percussif, IV, 514, II, n° 3.
PERCUTIO, *s. f.*, percussion, IV, 514, II, n° 2.
PERCUTIR, *v.*, heurter, IV, 514, II.
PERDA, *s. f.*, perte, IV, 517, II, n° 2.
PERDEA, voyez PERDA.
PERDEMEN, voyez PERDEMENT.
PERDEMENT, *s. m.*, perte, IV, 518, I, n° 4.
PERDICIO, *s. f.*, perdition, IV, 518, I, n° 3.
PERDIGAL, *s. m.*, perdreau, IV, 515, I, n° 2.
PERDIGALH, voyez PERDIGAL.
PERDIGO, voyez PERDIGOS.
PERDIGOS (lisez PERDIGO), *s. m.*, perdreau, IV, 515, II, n° 3.
PERDITZ, *s. f.*, perdrix, IV, 515, I.
PERDO, *s. m.*, pardon, IV, 515, II.
PERDOA, voyez PERDA.
PERDON, voyez PERDO.
PERDONADOR, voyez PERDONAIRE.
PERDONAIRE, *s. m.*, pardonneur, IV, 516, I, n° 4.
PERDONAIRITZ, *s. f.*, pardonnatrice, IV, 516, II, n° 5.
PERDONAMEN, *s. m.*, pardon, IV, 516, I, n° 3.
PERDONANSA, *s. f.*, pardon, IV, 516, I, n° 2.

PERDONAR, *v.*, pardonner, IV, 516, II, n° 6.
PERDONNAIRE, voyez PERDONAIRE.
PERDONNAR, voyez PERDONAR.
PERDRE, *v.*, perdre, IV, 517, I.
PERDUIRE, *v.*, conduire, III, 85, I, n° 28.
PERDURABLAMEN, *adv.*, éternellement, III, 91, II, n° 16.
PERDURABLE, *adj.*, perdurable, III, 91, I, n° 15.
PERDURABLETAT, *s. f.*, éternité, III, 91, I, n° 14.
PERDUYRE, voyez PERDUIRE.
PEREGRINACIO, *s. f.*, pérégrination, IV, 486, II, n° 2.
PEREGRINAR, *v.*, pérégriner, IV, 486, II, n° 4.
PERELINATGE, voyez PELEGRINATGE.
PEREMPT, *adj.*, périmé, IV, 518, II.
PEREMPTORI, *adj.*, péremptoire, IV, 518, II, n° 2.
PERESSILH, voyez PEYRESSILH.
PEREZA, *s. f.*, paresse, IV, 538, I, n° 7.
PEREZEZA, *s. f.*, paresse, IV, 538, I, n° 8.
PEREZIN, *adj.*, porrosin, IV, 603, I, n° 3.
PEREZOS, *adj.*, paresseux, IV, 538, I, n° 6.
PERFAIG, voyez PERFEIT.
PERFAIRE, voyez PERFAR.
PERFAR, *v.*, parfaire, III, 270, I, n° 50.
PERFAZEMENT, *s. m.*, achèvement, III, 270, I, n° 52.
PERFECTIO, *s. f.*, perfection, III, 270, I, n° 51.

PERFECTION, voyez PERFECTIO.
PERFEIT, *adj.*, parfait, III, 270, II, n° 53.
PERFEITAMENT, *adv.*, parfaitement, III, 270, II, n° 54.
PERFENDRE, *v.*, pourfendre, III, 304, I, n° 8.
PERFICIENT, *adj.*, efficient, III, 270, II, n° 55.
PERFIECHAMEN, voyez PERFEITAMENT.
PERFIEG, voyez PERFEIT.
PERFIEIT, voyez PERFEIT.
PERFIL, *s. m.*, parfilure, III, 326, II, n° 18.
PERFILA, *s. f.*, parfilure, III, 326, II, n° 19.
PERFILAR, *v.*, parfiler, III, 327, I, n° 20.
PERFOCACIO, *s. f.*, suffocation, III, 347, I, n° 17.
PERFON, *adj.*, profond, VI, 25, II, n° 14 *bis*.
PERFONDAL, *adj.*, profond, III, 360, II, n° 15.
PERFORACIO, *s. f.*, perforation, III, 369, II, n° 2.
PERFORADOR, *s. m.*, qui perfore, III, 369, II, n° 3.
PERFORAIRE, voyez PERFORADOR.
PERFORAR, *v.*, perforer, III, 369, II, n° 5.
PERFORATIU, *adj.*, perforatif, III, 369, II, n° 4.
PERFORSAR, *v.*, faire effort, III, 378, II, n° 37.
PERFORSSAR, voyez PERFORSAR.
PERGA, voyez PERGUA.

PERGAME, voyez PERGAMEN.
PERGAMEN, s. m., parchemin, IV, 519, I.
PERGOSTAR, v., savourer, III, 523, I, n° 6.
PERGUA, s. f., perche, IV, 519, II.
PERGUETA, s. f. dim., petite perche, IV, 519, II, n° 2.
PERHEMTORIALMEN, adv., péremptoirement, IV, 519, I, n° 3.
PERIDOR, adj., périssable, IV, 521, I, n° 2.
PERIER, s. m., poirier, IV, 514, 1, n° 2.
PERIFRASIS, s. f., périphrase, IV, 519, II.
PERIGOLAR, v., culbuter, IV, 520, II, n° 4.
PERIL, s. m., péril, IV, 519, II.
PERILAR, voyez PERILLAR.
PERILH, voyez PERIL.
PERILHAR, voyez PERILLAR.
PERILHOS, voyez PERILLOS.
PERILHOZ, voyez PERILLOS.
PERILLAR, v., mettre en péril, IV, 520, I, n° 3.
PERILLOS, adj., périlleux, IV, 520, I, n° 2.
PERIPLEUMONIA, s. f., péripneumonie, IV, 592, I, n° 2.
PERIR, v., tuer, IV, 520, II.
PERIZOLOGIA, s. f., redondance, IV, 521, I.
PERJA, voyez PERGUA.
PERJUDICIAL, adj., préjudiciable, III, 608, I, n° 32.
PERJUR, s. m., parjure, III, 603, I, n° 15.
PERJUR, adj., parjure, III, 603, II, n° 19.

PERJURAMENT, s. m., parjure, III, 603, I, n° 18.
PERJURAR, v., parjurer, III, 603, II, n° 20.
PERJURI, s. m., parjure, III, 603, I, n° 16.
PERJURIA, s. f., parjure, III, 603, I, n° 17.
PERLA, s. f., perle, IV, 521, I.
PERLAT, adj., perlé, IV, 521, II, n° 2.
PERLOINJANSA, s. f., prolongation, IV, 99, I, n° 24.
PERLONGAMEN, s. m., prolongation, IV, 98, II, n° 22.
PERLONGAR, v., prolonger, IV, 99, I, n° 25.
PERLONGUAR, voyez PERLONGAR.
PERLONJAR, voyez PERLONGAR.
PERMANEN, adj., permanent, IV, 150, II, n° 24.
PERMANENCIA, s. f., permanence, IV, 150, II, n° 22.
PERMANENSA, s. f., permanence, IV, 150, II, n° 23.
PERMANSIU, adj., immuable, IV, 150, II, n° 25.
PERMIXTIO, s. f., mixtion, IV, 248, I, n° 24.
PERMUTA, s. f., échange, IV, 283, I, n° 16.
PERMUTABLE, adj., permutable, IV, 283, II, n° 18.
PERMUTADOR, s. m., troqueur, IV, 283, I, n° 17.
PERMUTAIRE, voyez PERMUTADOR.
PERMUTAR, v., permuter, IV, 283, I, n° 14.

PERMUTATIO, *s. f.*, permutation, IV, 283, I, n° 15.

PERMUTATIU, *adj.*, permutatif, IV, 283, II, n° 19.

PERNECIOS, voyez PERNICIOS.

PERNICIA, *s. f.*, perte, IV, 521, II.

PERNICIOS, *adj.*, pernicieux, IV, 521, II, n° 2.

PERO, *adv.*, pour ce, IV, 513, II, n° 2.

PEROL, voyez PAIROL.

PEROLIAMEN, *s. m.*, onction, IV, 366, I, n° 10.

PERONH, *s. m.*, péron, VI, 33, I, n° 14.

PERONHER, voyez PERUNGER.

PERONNER, voyez PERUNGER.

PERPARAR, voyez PREPARAR.

PERPAUSAR, voyez PERPAUZAR.

PERPAUZAMEN, *s. m.*, propos, IV, 464, I, n° 16.

PERPAUZAR, *v.*, proposer, IV, 464, I, n° 18.

PERPENDICULAR, *adj.*, perpendiculaire, IV, 494, I, n° 13.

PERPENDICULARMENT, *adv.*, perpendiculairement, IV, 294, I, n° 14.

PERPENSAMENT, *s. m.*, méditation, IV, 499, II, n° 46.

PERPENSAR, *v.*, penser, IV, 499, I, n° 45.

PERPESSAR, voyez PERPENSAR.

PERPETRAR, *v.*, perpétrer, III, 557, I, n° 3.

PERPETUAL, *adj.*, perpétuel, IV, 521, II.

PERPETUALITAT, *s. f.*, perpétuité, IV, 522, I, n° 4.

PERPETUALMENT, *adv.*, perpétuellement, IV, 522, I, n° 2.

PERPETUAR, *v.*, perpétuer, IV, 522, I, n° 3.

PERPETUITAT, *s. f.*, perpétuité, IV, 522, I, n° 5.

PERPOING, voyez PERPONG.

PERPONG, *s. m.*, pourpoint, IV, 599, II, n° 31.

PERPONH, voyez PERPONG.

PERPONTA, *s. f.*, pourpoint, IV, 599, II, n° 32.

PERPRENDRE, *v.*, comprendre, IV, 633, II, n° 37.

PERPREZA, *s. f.*, saisie, IV, 634, I, n° 39.

PERPRISO, *s. f.*, occupation, IV, 634, I, n° 38.

PERPUCI, voyez PREPUCI.

PERPUNH, voyez PERPONG.

PERREGIR, *v.*, diriger, V, 64, II, n° 8.

PERRO, voyez PEIRO.

PERS, *adj.*, pers, IV, 522, I.

PERSECUCIO, *s. f.*, persécution, V, 182, II, n° 23.

PERSECUTOR, voyez PERSEGUIEYRE.

PERSEGRE, voyez PERSEGUIR.

PERSEGUIEYRE, *s. m.*, persécuteur, V, 182, II, n° 25.

PERSEGUIR, *v.*, poursuivre, V, 182, II, n° 22.

PERSEQUEDOR, voyez PERSEGUIEYRE.

PERSERVIR, *v.*, mériter, V, 213, II, n° 17.

PERSET, *s. m.*, perse, IV, 522, II, n° 2.

PERSEVERABLE, *adj.*, persévérant, IV, 523, I, n° 4.

PERSEVERADOR, *s. m.*, persévérant, V, 183, II, n° 31.
PERSEVERAIRE, voyez PERSEVERADOR.
PERSEVERANCIA, voyez PERSEVERANSA.
PERSEVERANMEN, *adv.*, persévéramment, IV, 522, II, n° 2. Voyez PERSEVERANMENS.
PERSEVERANMENS, *adv.*, persévéramment, V, 183, II, n° 30. Voyez PERSEVERANMEN.
PERSEVERANSA, *s. f.*, persévérance, IV, 522, II, n° 3, et V, 183, II, n° 32.
PERSEVERAR, *v.*, persévérer, IV, 522, II, et V, 183, I, n° 29.
PERSEVERIER, *s. m.*, persévérant, V, 183, II, n° 33.
PERSONA, *s. f.*, personne, IV, 523, I.
PERSONAGE, voyez PERSONATGE.
PERSONAL, *adj.*, personnel, IV, 523, II, n° 3.
PERSONALITAT, *s. f.*, personnalité, IV, 523, II, n° 5.
PERSONALMENT, *adv.*, personnellement, IV, 523, II, n° 4.
PERSONAT, *s. m.*, personnat, IV, 523, II, n° 6.
PERSONATGE, *s. m.*, personnage, IV, 523, II, n° 2.
PERSPECTIU, *adj.*, perspectif, IV, 524, I.
PERSPECTIVA, *s. f.*, perspective, IV, 524, I, n° 2.
PERSPICUITAT, *s. f.*, perspicuité, V, 277, I, n° 8.
PERSUASIO, *s. f.*, persuasion, V, 284, II, n° 12.
PERSUASIU, *adj.*, persuasif, V, 281, II, n° 11.
PERTANHER, *v.*, convenir, V, 300, I, n° 4.
PERTANHER, voyez PERTENER.
PERTAYNHER, voyez PERTANHER.
PERTENEMEN, voyez PERTENEMENT.
PERTENEMENT, *s. m.*, appartenance, V, 340, I, n° 55.
PERTENENSA, *s. f.*, appartenance, V, 339, II, n° 54.
PERTENER, *v.*, appartenir, V, 339, II, n° 52.
PERTINACIA, *s. f.*, opiniâtreté, V, 339, II, n° 53.
PERTRACTAR, *v.*, traiter, V, 396, I, n° 9.
PERTRACTURA, *s. f.*, portraiture, V, 404, II, n° 39.
PERTRAG, *s. m.*, convoi, V, 404, II, n° 38.
PERTRAIRE, *v.*, entraîner, V, 404, I, n° 37.
PERTRAIT, voyez PERTRAG.
PERTRAY, voyez PERTRAG.
PERTRAYRE, voyez PERTRAIRE.
PERTUIS, voyez PERTUS.
PERTURBACIO, *s. f.*, perturbation, V, 442, I, n° 24.
PERTURBAR, *v.*, perturber, V, 442, I, n° 23.
PERTURBATIO, voyez PERTURBACIO.
PERTURBATIU, *adj.*, perturbatif, V, 442, II, n° 25.
PERTUS, *s. m.*, pertuis, IV, 524, I.
PERTUSAR, *v.*, percer, IV, 524, II, n° 3.

PERTUSOS, *adj.*, poreux, IV, 524, II, n° 2.

PERTUSSAR, voyez PERTUSAR.

PERTUZAR, voyez PERTUSAR.

PERUNGER, *v.*, oindre, VI, 33, I, n° 13.

PERVEABLE, *adj.*, prévoyant, V, 537, II, n° 31.

PERVELIABLE, *adj.*, très vigilant, V, 480, II, n° 10.

PERVENCIO, *s. f.*, prévention, V, 495, II, n° 61.

PERVENIR, *v.*, parvenir, V, 495, II, n° 60.

PERVERS, *adj.*, pervers, V, 523, I, n° 42.

PERVERSAMENT, *adv.*, perversement, V, 523, I, n° 43.

PERVERSEDAT, voyez PERVERSITAT.

PERVERSITAT, *s. f.*, perversité, V, 523, II, n° 44.

PERVERTIR, *v.*, pervertir, V, 523, I, n° 41.

PERVEZENSA, *s. f.*, pénétration, V, 537, II, n° 32.

PERVEZER, *v.*, percevoir, V, 537, II, n° 30.

PERVIGIL, *adj.*, vigilant, V, 480, II, n° 9.

PERYODUS, *s. m.*, périodus, IV, 524, II.

PERZONAT, voyez PERSONAT.

PES, *s. f.*, poix, IV, 524, II.

PES, voyez PENS.

PESADOR, voyez PESAIRE.

PESAIRE, *s. m.*, peseur, IV, 496, II, n° 23.

PESANSA, voyez PENSANSA.

PESAR, voyez PENSAR.

PESCA, *s. f.*, pêche, IV, 482, I, n° 8.

PESCADA, *s. f.*, droit de pêche, IV, 482, II, n° 13.

PESCADOIRA, *s. f.*, pêcherie, IV, 482, II, n° 12.

PESCADOR, voyez PESCAIRE.

PESCAIRE, *s. m.*, pêcheur, IV, 482, I, n° 9.

PESCAR, *v.*, pêcher, IV, 482, II, n° 14.

PESCARIA, *s. f.*, pêcherie, IV, 482, II, n° 10.

PESCAYRE, voyez PESCAIRE.

PESCHIER, voyez PESQUIER.

PESEGAR, voyez PESSEIAR.

PESEGUAR, voyez PESSEIAR.

PESMÉ, *adj. sup.*, le pire, IV, 537, I, n° 9.

PESOILL, voyez PEZOLH.

PESQUIEIRA, *s. f.*, pêcherie, IV, 482, II, n° 11.

PESQUIER, *s. m.*, vivier, IV, 482, I, n° 6.

PESQUIEU, voyez PESQUIU.

PESQUIU, *s. m.*, droit de pêche, IV, 482, I, n° 7.

PESSA, *s. f.*, pièce, IV, 525, II.

PESSA, voyez PENSA.

PESSAMEN, voyez PENSAMEN.

PESSAMENSA, *s. f.*, inquiétude, IV, 497, I, n° 24.

PESSAR, *v.*, briser, IV, 526, II, n° 3.

PESSAR, voyez PENSAR.

PESSATGE, voyez PENSATGE.

PESSEGUIER, *s. m.*, pêcher, IV, 527, II.

PESSEIAR, *v.*, briser, IV, 526, I, n° 2.

PESSEJAR, voyez PESSEIAR.

PESSET, *s. m.*, pensée, IV, 497, I, n° 27.

PESSEYAR, voyez PESSEIAR.

PESSIU, voyez PENSIU.
PESSONIER, voyez PEZONIER.
PESSUGAR, voyez PESSEIAR.
PESSUGUAR, voyez PESSEIAR.
PESTAR, *v.*, piler, IV, 527, II.
PESTIFERAT, adj., pestiféré, IV, 528, I, n° 4.
PESTILEN, voyez PESTILENT.
PESTILENCIA, voyez PESTILENTIA.
PESTILENCIAL, adj., pestilentiel, IV, 528, I, n° 2.
PESTILENSA, voyez PESTILENTIA.
PESTILENT, adj., pestilent, IV, 528, I, n° 3.
PESTILENTIA, s. f., peste, IV, 528, I.
PESTORESA, voyez PASTORESSA.
PESTORIA, s. f., boulangerie, IV, 451, II, n° 6.
PESTRE, s. m., pétrisseur, IV, 451, II, n° 4.
PESTRIR, *v.*, pétrir, IV, 451, II, n° 7.
PET, s. m., pet, IV, 528, I.
PETAR, *v.*, péter, IV, 528, I, n° 2.
PETICIO, s. f., pétition, IV, 528, II.
PETIT, adj., petit, IV, 529, II.
PETITAMENT, adv., petitement, IV, 530, II, n° 3.
PETITET, adj. dim., tout petit, IV, 530, I, n° 2.
PETITFILH, s. m., petit-fils, III, 327, II, n° 4.
PETITION, voyez PETICIO.
PETRA, s. f., pierre, IV, 530, II.
PEVRADA, voyez PEBRADA.
PEYCHONIER, voyez PEISSONIER.
PEYMENTADA, s. f., pineraie, IV, 543, II, n° 6.

PEYRA, voyez PEIRA.
PEYRALIER, s. m., maçon, IV, 531, II, n° 6.
PEYRENAT, adj., sauvage, IV, 532, I, n° 12.
PEYRESSILH, s. m., persil, IV, 532, II, n° 13.
PEYRETA, s. f. dim., petite pierre, IV, 531, I, n° 3.
PEYRIENT, adj., de pierre, IV, 531, II, n° 5.
PEYRIER, voyez PERIER.
PEYRIN, adj., de pierre, IV, 532, I, n° 10.
PEYRON, voyez PEIRO.
PEYROS, voyez PEIROS.
PEYROZ, voyez PEIROS.
PEYS, voyez PEIS.
PEYSSO, voyez PEIS.
PEYSSONARIA, s. f., poissonnerie, IV, 482, I, n° 5.
PEYSSONIER, voyez PEISSONIER.
PEYZ, voyez PEIS.
PEZ, voyez PES.
PEZA, voyez PENSA.
PEZA, voyez PESSA.
PEZADA, s. f., empreinte de pied, IV, 471, I, n° 2.
PEZANSOS, adj., triste, IV, 497, II, n° 33.
PEZANTURA, s. f., pesanteur, IV, 497, I, n° 26.
PEZAR, voyez PENSAR.
PEZAR, voyez PESSAR.
PEZATGE, s. m., péage, IV, 471, II, n° 6.
PEZATGIER, voyez PEATGIER.

PEZATGUIER, voyez PEATGIER.
PEZE, s. m., pois, IV, 532, II.
PEZEIAR, voyez PESSEIAR.
PEZEROS, adj., pesant, IV, 497, II, n° 30.
PEZILHAR, voyez PEDILHAR.
PEZILLAR, voyez PEDILHAR.
PEZO, s. m., piéton, IV, 471, II, n° 3.
PEZOLH, s. m., pou, IV, 532, II.
PEZOLHOS, adj., pouilleux, IV, 533, I, n° 3.
PEZONIER, s. m., piéton, IV, 471, II, n° 5.
PEZOR, s. m. (lisez f.), pesanteur, IV, 497, I, n° 29.
PEZUC, adj., pesant, IV, 497, II, n° 34.
PEZUG, voyez PEZUC.
PHESIC, adj., physique, IV, 533, II, n° 2.
PHESICA, voyez PHIZICA.
PHIALA, voyez FIALA.
PHILANTROPOS, adj., philanthrope, IV, 533, I.
PHILOSOPHE, s. m., philosophe, IV, 533, I.
PHILOSOPHIA, s. f., philosophie, IV, 533, II, n° 2.
PHILOZOFE, voyez PHILOSOPHE.
PHILOZOFIA, voyez PHILOSOPHIA.
PHIZICA, s. f., physique, IV, 533, II. Voyez FEZICA.
PHIZICIAN, s. m., physicien, IV, 534, I, n° 3. Voyez FEZECIA.
PHIZONOMIA, s. f., physionomie, IV, 534, I.
PHURFURE, adj., furfuracé, IV, 534, I.
PI, voyez PIN.

PIADAR, v., rendre pieux, IV, 545, I, n° 11.
PIAMEN, adv., pieusement, IV, 544, I, n° 2.
PIATABLE, adj., digne de pitié, IV, 544, II, n° 6.
PIATADOS, adj., compatissant, IV, 545, I, n° 7.
PIATANSA, s. f., pitié, IV, 545, I, n° 8.
PIATAT, voyez PIETAT.
PIATOS, adj., miséricordieux, IV, 544, I, n° 3.
PIATOZAMEN, adv., miséricordieusement, IV, 544, I, n° 4.
PIBOL, s. m., peuplier, IV, 534, I.
PIC, s. m., pivert, IV, 534, I.
PIC, s. m., pic, IV, 534, I.
PIC, adj., pie, IV, 537, I, n° 2.
PICAPLAG, voyez PICAPLAIT.
PICAPLAIT, s. m., pique-procès, IV, 549, II, n° 10.
PICAR, v., piquer, IV, 534, II, n° 2.
PICASA, s. f., pioche, IV, 535, I, n° 4.
PICHAR, voyez PICAR.
PICHATAR, v., tacheter, IV, 537, I, n° 3.
PICHIER, s. m., bichet, IV, 535, I.
PICTA, s. f., pite, IV, 535, I.
PICTOR, voyez PINTOR.
PICTURA, voyez PEINTURA.
PICTURAR, voyez PINTURAR.
PICTURATIU, adj., picturatif, IV, 478, I, n° 10.
PIDANZA, voyez PIATANSA.
PIDAT, voyez PIETAT.
PIDOS, voyez PIATOS.
PIDOSAMENT, voyez PIATOZAMEN.
PIECH, voyez PEICH.

PIEDANSA, voyez PIATANSA.
PIEGER, adj. comp., pire, IV, 535, II, n° 2.
PIEGZ, adv. compar., pire, IV, 535, I.
PIEIER, voyez PIEGER.
PIEIT, voyez PEICH.
PIEITZ, voyez PIEGZ.
PIEJER, voyez PIEGER.
PIELA, s. f., pile, IV, 539, I, n° 2.
PIEREZOS, voyez PEREZOS.
PIET, voyez PEICH.
PIETAT, s. f., pitié, IV, 544, II, n° 5.
PIETOS, voyez PIATOS.
PIETZ, voyez PIEGZ.
PIEUCEL, voyez PIUCEL.
PIEUCELA, voyez PIUCELA.
PIEUCELATGE, voyez PIUCELATGE.
PIEUSEL, voyez PIUCEL.
PIEUSELA, voyez PIUCELA.
PIEUSELATGE, voyez PIUCELATGE.
PIEUSELLA, voyez PIUCELA.
PIEUZEL, voyez PIUCEL.
PIEUZELA, voyez PIUCELA.
PIEUZELATGE, voyez PIUCELATGE.
PIFART, adj., piffre, IV, 537, I.
PIGA, s. f., pie, IV, 537, I.
PIGMENT, voyez PIMENT.
PIGMENTARI, adj., pimentaire, IV, 542, II, n° 4.
PIGNORA, voyez PEGNORA.
PIGNORAR, v., nantir, IV, 480, II, n° 4.
PIGRAMENT, adv., négligemment, IV, 538, I, n° 5.
PIGRE, adj., paresseux, IV, 537, II.
PIGRESSA, s. f., paresse, IV, 537, II, n° 3.

PIGREZA, voyez PIGRESSA.
PIGRICIA, s. f., paresse, IV, 537, II, n° 2.
PIGRISSIA, voyez PIGRICIA.
PIGRITAR, v., paresser, IV, 537, II, n° 4.
PIGUASSA, s. f., épieu, IV, 535, I, n° 5.
PIJON, s. m., pigeon, IV, 538, II.
PILA, s. f., mortier, IV, 538, II.
PILA, s. f., sanctuaire, IV, 538, II.
PILAR, v., piler, IV, 538, II, n° 3.
PILAR, s. m., pilier, IV, 539, I.
PILATGE, s. m., pillage, IV, 541, I, n° 2.
PILHAR, v., piller, IV, 540, II.
PILLAR, voyez PILHAR.
PILLART, s. m. (lisez adj.), pillard, IV, 541, I, n° 3.
PILLULA, s. f., pilule, IV, 541, II, n° 2.
PILO, s. m., pilon, IV, 538, II, n° 2.
PILO, s. m., dard, IV, 541, I.
PILOTA, s. f., pelotte, IV, 541, II.
PILOTETA, s. f. dim., petite pelotte, IV, 541, II, n° 3.
PILOZITAT, s. f., pilosité, IV, 485, I, n° 3.
PIMEN, voyez PIMENT.
PIMENT, s. m., piment, IV, 542, I.
PIMENTA, s. f., piment, IV, 542, I, n° 2.
PIMENTIER, s. m., pimentier, IV, 542, II, n° 3.
PIMPA, s. f., pipeau, IV, 542, II.
PIMPAR, v., rendre pimpant, IV, 543, I, n° 3.
PIN, s. m., pin, IV, 543, I.
PINA, voyez PINHA.

PINCTURA, voyez PEINTURA.
PINENC, *adj.*, de pin, IV, 543, II, n° 5.
PINGUESA, *s. f.*, graisse, IV, 543, II.
PINHA, *s. f.*, pomme de pin, IV, 543, I, n° 4.
PINHE, *s. m.*, pin, IV, 543, I, n° 2.
PINHEDOR, voyez PENHEIRE.
PINHEL, *s. m.*, bouquet, IV, 543, II.
PINHEYRE, voyez PENHEIRE.
PINHO, *s. m.*, pinon, IV, 491, II, n° 5.
PINHO, voyez PINHOS.
PINHOLA, *s. f.*, pilule, IV, 542, I, n° 4.
PINHOLETA, voyez PINHOLETAS.
PINHOLETAS (lisez PINHOLETA), *s. f. dim.*, petite pilule, IV, 542, I, n° 5.
PINHOS (lisez PINHO), *s. m.*, pignon, IV, 543, I, n° 3.
PINNULA, *s. f.*, nageoire, IV, 543, II.
PINTOR, *s. m.*, peintre, IV, 477, II, n° 6.
PINTURAR, *v.*, peindre, IV, 477, I, n° 2.
PINZEL, *s. m.*, pinceau, IV, 478, I, n° 8.
PIOS, *adj.*, pieux, IV, 543, II.
PIPA, *s. f.*, pipe, IV, 545, II.
PIPAR, voyez PIMPAR.
PIPAUT, *s. m.*, joueur de cornemuse, IV, 542, II, n° 2.
PIPHANIA, voyez EPIFANIA.
PIQUA, *s. f.*, pique, IV, 535, I, n° 3.
PIS, *s. m.*, pissat, IV, 545, II, n° 2.
PISCINA, *s. f.*, piscine, IV, 483, I, n° 16.
PISSAR, *v.*, pisser, IV, 545, II.
PISSES, *s. m. pl.*, poissons, l'un des signes du zodiaque, IV, 481, II, n° 3.
PISTOLA, *s. f.*, épître, III, 133, II, n° 2.
PIT, voyez PEICH.
PITANSA, *s. f.*, pitance, IV, 546, I.

PITANSA, voyez PIATANSA.
PITAR, *v.*, becqueter, IV, 546, I.
PITAT, voyez PIETAT.
PITOS, voyez PIATOS.
PIÙ, *s. m.*, piü, IV, 546, I.
PIUCEL, *adj.*, puceau, IV, 546, II, n° 2.
PIUCELA, *s. f.*, pucelle, IV, 546, II.
PIUCELATGE, *s. m.*, pucelage, IV, 547, I, n° 3.
PIULAMENT, *s. m.*, piaulement, IV, 546, II, n° 3.
PIULAR, *v.*, piauler, IV, 546, I, n° 2.
PIUS, voyez PIOS.
PIUSEL, voyez PIUCEL.
PIUSELH, voyez PIUCEL.
PIUSELLA, voyez PIUCELA.
PIUSELLATGE, voyez PIUCELATGE.
PIUSSA, *s. f.*, puce, IV, 547, II, n° 2.
PIUSSEL, voyez PIUCEL.
PIUT, voyez PIUTZ.
PIUTZ (lisez PIUT), voyez PIUZE.
PIUZE, *s. f.*, puce, IV, 547, I.
PIUZEL, voyez PIUCEL.
PIUZELA, voyez PIUCELA.
PIUZELATGE, voyez PIUCELATGE.
PIXIDA, *s. f.*, cassette, IV, 547, II.
PIZAR, *v.*, piler, IV, 547, II.
PLA, voyez PLAN.
PLACEIADOR, voyez PLASSEIAYRE.
PLACEIAYRE, voyez PLASSEIAYRE.
PLACH, voyez PLAG.
PLACHT, voyez PLAG.
PLACIER, *adj.*, coureur de places, IV, 558, I, n° 2.
PLAEGAR, voyez PLAIDEJAR.
PLAG, *s. m.*, plaid, IV, 547, II.
PLAGA, *s. f.*, plaie, IV, 549, II.

PLAGADOR, *s. m.*, plagiaire, IV, 550, I, n° 3.
PLAGAIRE, voyez PLAGADOR.
PLAGAR, *v.*, blesser, IV, 550, I, n° 2.
PLAGNER, voyez PLANHER.
PLAGUA, voyez PLAGA.
PLAI, voyez PLAG.
PLAIDE, voyez PLAYDE.
PLAIDEIADOR, voyez PLAIDEIAIRE.
PLAIDEIAIRE, *s. m.*, plaideur, IV, 548, II, n° 4.
PLAIDEIAMEN, *s. m.*, plaidoyer, IV, 548, II, n° 5.
PLAIDEIAR, voyez PLAIDEJAR.
PLAIDEJADOR, voyez PLAIDEIAIRE.
PLAIDEJAIRE, voyez PLAIDEIAIRE.
PLAIDEJAMEN, voyez PLAIDEIAMEN.
PLAIDEJAR, *v.*, plaider, IV, 549, I, n° 8.
PLAIDERIA, *s. f.*, plaidoirie, IV, 549, I, n° 6.
PLAIDEY, *s. m.*, pourparler, IV, 548, I, n° 2.
PLAIDEYAMEN, voyez PLAIDEIAMEN.
PLAIDEYAR, voyez PLAIDEJAR.
PLAIEADOR, voyez PLAIDEIAIRE.
PLAIEJAMEN, voyez PLAIDEIAMEN.
PLAIGNA, voyez PLANA.
PLAIGNER, voyez PLANHER.
PLAIN, voyez PLANCH.
PLAINER, voyez PLANHER.
PLAINGNER, voyez PLANHER.
PLAIS, *s. m.*, bois, IV, 550, I.
PLAISSADIT, *s. m.*, bosquet, IV, 550, II, n° 4.
PLAISSAT, *s. m.*, taillis, IV, 550, I, n° 2.
PLAIT, voyez PLAG.
PLAITZIO, *s. f.*, plaidoirie, IV, 549, I, n° 7.

PLAN, *adj.*, plan, IV, 550, II.
PLAN, *s. m.*, plaine, IV, 551, II, n° 2.
PLAN, voyez PLANCH.
PLANA, *s. f.*, plaine, IV, 552, I, n° 4.
PLANAMEN, *adv.*, entièrement, IV, 552, II, n° 9.
PLANAR, *v.*, aplanir, IV, 552, I, n° 8.
PLANCA, *s. f.*, planche, IV, 553, II.
PLANCAT, *s. m.*, plancher, IV, 553, II, n° 2.
PLANCH, *s. m.*, plainte, IV, 553, II.
PLANCHA, voyez PLANCA.
PLANER, voyez PLANHER.
PLANET, *adj. dim.*, plain, IV, 551, II, n° 3.
PLANETA, *s. m. et f.*, planète, IV, 555, I.
PLANEZA, *s. f.*, plaine, IV, 552, I, n° 6.
PLANG, voyez PLANCH.
PLANGER, voyez PLANHER.
PLANHA, voyez PLANA.
PLANHER, *v.*, plaindre, IV, 554, I, n° 2.
PLANIOL, *s. m. dim.*, petit plateau, IV, 552, I, n° 7.
PLANISSA, *s. f. dim.*, esplanade, IV, 552, I, n° 5.
PLANITES, *s. f.* (lisez *m.*), planite, IV, 555, II.
PLANQUA, voyez PLANCA.
PLANSO, *s. f.* (lisez *m.*), tige, IV, 555, II, n° 3.
PLANTA, *s. f.*, plante, IV, 555, II.
PLANTACIO, *s. f.*, plantation, IV, 556, I, n° 5.
PLANTADA, *s. f.*, plant, IV, 556, I, n° 4.
PLANTADIU, *adj.*, plantureux, IV, 556, II, n° 9.
PLANTADOS, *adj.*, fécond, IV, 556, II, n° 8.

PLANTAGE, *s. f.,* plantain, IV, 557, I, n° 12.
PLANTAMEN, *s. m.,* plantement, IV, 556, I, n° 7.
PLANTAR, *v.,* planter, IV, 556, II, n° 11.
PLANTAT, voyez PLENETAT.
PLANTAYRITZ, *s. f.,* planteuse, IV, 556, II, n° 10.
PLANTIER, *s. m.,* pépinière, IV, 555, II, n° 2.
PLANTIO, *s. f.,* plantation, IV, 556, I, n° 6.
PLAP, *s. m.,* tache, IV, 557, II.
PLAPAR, *v.,* tacheter, IV, 557, II, n° 2.
PLASMAR, *v.,* pâmer, IV, 446, II, n° 4.
PLASMAZO, *s. f.,* pamoison, IV, 446, II, n° 5.
PLASSA, *s. f.,* place, IV, 557, II.
PLASSEIADOR, voyez PLASSEIAYRE.
PLASSEIAR, *v.,* être sur la place, IV, 558, I, n° 4.
PLASSEIAYRE, *s. m.,* celui qui fréquente les places, IV, 558, I, n° 3.
PLASSEJADOR, voyez PLASSEIAYRE.
PLASSEJAR, voyez PLASSEIAR.
PLASSEJAYRE, voyez PLASSEIAYRE.
PLASTRE, *s. m.,* plâtre, IV, 558, I.
PLAT, *adj.,* plat, IV, 558, I.
PLAT, *s. m.,* plat, IV, 558, II, n° 2.
PLAT, voyez PLAG.
PLATA, *s. f.,* plaque, IV, 558, II, n° 3.
PLATANI, *s. m.,* platane, IV, 559, I.
PLATINA, *s. f.,* platine, IV, 559, I, n° 4.
PLAY, voyez PLAG.
PLAYA, *s. f.,* plage, IV, 559, I.
PLAYA, voyez PLAGA.

PLAYDE, *adj.,* discoureur, IV, 548, II, n° 3.
PLAYEJAR, voyez PLAIDEJAR.
PLAYSSA, *s. f.,* haie, IV, 550, II, n° 3.
PLAYSSADENC, *s. m.,* haie, IV, 550, II, n° 5.
PLAYSSAR, *v.,* garnir d'arbres, IV, 550, II, n° 6.
PLAYSSAT, voyez PLAISSAT.
PLAZENMEN, *adv.,* agréablement, IV, 559, II, n° 2.
PLAZENSA, *s. f.,* plaisance, IV, 560, I, n° 4.
PLAZENTERAMENT, *adv.,* agréablement, IV, 560, II, n° 6.
PLAZENTIER, *adj.,* agréable, IV, 560, II, n° 5.
PLAZENZA, voyez PLAZENSA.
PLAZER, *v.,* plaire, IV, 559, II.
PLAZER, *s. m.,* plaisir, IV, 560, I, n° 3.
PLE, voyez PLEN.
PLEBS, *s. m.,* plèbe, IV, 561, II.
PLEC, voyez PLEG.
PLEDEIAR, voyez PLAIDEJAR.
PLEG, *s. m.,* pli, IV, 562, I, n° 2.
PLEGADIS, *adj.,* flexible, IV, 562, II, n° 6.
PLEGAMENT, *s. m.,* pliement, IV, 562, II, n° 5.
PLEGAR, *v.,* plier, IV, 561, II.
PLEIAR, voyez PLEGAR.
PLEIOS, *adj.,* plié, IV, 562, II, n° 7.
PLEJAR, voyez PLEGAR.
PLEN, *adj.,* plein, IV, 568, II.
PLENDAT, voyez PLENETAT.
PLENDENSA, *s. f.,* quantité, IV, 569, II, n° 5.

PLENDENZA, voyez PLENDENSA.

PLENDOR, *s. m.*, quantité, IV, 570, I, n° 7.

PLENDOS, *adj.*, comblé de biens, IV, 569, II, n° 4.

PLENEGA, *s. f.*, pot à l'eau, IV, 570, I, n° 8.

PLENEIRAMEN, *adv.*, entièrement, IV, 570, I, n° 10.

PLENER, *adj.*, plénier, IV, 569, I, n° 2.

PLENETAT, *s. f.*, quantité, IV, 569, I, n° 3.

PLENEZA, *s. f.*, plénitude, IV, 569, II, n° 6.

PLENIER, voyez PLENER.

PLENIEYRAMENS, voyez PLENEIRAMEN.

PLENIR, *v.*, remplir, IV, 570, I, n° 9.

PLENISSONAN, *adj.*, plénissonnant, V, 265, I, n° 14.

PLENTAT, voyez PLENETAT.

PLEONASME, *s. m.*, pléonasme, IV, 572, II.

PLEURESI, voyez PLEUREZIS.

PLEURETIC, *adj.*, pleurétique, IV, 573, I, n° 4.

PLEUREZI, voyez PLEUREZIS.

PLEUREZIA, *s. f.*, pleurésie, IV, 573, I, n° 3.

PLEUREZIS (lisez PLEUREZI), *s. f.*, pleurésie, IV, 572, II.

PLEVENSA, *s. f.*, garantie, IV, 573, II, n° 3.

PLEVEZI, *s. m.* (lisez *f.*), pleurésie, IV, 573, I, n° 2.

PLEVI, *s. m.*, garantie, IV, 573, II, n° 4.

PLEVIR, *v.*, garantir, IV, 573, I.

PLEVISO, voyez PLEVIZO.

PLEVIT, voyez PLEVI.

PLEVIZO, *s. f.*, assurance, IV, 574, I, n° 5.

PLEYA, *s. f.*, pleige, VI, 35, II, n° 2.

PLIADES, *s. f. pl.*, pléiades, IV, 574, I.

PLICABILITAT, *s. f.*, flexibilité, IV, 562, I, n° 4.

PLICABLE, *adj.*, pliable, IV, 562, I, n° 3.

PLIU, *s. m.*, garantie, IV, 573, II, n° 2.

PLIVENSA, voyez PLEVENSA.

PLIVIR, voyez PLEVIR.

PLOIA, voyez PLUVIA.

PLOIOS, *adj.*, pluvieux, IV, 579, I, n° 3.

PLOIOZ, voyez PLOIOS.

PLOM, *s. m.*, plomb, IV, 574, I.

PLOMBAR, *v.*, plomber, IV, 574, II, n° 3.

PLOR, *s. m.*, pleur, IV, 575, I, n° 2.

PLORADOR, *s. m.*, pleureur, IV, 575, II, n° 4.

PLORAIRE, voyez PLORADOR.

PLORAMEN, *s. m.*, affliction, IV, 575, II, n° 3.

PLORAR, *v.*, pleurer, IV, 574, II.

PLORILVOMENT, *adv.*, lamentablement, IV, 576, I, n° 7.

PLORIOS, *adj.*, douloureux, IV, 575, II, n° 6.

PLOROS, *adj.*, éploré, IV, 575, II, n° 5.

PLOURE, *v.*, pleuvoir, IV, 578, II, n° 2.

PLOVILAR, *v.*, plonger, IV, 576, I.

PLUEIA, voyez PLUVIA.

PLUIA, voyez PLUVIA.

PLUIOXS, voyez PLOIOS.

PLUMA, *s. f.*, plume, IV, 576, I.

PLUMAR, *v.*, plumer, IV, 576, I, n° 2.

PLUMASSOL, *s. m.*, coussin, IV, 576, II, n° 5.
PLUMBENC, *adj.*, plombé, IV, 574, I, n° 2.
PLUMETA, *s. f. dim.*, petite plume, IV, 576, I, n° 3.
PLUMOS, *adj.*, plumeux, IV, 576, II, n° 6.
PLUMOZITAT, *s. f.*, plumosité, IV, 576, II, n° 4.
PLUOURE, voyez PLOURE.
PLURAL, *s. m.*, pluriel, IV, 578, I, n° 4.
PLURALITAT, *s. f.*, pluralité, IV, 578, I, n° 5.
PLURALMEN, *adv.*, pluriellement, IV, 578, I, n° 6.
PLURALMENS, voyez PLURALMEN.
PLUS, *adv.*, plus, IV, 576, II.
PLUSOR, *adj. pl.*, plusieurs, IV, 577, II, n° 3.
PLUVIA, *s. f.*, pluie, IV, 578, I.
PLUVIAL, *adj.*, pluvial, IV, 579, I, n° 4.
PLUVIER, *s. m.*, pluvier, IV, 579, I, n° 5.
POBLACIO, *s. f.*, population, IV, 579, II, n° 2.
POBLACION, voyez POBLACIO.
POBLADAMENT, *adv.*, publiquement, IV, 580, I, n° 5.
POBLAL, *adj.*, public, IV, 579, II, n° 3.
POBLAR, *v.*, peupler, IV, 579, II, n° 4.
POBLE, voyez POBOL.
POBLIAR, voyez POBLICAR.
POBLICAR, *v.*, publier, IV, 580, II, n° 11.
POBOL, *s. m.*, peuple, IV, 579, II.

PODADOIRA, *s. f.*, serpe, IV, 582, I, n° 3.
PODADOR, *s. m.*, vigneron, IV, 584, II, n° 2.
PODAGRA, *s. f.*, podagre, IV, 584, II.
PODAGRIC, *adj.*, podagre, IV, 584, II, n° 2.
PODAIRE, voyez PODADOR.
PODAR, *v.*, tailler la vigne, IV, 584, II.
PODER, *s. m.*, pouvoir, IV, 582, I.
PODER, *v.*, pouvoir, IV, 582, II, n° 2.
PODERATGE, *s. m.*, puissance, IV, 582, II, n° 4.
PODEROS, *adj.*, puissant, IV, 582, II, n° 3.
PODEROZAMENS, *adv.*, puissamment, IV, 582, II, n° 5.
PODESTAT, voyez POTESTAT.
PODRA, *s. f.*, poudre, IV, 593, II, n° 11.
POESTADIT, *adj.*, puissant, IV, 583, II, n° 8.
POESTADOS, *adj.*, puissant, IV, 583, II, n° 7.
POESTAT, voyez POTESTAT.
POETA, *s. m.*, poëte, IV, 586, I.
POGALH, *s. m.*, poignet, IV, 668, I, n° 2.
POGES, *s. m.*, pougeoise, IV, 586, I.
POGEZA, *s. f.*, pougeoise, IV, 586, I, n° 2.
POGNADOR, *s. m.*, combattant, IV, 668, II, n° 7.
POGNAIRE, voyez POGNADOR.
POGUES, voyez POGES.
POIAMENT, voyez PUIAMEN.
POIAR, voyez PUEIAR.

POIG, voyez PUEG.
POIGNA, s. f., empressement, IV, 598, II, n° 25.
POIGNAR, voyez PONHAR.
POIGNER, voyez PUNGER.
POIN, voyez PONCH.
POING, voyez PUNH.
POINGNADOR, voyez POGNADOR.
POINGNAIRE, voyez POGNADOR.
POINGNAR, voyez PONHAR.
POINH, voyez PUNH.
POINT, voyez PONCH.
POINT, voyez PONH.
POIRIDIER, s. m., pourriture, IV, 587, I, n° 4.
POIRIDURA, s. f., pourriture, IV, 586, II, n° 3.
POIRIR, v., pourrir, IV, 586, II.
POIS, adv., puis, IV, 587, II.
POISAS, voyez POISSAS.
POISSAS, adv., depuis, IV, 588, I, n° 3.
POIZO, s. f., potion, IV, 588, II.
POIZONAR, v., médicamenter, IV, 588, II, n° 2.
POL, s. m., poulet, IV, 589, I.
POLA, s. f., poule, IV, 589, I, n° 2.
POLARIA, s. f., poulaillerie, IV, 589, II, n° 7.
POLCE, s. m., pouce, IV, 590, I.
POLENTA, s. f., polente, IV, 590, II.
POLET, voyez POLHE.
POLGA, s. f. (lisez m.), pouce, IV, 590, II, n° 2.
POLGUAR, s. m., pouce, IV, 590, II, n° 3.
POLHE, s. m., poulet, IV, 589, II, n° 3.
POLI, voyez POLIN.

POLIBLE, adj., polissable, IV, 591, II, n° 3.
POLIDAMENS, adv., poliment, IV, 594, II, n° 4.
POLIDETAMEN, adv. dim., tout délicatement, IV, 591, II, n° 5.
POLIDETAMENS, voyez POLIDETAMEN.
POLIER, s. m., poulailler, IV, 589, II, n° 5.
POLIEYRA, s. f., poulaillère, IV, 589, II, n° 6.
POLIMEN, voyez POLIMENT.
POLIMENT, s. m., polissage, IV, 594, I, n° 2.
POLIN, s. m., poulain, IV, 590, I, n° 9.
POLIP, s. m., polype, IV, 590, II.
POLIPODI, s. m., polypode, IV, 591, I, n° 2.
POLIPPE, voyez POLIP.
POLIR, v., polir, IV, 591, I.
POLISSIA, s. f., police, IV, 591, II.
POLITRI, s. m., polytric, IV, 591, II.
POLLAT, s. m., poulet, IV, 589, II, n° 4.
POLLET, voyez POLHE.
POLLUCIO, s. f., pollution, IV, 592, I.
POLLUCION, voyez POLLUCIO.
POLMEN, s. m., potage, IV, 592, I.
POLMO, s. m., poumon, IV, 592, I.
POLPRA, voyez PORPRA.
POLPRIER, s. m., pourprier (lisez pourpier), IV, 603, I, n° 4.
POLS, s. f. (lisez m.), poudre, IV, 592, I.
POLS, s. m., pouls, IV, 666, I, n° 2.
POLSAMENT, s. m., pulsation, IV, 666, I, n° 4.

POLSAR, voyez PULSAR.

POLSOS, *adj.*, poudreux, IV, 592, II, n° 2.

POLUS, *s. m.*, pôle, IV, 593, II.

POLVERA, *s. f.*, poussière, IV, 592, II, n° 3.

POLVERAR, *v.*, pulvériser, IV, 593, I, n° 7.

POLVERETA, *s. f. dim.*, poudrette, IV, 592, II, n° 5.

POLVERIEYRA, *s. f.*, tourbillon de poussière, IV, 593, I, n° 6.

POLVERIZAR, *v.*, pulvériser, IV, 593, I, n° 9.

POLVEROS, *adj.*, poudreux, IV, 592, II, n° 4.

POLVILH, voyez PULVIL.

POLZER, voyez POLCE.

POLZI, voyez POUZI.

POM, *s. m.*, pomme, IV, 593, II.

POMA, *s. f.*, pomme, IV, 594, I, n° 2.

POMADA, *s. f.*, pommé, IV, 594, II, n° 7.

POMAT, *s. m.*, pommé, IV, 594, II, n° 6.

POMAT, *adj.*, pommelé, IV, 594, II.

POMEL, *s. m.*, pomme, IV, 594, I, n° 5.

POMELAT, *adj.*, pommelé, IV, 594, II, n° 2.

POMER, *s. m.*, pommier, IV, 594, I, n° 4.

POMETA, *s. f. dim.*, petite pomme, IV, 594, I, n° 3.

POMIER, voyez POMER.

POMPA, *s. f.*, pompe, II, 230, I, n° 6.

POMPOS, *adj.*, pompeux, VI, 6, I, n° 8.

POMPOZITAT, *s. f.*, pompe, VI, 5, II, n° 7.

PON, voyez PONT.

PONCH, *s. m.*, point, IV, 594, II.

PONCHA, *s. f.*, pointe, IV, 596, I, n° 4.

PONCHADAMEN, *adv.*, consécutivement, IV, 596, II, n° 11.

PONCHADOR, voyez PONCHAIRE.

PONCHAIRE, *s. m.*, pointeur, IV, 597, I, n° 14.

PONCHAMEN, *s. m.*, pointement, IV, 596, II, n° 8.

PONCHAR, voyez PONHAR.

PONCHARIA, *s. f.*, pointage, IV, 597, I, n° 15.

PONCHET, *s. f. dim.*, petit point, IV, 596, II, n° 10.

PONCHETA, *s. f. dim.*, petite pointe, IV, 596, II, n° 12.

PONCHIA, *s. f.*, pointe, IV, 596, I, n° 5.

PONCHOR, *s. f.*, pointe, IV, 596, II, n° 9.

PONCHT, voyez PONCH.

PONCHURA, *s. f.*, piqûre, IV, 597, I, n° 13.

PONCHUT, *adj.*, pointu, IV, 597, II, n° 19.

PONCTACIO, voyez PUNCTATIO.

PONCTALMENT, *adv.*, ponctuellement, IV, 597, II, n° 21.

PONDEROS, *adj.*, pesant, IV, 498, I, n° 35.

PONDEROZITAT, *s. f.*, pondérosité, IV, 498, I, n° 36.

PONDRE, *v.*, pondre, IV, 610, I, n° 4.

PONENT, *s. m.*, ponent, IV, 610, I, n° 3.

PONG, voyez PONCH.
PONH, adv. de négat., point, IV, 596, I, n° 2.
PONH, voyez PONCH.
PONH, voyez PUNH.
PONHA, voyez POIGNA.
PONHADA, s. f., poignée, IV, 668, I, n° 4.
PONHAL, adj., gros comme le poing, IV, 668, II, n° 6.
PONHAR, v., tâcher, IV, 598, II, n° 24.
PONHAT, s. m., poignée, IV, 668, I, n° 3.
PONHEDOR, voyez POGNADOR.
PONHEMEN, s. m., piqûre, IV, 597, II, n° 18.
PONHER, voyez PUNGER.
PONJEMENT, voyez PONHEMEN.
PONJER, voyez PUNGER.
PONT, s. m., pont, IV, 599, II.
PONTAGE, s. m., pontage, IV, 600, I, n° 4.
PONTIC, adj., pointu, IV, 597, II, n° 17.
PONTICITAT, s. f., pointicité, IV, 597, I, n° 16.
PONTIFICAL, adj., pontifical, IV, 600, I, n° 3.
PONTIFICAT, s. m., pontificat, IV, 600, I, n° 2.
POPA, s. f., tétin, IV, 600, I.
POPA, s. f., poupe, IV, 600, II.
POPAR, v., téter, IV, 600, II, n° 2.
POPULAR, s. m., populaire, IV, 580, II, n° 13.
POPULOS, adj., populeux, IV, 581, I, n° 14.
POPULOZ, voyez POPULOS.

POR, adv., hors, IV, 600, II.
POR, voyez PORS.
PORC, s. m., porc, IV, 601, I.
PORCA, s. f., truie, IV, 601, I, n° 2.
PORCARIA, s. f., porcherie, IV, 602, I, n° 13.
PORCASSI, voyez PORCASSIN.
PORCASSIN, s. m., gardien de porcs, IV, 602, I, n° 11.
PORCEL, voyez PORCELH.
PORCELAR, v., mettre bas, en parlant de la truie, IV, 601, II, n° 6.
PORCELH, s. m. dim., petit porc, IV, 601, I, n° 4.
PORCELIER, adj., pourcelier, IV, 601, II, n° 7.
PORCELLA, s. f., cochonaille, IV, 601, II, n° 5.
PORC ESPI, s. m., porc-épic, IV, 602, I, n° 14.
PORCI, voyez PORCIN.
PORCIN, adj., de porc, IV, 601, II, n° 8.
PORCION, s. f., portion, IV, 434, I, n° 5.
PORC MARI, s. m., porc-marin, IV, 602, I, n° 15.
PORDALAYGA, s. f., pordelaygue, IV, 602, I.
PORFIRI, s. m., porphyre, IV, 602, II.
PORGE, s. m., porche, IV, 604, II, n° 7.
PORGITAR, v., jeter à l'écart, III, 471, I, n° 10.
PORGUATORI, voyez PURGATORI.
PORGUE, voyez PORGE.
POROS, adj., poreux, IV, 603, I, n° 2.
POROZ, voyez POROS.

POROZITAT, *s. f.*, porosité, IV, 603, II, n° 3.

PORPAL, *s. m.*, pourpre, IV, 602, II, n° 2.

PORPRA, *s. f.*, pourpre, IV, 602, II.

PORQUACIER, *s. m.*, vendeur de porc, IV, 602, I, n° 12.

PORQUET, *s. m. dim.*, petit porc, IV, 601, I, n° 3.

PORQUIER, *s. m.*, porcher, IV, 601, II, n° 9.

PORQUIERA, *s. f.*, porchère, IV, 602, I, n° 10.

PORR, *s. m.*, porreau, IV, 603, I.

PORRAT, *s. m.*, porreau, IV, 603, I, n° 2.

PORRE, voyez POR.

PORREGITAR, voyez PORGITAR.

PORROGAR, voyez PROROGAR.

PORS (lisez POR), *s. m.*, pore, IV, 603, I.

PORT, *s. m.*, port, IV, 603, II.

PORT, *s. m.*, contentement, IV, 606, II, n° 11.

PORTA, *s. f.*, porte, IV, 604, I.

PORTACARN, *s. m. (et f.)*, porte-chair, IV, 607, I, n° 16.

PORTADOR, *s. m.*, porteur, IV, 607, I, n° 14.

PORTADURA, *s. f.*, portée, IV, 606, II, n° 13.

PORTAIRE, voyez PORTADOR.

PORTAL, *s. m.*, portail, IV, 604, I, n° 2.

PORTAMEN, *s. m.*, habitude, IV, 606, II, n° 12.

PORTAR, *v.*, porter, IV, 505, I, n° 10.

PORTASELH, *s. (m. et) f.*, porte-seau, IV, 607, I, n° 15.

PORTEGUE, *s. m.*, portique, IV, 604, II, n° 6.

PORTEL, *s. m.*, guichet, IV, 604, II, n° 3.

PORTELA, *s. f.*, portelle, IV, 604, II, n° 4.

PORTENIER, *s. m.*, portier, IV, 605, I, n° 9.

PORTIER, *s. m.*, portier, IV, 605, I, n° 8.

PORTULACA, *s. f.*, pourpier, IV, 610, I.

POS, voyez POIS.

POSCHABLE, *adj.*, possible, IV, 583, II, n° 11.

POSICIO, *s. f.*, position, IV, 610, I.

POSITIO, voyez POSICIO.

POSITIU, *adj.*, positif, IV, 610, I, n° 2.

POSSA, *s. f.*, mamelle, IV, 618, I.

POSSECIO, voyez POSSESSIO.

POSSEDAR, *v.*, posséder, IV, 616, I, n° 5.

POSSEDIR, *v.*, posséder, IV, 616, I, n° 6.

POSSESSIO, *s. f.*, possession, IV, 615, II.

POSSESSION, voyez POSSESSIO.

POSSESSIU, *adj.*, possessif, IV, 646, I, n° 4.

POSSESSOR, *s. m.*, possesseur, IV, 616, I, n° 2.

POSSEZEYRE, *s. m.*, possesseur, IV, 616, I, n° 3.

POSSEZIDOR, voyez POSSEZEYRE.

POSSEZIR, voyez POSSEDIR.

POSSIBILITAT, *s. f.*, possibilité, IV, 585, I, n° 28.

POSSIBLE, *adj.*, possible, IV, 585, II, n° 29.

POST, *s. f.*, planche, IV, 616, II.
POSTAT, *s. m.*, palissade, IV, 617, I, n° 4.
POSTAT, voyez POTESTAT.
POSTEL, *s. m.*, poteau, IV, 617, I, n° 3.
POSTELA, *s. f. dim.*, planchette, IV, 616, II, n° 2.
POSTELLA, voyez PUSTULA.
POSTEMA, *s. f.*, apostème, VI, 3, II, n° 5.
POSTEMOS, *adj.*, apostémeux, VI, 4, I, n° 6.
POSTEMOZ, voyez POSTEMOS.
POSTERITAT, *s. f.*, postérité, IV, 588, II, n° 5.
POSTERLLA, *s. f.*, poterne, IV, 604, II, n° 5.
POSTIER, *s. m.*, petit pain, IV, 617, I.
POSTILLAR, *v.*, apostiller, IV, 640, II, n° 5.
POSTULAR, *v.*, postuler, IV, 617, I.
POSTULOS, *adj.*, pustuleux, IV, 673, I, n° 3.
POSTULOZ, voyez POSTULOS.
POT, *s. m.*, l'action de boire, IV, 617, II, n° 2.
POTARIA, *s. f.*, poterie, IV, 617, I.
POTENCIA, *s. f.*, puissance, IV, 584, II, n° 23.
POTENCIAL, *adj.*, potentiel, IV, 585, I, n° 24.
POTENCIALMENT, *adv.*, potentiellement, IV, 585, I, n° 25.
POTESTAT, *s. f.*, puissance, IV, 583, I, n° 6.
POTESTATIU, *adj.*, potestatif, IV, 583, II, n° 9.

POTHIER, *s. m.*, potier, IV, 617, I, n° 2.
POTZ, *s. m. pl.*, lèvres, IV, 617, I.
POTZ, *s. m.*, puits, IV, 617, II.
POTZADOR, *s. m.*, puiseur, IV, 618, I, n° 5.
POTZAIRE, voyez POTZADOR.
POUDREL, *s. m.*, poulain, IV, 618, I.
POUS, voyez POLCE.
POUSE, voyez POLCE.
POUSSA, voyez POSSA.
POUTZ, voyez POLCE.
POUTZ, voyez POTZ.
POUZE, voyez POLCE.
POUZER, voyez PAUZER.
POUZI, *s. m.*, poussin, IV, 590, I, n° 8.
POYNH, voyez PONCH.
POYRE, *s. m.*, pus, IV, 586, II, n° 2.
POYRE, voyez PORR.
POYREGOS, *adj.*, formé de pourriture, IV, 587, I, n° 6.
POYRIMEN, *s. m.*, pourriture, IV, 587, I, n° 5.
POYRIMENT, voyez POYRIMEN.
POYRIR, voyez POIRIR.
POYSON, voyez POIZO.
POYSSAN, voyez POYSSANS.
POYSSANS (lisez POYSSAN), *adj.*, puissant, IV, 583, II, n° 10.
POZADIS, *adj.*, de puits, IV, 617, II, n° 3.
POZANDIER, *s. m.*, puiseur, IV, 618, I, n° 6.
POZANDIEYRA, *s. f.*, puiseuse, IV, 618, I, n° 7.
POZAR, *v.*, puiser, IV, 617, II, n° 4.
POZARANCA, *s. f.*, fosse, IV, 618, I, n° 8.

POZE, voyez POLCE.
POZESTAT, voyez POTESTAT.
PRADA, s. f., prairie, IV, 618, II, n° 5.
PRADAL, s. m., pré, IV, 618, II, n° 2.
PRADARIA, s. f., prairie, IV, 619, I, n° 6.
PRADEL, voyez PRADELH.
PRADELA, s. f., prairie, IV, 619, I, n° 7.
PRADELH, s. m. dim., préau, IV, 618, II, n° 3.
PRADET, s. m. dim., petit pré, IV, 618, II, n° 4.
PRAT, s. m., pré, IV, 618, I.
PRATIC, adj., pratique, IV, 619, I, n° 2.
PRATICA, s. f., pratique, IV, 619, I.
PRATICAMEN, s. m., pratique, IV, 619, I, n° 3.
PRATICAR, v., pratiquer, IV, 619, I, n° 4.
PRAU, adj., pervers, IV, 619, II.
PRAVAMEN, adv., perversement, IV, 619, II, n° 3.
PRAVETAT, voyez PRAVITAT.
PRAVITAT, s. f., perversité, IV, 619, II, n° 2.
PRAZIN, s. f., prasine, IV, 620, I.
PREA, voyez PREZA.
PREADOR, s. m., ravisseur, IV, 620, I, n° 2, et 628, I, n° 4.
PREAIRE, voyez PREADOR.
PREBENDA, s. f., prébende, IV, 620, I.
PREBOST, s. m., prévôt, IV, 614, II, n° 37.
PREBOSTAT, s. f., prévôté, IV, 614, II, n° 38.

PREC, s. m., prière, IV, 621, II, n° 2.
PRECARI, s. m., précaire, IV, 622, I, n° 7.
PRECARIA, s. f., précaire, IV, 622, I, n° 8.
PRECATION, s. f., prière, IV, 621, II, n° 4.
PRECEDER, v., précéder, II, 389, II, n° 9.
PRECIDIR, voyez PRESCINDIR.
PRECIOS, adj., précieux, IV, 640, II, n° 4.
PRECIOSITAT, s. f., excellence, IV, 641, I, n° 7.
PRECIOZETAT, voyez PRECIOSITAT.
PRECIPIENT, adj., ordonnant, IV, 620, I.
PRECISAMEN, adv., précisément, V, 167, I, n° 8.
PRECIZAMEN, voyez PRECISAMEN.
PRECLAR, adj., brillant, II, 405, II, n° 24.
PRECOGNICIO, s. f., préconnaissance, IV, 335, II, n° 33.
PRECONISATIO, s. f., préconisation, IV, 622, II, n° 2.
PRECONOYSHENSA, s. f., préconnaissance, IV, 335, II, n° 34.
PREDA, s. f., proie, IV, 620, I.
PREDECESSOR, s. m., prédécesseur, II, 389, II, n° 10.
PREDESTINACIO, voyez PREDESTINATIO.
PREDESTINAR, v., prédestiner, III, 30, I, n° 10.
PREDESTINATIO, s. f., prédestination, III, 30, I, n° 11.
PREDIC, s. m., prêche, IV, 620, II, n° 2.

PREDICADOR, voyez PREDICAIRE.
PREDICAIRE, *s. m.*, prédicateur, IV, 621, I, n° 5.
PREDICANSA, *s. f.*, prédication, IV, 621, I, n° 4.
PREDICAR, *v.*, prêcher, IV, 620, I.
PREDICATIO, *s. f.*, prédication, IV, 620, II, n° 3.
PREDICATOR, voyez PREDICAIRE.
PREDIQUADOR, voyez PREDICAIRE.
PREDIT, *adj.*, devant dit, III, 57, II, n° 34.
PREEMINENCIA, *s. f.*, prééminence, III, 113, II, n° 4.
PREEXELLENT, *adj.*, préexcellent, VI, 23, I, n° 2 *bis*.
PREFEIT, *s. m.*, préfet, III, 271, I, n° 57.
PREFERIR, *v.*, préférer, IV, 363, I, n° 6.
PREFOCAR, *v.*, suffoquer, III, 347, I, n° 18.
PREGADOR, voyez PREIAIRE.
PREGAIRA, voyez PREGUIERA.
PREGAIRE, voyez PREIAIRE.
PREGAIRIA, voyez PREGUIERA.
PREGAR, *v.*, prier, IV, 621, II.
PREGONESSA, *s. f.*, publication, IV, 622, II.
PREGUAR, voyez PREGAR.
PREGUIERA, *s. f.*, prière, IV, 621, II, n° 3.
PREGUSTAR, *v.*, déguster, III, 523, II, n° 7.
PREIADOR, voyez PREIAIRE.
PREIAIRE, *s. m.*, suppliant, IV, 622, I, n° 5.

PREIAR, voyez PREGAR.
PREING, voyez PRENH.
PREIO, voyez PREISO.
PREION, voyez PREON.
PREIRE, voyez PREVEIRE.
PREISO, *s. f.*, prison, IV, 628, I, n° 5.
PREISON, voyez PREISO.
PREISONATGE, *s. m.*, prison, IV, 628, II, n° 10.
PREISONIER, *s. m.*, prisonnier, IV, 628, II, n° 9.
PREISSA, voyez PRESSA.
PREIZO, voyez PREISO.
PREJUDICAR, *v.*, préjudicier, III, 608, I, n° 34.
PREJUDICI, *s. m.*, préjudice, III, 608, I, n° 31.
PREJUDICIABLE, *adj.*, préjudiciable, III, 608, I, n° 33.
PREJUDICIAR, voyez PREJUDICAR.
PRELACIO, *s. f.*, élévation, II, 15, II, n° 12.
PRELAT, *s. m.*, prélat, II, 16, I, n° 14.
PRELATIO, voyez PRELACIO.
PRELATURA, *s. f.*, prélature, II, 16, I, n° 13.
PREMER, *v.*, presser, IV, 622, II.
PREMICIAS, voyez PRIMICIAS.
PREMIER, voyez PRIMER.
PREMIERAMEN, voyez PRIMIERAMEN.
PREN, voyez PRENH.
PRENDEDOR, *adj.*, preneur, IV, 628, II, n° 7.
PRENDEMEN, *s. m.*, prise, IV, 627, II, n° 2.
PRENDRE, *v.*, prendre, IV, 625, I.

PRENER, voyez PRENDRE.

PRENEYRE, s. m., preneur, IV, 628, II, n° 6.

PRENH, adj. f., enceinte, IV, 636, I.

PRENHAT, s. m., fœtus, IV, 636, I, n° 2.

PRENHEZA, s. f., grossesse, IV, 636, I, n° 3.

PRENOM, s. m., prénom, IV, 322, II, n° 18.

PRENOMINATIO, s. f., pronomination, IV, 322, II, n° 19.

PREOCCUPAR, v., préoccuper, II, 281, II, n° 70, et IV, 358, I, n° 4.

PREOCUPAR, voyez PREOCCUPAR.

PREON, adj., profond, III, 360, I, n° 13.

PREONDAMENS, adv., profondément, III, 360, II, n° 14.

PREONDEZA, s. f., profondeur, III, 360, I, n° 11.

PREONSAR, v., enfoncer, III, 360, II, n° 16.

PREORDENACIO, s. f., préordination, IV, 383, I, n° 25.

PREPARACIO, s. f., préparation, IV, 424, II, n° 7.

PREPARAR, v., préparer, IV, 424, I, n° 6.

PREPARATION, voyez PREPARACIO.

PREPAUS, s. m., propos, IV, 464, I, n° 17.

PREPAUSAR, voyez PERPAUZAR.

PREPAUZAMENT, voyez PERPAUZAMEN.

PREPAUZAR, voyez PERPAUZAR.

PREPHATIO, s. f., préface, III, 278, II, n° 3.

PREPONER, v., résoudre, IV, 614, II, n° 39.

PREPOSITIO, s. f., préposition, IV, 614, I, n° 35.

PREPOSITIU, adj., prépositif, IV, 614, I, n° 36.

PREPOSTERATIO, s. f., ordre renversé, IV, 588, II, n° 6.

PREPUCI, s. m., prépuce, IV, 637, I.

PREROGATIVA, s. f., prérogative, V, 105, 1, n° 13.

PRES, prép., près, IV, 637, I.

PRES, voyez PRETZ.

PRESA, s. f., prise, IV, 627, II, n° 3.

PRESCIENCIA, s. f., prescience, V, 127, II, n° 38.

PRESCINDIR, v., couper d'avance, V, 167, I, n° 7.

PRESCRIEURE, v., prescrire, III, 159, II, n° 13.

PRESCRIPTIO, s. f., prescription, III, 159, II, n° 14.

PRESCRIPTION, voyez PRESCRIPTIO.

PRESCRIRE, voyez PRESCRIEURE.

PRESEGA, s. f., pêche, IV, 527, II, n° 2.

PRESEN, voyez PRESENT.

PRESENSA, s. f., présence, VI, 17, II, n° 16 quater.

PRESENSIA, voyez PRESENSA.

PRESENT, adj., présent, III, 197, I, n° 16, et VI, 17, I, n° 16.

PRESENT, s. m., présent, terme de grammaire, VI, 17, II, n° 16 bis.

PRESENT, s. m., cadeau, VI, 17, II, n° 16 ter.

PRESENTACIO, *s. f.*, présentation, III, 197, I, n° 15.

PRESENTAR, *v.*, présenter, III, 197, I, n° 14.

PRESENTATION, voyez PRESENTACIO.

PRESENTATIU, *adj.*, présentant des formes, III, 197, II, n° 18.

PRESENTIER, voyez PREZENTIER.

PRESERVAR, *v.*, préserver, V, 215, I, n° 11.

PRESERVATION, *s. f.*, préservation, V, 215, I, n° 12.

PRESERVATIU, *adj.*, préservatif, V, 215, I, n° 13.

PRESIDE, *s. m.*, président, V, 221, II, n° 19.

PRESIDEN, voyez PRESIDENT.

PRESIDENCIA, *s. f.*, présidence, V, 221, II, n° 21.

PRESIDENT, *s. m.*, président, V, 221, II, n° 20.

PRESO, voyez PREISO.

PRESOMCIO, voyez PRESOMPCIO.

PRESOMPCIO, *s. f.*, présomption, V, 262, I, n° 10.

PRESOMPTION, voyez PRESOMCIO.

PRESOMPTUOS, *adj.*, présomptueux, V, 262, II, n° 13.

PRESOMTIU, *adj.*, présomptif, V, 262, II, n° 15.

PRESONER, voyez PREISONNIER.

PRESSA, *s. f.*, presse, IV, 622, II.

PRESSEGUIER, voyez PESSEGUIER.

PRESSET, *s. m.*, perse, IV, 522, II, n° 3.

PRESSIU, voyez PREZIU.

PRESSO, voyez PREISO.

PRESSUPAUZAR, *v.*, présupposer, IV, 465, I, n° 22.

PREST, *adj.*, prêt, III, 214, I, n° 80.

PREST, *s. m.*, prêt, IV, 638, I, n° 2.

PRESTA, *s. f.*, prêt, IV, 638, II, n° 3.

PRESTADOR, voyez PRESTAYRE.

PRESTAMEN, voyez PRESTAMENT.

PRESTAMENT, *adv.*, prestement, III, 214, I, n° 81.

PRESTANSA, *s. f.*, prêt, IV, 638, II, n° 4.

PRESTAR, *v.*, prêter, IV, 638, I.

PRESTAYRE, *s. m.*, prêteur, IV, 638, II, n° 5.

PRESTINH, *s. m.*, boulangerie, VI, 35, I, n° 6 *bis*.

PRESTIR, voyez PESTRIR.

PRESTRE, *s. m.*, prêtre, IV, 638, II.

PRESUMIR, *v.*, prendre sur soi, V, 262, I, n° 9.

PRESUMPTIO, voyez PRESOMPCIO.

PRESUMPTUOSAMENS, *adv.*, présomptueusement, V, 262, II, n° 14.

PRESURA, voyez PREZURA.

PRET, voyez PREST.

PRETERICION, *s. f.*, prétérition, III, 572, II, n° 17.

PRETERIR, *v.*, aller outre, III, 572, II, n° 15.

PRETERIT, *s. m.*, prétérit, III, 572, II, n° 16.

PRETIOS, voyez PRECIOS.

PRETOR, *s. m.*, préteur, IV, 639, II.

PRETORI, *s. m.*, prétoire, IV, 639, II, n° 2.

PRETZ, *s. m.*, prix, IV, 639, II.
PREVADEZA, voyez PRIVADEZA.
PREVARICADOR, *s. m.*, prévaricateur, IV, 642, II.
PREVARICAIRE, voyez PREVARICADOR.
PREVEIRA, *s. f.*, prêtrise, IV, 639, I, n° 3.
PREVEIRAGE, *s. m.*, sacerdoce, IV, 639, I, n° 5.
PREVEIRAL, *adj.*, sacerdotal, IV, 639, I, n° 7.
PREVEIRARIA, *s. f.*, prêtrise, IV, 639, I, n° 4.
PREVEIRAT, *s. m.*, prêtrise, IV, 639, I, n° 6.
PREVEIRE, *s. m.*, prêtre, IV, 638, II, n° 2.
PREVEIRIA, voyez PREVEIRA.
PREVENDA, voyez PREBENDA.
PREVENDAR, *v.*, prébender, IV, 620, I, n° 2.
PREVENIR, *v.*, prévenir, V, 496, I, n° 63.
PREVENTION, *s. f.*, prévention, V, 496, I, n° 62.
PREVESION, voyez PREVIZIO.
PREVEYRAL, voyez PREVEIRAL.
PREVEZIR, *v.*, prévoir, V, 537, I, n° 28.
PREVILEGI, voyez PRIVILEGI.
PREVILIGIAR, voyez PRIVILEGIAR.
PREVIZIO, *s. f.*, prévision, V, 537, I, n° 29.
PREYADOR, voyez PREIAIRE.
PREYAR, voyez PREGAR.
PREYO, *s. m.*, prisonnier, IV, 628, II, n° 8.
PREYSO, voyez PREISO.
PREYZONAJE, voyez PREISONATGE.
PREZA, *s. f.*, mérite, IV, 640, I, n° 2.
PREZA, voyez PRESA.
PREZANSA, *s. f.*, estime, IV, 641, I, n° 8.
PREZAR, *v.*, priser, IV, 640, I, n° 3.
PREZEMMEN, *adv.*, présentement, VI, 18, I, n° 16 *quinque*.
PREZEN, voyez PRESENT.
PREZENCIALMENT, *adv.*, présentement, III, 197, I, n° 17.
PREZENT, voyez PRESENT.
PREZENTI, *adj.*, agréable, IV, 642, II, n° 2.
PREZENTIER, *adj.*, gracieux, IV, 642, II.
PREZEPI, *s. m.*, crèche, IV, 643, I.
PREZIC, voyez PREDIC.
PREZICADOR, voyez PREDICAIRE.
PREZICANSA, voyez PREDICANSA.
PREZICAR, voyez PREDICAR.
PREZICAYRE, voyez PREDICAIRE.
PREZIDENCIA, voyez PRESIDENCIA.
PREZIDENT, voyez PRESIDENT.
PREZIU, *adj.*, précieux, IV, 640, II, n° 5.
PREZONIER, voyez PREISONNIER.
PREZUMIDOR, *adj.*, présumable, V, 262, II, n° 11.
PREZUMIMEN, voyez PREZUMINEN.
PREZUMINEN (lisez PREZUMIMEN en tête et dans l'exemple), *s. m.*, présomption, V, 262, II, n° 12.
PREZUMIR, voyez PRESUMIR.
PREZURA, *s. f.*, pression, IV, 623, I, n° 4.

PREZURAMENT, *s. m.*, présure, IV, 623, I, n° 5.
PREZURAR, *v.*, pressurer, IV, 622, II, n° 3.
PRIM, *adj.*, premier, IV, 643, I.
PRIMAIRAN, voyez PRIMEIRAN.
PRIMAIRIA, voyez PRIMEIRAN.
PRIMAIRIAN, voyez PRIMEIRAN.
PRIMAMEN, *adv.*, finement, IV, 643, II, n° 3.
PRIMAR, *v.*, primer, IV, 644, II, n° 7.
PRIMAS, *adv.*, d'abord, IV, 644, I, n° 4.
PRIMAT, *s. m.*, primat, IV, 645, I, n° 12.
PRIMAVERA, *s. f.*, primevère, V, 503, II, n° 4.
PRIMAYRAN, voyez PRIMEIRAN.
PRIMEIRA, voyez PRIMEIRAN.
PRIMEIRAMEN, voyez PRIMIERAMEN.
PRIMEIRAN, *adj.*, premier, IV, 644, II, n° 8.
PRIMER, *adj.*, premier, IV, 644, I, n° 5.
PRIMESSA, *s. f.*, primauté, IV, 643, II, n° 2.
PRIMEZA, voyez PRIMESSA.
PRIMICIAS, *s. f. pl.*, prémices, IV, 645, I, n° 11.
PRIMIER, voyez PRIMER.
PRIMIERAMEN, *adv.*, premièrement, IV, 644, II, n° 6.
PRIMITIU, *adj.*, primitif, IV, 645, I, n° 10.
PRIMOGENITURA, *s. f.*, primogéniture, III, 460, I, n° 24.
PRIMORDIAL, *adj.*, primordial, IV, 645, I, n° 9.

PRIMVER, *s. m.*, primevère, V, 503, II, n° 3.
PRINCE, *s. m.*, prince, IV, 645, II, n° 2.
PRINCEP, *s. m.*, prince, IV, 645, II.
PRINCESSA, *s. f.*, princesse, IV, 646, I, n° 3.
PRINCIPAL, *adj.*, principal, IV, 646, II, n° 5.
PRINCIPALITAT, *s. f.*, primauté, IV, 646, II, n° 6.
PRINCIPALMEN, *adv.*, principalement, IV, 646, II, n° 8.
PRINCIPAR, *v.*, primer, IV, 646, II, n° 7.
PRINCIPAT, *s. m.*, principauté, IV, 646, I, n° 4.
PRINSI, voyez PRINCE.
PRIOL, voyez PRIOR.
PRION, voyez PREON.
PRIOR, *s. m.*, prieur, IV, 647, I.
PRIORAT, *s. m.*, prieuré, IV, 647, I, n° 2.
PRIORESA, voyez PRIORESSA.
PRIORESSA, *s. f.*, prieure, IV, 647, I, n° 3.
PRIORITAT, *s. f.*, priorité, IV, 647, I, n° 4.
PRISA, voyez PRESA.
PRISO, voyez PREISO.
PRISON, voyez PREISO.
PRIUNDEZA, voyez PREONDEZA.
PRIVACIO, *s. f.*, privation, IV, 648, II, n° 6.
PRIVADA, *s. f.*, amie, IV, 647, II, n° 2.
PRIVADAMEN, *adv.*, privément, IV, 648, I, n° 3.

PRIVADEZA, *s. f.*, privauté, IV, 648, I, n° 4.
PRIVAR, *v.*, priver, IV, 648, I, n° 5.
PRIVAT, *adj.*, privé, IV, 647, I.
PRIVATIO, voyez PRIVACIO.
PRIVILEGI, *s. m.*, privilége, IV, 39, I, n° 21.
PRIVILEGIAR, *v.*, privilégier, IV, 39, I, n° 22.
PRO, *adv.*, prou, IV, 648, II.
PRO, *s. m.*, profit, IV, 649, I.
PROA, *s. f.*, proue, IV, 650, II.
PROA, voyez PROVA.
PROADOR, voyez PROAIRE.
PROAIRE, *s. m.*, essayeur, IV, 651, II, n° 5.
PROANSA, *s. f.*, preuve, IV, 651, II, n° 4.
PROAR, *v.*, prouver, IV, 650, II.
PROAZO, *s. f.*, épreuve, IV, 651, I, n° 3.
PROBAGE, *s. m.*, provin, IV, 653, II.
PROBAINAMEN, voyez PROBAINAMENT.
PROBAINAMENT, *s. m.*, propagation, VI, 36, II, n° 1 *bis*.
PROBAIONAR, voyez PROPAGINAR.
PROBAJONAR, voyez PROPAGINAR.
PROBANSA, voyez PROANSA.
PROBATIO, voyez PROAZO.
PROBDANAMEN, *adv.*, prochainement, IV, 654, II, n° 5.
PROBDENAMENS, voyez PROBDANAMEN.
PROCEDER, *v.*, procéder, II, 389, II, n° 11.
PROCEDIR, *v.*, provenir, II, 390, I, n° 12.
PROCES, *s. m.*, progrès, II, 390, I, n° 13.

PROCESIR, voyez PROCEDIR.
PROCESSIO, *s. f.*, procession, II, 390, I, n° 15.
PROCESSION, voyez PROCESSIO.
PROCEZER, voyez PROCEDER.
PROCEZIMEN, *s. m.*, procession, II, 390, I, n° 14.
PROCEZIR, voyez PROCEDIR.
PROCHANAMENT, *adv.*, prochainement, IV, 655, I, n° 6.
PROCLAMATION, *s. f.*, proclamation, II, 402, II, n° 13.
PROCONSUL, *s. m.*, proconsul, II, 462, I, n° 19.
PROCREAR, *v.*, procréer, II, 507, I, n° 7.
PROCREATIO, *s. f.*, procréation, II, 507, I, n° 8.
PROCURACIO, voyez PROCURATION.
PROCURADOR, voyez PROCURAIRE.
PROCURAIRE, *s. m.*, procureur, II, 532, I, n° 16.
PROCURAIRITZ, *s. f.*, procuratrice, II, 532, II, n° 17.
PROCURAR, *v.*, procurer, II, 532, II, n° 19.
PROCURATION, *s. f.*, procuration, II, 532, II, n° 15.
PROCURATIU, *adj.*, procurant, II, 532, II, n° 18.
PRODEINGNAR, *v.*, secourir, III, 50, I, n° 15.
PRODIGALITAT, *s. f.*, prodigalité, IV, 653, II, n° 2.
PRODIGUE, *adj.*, prodigue, IV, 653, II.
PRODOMIA, *s. f.*, prud'homie, III, 533, II, n° 10.

PRODUCTIU, *adj.*, productif, III, 85, II, n° 31.

PRODUIRE, *v.*, produire, III, 85, II, n° 29.

PRODUXIO, *s. f.*, production, III, 85, II, n° 30.

PROEMINEISSER, *v.*, surpasser, III, 113, II, n° 3.

PROEMINENCIA, voyez PREEMINENCIA.

PROENSA, voyez PROVINCIA.

PROESSA, voyez PROEZA.

PROEZA, *s. f.*, prouesse, IV, 659, II, n° 2.

PROFECHABLE, *adj.*, profitable, IV, 649, II, n° 4.

PROFECHAR, *v.*, profiter, IV, 650, I, n° 7.

PROFECHOS, *adj.*, profitable, IV, 649, II, n° 3.

PROFEITABLE, voyez PROFECHABLE.

PROFEITANCZA, *s. f.*, profit, IV, 650, I, n° 5.

PROFEITAR, voyez PROFECHAR.

PROFEITOS, voyez PROFECHOS.

PROFEITOZAMENT, *adv.*, profitablement, IV, 650, I, n° 6.

PROFEMA, *s. f.*, prude-femme, III, 303, I, n° 9.

PROFEMNIA, *s. f.*, prufemmie, III, 303, I, n° 10.

PROFERE, voyez PROFERRE.

PROFERRE, *v.*, proférer, IV, 363, I, n° 7.

PROFERTA, *s. f.*, offrande, IV, 363, II, n° 8.

PROFES, *s. m.*, profès, III, 293, I, n° 37.

PROFESSAR, *v.*, promettre, III, 293, II, n° 38.

PROFESSAR, *v.*, avouer, VI, 24, II, n° 38.

PROFESSIO, *s. f.*, profession, III, 293, I, n° 36.

PROFETCHOS, voyez PROFECHOS.

PROFETISSA, *s. f.*, prophétesse, IV, 657, I, n° 4.

PROFETIZAR, voyez PROPHETISAR.

PROFICHABLE, voyez PROFECHABLE.

PROFICHAR, voyez PROFECHAR.

PROFICHOS, voyez PROFECHOS.

PROFICHOZ, voyez PROFECHOS.

PROFIEG, *s. m.*, profit, IV, 649, II, n° 2.

PROFIEYT, voyez PROFIEG.

PROFITAR, voyez PROFECHAR.

PROFONDAMENS, voyez PREONDAMENS.

PROFUNDITAT, *s. f.*, profondeur, III, 360, I, n° 12.

PROGENIA, *s. f.*, progéniture, III, 460, I, n° 23.

PROGENIES, *s. f.*, progéniture, III, 460, I, n° 22.

PROGRESSIU, *adj.*, progressif, III, 490, I, n° 12.

PROHENSA, voyez PROVINCIA.

PROHEZA, voyez PROEZA.

PROHIBIR, *v.*, prohiber, II, 26, I, n° 5.

PROHIBITIO, voyez PROHIBITION.

PROHIBITION, *s. f.*, prohibition, II, 26, II, n° 6.

PROHIBITIU, *adj.*, prohibitif, II, 26, II, n° 7.

PROHOME, *s. m.*, prud'homme, III, 533, II, n° 9.

PROLATION, *s. f.*, prolation, II, 16, I, n° 15.

PROLEC, *s. m.*, prologue, IV, 100, II, n° 11.

PROLIX, *adj.*, prolixe, IV, 654, I.

PROLIXITAT, *s. f.*, prolixité, IV, 654, I, n° 2.

PROLOGRE, voyez PROLOGUE.

PROLOGUE, *s. m.*, prologue, IV, 100, II, n° 12.

PROLONGACIO, *s. f.*, prolongation, IV, 98, II, n° 23.

PROLONGAMENT, voyez PERLONGAMEN.

PROLONGUAR, voyez PERLONGAR.

PROMESSA, *s. f.*, promesse, IV, 227, II, n° 27.

PROMESSIO, *s. f.*, promesse, IV, 227, II, n° 28.

PROMETEDOR, voyez PROMETEIRE.

PROMETEIRE, *s. m.*, prometteur, IV, 228, I, n° 29.

PROMETENSA, *s. f.*, émission, IV, 228, II, n° 34.

PROMETRE, *v.*, promettre, IV, 227, I, n° 26.

PROMISSIO, voyez PROMESSIO.

PROMOTIO, *s. f.*, promotion, IV, 279, II, n° 20.

PROMOVER, *v.*, promouvoir, IV, 279, II, n° 19.

PROMOVRE, voyez PROMOVER.

PROMULGAR, *v.*, promulguer, V, 566, I, n° 3.

PROMUNCTORI, *s. m.*, promontoire, IV, 260, I, n° 19.

PRON, voyez PRO.

PRONOM, *s. m.*, pronom, IV, 323, I, n° 20.

PRONOMEN, voyez PRONOM.

PRONONCIAMEN, voyez PRONUNCIAMEN.

PRONOSTICACIO, *s. f.*, pronostication, IV, 336, II, n° 38.

PRONOSTICAR, *v.*, pronostiquer, IV, 336, II, n° 39.

PRONUNCIAMEN, *s. m.*, prononciation, IV, 349, II, n° 12.

PRONUNCIAR, *v.*, prononcer, IV, 349, II, n° 10.

PRONUNCIATIO, *s. f.*, prononciation, IV, 349, II, n° 11.

PRONUNCIATION, voyez PRONUNCIATIO.

PRONUNCIATIU, *adj.*, précursif, IV, 350, I, n° 13.

PROOSAMEN, *adv.*, courageusement, IV, 660, I, n° 3.

PROP, *adv.*, proche, IV, 654, I.

PROPAGINAR, *v.*, provigner, IV, 653, II, n° 2.

PROPAUZAMEN, voyez PERPAUZAMEN.

PROPCHAR, *v.*, approcher, IV, 654, II, n° 4.

PROPDA, voyez PROPDAS.

PROPDAS (lisez PROPDA), *adj.*, proche, IV, 654, II, n° 3.

PROPHECIA, *s. f.*, prophétie, IV, 656, II.

PROPHESSAR, voyez PROFESSAR.

PROPHETA, *s. m.* et *f.*, prophète, IV, 657, I, n° 3.

PROPHETAL, voyez PROPHETIAL.

PROPHETIA, voyez PROPHECIA.

PROPHETIAL, *adj.*, prophétique, IV, 657, I, n° 5.

PROPHETISAR, *v.*, prophétiser, IV, 656, II, n° 2.
PROPHETIZAMEN, *s. m.*, prophétie, IV, 657, I, n° 6.
PROPHETIZAR, voyez PROPHETISAR.
PROPI, *adj.*, proche, IV, 654, II, n° 2.
PROPICIACIO, *s. f.*, propitiation, IV, 657, II.
PROPINQUITAT, *s. f.*, proximité, IV, 655, I, n° 9.
PROPITIATORI, *s. m.*, propitiatoire, IV, 657, II, n° 2.
PROPORCIONAL, *adj.*, proportionnel, IV, 440, I, n° 41.
PROPORCIONALMENT, *adv.*, proportionnellement, VI, 35, I, n° 42 *bis*.
PROPORCIONAR, *v.*, proportionner, IV, 440, I, n° 42.
PROPORTIO, *s. f.*, proportion, IV, 440, II, n° 40.
PROPOZICIO, *s. f.*, proposition, IV, 614, I, n° 40.
PROPRE, voyez PROPRI.
PROPRI, *adj.*, propre, IV, 657, II.
PROPRIAMEN, *adv.*, proprement, IV, 658, II, n° 4.
PROPRIAMENS, voyez PROPRIAMEN.
PROPRIAR, *v.*, approprier, IV, 658, II, n° 5.
PROPRIETARI, *s. m.*, propriétaire, IV, 658, I, n° 3.
PROPRIETAT, *s. f.*, propriété, IV, 657, II, n° 2.
PROROGAR, *v.*, proroger, V, 105, I, n° 11.
PRORROGATION, *s. f.*, prorogation, V, 105, I, n° 12.
PROS, *adj.*, preux, IV, 659, II.

PROSA, *s. f.*, prose, IV, 660, I.
PROSAICAMEN, *adv.*, prosaïquement, IV, 660, I, n° 2.
PROSELIT, *s. m.*, prosélyte, IV, 660, II.
PROSEQUTIO, *s. f.*, poursuite, V, 182, II, n° 24.
PROSMAN, *s. m.*, prochain, IV, 655, I, n° 8.
PROSME, voyez PROYME.
PROSOM, voyez PROHOME.
PROSPERITAT, *s. f.*, prospérité, IV, 660, II, n° 2.
PROSPEROS, *adj.*, prospère, IV, 660, II.
PROSTRAR, *v.*, renverser, IV, 660, II.
PROTECCIO, *s. f.*, protection, V, 312, I, n° 3.
PROTECTIO, voyez PROTECCIO.
PROTECTION, voyez PROTECCIO.
PROTECTIU, *adj.*, protectif, V, 312, I, n° 5.
PROTECTOR, *s. m.*, protecteur, V, 312, I, n° 4.
PROTESTAR, *v.*, protester, V, 358, II, n° 15.
PROTESTATION, *s. f.*, protestation, V, 359, I, n° 16.
PROTHCOLLE, *s. m.*, protocole, IV, 661, I.
PROTHESIS, *s. f.*, prothèse, IV, 661, I.
PROTOMARTRE, *s. m.*, protomartyr, IV, 163, I, n° 7.
PROVA, *s. f.*, éprouvette, IV, 651, I, n° 2.
PROVAMENT, *s. m.*, épreuve, IV, 651, II, n° 6.
PROVANSA, voyez PROANSA.
PROVERBI, *s. m.*, proverbe, V, 504, II, n° 9.

PROVERBIAR, *v.*, s'apostropher, V, 504, II, n° 10.
PROVEZIR, *v.*, pourvoir, V, 537, II, n° 33.
PROVIDENSSIA, voyez PROVIDENTIA.
PROVIDENTIA, *s. f.*, providence, V, 538, I, n° 34.
PROVIDENZA, *s. f.*, providence, VI, 40, I, n° 34 *bis*.
PROVINCIA, *s. f.*, province, IV, 664, I.
PROVINCIAL, *adj.*, provincial, IV, 664, II, n° 2.
PROVISIO, *s. f.*, provision, V, 538, I, n° 35.
PROVISION, voyez PROVISIO.
PROVIZIO, voyez PROVISIO.
PROVIZION, voyez PROVISIO.
PROVOCAR, *v.*, provoquer, V, 577, I, n° 24.
PROVOCATIO, *s. f.*, provocation, V, 576, II, n° 22.
PROVOCATIU, *adj.*, provocatif, V, 577, I, n° 23.
PROYME, *s. m.*, prochain, IV, 655, I, n° 7.
PROZAMEN, voyez PROOZAMEN.
PROZEL, *s. m.*, prose, IV, 660, II, n° 3.
PROZELL, voyez PROZEL.
PROZOPOPEYA, *s. f.*, prosopopée, IV, 661, II.
PRUDENZA, *s. f.*, prudence, VI, 36, II.
PRUESME, voyez PROYME.
PRUEYME, voyez PROYME.
PRUINA, *s. f.*, bruine, IV, 661, II.
PRUMAIREN, voyez PRIMEIRAN.
PRUMIER, voyez PRIMER.
PRUMIERAMENT, voyez PRIMIERAMEN.
PRUNA, *s. f.*, prune, IV, 661, II.

PRUNELIER, *s. m.*, prunellier, IV, 662, I, n° 3.
PRUNELLA, *s. f.*, prunelle, IV, 662, I, n° 4.
PRUNER, voyez PRUNIER.
PRUNIER, *s. m.*, prunier, IV, 662, I, n° 2.
PRUSER, voyez PRUZER.
PRUSIMENT, *s. m.*, prurit, IV, 662, I, n° 3.
PRUZER, *v.*, démanger, IV, 662, I.
PRUZIMENT, voyez PRUSIMENT.
PRUZOR, *s. m.* (lisez *f.*), prurit, IV, 662, I, n° 2.
PSALM, *s. m.*, psaume, IV, 662, II.
PSALME, voyez PSALM.
PSALMISTA, *s. m.*, psalmiste, IV, 662, II, n° 3.
PSALMODIA, *s. f.*, psalmodie, IV, 662, II, n° 2.
PSALTERI, *s. m.*, psautier, IV, 663, I, n° 6.
PUAN, voyez PUANS.
PUANS (lisez PUAN), *adj.*, puant, IV, 664, I, n° 6.
PUBERTAT, *s. f.*, puberté, IV, 663, I.
PUBLIAR, voyez POBLICAR.
PUBLIC, *adj.*, public, IV, 580, I, n° 6.
PUBLICA, voyez PUBLICAN.
PUBLICAL, *adj.*, public, IV, 580, I, n° 7.
PUBLICAMEN, *adv.*, publiquement, IV, 580, II, n° 12.
PUBLICAN, *s. m.*, publicain, IV, 580, II, n° 9.
PUBLICAR, voyez POBLICAR.
PUBLICATION, *s. f.*, publication, IV, 580, II, n° 10.

PUBLICO, *s. m.,* trésor public, IV, 580, I, n° 8.
PUCEL, voyez PIUCEL.
PUCELA, voyez PIUCELA.
PUDENT, *s. m.,* anus, IV, 664, I, n° 5.
PUDICICIA, *s. f.,* pudicité, IV, 663, I.
PUDIR, *v.,* puer, IV, 663, I.
PUDIT, *s. m.,* pudit, IV, 664, I.
PUDOR, *s. f.,* puanteur, IV, 663, II, n° 2.
PUEG, *s. m.,* puy, IV, 664, I.
PUEIAR, *v.,* monter, IV, 664, II, n° 5.
PUEIS, voyez POIS.
PUEISSAS, voyez POISSAS.
PUELLA, *s. f.,* jeune fille, VI, 35, II, n° 6.
PUELLAR, *s. m.,* âge puéril, VI, 35, II, n° 7.
PUERICIA, *s. f.,* âge puéril, IV, 665, II.
PUERIL, *adj.,* puéril, IV, 665, II, n° 2.
PUERISSIA, voyez PUERICIA.
PUERITIA, voyez PUERICIA.
PUEYSSAS, voyez POISSAS.
PUGNAIS, voyez PUTNAIS.
PUGAR, voyez PUEIAR.
PUGNAR, *v.,* combattre, IV, 668, II, n° 8.
PUIAMEN, *s. m.,* ascendance, IV, 664, II, n° 4.
PUIANSA, *s. f.,* ascendance, IV, 664, II, n° 3.
PUIAR, voyez PUEIAR.
PUINT, voyez PONCH.
PUIOL, *s. m.,* hauteur, IV, 664, II, n° 2.
PUIRIDURA, voyez POIRIDURA.
PUIRIMEN, voyez POYRIMEN.

PULEGI, *s. m.,* pouliot, IV, 665, II.
PULLIFICACIO, *s. f.,* procréation, VI, 35, II, n° 11.
PULLIFICAR, *v.,* procréer, VI, 35, II, n° 10.
PULMO, voyez POLMO.
PULSACIO, *s. f.,* pulsation, IV, 666, I, n° 3.
PULSAR, *v.,* pousser, IV, 665, II.
PULSATIL, *adj.,* pulsatif, IV, 666, I, n° 5.
PULSELLA, voyez PIUCELA.
PULULATIU, *adj.,* pullulatif, VI, 35, II, n° 12.
PULVEREIAR, *v.,* pulvériser, IV, 593, I, n° 8.
PULVEREJAR, voyez PULVEREIAR.
PULVEROS, voyez POLVEROS.
PULVEROZ, voyez POLVEROS.
PULVIL, *s. m. dim.,* coussinet, IV, 667, II, n° 2.
PULVINA, *s. f.,* coussin, IV, 667, II.
PUNCCIO, *s. f.,* douleur poignante, IV, 596, I, n° 6.
PUNCHADA, voyez PONHADA.
PUNCHAR, voyez PONHAR.
PUNCHIER, *s. m.,* pioche, IV, 597, II, n° 20.
PUNCIO, voyez PUNCCIO.
PUNCTACIO, voyez PUNCTATIO.
PUNCTAL, *adj.,* ponctuel, IV, 596, I, n° 3.
PUNCTATIO, *s. f.,* aspérité d'un corps pointu, IV, 596, II, n° 7.
PUNCTURA, voyez PONCHURA.
PUNGER, *v.,* piquer, IV, 597, II, n° 22.
PUNGITIU, *adj.,* poignant, IV, 598, I, n° 23.

PUNGNAR, voyez PONHAR.
PUNH, s. m., poing, IV, 667, II.
PUNHADIERA, s. f., pougnadière, IV, 668, II, n° 5.
PUNHAR, voyez PONHAR.
PUNHER, voyez PUNGER.
PUNIC, adj., écarlate, VI, 36, II, n° 2.
PUNICENC, adj., écarlate, IV, 669, II.
PUNICIO, s. f., punition, IV, 669, II, n° 3.
PUNIMEN, s. m., punition, IV, 669, II, n° 2.
PUNIR, v., punir, IV, 669, II.
PUNITIO, voyez PUNICIO.
PUNT, voyez PONCH.
PUNTA, voyez PONCHA.
PUOI, voyez PUEG.
PUOIAR, voyez PUEIAR.
PUOIS, voyez POIS.
PUPIL, voyez PUPILH.
PUPILH, s. m., pupille, IV, 670, I.
PUPILLA, s. f., pupille, IV, 670, I, n° 2.
PUPILLA, s. f., pupille, IV, 670, I.
PUPILLARETAT, s. f., pupillarité, IV, 670, I, n° 3.
PUPILLARI, adj., pupillaire, IV, 670, I, n° 4.
PUPILLARINT, adv., à la manière pupillaire, IV, 670, I, n° 5.
PUR, adj., pur, IV, 670, I.
PURACIO, s. f., purification, IV, 670, II, n° 4.
PURAMENT, adv., purement, IV, 670, II, n° 2.
PURETAT, voyez PURITAT.
PURGACION, voyez PURGATIO.

PURGADOR, s. m., purgatif, IV, 672, II, n° 18.
PURGAMENT, s. m., purification, IV, 672, I, n° 17.
PURGAR, v., purger, IV, 671, II, n° 13.
PURGATIO, s. f., purgation, IV, 672, I, n° 16.
PURGATIU, adj., purgatif, IV, 672, II, n° 19.
PURGATORI, s. m., purgatoire, IV, 672, I, n° 14.
PURGATORI, adj., du purgatoire, IV, 672, I, n° 15.
PURIDURA, voyez POIRIDURA.
PURIFICACIO, s. f., purification, IV, 671, I, n° 6.
PURIFICAR, v., purifier, IV, 671, I, n° 5.
PURIFICATIO, voyez PURIFICACIO.
PURIFICATIU, adj., purificatif, IV, 671, I, n° 7.
PURITAT, s. f., pureté, IV, 670, II, n° 3.
PURPURENC, adj., de pourpre, IV, 602, II, n° 3.
PURTAT, voyez PURITAT.
PUS, voyez PLUS.
PUS, voyez POIS.
PUSSILLANIMITAT, s. f., pusillanimité, II, 90, II, n° 11.
PUSTELLA, voyez PUSTULA.
PUSTULA, s. f., pustule, IV, 673, I.
PUSTULACIO, s. f., pustulation, IV, 673, I, n° 2.
PUT, adj., puant, IV, 663, II, n° 3.
PUTA, s. f., putain, IV, 673, I.
PUTAGE, s. m., prostitution, IV, 674, I, n° 6.

PUTAN, *s. m.*, putassier, IV, 674, I, n° 4.
PUTANA, *s. f.*, putain, IV, 674, I, n° 2.
PUTANEIAR, voyez PUTEIAR.
PUTANEJAR, voyez PUTANEIAR.
PUTANELA, *s. f. dim.*, petite putain, IV, 674, I, n° 3.
PUTANER, voyez PUTANIER.
PUTANIER, *adj.*, putassier, IV, 674, I, n° 5.
PUTARIA, *s. f.*, putanisme, IV, 674, I, n° 7.
PUTEAL, *adj.*, de puits, IV, 617, II, n° 2.
PUTEIAR, *v.*, se prostituer, IV, 674, II, n° 9.
PUTEJAR, voyez PUTEIAR.
PUTIA, *s. f.*, putanisme, IV, 674, II, n° 8.
PUTNAIS, *adj.*, punais, IV, 664, I, n° 4.
PUTREFACCIO, *s. f.*, putréfaction, IV, 587, I, n° 8.
PUTREFACT, *adj.*, putréfié, IV, 587, II, n° 9.
PUTREFACTIO, voyez PUTREFACCIO.
PUTRID, *adj.*, putride, IV, 587, I, n° 7.
PUTRIT, voyez PUTRID.
PYGMEU, voyez PYGMEUS.
PYGMEUS (lisez PYGMEU), *s. m.*, pygmée, IV, 674, II.
PYRAMIDAL, *adj.*, pyramidal, IV, 674, II.
PYZANTIA, *s. f.*, pyzance, IV, 675, I.

Q

Q, *s. m.*, q, V, 1, I.
QADERN, voyez CAZERN.
QAL, voyez QUAL.
QAN, voyez QUAN.
QAR, voyez QUAR.
QE, voyez QUE.
QUABELLIER, voyez CABEILLIER.
QUADRAGEZIMA, *s. f.*, quadragésime, V, 9, I, n° 33.
QUADRAN, voyez QUADRANT.
QUADRANGLE, *s. m.*, quadrangle, II, 86, II, n° 9, et V, 7, II, n° 21.
QUADRANT, *s. m.*, quart, V, 7, II, n° 18.
QUADRIGAL, *adj.*, de quadrige, V, 7, II, n° 20.
QUADRUPEDAL, *adj.*, quadrupède, IV, 472, II, n° 17.
QUADRUPEDI, *adj.*, quadrupède, IV, 472, II, n° 16.
QUAIS, *adv.*, quasi, V, 1, I.
QUAISQUE, voyez QUAYSQUE.
QUAITZ, *adj.*, coi, V, 22, II, n° 2.
QUAL, *pron. rel.*, quel, V, 1, II.
QUALACOM, voyez QUALAQUOM.
QUALAQUOM, *pron. indéf.*, quelque, V, 2, II, n° 3.
QUALCATRICX, voyez CALCATRICS.
QUALER, voyez CALER.
QUALIDITAT, *s. f.*, chaleur, II, 290, II, n° 8.
QUALITAT, *s. f.*, qualité, V, 2, II, n° 5.
QUALITATIU, *adj.*, qualificatif, V, 3, I, n° 3.

QUALQUE, *pron. indéf.*, quelque, V, 2, I, n° 2.
QUALV, voyez CALV.
QUAN, *adv.*, quand, V, 3, I.
QUAN, voyez CAN.
QUAN, voyez QUANT.
QUANDI, *adj.*, blanc, II, 309, II, n° 3.
QUANDIUS, *conj.*, aussi longtemps que, V, 3, II, n° 3.
QUANT, *adv.*, combien, V, 3, II.
QUANT, *adj.*, quant, V, 4, I, n° 2.
QUANTITAT, *s. f.*, quantité, V, 4, II, n° 3.
QUANTITATIU, *adj.*, de quantité, V, 4, II, n° 4.
QUAR, *conj.*, car, V, 5, I.
QUARANTA, *n. de nomb.* (lisez *adj. num.*), quarante, V, 8, II, n° 29.
QUARANTENA, *s. f.*, quarantaine, V, 9, I, n° 31.
QUAREME, voyez QUARESME.
QUARESME, *s. m.*, carême, V, 9, II, n° 35.
QUARRE, *s. m.*, quadruple, V, 8, I, n° 22.
QUART, *s. m.*, quart, V, 5, II, n° 2.
QUARTA, *s. f.*, quarte, V, 6, II, n° 11.
QUARTAMENT, *adv.*, quatrièmement, V, 6, I, n° 4.
QUARTAN, *adj.*, quartaine, V, 6, I, n° 7.
QUARTANARI, *adj.*, quartenaire, V, 6, I, n° 6.
QUARTAYRADA, *s. f.*, quarterée, V, 7, I, n° 16.
QUARTAYRONAL, *adj.*, de quarteron, V, 7, I, n° 14.

QUARTER, *adj.*, quatrième, V, 6, I, n° 3.
QUARTERO, *s. m.*, quarteron, VI, 36, I, n° 13 *bis*.
QUARTIER, *s. m.*, quart, V, 9, II, n° 37.
QUARTUMPRAR, *v.*, quadrupler, V, 8, I, n° 23.
QUASCUN, voyez CASCUN.
QUASSAR, voyez CASSAR.
QUASTIAZO, *s. f.*, correction, II, 355, I, n° 7.
QUATERNARI, *adj.*, quaternaire, V, 6, II, n° 8.
QUATORZE, *n. de nomb.* (lisez *adj. num.*), quatorze, V, 8, II, n° 27.
QUATORZEN, *adj.*, quatorzième, V, 8, II, n° 28.
QUATRE, *n. de nomb.* (lisez *adj. num.*), quatre, V, 5, I.
QUATREDIAN, *adj.*, qui a duré quatre jours, III, 43, II, n° 15, et V, 6, II, n° 10.
QUAUS, voyez CALZ.
QUAYSQUE, *conj. comp.*, quasi comme, V, 1, I, n° 2.
QUAZERN, *adj.*, quaterné, V, 8, I, n° 26.
QUE, *pron. rel.*, qui, V, 12, I.
QUEACOM, voyez QUALAQUOM.
QUEACOMET, *adv. dim.*, quelque petit peu, V, 2, II, n° 4.
QUEC, *pron. indéf.*, chacun, V, 16, I.
QUECUN, voyez QUALAQUOM.
QUEDAMENT, *adv.*, paisiblement, V, 22, II, n° 3.
QUENZENA, *subs. num.* (lisez *s. f.*), quinzaine, II, 397, II, n° 10.

QUEREDOR, *s. m.*, chercheur, V, 18, I, n° 6.

QUERELA, *s. f.*, plainte, V, 16, II.

QUERELAR, voyez QUERELHAR.

QUERELHAMEN, *s. m.*, plainte, V, 16, II, n° 2.

QUERELHAR, *v.*, plaindre, V, 16, II, n° 3.

QUERELLA, voyez QUERELA.

QUEREMEN, *s. m.*, recherche, V, 18, I, n° 5.

QUERENTIS, *adj.*, rechercheur, V, 18, I, n° 7.

QUERER, *v.*, quérir, V, 17, I.

QUERIDOR, voyez QUEREDOR.

QUERIMONIA, *s. f.*, plainte, V, 17, I, n° 5.

QUERIR, voyez QUERER.

QUERRE, voyez QUERER.

QUERULOS, *adj.*, plaintif, V, 17, I, n° 4.

QUERULOZ, voyez QUERULOS.

QUESTA, *s. f.*, quête, V, 17, II, n° 3.

QUESTABLE, *adj.*, questable, V, 18, I, n° 4.

QUESTIO, *s. f.*, question, V, 18, II, n° 8.

QUESTION, voyez QUESTIO.

QUESTIONAR, *v.*, questionner, V, 18, II, n° 9.

QUETZ, *adj.*, coi, V, 22, I.

QUI, *pron. rel.*, qui, V, 24, I.

QUIAR, *v.*, poser, V, 23, II, n° 11.

QUIETAMENT, *adv.*, paisiblement, V, 22, II, n° 4.

QUIL, *s. m.*, gazouillement, V, 26, I.

QUILAR, *v.*, piailler, V, 26, I, n° 2.

QUILL, voyez QUIL.

QUILLAR, voyez QUILAR.

QUIN, *pron. rel.*, quel, V, 26, I.

QUINH, voyez QUIN.

QUINQUAGEZIMA, *s. f.*, quinquagésime, II, 397, II, n° 14.

QUINQUENNAL, *adj.*, quinquennal, II, 397, I, n° 7.

QUINQUENNAU, voyez QUINQUENNAL.

QUINSE, voyez QUINZE.

QUINT, *adj.*, cinquième, II, 396, II, n° 2.

QUINTA, *s. f.*, quinte, II, 397, I, n° 3.

QUINTAL, *s. m.*, quintal, V, 26, II.

QUINTAMENT, *adv.*, cinquièmement, II, 397, I, n° 4.

QUINTANA, *s. f.*, quintaine, V, 26, II.

QUINTAR, *v.*, quinter, II, 397, I, n° 5.

QUINZE, *adv.* (lisez *adj.*) *num.*, quinze, II, 397, II, n° 8.

QUINZEN, *adj.*, quinzième, II, 397, II, n° 9.

QUISQUILA, *s. f.*, caille, V, 26, II.

QUISQUILHA, *s. f.*, criblure, V, 26, II.

QUISTA, voyez QUESTA.

QUISTAR, *v.*, quêter, V, 17, II, n° 2.

QUITAMEN, *adv.*, quittement, V, 23, II, n° 8.

QUITAMENT, *s. m.*, acquittement, V, 23, II, n° 10.

QUITAR, *v.*, quitter, V, 23, I, n° 6.

QUITI, voyez QUITIS.

QUITIS (lisez QUITI), *adj.*, quitte, V, 23, I, n° 7.

QUITTANÇA, voyez QUITTANSA.
QUITTANSA, *s. f.*, quittance, V, 23, II, n° 9.
QUOR, voyez CORA.
QUORA, voyez CORA.
QUORAS, voyez CORA.
QUOTA, voyez COTA.
QUOTAR, *v.*, coter, V, 27, I.

R

R, *s. m.*, V, 27, I.
RABA, *s. f.*, rave, V, 27, I.
RABASTA, *s. f.*, querelle, V, 27, II.
RABAT, *adj.*, enragé, V, 28, II, n° 4.
RABATAMEN, *s. m.*, rabattement, II, 200, I, n° 28.
RABEG, *s. m.*, courant, V, 43, I, n° 11.
RABEH, voyez RABEG.
RABER, *v.*, ravager, V, 28, II, n° 5.
RABETA, *s. f. dim.*, petite rave, V, 27, II, n° 3.
RABEY, *s. m.*, rebec, V, 27, II.
RABEY, voyez RABEG.
RABI, voyez RABIN.
RABIA, *s. f.*, rage, V, 28, I.
RABIN, *s. m.*, rabbin, V, 29, I.
RABINA, *s. f.*, impétuosité, V, 43, I, n° 8.
RABINADOR, voyez RABINAIRE.
RABINAIRE, *adj.* (lisez *s. m.*), impétueux, V, 43, I, n° 9.
RABINIER, *adj.*, impétueux, V, 43, I, n° 10.
RABIOS, *adj.*, enragé, V, 28, I, n° 3.
RACA, *s. f.*, rosse, V, 29, I, n° 2.
RACAR, *v.*, souffrir, V, 29, I.
RACCA, voyez RACA.
RACH, voyez RAI.
RACINA, *s. f.*, racine, V, 30, I, n° 3.
RACIOCINACIO, *s. f.*, raisonnement, V, 54, II, n° 10.
RACIONAL, *adj.*, rationnel, V, 54, I, n° 9.
RACOMTAR, voyez RECOMTAR.
RADELADA, *s. f.*, abondance, V, 29, II.
RADELH, *s. m.*, radeau, V, 29, II.
RADICACIO, *s. f.*, radication, V, 30, I, n° 6.
RADICAL, *adj.*, radical, V, 30, II, n° 7.
RADICAR, *v.*, enraciner, V, 30, I, n° 5.
RADIOS, *adj.*, radieux, V, 33, I, n° 4.
RADIOZ, voyez RADIOS.
RADITZ, *s. f.*, racine, V, 29, II.
RAFE, *s. m.*, raifort, V, 27, II, n° 4.
RAGUARRIA, *s. f.*, crevasse, V, 31, II.
RAH, voyez RAI.
RAHUSAR, *v.*, rogner, V, 32, I.
RAHUZAR, voyez RAHUSAR.
RAI, *s. m. et f.*, rayon de lumière, V, 32, I.
RAIA, *s. f.*, rayon, V, 32, II, n° 2.
RAIADA, *s. f.*, raie, V, 33, I, n° 5.
RAIAR, voyez RAJAR.
RAIG, voyez RAI.
RAINA, *s. f.*, dispute, V, 34, I.
RAINAL, *adj.*, grognard, V, 34, II, n° 3.
RAINAR, *v.*, grogner, V, 34, II, n° 4.
RAINETA, *s. f. dim.*, petite raine, V, 39, I, n° 2.
RAINOS, *adj.*, querelleur, V, 34, II, n° 2.
RAIRE, *v.*, rayer, V, 34, II.
RAISETA, *s. f. dim.*, petite racine, V, 30, I, n° 2.

RAISSOS, *adj.*, tourmenté, V, 50, II, n° 2.
RAIT, voyez RAI.
RAITZ, voyez RADITZ.
RAJADA, voyez RAIADA.
RAJAR, *v.*, rayonner, V, 32, II, n° 3.
RAM, *s. m.*, rameau, V, 36, I.
RAMA, *s. f.*, rame, V, 37, I, n° 3.
RAMADA, *s. f.*, ramée, V, 37, II, n° 7.
RAMAGE, *s. f.*, ramée, V, 37, I, n° 5.
RAMAR, *v.*, verdir, V, 38, I, n° 16.
RAMATGE, voyez RAMAGE.
RAMEL, *s. m.*, rameau, V, 37, I, n° 6.
RAMENC, *adj.*, branchier, V, 37, II, n° 9.
RAMET, *s. m. dim.*, petit rameau, V, 36, II, n° 2.
RAMIER, *s. m.*, rameau, V, 37, II, n° 10.
RAMIFICAR, *v.*, ramifier, V, 38, I, n° 15.
RAMIL, *s. m.*, ramée, V, 37, II, n° 8.
RAMILLA, *s. f. dim.*, petite ramée, V, 37, I, n° 4.
RAMIS, *adj.*, rameux, V, 38, I, n° 14.
RAMOS, *adj.*, rameux, V, 38, I, n° 12.
RAMOTIU, *adj.*, expansif, IV, 280, I, n° 26.
RAMP, voyez RAM.
RAMPA, *s. f.*, crampe, V, 38, II.
RAMPALM, *s. m.*, Rameaux, IV, 402, II, n° 4.
RAMPNE, *s. m.*, nerprun, V, 38, II.
RAMUT, *s. m.*, agitation, IV, 280, I, n° 25.
RAMUT, *adj.*, rameux, V, 38, I, n° 13.
RANA, *s. f.*, raine, V, 39, I.
RANC, *s. m.*, écueil, V, 39, I.
RANC, *adj.*, rance, V, 39, II.
RANCOR, *s. m.*, rancune, V, 39, II.

RANCURA, *s. f.*, récrimination, V, 40, I, n° 2.
RANCURAR, *v.*, reprocher, V, 40, I, n° 4.
RANCUROS, *adj.*, rancuneux, V, 40, I, n° 3.
RANDA, *s. f.*, fermeté, V, 40, II.
RANDAR, *v.*, arranger, V, 41, II.
RANDO, voyez RANDON.
RANDOLA, *s. f.*, hirondelle, III, 551, I, n° 6.
RANDOLO, *s. m.*, hirondeau, III, 551, I, n° 7.
RANDON, *s. m.*, impétuosité, V, 41, I, n° 2.
RANDONADA, *s. f.*, randonnée, V, 41, II, n° 4.
RANDONAR, *v.*, randonner, V, 41, II, n° 3.
RANQUEIAR, *v.*, boiter, V, 39, II, n° 2.
RANQUEJAR, *v.*, grogner, V, 40, II, n° 6.
RANQUEJAR, voyez RANQUEIAR.
RANQUILLAR, *v.*, chagriner, V, 40, II, n° 5.
RANSAN, *adj.*, façonné, VI, 36, I.
RANSON, *s. m.* (lisez *f.*), troupe, V, 42, I.
RANSONAR, *v.*, rançonner, III, 117, II, n° 7.
RANULA, *s. f.*, ranule, V, 42, I.
RAP, *s. m.*, rapt, V, 42, I.
RAPACI, voyez RAPATZ.
RAPACITAT, *s. f.*, rapacité, V, 42, II, n° 6.
RAPADOR, voyez RAPAYRE.
RAPAR, *v.*, ravir, V, 42, II, n° 7.
RAPAR, *v.*, ramper, V, 87, I, n° 2.
RAPATZ, *adj.*, rapace, V, 42, I, n° 5.
RAPAYRE, *s. m.*, ravisseur, V, 42, II, n° 5.
RAPHE, voyez RAFE.

RAPINA, *s. f.*, rapine, V, 42, I, n° 2.
RAPTOR, *s. m.*, ravisseur, V, 42, II, n° 4.
RAR, *adj.*, rare, V, 44, I.
RARAMENT, *adv.*, rarement, V, 44, I, n° 2.
RAREFACCIO, *s. f.*, raréfaction, V, 44, II, n° 4.
RAREFACTIU, *adj.*, raréfactif, V, 44, II, n° 5.
RARETAT, voyez RARITAT.
RARIFICAR, *v.*, raréfier, V, 44, II, n° 6.
RARITAT, *s. f.*, rareté, V, 44, I, n° 3.
RAS, *s. m.*, ras, V, 35, II, n° 2.
RASA, *s. f.*, fossé, V, 44, II.
RASAZIAR, *v.*, rassasier, V, 163, I, n° 14.
RASCA, *s. f.*, teigne, V, 44, II.
RASCAS, *s. m.* (lisez *adj.*, employé substantivement dans l'exemple), teigneux, V, 44, II, n° 2.
RASCUNDRE, voyez RESCONDRE.
RASIBUS, *prép.*, rasibus, V, 36, I, n° 6.
RASIM, voyez RAZIM.
RASO, voyez RAZO.
RASON, voyez RAZO.
RASONABLAMEN, voyez RAZONABLAMENT.
RASONAR, voyez RAZONAR.
RASPALH, *s. m.*, balle, V, 44, II.
RASSA, *s. f.*, extorsion, V, 45, I.
RASSACIAMENT, *s. m.*, rassasiement, V, 163, I, n° 13.
RASTELAR, *v.*, ratisser, V, 45, I.
RASURA, *s. f.*, râpure, V, 35, II, n° 4.
RAT, *s. m.*, rat, V, 45, I.
RATA, *s. f.*, rate, V, 45, I, n° 2.

RATA, *s. f.*, valeur, V, 46, I.
RATAIROL, *s. m. dim.*, petit rat, V, 45, II, n° 8.
RATAPENADA, voyez RATAPENNADA.
RATAPENNADA, *s. f.*, rate-pennée, V, 45, II, n° 9.
RATEIRA, *s. f.*, ratière, V, 45, II, n° 5.
RATELA, *s. f.*, rate, V, 46, II.
RATETA, *s. f. dim.*, petite rate, V, 45, II, n° 4.
RATGE, voyez RATJE.
RATIER, *adj.*, ratier, V, 45, II, n° 7.
RATIFFICAR, voyez RATIFICAR.
RATIFFICATION, *s. f.*, ratification, V, 46, I, n° 3.
RATIFIAMENT, *s. m.*, ratification, V, 46, I, n° 4.
RATIFICAR, *v.*, ratifier, V, 46, I, n° 2.
RATIO, voyez RAZO.
RATION, voyez RAZO.
RATIONAL, voyez RACIONAL.
RATIONATIO, *s. f.*, ratiocination, V, 54, I, n° 8.
RATJAR, voyez RAVIAR.
RATJE, *s. m.*, rage, V, 28, I, n° 2.
RATO, *s. m.*, raton, V, 45, I, n° 3.
RATOIRE, *s. m.*, nid à rats, V, 46, I, n° 10.
RATON, voyez RATO.
RATONADURA, *s. f.*, rongeure de rats, V, 45, II, n° 6.
RAUBA, *s. f.*, robe, V, 46, II.
RAUBADOR, voyez RAUBAIRE.
RAUBAIRE, *s. m.*, dérobeur, V, 46, II, n° 3.
RAUBAMEN, *s. m.*, pillage, V, 47, II, n° 6.

RAUBAR, *v.*, dérober, V, 47, II, n° 7.
RAUBARIA, *s. f.*, pillage, V, 47, I, n° 4.
RAUBATORI, *s. m.*, volerie, V, 47, I, n° 5.
RAUBIMEN, *s. m.*, ravissement, V, 48, I, n° 12.
RAUBIR, *v.*, ravir, V, 48, I, n° 13.
RAUBOR, *s. f.*, pillage, V, 46, II, n° 2.
RAUC, *adj.*, rauque, V, 48, II.
RAUCAMEN, voyez RAUQUAMEN.
RAUCAMENT, voyez RAUQUAMEN.
RAUCH, voyez RAUC.
RAUGUELHAR, *v.*, râler, V, 49, I, n° 8.
RAUJAR, voyez RAVIAR.
RAUJEN, *adj.*, rosé, V, 115, I, n° 11.
RAUMA, *s. f.* (lisez *m.*), rhume, V, 89, II, n° 2.
RAUMAT, *s. m.*, râle, V, 49, I, n° 9.
RAUQUAMEN, *adv.*, rauquement, V, 48, II, n° 3.
RAUQUERIA, voyez RAUQUIERA.
RAUQUET, *adj. dim.*, rauque, V, 48, II, n° 4.
RAUQUEZA, *s. f.*, enrouement, V, 49, I, n° 7.
RAUQUIAR, *v.*, crier d'un cri rauque, V, 49, I, n° 5.
RAUQUIERA, *s. f.*, enrouement, V, 49, I, n° 6.
RAUQUILHOS, *adj.*, rauque, V, 48, II, n° 2.
RAURE, voyez RAIRE.
RAUS, *s. m.*, roseau, V, 49, II.
RAUSA, voyez RAUSAN.
RAUSA, voyez RAUZA.
RAUSAN, *s. m.*, natte de roseaux, V, 49, II, n° 4.

RAUST, *adj.*, rôti, V, 50, I, n° 2.
RAUSTIR, *v.*, rôtir, V, 49, II.
RAUZA, *s. f.*, jonchaie, V, 49, II, n° 3.
RAUZA, *s. f.*, lie, V, 50, II.
RAUZEL, *s. m.*, roseau, V, 49, II, n° 2.
RAUZEU, voyez RAUZEL.
RAUZIER, *s. m.*, nattier, IV, 49, II, n° 5.
RAVE, *s. m.*, raifort, V, 27, I, n° 2.
RAVIA, *s. f.*, rage, VI, 36, I, n° 1 *bis*.
RAVIAR, *v.*, enrager, V, 28, II, n° 6.
RAVIOS, voyez RABIOS.
RAXIO, voyez RAZO.
RAY, voyez RAI.
RAYAR, voyez RAJAR.
RAYNA, voyez RANA.
RAYNA, voyez RAINA.
RAYNART, *s. m.*, renard, V, 50, II.
RAYRE, voyez RAIRE.
RAYSFINAR, *v.*, raffiner, III, 333, II, n° 6.
RAYSSAR, *v.*, scier, V, 50, II.
RAZA, *s. f.*, race, V, 51, I.
RAZAIN, voyez RAZIM.
RAZEDOR, *s. m.*, raseur, V, 36, I, n° 5.
RAZICAR, voyez RADICAR.
RAZIGAMENT, *s. m.*, racine, V, 30, I, n° 4.
RAZIGAR, voyez RADICAR.
RAZIM, *s. m.*, raisin, V, 51, I.
RAZIMAR, *v.*, produire des raisins, V, 51, I, n° 3.
RAZIMET, *s. m. dim.*, petit raisin, V, 51, I, n° 2.
RAZINA, voyez RACINA.
RAZIR, *v.*, déraciner, V, 30, II, n° 8.
RAZITZ, voyez RADITZ.

RAZO, *s. f.*, raison, V, 51, II, et VI, 36, II.
RAZON, voyez RAZO.
RAZONABLAMENT, *adv.*, raisonnablement, V, 54, I, n° 7.
RAZONABLAMENZ, voyez RAZONABLAMENT.
RAZONABLE, *adj.*, raisonnable, V, 53, I, n° 5.
RAZONADOR, voyez RAZONAIRE.
RAZONAIRE, *s. m.*, raisonneur, V, 53, I, n° 4.
RAZONAMEN, *s. m.*, raisonnement, V, 52, II, n° 3.
RAZONANSA, *s. f.*, observation, V, 52, II, n° 2.
RAZONAR, *v.*, raisonner, V, 53, I, n° 6.
RAZOR, *s. m.*, rasoir, V, 35, II, n° 3.
RAZURA, voyez RASURA.
RE, *s. f.*, chose, V, 55, I.
RE, voyez REI.
RE, voyez REN.
REAL, *adj.*, réel, V, 56, II, n° 5.
REAL, voyez REIAL.
REALH, voyez REIAL.
REALME, voyez REYALME.
REALMENS, *adv.*, réellement, V, 56, II, n° 6.
REBAILAR, *v.*, redonner, II, 169, I, n° 3.
REBASTIR, *v.*, rebâtir, II, 194, II, n° 9.
REBATEIAR, *v.*, rebaptiser, II, 180, I, n° 7.
REBATEJAR, voyez REBATEIAR.
REBATEMENT, *s. m.*, rebattement, II, 200, II, n° 29.
REBATIZAR, voyez REBATEIAR.

REBATRE, *v.*, rabattre, II, 200, I, n° 27.
REBAYSAR, voyez REBAYZAR.
REBAYZAR, *v.*, rebaiser, II, 171, I, n° 7.
REBEL, *adj.*, rebelle, II, 207, II, n° 3.
REBELL, voyez REBEL.
REBELLACION, *s. f.*, rébellion, II, 208, I, n° 6.
REBELLAR, *v.*, rebeller, II, 208, I, n° 7.
REBELLATIO, voyez REBELLACION.
REBELLE, voyez REBEL.
REBELLIO, *s. f.*, rébellion, II, 208, I, n° 5.
REBELLION, voyez REBELLIO.
REBEURE, *v.*, reboire, II, 218, II, n° 15.
REBLANDIR, *v.*, flatter, II, 224, I, n° 4.
REBOLTAR, *v.*, repousser, V, 57, I.
REBONDRE, *v.*, rejeter, V, 57, I.
REBONER, voyez REPONER.
REBOTAR, *v.*, repousser, II, 243, II, n° 4.
REBRUGIRE, *v.*, rebruire, II, 265, II, n° 6.
REBULHIR, voyez REBULLIR.
REBULLIR, *v.*, retremper, II, 274, I, n° 7.
REBUZAR, *v.*, radoter, V, 57, I.
REBUZO, *s. f.*, radotement, V, 57, I, n° 2.
RECALAR, *v.*, rapaiser, II, 289, I, n° 3.
RECALIU, *s. m.*, braise, II, 294, II, n° 22.
RECALIVAR, *v.*, réchauffer, II, 292, I, n° 23.

RECAPITOLAR, v., récapituler, II, 323, I, n° 35.

RECAPTAR, v., rétablir, II, 275, II, n° 25.

RECASTINAR, v., reprocher, II, 355, II, n° 10.

RECCIO, s. f., direction, V, 63, II, n° 2.

RECEBEDOR, voyez RECEBEIRE.

RECEBEIRE, s. m., receveur, II, 281, I, n° 63.

RECEBEMEN, voyez RECEBIMEN.

RECEBIMEN, s. m., réception, II, 280, I, n° 58.

RECEBRE, v., recevoir, II, 279, II, n° 56.

RECEL, voyez RECELS.

RECELADA, s. f., embûche, II, 373, I, n° 13.

RECELS (lisez RECEL), s. m., discrétion, II, 372, II, n° 8.

RECEMBLADOR, voyez RESSEMBLADOR.

RECEMBLAR, voyez RESSEMBLAR.

RECENGER, v., ceindre, II, 377, I, n° 11.

RECENHER, voyez RECENGER.

RECENSAR, v., recenser, II, 388, I, n° 11.

RECENT, adj., récent, V, 57, I.

RECEPTA, s. f., recette, II, 280, II, n° 59.

RECEPTABLE, adj., recevable, II, 281, I, n° 64.

RECEPTACLE, s. m., réceptacle, II, 280, II, n° 62.

RECEPTE, s. m., réceptacle, II, 280, II, n° 60.

RECEPTIO, s. f., réception, II, 280, I, n° 57.

RECEPTION, voyez RECEPTIO.

RECEPTIU, adj., réceptif, II, 281, I, n° 65.

RECERCELAR, v., friser, II, 381, II, n° 3.

RECHANTAR, v., faire écho, II, 315, II, n° 21.

RECHAP, voyez RESCAP.

RECHIGNAR, v., rechigner, V, 57, II.

RECHINHAR, voyez RECHIGNAR.

RECIENT, s. m., refuge, II, 280, II, n° 61.

RECIMAR, v., remonter, II, 396, I, n° 3.

RECINGLAR, v., ressangler, II, 377, II, n° 18.

RECIPROC, adj., réciproque, V, 57, II.

RECITAMEN, s. m., exposition, II, 399, I, n° 11.

RECITAR, v., réciter, II, 399, I, n° 9.

RECITATIO, s. f., récit, II, 399, I, n° 10.

RECLAM, s. m., réclamation, II, 402, I, n° 10.

RECLAMAR, v., réclamer, II, 402, I, n° 9.

RECLAURE, v., fermer, II, 412, I, n° 45.

RECLAVAR, v., refermer, II, 408, I, n° 12.

RECLINAR, v., reposer, II, 416, II, n° 17.

RECLURE, voyez RECLAURE.

RECLUS, s. m., reclus, II, 412, I, n° 46.

RECOBRADA, *s. f.*, recouvrement, II, 423, I, n° 5.

RECOBRAMEN, *s. m.*, recouvrement, II, 423, I, n° 6.

RECOBRAR, *v.*, recouvrer, II, 422, II, n° 4.

RECOBRIR, *v.*, recouvrir, II, 425, I, n° 15.

RECOGNOSCER, *v.*, reconnaître, IV, 336, I, n° 37.

RECOILLIR, *v.*, recueillir, II, 435, I, n° 12.

RECOLLECTIO, *s. f.*, réunion, IV, 43, I, n° 19.

RECOLLEGIR, *v.*, colliger, IV, 42, II, n° 18.

RECOLLIGIR, voyez RECOLLEGIR.

RECOMANDAR, voyez RECOMMANDAR.

RECOMANDATIO, *s. f.*, recommandation, IV, 139, I, n° 26.

RECOMENSAR, *v.*, recommencer, II, 449, I, n° 10.

RECOMMANDAR, *v.*, recommander, IV, 139, I, n° 27.

RECOMPENSACIO, voyez RECOMPENSATIO.

RECOMPENSAR, *v.*, compenser, IV, 499, II, n° 48.

RECOMPENSATIO, *s. f.*, récompense, IV, 499, II, n° 49.

RECOMTABLE, *adj.*, exprimable, II, 465, I, n° 9.

RECOMTAMEN, *s. m.*, récit, II, 465, I, n° 8.

RECOMTANSA, *s. f.*, récit, II, 464, II, n° 7.

RECOMTANZA, voyez RECOMTANSA.

RECOMTAR, *v.*, raconter, II, 464, II, n° 6.

RECONCILIAMENT, *s. m.*, réconciliation, IV, 73, II, n° 30.

RECONCILIAR, *v.*, réconcilier, II, 462, II, n° 23, et IV, 73, II, n° 28.

RECONCILIATIO, *s. f.*, réconciliation, IV, 73, II, n° 29. Voyez RECONSILIATIO.

RECONFORTAR, *v.*, reconforter, III, 379, I, n° 39.

RECONJA, *s. f.*, enjolivement, II, 467, I, n° 16.

RECONJAR, *v.*, rapprocher, II, 467, I, n° 17.

RECONNOISENSA, voyez RECONOISSENSA.

RECONNOISSEMENT, *s. m.*, reconnaissance, IV, 336, I, n° 36.

RECONNOISSER, voyez RECOGNOSCER.

RECONOISENSA, voyez RECONOISSENSA.

RECONOISSENSA, *s. f.*, reconnaissance, IV, 335, II, n° 35.

RECONOSCER, voyez RECOGNOSCER.

RECONOYSSEMEN, voyez RECONNOISSEMENT.

RECONSILIAR, voyez RECONCILIAR.

RECONSILIATIO, *s. f.*, réconciliation, II, 462, II, n° 21. Voyez RECONCILIATIO.

RECONSILIATIU, *adj.*, qui réconcilie, II, 462, II, n° 22.

RECONVENCION, *s. f.*, reconvention, V, 494, I, n° 45.

RECORDAMEN, *s. m.*, souvenir, II, 478, I, n° 30.

RECORDAMENT, voyez RECORDAMEN.

RECORDANSA, s. f., commémoraison, II, 478, I, n° 29.

RECORDAR, v., se souvenir, II, 478, II, n° 32.

RECORDATIO, s. f., souvenir, II, 478, I, n° 27.

RECORDATIU, adj., recordatif, II, 478, II, n° 31.

RECOREDOR, s. m., secoureur, II, 493, II, n° 40.

RECORPORATIU, adj., recorporatif, II, 495, II, n° 16.

RECORRE, v., recourir, II, 493, II, n° 37.

RECORS, s. m., recours, II, 493, II, n° 38.

RECORSA, s. f., retour, II, 493, II, n° 39.

RECORT, s. m., souvenir, II, 478, I, n° 28.

RECOSER, v., recuire, II, 505, II, n° 14.

RECREACIO, s. f., récréation, II, 507, II, n° 10.

RECREAMEN, voyez RECREAMENS.

RECREAMENS (lisez RECREAMEN), s. m., délassement, II, 507, II, n° 11.

RECREAR, v., récréer, II, 507, I, n° 9.

RECREIRE, v., recroire, V, 57, II.

RECREISSER, v., recroître, II, 543, I, n° 16.

RECREYRE, voyez RECREIRE.

RECREYSHER, voyez RECREISSER.

RECREZECION, s. f., lassitude, V, 58, II, n° 5.

RECREZEMEN, s. m., lassitude, V, 58, II, n° 3.

RECREZENSA, s. f., lassitude, V, 58, I, n° 2.

RECREZUDA, s. f., lassitude, V, 58, II, n° 4.

RECRUSAR, v., excéder, II, 524, I, n° 3.

RECTETUT, s. f., rectitude, V, 73, II, n° 56.

RECTIFICACIO, s. f., rectification, V, 74, I, n° 57.

RECTIFICAR, v., rectifier, V, 74, I, n° 58.

RECTIFICATIO, voyez RECTIFICACIO.

RECTIFIQUAR, voyez RECTIFICAR.

RECTOR, s. m., recteur, V, 64, II, n° 9.

RECTORIA, s. f., rectorie, V, 64, II, n° 10.

RECUEILLIR, voyez RECOILLIR.

RECUELHIR, voyez RECOILLIR.

RECULAR, v., reculer, II, 529, I, n° 3.

RECULHIR, voyez RECOILLIR.

RECULIR, v., RECOILLIR.

RECUPERATIO, s. f., recouvrement, II, 281, II, n° 71. Voyez RECUPERATION.

RECUPERATION, s. f., recouvrement, II, 423, I, n° 7. Voyez RECUPERATIO.

RECURVAR, v., recourber, II, 480, II, n° 9.

RECURVATIO, s. f., recouvrement, II, 480, II, n° 8.

RECUSAR, v., récuser, II, 362, II, n° 27.

RECUSATIO, voyez RECUSATION.

RECUSATION, s. f., récusation, II, 362, II, n° 26.

REDARGUIRE, v., réfuter, II, 120, II, n° 3.

REDDIFICAR, *v.*, réédifier, III, 96, II, n° 7.
REDDRE, voyez RENDRE.
REDE, *adj.*, roide, V, 62, II, n° 3.
REDEBRE, voyez REZEMER.
REDEMANDAR, *v.*, redemander, IV, 139, I, n° 25.
REDEMENT, *s. m.*, arrentement, V, 85, I, n° 7.
REDEMPCIO, *s. f.*, rançon, III, 117, I, n° 3.
REDEMPTOR, *s. m.*, rédempteur, III, 117, I, n° 4.
REDICIO, *s. f.*, retour, III, 572, II, n° 14.
REDIER, *adj.*, dernier, V, 78, II, n° 2.
REDIR, voyez REDIRE.
REDIRE, *v.*, redire, III, 57, II, n° 32.
REDOLAR, *v.*, rouler, V, 60, I, n° 11.
REDOLEN, voyez REDOLENT.
REDOLENCIA, *s. f.*, parfum, IV, 366, II, n° 4.
REDOLENT, *adj.*, odorant, IV, 366, II, n° 3.
REDON, *adj.*, rond, V, 58, II.
REDONDAMENS, *adv.*, rondement, V, 59, II, n° 4.
REDONDAR, *v.*, déborder, VI, 32, II, n° 14.
REDONDEL, *s. m.*, rondeau, V, 60, II, n° 14.
REDONDET, *adj. dim.*, rondelet, V, 59, I, n° 2.
REDONDEZA, *s. f.*, rondeur, V, 59, I, n° 3.
REDONEZA, voyez REDONDEZA.

REDONHAR, *v.*, rogner, V, 101, I, n° 5.
REDOPTABLE, *adj.*, redoutable, III, 88, I, n° 14.
REDOPTAR, *v.*, redouter, III, 88, I, n° 12.
REDORTA, *s. f.*, riorte, V, 385, II, n° 27.
REDOTABLE, voyez REDOPTABLE.
REDRASSAMENT, *s. m.*, redressement, V, 76, II, n° 73.
REDRE, voyez RENDRE.
REDRESSAR, *v.*, redresser, V, 76, I, n° 72.
REDUCCIO, voyez REDUCTIO.
REDUCTIO, *s. f.*, réduction, III, 86, I, n° 33.
REDUCTIU, *adj.*, réductif, III, 86, I, n° 34.
REDUIRE, *v.*, réduire, III, 85, II, n° 32.
REDUN, voyez REDON.
REDUNDEZA, voyez REDONDEZA.
REDUPTANSA, *s. f.*, puissance, III, 88, I, n° 13.
REDUPTAR, voyez REDOPTAR.
REDUSIR, voyez REDUIRE.
REDUYRE, voyez REDUIRE.
REDUZIR, voyez REDUIRE.
REEMER, voyez REZEMER.
REEMSO, voyez REEMSOS.
REEMSOS (lisez REEMSO), voyez REDEMPCIO.
REENPRENHAR, *v.*, réengrosser, IV, 636, II, n° 6.
REF, *s. f.*, ref, V, 61, I.
REFACIER, *s. m.*, regrattier, III, 274, I, n° 81.

REFAR, *v.*, refaire, III, 273, II, n° 78.
REFECTIO, *s. f.*, réfection, III, 273, II, n° 79.
REFECTOR, *s. m.*, réfectoire, III, 273, II, n° 80.
REFEITOR, voyez REFECTOR.
REFERE, voyez REFERRE.
REFERENDARI, *s. m.*, référendaire, IV, 363, II, n° 9.
REFERIR, *v.*, refrapper, III, 311, I, n° 5.
REFERMAR, *v.*, renforcer, III, 316, I, n° 31.
REFERRAR, *v.*, referrer, III, 308, I, n° 13.
REFERRE, *v.*, rapporter, IV, 363, II, n° 10.
REFFAR, voyez REFAR.
REFFECTIO, voyez REFECTIO.
REFFERMAR, voyez REFERMAR.
REFFERRAR, voyez REFERRAR.
REFFEU, *s. m.*, arrière-fief, III, 295, I, n° 51.
REFILAR, *v.*, refiler, III, 326, II, n° 17.
REFINAMEN, *s. m.*, répit, III, 332, I, n° 29.
REFINAR, *v.*, cesser, III, 332, I, n° 30.
REFIZAR, *v.*, confier, III, 293, II, n° 39.
REFLAMAMEN, *s. m.*, échauffement, III, 337, II, n° 11.
REFLAMAR, *v.*, échauffer, III, 337, II, n° 10.
REFLAMEAR, *v.*, reluire, III, 338, I, n° 12.
REFLECTIR, *v.*, réfléchir, III, 340, II, n° 8.

REFLEXE, *adj.*, réflexif, VI, 25, I, n° 9 *bis*.
REFLEXIO, *s. f.*, réflexion, III, 340, II, n° 9.
REFLEXIU, *adj.*, réflexif, III, 340, II, n° 10.
REFOLEIAR, *v.*, redevenir fou, III, 352, I, n° 25.
REFOLEJAR, voyez REFOLEIAR.
REFONDRE, *v.*, refondre, III, 357, I, n° 10.
REFORMACIO, *s. f.*, réformation, III, 366, II, n° 17.
REFORMAR, *v.*, réformer, III, 366, II, n° 18.
REFORMATION, voyez REFORMACIO.
REFORSAR, *v.*, renforcer, III, 379, I, n° 38.
REFRACCIO, *s. f.*, réfraction, III, 388, I, n° 21.
REFRAGNER, voyez REFRANHER.
REFRANDRE, voyez REFRANDRES.
REFRANDRES (lisez REFRANDRE), *s. m.*, adoucissement, III, 388, II, n° 24.
REFRANH, *s. m.*, refrain, III, 388, I, n° 22.
REFRANHAMEN, *s. m.*, soulagement, III, 388, II, n° 23.
REFRANHER, *v.*, tempérer, III, 388, I, n° 20.
REFREGAR, voyez REFREIDAR.
REFREGERI, voyez REFRIGERI.
REFREGIR, voyez REFREYDIR.
REFREIAR, voyez REFREIDAR.
REFREIDAR, *v.*, refroidir, III, 390, II, n° 13.
REFREJAR, voyez REFREIDAR.

REFRENADOR, *s. m.*, modérateur, III, 396, II, n° 12.

REFRENAIRE, voyez REFRENADOR.

REFRENALH, *s. m.*, retenue, III, 396, II, n° 10.

REFRENAMEN, *s. m.*, retenue, III, 396, II, n° 11.

REFRENAR, *v.*, refréner, III, 396, II, n° 13.

REFRESCAMEN, *s. m.*, rafraîchissement, III, 392, II, n° 26.

REFRESCAMENT, voyez REFRESCAMEN.

REFRESCAR, *v.*, rafraîchir, III, 392, II, n° 27.

REFRESQUIR, *v.*, rafraîchir, III, 393, I, n° 28.

REFREYDIR, *v.*, refroidir, III, 394, I, n° 14.

REFREYDOR, voyez REFECTOR.

REFREZIR, voyez REFREYDIR.

REFRIGERACIO, *s. f.*, réfrigération, III, 394, II, n° 16.

REFRIGERAR, *v.*, refroidir, III, 394, II, n° 18.

REFRIGERATIU, *adj.*, réfrigératif, III, 394, II, n° 17.

REFRIGERI, *s. m.*, réfrigérant, III, 394, I, n° 15.

REFRIM, *s. m.*, refrain, V, 64, II.

REFRIM, voyez REFRANH.

REFRINHAR, *v.*, retentir, V, 64, II, n° 2.

REFUCH, voyez REFUG.

REFUDA, *s. f.*, refus, V, 62, I, n° 2.

REFUDAR, voyez REFUSAR.

REFUG, *s. m.*, refuge, III, 406, II, n° 12.

REFUGI, *s. m.*, refuge, III, 406, II, n° 13.

REFUGIR, *v.*, fuir de nouveau, III, 406, II, n° 11.

REFUI, voyez REFUT.

REFULGENCIA, *s. f.*, éclat, III, 407, II, n° 4.

REFUSAR, *v.*, refuser, V, 62, I, n° 4.

REFUT, *s. m.*, refus, V, 64, II.

REFUT, voyez REFUG.

REFUY, voyez REFUG.

REFUYDAR, voyez REFUSAR.

REFUZAMEN, *s. m.*, refus, V, 62, I, n° 3.

REGA, *s. f.*, raie, V, 33, I, n° 6.

REGALIA, *s. f.*, régale, V, 67, I, n° 25.

REGALICIA, voyez REGULECIA.

REGANAR, voyez REGANHAR.

REGANHAR, *v.*, rechigner, V, 57, II, n° 2.

REGARDA, *s. f.*, regard, III, 428, I, n° 25.

REGARDADOR, voyez REGARDAIRE.

REGARDADURA, *s. f.*, regard, III, 428, II, n° 27.

REGARDAIRE, *s. m.*, observateur, III, 428, II, n° 29.

REGARDAMEN, *s. m.*, regard, III, 428, II, n° 28.

REGARDAMENT, voyez REGARDAMEN.

REGARDAR, *v.*, regarder, III, 428, I, n° 24.

REGARDIU, *adj.*, disposé, III, 428, II, n° 30.

REGART, *s. m.*, danger, III, 428, 1, n° 26.

REGAZERDONAR, *v.*, récompenser, III, 454, II, n° 17.

REGE, *adj.*, roide, V, 62, I.

REGEAMEN, voyez REGESSAMENT.

REGEEZA, *s. f.*, roideur, V, 63, I, n° 6.

REGEME, voyez REGISME.

REGENERAMENT, *s. m.*, régénération, III, 460, II, n° 26.

REGENERAR, *v.*, régénérer, III, 460, II, n° 27.

REGENERATION, *s. f.*, régénération, III, 460, II, n° 25.

REGESSAMENT, *adv.*, rudement, V, 62, II, n° 2.

REGET, *s. m.*, ruade, III, 471, I, n° 7.

REGETAR, *v.*, ruer, III, 470, II, n° 6.

REGEZAMEN, voyez REGESSAMENT.

REGIDOR, voyez REGIRE.

REGIMEN, voyez REGIMENT.

REGIMENT, *s. m.*, administration, V, 64, I, n° 4.

REGINA, *s. f.*, reine, V, 66, II, n° 23.

REGIO, *s. f.*, région, V, 68, I, n° 34.

REGIR, *v.*, régir, V, 63, I.

REGIRAR, *v.*, retourner, III, 468, I, n° 6.

REGIRE, *s. m.*, régisseur, V, 63, II, n° 3.

REGISME, *s. m.*, royaume, V, 68, I, n° 33.

REGISTRAR, *v.*, enregistrer, III, 465, II, n° 5.

REGISTRE, *s. m.*, registre, III, 465, II, n° 4.

REGITIU, *adj.*, régulatif, V, 64, I, n° 5.

REGLA, *s. f.*, règle, V, 65, I, n° 11.

REGLADAMENT, *adv.*, réglément, V, 65, II, n° 17.

REGLAR, *adj.*, régulier, V, 65, I, n° 12.

REGLAR, *v.*, régler, V, 65, II, n° 13.

REGLARMEN, voyez REGULARMEN.

REGLAYRITZ, *s. f.*, régulatrice, V, 65, II, n° 15.

REGN, voyez REGNS.

REGNA, *s. f.*, rêne, V, 69, I, n° 38.

REGNADOR, *s. m.*, roi, V, 68, I, n° 35.

REGNAIRE, voyez REGNADOR.

REGNAR, *v.*, régner, V, 68, II, n° 37.

REGNAT, *s. m.*, règne, V, 67, II, n° 27.

REGNATGE, *s. m.*, royaume, V, 67, II, n° 28.

REGNE, *s. m.*, royaume, V, 67, I, n° 26.

REGNS (lisez REGN), *s. f.*, rêne, V, 69, I, n° 39.

REGONOYSSENSA, voyez RECONOISSENSA.

REGORGAR, *v.*, regorger, III, 485, I, n° 9.

REGRATIER, *s. m.*, regrattier, III, 505, II, n° 3.

REGUARDADOR, voyez REGARDAIRE.

REGUARDAIRE, voyez REGARDAIRE.

REGUARDAR, voyez REGARDAR.

REGUART, voyez REGART.

REGUELISIA, voyez REGULECIA.

REGUIZARDONANSA, *s. f.*, rétribution, III, 454, II, n° 16.

REGUIZARDONAR, voyez REGAZERDONAR.

REGULARITAT, *s. f.*, régularité, V, 65, II, n° 14.

REGULARMEN, *adv.*, régulièrement, V, 65, II, n° 16.

REGULECIA, *s. f.*, réglisse, V, 78, I.

REGULH, *s. m. dim.*, roitelet, V, 66, II, n° 22.

REHEDIFICATION, *s. f.*, réédification, III, 96, II, n° 6.

REI, *s. m.*, roi, V, 66, I, n° 21.

REIAL, *adj.*, royal, V, 66, II, n° 24.

REIAU, voyez REIAL.

REIBAN, *s. m.*, arrière-ban, II, 176, II, n° 8.

REIDAMENT, *adv.*, rudement, V, 62, II, n° 4.

REIDE, voyez REDE.

REIERME, *s. m.*, royaume, V, 68, I, n° 30.

REILHA, *s. f.*, soc de charrue, V, 78, I.

REINA, voyez REGINA.

REING, voyez RENC.

REINTEGRAR, *v.*, réintégrer, III, 564, II, n° 12.

REIO, voyez REGIO.

REIRATGE, *s. m.*, arrérage, V, 79, I, n° 3.

REIRE, *adv.*, arrière, V, 78, II.

REIRE, voyez RAIRE.

REIREACAPTE, *s. m.*, arrière-acapte, II, 19, I, n° 4.

REIREEXAMINAR, *v.*, réexaminer, III, 239, II, n° 3.

REIREFEUSAL, *s. m.*, arrière-vassal, III, 295, I, n° 52.

REIREGARDA, *s. f.*, arrière-garde, III, 429, I, n° 33.

REIREGUACH, *s. m.*, arrière-guet, III, 417, II, n° 11.

REIRETRAMETRE, *v.*, renvoyer, IV, 230, I, n° 52.

REIROPIOS, *adj.*, rétif, V, 80, I, n° 13.

REIRUELHAR, *v.*, regarder en arrière, IV, 367, II, n° 8.

REISEDAR, voyez RISSIDAR.

REISSIDAR, *v.*, réveiller, V, 80, II.

REJOSTAR, *v.*, rassembler, III, 593, II, n° 11.

REJOVENIR, *v.*, rajeunir, III, 595, I, n° 9.

RELACHAR, voyez RELAXAR.

RELAIS, *s. m.*, relais, IV, 19, II, n° 10.

RELAIS, voyez RELAYS.

RELAPS, *adj.*, relaps, IV, 2, II, n° 2.

RELARGAR, *v.*, relâcher, IV, 23, I, n° 12.

RELATIO, voyez RELATION.

RELATION, *s. f.*, relation, II, 16, I, n° 16.

RELATIU, *adj.*, relatif, II, 16, I, n° 17.

RELATIVAMEN, *adv.*, relativement, II, 16, I, n° 18.

RELAXACIO, *s. f.*, relâchement, IV, 34, I, n° 9.

RELAXAMEN, *s. m.*, relâchement, IV, 34, I, n° 10.

RELAXAR, *v.*, relâcher, IV, 33, II, n° 8.

RELAXATIU, *adj.*, relaxatif, IV, 33, II, n° 7.

RELAXI, *s. m.*, relâche, IV, 34, I, n° 11.

RELAYS, *s. m.*, relâche, IV, 14, I, n° 4.

RELEGAR, *v.*, reléguer, IV, 40, I, n° 7.
RELEGIOS, voyez RELIGIOS.
RELEGUAR, voyez RELEGAR.
RELENQUIR, voyez RELINQUIR.
RELES, *s. m.*, relent, V, 81, I.
RELEU, *s. m.*, relief, IV, 65, I, n° 16.
RELEVAMENT, *s. m.*, soulagement, IV, 65, I, n° 19.
RELEVAR, *v.*, relever, IV, 65, I, n° 17.
RELEVATION, *s. f.*, soulagement, IV, 65, I, n° 18.
RELHA, voyez REILHA.
RELIAR, voyez RELIGUAR.
RELIGIO, *s. f.*, religion, IV, 73, I, n° 24.
RELIGION, voyez RELIGIO.
RELIGIOS, *adj.*, religieux, IV, 73, I, n° 26.
RELIGIOZAMEN, *adv.*, religieusement, IV, 73, II, n° 27.
RELIGIOZAMENS, voyez RELIGIOZAMEN.
RELIGUAR, *v.*, relier, IV, 72, II, n° 23.
RELINHAR, *v.*, ressembler, IV, 79, I, n° 9.
RELINQUIR, *v.*, abandonner, III, 22, II, n° 3.
RELIOSITAT, *s. f.*, piété, IV, 73, I, n° 25.
RELIQUIARI, *s. m.*, reliquaire, III, 23, I, n° 5.
RELIQUIAS, *s. f. pl.*, reliques, III, 22, II, n° 4.
RELLA, voyez REILHA.
RELOGE, *s. m.*, horloge, III, 542, II, n° 18.
RELOTGE, voyez RELOGE.

RELUIZIR, voyez RELUZER.
RELUZER, *v.*, reluire, IV, 110, I, n° 19.
RELUZIR, voyez RELUZER.
REM, *s. m.*, rame, V, 81, I.
REMAINER, voyez REMANER.
REMANDRE, voyez REMANER.
REMANEN, *s. m.*, reste, IV, 151, II, n° 29.
REMANENSA, *s. f.*, séjour, IV, 150, II, n° 26.
REMANER, *v.*, demeurer, IV, 151, I, n° 28.
REMANHER, voyez REMANER.
REMANJAR, *v.*, remanger, IV, 147, II, n° 7.
REMAR, *v.*, ramer, V, 81, I, n° 2.
REMARIDAR, *v.*, remarier, IV, 159, I, n° 9.
REMAZILHA, *s. f.*, reste, IV, 151, I, n° 27.
REMAZILLA, voyez REMAZILHA.
REMBRAR, voyez REMEMORAR.
REMEDI, *s. m.*, remède, IV, 174, I, n° 12.
REMEDIAR, *v.*, remédier, IV, 174, I, n° 13.
REMEIAR, voyez REMEJAR.
REMEJAR, *v.*, ramer, V, 81, I, n° 3.
REMEMBRADOR, *adj.*, mémoratif, IV, 186, II, n° 16.
REMEMBRAMEN, voyez REMEMBRAMENT.
REMEMBRAMENT, *s. m.*, ressouvenir, IV, 186, II, n° 13.
REMEMBRANSA, *s. f.*, ressouvenir, IV, 186, I, n° 12.
REMEMBRAR, voyez REMEMORAR.

REMEMBRE, *adj.*, remémoratif, IV, 186, II, n° 14.
REMEMBRIU, voyez REMEMBRIUS.
REMEMBRIUS (lisez REMEMBRIU), *adj.*, mémoratif, IV, 186, II, n° 15.
REMEMORACIO, *s. f.*, ressouvenir, IV, 187, I, n° 17.
REMEMORAR, *v.*, remémorer, IV, 187, I, n° 18.
REMENAR, *v.*, ramener, IV, 191, I, n° 9.
REMENDADOR, *adj.* (lisez *s. m.*), boute-en-train, IV, 193, I, n° 8.
REMENDAIRE, voyez REMENDADOR.
REMENDAR, *v.*, ranimer, IV, 193, I, n° 7.
REMERCIAR, *v.*, remercier, IV, 209, I, n° 7.
REMETRE, *v.*, remettre, IV, 229, II, n° 48.
REMEZI, voyez REMEDI.
REMINISCENCIA, *s. f.*, réminiscence, IV, 187, II, n° 19.
REMIRAR, *v.*, admirer, IV, 240, II, n° 18.
REMISSIO, *s. f.*, rémission, IV, 228, II, n° 36.
REMISSIU, *adj.*, rémissif, IV, 228, II, n° 37.
REMOCIO, voyez REMOTIO.
REMOIL, voyez REMUEYLL.
REMOILL, voyez REMUEYLL.
REMORDRE, *v.*, déchirer, IV, 266, II, n° 13.
REMOTA, *s. f.*, trouble, IV, 280, I, n° 24.
REMOTIO, *s. f.*, remuement, IV, 279, II, n° 22.

REMOVEMEN, *s. m.*, remuement, IV, 280, I, n° 23.
REMOVER, *v.*, renouveler, IV, 279, II, n° 21.
REMOVRE, voyez REMOVER.
REMPLIR, *v.*, remplir, IV, 570, II, n° 15.
REMUDAMEN, *s. m.*, remuement, IV, 284, I, n° 21.
REMUDAMENT, voyez REMUDAMEN.
REMUDAR, *v.*, remuer, IV, 283, II, n° 20.
REMUELHAR, *v.*, mouiller, IV, 285, I, n° 3.
REMUEYLL, *s. m.*, humidité, IV, 285, I, n° 4.
REMUIAR, voyez REMUDAR.
REMUNERATION, *s. f.*, rémunération, IV, 292, II, n° 23.
REN, *s. f.*, rein, V, 81, I.
RENAR, *v.*, croasser (lisez coasser), V, 39, I, n° 4.
RENAR, voyez RAINAR.
RENASCER, *v.*, renaître, IV, 302, I, n° 14.
RENC, *s. m.*, royaume, V, 68, II, n° 36.
RENC, *s. m.*, rang, V, 81, I.
RENDA, voyez RENTA.
RENDAMENT, voyez REDEMENT.
RENDENSA, *s. f.*, prévenance, V, 85, II, n° 8.
RENDIER, *s. m.*, rentier, V, 85, I, n° 5.
RENDRE, *v.*, rendre, V, 83, II.
RENEGAMEN, voyez RENEGAMENT.
RENEGAMENT, *s. m.*, reniement, IV, 327, I, n° 8.
RENEGAR, *v.*, renier, IV, 326, II, n° 7.

RENEGUAR, voyez RENEGAR.
RENEJAMEN, voyez RENEGAMENT.
RENEJAR, voyez RENEGAR.
RENEMBRADOR, voyez REMEMBRADOR.
RENEMBRANSA, voyez REMEMBRANSA.
RENEMBRAR, voyez REMEMORAR.
RENEYAMEN, voyez RENEGAMENT.
RENEYAR, voyez RENEGAR.
RENGAR, v., ranger, V, 81, II, n° 3.
RENGUA, s. f., rangée, V, 81, II, n° 2.
RENHAMEN, s. m., règne, V, 68, I, n° 31.
RENHAR, voyez REGNAR.
RENHO, voyez RONHO.
RENIEU, voyez RENOU.
RENOM, s. m., renom, IV, 323, I, n° 21.
RENOMADA, s. f., renommée, IV, 323, I, n° 22.
RENOMANSA, s. f., renommée, IV, 323, I, n° 23.
RENOMENAR, voyez RENOMNAR.
RENOMNADA, voyez RENOMADA.
RENOMNAR, v., renommer, IV, 323, I, n° 24.
RENOMPNAR, voyez RENOMNAR.
RENONCIAR, voyez RENUNCIAR.
RENOS, voyez RAINOS.
RENOU, s. m., usure, IV, 339, II, n° 17.
RENOVACIO, s. f., rénovation, IV, 339, II, n° 16.
RENOVAR, v., renouveler, IV, 340, I, n° 20.
RENOVATIU, adj., rénovatif, IV, 339, II, n° 14.
RENOVELAMENT, voyez RENOVELLAMENT.

RENOVELAR, voyez RENOVELLAR.
RENOVELATIU, adj., renouvellatif, IV, 339, II, n° 15.
RENOVELLAMENT, s. m., renouvellement, IV, 340, I, n° 19.
RENOVELLAR, v., renouveler, IV, 340, I, n° 21.
RENOVIER, s. m., usurier, IV, 339, II, n° 18.
RENQUALLOS, adj., déhanché, II, 81, II, n° 2.
RENTA, s. f., rente, V, 85, I, n° 4.
RENUMERAR, v., compter de nouveau, IV, 348, II, n° 10.
RENUMERATION, s. f., compte réitéré, IV, 348, I, n° 9.
RENUNCIAMEN, s. m., renonciation, IV, 350, I, n° 16.
RENUNCIAR, v., annoncer, IV, 350, I, n° 14.
RENUNCIATIO, s. f., renonciation, IV, 350, I, n° 15.
REPAIMAR, voyez REPAZIMAR.
REPAIRAR, v., retourner, V, 86, I.
REPAIRAZON, s. f., retraite, V, 86, II, n° 3.
REPAIRE, s. m., repaire, V, 86, II, n° 2.
REPARABLE, adj., réparable, IV, 425, I, n° 12.
REPARACIO, voyez REPARATIO.
REPARACION, voyez REPARATIO.
REPARADOR, s. m., réparateur, IV, 425, I, n° 9.
REPARAIRE, voyez REPARADOR.
REPARAR, v., réparer, IV, 424, II, n° 8.
REPARATIO, s. f., réparation, IV, 425, I, n° 11.

REPARATION, voyez REPARATIO.

REPARATORI, *adj.*, réparatoire, IV, 425, I, n° 10.

REPAUS, *s. m.*, repos, IV, 464, II, n° 19.

REPAUSAR, *v.*, reposer, IV, 464, II, n° 20.

REPAUZAR, voyez REPAUSAR.

REPAZIMAR, *v.*, apaiser, V, 86, II.

REPEIS, *s. m.*, demeure, V, 86, II, n° 4.

REPELLIR, *v.*, repousser, IV, 666, II, n° 10.

REPENADA, *s. f.*, ruade, V, 87, I, n° 2.

REPENDABLE, voyez REPRENDABLE.

REPENEDRE, *v.*, repentir, IV, 490, II, n° 24.

REPENRE, voyez REPRENDRE.

REPENSAR, *v.*, repenser, IV, 499, II, n° 47.

REPENTENSA, *s. f.*, repentance, IV, 490, II, n° 21.

REPENTIA, *s. f.*, repentance, IV, 490, II, n° 20.

REPENTIMEN, *s. m.*, repentir, IV, 490, II, n° 22.

REPENTIR, *v.*, expier, IV, 490, I, n° 19.

REPENTIZON, *s. f.*, repentance, IV, 490, II, n° 23.

REPER, *v.*, ramper, V, 86, II.

REPERCUSSIO, *s. f.*, répercussion, IV, 515, I, n° 5.

REPERCUSSIU, *adj.*, répercussif, IV, 515, I, n° 6.

REPERCUSSORI, *adj.*, répercussoire, IV, 515, I, n° 7.

REPERCUTIR, *v.*, répercuter, IV, 515, I, n° 4.

REPETEIRE, *s. m.*, répétiteur, IV, 529, I, n° 7.

REPETIR, *v.*, répéter, IV, 529, I, n° 8.

REPETITIO, *s. f.*, répétition, IV, 528, II, n° 6.

REPETNAR, *v.*, ruer, V, 87, I.

REPLEC, *s. m.*, repli, IV, 565, I, n° 25.

REPLECCIO, voyez REPLETIO.

REPLECIO, voyez REPLETIO.

REPLENIR, *v.*, remplir, IV, 570, II, n° 16.

REPLET, *adj.*, replet, IV, 571, I, n° 18.

REPLETIO, *s. f.*, réplétion, IV, 571, I, n° 17.

REPLETIU, *adj.*, réplétif, IV, 571, I, n° 19.

REPLICAMEN, *s. m.*, redoublement, IV, 565, II, n° 27.

REPLICAR, *v.*, répliquer, IV, 565, II, n° 29.

REPLICATIO, *s. f.*, réplication, IV, 565, I, n° 26.

REPLICATIU, *adj.*, réitératif, IV, 565, II, n° 28.

REPONER, *v.*, reposer, IV, 614, II, n° 41.

REPORTAR, *v.*, remporter, IV, 608, II, n° 26.

REPOST, *s. m.*, riposte, IV, 615, I, n° 42.

REPOSTURA, *s. f.*, retraite, IV, 615, I, n° 43.

REPREENSIO, voyez REPREHENSIO.

REPREHENDRE, voyez REPRENDRE.

REPREHENSIO, *s. f.*, réprimande, IV, 635, I, n° 42.

REPRENCIO, voyez REPREHENSIO.

REPRENDABLE, adj., reprenable, IV, 635, II, n° 45.

REPRENDEDOR, s. m., réprimandeur, IV, 635, I, n° 44.

REPRENDEMEN, s. m., réprimande, IV, 635, I, n° 43.

REPRENDRE, v., reprendre, IV, 634, I, n° 40.

REPRENRE, voyez REPRENDRE.

REPRESENTACIO, s. f., représentation, III, 197, II, n° 19.

REPRESENTAR, v., représenter, VI, 18, I, n° 18 bis.

REPRESENTATIU, adj., représentatif, III, 197, II, n° 20.

REPRETZA, s. f., réprimande, IV, 635, I, n° 44.

REPRIMER, v., réprimer, IV, 625, I, n° 26.

REPROAR, v., réprouver, IV, 652, II, n° 15.

REPROCHAMEN, voyez REPROCHAMENT.

REPROCHAMENT, s. m., reproche, IV, 653, I, n° 18.

REPROCHE, voyez REPROPCHE.

REPROCHIER, s. m., reproche, IV, 653, I, n° 17.

REPROCHIER, s. m., proverbe, IV, 653, I, n° 20.

REPROIER, voyez REPROCHIER.

REPROMISSIO, s. f., engagement mutuel, IV, 228, II, n° 35.

REPROPCHAR, v., reprocher, IV, 653, I, n° 19.

REPROPCHE, s. m., reproche, IV, 653, I, n° 16.

REPROVAR, voyez REPROAR.

REPROVERBI, s. m., proverbe, V, 505, I, n° 11.

REPROVIER, voyez REPROCHIER.

REPTAR, v., ramper, V, 87, I, n° 5.

REPTAR, v., blâmer, V, 87, II, n° 3.

REPTIL, s. m., reptile, V, 87, I, n° 3.

REPTILIA, s. f., reptile, V, 87, I, n° 4.

REPUGNANCIA, s. f., répugnance, IV, 669, I, n° 13.

REPUGNAR, v., répugner, IV, 669, I, n° 12.

REPULSA, s. f., répulsion, IV, 666, II, n° 11.

REPUTAR, v., réputer, V, 87, I.

REPUTATIO, s. f., réputation, V, 87, II, n° 2.

REQUEREMEN, voyez REQUEREMENT.

REQUEREMENT, s. m., réclamation, V, 22, I, n° 29.

REQUERENÇA, voyez REQUERENSA.

REQUERENSA, s. f., réquisition, V, 22, I, n° 30.

REQUERER, v., requérir, V, 21, II, n° 27.

REQUERIR, voyez REQUERER.

REQUERRE, voyez REQUERER.

REQUESTA, s. f., requête, V, 21, II, n° 28.

REQUIEM, s. m., requiem, V, 24, I, n° 17.

REQUISICIO, s. f., réquisition, V, 22, I, n° 31.

REQUISITIO, voyez REQUISICIO.

RESACIAR, voyez RASAZIAR.
RESAUT, voyez RESSAUT.
RESAUTAR, voyez RESSAUTAR.
RESAZIAR, voyez RASAZIAR.
RESCAP, *s. m.*, rechef, II, 319, I, n° 2.
RESCINDER, *v.*, couper, V, 168, I, n° 18.
RESCLAUSADA, *s. f.*, éclusée, II, 412, I, n° 44.
RESCLAUZA, *s. f.*, écluse, II, 411, II, n° 43.
RESCLAUZADA, voyez RESCLAUSADA.
RESCLURE, voyez RECLAURE.
RESCONDRE, *v.*, cacher, III, 154, I, n° 5.
RESCOS, *adj.*, caché, III, 154, II, n° 6.
RESCOSSA, *s. f.*, rescousse, III, 156, I, n° 2.
RESCOST, voyez RESCOS.
RESCOSTAMENT, *adv.*, secrètement, III, 154, II, n° 7.
RESCOTAMEN, voyez RESCOSTAMENT.
RESCRICH, *s. m.*, rescrit, III, 159, II, n° 15.
RESECAR, *v.*, dessécher, V, 175, I, n° 17.
RESEGUAR, voyez RESECAR.
RESENTIR, *v.*, ressentir, V, 199, II, n° 31.
RESERVAR, *v.*, réserver, V, 215, I, n° 14.
RESERVATIO, *s. f.*, réserve, V, 215, I, n° 15.
RESIDAR, voyez RISSIDAR.
RESIDENCIA, voyez RESIDENSA.
RESIDENSA, *s. f.*, résidence, V, 222, I, n° 23.

RESIDENT, *adj.*, résident, V, 222, I, n° 24.
RESIEUT, *s. m.*, retraite, V, 222, I, n° 25.
RESIGNACIO, voyez RESIGNATIO.
RESIGNACION, voyez RESIGNATIO.
RESIGNAMENT, *s. m.*, résignation, V, 232, II, n° 43.
RESIGNAR, *v.*, résigner, V, 232, II, n° 45.
RESIGNATIO, *s. f.*, résignation, V, 232, II, n° 44.
RESISTENCIA, *s. f.*, résistance, III, 209, I, n° 41.
RESISTIR, *v.*, résister, II, 136, I, n° 2.
RESOLUTIU, *adj.*, résolutif, V, 257, II, n° 16.
RESON, voyez RESSON.
RESONAR, voyez RESSONAR.
RESORZEMEN, *s. m.*, résurrection, V, 270, I, n° 8.
RESPECTIU, *adj.*, respectif, V, 88, I, n° 2.
RESPEIT, voyez RESPIEG.
RESPERCUSSIU, voyez REPERCUSSIU.
RESPERIR, *v.*, ranimer, III, 176, I, n° 10.
RESPIECH, voyez RESPIEG.
RESPIEG, *s. m.*, égard, V, 88, I.
RESPIEIT, voyez RESPIEG.
RESPIRACIO, *s. f.*, respiration, III, 176, II, n° 14.
RESPIRAMENT, *s. m.*, respiration, III, 176, II, n° 15.
RESPIRAR, *v.*, respirer, III, 177, I, n° 17.

V.

RESPIRATIU, *adj.*, respiratoire, III, 177, I, n° 16.

RESPLANDEMENT, *s. m.*, resplendissement, V, 278, I, n° 7.

RESPLANDENSA, *s. f.*, splendeur, V, 277, II, n° 5.

RESPLANDIAMENT, *adv.*, splendidement, V, 278, I, n° 6.

RESPLANDIR, voyez RESPLANDRE.

RESPLANDOR, *s. f.*, splendeur, V, 277, II, n° 4.

RESPLANDRE, *v.*, resplendir, V, 277, I, n° 3.

RESPLENDOR, voyez RESPLANDOR.

RESPONDEDOR, *s. m.*, répondant, III, 186, II, n° 17.

RESPONDEMEN, *s. m.*, réponse, III, 186, II, n° 13.

RESPONDRE, *v.*, répondre, III, 185, II, n° 10.

RESPONSABLE, *adj.*, répondable, III, 187, I, n° 20.

RESPONSIER, *s. m.*, répondeur, III, 187, I, n° 18.

RESPONSION, *s. m.* (lisez *f.*), réponse, III, 186, I, n° 12.

RESPONSIVA, *s. f.*, réponse écrite, III, 186, II, n° 14.

RESPOS, *s. m.*, réponse, III, 186, I, n° 11.

RESPOSSET, *s. m.*, verset, III, 187, I, n° 21.

RESPOSSIER, voyez RESPONSIER.

RESPOSSIU, *adj.*, responsif, III, 187, I, n° 19.

RESPOSTA, *s. f.*, riposte, III, 186, II, n° 15.

RESPOSTURA, *s. f.*, réponse, III, 186, II, n° 16.

RESSAUT, *s. m.*, ressaut, V, 143, II, n° 19.

RESSAUTAR, *v.*, trépigner, V, 143, II, n° 18.

RESSAUTELLAR, *v.*, bondir, V, 143, II, n° 20.

RESSEBRE, voyez RECEBRE.

RESSEMBLADOR, *s. m.*, imitateur, V, 191, I, n° 13.

RESSEMBLAIRE, voyez RESSEMBLADOR.

RESSEMBLAMEN, voyez RESSEMBLAMENT.

RESSEMBLAMENT, *s. m.*, ressemblance, V, 191, I, n° 14.

RESSEMBLAR, *v.*, ressembler, V, 190, II, n° 12.

RESSEMLAMENT, voyez RESSEMBLAMENT.

RESSEMLAR, voyez RESSEMBLAR.

RESSET, *s. m.*, son, V, 88, II.

RESSIDAR, voyez RISSIDAR.

RESSIS, *adj.*, lâche, V, 88, II.

RESSIZAR, *v.*, séparer, V, 168, I, n° 17.

RESSO, voyez RESSON.

RESSON, *s. m.*, retentissement, V, 265, II, n° 15.

RESSONAR, *v.*, résonner, V, 265, II, n° 16.

RESSORGER, *v.*, suinter, V, 269, II, n° 5.

RESSORT, *s. m.*, ressort, V, 270, I, n° 6.

RESSORT, *s. m.*, ressort, V, 271, II, n° 2.

RESSORZER, voyez RESSORGER.

REST, *s. f.*, botte, V, 88, II.

RESTA, *s. f.*, pause, III, 210, I, n° 48.

RESTABLIR, *v.*, rétablir, III, 207, II, n° 27.

RESTANCAR, *v.*, étancher, V, 299, I, n° 4.
RESTAR, *v.*, rester, III, 210, I, n° 47.
RESTAURACIO, *s. f.*, restauration, VI, 37, II, n° 2.
RESTAURADOR, voyez RESTAURAIRE.
RESTAURAIRE, *s. m.*, restaurateur, VI, 37, II, n° 4.
RESTAURAMEN, voyez RESTAURAMENT.
RESTAURAMENT, *s. m.*, restauration, VI, 37, II, n° 3.
RESTAURAR, *v.*, restaurer, VI, 37, I.
RESTAURASO, voyez RESTAURACIO.
RESTAURATIU, *adj.*, restauratif, VI, 37, II, n° 5.
RESTAZO, *s. f.*, arrestation, VI, 22, I, n° 48 *bis*.
RESTITUCION, voyez RESTITUTIO.
RESTITUIR, *v.*, restituer, III, 213, II, n° 75.
RESTITUTIO, *s. f.*, restitution, III, 213, II, n° 76.
RESTITUYR, voyez RESTITUIR.
RESTIU, *adj.*, rétif, V, 88, II.
RESTOLH, *s. m.*, chaume, VI, 4, I, n° 2.
RESTRENGEMENT, *s. m.*, rétrécissement, III, 230, II, n° 32.
RESTRENHER, *v.*, restreindre, III, 230, I, n° 28.
RESTRICCIO, *s. f.*, resserrement, III, 230, II, n° 33.
RESTRICTIO, voyez RESTRICCIO.
RESTRICTIU, *adj.*, qui resserre, III, 230, II, n° 30.
RESTRICTORI, *s. m.*, compresse, III, 230, II, n° 34.

RESTRINGIR, *v.*, resserrer, III, 230, II, n° 29.
RESUDACIO, *s. f.*, ressuage, V, 294, I, n° 7.
RESUDAR, *v.*, ressuer, V, 294, I, n° 6.
RESUPINAR, *v.*, coucher, V, 245, II, n° 23.
RESURRECTIO, *s. f.*, résurrection, V, 270, I, n° 7.
RET, *s. m. et f.*, rets, V, 88, II.
RETALH, *s. m.*, taille, III, 5, I, n° 22.
RETALHAR, *v.*, retailler, III, 5, I, n° 23.
RETARDAMEN, *s. m.*, retardement, V, 305, I, n° 14.
RETARDAR, *v.*, retarder, V, 305, I, n° 17.
RETARDATIU, *adj.*, retardatif, V, 305, I, n° 15.
RETARDIU, *adj.*, retardif, V, 305, I, n° 16.
RETENALH, *s. m.*, retenue, V, 341, I, n° 62.
RETENDIR, voyez RETENTIR.
RETENEDOR, voyez RETENEIRE.
RETENEIRE, *s. m.*, reteneur, V, 341, II, n° 66.
RETENEMEN, voyez RETENEMENT.
RETENEMENT, *s. m.*, restriction, V, 341, II, n° 65.
RETENENSA, *s. f.*, retenue, V, 341, II, n° 64.
RETENER, *v.*, retenir, V, 340, I, n° 60.
RETENGUDA, *s. f.*, retenue, V, 341, I, n° 63.
RETENIR, voyez RETENER.

RETENTIDA, *s. f.*, retentissement, V, II, 347, n° 4.

RETENTIO, *s. f.*, retenue, V, 341, I, n° 61.

RETENTIR, *v.*, retentir, V, 347, I, n° 2.

RETENTIU, *adj.*, retentif, V, 341, II, n° 67.

RETGLA, voyez REGLA.

RETH, voyez RET.

RETHINA, *s. f.*, rétine, V, 89, I, n° 2.

RETHORICA, *s. f.*, rhétorique, V, 89, I.

RETIN, *s. m.*, tintement, V, 347, II, n° 3.

RETINDIDA, voyez RETENTIDA.

RETIRAR, *v.*, retirer, V, 365, II, n° 11.

RETOMBA, *s. f.*, siphon, V, 372, I, n° 5.

RETOMBAR, *v.*, tomber, V, 372, I, n° 4.

RETONDRE, *v.*, retondre, V, 373, II, n° 9.

RETORN, *s. m.*, retour, V, 384, I, n° 21.

RETORNADA, *s. f.*, retour, V, 381, I, n° 23.

RETORNAMEN, *s. m.*, retour, V, 384, I, n° 22.

RETORNAR, *v.*, retourner, V, 380, II, n° 20.

RETRACI, *s. m.*, rapport, V, 405, I, n° 42.

RETRACTACIO, *s. f.*, rétractation, V, 403, I, n° 31.

RETRAG, voyez RETRAH.

RETRAH, *s. m.*, récapitulation, V, 407, II, n° 4.

RETRAIRE, *v.*, retirer, V, 404, II, n° 40.

RETRAISON, voyez RETRAISSO.

RETRAISSO, *s. f.*, rapport, V, 405, I, n° 41.

RETRAMETRE, *v.*, retransmettre, IV, 230, I, n° 51.

RETRASSAR, *v.*, récapituler, V, 407, II, n° 5.

RETRAYRE, voyez RETRAIRE.

RETRAZAMEN, voyez RETRAZEMENT.

RETRAZEMENT, *s. m.*, regret, V, 405, I, n° 43.

RETRE, voyez RENDRE.

RETRIBUCIO, *s. f.*, rétribution, V, 422, I, n° 12.

RETRIBUIR, *v.*, rétribuer, V, 422, I, n° 13.

RETROENCHA, *s. f.*, retroence, V, 80, I, n° 14.

RETROGRADACIO, *s. f.*, rétrogradation, III, 490, I, n° 15.

RETROGRADAR, *v.*, rétrograder, III, 490, II, n° 16.

RETROGRADATIO, voyez RETROGRADACIO.

RETRONCHA, *s. f.*, retronse, V, 431, II, n° 5.

RETRONCHAR, *v.*, retrancher, V, 431, II, n° 4.

RETUMBA, voyez RETOMBA.

REU, *adj.*, coupable, V, 90, I.

REUBARBA, *s. m.*, rhubarbe, V, 89, I.

REUMA, *s. f.* (lisez *m.*), rhume, V, 89, II.

REUMASSAR, *v.*, enrhumer, V, 89, II, n° 4.

REUMATIC, *adj.*, de rhume, V, 89, II, n° 5.

REUMATIZACIO, *s. f.*, enrhumure, V, 89, II, n° 3.
REUNAR, *v.*, ruiner, V, 106, II, n° 3.
REUPONTIC, *s. m.*, rapontic, V, 89, II.
REVA, *s. f.*, rêve, V, 90, I.
REVEILLAR, voyez REVELHAR.
REVEL, *s. m.*, rébellion, II, 208, I, n° 4.
REVEL, voyez REBEL.
REVELACIO, *s. f.*, révélation, V, 478, I, n° 5.
REVELAMEN, voyez REVELAMENT.
REVELAMENT, *s. m.*, révélation, V, 478, I, n° 6.
REVELAR, *v.*, révéler, V, 478, I, n° 4.
REVELAR, voyez REBELLAR.
REVELATIO, voyez REVELACIO.
REVELH, *s. m.*, réveil, V, 480, I, n° 7.
REVELH, voyez REVEL.
REVELHAR, *v.*, réveiller, V, 480, I, n° 8.
REVELLA, *s. f.*, ritournelle, V, 90, I, et 570, I, n° 10.
REVELLAR, voyez REBELLAR.
REVELLAR, voyez REVELHAR.
REVENDEDOR, voyez REVENDEYRE.
REVENDEIRA, *s. f.*, revendeuse, V, 486, I, n° 13.
REVENDEYRE, *s. m.*, revendeur, V, 486, I, n° 12.
REVENDRE, *v.*, revendre, V, 486, I, n° 11.
REVENGAR, voyez REVENJAR.
REVENGIAR, voyez REVENJAR.
REVENIMEN, *s. m.*, retour, V, 496, II, n° 65.
REVENIR, *v.*, revenir, V, 496, I, n° 64.

REVENJAR, *v.*, venger, V, 498, I, n° 8.
REVERBERACIO, *s. f.*, réverbération, V, 505, I, n° 2.
REVERDEIAR, voyez REVERDEJAR.
REVERDEJAR, *v.*, reverdir, V, 514, I, n° 10.
REVERDEYAR, voyez REVERDEJAR.
REVERDEZIR, *v.*, reverdir, V, 514, I, n° 12.
REVERDIR, *v.*, reverdir, V, 514, I, n° 11.
REVERENCIA, *s. f.*, révérence, V, 90, I.
REVERENMEN, *adv.*, révérencieusement, V, 90, II, n° 3.
REVERENSA, voyez REVERENCIA.
REVERENT, *adj.*, révérent, V, 90, II, n° 2.
REVERS, *adj.*, inverse, V, 523, II, n° 47.
REVERSAL, *adj.*, qui vient en revers, V, 524, I, n° 51.
REVERSAR, *v.*, renverser, V, 524, I, n° 52.
REVERSARI, *s. m.*, reversaire, V, 524, I, n° 50.
REVERSIO, *s. f.*, inversion, V, 524, I, n° 49.
REVERSO, voyez REVERSOS.
REVERSOS (lisez REVERSO), *s. m.*, rebours, V, 524, I, n° 48.
REVERT, *s. m.*, retour, V, 523, II, n° 46.
REVERTIR, *v.*, retourner, V, 523, II, n° 45.
REVERTUZAR, *v.*, reprendre courage, V, 516, I, n° 10.

REVESER, *v.*, reviser, V, 538, I, n° 37.

REVESTIARI, *s. m.*, vestiaire, V, 530, I, n° 12.

REVESTIMEN, *s. m.*, revêtement, V, 530, I, n° 11.

REVESTIR, *v.*, revêtir, V, 529, II, n° 10.

REVIDACIO, *s. f.*, renaissance, 559, V, I, n° 25.

REVIDAR, *v.*, repousser, V, 553, I, n° 12.

REVIDAR, voyez REVIVAR.

REVINENSA, *s. f.*, retour, V, 496, II, n° 66.

REVIRAR, *v.*, tourner, V, 552, II, n° 10.

REVIROL, *adj.*, tournoyant, V, 553, I, n° 11.

REVIRONAR, *v.*, environner, V, 554, II, n° 7.

REVIRONDA, *s. f.*, circonférence, V, 552, I, n° 8.

REVISCOLAR, *v.*, ressusciter, V, 559, II, n° 28.

REVISDAR, voyez REVIVAR.

REVISITATION, *s. f.*, révision, V, 554, II, n° 6.

REVIURE, *v.*, revivre, V, 559, II, n° 27.

REVIVAR, *v.*, raviver, V, 559, I, n° 26.

REVOCABLE, *adj.*, révocable, V, 576, II, n° 20.

REVOCAMEN, *s. m.*, révocation, V, 576, II, n° 19.

REVOCAR, *v.*, révoquer, V, 576, II, n° 21.

REVOCATION, *s. f.*, révocation, V, 576, I, n° 18.

REVOLINAR, *v.*, retourner, V, 570, I, n° 11.

REVOLOPIR, *v.*, retourner sens dessus dessous, V, 567, I, n° 6.

REVOLUCIO, *s. f.*, révolution, V, 570, II, n° 14.

REVOLVER, *v.*, retourner, V, 570, II, n° 15.

REVOLVINA, *s. f.*, ritournelle, V, 570, I, n° 12.

REVOLVRE, voyez REVOLVER.

REVOQUAR, voyez REVOCAR.

REY, voyez REI.

REYA, *s. f.*, grille, V, 33, II, n° 8.

REYALME, *s. m.*, royaume, V, 67, II, n° 29.

REYNA, voyez REGINA.

REYNADOR, voyez REGNADOR.

REYNAIRE, voyez REGNADOR.

REYNH, *s. m.*, rameau, V, 38, I, n° 11.

REYRATGE, voyez REIRATGE.

REYRAVI, voyez BEZAVI.

REYRE, voyez REIRE.

REYREAUDITOR, *s. m.*, sous-auditeur, II, 150, II, n° 13.

REYRECOSSELH, *s. m.*, arrière-conseil, II, 464, II, n° 14.

REYRERENDA, *s. f.*, arrière-rente, V, 86, I, n° 13.

REYRES, voyez REIRE.

REYREVENDA, *s. f.*, arrière-vente, V, 486, II, n° 14.

REYSSIDAR, voyez REISSIDAR.

REYSSONDIR, *v.*, retentir, V, 265, II, n° 17.

REZE, voyez REGE.

REZEGAR, voyez RESECAR.

REZEGUE, *s. m.*, risque, V, 90, II.
REZEMEDOR, voyez REZEMEIRE.
REZEMEIRE, *s. m.*, rédempteur, III, 117, II, n° 5.
REZEMER, *v.*, racheter, III, 117, II, n° 6.
REZEMPSO, voyez REDEMPCIO.
REZENDA, *s. f.*, redevance, V, 85, I, n° 6.
REZENSAR, *v.*, rincer, V, 90, II.
REZENSO, voyez REDEMPCIO.
REZENSON, voyez REDEMPCIO.
REZIDENCIA, voyez RESIDENSA.
REZIDENSA, voyez RESIDENSA.
REZOLUCIO, *s. f.*, résolution, V, 257, II, n° 15.
REZONAMEN, voyez RAZONAMEN.
REZONAR, voyez REDONHAR.
REZORZIMEN, voyez RESORZEMEN.
REZOYNAR, voyez REDONHAR.
REZUDAR, voyez RESUDAR.
REZUMPTIU, *adj.*, résomptif, V, 261, II, n° 6.
RI, voyez RIS.
RIAL, voyez REIAL.
RIBA, *s. f.*, rive, V, 91, I.
RIBADOR, *s. m.*, rivage, V, 91, II, n° 4.
RIBAGE, voyez RIBATGE.
RIBAL, *s. m.*, rivage, V, 91, I, n° 3.
RIBAR, *v.*, aborder, V, 91, II, n° 6.
RIBATGE, *s. m.*, rivage, V, 91, I, n° 2.
RIBAUDA, *s. f.*, ribaude, V, 93, I, n° 2.
RIBAUDALHA, *s. f.*, ribaudaille, V, 93, I, n° 3.
RIBAUDARIA, *s. f.*, ribauderie, V, 93, II, n° 5.
RIBAUDESCA, *s. f.*, ribauderie, V, 93, II, n° 6.
RIBAUDIA, *s. f.*, dévergondage, V, 93, I, n° 4.
RIBAUDIR, *v.*, dévergonder, V, 93, II, n° 7.
RIBAUT, *s. m.*, ribaud, V, 92, II.
RIBEIRA, *s. f.*, rivage, V, 91, II, n° 5.
RIBEYRA, voyez RIBEIRA.
RIBIEIRA, voyez RIBEIRA.
RIBIERA, voyez RIBEIRA.
RIC, *adj.*, puissant, V, 93, II.
RICAIREL, *s. f.* (lisez *m.*) '*dim.*, petit riche, V, 95, I, n° 6.
RICAMEN, *adv.*, puissamment, V, 95, I, n° 5.
RICAMENS, voyez RICAMEN.
RICAUDIA, *s. f.*, fierté, V, 95, II, n° 10.
RICAUT, *adj.*, fier, V, 95, II, n° 8.
RICOR, *s. f.*, noblesse, V, 94, II, n° 2.
RICOS, *adj.*, altier, V, 95, II, n° 9.
RICOZIA, *s. f.*, hauteur, V, 95, II, n° 11.
RICTAT, *s. f.*, puissance, V, 95, I, n° 3.
RIGAR, *v.*, arroser, V, 99, I, n° 4.
RIGOROS, *adj.*, rigoureux, V, 63, I, n° 9.
RIGOROZ, voyez RIGOROS.
RIGOT, *s. m.*, frisure, V, 96, II, n° 2.
RIGOTAR, *v.*, friser, V, 96, II.
RIGUOR, *s. f.*, rigueur, V, 63, I, n° 10.
RIM, *s. m.*, rime, V, 96, II.
RIMA, *s. f.*, rime, V, 96, II, n° 2.
RIMADER, *s. m.*, rimeur, V, 97, I, n° 4.
RIMAR, *v.*, rimer, V, 97, I, n° 5.
RIMAR, *v.*, gercer, V, 97, I.

RIMETA, *s. f. dim.*, petite rime, V, 97, I, n° 3.
RIMOR, voyez RUMOR.
RINOCERON, *s. m.*, rhinocéros, VI, 38, I.
RIOTA, *s. f.*, débat, V, 97, I.
RIOTOS, *adj.*, disputeur, V, 97, II, n° 2.
RIOTOZ, voyez RIOTOS.
RIQUESA, *s. f.*, puissance, V, 95, I, n° 4.
RIQUESCHA, voyez RIQUESA.
RIQUEZA, voyez RIQUESA.
RIQUIR, *v.*, accroître, V, 95, II, n° 7.
RIR, voyez RIRE.
RIRE, *v.*, rire, V, 98, I, n° 3.
RIS, *s. m.*, ris, V, 97, II.
RIS, *s. m.*, riz, V, 98, II.
RIS (lisez RI), *s. m.*, ruisseau, V, 99, I, n° 2.
RISSIDAR, *v.*, éveiller, V, 221, II, n° 22.
RITHIMIC, voyez RITHMIC.
RITHMIC, *adj.*, rhythmique, V, 98, II.
RIU, *s. m.*, ruisseau, V, 99, I.
RIVESTIR, voyez REVESTIR.
RIVET, *s. m. dim.*, petit ruisseau, V, 99, I, n° 3.
RIZET, *s. m. dim.*, petit sourire, V, 97, II, n° 2.
ROAYS, *s. m.*, royauté, V, 68, I, n° 32.
ROAZO, voyez ROGAZO.
ROBE, *s. m.*, haie, V, 99, I.
ROBI, *s. m.*, rubis, V, 103, II, n° 16.
ROBINA, *s. f.*, rubis, V, 103, II, n° 17.
ROC, *s. f.* (lisez *m.*), roc, V, 99, II, n° 2.

ROCA, *s. f.*, roche, V, 99, II.
ROCAT, *s. m.*, rocher, V, 99, II, n° 4.
ROCE, *adj.*, rosé, V, 114, II, n° 7.
ROCEZA, voyez ROSSEZA.
ROCHA, voyez ROCA.
ROCHA, voyez ROGA.
ROCHIER, *s. m.*, rocher, V, 99, II, n° 5.
ROCI, voyez ROSSI.
ROCINIER, voyez ROSSINIER.
RODA, *s. f.*, roue, V, 59, II, n° 8.
RODAR, *v.*, rouler, V, 60, I, n° 9.
RODELA, *s. f.*, rond, V, 60, II, n° 13.
RODEN, *s. m.*, chemin tournant, V, 60, I, n° 10.
RODENC, voyez RODEN.
RODER, *v.*, ronger, V, 100, II.
RODOLAR, voyez REDOLAR.
RODOMEL, *s. m.*, miel rosat, IV, 179, I, n° 6.
RODOR, *s. m.*, redoul, V, 102, I.
ROER, voyez RODER.
ROESTA, *s. f.*, déroute, V, 116, II, n° 2.
ROFIAN, voyez RUFIAN.
ROFLAMEN, *s. m.*, ronflement, III, 560, I, n° 8.
ROG, *adj.*, rouge, V, 102, I.
ROGA, *s. f.*, garance, V, 102, I, n° 2.
ROGAR, voyez RODAR.
ROGAZO, *s. f.*, rogation, V, 103, II.
ROGENC, *adj.*, rouge, V, 102, II, n° 5.
ROGEZA, *s. f.*, rougeur, V, 102, II, n° 4.
ROGIR, *v.*, rougir, V, 102, II, n° 6.
ROGNOS, *adj.*, rogneux, V, 111, II, n° 2.

ROGOR, s. f., rougeur, V, 102, II, n° 3.
ROIA, voyez ROGA.
ROILHAR, voyez ROILLAR.
ROILL, s. m., rouille, V, 105, I.
ROILLAR, v., rouiller, V, 105, II, n° 4.
ROILLOS, adj., rouilleux, V, 105, II, n° 3.
ROINA, s. f., ruine, V, 106, I.
ROIRE, s. m., rouvre, V, 106, II.
ROISE, voyez RONSER.
ROJEIAR, v., rougir, V, 102, II, n° 8.
ROJEJAR, voyez ROJEIAR.
ROJOR, s. f., rougeur, VI, 38, II, n° 12 bis.
ROLAR, v., rouler, V, 60, II, n° 15.
ROLLE, s. m., rôle, V, 61, I, n° 16.
ROMAN, adj., romain, V, 106, II.
ROMANI, voyez ROMANIN.
ROMANIN, s. m., romarin, V, 107, II.
ROMANRE, voyez REMANER.
ROMANSAR, v., romancer, V, 107, I, n° 2.
ROMATIC, s. m., aromate, VI, 4, I, n° 4.
ROMAVAGE, voyez ROMAVATGE.
ROMAVATGE, s. m., pèlerinage, V, 108, I, n° 4.
ROMAVIA, s. f., pèlerinage, V, 108, I, n° 3.
ROME, s. m., ronce, V, 107, II.
ROMEATGE, s. m., pèlerinage, V, 108, II, n° 5.
ROMET, voyez ROME.
ROMEU, voyez ROMIEU.
ROMEUA, s. f., pèlerine, V, 108, I, n° 2.

ROMIAR, v., ruminer, V, 101, I, n° 2.
ROMIEU, s. m., pèlerin, V, 107, II.
ROMPADOR, s. m., rompeur, V, 109, II, n° 5.
ROMPAIRE, voyez ROMPADOR.
ROMPEDURA, s. f., rupture, V, 109, II, n° 6.
ROMPEMEN, voyez RUMPEMENT.
ROMPEMENT, voyez RUMPEMENT.
ROMPRE, v., rompre, V, 108, II.
RONCIN, voyez ROSSI.
RONCINIER, voyez ROSSINIER.
RONFLAR, v., ronfler, V, 111, II.
RONHA, s. f., rogne, V, 111, II.
RONHO, s. m., rognon, V, 112, I.
RONHONADA, s. f., rognon, V, 112, I, n° 2.
RONHONAL, s. m., rognon, V, 112, I, n° 3.
RONHOS, voyez ROGNOS.
RONSAMENT, s. m., renversement, V, 112, II, n° 2.
RONSAR, v., renverser, V, 112, I.
RONSER, s. m., ronce, V, 107, II, n° 2.
RONZAMENT, voyez RONSAMENT.
RONZAR, voyez RONSAR.
ROQUETA, s. f. dim., petite roche, V, 99, II, n° 3.
ROS, s. m., rosée, V, 112, II.
ROS, adj., roux, V, 113, II.
ROS, voyez RAUS.
ROSA, s. f., rose, V, 114, I.
ROSADA, s. f., rosée, V, 113, I, n° 2.
ROSAL, s. m., rosée, V, 113, I, n° 3.
ROSAL, adj., rosé, V, 114, II, n° 5.
ROSAN, adj., rosé, V, 114, I, n° 3.
ROSAT, adj., rosat, V, 114, I, n° 4.

ROSEGAR, *v.*, ronger, V, 101, I, n° 4.
ROSELH, *s. m.*, roseraie, V, 114, II, n° 9.
ROSENC, *adj.*, rosé, V, 114, II, n° 6.
ROSER, *s. m.*, rosier, V, 114, II, n° 8.
ROSETA, *s. f. dim.*, rosette, V, 114, I, n° 2.
ROSIER, voyez ROSER.
ROSS, voyez ROS.
ROSSA, *s. f.*, rosse, V, 115, I, n° 2.
ROSSEGAR, *v.*, rosser, V, 115, II, n° 4.
ROSSEZA, *s. f.*, rousseur, V, 114, I, n° 4.
ROSSI, *s. m.*, roussin, V, 115, I.
ROSSIGNOL, *s. m.*, rossignol, V, 115, II.
ROSSIGNOLA, *s. f.*, rossignol, V, 115, II, n° 2.
ROSSIGNOLET, *s. m. dim.*, rossignolet, V, 115, II, n° 3.
ROSSINHOL, voyez ROSSIGNOL.
ROSSINHOLA, voyez ROSSIGNOLA.
ROSSINHOLET, voyez ROSSIGNOLET.
ROSSINIER, *s. m.*, rossinier, V, 115, I, n° 3.
ROSSOR, *s. f.*, rousseur, V, 113, II, n° 2.
ROSTIC, voyez RUSTIC.
ROSTIDOR, *adj.*, rôti, V, 50, II, n° 3.
ROT, *adj.*, roide, V, 62, II, n° 5.
ROT, *s. m.*, rot, V, 116, I.
ROTA, *s. f.*, bande, V, 116, I.
ROTA, *s. f.*, déroute, V, 116, I.
ROTA, *s. f.*, rote, V, 116, II.
ROTER, *s. m.*, routier, V, 116, I, n° 2.
ROTLAR, voyez ROLAR.
ROTLE, voyez ROLLE.
ROTONDITAT, *s. f.*, rotondité, V, 59, II, n° 5.

ROUELAR, voyez ROILLAR.
ROUILHAR, voyez ROILLAR.
ROUILLOS, voyez ROILLOS.
ROURE, voyez ROIRE.
ROVEZIR, *v.*, rougir, V, 102, II, n° 7.
ROYA, voyez ROGA.
ROYAU, voyez REIAL.
ROYNA, voyez ROINA.
ROYRE, voyez RODER.
ROZA, voyez ROSA.
ROZADA, voyez ROSADA.
ROZAL, voyez ROSAL.
ROZAMENT, *s. m.*, rosée, V, 113, I, n° 5.
ROZAN, voyez ROSAN.
ROZAT, voyez ROSAT.
ROZEGAR, voyez ROSEGAR.
ROZELLA, *s. f.*, roselle, V, 114, II, n° 10.
ROZENC, *adj.*, humide de rosée, V, 113, I, n° 4.
ROZENC, voyez ROSENC.
ROZENDA, *s. f.*, rongeure, V, 101, I, n° 6.
ROZER, voyez RODER.
ROZETTA, voyez ROSETA.
ROZILH, *s. m.*, rouille, V, 105, II, n° 5.
ROZILHAR, *v.*, rouiller, V, 106, I, n° 7.
ROZILHOS, *adj.*, rouilleux, V, 106, I, n° 6.
ROZILHOZ, voyez ROZILHOS.
ROZINA, *s. f.*, résine, V, 116, II.
ROZINOS, *adj.*, résineux, V, 116, II, n° 2.
RUA, *s. f.*, ride, V, 116, II.
RUA, *s. f.*, rue, V, 117, II.
RUAMENT, *s. m.*, ride, V, 117, I, n° 3.

RUAR, v., rider, V, 117, I, n° 2.
RUBER, v., être de couleur rouge, V, 103, I, n° 13.
RUBIFICAR, v., devenir de couleur rouge, V, 103, I, n° 15.
RUBIFICATIU, adj., rubificatif, V, 103, I, n° 14.
RUBOR, s. m., rougeur, V, 103, I, n° 12.
RUBRICA, s. f., rubrique, V, 103, II, n° 18.
RUCA, voyez ERUCA.
RUCH, voyez RUG.
RUDA, s. f., rue, V, 117, II.
RUDAMENT, adv., grossièrement, V, 118, I, n° 4.
RUDE, adj., rude, V, 117, II.
RUDELA, s. f., culbute, V, 60, II, n° 12.
RUDEZA, s. f., rudesse, V, 118, I, n° 2.
RUDITAT, s. f., rudesse, V, 118, I, n° 3.
RUF, adj., raboteux, V, 118, I.
RUFIAN, s. m., rufien, V, 118, I.
RUG, s. m., rugissement, V, 118, II, n° 3.
RUGA, voyez RUA.
RUGACIO, s. f., ride, V, 117, I, n° 6.
RUGATIU, adj., ridatif, V, 117, I, n° 5.
RUGIMENT, s. m., flatuosité, V, 118, II, n° 4.
RUGIR, v., rugir, V, 118, I.
RUGIT, s. m., rugissement, V, 118, II, n° 2.
RUGLE, s. m., globe, V, 118, II.
RUGOS, adj., ridé, V, 117, I, n° 4.
RUGOZ, voyez RUGOS.
RUGOZITAT, s. f., rugosité, V, 117, II, n° 7.

RUIL, voyez RUILS.
RUILS (lisez RUIL), voyez ROILL.
RUINA, voyez ROINA.
RUMINAR, v., ruminer, V, 101, I, n° 3.
RUMOR, s. m. (lisez f.), rumeur, V, 118, II.
RUMOROS, adj., mugissant, V, 119, I, n° 2.
RUMOROZ, voyez RUMOROS.
RUMPEDURA, voyez ROMPEDURA.
RUMPEMENT, s. m., rompement, V, 109, I, n° 4.
RUMPRE, voyez ROMPRE.
RUNDIR, v., grogner, V, 119, I.
RUNHA, voyez RONHA.
RUNHO, voyez RONHO.
RUNHOS, voyez ROGNOS.
RUPCIO, s. f., rupture, V, 109, I, n° 2.
RUPTIU, adj., ruptif, V, 109, I, n° 3.
RURAL, adj., rural, V, 119, I.
RUSCA, s. f., écorce, V, 119, I.
RUSCALH, adj., débile, V, 119, II, n° 3.
RUSCHA, voyez RUSCA.
RUSCHAL, s. m., écale, V, 119, II, n° 2.
RUSILLOS, voyez ROZILHOS.
RUSTAT, s. f., grossièreté, V, 119, II, n° 3.
RUSTE, adj., grossier, V, 119, II, n° 2.
RUSTEGAMENS, adv., grossièrement, V, 120, I, n° 5.
RUSTIC, adj., rustique, V, 119, I.
RUSTICITAT, s. f., rusticité, V, 119, II, n° 4.
RUTELA, s. f., tarentule, V, 120, II.
RUTHA, voyez RUDA.

RUTHAT, *adj.*, mêlé de rue, V, 117, II, n° 2.
RUTLE, voyez ROLLE.
RUTLO, *s. m.*, rouleau, V, 64, I, n° 17.
RUTLON, voyez RUTLO.
RUYLHA, *s. f.*, rouille, V, 105, I, n° 2.
RUYNOS, *adj.*, ruineux, V, 106, II, n° 2.
RUYNOZ, voyez RUYNOS.
RUZIL, voyez ROZILH.

S

S, *s. m.*, s, V, 120, I.
S, *pron. pers. affixe, m. et f.*, 3ᵉ *pers. sing.*, se, V, 170, II, n° 3.
SA, *pron. poss. f.*, 3ᵉ *pers.*, sa, V, 272, II, n° 5.
SA, voyez SAI.
SA, voyez SAN.
SABA, *s. f.*, sève, V, 120, I.
SABAT, voyez SABBAT.
SABATA, *s. f.*, soulier, V, 120, I.
SABATAR, *v.*, tourmenter, V, 121, I, n° 3.
SABATARIA, *s. f.*, cordonnerie, V, 120, II, n° 2.
SABATAT, *adj.* (lisez *s. m.*), ensabaté, V, 121, I, n° 5.
SABATIER, *s. m.*, cordonnier, V, 120, II, n° 4.
SABATO, *s. m.*, soulier, V, 120, II, n° 3.
SABBAT, *s. m.*, sabbat, V, 121, I.
SABEDOR, *s. m.* (lisez *adj.*, employé substantivement dans l'exemple), instruit, V, 123, II, n° 8.
SABEN, *s. m.*, savoir, V, 123, II, n° 9.
SABENSA, *s. f.*, science, V, 123, II, n° 10.
SABER, *v.*, savoir, V, 121, I.
SABER, *s. m.*, savoir, V, 123, I, n° 5.
SABERUT, *adj.*, savant, V, 123, II, n° 7.

SABEZ, *adj.*, savoureux, V, 128, II, n° 7.
SABI, voyez SAVI.
SABINA, voyez SAVINA.
SABLO, voyez SABLON.
SABLON, *s. m.*, sable, V, 127, II.
SABLOS, *adj.*, sablonneux, V, 127, II, n° 2.
SABO, *s. m.*, savon, V, 127, II.
SABOR, *s. f.*, saveur, V, 127, II.
SABORAR, *v.*, savourer, V, 129, I, n° 10.
SABOREN, voyez SABORENT.
SABORENT, *adj.*, savoureux, V, 128, II, n° 4.
SABORIU, *adj.*, savoureux, V, 128, II, n° 5.
SABOROS, *adj.*, savoureux, V, 128, I, n° 2.
SABOROSAMEN, *adv.*, savoureusement, V, 128, I, n° 3.
SABOROZ, voyez SABOROS.
SABOTAR, *v.*, secouer, V, 130, I.
SABRIER, *s. m.*, saveur, V, 128, II, n° 6.
SAC, *s. m.*, sac, V, 130, I.
SACAS, *s. m.*, grand sac, V, 130, II, n° 3.
SACERDOT, *s. m.*, prêtre, V, 135, II, n° 19.
SACERDOTAL, *adj.*, sacerdotal, V, 135, II, n° 18.

SACERDOTAT, s. m., sacerdoce, V, 135, II, n° 17.
SACIETAT, s. f., satiété, V, 161, I, n° 3.
SACRAMEN, voyez SACRAMENT.
SACRAMENT, s. m., sacrement, V, 134, I, n° 5.
SACRAMENTAL, adj., sacramentel, V, 134, II, n° 9.
SACRARI, s. m., sanctuaire, V, 134, II, n° 8.
SACRIFIAMEN, s. m., sacrifice, V, 135, I, n° 12.
SACRIFIAR, voyez SACRIFICAR.
SACRIFICADOR, s. m., sacrificateur, V, 135, II, n° 14.
SACRIFICADURA, s. f., sacrificature, V, 135, I, n° 13.
SACRIFICAIRE, voyez SACRIFICADOR.
SACRIFICAR, v., sacrifier, V, 135, I, n° 10.
SACRIFICI, s. m., sacrifice, V, 135, I, n° 11.
SACRIFISSI, voyez SACRIFICI.
SACRIFIZI, voyez SACRIFICI.
SACRILEGI, s. m., sacrilége, IV, 39, I, n° 24, et V, 136, I, n° 21.
SACRISTA, voyez SACRISTAN.
SACRISTAN, s. m., sacristain, V, 135, II, n° 15.
SACRISTIA, s. f., sacristie, V, 135, II, n° 16.
SADANAS, voyez SATHANAS.
SADINA, s. f., saisine, V, 163, II, n° 3.
SADOL, adj., soûl, V, 162, I, n° 7.
SADOLAR, voyez SADOLLAR.
SADOLEZA, s. f., soûlesse, V, 162, I, n° 9.

SADOLHAR, voyez SADOLLAR.
SADOLLAMEN, s. m., rassasiement, V, 162, I, n° 8.
SADOLLAR, v., soûler, V, 161, II, n° 6.
SADREIA, s. f., sarriette, V, 130, II.
SAETA, voyez SAGETA.
SAFIR, voyez SAPHIR.
SAFRA, voyez SAFRAN.
SAFRAN, s. m., safran, V, 131, I.
SAFRANAR, v., safraner, V, 131, I, n° 2.
SAFRAR, v., safrer, V, 131, I, n° 3.
SAG, s. m., sac, V, 131, I.
SAGA, s. f., saie, V, 131, II.
SAGACITAT, s. f., sagacité, V, 131, II.
SAGE, adj., sage, V, 124, II, n° 17.
SAGECIA, s. f., saïque, V, 131, II.
SAGEL, s. m., scel, V, 132, I.
SAGELAR, voyez SAGELLAR.
SAGELH, s. m., sayon, V, 131, II, n° 2.
SAGELH, voyez SAGEL.
SAGELL, voyez SAGEL.
SAGELLAR, v., sceller, V, 132, I, n° 2.
SAGETA, s. f., sagette, V, 132, II.
SAGETAR, voyez SAGITTAR.
SAGETIA, voyez SAGECIA.
SAGI, voyez SAGIN.
SAGIN, s. m., saindoux, V, 133, II.
SAGITARI, voyez SAGITTARI.
SAGITTAR, v., darder, V, 133, I, n° 3.
SAGITTARI, s. m., sagittaire, V, 133, I, n° 2.
SAGNAR, voyez SANGNAR.
SAGNIA, voyez SANGNIA.
SAGRA, s. f., consécration, V, 134, I, n° 4.

SAGRACIO, *s. f.*, consécration, V, 134, I, n° 3.
SAGRAMEN, voyez SACRAMEN.
SAGRAMENTAL, voyez SACRAMENTAL.
SAGRAMENTEIAR, voyez SAGRAMENTEJAR.
SAGRAMENTEJAR, *v.*, blasphémer, V, 136, I, n° 20.
SAGRANSA, *s. f.*, consécration, V, 134, I, n° 4.
SAGRAR, *v.*, sacrer, V, 133, II.
SAGRASON, voyez SAGRACIO.
SAGRASSIO, voyez SAGRACIO.
SAGRATIO, voyez SAGRACIO.
SAGRESTAN, voyez SACRISTAN.
SAGRESTIA, voyez SACRISTIA.
SAGRIER, *s. m.*, sanctuaire, V, 134, II, n° 7.
SAGRIFIZI, voyez SACRIFICI.
SAI, *adv.*, çà, V, 136, II.
SAI, voyez SAGIN.
SAIA, voyez SAGA.
SAILLIR, voyez SALIR.
SAIN, voyez SAGIN.
SAINHA, *s. f.*, marais, V, 137, I.
SAINS, voyez SAINTZ.
SAINT, voyez SANCT.
SAINTZ, *adv.*, céans, III, 567, I, n° 4.
SAIS, *adj.*, gris, V, 137, II.
SAIZINA, voyez SAZINA.
SAL, *s. f.*, sel, V, 137, II.
SAL, *s. m.*, salut, V, 145, I, n° 4.
SAL, voyez SALV.
SALA, *s. f.*, demeure, V, 139, II.
SALADURA, *s. f.*, salure, V, 138, I, n° 2.
SALAMANDRA, *s. f.*, salamandre, V, 140, I.

SALAMANDRI, *s. m. dim.*, salamandrin, V, 140, I, n° 2.
SALAR, *v.*, saler, V, 138, I, n° 5.
SALARI, *s. m.*, salaire, V, 139, II, n° 18.
SALARY, voyez SALARI.
SALCLADOR, voyez SALCLAYRE.
SALCLAR, *v.*, sarcler, V, 140, I.
SALCLAYRE, *s. m.*, sarcleur, V, 140, I, n° 2.
SALECMALEC, *s. m.*, salamalec, V, 140, I.
SALEIRA, voyez SALIERA.
SALETZ, *s. m.*, céleri, V, 140, II.
SALF, voyez SALV.
SALGEMA, *s. m.* (lisez *f.*), sel gemme, V, 139, I, n° 13.
SALGEMMA, voyez SALGEMA.
SALHIA, *s. f.*, saillie, V, 140, II, n° 2.
SALHIR, voyez SALIR.
SALI, *s. m.*, salière, V, 138, I, n° 3.
SALIERA, *s. f.*, salière, V, 138, I, n° 4.
SALINA, *s. f.*, saline, V, 138, II, n° 8.
SALINER, *s. m.*, salinier, V, 138, II, n° 9.
SALINIER, voyez SALINER.
SALIR, *v.*, saillir, V, 140, II.
SALIVA, *s. f.*, salive, V, 143, II.
SALIVAL, *adj.*, salivaire, V, 143, II, n° 3.
SALIVAR, *v.*, saliver, V, 143, II, n° 2.
SALIVENCA, *s. f.*, lavande, V, 141, II, n° 7.
SALLAR, *v.*, couvrir, VI, 8, I, n° 14.
SALLIR, voyez SALIR.
SALME, voyez PSALM.
SALMEIAR, *v.*, psalmodier, IV, 662, II, n° 4.
SALMEJAR, voyez SALMEIAR.

SALMISTA, voyez PSALMISTA.
SALMO, s. m., saumon, V, 144, I.
SALMODIA, voyez PSALMODIA.
SALNITRE, s. f., sel de nitre, V, 139, I, n° 14.
SALPICAR, v., saupoudrer, V, 139, I, n° 12.
SALS, adj., salé, V, 138, II, n° 6.
SALSA, s. f., sauce, V, 138, II, n° 10.
SALSAYRON, s. m., saucier, V, 139, I, n° 11.
SALSEZA, s. f., salure, V, 138, II, n° 7.
SALSIFRANHA, s. f., saxifrage, V, 144, I.
SALSUGINOS, adj., salsugineux, V, 139, I, n° 16.
SALSUGINOZ, voyez SALSUGINOS.
SALSUGINOZITAT, s. f., salsuginosité, V, 139, II, n° 17.
SALTERI, voyez PSALTERI.
SALUBRAMENS, adv., salubrement, V, 144, I.
SALUDABLAMENT, adv., salutairement, V, 147, I, n° 14.
SALUDABLE, adj., salutaire, V, 146, II, n° 12.
SALUDADOR, voyez SALUDAIRE.
SALUDAIRE, adj. (lisez s. m., employé adjectivement dans l'exemple), salueur, V, 146, II, n° 10.
SALUDAR, v., saluer, V, 146, II, n° 13.
SALUT, s. f., salut, V, 146, I, n° 9.
SALUTACION, s. f., salutation, V, 146, II, n° 11.
SALUTATIU, adj., salutatif, V, 147, I, n° 15.
SALV, adj., sauf, V, 144, II, n° 2.
SALVACION, voyez SALVATIO.

SALVADOR, voyez SALVAIRE.
SALVAGARDA, s. f., sauvegarde, III, 429, I, n° 34.
SALVAGARDIA, voyez SALVAGARDA.
SALVAGE, voyez SALVATGE.
SALVAGGINA, s. f., sauvagine, V, 147, II, n° 3.
SALVAIRE, s. m., sauveur, V, 145, II, n° 5.
SALVAIZINA, voyez SALVAGGINA.
SALVAJAMEN, voyez SALVATJAMEN.
SALVAJE, voyez SALVATGE.
SALVAMEN, adv., salutairement, V, 145, I, n° 3.
SALVAMEN, voyez SALVAMENT.
SALVAMENT, s. m., sauvement, V, 146, I, n° 7.
SALVAR, v., sauver, V, 144, I.
SALVATGE, adj., sauvage, V, 147, I.
SALVATGIAMEN, voyez SALVATJAMEN.
SALVATIO, s. f., salut, V, 145, II, n° 6.
SALVATJAMEN, adv., sauvagement, V, 147, II, n° 2.
SALVATJE, voyez SALVATGE.
SALVAZINA, voyez SALVAGGINA.
SALVCONDUCH, s. m., sauf-conduit, III, 83, II, n° 13.
SALVETAT, s. f., sauveté, V, 146, I, n° 8.
SALVIA, s. f., sauge, V, 148, I.
SALVIETA, s. f. dim., petite sauge, V, 148, I, n° 2.
SAMACIU, adj., saumâtre, V, 139, I, n° 15.
SAMBUC, s. m., sureau, V, 148, I.
SAMBUCA, s. f., sambuque, V, 148, I, n° 2.

SAMIT, *s. m.*, velours, V, 148, II.
SAN, *adj.*, sain, V, 149, I.
SAN, voyez SANCT.
SANA, voyez SAINHA.
SANACIO, *s. f.*, guérison, V, 149, II, n° 4.
SANADOR, *s. m.*, guérisseur, V, 149, II, n° 6.
SANAIRE, voyez SANADOR.
SANAMENS, *adv.*, sainement, V, 149, I, n° 2.
SANAR, *v.*, guérir, V, 149, II, n° 7.
SANATION, voyez SANACIO.
SANATIU, *adj.*, curatif, V, 149, II, n° 5.
SANBUC, voyez SAMBUC.
SANC, voyez SANG.
SANCA, *s. f.*, cothurne, V, 245, II, n° 2.
SANC DE DRAGO, *s. m.*, sang de dragon, V, 154, I, n° 19.
SANCGUISUGA, voyez SANGUISUGA.
SANCNAR, voyez SANGNAR.
SANCNIA, voyez SANGNIA.
SANCNOS, *adj.*, saigneux, V, 152, II, n° 5.
SANCNOZ, voyez SANCNOS.
SANCSUGA, *s. f.*, sangsue, V, 153, II, n° 17.
SANCSSUGA, voyez SANCSUGA.
SANCT, *adj.*, saint, V, 150, I.
SANCTAMENZ, *adv.*, saintement, V, 150, II, n° 4.
SANCTETAT, voyez SANCTITAT.
SANCTEZA, *s. f.*, sainteté, V, 151, I, n° 6.

SANCTIFIAR, *v.*, sanctifier, V, 151, II, n° 11.
SANCTIFICAR, *v.*, sanctifier, V, 151, II, n° 12.
SANCTIFICATIO, *s. f.*, sanctification, V, 151, I, n° 10.
SANCTIFIQUAR, voyez SANCTIFICAR.
SANCTITAT, *s. f.*, sainteté, V, 151, I, n° 7.
SANCTOR, *s. m. et f.*, sainteté, V, 150, II, n° 5.
SANCTORAL, *s. m.*, livre des Actes des saints, V, 151, I, n° 8.
SANCTUARI, *s. m.*, sanctuaire, V, 151, I, n° 9.
SANDAT, voyez SANTAT.
SANETAT, voyez SANTAT.
SANG, *s. m.*, sang, V, 152, I.
SANGLENTAR, *v.*, ensanglanter, V, 153, I, n° 10.
SANGLOT, *s. m.*, hoquet, V, 154, I.
SANGLOTAR, *v.*, sangloter, V, 154, I, n° 2.
SANGLOTIR, *v.*, engloutir, III, 479, I, n° 12.
SANGLUT, voyez SANGLOT.
SANGNAR, *v.*, saigner, V, 152, I, n° 3.
SANGNIA, *s. f.*, saignée, V, 152, I, n° 2.
SANGUINE, *adj.*, sanguin, V, 153, I, n° 8.
SANGUINENC, *adj.*, sanguin, V, 153, I, n° 9.
SANGUINI, *adj.*, sanguin, V, 152, II, n° 7.
SANGUINOS, *adj.*, sanguin, V, 152, II, n° 6.

SANGUISUGA, s. f., sangsue, V, 153, II, n° 16.
SANGUISSUGA, voyez SANGUISUGA.
SANH, voyez SANCT.
SANHA, s. f., grimace, V, 154, II.
SANHTAMEN, voyez SANCTAMENZ.
SANIA, s. f., sanie, V, 153, II, n° 14.
SANIOS, adj., sanieux, V, 153, II, n° 15.
SANIOZ, voyez SANIOS.
SANITAT, voyez SANTAT.
SANNADOR, s. m., saigneur, V, 152, II, n° 4.
SANNAIRE, voyez SANNADOR.
SANS, voyez SENS.
SANSUC, s. f., sangsue, V, 153, II, n° 18.
SANT, voyez SANCT.
SANTAN, adj., saint, V, 150, II, n° 3.
SANTAT, s. f., santé, V, 149, I, n° 3.
SANTISME, adj. superl., très saint, V, 150, I, n° 2.
SANTOR, voyez SANCTOR.
SANTORAL, voyez SANCTORAL.
SAORRA, s. f., gros sable, V, 154, II.
SAP, s. m., sapin, V, 154, II.
SAPDE, voyez SAPTE.
SAPER, v., avoir la saveur de, V, 128, II, n° 8.
SAPER, voyez SABER.
SAPHIER, voyez SAPHIR.
SAPHIR, s. m., saphir, V, 154, II.
SAPHIRENC, adj., saphiré, V, 155, I, n° 2.
SAPIDITAT, s. f., sapidité, V, 129, I, n° 9.
SAPIEN, voyez SAPIENT.

SAPIENSA, s. f., sapience, V, 124, I, n° 12.
SAPIENT, adj., sage, V, 124, I, n° 13.
SAPTE, s. m., samedi, V, 121, I, n° 2.
SAPUDA, voyez SAUBUDA.
SAQUET, s. m. dim., sachet, V, 130, II, n° 2.
SARCASMO, voyez SARCASMOS.
SARCASMOS (lisez SARCASMO), s. m., sarcasme, V, 155, I.
SARCIDOR, s. m., ravaudeur, V, 158, II, n° 2.
SARCOCOLLA, s. f., sarcocolle, V, 155, I.
SARDA, s. f., sardine, V, 155, I.
SARDI, s. m., cornaline, V, 155, I.
SARDIL, s. m., serge, V, 155, I.
SARDINA, s. f., sardoine, V, 155, II, n° 3.
SARDONIC, s. m., sardoine, V, 155, II, n° 2.
SARDOYNE, s. f., sardoine, V, 155, II.
SARGOTAR, v., jargonner, V, 155, II.
SARIGOT, s. m., petit-lait, V, 156, I.
SARNALHA, s. f., sarnaille, V, 156, I.
SARPELHEIRA, s. f., serpillière, IV, 479, I, n° 2.
SARRADAMEN, adv., serrément, V, 157, I, n° 7.
SARRALHA, voyez SERRAILHA.
SARRAMEN, s. m., rétrécissement, V, 157, I, n° 6.
SARRAR, v., serrer, V, 156, I.
SARRAZINESME, s. m., sarrasinisme, V, 158, I.
SARRIA, s. f., sarrie, V, 158, I.
SARSSIDOR, voyez SARCIDOR.
SARTA, s. f., poêle à frire, V, 158, I.

SARTAN, voyez SARTA.
SARTOR, voyez SARTRE.
SARTRE, s. m., tailleur, V, 158, II.
SATAGIA, s. f., esquille, V, 158, II.
SATANIS, s. m., satin, V, 158, II.
SATHANAS, s. m., satan, V, 158, II.
SATIRI, s. m., satyre, V, 159, I.
SATISFACTIO, s. f., satisfaction, III, 274, I, n° 83.
SATISFAR, v., satisfaire, III, 274, I, n° 82.
SATISFAZEMENT, s. m., satisfaction, III, 274, II, n° 84.
SATURITAT, s. f., rassasiemen, V, 161, II, n° 5.
SATURNUS, s. m., Saturne, V, 159, I.
SAUBETAT, voyez SALVETAT.
SAUBUDA, s. f., connaissance, V, 122, II, n° 4 (le premier exemple est tiré de Philomena).
SAUBUDAMENT, adv., sciemment, V, 122, II, n° 3.
SAUC, s. m., sureau, V, 148, I, n° 3.
SAUCI, s. m., saussaie, V, 160, II, n° 3.
SAUDAN, voyez SOUDAN.
SAUMA, s. f., ânesse, V, 159, I.
SAUMADA, s. f., charge d'une bête de somme, V, 159, II, n° 4.
SAUMIEIRA, voyez SAUMIERA.
SAUMIER, s. m., âne, V, 159, II, n° 3.
SAUMIERA, s. f., ânesse, V, 159, I, n° 2.
SAUPUDAMEN, voyez SAUBUDAMENT.
SAUR, adj., saure, V, 159, II.
SAURAR, v., blondir, V, 160, I, n° 2.
SAUT, s. m., saut, V, 141, I, n° 4.
SAUTAR, v., sauter, V, 141, I, n° 3.

SAUTARELLA, s. f., sauterelle, V, 160, I.
SAUTERI, voyez PSALTERI.
SAUTICAMENT, s. m., sautillement, V, 141, II, n° 6.
SAUTIER, s. m., psautier, IV, 663, I, n° 5.
SAUTIQUIAR, v., sautiller, V, 141, II, n° 5.
SAUTZ, s. m., saule, V, 160, I, n° 2.
SAUZE, s. m., saule, V, 160, I.
SAUZEDA, s. f., saussaie, V, 160, II, n° 4.
SAVAI, adj., lâche, V, 160, II.
SAVALS, voyez SIVALS.
SAVAY, voyez SAVAI.
SAVENA, s. f., voile, V, 160, II.
SAVI, adj., sage, V, 124, II, n° 18.
SAVIAMENS, adv., sagement, V, 125, I, n° 21.
SAVIEZA, s. f., sagesse, V, 125, I, n° 20.
SAVIMEN, voyez SAVIAMENS.
SAVINA, s. f., sabine, V, 161, I.
SAVIZA, voyez SAVIEZA.
SAVOROSAMEN, voyez SABOROSAMEN.
SAYA, voyez SAGA.
SAYN, voyez SANCT.
SAYNA, voyez SAINHA.
SAYNS, voyez SAINTZ.
SAYS, voyez SAIS.
SAYZIR, voyez SAZIR.
SAZIAMEN, voyez SAZIAMENT.
SAZIAMENT, s. m., rassasiement, V, 161, I, n° 2.
SAZIAR, v., rassasier, V, 161, I.
SAZINA, s. f., saisine, V, 163, II, n° 2.
SAZION, adj., rassasié, V, 161, II, n° 4.
SAZIR, v., saisir, V, 163, I.

SAZO, *s. f.*, saison, V, 164, I.
SAZON, voyez SAZO.
SAZONAR, *v.*, assaisonner, V, 165, I, n° 2.
SCABIOSA, *s. f.*, scabieuse, V, 165, II.
SCALA, voyez ESCALA.
SCALGAYT, *s. m.*, échauguette, III, 417, II, n° 12.
SCALO, voyez ESCALO.
SCAMONEA, voyez ESCAMONEA.
SCAMOZITAT, *s. f.*, squammosité, III, 145, I, n° 2.
SCAPEL, *s. m.*, scalpel, V, 166, I.
SCARA, *s. f.*, escarre, V, 166, I.
SCARIFICAR, *v.*, scarifier, III, 147, I, n° 2.
SCARIFICATIO, voyez ESCARIFICATIO.
SCARIFIQUAR, voyez SCARIFICAR.
SCASADAMENS, *adv.*, modérément, III, 149, I, n° 3.
SCATA, voyez ESCATA.
SCAYRADOR, *s. m.*, équarrisseur, V, 12, I, n° 48.
SCAYRAIRE, voyez SCAYRADOR.
SCAYRAR, voyez ESCAYRAR.
SCAYRE, voyez ESCAIRE.
SCEMA, *s. f.*, schéma, V, 166, I.
SCESSINOMATON, voyez SESSIONOMATON.
SCHALA, voyez ESCALA.
SCIATIC, *adj.*, sciatique, V, 166, I.
SCIENÇA, voyez SCIENSA.
SCIENSA, *s. f.*, science, V, 124, I, n° 14.
SCIENTALMEN, *adv.*, sciemment, V, 124, II, n° 16.
SCIENTMENT, *adv.*, sciemment, V, 124, II, n° 15.
SCINDIR, *v.*, scinder, V, 166, I.

SCINTILLA, *s. f.*, étincelle, V, 168, II.
SCINTILLACIO, *s. f.*, scintillation, V, 168, II, n° 3.
SCINTILLAMENT, *s. m.*, scintillement, V, 168, II, n° 2.
SCISMA, *s. m.*, schisme, V, 167, II, n° 11.
SCISMATIC, *s. m.* (lisez *adj.*), schismatique, V, 167, II, n° 11.
SCISMATIQ, voyez SCISMATIC.
SCOLASTIC, voyez ESCOLASTIC.
SCOLOPODIA, *s. f.*, cétérac, V, 169, I.
SCORPION, voyez ESCORPION.
SCRIPTURA, voyez ESCRIPTURA.
SCRIPTURAL, *adj.*, à écrire, III, 158, II, n° 6.
SCRIRE, voyez ESCRIURE.
SCRIURE, voyez ESCRIURE.
SCRUPEL, voyez SCRUPULI.
SCRUPULI, *s. m.*, scrupule, V, 169, I.
SCUDIER, voyez ESCUDIER.
SCULPTURA, *s. f.*, sculpture, III, 161, I, n° 2.
SCURILITAT, *s. f.*, bouffonnerie, V, 169, I.
SE, *pron. pers. m. et f.*, 3° *pers. sing.*, se, V, 169, I.
SE, voyez SEN.
SEBELIN, voyez SEMBELIN.
SEBELIR, *v.*, ensevelir, V, 171, II.
SEBELLIR, voyez SEBELIR.
SEBISSA, *s. f.*, haie, V, 172, I.
SEBRADAMENT, *adv.*, séparément, V, 172, II, n° 5.
SEBRAR, *v.*, séparer, V, 172, I.
SEBULTURA, voyez SEPULTURA.
SEC, *adj.*, sec, V, 173, I.

SEC, voyez CEC.
SECADA, s. f., sécheresse, V, 173, II, n° 5.
SECAMBRIN, s. m., oxymel, V, 175, I.
SECAMENS, adv., sèchement, V, 174, I, n° 9.
SECAR, v., sécher, V, 174, I, n° 8.
SECARESSA, s. f., sécheresse, V, 173, II, n° 4.
SECHAR, voyez SECAR.
SECLE, s. m., siècle, V, 175, I.
SECODRE, v., secouer, V, 175, II.
SECONDARIAMENT, voyez SEGUNDARIAMENT.
SECONDINA, voyez SEGUNDINA.
SECORRE, voyez SOCCORRE.
SECORRER, voyez SOCCORRE.
SECORS, voyez SOCORS.
SECRET, s. m., secret, III, 59, I, n° 6.
SECRETA, s. f., secrète, III, 59, II, n° 8.
SECRETAMEN, voyez SECRETAMENT.
SECRETAMENT, adv., secrètement, III, 59, II, n° 7.
SECRETARI, s. m., secrétaire, III, 59, II, n° 9.
SECSEC, adv., consécutivement, V, 179, II, n° 5.
SECTA, s. f., secte, V, 176, I.
SECULAR, adj., séculier, V, 175, II, n° 3.
SECUNDARI, adj., secondaire, V, 178, I, n° 5.
SECURITAT, s. f., sûreté, V, 184, II, n° 7.
SEDA, s. f., soie, V, 176, II.
SEDACIO, s. f., calme, V, 177, I, n° 2.

SEDAR, v., calmer, V, 176, II.
SEDEIAR, voyez SEDEJAR.
SEDEJAR, v., avoir soif, V, 246, I, n° 2.
SEDICIO, s. f., sédition, V, 177, I.
SEDICION, voyez SEDICIO.
SEDITIO, voyez SEDICIO.
SEDRE, voyez CEDRE.
SEDUCTION, s. f., séduction, III, 86, I, n° 36.
SEDUIRE, v., séduire, III, 86, I, n° 35.
SEDZE, adj. num., seize, V, 187, I, n° 10.
SEDZEN, voyez SETZEN.
SEF, s. m., suif, VI, 9, I, n° 2.
SEGA, s. f., clôture, V, 179, II, n° 3.
SEGADOR, s. m., moissonneur, V, 177, II, n° 2.
SEGAIRE, voyez SEGADOR.
SEGAR, v., couper, V, 177, I.
SEGE, voyez SETGE.
SEGLAR, adj., séculier, V, 175, II, n° 2.
SEGLE, voyez SECLE.
SEGLEIADOR, s. m., mondain, V, 175, II, n° 4.
SEGLEIAIRE, voyez SEGLEIADOR.
SEGLEJADOR, voyez SEGLEIADOR.
SEGLEJAIRE, voyez SEGLEIADOR.
SEGNA, voyez SIGNA.
SEGNAL, s. m., signe, V, 227, I, n° 8.
SEGNAR, voyez SIGNAR.
SEGNOREIAR, voyez SENHOREJAR.
SEGNOREJAR, voyez SENHOREJAR.
SEGON, prép., selon, V, 177, II.
SEGON, adj., second, V, 177, II.
SEGONDAMEN, voyez SEGONDAMENT.
SEGONDAMENT, adv., secondement, V, 178, I, n° 2.

SEGONDANAMENT, *adv.*, secondement, V, 178, I, n° 3.

SEGONDAR, *v.*, seconder, V, 178, I, n° 4.

SEGONDARIAMEN, voyez SEGUNDARIAMENT.

SEGONHO, *s. m.*, cigoneau, VI, 9, II, n° 2.

SEGRE, voyez SEGUIR.

SEGREGUAR, *v.*, séparer, III, 508, II, n° 14.

SEGRIER, *s. m.*, suivant, V, 179, II, n° 4.

SEGUA, voyez SEGA.

SEGUEL, *s. m.*, seigle, V, 178, II.

SEGUENTRE, *prép.*, à la suite de, V, 180, I, n° 6.

SEGUIMEN, *s. m.*, suite, V, 180, I, n° 7.

SEGUIR, *v.*, suivre, V, 178, II.

SEGUNDARIAMENT, *adv.*, secondairement, V, 178, II, n° 6.

SEGUNDINA, *s. f.*, segondine, V, 178, II, n° 7.

SEGUNHOLA, *s. f. dim.*, petite cigogne, VI, 9, II, n° 3.

SEGUR, *adj.*, sûr, V, 183, II.

SEGURAMEN, voyez SEGURAMENT.

SEGURAMENT, *adv.*, sûrement, V, 184, I, n° 3.

SEGURAN, *adj.*, sûr, V, 184, II, n° 4.

SEGURANSA, *s. f.*, assurance, V, 184, II, n° 5.

SEGURAR, *v.*, assurer, V, 185, I, n° 9.

SEGURISSIME, *adj. superl.*, très sûr, V, 184, I, n° 2.

SEGUROS, *adj.*, assuré, V, 184, II, n° 8.

SEGURTANSA, *s. f.*, sûreté, V, 184, II, n° 6.

SEGURTAT, voyez SECURITAT.

SEI, voyez SIEI.

SEIGNAL, voyez SEGNAL.

SEIGNAR, voyez SIGNAR.

SEIGNEIRA, *s. f.*, enseigne, V, 227, I, n° 9.

SEIGN' EN, voyez SENH' EN.

SEIGNER, voyez SENHER.

SEIGNOR, voyez SENHER.

SEIGNORATGE, voyez SENHORATGE.

SEIGNOREIAR, voyez SENHOREJAR.

SEIGNOREJAR, voyez SENHOREJAR.

SEIGNORIA, voyez SENHORIA.

SEILLA, *s. f.*, seau, V, 187, I, n° 2.

SEING, *s. m.*, signe, V, 226, I, n° 2.

SEINGNER, voyez SENHER.

SEINGNOR, voyez SENHER.

SEINGNOREIAR, voyez SENHOREJAR.

SEINGNOREJAR, voyez SENHOREJAR.

SEINH, voyez SEN.

SEINHA, voyez SIGNA.

SEINHERA, voyez SEIGNEIRA.

SEINHOREZAR, voyez SENHOREJAR.

SEINOR, voyez SENHER.

SEIRE, voyez SEZER.

SEIS, *n. de nomb.* (lisez *adj. num.*), six, V, 186, I, n° 16.

SEIZE, voyez SEIZEN.

SEIZEN, *adj.*, sixième, V, 186, I, n° 4.

SEIZENA, *s. f.*, sixaine, V, 186, I, n° 5.

SEJORN, voyez SOJORN.

SEJORNADAMENT, *adv.*, en repos, III, 590, I, n° 11.

SEJORNADIT, voyez SOJORNADIT.

SEJORNAR, voyez SOJORNAR.

SEL, voyez CEL.
SELA, voyez CELA.
SELAIRE, *s. m.*, celeur, II, 372, I, n° 5.
SELAR, voyez CELAR.
SELARI, voyez SALARI.
SELCLE, voyez CERCLE.
SELER, voyez SELERS.
SELERS (lisez SELER), *s. m.*, sellier, V, 187, II, n° 2.
SELH, *s. m.*, seau, V, 187, I.
SELH, voyez CEL.
SELHA, voyez CELA.
SELHA, voyez SEILLA.
SELHA, voyez SELLA.
SELHUY, voyez CELUI.
SELITZ, voyez CILICI.
SELIU, voyez CELIU.
SELL, voyez CEL.
SELLA, *s. f.*, selle, V, 187, II.
SELLA, voyez CELA.
SELUI, voyez CELUI.
SELVA, voyez SILVA.
SEM, *adj.*, privé, V, 188, I.
SEM, *s. m.*, semence, V, 192, II, n° 3.
SEMAINA, voyez SETMANA.
SEMANAZO, *s. m.* (lisez *f.*), semence, V, 193, II, n° 8.
SEMAR, *v.*, priver, V, 188, I, n° 2.
SEMBEL, voyez CEMBEL.
SEMBELAR, voyez CEMBELLAR.
SEMBELI, voyez SEMBELIN.
SEMBELIN, *s. m.*, fourrure, V, 188, I.
SEMBELLAR, voyez CEMBELLAR.
SEMBLABLAMENT, *adv.*, semblablement, V, 190, I, n° 7.
SEMBLABLE, *adj.*, semblable, V, 189, II, n° 5.

SEMBLAMEN, *adv.*, semblablement, V, 190, I, n° 6.
SEMBLAN, voyez SEMBLANT.
SEMBLANSA, *s. f.*, ressemblance, V, 189, II, n° 3.
SEMBLANT, *s. m.*, semblant, V, 188, II, n° 2.
SEMBLANTMENT, voyez SEMBLAMEN.
SEMBLAR, *v.*, ressembler, V, 188, II.
SEMBLE, *adj.*, semblable, V, 189, II, n° 4.
SEMDIER, *s. m.*, sentier, V, 191, II.
SEMEN, *s. m.*, semence, V, 192, II, n° 2.
SEMENADOR, voyez SEMENAIRE.
SEMENAIRE, *s. m.*, semeur, V, 193, I, n° 6.
SEMENALHA, *s. f.*, semaille, V, 193, II, n° 9.
SEMENAR, *v.*, semer, V, 192, I.
SEMENAYRE, voyez SEMENAIRE.
SEMENSA, *s. f.*, semence, V, 192, II, n° 4.
SEMENTERI, voyez CEMENTERI.
SEMI, *adj.*, semi, IV, 178, II, n° 22.
SEMIBREU, voyez SEMIBREUS.
SEMIBREUS (lisez SEMIBREU), *s. m.*, semi-brève (*lisez* semi-bref), II, 256, II, n° 2.
SEMINAL, *adj.*, séminal, V, 193, I, n° 5.
SEMINATIO, *s. f.*, sémination, V, 193, II, n° 7.
SEMIPES, *adj.*, semipède, IV, 472, II, n° 18.
SEMISSONAN, voyez SEMISSONANT.
SEMISSONANT, *adj.*, semi-sonnant, V, 265, II, n° 18.

SEMITAUR, *s. m.*, semi-taureau, V, 309, I, n° 2.
SEMLABLE, voyez SEMBLABLE.
SEMLAN, voyez SEMBLANT.
SEMLANMEN, voyez SEMBLAMEN.
SEMLANMENT, voyez SEMBLAMEN.
SEMLANSA, voyez SEMBLANSA.
SEMLANT, voyez SEMBLANT.
SEMLAR, voyez SEMBLAR.
SEMLE, voyez SEMBLE.
SEMMANA, voyez SETMANA.
SEMNAR, voyez SEMENAR.
SEMONDRE, *v.*, semondre, IV, 254, I, n° 14.
SEMONRE, voyez SEMONDRE.
SEMOSTA, *s. f.*, invitation, IV, 254, II, n° 16.
SEMPERVIVA, *s. f.*, joubarbe, V, 194, I, n° 3.
SEMPITERN, *adj.*, sempiternel, VI, 22, II, n° 6.
SEMPLE, voyez SIMPLE.
SEMPRE, *adv.*, incessamment, V, 193, II.
SEMPRERA, voyez SEMPRERAS.
SEMPRERAS, *adv.*, tout d'abord, V, 193, II, n° 2.
SEN, *s. m.*, sein, V, 194, II.
SEN, *s. m.*, sens, V, 194, II.
SEN, voyez SENH.
SENADOR, *s. m.*, sénateur, V, 201, II, n° 6.
SENAR, *v.*, donner le sens, V, 195, II, n° 3.
SENAR, voyez SIGNAR.
SENATCONSULT, *s. m.*, sénatus-consulte, II, 462, II, n° 24.
SENATUSCONSULT, voyez SENATCONSULT.

SENBEL, voyez CEMBEL.
SENCHA, voyez CENHA.
SENCHAR, *v.*, ceindre, II, 376, I, n° 2.
SENDAT, voyez CENDAT.
SENDEGAT, voyez SINDICAT.
SENDERA, *s. f.*, sentier, V, 192, I, n° 2.
SENDICAT, voyez SINDICAT.
SENDIER, voyez SEMDIER.
SENDRE, voyez CENHER.
SENEC, *adj.*, vieux, V, 199, II.
SENECTA, *s. f.*, âge mûr, V, 200, I, n° 3.
SENECTUT, *s. f.*, vieillesse, V, 200, I, n° 2.
SENES, voyez SENS.
SENESCAL, *s. m.*, sénéchal, V, 200, I.
SENESCALCIA, *s. f.*, sénéchaussée, V, 200, II, n° 3.
SENESCALQUIA, voyez SENESCALCIA.
SENESCAUC, voyez SENESCAL.
SENESCAUCIA, voyez SENESCALCIA.
SENESCHAL, voyez SENESCAL.
SENESTRE, *adj.*, gauche, V, 200, I.
SENESTRER, voyez SENESTRIER.
SENESTRIER, *adj.*, gauche, V, 201, I, n° 2.
SENET, *s. m.*, concile, V, 226, II, n° 6.
SENG, voyez SEING.
SENGLAR, voyez SINGLAR.
SENGLE, voyez SINGLE.
SENH, *s. m.*, seing, V, 226, II, n° 7.
SENHA, voyez SIGNA.
SENHAL, voyez SEGNAL.
SENHAR, voyez SIGNAR.
SENHDRE, *s. m.*, seigneur, V, 201, II, n° 4.
SENHDRE, voyez CENHER.
SENHEIRA, voyez SEIGNEIRA.

SENH'EN, s. m., seigneur seigneur, V, 201, II, n° 3.
SENHER, s. m., seigneur, V, 201, I.
SENHER, voyez CENHER.
SENHOR, voyez SENHER.
SENHORAMEN, s. m., seigneurie, V, 202, II, n° 14.
SENHORAT, s. m., maître, V, 201, II, n° 5.
SENHORATGE, s. m., souveraineté, V, 202, II, n° 12.
SENHORAU, adj., seigneurial, V, 203, I, n° 15.
SENHOREI, s. m., seigneurie, V, 202, II, n° 13.
SENHOREIAR, voyez SENHOREJAR.
SENHOREJAR, v., maîtriser, V, 203, II, n° 18.
SENHORESSA, s. f., dame, V, 201, II, n° 2.
SENHOREYAMEN, s. m., domination, V, 202, I, n° 11.
SENHORIA, s. f., seigneurie, V, 202, I, n° 10.
SENHORIL, adj., seigneurial, V, 203, I, n° 16.
SENHORILMENS, adv., en seigneur, V, 203, I, n° 17.
SENHORIU, voyez SENHORIL.
SENIL, adj., sénil, V, 200, I, n° 4.
SENNESCALCIA, voyez SENESCALCIA.
SENROS, voyez CENDROS.
SENS, prép., sans, V, 205, I.
SENSA, s. f., cens, II, 387, II, n° 2.
SENSATION, s. f., sensation, V, 196, I, n° 6.
SENSIFICAR, v., causer sensation, V, 196, II, n° 11.

SENSITIU, adj., sensitif, V, 196, II, n° 9.
SENSSIBILITAT, s. f., sensibilité, V, 196, I, n° 8.
SENSUAL, adj., sensuel, V, 196, I, n° 4.
SENSUALITAT, s. f., sensualité, V, 196, I, n° 5.
SENTAR, v., être assis, V, 218, II, n° 2.
SENTENCIA, s. f., sentence, V, 199, II, n° 32.
SENTENCIAL, adj., sentencieux, V, 199, II, n° 33.
SENTENCIAR, v., sentencier, V, 199, II, n° 34.
SENTENIER, voyez CENTENIER.
SENTENSA, voyez SENTENCIA.
SENTENSIAR, voyez SENTENCIAR.
SENTENTIA, voyez SENTENCIA.
SENTIBLE, adj., sensible, V, 196, I, n° 7.
SENTIER, voyez SEMDIER.
SENTIMEN, voyez SENTIMENT.
SENTIMENT, s. m., sentiment, V, 198, I, n° 24.
SENTINA, s. f., sentine, V, 205, I.
SENTIR, v., sentir, V, 198, I, n° 22.
SENTIX, s. f., ronce, V, 205, I.
SENTURA, voyez CENTURA.
SEP, voyez CEP.
SEPARACIO, s. f., séparation, V, 172, I, n° 3.
SEPARADAMEN, adv., séparément, V, 172, II, n° 6.
SEPARAR, v., séparer, V, 172, I, n° 2.
SEPARATIO, voyez SEPARACIO.
SEPARATIU, adj., séparatif, V, 172, II, n° 4.
SEPIA, s. f., sèche, V, 205, I.

SEPTAT, voyez EXCEPTAT.
SEPTEMBRE, s. m., septembre, V, 217, II, n° 12.
SEPTENARI, voyez SETENARI.
SEPTENTRIO, s. m., septentrion, V, 217, II, n° 13.
SEPTENTRIONAL, adj., septentrional, V, 217, II, n° 14.
SEPTIFORME, adj., septiforme, III, 368, I, n° 29.
SEPTIMAMENT, adv., septièmement, V, 216, II, n° 6.
SEPTMANA, voyez SETMANA.
SEPTUAGESIMA, s. f., Septuagésime, V, 217, I, n° 9.
SEPTUAGEZIMA, voyez SEPTUAGESIMA.
SEPULCRE, s. m., sépulcre, V, 171, II, n° 2.
SEPULTURA, s. f., sépulture, V, 171, II, n° 3.
SEQUADA, voyez SECADA.
SEQUELA, s. f., conséquence, V, 179, II, n° 2.
SEQUESTRAR, v., séquestrer, V, 205, II.
SEQUESTRE, s. m., séquestre, V, 205, II, n° 2.
SEQUEZA, s. f., sécheresse, V, 173, II, n° 7.
SEQUIERA, s. f., sécheresse, V, 173, II, n° 6.
SER, s. m., cime de mont, V, 205, II.
SER, s. m., soir, V, 205, II.
SER, voyez SERP.
SER, voyez SERV.
SERA, s. f., cime de mont, V, 205, II, n° 2.
SERA, s. f., soir, V, 206, I, n° 2.

SERA, voyez SERRA.
SERAFIN, voyez SERAPHIN.
SERAPHIN, s. m., séraphin, V, 206, II.
SERBE, s. m., sénevé, V, 206, II.
SERBIGE, adj., aquatique, V, 206, II.
SERCLAR, voyez SALCLAR.
SERCLE, voyez CERCLE.
SERE, voyez SEREN.
SEREN, s. m., serein, V, 206, I, n° 4.
SEREN, adj., serein, V, 206, II.
SERENA, s. f., sérénade, V, 206, I, n° 5.
SERENA, s. f., beau jour, V, 206, II, n° 2.
SERENA, s. f., sirène, V, 207, I.
SERENAR, v., être serein, V, 207, I, n° 4.
SERENITAT, s. f., sérénité, V, 207, I, n° 3.
SERGA, s. f., serge, V, 155, II, n° 2.
SERIER, s. m., cerisier, II, 382, II, n° 3.
SERIGOT, voyez SARIGOT.
SERINGAR, v., seringuer, V, 207, II.
SERINGUA, s. f., seringue, V, 207, II, n° 2.
SERISIA, s. f., cerise, II, 382, II, n° 2.
SERMAR, v., disposer, V, 207, II.
SERMENHA, s. f., cerfeuil, V, 208, 1.
SERMENT, s. m., serment, V, 134, II, n° 6.
SERMENT, s. f., sarment, V, 208, I.
SERMO, s. m., langage, V, 208, II.
SERMOCINATIO, s. f., sermocination, V, 209, I, n° 5.
SERMON, voyez SERMO.
SERMONADOR, voyez SERMONAIRE.

SERMONAIRE, *s. m.*, sermonneur, V, 208, II, n° 2.

SERMONAMEN, *s. m.*, prédication, V, 209, I, n° 3.

SERMONAR, *v.*, sermonner, V, 209, I, n° 4.

SERMONAYRE, voyez SERMONAIRE.

SEROR, voyez SOR.

SERP, *s. f.*, serpent, V, 209, II, n° 2.

SERPEN, voyez SERPENT.

SERPENT, *s. m. et f.*, serpent, V, 209, II.

SERPENTI, *adj.*, serpentin, V, 209, II, n° 3.

SERPENTIN, voyez SERPENTI.

SERPENTINA, *s. f.*, serpentine, V, 210, I, n° 4.

SERPIGE, *s. f.*, serpige, V, 210, I, n° 6.

SERPIGINOS, *adj.*, serpentineux, V, 210, I, n° 5.

SERPIGINOZ, voyez SERPIGINOS.

SERPOL, *s. m.*, serpolet, V, 210, I.

SERQUAR, voyez CERCAR.

SERRA, *s. f.*, serre, V, 156, II, n° 2.

SERRA, *s. f.*, scie, VI, 8, II, n° 2.

SERRADURA, *s. f.*, fermeture, V, 156, II, n° 3.

SERRAILHA, *s. f.*, serrure, V, 156, II, n° 4.

SERRALH, *s. m.*, arsenal, V, 157, I, n° 5.

SERRALHA, voyez SERRAILHA.

SERRAR, voyez SARRAR.

SERSELA, *s. f.*, sarcelle, V, 210, II.

SERTAN, voyez SARTA.

SERTETUT, *s. f.*, certitude, II, 384, I, n° 8.

SERV, *s. m.*, serf, V, 210, II.

SERVA, *s. f.*, réservoir, V, 244, I, n° 2.

SERVAR, *v.*, garder, V, 213, II.

SERVEIRE, voyez SERVIRE.

SERVEL, voyez CERVEL.

SERVELA, voyez CERVELLA.

SERVEN, voyez SERVENT.

SERVENT, *s. m.*, serviteur, V, 212, I, n° 9.

SERVENTA, *s. f.*, servante, V, 212, I, n° 10.

SERVENTES, voyez SIRVENTES.

SERVENTIA, *s. f.*, service, V, 212, I, n° 11.

SERVESSIALH, *s. m.*, serviteur, V, 212, I, n° 8.

SERVIABLE, *adj.*, usuel, V, 212, II, n° 13.

SERVICIAL, voyez SERVESSIALH.

SERVIDOR, voyez SERVIRE.

SERVIER, *adj.*, cervier, II, 386, I, n° 6.

SERVIL, *adj.*, servile, V, 211, I, n° 2.

SERVIMEN, *s. m.*, servitude, V, 211, II, n° 5.

SERVIO, voyez SERVIOS.

SERVIOS (lisez SERVIO), *s. m. dim.*, petit cerf, II, 386, I, n° 3.

SERVIR, *v.*, servir, V, 212, II, n° 14.

SERVIRE, *s. m.*, serviteur, V, 211, I, n° 3.

SERVISI, *s. m.*, service, V, 211, II, n° 6.

SERVIT, *s. m.*, service, V, 211, II, n° 7.

SERVITUT, *s. f.*, servitude, V, 211, I, n° 4.

SERVITZ, voyez CERVIZ.

SERVIZI, voyez SERVISI.

SES, *s. f.*, siége, V, 218, II, n° 3.

SES, voyez CES.
SES, voyez SENS.
SESCHA, s. f., jonc, V, 215, I.
SESQUALTER, adj., sesquialtère, V, 215, II.
SESQUITERCIU, adj., sesquitercif, V, 215, II.
SESSAR, voyez CESSAR.
SESSIONOMATON, s. f., sessionomaton, IV, 323, II, n° 25.
SEST, voyez CEST.
SESTA, voyez CESTA.
SESTAIRADA, s. f., seterée, V, 215, II, n° 3.
SESTAIRAL, s. m., sesterot, V, 215, II, n° 2.
SESTAS, voyez CESTAS.
SESTAYRADA, voyez SESTAIRADA.
SESTIER, s. m., setier, V, 215, II.
SET, s. f., soif, V, 215, II.
SET, nom de nomb. (lisez adj. num.), sept, V, 216, I.
SETEM, voyez SETEMS.
SETEMBRE, voyez SEPTEMBRE.
SETEMPTRIO, voyez SEPTENTRIO.
SETEMS (lisez SETEM), s. m., septième, V, 216, II, n° 4.
SETEN, adj. septième, V, 216, II, n° 2.
SETENA, s. f., septaine, V, 216, II, n° 3.
SETENAMENT, adv., septièmement, V, 216, II, n° 5.
SETENARI, adj., septenaire, V, 216, II, n° 7.
SETENTA, nom de nomb. (lisez adj. num.), septante, V, 217, I, n° 8.
SETGLE, s. m., seigle, VI, 38, I, n° 2.

SETI, s. m., siége, V, 218, II, n° 4.
SETJE, s. m., siége d'une place de guerre, V, 219, I, n° 7.
SETMANA, s. f., semaine, V, 217, I, n° 10.
SETMANIER, s. m., semainier, V, 217, I, n° 11.
SETZEN, adj., seizième, V, 187, I, n° 11.
SETZENA, s. f., seizaine, V, 187, I, n° 12.
SEU, voyez SEF.
SEU, voyez SEUS.
SEUS, s. m., porc, VI, 39, II, n° 3.
SEUS (lisez SEU), voyez SIEUS.
SEX, voyez SEIS.
SEXAGEZIMA, s. f., Sexagésime, V, 187, II, n° 13.
SEXE, s. m., sexe, V, 217, II.
SEXT, adj., sixième, V, 186, I, n° 2.
SEXTAMENT, adv., sixièmement, V, 186, I, n° 3.
SEXTIL, adj., sextil, V, 186, II, n° 6.
SEYNAL, voyez SEGNAL.
SEYNERA, s. f., ceinture, II, 376, I, n° 3.
SEYNHA, voyez SIGNA.
SEYNHIEIRA, voyez SEIGNEIRA.
SEYSEN, voyez SEIZEN.
SEYZE, voyez SEIZEN.
SEYZEN, voyez SEIZEN.
SEYZENA, voyez SEIZENA.
SEZ, voyez SES.
SEZA, s. f., siége, V, 219, I, n° 5.
SEZER, s. m., pois chiche, V, 217, II.
SEZER, v., seoir, V, 218, I.

SHEYZENA, voyez SEIZENA.

SI, *pron. pers. m. et f.*, 3ᵉ *pers.*, se, V, 170, I, n° 2.

SI, *conj.*, si, V, 222, II.

SI, *adv.*, ainsi, V, 223, II.

SI, *adv. d'affirmation*, si, V, 224, II, n° 2.

SI, *pron. poss. f.*, 3ᵉ *pers.*, sa, V, 272, II, n° 6.

SIA, *pron. poss. f.*, 3ᵉ *pers.*, sienne, V, 273, I, n° 7.

SIBILA, voyez SIBILLA.

SIBILLA, *s. f.*, sibylle, V, 224, II.

SIBLAR, *v.*, siffler, V, 224, II.

SICAMAUR, voyez SICOMOR.

SICCACIO, *s. f.*, desséchement, V, 173, II, n° 3.

SICCITAT, *s. f.*, siccité, V, 173, II, n° 2.

SICOMOR, *s. m.*, sycomore, V, 225, I.

SIEI, *pron. poss. m. pl.*, ses, V, 272, I, n° 4.

SIER, *s. m.*, sieur, V, 202, I, n° 9.

SIEU, voyez SIEUS.

SIEUA, voyez SIA.

SIEUS (lisez SIEU), *pron. poss. m.*, 3ᵉ *pers.*, sien, V, 272, I, n° 3.

SIGNA, *s. f.*, signe, V, 226, I, n° 4.

SIGNALAR, *v.*, signaler, V, 231, II, n° 34.

SIGNAR, *v.*, signer, V, 227, I, n° 10.

SIGNASO, *s. f.*, signe, V, 226, I, n° 3.

SIGNE, *s. m.*, signe, V, 225, II.

SIGNET, *s. m. dim.*, seing, V, 226, I, n° 5.

SIGNIFIANZA, *s. f.*, signification, V, 231, II, n° 37.

SIGNIFIAR, *v.*, signifier, V, 232, I, n° 40.

SIGNIFICAMEN, *s. m.*, signification, V, 231, II, n° 35.

SIGNIFICANSA, *s. f.*, signification, V, 232, I, n° 38.

SIGNIFICANZA, voyez SIGNIFICANSA.

SIGNIFICAR, *v.*, signifier, V, 232, I, n° 41.

SIGNIFICATIO, *s. f.*, signification, V, 231, II, n° 36.

SIGNIFICATION, voyez SIGNIFICATIO.

SIGNIFICATIU, *adj.*, significatif, V, 232, I, n° 39.

SIGNIFICATIVAMEN, *adv.*, significativement, V, 232, II, n° 42.

SIGOLENT, voyez SUZOLENT.

SIL, voyez CIL.

SILENCI, *s. m.*, silence, V, 233, I.

SILENCIA, *s. f.*, silence, V, 233, I, n° 2.

SILENITES, *s. m.*, silénite, V, 233, I.

SILENTIA, voyez SILENCIA.

SILH, voyez CIL.

SILIQUA, *s. f.*, cosse, V, 233, I.

SILL, voyez CIL.

SILLABA, *s. f.*, syllabe, V, 233, II.

SILLABICAR, *v.*, syllaber, V, 233, II, n° 2.

SILLOGISME, *s. m.*, syllogisme, IV, 101, I, n° 17.

SILVA, *s. f.*, forêt, V, 233, II.

SILVOS, *adj.*, plein de forêts, V, 234, I, n° 2.

SILVOZ, voyez SILVOS.

SIM, voyez CIM.

SIMA, voyez CIMA.

SIN

SIMAC, voyez SUMAC.
SIMBOL, voyez CIMBOL.
SIMI, s. m., singe, V, 234, I.
SIMIA, s. f., guenon, V, 234, I, n° 2.
SIMILA, s. f., simile, V, 234, I.
SIMONIA, s. f., simonie, V, 234, II.
SIMONIAC, adj., simoniaque, V, 234, II, n° 2.
SIMONIAIC, voyez SIMONIAC.
SIMOSSA, voyez SIMOYSSHA.
SIMOYSSHA, s. f., frange, V, 234, II.
SIMPLAMEN, adv., simplement, IV, 563, I, n° 9.
SIMPLE, adj., simple, IV, 562, II, n° 8.
SIMPLEMEN, voyez SIMPLAMEN.
SIMPLEZA, s. f., simplesse, IV, 563, I, n° 11.
SIMPLICITAT, s. f., simplicité, IV, 563, I, n° 10.
SIMULACIO, s. f., simulation, V, 191, I, n° 15.
SIMULACION, voyez SIMULACIO.
SIMULACRA, s. f., simulacre, V, 191, I, n° 16.
SIMULAR, v., simuler, V, 191, I, n° 17.
SINAGOGA, voyez SYNAGOGA.
SINALIMFAMEN, s. m., élision, V, 235, I, n° 2.
SINALIMFAR, voyez SINALIMPHAR.
SINALIMPHA, s. f., élision, V, 235, I.
SINALIMPHAR, v., élider, V, 235, I, n° 3.
SINAPI, s. m., sénevé, V, 235, I.
SINCOPA, s. f., syncope, V, 235, I.
SINCOPAMEN, s. m., syncope, V, 235, I, n° 2.

SIN 493

SINCOPAR, v., syncoper, V, 235, II, n° 3.
SINCOPI, s. m., syncope, V, 235, II, n° 4.
SINCOPIZAMENT, s. m., syncope, V, 235, II, n° 5.
SINCOPIZAR, voyez SYNCOPIZAR.
SINDARACHA, s. f., sandaraque, V, 235, II.
SINDIC, s. m., syndic, V, 236, I.
SINDICAT, s. m., syndicat, V, 236, I, n° 2.
SINEDOCHE, s. f., synecdoche, V, 236, I.
SINESTRE, voyez SENESTRE.
SINGLA, s. f., sangle, II, 377, II, n° 17.
SINGLAR, s. m., sanglier, V, 236, I.
SINGLAR, voyez CINGLAR.
SINGLE, adj., singulier, V, 237, I, n° 4.
SINGLOT, voyez SANGLOT.
SINGULAR, adj., singulier, V, 236, II.
SINGULARITAT, s. f., singularité, V, 236, II, n° 3.
SINGULARMENT, adv., singulièrement, V, 236, II, n° 2.
SINHAR, voyez SIGNAR.
SINOBRE, voyez CYNOBRE.
SINOBRI, voyez CYNOBRE.
SINOCHA, s. f., synoque, V, 237, I.
SINODAL, adj., synodal, V, 237, I.
SINONIMAR, v., synonymer, IV, 323, II, n° 26.
SINOPI, voyez SINOPIS.
SINOPIS (lisez SINOPI), s. m., sinope, V, 237, II.
SINPHONIA, voyez SYMPHONIA.

SINQUANTENA, *s. f.*, cinquantaine, II, 397, II, n° 13.
SINQUEN, voyez CINQUEN.
SINTILLACIO, voyez SCINTILLACIO.
SINTILLAR, *v.*, scintiller, V, 168, II, n° 4.
SIOLON, *s. m.*, sifflement, V, 225, I, n° 2.
SIPHAT, *s. m.*, péritoine, V, 237, II.
SIPRES, voyez CYPRES.
SIRE, *s. m.*, sire, V, 202, I, n° 8.
SIRGUA, *s. f.*, serge, V, 155, II, n° 3.
SIROC, *s. m.*, siroc, sorte de vent, V, 237, II.
SIROC, *s. m.*, siroc, sorte d'échalas, V, 238, I.
SIRTITE, *s. f.*, sirtite, V, 238, I.
SIRURGIA, voyez CYRURGIA.
SIRVEN, voyez SERVENT.
SIRVENT, voyez SERVENT.
SIRVENTA, voyez SERVENTA.
SIRVENTALHA, *s. f.*, servantaille, V, 242, II, n° 12.
SIRVENTES, *s. m.*, sirvente, V, 238, I.
SIRVENTESC, *s. m.*, sirvente, V, 238, I, n° 2.
SIRVENTESCA, *s. f.*, sirvente, V, 238, I, n° 3.
SIRVIR, voyez SERVIR.
SISMA, voyez SCISMA.
SISMATIC, voyez SCISMATIC.
SISCLAR, *v.*, gazouiller, V, 238, II.
SISCLATO, voyez SISCLATON.
SISCLATON, *s. m.*, sisclaton, V, 238, II.
SISCLE, *s. m.*, gazouillement, V, 238, II, n° 2.

SIST, voyez CIST.
SITARA, voyez CITHARA.
SITOLAR, *v.*, jouer de la citole, VI, 10, I, n° 5.
SITOT, *conj.*, quoique, V, 239, I.
SITUAMENT, *s. m.*, situation, V, 239, I, n° 2.
SITUAR, *v.*, situer, V, 239, I.
SIULAR, voyez SIBLAR.
SIVADATGE, *s. m.*, champ d'avoine, II, 400, II, n° 2.
SIVALS, *adv.*, au moins, V, 239, I.
SIVAUS, voyez SIVALS.
SIVELA, voyez CEBULA.
SIZAMI, *s. m.*, sésame, V, 239, I.
SIZOLIS, *s. f.*, sison, VI, 38, II.
SO, voyez CO.
SO, voyez SON.
SOA, voyez SIA.
SOAN, *s. m.*, mépris, V, 239, II, n° 2.
SOANA, *s. f.*, rebut, V, 239, II, n° 3.
SOANAMEN, *s. m.*, dédain, V, 239, II, n° 4.
SOANAR, *v.*, dédaigner, V, 239, II.
SOBDIAGUE, voyez SUBDIACRE.
SOBDOS, *adj.*, subit, V, 239, II.
SOBDOSAMENT, *adv.*, subitement, V, 240, I, n° 2.
SOBDYAGUE, voyez SUBDIACRE.
SOBEIRA, voyez SOBEIRAN.
SOBEIRAN, *adj.*, supérieur, V, 242, II, n° 5.
SOBEIRANAMEN, *adv.*, supérieurement, V, 243, I, n° 6.
SOBEYRA, voyez SOBEIRAN.
SOBEYRAN, voyez SOBEIRAN.
SOBIRA, voyez SOBEIRAN.

SOBIRAN, voyez SOBEIRAN.
SOBIRANETAT, *s. f.*, hauteur, V, 243, I, n° 9.
SOBMETRE, *v.*, soumettre, IV, 229, I, n° 39.
SOBONTURA, *s. f.*, sépulture, V, 172, II, n° 4.
SOBRA, *s. f.*, reste, V, 244, I, n° 17.
SOBRA, voyez SOBRAN.
SOBRAARBITRE (lisez SOBREARBITRE), *s. m.*, sur-arbitre, II, 110, II, n° 2.
SOBRADEIS, *adj.*, arrogant, V, 244, I, n° 15.
SOBRAFAN, *s. m.*, grand chagrin, II, 31, II, n° 5.
SOBRAFAR, *s. m.*, surcroît d'affaires, III, 264, I, n° 9.
SOBRAITIER, *adj.*, pressant, V, 244, I, n° 14.
SOBRALTIU, voyez SOBRALTIUS.
SOBRALTIUS (lisez SOBRALTIU), *adj.*, très haut, II, 60, I, n° 10.
SOBRAMAR, *v.*, aimer à l'excès, II, 67, II, n° 41.
SOBRAMOR, *s. f.*, amour excessif, II, 67, II, n° 42.
SOBRAN, *adj.*, souverain, V, 243, I, n° 7.
SOBRANCIER, voyez SOBRANSIER.
SOBRANDAR, *v.*, surpasser, II, 79, II, n° 14.
SOBRANSA, *s. f.*, supériorité, V, 243, II, n° 11.
SOBRANSAR, *v.*, subjuguer, V, 245, I, n° 20.
SOBRANSARIA, *s. f.*, jactance, V, 243, II, n° 13.

SOBRANSIER, *adj.*, dominant, V, 243, II, n° 12.
SOBRANZAR, voyez SOBRANSAR.
SOBRANZIER, voyez SOBRANSIER.
SOBRAPODERAR, *v.*, surmonter, IV, 584, II, n° 22.
SOBRAR, *v.*, subjuguer, V, 244, II, n° 19.
SOBRARDIMEN, *s. m.*, grande hardiesse, II, 116, I, n° 10.
SOBRARDIT, *adj.*, très hardi, II, 116, I, n° 8.
SOBRAUTIU, voyez SOBRALTIUS.
SOBRAVANZAR, *v.*, aller devant, II, 93, II, n° 12.
SOBRAVAR, voyez SOBRAVARS.
SOBRAVARS (lisez SOBRAVAR), *adj.*, excessivement avare, II, 156, II, n° 8.
SOBRAVINEN, voyez SOBRAVINENT.
SOBRAVINENT, *adj.*, sur-avenant, V, 489, II, n° 14.
SOBRE, *prép.*, sur, V, 241, I.
SOBREACTIU, *adj.*, sur-actif, VI, 2, I, n° 1 *bis*.
SOBREAFFECTUOS, *adj.*, très affectueux, II, 32, I, n° 4.
SOBREAGUT, *adj.*, sur-aigu, VI, 2, II, n° 1 *bis*.
SOBREAMESURAR, *v.*, sur-mesurer, IV, 201, II, n° 11.
SOBREANIMOS, *adj.*, très audacieux, II, 90, I, n° 8.
SOBREAPAREYSER, *v.*, sur-apparaître, IV, 430, I, n° 19.
SOBREARBITRE, voyez SOBRAARBITRE.
SOBREARREFIUAR, *v.*, donner à sur-arrière-fief, III, 295, II, n° 59.

SOBREAUNDOSAMEN, *adv.*, surabondamment, IV, 372, I, n° 13.
SOBREAUNDOZAMEN, voyez SOBREAUNDOSAMEN.
SOBREBAILE, *s. m.*, bailli supérieur, II, 169, II, n° 2.
SOBREBAS, *adj.*, très bas, II, 191, II, n° 13.
SOBREBEL, *adj.*, très beau, II, 206, II, n° 3.
SOBREBELLICOS, *adj.*, très belliqueux, II, 207, II, n° 2.
SOBREBELLIQUOS, voyez SOBREBELLICOS.
SOBREBON, *adj.*, très bon, II, 236, II, n° 8.
SOBRECABAL, *adj.*, très distingué, II, 326, II, n° 68.
SOBRECARGAR, *v.*, surcharger, II, 336, II, n° 13.
SOBRECAUPIR, *v.*, couvrir, II, 273, II, n° 10.
SOBRECES, *s. m.*, surcens, II, 387, II, n° 3.
SOBRECILH, voyez SOBRECILL.
SOBRECILHA, *s. f.*, sourcil, II, 395, I, n° 4.
SOBRECILL, *s. m.*, sourcil, II, 395, I, n° 3.
SOBRECOCHAR, *v.*, hâter, II, 427, I, n° 11.
SOBRECOMTAR, *v.*, surfaire, II, 455, I, n° 9.
SOBRECORRUMPRE, *v.*, sur-corrompre, VI, 38, II, n° 21.
SOBRECOT, *s. m.*, surcot, II, 503, II, n° 2.
SOBRECOZER, *v.*, sur-cuire, VI, 12, I, n° 15.

SOBRECREISSER, *v.*, surcroître, II, 513, II, n° 17.
SOBRECUIAMENT, *s. m.*, présomption, II, 431, I, n° 12.
SOBRECUIAR, *v.*, être présomptueux, II, 430, II, n° 11.
SOBRECUJAMENT, voyez SOBRECUIAMENT.
SOBRECUJAR, voyez SOBRECUIAR.
SOBREDAURAR, *v.*, surdorer, II, 146, II, n° 21.
SOBREDEJUNAR, *v.*, sur-jeûner, VI, 28, I, n° 9 *bis.*
SOBREDEMA, voyez SOBREDEMAN.
SOBREDEMAN, *adv.*, après-demain, IV, 133, II, n° 4.
SOBREDENT, *s. f.*, surdent, III, 26, II, n° 10.
SOBREDESMEZURAR, *v.*, sur-dérégler, IV, 202, II, n° 15.
SOBREDESVELHAR, *v.*, sur-éveiller, V, 480, II, n° 11.
SOBREDIFICIL, *adj.*, très difficile, III, 273, II, n° 77.
SOBREDIRE, *v.*, susdire, III, 57, II, n° 33.
SOBREEXCELLENTMENT, *adv.*, très excellemment, III, 239, II, n° 3.
SOBREFAIS, *s. m.*, surcharge, III, 250, I, n° 3.
SOBREFAIT, *s. m.*, haut fait, III, 263, I, n° 3.
SOBREFER, *adj.*, très sauvage, III, 308, II, n° 3.
SOBREFEROGGE, *adj.*, sur-féroce, VI, 24, II, n° 7 *bis.*
SOBREFERVENT, *adj.*, très ardent, III, 317, I, n° 3.

SOBREFEU, *s. m.*, sur-fief, III, 295, II, n° 57.

SOBREFEUSAR, *v.*, sur-inféoder, III, 295, II, n° 58.

SOBREFIEU, voyez SOBREFEU.

SOBREFLUITAT, *s. f.*, superfluité, III, 345, I, n° 14.

SOBREFLUOS, *adj.*, superflu, III, 345, I, n° 16.

SOBREFORCIU, *adj.*, excessif, III, 375, II, n° 15.

SOBREFORMEN, *adv.*, très fortement, III, 375, II, n° 14.

SOBREFORT, *adj.*, très fort, III, 375, II, n° 13.

SOBREFRE, *s. m.*, sur-frein, III, 395, II, n° 2.

SOBREFRUCTUOS, *adj.*, très fructueux, III, 404, I, n° 12.

SOBREGABADOR, voyez SOBREGABAIRE.

SOBREGABAIRE, *s. m.*, vantard, III, 413, I, n° 5.

SOBREGAI, voyez SOBREGAIS.

SOBREGAIS (lisez SOBREGAI), *adj.*, très gai, III, 446, II, n° 27.

SOBREGAJE, voyez SOBREGATGE.

SOBREGATGE, *s. m.*, sur-gage, III, 441, I, n° 9.

SOBREGAY, voyez SOBREGAI.

SOBREGLATZ, *s. m.*, chose très glacée, III, 474, I, n° 5.

SOBREGRAN, *adj.*, sur-grand, VI, 27, II, n° 1 *bis*.

SOBREHABONDANSA, *s. f.*, surabondance, IV, 372, I, n° 11.

SOBREHABUNDANTIA, *s. f.*, surabondance, VI, 32, I, n° 11 *bis*.

SOBREHABUNDAR, *v.*, surabonder, VI, 32, I, n° 12 *bis*.

SOBREHABUNDOS, *adj.*, surabondant, VI, 32, I, n° 11 *ter*.

SOBREHABUNDOZ, voyez SOBREHABUNDOS.

SOBREHUMIT, *adj.*, sur-humide, VI, 27, II, n° 9.

SOBREIR, voyez SOBRIER.

SOBREIRA, *s. f.*, surabondance, V, 242, II, n° 4.

SOBREIRAMEN, *adv.*, supérieurement, V, 242, I, n° 2.

SOBRELAU, voyez SOBRELAUS.

SOBRELAUS (lisez SOBRELAU), *s. f.*, sur-louange, IV, 34, II, n° 20.

SOBRELAUZAR, *v.*, sur-louer, IV, 34, II, n° 22.

SOBRELAUZOR, *s. f.*, sur-louange, IV, 34, II, n° 21.

SOBRELEU, *adj.*, très léger, IV, 59, I, n° 3.

SOBRELIAR, *v.*, sur-lier, IV, 74, I, n° 35.

SOBRELONC, *adj.*, très long, IV, 95, I, n° 2.

SOBRELONGAMENT, *adv.*, très longuement, IV, 96, I, n° 9.

SOBRELUMINOS, *adj.*, très lumineux, IV, 106, I, n° 15.

SOBRELUMINOZ, voyez SOBRELUMINOS.

SOBRELUSER, voyez SOBRELUZER.

SOBRELUZER, *v.*, sur-luire, IV, 110, II, n° 20.

SOBRELUZIR, voyez SOBRELUZER.

SOBREMAL, *adj.*, très mauvais, IV, 127, I, n° 2.

SOBREMESURA, *s. f.*, sur-mesure, IV, 200, II, n° 2.

SOBREMETRE, *v.*, surmonter, IV, 229, I, n° 38.

SOBREMONTA, *s. f.*, excès, IV, 260, II, n° 20.

SOBREMONTABLE, *adj.*, surmontable, IV, 260, II, n° 22.

SOBREMONTAMENT, *s. m.*, abus, IV, 260, II, n° 21.

SOBREMONTAR, *v.*, surmonter, IV, 260, II, n° 23.

SOBREMORTAL, *adj.*, sur-mortel, IV, 268, II, n° 5.

SOBREMOVABLE, *adj.*, sur-mouvable, VI, 29, II, n° 7 *bis*.

SOBREMUNTAR, voyez SOBREMONTAR.

SOBRENADAR, *v.*, surnager, VI, 30, I, n° 2.

SOBRENAMORAMEN, *s. m.*, extrême amour, II, 67, II, n° 43.

SOBRENAMORAT, *adj.*, exalté en amour, II, 67, I, n° 39.

SOBRENARDIR, *v.*, sur-enhardir, II, 116, I, n° 9.

SOBRENAUT, *adj.*, sur-haut, II, 60, I, n° 11.

SOBRENDRE, *v.*, circonvenir, V, 85, I, n° 3.

SOBRENOBLE, *adj.*, sur-noble, IV, 317, I, n° 2.

SOBRENOCIU, *adj.*, sur-nuisible, IV, 342, II, n° 9.

SOBRENOM, *s. m.*, surnom, IV, 323, II, n° 27.

SOBREPARLAR, *v.*, sur-parler, IV, 422, I, n° 16.

SOBREPAUZAR, *v.*, poser dessus, IV, 465, I, n° 23.

SOBREPELITZ, *s. m.*, surplis, IV, 484, II, n° 12.

SOBREPIGNORA, *s. f.*, sur-gage, IV, 484, I, n° 10.

SOBREPLUS, *s. m.*, surplus, IV, 577, II, n° 2.

SOBREPOIAR, *v.*, surmonter, IV, 665, I, n° 7.

SOBREPORTAR, *v.*, dominer, IV, 609, I, n° 30.

SOBREPRECIOS, *adj.*, très précieux, IV, 641, I, n° 6.

SOBREPRENDRE, *v.*, surprendre, IV, 635, II, n° 47.

SOBREPUIAR, voyez SOBREPOIAR.

SOBRER, voyez SOBRIER.

SOBRESABER, *v.*, sur-savoir, V, 122, II, n° 2.

SOBRESAILLIR, *v.*, surpasser, V, 142, II, n° 14.

SOBRESAN, *adj.*, sur-sain, VI, 38, I, n° 9.

SOBRESAVI, voyez SOBRESAVIS.

SOBRESAVIS (lisez SOBRESAVI), *adj.*, sur-sage, V, 125, I, n° 19.

SOBRESCRIRE, voyez SOBRESCRIURE.

SOBRESCRIURE, *v.*, écrire au-dessus, III, 159, II, n° 16.

SOBRESEGNORIR, *v.*, sur-dominer, V, 204, II, n° 24.

SOBRESEIGNORIL, *adj.*, suprême, V, 204, I, n° 22.

SOBRESEINAL, *s. m.*, plumet, V, 233, I, n° 46.

SOBRESEING, *s. m.*, cuirasse, II, 377, I, n° 13.

SOBRESEN, *s. m.*, sur-sens, V, 197, II, n° 20.

SOBRESENHER, *s. m.*, sur-seigneur, V, 204, I, n° 21.

SOBRESENHOR, voyez SOBRESENHER.

SOBRESENHOREIAR, voyez SOBRESENHOREJAR.

SOBRESENHOREJAR, *v.*, sur-dominer, V, 204, I, n° 23.

SOBRESENHORIR, voyez SOBRESEGNORIR.

SOBRESERVIR, *v.*, sur-servir, V, 213, II, n° 18.

SOBRESFORSAR, *v.*, faire un grand effort, III, 375, II, n° 16.

SOBRESFORT, *s. m.*, grand effort, III, 375, II, n° 17.

SOBRESILL, voyez SOBRECILL.

SOBRESINAL, *s. m.*, cotte d'armes, II, 377, I, n° 14.

SOBRESSILIA, voyez SOBRECILHA.

SOBRESTENDRE, *v.*, sur-étendre, V, 329, II, n° 38.

SOBRESTORIAT, *adj.*, sur-enjolivé, III, 551, II, n° 4.

SOBRESUBSTANCIAL, *adj.*, sur-substantiel, III, 211, I, n° 58.

SOBRETALAN, *s. m.*, sur-désir, V, 297, II, n° 12.

SOBRETARZAR, *adj.*, sur-retarder, V, 305, I, n° 18.

SOBRETEMER, *v.*, sur-craindre, V, 316, I, n° 9.

SOBRETEMOR, *s. m.* (lisez *f.*), sur-crainte, V, 316, I, n° 8.

SOBRETEMPRAR, *v.*, sur-tempérer, V, 319, I, n° 16.

SOBRETRACIMAR, *v.*, dominer, II, 396, I, n° 7.

SOBREVALER, *v.*, sur-valoir, V, 465, II, n° 15.

SOBREVEN, voyez SOBREVENT.

SOBREVENCER, *v.*, sur-vaincre, V, 483, II, n° 12.

SOBREVENIR, *v.*, survenir, V, 496, II, n° 67.

SOBREVENT, *s. m.*, sur-vent, V, 501, I, n° 16.

SOBREVERS, *s. m.*, bouleversement, V, 524, II, n° 53.

SOBREVERSAMENT, *s. m.*, débordement, V, 524, II, n° 55.

SOBREVERSAR, *v.*, déborder, V, 524, II, n° 54.

SOBREVIL, *adj.*, sur-vil, V, 546, II, n° 18.

SOBREVIURE, *v.*, survivre, V, 556, II, n° 5.

SOBREYSSIR, *v.*, sortir au-dessus, III, 572, II, n° 13.

SOBRIEIRA, voyez SOBREIRA.

SOBRIER, *adj.*, supérieur, V, 242, 1, n° 2.

SOBRIERA, voyez SOBREIRA.

SOBRIERAMEN, voyez SOBREIRAMEN.

SOBRIESSIR, voyez SOBREYSSIR.

SOBRIETAT, *s. f.*, sobriété, V, 244, II, n° 18.

SOBRITAT, voyez SOBRIETAT.

SOBRONDAR, *v.*, surabonder, IV, 372, I, n° 12.

SOBRONRAR, *v.*, sur-honorer, III, 537, I, n° 17.

SOBROR, *s. f.*, supériorité, V, 243, II, n° 10.
SOBROS, *s. m.*, suros, V, 244, I, n° 16.
SOBSRIRE, *v.*, sourire, V, 98, II, n° 6.
SOBTE, *adv.*, subitement, V, 240, I, n° 3.
SOBTIL, voyez SUBTIL.
SOC, *s. m.*, socque, V, 245, II.
SOC, *s. m.*, souche, V, 245, II.
SOCA, *s. f.*, souche, V, 246, I, n° 2.
SOCCORER, voyez SOCCORRE.
SOCCORRE, *v.*, secourir, II, 493, II, n° 41.
SOCIETAT, *s. f.*, société, V, 246, I.
SOCODRE, voyez SECODRE.
SOCORER, voyez SOCCORRE.
SOCORRE, voyez SOCCORRE.
SOCORREMEN, *s. m.*, secours, II, 494, I, n° 43.
SOCORS, *s. m.*, secours, II, 494, I, n° 42.
SODA, *s. f.*, migraine, V, 246, I.
SODA, voyez SOUDAN.
SODADIER, voyez SOLDADIER.
SODOMITA, *s. m.*, sodomiste, V, 246, I.
SOEN, voyez SOVEN.
SOENDEIRAMENT, voyez SOVENDIERAMENT.
SOENDIER, voyez SOVENDIER.
SOENTRE, *adv.*, ensuite, VI, 15, II, n° 2.
SOFERTADOR, voyez SUFFERTAIRE.
SOFERTAIRE, voyez SUFFERTAIRE.
SOFERTAR, voyez SUFFERTAR.
SOFFERTABLE, *adj.*, supportable, V, 288, I, n° 14.

SOFFERTAR, voyez SUFFERTAR.
SOFFLAMEN, *s. m.*, souffle, V, 246, II, n° 2.
SOFFLAR, *v.*, souffler, V, 246, I.
SOFFOGANCZA, *s. f.*, suffocation, III, 347, I, n° 15.
SOFFRETAR, voyez SUFFERTAR.
SOFFRIR, voyez SUFFRIR.
SOFISME, *s. m.*, sophisme, V, 246, II.
SOFLAMEN, voyez SOFFLAMEN.
SOFRACHA, *s. f.*, disette, III, 380, II, n° 5. Voyez SUFRACHA.
SOFRACHILLA, *s. f.*, dénûment, III, 381, I, n° 6, et V, 287, I, n° 8.
SOFRACHOS, *adj.*, souffreteux, III, 381, I, n° 7, et V, 287, I, n° 10.
SOFRAGNER, voyez SOFRANHER.
SOFRAICHA, voyez SUFRACHA.
SOFRAIGNER, voyez SOFRANHER.
SOFRAINGNER, voyez SOFRANHER.
SOFRAINHER, voyez SOFRANHER.
SOFRAIT, voyez SOFRAITZ.
SOFRAITA, voyez SUFRACHA.
SOFRAITOS, voyez SOFRACHOS.
SOFRAITZ (lisez SOFRAIT), *s. m.*, dénûment, V, 287, I, n° 9.
SOFRANCHA, *s. f.*, disette, V, 287, I, n° 7. Voyez SOFRACHA.
SOFRANHER, *v.*, manquer, III, 380, II, n° 4, et V, 287, I, n° 11.
SOFRANSA, voyez SUFRENSA.
SOFRAYTOS, voyez SOFRACHOS.
SOFRENZA, voyez SUFRENSA.
SOFRIDOR voyez SUFFRIRE.
SOFRIMEN, voyez SUFRIMEN.
SOFRIR, voyez SUFFRIR.

SOFRIRE, voyez SUFFRIRE.
SOG, *s. m.*, songe, V, 259, I, n° 12.
SOGET, voyez SUBJET.
SOGNAR, voyez SOMJAR.
SOGNOS, *adj.*, soigneux, V, 266, I, n° 2.
SOGRA, *s. f.*, belle-mère, V, 276, I, n° 2.
SOGRE, voyez SOZER.
SOICEBRE, voyez SOISSEBRE.
SOILL, voyez SUIL.
SOING, voyez SONH.
SOISEBRE, voyez SOISSEBRE.
SOISEUBRE, voyez SOISSEBRE.
SOISSEBRE, *v.*, prendre, VI, 6, II, n° 72.
SOJORN, *s. m.*, séjour, III, 589, II, n° 9.
SOJORNADIT, *adj.*, oisif, III, 590, I, n° 10.
SOJORNAR, *v.*, séjourner, III, 590, II, n° 12.
SOL, *s. m.*, sol, V, 247, II.
SOL, *s. m.*, sou, V, 249, I.
SOL, *s. m.*, soleil, V, 250, I.
SOL, *adj.*, seul, V, 251, I.
SOL, *s. m.*, seuil, VI, 39, II, n° 2.
SOLA, *s. f.*, sole, V, 247, II, n° 2.
SOLACIER, *adj.*, joyeux, V, 253, I, n° 3.
SOLAMEN, *adv.*, seulement, V, 254, II, n° 3.
SOLAN, *adj.*, solitaire, V, 252, I, n° 8.
SOLAR, *s. m.*, étage, V, 247, II, n° 3.
SOLAR, *v.*, consolider, V, 248, I, n° 5.
SOLAR, *v.*, souiller, V, 288, I, n° 3.
SOLART, *s. m.*, soleil, V, 250, II, n° 4.
SOLASSAR, *v.*, réjouir, V, 252, II, n° 2.

SOLATRI, *s. m.*, solandre, V, 252, II.
SOLATZ, *s. m.*, soulas, V, 252, II.
SOLDADA, *s. f.*, solde, V, 249, II, n° 6.
SOLDADAR, *v.*, solder, V, 250, I, n° 9.
SOLDADIER, *s. m.*, stipendiaire, V, 249, II, n° 7.
SOLDAR, *v.*, souder, V, 248, I, n° 6.
SOLDIER, *s. m.*, mercenaire, V, 249, II, n° 4.
SOLEIL, voyez SOLELH.
SOLEILH, voyez SOLELH.
SOLEILLAR, voyez SOLELHAR.
SOLEILLET, *s. m. dim.*, petit soleil, V, 250, II, n° 3.
SOLEL, voyez SOLELH.
SOLELH, *s. m.*, soleil, V, 250, I, n° 2.
SOLELHAR, *v.*, faire soleil, V, 250, II, n° 5.
SOLER, *v.*, souloir, V, 253, II.
SOLESTANSA, *s. f.*, solitude, V, 252, I, n° 7.
SOLET, *adj. dim.*, seulet, V, 251, II, n° 2.
SOLETAMENT, *adv. dim.*, seulettement, V, 251, II, n° 4.
SOLETARI, voyez SOLITARI.
SOLEVAR, *v.*, soulever, IV, 65, II, n° 20.
SOLFA, *s. f.*, solfége, V, 254, I.
SOLFRE, *s. m.*, soufre, V, 254, I.
SOLIDAR, *v.*, affermir, V, 248, I, n° 7.
SOLIDATIU, *adj.*, solidatif, V, 248, II, n° 9.
SOLIDITAT, *s. f.*, solidité, V, 248, II, n° 8.
SOLIER, *s. m.*, plancher, V, 247, II, n° 4.

SOLITARI, *adj.*, solitaire, V, 251, II, n° 5.

SOLITARIAMENT, *adv.*, solitairement, V, 252, I, n° 6.

SOLLETAMENS, voyez SOLETAMENT.

SOLLICIT, *adj.*, soigneux, V, 254, II, n° 2.

SOLLICITADOR, *s. m.*, solliciteur, V, 254, II, n° 3.

SOLLICITAIRE, voyez SOLLICITADOR.

SOLLICITAR, *v.*, solliciter, V, 254, II.

SOLLICITUT, *s. f.*, sollicitude, V, 254, II, n° 4.

SOLOECISME, *s. m.*, solécisme, V, 254, II.

SOLOMBRAR, voyez SOLUMBRAR.

SOLPRE, voyez SOLFRE.

SOLPROS, *adj.*, sulfureux, V, 254, I, n° 2.

SOLPROZ, voyez SOLPROS.

SOLSTICI, *s. m.*, solstice, V, 251, I, n° 6.

SOLSTICIAL, *adj.*, solsticial, V, 251, I, n° 7.

SOLTA, *s. f.*, soulte, V, 249, I, n° 2.

SOLTAMENT, *s. m.*, soulte, V, 249, II, n° 3.

SOLUCIO, voyez SOLUTIO.

SOLUMBRAR, *v.*, ombrager, IV, 370, I, n° 10.

SOLUTIO, *s. f.*, solution, V, 255, I, n° 2.

SOLUTION, voyez SOLUTIO.

SOLUTIU, *adj.*, solutif, V, 255, II, n° 4.

SOLVEMEN, *s. m.*, acquittement, V, 255, II, n° 3.

SOLVER, voyez SOLVRE.

SOLVRE, *v.*, délier, V, 254, II.

SOM, *s. m.*, sommeil, V, 257, II.

SOM, *s. m.*, sommet, V, 259, II.

SOMA, voyez SOMMA.

SOMAR, *v.*, additionner, V, 260, I, n° 5.

SOMEILLAR, *v.*, sommeiller, V, 258, I, n° 5.

SOMELH, *s. m.*, sommet, V, 260, II, n° 6.

SOMELHOS, *adj.*, endormi, V, 258, I, n° 4.

SOMERGIR, *v.*, submerger, IV, 154, II, n° 12.

SOMETAMENS, *adv.*, sommairement, V, 260, II, n° 10.

SOMILLOS, voyez SOMELHOS.

SOMJAR, *v.*, songer, V, 259, I, n° 15.

SOMJE, voyez SOMNHE.

SOMMA, *s. f.*, somme, V, 260, I, n° 3.

SOMMARI, *adj.*, sommaire, V, 260, II, n° 8.

SOMNHE, *s. m.*, songe, V, 258, II, n° 11.

SOMNI, *s. m.*, sommeil, V, 257, II, n° 2.

SOMNI, voyez SOMNHE.

SOMNIADOR, *s. m.*, songeur, V, 259, II, n° 16.

SOMNIAIRE, voyez SOMNIADOR.

SOMNOLAR, *v.*, sommeiller, V, 258, I, n° 6.

SOMONDRE, voyez SEMONDRE.

SOMONEMEN, *s. m.*, requête, IV, 255, I, n° 19.

SOMONOMENT, voyez SOMONEMEN.

SOMONRE, voyez SEMONDRE.

SOMONSA, *s. f.*, semonce, IV, 254, II, n° 15.

SOMOSSA, *s. f.*, semonce, IV, 255, 1, n° 17.
SOMOSTA, voyez SEMOSTA.
SOMPNHAR, voyez SOMJAR.
SOMPNIAR, voyez SOMJAR.
SOMPNOLEN, voyez SOMPNOLENT.
SOMPNOLENCIA, *s. f.*, somnolence, V, 258, II, n° 8.
SOMPNOLENT, *adj.*, somnolent, V, 258, I, n° 7.
SOMRIRE, voyez SOBSRIRE.
SOMSIM, *s. m.*, sommité, V, 259, II, n° 2.
SOMSIMEN, *s. m.*, engloutissement, V, 261, II, n° 2.
SOMSIR, *v.*, engloutir, V, 261, I.
SON, *s. m.*, son, V, 263, I.
SON, *pron. poss. m.*, 3ᵉ *pers. sing.*, son, V, 271, II, n° 2.
SON, voyez SOM.
SONADOR, *s. m.*, crieur, V, 263, II, n° 6.
SONAIL, voyez SONALH.
SONAILHA, *s. f.*, sonnerie, V, 263, II, n° 4.
SONAIRE, voyez SONADOR.
SONALH, *s. m.*, clochette, V, 263, II, n° 3.
SONAMENT, *s. m.*, sonnerie, V, 263, II, n° 5.
SONANSA, *s. f.*, assonnance, V, 264, II, n° 9.
SONAR, *v.*, sonner, V, 263, II, n° 7.
SONELH, *s. m.*, sommeil, V, 257, II, n° 3.
SONELHAR, voyez SOMEILLAR.

SONET, *s. m. dim.*, sonnet, V, 263, I, n° 2.
SONGE, voyez SOMNHE.
SONH, *s. m.*, soin, V, 266, I.
SONILHAR, voyez SOMEILLAR.
SONILHOS, voyez SOMELHOS.
SONJAMEN, *s. m.*, songe, V, 259, I, n° 13.
SONORITAT, *s. f.*, sonorité, V, 264, II, n° 8.
SOPA, *s. f.*, soupe, V, 266, I.
SOPADA, *s. f.*, souper, V, 266, II, n° 3.
SOPAR, *v.*, souper, V, 266, I, n° 2.
SOPARTIR, *v.*, distribuer, IV, 440, I, n° 43.
SOPDANAMEN, *adv.*, soudainement, V, 240, II, n° 6.
SOPDOS, voyez SOBDOS.
SOPHISMAR, *v.*, sophistiquer, V, 247, I, n° 2.
SOPHISME, voyez SOFISME.
SOPHISTA, *s. m.*, sophiste, V, 247, I, n° 3.
SOPHISTICAR, *v.*, sophistiquer, V, 247, I, n° 4.
SOPHISTICATION, *s. f.*, détour, V, 247, I, n° 5.
SOPIR, *v.*, assoupir, V, 266, II, n° 3.
SOPLEC, *s. m.*, soumission, IV, 568, II, n° 47.
SOPLEGAR, voyez SUPPLICAR.
SOPLEIAR, voyez SUPPLICAR.
SOPLEJAR, voyez SUPPLICAR.
SOPLEYAR, voyez SUPPLICAR.
SOPORT, *s. m.*, assoupissement, V, 266, II.

SOPRANAMEN (lisez SOBRANAMEN), adv., supérieurement, V, 243, I, n° 8.
SOPTAMEN, adv., subitement, V, 240, I, n° 4.
SOPTAR, v., surprendre, V, 240, II, n° 7.
SOPTES, voyez SOBDES.
SOPTOZAMEN, voyez SOBDOSAMEN.
SOQUIER, s. m., sabotier, V, 245, II, n° 3.
SOR, s. f., sœur, V, 266, II,
SOR, voyez SAUR.
SORBICIO, s. f., breuvage, V, 267, I, n° 2.
SORBIR, v., humer, V, 267, I.
SORD, adj., sourd, V, 267, I.
SORDEGIER, voyez SORDEIER.
SORDEI, adj., sordide, V, 267, II.
SORDEIAR, v., empirer, V, 268, I, n° 5.
SORDEIER, adj. comp., pire, V, 267, II, n° 2.
SORDEIOR, voyez SORDEIER.
SORDEJAR, voyez SORDEIAR.
SORDELHAR, v., déchoir, V, 268, II, n° 6.
SORDEY, voyez SORDEI.
SORDEYADOR, voyez SORDEYAIRE.
SORDEYAIRE, adj. (lisez s. m.), contempteur, V, 268, I, n° 3.
SORDEYAR, voyez SORDEIAR.
SORDEYOR, voyez SORDEIER.
SORDEZIR, v., avilir, V, 268, I, n° 4.
SORDIERA, s. f., surdité, V, 267, II, n° 2.
SORGER, v., sourdre, V, 268, II.
SORIGUER, s. m., crécerelle, V, 270, I, n° 3.

SORIRE, voyez SOBSRIRE.
SORITZ, s. f., souris, V, 270, I.
SORITZ PENNADA, s. f., souris-pennée, V, 270, I, n° 2.
SORJIR, voyez SORGER.
SORN, adj., sombre, V, 270, II.
SORNURA, s. f., ténébrosité, V, 270, II, n° 2.
SORPRENDRE, v., surprendre, IV, 635, II, n° 46.
SORRE, voyez SOR.
SORRIRE, voyez SOBSRIRE.
SORRITZ, voyez SORITZ.
SORROLHARIA, s. f., sorcellerie, V, 271, I, n° 4.
SORT, s. f., sort, V, 270, II.
SORT, voyez SORD.
SORTEIAYBITZ, s. f., sorcière, V, 271, I, n° 3.
SORTILHIER, s. m., sorcier, V, 271, I, n° 2.
SORTIR, v., sortir, V, 271, I.
SORZEDOR, adj., jaillissant, V, 269, I, n° 2.
SORZER, voyez SORGER.
SORZIR, voyez SORGER.
SOS, pron. poss. m., 3° pers., son, V, 271, II.
SOSFOIRE, v., sous-fouir, III, 348, II, n° 8.
SOSGET, voyez SUBJET.
SOSJASSER, voyez SOSJAZER.
SOSJAZER, v., être soumis, III, 583, II, n° 11.
SOSMETRE, voyez SOBMETRE.
SOSPECHAR, v., soupçonner, V, 277, I, n° 7.

SOSPECHOS, *adj.*, soupçonneux, V, 276, II, n° 6.
SOSPECIO, voyez SOSPEISSO.
SOSPEICHOS, voyez SOSPECHOS.
SOSPEICHOZ, voyez SOSPECHOS.
SOSPEISONAR, voyez SOSPECHAR.
SOSPEISSO, *s. f.*, suspicion, V, 276, I, n° 4.
SOSPEITA, *s. f.*, suspicion, V, 276, II, n° 5.
SOSPEYSSO, voyez SOSPEISSO.
SOSPICHOS, voyez SOSPECHOS.
SOSPICIO, voyez SOSPEISSO.
SOSPIECHA, voyez SOSPEITA.
SOSPIR, *s. m.*, soupir, III, 177, II, n° 23.
SOSPIRADA, *s. f.*, soupir, VI, 17, I, n° 24 *bis*.
SOSPIRADOR, voyez SOSPIRAIRE.
SOSPIRAIRE, *s. m.*, soupireur, III, 177, II, n° 25.
SOSPIRALH, *s. m.*, soupirail, III, 178, I, n° 26.
SOSPIRAMEN, *s. m.*, exhalaison, III, 177, II, n° 24.
SOSPIRAR, *v.*, soupirer, III, 178, I, n° 30.
SOSPIRE, voyez SOSPIR.
SOSPIROS, *adj.*, gémissant, III, 178, I, n° 29.
SOSPIROZ, voyez SOSPIROS.
SOSPLANTAMEN, *s. m.*, subversion, IV, 557, I, n° 14.
SOSPLANTAR, *v.*, supplanter, IV, 557, I, n° 13.
SOSPRENDRE, voyez SORPRENDRE.

SOSTA, *s. f.*, délai, V, 274, II, n° 8.
SOSTCAVAR, *v.*, miner, II, 366, II, n° 13.
SOSTEN, *adj.*, soutenu, V, 342, II, n° 72.
SOSTENEDOR, *s. m.*, souteneur, V, 342, II, n° 71.
SOSTENEMEN, *s. m.*, soutien, V, 342, II, n° 73.
SOSTENENSA, *s. f.*, soutenance, V, 342, II, n° 74.
SOSTENER, *v.*, soutenir, V, 342, I, n° 70.
SOSTERRAR, *v.*, enterrer, V, 354, I, n° 20.
SOSTERRENH, *adj.*, sous la terre, V, 353, II, n° 18.
SOSTMONIR, *v.*, requérir, IV, 255, I, n° 18.
SOSTRACCIO, *s. f.*, soustraction, V, 405, II, n° 47.
SOSTRAIRE, *v.*, soustraire, V, 405, II, n° 45.
SOSTRAZEMEN, voyez SOSTRAZEMENT.
SOSTRAZEMENT, *s. m.*, soustraction, V, 405, II, n° 46.
SOSTROR, *s. f.*, abaissement, V, 274, II, n° 7.
SOSVIGUIER, voyez SUBVIGUIER.
SOTEIRA, voyez SOTEIRAN.
SOTEIRAN, *adj.*, inférieur, V, 274, I, n° 5.
SOTERRAR, voyez SOSTERRAR.
SOTIL, voyez SUBTIL.
SOTILAR, voyez SUBTILIAR.
SOTILEDAT, voyez SUBTILITAT.

SOTILEZA, voyez SUBTILEZA.
SOTILLET, voyez SUBTILET.
SOTILMEN, voyez SUBTILMEN.
SOTIRA, voyez SOTEIRAN.
SOTIRAN, voyez SOTEIRAN.
SOTJAZER, voyez SOSJAZER.
SOTLAR, s. m., soulier, V, 273, II.
SOTOL, s. m., fondement, V, 273, II.
SOTOLTERCI, s. m., souterrain, V, 354, I, n° 21.
SOTRA, voyez SOTRAN.
SOTRAN, adj., inférieur, V, 274, II, n° 6.
SOTSESCRIRE, voyez SOTZESCRIURE.
SOTSSELLIER, s. m., faiseur de housses, V, 187, II, n° 4.
SOTZ, prép., sous, V, 273, II.
SOTZACCAZAT, s. m., sous-vassal, II, 349, I, n° 11.
SOTZAMENAR, v., amener en dessous, IV, 191, II, n° 11.
SOTZBAILE, s. m., sous-bailli, II, 169, II, n° 3.
SOTZCELA, s. f., housse, V, 274, I, n° 4. Voyez SOTZSELLA.
SOTZESCRIPTIO, s. f., souscription, III, 160, II, n° 18.
SOTZESCRIURE, v., souscrire, III, 160, I, n° 17.
SOTZINTRAR, v., s'insinuer, III, 568, II, n° 15.
SOTZMAYER, s. m., sous-maire, IV, 115, I, n° 4.
SOTZMETRE, voyez SOBMETRE.
SOTZMINISTRAMENT, s. m., sous-assistance, IV, 238, I, n° 16.
SOTZPAUZAR, v., mettre au-dessous, IV, 465, I, n° 21.

SOTZPORTAR, v., supporter, IV, 609, I, n° 31.
SOTZPRIOR, s. m., sous-prieur, IV, 647, I, n° 5.
SOTZSELA, voyez SOTZSELLA.
SOTZSELLA, s. f., sous-selle, V, 187, II, n° 3. Voyez SOTZCELA.
SOTZSENCHA, s. f., sous-ceinture, II, 377, I, n° 15.
SOTZSENESCAUC, s. m., sous-sénéchal, V, 200, II, n° 2.
SOTZTERRAR, voyez SOSTERRAR.
SOUDADA, voyez SOLDADA.
SOUDADEIRA, s. f., fille de joie, V, 250, I, n° 8.
SOUDADERA, voyez SOUDADEIRA.
SOUDADIER, voyez SOLDADIER.
SOUDAN, s. m., soudan, V, 274, II.
SOUDAR, voyez SOLDAR.
SOUT, s. m., solde, V, 249, II, n° 5.
SOUTA, voyez SOLTA.
SOVEN, adv., souvent, V, 275, I.
SOVENDEIAR, voyez SOVENDEJAR.
SOVENDEJAR, v., mentionner souvent, V, 275, II, n° 4.
SOVENDET, adv. dim., fréquemment, V, 275, I, n° 2.
SOVENDEYAR, voyez SOVENDEJAR.
SOVENDIER, adj., coutumier, V, 275, I, n° 3.
SOVENDIERAMENT, adv., souvent, V, 275, II, n° 5.
SOVENH, s. m., souvenir, V, 497, I, n° 69.
SOVENIR, v., souvenir, V, 496, II, n° 68.

SOVINENSA, *s. f.*, souvenance, V, 497, I, n° 70.
SOVINENZA, voyez SOVINENSA.
SOYSSEBRE, voyez SOISSEBRE.
SOZABAT, *s. m.*, sous-abbé, VI, 1, I, n° 5.
SOZER, *s. m.*, beau-père, V, 275, II.
SOZMOVER, *v.*, soulever, IV, 280, I, n° 27.
SOZMOVRE, voyez SOZMOVER.
SPECIA, voyez ESPECIA.
SPECIAL, voyez ESPECIAL.
SPECIALMENS, voyez ESPECIALMENS.
SPECIALMENZ, voyez ESPECIALMENS.
SPECIFICAMENT, *adv.*, spécifiquement, III, 169, II, n° 6.
SPECIFICAR, voyez ESPECIFICAR.
SPECIFICATION, *s. f.*, spécification, III, 169, I, n° 4.
SPECITUT, *s. f.*, épaisseur, VI, 17, I, n° 4 *bis*.
SPECTAR, *v.*, regarder, V, 276, I.
SPECULACIO, *s. f.*, spéculation, III, 170, II, n° 2.
SPECULAR, *adj.*, spéculaire, III, 170, II, n° 4.
SPECULATIU, voyez ESPECULATIU.
SPELUNCA, *s. f.*, caverne, V, 277, I.
SPELUNCAL, *adj.*, caverneux, V, 277, I, n° 2.
SPERIENSA, voyez EXPERIENSA.
SPERIT, voyez ESPERIT.
SPERMATIC, *adj.*, spermatique, III, 178, I, n° 2.
SPERMATIZAR, *v.*, éjaculer, III, 178, II, n° 3.
SPLANDRE, *v.*, resplendir, V, 277, I.

SPLENDOR, *s. f.*, splendeur, V, 277, I, n° 2.
SPLENEZIA, *s. f.*, splénite, V, 278, I.
SPONDILH, voyez ESPONDIL.
SPONGIOS, voyez ESPONGIOS.
SPONGIOZITAT, *s. f.*, spongiosité, III, 188, I, n° 3.
SPONZIA, voyez ESPONJA.
SPORTA, voyez ESPORTA.
SPUMA, voyez ESPUMA.
SPUMOS, *adj.*, écumeux, VI, 17, I, n° 1 *bis*.
SPUMOZ, voyez SPUMOS.
SQUILLA, *s. f.*, squille, V, 278, I.
STABILIMENT, voyez ESTABLIMENT.
STABILITAT, voyez ESTABILITAT.
STABLAMENT, *adv.*, solidement, III, 205, I, n° 12.
STABLE, voyez ESTABLE.
STABLIMENT, voyez ESTABLIMENT.
STABLIR, voyez ESTABLIR.
STABOZIR, voyez ESTABOIR.
STACIONARI, *adj.*, stationnaire, III, 205, I, n° 10.
STADI, voyez ESTADI.
STAGNAR, voyez ESTANHAR.
STAINGNAR, voyez ESTANHAR.
STANC, voyez ESTANC.
STANCA, *s. f.*, écluse, III, 201, I, n° 2.
STAR, voyez ESTAR.
STAT, voyez ESTAT.
STATER, *s. m.*, statère, V, 278, I.
STATIO, voyez ESTATIO.
STATUIR, voyez ESTATUIR.
STATURA, voyez ESTATURA.

STATUT, *s. m.*, statut, III, 212, II, n° 68.

STELA, voyez ESTELA.

STELETA, *s. f. dim.*, petite étoile, III, 215, II, n° 2.

STERILITAT, voyez ESTERILITAT.

STIBI, *s. m.*, antimoine, V, 278, II.

STILLA, *s. f.*, stille, V, 278, II.

STILLICIDI, *s. m.*, gouttière, V, 278, II, n° 2.

STILO, *s. m.*, péristyle, V, 279, I.

STIPENDIC, *s. m.*, solde, V, 279, I.

STIPIC, voyez ESTIPTIC.

STIPTIC, voyez ESTIPTIC.

STIPTICITAT, *s. f.*, qualité astringente, III, 220, I, n° 3.

STIPULA, *s. f.*, fétu, III, 220, I.

STIPULACIO, *s. f.*, stipulation, V, 279, I.

STIPULAR, *v.*, stipuler, V, 279, II, n° 2.

STIPULATIO, voyez STIPULACIO.

STIPULAZO, voyez STIPULACIO.

STOBI, *s. m.*, houle, V, 279, II.

STOBLA, voyez ESTOBLA.

STOPA, voyez ESTOPA.

STOPADA, *s. f.*, étoupée, VI, 22, II, n° 2.

STORAC, voyez STORAX.

STORAX, *s. m.*, storax, V, 279, II.

STORIA, voyez HYSTORIA.

STORNUDAR, voyez ESTORNUDAR.

STORNUTACIO, voyez EXTRENUTACIO.

STRADIER, voyez ESTRADIER.

STRANGLAR, voyez ESTRANGOLAR.

STRANGURIA, *s. f.*, rétrécissement du canal de l'urètre, V, 279, I.

STRANI, voyez ESTRANH.

STRIBOT, voyez ESTRIBOT.

STRICTURA, *s. f.*, ligature, VI, 22, II, n° 9 *bis*.

STRIDOR, *s. f.*, strideur, V, 280, I. Voyez ESTRIDOR.

STRUCI, voyez ESTRUCI.

STRUMA, voyez ESTRUMA.

STUBA, voyez ESTUBA.

STUPEFAR, *v.*, stupéfier, V, 280, I, n° 2.

STUPOR, *s. f.*, stupeur, V, 280, I.

STURNUTACIO, voyez EXTRENUTACIO.

SUA, voyez SIA.

SUAGRA, *s. f.*, suagre, V, 280, I.

SUAR, voyez SUZAR.

SUARI, voyez SUZARI.

SUAU, *adj.*, suave, V, 280, I.

SUAUMENT, *adv.*, doucement, V, 281, I, n° 5.

SUAUSAR, *v.*, adoucir, V, 281, I, n° 7.

SUAUZAR, voyez SUAUSAR.

SUAVET, *adv.*, suavement, V, 280, II, n° 2.

SUAVETAMENS, *adv. dim.*, suavement, V, 280, II, n° 3.

SUAVETAT, *s. f.*, suavité, V, 281, I, n° 6.

SUAVEZA, *s. f.*, douceur, V, 280, II, n° 4.

SUBALBENC, *adj.*, sous-blanchissant, II, 49, II, n° 15.

SUBASTACIO, *s. f.*, subhastation, II, 137, I, n° 8.

SUBASTADOR, voyez SUBASTAIRE.

SUBASTAIRE, *s. m.*, officier qui vend à l'encan, II, 137, I, n° 9.

SUBASTAR, *v.*, subhaster, II, 137, I, n° 10.

SUB

SUBCIDI, voyez SUBSIDI.

SUBCITRIN, *adj.*, sous-citrin, II, 399, II, n° 2.

SUBCONTINUATIU, *adj.*, subcontinuatif, V, 337, I, n° 34.

SUBDIACRE, *s. m.*, sous-diacre, III, 45, I, n° 4.

SUBDIT, *adj.*, sujet, III, 9, II, n° 6.

SUBERNA, *s. f.*, débordement, V, 281, II.

SUBERSTITION, *s. f.*, superstition, V, 281, II.

SUBFALB, *adj.*, un peu pâle, III, 251, I, n° 2.

SUBFALBENC, *adj.*, un peu pâle, III, 251, II, n° 5.

SUBFAUB, voyez SUBFALB.

SUBFFUMIGACIO, voyez SUBFUMIGACIO.

SUBFUMIGACIO, *s. f.*, suffumigation, III, 409, I, n° 13.

SUBFUMIGAR, *v.*, fumiger, III, 409, I, n° 14.

SUBFUMIGI, *s. m.*, suffumigation, III, 409, I, n° 12.

SUBINTRACIO, *s. f.*, introduction, III, 568, II, n° 16.

SUBIRANETAT, voyez SOBIRANETAT.

SUBITAN, *adj.*, subit, V, 240, I, n° 5.

SUBJACENT, *adj.*, soumis, III, 583, II, n° 12.

SUBJECIO, *s. f.*, sujétion, III, 583, II, n° 13. Voyez SUBJECTIO.

SUBJECION, voyez SUBJECIO.

SUBJECT, *adj.*, soumis, III, 472, I, n° 20.

SUBJECTIO, *s. f.*, sujétion, III, 472, I, n° 21. Voyez SUBJECIO.

SUB 509

SUBJECTION, voyez SUBJECIO.

SUBJET, *s. m.*, sujet, III, 584, I, n° 14.

SUBJUGACION, *s. f.*, asservissement, III, 600, I, n° 20.

SUBJUGAR, *v.*, subjuguer, III, 600, II, n° 21.

SUBJUNCTIU, *s. m.*, subjonctif, III, 599, II, n° 15.

SUBLIMAR, *v.*, élever, V, 282, I, n° 3.

SUBLIMATIU, *adj.*, sublimatif, V, 282, I, n° 2.

SUBLIMITAT, *s. f.*, sublimité, V, 282, I.

SUBMERGER, voyez SOMERGIR.

SUBMERGIR, voyez SOMERGIR.

SUBMISSION, *s. f.*, soumission, IV, 229, I, n° 40.

SUBORNAR, *v.*, suborner, V, 282, I.

SUBORNATION, *s. f.*, subornation, V, 282, I, n° 2.

SUBREROGAR, voyez SUBROGAR.

SUBROG, *adj.*, sous-rouge, V, 103, I, n° 11.

SUBROGAR, *v.*, subroger, V, 104, II, n° 9.

SUBROGATIO, *s. f.*, subrogation, V, 105, I, n° 10.

SUBROS, *adj.*, sous-roux, V, 113, II, n° 3.

SUBSCRIPTIO, voyez SOTZESCRIPTIO.

SUBSCRITIO, voyez SOTZESCRIPTIO.

SUBSEGRE, voyez SUBSEGUIR.

SUBSEGUIR, *v.*, exposer, V, 183, I, n° 26.

SUBSEQUEN, voyez SUBSEQUENT.

SUBSEQUENT, *adj.*, subséquent, V, 183, I, n° 27.

SUBSEQUIR, voyez SUBSEGUIR.

SUBSIDI, *s. m.*, aide, V, 282, II.

SUBSTANCIA, *s. f.*, substance, III, 210, II, n° 54.

SUBSTANCIAL, *adj.*, substantiel, III, 211, I, n° 57.

SUBSTANCIOS, *adj.*, substantiel, III, 211, I, n° 56.

SUBSTANCIOZ, voyez SUBSTANCIOS.

SUBSTANSA, *s. f.*, substance, III, 211, I, n° 55.

SUBSTANTIU, *s. m.*, substantif, III, 211, II, n° 60.

SUBSTITUCIO, *s. f.*, substitution, III, 214, I, n° 78.

SUBSTITUIR, *v.*, substituer, III, 213, II, n° 77.

SUBSTITUIT, *s. m.*, substitut, III, 214, I, n° 79.

SUBSTITUTIO, voyez SUBSTITUCIO.

SUBSTRAIRE, voyez SOSTRAIRE.

SUBTAMENS, voyez SOPTAMEN.

SUBTAN, voyez SUBITAN.

SUBTAR, voyez SOPTAR.

SUBTE, voyez SOBTE.

SUBTERRANE, *adj.*, souterrain, V, 354, I, n° 19.

SUBTIL, *adj.*, subtil, V, 282, II.

SUBTILAR, voyez SUBTILIAR.

SUBTILEZA, *s. f.*, subtilité, V, 283, I, n° 3.

SUBTILIACIO, *s. f.*, subtilité, V, 283, II, n° 7.

SUBTILIAMENT, *adv.*, subtilement, V, 283, II, n° 6.

SUBTILIAR, *v.*, subtiliser, V, 283, II, n° 9.

SUBTILIATIU, *adj.*, subtilisatif, V, 283, II, n° 8.

SUBTILITAT, *s. f.*, subtilité, V, 283, I, n° 4.

SUBTILLET, *adj. dim.*, mince, V, 283, I, n° 2.

SUBTILMEN, *adv.*, subtilement, V, 283, I, n° 5.

SUBTILMENS, voyez SUBTILMEN.

SUBVENTIO, *s. f.*, subvention, V, 497, II, n° 73.

SUBVIGUIER, *s. m.*, sous-viguier, V, 542, II, n° 4.

SUC, *s. m.*, chef, V, 284, I.

SUC, *s. m.*, suc, V, 284, II.

SUCAR, voyez SUCCAR.

SUCCACIO, *s. f.*, succion, V, 285, I, n° 3.

SUCCAR, *v.*, sucer, V, 285, I.

SUCCEDIR, *v.*, succéder, II, 390, II, n° 16.

SUCCESSIO, *s. f.*, succession, II, 390, II, n° 17.

SUCCESSION, voyez SUCCESSIO.

SUCCESSIVAMENT, *adv.*, successivement, II, 391, I, n° 19.

SUCCESSOR, *s. m.*, successeur, II, 391, I, n° 18.

SUCCEZIR, voyez SUCCEDIR.

SUCCIO, *s. f.*, succion, V, 285, I, n° 2.

SUCCOS, *adj.*, plein de suc, V, 284, II, n° 3.

SUCCOZ, voyez SUCCOS.

SUCCOZITAT, *s. f.*, succosité, V, 284, II, n° 4.

SUF

SUÇÇURA, *s. f.*, murmure, V, 285, I.
SUCQUAR, voyez SUCCAR.
SUCRE, *s. m.*, sucre, V, 284, II, n° 2.
SUEGRA, voyez SOGRA.
SUEGRE, voyez SOZER.
SUEIA, voyez SUIA.
SUENH, voyez SONH.
SUFERTADOR, voyez SUFFERTAIRE.
SUFERTAIRE, voyez SUFFERTAIRE.
SUFFERRE, *v.*, souffrir, V, 285, I.
SUFFERTADOR, voyez SUFFERTAIRE.
SUFFERTAIRE, *adj.*, souffreteux, V, 287, II, n° 13.
SUFFERTAR, *v.*, supporter, V, 287, II, n° 12.
SUFFICIEN, voyez SUFFICIENT.
SUFFICIENCIA, *s. f.*, suffisance, III, 268, II, n° 42.
SUFFICIENMEN, voyez SUFFICIENTMENTS.
SUFFICIENT, *adj.*, suffisant, III, 269, I, n° 43.
SUFFICIENTMENTS, *adv.*, suffisamment, III, 269, I, n° 44.
SUFFLAR, voyez SOFFLAR.
SUFFOCACIO, *s. f.*, suffocation, III, 347, I, n° 14.
SUFFRAGUAN, voyez SUFFRAGUANT.
SUFFRAGUANT, *s. m.*, suffragant, V, 288, I.
SUFFRIR, *v.*, souffrir, V, 285, II, n° 2.
SUFFRIRE, *adj.*, patient, V, 286, II, n° 5.
SUFFUMIGAR, voyez SUBFUMIGAR.
SUFFUMIGI, voyez SUBFUMIGI.
SUFLAMENT, voyez SOFFLAMEN.
SUFOGAR, *v.*, suffoquer, III, 347, I, n° 16.

SUM

SUFRACHA, *s. f.*, manque, V, 286, II, n° 6. Voyez SOFRACHA.
SUFRANSA, voyez SUFRENSA.
SUFRENSA, *s. f.*, souffrance, V, 286, I, n° 3.
SUFRIDOR, voyez SUFFRIRE.
SUFRIMEN, *s. m.*, souffrance, V, 286, II, n° 4.
SUFRIR, voyez SUFFRIR.
SUGA, voyez SUIA.
SUGET, voyez SUBJECT.
SUGGESTIO, *s. f.*, suggestion, III, 465, II, n° 7.
SUIA, *s. f.*, suie, V, 288, I.
SUIL, *s. f.* (lisez *m.*), souillure, V, 288, I.
SUILLA, *s. f.*, truie, V, 288, II.
SUILLO, *s. m.*, suillon, V, 288, II, n° 2.
SULFURENC, voyez SULPHURENC.
SULH, *s. m.*, seuil, V, 288, II.
SULHAMENT, *s. m.*, souillure, V, 288, I, n° 2.
SULHAR, voyez SOLAR.
SULPHUREITAT, *s. f.*, sulfurosité, V, 254, I, n° 4.
SULPHURENC, *adj.*, sulfureux, V, 254, I, n° 3.
SULPRE, voyez SOLFRE.
SULTAN, *s. m.*, sultan, V, 275, I, n° 2.
SUM, *adj.*, suprême, V, 260, I, n° 4.
SUMAC, *s. m.*, sumac, V, 288, II.
SUMJOS, *adj.*, soucieux, V, 259, I, n° 14.
SUMMA, voyez SOMMA.
SUMMARIAMEN, *adv.*, sommairement, V, 260, II, n° 9.

SUMMITAT, *s. f.*, sommité, V, 260, II, n° 7.

SUMPSIR, voyez SOMSIR.

SUMPTUOS, *adj.*, somptueux, V, 288, II.

SUOR, voyez SUZOR.

SUPAUSAR, *v.*, supposer, IV, 465, I, n° 20.

SUPERBIA, *s. f.*, superbe, V, 288, II.

SUPERBIOS, *adj.*, superbe, V, 289, I, n° 2.

SUPERCEDIR, *v.*, surseoir, V, 222, II, n° 26.

SUPERFICIA, *s. f.*, superficie, III, 285, II, n° 6.

SUPERFICIAL, *adj.*, superficiel, VI, 23, II, n° 6 *bis*.

SUPERFICIARI, *adj.*, superficiaire, III, 285, II, n° 7.

SUPERFLU, *adj.*, superflu, III, 345, I, n° 15.

SUPERFLUIR, *v.*, être superflu, III, 345, I, n° 12.

SUPERFLUITAT, *s. f.*, superfluité, III, 345, II, n° 13.

SUPERFLUYR, voyez SUPERFLUIR.

SUPERLATIO, *s. f.*, exagération, II, 16, II, n° 19.

SUPERLATIU, *adj.*, superlatif, II, 16, II, n° 20.

SUPI, *s. m.*, supin, V, 289, I.

SUPLEMENT, *s. m.*, supplément, IV, 572, II, n° 27.

SUPLETIO, *s. f.*, supplément, IV, 572, II, n° 28.

SUPLICATIO, *s. f.*, supplication, IV, 568, II, n° 46.

SUPLICION, *s. f.*, soumission, IV, 568, II, n° 48.

SUPLIMEN, *adv.*, souplement, IV, 568, II, n° 49.

SUPLIR, voyez SUPPLIR.

SUPORTAR, voyez SUPPORTAR.

SUPPEDITAR, *v.*, mettre sous les pieds, IV, 472, II, n° 14.

SUPPLICACION, voyez SUPLICATIO.

SUPPLICAR, *v.*, plier, IV, 568, I, n° 45.

SUPPLIQUAR, voyez SUPPLICAR.

SUPPLIR, *v.*, suppléer, IV, 572, I, n° 26.

SUPPONER, *v.*, supposer, IV, 615, I, n° 44.

SUPPORTACIO, *s. f.*, supportation, IV, 609, I, n° 29.

SUPPORTAR, *v.*, supporter, IV, 608, II, n° 27.

SUPPORTATIU, *adj.*, supportatif, IV, 609, I, n° 28.

SUPPOSITORI, *s. m.*, support, IV, 615, I, n° 45.

SUPTE, voyez SOBTE.

SUPTELEZA, voyez SUBTILEZA.

SUPTILEZA, voyez SUBTILEZA.

SURGARIA, *s. f.*, chirurgie, II, 533, II, n° 2.

SURGIA, voyez SURGARIA.

SURGIER, *s. m.*, chirurgien, VI, 13, II, n° 3.

SURGIER, voyez SERIER.

SURPRENDRE, voyez SORPRENDRE.

SURREXIO, *s. f.*, résurrection, V, 269, II, n° 3.

SUS, *prép.*, sur, V, 289, I.

SUSARI, voyez SUZARI.
SUSCITAR, *v.*, susciter, V, 290, I, n° 4.
SUSPECT, *adj.*, suspect, V, 276, I, n° 3.
SUSPENDRE, *v.*, suspendre, IV, 493, II, n° 9.
SUSPENSIO, *s. f.*, suspension, IV, 494, I, n° 10.
SUSPENSIU, *adj.*, suspensif, IV, 494, I, n° 11.
SUSPENSORI, *s. m.*, suspensoir, IV, 494, I, n° 12.
SUSPICIO, voyez SOSPEISSO.
SUSPITION, voyez SOSPEISSO.
SUSTANCIA, voyez SUBSTANCIA.
SUSTANSA, voyez SUBSTANSA.
SUSTANTIVAR, *v.*, employer substantivement, III, 211, II, n° 61.
SUSTENTACIO, *s. f.*, sustentation, III, 210, II, n° 53.
SUSTENTACION, voyez SUSTENTACIO.
SUSTENTAIRE, *s. m.*, soutien, VI, 22, I, n° 53 *bis*.
SUSTENTAR, *v.*, sustenter, III, 210, II, n° 52.
SUSTENTATOR, voyez SUSTENTAIRE.
SUSTITUCIO, voyez SUBSTITUCIO.
SUSTITUCION, voyez SUBSTITUCIO.
SUSTITUIT, voyez SUBSTITUIT.

SUTURA, *s. f.*, suture, V, 290, I.
SUZAR, *v.*, suer, V, 290, I, n° 2.
SUZARI, *s. m.*, suaire, V, 290, II, n° 3.
SUZOLEN, voyez SUZOLENT.
SUZOLENT, *adj.*, surge, V, 290, II, n° 4.
SUZOR, *s. f.*, sueur, V, 290, I.
SY, voyez SI.
SYLEMPSIS, *s. f.*, syllepse, V, 294, I.
SYMONIA, voyez SIMONIA.
SYMONIAL, *adj.*, simoniaque, V, 234, II, n° 3.
SYMPHONIA, *s. f.*, symphonie, V, 294, I.
SYNAGOGA, *s. f.*, synagogue, V, 294, II.
SYNCOPIZAR, *v.*, tomber en syncope, V, 235, II, n° 6.
SYNCRESIS, *s. f.*, syncrèse, V, 294, II.
SYNCREZIS, voyez SYNCRESIS.
SYNOCHA, voyez SINOCHA.
SYNOCHIDES, *s. f.*, synochide, V, 237, I, n° 2.
SYNTHEZIS, *s. f.*, synthèse, V, 294, II.
SYNTHOSIS, *s. f.*, synthose, V, 294, II, n° 2.
SYRENA, voyez SERENA.
SYST, voyez CIST.
SYSTOLE, *s. f.*, systole, V, 292, I.

T

T, *s. m.*, t, V, 292, I.
T, *pron. pers. affixe, m. et f.*, 2ᵉ *pers. sing.*, te, V, 438, I, n° 4.
TA, *pron. poss. f.*, 2ᵉ *pers.*, ta, V, 387, I, n° 5.
TABELLIONAR, *v.*, rédiger, VI, 39, I, V.

TABERNACLE, *s. m.*, tente, V, 292, I.
TABOR, *s. m.*, tambour, V, 292, I.
TABOREIAR, voyez TABOREJAR.
TABOREJAR, *v.*, tambouriner, V, 292, II, n° 3.
TABORNAR, *v.*, frapper, V, 292, II, n° 4.

TABUSSAR, voyez TABUSTAR.

TABUST, s. m., bruit, V, 292, II.

TABUSTAR, v., frapper, V, 293, I, n° 5.

TABUSTIRE, s. m., vacarme, V, 293, I, n° 4.

TABUSTOL, s. m., bruit, V, 293, I, n° 2.

TACA, s. f., tache, V, 293, II.

TACAMEN, s. m., tache, V, 293, II, n° 3.

TACAR, v., tacher, V, 294, I, n° 5.

TACCA, voyez TACA.

TACHAR, voyez TACAR.

TACITAMENT, adv., tacitement, V, 310, I, n° 2.

TACITURNITAT, s. f., taciturnité, V, 310, II, n° 6.

TACOS, adj., taché, V, 293, II, n° 4.

TAFUR, adj., perfide, V, 294, I.

TAHINAR, v., différer, V, 294, II.

TAIL, voyez TALH.

TAILHADRE, s. m., taillage, III, 3, II, n° 12.

TAILHAGE, s. m., taillage, III, 3, II, n° 9.

TAILL, voyez TALH.

TAILLAR, voyez TALAR.

TAILLONET, s. m., petit morceau, III, 3, II, n° 8.

TAINA, s. f., retard, V, 294, II, n° 2.

TAINAR, voyez TAHINAR.

TAISER, voyez TAZER.

TAISHO, voyez TAYSH.

TAIZER, voyez TAZER.

TAL, adj., tel, V, 295, I.

TALA, s. f., défaut, V, 296, I.

TALABUST, s. m., bruit, V, 293, I, n° 3.

TALADOR, voyez TALAIRE.

TALAIRE, s. m., tailleur, III, 4, I, n° 14.

TALAN, voyez TALEN.

TALANT, voyez TALEN.

TALAR, v., tailler, III, 4, II, n° 17.

TALECA, s. f., poche, V, 296, I.

TALEN, s. m., désir, V, 296, II.

TALENTAR, v., désirer, V, 297, I, n° 4.

TALENTIU, adj., désireux, V, 296, II, n° 3.

TALENTOS, adj., désireux, V, 296, II, n° 2.

TALH, s. m., taille, III, 2, I, n° 4.

TALH, s. m., taille, III, 3, I, n° 5.

TALHA, s. f., incision, III, 3, I, n° 6.

TALHABLE, adj., taillable, III, 4, I, n° 16.

TALHADA, s. f., taille, III, 3, II, n° 10.

TALHADOR, voyez TALAIRE.

TALHADURA, s. f., coupon, III, 3, II, n° 11.

TALHAMENT, s. m., coupure, III, 3, II, n° 7.

TALHANDIER, s. m., tailleur, III, 4, I, n° 15.

TALHAR, voyez TALAR.

TALHAYRE, voyez TALAIRE.

TALIADOR, s. m., tailloir, III, 4, I, n° 13.

TALIO, s. m., talion, V, 296, I, n° 5.

TALLIADA, voyez TALHADA.

TALMEN, voyez TALMENT.

TALMENT, *adv.*, tellement, V, 295, II, n° 2.
TALMUT, *s. m.*, Talmud, V, 297, II.
TALO, *s. m.*, talon, V, 298, I.
TALPA, *s. f.*, taupe, V, 298, I.
TAMARISC, *s. m.*, tamarin, V, 298, I.
TAMBORIN, *s. m.*, joueur de tambourin, V, 292, II, n° 2.
TAMIS, *s. m.*, tamis, V, 298, I.
TAMPIR, *v.*, fermer, V, 298, II.
TAN, voyez TANT.
TANBOR, voyez TABOR.
TANCADURA, *s. f.*, fermeture, V, 299, I, n° 2.
TANCAR, *v.*, boucher, V, 398, II.
TANDIUS, *adv.*, aussi longtemps que, V, 299, II.
TANGIBLE, *adj.*, tangible, VI, 39, I.
TANHEDOR, *s. m.*, proche, V, 300, I, n° 2.
TANHER, *v.*, convenir, V, 299, II.
TANQUAR, voyez TANCAR.
TANT, *adv.*, tant, V, 300, I.
TANT, *adj.*, tant, V, 301, I, n° 2.
TANTET, *adv. dim.*, tantinet, V, 301, II, n° 3.
TAPAREL, *s. m.*, battoir, V, 302, II.
TAPI, voyez TAPIN.
TAPI, voyez TAPIT.
TAPIN, *adj.*, caché, V, 302, II.
TAPINOZIS, *s. f.*, tapinose, V, 303, I.
TAPIT, *s. m.*, tapis, V, 303, I.
TAPIT, voyez TAPIN.
TAQUETA, *s. f. dim.*, petite tache, V, 293, I, n° 2.
TARA, *s. f.*, tare, V, 303, I.

TARAVEL, *s. m.*, tarière, V, 305, II.
TARD, voyez TART.
TARDA, *s. f.*, retard, V, 304, I, n° 3.
TARDAMENT, *s. m.*, retard, V, 304, II, n° 8.
TARDAR, *v.*, tarder, V, 303, II.
TARDEZA, *s. f.*, lenteur, V, 304, II, n° 7.
TARDIER, *adj.*, lent, V, 304, II, n° 11.
TARDIOS, *adj.*, tardif, V, 304, II, n° 10.
TARDITAT, *s. f.*, lenteur, V, 304, II, n° 6.
TARDIU, *adj.*, tardif, V, 304, II, n° 9.
TARDOR, *s. f.*, retard, V, 304, I, n° 4.
TARGAR, *v.*, targuer, V, 306, I, n° 2.
TARGUA, voyez TARJA.
TARI, voyez TARIN.
TARIDA, *s. f.*, tartane, V, 305, II.
TARIMEN, *s. m.*, tarissement, V, 305, II, n° 2.
TARIN, *s. m.*, tarin, V, 305, II.
TARIR, *v.*, tarir, V, 305, II.
TARJA, *s. f.*, targe, V, 306, I.
TART, *adj.*, tard, V, 303, II, n° 2.
TARTALHAR, *v.*, trémousser, V, 306, I.
TARTARASSA, *s. f.*, milan, V, 306, I.
TARTARI, *s. m.*, tartre, V, 306, II.
TARTUGA, *s. f.*, tortue, V, 306, II. Voyez TORTUGA.
TARZAMENT, voyez TARDAMENT.
TARZANSA, *s. f.*, retard, V, 304, I, n° 5.
TARZAR, voyez TARDAR.
TARZIER, voyez TARDIER.
TASCA, *s. f.*, tasque, V, 306, II.
TASÇA, voyez TASSA.

TASCHA, voyez TASCA.
TASIBLAMENT, adv., tacitement, V, 310, II, n° 4.
TASQUETA, s. f. dim., besace, V, 306, II, n° 2.
TASSA, s. f., tasse, V, 306, II.
TAST, s. m., trace, V, 306, II.
TASTAR, v., tâter, V, 307, I, n° 2.
TASTONAR, v., tâtonner, V, 307, I, n° 3.
TASTUG, s. m., homme de tête, V, 356, II, n° 6.
TATA, interj., tata! V, 307, I.
TATS, voyez TATZ.
TATZ, s. m., tas, V, 307, I.
TAU, voyez TAL.
TAUC, s. m., cercueil, V, 307, II.
TAULA, s. f., table, V, 307, II.
TAULAR, v., attabler, V, 308, I, n° 3.
TAULEIAR, voyez TAULEJAR.
TAULEJAR, v., jouer des castagnettes, V, 308, II, n° 5.
TAULETA, s. f. dim., tablette, V, 308, I, n° 4.
TAULIER, s. m., tablier, V, 308, I, n° 2.
TAUR, s. m., taureau, V, 308, II.
TAVAN, s. m., taon, V, 309, I.
TAVERNA, s. f., taverne, V, 309, I.
TAVERNIER, s. m., tavernier, V, 309, II, n° 2.
TAXA, s. f., taxe, V, 309, II.
TAXAR, v., taxer, V, 309, II, n° 2.
TAXATION, s. f., taxation, V, 309, II, n° 3.
TAYLL, voyez TALH.
TAYLLAR, voyez TALAR.
TAYNAR, voyez TAHINAR.

TAYSH, s. m., taisson, V, 310, II.
TAYSHO, voyez TAYSH.
TAZENSA, s. f., silence, V, 310, II, n° 5.
TAZER, v., taire, V, 310, I.
TAZIBLE, adj., tacite, V, 310, I, n° 3.
TE, pron. pers. m. et f., 2ᵉ pers. sing., te, V, 437, II, n° 2.
TEBE, adj., tiède, V, 310, II.
TEBEAMEN, voyez TEBIAMENT.
TEBEZA, s. f., tiédeur, V, 311, I, n° 2.
TEBEZETA, s. f. dim., petite tiédeur, V, 311, I, n° 4.
TEBEZEZA, s. f., tiédeur, V, 311, I, n° 3.
TEBEZIR, v., tiédir, V, 311, I, n° 6.
TEBIAMENT, adv., tiédement, V, 311, I, n° 5.
TECA, s. f., châsse, V, 311, I.
TECAMENT, voyez TACAMEN.
TECHIR, v., avancer, V, 311, II.
TEDA, s. f., flambeau, V, 311, II.
TEG, s. m., toit, V, 311, II.
TEGUT, adj., couvert, V, 312, I, n° 2.
TEI, voyez TIEL.
TEILH, voyez TELH.
TEINA, s. f., teigne, V, 312, I. Voyez TINEA.
TEINIA, voyez TEINA.
TEISSAMEN, s. m., tissage, V, 313, I, n° 3.
TEISSANDIER, s. m., tisserand, V, 312, II, n° 2.
TEISSEDRE, voyez TEISSANDIER.
TEISSEIRE, voyez TEISSANDIER.
TEISSER, v., tisser, V, 312, II.
TEISSERA, voyez TEISSERAN.
TEISSERAN, s. m., tisserand, V, 313, I, n° 4.

TELA, *s. f.*, toile, V, 313, II, n° 9.

TELADURA, *s. f.*, toilure, V, 314, I, n° 11.

TELENA, *s. f.*, carrière, V, 314, II.

TELETA, *s. f. dim.*, petite toile, V, 314, I, n° 10.

TELH, *s. m.*, tilleul, V, 315, I.

TELIER, *s. m.*, métier du tisserand, V, 314, I, n° 12.

TELLA, voyez TELA.

TELSAR, *v.*, tisser, V, 313, II, n° 8.

TEMEDOR, *adj.*, dangereux, V, 315, II, n° 5.

TEMENSA, *s. f.*, crainte, V, 315, I, n° 2.

TEMER, *v.*, craindre, V, 315, II, n° 6.

TEMERITAT, *s. f.*, témérité, V, 315, I, n° 3.

TEMEROS, *adj.*, timide, V, 315, II, n° 4.

TEMOR, *s. f.*, crainte, V, 315, I.

TEMOROS, voyez TEMEROS.

TEMPERATIU, *adj.*, températif, V, 317, II, n° 7.

TEMPESTA, *s. f.*, tempête, V, 321, I, n° 6.

TEMPESTAR, *v.*, tempêter, V, 321, II, n° 9.

TEMPESTOS, *adj.*, tempêtueux, V, 321, I, n° 8.

TEMPESTUOS, *adj.*, tempêtueux, V, 321, I, n° 7.

TEMPESTUOZ, voyez TEMPESTUOS.

TEMPIER, *s. m.*, ouragan, V, 321, II, n° 10.

TEMPLA, *s. f.*, tempe, V, 322, I, n° 3.

TEMPLAR, *s. m.*, tempe, V, 322, I, n° 2.

TEMPLE, *s. m.*, temple, V, 316, I.

TEMPLIER, *s. m.*, templier, V, 316, II, n° 2.

TEMPORA, *s. f.*, chacun des Quatre-Temps, V, 320, II, n° 3.

TEMPORAL, *adj.*, temporel, V, 320, II, n° 2.

TEMPORALITAT, *s. f.*, temporalité, V, 320, II, n° 4.

TEMPORALMENT, *adv.*, temporellement, V, 321, I, n° 5.

TEMPRADAMENS, *adv.*, modérément, V, 317, I, n° 2.

TEMPRADURA, *s. f.*, temporisation, V, 317, II, n° 6.

TEMPRAMEN, *s. m.*, tempérament, V, 317, II, n° 5.

TEMPRANSA, *s. f.*, tempérance, V, 317, I, n° 4.

TEMPRANSSA, voyez TEMPRANSA.

TEMPRAR, *v.*, tempérer, V, 316, II.

TEMPRAR, *v.*, tremper, V, 319, II.

TEMPRE, *s. m.*, tempérament, V, 317, I, n° 3.

TEMPS, *s. m.*, temps, V, 319, II.

TEMPTACIO, *s. f.*, tentation, V, 321, II, n° 2.

TEMPTADOR, voyez TEMPTAIRE.

TEMPTAIRE, *adj.* (lisez *s. m.*), tentateur, V, 322, I, n° 4.

TEMPTAMEN, voyez TEMPTAMENT.

TEMPTAMENT, *s. m.*, tentation, V, 322, I, n° 3.

TEMPTAR, *v.*, tenter, V, 321, II.

TEMPTATIO, voyez TEMPTACIO.

TEMPTAYRE, voyez TEMPTAIRE.
TEN, s. m., tempe, V, 322, I.
TENALHA, s. f., tenaille, V, 334, II, n° 10.
TENANCIER, s. m., tenancier, V, 334, I, n° 6.
TENCHA, s. f., teinture, V, 343, II, n° 4.
TENCHAR, v., teindre, V, 343, I, n° 2.
TENCHARIA, s. f., teinturerie, V, 343, II, n° 8.
TENCHEYRE, s. m., teinturier, V, 343, II, n° 7.
TENCHURIER, s. m., teinturier, V, 343, II, n° 9.
TENDA, s. f., tente, V, 323, I, n° 4.
TENDELH, s. m., tenture, V, 323, I, n° 5.
TENDEMEN, s. m., tension, V, 323, I, n° 2.
TENDIER, s. m., tendeur, V, 323, I, n° 3.
TENDIL, voyez TENDELH.
TENDIR, voyez TENTIR.
TENDRE, v., tendre, V, 322, II.
TENDRE, voyez TENRE.
TENDRET, adj. dim., tendret, V, 344, II, n° 2.
TENDREZA, s. f., tendreté, V, 344, II, n° 3.
TENEBRAS, s. f. pl., ténèbres, V, 329, II.
TENEBROR, s. f., obscurité, V, 330, I, n° 4.
TENEBROS, adj., ténébreux, V, 329, II, n° 2.
TENEBROSITAT, s. f., obscurité, V, 330, I, n° 3.

TENEBROZ, voyez TENEBROS.
TENEDOR, voyez TENEIRE.
TENEIRE, s. m., possesseur, V, 334, I, n° 8.
TENEMEN, voyez TENEMENT.
TENEMENT, s. m., ténement, V, 333, II, n° 4.
TENEMENTIER, s. m., ténementier, V, 334, I, n° 7.
TENENCIER, voyez TENANCIER.
TENENSA, s. f., tenance, V, 333, II, n° 3.
TENER, v., tenir, V, 330, I.
TENERC, adj., ténébreux, V, 330, I, n° 5.
TENERETUT, s. f., tendreté, V, 344, II, n° 4.
TENEZO, s. f., tenance, V, 333, II, n° 5.
TENEZON, voyez TENEZO.
TENGNER, v., teindre, V, 343, I.
TENGUDA, s. f., tenue, V, 333, I, n° 2.
TENH, s. m., teint, V, 343, I, n° 3.
TENHER, voyez TENGNER.
TENIR, voyez TENER.
TENOR, s. f., teneur, V, 334, I, n° 9.
TENRE, adj., tendre, V, 344, I.
TENREZA, voyez TENDREZA.
TENSA, s. f., dispute, V, 345, I, n° 2.
TENSAR, v., tourmenter, V, 345, II, n° 6.
TENSELHA, s. f., dispute, V, 345, I, n° 3.
TENSO, s. f., tenson, V, 344, II.
TENSONAR, v., quereller, V, 346, I, n° 7.

TENSONIER, *adj.*, querelleur, V, 345, II, n° 5.
TENSONOS, *adj.*, querelleur, V, 345, II, n° 4.
TENTA, *s. f.*, teinte, V, 344, I, n° 11.
TENTACIO, voyez TEMPTACIO.
TENTACION, voyez TEMPTACIO.
TENTADOR, voyez TEMPTAIRE.
TENTAIRE, voyez TEMPTAIRE.
TENTIR, *v.*, retentir, V, 347, I.
TENTURA, *s. f.*, teinture, V, 343, II, n° 6.
TENUET, *adj. dim.*, tout mince, V, 359, II, n° 3.
TEOLOGIA, *s. f.*, théologie, III, 34, I, n° 9.
TEPIDITAT, *s. f.*, tiédeur, V, 311, I, n° 7.
TEQUETA, *s. f. dim.*, petite capsule, V, 311, II, n° 2.
TERAGE, *s. m.*, terre, V, 353, I, n° 12.
TERBENTINA, voyez TEREBENTINA.
TERCIA, voyez TERSA.
TERCIER, voyez TERSIER.
TEREBENTINA, *s. f.*, térébenthine, V, 347, II, n° 2.
TEREBINTE, *s. m.*, térébinthe, V, 347, II.
TEREDO, *s. m.* (lisez *f.*), térède, V, 348, I.
TERGER, *v.*, purger, V, 348, I.
TERIBLAMEN, *adv.*, terriblement, V, 355, I, n° 3.
TERIBLITAT, *s. f.*, chose terrible, V, 355, I, n° 4.
TERMANADOR, voyez TERMENADOR.
TERME, *s. m.*, terme, V, 349, I, n° 4.
TERMENABLE, *adj.*, terminable, V, 349, I, n° 3.

TERMENADOR, *s. m.*, limitateur, V, 349, II, n° 6.
TERMENAIRE, voyez TERMENADOR.
TERMENAL, *adj.*, qui concerne les termes, V, 349, II, n° 5.
TERMENAR, *v.*, terminer, V, 349, II, n° 7.
TERMIN, *s. m.*, terme, V, 348, II.
TERMINACIO, *s. f.*, délimitation, V, 349, I, n° 2.
TERMINAR, voyez TERMENAR.
TERMINATIO, voyez TERMINACIO.
TERMINATIU, *adj.*, limitatif, V, 350, I, n° 8.
TERMINI, voyez TERMIN.
TERN, *s. m.*, tiers, V, 411, I, n° 4.
TERNA, *s. f.*, terne, V, 411, II, n° 5.
TERNARI, *adj.*, ternaire, V, 411, II, n° 6.
TERRA, *s. f.*, terre, V, 351, I.
TERRADOR, voyez TERRAIRE.
TERRAGARDA, *s. f.*, messiage, V, 354, II, n° 25.
TERRAGARDAR, *v.*, faire fonction de messier, V, 354, II, n° 26.
TERRAIRE, *s. m.*, terroir, V, 352, II, n° 8.
TERRAL, *s. m.*, terreau, V, 351, II, n° 3.
TERRAMAIOR, voyez TERRAMAJOR.
TERRAMAIRE, *s. f.*, mère-terre, V, 354, II, n° 28.
TERRAMAJOR, *s. f.*, terre-majeure, V, 354, II, n° 27.
TERRATORI, voyez TERRITORI.
TERRATREMOL, *s. m.*, tremblement de terre, V, 354, II, n° 29, et 415, I, n° 11.

TERRE, voyez TERREN.

TERREISME, *s. m.*, terroir, V, 353, I, n° 13.

TERREN, *adj.*, terrestre, V, 352, I, n° 6.

TERRENAL, *adj.*, terrestre, V, 352, II, n° 7.

TERREST, voyez TERRESTRE.

TERRESTRE, *adj.*, terrestre, V, 353, I, n° 10.

TERRESTRI, voyez TERRESTRE.

TERRESTRITAT, *s. f.*, terrosité, V, 353, I, n° 11.

TERRETA, *s. f. dim.*, petite terre, V, 351, II, n° 2.

TERRIADA, voyez TIRIACA.

TERRIBLE, *adj.*, terrible, V, 355, I, n° 2.

TERRIER, *s. m.*, terrier, V, 352, I, n° 5.

TERRITORI, *s. m.*, territoire, V, 352, II, n° 9.

TERROR, *s. f.*, terreur, V, 355, I.

TERROS, *adj.*, terreux, V, 352, I, n° 4.

TERS, *adj.*, tiers, V, 410, II, n° 3.

TERSA, *s. f.*, tierce, V, 411, II, n° 7.

TERSAMENT, *adv.*, troisièmement, V, 412, I, n° 9.

TERSAN, *adj.*, tiers, V, 412, I, n° 11.

TERSAR, *v.*, tiercer, V, 412, I, n° 10.

TERSER, voyez TERGER.

TERSIER, *adj.*, tercier, V, 411, II, n° 8.

TERSOL, *adj.*, tiercelet, V, 412, I, n° 12.

TERSOR, *s. m.*, torchon, V, 348, I, n° 2.

TERTIA, voyez TERSA.

TERTRE, *s. m.*, tertre, V, 355, I.

TERZA, voyez TERSA.

TERZAMENT, voyez TERSAMENT.

TESCUM, *s. m.*, trame, V, 313, I, n° 5.

TESGA, *s. f.*, tac, V, 355, II.

TESIC, voyez TESIX.

TESIX (lisez TESIC), voyez TEZIC.

TESSELH, *s. m.*, agrafe, V, 355, II.

TEST, *s. m.*, tête, V, 356, I, n° 2.

TEST, voyez TEXTE.

TESTA, *s. f.*, tête, V, 355, II.

TESTADOR, voyez TESTAIRE.

TESTAIRE, *s. m.*, testateur, V, 357, I, n° 11.

TESTAIRITZ, *s. f.*, testatrice, V, 357, I, n° 12.

TESTAMEN, voyez TESTAMENT.

TESTAMENT, *s. m.*, testament, V, 356, II, n° 10.

TESTAMENTARI, *adj.*, testamentaire, V, 357, I, n° 13.

TESTART, *adj.*, têtu, V, 356, II, n° 7.

TESTICUL, *s. m.*, testicule, V, 358, II, n° 11.

TESTIERA, *s. f.*, têtière, V, 356, II, n° 5.

TESTIFICACIO, *s. f.*, attestation, V, 358, I, n° 8.

TESTIFICAR, *v.*, attester, V, 358, I, n° 10.

TESTIFICATION, voyez TESTIFICACIO.

TESTIFICATIU, *adj.*, testificatif, V, 358, I, n° 7.

TESTIFICATORI, *adj.*, justificatif, V, 358, I, n° 9.

TESTIL, *s. m.*, testicule, V, 358, II, n° 12.

TESTIMONI, *s. m.*, témoignage, V, 357, II.

TESTIMONIADOR, *s. m.*, attestateur, V, 358, I, n° 6.

TESTIMONIAIRE, voyez TESTIMONIADOR.
TESTIMONIAL, adj., testimonial, V, 357, II, n° 2.
TESTIMONIAMEN, voyez TESTIMONIAMENT.
TESTIMONIAMENT, s. m., témoignage, V, 357, II, n° 3.
TESTIMONIAR, v., témoigner, V, 357, II, n° 4.
TESTIMONIATGE, s. m., témoignage, V, 358, I, n° 5.
TESTOR, s. f., extrémité, V, 356, II, n° 4.
TESTUDO, s. f., tortue, V, 356, II, n° 9.
TET, s. m., têt, V, 356, I, n° 3.
TET, voyez TEG.
TETA, s. f., tette, V, 359, I, n° 2.
TETAR, v., téter, V, 359, I.
TETINA, s. f. dim., tétin, V, 359, I, n° 3.
TETRARCHA, s. m., tétrarque, II, 114, I, n° 6.
TETRARCHIA, s. f., tétrarchie, II, 114, I, n° 5.
TEU, voyez TEUS.
TEULAGE, s. m., droit de tente, V, 359, II, n° 4.
TEULAT, s. m., toit, V, 359, II, n° 5.
TEULE, s. m., tuile, V, 359, I.
TEULIER, s. m., tuilier, V, 359, I, n° 2.
TEULIERA, s. f., tuilerie, V, 359, II, n° 3.
TEUN, voyez TEUNS.
TEUNE, adj., ténu, V, 359, II, n° 2.
TEUNEZA, s. f., ténuité, V, 360, I, n° 4.
TEUNS (lisez TEUN), adj., ténu, V, 359, II.

TEUS (lisez TEU), voyez TIEUS.
TEXTE, s. m., texte, V, 313, I, n° 6.
TEXURA, s. f., texture, V, 313, I, n° 7.
TEYRA, s. f., suite, V, 364, II, n° 6.
TEYSH, s. m., if, V, 360, II.
TEYSSEDOR, voyez TEISSANDIER.
TEYSSER, voyez TEISSER.
TEYSSHER, voyez TEISSER.
TEZAURAMEN, s. m., trésor, II, 146, II, n° 23.
TEZAURIEYRA, s. f., trésorière, II, 147, I, n° 25.
TEZIA, voyez TIZIA.
TEZIC, s. m., phthisique, V, 366, II, n° 2.
TEZURA, voyez TEXURA.
THEIL, s. m., tumeur, V, 360, II.
THEMA, s. f., thême, V, 360, II.
THEMEZIS, s. f., thémèse, V, 360, II.
THEODORICON, s. m., théodoricon, V, 360, II.
THEOFANIA, s. f., Épiphanie, III, 34, I, n° 12.
THEOLOGIA, voyez TEOLOGIA.
THEOLOGIA, voyez THEOLOGIAN.
THEOLOGIAN, s. m., théologien, III, 34, I, n° 10.
THEOLOGICAL, adj., théologal, III, 34, I, n° 11.
THESAUR, s. m., trésor, II, 146, II, n° 22.
THESAURIER, s. m., trésorier, II, 146, II, n° 24.
THEYL, voyez THEIL.
THEZAUR, voyez THESAUR.
THEZAURARIA, s. f., trésorerie, II, 147, I, n° 26.

THIMI, s. m., thym, V, 361, I.

THIMIAMA, s. m. (lisez f.), parfum, V, 361, I.

THINE, adj., de thya, V, 361, I.

THON, s. m., thon, V, 361, I.

THOPAZI, voyez TOPAZI.

THOS, voyez TOS.

TI, pron. pers. m. et f., 2ᵉ pers. sing., te, V, 438, I, n° 3.

TIA, s. f., tante maternelle, V, 361, I.

TIA, pron. poss. f., 2ᵉ pers., ta, V, 387, II, n° 6.

TIBAT, adj., gonflé, V, 361, II.

TIBIA, s. f., flûte, V, 361, II.

TIEI, pron. poss. m., 2ᵉ pers. pl., tes, V, 387, I, n° 4.

TIEIRA, voyez TEYRA.

TIERA, voyez TEYRA.

TIES, s. m., Thyois, V, 361, II.

TIEU, voyez TIEUS.

TIEUA, voyez TIA.

TIEUS (lisez TIEU), pron. poss. m., 2ᵉ pers., tien, V, 386, II, n° 3.

TIEY, voyez TIEI.

TIGRA, s. f., tigresse, V, 361, II, n° 2.

TIGRE, s. m., tigre, V, 361, II.

TIL, s. m., agrément, V, 362, I.

TIL, voyez TELH.

TILTRE, s. m., titre, V, 366, I, n° 2.

TIMBRE, s. m., timbre, V, 362, I.

TIMO, s. m., timon, V, 362, I.

TIMOL, s. m., tombeau, V, 371, I, n° 3.

TIMON, voyez TIMO.

TIMPANISTRES, s. f., tympanite, V, 362, II.

TIN, voyez TEN.

TINA, s. f., tine, V, 362, II.

TINAL, s. m., tinet, V, 363, I.

TINAU, voyez TINAL.

TINEA, s. f., teigne, V, 363, I. Voyez TEINA.

TINEL, s. m., tourelle, V, 363, I, n° 5.

TINELH, s. m., querelle, V, 363, I.

TINHA, voyez TINEA.

TINHEYRE, s. m., teinturier, V, 343, II, n° 5.

TINHOS, adj., teigneux, V, 312, II, n° 2.

TIPSANA, voyez TIZANA.

TIRA, s. f., tire, V, 364, II, n° 2.

TIRADA, s. f., portée, V, 364, II, n° 3.

TIRADOR, s. m., tireur, V, 364, II, n° 5.

TIRAIRE, voyez TIRADOR.

TIRAMEN, s. m., tirement, V, 364, II, n° 4.

TIRAN, s. m., tyran, V, 363, I.

TIRANNIA, s. f., tyrannie, V, 363, II, n° 2.

TIRAR, v., tirer, V, 363, II.

TIRASSAR, v., tirailler, V, 365, I, n° 7.

TIRIACA, s. f., thériaque, V, 365, II.

TIROSSAR, voyez TIRASSAR.

TITILLACIO, s. f., titillation, V, 366, I, n° 2.

TITILLIC, s. m., titillation, V, 366, I.

TITOL, s. m., titre, V, 366, I.

TIZANA, s. f., tisane, V, 366, II.

TIZIA, s. f., phthisie, V, 366, II.

TIZO, s. m., tison, V, 366, II.

TIZONAR, v., tisonner, V, 367, I, n° 2.

TO, voyez TON.

TOA, voyez TIA.

TOALHA, s. f., nappe, V, 314, I, n° 13.

TOALHO, voyez TOALHON.

TOALHON, s. m., essuie-mains, V, 314, II, n° 14.

TOALON, voyez TOALHON.
TOC, s. m., toc, V, 368, I, n° 2.
TOCAMEN, s. m., tact, V, 368, II, n° 4.
TOCAMENT, voyez TOCAMEN.
TOCAR, v., toucher, V, 367, I.
TOCHA, s. f., touche, V, 368, II, n° 3.
TOCHAR, voyez TOCAR.
TOGA, s. f., toge, V, 368, II.
TOIS, s. f., toison, V, 373, I, n° 2.
TOISO, voyez TOISOS.
TOISOS (lisez TOISO), voyez TOIS.
TOLDRE, voyez TOLRE.
TOLEIRE, s. m., ravisseur, V, 370, I, n° 5.
TOLEMENT, s. m., enlèvement, V, 370, I, n° 4.
TOLIEU, s. m., tonlieu, V, 370, I, n° 3.
TOLLEDOR, voyez TOLEIRE.
TOLLERABLE, adj., tolérable, V, 369, I, n° 3.
TOLLERANSA, s. f., tolérance, V, 369, I, n° 2.
TOLLERAR, v., tolérer, V, 368, II.
TOLRE, v., ôter, V, 369, I.
TOLTA, s. f., tolte, V, 369, II, n° 2.
TOM, s. m., coteau, V, 371, I.
TOM, s. m., chute, V, 371, II, n° 2.
TOMBA, s. f., tombe, V, 371, I, n° 2.
TOMBADOR, voyez TOMBAIRE.
TOMBAIRE, s. m., sauteur, V, 371, II, n° 3.
TOMBAR, v., tomber, V, 371, I.
TOMBAREL, adj., à chute, V, 372, I, n° 8.
TOMPLINA, s. f., bassin, V, 373, II, n° 3.

TON, s. m., ton, V, 372, II.
TON, pron. poss. m., 2° pers. sing. rég., ton, V, 386, II, n° 2.
TONA, s. f., tonne, V, 362, II, n° 2.
TONDEDOR, voyez TONDEIRE.
TONDEIRE, s. m., tondeur, V, 373, I, n° 3.
TONDRE, v., tondre, V, 372, II.
TONEDRE, voyez TRONEIRE.
TONEL, s. m., tonneau, V, 362, II, n° 3.
TONELA, s. f., tonnelle, V, 363, I, n° 4.
TONELL, voyez TONEL.
TONSURA, s. f., tonsure, V, 373, II, n° 8.
TONSURAR, v., tonsurer, V, 373, I, n° 7.
TOPAZI, s. m., topaze, V, 373, II.
TOPI, s. m., pot, V, 373, II.
TOPINA, s. f., marmite, V, 373, II, n° 2.
TOQUAR, voyez TOCAR.
TOR, s. f., tour, V, 374, I.
TOR, voyez TORN.
TORBADOR, voyez TURBAIRE.
TORBAIRE, voyez TURBAIRE.
TORBAMEN, voyez TURBAMEN.
TORBAR, voyez TURBAR.
TORBATIO, voyez TURBATIO.
TORBATION, voyez TURBATIO.
TORCAR, v., torcher, V, 374, II.
TORCHA, s. f., torche, V, 374, II.
TORCIO, s. f., torsion, V, 382, II, n° 2.
TORDOLA, s. f., tourterelle, V, 386, I, n° 3.
TOREILHAR, v., barricader, V, 374, I, n° 6.
TORIG, adj., stérile, V, 374, II.

TORMENT, s. m., tourment, V, 375, I.
TORMENTANSA, s. f., tourment, V, 375, I, n° 2.
TORMENTAR, v., tourmenter, V, 375, I, n° 3.
TORMENTILLA, s. f., tormentille, V, 375, I.
TORN, s. m., tour, V, 377, I, n° 3.
TORNA, s. f., retour, V, 377, II, n° 4.
TORNADA, s. f., ritournelle, V, 377, II, n° 7.
TORNADIS, adj., retournant, V, 377, II, n° 5.
TORNALHAR, v., tournailler, V, 376, II, n° 2.
TORNAR, v., tourner, V, 375, II.
TORNEGAR, voyez TORNEIAR.
TORNEI, s. m., tournoi, V, 378, II, n° 9.
TORNEIAMENT, s. m., tournoi, V, 379, I, n° 12.
TORNEIAR, v., tournoyer, V, 378, I, n° 8.
TORNEJAMENT, voyez TORNEIAMENT.
TORNEJAR, voyez TORNEIAR.
TORNEL, s. m., tournoi, V, 378, II, n° 10.
TORNER, voyez TORNIER.
TORNES, s. f. (lisez m.), tournois, V, 382, I.
TORNEY, voyez TORNEI.
TORNEYADOR, voyez TORNEYAIRE.
TORNEYAIRE, s. m., tournoyeur, V, 379, I, n° 11.
TORNEYAMEN, voyez TORNEIAMENT.
TORNEYAR, voyez TORNEIAR.
TORNIAR, voyez TORNEIAR.
TORNIER, adj., retrayant, V, 377, II, n° 6.
TORNIL, voyez TORNEL.
TORQUAR, voyez TORCAR.
TORRAR, v., torréfier, V, 382, I.
TORRAT, adj., tourelé, V, 374, I, n° 4.
TORRE, s. f., tour, V, 374, I, n° 2.
TORRELAT, adj., tourelé, V, 374, I, n° 5.
TORRENT, s. m., torrent, VI, 39, II.
TORRER, s. m., tourier, V, 374, I, n° 3.
TORRID, adj., torride, V, 382, I, n° 2.
TORSEDURA, s. f., tordure, V, 383, I, n° 4.
TORSEMENT, s. m., tortuosité, V, 382, II, n° 3.
TORSER, v., tordre, V, 382, I.
TORSIO, voyez TORCIO.
TORSSER, voyez TORSER.
TORT, s. m., tourd, V, 382, I.
TORT, s. m., tort, V, 383, I, n° 5.
TORTA, s. f., poussée, V, 383, II, n° 11.
TORTEL, voyez TORTELH.
TORTELH, s. m., gâteau de forme circulaire, V, 383, II, n° 12.
TORTESA, s. f., tortuosité, V, 383, II, n° 9.
TORTEZIR, v., tortiller, V, 384, I, n° 17.
TORTILLO, s. m. dim., tortillon, V, 383, II, n° 13.
TORTIS, adj., tordu, V, 384, II, n° 18.
TORTIS, s. m., torche, V, 384, II, n° 19.
TORTO, voyez TORTOS.
TORTOR, s. m., lacet, V, 383, II, n° 14.
TORTOS (lisez TORTO), s. m., bâton noueux, V, 383, II, n° 10.
TORTRE, s. f., tourterelle, V, 386, I.

TORTRET, *s. f.*, tourterelle, V, 386, I, n° 2.

TORTUGA, *s. f.*, tortue, V, 386, I. Voyez TARTUGA.

TORTUOS, *adj.*, tortueux, V, 383, I, n° 6.

TORTUOSAMENT, *adv.*, tortueusement, V, 383, I, n° 7.

TORTUOSITAT, *s. f.*, tortuosité, V, 383, I, n° 8.

TORTUOZ, voyez TORTUOS.

TORTUOZITAT, voyez TORTUOSITAT.

TORTURA, *s. f.*, torture, V, 384, I, n° 15.

TORTURIER, *adj.*, tortueux, V, 384, I, n° 16.

TOS, *pron. poss. m.*, 2ᵉ *pers.*, ton, V, 386, I.

TOS, *s. m.*, enfant, V, 387, II.

TOS, *s. f.*, toux, V, 388, II.

TOSARDA, *s. f.*, jouvencelle, V, 388, II, n° 6.

TOSCAR, *v.*, empoisonner, V, 439, I, n° 2.

TOSET, voyez TOZET.

TOSETA, voyez TOZETA.

TOSOYRA, *s. f.*, cisoire, V, 373, I, n° 4.

TOSSILHOS, *adj.*, tousseur, V, 388, II, n° 3.

TOSSIR, *v.*, tousser, V, 388, II, n° 2.

TOST, *adv.*, tôt, V, 388, II.

TOST, *adj.*, rôti, V, 389, I.

TOT, *pron. indéf. m.*, tout, V, 389, II.

TOTA, *pron. indéf. f.*, toute, V, 391, I, n° 2.

TOTALITAT, *s. f.*, totalité, V, 391, II, n° 3.

TOTSANCT, voyez TOTZSANTS.

TOTSANT, voyez TOTZSANTS.

TOTZSANTS (lisez TOTSANT), *s. f.*, Toussaint, V, 151, II, n° 14.

TOUALHON, voyez TOALHON.

TOUTA, voyez TOLTA.

TOYSO, voyez TOYSOS.

TOYSON, voyez TOIS.

TOYSOS (lisez TOYSO), voyez TOIS.

TOZA, *s. f.*, jouvencelle, V, 388, I, n° 4.

TOZAR, *s. m.*, jouvenceau, V, 388, I, n° 3.

TOZELA, *s. f.*, touselle, V, 392, I.

TOZELAN, *adj.*, de touselle, V, 392, I, n° 2.

TOZET, *s. m. dim.*, petit enfant, V, 388, I, n° 2.

TOZETA, *s. f. dim.*, fillette, V, 388, I, n° 5.

TOZOIRIER, *s. m.*, tondeur, V, 373, I, n° 6.

TOZOZA, *s. f.*, ciseau, V, 373, I, n° 5.

TRAAZO, voyez TRACIO.

TRABALH, *s. m.*, travail, V, 392, I.

TRABALHA, *s. f.*, tribulation, V, 392, II, n° 2.

TRABUC, *s. m.*, trébuchet, V, 393, I.

TRABUCABLE, *adj.*, périlleux, V, 394, I, n° 5.

TRABUCAMEN, *s. m.*, trébuchement, V, 393, II, n° 3.

TRABUCANSA, *s. f.*, renversement, V, 394, II, n° 7.

TRABUCAR, *v.*, renverser, V, 394, I, n° 6.

TRABUCHAR, voyez TRABUCAR.

TRABUCHARIA, *s. f.*, trébuchement, V, 393, II, n° 4.

TRABUG, *s. m.*, tribut, V, 421, I, n° 2.
TRABUQUET, *s. m. dim.*, trébuchet, V, 393, II, n° 2.
TRABUS, voyez TRABUG.
TRACHAR, *v.*, trahir, V, 398, I, n° 10.
TRACHEA, *s. f.*, trachée, V, 394, II.
TRACHEIRITZ, *s. f.*, traîtresse, V, 397, II, n° 8.
TRACHER, *s. m.*, traître, V, 397, II, n° 7.
TRACHOR, voyez TRACHER.
TRACHORESSA, voyez TRACHEIRITZ.
TRACIO, *s. f.*, trahison, V, 397, I, n° 4.
TRACTABLE, *adj.*, traitable, V, 395, II, n° 6.
TRACTADOR, voyez TRACTAYRE.
TRACTAMEN, voyez TRACTAMENT.
TRACTAMENT, *s. m.*, traité, V, 395, II, n° 5.
TRACTAR, *v.*, traiter, V, 394, II.
TRACTAT, *s. m.*, traité, V, 395, I, n° 2.
TRACTAYRE, *s. m.*, négociateur, V, 395, II, n° 3.
TRACTAYRITZ, *s. f.*, négociatrice, V, 395, II, n° 4.
TRADAR, *v.*, livrer, V, 398, I, n° 9.
TRADIMEN, *s. m.*, trahison, V, 397, I, n° 3.
TRADIMENT, voyez TRADIMEN.
TRADITION, *s. f.*, tradition, V, 396, II, n° 2.
TRADUCTIO, *s. f.*, traduction, III, 86, I, n° 37.
TRAFEC, *s. m.*, trafic, V, 396, I.
TRAFEGUADOR, voyez TRAFEGUAIRE.
TRAFEGUAIRE, *s. m.*, trafiquant, V, 396, I, n° 2.
TRAFEGUIER, *s. m.*, trafiqueur, V, 396, II, n° 3.
TRAFEY, voyez TRAFEC.
TRAG, voyez TRAIT.
TRAGINA, voyez TRAINA.
TRAGIR, *v.*, tirer, V, 401, I, n° 12.
TRAGITAR, voyez TRASGITAR.
TRAH, voyez TRAIT.
TRAHI, *s. m.*, train, V, 398, I, n° 2.
TRAHIDOR, voyez TRAHIRE.
TRAHIR, *v.*, trahir, III, 396, II.
TRAHIRE, *s. m.*, traître, V, 397, I, n° 6.
TRAHUT, voyez TRABUG.
TRAHUT, voyez TRAUT.
TRAI, voyez TRAIT.
TRAIA, *s. f.*, armure, V, 398, I.
TRAICIO, voyez TRACIO.
TRAIDOR, voyez TRAHIRE.
TRAIMEN, voyez TRADIMEN.
TRAINA, *s. f.*, confusion, V, 398, II, n° 3.
TRAINAR, *v.*, traîner, V, 398, I.
TRAINIER, *adj.*, traînant, V, 398, II, n° 4.
TRAIR, voyez TRAHIR.
TRAIRE, *v.*, tirer, V, 398, II.
TRAIRE, voyez TRAHIRE.
TRAISSA, *s. f.*, queste, V, 401, I, n° 10.
TRAISSA, *s. f.*, traîne, V, 401, I, n° 11.
TRAIT, *s. m.*, trait, V, 400, I, n° 2.
TRAITITZ, *adj.*, bien fait, V, 406, I.
TRAITOR, voyez TRAHIRE.
TRAITURA, *s. f.*, longueur, V, 401, I, n° 9.
TRALH, *s. m.*, traîne, V, 400, II, n° 3.
TRAMA, *s. f.*, trame, V, 406, I.

TRAMEIAR, *v.*, remuer comme la trémie, V, 415, II, n° 2.

TRAMEJAR, voyez TRAMEIAR.

TRAMES, *s. m.*, cours d'eau, IV, 230, I, n° 50.

TRAMETRE, *v.*, transmettre, IV, 230, I, n° 49.

TRAMONT, voyez TRASMON.

TRAMONTANA, voyez TRASMONTANA.

TRANQUILITAT, voyez TRANQUILLITAT.

TRANQUILLITAT, *s. f.*, tranquillité, V, 406, I.

TRANSACTIO, *s. f.*, transaction, II, 22, II, n° 16.

TRANSCENDEN, voyez TRANSCENDENT.

TRANSCENDENT, *adj.*, transcendant, II, 132, I, n° 10.

TRANSCRIRE, voyez TRANSCRIURE.

TRANSCRIURE, *v.*, transcrire, III, 160, I, n° 19.

TRANSEUMPTIVAMEN, voyez TRANSITIVAMEN.

TRANSFIGAR, *v.*, transpercer, III, 322, I, n° 17.

TRANSFIGURAR, *v.*, transfigurer, III, 324, I, n° 10.

TRANSFIGURATIO, *s. f.*, transfiguration, III, 324, I, n° 9.

TRANSFIGURATION, voyez TRANSFIGURATIO.

TRANSFORAR, *v.*, transpercer, III, 369, II, n° 6.

TRANSFORMAR, *v.*, transformer, III, 367, II, n° 25.

TRANSFORMATIO, *s. f.*, transformation, III, 367, II, n° 33.

TRANSFORMATIU, *adj.*, transformatif, III, 367, II, n° 24.

TRANSGLOTIR, *v.*, engloutir, III, 479, I, n° 13.

TRANSGLUTIR, voyez TRANSGLOTIR.

TRANSGRESSIO, *s. f.*, transgression, III, 490, I, n° 13.

TRANSGRESSOR, *s. m.*, transgresseur, III, 490, I, n° 14.

TRANSITIO, *s. f.*, transition, III, 573, I, n° 22.

TRANSITIU, *adj.*, transitif, III, 573, I, n° 20.

TRANSITIVAMEN, *adv.*, transitivement, III, 573, I, n° 21.

TRANSITORI, *adj.*, transitoire, III, 573, I, n° 19.

TRANSJECTIO, *s. f.*, transposition, III, 471, II, n° 15.

TRANSLATAR, *v.*, translater, II, 17, I, n° 22.

TRANSLATIO, *s. f.*, translation, II, 16, II, n° 21.

TRANSLUCHURA, *s. f.*, crevasse, IV, 110, II, n° 22.

TRANSLUTZ, *s. m.*, transparence, IV, 110, II, n° 21.

TRANSMUDABLE, *adj.*, transmutable, IV, 284, II, n° 25.

TRANSMUDAMEN, *s. m.*, transformation, IV, 284, II, n° 24.

TRANSMUDAR, *v.*, transmuer, IV, 284, I, n° 22.

TRANSMUTATIO, *s. f.*, transformation, IV, 284, I, n° 23.

TRANSNOMINATIO, *s. f.*, transnomination, IV, 323, II, n° 28.

TRANSPAREN, voyez TRANSPARENT.
TRANSPARENCIA, *s. f.*, transparence, IV, 429, II, n° 13.
TRANSPARENT, *adj.*, transparent, IV, 429, II, n° 12.
TRANSPLANTACIO, *s. f.*, transplantation, IV, 557, I, n° 16.
TRANSPLANTAR, *v.*, transplanter, IV, 557, I, n° 15.
TRANSPORT, *s. m.*, transport, IV, 609, II, n° 33.
TRANSPORTACIO, *s. f.*, translation, IV, 609, II, n° 35.
TRANSPORTAMEN, *s. m.*, translation, IV, 609, II, n° 34.
TRANSPORTAR, *v.*, transporter, IV, 609, I, n° 32.
TRANSPORTATIO, voyez TRANSPORTACIO.
TRANSPOSITIO, voyez TRANSPOZITIO.
TRANSPOZITIO, *s. f.*, transposition, IV, 615, I, n° 46.
TRANSSUMPTIVAMENT, *adv.*, métalepsivement, V, 262, I, n° 8.
TRANSSUSTANCIAR, *v.*, transsubstantier, III, 211, II, n° 59.
TRANSUMPCIO, *s. f.*, métalepse, V, 261, II, n° 7.
TRANSUMPTIO, voyez TRANSUMPCIO.
TRANSVERS, voyez TRAVERS.
TRANTOL, *s. m.*, balancement, V, 406, I.
TRAP, *s. m.*, tente, V, 406, II.
TRAPA, *s. f.*, trappe, V, 406, II.
TRAPASSAR, voyez TRASPASSAR.
TRAPEI, voyez TREPEL.
TRAPELA, *s. f.*, tente, V, 406, II, n° 3.
TRAPENAR, *v.*, s'évanouir, V, 407, I.
TRAS, *s. m.*, trace, V, 407, I.

TRAS, *prép.*, derrière, V, 407, II.
TRASANNAT, *adj.*, très vieux, II, 76, n° 7.
TRASAUTAR, *v.*, sauter outre, V, 143, II, n° 16.
TRASBUCAMEN, voyez TRABUCAMEN.
TRASBUCHAR, voyez TRABUCAR.
TRASCAMBADA, *s. f.*, enjambée, II, 298, II, n° 6.
TRASCENHER, *v.*, ceindre, II, 377, I, n° 13.
TRASCOLAR, *v.*, filtrer, VI, 11, I, n° 7.
TRASCUIAR, *v.*, être plein d'assurance, II, 431, I, n° 13.
TRASCUJAR, voyez TRASCUIAR.
TRASDOSSA, *s. f.*, endosse, III, 75, II, n° 5.
TRASFIGURAR, voyez TRANSFIGURAR.
TRASFORAR, voyez TRANSFORAR.
TRASGIET, *s. m.*, batelage, III, 471, II, n° 12.
TRASGITADOR, voyez TRASGITAIRE.
TRASGITAIRE, *s. m.*, bateleur, III, 471, II, n° 14.
TRASGITAMENT, *s. m.*, batelage, III, 471, II, n° 13.
TRASGITAR, *v.*, bateler, III, 471, I, n° 11.
TRASGRESSIO, voyez TRANSGRESSIO.
TRASLAT, *s. m.*, copie, II, 17, I, n° 23.
TRASLUZER, *v.*, être transparent, IV, 110, II, n° 23.
TRASLUZIR, voyez TRASLUZER.
TRASMELIAR, *v.*, troubler, V, 408, I, n° 4.
TRASMON, *adj.*, tramontain, IV, 261, I, n° 25.

TRASMONTANA, s. f., tramontane, IV, 261, I, n° 24.
TRASMUDABLE, voyez TRANSMUDABLE.
TRASMUDAMEN, voyez TRANSMUDAMEN.
TRASMUDAR, voyez TRANSMUDAR.
TRASMUTACIO, voyez TRANSMUTACIO.
TRASNUCHAR, voyez TRASNUECHAR.
TRASNUECHAR, v., veiller, IV, 319, II, n° 17.
TRASPAS, s. m., trépas, IV, 444, I, n° 14.
TRASPASSADOR, voyez TRASPASSAIRE.
TRASPASSAIRE, s. m., transgresseur, IV, 444, II, n° 17.
TRASPASSAR, v., dépasser, IV, 444, II, n° 18.
TRASPORTAMEN, voyez TRANSPORTAMEN.
TRASPORTAR, voyez TRANSPORTAR.
TRASSA, s. f., trace, V, 407, I, n° 2.
TRASSA, voyez TRAISSA.
TRASSAILLIR, voyez TRASSALHIR.
TRASSALHIR, v., transgresser, V, 142, II, n° 15.
TRASSIO, voyez TRACIO.
TRASSUAR, voyez TRASSUZAR.
TRASSUZAR, v., transsuder, V, 290, II, n° 5.
TRASTOLRE, v., transporter, V, 370, II, n° 9.
TRASTOMBA, s. f., détour, V, 372, I, n° 7.
TRASTOMBAR, v., culbuter, V, 372, I, n° 6.
TRASTORNAMENT, s. m., renversement, V, 381, II, n° 25.
TRASTORNAR, v., renverser, V, 381, I, n° 24.

v.

TRASTOT, pron. indéf. m., tout, V, 391, II, n° 4.
TRASTOTA, pron. indéf. f., toute, V, 392, I, n° 5.
TRASTUICH, voyez TRASTOT.
TRASTUIT, voyez TRASTOT.
TRASTUT, voyez TRASTOT.
TRASVAZER, v., passer outre, V, 474, I, n° 13.
TRAU, s. m. et f., poutre, V, 408, I.
TRAU, voyez TRAUT.
TRAUC, s. m., trou, V, 408, II.
TRAUCABLE, adj., incisif, V, 409, I, n° 3.
TRAUCAR, v., trouer, V, 409, I, n° 2.
TRAUQUAR, voyez TRAUCAR.
TRAUQUILHAR, v., percer de trous, V, 409, I, n° 5.
TRAUQUILOS, adj., plein de trous, V, 409, I, n° 4.
TRAUT, s. m., embarras, V, 408, I, n° 3.
TRAUT, voyez TRABUG.
TRAVAR, v., entraver, V, 408, I, n° 2.
TRAVEL, s. m., tarière, V, 409, I, n° 6.
TRAVELHAR, v., transpercer, V, 409, I, n° 7.
TRAVERS, adj., transversal, V, 524, II, n° 56.
TRAVERSA, s. f., traverse, V, 525, I, n° 57.
TRAVERSAR, v., traverser, V, 525, II, n° 59.
TRAVERSIER, adj., traversier, V, 525, II, n° 58.
TRAYDOR, s. m., avaloir, V, 400, II, n° 6.

TRAYDOR, voyez TRAHIRE.
TRAYR, voyez TRAHIR.
TRAYTA, *s. f.*, traite, V, 400, II, n° 4.
TRAYTOR, voyez TRAHIRE.
TRAZACHEIR, *adj.*, prolongé, V, 401, I, n° 8.
TRAZAG, *s. m.*, arrangement, V, 400, II, n° 5.
TRAZEMENT, *s. m.*, tirement, V, 400, II, n° 7.
TREBAILHAR, voyez TREBALHAR.
TREBAILL, voyez TRABALH.
TREBALAR, voyez TREBALHAR.
TREBALH, voyez TRABALH.
TREBALHA, voyez TRABALHA.
TREBALHAMEN, *s. m.*, tourment, V, 392, II, n° 3.
TREBALHAR, *v.*, tourmenter, V, 393, I, n° 6.
TREBALHIER, *adj.*, tracassier, V, 393, I, n° 5.
TREBALHOS, *adj.*, turbulent, V, 392, II, n° 4.
TREBALIOS, voyez TREBALHOS.
TREBLAR, *v.*, troubler, V, 440, I, n° 7.
TREBLE, *adj.*, trouble, V, 440, II, n° 11.
TREBOL, *adj.*, trouble, V, 440, II, n° 10.
TREBOLAMENT, voyez TREBALHAMEN.
  (TREBOLAMENT a été mal à propos réuni à TREBALHAMEN, venant de TREBALH, il devrait se trouver parmi les mots dérivés de TURBA.)
TREBOLAR, *v.*, troubler, V, 440, II, n° 12.
TREBUCAR, voyez TRABUCAR.
TREBUCHAR, voyez TRABUCAR.

TREBULACIO, *s. f.*, tribulation, V, 440, I, n° 8.
TREBUQUAR, voyez TRABUCAR.
TREBUT, voyez TRIBUT.
TREFA, voyez TREFAS.
TREFAN, voyez TREFAS.
TREFANAR, *v.*, railler, V, 409, II, n° 4.
TREFANET, *adj. dim.*, imposteur, V, 409, II, n° 2.
TREFART, *adj.*, trompeur, V, 409, II, n° 3.
TREFAS (lisez TREFAN), *adj.*, trompeur, V, 409, I.
TREFORSAR, *v.*, renforcer, III, 379, I, n° 41.
TREFUEIL, *s. m.*, trèfle, V, 413, II, n° 28.
TREGA, *s. f.*, trêve, V, 409, II.
TREGAN, *s. m.*, goujon, V, 410, I.
TREGUA, voyez TREGA.
TREI, *adj. num. m.*, trois, V, 410, I.
TREILLA, *s. f.*, treille, V, 413, II.
TREILLAR, *v.*, s'étendre comme la treille, V, 414, I, n° 2.
TREIZEN, voyez TREZEN.
TRELHA, voyez TREILLA.
TRELHIER, *s. m.*, treillageur, V, 414, I, n° 3.
TREMBLAR, *v.*, trembler, V, 415, I, n° 10.
TREMBLE, *s. m.*, tremble, V, 414, II, n° 6.
TREMIR, *v.*, trembler, V, 414, I.
TREMOL, *s. m.*, tremblement, V, 414, II, n° 3.
TREMOL, *s. m.*, tremble, V, 414, II, n° 4.

TREMOLA, s. f., tremble, V, 414, II, n° 5.

TREMOLAMENT, s. m., tremblement, V, 415, I, n° 8.

TREMOLAR, v., trembler, V, 414, II, n° 7.

TREMONTANA, voyez TRASMONTANA.

TREMOR, s. f., tremblement, V, 414, I, n° 2.

TREMPAR, voyez TEMPRAR.

TREMUEIA, s. f., trémie, V, 415, I.

TREMUEJA, voyez TREMUEIA.

TREMULOS, adj., tremblant, V, 415, I, n° 9.

TRENA, s. f., tresse, V, 415, II.

TRENCADA, s. f., tranchée, V, 416, II, n° 2.

TRENCADOR, s. m., trancheur, V, 417, I, n° 8.

TRENCADURA, s. f., coupure, V, 416, II, n° 3.

TRENCAIRE, voyez TRENCADOR.

TRENCAMEN, s. m., taille, V, 416, II, n° 4.

TRENCAR, v., trancher, V, 415, II.

TRENCASON, s. f., brisure, V, 417, I, n° 7.

TRENCHAR, voyez TRENCAR.

TRENCHET, s. m., tranchant, V, 417, I, n° 5.

TRENQUEMEN, voyez TRENCAMEN.

TRENSO, s. m., tranchoir, V, 417, I, n° 6.

TRENSON, voyez TRENSO.

TRENSON, voyez TRONSO.

TRENTA, adj. num., trente, V, 413, I, n° 18.

TRENTANARI, s. m., trentenaire, V, 413, I, n° 20.

TRENTANIER, s. m., trentaine, V, 413, I, n° 21.

TRENTEN, s. m., trentième, V, 413, I, n° 22.

TRENTENAR, s. m., trentenaire, V, 413, I, n° 19.

TREP, s. m., danse, V, 417, II, n° 2.

TREP, voyez TRIP.

TREPADOR, s. m., endroit foulé par les pieds, V, 418, I, n° 3.

TREPAR, v., trépigner, V, 417, II.

TREPEIAR, voyez TREPEJAR.

TREPEJAR, v., trépigner, V, 418, I, n° 4.

TREPEL, s. m., tourment, V, 418, I.

TREPEL, voyez TROPEL.

TREPELH, voyez TREPEL.

TREPIAR, v., trépigner, IV, 472, II, n° 15.

TRES, adj. num., trois, V, 410, II, n° 2.

TRES, voyez TREI.

TRESC, s. m., branle, V, 418, II, n° 3.

TRESCA, s. f., danse, V, 418, II, n° 2.

TRESCAR, v., danser, V, 418, I.

TRESENT, s. m., trois cents, V, 413, II, n° 25.

TRESIER, adv., le jour d'avant-hier, V, 413, II, n° 29.

TRESLHIR, v., mailler, V, 419, I, n° 6.

TRESLIR, voyez TRESLHIR.

TRESOL, voyez TERSOL.

TRESPAS, voyez TRASPAS.

TRESPASSAMEN, s. m., trajet, IV, 444, I, n° 16.

TRESPASSAMENT, voyez TRESPASSAMEN.
TRESPASSAR, voyez TRASPASSAR.
TRESPASSATGE, *s. m.*, passage, IV, 444, I, n° 15.
TRESSA, *s. f.*, tresse, V, 419, I.
TRESSAILLIR, voyez TRASSALHIR.
TRESSALHIR, voyez TRASSALHIR.
TRESSAR, *v.*, tresser, V, 419, I, n° 2.
TRESSIMAR, *v.*, entrelacer, II, 396, I, n° 6.
TRESSURAR, *v.*, ployer, V, 419, I, n° 3.
TRESTACIO, voyez TRESTACIOS.
TRESTACIOS (lisez TRESTACIO), *s. f.*, scélératesse, V, 397, I, n° 5.
TRESVAZER, voyez TRASVAZER.
TRETZE, *adj.*, treizième, V, 413, II, n° 27.
TREU, voyez TRABUG.
TREV, voyez TREGA.
TREVA, voyez TREGA.
TREVAR, *v.*, avoir trêve, V, 410, I, n° 2.
TREY, voyez TREI.
TREZA, voyez TRESSA.
TREZEN, *adj.*, treizième, V, 413, II, n° 26.
TRIA, *s. f.*, triage, V, 419, II, n° 2.
TRIACLA, voyez TIRIACA.
TRIADOR, voyez TRIAIRE.
TRIAIRE, *s. m.*, appréciateur, V, 420, I, n° 4.
TRIANGLE, *s. m.*, triangle, II, 86, I, n° 6.
TRIANGULAR, *adj.*, triangulaire, II, 86, I, n° 7.
TRIANGULAT, *adj.*, triangulaire, II, 86, II, n° 8.
TRIANZA, *s. f.*, triage, V, 420, I, n° 3.

TRIAR, *v.*, trier, V, 419, I.
TRIBO, *s. m.*, trépan, V, 420, II.
TRIBOL, *s. m.*, trouble, V, 440, II, n° 9.
TRIBOLACIO, voyez TREBULACIO.
TRIBOLAR, voyez TREBOLAR.
TRIBU, voyez TRIBUN.
TRIBUG, voyez TRIBUT.
TRIBULATIO, voyez TREBULACIO.
TRIBULOS, *adj.*, troublé, V, 441, I, n° 13.
TRIBUN, *s. m.*, tribun, V, 420, II.
TRIBUNAL, *s. m.*, tribunal, V, 420, II, n° 2.
TRIBUT, *s. m.*, tribut, V, 420, II.
TRIBUTARI, *adj.*, tributaire, V, 421, I, n° 3.
TRIC, *s. m.*, tricherie, V, 422, I.
TRICHADOR, voyez TRICHAIRE.
TRICHAIRE, *s. m.*, tricheur, V, 422, II, n° 4.
TRICHAIRITZ, *s. f.*, tricheuse, V, 423, I, n° 5.
TRICHAMEN, *s. m.*, tricherie, V, 422, II, n° 3.
TRICHAR, *v.*, tricher, V, 423, I, n° 6.
TRICHARIA, *s. f.*, tricherie, V, 422, II, n° 2.
TRIDA, *s. f.*, triture, V, 425, II, n° 4.
TRIEU, *adj.*, triple, V, 412, II, n° 17.
TRIEU, *s. m.*, trace, V, 423, I.
TRIGA, *s. f.*, retard, V, 423, II.
TRIGA, voyez TIGRA.
TRIGAL, *adj.*, trige, V, 413, II, n° 30.
TRIGAR, *v.*, tarder, V, 423, II, n° 3.
TRIGOR, *s. f.*, retard, V, 423, II, n° 2.

TRIGUA, voyez TRIGA.
TRILLA, voyez TREILLA.
TRILLAR, v., fouler, V, 425, I.
TRIN, adj., triple, V, 412, II, n° 15.
TRINABLE, adj., triple, V, 412, II, n° 16.
TRINHO, s. m., carillon, V, 426, I.
TRINIT, voyez TRINITZ.
TRINITAT, s. f., Trinité, V, 412, II, n° 13.
TRINITZ (lisez TRINIT), s. f. (lisez m.), Trinité, V, 412, II, n° 14.
TRINQUAR, voyez TRENCAR.
TRIOMFAR, v., triompher, V, 426, II, n° 2.
TRIOMFE, s. m., triomphe, V, 426, II.
TRIP, s. m., tribu, V, 426, II.
TRIPARTIR, v., tripartir, IV, 440, II, n° 44.
TRIPLAR, v., tripler, V, 413, I, n° 24.
TRIPLICITAT, s. f., triplicité, V, 413, I, n° 23.
TRISAR, v., piler, V, 425, II, n° 3.
TRISSAR, voyez TRISAR.
TRIST, adj., triste, V, 426, II.
TRISTAR, v., attrister, V, 427, I, n° 4.
TRISTE, voyez TRIST.
TRISTESSA, voyez TRISTICIA.
TRISTICIA, s. f., tristesse, V, 427, I, n° 3.
TRISTOR, s. f., tristesse, V, 427, I, n° 2.
TRIT, adj., trituré, V, 425, I, n° 2.
TRITIC, adj., de froment, V, 427, II, n° 2.
TRITICO, s. m., triticum, V, 427, II.
TRIUMPHAMMENT, adv., triomphalement, V, 426, II, n° 3.

TRO, prép., jusque, V, 427, II.
TRO, s. m., trône, V, 428, I.
TRO, voyez TRON.
TROBA, s. f., invention, V, 428, II, n° 2.
TROBADOR, voyez TROBAIRE.
TROBAIRE, s. m., trouveur, V, 429, I, n° 3.
TROBAR, v., trouver, V, 428, I.
TROBAYRE, voyez TROBAIRE.
TROBLE, voyez TREBLE.
TROCHA, s. f., loche, V, 429, II.
TROCHIA, voyez TROCHA.
TROILL, s. m., treuil, V, 430, I.
TROLH, voyez TROILL.
TROLHADA, s. f., pression, VI, 39, II, n° 1 bis.
TROMBA, voyez TROMPA.
TROMPA, s. f., trompe, V, 430, I.
TROMPADOR, s. m., trompeteur, V, 430, II, n° 2.
TROMPAIRE, voyez TROMPADOR.
TROMPAR, v., trompeter, V, 430, II, n° 4.
TROMPETA, s. m., trompette, V, 430, II, n° 3.
TRON, s. m., tonnerre, V, 430, II.
TRON, voyez TRO.
TRONADURA, s. f., stalle, V, 428, I, n° 2.
TRONAR, v., tonner, V, 431, I, n° 3.
TRONC, s. m., tronc, V, 431, I.
TRONCAR, v., tronquer, V, 431, II, n° 3.
TRONCHO, voyez TRONSO.
TRONEIRE, s. m., tonnerre, V, 431, I, n° 2.

TRONEYRE, voyez TRONEIRE.
TRONSO, s. m., tronçon, V, 431, II, n° 2.
TROP, s. m., troupeau, V, 432, I.
TROP, adv. de quantité, beaucoup, V, 432, II, n° 5.
TROPEILL, voyez TROPEL.
TROPEL, s. m., troupeau, V, 432, I, n° 2.
TROPELET, s. m. dim., troupelet, V, 432, II, n° 3.
TROPEU, voyez TROPEUS.
TROPEUS (lisez TROPEU), voyez TROPEL.
TROPIC, s. m., tropique, V, 433, I.
TROPOLOGIA, s. f., tropologie, V, 433, I, n° 6.
TROS, s. m., morceau, V, 433, II.
TROSAR, v., casser, V, 433, II, n° 3.
TROSAR, voyez TROSSAR.
TROSCI, s. m., trochisque, V, 433, II, n° 2.
TROSSA, s. f., trousse, V, 434, I.
TROSSAR, v., trousser, V, 434, I, n° 3.
TROSSEL, s. m., trousseau, V, 434, I, n° 2.
TROT, s. m., trot, V, 434, II.
TROTADOR, voyez TROTAIRE.
TROTAIRE, s. m., trotteur, V, 434, II, n° 2.
TROTAR, v., trotter, V, 435, I, n° 4.
TROTIER, adj., trotteur, V, 435, I, n° 3.
TROVA, voyez TROBA.
TRUAN, adj., truand, V, 435, I.
TRUANDAR, v., truander, V, 435, II, n° 3.
TRUANDARIA, voyez TRUANDIA.
TRUANDIA, s. f., truanderie, V, 435, II, n° 2.
TRUC, s. m., choc, V, 436, I.
TRUEIA, s. f., truie, V, 436, I.
TRUEILL, voyez TROILL.
TRUELH, s. m., truau, V, 436, II.
TRUELLA, s. f., malice, V, 436, II, n° 2.
TRUEYLL, voyez TROILL.
TRUFA, s. f., truffe, V, 436, II.
TRUFA, s. f., raillerie, V, 436, II.
TRUFADOR, voyez TRUFAIRE.
TRUFAIRE, s. m., railleur, V, 437, I, n° 2.
TRUFAN, adj., railleur, V, 437, II, n° 5.
TRUFAR, v., railler, V, 437, I, n° 4.
TRUFAREL, s. m., railleur, V, 437, I, n° 3.
TRUIGA, voyez TRUEIA.
TRUISSAR, voyez TRISAR.
TRULHAR, v., presser, V, 430, I, n° 2.
TRUMOR, s. f., tumeur, V, 437, II.
TRUMPADOR, voyez TROMPADOR.
TRUMPAR, voyez TROMPAR.
TRUOIA, voyez TRUEIA.
TRUSAR, voyez TRISAR.
TU, pron. pers. m. et f., 2ᵉ pers. sing., tu, V, 437, II.
TUA, voyez TIA.
TUADOR, voyez TUAIRE.
TUAIRE, s. m., tuteur, V, 443, I, n° 3.
TUAR, v., tuer, V, 438, I.
TUARIA, s. f., tuerie, V, 438, II, n° 2.
TUBA, s. f., trompette, V, 438, II.
TUDAR, v., éteindre, V, 438, II, n° 3.
TUDEL, s. m., tuyau, V, 438, II.

TUEISSEC, s. m., poison, V, 438, II.
TUEYSEC, voyez TUEISSEC.
TUG, voyez TOT.
TUIADAMEN, adv., pertinemment, V, 439, I.
TUIADAMENS, voyez TUIADAMEN.
TUICH, voyez TOT.
TUICIO, s. f., tuition, V, 443, II, n° 6.
TUIT, voyez TOT.
TUM, voyez TOM.
TUMULT, s. m., tumulte, V, 439, I.
TUNBADOR, voyez TOMBAIRE.
TUNICA, s. f., tunique, V, 439, I.
TURBA, s. f., attroupement, V, 439, II.
TURBAIRE, s. m., perturbateur, V, 440, I, n° 6.
TURBAMEN, s. m., trouble, V, 439, II, n° 3.
TURBAR, v., troubler, V, 439, II, n° 2.
TURBATIO, s. f., agitation, V, 440, I, n° 4.
TURBOLENT, voyez TURBULENT.
TURBULENT, adj., turbulent, V, 440, I, n° 5.
TURG, adj., stérile, V, 375, I, n° 2.
TURMA, s. f., foule, V, 442, II.
TURMEN, voyez TORMENT.

TURMENTAR, voyez TORMENTAR.
TURQUE, adj., turquois, V, 442, II.
TURQUESA, s. f., turquoise, V, 442, II.
TURQUEZA, voyez TURQUESA.
TURTAR, v., heurter, V, 442, II.
TUST, s. m., heurt, V, 443, I, n° 2.
TUSTADA, s. f., heurt, V, 443, I, n° 3.
TUSTAR, voyez TURTAR.
TUTELA, s. f., tutelle, V, 443, II, n° 5.
TUTOR, s. m., tuteur, V, 443, I.
TUTORATGE, s. m., tutelle, V, 443, II, n° 4.
TUTRIX, s. f., tutrice, V, 443, I, n° 2.
TUT, voyez TOT.
TUZO, voyez TIZO.
TUZONAR, voyez TIZONAR.
TYBIA, voyez TIBIA.
TYGRE, voyez TIGRE.
TYINE, voyez THINE.
TYMIAMA, voyez THIMIAMA.
TYNA, voyez TINA.
TYRAN, voyez TIRAN.
TYRANNIA, voyez TIRANNIA.
TYRIACA, voyez TIRIACA.
TYSIA, voyez TIZIA.
TYZANA, voyez TIZANA.

U

U, s. m., u, V, 443, I.
U, voyez UN et UNS.
UBERTURA, s. f., ouverture, II, 103, II, n° 7.
UBRIMENT, voyez OBRIMENT.
UBRIR, voyez OBRIR.
UC, s. m., huchet, V, 444, I, n° 2.

UCA, s. f., crieur, V, 444, I, n° 3.
UCAR, v., hucher, V, 443, I.
UCHAIZO, voyez OCCASIO.
UCHAR, voyez UCAR.
UCHEN, voyez OCHEN.
UCHENA, s. f., huitaine, IV, 364, II, n° 3.

UCTAVA, voyez OCTAVA.

UDOLAMENT, *s. m.*, hurlement, V, 445, II, n° 3.

UDOLAR, *v.*, hurler, V, 445, II, n° 2.

UEIS, voyez US.

UEIT, voyez OIT.

UELH, voyez OLH.

UELL, voyez OLH.

UEU, voyez OV.

UEY, voyez HOI.

UFANA, *s. f.*, arrogance, V, 444, II, n° 3.

UFANARIA, *s. f.*, suffisance, V, 444, II, n° 4.

UFANES, *adj.*, fanfaron, V, 444, I.

UFANESC, *s. m.*, orgueil, V, 444, II, n° 5.

UFANESCA, *s. f.*, suffisance, V, 445, I, n° 6.

UFANIER, *adj.*, fanfaron, V, 444, II, n° 2.

UFEC, *adj.*, arrogant, V, 445, I, n° 7.

UFERTA, voyez OFFERTA.

UFFICIALIER, *s. m.*, fonctionnaire, III, 269, II, n° 48.

UFICIAL, voyez OFFICIAL.

UFLAR, voyez ENFLAR.

UFRENDA, voyez OFFERENDA.

UFRENNA, *s. f.*, offrande, IV, 363, I, n° 5.

UFRIR, voyez OFFRIR.

UFRUNA, *s. f.*, déplaisir, III, 97, II, n° 2.

UGAN, voyez OGAN.

UIGNO, voyez IGNON.

UIGNON, voyez IGNON.

UILL, voyez OLH.

UIS, voyez US.

ULCERACIO, *s. f.*, ulcération, V, 445, I, n° 2.

ULCERAR, *v.*, ulcérer, V, 445, I, n° 3.

ULCERATIU, *adj.*, ulcératif, V, 445, I, n° 5.

ULCEROS, *adj.*, ulcéreux, V, 445, I, n° 4.

ULCUS, *s. m.*, ulcère, V, 445, I.

ULH, voyez OLH.

ULHAL, *s. m.*, visière, IV, 367, II, n° 3.

ULLULAR, voyez ULULAR.

ULTIM, *adj.*, dernier, V, 445, I.

ULTIMAR, *v.*, mettre à fin, V, 445, II, n° 2.

ULTRA, *prép.*, outre, VI, 33, II, n° 2.

ULTRACUIAR, voyez ULTRACUIDAR.

ULTRACUIDAR, *v.*, extravaguer, II, 431, I, n° 15.

ULTRAMARI, *adj.*, outre-marin, VI, 29, II, n° 7 *bis*.

ULTRANSA, *s. f.*, outrance, VI, 34, I, n° 4.

ULTRAR, *v.*, outrer, VI, 34, I, n° 3.

ULULAR, *v.*, hurler, V, 445, II.

UMAN, voyez HUMAN.

UMANAL, voyez HUMANAL.

UMANITAT, voyez HUMANITAT.

UMBELIC, voyez OMBELIC.

UMBRA, voyez OMBRA.

UMBRILH, *s. m.*, nombril, VI, 3, I, n° 2.

UMBRIU, voyez OMBRIU.

UMBROS, *adj.*, ombreux, VI, 31, II, n° 4 *bis*.
UMBROZ, voyez UMBROS.
UMILIAR, voyez HUMILIAR.
UMILITAT, voyez HUMILITAT.
UMOR, voyez HUMOR.
UMPLIR, voyez EMPLIR.
UN, *adj. num. m. sing. rég.*, un, V, 446, I.
UN, *adj. num. m. pl. suj.*, uns, V, 447, I, n° 2.
UNA, *adj. num. f. sing.*, une, V, 446, I.
UNADAMEN, *adv.*, uniquement, V, 448, I, n° 5.
UNAMENT, *adv.*, uniquement, V, 447, II, n° 4.
UNANIMITAT, *s. f.*, unanimité, V, 448, I, n° 6.
UNAS, *adj. num. f. pl.*, unes, V, 447, I.
UNCTIO, *s. f.*, onction, IV, 373, II, n° 7.
UNCTIU, *adj.*, onctif, VI, 32, II, n° 9.
UNCTUOS, *adj.*, onctueux, VI, 32, II, n° 8.
UNCTUOZ, voyez UNCTUOS.
UNCTUOZITAT, *s. f.*, onctuosité, VI, 32, II, n° 10.
UNDA, voyez ONDA.
UNDANSA, voyez ONDANSA.
UNDOS, *adj.*, ondeux, VI, 32, I, n° 7 *bis*.
UNENC, *adj.*, uni, V, 449, I, n° 15.
UNGLA, voyez ONGLA.
UNGNIMENT, voyez ONGEMEN.
UNGUENTARI, *adj.*, onguentaire, VI, 32, II, n° 5 *bis*.

UNIAL, *adj.*, unique, V, 448, II, n° 11.
UNIBLE, *adj.*, unible, V, 449, I, n° 13.
UNICORN, *adj.*, unicorne, VI, 12, I, n° 8 *bis*.
UNIFORMITAT, *s. f.*, uniformité, III, 368, I, n° 26.
UNIO, *s. f.*, union, V, 448, II, n° 10.
UNION, voyez UNIO.
UNIR, *v.*, unir, V, 449, I, n° 14.
UNITAT, *s. f.*, unité, V, 447, II, n° 3.
UNITIU, *adj.*, unitif, V, 448, II, n° 12.
UNIVERSAL, *adj.*, universel, V, 448, I, n° 8.
UNIVERSALMEN, voyez UNIVERSALMENT.
UNIVERSALMENT, *adv.*, universellement, V, 448, I, n° 9.
UNIVERSITAD, voyez UNIVERSITAT.
UNIVERSITAT, *s. f.*, universalité, V, 448, I, n° 7.
UNS, *adj. num. m. sing. suj.*, un, V, 446, I.
UNS, *adj. num. m. pl. rég.*, uns, V, 447, I.
UNTAR, *v.*, oindre, IV, 373, I, n° 3.
UOI, voyez HOI.
UOV, voyez OV.
UPA, *s. f.*, puput, V, 450, I.
UPAR, *v.*, déclamer, V, 450, II.
UPEGA, voyez UPA.
UPEL, *s. m. dim.*, huppeau, V, 450, II, n° 2.
UPUPA, voyez UPA.
UQUA, voyez UCA.
URINA, *s. f.*, urine, V, 450, II. Voyez ORINA.
URINAL, *adj.*, urinaire, V, 450, II, n° 3.

URINAR, *v.*, uriner, V, 450, II, n° 2.
URITIU, *adj.*, brûlant, V, 451, I.
URS, voyez ORS.
URSA, voyez ORSA.
URSIN, *adj.*, oursin, VI, 33, II, n° 4.
URTAR, *v.*, heurter, V, 452, I.
URTICA, *s. f.*, ortie, V, 452, I.
Us, *s. m.*, us, V, 452, II.
Us, *s. m.*, huis, V, 455, I.
Us, *pron. pers. affixe m. et f.*, 2ᵉ *pers. pl.*, vos, V, 572, I, n° 3.
Us, voyez UNS.
USAR, *v.*, user, V, 453, I, n° 7.
USARN, *s. m.*, izard, V, 455, II.
USATGE, *s. m.*, usage, V, 452, II, n° 2.
USCLAR, *v.*, griller, V, 455, II.
USIOS, *adj.*, nécessiteux, V, 453, I, n° 5.
USITAT, *adj.*, usité, V, 454, I, n° 10.
USQUEC, *pron. indéf.*, un chacun, V, 16, II, n° 2.
USSOL, *s. m.*, huis, V, 455, II, n° 2.
USTENCILHA, *s. f.*, ustensile, V, 454, II, n° 14.
USUAL, *adj.*, usuel, V, 453, I, n° 6.
USUCAPIR, *v.*, acquérir par l'usucapion, V, 455, I, n° 19.
USUFRUCTUARI, *s. m. et f.*, usufruitier, III, 403, II, n° 7, et V, 455, I, n° 21.
USUFRUCTUARY, voyez USUFRUCTUARI.
USUFRUG, voyez UZUFFRUG.
USUFRUT, voyez UZUFFRUG.
USURA, *s. f.*, intérêt, V, 454, I, n° 11.
USURARI, *adj.*, usuraire, V, 454, I, n° 13.

USURIER, *s. m.*, usurier, V, 454, I, n° 12.
USURPADOR, voyez USURPAIRE.
USURPAIRE, *s. m.*, usurpateur, V, 454, II, n° 16.
USURPAR, *v.*, usurper, V, 454, II, n° 15.
USURPATIO, *s. f.*, usurpation, V, 454, II, n° 17.
UTERO, *s. m.*, utérus, V, 456, I.
UTIL, *adj.*, utile, V, 456, I.
UTILITAT, *s. f.*, utilité, V, 456, I, n° 3.
UTILMENT, *adv.*, utilement, V, 456, I, n° 2.
UTRISSONAN, *adj.*, utrissonant, V, 266, I, n° 19.
UVA, *s. f.*, raisin, V, 456, II.
UVEA, *s. f.*, uvée, V, 456, II, n° 2.
UVENC, *adj.*, couleur de raisin, V, 456, II, n° 3.
UXOR, *s. f.*, épouse, VI, 31, II, n° 1 *bis.*
UXORAR, *v.*, épouser, VI, 31, II, n° 2.
UZABLE, *adj.*, usable, V, 453, 2, n° 9.
UZADAMENS, *adv.*, usuellement, V, 453, II, n° 8.
UZAMEN, voyez UZAMENT.
UZAMENT, *s. m.*, usage, V, 453, I, n° 4.
UZANSA, *s. f.*, usance, V, 452, II, n° 3.
UZAR, voyez USAR.
UZAR, voyez USARN.
UZUAL, voyez USUAL.
UZUCAPCIO, *s. f.*, usucapion, V, 454, II, n° 18.

UZUFFRUG, s. m., usufruit, III, 403, II, n° 8, et V, 455, I, n° 20.

UZURA, voyez USURA.
UZURIER, voyez USURIER.

V

V, s. m., v, V, 456, I.
VA, voyez VAN.
VACA, s. f., vache, V, 456, II.
VACAR, v., vaquer, V, 457, I.
VACCA, voyez VACA.
VACCATIO, s. f., vacation, V, 457, II, n° 2.
VACCIN, adj., de vache, V, 457, I, n° 2.
VACILLAR, v., vaciller, V, 457, II.
VACUATIU, adj., vacuatif, V, 457, II, n° 2.
VACUITAT, s. f., vacuité, V, 457, II.
VAGABON, adj., vagabond, V, 458, II, n° 2.
VAGAR, v., vaguer, V, 458, II.
VAGUAR, voyez VAGAR.
VAGUEIAR, voyez VAGUEJAR.
VAGUEJAR, v., divaguer, V, 459, I, n° 4.
VAI, interj., malheur à, V, 459, I.
VAILLIMEN, s. m., prix, V, 464, I, n° 4.
VAIR, adj., vair, V, 459, I.
VAIRADOR, s. m., apprêteur de vair, V, 459, II, n° 2.
VAIRAIRE, voyez VAIRADOR.
VAIRAR, v., varier, V, 460, II, n° 9.
VAIRAT, s. m., maquereau, V, 460, II, n° 8.
VAIRE, voyez VAIR.
VAIS, voyez VES.
VAISELET, s. m. dim., petit vase, V, 470, 1, n° 3.

VAISSA, voyez VAYSSA.
VAISSEL, voyez VAISSELH.
VAISSELH, s. m., vase, V, 469, II, n° 2.
VAJABLE, adj., coureur, V, 459, I, n° 3.
VAJAR, voyez VAGAR.
VAL, s. f., val, V, 461, I.
VAL, s. m., valeur, V, 463, II, n° 2.
VALADAR, v., entourer de fossés, V, 461, II, n° 5.
VALADEIAR, voyez VALADEJAR.
VALADEJAR, v., fossoyer, V, 461, II, n° 6.
VALAT, s. m., fossé, V, 461, I, n° 4.
VALEA, interj., cri de guerre des Angevins, V, 463, I.
VALEDOR, s. m., défenseur, V, 464, II, n° 9.
VALEGADOR, voyez VALEJADOR.
VALEJADOR, s. m., fossoyeur, V, 461, II, n° 7.
VALEJAIRE, voyez VALEJADOR.
VALENSA, s. f., valeur, V, 463, II, n° 3.
VALENTAMEN, adv., vaillamment, V, 465, I, n° 10.
VALENTIA, voyez VALENSA.
VALER, v., valoir, V, 463, I.
VALERIANA, s. f., valériane, V, 465, II.
VALEYA, voyez VALLADA.
VALEYSSEN, s. m., valeur, V, 464, I, n° 5.
VALH, voyez VAL.

VALHAT, voyez VALAT.
VALIA, s. f., valeur, V, 464, I, n° 6.
VALIDOR, voyez VALEDOR.
VALIMEN, voyez VAILLIMEN.
VALL, voyez VAL.
VALLADA, s. f., vallée, V, 461, I, n° 3.
VALLAT, voyez VALAT.
VALLET, voyez VAYLET.
VALLO, voyez VALLON.
VALLON, s. m., vallon, V, 461, I, n° 2.
VALOR, s. f., valeur, V, 464, I, n° 7.
VALOROS, adj., valeureux, V, 464, II, n° 8.
VALVASSOR, s. m., vavasseur, V, 470, II, n° 3.
VAN, adj., vain, V, 466, I.
VAN, s. m., vanterie, V, 466, I, n° 2.
VANADOR, voyez VANAIRE.
VANAIRE, s. m., vanteur, V, 466, II, n° 7.
VANAMEN, s. m., vanterie, V, 466, I, n° 3.
VANAMEN, adv., vainement, V, 466, II, n° 5.
VANANSA, s. f., vanterie, V, 466, II, n° 6.
VANAR, v., vanter, V, 466, II, n° 8.
VANEIAR, v., plaisanter, V, 467, I, n° 13.
VANEJAR, voyez VANEIAR.
VANELA, s. f., ruelle, V, 468, I.
VANETAT, voyez VANITAT.
VANEYAR, voyez VANEIAR.
VANEZA, s. f., vanterie, V, 466, I, n° 4.
VANITAT, s. f., vanité, V, 467, I, n° 12.
VANOA, s. f., vanne, V, 468, I.

VANOVA, voyez VANOA.
VANTADOR, voyez VANTAIRE.
VANTAIRE, s. m., vantard, V, 467, I, n° 10.
VANTAMEN, s. m., vanterie, V, 466, II, n° 9.
VANTAR, v., vanter, V, 467, I, n° 11.
VANTAYRE, voyez VANTAIRE.
VAPOR, s. f., vapeur, V, 468, I.
VAPOROS, adj., vaporeux, V, 468, I, n° 2.
VAPOROZ, voyez VAPOROS.
VAPORROS, voyez VAPOROS.
VAQUAR, voyez VACAR.
VAQUEIR, voyez VAQUIER.
VAQUEIRA, s. f., vachère, V, 457, I, n° 4.
VAQUIER, s. m., vacher, V, 457, I, n° 3.
VAQUIERA, voyez VAQUEIRA.
VAR, voyez VAIR.
VARAH, s. m., guéret, III, 423, II, n° 2.
VARAR, v., lancer à la mer, V, 468, II.
VAREC, s. m., chaume, III, 423, II, n° 3.
VARENA, s. f., garenne, III, 437, I, n° 2.
VARIABLAMENS, adv., variablement, V, 460, I, n° 7.
VARIABLE, adj., variable, V, 460, I, n° 6.
VARIACIO, s. f., variation, V, 460, I, n° 4.
VARIAMEN, voyez VARIAMENT.
VARIAMENT, s. m., variation, V, 460, I, n° 5.
VARIAR, voyez VAIRAR.
VARICA, s. f., varice, V, 469, I.

VARIETAT, *s. f.*, variété, V, 460, I, n° 3.

VARIOLA, *s. f.*, variole, V, 460, II, n° 11.

VAS, *s. m.*, vase, V, 469, I.

VAS, voyez VES.

VASIER, *s. m.*, bacin, V, 470, I, n° 5.

VASLET, voyez VAYLET.

VASSAL, *s. m.*, vassal, V, 470, I.

VASSALATGE, *s. m.*, courage, V, 470, II, n° 2.

VASSAU, voyez VASSAL.

VASSELATGE, voyez VASSALATGE.

VASSILLAR, voyez VACILLAR.

VASTITAT, *s. f.*, dévastation, V, 470, II.

VASVASSOR, voyez VALVASSOR.

VAU, voyez VAL.

VAUDES, *s. m.*, Vaudois, V, 470, II.

VAVASSOR, voyez VALVASSOR.

VAYCHELA, voyez VAYSELHA.

VAYLET, *s. m.*, varlet, V, 471, I.

VAYR, voyez VAIR.

VAYS, voyez VES.

VAYSEL, voyez VAISSELH.

VAYSELA, voyez VAYSELHA.

VAYSELHA, *s. f.*, vaisselle, V, 470, I, n° 4.

VAYSHEL, voyez VAISSELH.

VAYSSA, *s. f.*, vigne sauvage, V, 471, I.

VAYSSELH, voyez VAISSELH.

VAYSSHEL, voyez VAISSELH.

VAZER, *v.*, aller, V, 471, II.

VE, voyez VEC.

VEAMEN, voyez VEAMENT.

VEAMENT, *s. m.*, vue, V, 534, I, n° 10.

VEC, *prép.*, voici, V, 535, I, n° 17.

VECINITAT, voyez VICINITAT.

VECTIGAL, *s. m.*, impôt, V, 474, I.

VEDA, *s. f.*, défense, V, 474, II, n° 3.

VEDAR, *v.*, défendre, V, 474, I.

VEDEL, *s. m.*, veau, V, 475, II.

VEDELA, *s. f.*, génisse, V, 475, II, n° 2.

VEDELH, voyez VEDEL.

VEDELLA, voyez VEDELA.

VEDEL MARI, *s. m.*, veau-marin, V, 475, II, n° 4.

VEDENZA, *s. f.*, vue, V, 533, II, n° 5.

VEG, *s. m.*, verge, V, 506, I, n° 2.

VEGADA, *s. f.*, fois, V, 531, I, n° 2.

VEGETACIO, *s. f.*, végétation, V, 476, I, n° 2.

VEGETAR, *v.*, végéter, V, 475, II.

VEGETATIU, *adj.*, végétatif, V, 476, I, n° 3.

VEGUADA, voyez VEGADA.

VEHEMENSIA, *s. f.*, véhémence, V, 476, I.

VEHEMENT, *adj.*, véhément, V, 476, I, n° 2.

VEHEMENTIA, voyez VEHEMENSIA.

VEIAIRE, *s. m.*, avis, V, 534, II, n° 15.

VEIAYRE, voyez VEIAIRE.

VEILARD, *adj.*, vieillard, V, 478, II, n° 2.

VEILLAR, voyez VELHAR.

VEILLOR, *s. f.*, vieillesse, V, 479, I, n° 5.

VEIRAMEN, voyez VERAMEN.

VEIRAT, *adj.*, de verre, V, 477, I, n° 6.

VEIRE, *s. m.*, verre, V, 476, I.

VEIRIA, *s. f.*, vitre, V, 476, II, n° 3.

VEIRIAL, *s. m.*, vitrau, V, 476, II, n° 2.
VEIRIAN, voyez VEIRIN.
VEIRIER, *s. m.*, vitrier, V, 477, I, n° 7.
VEIRIERA, *s. f.*, ruche de verre, V, 477, I, n° 8.
VEIRIN, *adj.*, de verre, V, 477, I, n° 5.
VEISSIGA, voyez VESICA.
VEL, *s. m.*, voile, V, 477, II.
VEL, *adj.*, vieil, V, 478, II.
VELA, *s. f.*, voile, V, 477, II, n° 2.
VELAMENT, *s. m.*, voile, V, 478, I, n° 3.
VELH, voyez VEL.
VELHA, *s. f.*, veille, V, 479, II, n° 2.
VELHAR, *v.*, veiller, V, 479, II.
VELHEZA, *s. f.*, vieillesse, V, 479, I, n° 4.
VELHEZIR, *v.*, vieillir, V, 479, I, n° 8.
VELIABLE, *adj.*, vigilant, V, 479, II, n° 3.
VELL, *s. m.*, toison, V, 480, II.
VELLAR, voyez VELHAR.
VELOCITAT, *s. f.*, vélocité, V, 481, I.
VELOX, *adj.*, véloce, V, 481, I, n° 2.
VELTAT, *s. f.*, vieillesse, V, 479, I, n° 3.
VELTRE, *s. m.*, limier, V, 481, I.
VELTRO, voyez VELTRE.
VELUT, *adj.*, velu, V, 480, II, n° 2.
VEN, voyez VENT.
VENA, *s. f.*, veine, V, 481, II.
VENABLE, *adj.*, vendable, V, 486, I, n° 8.
VENADOR, voyez VENAIRE.
VENAIRE, *s. m.*, chasseur, V, 482, I, n° 2.

VENAIZO, *s. f.*, venaison, V, 482, I, n° 3.
VENAL, *adj.*, veineux, V, 481, II, n° 3.
VENAL, *adj.*, vénal, V, 485, I, n° 7.
VENAR, *v.*, chasser, V, 481, II.
VENASO, voyez VENAIZO.
VENASSAL, *adj.*, vénal, V, 486, I, n° 9.
VENATIO, voyez VENAIZO.
VENAU, voyez VENAL.
VENCEIRE, *s. m.*, vainqueur, V, 482, II, n° 3.
VENCEMEN, *s. m.*, victoire, V, 483, I, n° 4.
VENCER, *v.*, vaincre, V, 482, I.
VENCILA, *s. f.*, vessie, V, 526, II, n° 2.
VENCIMEN, voyez VENCEMEN.
VENCUDAMEN, *adv.*, en vaincu, V, 482, II, n° 2.
VENDA, *s. f.*, vente, V, 484, II, n° 2.
VENDABLE, *adj.*, vendable, V, 484, II, n° 3.
VENDANHA, *s. f.*, vendange, V, 484, I, n° 3.
VENDEDOR, *adj.*, vendable, V, 485, I, n° 5.
VENDEDOR, voyez VENDEIRE.
VENDEIRE, *s. m.*, vendeur, V, 485, I, n° 4.
VENDEMIA, *s. f.*, vendange, V, 484, I, n° 2.
VENDEMIADOR, voyez VENDEMIAIRE.
VENDEMIAIRE, *s. m.*, vendangeur, V, 484, I, n° 4.
VENDEMIAR, *v.*, vendanger, V, 483, II.
VENDETA, *s. f.*, vindicte, V, 498, I, n° 5.
VENDEZO, voyez VENDEZOS.

VENDEZOS (lisez VENDEZO), voyez VENDITION.

VENDICAR, *v.*, revendiquer, V, 486, I, n° 10.

VENDITION, *s. f.*, vente, V, 485, I, n° 6.

VENDRE, *v.*, vendre, V, 484, II.

VENDRE, voyez VENRE.

VENEDOR, *adj.*, devant venir, V, 487, II, n° 4.

VENEFICI, *s. m.*, poison, V, 505, II, n° 6.

VENENOS, *adj.*, vénéneux, V, 505, II, n° 4.

VENENOZ, voyez VENENOS.

VENERABLE, *adj.*, vénérable, V, 486, II.

VENET, *adj.*, bleu turquin, V, 486, II.

VENETA, *s. f. dim.*, petite veine, V, 481, II, n° 2.

VENGAIRITZ, *s. f.*, vengeresse, V, 498, I, n° 7.

VENGAMENT, voyez VENJAMEN.

VENGAR, voyez VENJAR.

VENGAZO, voyez VENJAZO.

VENGUDA, *s. f.*, venue, V, 487, II, n° 2.

VENIA, *s. f.*, pardon, V, 486, II.

VENIAL, *adj.*, véniel, V, 486, II, n° 2.

VENIALMENS, *adv.*, véniellement, V, 486, II, n° 3.

VENIDOR, voyez VENEDOR.

VENIMEN, *s. m.*, venue, V, 487, II, n° 3.

VENIR, *v.*, venir, V, 487, I.

VENJADOR, voyez VENJAIRE.

VENJAIRE, *s. m.*, vengeur, V, 498, I, n° 6.

VENJAMEN, *s. m.*, vengeance, V, 497, II, n° 3.

VENJANSA, *s. f.*, vengeance, V, 497, II, n° 2.

VENJAR, *v.*, venger, V, 497, II.

VENJAZO, *s. f.*, vengeance, V, 497, II, n° 4.

VENRE, *s. m.*, vendredi, V, 498, II.

VENSEDOR, voyez VENCEIRE.

VENSER, voyez VENCER.

VENT, *s. m.*, vent, V, 498, II.

VENTADA, *s. f.*, ventée, V, 499, I, n° 2.

VENTADOR, voyez VANTAIRE.

VENTAILLI, *s. m.*, van, V, 500, II, n° 13.

VENTAIRE, voyez VANTAIRE.

VENTALH, *s. m.*, ventilateur, V, 500, I, n° 6.

VENTALHA, *s. f.*, ventaille, V, 500, I, n° 7.

VENTAR, *v.*, venter, V, 499, II, n° 5.

VENTAYLH, voyez VENTALH.

VENTILAR, *v.*, agiter, V, 500, I, n° 8.

VENTOS, *adj.*, venteux, V, 499, I, n° 3.

VENTOSA, *s. f.*, ventouse, V, 500, II, n° 9.

VENTOSITAT, *s. f.*, ventosité, V, 499, II, n° 4.

VENTOZA, voyez VENTOSA.

VENTOZACIO, *s. f.*, ventousation, V, 500, II, n° 11.

VENTOZADOR, voyez VENTOZAIRE.

VENTOZAIRE, *s. m.*, ventouseur, V, 500, II, n° 10.

VENTOZAR, *v.*, ventouser, V, 500, II, n° 12.

VENTOZITAT, voyez VENTOSITAT.
VENTRADA, *s. f.*, ventrée, V, 501, I, n° 2.
VENTRALHA, *s. f.*, ventraille, V, 501, I, n° 3.
VENTRE, *s. m.*, ventre, V, 501, I.
VENTRILH, *s. m. dim.*, ventricule, V, 501, II, n° 4.
VENTUOS, voyez VENTOS.
VENTUOZ, voyez VENTOS.
VENUS, *s. f.*, Vénus, V, 501, II.
VER, *adj.*, vrai, V, 501, II.
VER, *s. m.*, verrat, V, 503, I.
VER, *s. m.*, printemps, V, 503, II.
VERAGUT, *s. m.*, verrat, V, 503, II, n° 2.
VERAI, *adj.*, vrai, V, 502, I, n° 3.
VERAIAMEN, *adv.*, vraiment, V, 502, I, n° 4.
VERAMEN, *adv.*, vraiment, V, 502, I, n° 2.
VERAY, voyez VERAI.
VERAYAMEN, voyez VERAIAMEN.
VERB, voyez VERBE.
VERBA, *s. f.*, parole, V, 504, I.
VERBAL, *adj.*, verbal, V, 504, I, n° 3.
VERBAR, *v.*, parler, V, 504, I, n° 5.
VERBE, *s. m.*, verbe, V, 504, II, n° 6.
VERBENA, *s. f.*, verveine, V, 505, I.
VERBERAR, *v.*, frapper, V, 505, I.
VERBI, *s. m.*, parole, V, 504, I, n° 2.
VERBOSITAT, *s. f.*, verbosité, V, 504, I, n° 4.
VERCHIEIRA, voyez VERQUIEIRA.
VERDEIAR, voyez VERDEJAR.
VERDEJAR, *v.*, verdoyer, V, 513, II, n° 9.

VERDET, *adj. dim.*, verdelet, V, 513, I, n° 2.
VERDEYAR, voyez VERDEJAR.
VERDIER, voyez VERGIER.
VERDOR, *s. f.*, verdeur, V, 513, II, n° 8.
VERDURA, *s. f.*, verdure, V, 513, II, n° 7.
VERE, *s. m.*, venin, V, 505, I.
VERENAR, *v.*, empoisonner, V, 505, II, n° 5.
VERENOS, *adj.*, venimeux, V, 505, II, n° 3.
VERGA, *s. f.*, verge, V, 506, I.
VERGAN, *s. m.*, verge, V, 506, II, n° 5.
VERGANTET, *s. m. dim.*, petite verge, V, 506, II, n° 6.
VERGAR, *v.*, vergeter, V, 506, II, n° 7.
VERGE, *s. f.*, vierge, V, 507, I.
VERGENA, *s. f.*, vierge, V, 507, I, n° 2.
VERGENETAT, *s. f.*, virginité, V, 507, II, n° 5.
VERGI, voyez VERGE.
VERGIER, *s. m.*, verger, V, 513, I, n° 4.
VERGIERA, *s. f.*, vergière, V, 513, II, n° 5.
VERGIL, *s. m.*, verge, V, 506, II, n° 4.
VERGINA, voyez VERGENA.
VERGOGNAR, *v.*, vergogner, V, 508, I, n° 2.
VERGONHA, voyez VERGONIA.
VERGONHABLE, *adj.*, hontable, V, 509, I, n° 6.
VERGONHAL, *adj.*, vergogneux, V, 508, II, n° 3.
VERGONHAR, voyez VERGOGNAR.

VERGOIGNA, voyez VERGONIA.
VERGOIGNAR, voyez VERGOGNAR.
VERGOIGNOS, voyez VERGONHOS.
VERGONHESIR, *v.*, vergogner, V, 508, II, n° 5.
VERGONHOS, *adj.*, vergogneux, V, 508, II, n° 4.
VERGONHOSAMENS, *adv.*, honteusement, V, 509, I, n° 7.
VERGONIA, *s. f.*, vergogne, V, 508, I.
VERGUA, voyez VERGA.
VERGUETA, *s. f. dim.*, petite verge, V, 506, II, n° 3.
VERI, voyez VERE.
VERIFICAR, *v.*, vérifier, V, 502, II, n° 9.
VERINAMEN, *s. m.*, empoisonnement, V, 505, II, n° 2.
VERINOS, voyez VERENOS.
VERITAT, *s. f.*, vérité, V, 502, II, n° 5.
VERJA, voyez VERGA.
VERJAN, *s. m.*, verger, V, 513, II, n° 6.
VERJAN, voyez VERGAN.
VERM, *s. m.*, ver, V, 510, I.
VERMA, *s. f.*, ver, V, 510, II, n° 2.
VERMEILLON, voyez VERMELHO.
VERMEL, voyez VERMELH.
VERMELH, *adj.*, vermeil, V, 509, II.
VERMELHEIAR, voyez VERMELHEJAR.
VERMELHEJAR, *v.*, devenir couleur de vermillon, V, 510, I, n° 5.
VERMELHEZA, *s. f.*, vermillon, V, 510, I, n° 3.
VERMELHO, *s. m.*, vermillon, V, 510, I, n° 4.

VERMELLET, *adj. dim.*, vermeil, V, 509, II, n° 2.
VERMEN, *adj.*, vermineux, V, 510, II, n° 6.
VERMENA, *s. f.*, vermine, V, 510, II, n° 4.
VERMENOS, *adj.*, véreux, V, 510, II, n° 7.
VERMET, *s. m. dim.*, vermisseau, V, 510, II, n° 3.
VERMICULACIO, *s. f.*, vermoulure, V, 510, II, n° 5.
VERMILLON, voyez VERMELHO.
VERN, *s. m.*, aune, V, 511, I.
VERNAL, *adj.*, printanier, V, 503, II, n° 2.
VERNASSAL, *adj.*, bas, V, 511, I.
VERNHA, *s. f.*, aune, V, 511, I, n° 2.
VERNIS, *s. m.*, vernis, V, 511, I.
VERNISSAR, *v.*, vernisser, V, 511, I, n° 2.
VERNITZ, voyez VERNIS.
VERQUIERA, *s. f.*, dot, V, 511, II.
VERRAT, *s. m.*, verrat, V, 503, II, n° 3.
VERROLH, *s. m.*, verrou, V, 511, II.
VERRUCARIA, *s. f.*, herbe aux verrues, V, 511, II, n° 2.
VERRUGA, *s. f.*, verrue, V, 511, I.
VERS, *s. m.*, vers, V, 512, I.
VERS, *adj.*, inverse, V, 517, II, n° 5.
VERSANA, *s. f.*, versane, V, 512, II.
VERSAR, *v.*, verser, V, 518, I, n° 10.
VERSEMBLANSA, *s. f.*, vraisemblance, V, 491, II, n° 20.
VERSET, *s. m. dim.*, verset, V, 512, I, n° 2.

VERSIFIADOR, voyez VERSIFIAYRE.
VERSIFIADURA, *s. f.*, versification, V, 512, II, n° 5.
VERSIFIAR, *v.*, versifier, V, 512, II, n° 3.
VERSIFIAYRE, *s. m.*, versificateur, V, 512, II, n° 4.
VERSIFICADURA, *s. f.*, versification, V, 512, II, n° 6.
VERT, *adj.*, vert, V, 512, II.
VERT, voyez VES.
VERTADER, voyez VERTADIER.
VERTADIER, *adj.*, véridique, V, 502, II, n° 7.
VERTADIERAMENT, *adv.*, vraiment, V, 502, II, n° 8.
VERTAN, *adj.*, vrai, V, 502, II, n° 6.
VERTAT, voyez VERITAT.
VERTELH, *s. m.*, articulation, V, 514, II.
VERTEX, *s. m.*, vertex, V, 518, I, n° 9.
VERTIBILITAT, *s. f.*, vicissitude, V, 517, II, n° 7.
VERTIGE, *s. f.*, vis, V, 517, II, n° 8.
VERTIR, *v.*, tourner, V, 517, II, n° 6.
VERTITGE, voyez VERTIGE.
VERTUDOS, voyez VERTUOS.
VERTUOS, *adj.*, vertueux, V, 515, I, n° 2.
VERTUOSAMEN, *adv.*, vertueusement, V, 515, II, n° 6.
VERTUT, *s. f.*, vertu, V, 514, II.
VERUCA, voyez VERRUGA.
VERVENA, voyez VERBENA.
VES, *prép.*, vers, V, 516, I.
VESC, *s. m.*, glu, V, 526, I.
VESCOMS, voyez VESCOMT.
VESCOMT, *s. m.*, vicomte, II, 454, I, n° 7,

VESCOMTAL, *adj.*, vicomtal, II, 454, I, n° 10.
VESCOMTAT, *s. m.*, vicomté, II, 454, I, n° 9.
VESCOMTESSA, *s. f.*, vicomtesse, II, 454, I, n° 8.
VESCOS, voyez VISCOS.
VESIAGE, *s. m.*, voisinage, V, 539, I, n° 5.
VESIAT, *adj.*, avisé, V, 535, I, n° 16.
VESIBLAMENT, *adv.*, visiblement, V, 533, II, n° 4.
VESIBLE, *adj.*, visible, V, 533, I, n° 3.
VESICA, *s. f.*, vessie, V, 526, II.
VESIGA, voyez VESICA.
VESIQUA, voyez VESICA.
VESITAR, voyez VISITAR.
VESPA, *s. f.*, guêpe, V, 526, II.
VESPER, *s. m.*, Vesper, V, 527, I, n° 2.
VESPERTI, voyez VESPERTIN.
VESPERTIN, *adj.*, du soir, V, 527, II, n° 5.
VESPERTILIO, *s. f.* (lisez *m.*), chauve-souris, V, 527, II, n° 6.
VESPRADA, *s. f.*, soirée, V, 527, I, n° 3.
VESPRAS, *s. f. pl.*, vêpres, V, 527, II, n° 4.
VESPRE, *s. m.*, soir, V, 527, I.
VESQUE, voyez EVESQUES.
VESTIARI, *s. m.*, vestiaire, V, 529, I, n° 6.
VESTIDURA, *s. f.*, vêtement, V, 529, I, n° 4.
VESTIGI, *s. m.*, vestige, V, 528, I.
VESTIMEN, voyez VESTIMENT.

VESTIMENT, *s. m.*, vêtement, V, 528, II, n° 2.

VESTIMENTA, *s. f.*, vêtement, V, 528, II, n° 3.

VESTIR, *v.*, vêtir, V, 528, I.

VESTIZO, *s. f.*, vêtement, V, 529, I, n° 5.

VESTIZON, voyez VESTIZO.

VET, *s. m.*, défense, V, 474, II, n° 2.

VETA, *s. f.*, cordon, V, 530, II.

VETAT, *adj.*, rayé, V, 530, II, n° 2.

VETRIOL, voyez VITRIOL.

VETUSTE, *adj.*, vieux, V, 530, II.

VETZ, *s. f.*, fois, V, 530, II.

VEUVA, *s. f.*, veuve, V, 531, I.

VEUVETAT, *s. f.*, veuvage, V, 532, I, n° 2.

VEUZIR, voyez VILZIR.

VEXAR, *v.*, vexer, V, 532, I.

VEXATIO, *s. f.*, vexation, V, 532, I, n° 2.

VEYRE, voyez VEIRE.

VEYRIA, voyez VEIRIA.

VEYRIAT, *adj.*, de verre, V, 477, I, n° 4.

VEYRIENC, *adj.*, vitreux, V, 477, II, n° 9.

VEYSHIGA, voyez VESICA.

VEZAR, *v.*, accoutumer, V, 531, II, n° 3.

VEZEDOR, voyez VEZEIRE.

VEZEIRE, *s. m.*, contemplateur, V, 534, I, n° 7.

VEZEMENT, *s. m.*, vue, V, 534, I, n° 11.

VEZENSA, voyez VEDENZA.

VEZER, *v.*, voir, V, 532, II.

VEZEZA, voyez VEDENZA.

VEZI, voyez VEZIN.

VEZIAT, voyez VESIAT.

VEZICA, voyez VESICA.

VEZIGA, voyez VESICA.

VEZIN, *adj.*, voisin, V, 538, II.

VEZINAT, *s. m.*, voisinage, V, 539, I, n° 3.

VEZINESC, *s. m.*, voisinage, V, 539, I, n° 4.

VEZINETAT, voyez VICINITAT.

VEZIO, voyez VISIO.

VEZOA, voyez VEUVA.

VEZOIG, *s. m.*, bêche, V, 539, I.

VI, voyez VIN.

VIA, *s. f.*, voie, V, 539, I.

VIA, voyez VITA.

VIACERAMENT, *adv.*, promptement, V, 558, II, n° 18.

VIACIER, voyez VIVACIER.

VIADOR, *s. m.*, voyageur, V, 540, II, n° 4.

VIAGGE, voyez VIATGE.

VIAIRE, voyez VIADOR.

VIALIA, *s. f.*, voie, V, 540, I, n° 2.

VIANAR, *v.*, voyager, V, 540, II, n° 5.

VIANDA, *s. f.*, nourriture, V, 556, II, n° 6.

VIANDA, voyez VIANDAN.

VIANDAN, *s. m.*, voyageur, V, 540, II, n° 6.

VIANDELA, *s. f.*, viandelle, V, 541, I, n° 7.

VIASSAMENS, voyez VIASSAMENT.

VIASSAMENT, *adv.*, vitement, V, 558, I, n° 17.

VIATGE, *s. m.*, voyage, V, 540, I, n° 3.

VIATZ, voyez VIVATZ.
VIBRA, voyez VIPERA.
VICARI, *s. m.*, vicaire, V, 542, I.
VICARIA, *s. f.*, viguerie, V, 542, II, n° 2.
VICE, *s. m.*, lieutenant, V, 542, II.
VICE, voyez VICI.
VICEAUDITOR, *s. m.*, vice-auditeur, II, 150, II, n° 14.
VICECANCELIER, *s. m.*, vice-chancelier, VI, 7, II, n° 1 *quater*.
VICI, *s. m.*, vice, V, 542, II.
VICIAR, *v.*, vicier, V, 543, II, n° 3.
VICINITAT, *s. f.*, voisinage, V, 538, II, n° 2.
VICIOS, *adj.*, vicieux, V, 543, I, n° 2.
VICTOR, *s. m.*, vainqueur, V, 483, I, n° 6.
VICTORIA, *s. f.*, victoire, V, 483, I, n° 5.
VICTORIAL, *adj.*, de victoire, V, 483, II, n° 8.
VICTORIOS, *adj.*, victorieux, V, 483, I, n° 7.
VICTUAL, *adj.*, alimentaire, V, 557, II, n° 10.
VIDA, voyez VITA.
VIDAL, voyez VITAL.
VIDUAL, *adj.*, de veuvage, V, 532, I, n° 4.
VIDUITAT, *s. f.*, viduité, V, 532, I, n° 3.
VIEG, voyez VEG.
VIELH, voyez VEL.
VIEU, voyez VIU.
VIEULAT, *adj.*, violat, V, 550, I, n° 4.

VIEURE, voyez VIURE.
VIET, voyez VEG.
VIGARIA, voyez VICARIA.
VIGILIA, *s. f.*, vigile, V, 480, I, n° 4.
VIGOR, *s. f.*, vigueur, V, 543, I.
VIGORACIO, *s. f.*, vigueur, V, 543, II, n° 5.
VIGORAMENT, *s. m.*, vigueur, V, 543, II, n° 6.
VIGORAR, *v.*, fortifier, V, 543, II, n° 8.
VIGORATIU, *adj.*, confortatif, V, 543, II, n° 7.
VIGORIA, *s. f.*, vigueur, V, 543, I, n° 2.
VIGOROS, *adj.*, vigoureux, V, 543, II, n° 3.
VIGOROSAMENT, *adv.*, vigoureusement, V, 543, II, n° 9.
VIGOROZAMEN, voyez VIGOROSAMENT.
VIGOROZITAT, *s. f.*, vigueur, V, 543, II, n° 4.
VIGUER, *s. m.*, viguier, V, 542, II, n° 3.
VIGUIER, voyez VIGUER.
VIGUOROZAMEN, voyez VIGOROSAMENT.
VIL, *adj.*, vil, V, 544, I.
VILA, *s. f.*, métairie, V, 546, II.
VILA, voyez VILAN.
VILAN, *adj.*, villageois, V, 546, II, n° 4.
VILANAL, *adj.*, grossier, V, 547, I, n° 7.
VILANAMEN, *adv.*, vilainement, V, 547, I, n° 6.
VILANATGE, *s. m.*, vilenie, V, 547, II, n° 9.
VILANDRIER, *adj.*, vilain, V, 547, II, n° 12.
VILANEIAR, voyez VILANEJAR.

VIL

VILANEJAR, *v.*, devenir grossier, V, 547, II, n° 13.

VILANES, *s. m.*, vilenie, V, 547, II, n° 10.

VILANESCA, *s. f.*, vilenie, V, 547, II, n° 11.

VILANET, *s. m. dim.*, petit vilain, V, 547, I, n° 5.

VILANIA, *s. f.*, vilenie, V, 547, II, n° 8.

VILATGE, *s. m.*, vilenie, V, 544, II, n° 3.

VILATGE, *s. m.*, vilage, V, 546, II, n° 3.

VILETA, *s. f. dim.*, petite maison de campagne, V, 546, II, n° 2.

VILEZA, *s. f.*, bassesse, V, 545, I, n° 6.

VILH, voyez VEL.

VILH, voyez VIL.

VILHENC, *s. f.*, vieillesse, V, 479, I, n° 6.

VILHUNA, *s. f.*, vieillesse, V, 479, I, n° 7.

VILHURA, *s. f.*, bassesse, V, 545, I, n° 5.

VILIARD, voyez VEILARD.

VILIFICAR, *v.*, avilir, V, 545, I, n° 9.

VILLOZITAT, *s. f.*, villosité, V, 481, I, n° 3.

VILMEN, *adv.*, vilement, V, 544, II, n° 2.

VILTAT, *s. f.*, bassesse, V, 544, II, n° 3.

VILTENENSA, *s. f.*, mépris, V, 545, II, n° 10.

VILTENER, *v.*, tenir à mépris, V, 545, II, n° 11.

VILZIMEN, *s. m.*, avilissement, V, 545, I, n° 7.

VIN

VILZIR, *v.*, avilir, V, 545, I, n° 8.

VIM, *s. m.*, osier, V, 548, I.

VIMENER, *s. m.*, oseraie, V, 548, II, n° 2.

VIN, *s. m.*, vin, V, 548, II, n° 3.

VINACI, *s. m.*, vinasse, V, 549, I, n° 8.

VINADA, *s. f.*, vinage, V, 549, II, n° 10.

VINAGRE, *s. m.*, vinaigre, V, 549, II, n° 12.

VINARES, voyez VINAYRES.

VINARIA, *s. f.*, cave à vin, V, 549, I, n° 6.

VINAYRES, *s. m.*, vignoble, V, 549, I, n° 5.

VINDEMIA, voyez VENDEMIA.

VINENC, *adj.*, vineux, V, 549, I, n° 7.

VINGTEN, voyez VINTEN.

VINGTENA, *s. f.*, vingtaine, V, 550, I, n° 3.

VINHA, *s. f.*, vigne, V, 548, II.

VINHER, *s. m.*, vignoble, V, 549, I, n° 4.

VINHIER, voyez VINHER.

VINNA, voyez VINHA.

VINNAL, *s. m.*, vignoble, V, 549, II, n° 11.

VINNAR, voyez VINNAL.

VINOS, *adj.*, vineux, V, 549, I, n° 9.

VINOZ, voyez VINOS.

VINT, nom de nomb. (lisez *adj. num.*), vingt, V, 549, II.

VINTE, voyez VINTEN.

VINTECINQUENA, *s. f.*, vingt-cinquaine, V, 550, I, n° 4.

VINTEN, *adj.*, vingtième, V, 549, II, n° 2.

VINTHEN, voyez VINTEN.

VIOLA, *s. f.*, violette, V, 550, I.
VIOLA, voyez VIULA.
VIOLACE, *adj.*, violet, V, 550, I, n° 3.
VIOLACIO, *s. f.*, violation, V, 553, I, n° 3.
VIOLADOR, voyez VIOLAIRE.
VIOLADOR, voyez VIULAIRE.
VIOLADURA, *s. f.*, air de viole, V, 561, I, n° 5.
VIOLAIRE, *s. m.*, violateur, V, 553, I, n° 4.
VIOLAR, *v.*, violer, V, 553, II, n° 8.
VIOLAR, voyez VIULAR.
VIOLASSIO, voyez VIOLACIO.
VIOLENCIA, *s. f.*, violence, V, 553, I, n° 2.
VIOLENMEN, *adv.*, violemment, V, 553, II, n° 7.
VIOLENSA, voyez VIOLENCIA.
VIOLENT, *adj.*, violent, V, 553, II, n° 6.
VIOLENTADOR, voyez VIOLENTAIRE.
VIOLENTAIRE, *s. m.*, persécuteur, V, 553, II, n° 5.
VIOLETA, *s. f.*, violette, V, 550, I, n° 2.
VIOLON, *s. m.*, violon, V, 560, II, n° 2.
VIPERA, *s. f.*, vipère, V, 550, II.
VIPERI, voyez VIPERIN.
VIPERIN, *adj.*, de vipère, V, 550, II, n° 2.
VIRA, *s. f.*, vire, V, 550, II.
VIRAR, *v.*, virer, V, 552, I, n° 9.
VIRGI, voyez VERGE.
VIRGINA, voyez VERGENA.

VIRGINAL, *adj.*, virginal, V, 507, II, n° 3.
VIRGINENC, *adj.*, de vierge, V, 507, II, n° 4.
VIRGINITAT, voyez VERGENETAT.
VIRIDAT, *s. f.*, verdure, V, 513, I, n° 3.
VIRIL, *adj.*, viril, V, 550, II.
VIRO, voyez VIRON.
VIRON, *prép.*, environ, V, 550, II.
VIRONAR, *v.*, faire le tour, V, 551, I, n° 3.
VIRTUAL, *adj.*, virtuel, V, 515, II, n° 5.
VIRTUALMENT, *adv.*, virtuellement, V, 515, II, n° 4.
VIRTUOSITAT, *s. f.*, puissance, V, 515, II, n° 3.
VIRTUOZAMENT, voyez VERTUOSAMEN.
VIRTUOZITAT, voyez VIRTUOSITAT.
VIRTUT, voyez VERTUT.
VIRULENCIA, *s. f.*, virulence, V, 553, I.
VIS, *s. m.*, visage, V, 534, I, n° 12.
VIS, *s. m.*, avis, V, 534, II, n° 14.
VIS, *s. f.*, force, V, 553, I.
VISATGE, *s. m.*, visage, V, 534, II, n° 13.
VISCOMTAL, voyez VESCOMTAL.
VISCOS, *adj.*, visqueux, V, 526, I, n° 2.
VISCOSITAT, *s. f.*, viscosité, V, 526, I, n° 3.
VISCOZ, voyez VISCOS.
VISIAT, voyez VESIAT.
VISIBIL, voyez VESIBLE.
VISIBLAMENT, voyez VESIBLAMENT.
VISIO, *s. f.*, vue, V, 533, II, n° 6.
VISITADOR, voyez VISITAIRE.
VISITAIRE, *s. m.*, visiteur, V, 554, I, n° 4.

VIU

VISITAMEN, voyez VIZITAMENT.
VISITAR, *v.*, visiter, V, 554, I.
VISITATIO, *s. f.*, visitation, V, 554, I, n° 3.
VISITATION, voyez VISITATIO.
VISITOR, *s. m.*, visiteur, V, 554, II, n° 5.
VISIU, *adj.*, propre à faire voir, V, 534, I, n° 8.
VISTA, *s. f.*, vue, V, 533, I, n° 2.
VISTORNAR, *v.*, châtrer, V, 381, II, n° 26.
VIT, *s. f.*, vigne, V, 548, II, n° 2.
VIT, voyez VITZ.
VITA, *s. f.*, vie, V, 554, II.
VITAILLA, *s. f.*, victuaille, V, 557, I, n° 9.
VITAL, *adj.*, vital, V, 557, I, n° 8.
VITALHA, voyez VITAILLA.
VITAMEN, *adv.*, vitement, V, 558, II, n° 9.
VITOALHA, voyez VITAILLA.
VITRIOL, *s. m.*, vitriol, V, 559, II.
VITULAME, *s. m.*, rejeton, V, 475, II, n° 3.
VITUPERABLE, *adj.*, blâmable, V, 560, I, n° 3.
VITUPERAR, *v.*, blâmer, V, 560, I, n° 2.
VITUPERI, *s. m.*, blâme, V, 560, I.
VITZ (lisez VIT), *s. m.*, vis, V, 560, II.
VIU, *adj.*, vif, V, 555, I, n° 2.
VIULA, *s. f.*, viole, V, 560, II.
VIULAIRE, *s. m.*, violeur, V, 561, I, n° 4.
VIULAR, *v.*, violer, V, 560, II, n° 3.
VIURE, *v.*, vivre, V, 555, II, n° 4.

VOC

VIUTAT, voyez VILTAT.
VIVACIER, *adj.*, prompt, V, 558, I, n° 16.
VIVACITAT, *s. f.*, vivacité, V, 557, II, n° 12.
VIVAMEN, *adv.*, vivement, V, 555, II, n° 3.
VIVASSAMEN, *adv.*, vivement, V, 558, II, n° 14.
VIVASSEDAT, *s. f.*, vivacité, V, 557, II, n° 13.
VIVASSEIRAMENS, *adv.*, rapidement, V, 558, I, n° 15.
VIVASSIEYRAMEN, voyez VIVASSEIRAMENS.
VIVATZ, *adv.*, vite, V, 557, II, n° 11.
VIVENDA, *s. f.*, nourriture, V, 557, I, n° 7.
VIVER, voyez VIVIER.
VIVIER, *s. m.*, vivier, V, 561, I.
VIVIFIAR, *v.*, vivifier, V, 558, II, n° 20.
VIVIFICACIO, *s. f.*, vivification, V, 558, II, n° 19.
VIVIFICAR, voyez VIVIFIAR.
VIVIFICATIU, *adj.*, vivifique, V, 558, II, n° 21.
VIZATGE, voyez VISATGE.
VIZI, voyez VICI.
VIZIBLE, voyez VESIBLE.
VIZITAMEN, voyez VIZITAMENT.
VIZITAMENT, *s. m.*, visite, V, 554, I, n° 2.
VIZITAR, voyez VISITAR.
VIZIU, voyez VISIU.
VIZUAL, *adj.*, visuel, V, 534, I, n° 9.
VOCABLE, *s. m.*, mot, V, 574, II, n° 3.
VOCAL, *s. f.*, vocable, V, 574, II, n° 2.

VOCATIO, *s. f.*, appellation, V, 575, I, n° 5.
VOCATIU, *s. m.*, vocatif, V, 575, I, n° 4.
VODAR, *v.*, vouer, V, 573, II, n° 2.
VOGAR, *v.*, voguer, V, 564, I.
VOH, voyez VOIG.
VOIANSA, *s. f.*, vidange, V, 458, I, n° 5.
VOIAR, *v.*, vider, V, 457, II, n° 3.
VOIDAR, voyez VOIAR.
VOIG, *adj.*, vide, V, 458, I, n° 4.
VOL, *s. m.*, vouloir, V, 564, II.
VOL, *s. m.*, vol, V, 565, I, n° 2.
VOLA, *s. f.*, paume de la main, V, 564, II.
VOLADA, *s. f.*, volée, V, 565, I, n° 3.
VOLAR, *v.*, voler, V, 564, II.
VOLATEIAR, voyez VOLATEJAR.
VOLATEJAR, *v.*, voltiger, V, 565, I, n° 5.
VOLATERIA, voyez VOLATILIA.
VOLATGE, *s. m.*, volonté, V, 564, II, n° 3.
VOLATGE, *adj.*, volage, V, 565, II, n° 8.
VOLATGIER, *adj.*, volage, V, 565, II, n° 9.
VOLATIL, *adj.*, volatile, V, 565, I, n° 6.
VOLATILIA, *s. f.*, volatile, V, 565, II, n° 7.
VOLATIRIA, voyez VOLATILIA.
VOLATIZIA, voyez VOLATILIA.
VOLATJER, voyez VOLATGIER.
VOLCA, *s. m.*, volcan, V, 566, I.
VOLENTIEIRAMEN, voyez VOLUNTIERAMENT.

VOLENTIER, voyez VOLUNTIER.
VOLENTOS, voyez VOLUNTOS.
VOLER, *v.*, vouloir, V, 562, II, n° 11.
VOLGAR, *adj.*, vulgaire, V, 566, I.
VOLITAR, *v.*, voleter, V, 565, I, n° 4.
VOLON, *adj.*, volontaire, V, 564, II, n° 4.
VOLONTAIROS, voyez VOLUNTAIROS.
VOLONTAT, voyez VOLUNTAT.
VOLONTEIRAMEN, voyez VOLUNTIERAMENT.
VOLOPAR, *v.*, envelopper, V, 566, II.
VOLP, *s. f.*, renard, V, 567, I.
VOLPE, voyez VOLP.
VOLPIL, *adj.*, lâche, V, 567, II, n° 2.
VOLPILATGE, voyez VOLPILHATGE.
VOLPILHATGE, *s. m.*, lâcheté, V, 567, II, n° 4.
VOLPILHOS, *adj.*, lâche, V, 567, II, n° 3.
VOLPILL, voyez VOLPIL.
VOLPILLATGE, voyez VOLPILHATGE.
VOLPILLOS, voyez VOLPILHOS.
VOLT, voyez VULT.
VOLTA, *s. f.*, voûte, V, 569, I, n° 4.
VOLTAR, *v.*, fredonner, V, 568, II, n° 2.
VOLTIS, voyez VOLTITZ.
VOLTITZ, *adj.*, voûté, V, 569, I, n° 3.
VOLTOR, *s. m.*, vautour, V, 568, I.
VOLTURA, *s. f.*, contour, V, 569, II, n° 5.
VOLTUT, voyez ARC.
VOLUDAR, *v.*, rouler, V, 570, I, n° 13.
VOLUM, *s. m.*, volume, V, 568, I.
VOLUNTADOS, *adj.*, désireux, V, 562, II, n° 8.

VOLUNTAIRI, *adj.*, volontaire, V, 562, I, n° 7.

VOLUNTAIROS, *adj.*, volontaire, V, 562, I, n° 6.

VOLUNTARI, voyez VOLUNTAIRI.

VOLUNTAT, *s. f.*, volonté, V, 561, II, n° 2.

VOLUNTIER, *adj.*, de bonne volonté, V, 562, II, n° 9.

VOLUNTIERAMENT, *adv.*, volontairement, V, 562, II, n° 10.

VOLUNTOS, *adj.*, désireux, V, 562, I, n° 5.

VOLUPTARI, *adj.*, voluptueux, V, 568, I, n° 3.

VOLUPTAT, *s. f.*, volupté, V, 568, I.

VOLUPTUOS, *adj.*, voluptueux, V, 568, I, n° 2.

VOLVEDOR, *adj.*, agile, V, 569, II, n° 6.

VOLVER, *v.*, tourner, V, 568, II.

VOMEGAR, *v.*, vomir, V, 571, I, n° 3.

VOMIER, *s. m.*, soc, V, 570, II.

VOMIR, *v.*, vomir, V, 571, I, n° 2.

VOMIT, *s. m.*, vomissement, V, 570, II.

VON, *contraction de* VOS EN, vous en, V, 572, I, n° 2.

VO'N, voyez VON.

VO'N, voyez VON.

VORAGINOS, *adj.*, plein de gouffres, V, 571, I.

VORMA, *s. f.*, morve, V, 571, I.

VOS, *pron. pers. m. et f.*, 2ᵉ *pers. pl.*, vous, V, 571, II.

VOSTRA, *pron. poss. f.*, 2ᵉ *pers.*, votre, V, 573, I, n° 5.

VOSTRE, *pron. poss. m.*, 2ᵉ *pers. sing.*, votre, V, 572, II, n° 4.

VOT, *s. m.*, vœu, V, 573, I.

VOTA, voyez VOLTA.

VOTZ, *s. f.*, voix, V, 574, II.

VOUT, *s. m.*, moine, V, 573, II, n° 3.

VOUT, voyez VULT.

VOUTA, voyez VOLTA.

VOUTITZ, voyez VOLTITZ.

VOUTOR, voyez VOLTOR.

VOUTZ, voyez VOTZ.

VOYAR, voyez VOIAR.

VUECH, voyez VOIG.

VUEI, voyez VOIG.

VUEIAR, voyez VOIAR.

VUIAR, voyez VOIAR.

VULGAR, voyez VOLGAR.

VULT, *s. m.*, visage, V, 577, II.

VULTURN, *s. m.*, vulturn, V, 577, II.

VUOLP, voyez VOLP.

VUNA, *s. f.*, luette, V, 577, II.

VUNULA, *s. f.*, luette, V, 577, II, n° 2.

X

X, *s. m.*, x, V, 577, .

XRISTIANDAT, voyez CHRESTIANTAT.

Y

Y, *s. m.*, y, V, 577, I.
Y, voyez I.
YADES, *s. f. pl.*, hyades, V, 577, II.
YBRI, *adj.*, ivre, III, 94, I, n° 3.
YBRIEZA, voyez IVREZA.
YCHORBAMEN, voyez ISSORBAMEN.
YCON, voyez ICON.
YDIOTA, *s. m.*, idiot, V, 578, I.
YDOLA, voyez IDOLA.
YDOLATRIA, *s. f.*, idolâtrie, III, 554, I, n° 2.
YDRA, *s. f.*, hydre, V, 578, I.
YDRIA, *s. f.*, jarre, V, 578, I.
YDROMEL, *s. m.*, hydromel, IV, 179, I, n° 7.
YDROPIC, *adj.*, hydropique, V, 578, I, n° 2.
YDROPISIA, *s. f.*, hydropisie, V, 578, I.
YDROPIZIA, voyez YDROPISIA.
YDUAL, *adj.*, des ides, V, 578, II, n° 2.
YDUS, *s. f. pl.*, ides, V, 578, II.
YEMAL, *adj.*, d'hiver, III, 577, II, n° 5.
YENNA, voyez HYENA.
YFERN, voyez INFERN.
YFERNAL, voyez INFERNAL.
YLE, *s. f.*, yle, V, 578, II.
YLEON, *s. m.*, iléon, V, 578, II.
YLEX, *s. m.* (lisez *f.*), yeuse, V, 578, II.
YLI, *s. m.*, Iris, V, 579, I.
YLIAC, *adj.*, iliaque, V, 578, II.
YMAGE, voyez IMAGE.
YMAGENA, *s. f.*, image, III, 555, I, n° 2.
YMAGINABLE, *adj.*, imaginable, III, 555, II, n° 6.
YMAGINAR, voyez IMAGINAR.
YMAGINARI, *adj.*, imaginaire, III, 555, II, n° 5.
YMAGINATION, voyez IMAGINATIO.
YMAGINATIU, *adj.*, imaginatif, III, 555, II, n° 4.
YMAR, voyez AYMAR.
YMBRE, *s. m.*, imbre, V, 579, I.
YMNE, voyez HYMNE.
YMOR, voyez HUMOR.
YMOROS, voyez HUMOROS.
YPALLAGE, *s. m.*, hypallage, V, 579, I.
YPERBOLE, *s. f.*, hyperbole, V, 579, I.
YPERBOREAL, *adj.*, hyperboréen, II, 239, II, n° 3.
YPOCONDRIS, voyez IPOCONDRES.
YPOCRITA, *adj.*, hypocrite, V, 579, I.
YPOCRIZIA, *s. f.*, hypocrisie, V, 579, II, n° 2.
YPOSTAZIS, *s. f.*, hypostase, V, 579, II.
YPOTAMI, *s. m.*, hippopotame, V, 579, II.
YPOTECA, voyez HYPOTECA.
YPOTECARI, voyez IPOTECARI.
YPOTHECA, voyez HYPOTECA.
YPOTHECAR, voyez HIPOTECAR.
YRAGA, *s. f.*, virague, V, 579, II.
YREGULAR, voyez IRREGULAR.
YREOS, *s. f.*, tortelle, V, 579, II.
YRIS, voyez IRIS.
YRISSAMENT, *s. m.*, hérissement, III, 138, II, n° 2.
YRISSAR, voyez ERISSAR.

YROR, voyez IROR.
YRUNDA, voyez HYRUNDA.
YRUNDRE, voyez IRUNDE.
YSARTAR, voyez YSSARTAR.
YSEMENT, voyez EYSSIMENT.
YSNELL, voyez ISNEL.
YSNELLAMENT, voyez ISNELAMENT.
YSOP, voyez ISOP.
YSOPHAGUS, s. m., œsophage, V, 579, II.
YSRUNDELLA, voyez IRONDELLA.
YSSAMPLARI, voyez ESEMPLARI.
YSSARTAR, v., essarter, III, 245, II, n° 2.
YSSAURAR, voyez EISAURAR.
YSSAURELHIAR, v., essoriller, II, 149, I, n° 5.
YSSAUSSAMEN, voyez ESSALSAMEN.
YSSAUSSAR, voyez ESALSAR.
YSSERNIR, voyez EISSERNIR.
YSSILH, voyez EYSSILH.
YSSIR, voyez EISSIR.
YSSOBLIDAR, voyez EYSSOBLIDAR.
YSSORBAMEN, voyez ISSORBAMEN.
YSSORBAR, voyez EISSORBAR.
YST, voyez IST.
YSTEROLOGIA, s. f., hystérologie, V, 580, I.
YSTORAGRAFI, s. m., historiographe, III, 551, II, n° 2.
YSTORIALMEN, adv., historiquement, III, 551, II, n° 3.
YVERN, voyez IVERN.
YVERNAR, voyez IVERNAR.

Z

Z, s. m., z, V, 580, I.
ZAGITE, s. f., zagite, V, 580, I.
ZEDUARI, s. m., zédoaire, V, 580, I.
ZEGI, s. m., calcanthum, V, 580, I.
ZEPHIR, s. m., zéphyr, V, 580, I.
ZERAGITEN, s. m., zéragite, V, 580, I.
ZEUMA, s. m., zeugme, V, 580, II.
ZIMAR, s. m., vert-de-gris, V, 580, II.
ZIMEC, s. m., zime, V, 580, II.
ZINOGUITE, s. m., zinoguite, V, 580, II.
ZIZANIA, s. f., ivraie, V, 580, II.
ZODIAC, s. m., zodiaque, V, 581, I.
ZO, voyez CO.
ZONA, s. f., zone, V, 581, II.
ZULHENEMENT, s. m., suppuration, V, 581, II.
ZUQUET, s. m. dim., nuque, V, 284, II, n° 2.

FIN DU VOCABULAIRE.

ERRATA DU VOCABULAIRE.

Page 43, ligne 14, *au lieu de* LUNA, *lisez* LUNS.
    101, col. 1, AZAUROS, *lisez* AZAURO.
    127, col. 2, *après* CAPRIN, *ajoutez* CAPRIOL, *s. m.*, cirrhe, VI, 7, I, n° 6.
    144, col. 2, *après* CIU, *ajoutez* CIUTAN, *s. m.*, citoyen, II, 400, I, n° 2.
                     CIUTANA, *s. f.*, citoyenne, II, 400, I, n° 3.
    160, col. 2, CONSTRUCTIU, *au lieu de* III, 565, *lisez* III, 562.
    183, col. 1, *après* DEGRUNAR, *ajoutez* DEGU, voyez DEGUS.
    ibid.,   DEGUNS, *lisez* DEGUN.
    ibid.,   DEGUS, *lisez* DEGU.
    ibid., col. 2, *après* DEJUNI, *ajoutez* DEJUS voyez JUS.
    203, col. 2, *après* DESTUELH, *ajoutez* DESUL, voyez DESSUS.
    224, col. 2, EMPAG, *au lieu de* VI, 14, I, *lisez* VI, 14, II.
    229, col. 2, *après* ENSIO, *ajoutez* ENSOZSAR, v., souiller, VI, 15, I.
    262, col. 2, ESQUIRAR, *au lieu de* VI, 13, II, *lisez* VI, 13, I.
    311, col. 2, *après* GRENON, *ajoutez* GREPIA, *s. f.*, crèche, VI, 12, II, n° 2.
    320, col. 2, *après* HYCTERICIA, *ajoutez* HYDROPIC, voyez YDROPIC.
    432, col. 1, PREEXELLENT, *au lieu de* VI, 23, I, *lisez* VI, 23, II.
    492, col. 1, *après* SICCITAT, *ajoutez* SICLE, *s. m.*, sicle, VI, 9, II, n° 3.
    495, col. 1, *après* SOBRAARBITRE, *ajoutez* SOBRANAMEN, voyez SOPRANAMEN.
    511, col. 2, *après* SUILL, *ajoutez* SUL, voyez SUS.
    533, col. 2, TROLHADA, *au lieu de* VI, 39, II, *lisez* VI 40, I.
    541, col. 2, *après* VEGUDA, *ajoutez* VEGUARIA, voyez VICARIA.
    544, col. 2, *après* VERGOGNAR, *ajoutez* VERGOIGNA, voyez VERGONIA.
                            VERGOIGNAR, voyez VERGOGNAR.
                            VERGOIGNOS, voyez VERGONHOS.

Nota. Bien que l'*errata*, placé à la fin du tome II, ait été refondu au fur et à mesure dans le Vocabulaire, à chacun des mots auxquels il se rapporte, comme cet *errata* s'applique aussi à quelques textes donnés en exemple dans le Lexique, il est encore utile de le consulter sous ce rapport.

extraits du Tome X. notes sur l'hist. du Languedoc

Provençal — ce nom appliqué à la langue parlée dans tout le midi de la France, lui vient de ce qu'on comprenait sous le nom de Provence tout le territoire de l'ancienne provincia Romana et m. de l'Aquitaine — P. 170. 9.° c.

fluvium Albam — (le Tarn). Etienne de Bourbon parlant des hérétiques Albigeois dit que les Albigeois habitaient cette partie de la Provence quae est versus fluvium Albam — P. 72. c. 2.

www.ingramcontent.com/pod-product-compliance
Lightning Source LLC
Chambersburg PA
CBHW060754230426
43667CB00010B/1568